2025 대비
최신개정판

민사
소송법의 脈

Civil Procedure

윤동환 저

해커스변호사

2025 대비 최신개정판 민사소송법의 맥 머리말

"신은 디테일에 있다"(God is in the detail) 20세기 최고의 건축가 루트비히 미스 반 데어 로에(1886-1969)가 성공의 비결을 묻는 자리에서 했던 대답입니다. 그는 "아무리 거대하고 아름다운 건축물이라도 사소한 부분까지 최고의 품격을 지니지 않으면 결코 명작이 될 수 없다."고 말했습니다. 공부를 하지 않고 시험을 치르는 사람은 없을 겁니다. 다만, 정확하게 알고 있느냐 대충 알고 있느냐에 따라 결과의 차이가 발생합니다.

올해 치러진 제13회 변호사시험 민사법의 경우 선택형 지문이 길어지면서 함정이 존재할 가능성이 높아졌고, 5점·10점 정도의 적은 배점의 사례형 문제가 많아지면서 기본법리를 알아도 판례의 결론을 틀리면 득점을 기대할 수 없게 되었습니다. 결국 출제자가 물어보고자 하는 쟁점의 수가 늘어났으니 채점기준도 세밀하게 나누어질 것이고, 그만큼 사소한 실수의 누적은 당락으로 이어질 것입니다.

이번 최신개정판은 이러한 출제경향을 반영하여 "내용은 풍부하게, 표현은 간결하게" 함으로써 'detail'에서 완성도를 한층 업그레이드 시켰습니다. 기존 핵심사례 중 결론만 정확히 알아도 될 것들, 즉 5점·10점 정도의 사례형 문제로 출제될 만한 쟁점들은 사실관계와 결론만 적시했습니다(총 38개 핵심사례 정리). 그럼으로써 2024년 6월 대법원 선고 판례까지 반영하고 "법전협 표준판례"를 거의 모두 반영하면서도 분량의 증가를 최소화 할 수 있었습니다.
또한 주요주제별 차이점을 시각적으로 인지할 수 있도록 도표를 추가하면서도, 본문을 읽지 않으면 이해할 수 없을 정도의 과도한 압축적인 표현은 지양했습니다. 따라서 복습할 때 도표만 보더라도 내용이 연상될 수 있도록 배려했습니다.

보험사 관리자였던 허버트 윌리엄 하인리히(Herbert William Heinrich)는 하나의 대형 사고가 발생하기 전에는 그와 관련된 29회의 경미한 사고와 300회의 사소한 징후들이 나타난다는 것을 증명했습니다. 이를 '1 대 29대 300 법칙' 또는 '하인리히법칙'이라 하는데, 이에 대한 역(逆)발상이 '역(逆)하인리히법칙'입니다. 즉, 하나의 큰 성과를 거두기 위해서는 그와 관련된 여러 번의 작은 성과와 수없이 반복되는 노력이 필요하다는 법칙입니다. 저자는 성공의 씨앗을 심는 마음으로 본서의 개정작업을 마쳤습니다. 이러한 작업을 통해 독자 여러분의 민사법실력이 향상되고 궁극에는 합격으로 열매 맺혀지기를 기원합니다.

본서의 특징은 아래와 같습니다.

1. 중요조문과 판례를 빠짐없이 소개

변호사시험의 경쟁률이 높아지면서 매년 변호사시험 선택형에서는 절차관련 조문문제가 출제되어왔습니다. 본서는 조문을 단순히 소개하는 차원에서 벗어나 변호사시험과 법학전문대학원 협의회 모의고사 기출조문을 분석하여 **출제 유력한 조문을 지문화하여 서술**했습니다. 원칙과 예외의 역학구조가 나타나게 조문을 배치하고, **논증식 서술로 독자의 기억에 오래 남도록 배려**했습니다. 또한 13년에 걸친 변호사시험, 법학전문대학원 협의회 모의고사 기출과 최근 10여년의 사법시험 기출문제를 철저히 분석하여 선별한 **기출판례뿐만 아니라, 기출되지 않았던 주요판례도 기출영역과의 논리적 연관성을 고려하여 엄선**하였습니다.

2. 주요 기출사례 정리

작년판과 마찬가지로 해당 주제와 판례사안에 맞는 기출사례를 배치하여 기본서 목차에 따라 해설하였습니다. 개정판에서는 13회 변호사시험, 23년 법원행시, 23년 법무사시험, 23년 5급공채 법무행정고시, 23년 변리사시험 2차 주관식 기출뿐만 아니라 23년 이전의 **최신기출을 추가하면서도 중복되는 사례를 삭제**하여 분량을 조절했습니다. 각 사례는 '민사소송법 사례의 맥' 개정판에 해당하는 사례번호를 표시할 예정이고 '민사소송법 사례의 맥'에도 개정된 '민사소송법의 맥'의 해당 핵심사례 번호를 표시할 예정입니다. 이로써 2024년판에서도 **기본서와 사례집의 유기적인 활용이 가능**하게 하였습니다.

3. 변호사시험(선택형, 사례형) 및 사법시험, 법원행시, 법무사, 5급공채, 변리사 기출표시

기출표시를 해당 판례번호 옆에 해 두어 스스로 중요도를 확인할 수 있게끔 하였습니다. 선택형으로 기출된 내용은 예를 들어 (13회 선택형)으로 표시하고, 사례형으로 기출된 내용은 [13회 사례형], [17사법], [18법행], [18법무], [18행정], [18변리]로 표시하였습니다.

17사법 ⇒ 17년 사법시험 2차 주관식 기출
18법행 ⇒ 18년 법원행정고시 2차 주관식 기출
18법무 ⇒ 18년 법무사시험 2차 주관식 기출
18행정 ⇒ 18년 5급공채 법무행정고시 2차 주관식 기출
18변리 ⇒ 18년 변리사시험 2차 주관식 기출

이로써 **변호사시험 뿐만 아니라 법원행정고시, 법무사시험, 5급공채 법무행정직렬, 변리사시험을 준비하시는 수험생들에게 합격의 이정표가 되도록** 했습니다.

4. 필수암기 사항 두문자 표시·도표추가

암기에 도움이 될 수 있도록 꼭 필요한 내용에 대해서는 두문자를 표시해 두었습니다. 특히 개정판에서는 **도표를 추가하여 소송 전반의 이해를 시각적으로 확인**할 수 있도록 했습니다. 단순히 글을 표에 오려붙인 것이 아니라, **도표의 구조설정과 정보량의 조절 등을 통해 절대로 이길 수 없는 공부재능이라는 포토그래픽 메모리현상**(책을 읽었을 때 그 본문의 모습이 사진으로 찍히듯 두뇌에 기억되는 현상)**이 시험장까지 이어지도록** 심혈을 기울였습니다.

5. 방주 추가

[A-1], [B-1]과 같이 쟁점별로 옆에 방주를 기재하여 '민사소송법 사례의 맥'과 학원모의고사 등에서 '민사소송법의 맥'을 기본서로 제대로 활용할 수 있게 하였습니다.

6. 주요판례 제목 및 결론 표시

자주 출제되는 주요판례, 결론을 달리하는 비슷한 판례, 같은 결론이 도출되는 판례유형을 쉽게 구분할 수 있도록 판례제목을 붙였습니다. 또한, 각종 법리의 적용여부 등을 목차에서 바로 확인하실 수 있도록 목차 옆에 결론을 표시했습니다. 판례의 소개는 **논리흐름이 끊기지 않도록 본문과 별도로 [관련판례], [비교판례], [쟁점정리], [심화] 등의 첨부목차와 박스표시를 적절히 활용**했습니다.

7. 2024년 6월 중요판례와 법전협 표준판례까지 모두 반영하였습니다.

8. 절제된 분량 730여page로 민사소송법 선택형, 사례형 완벽대비

이번 개정판은 **최신판례와 법전협 표준판례, 최신기출의 추가**, 각종 도표와 이해를 돕기 위**한 논증식 서술을 추가**하면서도, 중복되는 사례의 삭제(사례문제 대비는 '민사소송법 사례의 맥'을 통해 완성을 기하고 '민사소송법의 맥'은 기본서의 역할에 집중)를 통해 **분량의 증가를 최소화** 했습니다.

경영의 신이라 불리는 일본의 기업인 마쓰시타 고노스케는 **"물건을 만들기 전에 사람을 만든다"**라는 기업철학을 가지고 소비자에게 필요한 것이 무엇일지 생각하며 물건을 고안했습니다. 강사로서 저자는 **"수험서를 만들기 전에 합격생을 만든다"**는 생각으로 본서를 집필했습니다. 강사의 지적 능력을 과시하려는 욕심이나 지엽적인 출제로부터 면피하기 위한 무분별한 判例의 나열을 지양하고, **"합격생의 머릿속에는 어떤 지식이 있을까?"**라는 물음에 답하며 그에 적합한 분량과 표현으로 민사소송법의 정수(精髓)를 다듬었습니다.

아무쪼록 변호사시험, 법무사시험, 법원행시, 5급 공채, 변리사 등의 시험을 준비하는 수험생들에게 적지 않은 도움을 줄 수 있기를 간절히 기대하는 마음입니다. 앞으로도 본서가 살아있는 수험서가 되도록 부족한 부분들은 꾸준히 보완해 나갈 예정입니다.
본서에 관한 의문이나 질문이 있으신 분은 dhyoon21@hanmail.net이나 daum 카페 "윤동환 민사법교실"(http://cafe.daum.net/civillawclass)로 의견을 개진해 주길 바랍니다.

2024년 7월 연구실에서

윤동환

제1편 총론　　　　　　　　　　　　　　　　　　　　　　　　　　　　　1

제2편 소송의 주체　　　　　　　　　　　　　　　　　　　　　　　　　11
제1장 법원　　　　　　　　　　　　　　　　　　　　　　　　　　　　12
제1절 재판권　　　　　　　　　　　　　　　　　　　　　　　　　　　12
　핵심사례 A-01 전속적 토지관할 합의가 다른 나라의 재판권을 배제하는지 여부 / 18
제2절 법관의 제척ㆍ기피ㆍ회피　　　　　　　　　　　　　　　　　　21
　핵심사례 A-02 법관의 제척ㆍ기피 / 23
　핵심사례 A-03 법관의 제척ㆍ기피 / 27
제3절 관할권　　　　　　　　　　　　　　　　　　　　　　　　　　　28
　제1관 관할의 의의와 종류　　　　　　　　　　　　　　　　　　　28
　제2관 전속관할과 임의관할　　　　　　　　　　　　　　　　　　　29
　제3관 법정관할　　　　　　　　　　　　　　　　　　　　　　　　30
　　핵심사례 A-04 관련재판적 / 38
　제4관 지정(재정)관할　　　　　　　　　　　　　　　　　　　　　39
　제5관 거동관할　　　　　　　　　　　　　　　　　　　　　　　　40
　　핵심사례 A-05 합의관할 – 관할합의의 모습(전속적 관할합의) / 42
　　핵심사례 A-06 합의관할 – 관할합의 효력의 주관적 범위 / 44
　　핵심사례 A-07 합의관할 – 관할합의의 모습(전속적 관할합의), 변론관할 / 46
　제6관 이 송　　　　　　　　　　　　　　　　　　　　　　　　　　47
　　핵심사례 A-08 이송신청권의 유무, 이송신청기각결정에 대한 불복가부 / 51
　　핵심사례 A-09 항소심에서의 심판편의에 의한 이송 가부 / 54
제2장 당사자　　　　　　　　　　　　　　　　　　　　　　　　　　58
제1절 당사자 확정　　　　　　　　　　　　　　　　　　　　　　　　58
　제1관 당사자의 확정　　　　　　　　　　　　　　　　　　　　　　58
　제2관 당사자표시정정　　　　　　　　　　　　　　　　　　　　　59
　　핵심사례 A-10 당사자 확정과 당사자표시정정 / 61
　제3관 소제기 이전의 당사자 사망　　　　　　　　　　　　　　　　64
　　핵심사례 A-11 제소전 사망 – 상속포기, 표시정정과 시효중단 / 66
　　핵심사례 A-12 제소전 사망 / 69
　제4관 소송계속 중 당사자 사망　　　　　　　　　　　　　　　　　70
　　핵심사례 A-13 소송계속 중 당사자의 사망 / 74
　　핵심사례 A-14 당사자가 소송대리인에게 소송위임을 한 다음 소 제기 전에 사망한 경우 / 76
　제5관 변론종결 후 당사자 사망　　　　　　　　　　　　　　　　　78

　　제6관 성명모용소송　　　　　　　　　　　　　　　　　　　79
　　제7관 법인격부인　　　　　　　　　　　　　　　　　　　　81
　제2절 당사자자격　　　　　　　　　　　　　　　　　　　　83
　　제1관 당사자능력　　　　　　　　　　　　　　　　　　　84
　　　핵심사례 A-15　비법인사단의 당사자적격 / 88
　　　핵심사례 A-16　조합의 소송수행방안 / 91
　　제2관 당사자적격　　　　　　　　　　　　　　　　　　　93
　　　핵심사례 A-17　당사자적격 – 단체 내부 분쟁에서 피고적격 / 99
　　　핵심사례 A-18　당사자적격 – 채권자대위소송의 법적성질과 당사자적격 / 103
　　　핵심사례 A-19　당사자적격 – 추심명령과 당사자적격 / 105
　　제3관 소송능력　　　　　　　　　　　　　　　　　　　　109
　　　핵심사례 A-20　소송능력 / 112
　　제4관 변론능력　　　　　　　　　　　　　　　　　　　　113
　제3절 소송상의 대리인　　　　　　　　　　　　　　　　　　115
　　　핵심사례 A-21　의사무능력과 특별대리인 선임신청 / 118
　　　핵심사례 A-22　대리권 소멸통지 / 122
　　　핵심사례 A-23　파기환송 후 환송 전 항소심 대리인의 대리권 부활여부 / 128
　　　핵심사례 A-24　표현대리 인정여부 및 무권대리의 경우 일부추인 가부 / 132

제3편 제1심 소송절차　　　　　　　　　　　　　　　　　　　135
제1장 소송의 개시와 심리의 대상　　　　　　　　　　　　　136
　제1절 소의 의의와 종류　　　　　　　　　　　　　　　　　136
　　　핵심사례 B-01　경계확정의 소 / 144
　제2절 소송요건　　　　　　　　　　　　　　　　　　　　　145
　제3절 소의이익　　　　　　　　　　　　　　　　　　　　　152
　　제1관 소의 이익의 의의 및 발현형태　　　　　　　　　　152
　　제2관 권리보호의 자격(공통적인 소의 이익)　　　　　　　153
　　제3관 권리보호이익(각종 소의 특수한 소의 이익)　　　　　158
　　　핵심사례 B-02　현재이행의 소에서 소의이익 – 채권이 가압류된 경우 / 161
　　　핵심사례 B-03　장래이행의 소 – 불법점유로 인한 부당이득반환청구 / 167
　제4절 소송물　　　　　　　　　　　　　　　　　　　　　　185
　제5절 소의 제기　　　　　　　　　　　　　　　　　　　　190
　　　핵심사례 B-04　무변론판결제도 / 196
제2장 소제기 효과　　　　　　　　　　　　　　　　　　　　199
　제1관 소송계속　　　　　　　　　　　　　　　　　　　　　199

제2관 중복소송 금지 199

핵심사례 B-05 　중복소송금지 – 채권자취소소송과 중복소제기 / 201

핵심사례 B-06 　중복소송금지 – 상계항변과 중복소제기 / 208

제3관 소송계속의 실체법상 효과 212

핵심사례 B-07 　채권자대위소송에서의 소변경 – 대위채권자가 피대위채권을 양수한 경우 / 217

제3장 변 론 223

제1절 변론의 의의와 종류 223

제2절 변론의 여러 가지 원칙 225

제1관 공개심리주의 225

제2관 쌍방심리주의 227

제3관 구술심리주의 227

제4관 직접심리주의 228

제5관 처분권주의 229

핵심사례 B-08 　처분권주의 – 일부청구와 과실상계 / 233

핵심사례 B-09 　처분권주의 – 채무일부부존재확인의 소 / 235

핵심사례 B-10 　처분권주의 – 단순이행청구에 대한 상환이행판결 / 236

핵심사례 B-11 　처분권주의 – 단순이행청구에 대한 선이행판결의 가능성 / 238

제6관 변론주의 240

핵심사례 B-12 　변론주의 – 주장책임(소멸시효의 기간 및 기산점) / 243

핵심사례 B-13 　변론주의 – 주요사실과 간접사실의 구별 / 244

핵심사례 B-14 　변론주의 – 소송자료와 증거자료의 구별 / 246

핵심사례 B-15 　변론주의 – 유권대리 주장에 표현대리의 주장이 포함되어 있는지 여부 / 249

제7관 석명권 254

제8관 적시제출주의 263

핵심사례 B-16 　적시제출주의 – 실기한 공격방어방법의 각하 / 266

제9관 집중심리주의 268

제10관 직권진행주의와 소송지휘권 270

제3절 변론의 준비 272

제4절 변론의 내용과 소송행위 274

제1관 변론의 내용 274

핵심사례 B-17 　부인과 항변 / 277

핵심사례 B-18 　부인과 항변 / 278

핵심사례 B-19 　소송에 있어서 형성권의 행사 – 상계항변의 법적성질 / 283

핵심사례 B-20 　소송상 형성권 행사 – 상계항변에 대한 상계의 재항변 가부 / 284

제2관 소송행위 284

핵심사례 B-21 　조건부 소취하계약　/ 290

핵심사례 B-22 　소송행위의 철회와 취소　/ 294

제5절 변론의 실시 295

제6절 기일·기간·송달 299

　제1관 기일과 기간 299

　제2관 기일의 해태 300

핵심사례 B-23 　소송상 합의, 양쪽 당사자의 결석　/ 303

핵심사례 B-24 　한쪽 당사자의 결석 – 진술간주, 자백간주　/ 306

핵심사례 B-25 　불출석 자백간주 – 소송요건심사의 선순위성　/ 308

　제3관 기간의 미준수 및 소송행위의 추후보완 309

핵심사례 B-26 　위법한 공시송달과 구제책　/ 315

　제4관 송 달 317

핵심사례 B-27 　송달과 지급명령　/ 321

핵심사례 B-28 　보충송달, 송달의 하자와 구제책, 하자의 치유　/ 325

제7절 소송절차의 정지 330

　제1관 소송절차 정지의 의의 및 종류 330

　제2관 소송절차의 중단 331

　제3관 소송절차의 중지 340

제4장 증 거 341

제1절 서 설 341

핵심사례 B-29 　재판상 자백, 문서의 형식적 증거력　/ 344

제2절 요증사실 346

제3절 불요증사실 348

　제1관 재판상자백 348

핵심사례 B-30 　문서의 진정성립에 대한 재판상 자백, 문서의 형식적 증거력　/ 350

핵심사례 B-31 　재판상 자백 – 선결적 법률관계에 대한 자백, 자백의 철회　/ 352

핵심사례 B-32 　재판상 자백 – 선행자백의 구속력　/ 354

　제2관 자백간주 358

　제3관 현저한 사실 359

　제4관 법률상 추정된 사실 361

제4절 증거조사 361

　제1관 증거조사의 개시와 유형 361

핵심사례 B-33 　증인신문　/ 367

　제2관 서증 369

핵심사례 B-34 　문서의 형식적 증거력 – 문서의 진정성립에 대한 자백, 사본의 증거력　/ 375

핵심사례 B-35	문서의 형식적 증거력 – 사문서의 진정성립의 추정과 그 복멸 / 376	
핵심사례 B-36	문서의 형식적 증거력 – 문서의 진정성립에 대한 자백, 사본의 증거력 / 380	
핵심사례 B-37	증거보전, 문서제출명령 / 383	
핵심사례 B-38	처분문서의 실질적 증거력, 문서제출명령 부준수의 효과 / 386	

제3관 당사자신문 387
제4관 증거보전 388
제5절 자유심증주의 390
제6절 증명책임 394

| 핵심사례 B-39 | 채권자 대위소송과 증명책임 / 395 |
| 핵심사례 B-40 | 등기의 추정력과 증명책임 / 399 |

제4편 소송의 종료 403

제1장 총 설 404
제1관 소송종료사유 404
제2관 소송종료선언 405

제2장 당사자의 행위에 의한 종료 407
제1절 소의 취하와 재소금지 407
제1관 소의 취하 407
제2관 재소금지 412

| 핵심사례 C-01 | 채권자대위소송과 재소금지 / 414 |
| 핵심사례 C-02 | 항소심에서 교환적 변경과 재소금지 / 417 |

제2절 청구의 포기, 인낙 419
제3절 재판상 화해 422
제1관 소송상 화해 422

| 핵심사례 C-03 | 재판상 화해의 법적성질 – 의무불이행을 이유로 한 화해의 해제 / 431 |

제2관 제소전 화해 434

제3장 종국판결에 의한 종료 436
제1절 판결의 종류 436
제2절 기판력 440

| 핵심사례 C-04 | 소송판결의 기판력 / 441 |

제3절 기판력의 범위와 작용 446
제1관 기판력의 시적 범위 446

핵심사례 C-05	기판력의 시적범위 / 446
핵심사례 C-06	정기금판결에 대한 변경의 소 / 454
핵심사례 C-07	기대여명연장으로 인한 추가청구 / 456
핵심사례 C-08	기대여명보다 일찍 사망한 경우와 기대여명이 연장된 경우의 구별 / 457

핵심사례 C-09　기판력의 시적범위 – 표준시 전에 발생한 형성권의 변론종결 후의 행사 / 461

제2관 기판력의 객관적 범위와 작용　　　　　　　　　　　　　　　　　　　　462

핵심사례 C-10　말소등기청구소송에서의 소송물 / 464

핵심사례 C-11　기판력의 본질 / 464

핵심사례 C-12　일부청구의 소송물 / 466

핵심사례 C-13　일부청구의 소송물 / 467

핵심사례 C-14　기판력의 객관적 범위 – 판결이유 중의 판단(선결적 법률관계) / 469

제3관 기판력의 주관적 범위　　　　　　　　　　　　　　　　　　　　　　　478

핵심사례 C-15　기판력의 주관적 범위 / 484

핵심사례 C-16　채권자대위소송과 기판력 / 487

핵심사례 C-17　기판력의 작용 – 선결관계, 모순관계 / 492

핵심사례 C-18　채권자대위소송과 기판력 / 494

핵심사례 C-19　채권자취소소송의 상대효와 기판력의 범위 / 495

제4관 판결의 하자와 편취판결　　　　　　　　　　　　　　　　　　　　　　499

핵심사례 C-20　판결의 편취 – 공시송달에 의한 판결 / 504

핵심사례 C-21　편취판결 – 송달과정에서의 피고모용 / 505

제5편 병합소송　　　　　　　　　　　　　　　　　　　　　　　　　　　507

제1장 병합청구소송(청구의 복수)　　　　　　　　　　　　　　　　　　　　508

제1절 청구의 원시적 병합　　　　　　　　　　　　　　　　　　　　　　　　508

제1관 청구의 병합(객관적 병합)　　　　　　　　　　　　　　　　　　　　　508

제2관 단순병합　　　　　　　　　　　　　　　　　　　　　　　　　　　　511

제3관 선택적 병합　　　　　　　　　　　　　　　　　　　　　　　　　　　514

핵심사례 D-01　선택적 병합 / 518

제4관 예비적 병합　　　　　　　　　　　　　　　　　　　　　　　　　　　520

핵심사례 D-02　불이익변경금지원칙 – 주위적 청구를 배척하고 예비적 청구를 인용한 판결에 대해 피고만
　　　　　　　　항소한 경우 항소심 법원이 주위적 청구를 심판대상으로 삼을 수 있는지 여부 / 524

핵심사례 D-03　부진정예비적 병합의 인정여부 / 529

제2절 청구의 후발적 병합　　　　　　　　　　　　　　　　　　　　　　　　532

제1관 청구의 변경　　　　　　　　　　　　　　　　　　　　　　　　　　　533

핵심사례 D-04　채권자취소소송 – 피보전채권의 변경이 소변경인지 여부 / 535

핵심사례 D-05　청구의 교환적 변경과 재소금지 / 536

제2관 중간확인의 소　　　　　　　　　　　　　　　　　　　　　　　　　　542

제3관 반 소 543

[핵심사례 D-06] 반소 – 반소의 이익 / 545

[핵심사례 D-07] 반소 – 예비적 반소(예비적 반소와 본소의 각하판결에 대하여 원고만 항소한 경우 항소심의
이심의 범위와 심판의 대상) / 547

[핵심사례 D-08] 반소 – 본소취하시 반소청구의 적법성 / 550

[핵심사례 D-09] 반소 – 상호관련성, 항소심에서의 반소 / 552

제2장 다수당사자소송 554

제1절 공동소송 555

제1관 통상공동소송 556

[핵심사례 D-10] 통상공동소송 – 공동소송인 독립의 원칙 / 557

[핵심사례 D-11] 통상공동소송 – 공동소송인 독립의 원칙과 그 수정 / 559

제2관 고유필수적 공동소송 562

[핵심사례 D-12] 필수적 공동소송과 통상 공동소송의 구별 / 567

[핵심사례 D-13] 고유필수적 공동소송 - 심판방법 / 571

[핵심사례 D-14] 고유필수적 공동소송 – 누락된 공동소송인 보정방법 / 574

제3관 유사필수적 공동소송 575

[핵심사례 D-15] 유사필수적 공동소송 / 577

제4관 예비적 · 선택적 공동소송 578

[핵심사례 D-16] 예비적 공동소송 – 예비적 공동소송인의 추가, 예비적 피고의 인낙 가부 / 583

제5관 선정당사자 제도 585

[핵심사례 D-17] 선정당사자제도 – 심급한정의 선정 가부 / 588

제2절 소송참가 593

제1관 보조참가 593

[핵심사례 D-18] 보조참가 – 공동불법행위에서 가해자의 보조참가 / 597

[핵심사례 D-19] 보조참가 – 참가인의 지위 / 602

제2관 소송고지 607

제3관 공동소송적 보조참가 609

[핵심사례 D-20] 공동소송적 보조참가 – 채권자대위소송에서 채무자의 참가, 공동소송적 보조참가인의 지위 / 610

제4관 공동소송참가 614

[핵심사례 D-21] 공동소송참가 – 채권자대위소송에서 다른 채권자의 공동소송참가 가부 / 617

제5관 독립당사자참가 618

[핵심사례 D-22] 독립당사자참가 – 권리주장참가의 참가이유 / 622

[핵심사례 D-23] 독립당사자참가 – 편면참가의허용여부, 사해방지참가와 채권자취소권 / 626

[핵심사례 D-24] 독립당사자참가 – 불이익변경금지원칙이 적용되는 경우 / 632

　핵심사례 D-25　독립당사자참가 - 불이익변경금지원칙이 배제되는 경우 / 634

　핵심사례 D-26　독립당사자참가 - 사해방지참가에서 탈퇴 / 637

제3절 당사자의 변경　　　　　　　　　　　　　　　　　　　　　　　638
　제1관 임의적 당사자의 변경　　　　　　　　　　　　　　　　　　　638

　핵심사례 D-27　임의적 당사자의 변경 - 피고경정 / 639

　핵심사례 D-28　임의적 당사자의 변경, 소송승계 - 당사자의 변경, 추가방법 / 642

　제2관 소송승계　　　　　　　　　　　　　　　　　　　　　　　　　645

　핵심사례 D-29　당연승계 후 상속인이 아님이 밝혀진 경우 / 648

　핵심사례 D-30　인수승계 - 계쟁물양도에 있어서 승계인 / 650

　핵심사례 D-31　인수승계 - 소송승계 후 의무자가 아님이 밝혀진 경우 / 652

　핵심사례 D-32　참가승계 - 당사자 일방의 소송탈퇴에 대한 상대방의 부동의시 법원의 판단방법 / 655

제6편 상소심 및 재심절차　　　　　　　　　　　　　　　　　　　658
제1절 상 소　　　　　　　　　　　　　　　　　　　　　　　　　　　659
　제1관 상소심절차　　　　　　　　　　　　　　　　　　　　　　　　659

　핵심사례 E-01　상소의 이익 - 전부 승소자의 상소 가부(인신손해) / 662

　핵심사례 E-02　상소불가분 원칙 - 불복하지 아니한 패소부분의 확정시기 / 670

　핵심사례 E-03　불이익변경금지원칙 - 항소심에서의 상계주장(원고 또는 피고만이 항소한 경우) / 677
　제2관 항 소　　　　　　　　　　　　　　　　　　　　　　　　　　680
　핵심사례 E-04　상소의 이익, 부대항소와 청구취지 확장, 부대항소의 종속성 / 683
　제3관 상 고　　　　　　　　　　　　　　　　　　　　　　　　　　685
　핵심사례 E-05　파기환송판결의 기속력, 재심대상 여부 / 691
　제4관 항 고　　　　　　　　　　　　　　　　　　　　　　　　　　692
제2절 재심절차　　　　　　　　　　　　　　　　　　　　　　　　　696
　핵심사례 E-06　파기환송판결의 기속력, 재심대상 여부 / 698

제7편　　　　　　　　　　　　　　　　　　　　　　　　　　　　708
제1절 간이소송절차　　　　　　　　　　　　　　　　　　　　　　　709
　제1관 소액사건심판절차　　　　　　　　　　　　　　　　　　　　　709
　제2관 독촉절차(지급명령)　　　　　　　　　　　　　　　　　　　　712
제2절 종국판결에 부수되는 재판　　　　　　　　　　　　　　　　　　715
　제1관 가집행선고　　　　　　　　　　　　　　　　　　　　　　　　715
　제2관 소송비용의 재판　　　　　　　　　　　　　　　　　　　　　720

제 1 편
총 론

Ⅰ. 소송과 비송

[A-0]

1. 문제점(소송과 비송의 구별)

비송사건은 법원의 관할에 속하는 사건 중 소송절차로 처리하지 않는 사건을 말하는 바, 소송사건과 달리 비송사건은 신청으로 개시되고, '대립구조하의 필요적 변론과 공개주의'가 배제되는 경우가 많으며, 결정으로 재판하여야 한다는 점에서 차이가 있다.

		소송사건	비송사건
성 질		사법절차	민사행정절차
판단형식		양자택일적 판단	합목적적 판단
당사자		이당사자대립구조	대립당사자를 전제하지 않음
절차 원칙	처분권주의	적용(제203조)	배제
	자료수집	변론주의	직권탐지주의
	재판의 공개	공개주의	비공개주의
	변론과 증거조사방식	구술주의	서면주의
절차 방식	개 시	소의 제기에 의해 개시(제248조)	신청 없이 개시되는 경우도 있음
	심리방식	필요적 변론	임의적 심문
	대리인자격	변호사대리원칙(제87조)	비변호사대리가능(비송법 제6조)
	조서작성	기일마다 조서작성(제152·160조)	재량적 조서작성(비송법 제14조)
	증 명	엄격한 증명	자유로운 증명
재판형식		판결(제198조)	결정(비송법 제17조 1항)
재판의 효력		구속력 있음	사정변경에 의한 취소·변경가능
불복신청		항소·상고(3심제)	항고·재항고(사실상 2심제)

2. 이혼에 따른 재산분할 청구사건의 성질

(1) 판 례(가사비송)

"비송사건절차에 있어서는 민사소송의 경우와 달리 당사자의 변론에만 의존하는 것이 아니고, 법원이 자기의 권능과 책임으로 재판의 기초가 되는 자료를 수집하는, 이른바 직권탐지주의에 의하고 있으므로 (비송사건절차법 제11조), 법원으로서는 당사자의 주장에 구애되지 아니하고 재산분할의 대상이 무엇인지 직권으로 사실조사를 하여 포함시키거나 제외시킬 수 있다"(대판 1999.11.26. 99므1596,1602).

(2) 검 토

재산분할사건은 가사비송사건에 해당하고(가사소송법 제2조 제1항 나. (2) 제4호), 가사비송절차에 관하여는 가사소송법에 특별한 규정이 없는 한 비송사건절차법 제1편의 규정을 준용하고 있다는 점을 고려하면(가사소송법 제34조), 재산분할사건을 가사비송사건으로 처리하는 判例의 태도가 타당하다.

3. '과거'의 양육비 청구사건의 성질

(1) 판 례(가사비송)

判例는 "가사소송법은 제2조 1항 나. (2) 마류사건 3호에서 민법 제837조의 규정에 의한 자의 양육에 관한 처분을 가사비송사건으로 규정하면서 그 처분의 대상이 되는 양육에 관한 사항을 장래의 것만으로 한정하고 있지 아니하고, 민법이 이혼한 부부의 일방만이 자를 양육하여 온 경우에 다른 일방(이 뒤에는 '상대방'이라고 약칭한다)과 사이에 과거의 양육비를 분담하는 비율을 정하는데 관하여 달리 규정하고 있지도 아니하므로, 이혼한 부부 각자가 분담하여야 할 과거의 양육비의 비율이나 금액을 장래에 대한 것과 함께 정하는 것도 민법 제837조 2항에 규정된 자의 양육에 관한 처분에 해당하는 것으로 보아, 가정법원이 자의 연령 및 부모의 재산상황 등 기타 사정을 참작하여 심판으로 정하여야 할 것이지 지방법원이 민사소송절차에 따라 판정할 것은 아니라고 해석함이 상당하다"(대결 1994.5.13. 전합92스21)고 하여 가사비송으로 처리하였다.

(2) 검 토

가사소송법 제2조 1항 나. 마류사건 3호의 문언과 과거의 양육비든 장래의 양육비든 가정법원이 통일적으로 처리할 필요가 있다는 점을 고려하면 과거의 양육비청구도 가정법원의 비송사건으로 처리함이 타당하다.

4. 부부의 일방에 대하여 상대방의 친족이 구하는 부양료의 구상청구의 성질

(1) 판 례(민사소송)

" ⅰ) 부부간의 부양의무를 이행하지 않은 부부의 일방에 대한 상대방의 부양료 청구는 위 마류사건 제1호의 가사비송사건에 해당하고, ⅱ) 친족간의 부양의무를 이행하지 않은 친족의 일방에 대한 상대방의 부양료 청구는 위 마류사건 제8호의 가사비송사건에 해당한다 할 것이나, ⅲ) 부부간의 부양의무를 이행하지 않은 부부의 일방에 대하여 상대방의 친족이 구하는 부양료의 상환청구는 같은 법 제2조 제1항 제2호 나. 마류사건의 어디에도 해당하지 아니하여 이를 가사비송사건으로 가정법원의 전속관할에 속하는 것이라고 할 수는 없고, 이는 민사소송사건에 해당한다고 봄이 타당하다"(대판 2012.12.27. 2011다96932).

(2) 검 토

비송사건인지 소송사건인지 의심스러울 때에는 엄격한 형식과 절차보장이 이루어지는 소송사건으로 해석함이 타당하다. 따라서 부부간의 부양의무를 이행하지 않은 부부의 일방에 대하여 상대방의 친족이 구하는 부양료의 상환청구는 가사소송법상 어디에도 해당하지 않으므로 가사사건(가사소송법상 비송사건)으로 보지 않고 민사소송으로 본 判例의 입장이 타당하다.

과거의 자녀 양육비사건의 경우 장래의 양육비 등을 함께 참작하여 과거의 양육비 상환범위를 정하고 하나의 소송으로 해결하는 편의성 등 소송경제의 면도 함께 고려하여 가사사건으로 보았으나, 위 2011다96932판결은 배우자가 이미 사망하여 장래의 부양료청구는 문제되지 않고 과거의 부양료 상환의무만 문제되었다는 점에서 차이가 있다.

5. 비송사건을 소송사건으로 제기한 경우나 그 반대의 경우의 취급(A-16 Ⅱ. 이송의 원인 1. 관할위반에 의한 이송 (1) 적용범위 3) 다른 종류의 법원간의 이송 참고)

Ⅱ. 신의성실의 원칙   [A-1]

> 제1조 (민사소송의 이상과 신의성실의 원칙) ① 법원은 소송절차가 공정하고 신속하며 경제적으로 진행
> 되도록 노력하여야 한다. ② 당사자와 소송관계인은 신의에 따라 성실하게 소송을 수행하여야 한다.

1. 의 의

당사자와 소송관계인은 상대방의 신뢰를 헛되이 하지 않도록 성실하게 소송을 수행하여야 한다는
원칙이다(제1조 2항). 적정, 공평, 신속, 경제를 내용으로 하는 민사소송의 이상(제1조 1항)을 실현
하기 위한 행동원리이다.

[관련판례] ＊ 민사소송의 이상(소송경제)
甲 회사가 자신의 협정상 의무이행의 거부로 인하여 乙 회사로 하여금 추가적 접속설비를 이용하도록
하였으면서 그로 인한 추가 접속통화료의 지급을 청구한 사안에서, 判例는 "甲 회사가 乙 회사를 상대
로 추가 접속통화료의 지급을 청구할 수 있다면 甲 회사에 추가 접속통화료를 지급한 乙 회사는 다시
甲 회사의 거부행위를 이유로 같은 금액 상당의 손해배상청구를 할 수 있는데, 이는 甲 회사와 乙 회
사 사이의 순환소송을 인정하는 결과가 되어 소송경제에 반할 뿐만 아니라 甲 회사는 결국 乙 회사에 반환할
것을 청구하는 것이 되어 이를 허용하는 것은 신의성실의 원칙에 비추어 타당하지 않다"(대판 2017.2.15. 2014
다19776,19783)고 보았다.

2. 적용범위(신의칙의 보충적 적용 여부 : 소극)

당사자 사이뿐만 아니라 법원과 당사자 사이에서도 적용되며 모든 소송행위에 적용된다. ① 개별
법규나 법해석에 의하여 해결할 수 없는 경우에만 적용된다는 **보충적 적용설**이 있으나, ② 判例는
부제소합의에 위반하여 제기된 소에 대해 **권리보호의 이익을 부정**하면서도 제1조를 적용하여 **선택적
적용설**(다른 법규나 법해석에 의해 해결이 가능하더라도 신의칙에 의하는 것이 보다 직접적인 경우 신의칙을 선택하여
해결)의 입장이다(대판 1993.5.14. 92다21760: 법전협 표준판례 (2)(13회 선택형)
[판례검토] 개별법규의 적용 사안인지 아니면 신의칙 적용 사안인지의 **구별이 쉽지 않은 경우**가 대부분
인 점을 고려하면 선택적 적용설이 타당하다(다수설).

3. 신의칙의 적용모습 [부, 모, 실, 남]

(1) 소송상태의 부당형성 금지

1) 의 의

당사자 한쪽이 잔꾀를 써서 자기에게 유리한 소송상태나 상대방에게 불리한 상태를 만들어 놓고 이
를 이용하는 행위는 신의칙에 반하므로 허용되지 않는다.

2) 구체적 예

① 소액사건심판법의 적용을 받기 위하여 채권을 소액으로 나누어 청구하는 경우(동법 제5조의2 2항에 따
르면 소각하판결), ② 주소 있는 자를 소재불명자로 만들어 공시송달신청을 하는 경우(제451조 1항 11호 :
공시송달의 남용), ③ 권리자가 증인으로 나서기 위해 채권을 양도하는 경우(대판 1983.5.24. 82다카1919), ④
채권자의 채권을 확보하기 위하여 제3자의 부동산을 채무자에게 명의신탁하도록 한 다음 명의신탁한
부동산에 대하여 강제집행하는 경우(대판 1981.7.7. 80다2064), ⑤ 고의적으로 작출한 유치권을 기존의 저
당권자에 주장하는 경우(대판 2011.12.22. 2011다84298), ⑥ 선박의 편의치적을 위해 만들어진 형식상의

선박소유회사가 선박에 대한 가압류채권자를 상대로 제3자이의의 소를 제기하는 경우(대판 2023.2.2. 2022다276203 : 법인격 남용과 신의성실의 원칙 위반), ⑦ 주권교부의무를 불이행한 주식양도인이 그 후의 임시주주총회결의의 부존재확인청구를 하는 경우(대판 1991.12.13. 90다카1158: 주권교부의무를 불이행한 자가 오히려 그 의무불이행상태를 권리로 주장함을 전제로 하는 것으로서 신의성실의 원칙에 반한다고 본 사례), ⑧ 관할선택권의 남용(아래 2011마62 관련판례 참고)이 그 예이다.

> **[관련판례] * 관할선택권의 남용**
> "Y 사찰은 종단에 등록을 마친 사찰로서 독자적 권리능력과 당사자능력을 가지고, Y 사찰의 X에 대한 소송위임약정에 따른 성공보수금 채무에 관하여 Z 재단이 당연히 연대채무를 부담하게 되는 것은 아니며, 법률전문가인 X로서는 이러한 점을 잘 알고 있었다고 보아야 할 것인데, X가 위 소송을 제기하면서 Z 재단을 공동피고로 추가한 것은 실제로는 Z재단을 상대로 성공보수금을 청구할 의도는 없으면서도 단지 Z 재단의 주소지를 관할하는 서울중앙지방법원에 관할권을 생기게 하기 위함이라고 할 것이고, 따라서 X의 위와 같은 행위는 관할선택권의 남용으로서 신의칙에 위반하여 허용될 수 없으므로 관련재판적에 관한 민사소송법 제25조는 적용이 배제되어 서울중앙지방법원에는 X의 Y 사찰에 대한 청구에 관하여 관할권이 인정되지 않는다"(대결 2011.9.29. 2011마62 : 법전협 표준판례 (1)).

(2) 선행행위와 모순되는 거동금지 [17사법]

1) 의 의

당사자 일방이 과거에 일정한 태도를 취하여 상대방이 이를 신뢰하고 자기의 소송상의 지위를 구축하였는데, 그 신뢰를 저버리고 종전의 태도와 지극히 모순되는 소송행위를 하는 것은 신의칙상 허용되지 않는다(대판 1995.1.24. 93다25875: 법전협 표준판례 (3))

2) 구체적 예

① 부제소특약에 반하여 소를 제기하거나(대판 1993.5.14. 92다21760: 법전협 표준판례(2); 대판 2013.11.28. 2011다80449: 법전협 표준판례(66)) 또는 소취하계약 등의 소송계약 이후 임의로 소를 제기·유지하는 경우(대판 2013.7.25. 2013다19052: 모든 민·형사상 소송취하에 합의해 놓고 항소심을 진행하여 확정판결을 받는 경우), ② 부적법한 당사자추가신청에 동의한 피고가 본안판결 선고 이후 신청이 부적합하다고 주장하는 경우(대판 1998.1.23. 96다41496 ; 대판 2008.6.12. 2008다11276)(13회 선택형), ③ 피고의 추완항소를 받아들여 심리한 결과 항소가 이유 없다고 기각되자 피고가 이번에는 추완항소의 부적법을 주장하는 경우(대판 1995.1.24. 93다25875: 법전협 표준판례 (3)), ④ 가압류채권자가 가압류의 효력에 반한 준소비대차가 무효임을 전제로 기존채권에 대한 추심을 마치고 이번에는 그 준소비대차가 유효함을 전제로 하여 신채권에 대한 추심을 주장하는 경우(대판 2007.1.11. 2005다47175), ⑤ 임대차가 종료된 경우에 배당요구를 한 임차인이 낙찰허가결정이 확정된 후 배당요구시의 주장과는 달리 임대차기간이 종료되지 않았음을 주장하면서 낙찰자에게 대항력을 행사하는 경우(대판 2001.9.25. 2000다24078), ⑥ 무효인 공정증서를 집행권원으로 한 경매절차에서 공정증서의 무효를 주장하여 경매절차를 저지할 수 있었음에도 이를 방치하고 오히려 공정증서가 유효임을 전제로 변제를 주장한 경우 사후적으로 공정증서의 무효를 전제로 강제경매가 무효라고 주장하는 경우(대판 1992.7.28. 92다7726: 법전협 표준판례 (8))가 그 예이다.

> **[비교판례]** 判例는 제1심에서 이사회소집절차의 적법을 주장하다가 항소심에서 소집절차의 하자를 주장한 사안에서 어떤 사실에 관한 **법률적 평가를 달리하여 주장**하는 것만으로는 금반언의 원칙이나 신의성실의 원칙에 반한다고 할 수 없다(대판 2010.6.24. 2010다2107)고 판시하였고, 별소에서 상대방의 주장사실을 부인하다가 본소에서 그 주장사실과 같은 내용의 주장을 하더라도 신의칙에 반하지 않는다고 판단하였다(대판 1984.10.23. 84다카855).[1]

3) 적용의 한계

객관적 진실이 우선되는 가사소송에서는 금반언의 원칙이 적용될 여지가 없다. 자백의 취소와 같이 법에서 금지하고 있지 않고 후행행위가 진실인 경우도 금반언의 원칙에 의해 금지하여서는 아니 된다.

(3) 소권의 실효

1) 의의 및 요건

실효의 원칙이라 함은 권리자가 i) 장기간에 걸쳐 그 권리를 행사하지 아니함에 따라 ii) 그 의무자인 상대방이 더 이상 권리자가 권리를 행사하지 아니할 것으로 신뢰할 만한 정당한 기대를 가지게 된 경우에 iii) 새삼스럽게 권리자가 그 권리를 행사하는 것은 법질서 전체를 지배하는 신의성실의 원칙에 위반되어 허용되지 아니한다는 것을 의미한다(대판 1996.7.30. 94다51840)(1회 선택형).

2) 적용범위

실효의 원칙은 보통 기간의 정함이 없는 항소권, 통상항고·이의·판결경정신청 등의 각종의 신청, 형성소권 등에 적용된다.

① **[기간의 정함이 없는 항소권]** 判例는 허위주소로 소제기하여 자백간주 되고 판결정본도 허위주소로 송달된 사건에서, 판결정본의 송달이 무효이므로 상대방은 판결정본의 송달을 받지 않은 상태여서 항소기간은 진행하지 않는다고 보았다(대판 1996.7.30. 94다51840). 이러한 기간의 정함이 없는 항소권에 대해 대법원은 "항소권과 같은 소송법상 권리에도 실효의 원칙이 적용될 수 있다"(대판 1996.7.30. 94다51840; 법전협 표준판례 (4))(2회 선택형)고 한다. 다만 "실효의 원칙이 적용되기 위하여 필요한 요건으로서의 실효기간(권리를 행사하지 아니한 기간)의 길이와 의무자인 상대방이 권리가 행사되지 아니하리라고 신뢰할 만한 정당한 사유가 있었는지의 여부는 일률적으로 판단할 수 있는 것이 아니라 **구체적인 경우마다 권리를 행사하지 아니한 기간의 장단과 함께 권리자측과 상대방측 쌍방의 사정 및 객관적으로 존재한 사정 등을 모두 고려하여 사회통념에 따라 합리적으로 판단하여야 한다**"(대판 1992.5.26. 92다3670; 법전협 표준판례 (5))는 입장이다(2회 선택형).

   [비교판례] 허위주소로 송달한 사위판결이라도 공시송달의 방법으로 판결정본이 송달된 경우에는 송달이 유효하고 따라서 그 판결에 대하여 상고 제기 기간 내에 상소를 하지 아니하면 판결은 형식적으로 확정된다(대판 1985.7.9. 85므12; 법전협 표준판례(281) : 이는 제451조 1항 11호 소정의 재심사유에 해당한다).

② **[소권의 실효 인정 여부]** 判例는 "근로자들이 면직 후 바로 아무런 이의 없이 퇴직금을 수령하였으며 그로부터 9년 후 1980년 해직공무원의 보상 등에 관한 특별조치법 소정의 보상금까지 수령하였다면 면직일로부터 10년이 다 되어 면직처분무효확인의 소를 제기함은 신의성실의 원칙에 반하거나 실효원칙의 따라 권리의 행사가 허용되지 않는다"(대판 1992.5.26. 92다3670; 법전협 표준판례 (5))고 한바, 원칙적으로 소권실효긍정설의 입장에 있는 것으로 평가된다.

   [판례검토] 소권의 실효를 권리자가 특별한 이유 없이 장기간 권리를 행사하지 않았고, 그것이 상대방에게 정당한 신뢰를 준 경우에 한하여 소권을 일시적으로 상실시키는 개념으로 이해한다면 크게

---

1) "별소에서 피고의 점유사실을 부인하고 피고의 취득시효주장을 다투던 원고가 본소에서 피고의 불법점유를 원인으로 부당이득금반환 청구를 함에 이르렀다 하여도 별소에서 원고가 시효취득요건사실을 부인하고 반증을 제출한 것은 상대방의 시효취득주장에 대한 방어방법으로서의 진술 및 입증에 불과한 것이며, 그 소송에서 피고가 패소한 것은 피고가 그 주장사실에 대한 입증을 다하지 못한데 기인한 것이고, 또 별소에서는 피고가 이건 부동산을 1959.3.13부터 20년간 소유의 의사로 평온, 공연하게 점유함으로써 시효취득하였는지 여부가 그 쟁점임에 반해서 본소에서는 피고가 이건 부동산을 1972.1.1부터 1981.12.31까지 점유하고 있었는지 여부가 쟁점으로서 두 소송의 쟁점이 서로 다른 것이라면 본 소송이 신의칙에 반하는 것으로서 권리보호의 이익이 없는 부적법한 것이라고 할 수 없다"

문제 될 것이 없으므로 **소권실효긍정설의 입장이 타당하다**(소권실효부정설을 취하면 아래의 '소권의 남용'을 검토할 수 있다).

　　[관련판례] ＊ **토지양도약정을 체결하고 15년이 지난 후 비로소 양도약정의 무효를 주장한 경우**
　　"甲이 乙이 장래 설립·운영할 丙 주식회사에 토지를 현물로 출자하거나 매도하기로 약정하고 丙 회사 설립 후 소유권이전등기를 마쳐 준 다음 회장 등 직함으로 장기간 丙 회사의 경영에 관여해 오다가, 丙 회사가 설립된 때부터 약 15년이 지난 후에 토지 양도의 무효를 주장하면서 소유권이전등기의 말소를 구한 사안에서, 위 약정은 상법 제290조 제3호에서 정한 재산인수로서 정관에 기재가 없어 무효이나, 丙 회사로서는 장기간 丙 회사의 경영에까지 참여하여 온 甲이 이제 와서 丙 회사의 설립을 위한 토지 양도의 효력을 문제 삼지 않을 것이라는 정당한 신뢰를 가지게 되었고, 甲이 乙과 체결한 사업양도양수계약에 따른 양도대금 채권이 시효로 소멸하였으며, 甲이 丙 회사 설립 후 15년 가까이 지난 다음 토지의 양도가 정관의 기재 없는 재산인수임을 내세워 자신이 직접 관여한 회사설립행위의 효력을 부정하면서 무효를 주장하는 것은 회사의 주주 또는 회사채권자 등 이해관계인의 이익 보호라는 상법 제290조의 목적과 무관하거나 오히려 이에 배치되는 것으로서 신의성실의 원칙에 반하여 허용될 수 없다"(대판 2015.3.20. 2013다88829)

(4) 소권의 남용금지

1) 의 의

'소권의 남용'이란 소송 외의 목적 추구를 위한 소송상의 권능 행사를 말한다. 이러한 소권의 남용은 보호할 가치가 없어 금지된다. 2023. 10. 19.부터 시행되는 민사소송법은 패소할 것이 분명한 경우나 소권을 남용하여 청구기각될 것임이 명백한 소를 반복적으로 제기하는 경우에 대한 제재수단을 개선·보완하였다.

2) 구체적 예

① 소송 외의 간편한 방법이나 특별절차가 있음에도 소를 제기하는 경우, ② 소권의 행사가 법의 목적에 반하거나 무익한 경우(민사소송법은 무익한 소권의 행사를 막고 소권의 남용을 방지하기 위해 소송비용의 담보 제공을 신설하였다. 제117조), ③ 법관기피 신청이 오직 소송지연 내지 재판저해를 목적으로 하는 경우(대결 1981.2.26. 81마14), ④ 재심청구가 배척당하여 확정되었음에도 법률상 받아들여질 수 없음이 명백한 이유를 들어 같은 내용의 재심청구를 거듭하는 경우(대판 1997.12.23. 96재다226: 법전협 표준판례 (6)), ⑤ 기존회사의 채무면탈을 목적으로 한 신설회사를 설립한 때와 같이 법인격을 남용한 경우(대판 2004.11.12. 2002다66892), ⑥ 증명방해행위(대판 1995.3.10. 94다39567), ⑦ 확정판결에 의한 권리를 남용한 경우(대판 1984.7.24. 84다카572), ⑧ 단순히 금전상의 욕구를 충족하기 위하여 소를 제기·유지하는 경우(대판 1974.9.24. 74다767), ⑨ 부제소 특약으로 인하여 제소가 부적법한 경우, 스스로 소를 제기하는 것이 아니라 타인의 부적법한 소에 공동소송참가를 하는 경우(대판 1988.10.11. 87다카113: 법전협 표준판례 (7))가 그 예이다.

3) 2023. 10. 19. 개정 민사소송법의 주요 내용

① **[소장의 접수 보류]** 법원은 소장에 붙이거나 납부한 인지액이 '민사소송 등 인지법' 제13조 2항 각 호에서 정한 금액에 미달하는 경우 소장의 접수를 보류할 수 있다(제248조 2항). 법원에 제출한 소장이 접수되면 소장이 제출된 때에 소가 제기된 것으로 본다(동법 3항).

② **[소권 남용과 직권 공시송달명령]** 원고가 소권(항소권을 포함)을 남용하여 청구가 이유 없음이 명백한 소를 반복적으로 제기한 것에 대하여 법원이 변론 없이 판결로 소를 각하한 경우에는 재판장은 직권으로 피고에 대하여 공시송달을 명할 수 있다(제194조 4항)(13회 선택형).

③ **[소권 남용에 대한 과태료 제재]** 원고가 소권(항소권을 포함)을 남용하여 청구가 이유 없음이 명백한 소를 반복적으로 제기한 경우에는 법원은 결정으로 500만원 이하의 과태료에 처한다(제219조의2).

④ **[패소할 것이 분명한 경우 소송비용에 대한 소송구조 금지]** 패소할 것이 분명한 경우 소송구조 신청에 필요한 소송비용과 제133조에 따른 불복신청에 필요한 소송비용에 대하여도 소송구조를 하지 아니한다(제128조 2항).

4. 위반의 조사 및 효과

신의칙은 소송요건이므로 '직권조사사항'인바(대판 1989.9.29. 88다카17181: 법전협 표준판례 (9,127)), 신의칙 위반의 소제기는 부적법 '각하'되고(청구기각 아님), 신의칙 위반의 소제기 외의 소송행위는 '무효'이다. 그러나 신의칙 위반의 소송행위를 간과한 판결이 당연무효인 것은 아니므로, 판결의 확정 전에는 상소로 다툴 수 있고, 확정 후에는 재심사유에 해당하는 경우에 한하여 재심으로 취소할 수 있다(편취판결의 경우 제451조 1항 3호, 11호의 재심사유에 해당). 나아가 실체법상 효과로 불법행위에 의한 손해배상을 청구할 수도 있다. 다만 判例는 "민사소송을 제기한 사람이 패소판결을 받아 확정된 경우 그와 같은 소의 제기가 상대방에 대하여 위법한 행위가 되는 것은 소의 제기가 재판제도의 취지와 목적에 비추어 현저하게 상당성을 잃었다고 인정되는 경우에 한한다"고 한다(대판 2010.6.10. 2010다15363).

[관련판례] "일반적으로 소송을 제기하거나 제기된 소송에 응소하는 것 자체는 헌법에 의하여 보장된 국민의 권리실현이나 권리보호를 위한 수단으로서 원칙적으로 적법하되, 다만 그와 같은 소제기나 응소행위가 권리실현이나 권리보호를 빙자하여 상대방의 권리나 이익을 침해하거나 상당한 이유 없이 상대방에게 고통을 주려는 의사로 행하여지는 등 고의·과실이 인정되고, 그것이 공서양속에 반하는 정도에 이른 것인 경우에만 위법성을 띠고 불법행위를 구성한다고 볼 것이다"(대판 2013.3.14. 2011다91876).

Ⅲ. 민사소송법규의 종류
[A-2]

1. 훈시규정과 효력규정

위반 시 소송법상 위반의 효력이 발생하지 않는 것을 훈시규정이라 하고, 위반의 효력(무효 또는 취소)이 발생하는 것을 효력규정이라 한다. 효력규정은 다시 강행규정과 임의규정으로 구분된다.

[관련판례] "당사자는 법원 또는 상대방의 소송행위가 소송절차에 관한 규정을 위반한 경우 민사소송법 제151조에 의하여 그 소송행위의 무효를 주장하는 이의신청을 할 수 있고 법원이 당사자의 이의를 이유 있다고 인정할 때에는 그 소송행위를 무효로 하고 이에 상응하는 조치를 취하여야 하지만, 소송절차에 관한 규정 중 단순한 훈시적 규정을 위반한 경우에는 무효를 주장할 수 없다. 민사소송법 제199조(종국판결 선고기간), 제207조(선고기일) 등은 모두 훈시규정이므로 법원이 종국판결 선고기간 5월을 도과하거나 변론종결일로부터 2주 이내 선고하지 아니하였다 하더라도 이를 이유로 무효를 주장할 수는 없다"(대판 2008.2.1. 2007다9009).

2. 강행규정

(1) 의 의

'강행규정'이란 위반 시 당사자의 이의 유무 등을 불문하고 그 소송행위나 절차가 무효(취소의 경우도 있음)로 되는 규정을 말한다. 재판의 공정을 유지하기 위한 공익성에 근거한 규정으로 직권조사사항이며 법원의 구성, 법관의 제척, 전속관할, 당사자 능력, 재판의 공개, 상소제기기간(대판 1975.5.9. 72다379: 법전협 표준판례(132) : 항소제기기간은 불변기간이고 이에 관한 규정은 강행규정으로서 그 기간의 기산점이 되는 판결정본의 송달에 관하여서는 책문권의 상실로 인하여 그 하자가 치유될 수 없다) 등이 이에 해당한다.

(2) 위반의 효과

1) 강행규정에 위반한 소제기

무효이지만 법원은 판결로써 소를 각하한다.

2) 강행규정에 위반한 소송행위

무효이고 절차안정을 위해 민법상 취소를 인정하지는 않지만, 민법상 무효행위의 전환법리에 따라 당사자가 의도하는 목적과 동일한 다른 소송행위의 요건을 갖춘 경우에는 그 다른 소송행위의 효력을 인정할 수 있다(민법 제138조).

3) 강행규정에 위반한 판결

① **[당연무효(이, 재, 적)]** 당사자 사망의 경우처럼 이당사자대립구조가 무너진 경우, 재판권이 없는 경우, 당사자 적격이 없는 경우 등 하자가 중대한 경우 그 판결은 당연무효이고, 무효인 판결에 대한 상소 · 재심은 대상적격이 없어 부적법 각하된다.

② **[유효이지만 취소 가능]** 하자가 중대하지 않은 경우 그 판결은 취소할 수 있다. 따라서 판결이 확정되기 전에는 상소로써 취소할 수 있고, 확정된 후에는 재심사유가 있는 경우에 한하여 취소할 수 있다.

3. 임의규정

(1) 의의 및 위반의 효과

위반 시 당사자의 이의가 있는 경우에만 그 소송행위나 절차가 무효로 되고(이의권, 항변사항), 이의가 없는 경우에는 하자가 치유되어 유효인 규정이다(이의권의 상실포기 제151조).[2]

(2) 소송상 합의의 가부

사법상의 임의규정은 당사자의 의사에 의해 그 적용을 배제할 수 있으나, 소송법규의 경우는 소송절차의 안정을 위해 당사자의 의사에 의한 소송절차의 변경은 원칙적으로 허용되지 않는다(임의소송금지의 원칙). 그러나 관할의 합의(제29조), 피고경정(제260조), 청구의 변경(제262조), 불항소의 합의(제390조 1항 단서) 등 법규정이 있는 경우에는 **예외적으로 허용**되고, 명문의 규정이 없더라도 당사자가 소송 목적이 되는 권리관계를 자유롭게 처분할 수 있는 경우에는 그 합의가 공서양속에 반하지 않는 한 허용된다.

---

2) 당사자는 소송절차에 관한 규정에 어긋난 것임을 알거나, 알 수 있었을 경우에 바로 이의를 제기하지 아니하면 그 권리를 잃는다(제151조 본문). 다만, 그 권리가 포기할 수 없는 것인 때에는 그러하지 아니하다(제151조 단서).

제 2 편
소송의 주체

제1장 | 법 원

제1절 재판권

	재판권	관할권
의 의	구체적 사건을 재판에 의해 처리하는 국가권력	특정사건에 대하여 어느 법원이 재판권을 행사하는가에 대한 재판권의 분장관계
판단기준	우리나라의 법원을 일체로 보아 사람 및 사건에 대한 권한이 있는지를 추상적으로 판단함	재판권의 존재를 전제로 어느 법원이 재판권을 행사하여야 하는지를 구체적으로 판단함
법적성질	소송요건	
조사방식	직권조사사항, 직권탐지주의	
흠결의 효과	부적법 각하	관할권 있는 법원에 이송(제34조 1항)

Ⅰ. 재판권의 인적범위 [A-3]

1. 의 의

민사재판권은 국가의 영토고권 때문에 국적을 불문하고 국내에 있는 모든 사람에게 미치나, 치외법권자(외교사절단의 구성원과 그 가족, 영사관원과 그 사무직원, 외국원수·수행원과 그 가족, 외국국가)에 대하여 제한되는 경우가 있다.

2. 외국주권국가에 대한 재판권의 존부

(1) 문제점

외국의 주권국가에 대하여는 국내법원의 재판권이 미치지 않는다는 것이 국제관습법상 인정되는 주권면제이론 또는 국가면제이론이다. 다만 주권면제의 범위에 대하여는 견해가 대립하고 있다.

(2) 학 설

절대적 면제론은 절대적 주권주의에 근거하여 외국 국가의 행위에 대하여는 그 행위의 성질을 묻지 않고 항상 우리나라 법원의 재판권으로부터 면제된다는 이론이다. **상대적 면제론**(제한적 면제이론)은 외국 국가의 행위의 성질에 따라, 즉 사법적 활동인 경우는 재판권의 면제가 인정되지 않지만 공권적 활동에 대하여는 면제가 인정된다는 이론이다.

(3) 판 례 [사, 주, 밀, 부]

종래 判例는 절대적 면제론의 입장이었으나, 최근 "우리나라의 영토 내에서 행하여진 외국의 사법적 행위가 주권적 활동에 속하는 것이거나 이와 밀접한 관련이 있어서 이에 대한 재판권의 행사가 외국의 주권적 활동에 대한 부당한 간섭이 될 우려가 있다는 등의 특별한 사정이 없는 한, 외국의 사법적 행위에 대하여는 당해 국가를 피고로 하여 우리나라의 법원이 재판권을 행사할 수 있다"(대판 1998.12.17. 전합97
다39216: 법전협 표준판례 (10))고 판시하여 **상대적 면제론으로** 입장을 변경하였다.

(4) 검 토

외국국가가 사경제의 주체로서 활동하는 경우 실질적으로 개인과 다를 바 없고, 사법적 행위에 재판
권이 미치지 않는다고 하면 우리나라의 주권행사를 포기하는 것과 같으며, 절대적 면제론은 오늘날
의 국제관례에도 어긋나므로 상대적 면제론이 타당하다.

(5) 구체적 예

① **[외국을 피고로 한 건물철거·토지인도·부당이득반환 소송]** "외국이 국내 부동산을 점유하는 것을 두
고 반드시 주권적 활동에 속하거나 이와 밀접한 관련이 있는 사법적 행위에 해당한다고 볼 수도 없다. 다만 외
국이 부동산을 '공관지역'으로 점유하는 것은 그 성질과 목적에 비추어 주권적 활동과 밀접한 관련이 있다고
볼 수 있고, 국제법상 외국의 공관지역은 원칙적으로 불가침이며 접수국은 이를 보호할 의무가 있다.
따라서 외국이 부동산을 공관지역으로 점유하는 것과 관련하여 해당 국가를 피고로 하여 제기된 소송이 외교
공관의 직무 수행을 방해할 우려가 있는 때에는 그에 대한 우리나라 법원의 재판권 행사가 제한된다"(대판
2023.4.27. 2019다247903 : 대사관 건물철거 및 그 부지 인도 청구에 대하여는 재판권이 없으나, 부당이득반환청구에
대하여는 재판권이 있다고 본 사안).

② **[외국을 피고로 한 추심금 소송]** "피압류채권이 외국의 사법적 행위를 원인으로 하여 발생한 것이고
그 사법적 행위에 대하여 해당 국가를 피고로 하여 우리나라 법원이 재판권을 행사할 수 있다고 하더
라도, 피압류채권의 당사자가 아닌 집행채권자가 해당 국가를 제3채무자로 한 압류 및 추심명령을
신청하는 경우, 우리나라 법원은, 해당 국가가 사법적 행위로 부담하는 국가의 채무에 대하여 우리나
라 법원에 의하여 명하여지는 강제집행의 대상이 될 수 있다는 점에 대하여 명시적으로 동의하였거나,
우리나라 법원의 압류 등 강제조치에 대하여 재판권 면제 주장을 포기한 것으로 볼 수 있는 경우 등에 한하
여 해당 국가를 제3채무자로 하는 채권압류 및 추심명령을 발령할 재판권을 가진다고 볼 것이다. 그
리고 이와 같이 우리나라 법원이 외국을 제3채무자로 하는 추심명령에 대하여 재판권을 행사할 수 있는
경우에는 그 추심명령에 기하여 외국을 피고로 하는 추심금 소송에 대하여도 역시 재판권을 행사할 수 있
다고 할 것이고, 반면 추심명령에 대한 재판권이 인정되지 않는 경우에는 추심금 소송에 대한 재판권 역시
인정되지 않는다"(대판 2011.12.13. 2009다16766).[1]

---

1) **[사실관계]** 대한민국에 거주하면서 주한미군사령부에서 근무하는 甲의 채권자 乙이 우리나라 법원에서 제3채무자를 미합중국으로
하여 甲이 미합중국에 대하여 가지는 퇴직금(임금) 등에 대하여 채권압류 및 추심명령을 받은 후 추심금의 지급을 구한 사안에서,
"乙과 미합중국 사이에는 아무런 사법적 계약관계가 없어 乙이 미합중국을 상대로 제기한 추심금 소송에 대하여 우리나라 법원
이 당연히 재판권을 행사할 수 있는 것은 아니고, 한미행정협정 제23조 5항 또는 6항에 따른 청구권의 실행 절차에 관한 규정인
'협정 제23조 비형사재판절차에 관한 합동위원회 합의사항 제1호'는 乙이 甲에게 가지는 채권의 만족을 위한 강제집행에는 적용
되지 않으며, 미합중국이 고용원인 甲에게 부담하는 임금 등 채무에 대하여 압류 기타 우리나라 법원에 의하여 명하여지는 강제
집행의 대상이 될 수 있다는 점에 대하여 명시적으로 동의하였다거나, 우리나라 내에 그 채무의 지급을 위하여 재산을 따로 할당해
두는 등 우리나라 법원의 압류 등 강제조치에 대하여 재판권 면제 주장을 포기하였다고 볼 아무런 자료가 없으므로 결국 우리나라
법원은 미합중국을 제3채무자로 한 채권압류 및 추심명령을 발령할 재판권을 가지지 못하고, 따라서 위 채권압류 및 추심명령은
재판권이 없는 법원이 발령한 것으로 무효이고, 우리나라 법원은 추심금 소송에 대하여도 재판권이 인정되지 않는다"

Ⅱ. 재판권의 물적범위(국제재판관할권) [A-4]

1. 의 의

섭외적 민사사건에 대해 어느 나라의 법원이 재판권을 가지는지의 문제인바, 이는 관할의 문제가 아니라 재판권의 물적 범위의 문제이다. 우리나라 법원으로의 재판관할합의가 없거나 우리나라 법원에 변론재판관할이 발생하지 않는 경우 어느 나라 법원이 국제재판관할권을 갖는지 문제된다.

2. 결정 기준

(1) 종래의 학설과 판례

종래 역추지설(국내법이 기준)[2], 관할배분설(조리가 기준)[3], 수정역추지설(조리에 반하지 않는 한 국내법이 기준 : 대판 1995.11.21. 93다39607)[4]의 대립이 있었다.

(2) 개정 국제사법

개정 국제사법 제2조 1항은 '법원은 당사자 또는 분쟁이 된 사안이 대한민국과 실질적 관련이 있는 경우에 국제재판관할권을 가진다. 이 경우 법원은 실질적 관련의 유무를 판단함에 있어 국제재판관할 배분의 이념에 부합하는 합리적인 원칙에 따라야 한다'고 규정하고, 2항에서 '법원은 **국내법의 관할규정을 참작하여** 국제재판관할권의 유무를 판단하되, 1항의 규정의 취지에 비추어 **국제재판관할의 특수성을 충분히 고려하여야 한다**'고 규정하고 있다(수정역추지설 = 2조 2항의 국내토지관할 + 2조 1항의 실질적 관련성).

[관련판례] "민사소송법 제2조는 '소는 피고의 보통재판적이 있는 곳의 법원이 관할한다.'라고 정하고 있고, 민사소송법 제5조 제1항 전문은 '법인, 그 밖의 사단 또는 재단의 보통재판적은 이들의 주된 사무소 또는 영업소가 있는 곳에 따라 정한다.'라고 정하고 있다. 이는 원고에게 피고의 주된 사무소 또는 영업소가 있는 법원에 소를 제기하도록 하는 것이 관할 배분에서 당사자의 공평에 부합하기 때문이므로, 국제재판관할에서도 피고의 주된 사무소가 있는 곳은 영업관계의 중심적 장소로서 중요한 고려요소가 된다"(대판 2021.3.25. 2018다230588 : 국제재판관할권은 배타적인 것이 아니라 병존할 수도 있다).

(3) 최근 대법원의 입장

1) 국제재판관할권 인정의 기준 [공, 적, 신, 경] [16행정]

"국제재판관할을 결정함에 있어서는 당사자 간의 공평, 재판의 적정, 신속 및 경제를 기한다는 기본이념에 따라야 할 것이고, 구체적으로는 소송당사자들의 공평, 편의 그리고 예측가능성과 같은 개인적인 이익뿐만 아니라 재판의 적정, 신속, 효율 및 판결의 실효성 등과 같은 법원 내지 국가의 이익도 함께 고려하여야 할 것이며, 이러한 다양한 이익 중 어떠한 이익을 보호할 필요가 있을지 여부는 개별사건에서 법정지와 당사자와의 실질적 관련성 및 법정지와 분쟁이 된 사안과의 실질적 관련성을 객관적인 기준으로 삼아 합리적으로 판단하여야 할 것이다"(대판 2005.1.27. 2002다59788: 법전협 표준판례 (11)).

---

[2] 국내법을 적용하여 토지관할이 있으면 그로부터 역으로 국제재판관할이 인정된다는 견해
[3] 국제재판관할권의 유무는 조리에 따라 결정한다는 견해
[4] "섭외사건의 국제 재판관할에 관하여 일반적으로 승인된 국제법상의 원칙이 아직 확립되어 있지 아니하고 이에 관한 우리 나라의 성문법규도 없는 이상, 섭외사건에 관한 외국 법원의 재판관할권 유무는 당사자간의 공평, 재판의 적정, 신속을 기한다는 기본이념에 따라 조리에 의하여 결정함이 상당하고, 이 경우 우리 나라의 민사소송법의 토지관할에 관한 규정 또한 그 기본이념에 따라 제정된 것이므로, 그 규정에 의한 재판적이 외국에 있을 때에는 이에 따라 외국 법원에서 심리하는 것이 조리에 반한다는 특별한 사정이 없는 한 그 외국 법원에 재판관할권이 있다고 봄이 상당하다"

2) 대한민국의 실질적 관련성을 인정한 예

① **[김해공항에서 발생한 항공기 추락사고]** 2002년 김해공항 인근에서 발생한 중국 항공기 추락사고로 사망한 중국인 승무원의 유가족이 중국 항공사를 상대로 대한민국 법원에 손해배상청구소송을 제기한 사안에서, "민사소송법상 토지관할권, 소송당사자들의 개인적인 이익, 법원의 이익, 다른 피해유가족들과의 형평성 등에 비추어 위 소송은 대한민국과 실질적 관련이 있다고 보기에 충분하므로, 대한민국 법원이 국제재판관할권을 가진다"(대판 2010.7.15. 2010다18355)고 판시하였다.

② **[베트남에 살포된 고엽제 피해]** "물품을 제조 · 판매하는 제조업자에 대한 제조물책임소송에서 손해발생지 법원에 국제재판관할권이 있는지를 판단하는 경우에는 제조업자가 손해발생지에서 사고가 발생하여 그 지역의 법원에 제소될 것임을 합리적으로 예견할 수 있을 정도로 제조업자와 손해발생지 사이에 실질적 관련성이 있는지를 고려하여야 한다"(대판 2013.7.12. 2006다17539).

③ **[강제징용 피해자의 일본국 회사를 상대로 한 손해배상청구]** "미쓰비시가 대한민국 내 업무 진행을 위한 연락사무소가 소 제기 당시 대한민국 내에 존재하고 있었던 점, 대한민국은 구 미쓰비시가 일본국과 함께 甲 등을 강제징용한 후 강제노동을 시킨 일련의 불법행위 중 일부가 이루어진 불법행위지인 점, 피해자인 甲 등이 모두 대한민국에 거주하고 있고 사안의 내용이 대한민국의 역사 및 정치적 변동 상황 등과 밀접한 관계가 있는 점, 甲 등의 불법행위로 인한 손해배상청구와 미지급임금 지급청구 사이에는 객관적 관련성이 인정되는 점 등에 비추어 대한민국은 사건 당사자 및 분쟁이 된 사안과 실질적 관련성이 있어 대한민국 법원이 국제재판관할권을 가진다"(대판 2012.5.24. 2009다22549).

④ **[외국에 등록된 특허권]** "피고가 직무발명을 완성한 곳이 대한민국이고, 원고가 직무발명에 기초하여 외국에 등록되는 특허권이나 실용신안권에 대하여 통상실시권을 가지는지는 특허권이나 실용신안권의 성립이나 유 · 무효 등에 관한 것이 아니어서 그 등록국이나 등록이 청구된 국가 법원의 전속관할에 속하지도 아니하므로, 위 당사자 및 분쟁이 된 사안은 대한민국과 실질적인 관련성이 있어 대한민국 법원이 국제재판관할권을 가진다"(대판 2015.1.15. 2012다4763).[5]

⑤ **[외국에 가장 실질적인 관련성이 인정되나, 대한민국에도 실질적 관련성을 인정한 사례]** "대한민국 회사가 일본 회사에게 러시아에서 선적한 냉동청어를 중국에서 인도하기로 하고 그 대금은 선적 당시의 임시 검품 결과에 따라 임시로 정하여 지급하되 인도지에서 최종 검품을 하여 최종가격을 정한 후 위 임시가격과의 차액을 정산하기로 한 매매계약에서, 그 차액 정산에 관한 분쟁은 최종 검품 여부 및 그 결과가 주로 문제되므로 인도지인 중국 법원이 분쟁이 된 사안과 가장 실질적 관련 있는 법원이나, 대한민국 법원에도 당사자 또는 분쟁이 된 사안과 실질적 관련이 있어 국제재판관할권을 인정할 수 있다"(대판 2008.5.29. 2006다71908)

⑥ **[피고의 재산이 대한민국에 있는 경우]** "피고의 재산이 대한민국에 있다면 당사자의 권리구제나 판결의 실효성 측면에서 대한민국 법원의 국제재판관할권을 인정할 수 있다. 나아가 예측가능성은 피고와 법정지 사이에 상당한 관련이 있어서 법정지 법원에 소가 제기되는 것에 대하여 합리적으로 예견할 수 있었는지를 기준으로 판단해야 한다. 피고가 대한민국에서 생활 기반을 가지고 있거나 재산을 취득하여 경제활동을 할 때에는 대한민국 법원에 피고를 상대로 재산에 관한 소가 제기되리라는 점을 쉽게 예측할 수 있다"(대판 2019.6.13. 2016다33752).[6]

---

5) **[사실관계]** 원고 甲주식회사의 피고 乙에 대한 영업방해금지청구의 선결문제로서, 乙이 甲 회사와 맺은 근로계약에 따라 완성되어 대한민국에서 등록한 특허권 및 실용신안권에 관한 직무발명에 기초하여, 외국에서 등록되는 특허권 또는 실용신안권에 대하여, 甲 회사가 통상실시권을 취득하는지가 문제된 사안

⑦ **[이혼청구의 주요 원인이 된 사실관계가 대한민국에서 형성되었고 대한민국에 있는 재산이 재산분할대상인지 여부가 첨예하게 다투어지고 있는 경우]** "재판상 이혼과 같은 혼인관계를 다투는 사건에서 대한민국에 당사자들의 국적이나 주소가 없어 대한민국 법원에 국내법의 관할 규정에 따른 관할이 인정되기 어려운 경우라도 이혼청구의 주요 원인이 된 사실관계가 대한민국에서 형성되었고(부부의 국적이나 주소가 해외에 있더라도 부부의 한쪽이 대한민국에 상당 기간 체류함으로써 부부의 별거상태가 형성되는 경우 등) 이혼과 함께 청구된 재산분할사건에서 대한민국에 있는 재산이 재산분할대상인지 여부가 첨예하게 다투어지고 있다면, 피고의 예측가능성, 당사자의 권리구제, 해당 쟁점의 심리 편의와 판결의 실효성 차원에서 대한민국과 해당 사안 간의 실질적 관련성을 인정할 여지가 크다"(대판 2021.2.4. 2017므12552).

3) 대한민국의 실질적 관련성을 부정한 예

"외국에 있는 부동산에 관한 소송은 그 부동산이 외국영토에 속하므로 그 소재지국의 전속관할에 속하며, 이혼사건은 피고의 주소지가 있는 나라에 재판권이 있다"(대판 1975.7.22. 74므22).

■ 국제재판관할권의 결정기준   대판 2013.7.12. 2006다17539

사실관계 | 대한민국 국민 甲은 베트남전 참전 군인으로 베트남 전쟁 동안 살포된 고엽제의 다이옥신 성분(TCDD)에 노출되어 귀국한 후 우리나라에서 당뇨병, 암, 염소성여드름 등 각종 질병이 생겼다고 주장하며, 서울에 사무소를 두고 있는 미국 고엽제 제조회사인 乙 회사를 상대로 제조물책임에 기한 손해배상을 청구의 소를 한국 법원에 제기하였다. 재판권에 관한 합의는 없었으며, 乙 회사는 이 사건 고엽제 소송의 국제재판관할권은 미국 법원에 있다고 주장한다. 한국법원은 이 사건에 대하여 재판권이 있는가?

판례의 태도 | "원고 甲은 대한민국 국민이며, 피고는 우리나라 군인들이 베트남전에 참전하는 사실을 알고 있었으므로 베트남에서 살포된 고엽제에 노출된 우리나라 군인들이 귀국한 후 질병이 발생할 경우 우리나라에서 피고들을 상대로 제조물책임을 묻는 소를 제기할 수 있음을 충분히 예견할 수 있었던 점, 베트남전 참전군인들의 베트남전 복무 및 그 발생 질병에 관한 자료들이 모두 우리나라에 있고 피고들이 우리말로 번역하여야 한다고 주장하는 외국 자료의 분량에 비하여 월등히 많으며, 손해액 산정에 필요한 자료 또한 우리나라에서 수집하는 것이 편리한 점, 우리나라는 베트남전 참전국가로서 참전 중의 행위로 발생한 우리나라 군대 구성원의 질병에 관한 분쟁에 관하여 정당한 이익이 있는 점 등 여러 사정을 참작하여, 분쟁이 된 사안의 손해발생지 겸 당사자의 생활근거지인 우리나라는 이 사건의 사안 및 당사자와 실질적 관련성이 있다"(대판 2013.7.12. 2006다17539).

사안의 해결 | 외국법인인 피고 乙 회사의 사무소·영업소 또는 업무담당자의 주소가 한국에 있다면 이 사건 소송의 보통재판적은 한국에 있고(제2조, 제5조 2항), 특별재판적도 손해배상에 대한 의무이행지인 한국에 있다(제8조). 또한 이 사건 소송은 '불법행위에 관한 소'에 해당하는 바, 甲의 고엽제노출로 인한 피해는 우리나라에서 발생하였고, 제18조 1항의 '행위지'에는 가해행위지뿐만 아니라, 법익침해지로서의 결과발생지(손해발생지)도 포함되므로, 한국 법원에 토지관할권이 존재한다. 나아가 위 判例에 따르면 대한민국과의 실질적 관련성도 인정되므로 대한민국법원은 이 사건에 대하여 재판권이 있다.

---

6) **[사실관계]** 대한민국 법원에 제기된 대여금 청구 소송의 당사자들이 모두 중국인들이고 계약체결지가 중국이나, 피고들이 중국에서의 재판에 불응하고 대한민국에 생활기반을 마련하였고 원고도 영업을 위해 대한민국에 입국한 경우에는 대한민국 법원에 국제재판관할권이 인정된다고 한 사례

3. 국제재판관할의 합의

(1) 의 의

국제재판관할에 있어서도 합의관할을 인정할 수 있다. 합의가 무효가 아닌 한 당연히 재판권이 발생하고 국제사법 제2조가 적용되지 않는다.

(2) 전속적 국제재판관할합의의 유효요건 [대, 외, 합, 공]

1) 판 례

判例는 외국 법원만을 관할법원으로 하는 전속적 국제관할합의가 유효하려면 토지관할합의의 요건을 갖추는 외에 ⅰ) 당해 사건이 대한민국 법원의 전속관할에 속하지 않을 것, ⅱ) 지정된 외국법원이 그 외국법상 관할권을 가질 것, ⅲ) 당해 사건이 그 외국법원에 대하여 합리적인 관련성을 가질 것, ⅳ) 관할 합의가 현저하게 불합리하고 불공정하지 않을 것의 요건을 갖추어야 한다고 판시하였다(대판 2004.3.25. 2001다53349; 대판 2023.4.13. 2017다219232)(5회 선택형).

2) 검 토

判例에 대해 국제재판관할의 합의를 부당하게 축소시켜 당사자의 의사 및 이익에 반하고, 국제적 분쟁 발생시 예견되는 소송에서 당사자들의 이익 조정을 위하여 중립적인 제3국의 법원을 선정하는 경우가 있기 때문에 부당하다고 비판하는 견해가 있다. 그러나 법원으로 하여금 외국법의 적용, 외국에서의 증거조사 등 과도한 부담을 지게하고 당사자에게도 소제기 및 방어에 부담을 줄 수 있어 부당하므로 합리적 관련성을 요하는 判例가 타당하다.

(3) 전속적 토지관할 합의가 다른 나라의 재판권을 배제하는지 여부(원칙적 소극) [14변리]

"당사자들이 법정관할법원에 속하는 여러 관할법원 중 어느 하나를 관할법원으로 하기로 약정한 경우, 그와 같은 약정은 그 약정이 이루어진 국가 내에서 재판이 이루어질 경우를 예상하여 그 국가 내에서의 전속적 관할법원을 정하는 취지의 합의라고 해석될 수 있지만, 특별한 사정이 없는 한 다른 국가의 재판관할권을 완전히 배제하거나 다른 국가에서의 전속적인 관할법원까지 정하는 합의를 한 것으로 볼 수는 없다"(대판 2008.3.13. 2006다68209).[7]

---

7) **[사실관계]** 일본국에 거주하던 <u>채권자(오사카)</u>와 채무자(도쿄)가 돈을 대차하면서 채권자 주소지 법원을 제1심 관할법원으로 하는 전속적 관할합의를 하였는데, 그 후 위 채권이 국내에 주소를 둔 내국인(서울)에게 양도되어 외국적 요소가 있는 법률관계가 된 경우에는, 위 관할합의의 효력이 이에 미치지 아니하여 <u>대한민국 법원에 재판관할권이 있다</u>고 한 사례

| 핵심사례 A-01 |

■ 전속적 토지관할 합의가 다른 나라의 재판권을 배제하는지 여부　　　　2014년 변리사

> 일본 동경에 주소를 두고 음식점을 운영하던 甲은 동경에 주소를 두고 있는 乙에게 2004. 7. 4. 500만 엔을 변제기 2004. 9. 4.로 정하여 대여하였다. 그 차용증서는 일본의 문구점에서 그 내용의 대부분이 인쇄된 상태로 판매되고 있는 것으로서, '만일 본건에 관하여 분쟁이 생긴 때에는 채권자의 주소지 법원을 제1심 관할법원으로 하기로 합의한다'는 취지가 부동문자로 인쇄되어 있었다. 그런데 甲은 2013. 3. 27. 서울 서초구 서초동에 주소를 두고 있는 丙에게 기존의 채무를 청산하려고 위 대여금채권을 양도하였고, 채권양도사실을 통지했다. 채권을 양도받은 丙은 乙을 상대로 서울중앙지방법원에 차용증서를 제출하면서 양수금청구의 소를 제기하였다. 乙이 '이 사건 소는 합의관할을 위반하였기 때문에 서울중앙지방법원은 국제재판관할권이 없어 부적법하다'라고 항변을 하고 있다. **위 乙의 항변이 적법한지 여부에 대하여 논하시오.**

Ⅰ. 결 론

乙의 항변은 부적법하다.

Ⅱ. 논 거

1. 甲과 乙 사이의 관할합의가 유효한지 여부

(1) 관할합의의 요건 및 방식 [임, 소, 방, 법, 소]

(2) 사안의 경우

甲과 乙은 제1심의 토지관할(임의관할)에 대하여 합의하였고, 합의의 대상을 '본건에 관하여 분쟁이 생긴 때'로 특정하였으며, 관할법원도 '채권자의 주소지 법원'으로 특정하여 서면으로 합의하였다. 다만 부동문자로 인쇄된 토지관할합의의 효력이 문제되는데 이에 관하여 견해가 대립하나, 判例는 유효하다는 입장이다. 따라서 甲과 乙 사이의 관할합의는 유효하다.

2. 甲과 乙 사이의 관할합의가 전속적 관할합의인지 여부

(1) 관할합의가 불분명한 경우의 구별기준

"당사자들이 법정 관할법원에 속하는 여러 관할법원 중 어느 하나를 관할법원으로 하기로 약정한 경우, 그와 같은 약정은 그 약정이 이루어진 국가 내에서 재판이 이루어질 경우를 예상하여 그 국가 내에서의 전속적 관할 법원을 정하는 취지의 합의라고 해석될 수 있다"(대판 2008.3.13. 2006다68209)

(2) 사안의 경우

'채권자의 주소지 법원'은 제8조에 의하여 특별재판적이 되는 바, 법정관할법원을 관할법원으로 합의한 것이므로, 甲과 乙의 토지관할합의는 전속적 토지관할합의에 해당한다.

3. 甲과 乙 사이의 관할합의가 丙에게 미치는지 여부

(1) 일반적인 경우(효력이 미침 : 대결 2006.3.2. 2005마902 제2관 합의관할 참조)

(2) 전속적 토지관할 합의가 다른 나라의 재판권을 배제하는지 여부(원칙적 소극 : 대판 2008.3.13. 2006다68209)

(3) 사안의 경우

일본국에 거주하던 甲과 乙이 체결한 소비대차계약상 관할합의는 일본국에서 재판이 이루어질 경우를

전제로 전속적 관할합의로 봄이 상당하지만, 甲의 이 사건 대여금채권이 한국에 주소를 두고 있는 丙에게 양수되어 외국적 요소가 있는 법률관계가 된 이상, 甲과 乙 사이의 전속적 합의관할의 효력은 丙에게는 미치지 아니한다. 그 결과 한국에의 제소를 막는 재판권 합의는 없는 것이므로, 우리 법에 의해 한국 법원이 재판권을 갖는지가 정해진다.

4. 대한민국 법원이 국제재판관할권을 갖는지 여부(적극)

(1) 국제재판관할권의 결정기준

(2) 사안의 경우

1) 토지관할규정의 참작(국제사법 제2조 2항)

2) 실질적 관련성의 유무(국제사법 제2조 1항)

4. 국제재판관할에서 변론관할의 인정여부(적극)

"국제재판관할에서 변론관할을 인정하더라도 당사자 사이의 공평을 해칠 우려가 없는 점, 오히려 같은 당사자 사이의 분쟁을 일거에 해결할 수 있고 효과적인 절차의 진행 및 소송경제에도 적합한 점 등에 비추어, 당사자 또는 분쟁이 된 사안과 법정지인 대한민국 사이에 실질적 관련성이 없는 경우라도 변론관할에 의하여 대한민국 법원에 국제재판관할권이 생길 수 있다"(대판 2014.4.10. 2012다7571).[8]

[관련판례] "피고가 대한민국에 수시로 입국·체류하면서 변론에 출석하였고 주민등록을 두고 있는 곳에서 소송서류를 송달받기도 한 점, 피고가 관할 위반의 항변을 하지 않은 채 적극적으로 변론 활동을 한 점 등을 이유로 대한민국 법원과 해당 소송의 당사자 또는 그 분쟁이 된 사안 사이에 실질적인 관련성이 있다"(대판 2021.10.28. 2019므15425).

5. 국제재판관할권의 흠결

국제재판관할권의 존재는 소송요건으로서 직권조사사항이며, 외국판결의 승인요건이기도 하다(제217조, 제4편 제3장 제2절 I. 3. 외국법원의 확정판결에 기판력이 인정되는 경우 참조). 따라서 대한민국 법원에 국제재판관할권의 흠결이 있는 것은 소 각하 사유에 해당하므로, 이 점은 관할위반의 경우 소를 각하하기보다 이송함으로써 소송경제를 도모하는 토지관할과는 법리를 달리한다.

6. 외국판결의 승인(제4편 제3장 제2절 I. 3. 외국법원의 확정판결에 기판력이 인정되는 경우 참조)

7. 국제적 중복소송(제3편 제2장 제2관 Ⅳ 국제적 중복소송 참조)

> ✻ **준거법인 외국법에 대한 조사**
> "우리나라 법률상으로는 준거법으로서의 외국법의 적용 및 조사에 관하여 특별한 규정을 두고 있지 아니하나 외국법은 법률이어서 법원이 권한으로 그 내용을 조사하여야 하고, 그 방법에 있어서 법원이 합리적이라고 판단하는 방법에 의하여 조사하면 충분하고, 반드시 감정인의 감정이나 전문가의 증언 또는 국내외 공무소, 학교등에 감정을 촉탁하거나 사실조회를 하는 등의 방법만에 의하여야 할 필요는 없다"(대판 1990.4.10. 89다카20252)(8회 선택형)

---

8) **[사실관계]** 피고가 제1심법원에서 국제재판관할권의 존부에 관한 관할위반 항변을 하지 아니한 채 본안에 관한 변론만을 하였고, 그 결과 본안에 관한 사항만을 쟁점으로 한 제1심판결이 선고되었는데, 피고가 항소심에 이르러서야 국제재판관할권에 관한 관할위반을 주장한 사례.

Ⅲ. 재판권의 장소적 범위 [A-5]

민사재판권은 영토주권원칙에 따라 자국의 영토(헌법 3조 참조)에 한정된다. 특히 判例는 개성공업지구 현지기업 사이의 민사분쟁에 대하여도 당연히 재판관할권을 가진다는 입장이다(아래 관련판례 참조).

[관련판례] ＊ 개성공업지구 내 건물인도청구(재판관할권 인정, 이행의 소에 있어 소의 이익 인정)

判例는 현지기업인 원고가 현지기업인 피고를 상대로 임대차 종료에 따른 개성공업지구 내 건물의 인도를 구한 사안에서 ㉠ "대한민국 법원은 개성공업지구 현지기업 사이의 민사분쟁에 대하여 당연히 재판관할권을 가진다고 할 것이고, 이는 소송의 목적물이 개성공업지구 내에 있는 건물 등이라고 하여 달리 볼 것이 아니다"고 하면서, ㉡ "이행의 소는 원칙적으로 원고가 이행청구권의 존재를 주장하는 것으로서 권리보호이익이 인정되고, 이행판결을 받아도 집행이 사실상 불가능하거나 현저히 곤란하다는 사정만으로 그 이익이 부정되는 것은 아니므로, 원고가 개성공업지구에 위치한 건물에 관한 인도청구의 소에서 승소하더라도 그 강제집행이 곤란하다고 하더라도 소의 이익이 있다"(대판 2016.8.30. 2015다255265)고 판시한 바 있다.

Ⅳ. 재판권 흠결의 효과 [A-6]

사건에 인적·물적 재판권이 있어야 하는 것은 소송요건으로서 직권조사사항이고, 법원은 재판권의 존부를 판단하기 위한 자료를 직권탐지할 수 있다. 재판권의 흠결이 명백하면 재판장의 명령으로 소장을 각하하고(대결 1975.5.23. 74마281 : **소장각하명령**)[9], 명백하지 않으면 변론을 열어 판결로써 소를 각하해야 한다(소각하 판결).[10]

한편, 재판권의 흠결을 간과한 판결은 하자가 중대하여 **무효**이다. 따라서 판결의 확정 전에는 상소할 수 없고(무효인 판결은 상소의 대상적격이 없다는 것이 判例의 태도이나, 학설은 외관제거를 위해 상소를 인정한다), 확정 후에도 재심의 소를 제기할 수 없다(무효인 판결은 재심의 대상적격이 없다는 것이 判例의 태도이다).

---

9) 대법원은 일본국을 상대로 한 소장각하명령의 적부에 관하여 "국가는 국제관례상 외국의 재판권에 복종하지 않게 되어 있으므로 특히 조약에 의하여 예외로 된 경우나 스스로 외교상의 특권을 포기하는 경우를 제외하고는 외국 국가를 피고로 하여 우리나라가 재판권을 행사할 수 없는 것이니 일본국을 상대로 한 소장을 송달할 수 없는 경우에 해당한다고 하여 소장각하명령을 한 것은 정당하다"고 하였으나, 위 判例는 "국제관습법에 의하면 국가의 주권적 행위는 다른 국가의 재판권으로부터 면제되는 것이 원칙이라 할 것이나, 국가의 사법적(私法的) 행위까지 다른 국가의 재판권으로부터 면제된다는 것이 오늘날의 국제법이나 국제관례라고 할 수 없다. 우리 나라의 영토 내에서 행하여진 외국의 사법적 행위가 주권적 활동에 속하는 것이거나 이와 밀접한 관련이 있어서 이에 대한 재판권의 행사가 외국의 주권적 활동에 대한 부당한 간섭이 될 우려가 있다는 등의 특별한 사정이 없는 한, 외국의 사법적(私法的) 행위에 대하여는 당해 국가를 피고로 하여 우리 나라의 법원이 재판권을 행사할 수 있다"(대판 1998.12.17. 전합 97다39216)는 전원합의체 판결에 의해 변경되었다. 따라서 '외국 국가를 피고로 하여 우리나라가 재판권을 행사할 수 없다'는 전제조건만 변경된 것이므로 다른 명백한 재판권의 흠결사유가 인정될 경우 소장각하명령이 가능하다는 결론은 유효하다.

10) **[학설]** 이에 반해 재판권이 없음이 명백하여 소장을 송달할 수도 없으면 소장각하명령을 해야 한다는 견해가 있다(이시윤).

제2절 법관의 제척 · 기피 · 회피

	제 척	기 피	회 피
의의	법률이 정한 제척사유가 있을 때 법률에 의하여 당연히 직무집행에서 배제(제41조)	제척이유 외에 법관에게 공정한 재판을 기대하기 어려운 객관적 사정이 있는 경우 직무에서 배제(제43조)	제척 · 기피사유가 있을 때 법관 스스로 배제(제49조)
절차	직권 또는 신청에 대한 재판 (확인적 성질의 재판)	신청에 대한 재판 (형성적 성질의 재판)	감독권 있는 법원의 허가
간과 판결	절대적 상고이유(제424조 1항 2호) 재심사유(제451조 1항 2호)		적법 유효(허가는 사법행정상 처분이지 제척 · 기피 사유를 확정하는 재판이 아님)

Ⅰ. 법관의 제척

[A-7]

> **제41조 (제척의 이유)** 법관은 다음 각호 가운데 어느 하나에 해당하면 직무집행에서 제척(除斥)된다.
> 1. 법관 또는 그 배우자나 배우자(법률혼만 포함 : 저자주)이었던 사람이 사건의 당사자가 되거나, 사건의 당사자와 공동권리자 · 공동의무자 또는 상환의무자의 관계에 있는 때
> 2. 법관이 당사자와 친족의 관계에 있거나 그러한 관계에 있었을 때
> 3. 법관이 사건에 관하여 증언이나 감정(鑑定)을 하였을 때
> 4. 법관이 사건당사자의 대리인이었거나 대리인이 된 때
> 5. 법관이 불복사건의 이전심급의 재판에 관여하였을 때. 다만, 다른 법원의 촉탁에 따라 그 직무를 수행한 경우에는 그러하지 아니하다.

1. 의 의

법관이 구체적인 사건과 법률에서 정한 특수한 관계가 있는 경우, 법률에 의하여 당연히 직무집행에서 배제되는 것을 말하는 바(제41조), 재판의 공정성을 확보하기 위한 제도이다.

2. 제척이유(제41조 1 · 2 · 4호 : 인적 관계, 3 · 5호 : 물적 관계)

(1) 1호의 '당사자와 공동권리자 · 공동의무자의 관계에 있는 자'

'공동권리자 · 공동의무자'란 공유자들 사이, 합유자들 사이, 연대채무자들 사이, 또는 주채무자와 보증인 사이 등과 같이 소송의 목적이 된 권리관계에 관하여 공통되는 법률상 이해관계가 있어 재판의 공정성을 의심할 만한 사정이 존재하는 지위에 있는 관계를 의미하고, 법관이 당사자인 회사의 주주나 채권자인 경우와 같이 단순히 사실적 · 경제적 · 간접적 영향을 받는 경우는 여기에 포함되지 아니한다.

判例는 "종중의 종중원들은 종중원의 재산상 · 신분상 권리의무 관계에 직접적인 영향을 미치는 종중규약을 개정한 종중총회결의의 효력 유무에 관하여 공통되는 법률상 이해관계가 있다. 따라서 종중원이 종중에 대하여 종중규약을 개정한 종중총회결의에 대한 무효확인의 소를 제기하였는데 재판부를 구성한 판사 중 1인이 당해 종중의 구성원인 경우, 그 판사는 제1호에 정한 '당사자와 공동권리자 · 공동의무자의 관계에 있는 자'에 해당한다"(대판 2010.5.13. 2009다102254: 법전협 표준판례 (13))고 한다.

(2) 3호의 법관이 '사건'에 관하여 증언이나 감정을 하였을 때

'사건'이란 현재 계속중인 당해사건을 가리킨다(대판 1965.8.31. 65다1102).

(3) 5호의 법관이 불복사건의 '이전심급'의 재판에 '관여'하였을 때

이는 실무상 가장 많이 문제 되는 경우로서 법관의 예단을 배제하여 재판의 공정성을 유지하고, 심급제도를 실질적으로 보장하기 위한 것이다. ① 이전심급(前審)의 재판이란 하급심 재판을 의미하는데, 여기에는 상소에 의해 불복된 직접 하급심뿐만 아니라 상고심에서 간접적으로 불복의 대상이 된 제1심판결도 포함된다. ② 재판이란 종국판결뿐 아니라 중간 재판도 포함되며(대판 1997.6.13. 96다56115: 법전협 표준판례 (14))(4회 선택형), ③ 관여란 최종변론, 판결의 합의·판결의 작성 등 깊이있게 관여하는 경우를 말하고, 최종변론 전 변론준비·변론·증거조사·기일지정과 같은 소송지휘 또는 판결 선고에만 관여하는 것은 제외되며(대판 1997.6.13. 96다56115: 법전협 표준판례 (14)), ④ 동일사건에 대한 것이어야 한다(아래 대판 1983.1.18. 82누473 참조).

> **✻ 동일사건(부정례)**
>
> "동일한 전역처분의 취소청구소송과 무효확인소송의 재판에 동일인이 재판장으로 관여하였다 하더라도 전자의 취소청구소송과 후자의 무효확인소송은 동일한 전역처분에 관한 것이긴 하여도 별개의 사건으로서 취소청구사건의 재판을 무효확인청구사건의 전심재판과 같이 볼 수 없으므로, 위와 같은 동일한 법관의 재판관여사실 자체가 바로 민사소송법 제422조 제1항 제2호에 규정된 법률상 그 재판에 관여하지 못할 법관이 재판에 관여한 때에 해당하지 않는다"(대판 1983.1.18. 82누473).
>
> **✻ 5호의 이전심급 재판(부정례)**
>
> ㉠ 환송·이송되기 전에 원심에 관여한 법관이 환송·이송된 후에 다시 관여하는 경우(이 경우 제41조 5호의 '전심'에는 해당되지 않지만 제436조 3항에 따라 결국 '관여'할 수 없다), ㉡ 재심의 대상이 되는 확정판결에 관여한 법관이 재심소송에 다시 관여하는 경우(대판 2000.8.18. 2000재다87), ㉢ 가압류·가처분에 관여한 법관이 다시 본안소송에 관여하는 경우(대판 1962.7.20. 61민재항3), ㉣ 소송상 화해에 관여한 법관이 그 화해내용에 따른 목적물 인도소송에 관여한 경우(대판 1969.12.9. 69다1232), ㉤ 본안사건의 재판장에 대한 기피신청사건의 재판에 관여한 법관이 다시 위 본안사건에 관여하는 경우(대결 1991.12.27. 91마631), ㉥ 재심사건에서 재심의 대상으로 된 원재판의 경우(대판 1988.5.10. 87다카1979: 법전협 표준판례 (15))는 전심에 해당하지 않는다.

▌제41조 5호의 제척사유 해당여부　　　　　　　　　　　　2016년 법원행정고시

사실관계┃ 제1심에서 乙이 법관을 상대로 기피신청을 하였으나 소속법원 합의부의 기각결정이 내려졌다. 그 후 패소한 乙이 항소하였는데, 항소심의 재판장이 제1심의 기피신청재판에 관여한 법관이라면 제척사유에 해당하는가?　　　　　　　　　　　　　　(민사소송법 사례의 맥 002. 참조)

사안의 해결┃ 위 대결 1991.12.27. 91마631와 달리 항소심의 재판장이 제1심의 기피신청재판에 관여한 법관인 경우, 제1심의 기피신청재판은 항소심에 대한 직접 하급심 재판이지만, 기피재판은 제1심의 종국의 본안판결도 아니고, 제1심의 본안재판에 관여한 것도 아니며, 종국판결과 함께 상급심의 판단을 받는 중간재판도 아니므로 제41조 5호의 전심재판에 관여한 때인 제척사유에 해당하지 않는다.

3. 절 차

제척신청에 대한 재판의 절차와 효과는 제44조 내지 제48조에서 기피신청의 경우와 동일하게 규정하고 있다(II. 법관의 기피. 3. 절차. 참고). 기피제도와 다른 점은 당사자의 신청뿐만 아니라 **직권에 의해서도** 제척의 재판을 할 수 있다는 점이다(제42조). 따라서 제척의 이유 유무는 문제된 법관 자신과 그 소속 합의부의 **직권조사사항**이며, 조사결과 제척이유가 명백하면 법관 스스로 물러나고 의문이 있으면 확인적 의미에서 제척의 재판을 한다.

4. 효 과

제척효과는 제척재판의 유무와 관계없이 법률상 당연히 발생하는 바, 제척재판은 확인재판의 성질을 갖는다. 제척이유가 있는 법관은 **법률상 일체의 직무집행에서 배제**되므로, 제척이유가 있는 법관이 관여한 소송행위(증거조사 등)는 본질적인 절차상 하자로서 **무효**이다. 그러나 그 흠결을 간과한 판결은 당연무효라 할 수 없고, 판결의 확정 전에는 절대적 상고이유(제424조 1항 2호), 확정 후에는 재심사유(제451조 1항 2호)에 해당한다.

[관련판례] "민사소송법 제424조 제1항 제2호가 절대적 상고이유로 규정하고 있는 '법률에 따라 판결에 관여할 수 없는 판사가 판결에 관여한 때'라 함은 법률상 당연히 직무집행에서 제척되는 법관(동법 제41조)이나 기피신청이 이유 있다고 하는 재판이 확정된 법관(동법 제43조)이 판결에 관여한 경우, 상고심에서 파기된 원심판결에 관여한 법관이 환송 후 재판에 관여한 경우(동법 제436조 3항) 등을 말한다"(대판 2020.1.9. 2018다229212).

| 핵심사례 A-02 |

| **| 법관의 제척·기피** | 2011년 제2회 법무부 모의 변형 |

甲은 乙종중의 대표자라고 주장하는 B와 乙종중 소유 X건물에 대하여 임대차계약을 체결하면서 보증금 1억 원을 B에게 지급하였다. 임대차 기간 만료 후 甲은 임대차계약의 해지를 통고하고 乙종중을 상대로 보증금 1억 원의 반환을 구하였으나, 乙종중은 B는 乙종중의 대표자가 아닐 뿐만 아니라 임대차계약을 체결한 아무런 권한이 없고, 보증금 1억 원은 B가 개인적으로 착복하였다며 반환을 거부하였다. 이에 甲은 보증금반환청구의 소를 제기하였다. **위 소의 담당재판부의 배석판사 중 1인이 乙종중의 구성원이었다는 사실이 나중에 밝혀진 경우에 판결이 적법한지 여부를 검토하고, 부적법한 경우의 구제수단을 설명하시오. (10점)**

1. 제척사유 해당여부

(1) 제41조 1호의 의미에 대한 판례의 태도

(2) 사안의 경우

배석판사 중 1인이 乙종중의 구성원이었다면, 그 판사는 乙 종중과 공통되는 법률상 이해관계를 가진다고 볼 수 있으므로, 제41조 1호의 제척사유에 해당한다.

2. 제척사유를 간과한 판결의 효력 및 구제수단

(1) 제척의 효과

제척사유가 있는 법관은 법률상 당연히 그 사건에 대하여 직무집행이 배제되며, 일체의 소송행위에 관여 할 수 없다. 그러나 예외적으로 ⅰ) 종국판결의 선고(제48조 단서), ⅱ) 긴급을 요하는 행위(제48조 단서) 등은 할 수 있다.

(2) 간과판결의 효력 및 구제수단

제척사유가 있는 법관이 관여하여 선고된 판결은 당연무효는 아니나 절차상 하자가 있는 것으로 위법하다. 따라서 판결 확정 전이면 절대적 상고이유에 해당하므로(제424조 1항 2호) 상고로 다툴 수 있고, 판결 확정 후이면 재심사유(제451조 1항 2호)에 해당하므로 재심으로 불복하면 된다.

(3) 사안의 경우

제48조 단서에 해당하는 사정이 없으므로, 제척사유가 있는 판사가 관여하여 선고된 판결에 해당한다. 따라서 甲은 판결 확정 전이면 상고로 다툴 수 있고, 판결 확정 후이면 재심으로 불복하면 된다.

Ⅱ. 법관의 기피　　　　　　　　　　　　　　　　　　　　　　　　　　　　　[A-8a]

제43조 (당사자의 기피권) ① 당사자는 법관에게 공정한 재판을 기대하기 어려운 사정이 있는 때에는 기피신청을 할 수 있다. ② 당사자가 법관을 기피할 이유가 있다는 것을 알면서도 본안에 관하여 변론하거나 변론준비기일에서 진술을 한 경우에는 기피신청을 하지 못한다.

1. 의 의

법률상 정해진 제척이유 외에 법관에게 공정한 재판을 기대하기 어려운 사정이 있는 경우에 당사자의 신청을 기다려 법원의 결정에 의해 비로소 법관이 직무에서 배제되는 것을 말하는 바(제43조), 이는 제척제도를 보충하여 재판의 공정성을 도모하기 위한 것으로 제척과 달리 '형성적 성격'을 가진다.

2. 기피이유

(1) 법관에게 공정한 재판을 기대하기 어려운 사정 [통상, 불혹, 객사]

"'재판의 공정을 기대하기 어려운 사정이 있는 때'라 함은 당사자가 불공정한 재판이 될지도 모른다고 추측할 만한 주관적인 사정(의혹)이 있는 때를 말하는 것이 아니고, 통상인의 판단으로서 법관과 사건과의 관계로 보아 불공정한 재판을 할 것이라는 의혹을 갖는 것이 합리적이라고 인정될 만한 객관적인 사정이 있는 때를 말한다"(대판 1992.12.30. 92마783). 따라서 평균적 일반인으로서의 당사자의 관점에서 위와 같은 의심을 가질 만한 객관적인 사정이 있는 때에는 실제로 법관에게 편파성이 존재하지 아니하거나 헌법과 법률이 정한 바에 따라 공정한 재판을 할 수 있는 경우에도 기피가 인정될 수 있다(대결 2019.1.4. 2018스563: 법전협 표준판례 (16)).

(2) 구체적 예(부정례)

① 단순히 소송지휘에 불만이 있는 경우, ② 소송당사자 일방이 재판장의 변경에 따라 소송대리인을 교체한 경우(대판 1992.12.30. 92마783). ③ 법관이 당해 사건의 사실관계와 관련이 있는 다른 형사사건에 관여한 경우(대결 1985.5.6. 85두1)와 다른 당사자 사이의 동일한 내용의 다른 사건에서 당사자에게 불리한 법률적 의견을 표시하거나 불리한 판결을 행한 바 있는 경우(대판 1993.6.22. 93재누97) ④ 본안피고 대리인과 피고의 친동생이 판사실에 임의로 드나들면서 재항고인측이 없는 자리에서 피고 소송대리인과 주심법관 사이에 사건핵심에 관한 말이 있었던 경우(대결 1968.9.3. 68마951 : 민사소송규칙 제17조의2에

비추어 폐기될 판례),[11] ⑤ 재판장이 재항고인에게 증거신청을 철회할 것을 종용하고 결심할 뜻을 표시한 경우(대결 1966.4.26. 66마167), ⑥ 담당 재판부가 신청에 따른 증거채택을 일부 취소한 경우(대결 1993.8.19. 93주21), ⑦ 재판장이 재판진행 중 소송당사자에 대하여 상기된 어조로 "이 사람아"라고 칭한 경우(대결 1987.10.21. 87두10), ⑧ 소송 이송신청에 대한 가부판단없이 소송을 진행한 경우(대결 1982.11.5. 82마637) 등은 기피이유가 되지 않는다.

3. 절차

(1) 기피신청

당사자의 '신청'에 의해 절차가 개시되고(제43조 1항), 기피이유를 알고 지체 없이 하여야 한다(2항). 기피신청은 특별한 규정이 없는 한 서면 또는 말로 할 수 있다(제161조 참조).

[관련판례] 이 때의 '신청'은 합의부의 법관에 대한 제척 또는 기피는 그 합의부에, 수명법관·수탁판사 또는 단독판사에 대한 제척 또는 기피는 그 법관에게 이유를 밝혀 신청하여야 한다(제44조 제1항). 기피하는 이유와 소명방법은 신청한 날부터 3일 이내에 서면으로 제출하여야 한다(2항). 다만 증인신문신청의 각하를 기피원인 사실로 삼고 있을 때와 같이 본안사건의 기록상 기피원인 사실이 명백한 사항일 경우에는 기피신청인은 그 사실을 달리 소명할 필요가 없다(대결 1978.10.23. 78마255).

(2) 기피신청에 대한 재판 [간.부. 방.지]

> **제45조 (제척 또는 기피신청의 각하 등)** ① 제척 또는 기피신청이 제44조의 규정에 어긋나거나 소송의 지연을 목적으로 하는 것이 분명한 경우에는 신청을 받은 법원 또는 법관은 '결정'으로 이를 각하한다(간이각하 : 저자주). ② 제척 또는 기피를 당한 법관은 제1항의 경우를 제외하고는 바로 제척 또는 기피신청에 대한 의견서를 제출하여야 한다.
>
> **제46조 (제척 또는 기피신청에 대한 재판)** ① 제척 또는 기피신청에 대한 재판은 그 신청을 받은 법관의 소속 법원 합의부에서 결정으로 하여야 한다. ② 제척 또는 기피신청을 받은 법관은 제1항의 재판에 관여하지 못한다. 다만, 의견을 진술할 수 있다. ③ 제척 또는 기피신청을 받은 법관의 소속 법원이 합의부를 구성하지 못하는 경우에는 바로 위의 상급법원이 결정하여야 한다.
>
> **제47조 (불복신청)** ① 제척 또는 기피신청에 정당한 이유가 있다는 결정에 대하여는 불복할 수 없다. ② 제45조 제1항의 각하결정(却下決定) 또는 제척이나 기피신청이 이유 없다는 결정에 대하여는 즉시항고를 할 수 있다. ③ 제45조 제1항의 각하결정에 대한 즉시항고는 집행정지의 효력을 가지지 아니한다(원칙적으로 즉시항고는 제447조에 따라 집행을 정지시키는 효력을 가진다. : 저자주).

신청이 부적법한 경우, 즉 신청방식을 준수하지 않은 때(제44조의 규정에 어긋나는 때) 또는 소송지연을 목적으로 함이 분명한 때에는 기피당한 법관 스스로 간이각하 재판을 할 수 있고(제45조 1항),

신청이 적법한 경우, 기피신청의 이유 유무에 대한 재판은 **소속법원 합의부에서 결정으로** 하며(제46조 1항), 인용결정에 대하여는 불복할 수 없고, 기피기각 또는 각하결정에 대하여는 즉시항고할 수 있다(제47조 1항, 2항).

다만, 즉시항고는 원칙적으로 집행을 정지시키는 효력을 가지므로(제447조) '기각결정'에 대한 즉시항고는 집행정지의 효력이 인정되나, '간이각하'에 대한 즉시항고의 경우에는 집행정지의 효력이 인정되지 않는다(제47조 3항).

---

11) 당사자나 대리인은 기일 외에서 구술, 전화, 휴대전화 문자전송, 그 밖에 이와 유사한 방법으로 사실상 또는 법률상 사항에 대하여 진술하는 등 법령이나 재판장의 지휘에 어긋나는 절차와 방식으로 소송행위를 하여서는 아니 된다(민사소송규칙 제17조의2 1항). [이시윤(2024), 신민사소송법, 박영사. p.91]

[관련판례] ＊ 소송의 지연을 목적으로 하는 것이 분명한 경우
① 이미 한 기피신청과 같은 내용으로 다시 한 중복기피신청(대결 1991.6.14. 90두21), ② 법원조직법 제7조 제1항에 정한 합의체를 구성할 수 없는 수의 대법원 판사를 동시에 기피하는 신청(대결 1966.4.1.전합65주1)은 법률상 허용될 수 없다.

기피신청의 적부	법원의 조치	불복방법	집행정지효
부적법	간이각하(제45조 1항) [간, 부, 방, 지]	즉시항고(제47조 2항)	부 정(제47조 3항)
적법	기각결정	즉시항고(제47조 2항)	인 정
	인용결정	불복불가(제47조 1항)	–

4. 기피신청의 효과

> 제48조 (소송절차의 정지) 법원은 제척 또는 기피신청이 있는 경우에는 그 재판이 확정될 때까지 소송절차를 정지하여야 한다. 다만, 제척 또는 기피신청이 각하된 경우 또는 종국판결(終局判決)을 선고하거나 긴급을 요하는 행위를 하는 경우에는 그러하지 아니하다.

(1) 본안소송절차의 정지(제48조) [각, 판, 급]

기피신청이 있는 경우 법원은 기피에 관한 재판이 확정될 때까지 소송절차를 정지하여야 한다(제48조 본문). 다만 간이각하 하는 경우(제45조 1항), 종국판결을 선고하는 경우, 또는 긴급을 요하는 경우에는 예외적으로 정지하지 않고 종국판결을 선고할 수 있다(제48조 단서).
변론종결 후 판결선고 전 기피신청이 있음에도 불구하고 제48조 단서의 규정에 따라 본안사건에 대하여 '종국판결'을 선고한 경우에는 기피신청의 목적은 사라지므로 기피신청에 대한 재판을 할 이익이 없게 된다(대결 2008.5.2. 2008마427: 법전협 표준판례 (17)).

(2) 당사자의 불복방법

법원이 기피신청을 받았음에도 소송절차를 정지하지 아니하고 변론을 종결하여 판결 선고기일을 지정하였다고 하더라도 종국판결에 대한 불복절차에 의하여 그 당부를 다툴 수 있을 뿐 이에 대하여 별도로 항고로써 불복할 수 없다(대결 2000.4.15. 2000그20). 변론종결 후 기피신청을 받은 법관이 소송절차를 정지하지 않고 종국판결을 선고하였다 하더라도 위법일 것은 없다(대판 1966.5.24. 66다517).

(3) 본안소송절차 정지에 관한 하자 치유

1) 문제점

기피신청을 받은 법원이 제48조에 위반하여 기피신청에 대한 재판이 확정되기 전에 긴급을 요하지 아니하는 절차를 속행하였는데 이후 그 기피신청에 대한 기각 또는 각하결정이 확정된 경우, 제48조 위반의 흠결이 치유되는지 문제된다.[12]

---

12) [학설] ① 적극설은 소송경제를 위해 하자가 치유된다고 보고, ② 소극설은 제48조는 강행규정으로서 소송절차의 정지를 규정한 동 규정의 취지에 어긋나므로 하자가 치유되지 않는다고 보며, ③ 절충설은 원칙적으로 소극설의 입장이나, 기피신청자의 소송상 이익을 해치지 않은 때에 한하여 하자가 치유된다고 본다.

2) 판례

① **[적극설을 취한 경우 : 하자 치유 긍정]** " ⅰ) 민사소송법 제48조의 규정에 의하면 법관에 대한 기피신청이 있으면 그 재판이 확정될 때까지 소송절차를 정지하여야 하나(본문) 예외적으로 종국 판결의 선고만은 할 수 있으므로(단서 참조) 위 법관기피신청이 있은 후에 종국 판결인 원판결의 선고만을 한 원심의 조치가 반드시 위법하다고 볼 수 없을 뿐만 아니라(같은 취지의 대판 1966.5.24. 66다517 판결 참조 : 변론 종결 후 기피신청을 한 사안), ⅱ) 가사 원심의 원판결의 선고가 민사소송법 **제48조** 단서의 경우에 해당하지 아니하여 위법한 것이라 하더라도 기피신청을 당한 법관이 그 기피신청에 대한 재판이 확정되기 전에 한 '판결'은 그후 그 기피신청이 이유없는 것으로서 배척되고 그 결정이 확정되는 때(기각)에는 유효한 것으로 된다"(대판 1978.10.31. 78다1242: 법전협 표준판례 (18)).

② **[소극설을 취한 경우 : 하자 치유 부정]** "기피신청에 대한 '각하결정' 전에 이루어진 변론기일의 진행 및 위 각하결정이 당사자에게 고지되기 전에 이루어진 **변론기일의 진행**은 모두 민사소송법 제48조의 규정을 위반하여 쌍방불출석의 효과(제268조)를 발생시킨 절차상 흠결이 있고, 특별한 사정이 없는 이상, 그 후 위 기피신청을 각하하는 결정이 확정되었다는 사정만으로 민사소송법 제48조의 규정을 위반하여 **쌍방불출석의 효과를 발생시킨 절차 위반의 흠결이 치유된다고 할 수 없다**"(대판 2010.2.11. 2009다 78467, 78474: 법전협 표준판례 (18) : 이러한 쌍불취하는 무효이므로 기일지정신청을 다시 할 수 있다).

3) 검 토(절충설 : 상대방의 소송상 이익 침해여부가 기준)

하자 치유를 긍정한 **判例**는 '본안판단'이 이루어진 후 기피신청이 '기각'된 사안이고, 하자 치유를 부정한 **判例**는 '본안판단'이 이루어지기 전에 기피신청이 '각하'된 사안인바, 원칙적으로 제48조에 위반한 행위는 재판의 적정, 공평을 확보하기 위한 기피제도의 취지에 비추어 위법하지만, 소송상 이익을 침해하지 않는 경우에 한하여 소송경제를 도모하기 위하여 흠이 치유된다고 보는 **判例**의 입장(절충설)이 타당하다. 즉, 긴급하지 않은 절차의 속행은 위법하지만, 기피신청자가 충분한 소송행위를 한 경우에는 그의 소송상 이익이 침해되지 않으므로 위법성이 치유된다.

▌핵심사례 A-03▐

▌법관의 제척·기피	2011년 제2회 법무부 모의 변형

甲은 乙종중의 대표자라고 주장하는 B와 乙종중 소유 X건물에 대하여 임대차계약을 체결하면서 보증금 1억 원을 B에게 지급하였다. 임대차 기간 만료 후 甲은 임대차계약의 해지를 통고하고 乙종중을 상대로 보증금 1억 원의 반환을 구하였으나, 乙종중은 B는 乙종중의 대표자가 아닐 뿐만 아니라 임대차계약을 체결한 아무런 권한이 없고, 보증금 1억 원은 B가 개인적으로 착복하였다며 반환을 거부하였다. 이에 甲은 보증금반환청구의 소를 제기하였다.

소송계속 도중 甲은 乙종중의 실제 대표자 A와 담당법관 C가 고등학교 동창이라는 사실을 알고는 분개하여 판사 C에 대한 기피신청을 하였다. 그러나 판사 C는 긴급을 요하지 않음에도 불구하고 甲을 배제한 채 A가 신청한 증인을 신문하였고, 이후 기피신청은 이유 없는 것으로 판단되어 기각 결정이 확정되었다. **이후 판사 C는 위 증인신문으로 얻은 증언을 기초로 본안판결까지 선고했다면 본안판결은 적법한가?**

1. **문제점 - 본안소송절차의 정지(제48조)** [각, 판, 급]

   사안과 같이 법원이 제48조에 위반하여 증인신문을 하였는바, 후에 기피신청의 기각 또는 각하결정이 확정된 경우, 긴급을 요하지 않은 절차속행의 하자가 치유되어 위 증언에 기초한 법원의 본안판결도 적법하게 되는지 문제된다.

2. **기피신청기각결정으로 제48조 위반의 하자가 치유되는지 여부**(소극)

   적극설을 취한 判例와 소극설을 취한 判例가 혼재한다.

3. **검토**(절충설) **및 사안의 경우**

   사안에서 C가 행한 증인신문은 긴급을 요하지 않음에도 행해진 소송절차로서 위법하고, 이후 기피신청기각결정이 확정되더라도 甲이 위 증인신문절차에서 배제된 이상 기피신청자 甲의 소송상 이익이 침해되었으므로, 증인신문 및 이에 기초한 본안판결은 위법하다.

5. 기피결정의 효과

기피결정에 의해 비로소 직무에서 배제되므로 기피결정은 '형성재판'에 해당하는 바, 확인재판의 성질을 갖는 제척재판과 구별된다. 기피결정을 받은 법관은 일체의 소송행위에 관여할 수 없으므로 기피결정을 받은 법관이 관여한 소송행위는 무효이다. 그러나 그 소송행위에 기초한 재판은 당연무효가 아니므로, 판결의 확정 전에는 절대적 상고이유(제424조 1항 2호), 확정 후에는 재심사유(제451조 1항 2호)에 해당한다.

Ⅲ. 법관의 회피

[A-8b]

법관 스스로 제척 또는 기피의 사유가 있다고 인정하여 직무집행을 피하는 것을 회피라 한다(제49조). 회피의 허가는 사법행정상의 처분이지 제척 또는 기피의 사유를 확정하는 효과를 가지는 재판이 아니다. 따라서 회피한 법관이 그 뒤에 그대로 그 사건에 관여하였다 하여도 그 행위의 효력에는 영향이 없고 소송법상 위법은 아니다.

제3절 관할권

제1관 관할의 의의와 종류

관할은 우리나라 법원 중 여러 법원 간의 재판권의 분담관계를 정해 놓은 것을 말하는 바, 관할이 갖는 소송법적 효과에 따라 전속관할과 임의관할로 나뉘고, 관할권의 발생 원인에 따라 법정관할(법률의 규정), 지정(재정)관할(법원의 재판), 거동관할(당사자의 거동)로 나뉜다. 법정관할에는 다시 직분관할, 사물관할, 토지관할이 있고, 거동관할에는 합의관할과 변론관할이 있다.

관할의 종류		
강행성	전속관할 : 특정 법원의 배타적 관할권, 공익(재판의 공정) ☞ 강행규정	
	임의관할 : 당사자의 의사로 변경가능한 관할, 사익(당사자의 편의와 공평) ☞ 임의규정	
발생 근거	**법정관할**	직분관할 : 심급관할, 수소법원과 집행법원 등 재판권의 작용이 기준
		사물관할 : 제1심의 관할로서 소가가 기준(사건의 경중 : 제26·27조)
		토지관할 : 재판적 (소재지에 따른 구분)
	지정(재정)관할	관할이 불분명한 경우 상급법원의 결정에 의해 정해진 관할(제28조)
	거동관할	합의관할 : 당사자의 합의에 의해 발생(제29조)
		변론관할 : 피고의 본안변론에 의해 발생(제30조)

토지관할 재판적 칸의 우측: 보통재판적(제2조 ~ 제6조) / 특별재판적(제7조 ~ 제25조)

제2관 전속관할과 임의관할

1. 의의 및 취지

법정관할 중 **전속관할**은 재판의 공정을 위한 고도의 공익적 요구에 따라 특정 법원만이 배타적으로 관할권을 갖는 관할을 말하고, **임의관할**은 당사자의 편의를 위한 사익적 요구에 따라 결정되는 관할을 말한다. 직분관할은 명문의 규정이 없어도 전속관할에 해당하나, 사물관할이나 토지관할은 원칙적으로 임의관할이고 법률에 전속관할로 규정된 경우만 전속관할이다.

2. 전속관할의 예

① 심급관할(비약상고합의 제외), ② 재심사건[재심은 재심을 제기할 판결을 한 법원의 전속관할로 한다(제453조 1항)], ③ 정기금판결에 대한 변경의 소[정기금판결에 대한 변경의 소는 제1심 판결법원의 전속관할로 한다(제252조 2항)], ④ 독촉절차(제453조), ⑤ 공시최고(제476조), ⑥ 특허권 등의 지식재산권에 관한 소(제24조 2항), ⑦ 민사집행법에 정한 재판적(민사집행법 제21조), ⑧ 가사소송사건(가사소송법 제2조), ⑨ 부인의 소(채무자회생법 제396조 3항)[13] 등에서 전속관할이 인정된다.

3. 소송법상 효과

① **[관할결정의 표준시기]** 다른 소송요건의 판단 표준시가 사실심의 변론종결시인 점과는 달리 수소법원이 관할권이 있는지 여부는 '소제기한 때'를 표준으로 하여 정한다(제33조). 소제기시에 관할이 인정되는 한 그 뒤 사정변경은 원칙적으로 관할에 아무런 영향이 없다(관할의 항정). 다만, 단독판사에 본소사건이 계속 중인데 합의부관할에 속하는 사건이 반소로 제기된 경우(제269조 2항), 청구취지의 확장으로 합의부의 관할이 된 경우에는 합의부로의 이송원인이 된다.

---

13) 파산관재인이 제1심 법원에 계속 중이던 채권자취소소송을 수계하여 청구변경의 방법으로 부인권을 행사한 경우 전속관할 위반을 이유로 부인소송을 파산계속법원에 이송하여야 한다(대판 2018.6.15. 2017다265129).

② **[보통재판적·특별재판적]** '전속관할'에는 보통재판적과 특별재판적의 적용이 없으나, '임의관할'에는 보통재판적과 특별재판적이 적용된다.

③ **[관할권의 발생·경합·이송]** '전속관할'에는 합의관할이나 변론관할(제31조), 관할의 경합, 심판편의에 의한 이송(제35조 단서)이 배제되고, '임의관할'에는 인정된다. 다만, 특허권등의 지식재산권에 관한 소는 전속관할임에도 불구하고 관할의 경합과 심판편의에 의한 이송이 허용된다(제36조 3항)

④ **[관할권의 조사개시]** '전속관할' 위반 여부는 직권조사사항이나, '임의관할' 위반의 여부는 피고의 본안변론으로 인해 변론관할이 생길 수 있기 때문에, 피고가 관할위반의 항변을 할 때 조사하면 되는 항변사항이다.

⑤ **[관할권의 조사한계시점]** '전속관할' 위반의 항변은 상소심에서도 가능하나(제411조 단서), 따라서 상소심에서도 전속관할 위반여부를 조사하여야 한다. 반면, '임의관할'의 항변은 상소심에서는 할 수 없고(제411조 본문), 제1심판결 선고시 하자가 치유되므로(아래 ⑥설명 참조) 제1심에 한하여 조사하면 된다.

⑥ **[관할위반을 간과하여 본안판결을 한 경우]** '전속관할' 위반을 간과한 판결은 확정 전에는 상소로 다툴 수 있지만(제411조 단서, 제424조 1항 3호), 확정 후에는 재심사유가 되지는 않는다. 즉, 판결확정시 하자가 치유된다. 반면 '임의관할' 위반을 간과한 판결은 제1심판결 선고시 하자가 치유된다. 변론관할이 발생한 것으로 볼 수 있기 때문이다. 하자가 치유되므로 상소(제411조 본문)나 재심으로 다툴 수도 없다.

제3관 법정관할

I. 직분관할

[A-9]

1. 의 의

'직분관할'이란 재판작용(담당직분)을 기준으로 한 관할로서 전속관할이며 직권조사사항이다.

2. 수소법원과 집행법원의 직분관할

'수소법원'이란 특정사건에 대하여 소를 제기 받아 판결절차를 담당하는 법원으로 증거보전절차, 가압류·가처분절차까지도 담당하며, '집행법원'은 민사집행법상 집행행위에 관한 법원의 처분이나 그 행위에 관한 법원의 협력사항을 담당하는 법원을 말한다(민사집행법 제3조 1항).

3. 지방법원 단독판사와 지방법원 합의부의 직분관할

'지방법원 단독판사'는 증거보전절차(제376조 1항), 독촉절차(제462조), 제소 전 화해절차(제385조), 공시최고절차(제476조) 등 간이·급속을 요하는 사건(사물관할로서는 소가가 5억원 이하인 사건 등)을 담당하고, '지방법원 합의부'는 제척·기피사건, 반론보도청구, 파산이나 화의 및 회사정리사건, 증권관련 집단소송 등 중요하고 신중을 요하는 사건을 담당한다(사물관할로서는 소가가 5억원을 초과하는 사건 등).

   [심화] 직분관할은 전속관할이고 사물관할은 임의관할이라는 점을 주의할 필요가 있다. 예를 들어 제척·기피사건은 합의부 관할이지만 사물관할이 아니라 직분관할에 속하는 것으로 전속관할에 해당한다.

	단독사건	합의부사건
직분관할(전속관할, 직무의 성질이 기준)	간이 · 신속	중요 · 신중
사물관할(임의관할, 소가 기준)	5억 원 이하	5억 원 초과

4. 심급관할

심급관할도 직분관할로서 비약상고를 제외하고는 원칙적으로 전속관할이다(대판 1992.5.12. 92다2066). 제1심은 지방법원 단독판사와 지방법원 합의부이고, 제2심은 지방법원 항소부나 고등법원이며, 제3심은 대법원이 담당한다.

Ⅱ. 사물관할 [A-10]

1. 의 의

'사물관할'이란 제1심 소송사건을 다루는 지방법원 단독판사와 지방법원 합의부 사이에 사건의 경중을 표준으로 재판권의 분담관계를 정해 놓은 것을 말한다.

소 가	1심	2심		3심
3천만 원 이하	단독사건 : 지법단독판사 (법원의 허가 없이 비변호사대리 가능)	2억 원 이하	지방법원 항소부	대법원
3천만 원 초과 1억 원 이하	단독사건 : 지법단독판사 (법원의 허가 받아 비변호사대리 가능)			
1억 원 초과 5억 원 이하	단독사건 : 지법단독판사	2억 원 초과	고등법원	
5억 원 초과	합의사건 : 지방법원합의부			

(1) 합의부의 관할 [재, 5, 비, 재, 관]

① 합의부에서 심판할 것으로 합의부가 스스로 결정한 재정합의사건(제34조 3항), ② 소가가 5억원을 '초과'하는 민사사건(2016.9.6. 규칙개정), ③ 비재산권상의 소(해고무효확인의 소 등), ④ 재산권상의 소로서 소가를 산출할 수 없는 경우[낙찰자지위확인을 구하는 소(대판 1994.12.2. 94다41454)], ⑤ 본소가 합의부관할일 때 이에 병합 제기하는 청구변경(제262조), 중간확인의 소(제264조), 반소(제269조), 독립당사자 참가(제79조) 등 관련청구사건은 그 소송목적의 값에 관계없이 합의부관할에 해당한다. 합의부사건은 고등법원이 제2심이 된다.

(2) 단독판사의 관할 [재, 5, 어]

① 소가가 5억원 이하인 사건, ② 수표 · 약속어음금 청구사건, ③ 합의부가 단독판사관할로 인정한 재정단독사건 등은 단독판사관할이다. 단독사건 중 2억 원 이하인 사건은 지방법원 항소부가 제2심 법원이 되고, 2억 원을 초과하고 5억 원 이하인 사건은 고등법원이 제2심 법원이 된다.[14] 제3심은 고등법원이든 지방법원 항소부이든 대법원이 된다(10회 선택형).

2. 소 가(소송목적의 값)

(1) 소가의 의의

소송물 즉 원고가 소로써 달성하려는 목적이 갖는 경제적 이익을 화폐단위로 평가한 금액이다(제26조 1항)(5회 선택형). 사물관할과 인지액 결정의 기준이 된다.

[관련판례] "특정부동산에 설정된 근저당권등기의 말소를 구하는 소송에 있어서의 소가는 일응 그 피담보채권액에 의할 것이나 그 근저당권이 설정된 당해 부동산의 가격이 피담보채권액 보다 적을 때는 부동산의 가격이 소가산정의 기준이 되는 것이다"(대판 1976.9.28. 75다2064)(5회 선택형)(인지규칙 제13조).

(2) 소가의 산정방법

1) 원 칙

원고의 입장에서 전부 승소할 경우에 직접 받게 될 경제적 이익을 객관적으로 평가하여 '소제기시'를 기준으로 산정한다(민사소송 등 인지규칙 제7조). ① 같은 법원에 계속 중인 여러 개의 소송을 하나의 절차에 병합하여 심판을 하는 경우, 그 관할의 유무는 원고가 청구를 확장하였거나 또는 별개의 청구를 추가한 경우와는 달리 역시 소송제기 당시를 표준으로 하여야 할 것이므로 병합된 각개 청구의 소송물 가격의 합산액을 표준으로 할 것이 아니며(대결 1966.9.28. 66마322), ② 소제기 후 시가가 상승하거나(대판 1979.11.13. 79다1404), 병합심리로 그 소가의 합산액이 소액사건의 소가를 초과한 경우(대판 1992.7.24. 91다43176; 대판 1991.9.10. 91다20579, 20586)라고 하더라도 소액사건임에는 변함이 없다.

2) 예 외

제1심 단독판사에게 사건 계속 중 청구취지의 확장을 통해 소가가 5억원을 초과하게 된 경우에는 관할위반의 문제가 발생하므로 합의부로 이송된다(제34조 1항 참조 : 다만 사물관할은 임의관할이므로 관할위반의 항변 없이 변론하면 변론관할이 생겨 이송하지 않게 된다). 한편, 합의부에 계속 중 소의 일부취하나 청구취지의 감축 등으로 소가가 5억원 이하로 변경된 때에는 단독판사에게 이송하지 않는다15)

[비교판례] * **단독사건의 '항소심' 심판 도중에 합의부 관할에 속하는 소송이 추가·변경된 경우**
"지방법원 본원 합의부가 지방법원 단독판사의 판결에 대한 항소사건을 제2심(항소심)으로 심판하는 도중에 지방법원 합의부의 관할에 속하는 소송이 새로 추가되거나 그러한 소송으로 청구가 변경되었다고 하더라도, 심급관할은 제1심 법원의 존재에 의하여 결정되는 전속관할이어서 이미 정하여진 항소심의 관할에는 영향이 없는 것이므로, 추가되거나 변경된 청구에 대하여도 그대로 심판할 수 있다"(대판 1992.5.12. 92다2066).

(3) 청구병합의 경우의 소가 [중, 수, 부]

하나의 소로 여러 개의 청구를 하는 경우에는 그 여러 청구의 값을 모두 합하여 소송목적의 값을 정한다(제27조 1항). i) 원고의 (단순)병합청구이어야 하므로 피고가 반소를 제기하는 경우나, 소제기 후에 여러 개의 소송을 법원이 병합심판하는 경우는 합산하지 않는다. 또한 ii) 합산의 원칙이 적용되기 위해서는 「수개의 청구의 경제적 이익이 독립된 별개의 것」임을 요하므로(인지규칙 제19조), 다음의 경우는 예외이다.

---

14) 2022.3.1.부터 시행되는 개정 「민사 및 가사소송의 사물관할에 관한 규칙」에서는 소가 5억 초과 사건의 경우 지방법원합의부가 제1심으로 심판한다고 규정하는 한편, 제4조를 다시 신설하여 고등법원의 심판범위는 소가 2억 원을 초과한 사건이라고 규정하였다(동 규정 제4조)

15) 합의부에서 계속 심리하는 것이 소송경제에 부합하고 당사자로서도 신중한 판단을 받을 수 있어 불이익하지 않기 때문이다

① **[중복청구 흡수]** 선택적·예비적 병합, 여러 연대채무자에 대한 청구, 목적물의 인도청구와 집행불능의 경우를 대비한 대상청구의 병합 등 하나의 소로써 여러 개의 청구를 하더라도 그 경제적 이익이 동일한 중복청구는 중복되는 범위에서 흡수된다.

> **[관련판례]** "소유권보존등기가 이루어지고 이에 터잡아 근저당권설정등기가 경료된 후 그 소유등기명의가 전전 이전된 동일 부동산에 대하여 소유권보존등기명의자, 근저당권자 및 전득자 등을 공동피고로 하여 제기된 소유권보존등기, 근저당권설정등기, 소유권이전등기의 각 말소를 구하는 소송에 있어서는 1개의 소로써 주장하는 수 개의 청구의 경제적 이익이 동일하거나 중복되는 때에 해당하므로 중복되는 범위 내에서 흡수되고 그 중 가장 다액인 청구의 가액을 소가로 한다"(대결 1998.7.27. 98마938: 법전협 표준판례 (19))(5회 선택형).

② **[수단인 청구의 흡수]** 1개의 청구가 다른 청구의 수단에 지나지 않을 때에는 그 가액은 소가에 산입하지 않는다. 다만, 수단인 청구의 가액이 주된 청구의 가액보다 다액인 때에는 그 다액을 소가로 한다. 예컨대 수단인 건물철거청구와 목적인 토지인도청구가 병합된 경우 특별한 사정이 없는 한 토지인도청구의 소가를 기준으로 하면 되지만, 건물의 가액이 다액인 경우라면 건물철거청구의 소가가 기준이 된다.

③ **[부대청구 불산입]** 과실, 지연손해, 위약금, 비용 등의 부대청구는 산입하지 않는다(제27조 2항)(5회,10회 선택형).

Ⅲ. **토지관할** [09·13사법]   [A-11]

1. 의 의

소재지를 달리하는 같은 종류의 법원 사이에서 그 재판권(특히 제1심사건)의 분담관계를 정해 놓은 것을 말한다. 토지관할의 발생의 원인이 되는 인적·물적 관련지역을 재판적이라 한다.

2. 보통재판적(제2조 내지 제6조)

모든 사건에 대하여 공통적으로 적용되는 재판적을 말한다. 소는 피고의 보통재판적이 있는 곳의 법원이 관할하는데(제2조), 이는 피고의 편의와 경제를 고려한 것이다. 피고가 자연인인 경우는 제3조, 단체인 경우는 제5조에 의한다(13회 선택형). 피고가 국가인 경우에는 법무부 소재지인 과천(수원지법 안양지원) 또는 대법원 소재지인 서초구(서울중앙지법)에 의한다(제6조).

3. 특별재판적(제7조 내지 제24조)

(1) 의의 및 취지

특별한 종류·내용의 사건에 대하여 한정적으로 적용되는 재판적을 말한다. 원고의 소송수행의 편의를 위한 것이다. 제7조 이하에서 정한다.

(2) 중요내용

1) 근무지

사무소 또는 영업소에 계속하여 근무하는 사람에 대하여 소를 제기하는 경우에는 그 사무소 또는 영업소가 있는 곳을 관할하는 법원에 제기할 수 있다(제7조).

2) 거소지 또는 의무이행지

> 제8조 (거소지 또는 의무이행지의 특별재판적) 재산권에 관한 소를 제기하는 경우에는 거소지 또는 의무이행지의 법원에 제기할 수 있다.
>
> 민법 제467조 (변제의 장소) ① 채무의 성질 또는 당사자의 의사표시로 변제장소를 정하지 아니한 때에는 특정물의 인도는 채권성립당시에 그 물건이 있던 장소에서 하여야 한다. ② 전항의 경우에 특정물인도 이외의 채무변제는 채권자의 현주소에서 하여야 한다. 그러나 영업에 관한 채무의 변제는 채권자의 현영업소에서 하여야 한다.

'재산권에 관한 소'란 계약상의 의무뿐만 아니라 법률의 규정에 따라 발생하는 불법행위·부당이득·사무관리 등에 의한 의무도 포함한다. '의무이행지'는 우선 당사자가 '특약으로 정한 이행지'가 의무이행지가 되고, 특약이 없으면 민법에 따라 정해지는 바, 특정물인도채무의 경우 '채권성립 당시 그 물건이 있던 장소'가 의무이행지이고(민법 제467조 1항), 특정물인도 외의 채무의 경우 지참채무의 원칙상 '채권자의 주소지'가 의무이행지에 해당한다(민법 제467조 2항 본문)(10회, 13회 선택형).

① **[금전채무의 이행을 구하는 소]** "㉠ 금전반환을 구하는 소송에서는 특별한 사정의 주장, 소명이 없는 한 채권자의 주소지가 채무 이행지라 할 것이고(대결 1969.8.2.69마469). ㉡ 물품대금의 청구는 그 채무의 이행지인 원고의 주소지를 관할하는 법원에 소를 제기할 수 있다"(대결 1971.3.31. 71마82).

② **[영업에 관한 채무의 이행을 구하는 소]** 영업에 관한 채무의 변제는 채권자의 현영업소에서 하여야 하는데(민법 제467조 제2항 단서), "민법 제467조 제2항의 '영업에 관한 채무'는 영업과 관련성이 인정되는 채무를 의미하고, '현영업소'는 변제 당시를 기준으로 그 채무와 관련된 채권자의 영업소로서 주된 영업소(본점)에 한정되는 것이 아니라 그 채권의 추심 관련 업무를 실제로 담당하는 영업소까지 포함된다. 따라서 영업에 관한 채무의 이행을 구하는 소는 제소 당시 채권 추심 관련 업무를 실제로 담당하는 채권자의 영업소 소재지 법원에 제기할 수 있다"(대결 2022.5.3. 2021마6868).

③ **[사해행위취소의 소]** 判例는 사해행위의 취소의 소에서 채권자의 주된 목적은 사해행위의 취소 그 자체보다는 일탈한 책임재산의 회복에 있는 것이므로, 사해행위취소의 소에 있어서의 의무이행지는 '취소의 대상인 법률행위의 의무이행지'가 아니라 '취소로 인하여 형성되는 법률관계(예를 들어 말소등기청구나 진정명의회복을 원인으로 한 소유권이전등기의 소 등)에 있어서의 의무이행지'라고 보아야 한다(대결 2002.5.10. 2002마1156: 법전협 표준판례 (20))고 한다(10회 선택형).

④ **[부동산 등기의무의 이행을 구하는 소]** 부동산등기의 신청에 협조할 의무의 이행지는 성질상 등기지의 특별재판적에 관한 민사소송법 제21조에 규정된 '등기할 공무소 소재지'라고 할 것이므로, 원고가 사해행위취소의 소의 채권자라고 하더라도 사해행위취소에 따른 원상회복으로서의 소유권이전등기 말소등기의무의 이행지는 그 등기관서 소재지라고 볼 것이지, 원고의 주소지를 그 의무이행지로 볼 수는 없다고 한다(同 判例). [판례검토] 사해행위취소의 효과는 채권자와 수익자 또는 전득자 사이의 관계에서만 생기는 것이므로, 채무자와 사이에서 그 취소로 인한 법률관계가 형성되는 것은 아니다. 따라서 취소의 대상인 법률행위가 아니라 취소로 인하여 형성되는 법률행위를 기준으로 의무이행지를 판단하는 判例의 태도는 타당하다. 判例의 사안과 같이 원고가 '원물반환'을 청구하는 경우에는 제21조에 따라 등기할 공공기관이 있는 곳이 의무이행지가 되고(13회 선택형), 사안과 달리 원고가 '가액반환'을 청구하는 경우라면 제8조에 따라 지참채무의 원칙상 원고의 주소지가 의무이행지가 된다.

3) 어음·수표 지급지

어음·수표에 관한 소는 어음채무자와 소구의무자를 상대로 '채권자'의 주소가 아닌 그 '지급지의 법원'(제9조)에 제기할 수 있다(대결 1980.7.22. 80마208).

4) 사무소·영업소가 있는 곳

사무소·영업소 소재지(제12조)를 제5조보다 우선적으로 적용하면 업무와 관련이 없는 사건은 영업소 소재지라도 재판관할권이 없게 되는데, 判例는 "제5조 2항에 의하면 외국법인 등이 대한민국 내에 사무소, 영업소를 가지고 있는 경우에는 그 사무소 등에 보통재판적이 인정된다고 할 것이므로, 증거수집의 용이성이나 소송수행의 부담 정도 등 구체적인 제반사정을 고려하여 그 응소를 강제하는 것이 민사소송의 이념에 비추어 보아 심히 부당한 결과에 이르게 되는 특별한 사정이 없는 한, 원칙적으로 그 분쟁이 외국법인의 대한민국 지점의 '영업에 관한 것이 아니라 하더라도' 우리 법원의 관할권을 인정하는 것이 조리에 맞는다"(대판 2000.6.9. 98다35037)고 하여 제5조 2항 우선설의 입장이다.

5) 불법행위지 [가발, 도착]

> **제18조 (불법행위지의 특별재판적)** ① 불법행위에 관한 소를 제기하는 경우에는 행위지의 법원에 제기할 수 있다. ② 선박 또는 항공기의 충돌이나 그 밖의 사고로 말미암은 손해배상에 관한 소를 제기하는 경우에는 사고선박 또는 항공기가 맨 처음 도착한 곳의 법원에 제기할 수 있다.

'불법행위에 관한 소'란 통상의 불법행위뿐만 아니라 특수불법행위, 특별법상의 불법행위에 관한 소를 모두 포함하나, 단순히 채무불이행청구의 소는 이에 해당하지 않는다(견해대립 있음). 행위지의 의미에 대해, 判例는 가해행위지 뿐만 아니라, **법익침해지로서의 결과발생지까지 포함**된다고 보며, 항공기 추락사고의 경우 사고의 행위지 및 결과발생지뿐만 아니라 **항공기의 도착지까지 포함**된다고 보았다(대판 2010.7.15. 2010다18355).

6) 부동산이 있는 곳과 등기할 기관이 있는 곳

부동산에 관한 소를 제기하는 경우에는 부동산이 있는 곳의 법원에 제기할 수 있다(제20조). 부동산과 관련된 채권에 관한 소(이전등기청구의 소)와 물권에 관한 소(소유권존재확인의 소, 말소등기청구의 소, 소유권에 기한 인도·방해배제청구의 소)를 불문하나, 부동산 자체에 관한 소가 아닌 순수한 채권인 매매대금지급청구의 소, 임차료지급청구의 소 등은 적용되지 않는다. 한편 등기·등록에 관한 소를 제기하는 경우에는 등기 또는 등록할 공공기관이 있는 곳의 법원에 제기할 수 있는데(제21조), 등기에 관한 소는 부동산에 관한 소이므로 부동산소재지와 등기지 모두 관할권이 인정된다.

7) 지식재산권 등에 관한 특별재판적

> **제24조 (지식재산권 등에 관한 특별재판적)** ① 특허권, 실용신안권, 디자인권, 상표권, 품종보호권(이하 "특허권등"이라 한다)을 제외한 지식재산권과 국제거래에 관한 소를 제기하는 경우에는 제2조 내지 제23조의 규정에 따른 관할법원 소재지를 관할하는 고등법원이 있는 곳의 지방법원에 제기할 수 있다. 다만, 서울고등법원이 있는 곳의 지방법원은 서울중앙지방법원으로 한정한다. ② 특허권등의 지식재산권에 관한 소를 제기하는 경우에는 제2조 부터 제23조까지의 규정에 따른 관할법원 소재지를 관할하는 고등법원이 있는 곳의 지방법원의 전속관할로 한다. 다만, 서울고등법원이 있는 곳의 지방법원은 서울중앙지방법원으로 한정한다. ③ 제2항에도 불구하고 당사자는 서울중앙지방법원에 특허권등의 지식재산권에 관한 소를 제기할 수 있다.

2016년 1월 1일부터 시행된 개정 민사소송법에 따르면 지식재산권에 관한 소송의 전문성 및 효율성을 제고하기 위해, 지식재산권을 통상 산업재산권으로 지칭되는 '특허권, 실용신안권, 디자인권, 상표권, 품종보호권(이하, '특허권 등'이라 한다)'과 '특허권 등을 제외한 지식재산권'[16]으로 구별하고, 기술과 산업재산권에 관한 전문성이 강조되는 '특허권 등'에 관한 소를 제기하는 경우에는 고등법원 소재지 지방법원의 전속관할(서울 지역은 서울중앙지방법원으로 한정)로 하였다(제24조 2항 신설).

다만, 위와 같이 전속관할이 정해져 있는 '특허권 등'에 관한 소송의 경우에도 ㉠ 현저한 손해 또는 지연을 초래할 우려가 있는 경우에는 관할법원의 직권 또는 당사자의 신청에 따른 결정으로 소송의 전부 또는 일부를 제2조부터 제23조까지의 규정에 따른 지방법원으로 이송할 수 있도록 하여 소송수행의 편의성과 접근성 등 소송당사자의 재판받을 권리를 보장하였으며(제36조 3항 신설), ㉡ 이러한 전속관할의 경우에도 당사자의 선택으로 '특허권 등'에 관한 소를 서울중앙지방법원에도 제기할 수 있도록 중복관할에 관한 규정을 신설하여 소송당사자가 서울중앙지방법원이 축적해 온 특허권 등의 지식재산권 소송의 전문성을 활용하고자 하는 경우 전속관할법원 외에 서울중앙지방법원에 소송을 제기할 수 있도록 하였다(제24조 3항 신설). [특등, 고지방, 서울]

[구체적 예] 예컨대 목포에 거주하는 甲이 청주에 거주하는 乙을 상대로 포항에서의 '특허권' 침해행위를 원인으로 하여 손해배상청구의 소를 제기한 경우, 제24조 2항에 따라 목포(제8조)을 관할하는 광주고등법원이 있는 '광주지방법원', 포항(제18조)을 관할하는 대구고등법원이 있는 '대구지방법원', 청주(제3조)를 관할하는 대전고등법원이 있는 '대전지방법원'만 관할권을 가지게 되고(전속관할), 甲은 제24조 3항에 따라 '서울중앙지방법원'에도 소를 제기할 수 있다. 다만 제36조 3항에 따른 이송이 가능하다. 따라서 목포지방법원, 포항지방법원, 청주지방법원에 각 이송할 수 있다.

[관련판례] 특허권 침해를 청구원인으로 하는 손해배상청구 사건이 2015. 11. 5. 제1심법원에 소가 제기되어 개정된 법원조직법 시행일 이후인 2016. 11. 25. 제1심판결이 선고된 경우, 개정 법원조직법에 따라 그에 대한 항소사건은 특허법원의 전속관할에 속한다(대판 2024.3.28. 2023다309549).

4. 재판적의 경합

특별재판적이 보통재판적에 우선하는 것이 아니므로 원고는 경합하는 관할법원 중 임의로 선택하여 소제기를 할 수 있다. 判例 또한 "보통재판적에 의하여 생기는 토지관할과 특별재판적에 의하여 생기는 토지관할이 경합되는 경우에 원고는 그 중 아무 곳이나 임의로 선택하여 제소할 수 있다"(대결 1964.7.24. 64마555)고 판시하여 재판적의 경합을 인정하였다.

Ⅳ. 관련재판적

[A-12]

> 제25조 (관련재판적) ① 하나의 소로 여러 개의 청구를 하는 경우에는 제2조 내지 제24조의 규정에 따라 그 여러 개 가운데 하나의 청구에 대한 관할권이 있는 법원에 소를 제기할 수 있다. ② 소송목적이 되는 권리나 의무가 여러 사람에게 공통되거나 사실상 또는 법률상 같은 원인으로 말미암아 그 여러 사람이 공동소송인(共同訴訟人)으로서 당사자가 되는 경우에는 제1항의 규정을 준용한다.

---

16) '특허권 등을 제외한 지식재산권'과 국제거래에 관한 소를 제기하는 경우에는 현재와 같이 제2조부터 제23조까지의 규정에 따른 관할법원 소재지를 관할하는 고등법원이 있는 곳의 지방법원에 제기할 수 있도록 규정하였다(제24조 1항). 예컨대 춘천에 거주하는 甲이 청주에 거주하는 乙을 상대로 목포에서의 '저작권(특허권 등을 제외한 지식재산권)' 침해행위를 원인으로 하여 손해배상청구의 소를 제기한 경우, 춘천지방법원(제8조), 목포지방법원(제18조), 청주지방법원(제3조) 외에 고등법원 소재지에 있는 지방법원인 서울중앙지방법원, 광주지방법원, 대전지방법원에도 부가적으로 관할권이 생긴다(제24조 1항).

1. 의의 및 취지

원고가 하나의 소로써 여러 개의 청구를 하는 경우에 그 여러 개 가운데 하나의 청구에 대한 토지관할권이 있는 법원에 본래 그 법원에 법정관할권이 없는 나머지 청구도 관할권이 생기는 것을 말한다(제25조). 원고에게는 병합청구의 편의를, 피고에게는 응소의 편의를, 법원에게는 소송경제를 도모하는 기능을 한다.

2. 적용범위

(1) 토지관할 및 사물관할

토지관할에 관하여만 인정되고, 사물관할에는 적용되지 않는다(제27조에 의해 합산된 소가에 의해 사물관할이 정해질 뿐이다). 법문에는 제2조 내지 제24조의 규정에 따라 관할권이 있을 것이라고 규정하고 있으나, 제29조(합의관할)·제30조(변론관할) 등으로 관할권을 갖는 경우도 포함된다. 단, 다른 법원의 전속관할에 속하는 청구는 배제된다(제31조). 주의할 점은 '전속적 합의관할'은 임의관할에 해당하므로, 전속적 합의관할이 있는 경우에는 제25조의 적용이 배제되지 아니한다는 것이다.

(2) 관련재판적과 소의 병합

1) 소의 객관적 병합(제25조 1항)

소의 객관적 병합의 경우(제25조 1항)에는 원시적, 후발적, 추가적, 교환적 불문하고 관련재판적을 인정한다. 예를 들어 乙이 부산지방법원에 甲을 상대로 공사대금지급청구와 대여금반환청구를 병합하여 제기한 경우, 위 법원에는 공사대금지급청구에 대해서만 관할권이 있고 대여금반환청구에 대해서는 관할권이 없더라도 제25조 1항에 의해 위 법원에 관할권이 인정될 수 있다.[17]

2) 소의 주관적 병합(제25조 2항)

소의 주관적 병합의 경우(제25조 2항)에는 견해의 대립이 있었으나, 개정법은 **제65조 전문의 공동소송, 즉 피고들끼리 실질적 관련성이 있는 경우**(예컨대 수인의 연대채무자, 수인의 불법행위 피해자)**에만** 관련재판적을 인정한다(제25조 2항). 이러한 경우에는 관련재판적을 인정하여도 다른 공동피고의 관할규정상 이익을 침해할 위험이 적기 때문이다. 이후 判例는 "토지수용법 소정의 보상금 증액청구소송은 **필수적 공동소송이므로 재결청이나 기업자 중 어느 하나의 당사자에 대하여만 관할권이 있더라도 그 법원에 제소할 수 있다**"(대판 1994.1.25. 93누18655)고 판시하였다.[18]

3. 효 과

원래 토지관할권이 없던 청구에 관하여도 관할권이 생기고, 피고는 관할위반의 항변을 할 수 없다(**관할의 창설**). 관련재판적이 인정된 후 원래의 관할권 있는 청구가 취하 또는 각하되어도 다른 청구는 관할 위반이 되지 않는다(**관할의 항정**).

---

17) **[요건]** 제25조 1항의 관련재판적이 인정되기 위해서는 i) 하나의 소로써 수 개의 청구를 하는 경우일 것, ii) 수소법원이 적어도 하나의 청구에 대하여 관할권이 있을 것, iii) 수소법원이 제2조 내지 제24의 규정(토지관할) 등에 따라 관할권이 있을 것, iv) 관할권이 없는 청구가 다른 법원의 전속관할에 속하지 않을 것(제31조)을 요한다. **[하, 수, 토, 전]**

18) **[요건]** 제25조 2항의 관련재판적이 인정되기 위해서는 i) 하나의 소로써 여러 사람에게 청구를 하는 경우일 것, ii) 수소법원이 여러 사람에 대한 청구 중 적어도 한 사람에 관하여 관할권을 가질 것, iii) 수소법원이 제2조 내지 제24조의 규정(토지관할) 등에 따라 관할권이 있을 것, iv) 관할권이 없는 청구가 다른 법원의 전속관할에 속하지 않을 것(제31조)을 요한다(제25조 1항). v) 소송목적이 되는 권리나 의무가 여러 사람에게 공통되거나 사실상 또는 법률상 같은 원인으로 말미암아 그 여러 사람이 공동소송인이 될 것을 요한다. **[하, 수, 토, 전, 목]**

4. 특별관련재판적

소송절차가 관련되어 재판적을 인정하는 경우로 반소, 독립당사자참가, 중간확인의 소가 그 예이다.

핵심사례 A-04

▌ 관련재판적	2017년 6월 법전협 모의

甲과 丙은 공동 도급인으로서 乙과 위 도급계약을 체결하면서 乙에게 공사대금으로 각 5,000만 원씩을 지급하기로 약정하였고, 그 후 乙은 甲에게 1억 원을, 丁에게 2억 원을 각 대여하였다. 그 후 乙은 부산지방법원에 甲, 丙, 丁을 공동피고로 하여 甲을 상대로는 위 공사대금 5,000만 원의 지급과 위 대여금 1억 원의 반환을 구하고, 丙을 상대로는 위 공사대금 5,000만 원의 지급을 구하고, 丁을 상대로는 위 대여금 2억 원의 반환을 구하는 소를 병합하여 제기하였다.

甲, 丙, 丁의 보통재판적은 모두 서울중앙지방법원의 관할구역 내에만 있고, 甲을 상대로 한 대여금반환청구에 대한 특별재판적은 부산지방법원의 관할구역 내에만 있으며, 甲을 상대로 한 공사대금지급청구 및 丙과 丁을 상대로 한 각 청구에 대한 특별재판적은 대구지방법원의 관할 구역 내에만 있다. 甲은 자신을 상대로 한 공사대금청구에 대하여, 丙과 丁은 각 자신을 상대로 한 청구에 대하여 관할위반을 이유로 대구지방법원으로 이송해 달라는 신청을 하였다. **부산지방법원은 甲을 상대로 한 공사대금청구의 소와 丙, 丁을 상대로 한 각 소에 대하여 어떠한 조치를 취하여야 하는가?** (20점)

Ⅰ. 문제점

乙이 부산지방법원에 甲, 丙, 丁을 공동피고로 하여 각 소를 병합하여 제기한 바, ⅰ) 부산지방법원에 제25조 1항의 관련재판적이 인정되는지 여부, ⅱ) 甲, 丙, 丁에게 각 자신을 상대로 한 청구에 대하여 제34조 1항의 관할위반을 이유로 한 이송신청권이 인정되는지 여부, ⅲ) 甲, 丙, 丁의 이 사건 이송신청에 대한 부산지방법원의 조치가 문제된다.

Ⅱ. 부산지방법원에 乙의 甲에 대한 공사대금지급청구에 관한 관할권이 인정되는지 여부(적극)

1. 제25조 1항의 관련재판적의 요건

2. 사안의 경우

Ⅲ. 부산지방법원에 乙의 丙, 丁에 대한 각 청구에 관한 관할권이 인정되는지 여부

1. 주관적 병합에 관련재판적이 적용되는지 여부(절충설)

2. 사안의 경우

부산지방법원은 乙의 丙에 대한 공사대금지급청구에 관하여는 관할권이 인정되지만, 乙의 丁에 대한 대여금반환청구에 대하여는 관할권이 인정되지 않는다.

Ⅳ. 甲, 丙, 丁의 관할위반을 이유로 한 대구지방법원으로의 이송신청의 적법여부

1. 관할위반에 따른 이송신청권의 존부(소극)

判例는 "당사자에게 관할위반을 이유로 하는 이송신청권이 있는 것은 아니므로, 당사자의 이송신청은 법원의 직권발동을 촉구하는 의미밖에 없고, 법원은 이송신청에 대하여 재판을 할 필요가 없으며, 설사 법원이 이송신청을 거부하는 재판을 하였더라도 항고가 허용될 수 없다(대판 1993.12.6. 전합93마 524: 법전협 표준판례 (25))"고 하여 부정설의 입장이다. 관할위반에 의한 이송의 경우 다른 이송과 달리 규정상 당사자에게 신청권이 인정되지 않으므로(제34조 1항), 직권에 의한 이송만 가능하다고 봄이 타당하다.

2. 사안의 경우

乙의 甲에 대한 공사대금지급청구의 경우 제25조 1항의 관련재판적이 인정되고, 乙의 丙에 대한 공사대금지급청구의 경우 제25조 2항의 관련재판적이 인정되므로, 甲과 丙의 관할위반을 이유로 한 이송신청은 부적법하다. 한편 乙의 丁에 대한 대여금반환청구의 경우 부산지방법원에 관할권이 인정되지 않지만 丁에게는 관할위반을 이유로 한 대구지방법원으로의 이송신청권이 인정되지 않는다.

V. 사안의 해결 – 부산지방법원의 조치

1. 甲과 丙의 이송신청에 대하여

관련재판적이 인정되면 원래 토지관할권이 없던 청구에 관하여도 관할권이 생기고, 피고는 관할위반의 항변을 할 수 없다(관할의 창설). 부산지방법원은 甲과 丙의 이송신청에 대하여 재판을 하지 않고 그대로 소송절차를 진행하면 된다.

2. 丁의 이송신청에 대하여

丁에 대한 청구는 관련재판적이 인정되지 않지만, 이송신청권이 인정되지 않으므로 법원은 신청에 대하여 재판을 하지 않고 직권으로 관할법원으로 이송하는 결정을 하여야 한다.[19]

제4관 지정(재정)관할

관할법원이 재판권을 법률상 또는 사실상 행사할 수 없는 때 또는 법원의 관할구역이 분명하지 아니한 때, 관계된 법원과 공통되는 바로 위의 상급법원이 그 관계된 법원 또는 당사자의 신청에 따라 결정으로 관할법원을 정하는 것을 관할의 지정이라 한다(제28조 1항).

---

19) 만약 부산지방법원이 丁의 이송신청에 대하여 기각결정을 한다면, 이송신청권을 부정하는 判例의 다수의견에 따르면 丁은 즉시항고는 물론 특별항고도 할 수 없지만(각하), 이송신청권을 긍정하는 소수의견에 따르면 즉시항고로 불복할 수 있게 된다.

제5관 거동관할

Ⅰ. 합의관할 [09사법]

> 제29조 (합의관할) ① 당사자는 합의로 제1심 관할법원을 정할 수 있다. ② 제1항의 합의는 일정한 법률관계로 말미암은 소에 관하여 서면으로 하여야 한다.

1. 의의 및 취지

당사자의 소송편의를 위해 합의에 의하여 생기는 관할을 의미한다(제29조).

2. 법적성질

관할합의는 관할의 발생이라는 소송법상의 효과를 발생하는 소송행위의 성질을 갖는 **소송계약**에 해당하므로, 요건과 효과는 민사소송법에 의하여 정해진다. 관할합의에는 소송능력이 필요하고(제55조), 사법계약과 운명을 같이하지 않으므로 사법계약이 무효·취소 또는 해제되어도 그 효력에 영향이 없다. 또한 관할합의는 법원의 관여 없이 재판 외에서 당사자 간에 체결되는 것이므로 무효 또는 취소되어도 절차안정을 침해하지 않기 때문에, **민법상 의사표시의 하자에 관한 규정이 유추적용될 수 있다**(통설 : 반면, 소제기나 소취하와 같은 일반적인 소송행위는 법원에 대하여 하는 단독행위이므로 절차안정을 위해 민법의 의사표시의 하자규정을 유추적용하여 취소할 수 없다는 하자불고려설이 통설·판례의 입장이다).

즉, 관할합의의 과정에 착오, 사기·강박 등 의사표시의 하자가 있으면 민법 제109조 내지 제110조를 유추하여 그 합의를 취소할 수 있고, 관할합의 자체에 불공정성이 있거나 반사회질서적 요소가 있는 경우에는 민법 제104조 내지 제103조에 의해 그 합의는 무효이다.

3. 요 건 [임, 소, 방, 법, 소] [1회 사례형]

(1) 제1심 법원의 임의관할에 관한 합의일 것(제29조 1항)

제1심의 토지관할과 사물관할 등 임의관할에 한하여 할 수 있고, 전속관할의 경우에는 할 수 없다(제31조). 다만 심급관할은 전속관할임에도 불구하고 비약상고 합의는 가능하다(제422조 2항, 제390조 1항 단서)

(2) 합의의 대상인 소송을 '일정한 법률관계'로 특정할 것(제29조 2항)

'일정한 법률관계'를 특정하여 합의하여야 한다. '모든 법률관계', '장래의 모든 분쟁'에 관한 소송에 대한 포괄적 합의는 예측가능성이 없어 피고의 관할이익을 침해할 우려가 있으므로 무효이다.

(3) 합의의 방식 및 시기(제29조 2항)

당사자의 의사를 명확히 하여 후일의 분쟁을 미연 방지하기 위하여 반드시 서면에 의하여야 한다. 관할합의가 부동문자로 인쇄되어 있는 경우라도 이를 예문(例文)으로 보아 무효라고 할 수 없다(대판 2008.3.13. 2006다68209). 합의의 시기는 소제기 이전에 한정하지 않는다. 다만 소제기 이후의 합의는 편의이송(제35조)의 전제로서 의미가 있을 뿐이다(제33조 : 관할의 표준시 참조).

(4) 관할법원이 특정되어 있을 것 [13사법]

특정되어 있다면 수 개의 법원이라도 상관없다. 다만 전국의 모든 법원을 관할법원으로 하거나 모든 법원의 관할을 배제하는 합의(부제소특약으로 유효하다고 해석할 여지는 있다), **원고가 지정하는 법원으로 한 합의는 피고의 관할에 대한 이익을 박탈하기 때문에 무효이다.** 즉, 判例는 '일방이 지정하는 법원을 관할법원으로 한다'는 내용의 관할합의는 법원을 특정한 것이 아니고, 이러한 합의는 상대방의 권리를 부당하게 침해하고 공평원칙에 어긋나므로 무효(대결 1977.11.9. 77마284: 법전협 표준판례 (21))라고 보았다.

(5) 특별법상 요건을 갖출 것(소송행위의 유효요건을 갖출것)

약관규제에 관한 법률은 '고객에 대하여 부당하게 불리한 관할합의조항은 무효로 한다'(제14조)고 규정한다. 위 조문의 해석과 관련하여 判例는 "전속적 관할합의의 약관조항이 고객에게 부당하게 불리하다는 이유로 무효라고 보기 위해서는 그 약관조항이 고객에게 다소 불이익하다는 점만으로는 부족하고, 사업자가 그 거래상의 지위를 남용하여 이러한 약관조항을 작성·사용함으로써 건전한 거래질서를 훼손하는 등 고객에게 부당하게 불이익을 주었어야 한다"(대결 2008.12.16. 2007마1328)고 한 바 있다.

> **[관련판례] ❋ 무효인 약관의 효력유지적 축소해석**
> 判例는 ① 약관규제법 제정 전에 대한주택공사의 아파트분양계약서 중 '본 계약에 관한 소송은 대한주택공사가 지정하는 법원을 관할법원으로 한다.'라는 조항에 관하여 무효라고 하였고(대결 1977.11.9. 77마284), ② 주택분양보증약관에서 '대한주택보증주식회사의 관할 영업점 소재지 법원'을 전속적 합의관할 법원으로 정한 사안에서, "위 회사의 내부적인 업무조정에 따라 위 약관조항에 의한 전속적 합의관할이 변경된다고 볼 경우에는 당사자 중 일방이 지정하는 법원에 관할권을 인정한다는 관할합의 조항과 다를 바가 없는 등 고객에게 부당하게 불이익을 주는 것으로서 무효인 약관조항이라고 볼 수밖에 없으므로 위 약관조항의 '위 회사의 관할 영업점 소재지 법원'은 주택분양계약이 체결된 당시 이를 관할하던 위 회사의 영업점 소재지 법원을 의미한다"(대결 2009.11.13. 2009마1482)[20]고 판시했다.

4. 합의의 모습(부가적 합의와 전속적 합의)

(1) 문제점

관할합의에는 법정관할 외에 1개 또는 수 개의 관할을 부가하는 **부가적 합의**와 특정의 법원에만 관할권을 인정하고 그 밖의 관할을 배제하는 **전속적 합의**가 있다. 그런데 관할합의가 전속적인지 부가적인지 불분명한 경우, 즉 **명시적 합의를 하지 않은 경우** 그 구별이 문제된다.

(2) 판 례[21] [1회 사례형]

"당사자들이 법정 관할법원에 속하는 여러 관할법원 중 어느 하나를 관할법원으로 하기로 약정한 경우, 그와 같은 약정은 그 약정이 이루어진 국가 내에서 재판이 이루어질 경우를 예상하여 그 국가 내에서의 **전속적 관할 법원**을 정하는 취지의 합의라고 해석될 수 있다"(대판 2008.3.13. 2006다68209)(1회 선택형)

(3) 검 토

경합하는 법정관할법원 중 하나를 특정하는 합의는 전속적이라고 보는 것이 당사자의 의사에 부합하지만, 법정관할 외의 관할합의가 있는 경우에도 법정관할을 배제하려는 의사라고 본다면 당사자의 소송수행의 이익을 침해할 우려가 있으므로 부가적이라고 보는 判例의 입장이 타당하다.

---

20) **[사실관계]** 甲은 주택보증보험 주식회사 乙과 주택분양보증계약체결 당시에는 관할지점이 부산지점이었으나, 피고 乙회사의 내부적인 업무조정으로 대구지점으로 변경되었다. 이 경우 주택분양보증약관에서 '乙 주식회사의 관할 영업점 소재지 법원'을 전속적 합의관할 법원으로 정한 경우, 전속적 합의관할 법원이 부산지점에서 대구지점으로 변경되지 않는다고 본 사례이다.

21) **[학설]** ① 통설은 판례와 같은 입장이다. 이에 대해 ② <u>소수설</u>은 당사자가 일부러 특정 법원을 지정한 이상 부가적이라고 해석할 만한 특별한 사정이 없다면 전속적 합의로 해석한다. 다만 보통거래약관 등으로 합의한 때는 소비자의 권익을 보호하기 위해 부가적 합의로 해석한다.

| 핵심사례 A-05 |

> 甲(광주광역시 거주)은 乙(서울시 서초구 거주)과 乙소유의 X토지에 대해 매매계약을 체결하였
> 다. 계약 체결당시 매매계약서에 '위 계약에 관한 일체의 분쟁에 관해서는 서울중앙지방법원을 제
> 1심 관할법원으로 한다.'는 문구가 부동문자로 인쇄되어 있었다. 甲이 매매대금을 모두 지급했음
> 에도 乙은 X토지를 丙에게 양도하고, 등기를 경료해 주었다. 이에 甲은 광주지방법원에 乙을 상대
> 로 손해배상청구의 소를 제기하였고, 乙은 '甲의 소제기는 관할위반의 소제기'라고 항변하고 있다.
> **乙의 항변은 타당한가? (20점)**

Ⅰ. 결 론

乙의 항변은 타당하다.

Ⅱ. 논 거

1. 관할합의의 유효성(유효) 및 관할위반 여부(위반)

(1) 합의관할의 의의

(2) 관할합의의 요건·방식 [임, 소, 방, 법, 소] (유효)

사안의 경우 i) 제1심 법원에 관한 것이며 이는 임의관할을 대상으로 한다. ii) 합의의 대상인 소송
도 위 매매계약에 관한 甲과 乙의 분쟁으로 특정되어 있고, iii) 매매계약서에 본 특약을 기재하였고,
관할의 합의가 부동문자로 인쇄되어 있는 경우라도 이를 例文으로 보아 무효라고 할 수 없다(대판
2008.3.13. 2006다68209). iv) 그리고 관할법원도 서울중앙지방법원으로 특정되어 있으며, v) 기타 소송
행위로서의 요건도 모두 갖추었다. 따라서 甲과 乙의 관할합의는 유효하다.

(3) 관할합의의 모습 - 전속적 관할합의인지 여부(적극)

사안에서 피고 乙의 주소지는 서울시 서초구(제2조)이고, 의무이행지인 원고 甲의 주소지는 광주광역
시이므로(제8조), 법정관할법원은 서울중앙지방법원과 광주지방법원이다. 따라서 서울중앙지방법원
을 관할로 합의한 경우, 이는 법정관할법원 중의 한 법원을 관할법원으로 하기로 약정한 것으로서 전
속적 관할합의에 해당한다.

(4) 관할합의의 효력 - 관할의 변동

관할합의가 유효하게 성립하면 합의한 내용대로 관할이 변동된다. '전속적 관할합의'라면 합의한 법원
이외의 법원의 법정관할권을 소멸시킨다.

2. 사안의 경우 - 관할위반 여부(적극)

甲과 乙의 관할합의는 유효하며, 전속적 관할합의에 해당하므로 甲이 이에 위반하여 광주지방법원에
소를 제기한 것은 변론관할이 발생하지 않는 한 관할위반의 소제기이다.

5. 합의의 효력

(1) 관할의 변동 [2회 사례형]

관할합의가 유효하게 성립하면 합의한 내용대로 관할이 변동된다. 전속적 합의관할도 임의관할이므
로 다시 관할합의를 할 수 있고, 피고의 거동에 의한 변론관할이 생길 수 있다(제30조)(6회 선택형).
다만, 전속적 합의의 경우에도 현저한 지연을 피한다는 공익상 필요가 있는 경우에는 합의의 대상이

될 수 없으므로 다른 법정관할법원에 이송할 수 있다(제35조). 判例도 "전속적 관할합의의 경우 법률이 규정한 전속관할과 달리 임의관할의 성격을 가지기 때문에, 법원은 공익상의 필요에 의하여 사건을 다른 관할법원에 이송할 수 있다"(대결 2008.12.16. 2007마1328)고 한다.

(2) 효력의 주관적 범위

관할의 합의가 당사자 및 그 일반승계인에게 미치는 것은 당연하나, 특정승계인 내지 제3자에게도 미치는지 문제된다.

1) 특정승계인 중 채권승계인(효력이 미침 : 채권의 동일성)(13회 선택형) [1회 사례형]

判例는 "관할의 합의는 소송법상의 행위로서 합의 당사자 및 그 일반승계인을 제외한 제3자에게 그 효력이 미치지 않는 것이 원칙이지만, 관할에 관한 당사자의 합의로 관할이 변경된다는 것을 실체법적으로 보면, 권리행사의 조건으로서 그 권리관계에 불가분적으로 부착된 실체적 이해의 변경이라 할 수 있으므로, 지명채권과 같이 그 권리관계의 내용을 당사자가 자유롭게 정할 수 있는 경우에는(계약자유의 원칙), 당해 권리관계의 특정승계인은 그와 같이 변경된 권리관계를 승계한 것이라고 할 것이어서, 관할합의의 효력은 특정승계인에게도 미친다(대결 2006.3.2. 2005마902: 법전협 표준판례 (23))고 한다.[22]

[판례검토] 지명채권의 양도가 있는 경우 양도통지만이 있었다면 채무자는 그 통지를 받을 때까지 양도인에 대해 생긴 사유로서 대항할 수 있으므로(민법 제451조 2항), 채권승계인에게는 합의의 효력이 미친다고 보는 判例의 태도는 타당하다.

2) 특정승계인 중 물권승계인(효력이 미치지 않음 : 물권법정주의) [17사법]

判例는 "관할의 합의의 효력은 부동산에 관한 물권의 특정승계인에게는 미치지 않는다고 새겨야 할 것인바, 부동산 양수인이 근저당권 부담부의 소유권을 취득한 특정승계인에 불과하다면(근저당권 부담부의 부동산의 취득자가 그 근저당권의 채무자 또는 근저당권설정자의 지위를 당연히 승계한다고 볼 수는 없다), 근저당권설정자와 근저당권자 사이에 이루어진 관할합의의 효력은 부동산 양수인에게 미치지 않는다"(대결 1994.5.26. 94마536: 법전협 표준판례 (22))(5회 선택형)고 한다.

[판례검토] 물권의 경우 당사자가 그 내용을 자유로이 변경할 수 없고(민법 제185조), 부동산등기법상 합의를 등기할 수도 없으므로, 물권승계인에게는 합의의 효력이 미치지 않는다고 보는 判例의 태도는 타당하다.

■ 합의관할 – 관할합의 효력의 주관적 범위　　　　　　　　　2017년 사법시험

사실관계 ▎甲은 2015. 5. 5. 자신의 소유 X 부동산에 관하여 채무자를 甲, 근저당권자를 乙로 하는 근저당권설정계약을 체결한 후, 같은 달 15. 근저당권설정등기를 마쳐 주었다. 위 근저당권설정계약 당시 甲과 乙은 근저당권에 관한 소송의 관할법원을 A 지방법원으로 하기로 하는 서면 합의를 하였다. 한편 甲은 위 부동산에 관하여 2016. 10. 10. 丙 명의로 같은 해 9. 9. 매매를 원인으로 한 소유권이전등기를 마쳐 주었다. 丙은 위 부동산의 소유자로서 위 근저당권의 피담보채무가 이미 소멸되었다고 하여 乙을 상대로 그 근저당권설정등기의 말소를 청구하는 소를 A 지방법원에 제기하였고, A 지방법원은 丙 승소의 판결을 선고하였다(丙이 A 지방법원에 제기한 위 소송은 원칙적으로 토지관할 위반임). **甲과 乙 사이의 관할합의 효력이 丙에게 미치는가?**

---

22) 전속적 관할합의 후 채권양도로 외국적 요소가 발생한 경우에는 양수인에게 관할합의의 효력이 미치지 않는다(대판 2008.3.13. 2006다68209). 그 약정이 이루어진 국가 내에서 재판이 행해질 것을 예상하여 그 국가 내에서의 전속적 관할법원을 정하는 합의라고 볼 것이어서 다른 국가의 재판 관할권을 완전히 배제하는 합의로 볼 수 없기 때문이다['제2관 합의관할 Ⅱ.1.(3) 전속적 토지관할 합의가 다른 나라의 재판권을 배제하는지 여부(원칙적 소극)' 참조].

> 사안의 해결 ┃ 甲과 乙 사이의 관할합의는 적법하게 효력이 발생하였으나, 그 관할합의의 효력은 물권승계인 丙 에게 미치지 않는다.

3) 특정승계인 이외의 제3자

특정승계인 이외의 제3자에게는 합의의 효력이 미치지 않는다. 따라서 채권자와 보증인 간의 합의는 주채무자에게 미치지 아니한다(대판 1988.10.25. 87다카1728). 다만 관련재판적이 발생할 수는 있고(제25조 2항), 제3자라 하더라도 채권자대위권을 행사하는 채권자와 같이 채무자의 권리를 행사하는데 불과한 경우에는 합의의 효력을 받는다고 보아야 할 것이다.

┃ 핵심사례 A-06┃

■ 합의관할 – 관할합의 효력의 주관적 범위	2012년 제1회 변호사시험

> 甲은 서울중앙지방법원을 제1심 관할법원으로 하기로 한 전속적 관할합의에 위반하여 乙에 대해 거듭 손해배상금의 지급을 독촉하였으나 乙이 이에 응하지 않자, 甲은 위 채권을 A(대구거주)에게 양도하고 그 사실을 乙에게 통지하여 위 통지가 乙에게 도달하였다. 이후 A는 대구지방법원에 乙을 상대로 위 손해배상청구의 소를 제기하였다. 乙은 변론기일에 출석하여 관할위반의 항변을 하고 있다. **대구지방법원에 위 청구에 대하여 관할권이 있는가? 결론과 그에 따른 논거를 서술하시오. (20점)**

I. 결 론

A에게 관할합의의 효력이 미치므로, 대구지방법원은 위 청구에 대한 관할권이 없다.

II. 논 거

1. 관할합의의 유효성(유효) 및 A에게 관할합의의 효력이 미치는지 여부(적극)

(1) 관할합의의 효력

1) 관할의 변동

'전속적 관할합의'에 해당하므로 합의한 서울중앙지방법원 이외의 법원의 법정관할권을 소멸시킨다. 따라서 A가 甲과 乙의 관할합의의 효력을 받는다면 위 청구에 대해 대구지방법원은 관할권이 없다.

2) 효력의 주관적 범위

특정승계인 중 채권승계인에게는 미치나 물권승계인에게는 미치지 않는다.

(2) 사안의 경우

사안의 전속적 관할합의는 유효하며, 지명채권의 특정승계인인 A에게도 효력이 미치므로 A는 서울중앙지방법원에 소를 제기해야 하며 대구지방법원은 변론관할이 인정되지 않는 한 관할권이 없다.

2. 변론관할 발생여부(소극)

관할위반항변을 하고 있으므로 변론관할이 부정된다.

Ⅱ. 변론관할 [09사법] [A-14]

> 제30조 (변론관할) 피고가 제1심법원에서 관할위반이라고 항변(抗辯)하지 아니하고 본안(本案)에 대하여 변론(辯論)하거나 변론준비기일(辯論準備期日)에서 진술하면 그 법원은 관할권을 가진다.

1. 의의 및 취지

원고가 관할권 없는 법원에 소를 제기한 경우, 피고가 이의 없이 본안에 관하여 변론함으로써 발생하는 관할을 말한다(제30조). 이의 없는 응소를 관할의 합의로 볼 수 있는바 관할을 창설을 인정하는 것이 당사자의 이익 및 소송촉진에 유리하기 때문이다.

2. 요 건 [없, 이, 항]

(1) 원고가 관할권 없는 제1심법원에 소를 제기하였을 것

임의관할 위반에 한정되고 전속관할 위반의 경우에는 변론관할이 생기지 않는다(제31조). 소제기 당시에만 문제되는 것이 아니라 청구취지의 변경·반소 등으로 소송계속 중에 관할위반이 된 경우도 생길 수 있다(제269조 2항 단서 참조).

(2) 피고가 이의 없이 '본안'에 대하여 '변론'하였을 것

1) '본안'의 의미

청구이유의 유무에 관한 사실상·법률상 진술 등 실체사항에 관한 진술을 말한다. 따라서 실체적 사항이 아닌 절차 사항인 기피신청, 기일변경신청, 소각하판결의 신청 등은 본안에 관한 진술에 해당하지 않는다.[23] 그러나 피고가 단지 청구기각의 판결만을 구하고, 청구원인에 관한 답변을 뒤로 미루는 경우에는 소각하 판결을 구하지 않고 원고의 청구를 배척한다는 뜻을 명백히 한 것이기 때문에 본안에 관한 변론을 한 것으로 볼 수 있다(통설).

2) '변론'의 의미

여기서 변론은 현실적인 구술에 의해 적극적으로 변론하여야 한다(통설). 判例도 "동법 제30조 소정의 응소관할이 생기려면 피고의 본안에 관한 변론이나 준비절차에서의 진술은 현실적인 것이어야 하므로 피고의 불출석에 의하여 답변서 등이 법률상 진술 간주(제148조 1항, 제286조)되는 경우는 이에 포함되지 아니한다"(대결 1980.9.26. 80마403: 법전협 표준판례 (24))고 한다(5회,10회,11회 선택형).

(3) 피고의 관할위반의 항변이 없을 것

묵시적 항변도 무방하다. 피고가 당해 법원에 관할권이 있는 조건으로 본안에 관한 변론을 한 때에는 관할위반의 항변이 있는 것으로 보아야 할 것이다.

---

23) **[참고]** 피고가 단지 청구기각의 판결만을 구하고, 청구원인에 관한 답변을 뒤로 미루는 경우에도 이에 해당하는지에 대해 소각하 판결을 구하지 않고 원고의 청구를 배척한다는 뜻을 명백히 한 것이기 때문에 본안에 관한 변론을 한 것으로 보아 변론관할이 생긴다는 것이 통설적 입장이나, 현행법상으로는 제256조(답변서 제출의무)와 규칙 제65조에서 답변서에는 청구취지와 청구원인에 대한 구체적 사실을 적어서 제출하도록 하고 있으므로 위와 같이 청구원인에 대한 답변을 뒤로 미루는 경우는 드문 일이 될 것이다(이시윤).

3. 효 과

피고가 관할위반의 항변을 하지 않고 본안에 관하여 진술한 때에는 그 시점에 바로 관할권이 없었던 법원에 관할권이 창설된다(13회 선택형). 따라서 그 이후 피고의 관할위반의 항변은 허용되지 않고, 법원은 관할위반에 의한 이송을 할 수 없다. 피고가 이의 없이 본안에 관하여 변론한 것에 대해서 후에 의사표시에 하자가 있음을 이유로 취소할 수 없다. 변론관할은 당해 사건에 한하여 발생하므로, 소의 취하·각하 이후에 제기하는 소제기에는 효력이 미치지 않는다. 본소가 단독사건이고 반소가 합의사건인 경우에 원고가 반소에 대하여 관할위반의 항변을 하지 않고 본안에 관하여 변론한 때에는 변론관할이 발생한다(제269조 2항 단서).

┃ 핵심사례 A-07┃

■ 합의관할 - 관할합의의 모습(전속적 관할합의), 변론관할　　　2012년 제1회 변호사시험

> 甲은 전속적 관할합에 위반하여 乙을 상대로 소를 제기하였고, 乙은 변론준비기일에서 청구원인에 대한 다툼 없이 甲의 청구취지에 대해 청구기각만을 구한다는 취지의 준비서면만을 제출하였고 이후의 변론기일에 불출석 하였으나, 제2변론기일에 출석하여 '甲의 소제기는 관할위반의 소제기'라고 항변하고 있다. **乙의 항변은 타당한가? (20점)**

Ⅰ. 결 론

乙의 항변은 타당하다.

Ⅱ. 논 거

1. 변론관할 발생 여부(소극)

(1) 전속적 관할 합의 위반의 경우 변론관할 인정여부(적극)

'전속적 관할합의 위반'이 있더라도 '전속관할 위반'의 경우와는 구별되어야 한다. 즉 전속적 관할합의도 임의관할에 관한 것이므로 피고 乙이 다투지 않고 본안에 대하여 변론하거나 변론준비기일에서 진술하면 관할위반의 하자는 치유된다(제30조 : 변론관할)(11회 선택형)

(2) 변론관할의 인정 요건 [없, 이, 항]

(3) '본안'에 관한 '변론'하였는지 여부(소극)

1) '본안'에 관한 변론

2) '변론 또는 변론준비기일에서 진술'

2. 사안의 경우

乙이 청구기각 답변만을 하였더라도 본안에 관하여 다툰 것으로 볼 수도 있으나, 변론기일이나 변론준비기일에 현실적으로 출석하여 말로 진술한 것이 아닌 이상, 乙이 제출한 준비서면이 진술간주(제148조 1항)된 경우라도 변론관할의 효력은 발생하지 않는다. 따라서 변론관할이 발생하지 않아 관할위반의 하자는 치유되지 않는다.

제6관 이 송

I. 서 설 [A-15]

1. 의의 및 취지

어느 법원에 계속된 소송을 그 법원의 재판(이송결정)에 의해 다른 법원으로 이전하는 것을 말한다. 관할위반의 경우 소를 각하하지 않음으로써 소제기에 들이는 비용을 절감하고, 관할위반이 아닌 경우 보다 편리한 법원으로 옮겨 심판함으로써 소송경제와 소송촉진을 도모하는데 목적이 있다.

2. 구별개념

이부는 같은 법원 내의 단독판사 사이 또는 합의부 사이에 하는 사무분담의 재조정이고, **소송기록송부**는 이송결정 없이 하는 단순한 사실행위로서 이송결정에 따른 기록송부(제40조 2항)와 달리 소제기의 효과가 소급하지 않는다는 점에서 구별된다(이송은 제40조 1항에 의해 소송계속이 이전됨에 반해 소송기록송부는 소송계속이 이전되지 않음).

	이 송	소송기록 송부	소각하판결
소제기의 효과 (시효중단·기간준수의 효력유지 : 소송계속의 이전 여부)	유 지	송부된 때 발생	소 멸
인지의 효력 (인지의 효력이 소멸하면 인지를 다시 붙여야 함)		유 지	

> **[참고판례]** 실무적으로는 대법원에 특별항고(제449조 1항)만 허용되는 재판에 대해 항고장을 제출하면서 특별항고장이라는 표시와 대법원이라는 표시를 하지 아니한 채 고등법원에 일반항고를 하였을 때 고등법원은 이송결정 없이도 대법원에 '소송기록'을 넘기는 경우가 있다(대결 2011.2.21. 2010마1689).

II. 이송의 원인 [A-16]

1. 관할위반에 의한 이송(제34조 1항)

법원은 소송의 전부 또는 일부에 대하여 관할권이 없다고 인정하는 경우에는 '결정'(판결이 아님)으로 이를 관할법원에 이송한다(제34조 1항).

(1) 적용범위

1) 제1심 법원 사이

전속관할을 위반한 경우뿐 아니라 임의관할(토지관할 또는 사물관할)을 위반한 경우에도 적용된다. 다만 임의관할 위반의 경우는 변론관할이 생길 수 있으므로 피고의 관할위반 항변을 기다려 이송결정을 하여야 한다.

2) 상급법원과 하급법원 사이

a. 심급관할 위반의 소제기(이송 긍정)

判例는 하급심법원에 제기할 소를 상급심법원에 제기한 경우(대결 1995.1.20. 94마1961 : 대법원을 제1심 법원으로 하여 소제기), 상급심법원에 제기할 소를 하급심법원에 제기한 경우 모두 이송을 긍정한다.

❋ 재심의 소를 제기할 법원을 그르친 경우(원고의 재심기간 도과 등의 불이익을 구제하기 위해 이송을 긍정하는 判例의 태도는 타당)

① **[항소심법원에 제기해야할 재심의 소를 제1심법원에 제기한 경우]** 항소심에서 사건에 대하여 본안판결을 하였을 때에는 제1심 판결에 대하여 재심의 소를 제기하지 못하므로(제451조 3항), 항소심판결이 아닌 제1심판결에 대하여 제1심법원에 제기된 재심의 소는 부적법한 소송이나, 재심사유가 항소심판결에 관한 것이라고 인정되는 경우 제1심법원은 그 재심의 소를 부적법·각하할 것이 아니라 재심 관할법원인 항소심법원(제453조)에 이송하여야 한다(대결 1995.6.19. 94미2513). 이 경우 재심제기기간의 준수 여부는 민사소송법 40조 1항의 규정에 비추어 제1심 법원에 제기된 때를 기준으로 할 것이지 항소심 법원에 이송된 때를 기준으로 할 것이 아니다(대판 1984.2.28. 전합83다카1981)(11회 선택형).

② **[항소심법원에 제기해야할 재심의 소를 상고심법원에 제기한 경우]** 사실인정에 관한 것을 재심사유로 하는 경우에는 상고법원이 상고를 기각하였더라도 사실심인 항소심법원의 판결에 대하여 재심의 소를 제기하여야 하는데(제451조 1항 6호, 7호) 상고심에 제기한 경우, 그 재심사유가 항소심판결에 관한 것임이 그 주장자체나 소송자료에 의하여 분명하다면(원고가 항소심판결에서 증거로 원용된 소유권증명이 위조된 것이라고 주장한 경우), 재심관할 법원인 항소심법원에 이송함이 상당하다(대판 1984.4.16. 84사4).

b. 심급관할 위반의 상소제기

① **[상소법원을 잘못 표시하여 상소한 경우 : 소송기록 송부]** 判例는 원칙적으로 "특별항고만이 허용되는 재판에 대한 불복으로서 당사자가 특히 특별항고라는 표시와 항고법원을 대법원으로 표시하지 아니하였다고 하더라도 그 항고장을 접수한 법원으로서는 이를 특별항고로 보아 소송기록을 대법원에 송부함이 마땅하다"(대결 1999.7.26. 99미2081 : 당사자가 즉시항고로 표시하고 항고법원을 고등법원으로 표시한 사안)고 하여 '기록송부'로 처리한다. 그럼에도 원심법원이 잘못 표시된 대로 소송기록을 송부한 경우 송부받은 법원은 관할법원에 '이송'한다(대결 1997.3.3. 97으1 : 항고인이 통상항고로 불복할 수 있는 사건인 원심법원의 피고경정신청 기각결정에 대하여 불복하면서 제출한 서면에 '특별항고장', '대법원 귀중'이라고 기재하였더라도 이는 통상항고로 보아야 하므로, 대법원에 기록 송부된 사건을 그 관할법원인 항고법원으로 이송한 사례)

② **[상소장의 원심법원제출주의를 위반한 경우 : 원칙적 소송기록 송부, 예외적 이송]** 判例는 상고장이 대법원에 바로 제출되었다가 다시 원심법원에 (소송기록)송부된 사안에서 "상고장이 원심법원에 접수된 때를 기준으로 상고제기기간 준수를 따져야 한다"(대판 1981.10.13. 81누230)고 하여 **원칙적으로 이송으로 처리하지 않으나**(이송으로 처리하면 상소제기의 효력이 유지된다). **예외적으로** 서울고등법원이 서울지방법원과 동일 청사에 위치한 관계로 혼동해 서울지방법원에 상고장을 접수시킨 사건에서는 "원심법원(사안에서는 서울고등법원) 외의 법원에 상고장을 제출한 날을 기준으로 상고기간준수를 가림이 상고인의 진정한 의사에도 부합하고 상고인의 손해를 방지할 수 있다"(대결 1996.10.25. 96마1590)고 하여 **이송으로 처리하였다.**

[판례검토] 판결의 확정시기를 불명확하게 한다는 이유로 제34조 제1항을 적용하지 아니하고 각하하여야 한다는 견해가 있으나, 제34조는 상소심에서도 적용될 수 있는 총칙규정이고 각하하면 상소기간준수의 이익을 잃게 되므로 이송을 긍정하는 견해(통설)가 타당하다.

③ **[상소법원을 혼동하여 상소를 제기한 경우 : 이송]** 判例는 상표권 침해를 청구원인으로 하는 손해배상청구 사건으로서 민사소송법 제24조 제2항이 규정하는 특허권 등의 지식재산권에 관한 소에 해당하는 경우, '이에 대한 항소사건은 특허법원의 전속관할에 속함에도 지방법원 항소부인 원심이 이 사건 제1심판결에 대한 항소사건을 실체에 들어가 판단한 잘못이 있다'고 하여 직권으로 원심판결을 파기

하고, 항소심 관할법원인 특허법원에 이송하여(대판 2023.12.28. 2023다277260 : 특허권 등의 지식재산권 침해로 인한 손해배상청구 사건의 제1심을 지방법원 단독판사가 심판한 경우에도 그 항소사건은 특허법원의 전소관할에 속한다) 상소법원을 혼동하여 상소를 제기한 경우 이송을 긍정하였다.

3) 다른 종류의 법원간의 이송

① **[이송을 긍정하는 경우]** ⅰ) 대법원은 행정사건을 일반민사사건으로 잘못 알고 민사법원에 소를 제기한 경우에는 관할위반으로 이송하는 입장이고(행정소송법 제7조)(대판 1999.11.26. 97다42250; 대판 2018.7.26. 2015다221569)[24], ⅱ) 가사소송사건을 일반민사사건으로 잘못 알고 지방법원에 소 제기한 경우에도 이송을 긍정하는 입장이다(대결 1997.3.3. 80마445).

> **[비교판례]** ＊ **소 변경을 위한 석명권 행사**(행정사건을 민사사건으로 잘못 알았으나 관할위반은 없는 경우)
> "행정소송법상 항고소송으로 제기하여야 할 사건을 민사소송으로 잘못 제기한 경우에 수소법원이 그 항고소송에 대한 관할도 동시에 가지고 있다면, 전심절차를 거치지 않았거나 제소기간을 도과하는 등 항고소송으로서의 소송요건을 갖추지 못했음이 명백하여 항고소송으로 제기되었더라도 어차피 부적법하게 되는 경우가 아닌 이상, 원고로 하여금 항고소송으로 소 변경을 하도록 석명권을 행사하여 행정소송법이 정하는 절차에 따라 심리·판단하여야 한다"(대판 2020.1.16. 2019다264700).[25]

> **[관련판례]** ＊ **고등법원의 전속관할**(행정사건을 민사사건으로 잘못 제시하였으나 단독판사가 제1심판결을 선고한 경우)
> "행정사건 제1심판결에 대한 항소사건은 고등법원이 심판해야 하고(법원조직법 제28조 제1호), 원고가 고의나 중대한 과실 없이 행정소송으로 제기하여야 할 사건을 민사소송으로 잘못 제기하고 단독판사가 제1심판결을 선고한 경우에도 그에 대한 항소사건은 고등법원의 전속관할이다"(대판 2022.1.27. 2021다219161)

② **[이송을 부정하는 경우]** ⅰ) 행정소송으로서의 소송요건을 결하고 있음이 명백하여 행정소송으로 제기되었더라도 어차피 부적법하게 되는 경우에는 이송할 것이 아니라 각하하여야 한다(대판 2020.10.15. 2020다222382).

③ **[비송사건을 소송사건으로 제기한 경우나 그 반대의 경우]** 종전 判例는 구제절차를 잘못 선택한 경우이므로 **권리보호자격이 없다**고 보아 **부적법 각하**하여야 한다는 입장이나(소송사건을 비송으로 제기한 경우 대결 1976.2.11. 75마533 ; 비송사건인 법인의 임시이사의 해임을 소송사건으로 청구한 경우 대판 1963.12.12. 63다449 : 비송사건인 이사회 의사록의 열람 등 허가사건을 소송사건으로 청구한 경우; 대판 2013.11.28. 2013다50367), 최근 判例는 "수소법원은 당사자에게 석명을 구하여 당사자의 소제기에 사건을 소송절차로만 처리해 달라는 것이 아니라 비송사건으로 처리해 주기를 바라는 의사도 포함되어 있음이 확인된다면, 당사자의 소제기를 비송사건 신청으로 보아 재배당 등을 거쳐 비송사건으로 심리·판단하여야 하고 그 비송사건에 대한 토지관할을 가지고 있지 않을 때에는 관할법원에 이송하는 것이 타당하다"(대판 2023.9.14. 2020다238622)고 판시하였다.

---

24) "행정소송법 제7조는 원고의 고의 또는 중대한 과실 없이 행정소송이 심급을 달리하는 법원에 잘못 제기된 경우에 민사소송법 제31조 제1항을 적용하여 이를 관할 법원에 이송하도록 규정하고 있을 뿐 아니라 관할 위반의 소를 부적법하다고 하여 각하하는 것보다 관할 법원에 이송하는 것이 당사자의 권리 구제나 소송경제의 측면에서 바람직하므로, 원고가 고의 또는 중대한 과실 없이 행정소송으로 제기하여야 할 사건을 민사소송으로 잘못 제기한 경우 수소법원으로서는 만약 그 행정소송에 대한 관할도 동시에 가지고 있는 경우라면, 행정소송으로서의 전심절차 및 제소기간을 도과하였거나 행정소송의 대상이 되는 처분 등이 존재하지도 아니한 상태에 있는 등 행정소송으로서의 소송요건을 결하고 있음이 명백하여 행정소송으로 제기되었더라도 어차피 부적법하게 되는 경우가 아닌 이상, 원고로 하여금 항고소송으로 소 변경을 하도록 하여 그 1심법원으로 심리·판단하여야 한다"

25) 대법원은, 이 사건 제1심법원인 대전지방법원 합의부와 원심법원인 대전고등법원 합의부는 이 사건 소가 행정소송법상 항고소송일 경우의 제1심, 항소심 재판의 관할도 동시에 가지고 있으므로 관할위반의 문제는 발생하지 아니하지만, 원심으로서는 원고로 하여금 행정소송법상 취소소송으로 소 변경을 하도록 석명권을 행사하여 행정소송법이 정하는 절차에 따라 이 사건 거부회신이 적법한 거부처분인지 여부를 심리·판단하였어야 한다고 보아 파기환송한 사례임

(3) 검 토

소송사건과 비송사건의 구별이 항상 명확한 것은 아니고, 비송사건절차법이나 다른 법령에 비송사건임이 명확히 규정되어 있지 않은 경우 당사자로서는 비송사건임을 알기 어렵다는 점(2020다238622), 비송사건도 통상의 민사법원의 재판권에 속하는 것이므로 재판권 흠결의 문제가 생기지 않는다는 점에서 직분관할위반의 경우를 유추하여 제34조에 의하여 이송하여야 한다는 견해(통설)가 타당하다.

(2) 이송의 범위

소송의 전부가 관할위반인 경우는 전부를, 병합된 청구 중 일부가 전속관할인 경우와 같이 일부만 소송위반인 경우는 그 일부만을 이송하여야 한다.

(3) 당사자의 이송신청권 인정여부 [11회 사례형]

1) 문제점

관할위반에 따른 이송(제34조 1항)은 다른 원인에 의한 이송(제34조 2항, 제35조, 제36조, 제269조 2항)과 달리 당사자의 이송신청권이 규정되어 있지 않아 그 인정 여부가 문제된다.

2) 판 례(부정설)

判例는 "ⅰ) 당사자가 관할위반을 이유로 한 이송신청을 한 경우에도 이는 단지 법원의 직권발동을 촉구하는 의미밖에 없는 것이고, 따라서 법원이 이 이송신청에 대하여는 재판을 할 필요가 없고, ⅱ) 설사 법원이 이 이송신청을 거부하는 재판을 하였다고 하여도 항고가 허용될 수 없으므로 항고심에서는 이를 각하하여야 한다"(대결 1993.12.6. 전합93마524: 법전협 표준판례 (25)[26])(5회 선택형)고 판시하여 부정설의 입장이다. 아울러 判例는 즉시항고(제39조)는 물론 특별항고(제449조)도 부정하는 입장이다(대결 1996.1.12. 95그59)[27](7회 선택형).

[관련판례] "법원이 당사자의 신청에 따른 직권발동으로 이송결정을 한 경우에는 즉시항고가 허용되지만(민사소송법 제39조), 위와 같이 당사자에게 이송신청권이 인정되지 않는 이상 항고심에서 당초의 이송결정이 취소되었다 하더라도 이에 대한 신청인의 재항고는 허용되지 않는다"(대결 2018.1.19. 2017마332).

[판례해설] 이송신청기각결정은 이송신청에 대한 재판이므로, 이송신청권을 인정하지 않는 이상 재판할 필요가 없음에도 기각결정을 한 것이어서 이는 항고의 대상이 되지 않지만(위 전합93마524판결), 당사자의 신청에 따른 직권에 의한 이송결정은 직권에 의한 재판이지 신청에 대한 재판이 아니므로, 이송신청권의 인정 여부와 무관하게 즉시항고의 대상이 된다. 다만, 대법원은 제1심 법원의 관할위반에 따른 이송결정을 항고법원이 취소하는 경우 이에 대한 재항고는 허용하지 않는바(대결 2018.1.19. 2017마1332), 이는 이송결정취소에 대한 불복을 인정하는 것은 결국 이송결정여부에 대해 당사자에게 신청권을 인정하는 것과 같은 결과가 되기 때문이다.[28]

---

26) 이 경우 判例는 "항고심에서 항고를 각하하지 아니하고 항고이유의 당부에 관한 판단을 하여 기각하는 결정을 하였다고 하여도 이 항고기각결정은 항고인에게 불이익을 주는 것이 아니므로 이 항고심결정에 대하여 재항고를 할 아무런 이익이 없는 것이어서 이에 대한 재항고는 부적법한 것이다"(대결 1993.12.6. 전합93마524)고 판시하였다.

27) 이송신청권이 없으므로 "그 이송신청에 대한 재판을 할 필요가 없는데도 원심이 그 이송신청을 기각하는 결정을 하였다면, 그 결정은 그 결정에 대한 특별항고인에게 아무런 불이익을 주는 것이 아니며 그 결정에 대하여 특별항고를 할 어떤 이익도 없는 것이 분명하므로 그 특별항고는 부적법하다"

28) 한충수, '관할위반을 이유로 한 이송결정과 이에 대한 즉시항고 및 재항고, 2017마1332 결정을 중심으로', 법조협회 2018년.

3) 검 토

제34조 1항의 규정은 피고의 관할이익을 보호하는 법원의 책무를 규정한 것이지 피고의 이송신청권을 부정하는 취지는 아니라는 이유로 긍정하는 입장도 있으나(통설),[29] 다른 이송과 달리 제34조 1항에서 당사자의 이송신청권을 규정하지 않고 있으므로 이를 부정하는 것이 타당하다.

관할위반에 따른 이송	불복여부	근 거
이송신청기각결정	즉시항고 불가	이송신청권이 없으므로 그에 대한 재판 불요
이송결정	즉시항고 가능	직권에 의한 재판이므로 이송신청권 유무와 무관(제39조)
이송결정에 대한 취소결정	재항고 불가	이송신청권이 없으므로 이송결정의 요구불가

핵심사례 A-08

■ 이송신청권의 유무, 이송신청기각결정에 대한 불복가부   2018년 10월 법전협 모의

甲은 A 토지의 적법한 소유권자인데, 乙과 丙이 공동으로 甲으로부터 A 토지를 매수하는 매매계약을 체결한 후 이를 원인으로 하여 A 토지 중 각 1/2 지분에 관한 소유권이전등기를 마쳤다. 甲의 주소와 직장은 인천지방법원 관할 내에 있고, 乙의 주소는 대전지방법원 관할 내에, 직장은 인천지방법원 관할 내에 있으며, 丙의 주소는 부산지방법원 관할 내에, 직장은 울산지방법원 관할 내에 있고, A 토지는 대전지방법원 관할 내에 있다. 甲이 乙, 丙을 공동피고로 A 토지에 관한 소유권(지분)이전등기말소청구 소송을 인천지방법원에 제기하자 丙은 관할위반을 이유로 위 소송을 울산지방법원으로 이송하여 달라고 신청하였다. (문제 1.과 문제 2.는 상호 무관함)

〈문제 1.〉 법원이 丙의 이송신청을 기각하자 丙이 즉시항고를 하였다. 항고심 법원은 어떻게 결정하여야하는가? (10점)

〈문제 2.〉 법원이 丙의 이송신청을 받아들여 위 소송을 울산지방법원으로 이송한다는 결정을 하자 甲이 즉시항고를 하였다. 항고심 법원은 어떻게 결정하여야 하는가? (10점)

I. 문제 1. 의 해결 – 당사자의 이송신청권 인정여부

1. 판 례(부정설 : 대결 1993.12.6. 전합93마524: 법전협 표준판례 (25))

2. 항고심 법원의 결정

이송신청기각결정은 이송신청에 대한 재판이므로, 이송신청권을 인정하지 않는 이상 재판할 필요가 없음에도 기각결정을 한 것이어서 이는 항고의 대상이 되지 않는다. 따라서 항고심법원은 항고를 각하하는 결정을 내려야 한다. 만약 항고심법원이 항고기각결정을 하더라도 이는 항고인에게 불이익을 주는 것이 아니므로 丙은 그 결정에 재항고를 할 이익이 인정되지도 않는다(대결 1993.12.6. 전합93마524).

---

29) 관할위반이 없는 경우에도 다른 법원에 이송신청을 할 권리와 그 불허에 대한 즉시항고의 길을 열어 놓고 있는 것에 비하여, 관할위반의 경우에 관할이 있는 법원에서 재판을 받으려는 피고의 보다 중대한 이익을 보호하기 위한 이송신청권과 즉시항고권을 인정하지 않는 것은 균형에 맞지 않으므로 긍정하는 것이 타당하다는 견해이다.

Ⅱ. 문제 2. 의 해결 – 위법한 이송결정에 대한 즉시항고

1. 甲의 소제기에 관할위반의 위법이 있는지 여부

(1) 乙에 대한 말소등기청구

보통재판적에 따른 토지관할법원은 피고 乙의 주소지를 기준으로 한 대전지방법원이며(제2조), 특별재판적에 따른 토지관할법원은 乙의 근무지를 기준으로 한 인천지방법원(제7조)과, A토지의 등기를 기준으로 한 대전지방법원(제21조)이다.

(2) 丙에 대한 말소등기청구

보통재판적에 따른 토지관할법원은 피고 丙의 주소지를 기준으로 한 부산지방법원이며(제2조), 특별재판적에 따른 토지관할법원은 丙의 근무지를 기준으로 한 울산지방법원(제7조)과, A토지의 등기를 기준으로 한 대전지방법원(제21조)이다.

(3) 관련재판적(제25조 2항) : 공통의 원인

(4) 사안의 경우

甲이 乙과 丙을 공동피고로 하여 인천지방법원에 제기한 A토지에 관한 소유권(지분)이전등기말소청구 소송은 관할위반의 위법이 없다.

2. 위법한 이송결정에 대한 즉시항고의 인정 여부

(1) 판례

대법원은 법원이 당사자의 신청에 따른 직권발동으로 이송결정을 한 경우에는 즉시항고를 허용한다(대결 2018.1.19. 2017마1332). 이송신청기각결정은 이송신청에 대한 재판이므로, 이송신청권을 인정하지 않는 이상 재판할 필요가 없음에도 기각결정을 한 것이어서 이는 항고의 대상이 되지 않지만(대결 1993.12.6. 전합93마524), 당사자의 신청에 따른 직권에 의한 이송결정은 직권에 의한 재판이지 신청에 대한 재판이 아니므로, 이송신청권의 인정 여부와 무관하게 즉시항고의 대상이 된다(대결 2018.1.19. 2017마1332).

(2) 사안의 경우

법원이 이송결정을 한 것은 丙의 이송신청에 대한 결정이 아니라 직권에 의한 이송결정이므로 甲은 이에 대해 즉시항고를 할 수 있다.

3. 항고심 법원의 결정

울산지방법원에 특별재판적(제7조)이 인정된다 하더라도 인천지방법원에 제기한 소에 관할위반의 위법이 없는 이상, 관할위반을 이유로 울산지방법원으로 이송한다는 결정은 위법하다. 잘못된 이송결정에도 구속력이 인정되는 것이 원칙이지만(제38조), 이는 당사자의 불복이 없이 이송이 이루어진 경우에 한한다. 따라서 甲의 즉시항고(제39조)가 있은 이상 항고심법원은 원심의 이송결정을 취소하여 인천지방법원에서 심리가 속행될 수 있도록 하여야 한다.

(4) 관할의 경합과 소송의 이송

관할권 있는 법원이 경합할 때에는 희망하는 법원으로 이송함이 타당하다. 그러나 지방법원 합의부는 소송에 대하여 관할권이 없는 경우라도 상당하다고 인정하면 직권으로 또는 당사자의 신청에 따라 소송의 전부 또는 일부를 스스로 심리·재판할 수 있다(제34조).

2. 심판편의에 의한 이송(재량이송)

(1) 현저한 손해 또는 지연을 피하기 위한 이송(제35조)

> 제35조 (손해나 지연을 피하기 위한 이송) 법원은 소송에 대하여 관할권이 있는 경우라도 현저한 손해 또는 지연을 피하기 위하여 필요하면 직권 또는 당사자의 신청에 따른 결정으로 소송의 전부 또는 일부를 다른 관할법원에 이송할 수 있다. 다만, 전속관할이 정하여진 소의 경우에는 그러하지 아니하다.

① '현저한 손해'란 소송과정에서 주로 피고가 부담하는 현저한 경제적 부담을 의미하며 사익적 성격을 가진다. 判例는 "주로 피고 측의 소송수행상의 부담을 의미하는 것이기는 하지만 원고측의 손해도 도외시하여서는 아니된다"(대결 2010.3.22. 2010마215)고 한다.

　　[관련판례] 判例는 수형자가 국가를 상대로 손해배상을 청구한 사안에서, "대한민국이 수형자의 관리주체로서 부담하는 '수형자의 민사소송을 위한 장거리 호송에 소요되는 상당한 인적·물적 비용'은 행정적인 부담이지 소송상대방으로서 부담하는 것이 아니어서, 민사소송법 제35조에서 말하는 '현저한 손해 또는 지연을 피하기 위하여 이송이 필요한 사정'에 해당되지 않는다"(대결 2010.3.22. 2010마215)고 판시하였다.

② '현저한 지연'이란 증거조사 등으로 소송의 완결이 늦어지는 것을 말하며 공익적 성격을 가진다. 判例는 "피고 측이 소송을 수행하는 데 많은 비용과 시간이 소요된다는 사정만으로는 현저한 손해 또는 소송의 지연을 가져올 사유가 된다고 단정할 수 없다"(대결 1998.8.14. 98마1301)고 한다.

③ 전속관할에는 현저한 손해 또는 지연을 피하기 위한 이송이 불가하다(제35조 단서). **[17사법]**
　　그러나 **전속적 합의관할**은 임의관할이므로 '현저한 지연'을 피하기 위한 공익상의 필요가 있다면 제35조의 이송이 가능하다(대결 2008.12.16. 2007마1328). 당사자의 합의로 포기할 수 있는 것은 '현저한 손해'라는 사익뿐이기 때문이다. 반면 **부가적 합의관할**의 경우 지연 및 손해방지 모두가 이송의 사유로서 가능하다.

(2) 단독판사로부터 합의부로의 이송(제34조 2항)

지방법원 단독판사는 소송에 대하여 관할권이 있는 경우라도 상당하다고 인정하면 직권 또는 당사자의 신청에 따른 결정으로 소송의 전부 또는 일부를 같은 지방법원 합의부에 이송할 수 있는데(제34조 2항)(7회 선택형), 이 경우 "현저한 손해나 지연을 피하기 위한 필요"를 요구하지 않는다.

(3) 지식재산권 등에 관한 소송의 이송(제36조)

① 법원은 특허권등을 제외한 지식재산권과 국제거래에 관한 소가 제기된 경우 직권 또는 당사자의 신청에 따른 결정으로 그 소송의 전부 또는 일부를 제24조제1항에 따른 관할법원에 이송할 수 있다. 다만, 이로 인하여 소송절차를 현저하게 지연시키는 경우에는 그러하지 아니하다(제36조 1항). 현저한 손해나 지연을 피하기 위한 필요성은 요하지 않으며, 전속관할이 정하여져 있는 소의 경우에는 적용하지 아니한다(제36조 2항).

② 특허권등의 지식재산권에 관한 소를 관할하는 법원은 현저한 손해 또는 지연을 피하기 위하여 필요한 때에는 직권 또는 당사자의 신청에 따른 결정으로 소송의 전부 또는 일부를 제2조부터 제23조까지의 규정에 따른 지방법원으로 이송할 수 있다(제36조 3항). 특허권등을 제외한 지식재산권에 관한 소와 달리, 현저한 손해나 지연을 피하기 위한 필요성을 요하며, 전속관할이 정하여져 있는 소의 경우에도 적용된다(제36조 2항 참조)

| 핵심사례 A-09 |

■ 항소심에서의 심판편의에 의한 이송 가부 2017년 사법시험

甲은 2015. 5. 5. 자신의 소유 X 부동산에 관하여 채무자를 甲, 근저당권자를 乙로 하는 근저당권
설정계약을 체결한 후, 같은 달 15. 근저당권설정등기를 마쳐 주었다. 위 근저당권설정계약 당시
甲과 乙은 근저당권에 관한 소송의 관할법원을 A 지방법원으로 하기로 하는 서면 합의를 하였다.
한편 甲은 위 부동산에 관하여 2016. 10. 10. 丙 명의로 같은 해 9. 9. 매매를 원인으로 한 소유권
이전등기를 마쳐 주었다. 丙은 위 부동산의 소유자로서 위 근저당권의 피담보채무가 이미 소멸되
었다고 하여 乙을 상대로 그 근저당권설정등기의 말소를 청구하는 소를 A 지방법원에 제기하였
고, A 지방법원은 丙 승소의 판결을 선고하였다(丙이 A 지방법원에 제기한 위 소송은 원칙적으로
토지관할 위반임). 乙이 위 판결에 항소하여 항소심 심리 도중 B 항소심법원이 현저한 손해나 지
연을 피하기 위해 직권으로 이 사건 소송을 다른 항소심법원에 이송할 수 있는가?

Ⅰ. 문제점

법원은 소송에 대하여 관할권이 있는 경우라도 제35조의 심판편의에 의한 이송이 가능한 바, ⅰ) 현저
한 손해나 지연을 피하기 위한 경우일 것, ⅱ) 관할권이 있는 다른 법원에 이송할 것, ⅲ) 전속관할이
정하여진 소가 아닐 것(제35조 단서)을 요한다. 사안의 경우 특히 ⅲ)의 요건과 관련하여 항소심에서
제35조에 의한 이송이 가능한지 문제된다.

Ⅱ. 항소심법원의 관할이 전속관할에 해당하는지 여부

1. 제1심 법원이 관할위반을 간과하여 이송하지 않고 본안판결을 한 경우

임의관할의 경우 하자가 치유된다(제411조 본문)

2. 항소심의 관할이 심급관할로서 전속관할에 해당하는지 여부(적극 : 대판 2011.7.14. 2011그65)

항소심의 관할은 심급관할로서 제1심 법원의 존재에 의하여 결정되는 전속관할에 해당한다.

3. 사안의 경우

Ⅲ. 항소심에서 제35조에 의한 이송가부

항소심의 관할은 심급관할로서 제1심 법원인 A 지방법원의 존재에 의하여 결정되는 전속관할에 해당
하므로 B 항소심 법원은 현저한 손해나 지연을 피하기 위하여 직권으로 이 사건 소송을 다른 항소심
법원으로 이송할 수 없다(제35조 단서). 결국 사안에서 B 항소심법원은 현저한 손해나 지연을 피하기
위해 직권으로 이 사건 소송을 다른 항소심법원에 이송할 수 없다.

3. 반소제기에 의한 이송(제269조 2항)

> 제269조 (반 소) ② 본소가 단독사건인 경우에 피고가 반소로 합의사건에 속하는 청구를 한 때에는 법원은 직권 또는 당사자의 신청에 따른 결정으로 본소와 반소를 합의부에 이송하여야 한다. 다만, 반소에 관하여 제30조의 규정에 따른 관할권이 있는 경우에는 그러하지 아니하다.

① **[제1심에서 반소가 제기된 경우(이송 긍정)]** 본소가 단독사건(소가 5억원 이하)이라고 하더라도 반소(소가 5억원 초과)의 제기로 합의부 관할로 바뀐 경우 일괄하여 합의부로 이송한다(제269조 2항 본문). 다만 원고가 반소청구에 대해 본안변론을 함으로써 변론관할이 생긴 때에는 이송할 필요가 없다(제269조 2항 단서).

② **[제2심에서 반소가 제기된 경우(이송 부정)]** 判例는 단독사건(예를 들어 소가 5억원 이하)에 대한 항소사건 (지방법원합의부관할)을 심판하던 중 지방법원합의부관할에 속하는 반소(예를 들어 소가 5억원 초과)가 제기되어도 이송의 여지가 없다고 한다(아래 2011그65참고).

> **[관련판례]** "본소 피고가 항소 후 지방법원 합의부의 관할에 속하는 반소를 제기하면서 이송신청을 하였는데, 원심이 민사소송법 제34조, 제35조를 들어 이송결정을 한 사안에서, 본소에 대하여 제1심법원의 토지관할 및 변론관할이 인정되어 위 소송의 항소심은 제1심법원의 항소사건을 담당하는 원심법원의 관할에 속하며, ⅰ) 지방법원 합의부가 지방법원 단독판사의 판결에 대한 항소사건을 제2심으로 심판하는 도중에 지방법원 합의부의 관할에 속하는 반소가 제기되었더라도 이미 정하여진 항소심 관할에는 영향이 없고(주 : 제34조의 이송불가), ⅱ) 민사소송법 제35조는 전속관할인 심급관할에는 적용되지 않아 손해나 지연을 피하기 위한 이송의 여지도 없다"(대결 2011.7.14. 2011그65: 법전협 표준판례 (26))(11회 선택형)

■ 이송결정의 적법여부　　　　　　　　　　　　　　　　　　　　　　2013년 변리사

사실관계 | 甲은 乙을 상대로 3천만 원의 손해배상채무 부존재확인의 소를 제기하였고 제1심에서 전부 승소하였다. 패소한 乙은 전부 불복하는 취지의 항소를 제기하였고 동 항소사건은 지방법원본원합의부(항소부)에서 심리되고 있었다. 乙은 항소심 계속 중 자신에게 발생한 손해가 5억 5천만 원에 이른다면서 그 지급을 구하는 이행의 소를 반소로 제기하였다(반소는 적법한 것으로 본다). 한편, 乙은 지방법원합의부의 관할에 속하는 반소가 제기되었음을 이유로 이 사건 항소심은 고등법원에서 심리되어야 한다면서 이 사건을 고등법원으로 이송해 달라고 주장하였다. 항소심 법원은 乙의 이송신청을 받아들여 제34조, 제35조를 근거로 동 항소사건을 고등법원으로 이송하는 결정을 하였다. **항소심 법원의 이송결정이 적법한가?**

사안의 해결 | 乙의 반소제기로 이미 정하여진 항소심의 관할에는 영향이 없다. 따라서 甲이 제기한 소가 관할위반이 되는 것은 아니므로 법원은 제34조에 의한 이송을 할 수 없다. 나아가 제35조 이송은 전속관할이 정하여진 경우 제외되는바(제35조 단서), 본소·반소의 관할이 지방법원 항소부인지 고등법원인지는 심급관할에 관한 문제이고 심급관할은 전속관할이므로 사안의 경우 제35조의 이송도 할 수 없다.

---

4. 상소심에서의 환송에 갈음하여 하는 이송

제1심의 판결이 전속관할에 관한 규정을 위반하였을 때 항소심은 제1심 판결을 취소하고 '판결'로 사건을 관할법원에 이송하여야 한다(제419조). 상고심은 상고에 정당한 이유가 있다고 인정할 때 원심판결을 파기하고 사건을 원심법원에 환송하거나, 동등한 다른 법원에 이송하여야 한다(제436조).

Ⅲ. 이송의 절차 [A-17]

법원의 직권 또는 당사자의 신청에 의해 법원이 '결정'으로 이송의 재판을 한다(제34조). 이송결정과
이송신청의 기각결정에 대하여는 즉시항고할 수 있다(제39조). 그러나 判例에 의하면 관할위반에 의
한 이송의 경우 당사자에게 이송신청권이 없기 때문에 법원이 비록 재판을 하더라도 이는 불필요한
재판이며 당사자에게 아무런 불이익을 주지 않으므로 즉시항고는 물론 특별항고도 허용하지 않는다
고 한다(대결 1996.1.12. 95그59).

이송의 재판을 '결정'으로 하는 이상 변론을 거칠 필요는 없고(제134조 1항 단서), 재량이송과 달리
제34조 1항의 관할위반으로 인한 이송결정시 당사자에게 의견진술 기회를 부여하거나 법원이 당사
자의 의견을 들을 필요가 없다(민사소송규칙 제11조 참조)

Ⅳ. 이송의 효과 [속, 계, 부]   [A-18]

1. 이송재판의 구속력

(1) 의 의

이송결정이 확정되면 비록 잘못된 이송이라도 이송을 받은 법원은 다시 반송이나 전송을 할 수 없다
(제38조). 본안의 심리 지연을 방지하기 위함이다.

(2) 전속관할위반의 이송결정의 구속력 인정 여부

1) 판 례(상급심불구속)[30]

判例는 ⅰ) "이송결정의 기속력은 당사자에게 이송결정에 대한 불복방법으로 즉시항고가 마련되어 있
는 점이나 이송의 반복에 의한 소송지연을 피하여야 할 공익적 요청에 비추어 볼 때, 당사자가 이송
결정에 대하여 즉시항고를 하지 아니하여 확정된 이상 원칙적으로 전속관할의 규정을 위배하여 이송한
경우에도 미친다"(7회 선택형)고 하여 전속관할에 위반한 이송결정의 경우에도 원칙적으로 구속력을
인정하지만, ⅱ) "심급관할을 위배한 이송결정의 기속력이 이송받은 상급심 법원에도 미친다고 한다면
당사자의 심급의 이익을 박탈하고 이송을 받은 법원이 법률심인 대법원인 경우 당사자의 사실에 관한 주
장, 입증의 기회가 박탈되는 불합리가 생기므로 상급심 법원에는 미치지 않는다고 보아야 하나, 한편 그 기
속력이 이송받은 하급심 법원에도 미치지 않는다고 한다면 사건이 하급심과 상급심 법원 간에 반복
하여 전전이송되는 불합리한 결과를 초래하게 되므로 **하급심 법원에는 미친다**"(대결 1995.5.15. 94마
1059,1060: 법전협 표준판례 (27))(5회,11회 선택형)고 판시하였다.

2) 검 토

소송의 지연방지라는 이송의 공익적 취지에 비추어 전속관할의 경우에도 원칙적으로 이송결정의 구
속력이 미친다고 보되, 당사자의 심급이익에 비추어 상급심에는 예외적으로 구속력이 미치지 않는
다고 보는 判例의 견해가 타당하다.

---

30) **[학설]** ① 소극설은 전속관할 위반은 항소심에서 관할위반 주장을 할 수 있고(제411조 단서) 절대적 상고이유에 해당하며(제
424조 1항 3호), 구속력을 인정하는 것은 법원의 결정에 의해 강행규정을 배제하는 부당한 결과가 된다고 하여 구속력이 없다
고 한다. ② 적극설은 제38조에서 명문으로 전속관할을 제외하지 않고, 이송반복에 따른 소송지연을 피하여야 할 공익적 요청
이 이 경우에도 요구되므로 구속력을 인정한다. ③ 절충설은 구속력을 인정하는 것이 타당하지만 심급관할의 경우에는 상급심
뿐만 아니라 하급심에서도 구속력을 부정한다.

■ **전속관할을 위반한 이송결정의 구속력 인정여부**　　　대결 1995.5.15. 94마1059,1060

사실관계 ┃ 집행법원이 채권자 甲에 의한 채권압류 및 전부명령을 인용하자, 채무자 乙은 이에 불복
하여 즉시항고(민사집행법 제15조)를 하였으나 집행법원은 항고기간이 도과되었다고 하여 항고장각
하명령을 하였다. 이에 乙은 항고장각하에 대해 불복하여 광주지방법원을 항고법원으로 표시하여 즉
시항고를 하였고, 광주지방법원은 乙의 즉시항고를 재항고에 해당한다고 보아 대법원에 이송하였다.
이 경우 **대법원은 이송한 법원으로 반송할 수 있는가?**

사안의 해결 ┃ 항고법원이 판단했어야 했음에도 이를 재항고로 보아 대법원에 이송한 것은 심급관
할에 위반이고, 심급관할을 위반한 이송결정의 구속력은 상급심인 대법원에 미치지 않으므로, 대법원
은 이송한 법원인 광주지방법원으로 반송할 수 있다.

---

2. 소송계속의 이전

(1) 법률상기간 준수의 효력 유지

이송결정이 확정되면 소송은 처음부터 이송을 받은 법원에 계속된 것으로 본다(제40조 1항). 따라서
소제기에 의한 **시효중단이나 기간준수의 효력은 유지**된다(대판 1984.2.28. 전합83다카1981 : 대판 2007.11.30. 2007다
54610)(제265조 참조). 즉, "소송을 이송한 경우에 있어서 법률상기간의 준수여부는 소송이 이송된 때가
아니라 **이송한 법원에 소가 제기된 때를** 기준으로 하여야 한다"(대판 1984.2.28. 전합83다카1981)(11회 선택형).

　　[관련판례] ＊ **재심의 소가 관할법원에 이송된 경우 재심제기기간의 준수여부의 판단기준시기**
"재심의 소가 재심제기기간내에 제1심법원에 제기되었으나 재심사유 등에 비추어 항소심판결을 대상
으로 한 것이라 인정되어 위 소를 항소심법원에 이송한 경우에 있어서 재심제기기간의 준수여부는 민
사소송법 제36조 제1항의 규정에 비추어 제1심법원에 제기된 때를 기준으로 할 것이지 항소법원에 이송된 때
를 기준으로 할 것은 아니다"(대판 1984.2.28. 전합83다카1981: 법전협 표준판례(394)(11회 선택형).

　　[관련판례] ＊ **항고소송 사건을 민사소송으로 제기한 것에 대한 수소법원의 이송결정이 확정된 후 원
고가 항고소송으로 소 변경을 한 경우, 그 항고소송에 대한 제소기간 준수 여부를 판단하는 기준 시기**
"원고가 행정소송법상 항고소송으로 제기해야 할 사건을 민사소송으로 잘못 제기한 경우에 수소법원
이 그 항고소송에 대한 관할을 가지고 있지 아니하여 관할법원에 이송하는 결정을 하였고, 그 이송결
정이 확정된 후 원고가 항고소송으로 소 변경을 하였다면, 그 항고소송에 대한 제소기간의 준수 여부
는 원칙적으로 **처음에 소를 제기한 때를 기준으로 판단하여야 한다**"(대판 2022.11.17. 2021두44425).

(2) 소송행위의 효력 유지

이송 전에 행한 증거조사, 자백 등의 소송행위의 효력이 이송 후에도 유지되는지 문제되는 바, 관할
위반 이송의 경우에도 소송계속의 일체성이 인정되고(제40조 1항), 이송법원이 긴급처분을 할 수
있게 하였음에 비추어(제37조) 효력이 유지된다고 본다(통설). 다만 변론의 갱신절차를 요한다(제
204조 2항).

3. 소송기록의 송부

이송결정을 한 법원의 법원서기관·법원사무관·법원주사 또는 법원주사보는 그 결정의 정본(正本)을
소송기록에 붙여 이송 받을 법원에 보내야 한다(제40조 2항). 다만 법원은 소송의 이송결정이 확정
된 뒤라도 소송기록을 보내기 전이라면 급박한 사정이 있는 때에는 직권으로 또는 당사자의 신청에
따라 필요한 처분(증거조사나 가압류·가처분 등)을 할 수 있다(제37조).

제2장 당사자

제1절 당사자확정

제1관 당사자의 확정

I. 의 의
[A-19]

'당사자의 확정'이란 현실적으로 소송계속 중인 사건에서 누가 당사자인지를 결정하는 것을 말한다. 재판 절차에 관여할 자, 판결의 명의인, 기판력의 범위를 정하는 표준이 되므로 법원은 직권으로 그리고 최우선적으로 당사자를 확정할 필요가 있다.

이는 당사자표시정정, 성명모용소송, 법인격부인, 사망자를 당사자로 한 소송 등에서 문제된다.

II. 당사자의 확정기준
[A-20]

1. 학 설

① **의사설**은 원고나 법원이 당사자로 삼으려는 사람이 당사자라고 본다. ② **행위설**은 소송상 당사자로 취급되거나 행동하는 사람이 당사자라고 본다. ③ **표시설**은 소장에 나타난 당사자의 표시를 비롯하여 청구원인 그 밖의 기재 등 전 취지를 기준으로 객관적으로 당사자를 정한다.

2. 판 례 [표, 내, 사] [5회 사례형, 14사법]

判例는 "당사자는 소장에 기재된 표시 및 청구의 내용과 원인사실을 합리적으로 해석하여 확정하여야 하는 것"(대판 1996.3.22. 94다61243)이라고 판시하여 (실질적)표시설의 입장이나, **제소 전에 피고가 사망한 것을 알지 못하고 사망자를 피고로 하여 제소한 경우에는** "상속인이 처음부터 실질적인 피고이고 다만 그 표시를 잘못한 것"이라고 하여 피고의 표시를 사망자로부터 그 상속인으로 표시정정하는 것을 허용하였다(대결 2006.7.4. 2005마425: 법전협 표준판례 (29))(12회 선택형).[31]

3. 검 토

의사설은 누구의 의사를 표준으로 하며 어떠한 방법으로 의사 내용을 확정할 것인가에 관하여 객관적인 기준이 없으며 행위설은 당사자다운 행동을 정하는 기준이 불분명하다. 따라서 객관적·획일적인 기준을 제시해 주는 표시설이 타당하다. 다만, 표시설에 의하더라도 소장의 당사자란의 기재를 원칙적인 기준으로 하되, 청구의 취지·원인 그 밖의 일체의 표시사항 등도 기준으로 합리적으로 해석하여 판단하여야 할 것이다(실질적 표시설).

---

31) [판례평석] 당해 判例에 대하여는 의사설을 취한 것이라는 견해(이시윤)와 실질적 표시설에 따라 실질적 피고는 당사자능력이 없는 사망한 사람이 아니라 상속인이고 다만 그 표시에 잘못이 있는 것에 지나지 않으므로 표시정정하도록 한 것이라는 견해가 있다(김홍엽).

제2관 당사자표시정정

Ⅰ. 의 의 [A-22]

'당사자표시정정'은 동일성이 있는 한도에서 소장의 당사자란을 변경하는 것을 말하는 바, 동일성이 인정되지 않는 경우 당사자를 변경하는 임의적 당사자변경과 구별된다. 법적인 근거는 없지만 단순 오기 무해의 원칙이 소송법상 반영된 것으로 당연히 허용된다.

Ⅱ. 요 건 [A-23]

1. 당사자의 동일성

당사자표시정정은 당사자의 동일성이 인정되는 범위 안에서 허용된다. 정정으로 새로운 당사자가 소송에 개입하게 되면 표시정정이 아니라 당사자변경이라 할 것이다. 判例도 "당사자표시 정정은 당사자로 표시된 자의 동일성이 인정되는 범위안에서 그 표시만을 변경하는 경우에 한하여 허용되는 것이므로 종래의 당사자에 곁들여서 새로운 당사자를 추가하는 것은 당사자표시 변경으로서 허용될 수 없고 이는 추가된 당사자에 대한 새로운 상소제기로 보아야 한다"(대판 1980.7.8. 80다885)(12회 선택형)고 판시하였다.

2. 당사자의 동일성이 인정되는 예

(1) 공부 등의 기재에 비추어 당사자의 성명에 오기나 누락이 있음이 명백한 경우

(2) 당사자능력이 없는 사람을 당사자로 잘못 표시한 것이 명백한 경우

1) 학 설

① 당사자표시정정설은 당사자능력이 없는 자를 당사자로 표시하였더라도 소장의 전 취지를 합리적으로 해석하여 올바른 당사자능력자로 정정할 수 있다고 한다. ② 임의적 당사자변경설(피고경정설)은 피고측은 피고경정(제260조)의 방법으로, 원고측은 제260조를 유추하여 원고경정의 방법에 의하자는 견해로서 당사자의 표시가 분명한 만큼 표시된 자로 당사자를 확정해야 함을 근거로 한다.[32]

2) 판 례(표시정정)

判例는 "원고가 당사자능력이 없는 자를 피고로 잘못 표시했다면, 표시정정신청을 받은 법원은 당사자를 확정한 후 원고가 정정신청한 당사자표시가 확정된 당사자의 올바른 표시이며 동일성이 인정되는지 살펴 확정된 당사자로 표시정정하게 해야 한다"(대판 1996.10.11. 96다3852)고 하여 **당사자표시정정설**(통설)의 입장이다.

> **[관련판례] ＊ 당사자의 동일성이 인정되어 당사자표시정정을 허용한 판례**
> 判例는 ① 성균관을 재단법인 성균관으로(대판 1996.10.11. 96다3852), ② 관계 행정관청에서 대한민국으로(대판 1953.2.19. 4285민상27), 학교[33]에서 학교법인 또는 운영자로('영남실업고등기술학교'에서 '김인택'으로 정정한 것으로는 대판 1978.8.22. 78다1205), ③ 법인이 과세처분에 대하여 심판청구 등을 제기하여 전심절차를 진행하던 중 흡수합병된 경우 종전법인에서 합병법인으로(대판 2016.12.27. 2016두50440), ④ 사

---

32) 피고의 경우는 민소법상 피고의 경정이 가능하나 이는 제1심에 한하며, 원고의 경우에는 그 변경이 임의적 당사자변경으로 이를 허용하지 않고 있다(제260조 1항).

33) **[관련판례]** 학교는 법인도 아니고 대표자 있는 법인격 없는 사단 또는 재단도 아닌 교육시설의 명칭에 불과하여 당사자능력을 인정할 수 없다(대판 2001.6.29. 2001다21991).

망사실을 모르고 소제기한 경우 사망한 자에서 그 상속인으로(대판 1983.12.27. 82다146; 대결 2006.7.4. 2005마425) (12회 선택형)각 정정하는 경우 표시정정이 허용된다고 하였다. 나아가 判例는 ⑤ 1순위 상속인이 상속포기한 사실을 알지 못하여 그를 상대로 소를 제기하였다가 2순위 상속인으로 바꿀 때에도 당사자표시정정으로 하여야 한다고 보았고(대판 2009.10.15. 2009다49964), ⑥ 상법상 회사의 조직변경은 법인격의 동일성이 유지되는 것이므로 소송수계신청은 받아들이지 않는 대신 당사자표시를 정정하였다(대판 2021.12.10. 2021후10855).[34]

3) 검 토

당사자능력이 없는 자를 당사자로 잘못 표시한 것이 명백한 경우에는 소장의 전취지를 합리적으로 해석하여 오기에 준해 올바른 당사자능력자로 표시정정을 허용하도록 하는 判例의 태도가 타당하다.

	피고표시정정	피고경정 [분. 변. 소. 응. 동]
요 건	① 당사자 동일성 인정 ② 단순한 당사자 표시오류 ③ 사자상대소송에서 상속인으로의 표시정정 ④ 피고 동의 불요	① 원고가 피고를 잘못 지정한 것이 분명 ② 제1심 변론종결 전 ③ 변경 전후 소송물이 동일 ④ 피고가 본안에 관하여 응소 한 때에는 피고의 동의 필요(제260조 1항 단서).
효 과	① 정정 이전의 소송상태를 그대로 유지하여 소송을 진행(2010다99040) ② 소제기의 효과 등이 그대로 유지되므로 시효중단의 시기는 원래 소제기시에 발생	① 종전의 피고의 소송수행의 결과는 새로운 피고의 원용이 없는 한 그 효력이 미치지 않음 ☞ 소송수행 결과의 불승계 ② 새로운 피고에 대한 신소제기의 실질을 가지므로 시효중단·기간준수 등의 효과는 경정신청서의 제출시 발생(제265조)

(3) 당사자적격이 없는 사람을 당사자로 잘못 표시한 경우

判例는 "원고가 당사자를 정확히 표시하지 못하고 당사자능력이나 당사자적격이 없는 자를 당사자로 잘못 표시하였다면 법원은 당사자를 소장의 표시만에 의할 것이 아니고 청구의 내용과 원인사실을 종합하여 확정한 후 확정된 당사자가 소장의 표시와 다르거나 소장의 표시만으로 분명하지 아니한 때에는 당사자의 표시를 정정보충시키는 조치를 취하여야 하고 이러한 조치를 취함이 없이 단지 원고에게 막연히 보정명령만을 명한 후 소를 각하하는 것은 위법하다"(대판 2013.8.22. 2012다68279)고 한다.[35]

---

34) "상법상 주식회사의 유한회사로의 조직변경은 주식회사가 법인격의 동일성을 유지하면서 조직을 변경하여 유한회사로 되는 것이고, 이는 유한회사가 주식회사로 조직변경을 하는 경우에도 동일한바, 그와 같은 사유로는 소송절차가 중단되지 아니하므로 조직이 변경된 유한회사나 주식회사가 소송절차를 수계할 필요가 없다. 따라서 <u>유한회사에서 주식회사로 조직변경을 하였다는 이유로 원고가 한 이 사건 소송수계신청은 받아들이지 않는다(다만 이에 따라 원고의 당사자표시를 정정하였다)</u>"

35) **[사실관계]** 甲에 대하여 회생절차를 개시하면서 관리인을 선임하지 아니하고 <u>甲을 관리인으로 본다는 내용의 회생절차개시결정</u>이 있은 후 乙 주식회사가 甲을 상대로 사해행위 취소의 소를 제기한 사안에서, 원심으로서는 乙 회사에, 甲을 채무자 본인으로 본 것인지 아니면 관리인으로 본 것인지에 관하여 석명할 필요 없이 관리인의 지위에 있는 甲을 상대로 소를 제기한 것으로 보고 관리인으로서 甲의 지위를 표시하라는 취지로 당사자표시 정정의 보정명령을 내렸어야 하는데도, 그와 같은 조치를 취하지 않고 甲이 당사자적격이 없다는 이유로 소를 각하한 원심판결에 법리오해 등의 잘못이 있다고 한 사례.

3. 당사자의 동일성이 인정되지 않는 예

判例는 ① 회사 대표이사가 개인 명의로 소를 제기한 후 회사로 당사자를 바꾸는 경우(대판 1998.1.23. 96다41496; 법전협 표준판례(343)), ② 고유 의미의 종중에서 종중 유사 단체로 당사자를 바꾸는 경우(대판 1999.4.13. 98다50722 : 아래 비교판례와 비교), ③ 종회의 대표자로서 소송을 제기한 자가 그 종회 자체로 당사자표시 변경신청을 한 경우(대판 1996.3.22. 94다61243), ④ 원고 '주식회사 A 백화점 대표자 甲'을 '甲' 개인으로 하는 정정신청은 당사자인 원고를 변경하는 것으로 보아(대판 1986.9.23. 85누953; 법전협 표준판례 (28)) 동일성이 인정되지 않아 표시정정이 허용되지 않는다고 한다.

[비교판례] "종중의 명칭을 변경하더라도 변경 전의 종중과 공동선조가 동일하고 실질적으로 동일한 단체를 가리키는 것으로 보이는 경우에는 당사자표시의 정정에 불과하므로 그러한 변경은 허용된다"(대판 1999.4.13. 98다50722).

핵심사례 A-10

■ 당사자 확정과 당사자표시정정	대판 2011.1.27. 2008다27615

朴鐘宣(박종선)은 甲과 甲소유의 X토지를 매수하는 계약을 체결하면서 매도증서에 자신의 이름을 朴鐘宜(박종의)로 잘못 기재하였다. X토지의 등기부에도 소유명의가 朴鐘宜(박종의)로 잘못 기재되었다. 이에 甲은 '박종의'를 피고로 하여 X토지의 소유권이전등기말소를 구하는 소를 제기하였다. **甲이 소송계속 중 피고를 '박종선'으로 바꿀 수 있는가?**

1. 결 론

甲은 표시정정을 통해 피고를 '박종선'으로 바로잡을 수 있다.

2. 논 거 - 당사자확정과 표시정정

(1) 당사자 확정

1) 의의

2) 당사자의 확정기준 [표, 내, 사]

3) 사안의 경우

소장의 전 취지에 비추어 볼 때 피고는 박종선으로 확정되며, 박종의는 그 표시에 오기가 있는 것에 불과하다.

(2) 보정방법 - 당사자표시정정

1) 의의 및 요건

2) 사안의 경우

확정된 피고는 박종선이며, 정정하려는 피고표시도 박종선인바 당사자의 동일성이 인정되어 표시정정을 통해 오기를 바로잡을 수 있다.

Ⅲ. 절 차 [A-24]

1. 당사자표시정정의 신청

당사자는 동일성이 인정되는 범위에서 표시정정을 신청할 수 있다. 判例는 상속인이 소송수계신청을 한 경우(대판 1994.12.2. 93누12206)와 원고가 실제 상속인을 피고로 하는 피고경정신청을 한 경우(대판 2009.10.15. 2009다49964) 사망자에서 상속인으로의 **당사자표시정정으로 '선해'**한다. 법원은 당사자를 확정한 후에 변경 전후의 당사자 사이에 동일성이 인정되는지의 여부를 살피고, 그 확정된 당사자로 피고의 표시를 정정하도록 하는 조치를 취하여야 한다.

> **[관련판례]** "개인이나 법인이 과세처분에 대하여 심판청구 등을 제기하여 전심절차를 진행하던 중 사망하거나 흡수합병되는 등으로 당사자능력이 소멸하였으나, 전심절차에서 이를 알지 못한 채 사망하거나 합병으로 인해 소멸된 당사자를 청구인으로 표시하여 청구에 관한 결정이 이루어지고, 상속인이나 합병법인이 결정에 불복하여 소를 제기하면서 소장에 착오로 소멸한 당사자를 원고로 기재하였다면, 실제 소를 제기한 당사자는 상속인이나 합병법인이고 다만 그 표시를 잘못한 것에 불과하므로, 법원으로서는 이를 바로잡기 위한 당사자표시정정신청을 받아들인 후 본안에 관하여 심리·판단하여야 한다"(대판 2016.12.27. 2016두50440).

2. 당사자표시정정을 위한 석명

당사자의 확정이 어려운 경우('A주식회사 대표이사 원고 김갑동' 처럼 원고가 회사인지 대표이사인지 불명한 때)나, 당사자의 표시상의 착오가 소장의 전취지에 의하여 인정되는 경우표시의 정정에 대한 석명이 필요하며, 이러한 석명조치 없이 바로 소를 각하하는 것은 위법하다(대판 1997.6.27. 97누5725, 대판 2001.11.13. 99두2017)(12회 선택형). 이는 피고경정의 경우도 마찬가지이다(대판 2006.11.9. 2006다23503 : 피고의 지정이 잘못된 경우, 법원이 석명권을 행사하여 피고를 경정하게 하지 않고 바로 소를 각하할 수 없다).

3. 상소심에서의 당사자 표시정정

(1) 항소심

1) 원칙적으로 허용(심급의 이익을 박탈하지 않는 경우) [11회 사례형]

항소심이 제1심의 속심이고 사실심이라는 점, 당사자의 동일성을 해하지 않는다는 점에서 **항소심에서의 당사자 표시정정은 상대방의 동의 없이 허용**된다(대판 1978.8.22. 78다1205 : 당사자표시를 정정하는 것은 당사자를 변경하는 것이 아니므로 당사자에게 심급의 이익을 박탈하는 현상이 일어난다고는 말할 수 없다)(12회 선택형). 반면 피고의 경정은 제1심 변론종결시까지만 허용된다(제260조 1항)

2) 예외적으로 불허(심급의 이익을 박탈하는 경우)

"사망자를 피고로 하여 제소한 제1심에서 원고가 상속인으로 당사자표시정정을 함에 있어서 일부상속인을 누락시킨 탓으로 그 누락된 상속인이 피고로 되지 않은 채 제1심판결이 선고된 경우에 원고는 항소심에서 그 누락된 상속인을 다시 피고로 정정추가할 수 없다"(대판 1974.7.16. 73다1190). 항소심에 있어서의 소송계속은 제1심 판결을 받은 당사자(그 포괄승계인 포함)로서 그에 불복 항소한 당사자와 그 상대방 당사자 사이에서만 발생함이 심급제도에서 오는 귀결이라 할 것으로 제1심판결을 받지 아니한 당사자간에 있어서는 비록 그 일방이 제1심판결을 받았다 하여도 항소에 의하여 이심의 효력이 발생할 수 없다(위 판결의 이유). 따라서 항소심에서 누락상속인을 피고로 정정추가한다면, 1심에서 절차관여가 없었던 누락상속인의 심급의 이익을 침해할 수 있기 때문에 허용될 수 없다.

[판례해설] 사안은 통상공동소송으로서 공동소송인 독립의 원칙(제66조)이 적용되므로 상소불가분원

칙이 적용되지 않는다(제6편 제1절 II. 상소의 효력 참조).

(2) 상고심(불허) : 소제기전 사망한 필수적 공동소송인 중 1인을 상고심에서 당사자표시정정 불가

대법원은 **법률심인 상고심에 이르러서는 당사자표시정정의 방법으로 흠결을 보정할 수 없다는 입장이다.** 즉, 判例는 필수적 공동소송인 공유물분할청구의 소에서 공동소송인 중 1인이 소제기전 사망한 사건에서 "민사소송에서 소송당사자의 존재나 당사자능력은 소송요건에 해당하고, 이미 사망한 자를 상대로 한 소의 제기는 소송요건을 갖추지 않은 것으로서 부적법하며, 상고심에 이르러서는 당사자표시정정의 방법으로 그 흠결을 보정할 수 없다"(대판 2012.6.14. 2010다105310)(8회,9회,12회 선택형)고 하여 제소전 사망을 간과한 원심의 본안판결에 대하여 상고심은 원심판결을 파기하고 전체 소를 각하하여야 한다고 한다.

[판례해설] 필수적공동소송은 공동소송인 전원에 대하여 판결이 합일적으로 확정되어야 하므로, 공동소송인 중 1인에 소송요건의 흠이 있으면 전 소송이 부적법하게 된다. 그런데 사안은 상고심에 이르러 당사자표시정정이 불가하므로 결국 공동소송인 중 1인에 소송요건의 흠이 존재하여 전체 소가 각하된 것이다.

Ⅳ. 효 력 [A-25]

1. 소송상태의 유지

정정 이전의 소송상태를 그대로 유지하여 소송을 진행할 수 있다. 즉 소제기의 효과 등이 그대로 유지되므로 시효중단의 시기는 원래 소제기시이다(대판 2011.3.10. 2010다99040: 법전협 표준판례 (30))(2회 선택형). 그러나 피고경정은 구소취하·신소제기의 성질을 가지므로 경정신청서제출시에 시효중단·기간준수의 효과가 발생한다.

2. 당사자 표시정정을 간과한 경우

(1) 단순한 오표시의 경우(당연무효 아님)

소장의 당사자 표시가 착오로 잘못 기재되었음에도 소송계속 중 당사자표시정정이 이루어지지 않아 잘못 기재된 당사자를 표시한 본안판결이 선고·확정된 경우라 하더라도 그 확정판결을 당연무효라고 볼 수 없을뿐더러, 그 확정판결의 효력은 잘못 기재된 당사자와 동일성이 인정되는 범위 내에서 위와 같이 적법하게 확정된 당사자에 대하여 미친다고 보아야 한다(대판 2011.1.27. 2008다27615 : 당사자가 박종선(朴鍾宣)인데 박종의(朴鍾宜)로 잘못 기재한 경우로서 단순한 오표시에 불과하다)(8회 선택형).

■ 당사자 확정과 당사자표시정정	대판 2011.1.27. 2008다27615

사실관계 | 朴鍾宣(박종선)은 甲과 甲소유의 X토지를 매수하는 계약을 체결하면서 매도증서에 자신의 이름을 朴鍾宜(박종의)로 잘못 기재하였다. X토지의 등기부에도 소유명의가 朴鍾宜(박종의)로 잘못 기재되었다. 이에 甲은 '박종의'를 피고로 하여 X토지의 소유권이전등기말소를 구하는 소를 제기하였다. 만약 甲이 아무런 조치를 취하지 않고 공시송달로 승소확정판결을 받았다면, **이 판결의 효력은 어떠한가?**

사안의 해결 | 박종의를 피고로 하여 선고된 판결이라도 적법하게 확정된 당사자인 박종선에게 그 효력이 미친다.

(2) 사망자를 피고로 하는 소제기의 경우(당연무효임)

대법원은 사망자를 피고로 하는 소제기는 부적법한 것으로서 표시정정을 간과한 경우 **당연무효**이며, 따라서 상소 · 재심도 불가하다는 입장이다(대판 2000.1.27. 2000다33775: 법전협 표준판례(279)). 동일성이 인정되는 당사자를 상대로 한 소송과 달리 사자상대소송의 경우 대립당사자구조에 반하므로 표시정정을 하지 않은 판결의 효력을 당연무효로 보는 것이다.

3. 부적법한 당사자표시정정 신청을 간과한 경우

법원이 원고의 부적법한 당사자표시정정신청을 받아들이고 피고도 이에 명시적으로 동의하여 정정된 원고와 피고 사이에 변론이 진행된 다음 본안판결이 선고된 경우, 그 후에 당사자표시정정신청의 적법성을 문제 삼는 것은, 소송절차의 안정을 해칠 뿐만 아니라 소송경제나 신의칙 등에 비추어 허용될 수 없다(대판 2008.6.12. 2008다11276).

제3관 소제기 이전의 당사자 사망 [5회 사례형, 17사법]

Ⅰ. 문제점
[A-35]

소 제기 전 사망한 자를 당사자로 표시하여 소 제기한 경우, 당사자의 확정과 그에 따른 법원의 조치, 상속인으로 표시를 보정하는 방법, 사망을 간과한 판결의 효력 및 하자의 치유가 문제되는바, 소제기 전에 당사자가 사망한 경우는 당사자능력의 흠결 때문에 '이당사자대립구조'에 반하는 소제기 자체에 하자가 있는 경우이므로 소송계속 중 당사자가 사망한 경우와는 달리 취급하여야 한다.

Ⅱ. 당사자의 확정
[A-36]

표시설에 의하면 표시된 피상속인이 당사자가 된다(결국 이당사자대립구조가 흠결된 경우라고 할 것이다). 그러나 의사설이나 행동설에 의하면 상속인이 피고가 된다. 判例는 "이미 사망한 자를 사망한 것을 **모르고 피고로 하여 제소하였을 경우 사실상의 피고는 사망자의 상속인**이고 다만 그 표시를 그릇한 것에 불과하다고 해석함이 타당하다"(대판 1969.12.9. 69다1230)고 판시하였다. 따라서 이하에서 살펴볼 것과 같이, 당사자의 동일성이 인정되므로 사망자의 상속인으로 당사자표시정정을 할 수 있으나, 당사자표시정정을 하고 있지 않은 사이에 피고의 사망을 간과한 판결이 확정되면 그 판결은 당연무효이고 이에 대한 상소나 재심도 허용되지 않는다(저자 주 : 고칠 때만 의사설).

Ⅲ. 법원의 조치 [09 · 14사법]
[A-37]

1. 당사자의 사망 사실을 모르고 사망자를 피고로 표시하여 소제기한 경우

(1) 발견시 법원의 조치

당사자의 실재 또는 당사자능력은 소송요건이므로 법원의 직권조사사항이다. 判例는 이 경우 상속인으로 당사자를 확정하므로 법원은 보정을 명하고, '보정을 하지 않으면 소를 각하'할 수밖에 없다.

(2) 보정방법

대법원은 피고경정제도가 들어온 이후로도 "사망 사실을 모르고 사망자를 피고로 표시하여 소를 제기한 경우에, 청구의 내용과 원인사실, 당해 소송을 통하여 분쟁을 실질적으로 해결하려는 원고의 소제기 목적 내지는 사망 사실을 안 이후의 원고의 피고 표시 정정신청 등 여러 사정을 종합하여 볼 때 사망자의 상속인이 처음부터 실질적 피고이고 다만 그 표시에 잘못이 있는 것에 지나지 않는다고 인정된다면 사망자의 상속인으로 피고의 표시를 정정할 수 있다"(대결 2006.7.4. 2005마425)(12회 선택형)고 판시하여 **당사자표시정정설**의 입장이다(判例에 따르면 당사자로 확정된 사람도 상속인이고 피고로 표시가 정정되는 사람도 상속인이므로 동일성이 인정되어 표시정정이 가능하다)

[판례검토] 피고경정 규정이 신설되었음(제260조)을 이유로 표시설을 일관해 '피고의 동일성이 유지되지 않으므로 피고경정으로 피고를 바꿀 수 있다'는 비판이 있다(다수설).[36] 그러나 ⅰ) 피고경정의 요건이 엄격하며, ⅱ) 소송수행 결과가 상속인에게 승계되지 않으며, ⅲ) 당사자변경 신청서 제출시에 소제기의 효력이 발생하여 원고에게 지나치게 불리하고 당사자의 귀책사유 없이 사망사실을 모르고 당사자능력이 없는 자를 상대로 소를 제기하였다면 간편한 절차로 보정케 함이 구체적 타당성 또는 소송경제 측면에서 타당하므로, 원고의 실질적 의사에 부합하는 당사자표시정정설이 타당하다.

(3) 실질적인 피고로 해석되는 상속인의 의미(상속포기의 경우)(8회,12회 선택형)

원고가 사망 사실을 '모르고' 사망자를 피고로 표시하여 소를 제기한 경우 "실질적인 피고로 해석되는 사망자의 상속인은 실제로 상속을 하는 사람을 가리키고, 상속을 포기한 자는 상속 개시시부터 상속인이 아니었던 것과 같은 지위에 놓이게 되므로 **제1순위 상속인이라도 상속을 포기한 경우에는 이에 해당하지 아니하며, 후순위 상속인이라도 선순위 상속인의 상속포기 등으로 실제로 상속인이 되는 경우에는 이에 해당한다**"(대판 2006.7.4. 2005마425 : 상속을 포기한 1순위 상속인으로의 당사자표시정정은 불가하다).

> [관련판례] ❋ **당사자의 사망 사실을 알고 1순위 상속인 명의로 소를 제기하였지만 1순위 상속인의 상속포기 사실을 알지 못한 경우**
>
> 判例는 "상속개시 이후 상속의 포기를 통한 상속채무의 순차적 승계 및 그에 따른 상속채무자 확정의 곤란성 등 상속제도의 특성에 비추어 위의 법리는 채권자가 채무자의 사망 이후 그 1순위 상속인의 상속포기 사실을 알지 못하고 1순위 상속인을 상대로 소를 제기한 경우에도 채권자가 의도한 실질적 피고의 동일성에 관한 위 전제요건이 충족되는 한 마찬가지로 적용이 된다"(대판 2009.10.15. 2009다49964)고 판시하여 이 경우에도 후순위 상속인으로의 당사자표시정정을 긍정하고 있다. 다만 사안은 원고가 실제 상속인을 피고로 하는 피고경정신청을 한 경우인 바, 대법원은 이를 피고표시정정으로 인정하였다. 따라서 소멸시효기간이 완성되기 전에 법원에 피고경정신청서를 제출한 경우 判例는 이를 표시정정으로 보아 시효중단을 인정하였다(대판 2009.10.15. 2009다49964).[37]

2. 당사자의 사망 사실을 알고 사망자를 피고로 표시하여 소제기한 경우

이 경우에는 원칙적으로 소를 '각하'하여야 한다(대판 1983.2.8. 81누420). 다만 判例는 상속인을 찾을 수 없는 상황에서 시효중단을 목적으로 소를 제기한 사안에서 "분쟁을 실질적으로 해결하려는 원고의 소제기 목적, 소 제기 후 바로 사실조회신청을 하여 상속인을 확인한 다음 피고표시정정신청서를 제출

---

36) 즉, 표시정정은 법률의 규정이 없어서 判例의 해석기준에 따라 운용되는 반면, 피고경정은 제260조 등에서 규정하고 있으므로 표시정정은 순수한 의미에서의 오기의 정정에 한하도록 하려는 것이 입법자의 의도라는 것이다.

37) 피고경정 허가 결정이 있는 때 종전의 피고에 대한 소는 취하한 것으로 본다(제261조 4항). 새로운 피고에 대하여는 신소제기의 실질을 가지므로 시효중단·기간준수 등의 효과는 경정신청서의 제출시에 발생한다(제265조). 반면 표시정정은 종전 소송상태의 승계를 전제로 하기 때문에 당초의 소제기의 효과가 유지된다.

한 사정 등에 비추어, 실질적인 피고는 당사자능력이 없어 소송당사자가 될 수 없는 사망인 소외인이 아니라 처음부터 사망자의 상속인인 피고이고 다만 소장의 표시에 잘못이 있었던 것에 불과하므로, 원고는 소외인의 상속인으로 피고의 표시를 정정할 수 있고, 따라서 당초 소장을 제출한 때에 소멸시효중단의 효력이 생긴다고 할 것이다"(대판 2011.3.10. 2010다99040: 법전협 표준판례 (30))고 판시하여 일정한 경우 피고의 사망사실을 안 경우에도 피고의 상속인으로 표시정정을 할 수 있다고 하였다.

3. 소송대리인이 위임인의 사망사실을 모르고 사망자를 원고로 표시하여 소제기한 경우

判例는 당사자가 사망하더라도 소송대리인의 소송대리권은 소멸하지 아니하므로(민사소송법 제95조 1호), 소의 제기는 적법하고, 시효중단 등 소 제기의 효력은 상속인들에게 귀속된다. 이 경우 소송계속 중 당사자 사망의 법리에 따라 제233조 제1항이 유추적용되어 상속인들은 소송절차를 수계하여야 한다는 입장이다(대판 2016.4.29. 2014다210449: 법전협 표준판례(50) : 제6관 소송계속 중 당사자 사망 참조).

4. 상속인이 피상속인과 자신을 공동원고로 하여 소를 제기한 경우

判例는 소제기 당시 이미 사망한 당사자와 상속인을 공동원고로 표시된 손해배상청구의 소가 제기된 경우, 이미 사망한 당사자 명의로 제기된 소 부분은 부적법하여 각하되어야 하므로, 상속인이 소의 제기로써 자기 고유의 손해배상청구권뿐 아니라 이미 사망한 당사자의 손해배상청구권에 대한 자신의 상속분에 대해서까지 함께 권리를 행사한 것으로 볼 수는 없다고 보았다(대판 2015.8.13. 2015다209002).

▎핵심사례 A-11├

■ 제소전 사망 - 상속포기, 표시정정과 시효중단

2018년 6월 법전협 모의, 2016년 제5회 변호사시험 유사, 2014년 8월 법전협 모의 유사

甲은 2007. 1. 1. 乙에게 변제기를 2007. 12. 31.로 정하여 3,000만 원을 대여하였다. 그런데 乙은 이를 변제하지 못한 채 심장마비로 2017. 9. 1. 사망하고 말았다. 乙이 사망하자 제1순위 상속인 丙은 상속포기를 하였다. 甲은 2017. 10. 1. 위 상속포기 사실을 알지 못하고 丙을 상대로 위 3,000만 원의 반환을 구하는 소를 제기하였다. 제1심 계속 중 위 상속포기 사실을 알게 된 甲은 2018. 4. 1. 피고를 제2순위 상속인 丁으로 바꾸어 달라는 피고경정신청서를 법원에 제출하였다. 그 후 丁은 "甲의 채권이 10년의 소멸시효가 완성되어 소멸하였다."라고 주장하였다. **위와 같은 丁의 주장은 타당한가? (20점)**

I. 논점의 정리 - 소제기 이전의 당사자 사망과 당사자 확정, 표시정정과 시효중단

II. 丁이 소송의 당사자인지 여부

1. 소제기 이전의 당사자 사망시 당사자확정과 보정방법 [표, 내, 사]

判例는 "당사자는 소장에 기재된 표시 및 청구의 내용과 원인사실을 합리적으로 해석하여 확정하여야 하는 것"(대판 1996.3.22. 94다61243)이라고 판시하여 (실질적)표시설의 입장이나, 제소 전에 피고가 사망한 것을 알지 못하고 사망자를 피고로 하여 제소한 경우에는 "상속인이 처음부터 실질적인 피고이고 다만 그 표시를 잘못한 것"이라고 하여 피고의 표시를 사망자로부터 그 상속인으로 표시정정하는 것을 허용하였다(대결 2006.7.4. 2005마425 등).

2. 상속을 포기한 상속인을 당사자로 표시하여 소 제기한 경우

判例는 당사자의 사망 사실을 알고 1순위 상속인 명의로 소를 제기하였지만 1순위 상속인의 상속포기 사실을 알지 못한 경우에도 후순위 상속인으로의 당사자표시정정을 긍정하고 있다(대판 2009.10.15. 2009 다49964).

3. 사안의 경우

甲은 丙의 상속포기 사실을 모르고 丙을 상대로 소를 제기하였는바, 丙은 이미 상속을 포기하여 정당한 당사자는 후순위 상속인인 丁이다. 이 경우 甲은 丙에서 丁으로의 당사자표시정정을 신청했어야 하는데, 사안의 경우 피고경정신청을 한 것의 법적 효과가 문제된다.

Ⅲ. 丁의 시효완성항변의 당부

1. 피고경정신청이 적법한 보정방법인지 여부

判例는 "원고가 의도한 이 사건 소의 실질적인 피고는 상속포기의 소급효로 말미암아 처음부터 상속채무에 관한 법률관계의 당사자가 될 수 없는 1순위 상속인이 아니라 적법한 상속채무자인 2순위 상속인인 피고들이라 할 것인데 다만 그 표시에 잘못이 있는 것에 지나지 아니하여 **피고표시정정의 대상이 된다** 할 것이고, 이와 같이 변경 전후 당사자의 동일성이 인정됨을 전제로 진정한 당사자를 확정하는 표시정정의 대상으로서의 성질을 지니는 이상 비록 소송에서 피고의 표시를 바꾸면서 피고경정의 방법을 취하였다 해도 피고표시정정으로서의 법적 성질 및 효과는 잃지 않는다"(대판 2009.10.15. 2009다49964)고 판시하여 이 경우 피고경정은 피고표시정정으로 인정한다.

2. 시효중단의 시기

피고경정 허가 결정이 있는 때 종전의 피고에 대한 소는 취하한 것으로 본다(제261조 4항). 새로운 피고에 대하여는 신소제기의 실질을 가지므로 시효중단·기간준수 등의 효과는 경정신청서의 제출시에 발생한다(제265조). 반면 표시정정은 종전 소송상태의 승계를 전제로 하기 때문에 당초의 소제기의 효과가 유지된다.

3. 사안의 경우

甲의 乙에 대한 채권은 확정기한부 채권으로 변제기인 2007. 12. 31.부터 10년의 시효가 기산되므로 2017. 12. 31에 시효가 완성된다(제162조 1항). 甲이 丙을 상대로 소를 제기한 시점은 2017. 10. 1.로 시효완성 전이고 甲의 피고경정신청의 법적 성질은 표시정정에 해당하므로, 비록 甲의 피고경정신청서가 원래의 시효기간이 지난 2018. 4. 1.에 법원에 제출되었다 하더라도 시효는 그 전에 중단되었으므로 丁의 주장은 부당하다.

Ⅳ. 간과 판결의 효력 및 하자의 치유 [A-38]

1. 당연무효의 판결

(1) 소제기 전 피고가 사망한 경우 [대, 당, 부] [11회 사례형]

"사망자를 피고로 하는 소제기는 원고와 피고의 대립당사자 구조를 요구하는 민사소송법상 기본원칙이 무시된 부적법한 것으로서 실질적 소송관계가 이루어질 수 없다. 따라서 그와 같은 상태에서 제1심판결이 선고되었다 할지라도 판결은 당연무효이고(6회 선택형), 판결에 대한 사망자인 피고의 상소인들에 의한 항소나 소송수계신청은 부적법하다"(대판 2015.1.29. 2014다34041). 무효인 판결이므로 기판력이 발생하지도 않는다(대판 1980.5.27. 80다735).

[관련판례] "사망한 사람을 상대로 한 판결은 무효이고 이에 터잡아 이루어진 소유권이전등기는 특별한 사정이 없는 한 부적법한 등기이다"(대판 1980.5.27. 80다735).

(2) 소제기 후 소장부본이 송달되기 전에 피고가 사망한 경우

① 소제기 후 소장부본이 송달되기 전에 피고가 사망한 경우. ② 지급명령 신청 후 정본이 송달되기 전에 채무자가 사망한 경우. ③ 지급명령의 발령 후 정본의 송달 전에 회생절차폐지결정이 확정된 경우에도 사망자를 상대로 한 판결의 효력과 마찬가지로 당연무효이다(대판 2017.5.17. 2016다274188).

[판례검토] 대립당사자구조가 성립하는 소송계속의 발생시기를 '소장이 피고에게 송달된 때'라고 보는 이상 소장부본이 송달되기 전에는 대립당사자구조가 성립되지 않는다(제255조 1항 참조). 따라서 소송계속이 발생되기 전 단계에서 피고가 사망한 경우 등에도 소제기 전 당사자 사망의 법리를 적용하는 判例의 태도는 타당하다고 본다. 이러한 법리는 파산선고의 경우에도 마찬가지로 적용된다. 즉, 判例는 소장부본이 송달되기 전에 원고에 대한 파산선고가 이루어졌고 파산관재인이 소송수계신청을 한 사안에서, 원고는 당사자적격이 없으므로 위 소는 부적법 각하되어야 하고, 파산관재인의 소송수계역시 부적법하다고 판시하였다(대판 2018.6.15. 2017다289828 : 소제기전 당사자 사망의 경우 판결확정 전에는 표시정정으로 보정이 가능하나 확정 후에는 무효인 판결이 되고, 소송수계의 문제는 소송계속 중 당사자사망의 경우 문제된다).[38]

2. 구제책

대법원은 "민사소송이 당사자의 대립을 그 본질적 형태로 하는 것임에 비추어 사망한 자를 상대로 한 상고는 허용될 수 없다고 할 것이므로, 이미 사망한 자를 상대방으로 하여 제기한 **상고는 부적법하다**"(대판 2000.10.27. 2000다33775: 법전협 표준판례(279)) 또는 "사망한 사람을 당사자로 하여 선고된 판결은 당연무효로서 확정력이 없어 이에 대한 **재심의 소는 부적법하다**"(대판 1994.12.9. 94다16564)고 판시하여 상소나 재심을 원칙적으로 허용하지 않는다. 상소의 대상은 선고된 미확정 종국판결로서 유효할 것을 요하고, 재심의 대상은 확정된 종국판결로서 유효할 것을 요하기 때문이다. 다만 유효한 판결로 보이는 외관 제거를 위하여 상소를 허용해야 한다는 견해도 있다(다수설).

3. 하자의 치유

표시설에 따르면 소송수행결과나 판결의 효력이 상속인에게 미치지 않는다. 그러나 判例는 "사자에 대한 채권압류명령 및 전부명령의 송달은 위법무효이나, **상속인이 현실적으로 그 송달서류를 수령한 경우에는 하자가 치유되어 상속인에 대한 송달로서 효력을 발생한다**"(대판 1998.2.13. 95다15667)고 하여 **상속인이 현실적으로 소송을 수행한 경우**에는 상속인에게 소송수행결과나 판결효력이 미친다는 입장이다.

---

38) "파산선고 전에 채권자가 채무자를 상대로 이행청구의 소를 제기하거나 채무자가 채권자를 상대로 채무 부존재 확인의 소를 제기하였더라도, 만약 그 소장 부본이 송달되기 전에 채권자나 채무자에 대하여 파산선고가 이루어졌다면 이러한 법리는 마찬가지로 적용된다. 파산재단에 관한 소송에서 채무자는 당사자적격이 없으므로, 채무자가 원고가 되어 제기한 소는 부적법한 것으로서 각하되어야 하고(채무자 회생 및 파산에 관한 법률 제359조), 이 경우 파산선고 당시 법원에 소송이 계속되어 있음을 전제로 한 파산관재인의 소송수계신청 역시 적법하지 않으므로 허용되지 않는다."

핵심사례 A-12

| ■ 제소전 사망 | 2016년 제5회 변호사시험 유사 |

〈공통된 사실관계〉

甲 소유의 X 토지에 관하여 乙이 등기서류를 위조하여 乙 명의로 소유권이전등기를 마쳤다. 이에 甲은 乙을 상대로 甲의 소유권에 기한 방해배제청구로서 乙 명의의 소유권이전등기에 대한 말소등기절차의 이행을 구하는 소를 제기하였다. 소 제기 전에 乙이 이미 사망하였는데, 이를 알지 못한 甲은 乙을 상대로 소를 제기한 것이었다.

〈문제 1.〉 법원은 乙이 이 사건 소 제기 전에 사망한 사실을 모르고 소송을 진행하였는데 乙이 재판에 출석하지 않자 자백간주로 원고 승소판결을 선고하였다. **이에 대하여 乙의 상속인 H가 항소를 제기한 경우 항소심 법원은 어떠한 판단을 하여야 하는지와 그 근거를 설명하시오.**

〈변형 사실관계〉

공통된 사실관계와 달리, 피고 乙은 甲의 소 제기 후 소장부본 송달 전에 사망하였다. 법원은 乙의 사망사실을 모르고 소송을 진행하여 판결을 선고하였고, 乙의 주소지로 판결정본이 송달되었다.

〈문제 2.〉 乙의 상속인 A, B, C는 항소를 제기하면서 원심법원에 항소를 제기하면서 원심법원에 수계신청을 하였다. **위 항소와 수계신청은 적법한가?**

I. 문제 1.의 해결 - 제소 전 사망을 간과한 판결의 효력

1. 결론

乙의 상속인 H가 항소를 제기한 경우 항소심 법원은 항소각하 판결을 하여야 한다.

2. 논거

(1) 제소전 사망을 간과한 판결의 효력(당연무효)

(2) 당연무효 판결에 대한 항소가부(소극)

(3) 사안의 해결

위 판결은 당연무효인바, 항소의 대상적격이 없어 법원은 항소를 각하하여야 한다.

II. 문제 2.의 해결 - 소제기 후 소장부본 송달 전 당사자의 사망

1. 결론

상속인 A, B, C의 항소와 수계신청은 부적법하다.

2. 논거

(1) 소제기 후 소장송달 전 사망한 경우 규율 법리

(2) 당연무효 판결에 대한 항소가부(소극)

(3) 사안의 해결

소제기 후 소장부본이 송달되기 전에 피고가 사망한 경우에도 제소 전 사망의 법리에 따라 법원의 판결은 당연무효인바 A, B, C의 항소와 수계신청은 부적법하다.

제4관 소송계속 중 당사자 사망 [3회·5회 사례형]

I. 문제점
[A-39]

소제기 전에 당사자가 사망하는 경우와 달리 일단 소가 적법하게 성립한다. 다만 소송계속 중 당사자가 사망하였음에도 법원이 그대로 절차를 진행하게 되면 '이당사자대립구조' 또는 '쌍방심문주의'에 반할 수 있다는 문제점이 있다.

II. 당사자의 사망과 소송절차의 중단
[A-40]

> 제233조 (당사자의 사망으로 말미암은 중단) ① 당사자가 죽은 때에 소송절차는 중단된다. 이 경우 상속인·상속재산관리인, 그 밖에 법률에 의하여 소송을 계속하여 수행할 사람이 소송절차를 수계(受繼)하여야 한다. ② 상속인은 상속포기를 할 수 있는 동안 소송절차를 수계하지 못한다.
> 제238조 (소송대리인이 있는 경우의 제외) 소송대리인이 있는 경우에는 제233조 제1항, 제234조 내지 제237조의 규정을 적용하지 아니한다.

1. 소송절차의 중단 [중, 대, 속, 물]

소송계속 중 당사자가 사망한 경우 당사자의 절차권을 보장하고 쌍방심문주의를 관철하기 위해 소송절차가 중단되는 것이 원칙이다(제233조 1항 전단). 소송절차가 중단되기 위해서는 i) 소송계속 중 당사자가 죽은 경우이어야 하고, ii) 소송대리인이 있는 경우가 아니어야 하며(제238조 참조), iii) 상속인이 있어야 하고, iv) 소송물이 상속될 수 있는 것이어야 한다. 소송절차가 중단되면 판결의 선고를 제외하고는 소송절차상의 일체의 소송행위를 할 수 없으며, 상속인은 수계신청으로 중단을 해소할 수 있다(제233조 1항 후단).

2. 소송이 종료되는 경우

소송물이 일신전속적 법률관계로서 상속될 수 없는 경우나 당사자에게 상속인 등 소송절차를 수계할 사람이 없는 경우에는 소송절차는 종료되며 법원은 '소송종료선언'을 하여야 한다. 判例도 "이혼소송의 도중에 당사자 일방이 사망한 경우에 재판상 이혼청구권은 부부의 일신전속권이므로 이혼소송은 당연히 종료한다"(대판 1994.10.28. 94므246)고 한다(1회 선택형).

[이혼소송과 소송상 지위의 승계 관련 판례정리] ① 재판상 이혼청구권은 부부의 일신전속의 권리이므로 이혼소송 계속 중 배우자의 일방이 사망한 때에는 상속인이 그 절차를 수계할 수 없다(대판 1994.10.28. 94므246,253 : 1회 선택형). ② 재산분할청구권은 이혼이 성립한 때에 비로소 발생하므로, 이혼이 되기 전에(이혼소송 및 재산분할청구소송 도중에) 배우자 일방이 사망하면 이혼 성립을 전제로 하여 이혼소송에 부대한 재산분할청구 역시 이를 유지할 이익이 상실되어 이혼소송의 종료와 동시에 종료된다(대판 1994.10.28. 94므246,94므253). ③ 이혼에 따른 위자료 청구권은 불법행위책임의 성질을 가지므로 귀속상 일신전속적 권리라 할 수 없다. 따라서 청구권자가 위자료의 지급을 구하는 소송을 제기함으로써 청구권을 행사할 의사가 외부적 객관적으로 명백하게 된 이상 이혼소송이 종료하더라도 소송은 승계될 수 있다(대판 1993.5.27. 92므143)(1회 선택형). ④ 사실혼관계는 당사자 일방의 의사에 의해 해소될 수 있고 **재산분할심판**청구시 사실혼관계가 이미 해소되었으므로 사망한 상대방의 상속인이 승계하게 된다(대판 2009.2.9. 2008스105).

3. 소송이 중단되지 않는 경우 : 소송대리인이 있는 경우

상속될 수 있는 법률관계에서 상속인이 있고 소송대리인이 있으면 소송절차는 중단되지 않는다(제238조).

(1) 소제기 후 당사자가 사망한 경우(제238조 적용, 따라서 제233조 1항 적용배제)

判例는 당사자가 사망하였으나 소송대리인이 있어 소송절차가 중단되지 아니한 경우 원칙적으로 소송수계라는 문제가 발생하지 아니하고 소송대리인은 상속인들 전원을 위하여 소송을 수행하게 되는 것이며, 그 사건의 판결은 상속인 전원에 대하여 효력이 있다고 한다(대결 1992.11.5. 91마342: 법전협 표준판례(161))(7회,10회,11회 선택형). 이 경우 소송절차가 중단되지 않기 때문에 중단을 해소하는 의미의 수계신청은 필요하지 않지만 상속인 등이 소송수계신청을 하는 것은 가능하다. 다만, 이는 당사자표시정정신청의 의미를 갖는다.

(2) 당사자가 소송대리인에게 소송위임을 한 다음 소 제기 전에 사망한 경우(제238조 적용, 그러나 제233조 1항 유추적용)

判例는 "당사자가 사망하더라도 소송대리인의 소송대리권은 소멸하지 아니하므로(제95조 제1호), 당사자가 소송대리인에게 소송위임을 한 다음 소 제기 전에 사망하였는데 소송대리인이 당사자가 사망한 것을 모르고 당사자를 원고로 표시하여 소를 제기하였다면 소의 제기는 적법하고, 시효중단 등 소 제기의 효력은 상속인들에게 귀속된다. 이 경우 제233조 제1항이 유추적용되어 사망한 사람의 상속인들은 소송절차를 수계하여야 한다"(대판 2016.4.29. 2014다210449: 법전협 표준판례(50))고 판시하였다(6회,7회,9회,11회 선택형) **[13회 사례형]**. 이 경우에도 소송대리인이 있으므로 소송절차는 중단되지 아니한다(대판 2016.4.29. 2014다210449).

[판례해설] 소송대리인이 있는 경우에는 당사자 사망으로 인한 소송절차의 중단과 수계에 관한 제233조 1항을 적용하지 아니한다(제238조). 그리고 당사자가 사망하더라도 소송대리인의 소송대리권은 소멸하지 아니하는 것으로 인정된다(제95조 제1호). 그러나 위 判例는 중단부분에 대해서는 제238조에 따라 제233조 1항을 적용하지 아니함으로써 소송절차가 중단되지 않지만, 수계에 대해서는 제233조 1항의 유추적용을 인정하고 있다. 따라서 위 判例는 소송대리인이 있는 경우이지만 수계절차가 요구된다는 것이 또 하나의 쟁점이 됨을 주의해야 한다(핵심사례 A-14참조).

(3) 심급대리원칙에 따른 소송절차 중단

소송대리인이 있어 당사자 사망으로 인한 소송절차의 중단이 발생하지 않는다 하더라도, 심급대리원칙상 해당 심급의 종료로 인해 소송절차는 중단된다.

① '소송대리인에게 상소제기에 관한 특별수권(제90조 2항 3호)이 없다면' 당해 심급의 판결정본이 소송대리인에게 송달된 때에 당해 소송대리인의 대리권은 소멸되므로 그 때부터 소송절차는 중단된다(대판 1996.2.9. 94다61649)(2회,7회,9회,10회 선택형) **[3회 사례형]**

② '제1심 소송대리인에게 상소제기에 관한 특별수권이 있다면' 상소제기시부터 소송절차가 중단된다(대판 2016.4.29. 2014다210449: 법전협 표준판례(50)). 상소제기의 특별수권만 있을 뿐 상급심에서의 소송대리권은 없기 때문에 수권 받은 상소제기권의 행사시까지만 소송대리권이 인정되기 때문이다. 이때는 상소심에서 적법한 소송수계절차를 거쳐야 소송중단이 해소된다(대판 2016.9.8. 2015다39357).

(4) 중단의 범위

통상공동소송에서는 중단사유가 있는 자의 절차만 소송이 중단되나, 필수적 공동소송에서는 소송전체가 중단된다.

Ⅲ. 소송수계의 절차   [A-41]

1. 통상의 경우 수계신청하여야 할 법원

상속인과 상대방 당사자는 중단 당시의 법원에 소송수계신청을 할 수 있다(제243조 2항). 법원은 직권으로 조사하여 이유없다고 인정되면 결정으로 기각하고, 이유 있으면 별도의 재판없이 그대로 절차를 진행한다(제243조 1항).

> **[관련판례]** 소송수계신청의 적법 여부는 법원의 직권조사 사항으로서 조사의 결과 수계가 이유 없다고 인정할 경우에는 결정으로서 이를 기각하여야 되나, 이유 있을 때에는 별도의 재판을 할 필요 없이 그대로 소송절차를 진행할 수 있는 것이다(대판 2006.11.23. 2006재다171: 법전협 표준판례(164)).

2. '종국판결' 송달 후의 수계신청을 할 법원(선택설)

대법원은 "소송계속 중 어느 일방 당사자의 사망에 의한 소송절차 중단을 간과하고 변론이 종결되어 (항소심)판결이 선고된 경우 ⅰ) 적법한 상속인들이 원심법원에 수계신청을 하여 판결을 송달받아 상고하거나 또는 ⅱ) 사실상 송달을 받아 상고장을 제출하고 상고심에서 수계절차를 밟은 경우에도 그 수계와 상고는 적법한 것으로 보아야 한다"(대판 1995.5.23. 전합94다28444: 법전협 표준판례 (163))고 하여 **선택설**[39]의 입장이다.

[판례검토] 사실상 상소로 인하여 상급심에 이심된 경우에도 원심법원에 수계신청을 하여야 한다면 소송경제와 당사자의 편의에 반하므로 判例의 태도가 타당하다고 본다.

Ⅳ. 당사자 사망을 간과한 판결의 효력   [A-42]

1. 문제점

당사자 사망이라는 중단 사유를 간과하고 절차를 진행하여 사망자 명의로 판결이 선고된 경우 그 효력은 상속인의 당연승계와 관련이 있다. 당연승계를 부정하면 이당사자대립구조가 붕괴되어 무효로 볼 수 있으나, 당연승계를 긍정하면 쌍방심문주의 위반의 위법한 판결에 불과할 것이다.

2. 상속인의 당사자 지위의 당연승계 여부

(1) 판 례(당연승계 긍정)[40]

대법원은 "소송도중 어느 일방의 당사자가 사망함으로 인해서 그 당사자로서의 자격을 상실하게 된

---

39) **[학설]** ① 원심법원설은 제243조 2항은 종국재판을 한 법원에 수계신청을 하도록 규정하고 있는 점, 상소장의 원심법원 제출주의(제397조, 제425조)를 근거로 원심법원에 해야 한다는 견해, ② 선택설은 소송경제 및 당사자 편의를 위하여 원심법원 또는 상소심법원 어느 곳에나 수계신청을 할 수 있다는 견해이다.

40) **[학설]** ① 당연승계긍정설은 사망으로 포괄승계가 이루어지면 당사자의 지위가 당연승계되고 수계절차는 절차적으로 확인적 의미만 있을 뿐이라고 한다. ② 당연승계부정설은 형식적 당사자개념을 채택하고 있는 이상 실체법상 권리의무의 포괄적 이전으로 소송상 당사자가 당연히 변경되는 것은 아니며, 상속인이 상속을 포기할 수 있으므로 수계절차를 밟아야만 당사자가 변경된다고 한다.

때에는 그 대립당사자 구조가 없어져 버린 것이 아니고, 그때부터 그 소송은 그의 지위를 당연히 이어받게 되는 상속인들과의 관계에서 대립당사자 구조를 형성하여 존재하게 되는 것이다"(대판 1995.5.23. 전합94다28444)고 판시하여 당연승계를 긍정한다.

(2) 검 토

소송대리인이 있는 때에 소송절차가 중단되지 않고 소송대리인을 승계인의 대리인으로 보는 점은 당연승계설에서 설명가능하며, 수계절차와 당연승계는 별개의 개념으로서 수계제도는 쌍방심리주의 관철을 위한 절차규정에 불과하다는 점에서 당연승계긍정설이 타당하다.

3. 절차중단 사유를 간과한 판결의 효력 [12사법]

(1) 판 례(위법설)[41]

대법원은 "소송계속 중 어느 일방 당사자의 사망에 의한 소송절차 중단을 간과하고 변론이 종결되어 판결이 선고된 경우에는 ⅰ) 상속인과의 관계에서 대립당사자구조가 존재하고 수계시까지 절차가 중단될 뿐인바, ⅱ) 그 판결은 소송에 관여할 수 있는 적법한 수계인의 권한을 배제한 결과가 되는 절차상 위법은 있지만 그 판결이 당연무효라 할 수는 없고, ⅲ) 다만 그 판결은 대리인에 의하여 적법하게 대리되지 않았던 경우와 마찬가지로 보아 대리권흠결을 이유로 상소(제424조 1항 4호) 또는 재심(제451조 1항 3호)에 의하여 그 취소를 구할 수 있을 뿐이다"(대판 1995.5.23. 전합94다28444: 법전협 표준판례 (163))라고 판시하여 당연무효로 보던 입장에서 위법설의 입장으로 변경하였다(6회,9회 선택형).

> **[관련판례]** "채권자취소소송의 계속 중 채무자에 대하여 파산선고가 있었는데, 법원이 그 사실을 알지 못한 채 파산관재인의 소송수계가 이루어지지 아니한 상태로 소송절차를 진행하여 판결을 선고하였다면, 그 판결에는 채무자의 파산선고로 소송절차를 수계할 파산관재인이 법률상 소송행위를 할 수 없는 상태에서 사건을 심리하고 선고한 잘못이 있다"(대판 2023.2.23. 2022다267440 : 「채무자 회생 및 파산에 관한 법률」 제406조 제1항, 제2항, 제347조 제1항에 의하면, 파산채권자가 제기한 채권자취소소송이 파산선고 당시 법원에 계속되어 있는 때에는 그 소송절차가 중단되고, 파산관재인 또는 상대방이 이를 수계할 수 있다).

(2) 검 토

대립당사자구조 유지를 위한 당연승계와 쌍방심리주의의 관철을 위한 중단·수계제도는 구별되어야 한다. 소송상 지위는 당연승계되어 대립당사자구조가 유지되므로 위법설이 타당하다.

Ⅴ. 사망을 간과한 판결의 하자 치유   [A-43]

1. 판 례

(1) 승계인의 소송수계신청서제출(추인 긍정)

判例는 사망을 간과한 원심판결에 대하여 원고(사망자의 상대방)가 사망자를 상대로 상고를 제기하자 그 상속인들이 상고법원에 소송수계신청서를 제출한 사안에서 상속인들의 소송수계신청서 제출로 종전 소송절차를 모두 추인하였다고 볼 수 있다고 한다(대판 2003.11.14. 2003다34038).

---

41) **[학설]** ① <u>무효설</u>은 당연승계가 부정되므로 대립당사자구조가 파괴되었다는 점을 근거로 하고, ② <u>위법설</u>은 당연승계를 인정하여 수계절차가 없었다는 절차상 하자가 있을 뿐임을 근거로 한다.

(2) 승계인의 상고이유서(제423조, 제427조)제출(추인 긍정)

判例는 사망을 간과한 원심판결이 있은 후 승계인들이 사망자 명의로 상고를 하고 상고심에서 소송수계신청을 하면서 소송중단 중에 선고된 원심판결의 절차상의 하자에 관하여는 상고이유로 삼지 아니하고 본안에 관하여만 다투는 내용의 상고이유서를 제출한 경우에는 이러한 절차상의 하자를 묵시적으로 추인한 것으로 보았다(대판 1995.5.23, 전합94다28444).

(3) 사망자의 소송대리인이 항소하자 상속인들이 항소심에서 수계신청을 한 사안(추인 긍정)

"제1심 소송대리인이 상소제기에 관한 특별수권(제90조 2항 3호)이 있어 상소를 제기하였다면 상소제기 시부터 소송절차가 중단되므로 항소심에서 소송수계절차를 거치면 된다. 소송절차 중단 중에 제기된 상소는 부적법하지만 상소심법원에 수계신청을 하여 하자를 치유시킬 수 있으므로, 상속인들에게서 항소심소송을 위임받은 소송대리인이 소송수계절차를 취하지 아니한 채 사망한 당사자 명의로 항소장 및 항소이유서를 제출하였더라도, 상속인들이 항소심에서 수계신청을 하고 소송대리인의 소송행위를 적법한 것으로 추인하면 하자는 치유되고, 추인은 묵시적으로도 가능하다"(대판 2016.4.29, 2014다210449).

2. 검 토

위법설을 취하는 이상 소송대리권의 흠결이 있는 제97조, 제60조의 경우와 마찬가지로 상속인의 묵시적 추인도 가능하다. 또 중단 중의 개개의 소송행위로 취급하여 이의권 상실로 보아 유효하다고 볼 수도 있기 때문에, 소송을 수행한 상속인이 후에 대리권 흠결 기타 원심판결의 하자를 주장하는 것은 신의칙상 허용되지 않는다고 할 것이다.

※ 사자상대소송 정리

	보완방법	간과한 판결의 효력
소제기 이전의 당사자 사망	당사자 표시정정	당연무효(상소·재심 불가)
소송계속 중 당사자 사망	소송수계신청	대리권흠결의 위법(상소·재심 가능) : 유효하나 위법
변론종결 후 당사자 사망	승계집행문부여신청	판결유효(상속인에 기판력미침) : 유효하고 적법

| 핵심사례 A-13 |

■ 소송계속 중 당사자의 사망

A종중은 그 소유인 Z토지를 丙에게 대금 5억 원에 매도하고, 계약금과 중도금으로 합계 4억 원을 받았다. 그 후 Z토지를 포함한 부근 토지가 수용되었고, A종중은 Z토지의 수용보상금 6억 원을 수령하였다. 이에 丙은 D를 소송대리인으로 선임한 뒤 A를 상대로 위 수용보상금지급청구의 소를 제기하였다(상소의 특별수권을 부여한 바는 없다). 소송도중 丙은 수용으로 인한 화병으로 사망하였으나(상속인으로 E·F가 존재한다), 법원은 丙의 사망을 간과하여 청구기각판결을 선고하였고, 위 판결정본이 D에게 송달되었다. 이에 E는 항소를 제기하면서 항소심법원에 수계신청을 하였다면, **E의 항소와 수계신청은 적법한가?**

I. 문제점 - 상소요건 [대, 기, 리, 포, 불, 신, 중](제6편 제1절 상소심절차 참조)

① 상소가 유효하기 위해서는 상소 요건을 충족해야 한다. 즉, i) 상소의 대상적격(判 ; 유효한 종국판결) 및 당사자적격 ii) 상소기간 준수, iii) 상소이익, iv) 상소포기와 불상소합의가 없을 것, v) 기타 소송행위의 유효요건으로 신의칙에 반하지 않을 것, 소송절차 중단 중의 소송행위가 아닐 것이 요구된다.

② 사안에서 E와 F는 전부패소자로서 항소이익이 인정되는바, 당사자 사망으로 소송절차가 중단되는 것은 아닌지, 중단 중의 상소임에도 상소가 적법한 것인지 문제된다. 또한 제1심법원이 아닌 항소심법원에 E가 단독으로 수계신청을 한 것이 적법한 것인지 문제된다.

II. 항소의 적법여부

1. 소송 중 당사자의 사망으로 소송절차 중단여부 [중, 대, 속, 물]

소송대리인 D가 존재하는 이상 丙의 사망으로 바로 소송절차가 중단되지는 않으나, D는 상소제기의 특별수권이 없으므로 판결정본이 송달되면 소송은 중단되고 판결이 확정되지 않는다.

2. 당사자지위의 당연승계 여부(적극)

상속인 E·F가 원고의 지위를 당연히 승계하고, D는 E·F의 소송대리인이 된다.

3. 중단 중 상소의 적법여부(적법)

상소가 적법하기 위해서는 소송절차가 중단 중이 아닐 것이 요구되나, 아래에서 살피는 바와 같이 E의 수계신청에 의해 유효한 것으로 볼 수 있다.

III. 수계신청의 적법여부(적법)

1. 중단해소방법

소송절차의 중단 중에 제기된 상소는 부적법한 것이지만 상소심법원에 수계신청을 하여 그 하자를 치유시킬 수 있다(대판 1996.2.9. 94다61649).

2. 종국판결 선고 후의 수계신청의 적법여부(적법)

절차가 중단된 원심법원에 해야 한다는 견해가 있으나(제243조 1항 참조), 判例는 "사실상 송달을 받아 상고장을 제출하고 상고심에서 수계절차를 밟은 경우에도 그 수계와 상고는 적법한 것으로 보아야 한다"(대판 1995.5.23. 전합94다28444)고 판시하여 선택설의 입장이다. 따라서 E가 사실상 송달을 받고 항소심에서 수계절차를 밟더라도 수계신청은 적법하며, 항소의 하자도 치유되므로, 위 항소는 적법하다.

3. E의 단독 수계신청가부(가능)

공동상속재산은 상속인들의 공유(민법 제1006조)이므로 필수적 공동소송관계라고 인정되지 아니한 이상 반드시 공동상속 전원이 공동으로 수계해야 하는 것은 아니며, 상속인 각자가 개별적으로 수계하여도 무방하다. 따라서 E는 자신의 소송절차에 대해서만 개별적으로 수계신청을 할 수 있다.

IV. 사안의 해결

1. 항소의 적법여부(적법)

소송계속 중 丙이 사망하더라도, 소송대리인 D가 있는 이상 절차가 중단되지 않으나, 상소의 특별수권을 부여받지 못한 D에게 판결정본이 송달됨으로 인해 소송절차는 중단되었고, 절차중단 중의 항소이나 항소심에서의 수계신청으로 하자는 치유되었다.

2. 수계신청의 적법여부(적법)

E는 공동상속인으로서 단독으로 항소심에서 수계절차를 밟을 수 있으므로 위 수계신청은 적법하다.

핵심사례 A-14

■ 당사자가 소송대리인에게 소송위임을 한 다음 소 제기 전에 사망한 경우
2018년 10월 법전원 모의 변형

> 甲은 2012. 6. 7. 아들인 乙, 丙과 함께 법무법인 丁에게 소송위임(상소의 특별수권을 부여한 바는 없다)을 한 다음 2012. 6. 11. 사망했다. 丁은 그러한 사실을 모른 상태에서 2012. 6. 21. 원고 甲을 원고 중 한명으로 기재한 불법행위를 이유로 손해배상을 구하는 소송을 제기하였다. 제1심법 원은 2013. 5. 30. 원고 일부승소판결을 선고하였다. 법무법인 戊는 乙, 丙로부터 甲, 乙, 丙 패소 부분에 대한 항소심 소송위임을 받아 2013. 6. 17. 甲, 乙, 丙 명의로 제1심판결 중 패소부분에 불복하여 항소하였다. 戊는 항소심 계속 중 원고 甲의 사망으로 乙, 丙이 소송절차를 수계한다는 소송수계신청서를 제출하였다. **이 사건 소제기와 항소제기의 적법여부를 논거와 함께 서술하시오.**

I. 결론

이 사건 소제기와 항소제기는 적법하다.

II. 논거

1. 소제기의 적법여부(적법)

甲이 법무법인 丁에게 소송위임을 한 다음 소 제기 전에 사망하였더라도, 丁의 소송대리권은 소멸하지 않으므로(제95조 제1호) 丁이 甲명의로 한 소제기는 甲의 소송위임에 의한 것으로서 적법하다.

2. 항소제기의 적법여부(적법)

(1) 문제점 - 상소요건 [대, 기, 리, 포, 불, 신, 중]

(2) 소송절차 중단여부(중단)

제233조 1항이 유추적용 되나, 소송대리인 丁이 존재하는 이상 소송절차가 중단되지는 않으므로 제1심 법원이 선고한 판결은 중단간과의 위법이 없으며, 甲의 지위를 당연승계한 乙과 丙은 당해 판결의 효 력을 받는다. 다만 丁은 상소제기의 특별수권이 없으므로 판결정본이 송달되면 소송은 중단되고 판결 이 확정되지 않는다.

(3) 중단 중 상소의 적법여부(묵시적으로 추인 : 적법)

소송대리인 戊가 소송수계절차를 취하지 아니하고 甲 명의로 항소를 제기한 것은 소송절차 중단 중의 상 소로서 부적법하나, 그 후 소송수계신청으로 원고 乙, 丙이 甲에 대한 소송절차를 적법하게 수계하며, 戊의 소송행위를 묵시적으로 추인한 것으로 보아 戊의 항소제기의 하자도 치유된다. 따라서 항소제기는 적법하게 된다.

3. 사안의 해결

① 丁이 甲명의로 한 소제기는 甲의 소송위임에 의한 것으로서 적법하다.

② 丁이 제1심판결정본을 송달받음으로 인해 소송절차는 중단되었고, 절차중단 중의 항소는 부적법하 나 항소심에서의 수계신청으로 하자는 치유되었다. 따라서 戊의 항소제기는 적법하다.

[참고]

① 사실관계에서 "제1심법원은 2013. 5. 30. 원고 일부승소판결을 선고하였다. 법무법인 戊는 乙, 丙로 부터 甲, 乙, 丙 패소부분에 대한 항소심 소송위임을 받아 2013. 6. 17. 甲, 乙, 丙 명의로 제1심판결 중 패소부분에 불복하여 항소하였다. 戊는 항소심 계속 중 원고 甲의 사망으로 乙, 丙이 소송절차를 수계한다는 소송수계신청서를 제출하였다"로 나와있으므로 날짜만 보았을 때에는 항소기간이 지난 것처 럼 보이나, 2013. 5. 30. 판결 선고 후 제1심의 소송대리인 丁에게 판결정본이 송달되면서 심급대리

원칙상 소송이 중단되므로 항소기간은 진행하지 않고, 따라서 2013. 6. 17. 항소제기는 중단 중의 상소문제만 있고, 항소기간도과의 문제는 없다고 보인다. 결국 항소심에서 乙, 丙의 수계신청 등으로 중단 중의 상소문제도 치유되기 때문에 항소제기는 적법하다.

② 최신판례의 사실관계에서는 제1심 소송대리인에게 상소제기에 관한 특별수권이 있어 제1심 소송대리인이 상소를 제기하였다면 그 상소제기 시부터 소송절차가 중단되므로 항소심에서 소송수계절차를 거치면 되는 사안이었다(대판 2016.4.2. 2014다210449). 상소제기에 관한 특별수권 부여여부에 따라 소송절차가 중단되는 시점에 차이가 있음을 유의할 필요가 있다.

＊ **핵심사례 A-13과 A-14의 이해**(㉠ 소송중단✕→ 중단간과위법✕, ㉡ 소송중단○→중단간과위법○)

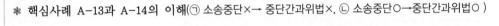

소제기　　당사자 사망　　청구기각선고　　판결정본 송달　　　　항소

(소송대리인 존재) (소송중단 아니므로 적법)(특별수권 없는 소송대리인)→중단 중의 항소는
　㉠ 소송중단✕　　　　　　　　　　　　㉡ 소송중단○　　위법하나 수계신청
　　　　　　　　　　　　　　　　　　　　　　　　　　　으로 하자치유

① **[핵심사례 A-13]** "Ⅳ. 사안의 해결 : 소송계속 중 丙이 사망하더라도, ㉠ 소송대리인 D가 있는 이상 절차가 중단되지 않으나, ㉡ 상소의 특별수권을 부여받지 못한 D에게 판결정본이 송달됨으로 인해 소송절차는 중단되었고, 중단 중에 제기된 항소는 부적법한 것이지만 항소심에서의 수계신청으로 하자는 치유되었다."

② **[핵심사례 A-14]** 2. 항소제기의 적법여부 "제233조 1항이 유추적용 되나, ㉠ 소송대리인 丁이 존재하는 이상 소송절차가 중단되지는 않으므로 제1심법원이 선고한 판결은 중단간과 위법이 없으며, 甲의 지위를 당연승계한 乙과 丙은 당해 판결의 효력을 받는다. 다만 ㉡ 丁은 상소제기의 특별수권이 없으므로 판결정본이 송달되면 소송은 중단되고 판결이 확정되지 않는다." 소제기 전에 당사자가 사망한 사례이나 判例는 제95조 1호를 적용하여 A-13사례와 같은 구조를 갖게 된다. 제233조 1항이 유추적용 되나 소송중단규정(제233조 1항 전단)이 아니라 수계신청규정(동조 동항 후단)만 적용될 뿐이기 때문이다(대판 2016.4.29. 2014다210449)

Ⅵ. 사망자 표시의 확정판결에 의한 집행방법
[A-44]

1. 문제점

소송계속 중 당사자 일방이 사망하였음에도 망인 명의로 판결이 확정된 경우, 그 확정판결에 기하여 상속인이 또는 상속인에게 집행하기 위한 방법이 문제된다.

2. 판 례

대법원은 ㉠ 소송대리인이 없어서 절차가 중단되었는데 이를 간과하고 망인 이름으로 판결이 선고된 경우에는 "사망한 자가 당사자로 표시된 판결에 기하여 사망자의 승계인을 위한 또는 사망자의 승계인에 대한 강제집행을 실시하기 위하여는 민사소송법 제481조(현행 민사집행법 제31조)를 준용하여 승계집행문을 부여함이 상당하다"(대결 1998.5.30. 98그7)고 판시하여 승계집행문설의 입장이다. ㉡ 그러나 소송계속 중 회사인 일방 당사자의 합병에 의해 소멸되었지만 소송대리인이 선임되어 있어 절차가 중단되지 않는데 법원이 당사자의 변경을 간과하여 판결에 구 당사자를 표시하여 선고한 경우에는 "소송수계인을 당사자로 경정하면 될 뿐, 구 당사자 명의로 선고된 판결을 대리권 흠결을 이유로 상소 또는 재심에 의하여 취소할 수는 없다"(대판 2002.9.24. 2000다49374)고 하여 **판결경정**(제211조 1항)으로 해결한다.

3. 검 토[42]

ⅰ) 절차 중단을 간과한 판결도 상속인에게 효력이 미치는 이상 민사집행법 제25조 1항, 2항에 따라 승계집행문을 부여받아 집행하면 된다는 점에서 승계집행문설이 타당하다. ⅱ) 다만 소송대리인이 선임되어 있어 절차가 중단되지 않았는데(제238조, 제95조) 법원이 당사자의 변경을 간과하여 판결에 구 당사자를 표시하여 선고한 경우와 같이 판결 전에 누가 승계인인지 이미 판명된 경우에는 판결의 명백한 표현상의 잘못을 한 경우처럼 판결을 경정하여 집행하는 判例의 입장이 타당하다.

제5관 변론종결 후 당사자 사망

Ⅰ. 중단 중 판결선고   [A-45]

1. 선고가능 여부

① 소송대리인이 있는 경우에 소송절차가 중단되지 않은 점은 '소제기 후 변론종결 전의 사망'과 동일하나(제238조), ② 소송대리인이 없는 경우에는 소송절차가 중단되는 바, 판결의 선고는 절차의 중단 중에도 할 수 있다(제247조 1항).

2. 절차의 중단 여부와 판결선고의 적법 여부

(1) 소송제기 후 변론종결 전 당사자가 사망한 경우(위법)

소송제기 후 변론종결 전 당사자가 사망했음에도 이를 간과하고 선고한 판결은 당연무효는 아니나 위법한 판결로서 대리권흠결을 이유로 상소(제424조 1항 4호) 또는 재심(제451조 1항 3호)에 의하여 그 취소를 구할 수 있다(대판 1995.5.23. 전합94다28444: 법전협 표준판례 (163)).

(2) 변론 종결 후 판결확정 전 당사자가 사망한 경우(적법)

判例는 피고가 변론종결 후 사망한 상태에서 판결이 선고된 사안에서, "원고가 위 망인을 상대로 제기한 소송은 위 망인의 사망으로 중단되었고, 다만 판결의 선고는 소송절차가 중단된 중에도 할 수 있으므로(제247조 1항), 위 법원이 이 사건 재심대상판결을 선고한 것은 적법하다고 할 것이나, 그 소송절차는 그 판결선고와 동시에 중단된다"(대판 2007.12.14. 2007다52997)고 판시한 바 있다. 이러한 법리는 원고가 사망한 경우에도 마찬가지이다(대판 1989.9.26. 87므13)[43]

---

42) **[학설]** ① <u>승계집행문설</u>은 상속인을 사망자의 승계인으로 보아 민사집행법 제31조를 유추하여 승계집행문을 부여받아 집행할 수 있다고 한다. ② <u>판결경정설</u>은 집행채권자는 판결경정의 방법으로 상속인 등의 명의로 시정한 후 통상의 집행문을 부여받아 집행할 수 있다고 한다.

43) "이 사건의 청구인이던 甲이 원심의 변론종결후에 사망하였음에도 원심이 소송수계절차 없이 판결을 선고하였다고 하더라도 위법이라 할 수 없다"

3. 판결정본송달의 효력(무효) 및 판결의 확정여부(소극)

判例는 피고가 변론종결 후 사망한 상태에서 판결이 선고된 사안에서, "그 소송절차는 그 판결선고와 동시에 중단되었으므로, 위 망인에 대하여 판결정본을 공시송달한 것은 효력이 없고, 위 망인의 상속인이 그 소송절차를 수계하여 위 판결의 정본을 송달받기 전까지는 그에 대한 항소제기기간이 진행될 수도 없으며, 이는 위 망인의 상속인들인 피고들이 위 판결의 존재를 알고 있었다거나 위 소송에 대한 수계신청을 하였다는 등의 사정이 있다고 하여 달리 볼 것은 아니다"(대판 2007.12.14. 2007다52997)고 하여 위 판결에 대하여 재심의 소를 제기하면 부적법하다고 한다.

Ⅱ. 확정판결의 효력   [A-46]

① 변론종결 뒤에 당사자가 사망한 경우에도 판결을 선고할 수 있고(제247조 1항)(6회 선택형), 이러한 판결은 유효하며, 그 판결이 확정되면 변론종결 뒤의 승계인인 상속인에게 기판력이 미친다(제218조 1항). ② 다만, 승소한 원고는 상속인에게 집행하려 하여도 집행권원에는 상속인이 표시되지 아니하므로, 소송제기 후 변론종결 전 당사자가 소송대리인 없이 사망한 경우와 마찬가지로 승계집행문을 부여받아야 한다(민사집행법 제31조).

[관련판례] ＊ 승계집행문부여 여부(민사집행법 제31조 1항)
민사집행법 제31조 1항에서 "집행문은 판결에 표시된 채권자의 승계인을 위하여 내어 주거나 판결에 표시된 채무자의 승계인에 대한 집행을 위하여 내어 줄 수 있다"는 의미와 관련하여 ㉠ 중첩적 채무인수인에 대하여는 민사집행법 제31조 제1항의 승계집행문을 부여할 수 없으나, 면책적 채무인수인은 위 조항에서 말하는 승계인에 해당하므로 승계집행문을 부여할 수 있다(대판 2016.5.27. 2015다21967)는 判例와,
㉡ 부동산에 대하여 점유이전금지가처분이 집행된 후 제3자가 가처분채무자의 점유를 침탈하는 등의 방법으로 부동산에 대한 점유를 취득한 경우, 점유를 취득할 당시에 제3자가 점유이전금지가처분이 집행된 사실을 알고 있었다면 제3자는 민사집행법 제31조 제1항에서 정한 '채무자의 승계인'에 해당하지 않는다(대판 2015.1.29. 2012다111630)는 判例가 있다.

제6관 성명모용소송

Ⅰ. 의의 및 문제점   [A-26]

무단히 타인 명의로 소를 제기하여 소송을 수행하거나(원고측 모용), 타인에 대한 소송에서 무단히 그 타인 명의를 참칭하여 응소하는 경우(피고측 모용)를 말한다. 표시된 사람(피모용자)과 소송을 수행하는 사람(모용자)이 다른 경우이므로 당사자확정, 법원의 조치, 간과판결의 효력이 미치는 자에 대한 구제책이 문제된다.

Ⅱ. 당사자확정   [A-27]

判例는 "당사자는 소장에 기재된 표시 및 청구의 내용과 원인사실을 합리적으로 해석하여 확정하여야 하는 것"(대판 1996.3.22. 94다61243)이라고 판시하여 (실질적)표시설의 입장이다. 예를 들어 甲이 丙을 피고로 하여 불법행위에 기한 손해배상청구의 소를 제기하였는데 乙이 丙 대신 기일에 출석하여 마치 丙인 것처럼 변론을 하였을 때(피고측 모용) **표시된 피모용자(丙)가 당사자이다**(대판 1964.3.31. 63다656: 법전협 표준판례 (31))

Ⅲ. 성명모용소송 중 발견시 법원의 조치   [A-28]

표시설에 따를 때, 원고측 모용이 판명된 경우 무권대리에 준하여 피모용자가 소를 추인하지 않는 한 판결로써 소를 각하하여야 하고 소송비용은 모용자가 부담한다(제108조). 위 사안과 같이 **피고측 모용** 이 판명된 경우는 모용자 乙의 소송행위는 무권대리인의 행위처럼 무효가 되므로 법원은 모용자 乙의 소송관여를 배척하고 진정한 피고 丙에게 기일통지를 하여야 한다.

즉, 표시설에 의하면 표시된 피모용자(丙)가 당사자이므로 소장에 표시된 자와 당사자로 확정된 자 가 일치하여 표시정정은 문제되지 않는다. 다만 判例는 실질적 표시설이므로 만약 소장과 달리 모용 자 乙이 당사자로 확정된다면(아직 판례는 없음), 법원은 소장의 피고표시를 丙으로 고쳐야 하는바 이 는 당사자의 동일성이 인정되지 않으므로 임의적 당사자변경 중 **피고경정**에 의해야 한다(제260조).

Ⅳ. 성명모용사실을 간과한 판결의 효력이 미치는 자 및 구제책   [A-29]

표시설에 따를 때, 판결은 당연무효가 아니며 판결의 효력은 당사자인 피모용자 丙에게 미치므로, 丙은 무권대리인이 대리권을 행사한 경우처럼 확정 전에는 상소(제424조 1항 4호)를, 확정 후이면 재 심(제451조 1항 3호)을 제기하여 판결의 효력을 배제할 수 있다.

判例 역시 "피고 아닌 제3자가 피고를 참칭하여 소송을 진행하여 판결이 선고되었다면 이는 피고 아 닌 자가 피고를 참칭하여 소송행위를 하였거나 소송대리권 없는 자가 피고의 소송대리인으로서 소송 행위를 하였거나 그간에 아무런 차이가 없는 것이며 **피모용자는 상소 또는 재심의 소를 제기하여 그 판결 의 취소를 구할 수 있다**"(대판 1964.11.17. 64다328, 대판 1964.3.31. 63다656: 법전협 표준판례 (31))고 본다.

Ⅴ. 송달과정에서의 피고모용(제4편 제3장 제3절 제4관 판결의 하자와 편취판결 참조)   [A-30]

원고가 피고의 주소를 소장에 허위기재함으로써 허위주소로 송달된 소장부본·판결 정본 등을 원고 자신이나 원고와 통정한 자가 피고를 모용하여 수령함으로써 원고승소판결을 받은 경우 判例는 "기 판력이 없다"(대판 1978.5.9. 75다634: 법전협 표준판례(280))고 판시하여 항소설과 같은 입장이다.

[비교판례] 반면 허위주소로 인해 공시송달이 이루어 졌을 뿐, 그 주소에서 피고 아닌 자가 피고를 모 용하여 송달을 받은 바는 없는 경우, 判例는 "그 송달은 유효한 것이고 그때부터 상소제기기간이 도과 되면 그 판결은 확정되는 것이므로 피고는 재심의 소를 제기하거나 추완항소를 제기하여 그 취소변경 을 구하여야 한다"(대판 1980.7.8. 79다1528: 대판 1985.7.9. 85므12: 법전협 표준판례(281) : 이는 제451조 1항 11호 소정 의 재심사유에 해당한다)고 판시하였다.

제7관 법인격부인

Ⅰ. 서 설 [A-31]

1. 의 의

'법인격부인론'은 법인격이 형해화 또는 남용된 경우 '특정 사안'에 한해 해당 법인의 법인격을 부정하고(법인격을 일반적으로 부인하는 것은 아님), 법인과 실체를 이루는 개인 또는 다른 법인을 동일시하여 그 배후자들에게 책임을 묻고자 하는 이론이다.

2. 유 형

(1) 법인격 형해화

'법인격 형해화'란 회사가 외형상으로는 법인의 형식을 갖추고 있으나 실질적으로는 완전히 그 법인격의 배후에 있는 사람의 개인기업에 불과한 경우를 말한다. 여기서 회사가 그 법인격의 배후에 있는 사람의 개인기업에 불과하다고 보려면, 원칙적으로 문제가 되고 있는 법률행위나 사실행위를 한 시점을 기준으로 하여, 회사와 배후자 사이에 재산과 업무가 구분이 어려울 정도로 혼용되었는지 여부, 주주총회나 이사회를 개최하지 않는 등 법률이나 정관에 규정된 의사결정절차를 밟지 않았는지 여부, 회사 자본의 부실 정도, 영업의 규모 및 직원의 수 등에 비추어 볼 때, 회사가 이름뿐이고 실질적으로는 개인 영업에 지나지 않는 상태로 될 정도로 형해화되어야 한다(대판 2008.9.11. 2007다90982).

(2) 법인격 남용

법인격을 배후자에 대한 법률적용을 회피하기 위한 수단으로 함부로 이용되는 경우를 법인격 남용이라 한다. 이 경우, 회사는 물론 그 배후자에 대하여도 회사의 행위에 관한 책임을 물을 수 있으나, 이 경우 채무면탈 등의 남용행위를 한 시점을 기준으로 하여, 회사의 배후에 있는 사람이 회사를 자기 마음대로 이용할 수 있는 지배적 지위에 있고, 그와 같은 지위를 이용하여 법인 제도를 남용하는 행위를 할 것이 요구되며, 위와 같이 배후자가 법인 제도를 남용하였는지 여부는 법인격 형해화의 정도 및 거래상대방의 인식이나 신뢰 등 제반 사정을 종합적으로 고려하여 개별적으로 판단하여야 한다(대판 2008.9.11. 2007다90982).

3. 적용요건

법인격부인론이 적용되기 위해서는 ⅰ) 법인격의 형해화 내지 남용이 있을 것(지배요건), ⅱ) 배후자의 부정행위로 채무가 자본을 훨씬 초과하는 등 자본불충분 상태가 야기되었을 것(자본불충분 요건), ⅲ) 지배 및 자본불충분 요건과 원고의 손해 사이에 인과관계가 인정될 것을 요한다.

Ⅱ. 법인격이 부인되는 법인에 대한 소제기 [A-32]

1. 당사자확정

'법인격부인론'은 '특정 사안'에 한해 해당 법인의 법인격을 부정하는 것이지 피고로 확정될 수 없다는 의미는 아니다. 따라서 당사자 확정의 기준에 관한 判例의 입장인 실질적 표시설에 의하면 법인격이 부인되는 법인에 대하여 이행청구를 한 경우 피고는 그 법인이지 배후자가 아니다.

2. 당사자자격(당사자능력, 당사자적격)

법인격부인의 취지는 특정사안과 관련하여 법인의 법인격을 부인함으로써 배후자에게 책임을 추궁하기 위함이지 법인격이 부인되는 법인의 책임을 경감 또는 면제시켜주기 위함이 아니다. 따라서 법인격이 부인되는 법인에게도 당사자자격이 인정되므로 그에 대한 소는 적법하다.

Ⅲ. 법인격이 부인되는 법인에 대한 판결의 효력이 배후자에게 미치는지 여부   [A-33]

判例는 "甲회사와 乙회사가 기업의 형태·내용이 실질적으로 동일하고, 甲회사는 乙회사의 채무를 면탈할 목적으로 설립된 것으로서 甲회사가 乙회사의 채권자에 대하여 乙회사와는 별개의 법인격을 가지는 회사라는 주장을 하는 것이 신의성실의 원칙에 반하거나 법인격을 남용하는 것으로 인정되는 경우에도, 권리관계의 공권적인 확정 및 그 신속·확실한 실현을 도모하기 위하여 절차의 명확·안정을 중시하는 소송절차 및 강제집행절차에 있어서는 그 절차의 성격상 乙회사에 대한 판결의 기판력 및 집행력의 범위를 甲회사에까지 확장하는 것은 허용되지 아니한다"(대판 1995.5.12. 93다44531: 법전협 표준판례(264))고 한다.

따라서 채권자가 乙회사에 대한 채권에 대하여 승소판결을 받았다 하더라도 甲회사의 재산에 대해 강제집행을 하기 위해서는 법인격 부인의 법리를 주장하여 다시 甲을 상대로 제소하여 승소판결을 받아야 한다.

Ⅳ. 법인격이 부인되는 법인에 대한 판결 확정 전 배후자에 대한 조치   [A-34]

1. 별소의 제기

判例는 "기존회사의 채무면탈을 목적으로 기업의 형태와 내용이 실질적으로 동일하게 설립된 신설회사가 기존회사와 별개의 법인격임을 내세워 그 책임을 부정하는 것은 신의성실에 반하거나 법인격을 남용하는 것으로서 허용될 수 없다"(대판 2004.11.12. 2002다66892)고 판시하였다. 즉, 判例는 법인격이 부인되는 법인과 배후자가 별개의 인격임을 인정한다(따라서 중복소제기는 문제되지 않음). 다만, 채무자는 신의칙상 이를 주장할 수 없을 뿐이다. 따라서 위 사례에서 대법원은 "기존회사의 채권자는 위 두 회사 어느 쪽에 대하여서도 채무의 이행을 청구할 수 있다"(同 判例)고 하여 별소제기를 긍정하였다.

2. 피고의 변경

법인과 배후자는 동일하지도 않고 소송승계도 없으므로 피고경정(제260조)의 요건을 갖춘 경우에 한하여 임의적 당사자변경이 가능할 것이다.[44]

---

44) [학설] ① 법인과 배후자는 동일성이 인정되지 않으므로 임의적 당사자변경이 가능하다는 <u>임의적 당사자변경설</u>, ② 양자는 별개의 인격이지만 실질적으로는 일체성이 있으므로 소송의 승계가 가능하다는 <u>소송승계설</u>, ③ 임의적 당사자변경에 의하되 법인(신설회사)과 배후자(기존회사)의 인적구성과 영업목적이 동일하면 표시정정이 가능하다는 <u>수정임의적 당사자변경설</u>이 있다.

제2절 당사자자격

※ 당사자자격 정리

	당사자능력	당사자적격	소송능력	변론능력
의 의	소송의 주체가 될 수 있는 일반적 능력	특정소송사건에서 본 안판결을 받을 자격	유효하게 소송행위를 할 수 있는 능력	법원에 대하여 유효하게 소송행위를 할 수 있는 능력
소송요건	○	○	○	×
소송행위의 유효요건	○	×	○	○
소제기시 흠결	당사자표시정정 (제59조 유추判例) 않으면 소각하	소 각하	소장각하명령 (제249조 1항), 보정(제59조)하지 않으면 소 각하	
소송계속 중 흠결	소송중단(제233조, 제234조), 수계	승계(제82조)	법정대리인이 수계할 때까지 소송절차 중단(제235조)	
다툼이 있는 경우	그 존재가 인정되지 않으면 소 각하, 그 존재가 인정되면 중간판결(제201조) 또는 종국판결의 이유 중에서 이를 판단			
간과판결의 효력	① 당사자 부존재(사망자·허무인)인 경우 ☞ 당연무효 (상소× 재심× 判/ 상소○ 재심× 多) ② 사회적 실체는 있으나 단순히 당사자능력이 없는 경우(학교·조합) ☞ 유효(재심× 多)	당연무효 상소× 재심×(判例)	① 당연무효 아니다. 상소○ 재심○(통) ② 소송무능력자 패소 ☞ 무능력자의 상소○ ③ 소송무능력자 승소 ☞ 상대방의 상소× 재심×	당연무효 아니다. 상소× 재심×(통)

제1관 당사자능력

Ⅰ. 의 의

[A-47]

'당사자능력'이란 소송의 주체(원고·피고)가 될 수 있는 일반적인 능력을 말한다. 소의 적법요건으로서 소송요건이자 소송행위의 유효요건에 해당하며 당사자능력이 있는지는 **사실심의 변론종결시를 기준으**로 판단한다(대판 2010.3.25. 2009다95387)(4회,7회 선택형).

Ⅱ. 실질적 당사자능력자(민법상 권리능력자)

[A-48]

> **제51조 (당사자능력·소송능력 등에 대한 원칙)** 당사자능력, 소송능력, 소송무능력자의 법정대리와 소송행위에 필요한 권한의 수여는 이 법에 특별한 규정이 없으면 민법, 그 밖의 법률에 따른다.

당사자능력은 특별한 규정이 없으면 민법에 따르므로 **민법상 권리능력을 가진 자는 민사소송법상 당사자능력자**(실질적 당사자능력자)가 된다(제51조). 따라서 **자연인과 법인**에게는 당사자능력이 인정되는 반면, 태아는 불법행위로 인한 손해배상(민법 제762조), 상속(민법 제1000조 3항), 유증(민법 제1064조)의 경우 외에는 당사자능력이 인정되지 않고(정지조건설. 민법의 맥 A-37.참조), 사망자와 도룡뇽과 같은 동물에게도 당사자능력이 인정되지 않는다(대결 2006.6.2. 2004마1148). 다만, 사단법인에 있어서는 사원이 없게 되어도 이는 해산사유가 될 뿐 바로 권리소멸하는 것이 아니므로 그 청산사무가 완료되어야 비로소 그 당사자능력이 소멸한다(대판 1992.10.9. 92다23087).

Ⅲ. 형식적 당사자능력자(비법인 사단·재단)

[A-49]

> **제52조 (법인이 아닌 사단 등의 당사자능력)** 법인이 아닌 사단이나 재단은 대표자 또는 관리인이 있는 경우에는 그 사단이나 재단의 이름으로 당사자가 될 수 있다.

1. 비법인사단의 소송수행방안

(1) 조합과의 구별

조합은 비법인사단과 같이 법인격이 없는 사람들의 결합체이지만, 그 단체성의 정도에 있어서 사단과 차이가 있다. ① **비법인사단의 경우** 구성원의 개성이 상실되고 단체를 위하여 행동하는 특별한 기관을 통해 활동하며 법률효과도 정관 등에 의해 총유 등 단체에게 발생하나, ② **조합의 경우**에는 조합원 개개인의 개성이 유지되고 재산도 합유로 구성원에게 귀속되며 채무도 조합원 전원이 공동으로 부담한다.

判例도 조합과 비법인사단과의 구별은 명칭에 구애됨이 없이 일반적으로 그 **단체성의 강약을 기준으로** 판단해야 한다고 판시하고 있다(대판 1999.4.23. 99다4504 등). 가령 농협협동조합 등은 조합의 명칭을 사용하나 그 성질은 특별법에 의한 법인이며, 재건축조합 등도 조합이 아니라 권리능력 없는 사단이다(대판 2001.5.29. 2000다10246 : 당해 판결이후 재건축조합은 도시 및 주거환경정비법 제18조 1항에 의해 법인화되었다). 또한 최근 判例는 지역주택조합의 비법인사단성을 인정하여 당사자능력을 인정하였다(대판 2021.6.24. 2019다278433 : 소를 제기한 추진위원회와 소 제기 이후 창립총회를 개최한 지역주택조합의 동일성을 인정하여 소의 당사자를 지역주택조합으로 확정하고 당사자능력을 인정한 사례).

(2) 비법인사단의 당사자능력

1) 비법인사단으로서의 실체 [사, 다, 변, 주]

a. 판단기준

判例는 "ⅰ) 어떤 단체가 고유의 목적을 가지고 사단적 성격을 가지는 규약을 만들어 이에 근거하여 의사결정기관 및 집행기관인 대표자를 두는 등의 조직을 갖추고 있고, ⅱ) 기관의 의결이나 업무집 행방법이 다수결의 원칙에 의하여 행하여지며, ⅲ) 구성원의 가입, 탈퇴 등으로 인한 변경에 관계없이 단체 그 자체가 존속되고, ⅳ) 그 조직에 의하여 대표의 방법, 총회나 이사회 등의 운영, 자본의 구 성, 재산의 관리 기타 단체로서의 주요사항이 확정되어 있는 경우에는 비법인사단으로서의 실체를 가 진다"(대판 1999.4.23. 99다4504)고 한다. 다만, 종중과 같이 특별한 조직행위 없이도 자연적으로 성립하는 경 우는 예외이다(13회 선택형).

b. 구체적 예

判例는 ① "사단법인의 하부조직의 하나라 하더라도 스스로 단체로서의 실체를 갖추고 독자적인 활 동을 하고 있다면 사단법인과는 별개의 독립된 비법인사단으로 볼 수 있고"(대판 2009.1.30. 2006다60908: 법전협 표준판례 (32))(7회 선택형), ② "종중 유사단체는 실질적으로 공동의 목적을 달성하기 위하여 공동 의 재산을 형성하고 일을 주도하는 사람을 중심으로 계속적으로 사회적인 활동을 한 경우에는 이미 그 무렵부터 단체로서의 실체가 존재하는 것이다"(대판 2020.10.15. 2020다232846)라고 판시하였으며, ③ "채권단의 청산위원회는 비법인사단으로 인정"하였고(대판 1968.7.16. 68다736), ④ "동·리"(대판 1990.6.26. 90다카8692 등) 또는 "자연부락"(대판 1980.1.15. 78다2364), ⑤ "공동주택의 입주자가 구성한 입주자대표회 의"(대판 1991.4.23. 91다4478)는 비법인사단으로 인정하였으나, ⑥ "부도난 회사의 채권자들이 조직한 채 권단은 비법인사단으로서의 실체를 갖추지 못한 것으로 판단했다"(대판 1999.4.23. 99다4504)(1회 선택형).

[관련판례] 특히 "어떠한 단체가 고유 의미의 종중이 아니라 종중 유사단체를 표방하면서 그 단체에 권 리가 귀속되어야 한다고 주장하는 경우, 우선 권리 귀속의 근거가 되는 법률행위나 사실관계 등이 발 생할 당시 종중 유사단체가 성립하여 존재하는 사실을 증명하여야 하고, 다음으로 당해 종중 유사단체 에 권리가 귀속되는 근거가 되는 법률행위 등 법률요건이 갖추어져 있다는 사실을 증명하여야 한다." (대판 2021.11.11. 2021다238902)

2) 법인 아닌 사단의 당사자능력 [단, 대, 변종]

a. 당사자능력 인정요건

判例는 "비법인사단이 민사소송에서 당사자능력을 가지려면 일정한 정도로 조직을 갖추고 지속적인 활동을 하는 단체성이 있어야 하고 또한 그 대표자가 있어야 하므로, 자연발생적으로 성립하는 고유한 의미의 종중이라도 그와 같은 비법인사단의 요건을 갖추어야 당사자능력이 인정되고 이는 소송요건에 관 한 것으로서 사실심의 변론종결시를 기준으로 판단하여야 한다(대판 1991.11.26. 91다30675: 법전협 표준판례 (33))(4회,7회 선택형)고 판시하였다.

[관련판례] ① 고유 의미의 종중 또는 종중 유사의 권리능력 없는 사단이 당사자능력을 갖는지 판단할 때 기준이 되는 시기는 사실심 변론종결 시이고, 종중 유사의 권리능력 없는 사단은 창립총회를 열어 정식의 조직체계를 갖추지 않았더라도 공동의 목적을 달성하기 위하여 공동의 재산을 형성하고 일을 주도하는 사람을 중 심으로 계속적으로 사회적인 활동을 하여 왔다면 이미 그 무렵부터 단체로서의 실체가 존재한다고 보아야 한다 (대판 2020.10.15. 2020다232846). ② 교회가 다수의 교인들에 의하여 조직되고, 일정한 종교활동을 하고 있으며 그 대표자가 정하여져 있다면 비법인사단으로서 당사자능력(제52조)이 있다고 할 것이고, 그 교회가 종전에 있던

같은 명칭의 교회와 같은 단체인 것인지, 종전에 있던 같은 명칭의 교회가 합병으로 소멸된 것인지, 그 교회의 구성원이 다른 교회에서 이탈한 것인지 여부나 그 동기는 그 당사자능력을 좌우할 사유가 된다고 할 수는 없다(대판 1991.11.26. 91다30675: 법전협 표준판례 (33))

b. 구체적 예

判例는 법인 아닌 사단 또는 재단의 존재여부, 그 대표자 자격에 관한 사항을 소송당사자능력 또는 소송능력에 관한 사항으로서 법원의 직권조사사항으로 보면서(대판 1971.2.23. 70다44), 변호계나 노인의료복지시설 등은 법인 아닌 사단·재단으로서의 실체를 가지지 못하여 당사자능력이 없다고 보았다(대판 2015.2.26. 2013다87055, 대판 2018.8.1. 2018다227865). 종중의 경우도 "법원은 직권으로 조사한 사실관계에 기초하여 당사자가 주장하는 단체의 실질이 고유한 의미의 종중인지 혹은 종중 유사의 단체인지, 공동선조는 누구인지 등을 확정한 다음 그 법적 성격을 달리 평가할 수 있는 것이고, 이를 기초로 당사자능력 등 소의 적법 여부를 판단하여야 할 것"(대판 2016.7.7. 2013다76871)이라고 판시하였다.

3) 비법인사단의 대표자

a. 법정대리인의 지위

"제52조는 소송편의를 위해 실체법상 법인격이 없는 비법인 사단이나 비법인 재단으로서 대표자 또는 관리인이 있으면 당사자능력을 인정하고 있다. 이처럼 비법인 사단이나 비법인 재단이 당사자인 경우 그 대표자·관리인은 법정대리인에 준하여 취급된다(제64조)"(대판 2013.4.25. 2012다118594)(4회,6회 선택형).

b. 비법인사단과 대표자와의 이해상반행위(제3절 l. 2. (2) 소송상의 특별대리인 참조)

비법인사단과 그 대표자 사이의 이익이 상반되는 사항에 대해서는 대표자에게 대표권이 없으므로(민법 제64조) 법정대리인이 사실상 또는 법률상 장애로 대리권을 행사할 수 없는 경우에 해당하여(제62조 1항 2호) 이해관계인은 특별대리인의 선임을 신청할 수 있고 이에 따라 선임된 특별대리인이 비법인 사단을 대표하여 소송을 제기할 수 있다(대판 1992.3.10. 91다25208).

c. 대표자의 추인

"적법한 대표자 자격이 없는 비법인 사단의 대표자가 한 소송행위는 후에 대표자 자격을 적법하게 취득한 대표자가 그 소송행위를 추인하면 행위 시에 소급하여 효력을 갖게 되고(제60조), 이러한 추인은 상고심에서도 할 수 있다"(대판 2019.9.10. 2019다208953: 법전협 표준판례(142) : 특별대리인이 추인하는 경우에도 마찬가지이다)(4회,13회 선택형). "이는 비법인 사단의 총유재산에 관한 소송이 사원총회의 결의 없이 제기된 경우에도 마찬가지이다"(대판 2018.7.24. 2018다227087)(13회 선택형).

[관련판례] "권한 없는 대표자가 한 소송행위의 추인은 상고심에서도 할 수 있다. 환송 후 원심으로서는 상고심에서 제출된 추인서까지 포함하여 소송요건을 갖춘 것인지 여부를 심리·판단할 필요가 있다"(대판 2022.4.14. 2021다276973).

d. 대표권이 없는 경우 법원의 보정명령

"민사소송법 제64조에 따라 법인의 대표자에게 준용되는 같은 법 제59조 전단 및 제60조는, 소송능력·법정대리권 또는 소송행위에 필요한 권한의 수여에 흠이 있는 경우에는 법원은 기간을 정하여 이를 보정하도록 명하여야 하고, 소송능력·법정대리권 또는 소송행위에 필요한 권한의 수여에 흠이 있는 사람이 소송행위를 한 뒤에 보정된 당사자나 법정대리인이 이를 추인한 경우에는 그 소송행위는 이를 한 때에 소급하여 효력이 생긴다고 규정하고 있다. 그러므로 법인의 대표자에게 대표권이 없는 경우 법원은 그 흠을 보정할 수 없음이 명백한 사정이 있지 않는 한 위 민사소송법 규정에 따라 기간을 정하여 이를 보정하도록 명할 의무가 있고, 이러한 대표권의 보정은 항소심에서도 가능하다"(대판 2024.4.12. 2023다313241).

(3) 구성원 전원의 소송수행

1) 공동소송의 형태

민법 제276조 1항에 따라 총유물의 관리 · 처분권(소송수행권, 당사자적격)은 비법인사단의 구성원 전원에 귀속되므로 공동소송의 형태는 고유필수적 공동소송에 해당한다. 따라서 구성원 중 일부가 총유물의 관리 · 처분에 관한 소를 제기하는 경우 '당사자적격'의 흠결로 소각하된다.

2) 총회결의의 필요성

비법인사단 명의로 소를 제기하는 경우 구성원 전원으로 구성된 사원총회의 결의가 있어야 하고(대판 2005.9.15. 전합2004다44971), 법인 아닌 사단의 대표자가 특별한 사정이 없음에도 사원총회의 결의 없이 총유물의 처분에 관한 소송행위를 하였다면, 이는 소송행위를 함에 필요한 특별수권을 받지 않은 경우로서 재심사유(제451조 1항 3호)에 해당한다(대판 1999.10.22. 98다46600)(4회 선택형). 다만, 전연 대리권을 갖지 아니한 자가 소송행위를 한 대리권 흠결의 경우와 달라서 민사소송법 제457조는 적용되지 아니한다(同 判例).

3) 보존행위의 경우

총유의 경우에는 공유나 합유의 경우처럼 보존행위는 구성원 각자가 할 수 있다(민법 제265조 단서, 민법 제272조)는 규정이 없으므로 보존행위를 함에도 민법 제276조 1항에 따른 사원총회의 결의를 거치거나 정관이 정하는 바에 따른 절차(민법 제275조 2항)를 거쳐야 한다(대판 2014.2.13. 2012다112299)(13회 선택형).

4) 대표자명의의 소송수행가부(부정) [8회 사례형]

"총유재산에 관한 소송은 법인 아닌 사단이 그 명의로 사원총회의 결의를 거쳐 하거나(제52조) 또는 그 구성원 전원이 당사자가 되어 필수적 공동소송의 형태로 할 수 있을 뿐 그 사단의 구성원은 설령 그가 사단의 대표자라거나 사원총회의 결의를 거쳤다 하더라도 그 소송의 당사자가 될 수 없고, 이러한 법리는 총유재산의 보존행위로서 소를 제기하는 경우에도 마찬가지라 할 것이다"(대판 2005.9.15. 전합2004다44971: 법전협 표준판례(44,311))(2회,3회,13회 선택형). 그럼에도 불구하고 비법인사단의 대표자 개인이 총유재산의 보존행위로서 소를 제기한 때에는 법원은 '당사자적격'(당사자능력이 아님) 흠결을 이유로 부적법 각하하여야 한다.

핵심사례 A-15

■ 비법인사단의 당사자적격   2019년 제8회 변호사시험 변형, 2012년 8월 법전협 모의, 2009년 사법시험

A종중은 양주 강씨 35세손 진선공의 후손으로 구성되었고, 규약을 갖추었으며 대표자는 甲이다. A종중은 2014. 3. 1. B주식회사에게 A종중 소유인 X토지 위에 5층 건물을 신축하는 공사를 공사대금 10억 원에 도급하였고, B주식회사는 2014. 3. 3. C주식회사에게 위 공사를 일괄하여 하도급하였다. B주식회사가 C주식회사에게 하도급 공사대금을 제대로 지급하지 아니하여 공사에 차질을 빚자, A종중은 2014. 7. 1. B주식회사의 C주식회사에 대한 하도급 대금채무를 보증하고 위 채무를 보증하기 위해 X토지에 저당권을 설정해주었다.

A종중 규약 제21조는 "종중원에게 부담이 될 계약이나 자금차입에 관한 사항은 임원회의 결의를 거쳐야 한다."고 규정하였으나, 甲은 보증계약 체결 전에 임원회의 결의를 거치지 아니하였다. C 주식회사의 대표이사는 甲의 친한 친구여서 A종중의 규약 내용 및 규약 위반사실을 알고 있었다. 甲은 2014. 12. 5. A종중의 임원회의 결의를 거쳐 C를 상대로 보증채무가 무효임을 이유로 근저당권설정등기 말소등기청구의 소를 제기하였다. 이에 제1심법원은 甲의 소를 각하하는 판결을 선고하였다. **제1심법원의 판결은 타당한가?**

Ⅰ. 결 론

甲이 제기한 소는 당사자적격을 흠결한 소로서 부적법하므로 제1심법원이 甲의 소를 각하하는 판결을 선고한 것은 타당하다.

Ⅱ. 논 거

1. 문제점

2. 통상공동소송과 필수적 공동소송의 구별기준

소송목적이 공동소송인 전원에 대해 합일확정될 필요가 있는 소송이 필수적 공동소송인 바, 필수적 공동소송에 해당되지 않으면 통상공동소송이다. ① '소송법상 소송수행권'에 대응하는 '실체법상 관리처분권'이 공동귀속되는 경우 공동소송이 강제되는 고유필수적 공동소송이 된다. ② (공동소송이 법률상 강제되는 것은 아니나) 소송법상 판결효력이 확장되는 관계일 경우에 판결의 모순 회피를 위해 소송법적 이유에서 필수적 공동소송으로 다뤄지는 소송을 유사필수적 공동소송이라고 한다.

3. 총유물에 관한 소송이 필수적 공동소송인지 여부(적극)

4. 보존행위의 경우 甲이 단독으로 소를 제기할 당사자적격이 인정되는지 여부(소극)

(1) 총유물의 보존행위

사안에서 甲이 제기한 근저당권말소등기청구는 성질상 '보존행위'인바, 사원총회의 결의를 요한다.

(2) 총유물의 보존행위에 관한 당사자적격

5. 사안의 경우

A종중이 근저당권설정등기의 말소등기청구의 소를 제기하기 위해서는 종중총회 결의를 거쳐 A종중이 직접 당사자가 되거나(제52조), 종중 구성원 전원이 필수적 공동소송의 형태로 당사자가 되어 수행할 수 있을 뿐 甲은 설령 대표자라 하더라도 독자적으로 소를 제기할 수는 없다(당사자적격을 흠결).

2. 조합의 소송수행방안 [당, 전, 업, 업]

(1) 문제점

조합은 실체법상 법인격이 인정되지 않으며 재산의 소유형태는 합유이다. 조합의 소송형태는 보존행위 등의 예외적인 경우를 제외하고는 조합원 전원의 고유필수적 공동소송의 형태가 되므로 소송수행이 매우 불편하다. 따라서 소송수행을 간편하게 할 수 있는 방안을 고찰할 필요가 있다.

(2) 조합의 당사자능력 인정 여부

1) 판 례(부정)[45]

대법원은 "한국원호복지공단법에 의하여 설립된 원호대상자광주목공조합은 민법상의 조합의 실체를 가지고 있으므로 당사자능력이 없다"(대판 1991.6.25. 88다카6358)고 하였고, 부도난 회사의 채권자들이 조직한 채권단에 대해서도 위 채권단이 비법인사단으로서의 실체를 갖추지 못하였다는 이유로 당사자능력을 부정했다(대판 1999.4.23. 99다4504)(1회 선택형).

2) 검 토

실체법적으로도 조합의 합유관계와 비법인사단의 총유관계는 명확하게 구별되어 있고, 당사자능력을 긍정하더라도 조합 명의의 판결로 어떻게 조합원에 대한 분할책임을 추궁할 수 있을지 문제가 있으므로 부정설이 타당하다.

(3) 조합원 전원 명의로 한 소송수행

합유물의 관리처분권은 전원에게 합유적으로 귀속하므로 이에 관한 소송형태는 **고유필수적 공동소송**이다(민법 제272조 본문). 다만 합유물의 보존행위는 각자 할 수 있는 바 보존행위에 관한 소송은 각자 할 수 있으므로(민법 제272조 단서), 이 경우 소송의 형태는 **통상공동소송**이 되고, 조합원 중 일부가 제기한 합유물의 보존행위에 관한 소는 적법하다.

[조합재산에 관한 수동소송] ① 조합의 채무도 전 조합원에게 합유적으로 귀속되며(준합유), 조합재산으로 그에 대하여 책임을 진다. 따라서 조합의 채권자는 채권 전액에 관하여 조합재산으로부터 변제를 청구할 수 있고 조합재산에 대해 강제집행할 수 있다. 다만 조합재산에 대해 강제집행을 하기 위해서는 조합원 전원에 대한 집행권원이 필요하다(대판 2015.10.29. 2012다21560). 그러므로 **조합재산에 관한 수동소송** 역시 '고유필수적 공동소송'이다. 다만 필수적 공동소송의 형태이므로 조합원이 소를 제기하는 경우에 일부라도 누락되면 소가 각하될 수밖에 없는 불편이 있으며, 조합원을 상대로 소를 제기하는 측도 조합원 전원을 찾아야 하는 불편이 있다.
② 다른 한편 조합채무는 각 조합원의 채무이기도 하므로, 각 조합원은 손실분담의 비율로 각자의 개인 재산으로 책임을 진다(민법 제712조, 제714조). 判例는 이 경우 '분할채무'의 법리를 적용한다(대판 1985.11.12. 85다카1499). 그러나 조합채무가 조합원 전원을 위하여 상행위가 되는 행위로 인하여 부담하게 된 것이라면 상법 제57조 제1항을 적용하여 조합원들의 '연대책임'을 인정한다(대판 2015.3.26. 2012다25432 : 6회 선택형). 따라서 조합의 채권자가 각 조합원의 개인적 책임에 기하여 채권을 행사하는 경우에는 고유필수적 공동소송이 아니라 '통상공동소송'이라 할 것이다.

---

45) **[학설]** ① 긍정설은 조합과 비법인사단의 구별이 용이하지 않고, 조합도 단체로 사회적으로 활동할 수 있고 조합재산은 개인재산으로부터 독립되어 관리되며, 조합원 전원을 상대로 소제기해야 하는 원고의 불편을 고려할 때 당사자능력을 인정하자는 견해이다. ② 부정설은 조합은 조합원 사이의 계약관계이지 고유의 목적을 가진 단체라고 볼 수 없고, 선정당사자, 임의적소송담당 등의 방법으로 불편을 줄일 수 있어 부정하자는 견해이다.

(4) 업무집행조합원을 '소송대리인'으로 선임하여 소송수행

1) 소송위임에 의한 소송대리인으로 선임

변호사를 소송대리인으로 선임하여 소송을 수행할 수 있고, 단독사건에서는 법원의 허가를 얻어 변호사 아닌 자도 소송대리인으로 선임할 수 있다(제88조 1항). 다만 당사자와 일정한 관계가 있어야 한다는 제약이 있으나 업무집행조합원은 그러한 관계를 충족한다 할 것이다(규칙 제15조 2항 2호).

2) 법률상 소송대리인으로 선임

a. 업무집행조합원의 실체법적 지위

업무집행조합원은 조합의 업무집행에 대리권 있는 것으로 추정된다(민법 제709조). 위 조문을 근거로 업무집행조합원을 법률상 소송대리인으로 인정할 수 있는지 견해가 대립한다.

b. 학설검토 및 문제점

① 상법상 지배인, 선장과 달리 재판상 행위를 대리할 수 있다는 규정이 없음을 근거로 부정하는 견해도 있으나, ② 민법 제709조의 대리권의 범위는 포괄적 대리권일 수밖에 없고, 조합의 소송수행의 불편을 완화하고 절차를 간소화할 수 있으므로 긍정설이 타당하다. 다만 업무집행조합원이 없는 조합에 대하여 소를 제기하는 경우 그 선임을 강요할 수 없고, 당사자는 여전히 조합원 전원이라는 점에서 소송수행상의 불편이 원천적으로 해소되었다고 볼 수는 없다.

> [관련판례] 이를 직접적으로 인정한 判例는 없으나, 긍정설은 "조합의 대표조합원이 그 대표자격을 밝히고 어음상의 서명을 하는 경우에는 그 조합의 대표자격을 밝히기만 하면 유효한 것이며 반드시 어음행위의 본인이 되는 전조합원을 구체적으로 표시할 필요는 없다 할 것이다"(대판 1970.8.31. 70다1360)라고 판시한 것을 소송에도 활용하여 소송절차를 간소화하고자 한다.

(5) 업무집행조합원을 '당사자'로 한 소송수행

1) 명문의 규정이 있는 임의적 소송담당(선정당사자)

a. 허용 여부

공동의 이해관계를 가지는 다수 당사자 중에서 선정당사자를 선정할 수 있는데(제53조) 공동의 이해관계는 공격방어방법을 같이 하는 제65조 전문의 공동소송인만 해당된다는 것이 통설·判例이다. 합유관계에 있는 조합원들은 제65조 전문의 소송목적이 되는 권리나 의무가 여러 사람에게 공통되는 경우에 해당하므로 조합원들은 업무집행조합원을 선정당사자로 선정할 수 있다.

b. 소송수행의 문제점

조합원 전원의 개별적인 선정행위가 있어야 하므로 선정절차가 다소 번거로운 점, 수동소송의 경우 원고인 상대방으로서는 선정당사자 제도의 활용을 피고들에게 강요할 수 없는 점 등의 문제가 있다.

2) 명문의 규정이 없는 임의적 소송담당

a. 허용 여부

명문의 규정이 없는 임의적 소송담당은 소송신탁금지(신탁법 제6조)와 변호사대리원칙(제87조)의 탈법수단으로 이용될 우려가 있으므로 원칙적으로 허용되지 않는다. 判例는 "조합 업무를 집행할 권한을 수여받은 업무집행 조합원은 조합재산에 관하여 조합원으로부터 임의적 소송신탁을 받아 자기 이름으로 소송을 수행할 수 있다"(대판 1984.2.14. 83다카1815: 법전협 표준판례 (39))(12회 선택형)고 판시하였다.

b. 소송수행의 문제점

업무집행자가 조합원이 아닌 제3자인 경우 임의적 소송담당을 인정할 수 있는지의 문제점, 조합원들이 피고로 된 경우에는 임의적 소송담당자의 선임을 강요할 수 없어 결국 조합원 전원을 피고로 하여야 한다는 문제점이 있다.

▌핵심사례 A-16▐

■ 조합의 소송수행방안   2009년 사법시험, 2012년 8월 법전협 모의, 2011년 법무부 모의

甲 등 10인으로 구성된 A단체는 사업을 영위하는 과정에서 B주식회사로부터 물품대금 2억 원을 지급받지 못하고 있어, 그 지급을 구하는 소를 제기하려고 한다. **A 단체가 민법상 조합일 경우 원고가 될 수 있는 자는 누구인가? (30점)**

Ⅰ. **결 론**

조합인 A 단체는 당사자능력이 없어 원고가 될 수 없다. 따라서 ⅰ) 조합원 전원이 원고가 되거나, ⅱ) 조합원 중 1인을 선정당사자로 선정하거나, ⅲ) 업무집행조합원이 조합원으로부터 임의적 소송신탁을 받아 원고가 될 수 있다.

Ⅱ. **논 거**

1. 조합 당사자능력 인정 여부(소극)

2. 조합원 전원이 원고가 될 수 있는 지 여부(적극)

3. 조합원 중 1인이 선정당사자로서 원고가 될 수 있는 지 여부(적극)

4. 임의적 소송담당을 활용하여 업무집행조합원이 원고가 될 수 있는지 여부

 (1) 허용 여부

 (2) 명문의 규정이 없는 임의적 소송담당 허용기준 [변, 신, 합, 필(수, 고)]

 (3) 업무집행조합원에게 명문의 규정이 없는 임의적 소송신탁이 가능한지 여부(적극)

 (4) 사안의 경우

Ⅲ. 당사자능력 흠결의 효과   [A-50]

1. 소제기시 흠결

당사자능력을 갖추었는지 여부는 법원의 **직권조사사항**이다. 소 제기시부터 흠결이 있는 경우 법원은 판결로써 소를 각하하는 것이 원칙이나, 예외적으로 제59조의 소송능력에 관한 보정규정을 유추하여 당사자표시정정을 허용하는 것이 判例이다(대판 2011.5.31. 2010다84956 등).

> ＊ 당사자표시정정의 허용한계, 신의칙
>
> ① **[당사자동일성 없는 표시정정 : 부적법]** "당사자표시정정은 원칙적으로 당사자의 동일성이 인정되는 범위에서만 허용되는 것이므로 회사의 대표이사였던 사람이 개인 명의로 제기한 소송에서 그 개인을 회사로 당사자표시정정을 하는 것은 부적법하다"(대판 2008.6.12. 2008다11276)(8회 선택형).
>
> ② **[부적법한 표시정정에 동의 후 이에 근거한 판결의 무효주장 : 신의칙 위반]** "ⅰ) 제1심법원이 제1차 변론준비기일에서 부적법한 당사자표시정정신청을 받아들이고 ⅱ) 피고도 이에 명시적으로 동의하여 제1심 제1차 변론기일부터 정정된 원고인 회사와 피고 사이에 본안에 관한 변론이 진행된 다음 ⅲ) 제1심 및 원심에서 본안판결이 선고되었다면, 당사자표시정정신청이 부적법하다고 하여 그 후에 진행된 변론과 그에 터잡은 판결을 모두 부적법하거나 무효라고 하는 것은 소송절차의 안정을 해칠 뿐만 아니라 그 후에 새삼스럽게 이를 문제삼는 것은 소송경제나 신의칙 등에 비추어 허용될 수 없다"(대판 2008.6.12. 2008다11276).

2. 소송계속 중 흠결

소송계속 중 당사자의 사망·법인의 합병 등으로 당사자능력이 상실되면 소송은 중단되며(제233조, 제234조), 상속인 등의 승계인이 절차를 수계하여야 한다. 그러나 소송대리인이 있는 경우 소송은 중단되지 않으며(제238조), 청구내용이 일신전속적인 경우에는 소송은 종료한다. 또한 당사자능력은 소송행위의 유효요건이므로 당사자능력을 상실한 자의 소송행위는 유동적 무효이나 뒤에 당사자능력자가 이를 추인하면 확정적 유효로 된다.

3. 당사자능력에 관하여 다툼이 있는 경우

당사자능력에 관하여 다툼이 있는 경우 피고의 본안전항변이 이유 있다면 법원은 판결로써 소를 각하하면 되고, 이유가 없다면 중간판결(제201조) 또는 종국판결의 이유 중에서 이를 판단하면 된다. 당사자능력의 존재는 소송요건이므로 원고에게 증명책임이 있다.

4. 간과판결의 효력

(1) 당사자가 실재하지 않는 경우(당연무효)

사망자·허무인이 당사자가 되었음에도 이를 간과하고 그 명의로 판결을 선고한 경우 그 판결은 당연무효이다. 또한 判例는 "어떠한 단체가 실제로 존재하지 않음에도 불구하고 그 단체가 존재하고 그 대표자로 표시된 자가 대표자 자격이 있는 자인 것으로 오인하여 가처분결정이 내려졌다고 하더라도, 그 단체가 실제로 존재하지 않는다면 그 가처분결정은 누구에게도 효력을 발생할 수 없는 무효인 결정이다"(대결 2008.7.11. 2008마520)라고 판시하였다. 判例에 따르면 이러한 무효인 판결에 대해서는 상소를 제기할 수 없고(다수설은 상소를 긍정), 재심도 제기할 수 없다.

(2) 사회적 실체는 있으나 단순히 당사자능력이 없는 경우(학교, 조합의 경우)

1) 판례

대법원은 "학교는 법인도 아니고 대표자 있는 법인격 없는 사단 또는 재단도 아닌 교육시설의 명칭에 불과하여 민사소송에 있어 당사자능력을 인정할 수 없는 것이다"(대판 2001.6.29. 2001다21991)라고 판시하여 학교의 경우 당사자 능력을 부정하였다 [이러한 법리는 비송사건에서도 마찬가지이다(대결 2019.3.25. 2016마5908)] 하지만 학교나 조합임을 간과한 확정판결의 효력에 관한 判例는 아직 없다.

다만 判例는 "실종자를 당사자로 한 판결이 확정된 후에 실종선고가 확정되어 그 사망간주의 시점이 소 제기 전으로 소급하는 경우(민법 제28조)에도 위 판결 자체가 소급하여 당사자능력이 없는 사망한 사람을 상대로 한 판결로서 무효가 된다고는 볼 수 없다"(대판 1992.7.14. 92다2455)(7회 선택형)고 판시하여 당사자능력의 존부에 따라 일률적으로 판결의 효력을 결정하지는 않는 모습을 보인다.

2) 검 토[46]

조합의 실체는 인정되므로 당사자가 실재하지 아니한 경우와 같지 않고, 당사자능력과 소송능력은 제도적 취지가 달라 소송능력에 관한 규정을 유추할 것은 아니므로 유효설이 타당하다. 따라서 확정 전에는 상소로 다툴 수 있으나, 확정 이후에는 재심으로 다툴 수 없다.

제2관 당사자적격

Ⅰ. 의 의

[A-51]

'당사자적격'이란 특정한 소송사건에서 정당한 당사자로서 소송을 수행하고 본안판결을 받기에 적합한 자격을 말한다(소송법상 소송수행권 = 실체법상 관리처분권). 무의미한 소송을 방지하고 민중소송을 배제하기 위한 제도이다.

■ **채권자취소소송의 피고적격**	2015년 사법시험

사실관계 | 甲은 丙의 연대보증 하에 乙에게 금 8,000만 원을 변제기 2011. 4. 13.로 정하여 대여하였다. 丙은 乙의 경제적 상황이 나빠지자 甲으로부터 강제집행을 당할 것을 염려하여 2012. 10. 20. 친구인 丁과 짜고 자신의 유일한 재산인 X건물에 대하여 2012. 10. 10.자 매매를 원인으로 한 소유권이전등기를 丁 명의로 마쳐주었다. 한편 甲은 乙이 위 채무의 변제기일이 지나도 변제를 하지 않자, 연대보증인인 丙의 재산관계를 알아보던 중, 丙 소유의 위 X건물이 丁 앞으로 이전등기된 것을 2015. 1. 9. 알게 되었다. **甲이 2015. 2. 4. 채권자취소의 소를 제기하려고 한다면, 누구를 피고로 정하여 제기하여야 하는가?**

사안의 해결 | 채권자취소권의 행사는 '거래안전'의 영향이 크므로 취소권 행사의 효과는 수익자나 전득자로부터 일탈재산의 반환을 청구하는데 필요한 범위에서만, 즉 채권자와 그들에 대한 상대적 관계에서만 발생한다고 보는 **상대적 무효설**이 통설·判例(대판 2004.8.30. 2004다21923)이다. 따라서 악의인 수익자 혹은 전득자만이 피고가 되며, **채무자는 피고적격이 없다**(대판 2009.1.15. 2008다72394)(12회 선택형). 따라서 甲은 丁을 피고로 하여 채권자취소의 소를 제기하여야 한다.

---

46) **[학설]** ① <u>무효설</u>은 판결이 유효하더라도 조합원, 학교운영자에 대한 집행이 불가능하여 무의미한 판결이므로 무효로 보아야 한다는 견해이다. ② <u>재심설</u>은 유효로 볼 것이되 소송능력에 하자가 있는 경우를 유추하여 재심(제451조 1항 3호)으로 다툴 수 있다는 견해이다. 유효설은 당사자가 실재하지 아니한 경우와 다르므로 무효라고 볼 수 없고, 재심사유로 규정하고 있지 않아 재심사유도 되지 않는다는 견해이다.

Ⅱ. 일반적인 경우   [A-52]

1. 이행의 소

(1) 원 칙 [3회 사례형]

통설 및 判例에 의하면 이행의 소에서는 자기에게 이행청구권이 있음을 주장하는 자가 원고적격을 가지며, 그로부터 이행의무자로 주장된 자가 피고적격을 갖는다. 원고를 청구권자가 아니라 청구권을 주장하는 자로 보는 형식적 당사자개념[47]에 의하므로 주장자체로 판단한다. 따라서 원고가 실제로 이행청구권자이며 피고가 이행의무자인지 여부는 본안에서 판단될 문제로서 본안심리 끝에 실제 이행청구권자나 의무자가 아님이 판명되면 청구기각의 판결을 할 것이고, 당사자적격의 흠이라 하여 소를 각하해서는 아니된다(대판 2005.10.7. 2003다44387).

■ 당사자적격 – 이행의 소에서 당사자적격   2007년 법무사. 2016년 제5회 · 2014년 제3회 변호사시험

사실관계 ▎ 甲은 乙에게 금원을 대여하였다. 乙은 변제기가 지나도록 위 대여금을 변제하지 못하고 있던 중, 甲과의 사이에서 위 채무를 丙이 인수하는 방안에 관하여 논의하였으나 구체적 내용에 대한 이견으로 결론에 이르지는 못했다. 그 후 甲이 乙을 상대로 위 대여금의 지급을 구하는 소송을 제기하였다. 소송에서 피고 乙은, 위 채무를 丙이 면책적으로 인수하였으므로 乙은 피고가 될 당사자적격이 없다는 이유로 위 소는 부적법하다는 본안전 항변을 하였다. **위 본안전 항변은 받아들여져야 하는가?**

사안의 해결 ▎ 甲이 제기한 대여금의 지급을 구하는 소송은 이행의 소이고, 甲은 乙을 상대로 소를 제기한바 乙의 피고적격은 甲의 주장 자체로 인정된다. 따라서 본안심리 결과 乙이 채무자가 아니라 하더라도 이 사건 소송이 피고적격 흠결로 부적법해지는 것은 아니다. 따라서 乙의 본안전 항변은 받아들여질 수 없다.

---

(2) 예 외 [15사법]

1) 판 례

判例는 '말소등기청구'사건에서는 **등기의무의 존부를 당사자적격의 문제로 파악한다**(대판 1974.6.25. 73다211: 법전협 표준판례 (34)). 따라서 "등기의무자, 즉 등기부상의 형식상 그 등기에 의하여 권리를 상실하거나 기타 불이익을 받을 자(등기명의인이거나 그 포괄승계인)가 아닌 자를 상대로 한 등기의 말소절차이행을 구하는 소는 당사자적격이 없는 자를 상대로 한 부적법한 소이다"(대판 1994.2.25. 93다29225)(12회 선택형).

[비교판례] "등기명의인 표시변경(경정)의 등기는 등기명의인의 동일성이 유지되는 범위 내에서 등기부상의 표시를 실제와 합치시키기 위하여 행하여지는 것에 불과할 뿐 어떠한 권리변동을 가져오는 것이 아니므로 등기가 잘못된 경우에도 등기명의인은 다시 소정의 서면을 갖추어 경정등기를 하면 되는 것이고 따라서 거기에는 등기의무자의 관념이 있을 수 없다"(대판 2019.5.30. 2015다47105)

2) 검 토

이에 대해서는 당사자적격의 문제와 본안의 문제를 혼동하였다는 비판이 있다(통설). 생각건대 원칙적으로 주장 자체로 당사자적격 유무를 판단하는 것이 타당하나, 말소등기 및 회복소송의 경우 대상

---

47) 자신의 이름으로 판결을 구하는 사람과 그 상대방으로서, 실체법상 권리의무의 주체인지 여부와는 관계 없는 소송법상의 개념이다. 이와 달리 실체법상 권리의무의 주체를 당사자로 인정하는 실체적 당사자개념이 존재하나, 실체법상 권리의무의 주체가 아님에도 당사자적격을 인정하는 제3자 법정소송담당의 존재를 고려하면 형식적 당사자개념이 타당하다.

과 명의자인지 여부가 등기부상 명확하므로 소송경제상 등기명의자가 아닌 경우에는 당사자적격 흠결로 보아 소각하 판결을 하는 것이 타당하다.

■ 당사자적격 – 말소등기청구의 피고적격　　2015년 사법시험 변형, 2013년 10월 법전협 모의

사실관계 | 원래 甲 소유의 X토지에 관하여, 甲의 친구인 乙은 甲으로부터 금전 차용에 관한 대리권을 수여받았을 뿐, X토지의 매도에 관한 대리권을 수여받지 않았다. 그럼에도 불구하고 乙은 甲의 대리인이라고 자처하면서 丙에게 X토지를 매도하고, 丙 명의로 소유권이전등기를 마쳐주었다. 甲은 乙을 상대로 乙이 매도에 관한 대리권이 없었으므로 丙 명의의 소유권이전등기가 원인무효라고 주장하면서, 丙 명의의 소유권이전등기의 말소를 청구하는 소를 제기하였다. **이 사건 청구에 대한 결론은 어떠한가?**

사안의 해결 | 피고 乙은 등기명의자가 아니므로 등기의무자가 아니다. 따라서 乙을 상대로 丙 명의의 소유권이전등기의 말소를 청구하는 소는 피고적격이 없는 자를 상대로 제기한 것으로 부적법하다. 따라서 법원은 당사자적격 흠결을 이유로 소각하 판결을 선고하여야 한다.

✱ 당사자적격을 부정한 판례

① **[이전등기말소청구 사건]** "등기의무자, 즉 등기부상의 형식상 그 등기에 의하여 권리를 상실하거나 기타 불이익을 받을 자(등기명의인이거나 그 포괄승계인)가 아닌 자를 상대로 한 등기의 말소절차이행을 구하는 소는 당사자적격이 없는 자를 상대로 한 부적법한 소이다"(대판 1994.2.25. 93다39225 : 12회 선택형).[48]

② **[말소된 등기의 회복등기청구 사건]** 判例는 말소회복등기의 상대방은 현재의 등기명의인이 아니라 '말소 당시의 소유자'라고 한다(대판 1969.3.18. 68다1617 : 5회,7회 선택형). 예를 들어 "말소된 가등기의 회복등기절차에서 회복등기의무자는 가등기가 말소될 당시의 소유자인 제3취득자이므로, 그 가등기의 회복등기청구는 회복등기의무자인 제3취득자를 상대로 하여야 적법하다"고 하였다(대판 2009.10.15. 2006다43903).

③ **[등기상 이해 관계있는 제3자]** 判例는 "부동산등기법 제52조 단서 제5호는 "등기상 이해관계 있는 제3자의 승낙이 없는 경우에는 권리의 변경이나 경정의 등기를 부기등기로 할 수 없다."라고 규정하고 있는데, 이때 등기상 이해관계 있는 제3자란 기존 등기에 권리변경등기나 경정등기를 허용함으로써 손해를 입게 될 위험성이 있는 등기명의인을 의미하고, 손해를 입게 될 위험성은 등기의 형식에 의하여 판단하며 실질적으로 손해를 입을 염려가 있는지는 고려의 대상이 되지 아니한다. 따라서 등기명의인이 아닌 사람을 상대로 권리변경등기나 경정등기에 대한 승낙의 의사표시를 청구하는 소는 당사자적격이 없는 사람을 상대로 한 부적법한 소이다"(대판 2015.12.10. 2014다87878).[49]

④ **[압류 및 추심명령 사건]** "채권에 대한 압류 및 추심명령이 있으면 제3채무자에 대한 이행의 소는 추심채권자만이 제기할 수 있고 채무자는 피압류채권에 대한 이행소송을 제기할 당사자적격을 상실한다고 하여야 할 것이다"(대판 2000.4.11. 99다23888: 법전협 표준판례 (35)). 그러나 "채무자의 이행소송 계속 중에 추심채권자가 압류 및 추심명령 신청의 취하 등에 따라 추심권능을 상실하게 되면 채무자는 당사자적격을 회복한다"(대판 2010.11.25. 2010다64877 : 12회 선택형).

---

48) "부동산의 합유자 중 일부가 사망한 경우 합유자 사이에 특별한 약정이 없는 한 <u>사망한 합유자의 상속인은 합유자로서의 지위를 승계하는 것이 아니므로</u> 해당 부동산은 잔존 합유자가 2인 이상일 경우에는 잔존 합유자의 합유로 귀속되고 잔존 합유자가 1인인 경우에는 잔존 합유자의 단독소유로 귀속된다"고 한 사례.

49) "부동산등기법 제52조 단서 제5호는 "등기상 이해관계 있는 제3자의 승낙이 없는 경우에는 권리의 변경이나 경정의 등기를 부기등기로 할 수 없다."라고 규정하고 있는데, 이때 <u>등기상 이해관계 있는 제3자란</u> 기존 등기에 권리변경등기나 경정등기를 허용

＊ 당사자적격을 인정한 판례

① **[이전등기말소청구 사건]** "등기부상 진실한 소유자의 소유권에 방해가 되는 불실등기가 존재하는 경우에 그 등기명의인이 허무인 또는 실체가 없는 단체인 때에는 소유자는 그와 같은 허무인 또는 실체가 없는 단체 명의로 실제 등기행위를 한 자에 대하여 소유권에 기한 방해배제로서 등기행위자를 표상하는 허무인 또는 실체가 없는 단체 명의 등기의 말소를 구할 수 있다"(대판 2019.5.30. 2015다47105).

② **[압류 및 추심명령 사건]** "공익사업을 위한 토지 등의 취득 및 보상에 관한 법률에 따른 토지소유자 또는 관계인의 사업시행자에 대한 손실보상금 채권에 관하여 압류 및 추심명령이 있는 경우에는, 채무자인 토지소유자 등이 보상금의 증액을 구하는 소를 제기하고 그 소송을 수행할 당사자적격을 상실하지 않는다. 보상금 증액 청구의 소는 토지소유자 등이 사업시행자를 상대로 제기하는 당사자소송의 형식을 취하고 있지만, 토지수용위원회의 재결 중 보상금 산정에 관한 부분에 불복하여 그 증액을 구하는 소이므로 실질적으로는 재결을 다투는 항고소송의 성질을 가지기 때문이다"(대판 2022.11.24. 전합2018두67).

＊ 근저당권 또는 가등기가 부기등기에 의하여 이전된 경우

양도인에 대한 근저당권설정등기 또는 가등기의 말소청구는 피고적격이 없어 각하되고, 부기등기에 대한 말소청구는 소의 이익(권리보호이익)이 없어 각하된다(이하 민법의 맥 D–20.참고).

① **[말소의 상대방(피고적격) : 등기명의자인 양수인]** 判例에 따르면 '저당권의 설정원인'의 무효, 부존재나 피담보채무의 변제로 인한 소멸시에 저당권설정등기말소청구의 상대방은 양도인인 근저당권자가 아닌 현재의 등기명의자, 즉, '양수인'인 저당권이전의 부기등기명의자이다(대판 2000.4.11. 2000다5640 : 근저당권의 이전이 전부명령 확정에 따라 이루어졌다고 하여 이와 달리 보아야 하는 것은 아니다 11회 선택형). 같은 취지로 "근저당권 이전의 부기등기는 기존의 주등기인 근저당권설정등기에 종속되어 주등기와 일체를 이루는 것으로서 기존의 근저당권설정등기에 의한 권리의 승계를 등기부상 명시하는 것일 뿐 그 등기에 의하여 새로운 권리가 생기는 것이 아니므로, 근저당권설정자 또는 그로부터 소유권을 이전받은 제3취득자는 피담보채무가 소멸된 경우 또는 근저당권설정등기가 당초부터 원인무효인 경우 등에 근저당권의 현재의 명의인인 '양수인'을 상대로 '주등기'인 근저당권설정등기의 말소를 구할 수 있으나, 근저당권자로부터 양수인 앞으로의 근저당권 이전이 무효라는 사유를 내세워 양수인을 상대로 근저당권설정등기의 말소를 구할 수는 없다"(대판 2003.4.11. 2003다5016)[50]고 한다. **[4회 사례형, 8회 기록형]**

② **[말소의 대상(대상적격) : 양도인 명의의 주등기]** 判例는 ㉠ "근저당권의 부기등기는 기존의 주등기인 근저당권설정등기에 종속되어 주등기와 일체를 이루는 것이고 주등기와 별개의 새로운 등기는 아니므로, 그 피담보채무가 변제로 인하여 소멸된 경우 위 주등기의 말소만을 구하면 되고, 그에 기한 부기등기는 별도로 말소를 구하지 않더라도 주등기가 말소되는 경우에는 직권으로 말소되어야 할 성질의 것이므로, 위 부기등기의 말소청구는 '권리보호의 이익'(소의 이익)이 없는 부적법한 청구"라고 한다(대판 2000.10.10. 2000다19526). **[16법무]** ㉡ 그러나 근저당권의 주등기 자체는 유효하고 단지 부기등기를 하게 된 원인만이 무효로 되거나 취소 또는 해제된 경우에는, 그 부기등기만의 말소를 따로 구할 수 있다(대판 2005.6.10. 2002다15412,15429). 즉, 채권양도의 무효·취소·해제로 인하여 '근저당권의 이전원인'이 무효로 된 경우에는 근저당권의 '양도인'(근저당권설정자 또는 그로부터 소유권을 이전받은 제3취득자가 아님)이 '양수인'을 상대로 '근저당권이전의 부기등기'의 말소를 구해야 한다(6회,8회 선택형).

함으로써 손해를 입게 될 위험성이 있는 등기명의인을 의미하고, 손해를 입게 될 위험성은 등기의 형식에 의하여 판단하며 실질적으로 손해를 입을 염려가 있는지는 고려의 대상이 되지 아니한다"

50) "부동산등기법 제52조 단서 제5호는 "등기상 이해관계 있는 제3자의 승낙이 없는 경우에는 권리의 변경이나 경정의 등기를 부

(3) 당사자적격 흠결과 지적의무

당사자적격은 소송요건으로 직권조사사항이나, 判例는 당사자가 간과한 당사자적격 흠결에 대해 의견진술의 기회를 주지 않고 소를 각하하면 지적의무(제136조 4항) 위반이라고 한다.

[관련판례] 判例는 가등기와 가등기이전의 부기등기의 말소를 구하는 소송에서 가등기의 피담보채권의 발생 여부에 대한 쟁점에 관하여만 심리가 되어 제1심에서 본안에 관하여 판단하고, 항소심에서 역시 피고적격이나 가등기부기등기의 말소방법에 관한 석명이나 변론이 없이 제1심판결을 취소하고 소각하 판결을 한 사안에서, "원심(주 : 항소심)이 피고적격 등의 문제를 재판의 기초로 삼기 위하여는 원고로 하여금 이 점에 관하여 변론을 하게 하고, 필요한 경우 청구취지 등을 변경할 기회를 주었어야 할 것인데도 이에 이르지 아니한 채 이 점을 재판의 기초로 삼아 소를 각하한 것은 원고가 전혀 예상하지 못한 법률적인 관점에 기한 예상 외의 재판으로 원고에게 불의의 타격을 가하였을 뿐 아니라 석명의무를 다하지 아니하여 심리를 제대로 하지 아니한 것"(대판 1994.10.21. 94다17109)이라는 이유로 원심판결을 파기하였다.

■ 당사자적격 – 저당권이전의 부기등기 말소청구　　　　　　2013년 제2회 변호사시험

사실관계 | 甲은 乙에 대한 대여금 채무를 담보하기 위하여 甲 소유의 X 토지에 관하여 근저당권설정등기를 마쳐주었다. 乙은 丙에게 위 대여금 채권을 양도하고 이를 甲에게 통지하는 한편 이 사건 저당권을 양도하고 같은 날 丙에게 이 사건 저당권 이전의 부기등기를 마쳐 주었다. 이에 甲은 대여금 채무가 모두 변제되어 소멸하였다고 주장하며 乙, 丙을 상대로 소를 제기하면서 ① 乙에 대하여는 근저당권설정등기 말소등기절차의 이행을 구하고, ② 丙에 대하여는 근저당권 이전의 부기등기 말소를 구하였다. **위 각 청구에 대한 결론은 어떠한가?**

사안의 해결 | 양도인 乙에 대한 근저당권설정등기 말소청구는 피고적격이 없는 자를 상대로 한 것으로 부적법 각하되어야 한다. 양수인 丙에 대한 근저당권이전의 부기등기 말소청구는 소의 이익이 없어서 부적법 각하되어야 한다. 따라서 乙에 대한 근저당권설정등기 말소청구 및 丙에 대한 근저당권이전의 부기등기 말소청구는 모두 소각하 되어야 한다.

---

2. 확인의 소

(1) 확인의 소의 당사자적격 : 확인의 이익 문제로 흡수

"확인의 소의 권리보호요건으로서 확인의 이익은 원고의 권리 또는 법률상의 지위에 현존하는 불안, 위험이 있고 그 불안, 위험을 제거함에는 피고를 상대로 확인판결을 받는 것이 가장 유효적절한 수단일 때에만 인정된다. 그리고 확인의 소의 피고는 원고의 권리 또는 법률관계를 다툼으로써 원고의 법률적 지위에 불안을 초래할 염려가 있는 자, 원고의 보호법익과 대립 저촉되는 이익을 주장하고 있는 자이어야 하고 그와 같은 피고를 상대로 하여야 확인의 이익이 있게 된다"(대판 2013.2.15. 2012다67399).

예를 들어, 判例는 법인 아닌 사단의 대표자 또는 구성원의 지위에 관한 확인소송에서 대표자 또는 구성원 개인을 상대로 제소하는 경우에는 청구를 인용하는 판결이 내려진다 하더라도 그 판결의 효력이 해당 단체에 미친다고 할 수 없기 때문에 대표자 또는 구성원의 지위를 둘러싼 당사자들 사이의 분쟁을 근본적으로 해결하는 유효적절한 방법이 될 수 없으므로, 그 단체를 상대로 하지 않고 대표자 또는 구성원 개인을 상대로 한 청구는 확인의 이익이 없어 부적법하다(대판 2015.2.16. 2011다101155)고 한다.

기등기로 할 수 없다."라고 규정하고 있는데, 이때 등기상 이해관계 있는 제3자란 기존 등기에 권리변경등기나 경정등기를 허용함으로써 손해를 입게 될 위험성이 있는 등기명의인을 의미하고, 손해를 입게 될 위험성은 등기의 형식에 의하여 판단하며 실질적으로 손해를 입을 염려가 있는지는 고려의 대상이 되지 아니한다"

> **[관련판례]** "주식회사의 주주는 주식의 소유자로서 회사의 경영에 이해관계를 가지고 있기는 하지만, 직접 회사의 경영에 참여하지 못하고 회사의 영업에 간접적으로 영향을 미칠 수 있을 뿐이다. 그러므로 주주가 회사의 재산관계에 대하여 법률상 이해관계를 가진다고 평가할 수 없고, 주주는 직접 제3자와의 거래관계에 개입하여 회사가 체결한 계약의 무효 확인을 구할 이익이 없다. 이러한 법리는 회사가 영업의 전부 또는 중요한 일부를 양도하는 계약을 체결하는 경우에도 마찬가지이다.
> 주식회사의 채권자는 회사가 제3자와 체결한 계약이 자신의 권리나 법적 지위를 구체적으로 침해하거나 이에 직접적으로 영향을 미치는 경우에는 그 계약의 무효 확인을 구할 수 있으나, 그 계약으로 인하여 회사의 변제 자력이 감소되어 그 결과 채권의 전부나 일부가 만족될 수 없게 될 뿐인 때에는 채권자의 권리나 법적 지위가 그 계약에 의해 구체적으로 침해되거나 직접적으로 영향을 받는다고 볼 수 없으므로 직접 그 계약의 무효 확인을 구할 이익이 없다"(대판 2022.6.9. 2018다228462,228479)

(2) 단체내부의 분쟁의 원고적격

判例는 "학교법인의 이사회결의에 대한 무효확인의 소를 제기할 수 있는 자가 누구인지에 관하여 사립학교법이나 민법 등에 특별한 규정이 없으므로, 통상 확인의 소의 경우처럼 확인의 이익 내지 법률상 이해관계를 갖는 자는 누구든지 원고적격을 가진다"(대판 2011.9.8. 2009다67115)고 판시하였다.

(3) 단체내부의 분쟁의 피고적격[51]

① 判例는 '단체피고설'의 입장에서 ㉠"주주총회결의 취소와 결의무효확인판결은 '대세적 효력'이 있으므로 그와 같은 소송의 피고가 될 수 있는 자는 그 성질상 회사로 한정된다." ㉡"주식회사의 이사회결의는 회사의 의사결정이고 회사는 그 결의의 효력에 관한 분쟁의 실질적인 주체라 할 것이므로 그 효력을 다투는 사람이 회사를 상대로 하여 그 결의의 무효확인을 소구할 있다 할 것이나 그 이사회결의에 참여한 이사들은 그 이사회의 구성원에 불과하므로 특별한 사정이 없는 한 이사 개인을 상대로 하여 그 결의의 무효확인을 소구할 이익은 없다"(대판 1982.9.14. 전합80다2425; 법전협 표준판례 (37))(7회 선택형)고 판시하였다.

> **[관련판례]** 단체의 임원 혹은 당선인 등의 지위의 적극적 확인을 구하는 단체 내부의 분쟁에 있어서 피고가 되는 자는 그 청구를 인용하는 판결이 선고될 경우 승소판결의 효력이 미치는 단체 자체라 할 것이므로, 달리 특별한 사정이 없는 한 해당 단체 아닌 자를 상대로 지위 확인을 구하는 것은 그 지위를 둘러싼 당사자들 사이의 분쟁을 근본적으로 해결하는 유효·적절한 방법이 될 수 없어 소의 이익을 인정하기 어렵다"(대판 2024.1.4. 2023다244499).

> **[비교판례]** "임시의 지위를 정하기 위한 이사직무집행정지가처분에 있어서 피신청인이 될 수 있는 자는 그 성질상 당해 이사이고, 회사에게는 피신청인의 적격이 없다"(대판 1982.2.9. 80다2424)(6회,12회 선택형)

② 단체 자체가 피고가 되는 이상 "회사의 이사선임 결의가 무효 또는 부존재임을 주장하여 그 결의의 무효 또는 부존재확인을 구하는 소송에서 회사를 대표할 자는 현재 대표이사로 등기되어 그 직무를 행하는 자라고 할 것이고, 그 대표이사가 무효 또는 부존재확인청구의 대상이 된 결의에 의하여 선임된 이사라고 할지라도 그 소송에서 회사를 대표할 수 있는 자임에는 변함이 없다"(대판 1983.3.22. 전합82다카1810)(8회,13회 선택형).

③ 주주총회결의무효확인소송에서 피고는 회사이고, 종중 결의의 무효를 주장하는 자 역시 종중을 피고로 삼아야 한다(대판 1973.12.11. 73다1553; 법전협 표준판례 (36)) **[12사법]**

---

51) **[학설]** ① 단체피고설은 단체를 피고로 하여 승소확정판결을 받아야만 판결의 효력이 단체에게 미쳐 판결의 실효를 거둘 수 있다고 본다. ② 대표자피고설은 대표자가 가장 큰 이해관계를 가지고 있다는 점을 근거로 한다. ③ 필수적 공동소송설은 단체와 대표자를 모두 피고로 하여야 한다고 한다.

| 핵심사례 A-17 |

| **■ 당사자적격 – 단체 내부 분쟁에서 피고적격** | 2012년 사법시험, 2009년 법무행정고시 |

乙 주식회사의 대표이사인 甲의 업무수행에 불만을 가진 대주주들의 암묵적인 영향으로 乙주식회사는 이사회를 개최하여 甲을 대표이사직에서 해임하고 丙을 乙주식회사의 대표이사로 선임하였다. 이에 甲은 자신이 부당하게 해임되었다고 주장하면서 이사회결의에 대한 무효확인의 소를 제기하고자 한다. **甲은 누구를 상대로 이사회결의무효확인의 소를 제기하여야 하는가? 수소법원은 甲이 피고로 삼은 자의 당사자적격을 피고가 다투지 않더라도 심사하여 판단할 수 있는가?**

I. 결 론

甲은 乙회사를 상대로 이사회결의무효확인의 소를 제기하여야 하고, 수소법원은 당사자적격에 대해 직권으로 조사하여 판단할 수 있다.

II. 논 거

1. 확인의 소의 당사자적격

2. 단체내부의 분쟁의 피고적격

(1) 판례 – 단체피고설

(2) 사안의 경우

甲은 대표자 丙이 아닌 乙 회사를 상대로 이사회결의무효확인의 소를 제기하여야 한다.

3. 당사자적격의 조사방법(제3편 제1장 제2절 소송요건의 조사 참조)

"당사자적격은 소송요건으로서 법원의 직권조사사항이나 당사자적격의 존부에 관하여 의심할 만한 사정이 발견되면 직권으로 추가적인 심리·조사를 통하여 그 존재 여부를 확인하여야 할 의무가 있다"(대판 2009.4.23. 2009다3234).

3. 형성의 소

형성의 소는 형성권을 일방적인 의사표시가 아닌 소의 형식으로만 행사하도록 법률에 정해 놓은 경우에 문제되는 바, 그 법규에서 당사자 적격자가 누구인지 명시하는 것이 보통이다(상법 제376조 1항은 주주총회결의취소소송의 제소권자를 주주·이사·감사로 한정). 다만 명문의 규정이 없는 경우에는 당해 소송물과의 관계에서 가장 강한 이해관계를 갖고 있고 충실한 소송수행을 기대할 수 있는 사람을 당사자적격자로 볼 것이다(대판 2011.9.8. 2009다67115).

① [사해행위취소소송의 피고적격] "채권자가 채권자취소권을 행사하려면 사해행위로 인하여 이익을 받은 자나 전득한 자를 상대로 그 법률행위의 취소를 청구하는 소송을 제기하여야 되는 것으로서, 채무자를 상대로 그 소송을 제기할 수는 없다"(대판 1991.8.13. 91다13717).

② [주주총회결의취소소송의 피고적격] "주주총회결의 취소와 결의무효확인판결은 대세적 효력이 있으므로 그와 같은 소송의 피고가 될 수 있는 자는 그 성질상 회사로 한정된다"(대판 1982.9.14. 전합80다2425: 법전협 표준판례 (37)).

③ **[공유물분할청구소송의 피고적격 : 형식적 형성의 소]** 공유물분할청구의 소는 형성의 소로서 법원은 공유물분할을 청구하는 원고가 구하는 방법에 구애받지 않고 재량에 따라 합리적 방법으로 분할을 명할 수 있다. 그러나 법원은 등기의무자, 즉 등기부상의 형식상 그 등기에 의하여 권리를 상실하거나 기타 불이익을 받을 자(등기명의인이거나 그 포괄승계인)가 아닌 자를 상대로 등기의 말소절차 이행을 명할 수는 없다(대판 2020.8.20. 2018다241410, 241427).

[사실관계] 甲이 乙을 상대로 제기한 공유물분할청구의 소에 관하여 선고한 원심판결의 주문에서 '1. 가. (가), (나) 부분 토지는 乙의 소유로, (다) 부분 토지는 甲의 소유로 각 분할한다. 나. 甲은 乙로부터 가액보상금을 지급받음과 동시에, 乙에게 (가), (나) 부분 토지 중 甲의 지분에 관하여 공유물분할을 원인으로 한 소유권이전등기절차를 이행하라'고 한 사안에서, 원심판결의 주문 제1의 가항은 형성판결로서 그대로 확정될 경우, 乙은 (가), (나) 부분 토지에 관한 단독소유권을 취득하고, 甲은 (다) 부분 토지에 관한 단독소유권을 취득하게 되므로, 乙이 단독소유권을 취득하게 될 (가), (나) 부분 토지와 관련하여, 甲이 乙에게 (가), (나) 부분 토지 중 甲의 지분에 관하여 소유권이전등기신청에 대한 의사표시를 별도로 할 필요가 없고, 반면에 원심판결의 주문 제1의 나항은 이행판결로서 그대로 확정될 경우, 乙이 반대의무인 가액보상금 지급의무를 이행한 사실을 증명하여 재판장의 명령에 의하여 집행문을 받아야만 (가), (나) 부분 토지 중 甲의 지분에 관하여 甲의 소유권이전등기신청에 대한 의사표시 의제의 효과가 발생하므로, 향후 (가), (나) 부분 토지 중 甲의 지분에 관하여 甲의 소유권이전등기신청에 대한 의사표시가 필요하지 않음을 전제로 하는 원심판결의 주문 제1의 가항과 향후 (가), (나) 부분 토지 중 甲의 지분에 관하여 甲의 소유권이전등기신청에 대한 의사표시가 필요함을 전제로 하는 원심판결의 주문 제1의 나항은 효과 면에서 서로 모순되므로, 원심판결에는 이유모순 등의 잘못이 있다고 한 사례.

4. 고유필수적 공동소송 [별. 추. 참]

고유필수적 공동소송에서는 전원이 원고 또는 피고가 되어야 하며, 일부라도 누락되면 당사자적격 흠결로 소가 각하된다. 그러나 당사자적격은 변론종결시까지 구비하면 족하므로, ① 누락자에 대한 별소가 제기되고 법원이 변론을 병합하거나(제141조) ② 필수적 공동소송인의 추가규정(제68조)에 의해 누락자를 추가하거나 ③ 누락자가 공동소송참가(제83조)를 하면 소가 적법해진다.

Ⅲ. 제3자의 소송담당

[A-53]

1. 의 의

권리관계의 주체 이외의 제3자가 당사자적격을 갖는 경우를 '제3자의 소송담당'이라 한다. 자기의 이름으로 다른 사람의 권리관계를 수행한다는 점에서, 다른 사람의 이름으로 다른 사람의 권리관계를 수행하는 대리인과 구별된다. 제3자 소송담당의 경우에는 주장자체로 당사자적격 여부를 판단하지 않는다. 예컨대 채권자대위소송에서 채무자에 대한 채권의 존재를 주장한다고 하여 피보전채권이 존재한다고 보지 않는다.

2. 법정소송담당

권리관계의 주체의 의사에 관계없이 법률의 규정에 의하여 제3자가 소송수행권을 갖는 경우를 말한다.

(1) 제3자가 권리관계 주체와 함께 소송수행권을 갖는 경우(병행형) [대, 주, 질, 공]

1) 병행형 소송담당 일반론

병행형은 제3자가 권리귀속의 주체와 함께 소송수행권을 가지는 경우이다. 예컨대 ① 채권자대위소송을 하는 채권자(민법 제404조)(다수설. 다만 민법 제405조 2항에 의해 채무자가 대위의 통지를 받았거나, 통지는 없었지만 채무자가 대위권행사 사실을 안 때에도 처분행위가 금지되어 당사자적격이 제한되므로 이 경우에는 '갈음형' 이라고 본다). ② 회사대표소송의 주주(상법 제403조), ③ 채권질의 질권자(민법 제353조), ④ 다른 공유자를 위하여 보존행위를 하는 공유자(민법 제265조 단서)가 있다.

[관련판례] ❋ **주주대표소송의 제소요건**(상법 제403조의 취지 : 병행형) **[6회 기록형]**
"상법 제403조 제1항, 제3항, 제4항에 의하면, 발행주식 총수의 100분의 1 이상에 해당하는 주식을 가진 주주는 회사에 대하여 이사의 책임을 추궁할 소의 제기를 청구할 수 있는데, 회사가 위 청구를 받은 날로부터 30일 내에 소를 제기하지 아니하거나 위 기간의 경과로 인하여 회사에 회복할 수 없는 손해가 생길 염려가 있는 경우에는 발행주식 총수의 100분의 1 이상에 해당하는 주식을 가진 주주가 즉시 회사를 위하여 소를 제기할 수 있다는 취지를 규정하고 있는바, 이는 주주의 대표소송이 회사가 가지는 권리에 바탕을 둔 것임을 고려하여 주주에 의한 남소를 방지하기 위해서 마련된 제소요건에 관한 규정에 해당한다. 따라서 회사에 회복할 수 없는 손해가 생길 염려가 없음에도 불구하고 회사에 대하여 이사의 책임을 추궁할 소의 제기를 청구하지 아니한 채 발행주식 총수의 100분의 1 이상에 해당하는 주식을 가진 주주가 즉시 회사를 위하여 소를 제기하였다면 그 소송은 부적법한 것으로서 각하되어야 한다"(대판 2010.4.15. 2009다98058)(7회,8회 선택형).

[관련판례] ❋ **주주대표소송의 원고적격**
"주주가 대표소송을 제기하기 위하여는 회사에 대하여 이사의 책임을 추궁할 소의 제기를 청구할 때와 회사를 위하여 그 소를 제기할 때 상법 또는 구 은행법이 정하는 주식보유요건을 갖추면 되고, 소 제기 후에는 보유주식의 수가 그 요건에 미달하게 되어도 무방하다. 그러나 대표소송을 제기한 주주가 소송의 계속 중에 주식을 전혀 보유하지 아니하게 되어 주주의 지위를 상실하면, 특별한 사정이 없는 한 그 주주는 원고적격을 상실하여 그가 제기한 소는 부적법하게 되고(상법 제403조 제5항), 이는 그 주주가 자신의 의사에 반하여 주주의 지위를 상실하였다 하여 달리 볼 것은 아니다"(대판 2018.11.29. 2017다35717).

[관련판례] ❋ **주주대표소송의 집행채권자**(주주)
"주주대표소송의 주주와 같이 다른 사람을 위하여 원고가 된 사람이 받은 확정판결의 집행력은 확정판결의 당사자인 원고가 된 사람과 다른 사람 모두에게 미치므로, 주주대표소송의 주주는 집행채권자가 될 수 있다(대결 2014.2.19. 2013마2316)(8회 선택형).

2) 채권자대위소송에 관한 논의

a. 채권자대위소송의 법적성질(법정소송담당)

判例는 "민법 제404조의 채권자대위권은 채권자가 자신의 채권을 보전하기 위하여 채무자의 권리를 자신의 이름으로 행사할 수 있는 권리"(대판 2001.12.27. 2000다73049)라고 보았고, 최근 判例도 "채권자대위소송에서 원고는 채무자에 대한 자신의 권리를 보전하기 위하여 채무자를 대위하여 자신의 명의로 채무자의 제3채무자에 대한 권리를 행사하는 것이므로, 그 지위는 채무자 자신이 원고인 경우와 마찬가지이다"(대판 2013.3.28. 2012다100746)고 하여 **법정소송담당설**임을 명확히 하였다.

법정소송담당설에 따르면, 채권자대위권의 요건으로는 ⅰ) 피보전채권의 존재, ⅱ) 채권보전의 필요성, ⅲ) 채무자의 권리불행사, ⅳ) 피대위권리의 존재를 요구한다(민법 제404조). 법정소송담당설에 의할 경우 ⅰ), ⅱ), ⅲ)은 당사자적격에 관계되는 소송요건사실로서 **흠결시 부적법 각하**, ⅳ)는 본안요건으로서 **흠결시 청구기각판결**을 하여야 한다.[52]

---

52) 반면, 독립한 대위권설에서는 소송물을 채권자대위권으로 보며, 피보전채권, 보전필요성, 채무자의 권리불행사, 피대위권리는 요건사실로서 어느 하나라도 흠이 있으면 청구기각을 하여야 한다는 입장이다.

[판례검토] 고유의 대위권 행사로 보는 견해도 있으나, 대위소송에서 채권자가 궁극적으로 다투려 하는 소송물은 채무자의 제3채무자에 대한 권리이며, 그 행사의 효과도 바로 채권자에게 귀속되지 않고 직접 채무자에게 귀속하여 총채권자를 위해 공동담보가 된다는 점을 고려해 보면, 소송물은 채무자의 권리이며 따라서 채무자와 병행하여 소송수행권이 인정된 '법정소송담당'으로 보아야 한다. [궁, 물]

b. 피보전채권 흠결시 법원의 조치…당사자적격 요소(흠결시 소각하) [06·17사법]

법정소송담당설에 의하면 소각하를 하게 되고, 고유의 대위권설에 의하면 청구기각을 하게 된다. 判例는 법정소송담당설의 입장에서 "채권자대위소송에서 대위에 의해 보전될 채권자의 채무자에 대한 권리가 인정되지 않을 경우에는 채권자 스스로 원고가 되어 채무자의 제3채무자에 대한 권리를 행사할 당사자적격이 없게 되므로 그 대위소송은 부적법하여 각하할 수밖에 없다"(대판 1988.6.14. 87다카2753: 법전협 표준판례 (38))고 한다. 또한, "피대위자인 채무자가 실존인물이 아니거나 사망한 사람인 경우 역시 피보전채권인 채권자의 채무자에 대한 권리를 인정할 수 없는 경우에 해당하므로 그러한 채권자대위소송은 당사자적격이 없어 부적법하다"(대판 2021.7.21. 2020다300893)[53]는 입장이다.

> [관련판례] 미등기토지에 대하여 토지대장이나 임야대장의 명의인을 특정할 수 없는 경우에는 그 소유명의인의 채권자가 국가를 상대로 소유명의인을 대위하여 소유권확인의 확정판결을 받더라도 이 확인판결에는 소유자가 특정되지 않아 특정인이 위 토지의 소유자임을 증명하는 확정판결이라고 볼 수 없다(대판 2021.7.21. 2020다300893 : 제3편 제1심 소송절차 제3절 소의 이익 제3관 권리보호이익 Ⅱ. 확인의 소 3. 확인의 이익 참조).

c. 보전의 필요성이 없는 경우 법원의 조치…당사자적격 요소(흠결시 소각하)

"채권자가 채무자를 상대로 소유권이전등기절차이행의 소를 제기하여 패소의 확정판결을 받게 되면 채권자의 그러한 권리를 보전하기 위한 채권자대위소송은 그 요건(저자 주 : 보전의 필요성)을 갖추지 못하여 부적법하다"(대판 2003.5.13. 2002다64148 : 제4편 소송의 종료 제3장 종국판결에 의한 종료 제3절 기판력의 범위와 작용 제3관 기판력의 주관적 범위 Ⅲ. 채권자대위소송에서 기판력의 범위 참조)(4회,5회 선택형)

d. 채무자가 권리를 행사한 경우 법원의 조치…당사자적격 요소(흠결시 소각하)

법정소송담당설에 의하면 소각하를 하게 된다. 判例도 "채권자가 대위권을 행사할 당시 이미 채무자가 그 권리를 재판상 행사하였을 때에는 설사 패소의 확정판결을 받았더라도 채권자는 채무자를 대위하여 채무자의 권리를 행사할 당사자적격이 없다"(대판 1993.3.26. 92다32876: 법전협 표준판례(274))(8회,12회 선택형)고 판시하였다.

> [비교판례] "비법인사단인 채무자 명의로 제3채무자를 상대로 한 소가 제기되었으나 사원총회의 결의 없이 총유재산에 관한 소가 제기되었다는 이유로 '각하'판결을 받고 그 판결이 확정된 경우에는 채무자가 스스로 제3채무자에 대한 권리를 행사한 것으로 볼 수 없다"(대판 2018.10.25. 2018다210539)

e. 피대위권리 흠결시 법원의 조치…소송물(흠결시 청구기각)

채무자의 책임재산의 보전과 관련이 있는 재산권은 그 종류를 묻지 않고 채권자대위권의 목적으로 될 수 있다. 따라서 소송상 권리(각종 소의 제기, 강제집행신청, 청구이의의 소, 제3자 이의의 소, 가압류·가처분명령의 취소신청 등)도 원칙적으로 대위행사 할 수 있다. 다만 개별적 소송행위에 대한 권리(공격방어방법

---

53) "미등기토지에 대하여 토지대장이나 임야대장의 소유자 명의인 표시란에 구체적 주소나 인적사항에 관한 기재가 없어서 그 명의인을 특정할 수 없는 경우에는 그 소유명의인의 채권자가 국가를 상대로 소유명의인을 대위하여 소유권확인의 확정판결을 받더라도 이 확인판결에는 소유자가 특정되지 않아 특정인이 위 토지의 소유자임을 증명하는 확정판결이라고 볼 수 없다"

의 제출, 상소제기, 재심의 소제기, 집행방법 또는 가압류결정에 대한 이의신청 등)는 대위행사할 수 없다(대판 2012.12.27. 2012다75239: 법전협 표준판례(385) : 재심의 소 제기는 채권자대위권의 목적이 될 수 없으므로, 채권자는 채권 자대위권에 기한 재심소송을 제기할 재심당사자자격이 없다)(7회,10회 선택형).

> ✲ **채권자대위소송의 요건** [보, 필, 불, 대]
> "채권자대위권의 요건으로는 ⅰ) 피보전채권의 존재, ⅱ) 채권보전의 필요성, ⅲ) 채무자의 권리불 행사, ⅳ) 피대위권리의 존재를 요구한다(민법 제404조). 법정소송담당설에 의할 경우 ⅰ), ⅱ), ⅲ)은 당사자적격에 관계되는 소송요건사실로서 흠결시 부적법 각하, ⅳ)는 본안요건으로서 흠결시 청 구기각판결을 하여야 한다.[54]
>
> ✲ **채권자취소소송의 요건** [보, 사, 사]
> 채권자취소권의 요건으로는 ⅰ) 피보전채권의 존재, ⅱ) 사해행위의 존재, 사해의사의 존재를 요구 한다(민법 제406조). ⅰ), ⅱ), ⅲ)은 본안요건으로서 흠결시 청구기각판결을 하여야 한다.

▌핵심사례 A-18▐

▐ 당사자적격 – 채권자대위소송의 법적성질과 당사자적격
2009년 법원행정고시, 2012년 제1회 변호사시험, 2011년 7월 법전협 모의

> 乙과 丙은 2008. 6. 경 丙의 소유인 A토지에 관하여 매매계약을 체결하였다. 그런데 甲은 2009. 1. 경 乙로부터 A토지를 매수하였다며 乙을 대위하여 丙을 상대로 乙명의의 소유권이전등기를 구 하는 소를 제기하였다.(각 설문은 상호 무관함)
>
> 〈문제 1.〉 법원의 심리결과 乙이 丙에게 매매대금을 모두 지급하여 소유권이전등기를 청구할 수 있는 상태임은 인정되었으나, 甲이 乙과 A토지에 관한 매매계약을 체결한 사실은 인정되지 않았 다. **이러한 경우 법원은 어떠한 판단을 해야 하는가?**
>
> 〈문제 2.〉 乙이 이미 2008. 10. 경 丙을 상대로 A토지에 관하여 2008. 6. 매매를 원인으로 한 소유권이전등기절차의 이행을 구하는 소를 제기하였다가 패소판결을 선고받아 그 판결이 확정되 었다. **이러한 경우 법원은 어떠한 판단을 해야 하는가?**

Ⅰ. 결 론

〈문제 1.〉 및 〈문제 2.〉의 경우 모두 법원은 당사자적격의 흠결을 이유로 소각하판결을 하여야 한다.

Ⅱ. 논 거

1. 채권자대위소송의 법적성질 - 법정소송담당설

2. 법정소송담당설에 의할 경우 대위소송이 적법하기 위한 요건 [보, 필, 불, 대]

3. <문제 1.>의 경우 : 피보전채권 흠결시 법원의 조치(소각하판결)

甲이 乙과 A토지에 관한 매매계약을 체결한 사실이 인정되지 않았는바, 피보전채권의 흠결이 있는 경 우이므로 법원은 당사자적격의 흠결을 이유로 소각하판결을 하여야 한다.

---

54) 반면, 독립한 대위권설에서는 소송물을 채권자대위권으로 보며, 피보전채권, 보전필요성, 채무자의 권리불행사, 피대위권리는 요건사실로서 어느 하나라도 흠이 있으면 청구기각을 하여야 한다는 입장이다.

> **4. <문제 2.>의 경우 : 채무자가 권리를 행사한 경우 법원의 조치**(소각하판결)
>
> **(1) 기판력이 미치는지 여부**(적극 : 대판 1981.7.7. 80다2751)
>
> **(2) 소송요건심리의 선순위성**
>
> 기판력의 본질에 관한 모순금지설에 따르면 전소에서 패소한 원고의 후소제기가 기판력에 반할 경우 청구기 각을 선고해야 하지만 소송요건흠결사유도 함께 있는 경우는 소송요건심리의 선순위성 원칙에 따라 소각하판 결을 하게 된다(대판 1990.12.11. 88다카4727).
>
> **(3) 사안의 경우**
>
> 甲이 乙을 대위하여 소를 제기하기 전에 이미 채무자인 乙이 제3채무자인 丙을 상대로 동일한 내용의 소를 제기하였다가 패소판결을 받아 확정되었는바, '채무자의 권리불행사'라는 요건이 결여되었다. 따 라서 법원은 당사자적격 흠결을 이유로 소각하판결을 하여야 한다(대판 1993.3.26. 92다32876). 이로써 채권 자의 대위권행사가 확정판결의 기판력에 저촉되는 것으로 보아 채권자의 청구를 기각한 종래의 대법 원 판결(대판 1979.3.13. 76다688)은 사실상 폐기되었다.[55]

(2) 제3자가 권리관계 주체에 갈음하여 소송수행권을 갖는 경우(갈음형) [파, 정, 추, 유, 미, 상]

갈음형은 제3자가 권리귀속의 주체에 갈음하여 소송수행권을 갖는 경우이다. 예컨대 ① 파산재단소송 의 파산관재인(채무자회생 및 파산에 관한 법률 제359조)(4회 선택형), ② 정리회사의 재산관계소송의 관리 인(채무자회생 및 파산에 관한 법률 제78조 : 아래 관련판례 2014다36771 참조), ③ 채권추심명령을 받은 압류채 권자(민사집행법 제227조, 제229조 2항 : 아래 관련판례 2009다48879 참조)(7회 선택형),[56] ④ 유언집행자(민법 제1101 조, 대판 2001.3.27. 2000다26920)(8회 선택형), ⑤ 주한미군의 공무수행 중 불법행위로 인한 손해배상소송에 서 대한민국(한미행정협정 제23조 5항, 동 협정 시행에 따른 민사특별법 제2조)(7회 선택형), ⑥ 상속재산관리인 (민법 제1053조)이 있다.

> **[관련판례]** ✱ **사해행위의 수익자에 대하여 회생절차가 개시된 경우 채권자의 채권자취소권**(적법)
>
> "사해행위취소권은 사해행위로 이루어진 채무자의 재산처분행위를 취소하고 사해행위에 의해 일탈된 채무자의 책임재산을 수익자 또는 전득자로부터 채무자에게 복귀시키기 위한 것이므로 환취권의 기초 가 될 수 있다. 수익자 또는 전득자에 대하여 회생절차가 개시된 경우 채무자의 채권자가 사해행위의 취소와 함께 회생채무자로부터 사해행위의 목적인 재산 그 자체의 반환을 청구하는 것은 환취권의 행 사에 해당하여 회생절차개시의 영향을 받지 아니한다. 따라서 채무자의 채권자는 사해행위의 수익자 또는 전득자에 대하여 회생절차가 개시되더라도 관리인을 상대로 사해행위의 취소 및 그에 따른 원물반환을 구하는 사 해행위취소의 소를 제기할 수 있다"(대판 2014.9.4. 2014다36771)(7회 선택형).

> **[관련판례]** ✱ **추심명령으로 당사자적격이 상실된 경우에도 소를 각하하지 않는 경우**(하자치유, 추심권 소멸)
>
> "ⅰ) 채무자의 이행소송 계속 중에 추심채권자가 압류 및 추심명령 신청의 취하 등에 따라 추심권능을 상실하게 되면 채무자는 당사자적격을 회복하고 이처럼 소송요건이 흠결되거나 그 흠결이 치유된 경 우 '상고심'에서도 이를 참작하여야 한다"(대판 2010.11.25. 2010다64877 : 소송요건은 사실심변론종결시를 기준으 로 판단하는 것이 원칙이나 사실심 변론종결 이후의 사정을 고려 할 수도 있다. B-7.참고)고 하여 **소송계속 중 하자 가 치유되면 소를 각하하지 않는다.** ⅱ) 나아가 추심금청구소송을 제기하여 확정판결을 받은 경우라도 그 집 행에 의한 변제를 받기 전에 압류명령의 신청을 취하하여 추심권이 소멸하면 추심권능과 소송수행권이 모두 채 무자에게 복귀하며, 이는 국가가 국세징수법에 의한 체납처분으로 채무자의 제3채무자에 대한 채권을 압류하였 다가 압류를 해제한 경우에도 마찬가지이다"(대판 2009.11.12. 2009다48879). **[3회 사례형]**

---

55) 주석 민법(제4판), p.123, 각주 33번

56) **[비교]** 이와 달리, 채권양도나 전부명령이 있는 경우에는 채권양수인이나 전부채무자는 자기에게 이행청구권이 있음을 주장하 면 원고적격이 인정되며, 다만 본안에서 실체법상 이행청구권의 상실로 청구기각된다.

[비교판례] ✱ 추심명령이 있는 경우에도 채무자가 당사자적격을 상실하지 않는 경우

"공익사업을 위한 토지 등의 취득 및 보상에 관한 법률(이하 '토지보상법'이라 한다) 제85조 제2항 따른 보상금 증액 청구의 소는 당사자소송의 형식을 취하고 있지만, 실질적으로는 토지수용위원회의 재결을 다투는 항고소송의 성질을 가지므로, 토지보상법에 따른 토지소유자 등의 사업시행자에 대한 손실보상금 채권에 관하여 압류 및 추심명령이 있더라도, 추심채권자가 보상금 증액 청구의 소를 제기할 수 없고, 채무자인 토지소유자 등이 보상금 증액 청구의 소를 제기하고 그 소송을 수행할 당사자적격을 상실하지 않는다"(대판 2022.11.24. 전합2018두67).

▌핵심사례 A-19▐

▌당사자적격 – 추심명령과 당사자적격   2011년 7월·2017년 10월 법전협 모의, 2014년 제3회 변호사시험

C는 A에 대하여 3천만 원의 대여금 채권이 있고, A는 B에 대하여 1천만 원의 대여금 채권이 있다. C는 위 3천만 원의 대여금 채권에 대하여 이미 승소확정판결을 받았고 이를 집행권원으로 하여 A를 채무자, B를 제3채무자로 한 채권압류 및 추심명령을 신청하여 법원으로부터 채권압류 및 추심명령을 받았는데 그 후 A가 B를 상대로 대여금반환청구의 소를 제기하였다. **위 사실관계 기재 소송의 제1심 변론종결 전에 C가 위 채권압류 및 추심명령 신청을 취하하고 추심권을 포기한 경우**(그 관련 서류가 증거로 법원에 제출되었다) **법원은 어떤 판결 주문**(소송비용부담과 가집행 관련 주문은 제외한다)**으로 선고하여야 하는지와 그 근거를 서술하시오.**

Ⅰ. 결 론

'피고 B는 원고 A에게 10,000,000원을 지급하라.'는 인용판결을 하여야 한다.

Ⅱ. 논 거

1. 추심명령의 효력과 당사자적격

제3채무자에 대한 이행의 소는 추심채권자만이 제기할 수 있고, 집행채무자는 피압류채권에 대한 이행의 소를 제기할 당사자적격을 상실한다.

2. C의 추심명령 취하의 효과

A의 이행소송의 제1심 변론종결 전에 C가 채권압류 및 추심명령 신청을 취하하였으므로, A는 당사자적격을 회복한다.

3. 당사자적격의 조사방법과 소송요건 존부의 판단기준시기(제2편 제4장 소송요건의 조사 참조)

(1) 당사자적격의 조사방법(직권조사사항)

(2) 소송요건 존부의 판단기준시기(사실심 변론종결시)

사실심의 변론종결 당시를 표준으로 한다. 따라서 소송요건이 소제기당시 부존재하여도 사실심 변론종결시까지 구비하면 족하다(대판 1977.5.24. 전합76다2304).

4. 사안의 경우

제1심 변론종결 전에 C가 채권압류 및 추심명령 신청을 취하하였으므로, A는 당사자적격을 회복하며, 관련 서류가 증거로 법원에 제출된 이상 법원은 이를 심리·조사하여야 한다. 따라서 변론종결 당시를 기준으로 당사자적격의 존재가 인정되는 이상 법원은 부적법 각하판결을 해서는 안 되고, 본안 판단을 하여 A의 B에 대한 청구를 전부 인용하는 판결 주문을 선고하여야 한다.

(3) 직무상 담당자

법률이 일정한 직무에 있는 자에게 권리귀속주체를 위해서 소송수행권을 수여하는 경우로서(제3자에게 관리처분권이 부여된 결과 소송수행권이 인정된 병행형·갈음형 소송담당과 구별), 父의 사망시 子의 인지청구의 상대방이 되는 검사(민법 제864조), 해난구조료청구에서의 선장(상법 제859조 2항) 등이 이에 해당한다.

3. 임의적 소송담당

(1) 의 의

'임의적 소송담당'이란 권리관계의 주체인 사람이 자신의 의사에 의하여 제3자에게 자기의 권리에 대한 소송수행권을 수여하는 경우를 말한다.

(2) 법률에 명문의 규정이 있는 경우

선정당사자(제53조), 추심위임배서를 받은 피배서인(어음법 제18조), 한국자산관리공사(금융기관 부실자산 등의 효율적인 처리 및 한국자산관리공사의 설립에 관한 법률 제26조 1항)가 그 예이다.

(3) 명문의 규정이 없는 임의적 소송담당의 허용 여부

1) 원칙적 불허

명문의 규정이 없는 임의적 소송담당은 원칙적으로 허용되지 않는다. 이를 제한 없이 허용하면 변호사대리원칙(제87조)과 소송신탁금지의 취지(신탁법 제6조)를 잠탈할 우려가 있기 때문이다.

2) 예외적 허용 [변, 신, 합, 필(수, 고)]

다만 민사소송법 제87조가 정한 변호사대리의 원칙이나 신탁법 제6조가 정한 소송신탁의 금지 등을 회피하기 위한 탈법적인 것이 아니고, 이를 인정할 합리적인 이유와 필요(ⅰ) 권리주체인 자의 소송수행권을 포함한 포괄적 관리처분권의 수여가 있으며, ⅱ) 소송담당자도 소송을 수행할 고유의 이익이 있는 경우)가 있는 경우에는 예외적·제한적으로 허용될 수 있다.

> ✱ **임의적 소송담당을 허용하지 않은 판례**
> ① **[채권양도사건 : 변호사대리의 원칙이나 소송신탁의 금지원칙에 위배되는 경우]** "소송행위를 하게 하는 것을 주목적으로 채권양도 등이 이루어진 경우, 그 채권양도가 신탁법상의 신탁에 해당하지 않는다고 하여도 신탁법 제7조가 유추적용되므로 무효라고 할 것이고, 소송행위를 하게 하는 것이 주목적인지의 여부는 채권양도계약이 체결된 경위와 방식, 양도계약이 이루어진 후 제소에 이르기까지의 시간적 간격, 양도인과 양수인간의 신분관계 등 제반 상황에 비추어 판단하여야 한다"(대판 2004.3.25. 2003다20909,20916).
> ② **[음원저작협회사건 : 합리적 필요가 인정되지 않은 경우]** "권리주체로부터 음악저작물에 관한 공연권을 신탁받지 않은 사단법인 음악저작권협회에게 그 음악저작물에 대한 공연권침해금지소송에 관하여 임의적 소송신탁을 받아 자기이름으로 소송을 수행할 합리적 필요가 있다고 볼 특별한 사정이 없다"(대판 2012.5.10. 2010다87474).

> ✳ **임의적 소송담당을 허용한 판례** [변, 신, 합, 필(수, 고) 충족]
> ① **[동백홍 농계사건]** "임의적 소송신탁은 탈법적인 방법에 의한 것이 아닌 한 극히 제한적인 경우에 합리적인 필요가 있다고 인정될 수 있는 것인 바, 민법상의 조합에 있어서 조합규약이나 조합결의에 의하여 자기 이름으로 조합재산을 관리하고 대외적 업무를 집행할 권한을 수여받은 업무집행조합원은 조합재산에 관한 소송에 관하여 조합원으로부터 임의적 소송신탁을 받아 자기 이름으로 소송을 수행하는 것이 허용된다"(대판 1984.2.14. 83다카1815).
> ② **[집합건물 위탁관리회사사건]** "다수의 구분소유자가 집합건물의 관리에 관한 비용 등을 공동으로 부담하고 공용부분을 효율적으로 관리하기 위하여 구분소유자로 구성된 관리단이 전문 관리업체에 건물 관리업무를 위임하여 수행하도록 하는 것은 합리적인 이유와 필요가 있고, 그러한 관리방식이 일반적인 거래현실이며, 관리비의 징수는 업무수행에 당연히 수반되는 필수적인 요소이다. 또한 집합건물의 일종인 일정 규모 이상의 공동주택에 대해서는 주택관리업자에게 관리업무를 위임하고 주택관리업자가 관리비에 관한 재판상 청구를 하는 것이 법률의 규정에 의하여 인정되고 있다. 이러한 점 등을 고려해 보면 관리단으로부터 집합건물의 관리업무를 위임받은 위탁관리회사는 특별한 사정이 없는 한 구분소유자 등을 상대로 자기 이름으로 소를 제기하여 관리비를 청구할 당사자적격이 있다"(대판 2016.12.15. 2014다87885,87892: 법전협 표준판례 (40))(12회 선택형).
> ③ **[채권양도사건 : 채권자단 대표에게 채권을 양도한 경우]** "다수의 채권자가 채권자단의 대표에게 자신들의 채권을 양도하고 그 양도된 채권을 피담보채권으로 한 근저당권을 양수인 명의로 설정받은 경우, 다수 당사자가 권리를 행사하는 불편함을 없애고 채권의 효율적인 회수를 하기 위하여 채권양도를 한 점, 채권양도 및 근저당권설정등기 일자와 근저당권에 기한 임의경매신청 일자 사이의 시간적 간격이 약 2년으로 비교적 길었던 점, 채무자들도 양도인과 양수인 사이의 위와 같은 약정을 용인하고 합의당사자가 되었던 점 등 제반 사정에 비추어 그 채권양도는 소송행위를 하게 하는 것이 주목적이었다고 볼 수 없다"(대판 2002.12.6. 2000다4210).

4. 법원허가에 의한 소송담당

증권관련집단소송(증권관련집단소송법 제2조 1항), 소비자단체소송(소비자기본법 제70조), 개인정보단체소송(개인정보보호법 제51조, 제54조) 등은 남소방지를 위해 법원의 허가를 요한다.

[관련판례] 증권관련 집단소송법 제10조 제4항에 따라 법원이 대표당사자로 선임한 자가 대표당사자로서 요건을 갖추지 못한 사실이 밝혀지거나, 소송허가 절차에서 대표당사자들이 총원 범위 변경 신청을 하였고 대표당사자들 가운데 일부가 변경 신청된 총원 범위에 포함되지 않게 된 경우에도, "법원은 대표당사자의 요건을 갖추지 못한 자를 제외하고 증권관련집단소송의 소를 제기한 자 및 대표당사자가 되기를 원하여 신청서를 제출한 구성원 중 법에 정한 요건을 갖춘 자로서 대표당사자를 구성할 수 있는지 여부 및 증권관련집단소송의 소송허가 신청이 법 제3조(적용 범위)와 제12조(소송허가 요건)의 요건을 갖추었는지 여부를 심리하여, 소송허가 신청이 위와 같은 요건을 갖추었다면 증권관련집단소송을 허가하여야 한다"(대결 2018.7.5. 2017마5883).

5. 제3자 소송담당과 기판력

> 제218조 (기판력의 주관적 범위) ③ 다른 사람을 위하여 원고나 피고가 된 사람에 대한 확정판결은 그 다른 사람에 대하여도 효력이 미친다.

(1) 갈음형 소송담당 · 직무상의 담당자 · 임의적 소송담당

제218조 3항이 적용되어 권리주체가 소송담당자의 소송을 알든 모르든 권리의 귀속주체에게 소송

담당자가 받은 판결의 기판력이 미친다. 갈음형의 경우 권리주체이면서도 당사자적격은 인정되지 않고 기판력만 미치게 되므로 자신의 이익을 보호하기 위해 '공동소송적 보조참가'를 할 수 있다(제78조).

(2) 병행형 소송담당(절충설)

병행형, 특히 **채권자대위소송**에서 견해의 대립[57]이 있는데, 전원합의체판결은 채권자가 채권자대위권을 행사하는 방법으로 제3채무자를 상대로 소송을 제기하고 확정판결을 받은 경우 "채권자가 채무자에 대하여 민법 제405조 1항에 의한 보존행위 이외의 권리행사의 통지, 또는 민소법 제77조에 의한 소송고지 혹은 비송사건절차법 제84조 1항에 의한 법원에 의한 재판상 대위의 허가를 고지하는 방법 등을 위시하여 어떠한 사유로 인하였던 적어도 채권자대위권에 의한 소송이 제기된 사실을 채무자가 알았을 경우에는 그 판결의 효력은 채무자에게 미친다"(대판 1975.5.13. 전합74다1664: 법전협 표준판례(272))고 하여 **채무자가 소송고지 등에 의해 대위소송이 계속된 사실을 알게 된 경우에 한하여 채무자에게 기판력이 미친다**는 입장(절충설, 절차보장설)이다.[58]

[판례검토] ⅰ) 대위채권자는 관리보전권만 있고 파산관재인과 같은 처분권한은 없으므로 채권자가 패소한 경우에 채무자에게 늘 기판력이 미치면 **채무자에게 너무 가혹하다는 점**, ⅱ) 채무자에게는 어느 경우에나 기판력이 미치지 않는다고 본다면 제3채무자는 채권자에게 승소해도 다시 채무자의 후소(재소)에 응해야 하니, **제3채무자에게 너무 가혹하다는 점**에 비추어, ⅲ) **채무자와 제3채무자를 공평하게 대하면서도 분쟁을 1회적으로 해결**할 수 있는 전원합의체판결의 다수의견이 타당하다. [공평, 분, 해]

Ⅳ. 당사자적격 흠결의 효과 [3회 사례형] [A-54]

1. 소제기시 흠결

당사자적격은 소송요건으로 직권조사사항이며, 흠이 있는 경우는 판결로 소를 각하하여야 한다.

2. 소송계속 중 흠결

① 소송계속 중 당사자적격을 상실한 때에는 당사자 사이에서 본안판결을 할 이유가 없어 소를 각하하여야 한다. ② 만약 당사자적격이 상실된 경우 종래의 소송수행을 승계시킬 제3자가 있는 경우라면 그에게 소송을 승계시킬 수 있을 것이다(제82조 1항)

3. 당사자적격에 관하여 다툼이 있는 경우

당사자능력에 대해 다툼이 있는 경우와 마찬가지로 그 존재가 인정되지 않으면 소 각하판결을 하고, 그 존재가 인정되면 중간판결(제201조) 또는 종국판결의 이유 중에서 이를 판단하여야 한다.

---

57) [학설] ① 적극설(전원합의체판결의 소수의견)은 대위소송은 소송담당이라는 입장에서 제218조 3항이 다른 사람을 위해 원고나 피고가 된 사람에 대한 확정판결은 그 다른 사람에 대하여도 효력이 미친다고 하므로, 채무자에게 어느 경우에나 기판력이 미친다는 견해이고, ② 절충설(전원합의체판결의 다수의견)은 대위소송은 소송담당이라는 입장이지만 채무자의 절차보장을 위해, 채무자가 소송고지 등에 의해 대위소송이 계속된 사실을 알게 되어 채무자의 절차권이 보장된 경우에 한해 채무자에게 기판력이 미친다는 견해이다. ③ 소극설은 대위소송은 소송담당이 아니라는 입장에서, 제218조 1항이 기판력은 당사자 등에 대하여 효력이 있다고 하므로, 당사자가 아닌 채무자에게는 어느 경우에나 기판력이 미치지 않는다는 견해이다.

58) [소수의견] ⅰ) 채권자대위권을 행사한 채권자에 대한 기판력이 피대위자인 채무자에게 미치는 것으로 보는 근거를 제218조 3항에서 찾는 한 피대위자가 알고 모르고를 가릴 법적 근거가 없고, ⅱ) 주관적 사정에 의하여 기판력 파급 여부에 영향을 미치게 한다면 법적 안정성을 내세우는 기판력의 정신에 반한다는 등의 이유로, 피대위자가 소송계속을 알았는지 여부를 따지지 않고 일률적으로 그 기판력이 피대위자에게 미친다는 입장이다.

4. 간과판결의 효력

당사자적격의 흠결을 간과하고 행한 본안판결은 당사자적격을 갖춘 정당한 당사자로 될 자나 권리관계의 주체인 자에게 그 효력이 미치지 아니하며, 이러한 의미에서 판결은 무효로 되는 것이다. 무효인 판결이므로 상소와 재심의 대상이 되지 않는다(다만, 상소에 대해서는 判例가 없고 외관제거를 위한 상소를 허용하는 견해가 있으며, 재심에 대해서는 선정자 스스로 무자격자를 선정한 경우에는 당연무효도 아니고 재심사유도 없다는 취지의 判例가 있음. 제5편 병합소송, 제2절 선정당사자 제도, 대판 2007.7.12. 2005다10470 참조).

제3관 소송능력

Ⅰ. 서 설
[A-55]

1. 의 의

'소송능력'은 소송의 당사자로서 유효하게 소송행위를 할 수 있는 소송상의 행위능력이며, 민법상의 행위능력에 대응되는 것이다(제51조). 소송능력은 소송행위의 유효요건으로서[59], 소송무능력자의 소송행위는 소송절차의 안정상 무효로 한다.

2. 소송능력자

민법상 '행위능력자'는 곧 소송능력자이다(제51조). 외국인의 경우에는 그의 본국법을 따를 때 소송능력이 없는 경우라도 대한민국의 법률에 따라 소송능력이 있다면 소송능력이 인정된다(제57조).

3. 소송무능력자

(1) 제한능력자

> 제55조(제한능력자의 소송능력) ① 미성년자 또는 피성년후견인은 법정대리인에 의해서만 소송행위를 할 수 있다. 다만, 다음 각 호의 경우에는 그러하지 아니하다.
> 1. 미성년자가 독립하여 법률행위를 할 수 있는 경우
> 2. 피성년후견인이 민법 제10조 제2항에 따라 취소할 수 없는 법률행위를 할 수 있는 경우
> ② 피한정후견인은 한정후견인의 동의가 필요한 행위(민법 제13조 1항 : 주)에 관하여는 대리권 있는 한정후견인에 의해서만 소송행위를 할 수 있다.

1) 미성년자

a. 원 칙

민법상 제한능력자인 미성년자는 사법상 법률행위는 법정대리인의 '동의'가 있으면 할 수 있으나(민법 제5조), 소송무능력자이므로 소송행위는 법정대리인에 의해서만 할 수 있다(제55조 1항). 민법에서는 법정대리인이 처분을 허락한 재산에 대해서는 임의로 처분할 수 있지만(민법 제6조), 소송에

---

59) "집행판결을 청구하는 소도 소의 일종이므로 통상의 소송에서와 마찬가지로 당사자능력 등 소송요건을 갖추어야 한다"(대판 2015.2.26. 2013다87055).

서는 처분을 허락한 재산 범위 내의 것인지 탐색하는 것이 절차안정을 해하므로 소송능력은 인정되지 아니한다.

b. 예 외

예외적으로 미성년자가 혼인한 때에는 완전하게 소송능력을 가지며(민법 제826조의2), 미성년자 등이 예외적으로 독립하여 법률행위를 할 수 있는 경우(민법 제8조 법정대리인의 허락을 얻어 영업에 관한 법률행위를 하는 경우)에는 그 범위 내에서는 소송능력이 인정된다(제55조 단서). 근로계약의 체결·임금의 청구는 미성년자도 스스로 할 수 있기 때문에(근로기준법 제67조·제68조), 그 범위의 소송에 대해서는 소송능력이 인정된다(대판 1981.8.25. 80다3149).

2) 피성년후견인·피한정후견인

① 제한능력자인 **피성년후견인**도 원칙적으로 소송무능력자이나, '민법 제10조 2항에 따라 취소할 수 없는 법률행위를 할 수 있는 경우'에는 행위능력이 있으므로 그러하지 않다. ② 그러나 반대로 **피한정후견인**은 '민법 제13조 1항과 같이 한정후견인의 동의를 받아야 하는 행위'의 범위에서만 제한능력자이므로 원칙적으로 소송능력자이다.

(2) 법인 및 법인 아닌 사단이나 재단

법인 및 법인이 아닌 사단이나 재단도 '소송무능력자'임을 전제로 대표자 또는 관리인을 법정대리인에 준하여 취급한다(제52조, 제64조).

(3) 소송무능력자의 소송상 대리

소송무능력자는 원칙적으로 법정대리인에 의해서'만'소송행위를 할 수 있으나(제55조 본문), 법정대리인이 없거나 법정대리인에게 소송에 관한 대리권이 없는 경우에는 수소법원에 특별대리인을 선임하여 주도록 신청할 수 있다(제62조 1항).

		민법상 제한능력자의 법률행위	민소법상 소송무능력자의 소송행위
원 칙		취소(유동적 유효)	무효(유동적 무효) (추인가능)
예 외	① 법정대리인의 동의(민법 제5조, 제10조) ② 처분을 허락한 재산(민법 제6조)		
	① 추인(법정대리인 또는 능력자가 된 후) ② 미성년자의 혼인 ③ 법정대리인의 허락을 얻어 영업 ④ 근로계약체결 또는 임금청구	유효	유효

II. 소송법상 효과

[A-56]

1. 소송행위의 유효요건

(1) 소송무능력자의 소송행위는 원칙적 무효(유동적 무효)

소송능력은 개개의 소송행위의 유효요건이다. 따라서, ① 무능력자의 소송행위 또는 무능력자에 대한

소송행위 모두 무효이고(다만 추인이 가능한 유동적 무효, 즉 소송무능력자의 보호를 위한 것이므로 법정대리인이 추인하는 것은 가능), ② 기일에 무능력자가 출석하여 변론을 하더라도 그 자의 소송관여는 배척되고 **기일불출석으로 취급**한다. ③ 또한 기일통지나 송달도 무능력자에게 하면 무효이다. 특히 판결정본의 경우 송달이 유효라는 견해도 있으나, 무능력자 보호의 취지에 비추어 무능력자에게만 송달되고 법정대리인에게는 송달되지 않았으면 상소기간은 진행하지 않고 판결을 확정되지 않는다고 보는 것이 타당하다.

(2) 추 인(확정적 유효)

① 유동적 무효이므로 법정대리인 등이 추인하면 그 행위 시에 소급하여 유효로 되는 바(제60조), 이는 소송경제를 위한 것이다. ② 묵시적 의사표시로도 가능하나(대판 1980.4.22. 80다308), ③ 일괄추인이 원칙이고(대판 2008.8.21. 2007다79480), 소송절차의 안정성을 깰 우려가 없고 소송경제상으로도 적절하다고 인정되는 때에만 일부추인이 가능하다(대판 1973.7.24. 69다60). ④ 시기의 제한은 없으나 소송무능력을 이유로 부적법 각하판결이 확정된 경우와, 추인거절의 의사표시를 한 후에는 더 이상 추인할 수 없다(자세한 내용은 제3절 대리인 Ⅲ. 무권대리인 참조).

> **[관련판례]** ✻ **일부추인을 예외적으로 허용한 판례**
> 무권대리인이 행한 소송행위의 추인은 소송행위의 전체를 일괄하여 하여야 하는 것이나 무권대리인이 변호사에게 위임하여 소를 제기하여서 승소하고 상대방의 항소로 소송이 2심에 계속 중 그 소를 취하한 일련의 소송행위 중 소취하 행위만을 제외하고 나머지 소송행위를 추인함은 소송의 혼란을 일으킬 우려없고 소송경제상으로도 적절하여 그 추인은 유효하다(대판 1973.7.24. 69다60: 법전협 표준판례(51)).

2. 소송요건(소송능력 흠결의 효과)

소송능력은 본안판결을 받기위한 소송요건이다. 따라서 흠결시 법원의 조치가 문제된다.

(1) 소제기시 흠결(소장각하명령, 소각하판결)

법정대리인의 기재는 소장의 필요적 기재사항(제249조 1항)으로 소장심사시에 보정에 불응하면 소장각하명령을 한다. 소장심사 이후 무능력자임이 판명된 경우 소송능력 유무는 직권조사사항이므로 법원은 소송능력의 보정명령(제59조 전단)을 할 수 있다. 변론종결시까지 보정하지 않는 한 부적법한 소이므로 판결로써 각하하여야 한다. 다만, 무효인 소제기는 부적법한 소송계속을 소멸시키기 위해 무능력자 스스로 취하할 수 있다(통설).

(2) 소송계속 중 흠결(원칙적 소송절차 중단)

소송계속 중 흠결이 발생하면 법정대리인이 수계할 때까지 소송절차는 중단되나(제235조), 소송대리인이 있는 경우에는 중단되지 않는다(제238조).

(3) 소송능력에 관하여 다툼이 있는 경우(항소, 환송)

소 각하 판결에 대해 소송무능력자라도 소송무능력을 다투는 한도에서는 소송능력이 인정되어 항소를 할 수 있고, 능력자로 밝혀진 경우 심급의 이익을 보장하기 위해 제1심 판결을 취소하고(제416조) 제1심으로 필수적 환송을 하여야 한다(제418조 본문).

(4) 간과판결의 효력(상소, 재심)

간과판결은 당연무효가 아니므로(통설), 상소(제424조 1항 4호)나 재심(제451조 1항 3호)으로 다툴 수 있다.

1) **소송무능력자가 패소판결을 받은 경우**(패소한 소송무능력자는 상소·재심 가능)

① 패소한 소송무능력자는 소송무능력을 이유로 상소나 재심을 제기할 수 있다. 만일 소송무능력자가 제1심에서 소송능력이 있다고 주장했거나 그렇게 행동한 경우라도, 이러한 상소제기는 소송무능력자제도의 취지상 신의칙에 반한다고 볼 수 없다(통설). ② 패소한 미성년자는 법정대리인의 동의 없이 단독으로 상소나 재심을 제기할 수 있다. 소송능력을 문제 삼아서 각하한다면 소송능력의 존재를 주장하면서 제1심판결의 당부를 다툴 수 있는 기회가 부당히 박탈될 수 있기 때문이다. ③ 이 경우 상급심은 제1심 판결을 취소하고 자판하여 소각하 판결을 하여야 한다.

2) **소송무능력자가 승소판결을 받은 경우**(패소한 상대방은 상소·재심 불가)

패소한 상대방이 무능력자의 소송능력의 흠을 이유로 상소나 재심을 하는 것은 무능력자 보호 취지와 신의칙에 반하기 때문에 허용되지 않는다(패소한 상대방은 본안판단을 잘못했다는 이유로는 항소할 수 있고 다른 재심사유를 이유로 재심청구를 할 수 있다. 그러나 승소한 소송무능력자는 상소 또는 재심으로 취소할 이익이 없다).

▌핵심사례 A-20▐

▌소송능력

18세인 甲은 시가 200만 원의 자신의 디지털 카메라를 乙에게 판매하였다. 그러나 乙은 매매대금을 지급하지 않고 있다. 이에 甲은 乙에 대해서 매매대금의 지급을 구하는 소를 제기하였다.

〈문제 1.〉 소장심사시 甲이 18세임을 알게 된 경우, 법원의 어떠한 조치를 취하여야 하는가?

〈문제 2.〉 소장심사 이후 甲이 18세임을 알게 된 경우, 법원은 어떠한 조치를 취하여야 하는가?

〈문제 3.〉 제1심법원은 甲이 미성년자임을 간과하고 그대로 절차를 진행하여 청구기각판결을 선고하였다. 이에 대해 甲이 단독으로 항소하였다. 항소심법원의 조치에 대해 서술하시오.

Ⅰ. 미성년자의 소송능력

1. 소송능력의 의의

2. 무능력자의 소송행위의 효력 - 유동적 무효

Ⅱ. 〈문제 1.〉: 소장심사단계에서 소송무능력자임이 판명된 경우

재판장은 甲에게 소장보정명령을 하여야 하고, 甲이 보정에 불응하면 소장각하명령을 하여야 한다.

Ⅲ. 〈문제 2.〉: 소장심사 이후 소송무능력자임이 판명된 경우

법원은 甲에게 보정명령을 한 후 불응시 소각하판결을 하여야 한다.

Ⅳ. 〈문제 3.〉: 소송능력 흠결을 간과한 판결에 대한 구제책

1. 항소의 적법여부(적법)

(1) 항소의 적법요건 [대, 기, 리, 포, 불, 신, 중]

소송행위의 유효요건으로 신의칙 준수, 소송절차 중단 중의 소송행위가 아닐 것, 소송능력이 있을 것 등이 요구된다.

(2) 항소의 대상적격 인정여부(적극)

소송무능력 간과판결은 당연무효가 아니므로(통설), 항소의 대상적격이 있다.

(3) 항소의 이익 인정여부(적극)

미성년자 甲은 전부 패소한 자로 항소이익이 있다.

(4) 항소제기가 신의칙에 반하는지 여부(소극)

(5) 소송무능력자의 항소제기의 적법여부(적극)

(6) 사안의 경우

미성년자 甲이 제기한 항소는 항소요건을 충족하여 적법하다.

2. 항소의 인용여부(적극)

제1심판결에 대리권 흠결 간과에 준하는 위법이 있으므로 항소를 인용하여 제1심판결을 취소하고 자판하여 소각하 판결을 하여야 한다.

제4관 변론능력

Ⅰ. 의 의
[A-57]

'변론능력'이란 변론장소인 법정에 나가 법원에 대한 관계에서 유효하게 소송행위를 하기 위한 능력을 말한다. 이는 소의 적법요건인 소송요건이 아니라 개개의 소송행위가 갖추어야 할 소송행위의 유효요건일 뿐이라는 점에서, 소송요건이자 유효요건인 '소송능력'과 구별된다.

차이점	소송능력	변론능력
취 지	소송무능력자 보호(공익·사익)	소송의 원활 신속도모(공익)
대 상	모든 소송행위에 필요	법원에 대한 소송행위에만 필요
능력의 수준	저도의 능력	상당한 법률적 소양
능력의 실질	형식적, 일률적	실질적인 능력
능력이 요구되는 자	당사자	당사자, 대리인, 보조참가인
능력흠결의 판단	법에 규정	개별적으로 법원이 판단
소송요건	○	×
소송행위의 유효요건	○	○
무능력자의 소송행위	유동적 무효(추인가능 ∵사익고려)	절대적 무효(추인불가 ∵공익고려) 간과판결시 하자치유(유효한 판결)
간과판결과 구제책	유효한 판결 (상소·재심 가능 ∵위법한 판결)	유효한 판결 (상소·재심 불가 ∵적법한 판결)

Ⅱ. 변론무능력자 [A-58]

1. 진술금지의 재판을 받은 자

변론능력이 없는 사람에 대해, 법원은 소송관계를 분명하게 하기 위하여 필요한 진술을 할 수 없는 당사자 또는 대리인의 진술을 금지하고, 변론을 계속할 새 기일을 정할 수 있다(제144조 1항) 이 경우 진술을 금지하는 경우에 필요하다고 인정하면 법원은 변호사를 선임하도록 명할 수 있고(제144조 2항), 이에 따라 대리인에게 진술을 금지하거나 변호사를 선임하도록 명하였을 때에는 본인에게 그 취지를 통지하여야 한다(제144조 3항).

2. 변호사가 아닌 자

변호사대리원칙(제87조)을 소송대리인의 변론능력 제한으로 보는 견해가 있으나, 判例는 "민사소송법 제87조의 변호사대리의 원칙에 따라 변호사 아닌 사람의 소송대리는 허용되지 않는 것이므로, 원심이 변호사 아닌 피고 소속 공무원으로 하여금 소송수행자로서 피고의 소송대리를 하도록 한 것은 제424조 제1항 제4호가 정하는 '소송대리권의 수여에 흠이 있는 경우'에 해당하는 위법이 있는 것이다"(대판 2006.6.9. 2006두4035)고 판시하여 변론능력흠결이 아닌 무권대리의 문제로 보고 있다.

> **[관련판례]** ＊ **변호사대리의 원칙은 변론능력의 제한이 아니라 소송대리권의 제한이라는 判例**
> 判例는 변리사들이 상표권 침해를 청구원인으로 하는 민사소송에서 원고의 소송대리인 자격으로 상고장을 작성·제출한 사안에서도, "위 상고는 변호사가 아니면서 재판상 행위를 대리할 수 없는 사람이 대리인으로 제기한 것으로 민사소송법 제87조에 위배되어 부적법하다"(대판 2012.10.25. 2010다108104)고 보아 변호사 아닌 자의 소송대리를 무권대리로 본다.

3. 발언금지명령을 받은 자

재판장은 발언을 허가하거나 그의 명령에 따르지 아니하는 사람의 발언을 금지할 수 있다(제135조 2항). 이 경우 해당기일에만 변론능력이 없게 된다.

4. 듣거나 말하는 데 장애가 있는 자

변론에 참여하는 사람이 우리말을 하지 못하거나, 듣거나 말하는 데 장애가 있으면 통역인에게 통역하게 하여야 한다(제143조 1항 본문). 이를 변론무능력으로 보는 견해도 있으나 통역은 변론의 보조하는 역할을 할 뿐이므로 변론능력의 제한으로 볼 것은 아니다. 2017. 2. 4.부터 시행된 진술 보조에 관한 규정 역시 진술을 도와주는 것이 입법 목적이므로 변론능력의 제한으로 볼 것은 아니다.

Ⅲ. 변론능력이 없을 때의 효과 [A-59]

1. 절대무효

변론능력은 공익적 필요에 의한 것이므로 당사자의 추인이 불가능한 절대적 무효이다.

2. 기일불출석의 취급

진술금지의 재판을 한 경우에는 변론을 계속할 새 기일을 정할 수 있는데(제144조 1항), 그 새 기일에 변론무능력자가 다시 출석해도 기일에 불출석한 것으로 취급된다.

3. 변호사 선임명령 불응시 소·상소의 각하

진술을 금지하는 경우에 필요하다고 인정하면 법원은 변호사를 선임하도록 명할 수 있다(제144조 2항). 소 또는 상소를 제기한 사람이 변호사 선임의 명령을 받고도 새 기일까지 변호사를 선임하지 아니한 때에는 법원은 결정으로 소 또는 상소를 각하할 수 있다(제144조 4항). 이 결정에 대하여는 즉시항고를 할 수 있다(제144조 5항).

다만, 당사자 본인이 아닌 대리인에게 진술을 금지하거나 변호사를 선임하도록 명하였을 때에는 본인에게 그 취지를 통지하여야 한다(제144조 3항). 이러한 통지를 하지 않은 경우라면 변호사를 선임하지 않았다는 이유로 소를 각하할 수 없고, 이러한 법리는 선정당사자의 경우에도 유추적용된다(대결 2000.10.18. 2000마2999 : 아래 관련판례 참조).

[관련판례] ✱ **선정당사자에게 변론금지·변호사 선임명령을 한 경우 선정자에게 통지하여야 한다는 判例**
"선정당사자는 비록 그 소송의 당사자이기는 하지만 선정행위의 본질이 임의적 소송신탁에 불과하여 다른 선정자들과의 내부적 관계에서는 소송수행권을 위임받은 소송대리인과 유사한 측면이 있고, 나아가 선정당사자가 법원의 선임명령에 따라 변호사를 선임하기 위하여는 선정자들의 의견을 고려하지 않을 수 없는 현실적 사정을 감안하면, 선정당사자에게 변론을 금함과 아울러 변호사 선임명령을 한 경우에도 민사소송법 제134조 제3항(주 : 현행 제144조 3항)의 규정을 유추하여 실질적으로 변호사 선임권한을 가진 선정자들에게 법원이 그 취지를 통지하거나 다른 적당한 방법으로 이를 알려주어야 하고, 그러한 조치 없이는 변호사의 선임이 이루어지지 아니하였다 하여 곧바로 소를 각하할 수는 없다고 봄이 상당하다"(대결 2000.10.18. 2000마2999).

4. 간과판결의 효력

변론능력은 소의 적법요건인 소송요건이 아니라, 소송의 원활·신속을 목적으로 법원에 대한 소송행위를 할 때 갖추어야할 유효요건이다. 따라서 법원이 변론무능력을 문제 삼지 아니하고 종국판결을 선고했다면 그 하자는 치유되었으므로 유효한 판결이고 상소나 재심을 제기할 수 없다.

제3절 소송상의 대리인

Ⅰ. 의 의
[A-60]

'소송상의 대리인'이란 당사자의 이름으로 소송행위를 하거나 소송행위를 받는 제3자를 말하는 바, 대리인의 행위는 본인에게만 효력이 미치고, 대리인에게는 미치지 않는다. 소송상의 대리는 소송절차의 원활·안정을 위해 대리권의 존재와 범위를 획일적으로 처리할 필요가 있으므로 민법상의 대리와 달리 ① 대리권의 서면증명(제58조, 제89조), ② 대리권범위의 법정(제56조, 제90조), ③ 대리권소멸의 통지(제63조, 제97조), ④ 민법상 표현대리의 배제(判例) 등이 요청된다.

Ⅱ. 법정대리인
[A-61]

1. 의 의

본인의 의사에 관계없이 법률의 규정 또는 법원의 재판에 의하여 정해지는 대리인을 말한다.

2. 종 류

(1) 실체법상 법정대리인

법정대리인이 되는 자는 민법 기타 법률에 따르므로(제51조), 실체법상 법정대리인의 지위에 있는 자, 즉 미성년자의 친권자(민법 제911조) 또는 미성년후견인(민법 제928조), 성년후견인(민법 제929조), 한정후견인(민법 제938조) 등은 소송법상으로도 법정대리인이 된다.

(2) 소송무능력자를 위한 소송상의 특별대리인

1) 의 의

'소송무능력자를 위한 특별대리인'이란 무능력자를 대리할 법정대리인이 없거나 대리권을 행사할 수 없을 때에 법원에 의해 선임되는 대리인을 말한다(제62조)(2회 선택형).

2) 선임신청의 요건

a. 원고나 피고가 소송무능력자(의사무능력의 경우도 포함)일 것(제62조 1항, 제62조의2)

　　종래 성년후견개시 심판을 받지 않은 의사무능력자도 여기의 소송무능력자에 포함되는지에 대하여 判例는 "특별대리인 선임제도는 소송능력이 없는 자에 대하여 소송행위를 하고자 하는 자의 소송의 지연으로 인하여 발생하는 손해를 방지하기 위하여 둔 것이므로 사실상 의사능력을 상실한 상태에 있어 소송능력이 없는 사람에 대하여 소송을 제기하는 경우에도 특별대리인을 선임할 수 있다"(대판 1993.7.27. 93다8986)고 하여 긍정하는 입장이었다. 이러한 判例의 입장을 받아들여 개정법 제62조의2는 의사무능력자를 위한 특별대리인의 선임 등을 신설하였다(2017.2.시행).

b. 소송무능력자에게 법정대리인이 없거나 법정대리인이 대리권을 행사할 수 없는 경우(제62조 1항 1호)

　　미성년자에게 친권자나 후견인이 모두 없는 경우가 일반적인 예이다.

c. 법정대리인이 사실상 또는 법률상 장애로 대리권을 행사할 수 없는 경우(제62조 1항 2호)

　　종래 통설은 당사자 권리실현의 편의를 도모하기 위한 제도이므로 법률상 장애뿐만 아니라 사실상 장애가 있는 경우도 포함된다고 하였는바, 개정법은 이를 명문으로 규정하였다. 즉, 법인과 이사의 이익이 상반하는 사항이나(민법 제64조), 친권자와 그 자간 또는 수인의 자간의 이해상반행위가 있는 경우처럼(민법 제921조), 법정대리인이 법률상 장애로 대리권을 행사할 수 없는 경우뿐만 아니라 사실상 장애로 대리권을 행사할 수 없는 경우도 특별대리인을 선임할 수 있다(제62조 1항 2호).

> ＊ **사실상 또는 법률상 장애를 부정한 판례**(비법인사단 이해상반 사건 : 아래 ③ 91다25208과 비교)
> "도시 및 주거환경정비법에 따른 조합(명칭은 조합이나 비법인사단임 : 저자 주)의 이사가 자기를 위하여 조합을 상대로 소를 제기하는 경우 그 소송에 관하여는 감사가 조합을 대표하므로(도시 및 주거환경정비법 제22조 제4항), 조합에 감사가 있는 때에는 조합장이 없거나 조합장이 대표권을 행사할 수 없는 사정이 있더라도 조합은 특별한 사정이 없는 한 민사소송법 제64조, 제62조에 정한 '법인의 대표자가 없거나 대표자가 대표권을 행사할 수 없는 경우'에 해당하지 아니하여 특별대리인을 선임할 수 없다. 나아가 수소법원이 이를 간과하고 특별대리인을 선임하였더라도 특별대리인은 이사가 제기한 소에 관하여 조합을 대표할 권한이 없다"(대판 2015.4.9. 2013다89372).

> **❋ 사실상 또는 법률상 장애를 인정한 판례**
>
> ① **[식물인간 이혼청구 사건 : 사실상 장애]** "식물인간 상태의 남편이 남편의 후견인인 배우자를 상대로 간 통이혼청구를 함에 있어서 어머니를 특별대리인으로 선임신청할 수 있다"(대판 2010.4.8. 2009므3652).
>
> ② **[양부모 이해상반 사건 : 법률상 장애]** "양모가 미성년의 양자를 상대로 한 소유권이전등기청구소송은 이해상반행위에 해당하고(민법 제921조, 제882조의2), 양자의 친생 부모는 친권자가 되지 못하므로 법원으로서는 특별대리인을 선임해야 한다"(대판 1991.4.12. 90다17491).
>
> ③ **[비법인사단 이해상반 사건 : 법률상 장애]** "비법인 사단과 그 대표자 사이의 이익이 상반되는 사항에 있어서는 위 대표자에게 대표권이 없으므로(민법 제64조 유추), 달리 위 대표자를 대신하여 비법인사단을 대표할 자가 없는 한 이해관계인은 특별대리인의 선임을 신청할 수 있고 이에 따라 선임된 특별대리인이 비법인사단을 대표하여 소송을 제기할 수 있다"(대판 1992.3.10. 91다25208).

d. 법정대리인의 불성실하거나 미숙한 대리권 행사로 소송절차의 진행이 현저하게 방해받는 경우(제62조 1항 3호) 개정법이 제한능력자를 더욱 보호하기 위해 추가한 요건이다.

3) 선임절차

a. 선임신청권자

특별대리인은 '신청'에 의해 선임되는 바, 개정법은 그 친족·이해관계인(미성년자·피한정후견인 또는 피성년후견인을 상대로 소송행위를 하고자 하는 사람을 포함한다)·대리권 없는 성년후견인·대리권 없는 한정후견인·지방자치단체의 장·대법원규칙이 정하는 단체의 장 또는 검사로 신청권자를 확대하였다(제62조 1항). 또한 개정법은 법원은 소송계속 후 필요하다고 인정하는 경우 '직권'으로 특별대리인을 선임·개임거나 해임할 수 있다고 규정하였다(제62조 2항).

b. 선임신청절차 및 선임재판

신청인은 지연으로 인하여 손해를 볼 염려가 있음을 소명하여야 하여야 하고, 선임신청은 수소법원에 하여야 하는데, 여기의 수소법원이란 본안사건이 장래에 계속될 또는 현재 계속되어 있는 법원을 말하며, 반드시 이미 계속된 본안사건의 담당재판부를 가리키는 것은 아니다(대판 1969.3.25. 68그21; 대결 2024.2.15. 2023마7226).

특별대리인의 선임·개임 또는 해임은 법원의 '결정'으로 하며, 그 결정은 특별대리인에게 송달하여야 한다(제62조 4항). 선임신청의 기각결정에 대해서는 항고할 수 있지만(제439조), 선임결정에 대해서는 항고할 수 없다(대결 1963.5.2. 63마4). 선임된 사람은 취임의무를 갖는 것은 아니나, 변호사가 선임되었을 때에는 정당한 이유가 없는 한 취임을 거부할 수 없다(변호사법 제27조 2항).

│ 핵심사례 A-21 ├

■ 의사무능력과 특별대리인 선임신청   2007년 변리사 변형

> 70세의 노인 甲은 지능지수가 73, 사회연령 8세 수준이다. 甲은 동네사람 乙의 꼬임에 빠져서, 乙이 丙 신용금고로부터 금원을 대출 받을 때, 그 대출금 반환채무에 대하여 연대보증을 하고, 또한 자신이 소유하는 A부동산에 관하여 근저당권설정등기를 경료하여 주었다. 그 후 丙은 乙로부터 대출금을 회수하지 못하자 A부동산에 대하여 경매절차를 신청하였다. 그러자 甲은 위 근저당권설정등기가 무효라고 주장하면서 근저당권설정등기말소청구의 소를 제기하였다. **이 경우 甲은 특별대리인 선임신청을 할 수 있는가?**

Ⅰ. 문제점 – 甲의 소송능력 구비여부(소극)

甲은 아직 피성년후견개시심판이 이루어지지 않은 사실상 무능력자로서 소송능력은 있다. 다만 의사능력에 흠결이 있는 경우로서 이를 보완하기 위해 특별대리인 선임신청이 가능한지 문제된다.

Ⅱ. 소송상 특별대리인 선임신청

1. 의 의(제62조) / **2. 선임신청의 요건**(제62조 1항, 동조 2항)

3. 의사무능력의 경우 특별대리인 선임가부(제62조의2)(가능)

Ⅲ. 사안의 경우

의사무능력의 甲은 제62조의2에 의해 특별대리인 선임신청을 할 수 있다.

(3) 판결절차 이외의 특별대리인

증거보전절차에서 상대방을 지정할 수 없는 경우(제378조), 사망한 채무자의 유산에 대한 강제집행에서 상속인이 없거나 소재불명인 경우(민사집행법 제32조 2항)에도 소송상의 특별대리인을 선임할 수 있다.

(4) 법인 등의 대표자

> 제64조(법인 등 단체의 대표자의 지위) 법인의 대표자 또는 제52조의 대표자 또는 관리인에게는 이 법 가운데 법정대리와 법정대리인에 관한 규정을 준용한다.

1) 의 의

'대표자'란 법인 등의 대표기관으로서 법인 등의 이름으로 자기의 의사에 따라 행위를 하는 자로 그 행위의 효과가 직접 법인 등에 귀속되는 자를 말하는데, 법인 또는 비법인사단·재단의 소송행위는 그 대표자에 의하고, 법인 등의 대표자에게는 법정대리인에 관한 규정을 준용한다(제64조).

2) 법인 등의 대표자로 되는 자

① 민법상 법인의 경우는 이사(민법 제59조), 주식회사의 경우는 대표이사(상법 제389조)·청산인(상법 제542조, 제255조)·대표이사직무대행자(상법 제408조)이고, 비법인사단인 종중·문중의 경우는 대표자의 선임에 관한 종중규약이나 일반관례가 없으면 종장 또는 문장이 종중원을 소집하여 출석자의 과반수결의로 선출한다(대판 1983.8.24. 92다54180).

② 국가를 당사자로 하는 소송에 있어서는 법무부장관이 국가를 대표하는데(국가를 당사자로 하는 소송에 관한 법률 제2조), 법무부장관은 법무부의 직원, 각급 검찰청의 검사 또는 공익법무관을 지정하여 국가소송을 수행하게 할 수 있으므로(동법 제3조 1항), 비변호사도 소송수행자가 될 수 있다. **지방자치단체를 당사자로 하는 소송에서는** 지방자치단체의 장이 지방자치단체를 대표하는데(지방자치법 제101조), 다만 교육·학예에 관한 소관 사무로 인한 소송에 있어서는 교육감이 당해 시·도를 대표한다(지방교육자치에 관한 법률 제18조 2항).

3. 법정대리인의 권한

> 제56조 (법정대리인의 소송행위에 관한 특별규정) ① 미성년후견인, 대리권 있는 성년후견인 또는 대리권 있는 한정후견인이 상대방의 소 또는 상소 제기에 관하여 소송행위(=응소 : 저자주)를 하는 경우에는 그 후견감독인으로부터 특별한 권한을 받을 필요가 없다.
> ② 제1항의 법정대리인이 소의 취하, 화해, 청구의 포기·인낙(認諾) 또는 제80조에 따른 탈퇴를 하기 위해서는 후견감독인으로부터 특별한 권한을 받아야 한다. 다만, 후견감독인이 없는 경우에는 가정법원으로부터 특별한 권한을 받아야 한다.

(1) 실체법상 법정대리인의 권한

법정대리권의 범위도 이 법에 특별한 규정이 없는 한 민법, 그 밖의 법률에 따른다(제51조). 따라서 ① 친권자가 자를 대리하여 소송행위를 할 경우에는 아무런 제한 없이 변호사의 선임행위 등 일체의 소송행위를 할 수 있다(민법 제920조). 그러나 ② 후견인이 피후견인을 대리하여 **능동적 소송행위를 할** 때에는 후견감독인의 동의를 얻어야 한다(민법 제950조 1항 5호). 한편 후견인이 **수동적 소송행위를** 할 때에는 후견감독인으로부터 **특별한 권한을 받을 필요가 없지만**(제56조 1항), 소의 취하, 화해, 청구의 포기·인낙 또는 제80조의 규정에 따른 탈퇴(소송종료행위 : 본인에게 불리한 소송행위)를 하기 위하여는 후견감독인으로부터 특별한 수권을 받아야 하는데(제56조 2항), 동 규정은 후견인에게만 적용되고 생모와 같은 친권자에게는 적용되지 않는다(대판 1974.10.22. 74다1216). 이에 개정법은 '제1항의 법정대리인이' 라고 명시하여 제56조 2항에서 친권자를 제외하였다. ③ 한편, **부재자재산관리인**이 제56조 2항 소정의 소송행위를 함에 있어서는 **법원의 허가가** 필요하다(대판 1968.4.30. 67다2117).

(2) 소송상의 특별대리인

소송무능력자의 특별대리인은 대리권 있는 후견인과 같은 권한이 있고, 특별대리인의 대리권의 범위에서 **법정대리인의 권한은 정지된다**(제62조 3항).[60] 따라서 특별대리인은 소송행위를 할 권한 뿐 아니라, 필요한 공격방법으로 사법상의 실체적 권리도 행사할 수 있다. 判例도 "민사소송법 제62조에 따라 선임된 특별대리인은 그 **선임결정에 따라서 상대방이 제기한 소송에 응소할 수 있을 뿐만 아니라 스스로 소송을 제기하고 이를 수행할 수 있으며** 그와 같은 소송행위를 함에는 동조 제4항의 **특별수권을 필요로 하는 것이 아니다**"(대판 1983.2.8. 82므34; 법전협 표준판례(43))는 입장이다.

---

60) 구법에서는 "후견인과 같은 권한을 받아야한다"고 규정하여(구민소법 제64조 4항), 특별수권을 받을 것을 요구했다. 다만 判例는 "특별대리인은 그 선임결정에 따라서 상대방이 제기한 소송에 응소할 수 있을 뿐만 아니라 스스로 소송을 제기하고 이를 수행할 수 있고 그와 같은 소송행위를 함에는 특별수권을 필요로 하는 것이 아니다"고 하여 제56조 1항과 마찬가지로 소를 제기하고 이를 유지하는 데에는 특별수권이 필요 없다는 입장이었다(대판 1983.2.8. 82므34). 이러한 법리는 개정법에 반영되어 신법 제64조 3항에서는 특별대리인은 대리권 있는 후견인과 같은 권한이 있고, 특별대리인의 대리권의 범위에서 법정대리인의 권한은 정지된다고 규정하였다.

(3) 법인 등의 대표자의 권한

법인 능의 대표자는 법정대리인에 준하므로(제64조), 그 권한도 민법 기타 실체법에 따른다(제51조). 따라서 민법상 법인의 대표자는 일체의 소송행위를 할 수 있다(민법 제59조·제60조).[61] 대법원도 "법인 또는 법인 아닌 사단의 대표자가 없거나 대표권을 행사할 수 없는 경우에 제64조, 제62조의 규정에 따라 선임된 특별대리인은 법인 또는 법인 아닌 사단의 대표자와 동일한 권한을 가져 그 소송수행에 관한 일체의 소송행위를 할 수 있다"(대판 2010.6.10. 2010다5373)고 판시하였다. 따라서 "소송법상 특별대리인은 특별한 사정이 없는 한 법인을 대표하여 수행하는 소송에 관하여 상소를 제기하거나 이를 취하할 권리가 있다"(대판 2018.12.13. 2016다210849,210856). 법무법인이 소송의 당사자인 경우에도 등기된 법무법인의 대표자만이 법무법인을 대표하여 소송행위 등 업무를 수행할 수 있고 이러한 법리는 법무법인(유한)의 경우에도 마찬가지이다(대판 2022.5.26. 2017다238141).[62]

4. 법정대리인의 지위

(1) 제3자의 지위

법정대리인은 당사자 본인은 아니므로 법관의 제척과 재판적을 정하는 기준이 되지 못하고, 기판력·집행력·형성력 등 판결의 효력을 받지도 않는다.

(2) 본인에 유사한 지위 [경기, 사당, 송출]

법정대리인은 당사자 본인은 아니지만 본인에게 유효한 소송수행권이 없으므로 본인에 유사한 지위가 인정된다. ① 법정대리인의 소송행위는 당사자 본인의 경정권의 대상이 아니고(제94조의 경정권은 임의대리인에게만 적용). ② 법정대리인은 소장과 판결의 필요적 기재사항이고(제208조 1항, 제249조 1항 : 임의 대리인은 임의적 기재사항). ③ 법정대리인이 사망하거나 대리권이 상실되면 소송수행을 할 수 있는 자가 없어지므로 소송절차가 중단된다(제235조 : 임의대리인의 사망 및 대리권 소멸은 중단사유가 아님). 그러나 소송대리인이 선임되어 있으면 중단되지 않는다(제238조), ④ 법정대리인은 보조참가인, 증인이 될 수 없으므로 신문은 당사자본인신문의 방식에 의한다(임의대리인에 대한 신문은 증인심문에 의해야 하고 당사자본인신문으로 할 수 없다). ⑤ 소송무능력자에게 할 송달은 반드시 그의 법정대리인에게 하여야 하고(제179조 : 임의대리인은 본인에게도 송달가능), ⑥ 당사자 본인이 출석하여야 하는 경우 본인에 갈음하여 출석하며(제140조 1항 1호, 제145조 2항 : 임의대리의 경우 본인이 출석가능),

(3) 법정대리인이 수인인 경우(공동대리원칙)

1) 능동대리(공동대리)

수인의 법정대리인이 하는 소송행위, 즉 능동대리는 원칙적으로 공동으로 하여야만 본인에게 효력이 있다(민법 제909조 2항, 상법 제389조 2항).

---

61) [비교] 다만 비법인사단의 경우 보존행위에 관한 소송을 하는 경우라도 대표자 개인이 아니라 '총회결의를 거쳐 사단 명의'로 하거나 '구성원 전원이 필수적 공동소송의 형태'로 소를 제기하여야 한다(대판 2005.9.15. 전합2004다44971). 상법상 주식회사의 대표이사도 일체의 소송행위를 대표할 수 있다(상법 제389조·제209조). 다만 대표이사가 주주총회특별결의사항에 관하여 그 결의 없이 제소화해를 한 때에는 특별수권의 흠결로 제451조 1항 3호의 재심사유가 된다(대판 1980.12.9. 80다584).

62) "변호사법 제50조 제1항에 따라 법무법인이 법인 명의로 수행하는 '업무'는 법무법인이 제3자의 위임이나 위촉 등에 의하여 소송행위 등 법률 사무를 처리하는 경우를 의미하고, 법무법인이 당사자로서 소송행위 등 법률 사무를 처리하는 경우는 포함되지 않는다고 해석함이 타당하다. 따라서 법무법인이 당사자인 경우에는 상법 중 합명회사에 관한 규정에 따라 등기된 법무법인의 대표자만이 법무법인을 대표하여 업무를 수행할 수 있을 뿐 담당변호사가 법무법인을 대표하여 해당 업무를 수행할 수 없다. 이러한 법리는 변호사법 제50조가 준용되는 법무법인(유한)의 경우에도 마찬가지이다(변호사법 제58조의16)"

다만 **공동대리인의 모순되는 진술의 처리**와 관련하여 **제67조 준용설**(본인에게 불리한 것만 공동)과 **제56조 2항 유추설**(소송종료행위만 명시적으로 공동)이 대립한다.[63] 생각건대 대리에 관한 문제이므로 필수적 공동소송에 관한 제67조 보다는 대리에 관한 규정인 제56조 2항을 유추하는 것이 타당하다고 본다. 따라서 각 대리인의 변론내용이 모순될 때에는 본인에게 더 이익이 되는 쪽을 인정하면 될 것이다.

2) 수동대리(개별대리)

상대방이 하는 소송행위를 받아들이는 수령, 즉 **수동대리**의 경우에는 단독으로 할 수 있으며(상법 제208조 2항), 여러 사람이 공동으로 대리권을 행사하는 경우의 **송달**은 그 가운데 한 사람에게 하면 된다(제180조).

(4) 대리권의 서면증명

법정대리권이 있는 사실 또는 소송행위를 위한 권한을 받은 사실은 서면으로 증명하여야 한다(제58조 1항). 따라서 가족관계증명서 · 법인등기부등본 · 초본 등을 제출하여야 하고, 법원은 이를 소송기록에 붙여야 한다(동조 2항).

5. 법정대리권의 소멸

(1) 대리권의 소멸원인

법정대리권은 본인의 사망, 법정대리인의 사망, 성년후견의 개시, 또는 파산으로 소멸한다(제51조, 민법 제127조). 본인이 소송능력을 갖게 된 때 또는 법정대리인이 자격을 상실한 때에도 법정대리권이 소멸한다.

(2) 대리권의 소멸통지 [5회 사례형]

> **제63조 (법정대리권의 소멸통지)** ① 소송절차가 진행되는 중에 법정대리권이 소멸한 경우에는 본인 또는 대리인이 상대방에게 소멸된 사실을 통지하지 아니하면 소멸의 효력을 주장하지 못한다. 다만, 법원에 법정대리권의 소멸사실이 알려진 뒤에는 그 법정대리인은 제56조 제2항의 소송행위를 하지 못한다. ② 제53조의 규정에 따라 당사자를 바꾸는 경우에는 제1항의 규정을 준용한다.

1) 원 칙

소송절차 진행 중 법정대리권이 소멸하였더라도 '소송능력을 취득하거나 회복한 본인' 또는 '신대리인이나 구대리인'이 상대방에게 그 사실을 통지하지 아니하면 소멸 효력을 주장하지 못한다(제63조 1항 본문). 본 규정은 소송대리권이 소멸한 경우(제97조), 대표권이 소멸한 경우(제64조), 선정당사자의 자격이 소멸한 경우(제63조 2항)의 경우에 준용된다.

[관련판례] ✱ **법정대리권 소멸통지의 취지**(배신적 소취하사건)

"(구)민사소송법 제60조, 제59조 제1항의 취지는 법인(법인 아닌 사단도 포함) 대표자의 대표권이 소멸하였다고 하더라도 당사자가 그 대표권의 소멸 사실을 알았는지의 여부, 모른 데에 과실이 있었는지의 여부를 불문하고 그 사실의 통지 유무에 의하여 대표권의 소멸 여부를 획일적으로 처리함으로써 소송절차의 안정과 명확을 기하기 위함에 있으므로, 법인 대표자의 대표권이 소멸된 경우에도 그 통지가 있을 때까지는 다른 특

---

63) **[학설]** ① <u>제67조 준용설</u>은 제67조를 준용하여 공동대리인 중 1인의 행위가 본인에게 유리한 것이면 단독으로 할 수 있지만, 불리한 것이면 전원이 공동으로 해야만 효력이 있다는 견해이고, ② <u>제56조 2항 유추설</u>은 제56조 2항을 유추하여 공동대리인이 소제기나 제56조 2항의 중요한 소송행위를 할 경우에는 명시적으로 공동으로 하여야 유효하지만, 이들 이외의 소송행위는 단독으로 하여도 다른 대리인이 묵인하는 경우에는 묵시적으로 공동으로 한 것으로 보는 견해이다.

별한 사정이 없는 한 소송절차상으로는 그 대표권이 소멸되지 아니한 것으로 보아야 하므로, 대표권 소멸 사실의 통지가 없는 상태에서 구 대표지가 힌 소취하는 유효하고, 상대방이 그 대표권 소멸 사실을 알고 있었다고 하여 이를 달리 볼 것은 아니다"(대판 1998.2.19. 전합95다52710: 법전협 표준판례(45)).

2) 예 외

위 관련판례(95다52710)에 따르면 구대리인이 상대방과 통모하여 본인에게 손해를 입힐 의도로 소를 취하하는 등의 소송행위를 하는 경우에도 이를 유효한 것으로 볼 수밖에 없어 본인에게 가혹한 면이 있었다. 이에 개정법은 제63조 1항 단서를 신설하여 대리권 등의 소멸사실이 법원에 알려진 뒤에는 제56조 2항의 처분행위(소의 취하, 화해, 청구의 포기·인낙 등)를 금지하였다. 나아가 민사소송규칙 제13조(법정대리권 소멸 및 선정당사자 선정취소·변경 통지의 신고)는 제63조 1항의 규정에 따라 법정대리권 소멸통지를 한 사람은 그 취지를 법원에 서면으로 신고하여야 한다고 규정하였다.

3) 위반의 효과

통지 전에는 구대리인의 대리권은 소멸되지 않은 것으로 처리되므로 구대리인이 한 또는 구대리인에 대한 소송행위는 유효하다. 나아가 법정대리권의 소멸로 절차가 중단되지 않고 소멸통지를 하여야 절차가 중단된다. 그러나 법정대리인이 사망하거나 성년후견이 개시된 경우에는 통지할 수 없는 상황이기 때문에 선고시에 소멸의 효과가 발생한다고 보아야 한다(통설).

(3) 소송절차의 중단

소송계속 중 법정대리권이 소멸되면 수계절차를 밟을 때까지 소송절차는 중단된다(제235조). 다만 소송대리인이 있는 경우에는 그러하지 아니하다(제238조).

┃ 핵심사례 A-22 ┃

■ 대리권 소멸통지   2016년 제5회 변호사시험, 2014년 법무행정고시, 2010년 변리사

> 자동차 판매대리점을 하는 乙은 2014. 3. 10. 甲종중(대표자 A)으로부터 1억 원을, 丙으로부터 2억 원을 각각 이자 연 12%, 변제기 2015. 3. 9.로 정하여 차용하면서, 이를 담보하기 위해 乙 소유의 X 토지에 관하여 甲종중 및 丙과 1개의 매매예약을 체결하였고, 이에 따라 X 토지에 관하여 甲종중과 丙의 채권액에 비례하여 甲종중은 1/3 지분으로, 丙은 2/3 지분으로 각 특정하여 공동명의의 가등기를 마쳤다. 甲종중은 위 변제기가 지난 후 단독으로 「가등기담보 등에 관한 법률」이 정한 청산절차를 이행하고, 2015. 10. 14. 乙을 상대로 X 토지에 대한 1/3 지분에 관하여 가등기에 기한 본등기절차이행을 구하는 소(이하 '이 사건 소'라 한다)를 제기하였다. 이 사건 소송계속 중 A는 甲종중의 대표자 지위를 상실하게 되었다. 그럼에도 A는 그 후 계속 소송을 수행하다가 이 사건 소를 취하하였다. **A의 소취하는 효력이 있는지와 그 근거를 설명하시오. (10점)**

Ⅰ. 결 론

A의 소취하는 효력이 있다.

Ⅱ. 논 거

1. 문제점

소는 판결이 확정될 때까지 그 전부나 일부를 취하할 수 있고(제266조 1항), 취하된 부분에 대하여는 소가 처음부터 계속되지 아니한 것으로 본다(제267조 1항). 甲종중과 같은 비법인 사단의 경우 사단법인에 관한 민법규정 중 법인격을 전제로 하는 것을 제외하고는 비법인 사단에 유추적용되므로, 사단법인의 대표자의 대표권(민법 제59조)과 마찬가지로 비법인사단의 대표자도 일체의 소송행위를 할 수 있는 대표권이 있다. 그런데 사안의 경우 甲종중의 대표자 A는 그 지위를 상실한 상태에서 소를 취하하였으므로, 그러한 소취하가 효력이 있는지 여부가 문제된다.

2. 대표권의 소멸통지

(1) 원 칙

대표자 A가 그 지위를 상실한 사실을 乙에게 통지하지 아니하였다면 甲종중은 A의 대표권 상실을 이유로 乙에게 대항할 수 없고, A의 소취하는 효력이 있다.

(2) 예 외

법원에 법정대리권 또는 대표권의 소멸사실이 알려진 뒤에는 乙에게 통지 전이라도 A는 제56조 2항(소의 취하, 화해, 청구의 포기·인낙 등)의 행위를 할 수 없다.

3. 사안의 경우

법원에 A의 대표권 소멸사실이 알려진 사정이 없으므로, 이를 근거로 A의 소취하의 효력을 부정할 수 없다.

Ⅲ. 임의대리인(소송대리인)   [A-62]

1. 의 의

'임의대리인'은 본인의 의사에 기하여 대리권이 수여된 대리인을 말하는데, 수여된 대리권의 범위에 따라 개별적 대리과 포괄적 대리인으로 나뉜다. 특히 포괄대리권을 가진 임의대리인을 소송대리인이라고 하는데, 소송대리인에는 법률상 소송대리인과 소송위임에 의한 소송대리인이 있다.

2. 법률상 소송대리인

'법률상 소송대리인'이란 **법률이 업무에 관한 포괄대리권**(원칙적으로 '재판상 모든 행위'를 할 수 있고, 그 권한은 제한할 수 없으며, 이를 제한하여도 효력이 없다)**을 갖는 사람에 대하여 그 포괄대리권의 일부로서 소송대리권까지 인정한 대리인**을 말한다(제87조). 지배인(상법 제11조 1항)(2회 선택형), 선장(상법 제749조 1항), 선박관리인(상법 제765조 1항), 국가소송수행자(국가를 당사자로 하는 소송에 관한 법률 제3조)[64], 조합의 업무집행조합원(민법 제709조, 통설) 등이 이에 해당한다. 법률상 대리인은 본인의 의사에 따라 그 지위를 취득 또는 상실하므로 성질상 '임의대리인'이다.

---

64) 동법은 국가를 당사자로 하는 소송에 한하여 적용되고, 지방자치단체를 당사자로 하는 소송에는 적용되지 않는다. 변호사의 자격이 없어도 국가소송수행자로 지정될 수 있으며, 복대리인의 선임을 제외한 일체의 소송행위를 대리할 수 있다.

3. 소송위임에 의한 소송대리인(좁은 의미의 소송대리인)

(1) 의의 및 대리권 수여의 방식

특정한 소송사건의 처리를 위임받은 대리인을 말한다. 대리권을 주는 수권행위는 소송대리권의 발생이라는 소송법상의 효과를 목적으로 하는 소송행위이고, 또 대리인으로 되는 자의 승낙을 요하지 않는 단독행위이다. 따라서 본인이 소송위임을 함에 있어서는 소송능력이 있어야 한다. 대리권 수여의 방식은 자유이므로, 서면 또는 말로 할 수 있다(제89조 2항).

(2) 변호사대리원칙

민사소송법은 변호사강제주의를 취하지 않으므로 본인이 소송행위를 할 수 있다. 다만 대리인에 의하여 소송행위를 하는 때에는 법률에 따라 재판상 행위를 할 수 있는 대리인 이외에는 변호사가 아니면 소송대리인이 될 수 없는 것이 원칙이다(제87조). 이는 소송대리에 있어 당사자 본인을 보호하고 복잡한 사안을 효율적 심리하기 위한 것이다. 변호사대리의 원칙을 잠탈을 방지하기 위하여 ① 명문의 규정이 없는 임의적 소송담당을 원칙적으로 허용하지 않고, ② 선정당사자는 공동의 이해관계 있는 사람 중에서 선정하도록 하였으며, ③ 보조참가이유에 대하여 당사자의 이의신청 없이도 법원이 직권으로 소명하도록 명할 수 있도록 하여 참가이유 없는 소송대리 목적의 참가를 막고 있다.

(3) 변호사대리원칙의 예외

1) 단독사건(법원의 허가 필요)

a. 단독사건 중 비변호사대리가 허용되기 위한 요건

비변호사대리가 허용되려면 ㉠ 단독사건 중 소가가 일정 금액 이하의 사건일 것(1회 선택형), ㉡ 당사자의 배우자 또는 4촌 이내의 친족으로서 당사자와의 생활관계에 비추어 상당하다고 인정되는 자 또는 당사자와 고용관계 등 계약을 맺고 그 사건에 관한 통상업무를 처리ㆍ보조하는 자로서 그 담당사무 등에 비추어 상당하다고 인정되는 자가(규칙 제15조 2항) ㉢ 서면 신청에 따른 법원의 허가를 받을 것을 요한다(제88조 1항). 다만 법원은 언제든지 취소할 수 있다(동조 3항).

b. 구체적인 예

① 민사 및 가사소송의 사물에 관한 규칙 제2조 단서 각호의 어느 하나에 해당하는 사건(수표ㆍ어음금 청구사건, 금융기관이 원고인 대여금 등의 사건, 자동차손해배상보장법상 손해배상사건 및 근로자의 업무상 재해로 인한 손해배상 사건, 재정단독사건 등)은 소가가 5억원을 초과하여도 여전히 단독사건이므로 비변호사대리가 허용된다. ② 소가 5억원 이하의 단독사건 중 소가 1억원을 초과하지 아니하는 사건에 한하여 비변호사대리가 가능하므로, 고액단독사건은 비변호사대리가 허용되지 않는다(10회 선택형). ③ 단독사건도 상소심에서는 합의사건이 되므로 상소심에서는 비변호사대리가 허용되지 않는 것이 원칙이다.

2) 소액사건(3,000만 원 이하의 사건 : 법원의 허가 불요)

당사자의 배우자ㆍ직계혈족 또는 형제자매는 법원의 허가 없이 소송대리인이 될 수 있다(소액사건심판법 제8조, 소액사건심판규칙 제1조의2[65])(2회 선택형).

[관련판례] 判例는 "소액사건심판법의 적용대상인 소액사건에 해당하는지 여부는 제소 당시를 기준으로 정하여지는 것이므로, 병합심리로 그 소가의 합산액이 소액사건의 소가를 초과하였다고 하여도 소액

---

65) 소액사건심판법 제2조 제1항에 따른 소액사건은 제소한 때의 소송목적의 값이 3,000만 원을 초과하지 아니하는 금전 기타 대체물이나 유가증권의 일정한 수량의 지급을 목적으로 하는 제1심의 민사사건으로 한다.

사건임에는 변함이 없다"(대판 1992.7.24. 91다43176)고 판시한 바 있다(5회 선택형). 반면 참가, 반소, 변론 병합 등으로 소가가 3000만 원을 초과하는 사건과 병합심리 하는 경우라면 소액사건에서 제외하여야 한다.

[판례검토] '소의 변경으로 본문의 경우에 해당하지 아니하게 된 사건'과 '당사자참가, 중간확인의 소 또는 반소의 제기 및 변론의 병합으로 인하여 본문의 경우에 해당하지 않는 사건과 병합심리하게 된 사건'은 소액사건의 범위에서 제외된다(소액사건심판규칙 제1조의2 1호, 2호). 따라서 위 判例의 핵심 키워드는 '제소 당시'이다.

3) 가사소송사건

합의사건이라도 재판장의 허가를 얻어 비변호사가 대리인이 될 수 있다(가사소송법 제7조 2항)

4) 비송사건

소송능력자이면 소송대리인이 될 수 있다(비송사건절차법 제6조).

5) 특허소송(변리사의 소송대리)

① 특허심판원이 제1심으로 심판한 사건은 변리사도 소송대리인이 될 수 있다(변리사법 제8조). 다만, 변리사법 제8조에 의하여 변리사에게 허용되는 소송대리의 범위는 특허심판원의 심결에 대한 심결 취소소송으로 한정되고, ② 특허 등의 침해를 청구원인으로 하는 침해금지청구 또는 손해배상청구 등과 같은 민사사건에서는 변리사의 소송대리가 허용되지 아니한다(대판 2012.10.25. 2010다108104).

(4) 변호사대리원칙 위반의 효과

징계에 의한 업무정지 중의 변호사가 대리한 경우 그 소송행위는 의뢰자와 상대방의 불측의 손해를 방지하고 절차안정과 소송경제의 관점에서 유효로 봄이 타당하다. 변호사 아닌 자가 대리한 경우 그 소송 행위는 무효이지만, 추인이 가능하다. 다만 '이익 받을 목적 또는 직업으로'대리한 경우 그 소송행위는 무효이고, 추인할 수 없다고 본다(변호사법 제109조).

예컨대 ① 회사의 소송수행을 전담시킬 목적으로 비변호사를 지배인으로 선임하여 법률상 대리인으로 소송수행을 하도록 한 경우(대판 1978.12.26. 78도2131), ② 아파트 관리수탁업체인 甲 회사가 무이자로 소송비용을 대납하는 방법으로 乙 입주자대표회의가 아파트 하자보수보증업체를 상대로 제기하는 하자보수보증금청구소송을 진행하기로 한 경우(대판 2014.7.24. 2013다28728) 그가 대리한 소송행위는 변호사법 위반행위로서 무효이고, 추인도 할 수 없다.

4. 소송대리권의 범위

> 제90조 (소송대리권의 범위) ① 소송대리인은 위임을 받은 사건에 대하여 반소(反訴) · 참가 · 강제집행 · 가압류 · 가처분에 관한 소송행위 등 일체의 소송행위와 변제(辨濟)의 영수를 할 수 있다. ② 소송대리인은 다음 각호의 사항에 대하여는 특별한 권한을 따로 받아야 한다.
> 1. 반소의 제기
> 2. 소의 취하, 화해, 청구의 포기 · 인낙 또는 제80조의 규정에 따른 탈퇴
> 3. 상소의 제기 또는 취하
> 4. 대리인의 선임

(1) 원칙적 권한(소송행위와 실체법상 사법행위 포함)

소송대리인은 위임을 받은 사건에 대하여 반소에 관한 소송행위 등 일체의 소송행위와 변제의 영수를 할 수 있다(제90조 1항). 여기서 반소는 제90조 2항의 '반소의 제기'와의 관계에 비추어 '반소에 대한

응소'를 의미한다(통설). 한편 소송대리인이 할 수 있는 사법행위에 관하여 제90조 1항은 '변제의 영수'만을 규정하고 있지만, 이는 예시적인 것으로 소송대리인은 본인의 취소권, 해제권, 상계권 등의 사법상 형성권을 행사 할 수 있다(통설). 判例도 "위임에 의한 소송대리인이 가지는 대리권의 범위에는 특별수권을 필요로 하는 사항을 제외한 소송수행에 필요한 일체의 소송행위를 할 권한뿐만 아니라 소송목적인 채권의 변제를 채무자로부터 수령하는 권한을 비롯하여 위임을 받은 사건에 관한 실체법상 사법(私法)행위를 하는 권한도 포함된다"(대판 2015.10.29. 2015다32585)고 한다.[66]

(2) 특별수권사항

소송대리인은 제90조 2항 각호의 사항에 대해서는 본인으로부터 특별한 권한을 따로 받아야 한다.

1) 반소의 제기(1호)

반소의 제기(1호.)와 달리 반소에 대한 응소는 특별수권사항이 아니다(제90조 1항).

2) 소의 취하, 화해, 청구의 포기·인낙 또는 제80조의 규정에 따른 탈퇴(2호) [12회 사례형]

소취하의 동의에는 특별수권을 요하지 않는다(대판 1984.3.13. 82므40). "소송상 화해나 청구의 포기에 관한 특별수권이 되어 있다면 특별한 사정이 없는 한 그러한 소송행위에 대한 수권만이 아니라 그러한 소송행위의 전제가 되는 당해 소송물인 권리의 처분이나 포기에 대한 권한도 수여되어 있다"(대판 2000.1.13. 99마6205: 법전협 표준판례(47)).

3) 상소의 제기 또는 취하(3호)

상소의 제기(심급대리원칙 긍정설에 따르면 상소에 응소하는 것도 포함). 또는 취하(제90조 2항 3호)(3회 선택형)뿐만 아니라 불상소합의(제390조 1항 단서), 상소권의 포기(제394조)도 특별수권이 필요하다고 해석한다. 위임장의 인쇄된 부동문자에 의한 수권도 예문이라 보아 효력이 없다고 할 수 없다는 것이 判例이다(대판 1984.2.28. 84누4).

[관련판례] "소송대리권의 범위는 원칙적으로 당해 심급에 한정되지만, 소송대리인이 상소 제기에 관한 특별한 권한을 따로 받았다면 특별한 사정이 없는 한 상소장을 제출할 권한과 의무가 있으므로, 상소장에 인지를 붙이지 아니한 흠이 있다면 소송대리인은 이를 보정할 수 있고 원심재판장도 소송대리인에게 인지의 보정을 명할 수 있다. 그러나 소송대리인이 상소 제기에 관하여 특별한 권한을 따로 받았다고 하더라도, 실제로 소송대리인이 아닌 당사자 본인이 상고장을 작성하여 제출한 경우에는 소송대리인에게 상소장과 관련한 보정명령을 수령할 권능이 없으므로, 원심재판장이 소송대리인에게 보정명령을 송달한 것은 부적법한 송달이어서 그 송달의 효력이 발생하지 아니한다"(대결 2024.1.11. 2023마7122).

4) 복대리인의 선임(4호)

본인과 소송대리인과의 신뢰관계를 고려하여 특별수권사항으로 하고 있다.

(3) 심급대리원칙

1) 인정여부

'제90조 2항 3호'와 관련해 소송대리인의 대리권이 심급에 한하는지 문제된다. 이는 제90조 2항 3호에서 '상소의 제기'로 규정되어 있는바, '상소에 대한 응소'도 포함되는지 여부가 논의의 실익이다. 判例는 "소송대리권의 범위는 특별한 사정이 없는 한 당해 심급에 한정되어, 소송대리인의 소송대리권

---

66) 변호사의 소송대리권은 당사자의 의사로 제한하지 못하는 바(제91조), 본인이 소송대리인의 권한을 내부적으로 제한하거나 대리인의 의사표시가 본인의 의사에 반한다고 하더라도, 이는 본인과 대리인의 내부적 손해배상책임이 발생할 수 있음은 변론으로 하고, 소송법상 효력에 영향이 없다.

의 범위는 수임한 소송사무가 종료하는 시기인 당해 심급의 판결을 송달받은 때까지라고 할 것"(대결 2000.1.31. 99마6205: 법전협 표준판례(47) : 11회 선택형)이라고 하여 심급대리원칙을 인정한다(상소에 피상소인으로서 응소하는 것도 특별수권사항으로 보아야 한다).[67]

[판례검토] 소송대리인과의 신뢰관계를 고려해 심급의 종료시마다 본인이 소송대리인의 소송수행여부를 결정하게 하는 것이 타당하다. 따라서 소송대리인의 소송대리권은 당해 심급의 판결정본 송달로 소멸한다.

2) 대리권의 부활

a. 대리권의 부활이 긍정된 판례(파기환송되어 사실심에 계속 중인 사건)

① **[상고심에서 환송되어 다시 항소심에 계속하게 된 경우(사실심 단계)]** 判例는 환송의 경우 "상고전의 항소심에서의 소송대리인의 대리권은 그 사건이 항소심에 계속되면서 다시 부활하는 것이므로 환송받은 항소심에서 환송 전의 항소심에서의 소송대리인에게 한 송달은 소송당사자에게 한 송달과 마찬가지의 효력이 있다"(대판 1984.6.14. 84다카744: 법전협 표준판례(48)(4회,10회 선택형)고 하여 부활을 긍정한다. **[9회 사례형]**

[판례검토] 이에 대해 파기환송판결은 '심급이동의 종국판결'(다만 확정되지 않은 종국판결)이고 신뢰관계에 이미 금이 갔으므로 부활을 부정하는 견해가 있다(다수설).

② **[이 경우 소송대리인의 보수 : 항소심 사건의 소송사무까지 처리하여야 청구가능]** 判例는 "항소심 판결이 상고심에서 파기되고 사건이 환송되는 경우에는 사건을 환송받은 항소심법원이 환송 전의 절차를 속행하여야 하고 환송 전 항소심에서의 소송대리인인 변호사 등의 소송대리권이 부활하므로, 환송 후 사건을 위임사무의 범위에서 제외하기로 약정하였다는 등의 특별한 사정이 없는 한 변호사 등은 환송 후 항소심 사건의 소송사무까지 처리하여야만 비로소 위임사무의 종료에 따른 보수를 청구할 수 있게 된다"(대판 2016.7.7. 2014다1447)고 판시하였다.

b. 대리권의 부활이 부정된 판례(파기환송되어 법률심에 계속 중인 사건, 재심사건)

① **[재상고의 경우]** 이와 달리 "상고심에서 항소심으로 파기환송된 사건이 다시 상고된 경우에는 항소심의 소송대리인은 그 대리권을 상실하고, 이때 환송 전 상고심 대리인의 대리권이 그 사건이 다시 상고심에 계속되면서 부활하게 되는 것은 아니라고 할 것이어서, 새로운 상고심은 변호사보수의 소송비용산입에 관한 규칙에서는 환송 전 상고심과는 별개의 심급으로 보아야 한다"(대결 1996.4.4. 96마148: 법전협 표준판례(49)(4회, 8회 선택형)고 판시한 경우도 있다.

② **[재심의 경우]** 한편 재심은 신소제기의 형식을 취하는 것이므로 재심절차에서는 사전 또는 사후의 특별수권이 없는 이상 재심 전의 소송의 소송대리인이 당연히 소송대리인이 되는 것은 아니다(대결 1991.3.27. 90마970).

---

67) [학설] ① 심급대리원칙긍정설(통설)은 상소에 대한 응소도 특별수권사항으로 해석하여 심급대리를 긍정하나, ② 심급대리원칙부정설은 '상소의 제기'로만 규정되어 있어 심급의 종료로 대리권이 소멸하지 않는다고 볼 여지가 있다고 한다.

| 핵심사례 A-23 |

■ 파기환송 후 환송 전 항소심 대리인의 대리권 부활여부

대판 1984.6.14. 84다카744

甲은 2010. 5. 4. 자신의 토지를 무단점유하고 있는 乙을 상대로 차임상당의 부당이득반환청구의 소를 제기하였다. 제1심법원은 2010. 6. 7. 원고패소판결을 선고하였다. 이에 甲은 항소하면서 소송대리인 D를 선임하여 소송을 수행하였고(상고의 특별수권을 부여한 바 없다), 항소심 법원은 2010. 12. 1. 甲의 항소를 인용하는 판결을 선고하였다. 이에 乙은 상고하였고 甲은 소송대리인 E를 선임하여 소송을 수행하였으나, 대법원은 2011. 4. 15. 항소심판결을 취소하고 위 사건을 항소심으로 환송하였다. 환송 후 항소심법원은 판결정본을 2011. 10. 17. D에게 송달하였으나, D는 甲에게 위 송달사실을 알려주지 않았다. **甲은 2011. 11. 7. 추후보완상고를 제기할 수 있는가?**

I. 결 론

甲은 추후보완상고를 제기할 수 없다.

II. 논 거

1. 문제점

① '당사자가 책임질 수 없는 사유'로 말미암아 불변기간을 지킬 수 없었던 경우에는 그 사유가 없어진 날부터 2주 이내에 추후보완상고를 제기할 수 있다(제173조). 소송대리인이 판결정본의 송달을 받고도 당사자에게 그 사실을 알려 주지 아니하여 기간을 지키지 못한 경우처럼 그 책임이 소송대리인에게 있는 이상 본인에게 과실이 없다 하더라도 추후보완은 허용되지 않는다(대판 1984.6.14. 84다카744).

② 대리인 D가 에게 송달사실을 알려주지 않아 상고제기기간이 경과한 것이 '당사자의 책임질 수 없는 사유'에 해당하려면, 환송 후 항소심법원이 판결정본을 D에게 송달한 것이 무권대리인에게 송달한 것이어야 한다. 이는 파기환송시 종전 항소심 대리인의 소송대리권이 부활되는지 여부와 관련이 있다.

2. 심급대리원칙 인정여부(적극)

判例는 "소송대리권의 범위는 특별한 사정이 없는 한 당해 심급에 한정되어, 소송대리인의 소송대리권의 범위는 수임한 소송사무가 종료하는 시기인 당해 심급의 판결을 송달받은 때까지라고 할 것"(대결 2000.1.31. 99마6205)이라고 하여 심급대리원칙을 인정한다. 사안에서 소송대리인 D의 소송대리권은 원칙적으로 항소심 판결정본의 송달로 소멸한다.

3. 파기환송판결의 종국판결성

判例는 "대법원의 환송판결도 당해 사건에 대하여 재판을 마치고 그 심급을 이탈시키는 판결인 점에서 당연히 제2심의 환송판결과 같이 종국판결로 보아야 할 것이다"(대판 1995.2.14. 93재다27)고 판시하는바, 파기환송판결에 의해 심급의 이동이 발생하여 상고심에서의 소송대리인 E의 소송대리권은 소멸한다.

4. 파기환송 후 환송 전 소송대리인 D의 대리권의 부활여부(적극)

5. 사안의 해결

D의 소송대리권은 심급대리원칙에 의해 원칙적으로 항소심 판결정본의 송달로 소멸되나 파기환송에 의해 다시 부활하므로, D에 대한 송달은 당사자 甲에게 한 송달과 마찬가지의 효력이 있다. 따라서 D가 판결정본을 송달받고도 당사자에게 알려주지 않아 甲이 송달사실을 몰라 상고제기기간이 경과하였더라도, 이는 '당사자가 책임질 수 있는 사유'에 해당하므로 甲은 추후보완상고를 제기할 수 없다.

5. 소송대리인의 지위

(1) 제3자의 지위

소송행위자로서 행동하나 당사자가 아니므로 판결의 효력을 받지 않는다. 법정대리인과 달리 송달은 반드시 소송대리인에게 하지 않아도 된다. 즉, 소송대리인이 있는 경우에도 당사자 본인에게 한 송달은 유효하다(대결 1970.6.5. 70마325)(2회 선택형).

(2) 당사자 본인의 지위 및 경정권

본인이 소송대리인과 같이 법정에 나와 소송대리인의 '사실상 진술'을 경정하면 그 진술은 효력이 없다(제94조). 사실상 진술에 한하며(신청, 소송물의 처분행위, 법률상 진술, 경험칙 등은 포함되지 않는다), 지체없이 행사되어야 하므로 본인이 소송대리인과 '함께' 변론에 출석한 경우에만 행사할 수 있다.

(3) 소송대리인이 수인인 경우(개별대리의 원칙)

법정대리와 달리 여러 소송대리인이 있는 때에는 각자가 당사자를 대리한다(제93조 1항). 개별대리원칙에 어긋나는 약정을 한 경우에도 이는 효력을 가지지 못한다(동조 2항). 여러 대리인의 행위가 모순될 경우, ① 동시에 모순된 행위가 이루어진 경우에는 어느 것도 효력이 발생하지 않으나, ② 때를 달리해 모순된 행위가 이루어진 경우에는 앞의 행위가 철회할 수 있는 것(주장, 부인, 증거신청 등)이면 뒤의 행위(소취하, 청구포기·인낙, 화해, 자백 등)에 의하여 철회된 것이 되며, 앞의 행위가 철회될 수 없는 것(자백 등)이면 뒤의 행위(부인 등)가 효력이 없게 된다.

> [관련판례] ❋ **제93조(개별대리의 원칙)와 제180조(공동대리인에게 할 송달)의 관계**(제93조 우선 적용)
> "민사소송의 당사자는 민사소송법 제396조 1항에 의하여 판결정본이 송달된 날부터 2주 이내에 항소를 제기하여야 한다. 한편 당사자에게 여러 소송대리인이 있는 때에는 민사소송법 제93조에 의하여 각자가 당사자를 대리하게 되므로, 여러 사람이 공동으로 대리권을 행사하는 경우 그 중 한 사람에게 송달을 하도록 한 민사소송법 제180조가 적용될 여지가 없어 법원으로서는 판결정본을 송달함에 있어 여러 소송대리인에게 각각 송달을 하여야 하지만, 그와 같은 경우에도 소송대리인 모두 당사자 본인을 위하여 소송서류를 송달받을 지위에 있으므로 당사자에 대한 판결정본 송달의 효력은 결국 소송대리인 중 1인에게 최초로 판결정본이 송달되었을 때 발생한다. 따라서 당사자에게 여러 소송대리인이 있는 경우 항소기간은 소송대리인 중 1인에게 최초로 판결정본이 송달되었을 때부터 기산된다"(대결 2011.9.29. 2011마335)(10회, 13회 선택형).
> [판례검토] 결국 제93조가 제180조보다 우선 적용되는 경우라도 송달받을 자에게 여러 명의 소송대리인이 있는 경우에는 그 중의 1인에게 송달하면 유효하다.[68]

(4) 대리권의 서면증명

소송대리인의 권한은 서면으로 증명하여야 한다(제89조 1항). 이러한 서면이 사문서인 경우에는 법원은 공증인, 그 밖의 공증업무를 보는 사람의 인증을 받도록 소송대리인에게 명할 수 있다(동조 2항). 그러나 당사자가 말로 소송대리인을 선임하고, 법원사무관등이 조서에 그 진술을 적어 놓은 경우에는 그러하지 아니하다(동조 3항).

6. 소송대리권의 소멸 [2회 사례형]

소송대리권은 위의 사유(당사자의 사망 또는 소송능력의 상실 등)로 소멸하지 않는다(1회 선택형). 원래 위의 사유는 소송절차의 중단사유이지만(제233조 내지 제237조), 소송대리인이 있으면 소송절차가 중단되지 않으며(제238조), 소송대리인은 위임자의 승계인을 위해 대리인으로 소송을 수행할 수 있다.[69]

---

68) 주석 민사소송법, 편집대표 : 민일영, 한국사법행정학회, 발간연도 : 2018.10 (제8판), 78쪽

반면, 소송대리권은 대리인의 사망·파산·성년후견개시심판, 위임사건의 심급종료, 기본관계의 소멸 등의 사유로 소멸한다. 다만 소송대리인이 상대방에게 대리권이 소멸된 사실을 통지하지 아니하면 소멸의 효력을 주장하지 못한다(제97조, 제63조 1항).

> **제95조 (소송대리권이 소멸되지 아니하는 경우)** 다음 각호 가운데 어느 하나에 해당하더라도 소송대리권은 소멸되지 아니한다.
> 1. 당사자의 사망 또는 소송능력의 상실
> 2. 당사자인 법인의 합병에 의한 소멸
> 3. 당사자인 수탁자의 신탁임무의 종료
> 4. 법정대리인의 사망, 소송능력의 상실 또는 대리권의 소멸·변경

※ 법정대리와 임의대리

차이점	법정대리	임의대리
발 생	법률	수권
소장의 기재여부	필수적 기재사항	임의적 기재사항
송달의 상대방	법정대리인에게만	임의대리인 외 본인도 수송달자
경정권 적용	×	○
본인의 사망	대리권 소멸사유 ○	대리권 소멸사유 ×
대리인의 사망	절차 중단사유 ○	절차 중단사유 ×
증인능력	없음(당사자신문사항임)	있음
대리인이 수인인 경우	공동대리 원칙(능동대리)	개별대리 원칙

Ⅳ. 무권대리인

[A-63]

1. 의 의

'무권대리'란 대리권이 없는 대리를 말한다. 대리권을 수여받지 못한 경우, 특별수권 없는 대리행위, 대리권을 서면증명하지 못한 경우, 법정대리인의 무자격, 대표권 없는 자의 대표행위가 이에 해당한다.

2. 소송상 취급

(1) 소송행위의 유효요건

1) 무권대리인의 소송행위는 원칙적 무효(유동적 무효)

대리권의 존재는 대리인의 소송행위의 유효요건이다. 그러나 무권대리인의 소송행위는 당사자나 정당한 대리인이 추인하면 소급하여 유효하게 된다(제60조).

---

69) **[관련판례]** "당사자가 사망하더라도 소송대리인의 소송대리권은 소멸하지 아니하므로(제95조 1호), 당사자가 소송대리인에게 소송위임을 한 다음 소 제기 전에 사망하였는데 소송대리인이 당사자가 사망한 것을 모르고 당사자를 원고로 표시하여 소를 제기하였다면 소의 제기는 적법하고, 제233조 1항이 유추적용되어 사망한 사람의 상속인들은 소송절차를 수계하여야 한다"(대판 2016.4.29. 2014다210449)

2) 추인(확정적 유효) [2회 사례형, 13사법]

> 제60조 (소송능력 등의 흠과 추인) 소송능력, 법정대리권 또는 소송행위에 필요한 권한의 수여에 흠이 있는 사람이 소송행위를 한 뒤에 보정된 당사자나 법정대리인이 이를 추인(追認)한 경우에는, 그 소송행위는 이를 한 때에 소급하여 효력이 생긴다.

a. 원 칙

判例는 항소심 법원이 원고 소송대리인의 대리권 흠결을 이유로 소각하 판결을 선고하자, 원고 소송대리인이 상고를 제기한 다음 상고심에서 원고로부터 대리권을 수여받아 자신이 종전에 한 소송행위를 모두 추인하였다면, 항소심에서 한 소송행위는 모두 행위시에 소급하여 효력을 가지게 되었고 결국 항소심이 소를 각하한 것은 위법하다(대판 1997.3.14. 96다25227)(1회 선택형)고 보아 항소심 판결을 파기하여야 한다고 판시한 바 있다.

또한 "민사소송법 제97조에 의하여 소송대리인에게 준용되는 같은 법 제60조에 의하면 소송대리권의 흠결이 있는 자의 소송행위는 후에 당사자 본인이나 보정된 소송대리인이 그 소송행위를 추인하면 행위 시에 소급하여 효력을 갖게 되고, 이는 대리권의 흠결이 있는 자가 조정을 갈음하는 결정에 관한 이의신청을 한 후 당사자 본인이나 보정된 대리인이 이의신청 행위를 추인한 경우에도 마찬가지이다"(대판 2023.7.13. 2023다225146).

> ＊ **법인의 특별대리인에 대한 판례**
>
> ㉠ **[대표자 자격이 없는 자가 특별대리인에 의해 추인 받는 경우 : 소급 유효]** 적법한 대표자 자격이 없는 甲이 비법인 사단을 대표하여 소를 제기하였다가 항소심에서 그 대표권에 대한 의문이 제기되자 민사소송법 제64조에 의해 준용되는 같은 법 제62조에 따라 특별대리인으로 선임되었는데, 상고심에서 甲이 선임한 소송대리인이 甲이 수행한 기왕의 모든 소송행위를 추인한 사안에서, 判例는 "甲이 비법인 사단을 대표하여 한 모든 소송행위는 그 행위시에 소급하여 효력을 갖게 되었으므로 甲에게 대표 자격이 없음을 이유로 소를 각하한 항소심판결은 결과적으로 위법하게 되어 항소심판결은 파기환송되어야 한다"(대판 2010.6.10. 2010다5373)고 한다.
> 判例는 적법한 대표자 자격이 없는 비법인 사단의 대표자가 사실심에서 한 소송행위를 상고심에서 적법한 대표자가 추인할 수 있으며, 특별대리인은 법인 또는 법인 아닌 사단의 대표자와 동일한 소송수행의 권한을 갖는다고 본다(대판 2010.6.10. 2010다5373).
>
> ㉡ **[대표자 자격의 흠이 보완된 경우]** "특별대리인이 선임된 후 소송절차가 진행되던 중에 법인의 대표자 자격이나 대표권에 있던 흠이 보완되었다면 특별대리인에 대한 수소법원의 해임결정이 있기 전이라 하더라도 그 대표자는 법인을 위하여 유효하게 소송행위를 할 수 있다"(대판 2011.1.27. 2008다85758)

b. 묵시적 추인

추인은(사전추인을 제외하면) 시기의 제한이 없어 상급심에서도 하급심에서 한 무권대리인의 소송행위를 추인할 수 있고(1회 선택형) 묵시적 의사표시로도 가능하다. 判例는 미성년자가 직접 소송대리인을 선임하여 제1심의 소송수행을 하게 하였으나 제2심에 이르러서는 미성년자의 친권자인 법정대리인이 소송대리인을 선임하여 소송행위를 하면서 아무런 이의를 제기한 바 없이 제1심의 소송결과를 진술한 경우에는 무권대리에 의한 소송행위를 묵시적으로 추인한 것으로 보아야 한다(대판 1980.4.22. 80다308: 법전협 표준판례 (42))고 보았다.

c. 일부 추인

① **[원칙적으로 일괄추인만 가능]**　判例는 "무권대리인이 행한 소송행위의 추인은 특별한 사정이 없는 한 소송행위의 전체를 대상으로 하여야 하고, 그 중 일부의 소송행위만을 추인하는 것은 허용되지 아니한다"(대판 2008.8.21. 2007다79480)[70]고 하여 원칙적으로 일괄추인만 가능하다고 본다.

② **[예외적으로 일부추인도 허용]**　그러나 "무권대리인이 변호사에게 위임하여 소를 제기하여서 승소하고 상대방의 항소로 소송이 2심에 계속 중 그 소를 취하한 일련의 소송행위 중 소취하 행위만을 제외하고 나머지 소송행위를 추인함은 소송의 혼란을 일으킬 우려가 없고 소송경제상으로도 적절하여 그 추인은 유효하다"(대판 1973.7.24. 69다60; 법전협 표준판례(51))고 하여 소송의 혼란을 가져올 염려가 없는 경우에는 일부추인도 허용된다고 한다(3회 선택형).

┃ 핵심사례　A-24┣

┃ 표현대리 인정여부 및 무권대리의 경우 일부추인 가부　　　　　　　　　　2013년 사법시험

> A회사는 B회사와 원단 공급계약을 체결하고 B회사에 원단을 납품하여 왔다. A회사가 B회사에 대금지급을 독촉하자, B회사는 그동안의 거래대금을 지급하였다고 주장하고 있다. 이에 A회사는 B회사를 상대로 원단 대금 1억 원의 지급을 구하는 물품대금청구의 소를 제기하였다. A회사의 전(前) 대표이사 甲은 법인인감도장을 도용하여 변호사 乙에게 B회사에 대한 물품대금청구에 관한 소송행위를 위임하여 소송을 진행한 결과 제1심에서 A회사가 승소하였고, B회사의 항소제기로 소송이 항소심에 계속된 후 위와 같은 방법으로 다시 甲으로부터 소송위임을 받은 변호사 乙이 본건 소를 취하하였다. **이 사실을 뒤늦게 알게 된 A회사의 대표이사 丙은 변호사 乙이 한 일련의 소송행위 중 소취하 행위만을 제외하고 나머지 소송행위를 추인할 수 있는가? (15점)**

Ⅰ. **결 론**

丙은 변호사 乙이 한 소송행위 중 소취하 행위만을 제외하고 추인할 수 있다.

Ⅱ. **논 거**

1. **변호사 乙의 소송대리권 인정여부**(소극)

대표권이 없는 甲이 선임한 소송대리인 乙은 무권대리인이다. 대리권의 존재는 대리인의 소송행위의 유효요건인바, 무권대리인 乙의 소송행위는 무효이다.

2. **소송행위에 표현대리 인정여부**(소극)

소송행위는 민법상의 표현대리가 적용될 수 없어 무권대리행위로서 乙의 소송행위는 무효이다.

3. **일부추인 가부**(한정 적극)

4. **사안의 경우**

대표이사 丙은 무권대리인 乙이 한 일련의 소송행위 중 소취하 행위만을 제외하고 나머지 소송행위를 추인하여 유효하게 할 수 있다.

---

70) 적법하게 선임된 소송대리인이 무권대리인이 한 소송행위 중 상고제기 행위만을 추인하고 그 밖의 소송행위는 추인하지 아니한다고 한 사안에서 判例는 상고행위만의 추인을 허용할 만한 특별한 사정이 없다고 하여 일부추인을 부정하였다

(2) 소송요건(대리권 흠결을 간과한 판결의 효력)

소송대리권의 존부는 법원의 직권탐지사항으로서, 이에 대하여는 자백간주에 관한 규정이 적용될 여지가 없다(대판 1999.2.24. 97다38930: 법전협 표준판례(54)). 대리권의 유무는 본안판결을 받기위한 소송요건이다. 따라서 흠결시 법원의 조치가 문제된다.

1) 소제기시 흠결

대리권에 흠결이 있는 경우 법원은 기간을 정하여 이를 보정하도록 명하여야 하며, 만일 보정하는 것이 지연됨으로써 손해가 생길 염려가 있는 경우에는 법원은 보정하기 전의 당사자 또는 법정대리인으로 하여금 일시적으로 소송행위를 하게 할 수 있다(제59조)(2회,3회 선택형).

2) 소송계속 중 흠결

다른 법정대리인 등이 수계할 때까지 소송절차는 중단된다(제235조). 기일에 무권대리인이 출석하여 변론을 하더라도 그 자의 소송관여는 배척되고 본인에게는 기일불출석의 불이익을 입힐 수 있다.

3) 대리권에 관하여 다툼이 있는 경우

법원이 심리하여 대리권이 존재한다고 판단되면 중간판결이나 판결이유 중에서 판시하면 족하고 흠이 있다고 판단되면 보정을 명하고 보정하지 않으면 소각하 판결을 한다.

[관련판례] "소송대리인의 대리권 존부는 법원의 직권조사사항으로서 사실심에서 변론종결 시까지 당사자가 주장하지 아니한 직권조사사항에 해당하는 사항을 상고심에서 비로소 주장하는 경우에 그 직권조사사항에 해당하는 사항은 상고심의 심판범위에 포함되므로, 소송대리권 수여에 흠이 있는 경우에는 제424조 1항 4호의 절대적 상고이유에 해당한다"(대판 2015.12.10. 2012다16063).

4) 간과판결의 효력

간과판결은 당연무효의 판결이 아니므로 확정 전에는 상소(제424조 1항 4호)로써 확정 후에는 재심(제451조 1항 3호)으로써 취소를 구할 수 있다. 다만 판결 후에 추인이 있으면 상소나 재심은 허용되지 않는다(제424조 2항, 제451조 1항 3호 단서). 判例는 무권대리인이 소송행위를 한 사건에 관하여 판결이 확정된 경우(원고가 청구인용을 받은 경우), 그 소송에서의 상대방이 이를 재심사유로 삼기 위하여는 그러한 사유를 주장함으로써 이익을 받을 수 있는 경우(피고가 원고청구기각을 받을 수 있는 경우)에 한한다(대판 2000.12.22. 2000재다513)(1회 선택형)고 하였다.

(3) 무권대리인의 비용부담

"제107조에 따라 소송대리인에게 대리권이 없다는 이유로 소가 각하되고 제108조에 따라 소송대리인이 소송비용 부담의 재판을 받은 경우 소송대리인으로서는 자신에게 비용부담을 명한 재판에 대하여 재판의 형식에 관계없이 즉시항고나 재항고에 의하여 불복할 수 있다. 이 때 법원이 소송비용을 부담하도록 명한 무권대리인에게 재판결과를 통지하지 아니하여 그가 소송비용 부담 재판에 대한 항고기간을 준수하지 못하였다면 특단의 사정이 없는 한 무권대리인은 자기책임에 돌릴 수 없는 사유로 항고기간을 준수하지 못한 것이다"(대결 2016.6.17. 2016마371).

3. 쌍방대리의 금지

(1) 쌍방대리행위

무권대리행위의 일종이다. 법정대리인의 경우에는 민법 제64조, 민법 제921조의 규정이 있고, 임의대리인 중 비변호사의 경우에는 민법 제124조의 규정이 있으며 쌍방대리는 무효가 된다.

(2) 변호사법 제31조 1항 위반의 대리행위(이의설)[71]

> **변호사법 제31조 (수임제한)** ① 변호사는 다음 각 호의 어느 하나에 해당하는 사건에 관하여는 그 직무를 수행할 수 없다. 다만, 제2호 사건의 경우 수임하고 있는 사건의 위임인이 동의한 경우에는 그러하지 아니하다.
> 1. 당사자 한쪽으로부터 상의(相議)를 받아 그 수임을 승낙한 사건의 상대방이 위임하는 사건
> 2. 수임하고 있는 사건의 상대방이 위임하는 다른 사건
> 3. 공무원·조정위원 또는 중재인으로서 직무상 취급하거나 취급하게 된 사건

임의대리인 중 변호사의 경우에는 변호사법 제31조가 적용된다. 변호사법 제31조 1항에서 쌍방대리의 경우 해당 변호사를 징계하도록 규정하고 있다. 이를 위반한 소송행위의 효력에 관하여 判例는 "상대방 당사자가 법원에 대하여 이의를 제기하는 경우 그 소송행위는 무효이고 그러한 이의를 받은 법원으로서는 그러한 변호사의 소송관여를 더 이상 허용하여서는 아니 될 것이지만, 다만 상대방 당사자가 그와 같은 사실을 알았거나 알 수 있었음에도 불구하고 사실심 변론종결시까지 아무런 이의를 제기하지 아니하였다면 그 소송행위는 소송법상 완전한 효력이 생긴다"(대판 1990.11.23. 90다4037,4044: 법전협 표준판례(56):대판 2003.5.30. 2003다15556)고 판시한바 있으며, "변호사가 변호사법 제31조의 규정에 위배되는 소송행위를 하였다고 하더라도 당사자가 그에 대하여 아무런 이의를 제기하지 아니하면 그 소송행위는 소송법상 완전한 효력이 생긴다"(대판 2003.5.30. 2003다15556)(1회 선택형)고 하여 이의설의 입장이다.[72]

> **[관련판례]** "변호사법 제31조 제1항 제1호에 의한 쌍방대리 금지원칙은 형사사건을 수임한 변호사가 후에 동일 사건의 민사사건을 수임한 경우에도 미치며, 법무법인 구성원인 변호사가 선행사건의 변론에 관여한 바 없더라도 개인의 지위에서 동일 사건을 수임하는 것도 금지된다"(대판 2003.5.30. 2003다15556: 법전협 표준판례(55)).

4. 표현대리 인정 여부

判例는 집행증서를 작성할 때에 강제집행인낙의 의사표시는 공증인에 대한 소송행위이고 이러한 소송행위에는 민법상의 표현대리 규정은 적용 또는 유추적용될 수 없다고 한다(대판 2006.3.24. 2006다2803). 같은 취지로 "이행지체가 있으면 즉시 강제집행을 하여도 이의가 없다는 강제집행 수락 의사표시는 소송행위라 할 것이고, 이러한 소송행위에는 민법상의 표현대리 규정이 적용 또는 유추될 수 없다"는 判例가 있다(대판 1983.2.8. 81다카621: 법전협 표준판례(53)).

[판례검토] 표현대리 성립을 부정하는 경우 전절차를 다시 해야 한다는 점을 들어 소송경제에 반함을 이유로 긍정하는 입장이 존재하지만, 소송행위는 거래가 아니며 표현대리의 성립을 긍정할 경우 상대방의 선의·악의에 따라 소송행위의 유효·무효가 좌우되어 절차의 안정을 해할 우려가 있다는 점을 고려하면 표현대리의 성립을 부정하는 判例의 태도가 타당하다.

---

71) **[학설]** ① 직무규정설(유효설)은 본조를 훈시규정으로 보아 이를 위반한 소송행위도 유효하다고 본다. ② 절대무효설은 본조를 강행규정으로보아 이를 위반한 소송행위는 절대무효라고 한다. ③ 추인설은 보조 위반의 소송행위를 무권대리행위로 보아 추인하면 유효하다고 본다. ④ 이의설은 본조를 임의규정으로 보아 본인이나 상대방이 본조 위반의 소송행위가 있었음을 알거나 알 수 있었음에도 불구하고 이의를 주장하지 아니하면, 이의권 포기·상실로서 하자가 치유된다고 본다.

72) **[비교판례]** "변호사법 제16조(현 변호사법 제31조)에 위반되는 소송행위가 무권대리행위라고 하여도 추인하면 효력이 발생한다"(대판 1970.6.30. 70다809)고 판시하여 추인설을 따른 예도 있다.

제**3**편
제1심 소송절차

제1장 소송의 개시와 심리의 대상

제1절 소의 의의와 종류

Ⅰ. 의 의 [B-1]

'소'란 원고가 피고를 상대로 일정한 법원에 대하여 특정한 청구의 당부에 관한 심판을 요구하는 소송행위이다.

Ⅱ. 소제기의 모습·시기에 따른 분류 [B-2]

1. 모습에 따른 분류(단일의 소·병합의 소)

'단일의 소'란 1인의 원고가 1인의 피고를 상대로 1개의 청구를 하는 것을 말하며, '병합의 소'란 1인의 원고가 1인의 피고를 상대로 수개의 청구를 하는 소(객관적 병합)와 수인의 원고가 제기하거나 수인의 피고를 상대방으로 하는 소(주관적 병합)를 말한다.

2. 시기에 따른 분류(독립의 소·소송 중의 소)

'독립의 소'란 그 소제기로 인해 처음으로 판결절차가 개시되는 소를 말하며, '소송 중의 소'란 이미 계속 중인 소를 이용하여 병합심리를 구하기 위해 제기하는 소를 말한다.

Ⅲ. 청구의 성질·내용에 따른 분류 [B-3]

	이행의 소	확인의 소	형성의 소
의 의	원고의 이행청구권확정과 피고의 이행명령을 구하는 소	권리·법률관계의 존부의 확정을 구하는 소	법률관계의 변동을 구하는 소
대 상	실체법상 청구권	권리·법률관계	형성소권
특 징	① 현재이행의 소 : 소장부본 송달 다음날부터 연 12%의 비율로 지연손해금 청구 가능 ② 장래이행의 소 : 미리 청구할 필요가 있어야 함(제251조) (변론종결시를 기점으로 한 분류)	① 이행의 소를 제기할 수 없는 경우에만 제기가능 : 보충성 ② 시효중단 목적의 확인의 소 : 시효중단 목적의 이행의 소와는 선택관계 ③ 사전분쟁예방기능	① 실체법상 형성의 소 : 실체법상의 법률관계의 변동 ② 소송법상 형성의 소 : 소송법상의 법률관계의 변동 ③ 형식적 형성의 소 : 형식적으로는 소송사건이지만 실질적으로는 비송사건
원고승소	기판력 + 집행력	기판력	기판력 + 형성력
원고패소	기판력(청구권의 부존재)	기판력(권리의 부존재)	기판력(형성소권의 부존재)

✽ 소의 종류가 문제되는 경우

① **[사실혼관계 존부확인의 소 : 확인소송]** 判例는 사실혼관계 존재확인의 판결에 의해 혼인이 성립하는 것은 아니므로(가족관계등록 등에 관한 법률에 의한 신고가 있어야 혼인이 성립함. 창설적 신고), 사실혼관계가 존재했다는 사실은 사실혼관계 존재확인의 소를 별도로 제기할 필요 없이 다른 소송에서 선결문제로 주장할 수 있다고 보아, 확인소송설의 입장이다(대판 2015.7.23. 2014다88888).

② **[주주총회결의무효·부존재확인의 소 : 확인소송]** 주주총회결의 취소의 소가 형성소송인데 반해 判例는 "원래 상법 제380조에 규정된 주주총회결의부존재확인의 소는 그 법적 성질이 확인의 소에 속하고 그 부존재확인판결도 확인판결이라고 보아야 할 것이어서, 설립무효의 판결 또는 설립취소의 판결과 같은 형성판결에 적용되는 상법 제190조의 규정을 주주총회결의 부존재확인판결에도 준용하는 것이 타당한 것인지의 여부가 이론상 문제될 수 있으나, 그럼에도 불구하고 상법 제380조가 제190조의 규정을 준용하고 있는 것은, 제380조 소정의 주주총회결의 부존재확인의 소도 이를 회사법상의 소로 취급하여 그 판결에 대세적 효력을 부여하되, 주주나 제3자를 보호하기 위하여 그 판결이 확정되기까지 그 주주총회의 결의를 기초로 하여 이미 형성된 법률관계를 유효한 것으로 취급함으로써 회사에 관한 법률관계에 법적 안정성을 보장하여 주려는 법정책적인 판단의 결과이다"(대판 1992.8.18. 91다39924: 법전협 표준판례(59))라고 판시하여 확인소송설의 입장이다.

③ **[사해행위 취소의 소 : 형성소송과 이행소송의 병합]** 민법 제406조는 "채무자가 채권자를 해함을 알고 재산권을 목적으로 한 법률행위를 한 때에는 채권자는 그 취소 및 원상회복을 법원에 청구할 수 있다"고 규정하고 있으며, 判例도 "사해행위의 취소와 원상회복의 청구는 동시에 행사 할 수 있는 것"(대판 1980.7.22. 80다795)이라고 판시하였으므로, 사해행위 취소의 소의 법적 성질은 형성소송과 이행소송의 병합으로 보는 견해가 타당하다(절충설 또는 병합설).

1. 이행의 소

(1) 의의 및 대상

'이행의 소'란 원고의 피고에 대한 이행청구권의 확인과 그 청구권의 이행을 명하는 판결을 구하는 소이다. 실체법상 청구권을 대상으로 한다.

(2) 종류 및 특징

1) 현재이행의 소

'현재이행의 소'란 변론 종결 이전에 이미 이행기가 도래한 이행청구권에 관한 소를 말한다. 원칙적으로 소의 이익이 인정되며, 소장송달 다음날부터 연 12%의 비율로 지연손해금을 청구할 수 있다(소송촉진등에 관한 특례법 제3조 1항).

2) 장래이행의 소

'장래이행의 소'란 변론 종결 후에 이행기가 도래하는 이행청구권에 관한 소를 말한다. 이 경우는 미리 청구할 필요가 있을 때 소의 이익이 인정된다(제251조).

(3) 확정판결의 효력 : 기판력 + 집행력

청구인용판결이 확정되면 기판력과 함께 **집행력**도 발생하여 강제집행의 권원이 된다. 그러나 청구기각판결은 청구권의 부존재를 확인하는 확인판결에 불과하다.

2. 확인의 소

(1) 의의 및 대상

'확인의 소'란 다툼이 있는 권리나 법률관계의 존부확정을 요구하는 소이다. 예외적으로 증서의 진정 여부를 확인하는 소는 사실관계를 대상으로 한다.

(2) 종류 및 특징

권리·법률관계의 존재확인을 구하는 적극적 확인의 소와 그의 부존재의 확인을 구하는 소극적 확인의 소가 있으며, 선결적 법률관계의 확인을 구하는 소로서 중간확인의 소가 있다. 확인의 이익이 있어야 하며, 이행의 소를 제기할 수 없는 경우에만 제기할 수 있다(**확인의 소의 보충성**).

(3) 확정판결의 효력 : 기판력

청구인용판결이 확정되면 원고가 주장한 권리·법률관계의 존재에 관해 **기판력**이 생기지만 집행력은 발생하지 않는다. 청구기각판결이 확정되면 권리·법률관계의 부존재에 관해 기판력이 발생한다.

3. 형성의 소

(1) 의의 및 대상

'형성의 소'란 판결에 의한 법률관계의 변동을 요구하는 소이다. 형성권 중 해제권, 취소권, 상계권 등 실체법상 형성권은 당사자의 일방적 의사표시에 의해서 권리를 변동시킬 수 있으나, 형성소권은 법원의 판결을 받아야 권리를 변동시킬 수 있다. 형성소권을 실현시키는 소가 형성의 소이다.

(2) 종 류

1) 실체법상의 형성의 소

'실체법상의 형성의 소'란 회사관계소송(회사설립무효·취소의 소 등), 가사소송(혼인 무효·취소소송), 항고소송(행정처분의 취소를 구하는 소) 등 실체법상의 법률관계의 변동을 구하는 소를 말한다.

2) 소송법상의 형성의 소

'소송법상의 형성의 소'란 재심의 소(제451조), 준재심의 소(제461조), 정기금판결에 대한 변경의 소(제252조), 제권판결에 대한 불복의 소(제490조), 청구이의의 소(민집법 제44조), 집행문 부여에 대한 이의의 소(민집법 제45조), 제3자 이의의 소(민집법 제48조), 배당이의의 소(민집법 제154조) 등 소송법상 법률관계의 변동을 목적으로 하는 소를 말한다.

3) 형식적 형성의 소('Ⅳ. 형식적 형성의 소' 참조)

(3) 특 징

창설적 효과를 목적으로 한다는 점에서 이미 있는 법률관계의 확정 및 실현을 목적으로 하는 이행의 소나 확인의 소와는 구별된다. 법규정으로 허용하는 경우에만 인정되며(**형성의 소의 법정주의**), 형성판결의 대세효 때문에 제소권자와 제소기간을 정해놓은 경우가 많다.

(4) 확정판결의 효력 : 기판력 + 형성력

청구인용판결이 확정되면 형성소권의 존재에 대해 **기판력**이 생기고, 당해 법률관계를 생성·변경·소멸시키는 **형성력**이 생긴다(판결자체로 집행이 되므로 집행력은 불요). 청구기각판결이 확정되면 형성소권의 부존재에 대해 기판력이 생긴다(형성소권의 부존재를 확정하는 확인판결에 불과).

[관련판례] ＊ 배당이의의 소의 법적 성질과 기판력의 발생범위

"배당이의의 소는 배당표에 배당받는 것으로 기재된 자의 배당액을 줄여 자신에게 배당되도록 하기 위하여 배당표의 변경 또는 새로운 배당표의 작성을 구하는 것이므로, 원고가 배당이의의 소에서 승소하기 위해서는 피고의 채권이 존재하지 아니함을 주장·증명하는 것만으로 충분하지 않고 자신이 피고에게 배당된 금원을 배당받을 권리가 있다는 점까지 주장·증명하여야 하며, 피고는 배당기일에서 원고에 대하여 이의를 하지 아니하였다 하더라도 원고의 청구를 배척할 수 있는 사유로서 원고의 채권 자체의 존재를 부인할 수 있다. 법률관계의 변경·형성을 목적으로 하는 형성소송인 청구이의의 소는 집행권원이 가지는 집행력의 배제를 목적으로 하는 것으로서 그 판결이 확정되더라도 당해 집행권원의 원인이 된 실체법상 권리관계에 기판력이 미치지 않는다(대판 2023.11.9. 2023다256577)."

Ⅳ. 형식적 형성의 소 [B-4]

1. 의 의

'형식적 형성의 소'란 형식적으로는 소송사건이지만 실질적으로는 비송사건에 해당하는 형성의 소를 말한다. 공유물분할의 소(민법 제269조 1항), 토지경계확정의 소(判例), 父를 정하는 소(민법 제845조), 법정지상권의 지료결정의 소(민법 제366조) 등이 구체적 예이다.

2. 절차상 특징(비송사건적 성격) [처, 불, 청]

(1) 처분권주의의 배제

실질이 비송사건이므로 처분권주의가 배제된다. 예를 들어 공유물분할의 소의 경우 원고는 청구취지에 공유물분할 등을 해줄 것을 신청하면 족하고, 특정한 분할방법 등을 지정하여 달라는 신청을 하지 않아도 소송물의 불특정 문제는 발생하지 않는다. 법원은 원고가 분할방법 등을 지정하여 구체적으로 신청을 하더라도 이에 구속되지 않고 재량으로 진실하다고 인정하는 바에 따라 판결하면 된다.

(2) 불이익변경금지원칙의 부적용

항소법원이 항소인에 대하여 제1심 판결보다 불리한 판결을 할 수 있다. 왜냐하면 법원은 당사자의 신청에 구속되지 않고 스스로 진실하다고 인정되는 법률관계를 선택할 수 있기 때문이다.

(3) 청구기각판결의 불가(증명책임의 예외)

다른 형성의 소와 달리 법률관계의 요건사실(형성요건)이 결여되어 있으므로 사건의 진위불명이 있을 수 없고 증명책임이 적용되지 않는다. 따라서 법원은 요건사실의 진위불명을 이유로 청구기각판결을 하여서는 아니되고, 반드시 재판을 하여 직권에 의하여 가장 합리적으로 판단되는 권리관계를 형성하면 된다.

3. 공유물 분할의 소

> 민법 제269조 (분할의 방법) ① 분할의 방법에 관하여 협의가 성립되지 아니한 때에는 공유자는 법원에 그 분할을 청구할 수 있다. ② 현물로 분할할 수 없거나 분할로 인하여 현저히 그 가액이 감손될 염려가 있는 때에는 법원은 물건의 경매를 명할 수 있다

(1) 의 의

'공유물 분할의 소'란 공유자 간에 공유물의 분할의 방법에 관하여 협의가 성립되지 아니한 때에 판

결에 의한 분할을 청구하는 소를 말한다(민법 제269조 1항).

(2) 소의 성질

절차적으로 소송으로 처리되는 소송사건 중 장래 법률관계의 창설을 구하는 '형성소송'이지만, 법원은 공유물분할을 청구하는 자가 구하는 방법에 구애받지 아니하고 자유재량에 따라 합리적인 방법으로 공유물을 분할할 수 있는 것으로서 '비송사건의 성질'도 지니는 **형식적 형성소송**이다(통설, 判例).

(3) 청구취지와 청구원인의 기재

청구취지의 기재는 '공유물의 분할을 구한다'고 하는 것으로 족하다. 처분권주의가 적용되지 않으므로 분할방법에 대한 당사자의 신청에 법원이 구속되지 않기 때문이다. 청구원인의 기재는 구분소유적 공유관계를 제외하고는 원고가 분할청구권을 가지는 것과 공유자 간에 협의가 성립되지 아니한 것을 주장하면 된다.

(4) 심리절차

민사소송법이 적용되므로 일반소송절차에 의하고 화해도 가능하다. 다만 비송사건의 성질을 가지므로 직권증거조사가 가능하다고 본다.

(5) 분할방법 [처, 불, 청] [14사법]

① 공유물의 분할은 **현물분할**을 원칙으로 하나, 현물로 분할할 수 없거나 분할로 인하여 그 가액이 현저히 감손(減損)될 염려가 있는 때에는 공유물을 경매하여 **대금분할**을 할 수 있다(민법 제269조 2항). 이 경우 처분권주의가 적용되지 않으므로 법원은 원고가 현물분할을 청구하는 경우에도 청구취지의 변경 없이 경매분할을 명하는 판결을 할 수 있다(대판 2004.10.14. 2004다30583). ② 이러한 변경은 불이익변경금지원칙이 적용되지 않으므로 항소심에서도 할 수 있고, ③ 어떠한 형식으로라도 법률관계를 형성해야 하므로 원고의 청구를 기각할 수 없다.

(6) 판결의 효력

형성력 외에 기판력도 인정된다. 判例도 "공유물분할청구소송이 승소확정판결은 기판력과 집행력이 있는 것이므로 그 확정판결의 원본이 멸실되어 강제집행에 필요한 집행문을 받을 수 없는 특별한 사정이 없는 한 그와 동일한 소를 제기할 소의 이익이 없다"(대판 1981.3.24. 80다1888)라고 하였다. 기판력을 인정해야 패소판결확정 후 손해배상청구 내지 부당이득반환청구를 막을 수 있기 때문이다.

■ 공유물분할의 소	2014년 사법시험, 2015년 8월 법전협 모의

사실관계 | 甲, 乙, 丙은 X토지를 각 3분의 1의 지분으로 공유하고 있다. 그러나 내부적인 갈등으로 丙은 공유관계를 해소하기 위해 甲과 乙에 대하여 X토지의 분할을 청구하는 소를 제기하였다. 丙은 청구취지에서 X토지를 수평으로 3등분하는 방법으로 분할을 구하였는데 법원이 丙의 청구와 달리 수직으로 3등분하는 방법으로 분할을 명하는 판결을 선고할 수 있는가?

사안의 해결 | 丙은 수평으로 3등분하는 방법의 분할을 요구하고 있는바, 이에 대해 처분권주의(제203조)가 적용되어 법원은 丙의 청구에 구속되는 것은 아닌지가 문제되는데 공유물분할청구소송은 형식적 형성소송에 해당하므로, 처분권주의가 배제되어 법원은 丙의 청구에 구속되지 않고 수직으로 3등분하는 방법으로 분할을 명하는 판결을 선고할 수 있다.

✳ 현물분할의 방식으로 인정되지 않는 경우

① "분할청구자들이 그들 사이의 공유관계의 유지를 원하고 있지 아니한데도 분할청구자들과 상대방 사이의 공유관계만 해소한 채 분할청구자들을 여전히 공유로 남기는 방식으로 현물분할을 하는 것은 허용될 수 없다"(대판 2015.7.23. 2014다88888).

② "분할청구자가 상대방들을 공유로 남기는 방식의 현물분할을 청구하고 있다고 하여, 상대방들이 그들 사이만의 공유관계의 유지를 원하고 있지 아니한데도 상대방들을 여전히 공유로 남기는 방식으로 현물분할을 하여서도 아니된다"(대판 2015.3.26. 2014다233428).

③ "분할청구자 지분의 일부에 대하여만 공유물 분할을 명하고 일부 지분에 대하여는 이를 분할하지 아니하거나, 공유물의 지분비율만을 조정하는 등의 방법으로 공유관계를 유지하도록 하는 것도 허용될 수 없다"(대판 2011.3.10. 2010다92506 ; 대판 2010.2.25. 2009다79811).

✳ 현물분할의 방식으로 인정되는 경우

① "공유물분할의 소이며, 법원은 공유물분할을 청구하는 자가 구하는 방법에 구애받지 아니하고 자유로운 재량에 따라 합리적인 방법으로 공유물을 분할할 수 있는 것이므로, 분할청구자가 바라는 방법에 따른 현물분할을 하는 것이 부적당하거나 이 방법에 따르면 그 가액이 현저히 감손될 염려가 있다고 하여 이를 이유로 막바로 대금분할을 명할 것은 아니고, 다른 방법에 의한 합리적인 현물분할이 가능하면 법원은 그 방법에 따른 현물분할을 명하는 것도 가능하다"(대판 1991.11.12. 91다27228: 법전협 표준판례(110)).

② "일정한 요건이 갖추어진 경우에는 ⅰ) 공유자 상호간에 금전으로 경제적 가치의 과부족을 조정하게 하여 분할을 하는 것도 현물분할의 한 방법으로 허용되는 것이며 ⅱ) 여러 사람이 공유하는 물건을 현물분할하는 경우에는 분할청구자의 지분한도 안에서 현물분할을 하고 분할을 원하지 않는 나머지 공유자는 공유자로 남는 방법도 허용될 수 있다"(대판 1991.11.12. 91다27228)(3회 선택형).

③ "현물분할의 방법은 법원의 자유재량에 따라 공유관계나 그 객체인 물건의 제반 상황에 따라 공유자의 지분비율에 따라 합리적으로 분할하면 되는 것이고, 여기에서 공유지분비율에 따른다 함은 지분에 따른 가액비율에 따름을 의미하는 것으로 보는 것이 상당하므로 토지를 분할하는 경우에는 원칙적으로는 각 공유자가 취득하는 토지의 면적이 그 공유지분의 비율과 같아야 할 것이나, 반드시 그렇게 하지 아니하면 안 되는 것은 아니고 토지의 형상이나 위치, 그 이용상황이나 경제적 가치가 균등하지 아니할 때에는 이와 같은 제반 사정을 고려하여 경제적 가치가 지분비율에 상응하도록 분할하는 것도 허용된다" (대판 1991.11.12. 91다27228)(3회 선택형).

④ "당해 공유물을 특정한 자에게 취득시키는 것이 '상당'하다고 인정되고, 다른 공유자에게는 그 지분의 가격을 취득시키는 것이 공유자간의 '실질적인 공평'을 해치지 않는다고 인정되는 특별한 사정이 있는 때에는 공유물을 공유자 중의 1인의 단독소유 또는 수인의 공유로 하되 현물을 소유하게 되는 공유자로 하여금 다른 공유자에 대하여 그 지분의 적정하고도 합리적인 가격을 배상시키는 방법에 의한 분할도 현물분할의 하나로 허용된다"(대판 2004.10.14. 2004다30583). "이때 그 가격배상의 기준이 되는 '지분가격'이란 공유물분할 시점의 객관적인 교환가치에 해당하는 시장가격 또는 매수가격을 의미하는 것으로, 그 적정한 산정을 위해서는 분할 시점에 가까운 사실심 변론종결일을 기준으로 변론과정에 나타난 관련 자료를 토대로 최대한 객관적·합리적으로 평가하여야 하므로, 객관적 시장가격 또는 매수가격에 해당하는 시가의 변동이라는 사정을 일절 고려하지 않은 채 그러한 사정이 제대로 반영되지 아니한 감정평가액에만 의존하여서는 아니 된다"(대판 2022.9.7. 2022다244805).

[판례해설] 민법 제269조 2항은 재판상 분할에 관하여 현물분할과 경매에 의한 대금분할만을 규정하고 있을 뿐 가격배상은 규정하고 있지 않으나, 判例는 전면적 가격배상을 인정한다.

> ※ 대금분할의 경우
>
> ① "공유물의 분할은 당사자간에 협의가 이루어지는 경우에는 그 방법을 임의로 선택할 수 있으나 협의가 이루어지지 아니하여 재판에 의하여 공유물을 분할하는 경우에는 법원은 현물로 분할하는 것이 원칙이고, 현물로 분할할 수 없거나 현물로 분할을 하게 되면 현저히 그 가액이 감손될 염려가 있는 때에 비로소 물건의 경매를 명할 수 있다"(대판 1991.11.12. 91다27228).
>
> ② "재판에 의한 공유물분할은 각 공유자의 지분에 따른 합리적인 분할을 할 수 있는 한 현물분할을 하는 것이 원칙이며 대금분할에 있어서 '현물로 분할 할 수 없다'는 요건은 이를 물리적으로 엄격하게 해석할 것은 아니고 공유물의 성질, 위치나 면적, 이용상황, 분할 후의 사용가치 등에 비추어 보아 현물분할을 하는 것이 곤란하거나 부적당한 경우를 포함한다 할 것이고, '현물로 분할을 하게 되면 현저히 그 가액이 감손될 염려가 있는 경우'라는 것도 공유자의 한 사람이라도 현물분할에 의하여 단독으로 소유하게 될 부분의 가액이 분할 전의 소유지분 가액보다 현저하게 감손될 염려가 있는 경우도 포함한다고 할 것이다"(대판 1991.11.12. 91다27228).
>
> ③ "공유토지를 공유지분비율에 따라 현물분할할 경우 공유자 1인이 소유할 부분이 너무 작아서 지상에 건축이 불가능하게 된다면 그 대지부분의 가액은 분할 전 건축이 가능한 대지의 지분가액보다 현저하게 감손될 것이 명백하여 공정한 분할이라고 보기 어렵다"(대판 1993.1.19. 92다30603).

■ 공유물분할청구소송의 당사자적격 판단시점 및 무권리자 처분행위에 대한 추인에 따른 부당이득반환의무의 범위
대판 2022.6.30. 2020다210686, 210693

사실관계 ┃ 甲, 乙, 丙은 X토지를 1/3씩 공유하고 있었는데, 甲은 개인적인 사정상 공유관계를 해소하고자 乙, 丙을 상대로 공유물분할을 구하는 소를 제기하였다(이하 '본소청구').

제1심은 乙, 丙에 대한 송달을 공시송달로 진행한 다음, 2018. 10. 17. 甲이 X토지를 단독으로 소유하되 乙, 丙에게 제1심 변론종결일 기준 가액배상금 각 1억 원을 지급하는 내용의 공유물분할판결을 선고하였다. 이후 甲은 X토지를 丁에게 9억 원에 매도한 후 형식적으로 확정된 제1심 판결을 기초로 乙, 丙에 대한 배상금을 각 1억 원씩 공탁하고, 乙, 丙의 각 1/3 지분에 관하여 자신 앞으로 소유권이전등기를 마친 다음, 2019. 1. 29. X토지에 관하여 丁명의로 소유권이전등기를 마쳐주었다. 이에 2019. 2. 22. 乙, 丙은 제1심 판결에 대하여 적법한 추완항소를 제기하고, 2019. 8. 26. 甲에 대하여 X토지의 매매대금 9억 원 중 乙, 丙의 각 1/3 지분에 상응하는 금액 각 3억 원에서 甲이 乙, 丙을 위하여 공탁한 금액 각 1억 원을 공제한 나머지 금액 각 2억 원의 반환을 구하는 반소를 제기하였다(이하 '반소청구').

甲의 본소 청구와 乙, 丙의 반소청구에 대해 항소심 법원은 어떤 판결을 해야 하는지 결론과 그 논거를 설명하시오(단, 乙, 丙의 반소는 공동소송 및 반소의 적법요건을 모두 갖추었다고 전제한다)

판시내용 ┃ ※ 공유물분할소송의 병합소송형태, 무권리자의 처분행위와 추인

① "공유물분할청구소송은 분할을 청구하는 공유자가 원고가 되어 다른 공유자 전부를 공동피고로 삼아야 하는 고유필수적 공동소송이다. 따라서 소송계속 중 변론종결일 전에 공유자의 지분이 이전된 경우에는 변론종결 시까지 민사소송법 제81조에서 정한 승계참가나 민사소송법 제82조에서 정한 소송인수 등의 방식으로 일부 지분권을 이전받은 자가 소송당사자가 되어야 한다. 그렇지 못할 경우에는 소송 전부가 부적법하게 된다"(대판 2014.1.29. 2013다78556 참조). ② "무권리자에 의한 처분행위를 권리자가 추인한 경우에 권리자는 무권리자에 대하여 무권리자가 처분행위로 인하여 얻은 이득의 반환을 청구할 수 있다"(대판 2001.11.9. 2001다44291 참조). ③ "공시송달에 의하여 형식적으로 확정된 공유물분할판결에 따라 甲이 자신 앞으로 소유권이전등기를 경료한 후 제3자에게 공유부동산을 처분하였는데, 다른 공유자들이 위 판결에 대하여 적법한 추완항소가 제기되고 공유부동산 처분에 따른 매매대

금의 반환을 구하는 반소를 제기한 경우, 이러한 반소제기는 甲의 무권리자 처분행위를 묵시적으로 추인한 것에 해당한다. 따라서 항소심 변론종결시를 기준으로 본소인 공유물분할청구소송은 당사자 적격을 갖추지 못하였고, 반소 청구 중 甲이 반환할 부당이득금은 매매대금 중 다른 공유자들의 지분에 해당하는 부분에 한정된다"(대판 2022.6.30. 2020다210686, 210693).

사안의 해결 ┃ 항소심 법원은 ① 甲의 '본소청구'는 당사자적격의 흠결을 이유로 '각하'하여야 하고, ② 乙, 丙의 '반소청구'는 추인에 따른 부당이득반환을 이유로 '전부인용'하여야 한다.

4. 토지경계확정의 소 [12변리]

(1) 의 의

'토지경계확정의 소'란 토지경계선에 관하여 다툼이 있는 경우에 법원의 판결로 토지경계를 정하는 소를 말한다. 법적 근거는 없으나 학설 및 判例는 이를 인정한다.

(2) 소의 성질

토지소유권의 범위에 관한 확인의 소라는 견해(확인소송설)도 있으나, 判例는 "토지경계확정의 소는 인접하는 토지의 경계확정을 구하는 소이고 그 토지에 관한 소유권의 범위나 실체상 권리의 확인을 목적으로 하는 것은 아니므로 당사자가 토지 일부를 시효취득하였는지의 여부는 토지경계확정소송에서 심리할 대상이 되지 못한다"(대판 1993.10.8. 92다44503)고 하여 **형식적 형성소송설**의 입장이다.

[판례검토] 토지의 경계선과 소유권의 한계선이 불일치하는 경우도 있으므로 경계확정의 소를 소유권의 범위의 확인으로 보는 견해는 타당하지 않다. 따라서 판결에 의해 경계선을 창설하는 형성소송이면서 비송사건의 성질도 갖는다는 判例의 입장이 타당하다.

> [관련판례] "토지경계확정의 소는 인접한 토지의 경계가 사실상 불분명하여 다툼이 있는 경우 재판으로 그 경계를 확정해 줄 것을 구하는 소로서, 토지소유권의 범위의 확인을 목적으로 하는 소와는 달리, 인접한 토지의 경계가 불분명하여 그 소유자들 사이에 다툼이 있다는 것만으로 권리보호이익이 인정된다"(대판 2021.8.19. 2018다207830).

(3) 청구취지와 청구원인의 기재

청구취지의 기재는 '甲 토지와 乙토지의 경계확정을 구한다'고 하는 것으로 족하다. 처분권주의가 적용되지 않기 때문이다. 청구원인의 기재는 두 토지가 인접하고 있는 것과 그 경계가 불분명한 것 등을 주장하면 된다.

(4) 심리절차

소송사건의 일반적 절차에 따르지만, 비송사건의 성질을 가지므로 직권증거조사가 가능하다고 봄이 타당하다.

(5) 경계확정방법 (처. 불. 청)

① 한 필의 경계를 확정하는 것은 공익적 요소가 강하므로 처분권주의가 적용되지 않는다. 따라서 법원은 당사자가 주장하는 경계선에 구속되지 않고 진실한 경계를 확정하여야 하고(대판 1996.4.23. 95다54761; 대판 2021.8.19. 2018다207830), 당사자로서는 취하는 허용되지만 인낙이나 화해를 할 수는 없다. ② 불이익변경금지원칙도 적용되지 않으므로 항소심에서 제1심판결을 변경하여 정당하다고 판단되는 경계선을 경계로 확정할 수 있고, 그 결과 항소인에게 불이익하고 부대항소를 하지 않은 피항소

인에게 유리하더라도 무방하다. ③ 원고가 주장하는 경계선보다 유리한 판단을 하여야 할 경우에도 청구기각의 판결을 할 수 없고 경계설정이 필요하다고 인정되는 한 언제나 본안판결로써 경계를 설정하여야 한다.

(6) 판결의 효력

판결이 확정되면 경계가 창설되는 형성력이 인정된다.

핵심사례 B-01

■ 경계확정의 소
대판 1993.10.8. 92다44503, 대판 1996.4.23. 95다54761

丙은 X토지의 소유자이다. X토지와 인접한 Y토지의 소유자 C는 2011. 1. 3.부터 X토지의 10㎡가 자신의 소유라고 주장하며 무단으로 경작하였다. 이에 화가 난 丙은 C를 상대로 경계를 확실히 하자고 으름장을 놓으며 2012. 3. 4. X토지와 Y토지에 관한 경계확정의 소를 제기하였다. 이에 C는 제1변론기일에서는 10㎡가 Y토지에 포함되어 있다고 항변하였으나, 이후 제2변론기일에서는 10㎡ 부분을 시효로 취득하였다고 항변했다. 이후 C와 丙은 소송계속 중인 2012. 6. 7. 합의로 X토지와 Y토지의 경계를 임의로 확정하였다.

〈문제 1.〉 법원은 C의 취득시효사실을 심리하여 판단할 수 있는가?

〈문제 2.〉 丙과 C가 소를 취하하고 있지 않다면 법원은 스스로 경계를 확정할 수 있는가?

I. 문제 1.의 해결

1. 결론

법원은 C가 시효취득을 하였는지 여부를 심리할 수 없다.

2. 논거

(1) 문제점 - 토지경계확정의 소의 의의

(2) 토지경계확정의 소의 법적 성질 - 형식적 형성소송설

(3) 소송 특성 - 처분권주의원칙과 불이익변경금지원칙 적용 배제

(4) 사안의 해결

토지경계확정의 소의 법적 성질을 형식적 형성의 소로 보는 이상, 처분권주의가 배제되어 법원은 C가 취득시효를 하였는지 여부를 심리할 수 없다.

II. 문제 2.의 해결

1. 결론

소송이 계속되고 있는 이상 법원은 스스로 경계를 확정할 수 있다.

2. 논거

토지경계확정의 소는 형식적 형성의 소이므로 처분권주의가 배제되어, 丙과 C사이에 임의로 경계를 확정하였더라도 소송이 계속되고 있다면 법원은 그 합의에 구속되지 아니하고 진실한 경계를 확정하여야 한다.

제2절 소송요건

I. 서 설
[B-5]

1. 의 의

'소송요건'이란 소가 적법하기 위하여 구비하여야 할 사항을 말한다. 소송요건은 소의 본안심리요건 인 동시에 본안판결요건이다. 따라서 법원은 소송요건에 흠이 밝혀진 경우 더 이상 본안심리를 하지 않고 소각하 판결을 하여야 한다(대판 1983.2.8. 81누420). 그러나, 시간적으로 소송요건이 갖추어졌는지 를 먼저 확인한 후에야 본안심리를 할 수 있는 것은 아니다(후술할 소송요건심리의 선순위성과 구별). 실제 로도 소송요건과 본안심리는 동시에 진행되는 경우가 많다.

2. 구별개념

① 소송요건은 성립된 소송이 적법한 취급을 받기 위해 갖추어야하는 요건으로서, 소장의 적식 여부 등 외관상 소송이라고 볼 수 있는 행위인지를 말하는 **소송의 성립요건과 구별**된다. ② 한편 소송요건 은 소 자체의 적법요건이므로 **개개의 소송행위의 유효요건과도 구별**된다. 소송요건 흠결시에는 소가 부적법 각하됨에 반해, 소송행위의 유효요건이 갖추어지지 않은 경우에는 해당 소송행위만 무효로 될 뿐 이 경우에도 본안판단을 함에는 지장이 없다.

> **✳ 승소판결을 받기 위한 요건 중 소송요건의 위치**
>
> 원고가 승소판결을 받기 위해서는 다음 4가지 요건을 갖추어야 하며(이는 심리순서이기도 함) 소송요 건도 이 중 하나이다.
>
> ㉠ **[소장의 적식심사 : 소송의 성립요건]** 소장의 필요적 기재사항, 당사자와 청구의 특정, 인지납부 여부 등을 재판장이 심사하여 구비되어있지 않다면 보정을 명하고, 불응시 소장각하명령을 하게 된다.
>
> ㉡ **[소의 적법심사 : 소송의 적법요건, 소송요건]** 소장이 적식을 갖추었다면, 법원은 소의 적법요건, 즉 소송요건의 구비여부를 심사한다. 만약 소송요건 중 하나라도 흠결이 발견되면 법원은 본안심 리와 본안판결을 할 수 없고 부적법 각하판결을 하게 된다.
>
> ㉢ **[주장자체의 정당성]** 소가 적법하면 법원은 본안에 들어가 원고의 청구권 존부를 심사한다. 이때 원고가 승소하기 위해서는 주장자체로 실체법상 정당해야한다. 만약 원고의 주장자체가 이유 없는 경우라면(예를 들어 소작권확인청구, 도박자금으로 빌려준 대여금청구 등) 법원은 그 주장사실의 존부를 판단할 필요도 없이 청구기각의 판결을 하게 된다. 이 경우 법원은 원고의 주장사실이 인정됨을 가 정하여 청구기각판결을 할 수 있고(대판 1974.10.25. 74다1332),[1] 피고의 자백이나 항변을 고려할 필요 도 없으며, 소액사건의 경우 변론없이 청구를 기각할 수도 있다(소액사건심판법 제9조 1항).
>
> ㉣ **[주장사실의 증명]** 원고의 주장자체가 정당하더라도 피고가 부인하면 원고는 주장사실을 증명해 야 승소판결을 받을 수 있고, 피고의 항변이 이유있을 때는 패소판결을 받게 된다

---

1) "원고의 주장사실이 모두 인정된다 하더라도 그 요건사실에 대한 법률효과로서 원고의 청구를 인용할 수 없는 경우에는 원고 주장사실을 확정하지 아니하고 그와 같은 주장사실이 인정됨을 가정하여 법률적 판단만으로 원고의 청구를 배척할 수 있다"

3. 종 류

(1) 법원에 관한 것

법원에 관한 소송요건으로는 제소한 법원에 인적(피고에 대한 재판권) · 물적(국제재판관할권)재판권이 있을 것, 제소한 법원에 관할권(직분 · 토지 · 사물 관할권)이 있을 것, 청구가 민사소송사항일 것이 있다.

(2) 당사자에 관한 것

법원에 관한 소송요건으로는 당사자의 실재 · 당사자능력 · 당사자적격 · 소송능력 · 대리권이 존재할 것, 원고가 소송비용의 담보를 제공할 필요가 없거나 필요하다면 담보를 제공할 것(제117조)이 있다.

(3) 소송물에 관한 것

소송물에 관한 소송요건으로는 소송물이 특정될 것, 소의이익이 있을 것이 있다.

(4) 특수소송에 관한 것

병합소송에서 개별적 요건, 장래이행의 소에서 미리 이행할 필요성, 확인의 소에서 확인의 이익, 상소에서 상소요건, 채권자대위소송에서 피보전채권의 존재, 제소기간이 정해진 소에서 그 기간의 준수 등이 소송요건으로 요구된다.

4. 모 습

(1) 적극적 요건과 소극적 요건

재판권 · 관할권 · 당사자능력 · 소송능력 등 그것의 존재가 소를 적법하게 하는 것을 적극적 소송요건이라 하고, 중복소제기 · 기판력 · 중재합의 등 그것의 부존재가 소를 적법하게 하는 것을 소극적 소송요건이라 한다.

(2) 직권조사사항과 항변사항

	직권조사사항	항변사항
피고의 이의 · 주장	피고의 이의 · 주장은 법원의 직권조사를 촉구하는 의미밖에 없음	피고의 이의 · 주장을 기다려서 비로소 조사하게 되는 사항
소송법적 의의	항변사항을 제외한 대부분의 소송요건	이의권의 포기 · 상실의 대상이 됨 (방소항변, 본안 전 항변)

1) 직권조사사항

'직권조사사항'이란 공익적 필요에 따라 피고의 항변이 없어도 법원이 직권으로 조사하여야 할 사항을 말한다(대부분의 소송요건이 여기에 해당). 따라서 직권조사사항에 대한 규정은 강행규정이며, 피고가 이의를 하지 않아도 이의권 포기 · 상실의 대상이 아니고, 이의를 하여도 이는 항변이 아니라 법원에 대한 직권발동촉구에 불과하여, 법원이 이를 판단하지 않아도 판단누락의 상고이유가 되지 못한다.

[관련판례] ＊ 직권조사사항으로 본 판례

① [법인의 대표권 사건] "법인이 당사자인 사건에 있어서 그 법인의 대표자에게 적법한 대표권이 있는지 여부는 소송요건에 관한 것으로서 법원의 직권조사사항이므로, 법원으로서는 그 판단의 기초 자료인 사실과

증거를 직권으로 탐지할 의무까지는 없다 하더라도, 이미 제출된 자료들에 의하여 그 대표권의 적법성에 의심이 갈 만한 사정이 엿보인다면 상대방이 이를 구체적으로 지적하여 다투지 않더라도 이에 관하여 심리·조사할 의무가 있다"(대판 2009.12.10. 2009다22846)고 한다(6회,11회,13회 선택형). 이러한 법리는 비법인사단의 경우에도 마찬가지 이다(대판 2022.4.28. 2021다306904).

② **[채권자 대위권의 피보전채권]** 判例는 ⊙ "채권자대위소송에서 대위에 의하여 보전될 채권자의 채무자에 대한 권리가 존재하는지 여부는 소송요건으로서 법원의 직권조사사항이므로, 법원으로서는 그 판단의 기초자료인 사실과 증거를 직권으로 탐지할 의무까지는 없다 하더라도, 법원에 현출된 모든 소송자료를 통하여 살펴보아 피보전채권의 존부에 관하여 의심할 만한 사정이 발견되면 직권으로 추가적인 심리·조사를 통하여 그 존재 여부를 확인하여야 할 의무가 있다"(대판 2009.4.23. 2009다3234)고 한다(6회 선택형).

ⓛ 그러나 "제3채무자는 채무자가 채권자에 대하여 가지는 항변권이나 형성권 등과 같이 그 권리자에 의한 행사를 필요로 하는 사유를 들어 채권자의 채무자에 대한 권리가 인정되는지 여부를 다툴 수 없지만, 채권자의 채무자에 대한 권리의 발생원인이 된 법률행위가 무효라거나 위 권리가 변제 등으로 소멸하였다는 등의 사실을 주장하여 채권자의 채무자에 대한 권리가 인정되는지 여부를 다투는 것은 가능하고, 이 경우 법원은 제3채무자의 위와 같은 주장을 고려하여 채권자의 채무자에 대한 권리가 인정되는지 여부에 관하여 직권으로 심리·판단하여야 한다"(대판 2015.9.10. 2013다55300)는 입장이다.

[판례검토] 채권자대위소송에서 제3채무자는 자신의 권리가 아닌 채무자의 채권자에 대한 항변권 등으로는 대항할 수 없으나, 채권자대위소송의 소송요건인 채권자의 채무자에 대한 권리의 존부에 대해서는 다툴 수 있다.

③ **[관할권]** "관할권은 법원의 직권조사사항으로서 법원은 관할에 속하지 아니할 때에는 제34조 1항에 의해 직권으로 이송결정한다"(대결 1993.12.6. 93마524).

④ **[소송상 합의]** 부제소 합의에 위배된 소의 적법 여부(대판 2013.11.28. 2011다80449: 법전협 표준판례(66) : 判例는 부제소합의에 위배된 소는 권리보호이익이 없고, 신의성실의 원칙에도 반하여 부적법하다고 보고, 소의 적법 여부는 직권조사사항에 해당한다는 입장이다.)와 불항소 합의의 유무는(대판 1980.1.29. 79다2066) 법원의 직권조사사항이다.

⑤ **[전소 확정판결의 존재]** "전소 확정판결의 존부는 당사자 주장이 없더라도 법원이 직권으로 조사하여 판단하지 않으면 안 되고, 더 나아가 당사자가 확정판결의 존재를 사실심 변론종결 시까지 주장하지 아니하였더라도 상고심에서 새로이 주장·증명할 수 있다"(대판 2011.5.13. 2009다94384,94391,94407)

⑥ **[당사자적격]** "채권에 대한 압류 및 추심명령이 있으면 제3채무자에 대한 이행의 소는 추심채권자만이 제기할 수 있고 채무자는 피압류채권에 대한 이행의 소를 제기할 당사자적격을 상실한다. 위와 같은 당사자적격에 관한 사항은 소송요건에 관한 것으로서 법원이 이를 직권으로 조사하여 판단하여야 하고, 비록 당사자가 사실심 변론종결 시까지 이에 관하여 주장하지 않았더라도 상고심에서 새로이 이를 주장·증명할 수 있다(대판 2008.9.25. 2007다60417 판결. 대판 2018.12.27. 2018다268385 판결 등 참조). 한편 판결 결과에 따라 제3채무자가 채무자에게 지급하여야 하는 금액을 피압류채권으로 표시한 경우 해당 소송의 소송물인 실체법상 채권이 채권압류 및 추심명령의 피압류채권이 된다고 볼 수 있다"(대판 2021.3.25. 2020다286041, 286058).

2) 항변사항

'항변사항'(방소항변)이란 공익과 무관한 사항으로서 변론주의에 의하여 본안 전 항변을 기다려서 비로소 조사하게 되는 사항이다. 따라서 항변사항에 대한 법규정은 임의규정이며, 피고가 문제 삼을 때만 조사하면 족하고, 이의를 하지 않으면 이의권이 포기·상실되어 하자가 치유된다.

임의관할이나 부제소계약 등의 소송상 합의는 항변사항이라는 것이 다수설이나, 判例는 직권조사사항이라고 한다(위 관련판례 ③, ④번 참조). 따라서 이러한 경우의 본안전 항변은 법원의 직권발동을 촉구하는 것에 그치고 엄밀한 의미에서 항변은 아니다. 다만, 判例는 중재합의에 대해서는 항변사항으로 보았다(아래 95다17083 참조).

[심화] ❋ 본안전항변의 제출시기와 소송요건의 판단시기의 구별

중재법은 중재합의 존재의 항변은 본안에 관한 최초의 변론을 할 때까지 하여야한다고 규정하고 있다 (중재법 제9조 2항). 따라서 判例는 "중재심판을 먼저 거쳐야 한다는 주장은 사건에 관하여 본안에 관한 변론을 하기 전에 하여야 하고, 그러한 항변을 제출함이 없이 본안에 관한 실질적인 변론을 하여 본안의 심리에 들어간 후에는 그러한 방소항변을 제출할 수 없다"(대판 1996.2.23. 95다17083)고 판시하였다.

소송요건의 판단시기는 원칙적으로 사실심변론종결시이다(대판 1977.5.24. 전합76다2304). 그러나 직권조사사항과 달리 적시제출주의가 적용되는 항변사항에는 제출시기의 제한이 따르므로, 본안전항변의 제출을 사실심변론종결시까지 일률적으로 허용하여야 하는 것은 아니다.[2]

Ⅱ. 소송요건의 조사
[B-6]

1. 사실 · 증거자료의 수집 · 제출의 방식

민사재판에서 법원은 심판대상을 특정한 후 특정된 심판대상에 대해 사실자료와 증거자료를 수집 · 제출받아 심리 · 재판한다. ① '직권주의에 의한 심판'이란 법원이 직접 심판의 대상을 특정하고(직권조사주의), 법원이 직접 사실자료와 증거자료를 수집하는(직권탐지주의)것을 말하고, ② '당사자주의에 의한 심판'이란 원고의 심판대상 특정에 법원이 구속되고(처분권주의), 이렇게 특정된 심판대상에 대한 사실자료와 증거자료를 원 · 피고가 수집 · 제출하면 법원이 이에 구속되어 심리 · 재판하는 것(변론주의)을 말한다.

2. 직권조사사항에 대한 조사(변론주의 · 직권조사 · 직권탐지주의) [12사법]

(1) 문제점

직권조사사항의 판단을 위한 사실과 증거자료의 수집책임이 당사자와 법원 중 누구에게 있는지 문제되는 바,[3] 직권조사사항에 대하여 오로지 직권조사방식으로만 재판자료를 수집하게 한다면 임의관할과 같이 공익성이 희박한 것에 대하여도 자백의 구속력이 배제되는 문제점이 있고, 반면 재판권과 같은 고도의 공익성이 있는 사항에 대해서는 직권탐지가 허용되지 않는 문제가 있어, 직권조사사항에 대하여는 공익성의 정도에 따라 변론주의, 직권조사, 직권탐지의 여러 방식을 혼용하여야 한다.

(2) 공익성에 따른 분류

1) 변론주의형

공익성이 약한 사항에 대한 자료수집방법으로서, 임의관할과 각종 소송상 합의 등의 자료수집은 변론주의(i 사실의 주장책임, ii 자백의 구속력, iii 증거제출책임, iv 적시제출주의 적용)에 의한다.[4] 따라서 당사자가 주장한 사실에 한하여 판단하고, 당사자의 자백에 구속되며, 당사자가 제출한 증거에 한정하여 판단하여야 한다.

2) 직권조사형

대부분의 소송요건의 자료수집은 직권조사(i · iii은 적용. ii · iv는 부적용)에 의한다. 당사자가 주장한 사실에 한하여 판단하고, 당사자의 자백에 구속되지 않으며, 당사자가 제출한 증거에 한정하여 판단하여

---

2) 박익환, '중재계약 항변의 제출시기'(민사판례연구 27권, p.17) ; 김능환 · 민일영, 주석 민사소송법(제7판, p.439)

3) **[학설대립]** ① 직권조사사항은 항상 직권조사라는 제3의 방식에 의한다는 견해(이시윤), ② 변론주의, 직권조사, 직권탐지의 3가지 방식을 혼용하여야 한다는 견해(강현중), ③ 자료수집은 변론주의와 직권탐지주의에 의하여야 한다는 견해(정동윤)가 대립한다.

4) 관할과 소송상 합의를 항변사항(다수설)으로 보든 직권조사사항(判例)으로 보든 자료수집은 변론주의에 의한다.

야 한다(직권조사는 사실·증거자료의 수집방법 중 하나로서, 심판대상 특정과 관련된 직권조사주의와는 다른 개념임에 유의)

3) 직권탐지형

공익성이 매우 강한 직권조사사항에 대한 자료수집방법으로서(ⅰ~ⅳ 모두 부적용), 재판권·전속관할·당 사자능력 등이 이에 속한다. 당사자가 주장한 사실에 한정하여 판단하지 않고, 자백에 구속되지 않으 며, 당사자가 제출한 증거에 한정하여 판단하지 아니한다.

3. 항변사항에 대한 조사(변론주의)

항변사항은 피고가 문제 삼을 때만 조사하면 족하고, 이의를 하지 않으면 이의권이 포기·상실되어 하자가 치유되므로 변론주의에 따라 조사한다.

		조사의 개시	
		직권조사사항	항변사항(공익성 희박)
자료의 수집	직권탐지주의 공익성 강력, 본안관련성 희박	재판권, 전속관할, 당사자의 실재 등	×
	변론주의 공익성 존재, 본안관련성 밀접	임의관할(견해대립), 협의의 소의 이익, 당사자적격 등	중재계약, 소송비용의 담보제공 등

Ⅲ. 소송요건의 증명   [B-7]

1. 증명방법

소송요건의 존재여부는 실체법상 요건과 마찬가지로 엄격한 증명(법률이 정한 증거방법에 대하여 법률이 정한 절차에 의해 증명하는 것)에 의한다.

2. 증명책임

직권조사사항에 관하여도 그 사실의 존부가 불명한 경우에는 입증책임의 원칙이 적용되어야 하는바, 본안판결을 받는다는 것 자체가 원고에게 유리하다는 점에 비추어 **직권조사사항인 소송요건에 대한 입증책임은 원고에게** 있고(대판 1997.7.25. 96다39301), **항변사항인 소송요건에 대한 입증책임은 피고에게** 인정된다.

3. 소송요건 존부의 판단시기

(1) 원 칙

소송요건은 '**사실심 변론종결시**'를 기준으로 판단한다. 따라서 소송요건은 제소 당시에 갖추어지지 아 니하여도 사실심 변론종결시까지 구비되면 족하고(대판 1977.5.24. 전합76다2304), 제소 당시에는 소송요 건을 구비하였더라도 사실심 변론종결시에 없으면 소가 부적법하게 된다.

(2) 예 외

1) 제소시를 기준으로 판단하는 것 [관, 당, 본]

① **[관할권]** 관할권의 존부는 제소시를 기준으로 한다(제33조). 다만, 제소시에는 관할권이 없었더라도 사실심 변론종결시까지 관할권이 갖추어지면 하자는 치유된다. 한편 사물관할의 기준이 되는 소가 역시 제소시(법률의 규정에 의하여 소의 제기가 의제되는 경우에는 그 소를 제기한 것으로 되는 때)를 기준으로 산정한다(민사소송 등 인지규칙 제7조).

② **[당사자자격]** 당사자능력 · 소송능력 · 법정대리권은 제소시에 존재하면 소가 적법하고 소송 중에 소멸하면 소송중단 사유에 불과하다(제233조 · 제234조 · 제235조).

③ **[본소의 소송요건]** "소송요건을 구비하여 적법하게 제기된 본소가 그 후 상대방이 제기한 반소로 인하여 소송요건에 흠결이 생겨 다시 부적법하게 되는 것이 아니므로(13회 선택형), 원고가 피고에 대하여 손해배상채무의 부존재확인을 구할 이익이 있어 본소로 그 확인을 구하였다면, 피고가 그 후에 그 손해배상채무의 이행을 구하는 반소를 제기하였다 하더라도 그러한 사정만으로 본소청구에 대한 확인의 이익이 소멸하여 본소가 부적법하게 된다고 볼 수는 없다"(대판 2010.7.15. 2010다2428,2435).

2) 사실심 변론종결 이후의 사정을 고려한 것

"사실심 변론종결 이후에 소송요건이 흠결되거나 그 흠결이 치유된 경우 상고심에서도 이를 참작하여야 한다"(대판 2017.8.18. 2016두52064).

① **[퇴직정년 : 사실심에서는 확인의 이익이 있었으나 상고심에서는 없어진 경우(소 각하)]** "근로자에 대한 명예퇴직처분이 실질상 해고에 해당한다고 하여 그 무효임의 확인을 구함과 아울러 근로를 제공할 수 있었던 기간 동안의 임금을 청구하는 경우, 해고무효확인의 소는 피고와의 사이에 이루어진 근로계약상의 지위 회복을 목적으로 하는 것임이 명백하므로, 사실심 변론종결 당시 이미 피고의 인사규정에 의한 당연해직사유인 정년을 지났다면 근로자로서의 지위를 회복하는 것은 불가능하게 되었으므로 해고무효확인의 소는 확인의 이익이 없으며, 상고심 계속중에 이미 인사규정 소정의 정년이 지난 경우에도 명예퇴직처분이 무효로 확인된다 하더라도 근로자로서의 지위를 회복하는 것은 불가능하므로 마찬가지라 할 것이다"(대판 2004.7.22. 2002다57362).

② **[압류 · 추심 : 사실심에서는 당사자적격이 없었으나 상고심에서는 당사자적격을 갖춘 경우(하자치유)]** "항소심판결 선고 후 채권압류 및 추심명령에 대한 압류해제 및 추심포기서가 제출되어 피압류채권의 채권자가 그 지급을 구하는 소를 제기할 수 있게 된 경우, 그 소송요건은 직권조사사항으로서 상고심에서도 그 치유를 인정하여야 한다"(대판 2007.11.29. 2007다63362; 법전협 표준판례(60)).

③ **[무권대리인 : 사실심에서는 소송대리인의 자격이 없었으나 상고심에서 추인한 경우(하자치유)]** 항소심 법원이 원고 소송대리인의 대리권 흠결을 이유로 소각하 판결을 선고하자, 원고 소송대리인이 상고를 제기한 다음 상고심에서 원고로부터 대리권을 수여받아 자신이 종전에 한 소송행위를 모두 추인하였다면, "항소심에서 한 소송행위는 모두 행위시에 소급하여 효력을 가지게 되었고 결국 항소심이 소를 각하한 것은 위법하다"(대판 1997.3.14. 96다25227)(1회 선택형).

Ⅳ. 조사의 순서 - 소송요건심리의 선순위성 [12사법]   [B-8]

1. 문제점

소송요건의 존부에 대한 판단보다 청구기각의 판단이 용이한 경우 또는 소송요건 흠결과 본안요건 흠결이 경합할 때 본안을 심리함에 있어 반드시 소송요건 존부를 확정하여야 하는지 문제된다.

2. 판 례(소송요건심리의 선순위성 긍정)[5]

① **[공동상속인누락 사건]** "공동상속인 전원이 당사자가 되어야 할 경우에 그 1인만이 원고가 되어 한 소유권이전등기말소청구는 부적법하여 각하되어야 함에도 불구하고 이를 기각한 것은 위법하다"(대판 1957.5.2. 4289민상379).

② **[법인의 대표권 사건]** "비법인사단의 대표자 甲에게 적법한 대표권이 있는지가 문제된 사안에서, 비법인사단의 대표자라 하여 당사자표시정정신청을 한 甲에게 대표할 권한이 있는지에 관하여 다툼이 있다면 원심으로서는 甲이 비법인사단의 적법한 대표자였는지를 밝혀 보았어야 함에도 甲을 대표자로 인정한 다음 더 나아가 본안에 대한 판단까지 하였으니, 원심판결에는 비법인사단의 대표권 및 직권조사사항에 관한 법리를 오해함으로써 판결에 영향을 미친 위법이 있다"(대판 2011.7.28. 2010다 97044).

③ **[채권자 대위권의 피보전채권]** "채권자대위소송에 있어서 대위에 의하여 보전될 채권자의 채무자에 대한 권리가 인정되지 아니할 경우에는 채권자 스스로 원고가 되어 채무자의 제3채무자에 대한 권리를 행사할 당사자 적격이 없게 되므로 그 대위소송은 부적법하여 각하할 수밖에 없다 할 것임에도, 원심이 이를 간과하고 본안에 관하여 심리판단한 것은 위법하다"(대판 1990.12.11. 88다카4727).

3. 검 토

소송요건과 실체법상의 요건은 동일 평면의 승소판결의 선고요건이라는 점을 강조하여 소송요건선순위성을 부정하는 입장이 있으나, 소송요건을 판단하지 않고 청구기각의 판결을 하면 당사자의 절차권을 침해하게 된다는 점을 고려하면 소송요건심리의 선순위성을 긍정하는 것이 타당하다.

V. 조사 후 법원의 조치 [B-9]

1. 소송요건이 구비된 경우

계속 본안 심리하면 족하고 소가 적법하다고 판결에서 명시할 필요는 없다. "소의 적법요건은 법원의 직권조사사항이므로 이에 관한 당사자의 주장은 직권발동을 촉구하는 의미밖에 없어 위 주장에 대하여 판단하지 아니하였다 하더라도 판단유탈의 상고이유로 삼을 수 없다"(대판 1990.11.23. 90다카21589).

2. 소송요건에 흠이 있는 경우

(1) 법원의 조치

소송요건의 흠이 있더라도 i) 보정이 가능한 경우에는 법원은 기간을 정하여 이를 보정하도록 명하여야 하고(제59조), ii) 흠을 보정할 수 없는 경우에는 변론 없이 판결로 소를 각하할 수 있다(제219조). 즉, 법원은 본안심리를 하지 않고 '원고의 소를 각하한다'라는 소송판결을 할 수 있다. iii) 다만 소송요건에 흠이 있는 경우에도 관할위반의 경우에는 소를 각하하지 아니하고 관할법원에 이송하고(제34조 1항), iv) 병합요건의 흠이 있는 경우 또한 각하하지 아니하고 독립한 소로 심리한다.

---

5) **[학설]** ① 본안판결요건설(통설)은 소송요건은 본안판결의 요건이므로 본안판결에 앞서 미리 조사하여야 한다는 입장이다. ② 판결선고요건설은 소송요건과 실체법상의 요건은 동일평면의 판결선고요건이므로 소송요건을 미리 심리할 필요는 없다고 한다. ③ 절충설은 공익적 요건은 본안판결요건, 사익적 요건은 판결선고요건으로 나눈다.

(2) 소송판결의 기판력

소송판결의 기판력은 그 판결에서 확정한 소송요건의 흠결에 관하여 미치는 것이지만, 당사자가 그러한 소송요건의 흠결을 보완하여 다시 소를 제기한 경우에는 그 기판력의 제한을 받지 않는다(대판 2003.4.8. 2002다70181: 법전협 표준판례(247))(13회 선택형). 한편, 判例는 "확인의 소에 있어서 법원이 확인의 이익이 없다는 이유로 소를 각하한다고 하지 아니하고 청구를 기각한다는 판결을 한 경우에도 그 청구의 본안에 대한 기판력이 발생하는 것이 아니므로 판결의 위와 같은 주문의 표현을 들어 파기사유로 주장할 수 없다"(대판 1979.11.27. 79다575)고 한다.

3. 소송요건 흠결을 간과한 판결

① 재판권 흠결을 간과한 판결, 제소전 사망을 간과한 판결, 당사자적격을 간과한 판결을 무효이며, 判例에 따르면 이에 대한 **상소와 재심의 청구는 부적법하다**. ② 이외의 경우(판결이 유효한 경우) 판결확정 전에는 상소로 취소할 수 있으며(단, 임의관할 위반은 제411조 본문에 의해 허용되지 않는다), 판결확정 후에는 재심사유인 때 한해 재심이 가능하다.

4. 소송요건이 구비되었음에도 소각하판결을 한 경우(필수적 환송)

상급법원은 원판결을 취소하고 심급의 이익을 보장하기 위해 원심에 환송하여야 한다(제418조 본문, 제425조).

[관련판례] ✳ 제418조 단서가 정한 제1심에서 본안판결을 할 수 있을 정도로 심리가 된 경우에 해당한다고 본 사례

"이 사건 소는 원고가 이 사건 임야의 등기명의인을 상속한 피고들을 상대로 이 사건 임야에 관한 명의신탁 해지를 원인으로 한 소유권이전등기를 청구하는 사건이다. 원고는 제1심에서 이 사건 소의 본안심리사항에 해당하는 이 사건 임야의 등기명의인들과 원고 사이의 명의신탁관계를 주장하였고, 그에 관한 증거자료를 제출하였다. 피고는 원고의 이러한 주장을 반박하였다. 제1심 법원은 당사자들에게 본안에 대한 주장과 증명을 수차례 촉구하였다. 원심에서 추가로 제출된 증거는 대부분 원고가 이 사건 소의 소송요건을 갖추었다는 사정을 증명하기 위한 것이다. 이러한 사정을 종합하면, 제1심에서 본안판결을 할 수 있을 정도로 심리가 되었다고 볼 수 있다. 따라서 원심이 이 사건 소를 각하한 제1심 판결을 취소하면서 사건을 제1심 법원으로 환송하지 않고 원고의 청구를 인용하는 본안판결을 한 것은 민사소송법 제418조 단서에 따른 것으로 정당하다. 원심판결에 상고이유 주장과 같이 민사소송법 제418조를 위반한 잘못이 없다"(대판 2022.7.28. 2018다46042).

제3절 소의 이익

제1관 소의 이익의 의의 및 발현형태

'소의 이익'이란 청구의 내용이 본안판결을 받기에 적합한 일반적 자격인 '권리보호자격'(각종 소에 공통된 소의 이익, 즉 청구적격)과 청구에 대하여 판결을 구할 구체적·개별적 이익인 '권리보호이익'(각종 소의 특수한 소의 이익)을 말한다. 이는 청구의 측면에서 본 객관적 이익이며, 당사자측면에서의 주관적 이익인 당사자적격까지 소의 이익에 포함시키는 견해도 있다.

제2관 권리보호의 자격(공통적인 소의 이익) [소, 금, 장, 승, 신]

Ⅰ. 청구가 소구할 수 있는 구체적인 권리 또는 법률관계에 대한 것일 것 [B-10]

청구는 ⅰ) 권리 또는 법률관계에 대한 것이어야 하고, ⅱ) 구체적 사건성을 갖추어야 하며, ⅲ) 재판상 소구할 수 있는 것이어야 한다. 또한 ⅳ) 법원의 권한에 속하는 것이어야 한다. [권, 구, 재, 법]

1. 권리 또는 법률관계에 대한 청구일 것

'법률상 쟁송'이어야 하므로, 단순한 사실 존부의 다툼은 원칙적으로 소의 이익이 없다.

> ✳ **권리관계주장이 아닌 청구의 적법여부(소극)**
>
> 判例는 ① 지적도의 경계오류정정청구(대판 1965.12.28. 65다2172), ② 족보에 특정인의 등재금지청구(대판 1975.7.8. 75다296) 내지 족보기재사항의 변경·삭제청구(대판 1992.9.13. 92다756), ③ 제사주재자 지위 확인청구(대판 2012.9.13. 2010다88699), ④ 통일교가 기독교종교단체인지에 관한 청구(대판 1980.1.29. 79다1124) 내지 어떤 사찰이 특정종파에 속한다는 확인청구(대판 1984.10.17. 83다325) 등의 경우 권리관계 주장이 아니라고 하여 소의 이익을 부정하였고, ⑤ "교단의 종교적 자율권 보장을 위하여 교단의 내부관계에 관한 사항은 원칙적으로 법원에 의한 사법심사의 대상이 되지 않는다"(대판 2014.12.11. 2013다78990)고 판시하였다.
>
> ✳ **대장상 명의말소청구의 적법여부(소극)**
>
> 대장상 명의의 다툼이 법률상 쟁송인지와 관련하여 견해의 대립이 있는 바, 判例는 "임야대장, 토지대장, 가옥대장등은 조세의 부과징수의 편의를 도모하기 위하여 작성된 장부에 불과한 것으로서 부동산에 관한 권리변동의 공시방법이 아닌 만큼 위의 대장등에 진실한 소유권자가 아닌 자의 명의로 등재되어 있다고 하더라도 이것만으로는 소유권의 방해가 된다고 할 수 없어 소유권을 부인하는 자에 대하여 소유권의 확인을 청구함으로써 충분하고 대장상의 명의말소를 청구할 필요가 없다"(대판 1979.2.27. 78다913)고 하였다.[6]
>
> ✳ **권리장부와 관계가 있는 명의말소청구의 적법여부(적극)**
>
> 예외적으로 골프장 회원명부의 명의개서청구(대판 1986.6.24. 85다카2469), 무허가건물대장상 건물주 명의의 말소를 구하는 청구(대판 1998.6.26. 97다48937), 건축허가서의 명의변경청구, 전득자의 매수인 명의변경청구 등 권리장부(등기부·가족관계등록부)의 등재와 관계가 있는 경우에는 소의 이익을 인정한다.

2. 구체적 사건성을 갖춘 청구일 것

법률문제라도 구체적 이익분쟁과 관계없는 추상적인 법령의 해석이나 효력을 다투는 소는 소의 이익이 없다. 따라서 ① 법률·명령 자체의 위헌확인청구(대판 1992.3.10. 91누12639), ② 정관 등의 무효 여부(대판 1992.8.18. 92다13875; 법전협 표준판례(69)), ③ 집회 또는 시위를 자유로이 할 수 있는 공법상의 권리 확인 등의 추상적 권리의 존부확인청구(대판 1961.9.28. 4294민상50), ④ 법률에서 원칙만 밝히고 있고 권리의 구체적인 내용과 한도가 법률상 규정되어 있지 아니한 청구권을 행사하는 경우(대판 1970.11.20. 70다1376)에는 권리보호자격이 없다.

---

6) **[학설]** ① 긍정설은 임야대장에 임야의 소유권자로 등재되어 있으면 소유권의 귀속에 관하여 추정을 받는다는 점을 근거로 하며, ② 부정설은 대장의 기재의 추정력은 입증책임의 전환까지 초래하는 추정력을 갖지 않으므로 소의 이익이 없다고 본다. **[판례검토]** 대장은 권리관계를 공시하는 등기부와 달리 행정편의를 위해 작성되고 사실관계를 공시하는 장부에 불과하므로, 대장명의를 다투는 것은 사실 존부의 다툼으로써 권리보호자격이 없다고 보는 판례의 태도가 타당하다.

3. 재판상 소구할 수 있는 청구일 것

① 자연채무에 대한 청구, ② 소로써만 행사할 수 있는 형성권 이외의 형성권에 관한 청구, ③ 약혼의 강제이행(제803조) 또는 ④ 입법을 해달라는 청구의 경우에는 소구할 수 없는 청구이므로 권리보호자격이 없다.

4. 법원의 권한에 속하는 법률상 쟁송일 것

① **통치행위는 원칙적으로 청구적격이 없다.** 다만 통치행위라 하더라도 국민의 기본권에 영향을 주는 경우(헌재결 1996.2.29. 93헌마186) 또는 기본권보장규정과 충돌하는 경우(대판 2010.12.16. 전합2010도5986)에는 사법심사의 대상이 되는 것으로 본다. ② 정당·종교단체·대학 등 **부분사회의 내부분쟁도 원칙적으로 청구적격이 없다.** 다만 처분 자체가 현저히 불공정하고 내부의 절차규정에 위배되는 경우 또는 단체의 재산인도 등 시민법 질서와 관련된 것은 법률상 쟁송으로 보아야 한다. 判例도 "일반 국민으로서의 특정한 권리의무나 법률관계와 관련된 분쟁에 관한 것이 아닌 이상 종교단체의 내부관계에 관한 사항은 원칙적으로 법원에 의한 사법심사의 대상이 되지 않는다"(대판 2015.4.23. 2013다20311)고 한다.

Ⅱ. 법률상·계약상의 소제기금지사유가 없을 것   [B-11]

① 법률상 금지사유로 중복소제기금지(제259조), 재소금지(제267조 2항)가 있으며, ② 계약상 금지사유로 부제소특약이 있다. '부제소특약'이란 당사자 사이에 일정한 권리 또는 법률관계에 관하여 법원에 소를 제기하지 아니하기로 정하는 합의를 의미한다. 부제소특약은 사법계약이므로, 합의에 위반하여 소를 제기한 경우 피고가 본안전 항변으로 계약의 존재를 주장하면 법원은 소의 이익의 흠결로 소각하 판결을 하여야 한다. 判例도 "특정한 법률관계에 관하여 분쟁이 발생한 경우에도 민형사상 일체의 소송을 하지 않는다는 부제소합의에 위반하여 제소한 경우에 권리보호이익이 없다"(대판 1993.5.14. 92다21760)라고 판시한 바 있다(상세는 제3편, 제2관 소송행위 Ⅱ. 소송상 합의 참고).

Ⅲ. 특별구체절차(소제기장애사유)가 없을 것   [B-12]

법률상 간이한 구제절차가 있는 소송비용확정절차나 등기관의 직권사항에 대해 소를 제기하는 경우 소의 이익이 부정된다.

1. 국·공유재산 관련 판례

(1) 소의 이익을 부정한 판례(대부료 사안)

① **[국유재산 사건]** "국유재산법 제42조 제1항, 제73조 제2항 제2호에 따르면, 국유 일반재산의 관리·처분에 관한 사무를 위탁받은 자는 국유 일반재산의 대부료 등이 납부기한까지 납부되지 아니한 경우에는 국세징수법 제23조와 같은 법의 체납처분에 관한 규정을 준용하여 대부료 등을 징수할 수 있다. 이와 같이 국유 일반재산의 대부료 등의 징수에 관하여는 국세징수법 규정을 준용한 간이하고 경제적인 특별구제절차가 마련되어 있으므로, 특별한 사정이 없는 한 민사소송의 방법으로 대부료 등의 지급을 구하는 것은 허용되지 아니한다"(대판 2014.9.4. 2014다203588).

② **[공유재산 사건]** "지방자치단체가 소유하는 공유재산에 대한 대부료와 연체료의 징수도 마찬가지 이유로 민사소송의 제기가 불가하며, 지방자치단체장이 행정대집행의 방법으로 공유재산에 설치한 시설물을 철거할 수 있는 경우, 시설물의 철거를 구하는 것도 민사소송의 방법으로는 불가하다"(대판 2017.4.13.

2013다207941).

(2) 소의 이익을 긍정한 판례(변상금 사안)

"구 국유재산법 제51조 1항, 4항, 5항에 의한 변상금 부과 · 징수권은 민사상 부당이득반환청구권과 법적 성질을 달리하므로, 국가는 무단점유자를 상대로 변상금 부과 · 징수권의 행사와 별도로 국유재산의 소유자로서 민사상 부당이득반환청구의 소를 제기할 수 있다"(대판 2014.7.16. 전합2011다76402).

2. 부기등기 관련 판례

(1) 소의 이익을 부정한 판례 : 주등기의 효력을 다투는 경우

"토지 소유권보존등기의 일부 지분만을 말소하기 위하여 잔존 지분권자와 말소를 구하는 진정한 권리자와의 공유로 하는 경정등기를 경료한 경우 위 소유권보존등기 경정의 부기등기는 기존의 주등기인 소유권보존등기에 종속되어 주등기와 일체를 이루는 것이고 주등기와 별개의 새로운 등기는 아니라 할 것이므로 소유권보존등기 및 이에 기하여 경료된 경정등기가 원인무효인 경우 위 주등기의 말소만을 구하면 되고 그에 기한 부기등기는 별도로 말소를 구하지 않더라도 주등기가 말소되는 경우에는 직권으로 말소되어야 할 성질의 것이므로, 위 부기등기의 말소청구는 소의 이익이 없는 부적법한 청구이다"(대판 2001.4.13. 2001다4903).

동일한 취지로 '근저당권 또는 가등기가 부기등기에 의하여 이전된 경우' ⅰ) 양도인에 대한 근저당권설정등기 또는 가등기의 말소청구는 피고적격이 없어 각하되고, ⅱ) 부기등기에 대한 말소청구는 소의 이익이 없어 각하된다(대판 2000.4.11. 2000다5640. 대판 2013.6.28. 2013다8564)(6회, 8회 선택형).

[관련판례] ✱ 처분금지가처분 등기(부기등기 사안과 同旨판례)
"법원의 가처분결정에 기하여 그 가처분집행의 방법으로 이루어진 처분금지가처분등기는 집행법원의 가처분결정의 취소나 집행취소의 방법에 의해서만 말소될 수 있는 것이어서 처분금지가처분등기의 이행을 소구할 수는 없는 것이다"(대판 1982.12.14. 80다1872).

(2) 소의 이익을 긍정한 판례 : 부기등기만의 효력을 다투는 경우

"근저당권이전의 부기등기가 기존의 주등기인 근저당권설정등기에 종속되어 주등기와 일체를 이룬 경우에는 부기등기만의 말소를 따로 인정할 아무런 실익이 없지만, 근저당권의 이전원인만이 무효로 되거나 취소 또는 해제된 경우, 즉 근저당권의 주등기 자체는 유효한 것을 전제로 이와는 별도로 근저당권이전의 부기등기에 한하여 무효사유가 있다는 이유로 부기등기만의 효력을 다투는 경우에는 그 부기등기의 말소를 소구할 필요가 있으므로 예외적으로 소의 이익이 있다"(대판 2005.6.10. 2002다15412,15429).

Ⅳ. 원고가 동일청구에 대하여 승소확정의 판결을 받은 경우가 아닐 것 　　[B-13]

1. 원 칙

승소판결을 받은 자가 동일한 소를 제기한 경우, 기판력의 본질에 관해 '모순금지설'은 권리보호이익의 흠결을 이유로 각하하고, '반복금지설'에 따르면 기판력은 그 자체로 소극적 소송요건이 되어 각하한다. 判例는 원고가 이미 승소판결을 받아놓았기 때문에 즉시 강제집행이 가능한 경우에는 동일청구에 대한 신소제기는 원칙적으로 소의 이익이 없어 각하한다(대판 2006.12.7. 2004다54978).

> ※ 전소와 동일한 소를 제기한 경우
> ① **[승소한 원고가 소를 제기하는 경우 : 소의 이익 부정]** 위 2004다54978 판례
> ② **[패소한 피고가 소를 제기하는 경우 : 청구기각]** 전소 패소자가 동일한 소를 제기한다면 후소 법원은 권리보호이익 흠결을 이유로 소를 각하할 수는 없지만 전소판결의 내용과 모순되는 판단을 할 수 없다는 구속력 때문에 청구기각판결을 선고하여야 한다(대판 1999.12.10. 99다25785).

2. 예 외

判例는 ⅰ) 판결원본이 멸실된 경우, ⅱ) 판결내용이 특정되지 않은 경우(대판 1998.5.15. 97다57658), ⅲ) 시효중단의 필요성이 있는 경우(대판 1996.3.8. 95다22795,22801), ⅳ) 공정증서의 경우 집행력은 있으나 기판력이 없기 때문에 기판력 있는 판결을 받기 위해 공정증서의 내용과 동일한 청구를 소로 제기할 이익을 인정한다(대판 1996.3.8. 95다22795,22801). **[멸, 특, 중, 공]**

(1) 소멸시효 중단을 위한 이행의 소 제기(11회,13회 선택형) **[10회 사례형]**

1) 소의 이익 인정 여부

확정판결에 의한 채권의 소멸시효기간인 10년의 경과가 임박한 경우에는 그 시효중단을 위한 소는 소의 이익이 있다(대판 2006.4.14. 2005다74764).

[판례검토] 다른 시효중단사유인 압류·가압류나 승인 등의 경우 이를 1회로 제한하고 있지 않음에도 유독 재판상 청구의 경우만 1회로 제한되어야 한다고 보아야 할 합리적인 근거가 없다. 또한 확정판결에 의한 채무라 하더라도 채무자가 파산이나 회생제도를 통해 이로부터 전부 또는 일부 벗어날 수 있는 이상, 채권자에게는 시효중단을 위한 재소를 허용하는 것이 균형에 맞다"(대판 2018.7.19. 전합2018다22008; 법전협 표준판례(63)).

2) 후소 법원의 심리 범위

"시효중단 등 특별한 사정이 있어 예외적으로 확정된 승소판결과 동일한 소송물에 기한 신소가 허용되는 경우라 하더라도 신소의 판결이 전소의 승소 확정판결의 내용에 저촉되어서는 아니되므로, 후소 법원으로서는 그 확정된 권리를 주장할 수 있는 요건이 구비되어 있는지에 관하여 다시 심리할 수 없다. 따라서 피고가 후소에서 전소의 확정된 권리관계를 다투기 위하여는 먼저 전소의 승소 확정판결에 대하여 적법한 추완항소를 제기함으로써 그 기판력을 소멸시켜야 할 것인데, 이는 전소의 소장부본과 판결정본 등이 공시송달의 방법에 의하여 송달되어 피고가 그 책임질 수 없는 사유로 전소에 응소할 수 없었던 경우라고 하여 달리 볼 것이 아니다"(대판 2013.4.11. 2012다111340).

3) 전소 변론종결 후 발생한 새로운 사유를 주장할 수 있는지 여부

"후소 판결의 기판력은 후소의 변론종결 시를 기준으로 발생하므로, 시효중단을 위한 후소 절차에서 채무자인 피고는 전소의 변론종결 후에 발생한 변제, 상계, 면제 등과 같은 채권소멸사유를 들어 항변할 수 있고, 이는 소멸시효 완성의 경우에도 마찬가지이다"(대판 2019.1.17. 2018다24349; 법전협 표준판례(241)). 따라서 시효중단을 위한 후소가 전소 판결 확정 후 10년이 지나 제기되더라도 곧바로 소의 이익이 없다고 하여 각하해서는 아니 되고, 채무자인 피고의 항변에 따라 원고의 채권이 소멸시효 완성으로 소멸하였는지에 관한 본안판단을 하여야 한다(同 判例).

4) 법률이나 판례의 변경이 전소 변론종결 후 발생한 새로운 사유에 해당하는지 여부

법률이나 판례의 변경은 전소 변론종결 후에 발생한 새로운 사유에 해당하지 않는다(대판 2019.8.29. 2019다 215272). 즉, 승소판결이 확정된 후 소송촉진 등에 관한 특례법의 변경으로 소송촉진법에서 정한 지연 손해금 이율(현행 연12% : 저자 주)이 달라졌다고 하더라도 그로 인하여 선행 승소확정판결의 효력 이 달라지는 것은 아니고, 확정된 선행판결과 달리 변경된 소송촉진법상의 이율을 적용하여 선행판 결과 다른 금액을 원고의 채권액으로 인정할 수 있는 것도 아니다.

(2) 소멸시효 중단을 위한 후소로서 새로운 방식의 확인소송이 허용되는지 여부

1) 판 례

대법원은 최근 전원합의체 판결을 통해 "확정판결이 있는 청구권의 소멸시효 중단을 위한 후소로서 전소 와 같은 내용의 이행소송 외에 전소 판결로 확정된 채권의 시효를 중단시키기 위한 조치, 즉 '재판상의 청구 (후소의 제기)'가 있다는 점에 대하여만 확인을 구하는 형태의 '새로운 방식의 확인소송'이 허용되고, 채권자 는 두 가지 형태의 소송 중 자신의 상황과 필요에 보다 적합한 것을 선택하여 제기할 수 있다"고 판결하였다(대판 2018.10.18. 전합2015다232316: 법전협 표준판례(71) : 11회 선택형).

[판례검토] 종래 시효중단을 위한 이행소송은 채권자가 실제로 의도하지도 않은 청구권의 존부에 관 한 실체 심리를 진행하게 됨으로써 채권자와 채무자의 법률적 지위마저 불안정하게 되는 문제점이 있었다. 이번 판결은 '기존 이행소송' 외에 보다 간이한 방식의 '새로운 방식의 확인소송'도 허용된다 고 함으로써 이러한 문제점을 해결할 수 있는 방법을 제시하였다는 점에서 의의가 있다.

2) 청구취지

원고와 피고 甲 사이에서, 서울중앙지방법원 2024. 1.1. 선고 2024가합000 사건의 판결로 확정된 채권의 소멸시효 중단을 위한 재판상 청구가 있음을 확인한다.

Ⅴ. 신의칙위반의 소제기가 아닐 것 [B-14]

신의칙위반의 소제기는 권리보호의 가치가 없는 소로써 소의 이익이 부정된다. 判例는 "학교법인의 경영권을 타에 양도하기로 결의함에 따라 그 법인 이사직을 사임한 사람이 현 이사로부터 지급받은 금원에 대한 분배금을 받지 못하자 학교법인의 이사로서의 직무수행의사는 없으면서 오로지 학교법인이 나 현 이사들로부터 다소의 금원을 지급받을 목적만으로 학교법인의 이사회결의부존재확인을 구하는 것은 권리보호의 자격 내지 소의 이익이 없는 부적법한 것이다"(대판 1974.9.24. 74다767)라고 하였다.

제3관 권리보호이익(각종 소의 특수한 소의 이익)

Ⅰ. 이행의 소

[B-15]

1. 현재이행의 소

(1) 의 의

'현재이행의 소'란 현재(변론종결시) 이행기가 도래하였으나 이행되지 아니한 이행청구권의 존재를 주장하는 소로서, 이행기가 도래한 청구권을 강제집행하려면 승소확정판결을 얻어야 하므로 판결을 받기 위한 현재이행의 소는 원칙적으로 권리보호이익이 인정된다. 다만 이하의 경우에도 권리보호의 이익이 인정되는지 문제된다.

(2) 집행이 불가능 하거나 현저하게 곤란한 경우(소의 이익 긍정) [10회 사례형]

판결절차는 분쟁의 관념적 해결절차로서 강제집행절차와는 별도로 독자적인 존재 의의를 갖는 것으로서 집행권원의 보유는 피고에 대한 심리적 압박이 되어 장래 집행이 가능하게 될 수도 있으므로 소의 이익이 인정된다.

1) 순차로 경료된 등기들의 말소를 청구하는 소송

순차로 경료된 등기들의 말소를 청구하는 소송은 권리관계의 합일적인 확정을 필요로 하는 필요적 공동소송이 아니라 통상공동소송이며, 통상공동소송에서는 공동당사자들 상호간의 공격방어방법의 차이에 따라 모순되는 결론이 발생할 수 있고, 이 경우 후순위 등기에 대한 말소청구가 패소 확정됨으로써 그 전순위 등기의 말소등기 실행이 결과적으로 불가능하게 되더라도, 그 전순위 등기의 말소를 구할 소의 이익이 없다고는 할 수 없다(대판 2008.6.12. 2007다36445: 법전협 표준판례(305))(4회,11회 선택형). 최근 判例도 "순차로 마쳐진 소유권이전등기에 관하여 각 말소등기절차의 이행을 청구하는 소송은 보통 공동소송이므로, 그 중 어느 한 등기명의자만을 상대로 말소를 구할 수 있고, 최종 등기명의자에게 등기말소를 구할 수 있는지와 관계없이 중간의 등기명의자에게 등기말소를 구할 소의 이익이 있다"(대판 2017.9.12. 2015다242849)고 하였다.

2) 가압류된 금전채권에 대한 이행청구 [1회 사례형]

① **[적법여부]** 가압류된 금전채권에 대한 이행청구도 소의 이익이 있다. 즉, "채권가압류가 된 경우, 제3채무자는 채무자에 대하여 채무의 지급을 하여서는 안되고, 채무자는 추심, 양도 등의 처분행위를 하여서는 안되지만, 이는 이와 같은 변제나 처분행위를 하였을 때에 이를 가압류채권자에게 대항할 수 없다는 것이며, 채무자가 제3채무자를 상대로 이행의 소를 제기하여 채무명의를 얻더라도 이에 기하여 제3채무자에 대하여 강제집행을 할 수는 없다고 볼 수 있을 뿐이고 그 채무명의(집행권원)를 얻는 것까지 금하는 것은 아니라고 할 것이다"(대판 1989.11.24. 88다카25038 ; 대판 2002.4.26. 2001다59033)(4회,6회 선택형). 이때 제3채무자의 구제수단으로 민사집행법(제248조 1항 및 제291조) 규정에 따른 집행공탁제도가 있다(대판 1994.12.13. 전합93다951참고).[7]

---

7) "ⅰ) 채권의 가압류는 제3채무자에 대하여 채무자에게 지급하는 것을 금지하는 데 그칠 뿐 채무 그 자체를 면하게 하는 것이 아니고, 가압류가 있다 하여도 그 채권의 이행기가 도래한 때에는 제3채무자는 그 지체책임을 면할 수 없다고 보아야 할 것이다.
ⅱ) 이 경우 가압류에 불구하고 제3채무자가 채무자에게 변제를 한 때에는 나중에 채권자에게 이중으로 변제하여야 할 위험을 부담하게 되므로 제3채무자로서는 민법 제487조의 규정에 의하여 공탁을 함으로써(실무상 가압류의 경우는 현행 민사집행법상의 집행공탁으로 사실상 통일 ; 저자 주)이중변제의 위험에서 벗어나고 이행지체의 책임도 면할 수 있다고 보아야 할 것이다"

② **[본안판단]** 청구가 이유 있다면 법원은 **전부 청구인용판결**을 할 수 있다. 제3채무자로서는 이행을 명하는 판결이 있더라도 집행단계에서 이를 저지하면 될 것이기 때문이다(대판 2002.4.26. 2001다59033).

③ **[가압류된 금전채권 양수인의 이행청구]** "일반적으로 채권에 대한 가압류가 있더라도 이는 가압류채무자가 제3채무자로부터 현실로 급부를 추심하는 것만을 금지하는 것이므로 **가압류채무자는 제3채무자를 상대로 그 이행을 구하는 소송을 제기할 수 있고, 법원은 가압류가 되어 있음을 이유로 이를 배척할 수 없는 것이며**, 채권양도는 구 채권자인 양도인과 신 채권자인 양수인 사이에 채권을 그 동일성을 유지하면서 전자로부터 후자에게로 이전시킬 것을 목적으로 하는 계약을 말한다 할 것이고, 채권양도에 의하여 채권은 그 동일성을 잃지 않고 양도인으로부터 양수인에게 이전된다 할 것이며, **가압류된 채권도 이를 양도하는 데 아무런 제한이 없으나, 다만 가압류된 채권을 양수받은 양수인은 그러한 가압류에 의하여 권리가 제한된 상태의 채권을 양수받는다고 보아야 할 것이다**"(대판 2000.4.11. 99다23888, 민법의 맥 B-91d. 참고 11회 선택형) **[1회 기록형, 3회 사례형]**

✳ 가압류명령 · 추심명령 · 전부명령의 비교

채권자 A가 채무자 B의 제3채무자 C에 대한 채권에 대하여 각각 가압류명령 · 추심명령 · 전부명령을 받아 확정된 후, B가 C에 대해 채무이행의 소를 제기한 경우의 법률관계

① **[가압류명령 : 소제기 적법]** 가압류된 금전채권에 대한 이행청구도 소의 이익이 있다. 즉, "채권가압류가 된 경우, 제3채무자는 채무자에 대하여 채무의 지급을 하여서는 안되고, 채무자는 추심, 양도 등의 처분행위를 하여서는 안되지만, 이는 이와 같은 변제나 처분행위를 하였을 때에 이를 가압류채권자에게 대항할 수 없다는 것이며, 채무자가 제3채무자를 상대로 이행의 소를 제기하여 채무명의를 얻더라도 이에 기하여 **제3채무자에 대하여 강제집행을 할 수는 없다고 볼 수 있을 뿐이고 그 채무명의(집행권원)를 얻는 것까지 금하는 것은 아니라고 할 것이다**"(대판 1989.11.24. 88다카25038 ; 대판 2002.4.26. 2001다59033[8])(4회,6회 선택형). 이때 제3채무자의 구제수단으로 민사집행법(제248조 1항 및 제291조) 규정에 따른 집행공탁제도가 있다(대판 1994.12.13. 전합93다951참고).[9]

② **[추심명령[10] : 원고적격이 없으므로 부적법각하]** 추심명령이 있을 때 압류채권자는 대위절차 없이 압류채권을 추심할 수 있다(민사집행법 제229조 2항). 따라서 判例는 "채권에 대한 압류 및 추심명령이 있으면 제3채무자에 대한 이행의 소는 추심채권자만이 제기할 수 있고 채무자는 피압류채권에 대한 이행소송을 제기할 당사자적격을 상실한다"(대판 2000.4.11. 99다23888: 법전협 표준판례 (35))고 판시하였다. 즉, 금전채권이 압류 · 추심된 경우에는 **갈음형 제3자 소송담당**이 인정되므로 제3채무자 (C)에 대한 이행의 소는 추심채권자(A)만이 제기할 수 있고, 집행채무자(B)는 피압류채권에 대한 이행의 소를 제기할 당사자적격을 상실하게 되므로(6회 선택형), 이는 소각하의 '본안전 항변'사유이다(4회 선택형).

③ **[전부명령[11] : 소제기는 적법하나 청구기각]** 전부명령이 있을 때 압류된 채권은 지급에 갈음하여 압류채권자에게 이전된다(민사집행법 제229조 3항). 따라서 전부채권자(A)는 추심채권과는 달리 자신의 권리를 행사하는 것이므로 갈음형 제3자 소송담당이 아니어서, 전부채무자(B)의 소송수행권은 유지된다. 그리고 이행의 소는 주장자체로 원고적격을 가지기 때문에 전부채무자(B)의 제3채무자(C)에 대한 소제기는 적법하다. 다만, 전부채무자(B)의 제3채무자(C)에 대한 이행청구소송은 **실체법상의 이행청구권이 상실되었으므로**(집행채권이 B에게서 A로 이전됨), 이는 본안에서 기각되어야할 '본안에 관한 항변'사유에 해당한다(4회 선택형).

---

8) "왜냐하면 채무자로서는 제3채무자에 대한 그의 채권이 가압류되어 있다 하더라도 채무명의를 취득할 필요가 있고 또는 시효를 중단할 필요도 있는 경우도 있을 것이며, 또한 소송 계속 중에 가압류가 행하여진 경우에 이를 이유로 청구가 배척된다면 장차 가압류가 취소된 후 다시 소를 제기하여야 하는 불편함이 있는 데 반하여 제3채무자로서는 이행을 명하는 판결이 있더라도 장차 집행단계에서 이를 저지하면 될 것이기 때문이다. 채권가압류의 처분금지의 효력은 본안소송에서 가압류채권자가 승소하여 채무

> ＊ 채권압류 및 추심명령을 신청하면서 판결 결과에 따라 제3채무자가 채무자에게 지급하여야 하는 금액을 피압류채권으로 표시한 경우, 채권압류 및 추심명령의 효력이 거기에서 지시하는 소송의 소송물인 청구원인 채권에 미치는지 여부(적극)
> "판결 결과에 따라 제3채무자가 채무자에게 지급하여야 하는 금액을 피압류채권으로 표시한 경우 해당 소송의 소송물인 실체법상의 채권이 채권압류 및 추심명령의 대상이 된다고 볼 수밖에 없고, 결국 채권자가 받은 채권압류 및 추심명령의 효력은 거기에서 지시하는 소송의 소송물인 청구원인 채권에 미친다고 보아야 한다"(대판 2018.6.28. 2016다203056)(9회 선택형).

3) 가압류 · 가처분된 '소유권이전등기청구권'에 대한 이행청구 [1회 사례형]

① **[적법여부]** 가압류 · 가처분된 소유권이전등기청구권에 대한 이행청구(대판 1992.11.10. 92다4680)도 소의 이익이 있다.

② **[본안판단]** "소유권이전등기청구권에 대한 압류나 가압류가 있더라도 채무자는 제3채무자를 상대로 그 이행을 구하는 소송을 제기할 수 있고 법원은 가압류가 되어 있음을 이유로 이를 배척할 수는 없는 것이지만, 소유권이전등기를 명하는 판결(민법 제389조 2항)은 의사의 진술을 명하는 판결로서 이것이 확정되면 채무자는 일방적으로 이전등기를 신청할 수 있고 제3채무자는 이를 저지할 방법이 없게 되므로(소유권이전등기를 명하는 판결의 경우 별도의 집행단계가 존재하지 않고, 집행공탁의 공탁물은 금전에 한정되기 때문에 제3채무자는 채무를 면할 방법이 없다 : 저자주) 위와 같이 볼 수는 없고 이와 같은 경우에는 '가압류의 해제'를 조건으로 하지 않는 한 법원은 이를 인용하여서는 안된다"(대판 1999.2.9. 98다42615 ; 대판 1992.11.10. 전합92다4680 등)(8회,11회 선택형)고 판시하고 있다(원고일부승소).

③ **[청구취지]** 피고는 원고에게 ○○지방법원 0000.00.00. 자. 0000카합000 소유권이전등기청구권의 가압류결정의 집행이 해제되면 0000.00.00. 매매를 원인으로 한 소유권이전등기절차를 이행하라.

> **[관련판례]** ＊ (가)압류된 주식양도청구권의 이행청구(청구일부인용)
> 判例는 "주권발행 전이라도 회사성립 후 또는 신주의 납입기일 후 6개월이 지나면 주권의 교부 없이 지명채권의 양도에 관한 일반원칙에 따라 당사자의 의사표시만으로 주식을 양도할 수 있으므로, 주권발행 전 주식의 양도를 명하는 판결은 의사의 진술을 명하는 판결에 해당한다 이러한 주식의 양도를 명하는 판결이 확정되면 채무자는 일방적으로 주식 양수인의 지위를 갖게 되고, 제3채무자는 이를 저지할 방법이 없으므로, 가압류의 해제를 조건으로 하지 않는 한 법원은 이를 인용해서는 안 된다. 이는 가압류의 제3채무자가 채권자의 지위를 겸하는 경우에도 동일하다"(대판 2021.7.29. 2017다3222,3239)고 판시하고 있다.
> **[청구취지]** 1. 피고는 원고에게 ○○지방법원 0000.00.00. 자. 0000카합000 주식양도청구권의 가압류결정의 집행이 해제되면 0000.00.00. 00를 원인으로 한 주식양도청구권을 양도한다는 취지의 의사표시를 하라.

명의를 얻는 등으로 피보전권리의 존재가 확정되는 것을 조건으로 하여 발생하는 것이므로, 채권가압류결정의 채권자가 본안소송에서 승소하는 등으로 채무 명의를 취득하는 경우에는 가압류에 의하여 권리가 제한된 상태의 채권을 양수받는 양수인에 대한 채권양도는 무효가 된다"(同 判例)

9) "ⅰ) 채권의 가압류는 제3채무자에 대하여 채무자에게 지급하는 것을 금지하는 데 그칠 뿐 채무 그 자체를 면하게 하는 것이 아니고, 가압류가 있다 하여도 그 채권의 이행기가 도래한 때에는 제3채무자는 그 지체책임을 면할 수 없다고 보아야 할 것이다.
ⅱ) 이 경우 가압류에 불구하고 제3채무자가 채무자에게 변제를 한 때에는 나중에 채권자에게 이중으로 변제하여야 할 위험을 부담하게 되므로 제3채무자로서는 민법 제487조의 규정에 의하여 공탁을 함으로써(실무상 가압류의 경우는 현행 민사집행법의 집행공탁으로 사실상 통일 ; 저자 주)이중변제의 위험에서 벗어나고 이행지체의 책임도 면할 수 있다고 보아야 할 것이다"

10) 압류 및 '추심명령'의 효력발생시기는 제3채무자에 대한 송달일이고(민사집행법 제227조 3항, 제229조 4항), 제3채무자에게 송달된 이상 채무자에게 송달되지 않았다 하더라도 효력발생에는 아무런 영향이 없다.

11) 압류 및 '전부명령'의 효력발생시기는 추심명령의 경우와 달리 채무자와 제3채무자에게 모두 송달되어야 하고, 그 후 즉시항고가 제기되지 않거나 즉시항고가 기각되는 등으로 전부명령이 확정됨으로써 비로소 효력이 발생하며, 확정된 전부명령의 효력발생시기는 제3채무자에 대한 송달일로 소급한다(민사집행법 제227조 2항, 제229조 4항 및 7항 제231조).

2. 피고는 소외 OOO(주소)에게 위 주식양도청구권이 양도되었다는 취지의 통지를 하라.

[관련판례] ＊ 소유권이전등기청구권의 가압류사실이 직권조사사항인지 여부(소극)

"소유권이전등기청구권이 가압류되어 있다는 사정은 피고측의 항변사유에 해당하는 것이고 직권조사사항은 아닌 만큼, 소유권이전등기 청구소송의 소장에 그와 같은 가압류의 존재 사실이 기재되어 있다고 하더라도 이는 선행자백에 불과하여 피고가 응소하여 그 부분을 원용하는 경우에 비로소 고려될 수 있는 것이므로, 피고가 답변서를 제출하지 아니하고 변론기일에 출석하지도 아니하여 그 사건의 원고가 주장하는 소유권이전등기청구권의 요건 사실에 관하여 의제자백의 효과가 발생한 이상 법원으로서는 전부승소의 판결을 할 것이지 단순히 가압류사실을 알게 되었다고 하더라도 가압류가 해제될 것을 조건으로 한 판결을 할 수는 없는 것이다"(대판 1999.6.11. 98다22963).

④ **[제3채무자의 응소의무]** "소유권이전등기를 명하는 판결은 의사의 진술을 명하는 판결(민법 제389조 2항)로서 이것이 확정되면 채무자는 일방적으로 이전등기를 신청할 수 있고 제3채무자는 이를 저지할 방법이 없으므로, 소유권이전등기청구권이 가압류된 경우에는 변제금지의 효력이 미치고 있는 제3채무자로서는 일반채권이 가압류된 경우와는 달리 채무자 또는 그 채무자를 대위한 자로부터 제기된 소유권이전등기 청구소송에 응소하여 그 소유권이전등기청구권이 가압류된 사실을 주장하고 자신이 송달받은 가압류결정을 제출하는 방법으로 입증하여야 할 의무가 있다고 할 것이고, 만일, 제3채무자가 고의 또는 과실로 위 소유권이전등기 청구소송에 응소하지 아니한 결과 의제자백에 의한 판결이 선고되어 확정됨에 따라 채무자에게 소유권이전등기가 경료되고 다시 제3자에게 처분된 결과 채권자가 손해를 입었다면, 이러한 경우는 제3채무자가 채무자에게 임의로 소유권이전등기를 경료하여 준 것과 마찬가지로 불법행위를 구성한다고 보아야 한다"(대판 1999.6.11. 98다22963)(11회 선택형).

┃ 핵심사례 B-02 ┣

■ 현재이행의 소에서 소의이익 – 채권이 가압류된 경우
2011년 7월 법전협 모의, 2012년 제1회 · 2014년 제3회 변호사시험

X토지를 소유하고 있는 乙은 甲에게 X토지를 5억 원에 매도하기로 하고, 甲으로부터 5억 원을 받았다. 그 후 乙은 丙과 X토지를 시가 6억 원에 매도하기로 합의한 다음 丙 명의로 소유권이전등기를 마쳐주었다(丙은 단순 악의임). 이에 甲은 乙을 상대로 매매계약에 기한 소유권이전등기청구권이 이행불능되었다고 주장하며 손해배상을 청구하였으나 乙은 이에 응하지 않았다. 甲의 금전채권자 A는 甲에 대한 금전채권을 청구채권으로 하여 위 손해배상채권에 대해 가압류신청을 하여 결정을 받아 위 결정이 乙에게 송달되었다. 이후 甲은 乙을 상대로 위 손해배상청구의 소를 제기하였고 乙은 가압류의 처분금지효로 인해 甲에게 위 채권을 변제할 수 없으므로 甲이 제기한 소는 소의 이익이 없어 부적법하다고 항변하고 있다.

〈문제 1.〉 乙의 항변은 타당한가?

〈문제 2.〉 사안과 달리 甲의 청구권이 이행불능이 되지 않은 상태에서 A가 甲의 소유권이전등기청구권에 대하여 가압류결정을 받아 위 결정이 乙에게 송달되었고, 이에 甲이 乙을 상대로 소유권이전등기를 구하는 소송을 제기하였다고 하자. 乙은 가압류의 처분금지효로 인해 소유권이전등기절차를 이행하지 못한다는 항변을 하고 있다. **법원은 이 사건 소에 대하여 어떠한 판결을 해야 하는가?**

I. 문제 1.의 해결

1. 결 론

乙의 항변은 타당하지 않다.

2. 논 거

(1) 현재이행의 소의 이익

(2) 가압류된 금전채권에 대한 이행청구의 경우(소의 이익 긍정)

(3) 사안의 경우

甲의 乙에 대한 손해배상청구권에 가압류가 집행되었더라도 그 이행을 구할 소의 이익이 인정되므로 甲은 乙을 상대로 그 이행을 구하는 소를 제기할 수 있다. 따라서 乙의 항변은 타당하지 않다.

II. 문제 2.의 해결

1. 결 론

법원은 가압류 해제조건부 인용판결을 선고해야한다.

2. 논 거

(1) 가압류·가처분된 소유권이전등기청구권에 대한 이행청구(소의 이익 조건부 긍정)

(2) 사안의 경우

甲의 乙에 대한 소유권이전등기청구권에 가압류가 집행되었더라도 그 이행을 구할 소의 이익이 인정되나, 소유권이전등기를 명하는 판결의 경우 별도의 집행단계가 존재하지 않아 乙이 이를 저지할 방법이 없게 되므로, 법원은 가압류의 해제를 조건으로 소유권이전등기절차의 이행을 명하는 판결을 하여야 한다.

(3) 목적이 실현되었거나 아무런 실익이 없는 경우

1) 목적이 실현된 경우

a. 사해행위의 취소에 의해 복귀를 구하는 재산이 이미 채무자에게 복귀한 경우

判例는 "채권자가 채무자의 부동산에 관한 사해행위를 이유로 수익자를 상대로 그 사해행위의 취소 및 원상회복을 구하는 소송을 제기하여 그 소송계속 '중' 위 사해행위가 해제 또는 해지되고 채권자가 그 사해행위의 취소에 의해 복귀를 구하는 재산이 벌써 채무자에게 복귀한 경우에는, 특별한 사정이 없는 한, 그 채권자취소소송은 이미 그 목적이 실현되어 더 이상 그 소에 의해 확보할 권리보호의 이익이 없어지는 것이다"(대판 2008.3.27. 2007다85157)(1회 선택형)고 하였다. 이러한 법리는 사해행위취소소송 이 제기되기 '전'에 사해행위의 취소에 의해 복귀를 구하는 재산이 채무자에게 복귀한 경우에도 마찬가지이다 (대판 2015.5.21. 전합2012다952).

b. 등기관련소송 중 등기경료·목적물멸실·저당권실행으로 등기말소된 경우(아무런 실익이 없는 경우)

① 원고의 소유권이전등기청구소송 중에 다른 원인에 의하여 원고 앞으로 소유권이전등기가 된 경우(대판 1996.10.15. 96다785), ② 건물이 전부멸실 된 경우 그 건물에 대한 등기청구(대판 1976.9.14. 75다399, 아래 비교판례와 구별할 것), ③ 근저당권설정등기의 말소등기절차의 이행을 구하는 소송 중에 그 근저당권설정등기가 경락을 원인으로 말소된 경우(대판 2003.1.10. 2002다57904: 법전협 표준판례(61). 아래 비교판례와 구별할 것)(2회,8회,13회 선택형)에도 권리보호이익이 부정된다.

[비교판례] ✱ **종전건물의 소유자가 이를 헐어 내고 건물을 신축한 경우**(위 ②번과 비교)

"소유권보존등기가 되었던 종전건물의 소유자가 이를 헐어 내고 건물을 신축한 경우에 있어 종전건물에 대한 멸실등기를 하고 새 건물에 대한 소유권보존등기를 하기 위하여 종전건물에 대한 소유권보존등기에 터잡아 마쳐진 원인무효의 소유권이전등기 등의 말소를 청구할 소의 이익이 있다"(대판 1992.3.31. 91다39184)

[비교판례] ✱ **근저당설정계약의 취소소송 중 근저당설정등기가 말소된 경우**(위 ③번과 비교)

"채무자와 수익자 사이의 근저당권설정계약이 사해행위인 이상 그로 인한 근저당권설정등기가 경락으로 인하여 말소되었다고 하더라도 수익자로 하여금 근저당권자로서의 배당을 받도록 하는 것은 민법 제406조 제1항의 취지에 반하므로, 수익자에게 그와 같은 부당한 이득을 보유시키지 않기 위하여 그 근저당권설정등기로 인하여 해를 입게 되는 채권자는 근저당권설정계약의 취소를 구할 이익이 있다"(대판 1997.10.10. 97다8687)(4회 선택형).

c. **자신의 소유가 아닌 토지의 소유자를 상대로 토지의 경계 정정에 대한 승낙의 의사표시를 구하는 소**

"ⅰ) 공간정보법의 규정에 따르면 자신의 소유가 아닌 토지에 관하여 지적공부의 등록사항 정정신청을 할 수 없으므로 토지의 소유자를 상대로 토지의 경계 정정에 대한 승낙의 의사표시를 구하는 소는 권리보호의 이익이 없어 부적법하다. ⅱ) 또한 자신 소유 토지의 경계 정정에 따라 경계가 변경되는 인접 토지소유자가 아닌 사람을 상대로 자신 소유 토지의 경계 정정에 대한 승낙의 의사표시를 구하는 소 역시 권리보호의 이익이 없어 부적법하다"(대판 2016.6.28. 2016다1793).

d. **의사의 진술을 명하는 판결**

"이행을 구하는 아무런 실익이 없어 법률상 이익이 부정되는 경우까지 소의 이익이 인정된다고 볼 수는 없다. 특히 의사의 진술을 명하는 판결은 확정과 동시에 그러한 의사를 진술한 것으로 간주되므로(민사집행법 제263조 제1항), 의사의 진술이 간주됨으로써 어떤 법적 효과를 가지는 경우에는 소로써 구할 이익이 있지만 그러한 의사의 진술이 있더라도 아무런 법적 효과가 발생하지 아니할 경우에는 소로써 청구할 법률상 이익이 있다고 할 수 없다"(대판 2016.9.30. 2016다200552: 법전협 표준판례(65)).[12]

2) 목적의 실현이 실익이 있는 경우(소의 이익 긍정)

a. **폐쇄등기에 대하여 말소회복등기를 마쳐야 할 필요가 있는 경우**

"폐쇄등기는 현재의 등기로서의 효력이 없고, 폐쇄된 등기기록에는 새로운 등기사항을 기록할 수도 없으므로, 폐쇄등기 자체를 대상으로 하여 말소회복등기절차의 이행을 구할 소의 이익은 없다. 그러나 진정한 권리자의 권리실현을 위하여 폐쇄등기에 대하여 말소회복등기를 마쳐야 할 필요가 있는 경우에는 말소된 권리자의 등기와 이를 회복하는 데 필요하여 함께 옮겨 기록되어야 하는 등기를 대상으로 말소회복등기절차 등의 이행을 구할 소의 이익이 있다"(대판 2016.1.28. 2011다41239).

b. **부동산처분금지가처분 등기가 마쳐진 후 가처분의 피보전권리에 기한 소유권이전등기를 청구하는 경우**

"취득시효 완성을 원인으로 하는 소유권이전등기청구권을 피보전권리로 하는 부동산처분금지가처분 등기가 마쳐진 후에 가처분채권자가 가처분채무자를 상대로 가처분의 피보전권리에 기한 소유권이전등기를

---

12) **[사실관계]** 원고 조합이 피고 공사를 상대로 '피고 공사가 위 협의회에서 피고를 대표하는 위원들로 하여금 위 협의회의 의장에게 2010년도 복지기금 추가 출연을 의안으로 하는 회의 소집을 요구하도록 하고, 소집된 회의에서 피고 공사가 그 사내근로복지기금에게 2010년도 복지기금 추가 출연분을 출연하는 의안에 찬성하는 의사를 표시하게 하라'는 소를 제기한 사안에서 기록상 피고 공사가 위 협의회 위원들에게 회의 소집 및 의안 찬성을 요구하거나 지시한다고 하여 그 위원들이 피고 공사의 요구나 지시에 따를 법적 의무가 있다거나 거기에 기속된다고 볼 만한 자료를 찾아 볼 수 없어, 원고 조합이 이 사건 소에 의한 승소판결을 받고 그 판결이 확정되어 피고 공사의 의사의 진술이 간주되더라도 그로써 무슨 법적 효과가 생길 것이 없고, 따라서 위 청구와 같은 내용으로 의사의 진술을 구하여 협력의무의 이행을 구하는 소는 소의 이익이 없어 부적법하다고 판단한 사례

청구함과 아울러 가처분 등기 후 가처분채무자로부터 소유권이전등기를 넘겨받은 제3자를 상대로 가처분채무자와 제3자 사이의 법률행위가 원인무효라는 사유를 들어 가처분채무자를 대위하여 제3자 명의 소유권이전등기의 말소를 청구하는 경우, 가처분채권자가 채무자를 상대로 본안의 승소판결을 받아 확정되면 가처분에 저촉되는 처분행위의 효력을 부정할 수 있다고 하여, 그러한 사정만으로 위와 같은 제3자에 대한 청구가 소의 이익이 없어 부적법하다고 볼 수는 없다. 가처분채권자가 대위 행사하는 가처분채무자의 위 제3자에 대한 말소청구권은 가처분 자체의 효력과는 관련이 없을 뿐만 아니라, 가처분은 실체법상의 권리관계와 무관하게 효력이 상실될 수도 있어, 가처분채권자의 입장에서는 가처분의 효력을 원용하는 외에 별도로 가처분채무자를 대위하여 제3자 명의 등기의 말소를 구할 실익도 있기 때문이다"(대판 2017.12.5. 2017다237339)(8회 선택형).

[비교판례] ✱ 사망한 자를 채무자로 한 처분금지가처분결정의 효력(무효) 및 부동산소유권이전등기청구권 보전을 위한 가처분 후 본안승소판결에 기한 소유권이전등기가 이루어진 경우, 그 가처분에 대한 이의신청을 할 이익이 있는지 여부(소극)

"이미 사망한 자를 채무자로 한 처분금지가처분신청은 부적법하고 그 신청에 따른 처분금지가처분결정이 있었다고 하여도 그 결정은 당연무효로서 그 효력이 상속인에게 미치지 않는다고 할 것이므로, 채무자의 상속인은 일반 승계인으로서 무효인 그 가처분결정에 의하여 생긴 외관을 제거하기 위한 방편으로 가처분결정에 대한 이의신청으로써 그 취소를 구할 수 있다고 할 것이나, 부동산소유권이전등기청구권 보전을 위한 가처분의 본안소송에서 승소한 채권자가 그 확정판결에 기하여 소유권이전등기를 경료하게 되면 가처분의 목적이 달성되어 그 가처분은 이해관계인의 신청에 따라 집행법원의 촉탁으로 말소될 운명에 있는 것이므로, 특별한 사정이 없는 한 가처분에 대한 이의로 그 결정의 취소를 구할 이익이 없다고 할 것이다"(대판 2002.4.26. 2000다30578)(9회 선택형).

c. 채권자가 여러 명의 다른 채권자를 상대로 배당이의의 소를 제기하고 피고 중 일부에 대하여 승소판결이 확정된 경우

"채권자가 여러 명의 다른 채권자를 상대로 배당이의의 소를 제기하고 피고 중 일부에 대하여 승소판결이 확정되었으나 그 판결이 민사집행법 제157조 후문에 따라 배당법원으로 하여금 배당표를 다시 만들도록 했을 뿐 채권자인 원고의 구체적 배당액을 정하지 않은 경우에는 아직 배당이의의 소를 통하여 달성하려는 목적이 전부 실현되었다고 할 수 없으므로, 나머지 채권자를 상대로 한 소는 여전히 권리보호의 이익이 인정된다"(대판 2022.11.30. 2021다287171)

(4) 일부청구의 경우

'일부청구'란 가분채권의 일부에 대한 이행청구를 말한다. 일부청구여부는 '처분권주의' 원칙상 원고의 자유이고, 승패예측이 힘든 경우에도 채권전액을 청구하도록 한다면 원고에게 과도한 인지의 부담을 주어 '소송경제'에 반하며, 손해배상청구에서는 감정결과를 보아야 손해액을 정확히 알 수 있는 경우도 있어 일단 일부청구하고 감정결과에 따라 청구취지를 확장할 수 있게 해주어야 할 '현실적 필요성'이 있기 때문에 원칙적으로 소의 이익이 인정된다. 다만, 다액의 채권을 소액사건심판법의 적용을 받을 목적으로 분할하여 구하는 일부청구는 소권의 남용으로써 소를 각하하여야 한다(소액사건심판법 제5조의2).

(5) 제3자를 위한 계약에서 요약자가 낙약자에 대하여 제3자에게 급부를 이행할 것을 요구하는 경우

"제3자를 위한 계약에서 제3자는 채무자(낙약자)에 대하여 계약의 이익을 받을 의사를 표시한 때에 채무자에게 직접 이행을 청구할 수 있는 권리를 취득하고(민법 제539조), 요약자는 제3자를 위한 계약의 당사자로서 원칙적으로 제3자의 권리와는 별도로 낙약자에 대하여 제3자에게 급부를 이행할

것을 요구할 수 있는 권리를 가진다. 이때 낙약자가 요약자의 이행청구에 응하지 아니하면 특별한 사정이 없는 한 요약자는 낙약자에 대하여 제3자에게 급부를 이행할 것을 소로써 구할 이익이 있다"(대판 2022.1.27. 2018다259565).

[**사실관계**] 호텔 구분소유자들로 구성된 甲 관리단과 위 호텔의 공중위생관리법상 영업자인 乙 주식회사가 '甲 관리단이 새로운 위탁운영사를 선정하면 乙 회사는 호텔 영업을 완전히 종료하고, 그 영업신고 명의를 새 위탁운영사로 변경하여 주기로 하는 내용'의 합의를 하고, 이에 따라 甲 관리단이 선정한 새로운 위탁운영사 丙 주식회사가 乙 회사를 상대로 영업권 양수의 의사를 표시한 사안에서, 위 합의는 제3자를 위한 계약에 해당하므로, 丙 회사는 제3자로서 乙 회사에 대하여 영업자 지위승계신고절차 이행의 소를 제기할 수 있고, 요약자인 甲 관리단 역시 乙 회사에 대하여 丙 회사 앞으로 영업자 지위승계신고절차를 이행할 것을 구할 소의 이익이 있다고 한 사례

2. 장래이행의 소

> 제251조 (장래의 이행을 청구하는 소) 장래에 이행할 것을 청구하는 소는 미리 청구할 필요가 있어야 제기할 수 있다

(1) 의의 및 취지 [장래, 이미, 거대]

변론종결시를 기준으로 하여 이행기가 장래에 도래하는 이행청구권을 주장하는 소이다(제251조). 채무자의 '임의이행의 거부에 대비'하기 위한 것이고, '강제집행의 곤란에 대비'하기 위한 것이 아니므로 집행 곤란의 사유가 있으면 가압류나 가처분의 사유가 될 뿐이다. 참고로 본래의 급부청구의 '집행불능에 대비'하기 위한 대상청구는 장래이행의 소로서 미리 청구할 필요가 있으므로 허용된다(대판 2006.3.10. 2005다55411).

소제기 당시에는 이행기가 도래하지 않았더라도 **변론종결시를 기준으로 이행기가 도래하면 현재이행의 소에 해당**하므로 장래이행의 요건을 갖출 필요가 없다.

(2) 적법요건

장래이행의 소가 적법하기 위해 ⅰ) 대상적격을 갖추고 있고, ⅱ) 미리 청구할 필요가 있어야 한다.

1) 대상적격(청구적격, 권리보호의 자격)

a. 요 건

ⅰ) 청구권의 발생의 기초가 되는 사실상, 법률상 관계가 변론종결 당시 존재하고 있어야 하고, ⅱ) 그 청구권의 이행기가 변론종결 이후에 도래하며, ⅲ) 원고가 주장하는 장래이행기까지의 상태계속이 **확실하여야** 한다(대판 1997.11.11. 95누4902,4919).

b. 문제되는 경우

① [**장래의 부당이득반환청구, 장래의 손해배상청구**] "채무의 이행기가 장래에 도래할 예정이고 그때까지 채무불이행 사유가 계속 존속할 것이 변론종결 당시에 확정적으로 예정되어 있다면, 장래의 이행을 명하는 판결을 할 수 있다"(대판 1987.9.22. 86다카2151: 법전협 표준판례(67)).[13] 이러한 책임 기간이 불

---

13) [**사실관계**] 甲이 乙에게서 건물을 임차하였다가 임대차계약상 의무 위반 등을 주장하면서 임차보증금 반환 등을 구하는 소를 제기하여 조정이 성립하였는데, 甲이 조정 성립을 전후하여 건물에서 퇴거하면서 乙이 아닌 丙에게 건물의 열쇠를 건네주어 건물을 점유·사용케 하였고, 이에 乙이 甲을 상대로 조정 성립 다음 날부터 건물 인도 완료일까지 부당이득 또는 손해배상의 지급을 구한

확실하여 변론종결 당시에 확정적으로 예정할 수 없는 경우에는 장래의 이행을 명하는 판결을 할 수 없다(대판 2023.7.27. 2020다277023) **[9회 기록형]**

② **[조건부 청구]** 조건부 청구는 조건성취의 개연성이 희박하지 않아야 인정된다(2회 선택형).

✻ 허가조건부 이행청구

㉠ **[인정된 경우]** "(사립학교법 제28조에 위반되는) 감독청의 허가 없이 학교법인의 기본재산에 대하여 매매계약을 체결한 경우 매수인은 감독청의 허가를 조건으로 소유권이전등기절차의 이행을 구할 수 있다" (대판 1998.7.24. 96다27988)(8회 선택형).[14]

㉡ **[부정된 경우]** ⅰ) 判例는 (국토의 계획 및 이용에 관한 법률상) 토지거래허가구역의 토지매수인이 매도인을 상대로 장차 허가받을 것을 조건으로 하여 소유권이전등기 청구를 허용하지 않았고(대판 1991.12.24. 전합90다12243: 법전협 표준판례(64)), ⅱ) 건물신축 수급회사로부터 이주비용을 차용하면서 입주 전에 이를 변제하되 준공검사를 받지 못하는 경우에는 예외로 하기로 약정한 경우에 법원이 준공검사 의무이행 여부가 불확실한 상황에서 단순히 준공검사가 마쳐지는 것만을 조건으로 하여 장래이행의 판결을 명할 수 없다고 보았으며(대판 1994.12.22. 94다20341), ⅲ) "대항요건을 갖추지 않은 채권양수인은 채무자와 사이에 아무런 법률관계가 없어 채무자에 대하여 채권양도인으로부터 양도통지를 받은 다음 채무를 이행하라는 청구(통지조건부 청구 : 저자주)는 부적법하다고 보았다(대판 1992.8.18. 90다9452).

---

c. 점유로 인한 장래의 부당이득반환청구

① **[불법점유의 경우 : 피고의 점유종료일, 원고가 인도 받은 날이 기준]** ⅰ) 判例는 국가 또는 시가 타인 소유의 토지를 도로부지로 점유·사용하면서도 이에 대한 임료 상당의 부당이득금의 반환을 거부하는 사안에서, '시가 토지를 매수할 때까지'(대판 1991.10.8. 91다17139), '1990.6.10.까지'(대판 1987.9.22. 86다카2151)라는 장래의 기간을 한정한 청구는 그 시기 이전에 피고(국가 또는 시)가 이 사건 토지를 수용하거나 도로폐쇄조치를 하여 점유사용을 그칠 수도 있고 원고가 위 토지를 계속하여 소유하지 못할 수도 있기 때문에 의무불이행 상태가 장래의 이행기까지 존속하는 것이 변론종결 당시 확정적으로 예정할 수 없으므로 부적법하다고 하나, '피고의 점유종료일 또는 원고의 소유권상실일까지'(대판 1994.9.30. 94다32085)를 장래의 기간으로 한정한 청구는 적법하다고 하였다.

ⅱ) 같은 이유에서 **사인간의 무단점유의 경우** 判例는 임대차종료 후 임차인 甲이 임차 건물에서 퇴거하면서 임대인 乙이 아닌 제3자 丙에게 건물의 열쇠를 건네주어 건물을 점유·사용케 하였다면, 乙의 손해는 '건물을 인도받을 때'까지 계속해서 발생할 것이 확정적으로 예정되어 있다고 보았다(대판 2018.7.26. 2018다227551).

사안에서, 甲이 乙이 아닌 丙에게 건물의 열쇠를 건네주어 점유·사용케 함으로써 乙은 건물을 인도받지 못하여 차임에 해당하는 손해를 입고 있는데, 丙이 甲의 양해를 얻어 건물을 점유한 이래 건물 인도를 거부하고 있고 甲이 여전히 乙에게 건물에 대한 인도의무를 부담하고 있는 이상, 甲의 불법행위로 인한 乙의 손해는 건물을 인도받을 때까지 계속해서 발생할 것이 확정적으로 예정되어 있다고 볼 여지가 있는데도, 丙이 건물을 직접 점유하고 있어 甲의 의사와 관계없이 乙의 손해 발생이 중단될 수도 있으므로 乙의 손해가 계속 발생할 것이 확정적으로 예정되어 있지 않다는 이유로 원심 변론종결 다음 날부터 건물 인도 완료일까지 부당이득 또는 손해배상의 지급을 구하는 부분은 장래의 이행을 명하는 판결을 하기 위한 요건을 갖추지 못한 것으로서 부적법하다고 본 원심 판단에 법리오해의 잘못이 있다고 한 사례.

14) **[판례평석]** 判例는 사립학교법 제28조를 강행규정 중 효력규정으로 보아 감독청의 허가를 법률행위의 효력발생요건으로 본다(대판 1987.4.28. 86다카2534). 그렇다면 이 경우도 허가받기 이전까지는 물권적·채권적으로 무효로서 청구권이 없는 것으로 보아야 할 것인데 장래이행의 청구를 인정한 점은 토지거래허가구역관련 판례(대판 1994.12.22. 94다20341)와 일관되지 못하는 문제점이 있다.

[판례해설] 위 2018다227551판결은 불법점유의 경우 '점유 자체'가 부당이득이 되므로 불법점유시부터 변론종결시까지의 부분은 현재이행의 소, 변론종결시부터 인도시까지는 장래이행의 소에 해당하는 바, 특히 장래이행의 소의 적법여부와 관련하여 (사인간의 무단점유의 경우) '목적물을 인도할 때'까지 점유할 것이 분명하고, 이러한 부당이득채무 불이행 상태가 변론종결일 이후부터 인도하는 날까지 변론종결시에 확정적으로 예상할 수 있는 경우에 해당한다고 볼 수 있다고 본 것이다.

iii) 한편, 최근에는 '원고의 소유권 상실일까지'라는 기재는 확정된 이행판결의 집행력에 영향을 미칠 수 없는 무의미한 기재라고 하여 이행판결의 주문 표시로서 바람직하지 않다고 판시하였다(대판 2019.2.18. 2015다244432).

[판례해설] 종래 재판 실무에서는 장래의 부당이득금의 계속적·반복적 지급을 명하는 판결의 주문에 '원고의 소유권 상실일까지'라는 표시가 광범위하게 사용되었다. 그러나 '원고의 소유권 상실일까지'라는 기재는 집행문 부여기관, 집행문 부여 명령권자, 집행기관의 조사·판단에 맡길 수 없고, 수소법원이 판단해야 할 사항인 소유권 변동 여부를 수소법원이 아닌 다른 기관의 판단에 맡기는 형태의 주문이다. 또한 '원고의 소유권 상실일'은 장래의 부당이득반환의무의 '임의 이행' 여부와는 직접적인 관련이 없으므로, 이를 기재하지 않더라도 장래의 이행을 명하는 판결에 관한 법리에 어긋나지 않으므로 최근판례의 태도가 타당하다(위 2015다244432 판결요지).

② **[적법점유의 경우 : 피고의 사용·수익 종료일이 기준]** 判例는 "토지임차인이 토지임대인에게 토지를 인도하지 아니하더라도 원심이 이행을 명한 '인도하는 날' 이전에 토지의 사용·수익을 종료할 수도 있기 때문에 의무불이행사유가 '인도하는 날까지' 존속한다는 것을 변론종결 당시에 확정적으로 예정할 수 없는 경우에 해당한다 할 것이어서 그 때까지 이행할 것을 명하는 판결을 할 수 없다"(대판 2002.6.14. 2000다37517)고 하였다(7회 선택형).

[판례해설] 이는 토지임차인인 피고의 점유가 동시이행항변권 또는 유치권의 행사에 따른 것이어서 적법한 것이기는 하나 동시이행의 항변권이나 유치권이 있다고 해서 사용·수익권이 인정되는 것은 아니므로 부당이득을 명한 사례이다. 다만 判例는 부당이득반환에 있어서 이득이라 함은 '실질적 이익'을 가리키는 것 (대판 1984.5.15. 84다카108)이라고 하므로 '인도하는 날' 이전에 '사용·수익을 종료'한다면 '실질적인 이익'이 없어 토지임차인의 부당이득반환 채무불이행 상태가 변론종결일 이후부터 인도하는 날까지 변론종결시에 확정적으로 예상할 수 있는 경우에 해당한다고 할 수 없다고 본 것이다.

| 핵심사례 B-03 |

■ 장래이행의 소 – 불법점유로 인한 부당이득반환청구　　2006년 변리사

甲은 2001. 8. 15. 자기 소유의 X토지를 무단으로 도로로 사용하고 있는 A시를 상대로 A시가 점유를 시작한 2001. 2. 1.부터 'A시가 X토지를 매수할 때까지'의 임대료상당의 부당이득반환청구의 소를 제기하였다.

〈문제 1.〉 甲의 부당이득반환청구의 소는 적법한가? (15점)

〈문제 2.〉 사안과 달리 X토지를 무단으로 점유하고 있는 자가 A시가 아니고, 수용과 무관한 일반인 丙인 경우, 甲이 丙을 상대로 2001.2.1.부터 'X토지의 인도완료일까지' 월 200만 원의 비율에 의한 지료 상당의 부당이득반환청구의 소를 제기하였다면, **甲의 부당이득반환청구의 소는 적법한가?** (15점)

Ⅰ. 문제 1.의 해결

1. 결 론

甲의 부당이득반환청구의 소는 부적법하다.

2. 논 거

(1) 문제점

甲이 제기한 소는 2001. 2. 1.부터 변론종결시까지의 부당이득반환청구와 그 이후부터 A시가 토지를 매수할 때까지의 부당이득청구가 병합된 형태에 해당하는바, 전자의 경우에는 변론종결일 당시 이행기가 도래한 것이므로 당연히 소의 이익이 인정되나, 후자의 경우에는 장래이행의 소에 해당하므로 장래이행의 소의 적법요건을 갖춘 것인지 문제된다.

(2) 장래이행의 소의 의의, 적법요건

(3) 사안의 경우

1) 미리 청구할 필요(인정)

A시는 현재 이행기가 도래한 부당이득반환청구부분에 대해서도 임의이행을 하고 있지 않으므로 장래의 분도 자진 이행을 기대할 수 없어 미리 청구할 필요가 인정된다.

2) 청구적격(소극)

'A시가 X토지를 매수할 때까지'는 의무불이행 상태가 장래의 이행기까지 존속하는 것이 변론종결 당시 확정적으로 예정할 수 없으므로 청구적격이 인정되지 않는다.

3) 결 론

甲이 A시를 상대로 제기한 장래 이행의 소는 청구적격을 갖추지 못하여 부적법하다.

Ⅱ 문제 2.의 해결

1. 결 론

甲의 부당이득반환청구의 소는 적법하다.

2. 논 거

(1) 장래이행의 소의 의의, 적법요건

(2) 사안의 경우

1) 미리 청구할 필요(인정)

丙은 현재 이행기가 도래한 부당이득반환청구부분에 대해서도 임의이행을 하고 있지 않으므로 장래의 분도 자진 이행을 기대할 수 없어 미리 청구할 필요가 인정된다.

2) 청구적격(인정)

ⅰ) 부당이득반환청구권의 기초가 되는 Y대지의 점유상태가 성립되어 있고, ⅱ) 이러한 상태는 Y대지의 인도완료일까지 계속될 것임이 변론종결시 확실히 예상되므로 청구적격이 인정된다. (문제 1.과 달리 수용과 무관하므로 '인도완료일까지'로 기간을 정한 장래의 차임 상당 부당이득반환청구는 적법하다)

3) 결 론

甲이 丙을 상대로 제기한 장래 이행의 소는 적법하다.

2) 미리 청구할 필요(권리보호이익) [2회 · 5회 · 8회 · 9회 기록형]

a. 요건

미리 이행할 필요가 있는지 여부는 ⅰ) 이행의무의 성질과 ⅱ) 의무자의 태도에 따라 개별적으로 판단한다. 예를 들어 ① 정기행위, 부양료청구의 경우 성질상 미리 청구할 필요가 인정되고, ② 의무자가 이행기 도래 또는 조건의 성취 이전에 미리 의무의 존재 또는 조건·기한에 대해 다투거나, 계속적·반복적 이행청구에 대해 이미 이행기도래 부분을 불이행한 경우 미리 청구할 필요가 인정된다. 判例는 채무자의 태도나 채무의 내용과 성질에 비추어 채무의 이행기가 도래하더라도 채무자의 이행을 기대할 수 없다고 판단되는 경우에는 미리 청구할 필요가 있다고 보아야 한다"(대판 2021.10.24. 2021다225968)는 입장이다.

> **✳ 미리 청구할 필요가 인정되는 경우**
> ㉠ **[의무자가 미리 다투는 경우]** "양도인측이 계약이 무효가 되었다고 주장하여 양수인으로부터 받은 매매대금을 변제공탁하였다면 양도인측이 양도 부동산에 관한 소유권이전의무의 존재를 다투고 있는 것이므로 양수인으로서는 위 의무의 이행기 도래 전에도 그 의무의 이행을 미리 청구할 필요가 있다고 보아야 한다"(대판 1993.11.9. 92다43128)(7회 선택형).
> ㉡ **[계속적·반복적 이행청구의 경우]** "이행보증보험계약에 있어서 구상금채권의 발생의 기초가 되는 법률상·사실상 관계가 변론종결 당시까지 존재하고 있고, 그러한 상태가 앞으로도 계속될 것으로 예상되며, 구상금채권의 존부에 대하여 다툼이 있어 보험자가 피보험자에게 보험금을 지급하더라도 보험계약자와 구상금채무의 연대보증인들의 채무이행을 기대할 수 없음이 명백한 경우 장래 이행 보증보험금지급을 조건으로 미리 구상금지급을 구하는 장래이행의 소가 적법하다"(대판 2004.1.15. 2002다3891)(7회 선택형).

b. 문제되는 경우

① **[선이행청구]** 저당권설정등기 말소등기청구권이나 담보가등기말소등기청구권처럼 원고가 먼저 자기 채무의 이행을 해야 비로소 그 이행기가 도래하는 이행청구권을 대상으로 하는 선이행청구는 원칙적으로 허용되지 않는다. 다만 判例는 "채권담보의 목적으로 부동산에 관하여 가등기가 경료된 경우 채무자는 자신의 채무를 먼저 변제하여야만 비로소 그 가등기의 말소를 구할 수 있는 것이기는 하지만, 채권자가 그 가등기가 채무담보의 목적으로 된 것임을 다툰다든지 피담보채무의 액수를 다투기 때문에 장차 채무자가 채무를 변제하더라도 채권자가 그 가등기의 말소에 협력할 것으로 기대되지 않는 경우에는 피담보채무의 변제를 조건으로 가등기를 말소할 것을 미리 청구할 필요가 있다"(대판 1992.7.10. 92다15376,92다15383)(11회 선택형)고 판시하였다. [13법무]

[관련판례] "채무자가 피담보채무 전액을 변제하였다고 하거나 피담보채무의 일부가 남아 있음을 시인하면서 그 변제를 '조건'으로 저당권설정등기의 말소등기절차 이행을 청구하였지만 피담보채무의 범위에 관한 견해 차이로 그 채무 전액을 소멸시키지 못하였거나 변제하겠다는 금액만으로는 소멸시키기에 부족한 경우에, 그 청구 중에는 확정된 잔존채무의 변제를 '조건'으로 그 등기의 말소를 구한다는 취지까지 포함되어 있는 것으로 해석하여야 하고, 이러한 경우에는 장래 이행의 소로서 그 저당권설정등기의 말소를 미리 청구할 필요가 있다고 보아야 한다"(대판 1981.9.22. 80다2270: 법전협 표준판례(68))(7회 선택형). **[2회,8회 기록형]**

[비교판례] 원고가 임대차계약이 이미 기간만료로 종료되었음을 원인으로 건물인도청구를 하였다가 받아들여지지 않자, 원심 변론종결 직전에 제2 예비적 청구로 약 1년 8개월 후 임대차계약의 종료에 따

른 건물인도청구를 추가한 사안에서, 判例는 "임대차보증금·권리금·차임 등에 관한 언급 없이 단지 장래의 인도청구권에 관한 집행권원을 부여하는 내용의 원고의 화해권고 요청에 피고가 응하지 않았다는 사정만으로는 '미리 청구할 필요'가 있다고 볼 수 없다"(대판 2023.3.13. 2022다286786)고 하였다.

② **[현재이행의 소와 장래이행의 소의 병합]** 목적물인도청구와 집행불능에 대비한 대상청구의 병합(예컨대, 쌀 100가마의 인도청구와 집행불능시 1가마당 1만 원을 지급하라는 청구)은 현재이행의 소와 장래이행의 소의 병합에 해당한다(병합형태는 단순병합이다. 제5편 제1장 제1관 예비적 병합 참고). 대상청구는 본래적 급부청구가 집행불능이 되는 경우에 대비하여 미리 청구하는 것으로서(대판 2011.1.27. 2010다77781)(12회 선택형), 하나의 이익을 두고 두 번 소 제기하는 소송불경제를 피할 수 있기 때문에 허용된다(대판 2006.3.10. 2005다55411). 즉, 이는 변론종결 뒤 집행불능을 조건으로 한 조건부 청구로서 **조건성취의 개연성이 높아** 장래이행의 소로서 청구적격이 인정되고, 의무자가 주된 청구인 물건인도청구의 임의이행을 거부한 이상 대상청구의 임의이행 역시 거부할 것이 분명하므로 미리 청구할 필요도 인정된다.

③ **[형성의 소와 병합하여 그 형성판결에 따라 발생할 권리를 미리 청구하는 경우]** 判例는 "공유물분할청구소송의 판결이 확정되기 전에는 분할물의 급부를 청구할 권리나 그 부분에 대한 소유권의 확인을 청구할 권리가 없다"(대판 1969.12.29. 68다2425)고 하여 **공유물분할청구와 병합하여 공유물분할판결이 날 경우에 대비한 등기청구는 허용하지 않는다.** 그러나 "양육자지정청구를 하면서 양육자로 지정되는 경우 지급받을 양육비의 액수와 그 채무명의를 미리 확정하여 둘 필요가 있는 경우에는 양육자지정청구와 함께 장래의 이행을 청구하는 소로서 양육비지급청구를 동시에 할 수 있다"(대판 1988.5.10. 88므92,88므108)고 하여 **양육비지급청구는 양육자지정청구와 함께 청구할 수 있다는 입장이다.**

(3) 장래이행의 소의 심판절차

심판절차는 현재이행의 소와 동일하다. 다만 미리 청구할 필요가 없으면 각하한다. 장래이행의 소에 대한 심리 중 이행기가 도래하면 현재이행의 소로 취급하고, 현재이행의 소에 대한 심리 중 이행기가 아직 도래하지 않은 경우에는 ⅰ) 미리 청구할 필요가 있고, ⅱ) 원고의 의사에 반하지 않는 경우 장래이행의 판결을 할 수 있다.

(4) 장래이행판결의 집행절차

① 확정기한 도래, 동시이행에 있어서 반대급부의 제공, 집행불능에 대비한 대상청구 등 집행관이 쉽게 판단할 수 있는 것은 집행개시의 요건이 되고, ② 불확정기한의 도래, 선이행의무의 제공 등 집행관이 쉽게 판단할 수 없는 것은 집행문부여의 요건이 된다.

(5) 장래이행판결의 구제책(변경의 소. 제4편 제3절 제1관 Ⅳ. 기판력의 시적범위 참고).

Ⅱ. 확인의 소   [B-16]

1. 서 설 [법, 자, 현 / 법, 현, 유, 적]

확인의 대상은 무제한이므로 남소를 방지하는 차원에서 소의 이익이 특히 중요한 의미를 갖는데, 구체적으로는 ⅰ) 대상적격, ⅱ) 즉시확정의 이익을 요건으로 한다.

정리하자면 확인의 소는 ⅰ) 대상적격으로 '권리·법률관계'를 대상으로 하는 바, 이는 자기의 권리이며 현재 법률관계의 확인을 구하는 것이어야 한다. ⅱ) 그리고 즉시확정의 이익으로 "확인의 이익은 원고의 권리 또는 법률상 지위에 현존하는 불안, 위험이 있고 그 불안, 위험을 제거함에는 확인판결을 받는 것이 가장 유효적절한 수단일 때에만 인정된다"(대판 1991.12.10. 91다14420).

2. 대상적격 [법, 자, 현]

(1) 법률성 : '권리·법률관계'를 대상으로 할 것

1) 소송법상 법률관계(원칙적 적극)

실체법상 권리관계에 한하지 않고, 소송법상 법률관계에 대해서도 확인의 소의 대상이 될 수 있다. 다만 소송법상의 법률관계인 경매절차 자체의 무효확인은 허용하지 않는다(대판 1993.6.29. 92다43821). 저당권의 실행으로 이미 소멸된 근저당권의 피담보채권이 존재하지 아니한다거나 이미 종료된 임의경매절차의 무효확인을 구하는 청구는 과거의 권리 또는 법률관계에 대한 확인을 구하는 것에 지나지 않을 뿐만 아니라 경락인이 아닌 당사자를 상대로 그와 같은 확인판결을 얻는다고 한들 그 확인판결의 효력이 경락인에게 미칠 수 없는 이상 원고들의 권리 또는 법적 지위의 불안을 해소하는 유효·적절한 수단이라고 볼 수 없기 때문이다. 또한 확인의 소로써 일반적, 추상적인 법령 또는 법규 자체의 효력 유무의 확인을 구할 수는 없다(대판 1992.8.18. 92다13875,13882,13899: 법전협 표준판례(69)).

2) 사실관계 존부의 다툼(원칙적 소극)

단순한 사실관계 존부의 다툼은 소송의 대상이 되지 않는 것이 원칙이다. 즉 ① 종교단체가 특정 종파에 속하는지 확인을 구하는 경우, ② 종손의 지위확인을 구하는 경우, ③ 온천발견신고자의 지위확인을 구하는 경우, ④ 원고 소유의 대지가 타인 소유 건물의 부지가 아니라는 확인을 구하는 경우, ⑤ 별도로 보존등기된 두 개의 건물이 동일한 건물이라는 확인을 구하는 경우, ⑥ 불법행위에서 과실여부의 확인만을 구하는 등 법률요건사실의 확인만을 구하는 경우, ⑦ 단군이 우리국조임을 확인을 구하는 등의 역사적 사실에 대한 확인을 구하는 경우, ⑧ 제사주재자 지위의 확인을 구하는 경우[15] 등은 사실관계의 확인이므로 확인의 소의 대상이 되지 않는다. 다만 예외적으로 증서진부확인의 소는 사실관계의 확인이지만 허용된다(제250조).

(2) 자기관련성

1) 원 칙

자기의 권리를 확인하는 것이어야 한다. 따라서 判例는 "학교법인의 이사장이 자신이 이사장의 지위에서 학교법인을 대표하여 다른 법인과 체결한 합병계약의 무효확인을 구할 법률상 이익은 없다"(대판 2003.1.10. 2001다1171)고 하였고, 지방자치단체와 학교의 총감이 체결한 협약에 대해 학교가 협약유효확인을 구할 이익이 없다(대판 2017.3.15. 2014다20825)고 보았다.

2) 예 외 : 제3자 사이의 권리관계 확인

당사자 일방과 제3자 사이의 권리관계 또는 제3자 사이의 권리관계에 관하여 당사자 사이에 다툼이 있어서 당사자 일방의 권리관계에 불안이나 위험이 초래되고 있고, 다른 일방에 대한 관계에서 그 법률관계를 확정시키는 것이 당사자의 권리관계에 대한 불안이나 위험을 제거할 수 있는 유효·적절한 수단이 되는 경우에는 당사자 일방과 제3자 사이의 권리관계 또는 제3자 사이의 권리관계에 관하여도 확인의 이익이 있다(대판 1994.11.8. 94다23388: 법전협 표준판례(72) 등)(9회 선택형).

---

15) "제사용 재산의 귀속에 관하여 다툼이 있는 등으로 구체적인 권리 또는 법률관계와 관련성이 있는 경우에 다툼을 해결하기 위한 전제로서 제사주재자 지위의 확인을 구하는 것은 법률상의 이익이 있다. 그러나, 권리 또는 법률관계와 무관하게 공동선조에 대한 제사를 지내는 종중 내에서 단순한 제사주재자의 자격에 관한 시비 또는 제사 절차를 진행할 때에 종중의 종원 중 누가 제사를 주재할 것인지 등과 관련하여 제사주재자 지위의 확인을 구하는 것은 법률상 이익이 없다"(대판 2012.9.13. 2010다88699).

예컨대 ① 제1매수인은 매도인을 대위하여 등기를 경료한 제2매수인을 상대로 소유권자가 매도인이라는 내용의 확인의 소를 제기할 수 있으며(대판 1976.4.27. 73다1306), ② 채권자는 채무자를 대위하여 제3채무자를 상대로 채무자의 권리를 확인하는 소를 제기할 수 있고(대판 1993.3.9. 92다56575), ③ **저당권자**는 경매절차에서 신의칙에 반하는 유치권을 배제하기 위해 그 부존재 확인의 소를 제기할 수 있다(대판 2011.12.22. 2011다84298)[16](4회 선택형). ④ 담보신탁계약에서 정한 신탁재산의 처분사유가 발생하여 신탁재산이 공매절차에 따라 처분되거나 공매 절차에서 정해진 공매 조건에 따라 수의계약으로 처분되는 경우, 해당 처분절차에 참여했던 **입찰자 또는 매수제안자**가 매수인으로 결정된 사람과 신탁회사 사이에 체결된 매매계약에 대하여 무효 확인을 구할 수 있다(대판 2021.5.7. 2021다201320; 대판 2021.5.7. 2018다275888 : 이 경우 소를 제기하기 위해 매매계약이 무효로 확인되면 이후의 신탁재산 처분절차에서 반드시 매수인이 된다거나 될 개연성이 있다는 요건까지 갖추어야 하는 것은 아니지만, 적어도 기존에 실시한 공매 또는 수의계약 절차 등 처분절차에 참여하여 입찰자 등의 지위에 있었을 것이 요구된다).

> **[비교판례]** ＊ 변제공탁에 있어서 피공탁자가 아닌 사람이 피공탁자를 상대로 공탁물출급청구권 확인판결을 받은 경우에 직접 공탁물출급청구를 할 수 있는지 여부(소극)
> "변제공탁의 공탁물출급청구권자는 피공탁자 또는 그 승계인이고 피공탁자는 공탁서의 기재에 의하여 형식적으로 결정되므로, 실체법상의 채권자라고 하더라도 피공탁자로 지정되어 있지 않으면 공탁물출급청구권을 행사할 수 없다. 따라서 피공탁자 아닌 제3자가 피공탁자를 상대로 하여 공탁물출급청구권 확인판결을 받았더라도 그 확인판결을 받은 제3자가 직접 공탁물출급청구를 할 수는 없고, 수인을 공탁금에 대하여 균등한 지분을 갖는 피공탁자로 하여 공탁한 경우 피공탁자 각자는 공탁서의 기재에 따른 지분에 해당하는 공탁금을 출급청구할 수 있을 뿐이며, 비록 피공탁자들 내부의 실질적인 지분비율이 공탁서상의 지분비율과 다르다고 하더라도 이는 피공탁자 내부간에 별도로 해결해야 할 문제이다"(대판 2006.8.25. 2005다67476)[17](9회 선택형)

(3) 현재성

1) 원 칙

확인의 소는 원칙적으로 분쟁의 당사자 사이에 현재의 권리 또는 법률관계에 관하여 확정할 이익이 있는 경우에 허용되고 **과거의 법률관계는 확인의 소의 대상이 될 수 없다**(대판 2022.2.10. 2019다227732). 따라서 기간을 정하여 임용된 사립학교 교원이 임용기간 만료 이전에 해임·면직·파면 등의 불이익 처분을 받은 후 그 **임용기간이 만료되거나**(대판 2000.5.18. 전합95재다199: 법전협 표준판례(70)) 정년이 지난 때(대

---

16) "ⅰ) 채무자가 채무초과의 상태에 이미 빠져있는 상태에서(또는 그러한 상태가 임박함으로써 채권자가 원래라면 자기 채권의 충분한 만족을 얻을 가능성이 현저히 낮아진 상태에서), ⅱ) '이미 채무자 소유의 목적물에 저당권 등이 설정'되어 있음에도, ⅲ) 채권자가 (유치권의 성립에 의하여 저당권자 등이 그 채권 만족상의 불이익을 입을 것을 잘 알면서) 자기 채권의 우선적 만족을 위하여 채무자와의 사이에 의도적으로 유치권의 성립요건을 충족하는 내용의 거래를 일으키고 그에 기하여 목적물을 점유하게 됨으로써 유치권이 성립하였다면(원칙적으로는 어떠한 부동산에 근저당권과 같이 담보권이 설정된 경우에도 그 설정 후에 제3자가 그 목적물을 점유함으로써 그 위에 유치권을 취득할 수 있다). 유치권자가 그 유치권을 저당권자 등에 대하여 주장하는 것은 권리남용으로서 허용되지 아니한다"(대판 2011.12.22. 2011다84298 ; 그리고 저당권자 등은 경매절차 기타 채권실행절차에서 위와 같은 유치권을 배제하기 위하여 그 부존재의 확인 등을 소로써 청구할 수 있다고 할 것이다).
[사실관계] 채무자 甲 주식회사 소유의 건물 등에 관하여 乙 은행 명의의 1순위 근저당권이 설정되어 있었는데, 2순위 근저당권자인 丙 주식회사가 甲 회사와 건물 일부에 관하여 임대차계약을 체결하고 건물 일부를 점유하고 있던 중 乙 은행의 신청에 의하여 개시된 경매절차에서 비용상환청구권(제626조)에 기한 유치권신고를 한 사안에서, 저당권자가 목적물을 점유하는 일은 매우 드문데도 저당권자인 丙이 甲과 임대차계약을 체결한 경위 등을 종합해 볼 때, 乙의 신청에 의하여 건물 등에 관한 경매절차가 곧 개시되리라는 사정을 충분히 인식하면서 임대차계약을 체결하고 그에 따라 그 점유를 이전받았다고 보이므로, 丙은 유치권제도를 남용한 것으로 보았다.
17) **[사실관계]** 甲과 乙을 피공탁자(지분 각 1/2)로 한 변제공탁에 대하여 甲이 乙을 상대로 1/2 지분을 초과하는 지분에 대한 공탁금 출급청구권의 확인을 청구할 수 있는지 여부(소극)

판 2004.7.22. 2002다57362), 처분무효확인청구 및 근저당권이 말소된 후에 근저당권의 피담보채무 부존재확인청구(대판 2013.8.23. 2012다17585)(9회,11회 선택형)는 과거의 법률관계의 확인청구에 지나지 않아 부적법하다.

  [참고] 장래의 권리 또는 법률관계도 확인의 대상이 아니다. 다만 조건부·기한부 권리는 대상이 된다.

2) 예 외 : 현재 법률관계의 확인을 구하는 취지로 선해할 수 있는 경우

과거의 법률관계라 할지라도 i) 현재의 권리 또는 법률상 지위에 **영향을 미치고 있고** ii) 현재의 권리 또는 법률상 지위에 대한 위험이나 불안을 제거하기 위하여 그 법률관계에 관한 확인판결을 받는 것이 **유효적절한 수단**이라고 인정될 때에는 그 법률관계의 확인소송은 즉시확정의 이익이 있다(대판 1993.7.27. 92다40587). 따라서 과거의 권리관계의 확인을 구하는 것이 현재의 권리관계의 확인을 구하는 취지로 선해할 수 있는 경우에는 허용된다.

① **[계약 관련 소송]** 매매계약의 무효확인을 구하거나(대판 1965.2.4. 64다1492), 계약 해제의 확인을 구하는 소(대판 1982.10.26. 81다108)는 현재 그 계약에 기한 채권 채무가 존재하지 아니함을 확인하는 취지라고 선해할 수 있다.

② **[회사 관련 소송]** 判例는 "회사의 총회결의에 대한 부존재확인청구나 무효확인청구는 모두 법률상 유효한 결의의 효과가 현재 존재하지 아니함을 확인받고자 하는 점에서 동일한 것이므로 예컨대, 사원총회가 적법한 소집권자에 의하여 소집되지 않았을 뿐 아니라 정당한 사원 아닌 자들이 모여서 개최한 집회에 불과하여 법률상 부존재로 볼 수 밖에 없는 총회결의에 대하여는 결의무효 확인을 청구하고 있다고 하여도 이는 **부존재확인의 의미로 무효확인을 청구하는 취지**라고 풀이함이 타당하므로 적법하다"(대판 1983.3.22. 전합82다카1810)고 판시하였다(6회 선택형).

③ **[이사 및 감사의 지위확인]** 甲 주식회사의 주주들이 법원의 허가를 받아 개최한 주주총회에서 乙이 감사로 선임되었는데도 甲 회사가 감사 임용계약의 체결을 거부하자, 乙이 甲 회사를 상대로 감사 지위의 확인을 구하는 소를 제기하여, 소를 제기할 당시는 물론 대법원이 乙의 청구를 받아들이는 취지의 **환송판결을 할 당시에도 乙의 감사로서 임기가 남아 있었는데, 환송 후 원심의 심리 도중 乙의 임기가 만료**(주식회사 이사나 감사의 직무집행을 정지하고 직무대행자를 선임하는 가처분결정이 있었으나, 이로써 이사 등의 임기가 당연히 정지되거나 가처분결정이 존속하는 기간만큼 연장되는 것이 아니므로 소송 중 임기가 만료되었음 : 저자 주)되어 후임 감사가 선임된 사안에서, 判例는 "乙에게 현재의 권리 또는 법률상 지위에 대한 위험이나 불안을 제거하기 위해 과거의 법률관계에 대한 확인을 구할 이익이나 필요성이 있는지를 석명하고 이에 관한 의견을 진술하게 하거나 청구취지를 변경할 수 있는 기회를 주어야"(대판 2020.8.20. 2018다249148)한다고 판시하였다.

④ **[징계 관련 소송]** 징계면직처분무효확인을 구하는 소도 확인의 이익이 있다(대판 2010.10.14. 2010다36407). 判例는 "소속 회사의 취업규칙에 따라 甲이 징계처분으로 인하여 정직기간 동안 임금을 전혀 지급받지 못하는 법률상 불이익을 입게 된 이상 징계처분은 정직기간 동안의 임금 미지급 처분의 실질을 갖는 것이고, 이는 甲의 임금청구권의 존부에 관한 현재의 권리 또는 법률상 지위에 영향을 미치고 있으므로, 甲으로서는 비록 징계처분에서 정한 징계기간이 도과하였다 할지라도 징계처분의 무효 여부에 관한 확인 판결을 받음으로써 가장 유효·적절하게 자신의 현재의 권리 또는 법률상 지위에 대한 위험이나 불안을 제거할 수 있어 확인의 이익이 있다"(대판 2010.10.14. 2010다36407)고 판시하였다. 이는 **임금청구채권과의 관련성**으로 인해 확인의 이익이 인정된 사례이다. 따라서 공직임용과 관련한 불이익 유무에 따라 해임·파면의 무효확인청구는 확인의 이익을 인정하고, 직위해제·면직의 무효확인청구는 확인의 이익을 부정했던 사례와 구별하여야 한다.

한편 判例는 근로계약과 관련하여 대기처분 후 자동해임된 경우 대기처분이 적법한지 여부가 자동해임처분 사유에도 직접 영향을 주게 되므로 대기처분에 대한 무효확인의 소의 이익을 인정하였다(대판 2018.5.30. 2014다9632).

✱ 주주총회결의 부존재 · 무효 확인의 소

㉠ **[법적 성질 : 확인의 소]** 주주총회결의 부존재확인의 소의 법적 성질에 대해 판례는 확인의 소라고 판시하고 있으며(대판 1980.10.27. 79다2267), 상법상 제소기간의 제한이 없다(6회 선택형). 반면, 주주총회결의취소의 소는 상법 제376조에 따라 결의의 날로부터 2월 내에 제기하여야 하나, 동일한 결의에 관하여 무효확인의 소 또는 부존재확인의 소가 상법 제376조 소정의 제소기간 내에 제기되어 있다면, 동일한 하자를 원인으로 하여 결의의 날로부터 2월이 경과한 후 취소소송으로 소를 변경하거나 추가한 경우에도 무효확인의 소 또는 부존재확인의 소 제기시에 제기된 것과 동일하게 취급하여 제소기간을 준수한 것으로 본다(대판 2007.9.6. 2007다40000, 대판 2003.7.11. 2001다45584 : 주주는 다른 주주에 대한 소집절차의 하자를 이유로 주주총회결의 취소의 소를 제기할 수도 있다)(8회 선택형).

㉡ **[청구의 인낙이나 그 결의의 부존재 · 무효를 확인하는 내용의 화해 · 조정의 효력 : 무효]** 判例는 "주주총회결의의 부존재 · 무효를 확인하거나 결의를 취소하는 판결이 확정되면 당사자 이외의 제3자에게도 그 효력이 미쳐 제3자도 이를 다툴 수 없게 되므로, 주주총회결의의 하자를 다투는 소에 있어서 청구의 인낙이나 그 결의의 부존재 · 무효를 확인하는 내용의 화해 · 조정은 할 수 없고, 가사 이러한 내용의 청구인낙 또는 화해 · 조정이 이루어졌다 하여도 그 인낙조서나 화해 · 조정조서는 효력이 없다"(대판 2004.9.24. 2004다28047: 법전협 표준판례(220))고 하였다(6회,8회 선택형).

㉢ **[주주총회결의부존재확인의 소송의 효력범위]** 주총회결의부존재확인의 소송에는 그 결의무효확인의 소송에 관한 상법 제380조의 규정이 준용된다 할 것이므로 그 결의부존재확인판결의 효력은 제3자에게 미친다(대판 1982.9.14. 전합80다2425). 그런데 상법 제380조는 주주총회결의 부존재확인 판결에 이른바 판결의 불소급효를 규정하고 있는 상법 제190조 단서를 준용하고 있지 않다(6회 선택형). 따라서 상법 제190조 단서를 준용하여 주주총회결의 부존재확인 판결의 효력을 제한할 수는 없는 것이고, 그 결과 발생하는 제3자 보호의 문제는 상법이나 민법상의 선의의 제3자 보호규정 등에 의하여 개별적으로 해결하여야 할 것이다(대판 2011.10.13. 2009다2996)(6회 선택형). 반면, 주식회사의 이사회결의 무효확인의 소나 비상장 주식회사의 합병무효의 소의 확정판결의 효력에 관한 별도의 규정은 없다. 따라서 상법 제190조가 준용되지 않아 대세적 효력이 없다(8회 선택형).

✱ 해임 · 파면의 무효확인청구(적법), 직위해제 · 면직의 무효확인청구(부적법)

㉠ **[해임 · 파면의 무효확인청구 : 확인의 이익 인정]** 判例는 국 · 공립 또는 사립대 교원이 징계에 의하여 해임이나 파면되었다면 공직이나 교원으로 임용될 수 있는 법률상의 지위에 대한 위험이나 불안을 제거하기 위하여 무효확인을 구할 이익을 인정하였다(대판 1993.7.27. 92다40587).

㉡ **[직위해제 · 면직의 무효확인청구 : 확인의 이익 부정]** 判例는 직위해제 또는 면직된 경우에는 파면이나 해임된 경우와는 달리 공직이나 교원으로 임용되는 데에 있어서 법령상의 아무런 제약이 없으므로 확인의 이익을 부정하였다(대판 2000.5.18. 전합95재다199).

✱ 대기처분 후 자동해임된 경우 대기처분에 대한 무효확인의 소(적법)

"자동해임처분이 이 사건 대기처분 후 6개월 동안의 보직 미부여를 이유로 삼고 있는 것이어서 이 사건 대기처분이 적법한지 여부가 이 사건 자동해임처분 사유에도 직접 영향을 주게 되므로, 그렇다면 여전히 이러한 불이익을 받는 상태에 있는 원고로서는 이 사건 자동해임처분과 별개로 이 사건 대기처분의 무효 여부에 관한 확인 판결을 받음으로써 유효 · 적절하게 자신의 현재의 권리 또는 법률상 지위에 대한 위험이나 불안을 제거할 수 있다"(대판 2018.5.30. 2014다9632).

3) 예 외 : 과거의 포괄적 법률관계 확인의 경우

예외적으로 신분관계·사단관계처럼 포괄적 법률관계의 경우에 과거의 것이라도 일체 분쟁의 직접적·획일적 해결에 유효적절한 수단이 되는 때에는 그 확인을 구하는 것이 허용된다. 判例는 ① 사실혼 배우자 한 쪽 사망 후 사실혼관계존부확인의 소(대판 1995.3.28. 94므1447)에서 소의 이익을 긍정한 바 있으며, ② "협의이혼으로 혼인관계가 해소된 경우에도 과거의 혼인관계의 무효확인을 구할 정당한 법률상 이익이 있다"(대판 1978.7.11. 78므7)(4회,8회 선택형)고 판시하였고, 최근 判例는 ③ 원고가 사립고등학교 3학년 재학 중 코로나19 감염병과 관련하여 허위 진술을 하였다는 이유로 정학 2일의 징계를 받은 후 학교법인인 피고를 상대로 징계무효 확인을 구하는 소를 제기한 후 소 계속 중 고등학교를 졸업한 경우에도, "학교생활기록부 기재사항과 밀접하게 관련된 현재의 권리 또는 법률상 지위에 대한 위험이나 불안을 제거하기 위하여 그 법률관계에 관한 확인판결을 받는 것이 유효·적절한 수단에 해당하므로 법률상 이익이 인정된다"(대판 2023.2.23. 2022다207547)고 판시하였다.

[관련판례] ✻ 혼인관계가 이미 해소된 이후라고 하더라도 혼인무효의 확인을 구할 이익이 인정되는지 여부(적극)
"종전 判例는 이혼으로 혼인 관계가 해소되었기 때문에 혼인을 무효로 해도 실익이 없어 이혼을 했다면 혼인 자체를 무효로 할 수 없다고 보았다(소 각하). 예컨대 "단순히 여자인 청구인이 혼인하였다가 이혼한 것처럼 호적상 기재되어 있어 불명예스럽다는 사유는 청구인의 현재 법률관계에 영향을 미치는 것이 아니고, 이혼신고로써 해소된 혼인관계의 무효 확인은 과거의 법률관계에 대한 확인이어서 확인의 이익이 없다"(대판 1984.2.28. 82므67) 고 하였다.
그러나 바뀐 전원합의체 판결에 따르면 이혼했어도 혼인무효가 가능하다고 하는바, ㉠ 이혼 후에도 민법상 '근친혼 금지'나 형법상 '친족상도례'(가족 간 재산범죄는 처벌하지 않거나 고소해야 처벌 가능)등은 계속 적용되므로 이런 규정을 적용받지 않으려면 '혼인 무효'가 되어야 한다. 따라서 이혼 후 혼인 무효도 실익이 있다고 한다. ㉡ 또한 이혼 후 '미혼모'나 '미혼부'로 인정받으려면 혼인 무효가 필요하므로, 이들에 대한 혼인 무효를 허용할 필요도 있다고 한다. ㉢ 따라서 이혼 부부가 혼인 무효를 다퉈 볼 수 있는 사례로는 ① 본인이 원하지 않았는데 부모 강요로 결혼했다가 이혼한 부부, ② 외국인 배우자가 취업 등 다른 목적으로 혼인신고한 후 가출해 이혼한 부부, ③ 아파트 청약 등 이익을 노리고 결혼할 의사 없이 혼인신고만 했다가 이혼한 부부 등이 있다(대판 2024.5.23. 전합2020므15896 참고).

4) 예 외 : 확인의 소의 대상이 시간적 경과로 인해 과거의 법률관계가 되어 버린 경우(석명의무 인정)

"당사자가 현재의 권리나 법률관계에 존재하는 불안·위험이 있어 확인을 구하는 소를 제기하였으나 법원의 심리 도중 시간적 경과로 인해 확인을 구하는 대상이 과거의 법률관계가 되어 버린 경우, 법원으로서는 확인의 대상이 과거의 법률관계라는 이유로 확인의 이익이 없다고 보아 곧바로 소를 각하할 것이 아니라, 당사자에게 현재의 권리 또는 법률상 지위에 대한 위험이나 불안을 제거하기 위해 과거의 법률관계에 대한 확인을 구할 이익이나 필요성이 있는지 여부를 석명하여 이에 관한 의견을 진술하게 하거나 당사자로 하여금 청구취지를 변경할 수 있는 기회를 주어야 한다"(대판 2022.6.16. 2022다207967).[18]

3. 확인의 이익 [법, 현, 유적] [6회 사례형, 3회·5회·7회·9회 기록형]

"확인의 이익은 원고의 권리 또는 법률상 지위에 현존하는 불안, 위험이 있고 그 불안, 위험을 제거함에는 확인판결을 받는 것이 가장 유효적절한 수단일 때에만 인정된다"(대판 1991.12.10. 91다14420). 이는 원·피고 일방과 제3자 사이 또는 제3자 상호 간의 법률관계가 확인의 소의 대상이 되는 경우 확인

---

18) 퇴임 이사가 임기 만료 후부터 일정 기간 과거 이사의 지위에 있었음에 대하여 확인을 구하는 경우, 이사로서의 보수청구권 발생 등만으로 확인의 이익을 인정할 수 없다는 判例

의 이익을 판단할 때에도 마찬가지이다(대판 2016.5.12. 2013다1570).[19] 그리고 확인의 이익 유무는 직권조사사항이므로 당사자의 주장 여부에 관계없이 법원이 직권으로 판단하여야 한다(대판 2023.6.1. 2020다211238).

(1) 권리 또는 법률상 지위에 불안

① **[인정한 예]** 判例는 ㉠ ⅰ) "저가낙찰로 인해 경매를 신청한 근저당권자의 배당액이 줄어들거나 경매목적물 가액과 비교하여 거액의 유치권 신고로 매각 자체가 불가능하게 될 위험은 경매절차에서 근저당권자의 법률상 지위를 불안정하게 하는 것이므로 위 불안을 제거하는 근저당권자의 이익을 단순한 사실상·경제상의 이익이라고 볼 수는 없다. 따라서 근저당권자는 유치권 신고를 한 사람을 상대로 유치권 전부의 부존재뿐만 아니라 경매절차에서 유치권을 내세워 대항할 수 있는 범위를 초과하는 유치권의 부존재확인을 구할 법률상 이익이 있고, 심리 결과 유치권 신고를 한 사람이 유치권의 피담보채권으로 주장하는 금액의 일부만이 경매절차에서 유치권으로 대항할 수 있는 것으로 인정되는 경우에는 법원은 특별한 사정이 없는 한 그 유치권 부분에 대하여 일부패소의 판결을 하여야 한다"(대판 2016.3.10. 2013다99409)(8회, 11회 선택형)고 판시하였다. 같은 이유로 만약 피담보채권자체가 인정되지 않는다면, 근저당권자는 유치권 신고를 한 사람을 상대로 유치권 전부의 부존재확인을 구할 법률상 이익이 인정된다(대판 2004.9.23. 2004다32848). **[6회 사례형, 9회 기록형]** ⅱ) "경매절차에서 유치권이 주장되지 아니한 경우에는, 담보목적물이 매각되어 그 소유권이 이전됨으로써 근저당권이 소멸하였더라도 채권자는 유치권의 존재를 알지 못한 매수인으로부터 민법 제575조, 제578조 제1항, 제2항에 의한 담보책임을 추급당할 우려가 있고, 위와 같은 위험은 채권자의 법률상 지위를 불안정하게 하는 것이므로, 채권자인 근저당권자로서는 위 불안을 제거하기 위하여 유치권 부존재 확인을 구할 법률상 이익이 있다. 반면 채무자가 아닌 소유자는 위 각 규정에 의한 담보책임을 부담하지 아니하므로, 유치권의 부존재 확인을 구할 법률상 이익이 없다"(대판 2020.1.16. 2019다247385)(11회 선택형)고 판시하였고, ㉡ 또한 최근 판례는 ⅰ) "보험계약의 당사자 사이에 계약상 채무의 존부나 범위에 관하여 다툼이 있는 경우 그로 인한 법적 불안을 제거하기 위하여 보험회사는 먼저 보험수익자를 상대로 소극적 확인의 소를 제기할 확인의 이익이 있다"(대판 2021.6.17. 전합2018다257958,25796)거나 ⅱ) "보증보험계약이 체결된 경우 보험자의 피보험자에 대한 보험금지급채무는 보험계약자가 피보험자에 대하여 보험약관이 정한 주계약 등에 따른 채무를 부담한다는 것을 전제로 하므로, 보험금이 아직 지급되지 않은 상태에서 주계약의 당사자인 보험계약자와 피보험자 사이에 주계약에 따른 채무의 존부와 범위에 관하여 다툼이 있는 경우, 이는 보험자의 피보험자에 대한 보험금지급채무 존부와 범위에도 영향을 미칠 수 있다. 따라서 그러한 경우 주계약의 채무자이기도 한 보험계약자로서는 우선 그 계약상 채권자인 피보험자를 상대로 주계약에 따른 채무 부존재 확인을 구하는 것이 분쟁을 해결하는 가장 유효적절한 방법일 수 있다"(대판 2022.12.15. 2019다269156)고 판시하였다.

[판례평석] X 소유의 부동산에 채무자를 A, 근저당권자를 B로 하는 근저당권이 설정되고 그 경매절차가 개시되었는데 경매절차 중에는 유치권이 주장되지 않았으며 C가 경락을 받았다. 그 후에 D가 당해 부동산에 관한 유치권을 주장하였다. 이 때 X, A, B가 D를 상대로 유치권부존재 확인을 구할 수 있는

---

19) **[관련판례]** "확인의 소에는 권리보호요건으로서 확인의 이익이 있어야 하고 확인의 이익은 확인판결을 받는 것이 원고의 권리 또는 법률상의 지위에 현존하는 불안·위험을 제거하는 가장 유효적절한 수단일 때에 인정된다. 확인의 소는 반드시 원·피고 간의 법률관계에 한하지 않고 원·피고의 일방과 제3자 또는 제3자 상호 간의 법률관계도 대상이 될 수 있으나, 법률관계와 관련하여 원고의 권리 또는 법적 지위에 현존하는 위험이나 불안이 야기되어 이를 제거하기 위하여 법률관계를 확인의 대상으로 삼아 원·피고 간의 확인판결에 의하여 즉시 확정할 필요가 있고, 또한 그것이 가장 유효적절한 수단이 되어야 확인의 이익이 있다. 이러한 법리는 원·피고의 일방이 제3자와 계약이나 협약을 체결하였으나, 그 후 계약이나 협약의 해제·해지를 둘러싸고 분쟁이 생긴 경우에도 적용된다"(대판 2017.3.15. 2014다208255).

확인의 이익을 가지는가가 문제된다. 경매절차 중에 유치권이 주장되는 경우에는 경매목적물의 소유자 X와 근저당권자 B에게 유치권의 부존재 확인을 구할 법률상 이익이 있지만 경매목적물의 매각이 완료된 후에는 소유자 X와 근저당권자 B가 새롭게 유치권의 부존재 확인을 구할 법률상 이익은 없다. 반면, 경매절차에서 유치권이 주장되지 아니한 경우 경매목적물의 소유자 X와 근저당권자 B는 그 경락 후의 유치권 주장자에 대하여도 유치권부존재 확인을 구할 이익을 가진다. 이 경우는 '매매의 목적물이 유치권의 목적이 된' 때로서 '매수인이 이를 알지 못하였으므로' 민법 제575조, 제578조 제1항에 따라 매수인 C가 집행채무자 A에게 계약의 해제 또는 대금감액의 청구를 할 수 있는 경우이고, 따라서 집행채무자 A는 매수인 C로부터 이와 같이 담보책임을 추급당할 우려가 있기 때문에 D를 상대로 유치권부존재 확인을 구할 수 있는 확인의 이익을 가진다(위 사안과 달리 A가 채무자 겸 부동산 소유자인 경우라도 A에게는 역시 그런 확인의 이익이 있다). 또한 경매절차에서 대금의 배당을 받은 근저당권자 B는 민법 제578조 제2항에 따라 매수인 C로부터 배당금 반환을 청구당할 우려가 있으므로 B 역시 D를 상대로 유치권부존재 확인을 구할 수 있는 확인의 이익을 가진다. 그러나 사안의 X 즉, 물상보증인은 위 각 민법 규정에 기한 담보책임을 부담하지 않는다. 따라서 X에게는 D를 상대로 유치권부존재 확인을 구할 수 있는 확인의 이익이 있다고 볼 수 없다. 본건 원심은 D의 유치권 주장이 언제 있었는지 그리고 물상보증인이었던 X의 채무인수 여부 등을 심리하지 않은 채로 확인의 이익이 있다고 보았으므로 대법원이 파기환송하였고 이는 타당한 결론이다[20].

[비교판례] ✱ **물상보증인의 공경매에서의 담보책임 : 제578조**
물상보증인이 담보물을 제공한 경우 물상보증인이 제578조 1항의 1차적 책임을 지는 채무자에 해당하는지 여부인데, 判例는 "제578조 제1항의 채무자에는 임의경매에 있어서의 물상보증인도 포함되는 것이므로 경락인이 그에 대하여 적법하게 계약해제권을 행사했을 때에는 물상보증인은 경락인에 대하여 원상회복의 의무를 진다"(대판 1988.4.12. 87다카2641)고 본다.

② **[부정한 예]** 그러나 判例는 ⅰ) 경매절차에서 유치권이 주장되었으나 소유부동산 또는 담보목적물이 매각되어 그 소유권이 이전되어 소유권을 상실하거나 근저당권이 소멸하였다면, 소유자와 근저당권자는 유치권의 부존재 확인을 구할 법률상 이익이 없다[21]"(대판 2020.1.16. 2019다247385)(11회 선택형)거나, ⅱ) 甲 소유의 점포를 乙 주식회사가 점유하고 있는 상황에서 甲이 점포 인도를 구하는 것과 별도로 乙 회사를 상대로 점포에 대한 유치권 부존재확인을 구하는 것은 확인의 이익이 없어 부적법하다(대판 2014.4.10. 2010다84932 : 11회 선택형)고 판시하였고, ⅲ) 담보지상권에 관하여 피담보채무의 범위를 구하는 것은 권리 또는 법률상의 지위에 관한 청구로 보지 않았다(아래 관련판례 참조). 나아가 ⅳ) 주식회사의 주주는 회사의 재산관계에 대해 사실상, 경제상의 이해관계만을 가질 뿐이고(대판 1979.2.13. 78다1117), ⅴ) 한약조제시험을 통해 약사에게 한약조제권을 인정함으로써 한의사의 영업이익이 감소되더라도 이러한 익은 사실상의 이익에 불과하고(대판 1998.3.10. 97누4289), ⅵ) 유한회사의 사원총회에서 임용계약의 내용으로 이미 편입된 이사의 보수를 감액하거나 박탈하는 결의를 하더라도 이는 감액된 보수를 지급하지 않을 수 있다는 사실상·경제상 이익에 대한 것일 뿐이라고(대판 2017.3.30. 2016다21643)고 보았다. 또한 ⅶ) 이행청구를 할 수 있는 경우임에도 별도로 그 이행의무의 존재 확인을 구하거나 손해배상청구를 할 수 있는 경우임에도 별도로 그 침해되는 권리의 존재 확인을 구하는 것은 특별한 사정이 없는 한 불안 제거에 별다른 실효성이 없고 소송경제에 비추어 유효·적절한 수단이라 할 수 없어 분쟁의 종국적인 해결 방법이 아니므로 확인의 이익이 없다(대판 2023.12.21. 2023다275424).

---

20) 법률신문 / 2021.02.18. 2020년 분야별 중요판례분석
21) 근저당권자에게 담보목적물에 관하여 각 유치권의 부존재 확인을 구할 법률상 이익이 있다고 보는 것은 경매절차에서 유치권이 주장됨으로써 낮은 가격에 입찰이 이루어져 근저당권자의 배당액이 줄어들 위험이 있다는 데에 근거가 있고, 이는 소유자가 그 소유의 부동산에 관한 경매절차에서 유치권의 부존재 확인을 구하는 경우에도 마찬가지라는 점에서 判例의 입장이 타당하다.

[관련판례] ✽ **담보지상권의 피담보채무의 범위 확인을 구하는 청구의 확인의 이익(소극)**
"지상권은 용익물권으로서 담보물권이 아니므로 피담보채무라는 것이 존재할 수 없다. 근저당권 등 담보권 설정의 당사자들이 담보로 제공된 토지에 추후 용익권이 설정되거나 건물 또는 공작물이 축조·설치되는 등으로 토지의 담보가치가 줄어드는 것을 막기 위하여 담보권과 아울러 설정하는 지상권을 이른바 담보지상권이라고 하는데, 이는 당사자의 약정에 따라 담보권의 존속과 지상권의 존속이 서로 연계되어 있을 뿐이고, 이러한 경우에도 지상권의 피담보채무가 존재하는 것은 아니다. 따라서 지상권설정등기에 관한 피담보채무의 범위 확인을 구하는 청구는 원고의 권리 또는 법률상의 지위에 관한 청구라고 보기 어려우므로, 확인의 이익이 없어 부적법하다"(대판 2017.10.31. 2015다65042).

(2) 현존하는 위험·불안

1) 의 의

피고가 원고의 권리 또는 법률관계를 부인하거나 양립하지 않는 주장을 하는 경우(적극적 확인의 소) 또는 피고가 존재하지 않는 권리를 있다고 주장하는 경우(소극적 확인의 소)는 현존하는 불안이 있다고 할 것이다.

✽ **현존하는 위험·불안을 인정한 예**

① **[적극적 확인의 소]** 判例는 하나의 채권에 관하여 2인 이상이 서로 채권자라고 주장하고 있는 경우, 스스로 채권자라고 주장하는 어느 한쪽이 상대방에 대하여 그 채권이 자기에게 속한다는 채권의 귀속에 관한 확인을 구할 이익을 긍정하였다(대판 1988.9.27. 87다카2269).

② **[소극적 확인의 소]** 判例는 보험계약 해지 후 피보험자가 여전히 자기 아닌 제3자가 보험금청구권을 가진다고 주장하는 경우, 보험자가 그를 상대로 보험금채무 부존재 확인을 구할 이익을 긍정하였다(대판 1996.3.22. 94다51536).

✽ **현존하는 위험·불안을 부정한 예**

① **[채무자회생법상 채무자]** 判例는 "채무자가 채무자회생법 제251조[22]에 따라 회생채권에 관하여 책임을 면한 경우에는, 면책된 회생채권의 존부나 효력이 다투어지고 그것이 채무자의 해당 회생채권자에 대한 법률상 지위에 영향을 미칠 수 있는 특별한 사정이 없는 한, 채무자의 회생채권자에 대한 법률상 지위에 현존하는 불안·위험이 있다고 할 수 없어 회생채권자를 상대로 면책된 채무 자체의 부존재확인을 구할 확인의 이익을 인정할 수 없다"(대판 2019.3.14. 2018다281159 : 다만 채무자의 다른 법률상 지위와 관련하여 면책된 채무의 부존재확인을 구할 확인의 이익이 있는지는 별도로 살펴보아야 한다).

② **[가등기 이후 가압류등기를 마친자]** 判例는 "부동산등기법 제92조 제1항은 '등기관은 가등기에 의한 본등기를 하였을 때에는 가등기 이후에 된 등기로서 가등기에 의하여 보전되는 권리를 침해하는 등기를 직권으로 말소하여야 한다'고 규정하고 있다. 따라서 가등기가 담보 목적인지 여부와 상관없이 그 본등기가 이루어지면 가등기 후의 가압류등기는 말소될 수밖에 없다. 즉 이 사건 가등기에 의한 본등기로 인하여 원고의 위 가압류등기가 직권으로 말소되는지 여부가 이 사건 가등기가 순위보전을 위한 가등기인지 담보가등기인지 여부에 따라 결정되는 것이 아니므로, 원고의 법률상 지위에 현존하는 불안·위험이 존재한다고 볼 수 없다"(대판 2017.6.29. 2014다30803)고 하였다. 또한 "만약 이 사건 가등기가 담보가등기임에도 불구하고 가등기권자가 청산절차를 거치지 않은 채 본등기를 마친다면, 원고로서는 소유자를 대위하여 그 본등기의 말소를 구할 수 있고 그에 따라 위 가압류등기도 회복시킬 수 있을 것이므로, 담보가등기라는 확인의 판결을 받는 것 외에 달리 구제수단이 없다고 보기도 어렵다"(同 判例)고 하여 유효·적절한 방법도 아니라고 보았다.

2) 국가를 상대로 한 소유권확인의 소

① **[요 건]** "국가를 상대로 한 토지소유권확인청구는 ㉠ 그 토지가 미등기이고 토지대장이나 임야대장 상에 등록명의자가 없거나 등록명의자가 누구인지 알 수 없을 때와 그 밖에 ㉡ 국가가 등기 또는 등록명의 인 제3자의 소유를 부인하면서 계속 국가 소유를 주장하는 등 특별한 사정이 있는 경우에 한하여 그 확인 의 이익이 있다"(대판 2010.11.11. 2010다45944) **[3회 기록형]**

② **[원칙 : 소의 이익 부정]** 미등기 '건물'의 경우(대판 1995.5.12. 94다20464),[23] 이미 제3자 앞으로 등기가 경료 된 경우(대판 1995.9.15. 94다27649),[24] 등기부상 명의인의 기재가 실제와 일치하지 아니하더라도 인격의 동 일성이 인정되는 경우(대판 2016.10.27. 2015다230815),[25] 토지 · 임야대장상의 소유자로 등록된 자가 있는 경우(대 판 2010.11.11. 2010다45944)[26]에는 그 명의자를 상대로 한 소송에서 당해 부동산이 보존등기신청인의 소유 임을 확인하는 내용의 확정판결을 받으면 소유권보존등기를 신청할 수 있는 것이므로, 국가를 상대 로 한 소유권확인의 이익이 없다. **[3회 기록형]**

> **[관련판례]** ✱ **미등기 토지대장의 소유명의인**(채무자)**을 특정할 수 없는 경우 그의 채권자는 소의 이익 부정** "미등기토지에 대하여 토지대장이나 임야대장의 소유자 명의인 표시란에 구체적 주소나 인적사 항에 관한 기재가 없어서 그 명의인을 특정할 수 없는 경우에는 그 소유명의인의 채권자가 국가를 상대로 소유명의인을 대위하여 소유권확인의 확정판결을 받더라도 이 확인판결에는 소유자가 특정되지 않아 특정인이 위 토지의 소유자임을 증명하는 확정판결이라고 볼 수 없다"(대판 2021.7.21. 2020다300893 : 채권자대위소송의 피보전 채권이 인정될 수 없으므로 채권자대위소송은 당사자적격이 없어 부적법하다).

③ **[예외 : 소의 이익 인정]** 判例는 **멸실 임야대장 복구시 소유자란이 공백이 되어 토지 소유자임을 임 야대장으로 증명할 수 없는 경우에는**(미등기, 미등록 토지), 부동산등기법 제130조에 의하면 판결에 의 하여 소유자임을 증명하고 보존등기를 할 수 밖에 없으니 보존등기를 위한 소유권 증명 때문에 토지 소유자가 국가를 상대로 제기한 소유권 확인의 소는 가사 관계당사자 간에 다툼이 없다 할지라도, 확인의 이익이 있다(대판 1979.4.10. 78다2399: 법전협 표준판례(73))고 한다.

> **[관련판례]** ✱ **미등기 토지대장상 소유권이전등록을 받은 자는 최초 소유자가 등재되어 있지 않은 경 우 소의 이익 인정**
> "보존등기는 원칙적으로 그가 대장에 최초의 소유자로 등록되어 있음을 전제로 하는 것으로 "토지나 임야대장상 소유권이전등록을 받은 자는 자기 앞으로 바로 보존등기를 신청할 수는 없으며, 대장상 최 초의 소유명의인 앞으로 보존등기를 한 다음 이전등기를 하여야 한다. 다만 미등기 토지에 관한 토지대장 에 소유권을 이전받은 자는 등재되어 있으나 최초의 소유자는 등재되어 있지 않은 경우, 토지대장상 소유권이전등

---

22) 회생계획인가의 결정이 있는 때에는 회생계획이나 이 법의 규정에 의하여 인정된 권리를 제외하고는 채무자는 모든 회생채권 과 회생담보권에 관하여 그 책임을 면한다(채무자회생법 제251조).

23) "가옥대장 비치관리업무는 국가사무라고 할 수도 없고, 건물소유권에 대해 국가가 이를 다투지 않아도 국가는 소유권귀속에 관 한 직접 분쟁당사자가 아니어서 확인해 줄 지위에 있지 아니하다. 따라서 국가를 상대로 한 건물소유권확인소송은 원고의 법률 상 지위의 불안제거에 실효성이 없는 것으로서 확인의 이익이 없어 부적법하다"

24) "토지수용의 효과를 다투면서 토지 소유권을 주장하는 자는 그 기업자에 대한 승소판결만으로도 토지에 관한 기업자의 소유권 보존등기를 말소하고 그 소유권보존등기를 신청할 수 있으므로, 이와 병합하여 국가를 상대로 한 소유권확인청구는 그 토지의 소유권을 둘러싼 법적 불안정을 해소하는 데 필요하고도 적절한 수단이 될 수 없어 그 확인의 이익이 없다"

25) "토지에 관하여 등기가 되어 있는 경우에, 등기부상 명의인의 기재가 실제와 일치하지 아니하더라도 인격의 동일성이 인정된다 면 등기명의인의 표시경정등기가 가능하며, 국가를 상대로 실제 소유에 대하여 확인을 구할 이익이 없다"

26) "어느 토지에 관하여 등기부나 토지대장 또는 임야대장상 소유자로 등기 또는 등록되어 있는 자가 있는 경우에는 그 명의자를 상대로 한 소송에서 당해 부동산이 보존등기신청인의 소유임을 확인하는 내용의 확정판결을 받으면 소유권보존등기를 신청할 수 있는 것이므로 그 명의자를 상대로 한 소유권확인청구에 확인의 이익이 있는 것이 원칙이지만, 토지대장 또는 임야대장의 소유자에 관한 기재의 권리추정력이 인정되지 아니하는 경우에는 국가를 상대로 소유권확인청구를 할 수밖에 없다"

록을 받은 자는 국가를 상대로 토지소유권확인청구를 할 확인의 이익이 있다"(대판 2009.10.15. 2009다48633 : 따라서 그는 확인판결에 기해 소유권등기를 할 수 있다).

[관련판례] "공간정보의 구축 및 관리 등에 관한 법률 제87조 제4호에 의하면 채권자는 자기의 채권을 보전하기 위하여 채무자인 토지소유자가 위 법에 따라 하여야 하는 신청을 대위할 수 있으나, 같은 법 제84조에 따른 지적공부의 등록사항 정정은 대위하여 신청할 수 없다. 토지대장상의 소유자 표시 중 주소 기재의 일부가 누락된 경우는 등록명의자가 누구인지 알 수 없는 경우에 해당하여 그 토지대장에 의하여 소유권보존등기를 신청할 수 없고, 토지대장상 토지소유자의 채권자는 토지소유자를 대위하여 토지대장상 등록사항을 정정할 수 없으므로, 토지대장상 토지소유자의 채권자는 소유권보존등기의 신청을 위하여 토지소유자를 대위하여 국가를 상대로 소유권확인을 구할 이익이 있다고 보아야 한다"(대판 2019.5.16. 2018다242246).

(3) 불안제거에 유효적절한 수단(확인의 소의 보충성)

1) 적극적 확인이 가능하면 소극적 확인을 구할 것이 아니다.

① **[채무부존재확인의 소]** 判例는 채권자라고 주장하는 甲, 乙 중 甲이 乙을 상대로 채무자 丙의 乙에 대한 채무가 부존재한다는 확인의 소를 제기하는 경우 설령 위 소에서 승소하더라도 甲에게 채권이 존재한다는 판결의 내용이 아니고 그 판결의 효력이 丙에게 미치는 것은 아니므로 확인의 이익이 없다고 하였다(대판 2004.3.12. 2003다49092).

② **[소유권부존재확인의 소]** 判例는 토지의 일부에 대한 소유권의 귀속에 관하여 다툼이 있는 경우에도 적극적으로 그 부분에 대한 자기의 소유권확인을 구하지 아니하고 소극적으로 상대방 소유권의 부존재 확인을 구하는 경우 확인의 이익이 없다는 입장이다(대판 2016.5.24. 2012다87898).[27]

③ **[배당금지급청구권 부존재확인의 소]** "가장 임차인의 배당요구가 받아 들여져 제1순위로 허위의 임차보증금에 대한 배당이 이루어졌으나 이해관계인들의 배당이의가 없어 그대로 배당표가 확정된 후 그 사실을 알게 된 후순위 진정 채권자에 의해 그 배당금지급청구권이 가압류되어 가장 임차인이 현실적으로 배당금을 추심하지 못한 경우, 배당을 받지 못한 후순위 진정 채권자로서는 배당금지급청구권을 부당이득한 가장 임차인을 상대로 그 부당이득 채권의 반환을 구하는 것이 손실자로서의 권리 또는 지위의 불안·위험을 근본적으로 해소할 수 있는 유효·적절한 방법이므로, 후순위 진정 채권자가 가장 임차인을 상대로 배당금지급청구권 부존재확인을 구하는 것은 확인의 이익이 없다"(대판 1996.11.22. 96다34009)(4회 선택형).

2) 확인의 소가 우회적인 방법으로 인정될 경우에는 확인의 이익이 부정

判例는 수급인 甲 주식회사가 도급인 乙 사회복지법인에 대한 선급금 반환채무를 보증하기 위하여 丙 보증보험 주식회사와 체결한 선급금이행보증보험계약에 따라, 丙 회사가 乙 법인에 보험금을 지급하자 甲 회사의 丙 회사에 대한 구상금 채무를 연대보증한 丁이 乙 법인을 상대로 丙 회사의 乙 법인에 대한 보험금 지급채무 부존재 확인을 구한 사안에서, "丁이 주장하는 법적 지위의 불안은 丁의 丙 회사에 대한 구상금 채무의 존부이므로 丁은 이미 소멸한 丙 회사의 乙 법인에 대한 보험금 채무의 부존재 확인이라는 우회적인 방법으로 丁과 丙 회사 사이의 분쟁을 해결할 것이 아니라 직접적으로 丙 회사를 상대로 현재의 법률관계인 구상금 채무의 부존재 확인을 구하는 것이 분쟁 해결에 가장 유효·적절한 방법인데도, 이와 달리 丁이 청구한 부분에 확인의 이익이 있다고 본 원심판단에 법리를 오해하여 판단을 그르친 잘못이 있다"(대판 2015.6.11. 2015다206492)고 보았다.

---

27) "그러한 판결만으로는 그 토지의 일부에 대한 자기의 소유권이 확인되지 아니하여 소유권자로서 지적도의 경계에 대한 정정을 신청할 수도 없으므로, 확인의 이익이 없다"

제3편 제1심 소송절차 **181**

3) 당해 절차에서 판단될 문제에 대하여는 별소를 제기하는 것이 허용되지 않는다.

따라서 소송요건의 존부에 대한 확인의 소(대판 1982.6.8. 81다636), 소취하무효확인의 소(규칙 제67조에 의해 기일지정신청을 하여야 하기 때문이다)는 소의 이익이 없다.

4) 확인의 소의 이행의 소에 대한 보충성

① **[원 칙]** 이행의 소를 제기할 수 있는데도 이행청구권 자체의 존재확인의 소를 제기하는 것은 허용되지 않는다. 근본적인 해결책이 되지 못하기 때문이다(대판 1991.10.11. 91다1264: 법전협 표준판례(76)). 判例도 미등기건물의 매수인이 매도인에게 소유권이전등기의무의 이행을 소구하지 아니한 채 그 건물에 대한 사용·수익·처분권의 확인을 구한 사안에서는 소의 이익이 없다고 판시하였고(대판 2008.7.10. 2005다41153), 회사 주주로 기재되어 있던 자가 제3자의 주식매매계약서 등 위조에 의해 타인에게 명의개서가 마쳐졌다는 이유로 회사를 상대로 명의개서절차이행을 구하지 않고 주주권 확인을 구할 경우, 확인의 이익이 인정되지 않는다고 보았다(대판 2019.5.16. 2016다240338).

[비교판례] "근저당권자가 근저당권의 피담보채무의 확정을 위하여 스스로 물상보증인을 상대로 확인의 소를 제기하는 것이 부적법하다고 볼 것은 아니며, 물상보증인이 근저당권자의 채권에 대하여 다투고 있을 경우 그 분쟁을 종국적으로 종식시키는 유일한 방법은 근저당권의 피담보채권의 존부에 관한 확인의 소라고 할 것이므로, 근저당권자가 물상보증인을 상대로 제기한 확인의 소는 확인의 이익이 있어 적법하다"(대판 2004.3.25. 2002다20742).

② **[예 외]** ㉠ 시효중단의 필요가 있는 경우 또는 목적물이 **압류**된 경우, ㉡ 현재 손해액수의 **불분명**, ㉢ 확인판결이 나면 피고의 **임의이행**을 기대할 수 있을 때(예컨대, 피고가 국가 또는 공공단체인 경우), ㉣ **선결**적 법률관계의 확인은 예외적으로 확인의 이익이 있다. 선결적 법률관계의 확인이 가능한 것은 이행의 소를 제기하여도 선결적 법률관계에 대하여는 기판력이 생기지 않기 때문이다. [중압, 불임, 선결]

判例도 선결적 법률관계의 확인과 관련하여 ㉠ "소유권을 원인으로 하는 급부의 소(이행의 소)를 제기하는 경우에 있어서도, 그 기본되는 소유권의 유무 자체에 관하여 당사자 사이에 분쟁이 있어 즉시 확정의 이익이 있는 경우에는 소유권 확인의 소도 아울러 제기할 수 있다"(대판 2020.6.4. 2016다245142)고 하였으며, ㉡ "매매계약해제의 효과로서 이미 이행한 것의 반환을 구하는 이행의 소를 제기할 수 있을지라도 그 기본이 되는 매매계약 존부에 대해 다툼이 있어 즉시 확정의 이익이 있는 때에는 계약해제확인을 구할 수 있다"(대판 1982.10.26. 81다108)고 한다. 즉, 계약해제에 따른 효과로 소유권이 복귀되어 민법 제214조에 기한 등기말소청구를 할 수 있다 하더라도, 이러한 이행의 소는 소송물인 소유권의 존부에만 기판력이 발생하고 선결관계인 매매계약의 존부에는 기판력이 미치지 않게 된다. 따라서 피고는 추후 계약상 권리로서 이전등기청구를 제기할 수도 있으므로 원고에게는 계약이 해제되었음의 확인을 구할 이익이 인정된다.

③ **[예외의 예외]** 그런데 判例는 "근저당권설정자가 근저당권설정계약에 기한 피담보채무가 존재하지 아니함의 확인을 구함과 함께 그 근저당권설정등기의 말소를 구하는 경우 피담보채무의 부존재를 이유로 그 등기말소를 청구하면 되므로 그 채무부존재확인의 청구는 확인의 이익이 없다"(대판 2000.4.11. 2000다5640)고 판시하였다.

[판례검토] 위 判例에 대해 피담보채무의 부존재확인의 소는 말소청구권의 선결적 법률관계로서 분쟁의 종국적 해결을 위하여 적법하게 처리해야 한다는 반대견해가 있으나(다수설), 채무존부는 당사자의 주된 관심사가 아니므로 확인의 이익이 없다고 보는 判例가 타당하다(김홍엽).

5) 청구이의의 소를 제기할 수 있어도 채무부존재확인소송의 확인의 이익이 인정되는 경우

判例는 "청구이의의 소는 집행권원이 가지는 집행력의 배제를 목적으로 하는 것으로서 판결이 확정되더라도 당해 집행권원의 원인이 된 실체법상 권리관계에 기판력이 미치지 않는다. 따라서 채무자가 채권자에 대하여 채무부담행위를 하고 그에 관하여 강제집행승낙문구가 기재된 공정증서를 작성하여 준 후, 공정증서에 대한 청구이의의 소를 제기하지 않고 공정증서의 작성원인이 된 채무에 관하여 채무부존재확인의 소를 제기한 경우, 그 목적이 오로지 공정증서의 집행력 배제에 있는 것이 아닌 이상 청구이의의 소를 제기할 수 있다는 사정만으로 채무부존재확인소송이 확인의 이익이 없어 부적법하다고 할 것은 아니다"(대판 2013.5.9. 2012다108863)고 판시하였다.

[비교판례] "파산채무자에 대한 면책결정의 확정에도 불구하고 어떠한 채권이 비면책채권에 해당하는지 여부 등이 다투어지는 경우에 채무자는 면책확인의 소를 제기함으로써 권리 또는 법률상 지위에 현존하는 불안·위험을 제거할 수 있다. 그러나 면책된 채무에 관한 집행권원을 가지고 있는 채권자에 대한 관계에서 채무자는 청구이의의 소를 제기하여 면책의 효력에 기한 집행력의 배제를 구하는 것이 법률상 지위에 현존하는 불안·위험을 제거하는 유효적절한 수단이 된다. 따라서 이러한 경우에도 면책확인을 구하는 것은 분쟁의 종국적인 해결방법이 아니므로 확인의 이익이 없어 부적법하다"(대판 2017.10.12. 2017다17771).

■ 확인의 소의 적법요건　　　　　　　　　　　　　　　　　2015년 10월 법전협 모의

사실관계 | 甲은 2015. 2. 1. 乙과의 사이에 甲소유의 X토지를 3억 원에 매도하기로 하는 계약을 체결하고, 계약금 3천만 원은 이 계약 당일 지급받았으며, 중도금 1억 원은 2015. 2. 28.까지, 잔금 1억 7천만 원은 2015. 3. 31. 소유권이전에 필요한 서류의 교부와 동시에 각 지급하기로 약정하였다. 甲은 丁에 대하여 2015. 5. 1. 차용한 금 3억 원의 반환채무를 부담하고 있었는데, 2015. 4. 5. 丁과의 사이에서 위 차용금채무의 변제에 갈음하여 X토지의 소유권을 이전하여 주기로 약정하였다. 乙이 2015. 4. 10. 甲을 상대로 2015. 2. 1. 자 매매계약을 원인으로 한 X토지에 대한 소유권이전등기 및 인도청구의 소(전소라고 함)를 제기하였고, 그 소송의 변론종결 전인 2015. 4. 20. 甲은 X토지를 丁에게 인도하였다. 乙이 전소와는 별도로 丁을 상대로 "甲과 丁 사이의 2015. 4. 5. 자 대물변제계약은 무효임을 확인한다"는 소(별소라고 함)를 제기하였다. **별소는 확인의 소로서의 요건을 갖추었는가?**

사안의 해결 | 乙의 별소 제기는 2015. 4. 5. 자 대물변제계약의 무효확인을 구하는 것이므로 현재의 권리·법률관계의 부존재 확인을 구하는 것으로 선해할 수 있다. 그러나 이는 제3자에 대한 법률관계의 부존재 확인을 구하는 경우로서 乙 자신의 권리 또는 법률상 지위에 현존하는 불안, 위험을 해소시키기 위한 유효적절한 수단이 될 수 없으므로 乙은 X토지에 관하여 자신의 명의로 소유권이전등기를 마친 후 丁을 상대로 소유권에 기하여 직접 인도청구를 하거나, 甲을 대위하여 X토지의 인도를 구하는 것으로 충분하고 甲과 丁 사이의 대물변제계약의 효력을 다툴 확인의 이익이 없다. 따라서 乙의 별소는 확인의 이익이 없으므로 부적법하다.

4. 증서진부확인의 소 [13변리]

> 제250조 (증서의 진정여부를 확인하는 소) 확인의 소는 법률관계를 증명하는 서면이 진정한지 아닌지를 확정하기 위하여서도 제기할 수 있다.

(1) 의 의

법률관계를 증명하는 서면(처분문서)이 진정한지 아닌지 확정하기 위한 소로써 민사소송법이 예외적

으로 사실관계의 확인을 구하는 소를 허용하는 경우이다(제250조). "예외적으로 허용하고 있는 이유는 **법률관계를 증명하는 서면의 진정 여부가 확정되면 당사자가 그 서면의 진정 여부에 관하여 더 이상 다툴 수 없게 되는 결과, 법률관계에 관한 분쟁 그 자체가 해결되거나 적어도 분쟁 자체의 해결에 크게 도움이 된다는 데 있다**"(대판 2007.6.14. 2005다29290,29306).

(2) 대상적격

증서의 진정 여부를 확인하는 소의 대상이 되는 서면은 직접 법률관계를 증명하는 서면에 한한다.

1) 법률관계를 증명하는 서면

'법률관계를 증명하는 서면'이란 그 i) 기재 내용으로부터 직접 ii) 일정한 현재의 iii) 법률관계의 존부가 증명될 수 있는 서면을 말한다(대판 2007.6.14. 2005다29290,29306).

判例는 임대차계약금으로 일정한 금원을 받았음을 증명하기 위하여 작성된 영수증(대판 2007.6.14. 2005다29290,29306), 세금계산서(대판 1974.10.22. 74다24), 대차대조표나 회사결산보고서(대판 1974.10.22. 74다24), 당사자본인신문조서(대판 1974.10.22. 74다24), 유언서(통설)는 처분문서에 해당하지 않는다고 본다.

2) 증서의 진정 여부(성립의 진정)

진정여부는 서면작성자라고 주장된 자의 의사에 의하여 작성되었는지 아니면 위조되었는지(성립의 진정)에 관한 것이고, 서면에 기재된 내용이 객관적 진실에 합치하는지(내용의 진정)에 관한 것이 아니다(대판 1991.12.10. 91다15317). 따라서 법률관계를 증명하는 서면이 형식적 증거력을 갖는 것인지 확정하기 위한 경우에만 대상적격이 있다.

(3) 확인의 이익 [법, 현, 유적]

증서진부확인의 소는 확인소송으로서 확인의 이익이 있을 것이 요구된다.

判例는 ① 서면으로 증명될 법률관계가 합의에 의하여 이미 소멸되었다는 취지로 주장하고 있다면, 그 서면의 진부가 확정되어도 이에 의하여 원고 주장의 위 권리관계 내지 법률적 지위의 불안이 제거될 수 없고, 그 법적불안을 제거하기 위하여서는 당해 권리 또는 법률관계 자체의 확인을 구하여야 할 필요가 있는 경우에 해당한다 할 것이므로, 진부확인의 소는 **즉시 확정의 이익이 없어 부적법하다**(대판 1991.12.10. 91다15317; 법전협 표준판례(74))(9회 선택형)고 하였고, ② 어느 서면에 의하여 증명되어야 할 법률관계를 둘러싸고 이미 소가 제기되어 있는 경우에는 그 소송에서 분쟁을 해결하면 되므로 그와 별도로 그 서면에 대한 진정 여부를 확인하는 소를 제기하는 것은 특별한 사정이 없는 한 확인의 이익이 없다. 그러나 진부확인의 소가 제기된 후에 그 법률관계에 관련된 소가 제기된 경우에는 진부확인의 소의 확인의 이익이 소멸되지 않는다(대판 2007.6.14. 2005다29290)고 판시하였다.

▮ 증서진부확인의 소　　　　　　　　　　　　　　　　　　　　　　　2013년 변리사

사실관계 ┃C는 자신의 X토지에 상가를 건축하기 위하여 D건설회사와 도급계약을 체결하였다. D는 E회사에게 토목공사에 관하여 하도급을 주었고, C는 D건설회사의 E회사에 대한 하도급대금채무를 연대보증하였다. E는 D가 대금지급기일이 되도록 하도급대금채무를 이행하지 못하자 C를 상대로 보증계약에 따른 의무이행의 소를 제기하였다. 당해 소송에서 E는 C가 작성해준 보증계약서를 증거로 제출하였고, 이에 C는 보증계약서는 위조된 것이라 주장하며 별도로 보증계약서가 진정하지 않음을 확인해 달라는 소를 제기하였다. **C가 제기한 소송은 적법한가?**

사안의 해결 | 사안의 보증계약서는 그 자체에 의해 법률관계의 존부가 증명될 수 있는 서면으로서 처분문서에 해당하고, 보증계약서의 위조여부에 대해 관한 것으로 대상적격이 인정된다. 그러나 이미 보증계약에 기한 의무이행청구의 소가 제기되어 있는바, 보증계약서의 진위여부는 당해 소송에서 해결하면 되므로 그와 별도로 보증계약서의 진부확인의 소를 제기하는 것은 확인의 이익이 없다. 따라서 C가 제기한 증서진부확인의 소는 확인의 이익이 결여되어 부적법하다.

■ **증서진부확인의 소**   2013년 변리사

사실관계 | A부동산에 관하여 甲명의로 소유권보존등기가 경료된 다음 乙명의로 매매를 원인으로 하여 소유권이전등기가 경료되었다. 甲은 위 매매에 관한 매매계약서와 영수증이 위조된 것이라고 주장하면서 각 서면이 진정하지 아니하다는 확인의 소를 제기하였다. 이 소의 사실심 심리 중 甲은 乙이 임의로 소유권이전등기를 경료하였다고 주장하면서 乙을 상대로 소유권이전등기말소등기청구의 소를 별도로 제기하였다. **甲이 제기한 위 확인의 소는 적법한가?**

사안의 해결 | 甲의 영수증에 대한 증서진부확인의 소는 대상적격을 흠결하여 부적법하지만, 甲의 매매계약서에 대한 증서진부확인의 소는 이미 소송요건을 구비하여 적법하게 제기되었는 바, 나중에 제기된 甲의 乙에 대한 소유권이전등기말소등기청구의 소로 인하여 부적법하게 된다고 볼 수 없다. 따라서 영수증에 대한 증서진부확인의 소는 부적법하나, 매매계약서에 대한 증서진부확인의 소는 적법하다.

Ⅲ. 형성의 소   [B-17]

1. 형성의 소 법정주의

(1) 원 칙

기존 법률관계의 변동을 목적으로 하는 형성의 소는 법률에 명문규정이 있는 경우에 한하여 인정된다. 따라서 법률의 규정에 따라 제기한 경우에는 원칙적으로 소의 이익이 인정된다(아래 관련판례 참조).

> **[관련판례]** "기존 법률관계의 변동 형성의 효과를 발생함을 목적으로 하는 형성의 소는 법률에 명문의 규정이 있는 경우에 한하여 인정되는 것이고 법률상의 근거가 없는 경우에는 허용될 수 없다. 화해조항의 실현을 위하여 부동산을 경매에 붙여 그 경매대금에서 경매비용 등을 공제한 나머지 대금을 원고들 및 피고들에게 배당할 것을 구하는 소는 그 청구의 성질상 형성의 소라 할 것인데 재판상 화해의 실현을 위하여 부동산을 경매에 붙여 대금의 분배를 구하는 소를 제기할 수 있다는 아무런 법률상의 근거가 없으므로 위와 같은 소는 허용될 수 없다"(대판 1993.9.14. 92다35462: 법전협 표준판례(57))(7회 선택형).

(2) 예 외

"구 상법(1991.5.31. 법률 제4372호로 개정되기 전의 것) 제445조 에서 규정하는 '소'라 함은 형성의 소를 의미하는 것으로서, 일반 민사상 무효확인의 소로써 주식병합의 무효확인을 구하거나 다른 법률관계에 관한 소송에서 선결문제로서 주식병합의 무효를 주장하는 것은 원칙적으로 허용되지 아니한다. 그러나 주식병합의 실체가 없음에도 주식병합의 등기가 되어 있는 외관이 존재하는 경우 등과 같이 주식병합의 절차적·실체적 하자가 극히 중대하여 주식병합이 존재하지 아니한다고 볼 수 있는 경우에는, 주식병합 무효의 소와는 달리 출소기간의 제한에 구애됨이 없이 그 외관 등을 제거하기 위하여 주식병합 부존재확인의 소를 제기하거나 다른 법률관계에 관한 소송에서 선결문제로서 주식병합의 부존재를 주장할 수 있다"(대판 2009.12.24. 2008다15520: 법전협 표준판례(58)).

2. 소의 이익이 부정되는 경우

다만, 법률의 규정에 따라 형성의 소를 제기한 경우라도 소의 이익이 부정되는 경우가 있다.

① **[소송목적이 이미 실현된 경우]** 공유물분할에 관한 협의가 성립한 후의 분할청구의 소를 제기한 경우(대판 1995.1.12. 94다30348,30355), 사해행위의 취소 및 원상회복을 구하는 소송계속 중 사해행위가 해제 또는 해지되어 그 목적부동산이 이전등기의 말소 또는 소유권이전등기의 형식으로 채무자에게 복귀한 경우(대판 2008.3.27. 2007다85157)[28]가 있다.

② **[소송목적의 실현이 불가능한 경우]** 건물철거대집행계고처분취소 소송이 상고심 계속 중 대상건물의 철거된 경우(대판 1995.11.21. 94누11293)가 있다.

3. 형식적 형성의 소의 권리보호이익

토지경계확정의 소는 인접한 토지의 경계가 사실상 불분명하여 다툼이 있는 경우에 재판에 의하여 그 경계를 확정하여 줄 것을 구하는 소송으로서, 토지소유권의 범위의 확인을 목적으로 하는 소와는 달리, 인접한 토지의 경계가 불분명하여 그 소유자들 사이에 다툼이 있다는 것만으로 권리보호의 필요가 인정된다(대판 1993.11.23. 93다41792,41808: 법전협 표준판례(79)).

제4절 소송물

Ⅰ. 의 의

[B-18]

소송의 객체 내지 심판의 대상을 의미한다. 청구의 특정, 청구의 병합, 청구의 변경, 중복소송, 재소금지, 기판력의 객관적 범위, 처분권주의, 시효중단 등을 따지는 데에 관계된다.

		소송물의 내용
절차의 개시국면	관 할	토지관할·사물관할의 결정기준
	청구의 특정(판결사항, 처분권주의)	당사자가 신청한 사항
절차의 진행국면	청구의 병합(소의 객관적 병합 제253조)	청 구
	청구의 변경(제262조)	청구취지, 청구원인
	중복제소금지(제259조)	사 건
절차의 종결국면	재소금지(제267조 2항)	소
	기판력의 객관적 범위(제216조 1항)	주문에 포함된 것
실체법상 효과	기 간	소제기에 의한 시효중단, 제척기간 준수

---

28) "이는 그 목적재산인 부동산의 복귀가 그 이전등기의 말소 형식이 아니라 소유권이전등기의 형식을 취하였다고 하여 달라지는 것은 아니다"

Ⅱ. 소송물이론 [B-19]

① 구실체법설(判例)은 실체법상의 권리 또는 법률관계의 주장을 소송물로 보아 실체법상의 권리마다 소송물이 별개로 된다는 입장이다. ② 일지설은 원고가 소로써 달성하려는 목적이 신청에 선명하게 나타나므로 신청(청구취지)이 소송물의 구성요소라는 입장이다. ③ 이분지설은 신청(청구취지)과 사실관계(청구원인의 사실관계)라는 두 가지 요소에 의해 소송물이 구성된다는 견해이다(다만 사실관계는 소송물을 특정하는 요소에 불과하며, 소송물 자체는 아니다).

[판례검토] 생각건대, 신이론(일지설과 이분지설 : 신소송물이론)은 분쟁의 일회적 해결이라는 면에서 우월하나, 원고의 권리구제 측면과 법원의 실무부담이 가중된다는 점에서 부당하다. 법원의 인적·물적 한계를 고려하여 당사자가 특정한 권리만 판단하면 족한 구실체법설(구소송물이론)이 타당하다.

Ⅲ. 소송물의 특정 [B-20]

1. 이행의 소

(1) 별개의 소송물인지 구별기준

1) 등기청구의 소송물

a. 이전등기청구권

"매매를 원인으로 한 소유권이전등기청구소송과(민법 제568조) 취득시효완성을 원인으로 한 소유권이전등기 청구소송은(민법 제245조) 이전등기청구권의 발생원인을 달리하는 별개의 소송물이므로 전소의 기판력은 후소에 미치지 아니한다"(대판 1981.1.13. 80다204)(6회 선택형). 구소송물이론에 의해 실체법적근거(민법 제568조와 민법 제245조 2개의 청구)에 따라 소송물이 특정되기 때문이다.

b. 말소등기청구권 [09·12년 사법]

구소송물이론을 따르면 말소등기청구소송의 소송물은 민법 제214조의 말소등기청구권 자체이고, 소송물의 동일성 식별표준이 되는 청구원인, 즉 말소등기청구권의 발생원인은 당해 '등기원인의 무효'에 국한된다. 따라서 등기원인의 무효를 뒷받침하는 개개의 사유는 독립된 공격방어방법에 불과하여 별개의 청구원인을 구성하는 것이 아니다(대판 1981.12.22. 80다1548: 법전협 표준판례(86))(6회 선택형).

그러나 '등기원인의 무효'가 아닌 '다른 원인'에 기한 청구인 경우에는 소송물이 다르다. 이와 관련하여 判例는 ㉠ "소유권에 기한 방해배제청구권의 행사로서 말소등기청구(민법 제214조)를 한 전소의 확정판결의 기판력이 계약해제에 따른 원상회복으로 말소등기청구(민법 제548조)를 하는 후소에 미치지 않는다"(대판 1993.9.14. 92다1353)고 판시하였고(8회 선택형), ㉡ "사기에 의한 의사표시취소를 원인으로 한 근저당권설정등기의 말소청구(전소)와 피담보채무의 부존재를 원인으로 한 근저당권설정등기의 말소청구(후소)는 각 그 청구원인을 달리하는 별개의 독립된 소송물로서, 그 공격방법을 달리하는 것에 지나지 않는 것으로 볼 것이 아니다"(대판 1986.9.23. 85다353: 법전협 표준판례(87))는 입장이다.

c. 진정명의회복을 원인으로 한 소유권이전등기청구권 [목동, 근성]

진정명의회복을 원인으로 한 소유권이전등기청구권과 무효등기의 말소청구권은 실질적으로 그 목적이 동일하고, 두 청구권 모두 소유권에 기한 방해배제청구권(민법 제214조)으로서 그 법적 근거와 성질이 동일하므로, 소송물은 실질상 동일하다(대판 2001.9.20. 전합99다37894: 법전협 표준판례(88)).

2) 금전청구의 소송물

a. 동일한 사고로 인한 손해배상청구권

"불법행위를 원인으로 한 손해배상(민법 제750조)을 청구한데 대하여 채무불이행을 원인으로 한 손해배상(민법 제390조)을 인정한 것은 당사자가 신청하지 아니한 사항에 대하여 판결한 것으로서 위법하다"(저자 주 : 제203조 처분권주의 위반)(대판 1963.7.25. 63다241: 법전협 표준판례(80))(2회 선택형).

b. 손해배상청구권과 계약상의 청구권

"사용자가 복직의무를 이행하지 아니한 것이 채무불이행 또는 불법행위를 구성하는 경우, 근로자가 사용자의 복직의무 불이행과 관계없이 근로계약에 기한 임금청구권을 가진다고 할지라도, 위와 같은 사용자의 채무불이행 또는 불법행위로 인한 손해배상청구권은 실체법상 근로계약에 기한 임금청구권과 별개의 청구권으로 존재하고 소송법적으로도 소송물을 달리하므로, 근로자로서는 근로계약에 기한 임금채권을 가지고 있다 하더라도 아직 채권의 만족을 얻지 못한 경우에는 채무불이행 또는 불법행위로 인한 손해배상청구권에 관한 이행판결을 얻기 위하여 그에 관한 이행의 소를 제기할 수 있다. 그리고 근로자가 먼저 해고무효 확인과 함께 해고가 무효일 경우 근로계약에 기한 임금을 청구하는 소를 제기하여 임금의 지급을 명하는 확정판결을 받았다고 하더라도 그 승소액을 넘는 금액에 대하여 채무불이행 또는 불법행위로 인한 손해배상청구권의 행사가 허용되지 않는 것도 아니다"(대판 2014.1.16. 2013다69385).

c. 원인채권과 어음채권

원인채권과 어음채권은 별개의 소송물이므로, 동시에 주장하면 청구의 병합이 되고, 그 중 하나를 주장하다가 다른 것으로 바꾸는 것은 청구의 변경이 된다(7회 선택형).

d. 원금, 이자, 지연손해

금전채무불이행의 경우에 발생하는 원본채권과 지연손해금채권도 별개의 소송물이므로, 불이익변경에 해당하는지 여부는 원금과 지연손해금 부분을 각각 따로 비교하여 판단하여야 하고, 별개의 소송물을 합산한 전체 금액을 기준으로 판단하여서는 아니된다(대판 2009.6.11. 2009다12399).

e. 부당이득반환청구권

부당이득반환청구의 소에서 소송물은 부당이득반환청구권의 주장(민법 제741조)이며 그 동일성 식별의 기준이 되는 청구원인은 당해 '법률상 원인 없음'이므로 법률상 원인이 없음의 원인으로서 무엇을 주장하든(예를 들어 민법 제108조에 따른 무효, 민법 제109조에 따른 취소 등) 소송물은 항상 하나이다.

f. 부당이득반환청구권과 불법행위로 인한 손해배상청구권 [1회 · 3회 기록형]

"부당이득반환청구권과 불법행위로 인한 손해배상청구권은 서로 실체법상 별개의 청구권으로 존재하고 그 각 청구권에 기초하여 이행을 구하는 소는 소송법적으로도 소송물을 달리하므로, 채권자로서는 어느 하나의 청구권에 관한 소를 제기하여 승소 확정판결을 받았다고 하더라도 아직 채권의 만족을 얻지 못한 경우에는 다른 나머지 청구권에 관한 이행판결을 얻기 위하여 그에 관한 이행의 소를 제기할 수 있다. 그리고 채권자가 먼저 부당이득반환청구의 소를 제기하였을 경우 특별한 사정이 없는 한 손해 전부에 대하여 승소판결을 얻을 수 있었을 것임에도 우연히 손해배상청구의 소를 먼저 제기하는 바람에 과실상계 또는 공평의 원칙에 기한 책임제한 등의 법리에 따라 그 승소액이 제한되었다고 하여 그로써 제한된 금액에 대한 부당이득반환청구권의 행사가 허용되지 않는 것도 아니다"(대판 2013.9.13. 2013다45457: 법전협 표준판례(258))(11회 선택형)

g. 부당이득반환청구권과 계약해제로 인한 원상회복청구권(동일소송물)

"계약해제의 효과로서의 원상회복은 부당이득에 관한 특별 규정의 성격을 가지는 것이고, 부당이득반환청구에서 법률상의 원인 없는 사유를 계약의 불성립, 취소, 무효, 해제 등으로 주장하는 것은 공격방법에 지나지 아니하므로 그 중 어느 사유를 주장하여 패소한 경우에 다른 사유를 주장하여 청구하는 것은 기판력에 저촉되어 허용할 수 없다"(대판 2000.5.12. 2000다5978)

3) 인도청구의 소송물

소유권에 기한 건물반환청구와 점유권에 기한 건물반환청구는 별개의 소송물이므로, "소유권에 기하여 미등기 무허가건물의 반환을 구하는 청구취지 속에는 점유권에 기한 반환청구권을 행사한다는 취지가 당연히 포함되어 있다고 볼 수는 없고, 소유권에 기한 반환청구만을 하고 있음이 명백한 이상 법원이 점유권에 기한 반환청구도 구하는지 석명할 의무가 있는 것은 아니다"(대판 1996.6.14. 94다53006: 법전협 표준판례(83))

(2) 일부청구의 허용여부

判例는 "가분채권의 일부에 대한 이행청구의 소를 제기하면서 **나머지를 유보하고 일부만을 청구한다는 취지를 명시하지 아니한 이상** 그 확정판결의 기판력은 청구하고 남은 잔부청구에까지 미치는 것이므로 그 나머지 부분을 별도로 다시 청구할 수 없다"(대판 1993.6.25. 92다33008: 법전협 표준판례(259))고 판시하여 **명시적 일부청구설**의 입장이다.

[판례검토] 분할청구의 자유를 이유로 긍정하는 견해와 분쟁의 일회적 해결을 위해 부정하는 견해가 있으나, 원고의 분할청구이익과 함께 법원과 피고의 부담 경과를 조화시키는 명시적 일부청구설이 타당하다.

(3) 손해배상청구의 소송물(손해3분설) [17법행]

1) 손해의 항목

判例는 "불법행위로 신체의 상해를 입었기 때문에 가해자에게 대하여 손해배상을 청구할 경우에 있어서는 그 소송물인 손해는 통상의 치료비 따위와 같은 ⅰ) 적극적 재산상 손해와 ⅱ) 일실수익 상실에 따르는 소극적 재산상 손해 및 ⅲ) 정신적 고통에 따르는 정신적 손해(위자료)의 3가지로 나누어진다고 볼 수 있다"(대판 1976.10.12. 76다1313: 법전협 표준판례(81))고 하여 **손해3분설**의 입장이다.[29]

2) 후유증에 의한 확대손해

전소에서 확정된 손해배상청구의 기판력이 미치지 않아 별소가 허용된다는 점에는 견해가 일치하나 그 이론적 근거가 문제되었는바,[30] 이후 2002년 개정법은 정기금(定期金)의 지급을 명한 판결이 확정된 뒤에 그 액수산정의 기초가 된 사정이 현저하게 바뀜으로써 당사자 사이의 형평을 크게 침해할 특별한 사정이 생긴 때에는 그 판결의 당사자는 장차 지급할 정기금 액수를 바꾸어 달라는 소를 제기할 수 있다고 규정하였다(제252조 1항).

---

29) [학설] 이에 대해 ① 손해1분설은 전체손해가 소송물이고 항목은 평가자료에 불과하다고 보며, ② 손해2분설은 재산적 손해(민법 제750조)와 정신적 손해(민법 제751조, 제752조)의 별개의 소송물로 본다.

30) [학설] 이론적 근거에 대해 명시적 일부청구설, 시적한계설, 별개소송물설(통설)의 견해 대립이 있었으며, 判例는 별개소송물설의 입장이었다.

2. 확인의 소

(1) 판 례[31]

1) 청구취지만으로 특정된다고 본 입장(기판력의 범위에 관련된 판례)

判例는 소유권확인의 청구원인으로 매매, 시효취득, 상속 등을 주장하는 경우 확인의 소의 기판력의 범위에 대해서는 "특정토지에 대한 소유권확인의 본안판결이 확정되면 그에 대한 권리 또는 법률관계가 그대로 확정되는 것이므로 변론종결 전에 그 확인 원인이 되는 다른 사실이 있었다 하더라도 그 확정판결의 기판력은 거기까지도 미치는 것이다"(대판 1987.3.10. 84다카2132)고 하여 청구취지만으로 특정된다고 본 입장이 있다.

2) 청구원인사실에 의해 소송물이 특정된다는 입장(재소금지 범위에 관련된 판례)

확인의 소의 재소금지 범위에 관하여는 "부동산을 증여받았음을 원인으로 한 소유권확인청구를 했다가 소취하 뒤에, 지분소유권을 상속받았음을 원인으로 지분소유권확인청구를 한 것은 '동일한 소'라고 볼 수 없다"(대판 1991.5.28. 91다5730)고 보아 청구원인사실에 의해 소송물이 특정된다는 입장이 있다.

(2) 검 토

확인의 소는 권리를 확정함으로써 장래의 분쟁을 예방하기 위한 것이며 청구취지에 구체적인 실체법상 권리가 표시되어 있다는 점에서 청구취지만으로 특정된다는 견해가 타당하다.

3. 형성의 소

형성의 소의 소송물은 판례의 구소송물 입장에서 '실체법상 형성권의 주장'이 소송물이 된다.

① 취소소송과 무효확인소송은 실체법적 근거가 다르므로 별개의 소송물이다. 그러나 무효확인소송과 부존재확인의 소는 모두 유효한 효과가 존재하지 아니함을 확인받고자 하는 점에서 동일하므로 소송물이 동일하다(대판 1983.3.22. 82다카1810).

② 이혼소송(민법 제840조)과 혼인취소소송(민법 제816조)은 민법적 근거가 다르므로 별개의 소송물이다.

③ 각 이혼사유(대판 1963.1.31. 62다812, 민법 제840조 1호 내지 6호: 법전협 표준판례(89)(10회 선택형) 및 각 재심사유(대판 1970.1.27. 69다1888, 민사소송법 제451조 1호 내지 11호)는 개개의 사유마다 독립된 소송물이 된다.

④ 채권자취소소송의 소송물은 '채권자 자신의 채권자취소권(민법 제406조)'이며, 채권자가 사해행위 취소를 청구하면서 그 피보전채권을 추가하거나 교환하는 것은 그 사해행위 취소권(소송물)을 이유 있게 하는 공격방법을 변경하는 것일 뿐이지 소송물 자체를 변경하는 것이 아니므로 소의 변경이라 할 수 없다(대판 2005.3.25. 2004다10985, 10992: 법전협 표준판례(91)(6회 선택형).

---

31) [학설] 이에 대해, 소송물이론과 관계없이 청구취지만으로 특정된다는 견해와 이지설의 입장에서 확인의 소의 경우도 이행의 소의 경우처럼 소송물이론을 일관해 청구원인사실에 의해 특정된다는 견해가 대립된다.

제5절 소의 제기

I. 소장의 필수적 기재사항 [당, 법, 지, 인]

[B-21]

> **제249조 (소장의 기재사항)** ① 소장에는 당사자와 법정대리인, 청구의 취지와 원인을 적어야 한다.

제249조 1항의 사항(당사자, 법정대리인, 청구취지, 청구원인)은 소장의 효력을 갖기 위해서 필수적으로 기재되어야 하는 사항이다. 부적법한 기재에 대해 법원은 보정명령을 하고 보정을 하지 않으면 소장을 각하하여야 한다.

1. 당사자와 법정대리인의 표시

(1) 당사자의 표시

당사자는 그 동일성을 인식할 수 있도록 특정하여 기재하여야 한다. 당사자는 소장의 기재에 의하여 확정되는데(표시설), 당사자의 동일성이 인정되는 범위 내에서의 표시정정은 자유롭게 허용되지만, 동일성이 인정되지 않는 당사자의 변경은 피고경정(제260조)의 요건을 구비하여야 한다. 判例는 "확정된 당사자가 소장의 표시와 다르거나 소장의 표시만으로 분명하지 아니한 때에는 당사자의 표시를 정정·보충시키는 조치를 취하여야 하고 이러한 조치를 취함이 없이 단지 원고에게 막연히 보정명령만을 명한 후 소를 각하하는 것은 위법하다"(대판 2013.8.22. 2012다68279)고 한다.

(2) 법정대리인의 표시

한편 당사자가 무능력자인 경우에는 당사자의 법정대리인을 기재하여야 하고, 당사자가 법인 또는 제52조의 사단 또는 재단일 경우에는 그 대표자나 관리인을 기재하여야 한다. 임의대리인은 임의적 기재사항인 반면, 법정대리인은 필수적 기재사항이다.

2. 청구취지

'청구취지'란 원고가 어떠한 내용과 종류의 판결을 구하는지를 밝히는 판결신청이며 **소의 결론부분**이다. 청구취지는 명확하고 확정적이며 간결하게 기재하여야 한다.

(1) 명시적일 것

1) 이행의 소

금전청구의 경우 금전의 성질을 기재할 필요는 없으나 금액의 명시는 필요하다. 특정물청구의 경우에는 목적물의 명시가 필요하다.

2) 확인의 소

확인의 소에서도 금전채권의 경우 금액의 명시가 필요하나, 확인의 소에는 집행력이 없으므로 집행에 의문이 없을 정도의 명확성이 요구되지는 않는다. 따라서 '4천만 원을 초과하여서는 존재하지 아니함을 확인한다.'와 같이 청구취지에 채무상한을 명시하지 않은 경우라도 적법하다(다수설).

(2) 확정적일 것

청구취지는 확정적이어야 하므로 기한부 청구나 소송외적 조건을 붙여서 청구취지를 기재할 수 없다. 그러나 소송내적 조건을 붙여서 청구취지를 기재하는 것은 소송절차의 안정성을 해하지 않으므로 허용된다(예컨대 선택적·예비적 청구, 선택적·예비적 공동소송).

3. 청구원인

'청구원인'은 청구를 특정함에 필요한 사실관계(협의) 또는 청구의 권리관계의 발생원인에 해당하는 사실관계(광의)를 의미한다. 소송물을 특정하는 데 필요한 사실관계인 청구원인은 민사소송규칙 제62조에 규정되어있다. 생각건대, 소장제출 후라도 변론기일에서 청구를 이유있게 할 사실관계를 추가·보충할 수 있으므로(우리 민사소송법은 동시제출주의가 아니라 적시제출주의를 취하고 있다. 제146조) 청구의 권리관계를 식별할 정도의 협의의 청구원인사실을 기재하면 족하다고 본다.

Ⅱ. 소장의 임의적 기재사항 [B-22]

소장의 효력과는 상관이 없는 사항으로, 준비서면에 기재하여도 되는 사항을 심리의 집중을 위해 소장에 미리 기재하는 것을 임의적 기재사항이라 한다. ① 관할원인 등 소송요건에 기초되는 사실, ② 청구를 이유 있게 할 사실상의 주장, ③ 청구원인사실에 대응하는 증거방법의 구체적 기재(제254조 4항) 등이 이에 속한다(재판장의 소장심사대상에 해당).

Ⅲ. 재판장 등의 소장심사 [B-23]

> 제254조 (재판장등의 소장심사권) ① 소장이 제249조 제1항의 규정에 어긋나는 경우와 소장에 법률의 규정에 따른 인지를 붙이지 아니한 경우에는 재판장은 상당한 기간을 정하고, 그 기간 이내에 흠을 보정하도록 명하여야 한다. 재판장은 법원사무관 등으로 하여금 위 보정명령을 하게 할 수 있다. ② 원고가 제1항의 기간 이내에 흠을 보정하지 아니한 때에는 재판장은 명령으로 소장을 각하하여야 한다. ③ 제2항의 명령에 대하여는 즉시항고를 할 수 있다. ④ 재판장은 소장을 심사하면서 필요하다고 인정하는 경우에는 원고에게 청구하는 이유에 대응하는 증거방법을 구체적으로 적어 내도록 명할 수 있으며, 원고가 소장에 인용한 서증(書證)의 등본 또는 사본을 붙이지 아니한 경우에는 이를 제출하도록 명할 수 있다.

1. 의의 및 취지

'소장심사'란 원고가 제출한 소장이 접수된 다음에 합의부사건의 경우에는 재판장이, 단독사건의 경우에는 단독판사가 소장의 적식 여부를 심사하는 권한을 말한다(제254조). 이는 재판장 등이 소송요건의 존부 판단에 앞서 소장심사를 하여(소장심사의 선순위성) 소장의 명백한 하자를 미리 시정함으로써 소송경제를 도모하기 위한 것이다.

2. 심사의 대상

(1) 필수적 기재사항[당, 법, 지, 인]의 기재여부 및 인지 첨부여부

당사자, 법정대리인, 청구취지와 청구원인은 소장의 필수적 기재사항(제249조 1항)으로 하나라도 기재의 흠결이 있으면 소송이 성립할 수 없다. 또한 원고는 국가의 소송제도 이용의 대가로 소정의 인지를 붙여야 한다. 따라서 **필수적 기재사항의 기재여부 및 인지 첨부여부가 심사의 대상**이 된다. 다만 "소장에 일응 대표자의 표시가 되어 있는 이상 설령 그 표시에 잘못이 있다고 하더라도 이를 정정표시하라는 보정명령을 하고 그에 대한 불응을 이유로 소장을 각하하는 것은 허용되지 아니하고, 오로지 판결로써 소를 각하할 수 있을 뿐이다"(대결 2013.9.9. 2013마1273). 즉, **소송요건의 구비여부는 심사의 대상이 아니다.**

(2) 청구취지 및 청구원인

"소장심사의 대상이 되는 것은 소장에 필요적 기재 사항, 즉 청구취지 및 원인 등이 빠짐없이 기재되어 있는지의 여부에 있고, 소장에 일응 청구의 특정이 가능한 정도로 청구취지 및 원인이 기재되어 있다면 비록 그것이 불명확하여 파악하기 어렵다 하더라도 그 후는 석명권 행사의 문제로서 민사소송법 제254조 제1항의 소장심사의 대상이 되지는 않는다고 할 것이고, 석명권 행사에 의하여도 원고의 주장이 명확하게 되지 않는 경우에는 비로소 원고의 청구를 기각할 수 있을 뿐이다(대결 2004.11.24. 2004무54).

[관련판례] ＊ **청구취지가 특정되지 않은 경우**(보정이 가능한 경우)

"채권자가 동일한 채무자에 대하여 수 개의 손해배상채권을 가지고 있다고 하더라도 그 손해배상채권들이 발생시기와 발생원인 등을 달리하는 별개 채권인 이상 이는 별개 소송물에 해당하고, 그 손해배상채권들은 각각 소멸시효 기산일이나 채무자가 주장할 수 있는 항변이 다를 수도 있으므로, 이를 소송으로 청구하는 채권자로서는 손해배상채권별로 청구금액을 특정하여야 하고, 법원도 이에 따라 손해배상채권별로 인용금액을 특정하여야 하며, 이러한 법리는 채권자가 수 개의 손해배상채권들 중 일부만을 청구하고 있는 경우에도 마찬가지이다. 또한 민사소송에서 청구취지는 그 내용 및 범위가 명확히 알아볼 수 있도록 구체적으로 특정되어야 하고, 이의 특정 여부는 직권조사사항이므로 청구취지가 특정되지 않은 경우에는 법원은 피고의 이의 여부와 관계없이 직권으로 보정을 명하고, 이에 응하지 않을 때에는 소를 각하하여야 한다"(대판 2017.11.23. 2017다251694).

(3) 증거방법의 기재여부 등

재판장은 소장을 심사하면서 필요하다고 인정하는 경우에는 원고에게 청구하는 이유에 대응하는 증거방법을 구체적으로 적어 내도록 명할 수 있으며, 원고가 소장에 인용한 서증의 등본 또는 사본을 붙이지 아니한 경우에는 이를 제출하도록 명할 수 있다(제254조 4항). 이는 집중심리를 도모하기 위한 것이다. 다만 이를 불이행 하더라도 소장각하명령은 할 수 없다.

3. 보정명령

(1) 의 의

소장에 흠결이 있는 경우 재판장은 원고에게 상당한 기간을 정하여 보정을 명하여야 한다(제254조 1항). 보정기간은 불변기간이 아니며 시기에 제한이 없으므로 변론 개시 후라도 보정을 명할 수 있다. 제221조 1항은 결정과 명령은 상당한 방법으로 고지하면 효력을 가진다고 규정하므로, 보정명령은 상당한 방법으로 고지하면 족하며, 반드시 서면으로 송달할 필요는 없다. 한편 개정법은 실무의 입장을 반영하여 재판장이 법원사무관 등으로 하여금 보정명령을 할 수 있게 하였다(제254조 1항 후문).

[관련판례] ＊ **보정명령과 석명의무**

判例는 인지 보정명령에 따라 인지액 상당의 현금을 수납은행에 납부하면서 잘못하여 인지로 납부하지 아니하고 송달료로 납부한 경우 재판장으로서는 신청인에게 인지를 보정하는 취지로 송달료를 납부한 것인지에 관하여 석명을 구하고 다시 인지를 보정할 수 있는 기회를 부여하여야 한다는 입장이다(대결 2014.4.30. 2014마76). 신청인은 인지의 보정명령을 이행하기 위하여 인지액 상당의 현금을 수납은행에 납부한 것이어서 인지 보정과 유사한 외관이 있고, 인지와 송달료의 납부기관이 수납은행으로 동일하여 납부 과정에서 혼동이 생길 수 있으며, 신청인에게 인지 납부 과정의 착오를 시정할 수 있는 기회를 제공함이 정의관념에 부합하기 때문이다.

(2) 보정의 효력 발생 시기

> **제265조 (소제기에 따른 시효중단의 시기)** 시효의 중단 또는 법률상 기간을 지킴에 필요한 재판상 청구는 소를 제기한 때 또는 제260조 제2항·제262조 제2항 또는 제264조 제2항의 규정에 따라 서면을 법원에 제출한 때에 그 효력이 생긴다.

소제기로 인하여 시효중단 또는 기간준수의 효력이 발생하는바(제265조), 원고가 보정명령에 따라 보정한 경우 소제기의 효과 발생 시기를 보정한 때로 볼 것인지 아니면 소장을 제출한 때로 소급한다고 볼 것인지 문제된다.[32] 判例는 "인지 등 보정명령에 따른 인지 등 상당액의 현금 납부에 관하여는 송달료규칙 제3조에 정한 송달료 수납은행에 현금을 납부한 때에 인지 등 보정의 효과가 발생되는 것"(대결 2003.12.2. 2003마1161)이라고 하여 **보정시설**의 입장이다.[33]

(3) 보정명령에 대한 불복

재판장의 보정명령에 대하여는 독립하여 이의신청이나 항고를 할 수 없고, 특별항고(제449조)도 허용되지 않는다(대결 2015.3.3. 2014그352).[34]

4. 소장각하명령과 즉시항고

(1) 재판장의 소장각하명령

원고가 보정명령을 받았음에도 소장을 보정하지 않는 경우 재판장은 명령으로 소장을 각하한다(제254조 2항). 소장각하명령으로 절차가 종료되므로 종국판결의 성질을 갖는다.

(2) 소장각하명령의 행사시기(소장부본송달시설)[35]

判例는 "항소심 재판장이 독자의 권한으로 항소장각하명령을 할 수 있는 것은 **항소장의 송달 전**, 즉 항소장의 송달이 불능하여 그 보정을 명하였는데도 보정에 응하지 않은 경우에 한하고, 항소심의 변론이 개시된 후에는 재판장은 명령으로 항소장을 각하할 수 없다"(대결 1981.11.26. 81마275)고 하여 **소장부본송달시설**(소송계속시설)의 입장이다.[36]

---

32) **[학설]** ① 소장제출시설은 보정이 있으면 원래의 소장제출시로 소급하여 소제기의 효력이 발생한다고 본다. ② 보정시설은 부주의한 원고를 보호할 필요가 없으므로 보정된 시점에 소제기의 효력이 발생한다고 본다. ③ 절충설은 부족인지 보정의 경우에는 소장제출시에, 청구의 내용이 불특정인 경우에는 보정시에 소제기의 효력이 발생한다.

33) **[판례평석]** 보정시설은 원고에게 지나치게 불리하고, 소장제출시설은 피고의 방어권을 침해한다. 따라서 부족한 인지를 보정하는 경우에는 소장을 제출한 때에 소급하여 적법한 소가 제기된 것으로 보고, 청구의 내용이 불분명한 것을 보정한 경우에는 보정시에 소가 제기된 것으로 보는 것이 타당하다는 견해가 있다(절충설).

34) "소장 또는 상소장에 관한 재판장의 인지보정명령은 민사소송법에서 일반적으로 항고의 대상으로 삼고 있는 같은 법 제439조 소정의 '소송절차에 관한 신청을 기각한 결정이나 명령'에 해당하지 아니하고, 또 이에 대하여 불복할 수 있음을 정하는 별도의 규정도 없으므로, 그 명령에 대하여는 이의신청이나 항고를 할 수 없다. 뿐만 아니라 인지보정명령에 따른 인지를 보정하지 아니하여 소장이나 상소장이 각하되면 이 각하명령에 대하여 즉시항고로 다툴 수 있으므로, 인지보정명령은 소장 또는 상소장의 각하명령과 함께 상소심의 심판을 받는 중간적 재판의 성질을 가지는 것으로서 민사소송법 제449조에서 특별항고의 대상으로 정하고 있는 '불복할 수 없는 명령'에도 해당하지 않는다. 따라서 이 사건 특별항고는 특별항고의 대상이 될 수 없는 재판에 대한 것으로서 부적법하다"

35) **[학설]** ① 소장부본송달시설(소송계속시설)은 보정되지 않은 소장도 피고에게 송달된 이상 당사자 쌍방이 관여하는 소송절차로 발전하여 법원이 판결로 소를 각하하여야 하므로 소장부본송달 전까지만 가능하다는 견해, ② 변론개시설은 재판장의 소장각하권은 변론개시 전 소장의 명백한 흠을 재판장이 미리 처리하여 소송경제를 도모하려는 것이므로 제1회 변론기일의 개시 전까지는 소장각하명령이 가능하다는 견해이다.

36) **[판례검토]** 생각건대, 보정되지 아니한 소장이더라도 일단 피고에게 송달되면 이당사자대립구조가 성립하므로 소장각하명령은 소송이 계속되기 전, 즉 소장부본송달 전까지만 할 수 있다고 보는 判例의 태도가 타당하다.

따라서 "항소장이 피항소인에게 송달되어 항소심법원과 당사자들 사이의 소송관계가 성립하면 항소심 재판장은 더 이상 단독으로 항소장 각하명령을 할 수 없다"(대결 2020.1.30. 2019마5599,5600). 나아가 "독 립당사자참가소송의 제1심 본안판결에 대해 일방이 항소하고 피항소인 중 1명에게 항소장이 적법하게 송달되어 항소심법원과 당사자들 사이의 소송관계가 일부라도 성립한 것으로 볼 수 있다면, 항소심 재판장은 더 이상 단독으로 항소장 각하명령을 할 수 없다"(대결 2020.1.30. 2019마5599,5600).

[관련판례] ❋ 항소인의 주소보정명령의 불이행과 항소장각하명령
"대법원은 항소심에서 항소장 부본을 송달할 수 없는 경우 항소심재판장은 민사소송법 제402조 제1 항, 제2항에 따라 항소인에게 상당한 기간을 정하여 그 기간 이내에 피항소인의 주소를 보정하도록 명 하여야 하고, 항소인이 그 기간 이내에 피항소인의 주소를 보정하지 아니한 때에는 명령으로 항소장을 각하하여야 한다는 법리를 선언하여 왔고, 항소장의 송달불능과 관련한 법원의 실무도 이러한 법리를 기 초로 운영되어 왔다. 위와 같은 대법원 판례는 타당하므로 그대로 유지되어야 한다"(대결 2021.4.22. 전합2017 마6438).[37]

(3) 소장각하명령에 대한 불복(즉시항고)

소장각하명령에 대하여는 즉시항고를 할 수 있다(제254조 3항). 다만 소장각하명령에 대하여 즉시 항고를 제기한 후 보정하는 것이 가능한지 견해가 대립한다.
① 종래 判例는 소장에 인지부족이 있을 때, 그 부족액의 보정을 항고심 계속 중에도 할 수 있다고 하였다가(대결 1964.3.24. 63마80), ② 이후 判例를 변경하여 "소장이나 항소장의 적법여부는 이의 각하명 령을 한 때를 기준으로 할 것이고, 각하명령에 대한 즉시항고를 제기하고 인지를 더 붙였다고 하여 그 하자가 보정되는 것은 아니"라고 하였다(대결 1996.1.12. 95두61).[38] ③ 최근 判例도 "판결과 같이 선고가 필요하지 않은 결정이나 명령과 같은 재판은 그 원본이 법원사무관등에게 교부되었을 때 성립한 것 으로 보아야 하므로, 이미 각하명령이 성립한 이상 그 명령정본이 당사자에게 고지되기 전에 부족한 인지를 보정하였다 하여 위 각하명령이 위법한 것으로 되거나 재도의 고안에 의하여 그 명령을 취소 할 수 있는 것은 아니다"(대결 2013.7.31. 2013마670)고 한다. 보정기간은 불변기간이 아니며 시기에 제한 이 없으므로 변론 개시 후라도 보정을 명할 수 있지만, 判例에 의하면 각하명령의 성립 전까지만 가능하다.

5. 소장부본의 송달과 답변서제출의무의 고지

(1) 소장부본의 송달

소장의 부본을 송달할 수 없는 경우에도 소장심사에 관한 규정이 준용된다(255조 2항). 따라서 소장 에 기재된 피고의 주소가 잘못 되었거나 법정대리인의 표시가 누락됨으로써 소장부본의 송달이 불 가능하게 되면, 재판장 등은 상당한 기간을 정하여 그 기간 이내에 흠을 보정하도록 명하여야 하고, 원고가 이에 응하지 않으면 명령으로 소장을 각하한다(제255조 2항, 제254조 1항·2항).

---

37) **[반대의견]** 소송절차의 연속성을 고려할 때 항소장 부본의 송달불능은 소송계속 중 소송서류가 송달불능된 것에 불과한 점, 항 소인이 항소장 부본의 송달불능을 초래한 것이 아닌데도 그 송달불능으로 인한 불이익을 오로지 항소인에게만 돌리는 것은 부 당한 점, 소장각하명령과 항소장각하명령은 본질적으로 다른 재판인 점 등을 종합하여 고려할 때, 항소장 부본이 송달불능된 경우 민사소송법 제402조 제1항, 제2항에 근거하여 항소인에게 주소보정명령을 하거나 그 불이행 시 항소장각하명령을 하는 것은 허용될 수 없다고 보아야 한다. 또한 관련 법 조항의 문언해석상으로도 그러하다.

38) **[판례평석]** 그러나 항고심도 항소심처럼 속심구조이고 사후심이 아니므로 소장의 적법여부는 항소심 심리종결시를 기준으로 할 것이어서 그때까지 보정하면 적법한 것으로 보아야 한다는 비판이 있다(이시윤).

(2) 피고의 답변서제출의무와 법원의 고지

피고가 원고의 청구를 다투는 경우에는 공시송달에 의한 경우를 제외하고, 소장의 부본을 송달받은 날부터 30일 이내에 답변서를 제출하여야 한다(제256조 1항). 법원은 피고에게 소장의 부본을 송달할 때에 답변서제출의무를 알리고, 부제출시 무변론판결선고의 취지를 함께 통지할 수 있다(제257조 3항).

Ⅳ. 무변론판결제도 [B-24]

> 제257조 (변론 없이 하는 판결) ① 법원은 피고가 제256조 제1항의 답변서를 제출하지 아니한 때에는 청구의 원인이 된 사실을 자백한 것으로 보고 변론 없이 판결할 수 있다. 다만, 직권으로 조사할 사항이 있거나 판결이 선고되기까지 피고가 원고의 청구를 다투는 취지의 답변서를 제출한 경우에는 그러하지 아니하다. ② 피고가 청구의 원인이 된 사실을 모두 자백하는 취지의 답변서를 제출하고 따로 항변을 하지 아니한 때에는 제1항의 규정을 준용한다. ③ 법원은 피고에게 소장의 부본을 송달할 때에 제1항 및 제2항의 규정에 따라 변론 없이 판결을 선고할 기일을 함께 통지할 수 있다.

1. 의 의

'무변론판결제도'는 피고가 소장부본을 송달받은 날로부터 최초의 답변서를 30일 이내에 제출하지 아니하거나 자백취지의 답변서를 제출한 경우 변론 없이 원고승소 판결을 할 수 있는 제도(제257조)이다.

2. 요 건 [송, 답, 불, 예] [공, 직, 자, 형, 선]

피고는 공시송달 이외의 방법으로 소장부본을 송달받은 경우 그 날로부터 30일 이내에 최초의 답변서를 제출하여야 하는바(6회 선택형). ⅰ) 피고가 답변서를 불제출(2회 선택형) 또는 모두 자백하는 취지의 답변서를 제출한 경우여야 하고, ⅱ) 예외에 해당하지 않아야 한다. 즉, 답변서 제출의무가 없는 공시송달 사건(제256조 1항 단서), 직권조사사항이 있는 사건(제257조 1항 단서)(2회,6회 선택형), 판결선고일까지 원고의 청구를 다투는 취지의 답변서를 제출한 경우(제257조 1항 단서)(8회 선택형), 형식적 형성의 소, 자백간주의 법리가 적용되지 아니하는 사건에는 무변론판결제도가 적용되지 않는다. 한편, 법원이 변론기일을 지정한 경우에는 무변론판결제도는 문제되지 않는다. [15사법, 17법무]

3. 효 과

(1) 답변서 제출의 효과

자백취지의 답변서를 제출하는 경우는 다음의 답변서불제출의 효과와 같다. 자백취지가 아닌 다투는 취지의 답변서를 제출하는 경우 재판장은 사건을 변론절차에 회부하는 게 원칙이다. 그러나 쟁점정리가 필요한 사건에 대하여는 바로 변론준비절차에 회부할 수 있다.

(2) 답변서 불제출의 효과

1) 무변론 원고승소판결

무변론 원고승소판결을 할 수 있다. 무변론 판결을 할지 변론기일을 열 것인지는 법원의 재량이다.

2) 원고의 청구가 주장 자체로 이유가 없는 경우

절차의 신속과 원·피고의 평등관점에서 바로 원고의 청구기각 판결을 하자는 견해도 있으나, 원고에게 지나치게 가혹하므로 변론을 하여 보정의 기회를 주고 통상의 판결로 그 이유를 밝혀주는 것이 타당하다(대판 2017.4.26. 2017다201033)³⁹⁾.

(3) 제1심법원의 위법한 무변론판결(피고의 답변서 제출을 간과)에 대한 항소심의 조치

제1심법원이 피고의 답변서 제출을 간과하여 무변론판결을 선고하였고 피고가 항소하면서 그 위법을 다투었음에도, 항소심이 변론을 진행한 후 항소기각의 판결을 선고한 사건에서, 대법원은 "답변서 제출을 간과한 무변론판결 선고는 제1심판결의 절차가 법률에 어긋날 때에 해당하여 항소법원은 제417조에 따라 제1심판결을 취소하고 환송 또는 자판하여야 함에도 이러한 조치를 취하지 않은 채 항소기각 판결을 선고한 것은 위법하다"고 판단하여 파기환송하였다(대판 2020.12.10. 2020다255085). 다만 항소법원이 제1심판결을 취소하는 경우 반드시 사건을 제1심법원에 환송하여야 하는 것은 아니므로(대판 2013.8.23. 2013다28971: 법전협 표준판례(369)), 사건을 환송하지 않고 직접 다시 판결할 수 있다(同 判例).

핵심사례 B-04

■ 무변론판결제도

2014년 10월 법전협 모의

甲은 乙 소유의 A 대지를 2011. 3. 11. 대금 1억 원에 매수하는 매매계약을 체결하였다. 甲은 계약금 및 중도금 4천만 원을 지급하고 나머지 잔금은 2011. 6. 11. 지급하기로 약정하였다. 그런데 잔금을 지급하기 전에 甲에 대해 1억 원의 물품대금채권을 가진 채권자 X가 甲의 乙에 대한 소유권이전등기청구권을 가압류하였다. 그 후 甲에 대해 1억 원의 대여금채권을 가진 다른 채권자 Y는 甲을 대위하여 소유자 乙을 상대로 소유권이전등기청구의 소를 제기하였다. 원고 Y는 위 소장의 청구원인에 소외 甲에 대한 다른 채권자 X가 이미 甲의 乙에 대한 소유권이전등기청구권을 가압류하였다는 사실을 기재하였다. 원고 Y가 제기한 대위소송의 소장 부본이 피고 乙에게 송달되었으나 피고 乙은 법원이 정한 기간 내에 아무런 답변서를 제출하지 않았다.
법원은 무변론판결을 선고할 수 있는지 여부와 아울러 이 상태에서 어떠한 판결을 선고하여야 하는지 논하시오. (20점)

I. 결론

법원은 무변론판결을 할 수 있으며, 원고전부승소판결을 하여야 한다.

II. 논거

1. 무변론판결의 가부(가능)

(1) 무변론판결의 의의와 요건 [송. 답. 불. 예]

(2) 소유권이전등기청구권의 가압류사실이 직권조사사항인지 여부(소극)

---

39) **[사실관계]** 甲이 乙의 언니인 丙에게 돈을 대여하면서 그중 일부를 乙 명의의 계좌로 송금하였다는 등의 이유로 乙은 丙과 연대하여 위 대여금 일부를 지급할 의무가 있다고 주장하는 소를 제기하였는데, 제1심은 乙이 소장 부본을 송달받고도 답변서를 제출하지 아니하자, 변론 없이 甲의 주장은 그 자체로 이유 없다고 보아 甲의 청구를 기각하는 판결을 선고하였고, 甲이 이에 불복하여 항소하면서 乙에 대한 청구원인 사실을 불법행위로 인한 손해배상청구로 변경하자, 원심은 발송송달의 방법으로 변론기일통지서를 송달한 후 乙이 불출석한 상태에서 변론기일을 진행하여 그 기일에 변론을 종결한 다음, 민사소송법 제150조 제3항, 제1항에 따라 乙이 청구원인 사실을 자백한 것으로 보아 불법행위로 인한 손해배상책임을 인정한 사안에서, 심리를 세밀히 하거나 적절한 소송지휘권을 행사하는 등의 방법으로 甲의 주장사실에 대한 乙의 입장을 밝혀 보지도 아니한 채 乙이 변론기일에 출석하지 아니하자 곧바로 변론을 종결하고 제1심판결과 전혀 다른 결론의 판결을 선고한 원심의 조치에는 심리미진 등 잘못이 있다고 한 사례

判例는 "소유권이전등기청구권이 가압류되어 있다는 사정은 피고측의 항변사유에 해당하는 것이고 직권조사사항은 아니"(대판 1999.6.11. 98다22963)라고 한다.

(3) 사안의 경우

피고 乙은 공시송달에 의하지 않은 적법한 소장부본을 송달받고도 법원이 정한 기한 내에 아무런 답변서를 제출하지 않았다. 가압류사실을 직권조사사항으로 볼 수 없는 이상, 다른 예외사유가 있다고 보여지지 않으므로 법원은 무변론판결을 할 수 있다.

2. 가압류의 해제를 조건으로 하는 이행판결을 할 수 있는지 여부(소극)

(1) 처분권주의와 변론주의

처분권주의란 절차의 개시, 심판의 대상과 범위, 절차의 종결에 대하여 당사자에게 주도권을 주어 그의 처분에 맡기는 원칙이며(제203조), 변론주의란 주요사실과 증거의 수집·제출을 당사자에게 맡기고, 당사자가 변론에 제출한 소송자료만을 재판의 기초로 삼는 원칙을 말한다.

(2) 조건부판결의 요건

단순이행청구의 경우에 상환이행판결을 하는 것은 원고의 신청범위를 일탈하는 것이 아니므로 처분권주의에 반하지 않는다. 즉 원고가 단순이행청구를 하고 있는데 피고의 항변이 있고 심리결과 항변이 이유 있을 때(항변이 없는데 판단하면 변론주의 위반이다), 원고가 반대의 의사표시를 하지 않는 한 원고청구기각이 아니라, 조건부인용판결을 하여야 한다.

(3) 사안의 경우

"소유권이전등기청구권이 가압류되어 있다는 사정은 피고측의 항변사유에 해당하는 것이고 직권조사사항은 아닌 만큼, 소유권이전등기 청구소송의 소장에 그와 같은 가압류의 존재 사실이 기재되어 있다고 하더라도 이는 선행자백에 불과하여 피고가 응소하여 그 부분을 원용하는 경우에 비로소 고려될 수 있는 것이므로, 피고가 답변서를 제출하지 아니하고 변론기일에 출석하지도 아니하여 그 사건의 원고가 주장하는 소유권이전등기청구권의 요건 사실에 관하여 의제자백의 효과가 발생한 이상 법원으로서는 전부승소의 판결을 할 것이지 단순히 가압류사실을 알게 되었다고 하더라도 가압류가 해제될 것을 조건으로 한 판결을 할 수는 없는 것이다"(대판 1999.6.11. 98다22963).

따라서 소유권이전등기청구권이 가압류되어 있다는 사실을 피고乙이 항변하지 아니한 이상, 법원은 원고의 전부승소판결을 하여야 한다.

V. 소송구조

[B-25]

1. 의 의

패소할 것이 분명한 경우를 제외하고 소송비용을 지출할 자금능력이 부족한 사람의 신청에 따라 또는 법원이 직권으로 재판비용 등의 납입을 유예해 주는 제도이다.

2. 요 건

ⅰ) 소송비용을 지출할 지급능력이 부족하고, ⅱ) 패소할 것이 분명한 경우가 아닐 것이어야 한다(제128조 1항). 소송비용은 소송수행에 지출한 경비 외에 변호사선임비용 등 일체의 필요경비를 포함하며(제129조), 패소가능성에 대해서 判例는 법원이 신청 당시까지의 재판절차에서 나온 자료를 기초로 하여 패소할 것이 명백하다고 판단되지 않으면 요건을 구비한 것으로 보아야 하고(대판 2001.6.9. 2001다1044), 항소심에서 패소한 당사자가 상고심에서 소송구조를 신청한 경우 그 당사자가 항소심에서 패소한 사실만으로 상고심에서도 패소할 것이 명백하다고 단정할 수 없다는 입장이다(대판

2001.3.8. 2001카기(38).

> **[관련판례]** "민사소송법 제128조 제1항에 의하면 소송구조의 요건으로는 소송비용을 지출할 자금능력이 부족할 것 외에도 패소할 것이 명백하지 않을 것이 요구된다. 여기에서 패소할 것이 명백하지 않다는 것은 소송구조신청의 소극적 요건이므로 신청인이 승소의 가능성을 적극적으로 진술하고 소명하여야 하는 것은 아니고 법원이 당시까지의 재판절차에서 나온 자료를 기초로 패소할 것이 명백하다고 판단할 수 있는 경우가 아니라면 그 요건은 구비되었다고 할 것이다"(대결 2021.5.27. 2021스576).

3. 절 차

소송구조는 소송비용을 지출할 자금능력이 부족한 사람의 신청이나 법원의 직권으로 개시된다(제128조 1항). 소송구조에 대한 재판은 각 심급마다 소송기록을 보관하고 있는 법원이 하며(제128조 3항), 기각결정에 대해서는 즉시항고할 수 있으나(제133조 본문), 구조결정에 대해서는 소송비용의 담보면제에 관한 구조결정(제129조 1항 3호)을 제외하고는 불복할 수 없다(제133조 단서).

4. 효 과

(1) 구조의 객관적 범위

재판비용의 납입유예, 변호사 및 집행관의 보수와 체당금의 지급유예, 소송비용의 담보면제, 대법원규칙이 정하는 그 밖의 비용의 유예나 면제의 효과가 발생한다(제129조 1항). 지급유예의 경우 추후에 유예된 비용을 추심할 수도 있다(제132조). 민사소송법 제132조 제1항에 의하여 국가가 추심 가능한 소송비용에는 납입이 유예된 재판비용(인지, 송달료 등) 외에 민사소송법 제129조 제2항에 의하여 국고에서 지급된 소송구조 변호사의 보수 등이 포함된다(대결 2023.7.13. 2018마6041).

> **[관련판례]** "소송구조를 받은 당사자와 상대방 당사자 사이에 소송비용을 일부씩 부담하는 판결이 선고된 경우, 소송구조로 납입 또는 지급이 유예된 재판비용이나 변호사보수도 소송구조를 받은 당사자가 지출하는 소송비용으로 산정하고 부담비율에 따라 각자 부담할 액을 정하여 대등액에서 상계한 결과 상대방 당사자가 소송구조 당사자에게 지급할 차액이 존재하는 경우에 한하여, 국가도 상대방 당사자에게 그 차액 범위에서 소송구조에 따라 납입을 유예했거나 국고에서 지급된 비용의 추심결정을 할 수 있다"(대결 2023.7.13. 2018마6041).

(2) 구조의 주관적 범위

소송구조는 이를 받은 사람에게만 효력이 미친다(제130조 1항). 따라서 법원은 소송승계인에게 미루어 둔 비용의 납입을 명할 수 있다(제130조 2항).

※ **변호사의 보수(제129조 1항 2호)와 소송비용의 담보면제에 대한 소송구조(3호)**

① **[변호사의 보수]** "여기에서 말하는 '변호사의 보수'는 변호사가 소송구조결정에 따라 소송구조를 받을 사람을 위하여 소송을 수행한 대가를 의미하고 소송구조를 받을 사람의 상대방을 위한 변호사 보수까지 포함된다고 볼 수는 없다"(대판 2017.4.7. 2016다251994).

② **[소송비용의 담보면제에 대한 소송구조]** "소송비용의 담보면제는 법원이 민사소송법 제117조에 따라 원고에게 피고가 부담하게 될 소송비용에 대한 담보를 제공하도록 명한 경우 소송구조의 요건을 갖춘 원고가 재판을 받을 수 있도록 위 담보를 제공할 의무를 면제해 주기 위해 마련된 것이다. 따라서 소송비용 담보제공명령의 담보액에 대해 소송구조를 받기 위해서는 민사소송법 제129조 제1항 제3호에서 정한 '소송비용의 담보면제'에 대한 소송구조결정을 받아야 한다"(대판 2017.4.7. 2016다251994)

제2장 | 소제기 효과

제1관 소송계속

Ⅰ. 의의 및 발생시기·범위 [B-26]

① '소송계속'이란 법원에 특정한 청구에 대한 판결절차가 현실적으로 존재하는 상태를 말한다. 따라서 판결절차가 아닌 강제집행절차, 보전처분절차, 증거보전절차에서는 소송계속이 발생하지 않으므로 비록 소제기에 앞서 가압류, 가처분 등의 보전절차가 선행되어 있다 하더라도 이를 기준으로 소송계속이 발생하는 것은 아니고(대판 1994.11.25. 94다12517,94다12524), 판결절차는 현존하기만 하면 되므로 소송요건을 갖추지 못한 부적법한 소라도 '소장부본이 송달'되면 소송계속은 발생한다(제248조, 제255조 1항). ② 이러한 소송계속은 특정한 청구(소송물)에 의해 발생하는 것이므로 '소송계속의 발생범위'는 기판력의 발생범위와 일치한다.

Ⅱ. 효 과 [B-27]

① 법원에 계속되어 있는 사건에 대하여 당사자는 다시 소를 제기하지 못하므로 전소의 소송계속이 있은 후 후소가 제기되면 '법원'은 후소에 대해 중복소제기를 이유로 소각하 판결을 할 수 있다(제259조). ② '당사자'에게는 반소, 중간확인의 소, 관련청구의 재판적(제25조, 제79조, 제264조, 제269조)이 인정되는 효과가 발생하고, ③ '제3자'에 대해서는 소송참가(제71조, 제78조, 제81조, 제82조)나 소송고지(제84조)의 기회가 생기게 된다.

제2관 중복소송 금지

> 제259조 (중복된 소제기의 금지) 법원에 계속되어 있는 사건에 대하여 당사자는 다시 소를 제기하지 못한다.

Ⅰ. 의 의 [B-28]

이미 사건이 계속되어 있을 때는 그와 동일한 사건에 대하여 당사자는 다시 소를 제기하지 못한다(제259조). 기판력 있는 판결의 모순·저촉을 피하고, 소송경제를 도모하기 위함이다.

Ⅱ. 요 건 [당, 소, 계] [B-29]

중복소제기에 해당하려면, ⅰ) 전·후소 당사자의 동일, ⅱ) 소송물의 동일, ⅲ) 전소계속 중 별소제기라는 요건을 갖추어야 한다(제259조). 이때 전소와 후소의 구분은 소송계속의 효과 발생 시점인 소장부본송달시를 기준으로 한다.

1. 당사자 동일

(1) 원 칙

전소의 원고와 피고가 후소에서 바뀌어도 무방하다. 그리고 전소와 후소의 당사자가 동일하지 않더라도 기판력이 미치는 자라면 동일 당사자로 볼 수 있다. ① 변론종결 후 승계인이 전소의 소송계속 중 같은 당사자에 대하여 소를 제기한 경우나(제218조 1항), 선정당사자가 소제기한 뒤에 선정자가 또 소를 제기한 경우(제218조 3항)는 중복제소에 해당한다. ② 그러나 피해자와 피보험자 사이에 손해배상책임의 존부 내지 범위에 관한 판결이 선고되고 그 판결이 확정된 후에 피해자가 보험자를 상대로 하여 손해배상금을 직접 청구하는 사건의 경우에 있어서는 당사자가 다를 뿐만 아니라 소송상 판결의 효력이 미치는 관계에 있는 것이 아니므로 중복제소에 해당하지 않는다(대판 2001.9.14. 99다42797)(4회 선택형).

(2) 채권자취소소송

1) 수인의 채권자가 채권자취소권을 행사하는 경우(중복제소 부정) [15사법]

判例는 "채권자취소권의 요건을 갖춘 각 채권자는 고유의 권리로서 채무자의 재산처분 행위를 취소하고 그 원상회복을 구할 수 있는 것이므로 여러 명의 채권자가 동시에 또는 시기를 달리하여 사해행위취소 및 원상회복청구의 소를 제기한 경우 이들 소가 중복제소에 해당하지 아니할 뿐 아니라, 어느 한 채권자가 동일한 사해행위에 관하여 사해행위 취소 및 원상회복청구를 하여 승소판결을 받아 그 판결이 확정되었다는 것만으로는 그 후에 제기된 다른 채권자의 동일한 청구가 권리보호이익이 없어지게 되는 것은 아니다"(대판 2008.4.24. 2007다84352)(1회 선택형)고 판시하였다.

[판례검토] 채권자대위소송의 소송물은 피대위권리이므로 수인의 대위채권자가 대위소송을 제기하는 것은 소송물이 동일하여 중복소제기에 해당하나(후술), 채권자취소소송의 경우에는 채권자가 '자신의 권리로서 채권자취소권'을 행사하는 것이기 때문에 소송물은 각 채권자의 채권자취소권이 되므로, 채권자들의 채권자취소소송은 서로 별개의 권리로 보아 중복소제기가 아니라고 본다. 또한 채권자간에는 기판력을 받는 관계도 아니어서 당사자동일 요건도 갖추지 못하였으므로 결국 중복된 소제기에 해당하지 않는다.

> [비교판례] ＊ 채무자에게 원상회복이 된 경우 사해행위 취소소송의 권리보호이익(소극)
> "채권자가 채무자의 부동산에 관한 사해행위를 이유로 수익자를 상대로 그 사해행위의 취소 및 원상회복을 구하는 소송을 제기하여 그 소송계속 중 위 사해행위가 해제 또는 해지되고 채권자가 그 사해행위의 취소에 의해 복귀를 구하는 재산이 벌써 채무자에게 복귀한 경우에는, 특별한 사정이 없는 한, 그 채권자취소소송은 이미 그 목적이 실현되어 더 이상 그 소에 의해 확보할 권리보호의 이익이 없어지는 것이다"(대판 2008.3.27. 2007다85157)(1회 선택형)

> [관련판례] ＊ 수인의 채권자가 채권자취소권을 행사하는 경우 판결의 선고 [3회 기록형]
> "여러 명의 채권자가 사해행위취소 및 원상회복청구의 소를 제기하여 여러 개의 소송이 계속중인 경우에는 각 소송에서 채권자의 청구에 따라 사해행위의 취소 및 원상회복을 명하는 판결을 선고하여야 하고, 수익자(전득자를 포함)가 가액배상을 하여야 할 경우에도 수익자가 반환하여야 할 가액을 채권자의 채권액에 비례하여 채권자별로 안분한 범위 내에서 반환을 명할 것이 아니라, 수익자가 반환하여야 할 가액 범위 내에서 각 채권자의 피보전채권액 전액의 반환을 명하여야 한다"(대판 2005.11.25. 2005다51457 : 3회 선택형). "이와 같은 법리는 여러 명의 채권자들이 제기한 각 사해행위취소 및 원상회복청구의 소가 민사소송법 제141조에 의하여 병합되어 하나의 소송절차에서 심판을 받는 경우에도 마찬가지이다"(대판 2008.6.12. 2008다8690). "이와 같이 여러 개의 소송에서 수익자가 배상하여야 할 가액 전액의 반환을 명하는 판결이 선고되어 확정될

경우 수익자는 이중으로 가액을 반환하게 될 위험에 처할 수 있을 것이나, 수익자가 어느 채권자에게 자신이 배상할 가액의 일부 또는 전부를 반환한 때에는 그 범위 내에서 다른 채권자에 대하여 청구이의(민사집행법 제44조) 등의 방법으로 이중지급을 거부할 수 있을 것이다"(대판 2005.11.25. 2005다51457).

2) **한 명의 취소채권자가 피보전권리를 달리하여 채권자취소권을 이중으로 행사하는 경우**(중복제소 긍정가능)

判例는 이 경우 소송물이 동일하므로 기판력의 문제로 보아 청구를 기각하였으나(대판 2012.7.5. 2010다80503 : 아래 관련판례 참조), 당사자가 동일하고, 소송물도 동일하며, 전소 계속 중 후소를 제기하였으므로 중복소제기로 볼 수 있다. 중복소제기인지 여부는 소극적 소송요건으로 직권조사사항이므로, 소송요건 심리 선순위성을 긍정하는 견해(대판 1990.12.11. 88다카4727)에 따른다면 후소법원은 소를 각하하였어야 한다. 다만 위 判例는 중복소제기임을 간과(당연무효 아님)하여 후소가 본안판단에 이르렀고 그 후 전소가 확정되었기 때문에 기판력의 문제로 해결한 것으로 보인다.

[관련판례] ✱ 한 명의 취소채권자가 피보전권리를 달리하여 채권자취소권을 이중으로 행사한 경우
"채권자가 사해행위취소 및 원상회복청구를 하면서 보전하고자 하는 채권을 추가하거나 교환하는 것은 사해행위취소권과 원상회복청구권을 이유 있게 하는 공격방법에 관한 주장을 변경하는 것일 뿐이지 소송물 또는 청구 자체를 변경하는 것이 아니므로, 채권자가 보전하고자 하는 채권을 달리하여 동일한 법률행위의 취소 및 원상회복을 구하는 채권자취소의 소를 이중으로 제기하는 경우 전소와 후소는 소송물이 동일하다고 보아야 하고, 이는 전소나 후소 중 어느 하나가 승계참가신청에 의하여 이루어진 경우에도 마찬가지이다. 참가인의 이 사건 승계참가신청으로 인한 이 사건 소송은 대구 사건 소송과 채권자취소의 소의 피보전채권만 달리할 뿐 당사자와 소송물이 동일하고, 이 사건 소송의 상고심 계속 중 전소인 대구 사건 소송이 참가인의 패소판결로 확정되었으므로 이 사건 청구에 대하여는 전소의 확정판결의 기판력이 그대로 미친다고 할 것이다. 따라서 이 사건 청구에 대하여도 확정판결과 모순 없는 판단을 하기 위하여 이를 기각하여야 할 것이다"(대판 2012.7.5. 2010다80503)고 판시하였다.

┃ 핵심사례 B-05 ┣━━━━━━━━━━━━━━━━━━━━━━━━━━━━━━━━━━━━

■ 중복소송금지 – 채권자취소소송과 중복소제기　　　　　2018년 제7회 변호사시험

甲은 2011. 8. 1. 丙과 丁의 연대보증 아래 乙에게 3억 원을 변제기 2012. 7. 31. 이율 연 12%(변제기에 지급)로 정하여 대여(이하 '이 사건 대여'라 한다)하였다. 丁은 무자력 상태에서 2015. 10. 1. 자신의 유일한 재산인 시가 4억 원 상당의 X토지를 戊에게 1억 원에 매도(이하 '이 사건 매매계약'이라 한다)하고 같은 달 10. 소유권이전등기(이하 '이 사건 소유권이전등기'라 한다)를 마쳐주었다. 丁에 대해 변제기가 2014. 11. 30.인 2억 원의 물품대금채권을 가지고 있던 K는 戊를 상대로 2016. 9. 1. 이 사건 매매계약의 취소와 소유권이전등기의 말소를 구하는 사해행위취소의 소를 제기하였다. K의 사해행위취소의 소가 법원에 계속 중인 2016. 9. 30. 甲이 丁에 대한 연대보증채권을 피보전채권으로 하여 K와 동일한 청구취지의 사해행위취소의 소를 같은 법원에 제기하였고, 법원이 두 사건을 병합하여 2017. 5. 1. 판결을 선고하는 경우 **甲과 K의 청구의 결론과 논거를 서술하시오. (20점)**

Ⅰ. 결론

　　甲과 K의 청구는 전부 인용된다.

Ⅱ. 논 거

1. 채권자취소권의 요건 [보, 사, 사]

채권자취소권의 요건으로서 ① 객관적 요건으로는 ⅰ) (금전)채권이 사해행위 이전에 발생하여야 하고(피보전채권), ⅱ) 채권자를 해하는 재산권을 목적으로 하는 법률행위가 있어야 하며(사해행위), ② 주관적 요건으로는 채무자 및 수익자(또는 전득자)의 사해의사가 있어야 한다(민법 제406조). 'ⅰ), ⅱ), ⅲ)'은 본안요건으로서 흠결시 청구기각판결을 하여야 한다.

2. K의 사해행위취소의 소

K의 丁에 대한 물품대금채권은 변제기가 2014. 11. 30.이므로 丁의 사해행위가 있은 2015. 10. 1.보다 이전에 발생했고, 丁이 무자력 상태에서 자신의 유일한 재산인 부동산을 처분한 행위는 사해의사가 추정되므로 K의 사해행위취소의 소는 인용된다. 문제는 K의 사해행위취소의 소가 이미 계속되고 있는 2016. 9. 30. 甲이 丁에 대한 연대보증채권을 피보전채권으로 하여 K와 동일한 청구취지의 사해행위취소의 소를 같은 법원에 제기한 것이 중복된 소제기에 해당하는 지이다.

3. 甲의 사해행위취소의 소

(1) 중복소송 금지의 의의 및 요건 [당, 소, 계]

(2) 각 채권자가 동시 또는 이시에 채권자취소소송을 제기하는 경우 중복소제기에 해당하는지 여부(소극)

(3) 사안의 경우

甲과 K는 당사자가 다를 뿐만 아니라, 채권자취소소송의 소송물은 채권자 자신이 각자 가지는 '채권자취소권' 그 자체이므로 소송물도 다르다. 따라서 甲이 戊를 상대로 제기한 사해행위취소의 소는 중복제소에 해당하지 않으며, 등기가 戊에게 남아있으므로 권리보호이익도 인정된다. 나아가 본안판단 결과 甲의 丁에 대한 대여금채권은 丁의 사해행위가 있은 2015. 10. 1.보다 이전인 2011. 8. 1.에 발생했고, 丁이 무자력 상태에서 자신의 유일한 재산인 부동산을 처분한 행위는 사해의사가 추정되므로 甲의 사해행위취소의 소는 인용된다.

4. 사안의 해결

여러 명의 채권자가 사해행위취소 및 원상회복청구의 소를 제기하여 여러 개의 소송이 계속중인 경우에는 각 소송에서 채권자의 청구에 따라 사해행위의 취소 및 원상회복을 명하는 판결을 선고하여야 하고 이와 같은 법리는 여러 명의 채권자들이 제기한 각 사해행위취소 및 원상회복청구의 소가 민사소송법 제141조에 의하여 병합되어 하나의 소송절차에서 심판을 받는 경우에도 마찬가지이다(대판 2008.6.12. 2008다8690,8706). 따라서 법원은 甲과 K의 사해행위 취소청구를 모두 인용하여야 한다.

(3) 채권자대위소송

1) 채권자대위소송 계속 중 채무자의 소제기(중복제소 긍정) [01 · 12사법]

判例는 "채권자대위소송 계속 중 채무자가 제3채무자에 대해서 소송이 제기된 경우, 양 소송은 동일 소송이므로(저자 주 : 채권자 대위소송 계속 중이라는 것에 대한 채무자의 선·악을 불문하고) 후소는 중복소제기 금지원칙에 위배되어 제기된 부적법한 소송이라 할 것이다"(대판 1992.5.22. 91다41187)(10회,13회 선택형)고 하거나 "채권자가 채무자를 대위하여 제기한 소송이 계속 중인데 채무자가 같은 피고를 상대로 청구취지 및 청구원인을 같이 하는 내용의 소송을 제기한 경우에는 위 양소송은 비록 당사자는 다를지라도 실질상으로는 동일 소송이라 할 것이므로 후소는 중복소송금지규정에 저촉된다"(대판 1974.1.29. 73다351: 법전협 표준판례(93,94))고 판시하여 긍정설의 입장이다.[40]

[판례검토] 채권자대위소송의 법적 성질은 법정소송담당으로 보는 것이 타당하고 중복소송의 취지는 기판력 제도의 취지와 다르므로 일률적으로 처리하는 긍정설이 타당하다. 즉, 확정판결에 대한 채무자의 절차보장을 위해 기판력(대판 1975.5.13. 전합74다1664)과 재소금지의 원칙의 적용(대판 1996.9.20. 93다20177,20184)에 있어서는 '채무자가 알았을 때' 한하여 이를 인정하고 있는 것과 달리 소송계속 중의 별소 제기인 중복제소의 경우에는 '채무자가 알았을 것'을 요하지 않는다.

2) 채무자의 소송계속 중 채권자대위소송의 제기(중복제소 긍정)

判例는 "채무자가 제3채무자를 상대로 제기한 소송이 계속 중 채권자대위소송을 제기한 경우에는 양 소송은 동일소송이므로 후소는 중복소제기금지 규정에 저촉된다"(대판 1981.7.7. 80다2751)고 판시하여 긍정설의 입장이다. [판례검토] 채권자대위소송의 법적 성질은 법정소송담당으로 보는 것이 타당하고 채권자는 채무자의 전소판결의 반사적 효력이 미치는 자이므로 중복소송으로 보는 긍정설이 타당하다.

3) 채권자대위소송 계속 중 다른 채권자의 대위소송의 제기(중복제소 긍정) [06사법, 15행정]

判例는 "어느 채권자대위소송의 계속 중 다른 채권자가 채권자대위권에 기한 소를 제기한 경우 시간적으로 나중에 계속하게 된 소송은 중복소제기금지의 원칙에 위배하여 제기된 부적법한 소송이 된다"(대판 1994.2.8. 93다53092)고 판시하여 긍정설의 입장이다. [판례검토] 채권자대위소송의 법적 성질은 법정소송담당으로 보는 것이 타당하고 중복소송의 취지는 기판력 제도의 취지와 다르므로 채무자의 인식 여부를 고려하지 않고 일률적으로 처리하는 긍정설이 타당하다. 주의할 것은 채권자대위소송 도중 다른 채권자의 당사자참가(공동소송참가 : 대판 2015.7.23. 2013다30301: 법전협 표준판례(342))는 합일확정의 필요성 및 중복소송의 취지에 비추어 중복소송에 해당하지 않는다.

■ 중복소송금지 – 채권자대위소송과 중복소제기
　　　　　　　2012년 제1회 변호사시험, 2012년 8월·2015년 6월 법전협 모의, 2012년 사법시험

사실관계 | 甲은 자기 소유의 X토지를 2013. 10. 1. 乙에게 1억 원에 매도하고, 1억 원을 지급받기 전에 미리 소유권이전등기를 마쳐주었다. 그런데 대금지급기일인 2014. 2. 1.이 경과하여도 乙은 甲에게 매매대금을 지급하지 않았다. 한편 2013. 5. 2. 丙은 자신이 제조한 물품을 甲에게 1억 원에 공급하기로 하는 물품공급계약을 체결하면서 2014. 5. 2. 물품공급과 상환으로 그 대금 1억 원을 지급받기로 하였다. 2014.5.2. 丙은 물품을 甲에게 공급하였다. 그러나 甲은 사업부도로 자력이 부족하여 물품대금 1억 원을 지급할 수 없게 되었다. 그러던 중 2015. 1. 15. 丙은 甲을 대위하여 乙을 상대로 매매대금 1억 원 및 그에 대한 지연손해금의 지급을 구하는 소를 제기하였고, 2015. 1. 28. 乙에게 소장부본이 송달되었다. 그런데 甲에 대하여 대여금채권을 가지고 있던 丁이 2015. 1. 17. 甲을 대위하여 乙을 상대로 매매대금 1억 원 및 그에 대한 지연손해금의 지급을 구하는 소를 제기하였고 2015. 1. 25. 乙에게 소장부본이 송달되었다. **丙이 제기한 소송의 결론은?**

사안의 해결 | 전·후소의 판별기준은 소송계속의 발생시기, 즉 소장이 피고에게 송달된 때의 선후에 의할 것이다(대판 1990.4.27. 88다카25274). 丁의 소장부본은 2015. 1. 25.에 송달되었고, 丙의 소장부본은 2015. 1. 28.에 송달된 점에서 丙의 소가 후소에 해당한다. 채권자대위소송의 법적성질에 대해 법정소송담당설(判例)에 따르면 채권자의 피대위권리가 소송물이 되므로 전후소의 소송물 모두 '甲의 乙에 대한 매매대금 1억 원 및 그에 대한 지연손해금청구권'이므로 甲이 대위소송을 알았는가와 관계없

---

40) **[학설]** ① 부정설은 대위소송은 법정소송담당이 아니라는 전제에서 소송물이 달라 중복소송에 해당하지 않는다고 보고, ② 긍정설은 법정소송담당이고, 중복소송의 취지를 고려할 때 중복소송에 해당한다고 보며, ③ 한정적 긍정설은 법정소송담당으로 보면서 채무자가 대위소송을 알았을 때 한해 기판력을 받으므로 이 경우에 한해 동일사건을 인정해 후소를 각하하여야 한다고 본다.

이 실질적으로 동일소송이어서 丙의 후소는 중복제소금지원칙에 저촉된다. 따라서 丙의 채권자대위소송은 중복소송으로 부적법 각하하여야 한다.

✱ 채무자의 소송계속 중 제기된 채권자대위소송을 당사자적격의 문제로 본 判例

대위소송에서 중복소송으로 논의되는 유형에는 ⅰ) 대위소송 계속 중 본인소송의 소가 제기된 경우(대위소송 선행형), ⅱ) 본인소송 계속 중 대위소송의 소가 제기된 경우(본인소송 선행형), ⅲ) 대위소송이 경합된 경우 등이 있는바, 이때 대위소송의 소송물은 피대위권리로서(법정소송담당설) 각 소송의 소송물은 모두 동일하고, 따라서 두 소송은 비록 당사자는 다를지라도 실질적으로는 동일소송으로서 중복소송에 해당하므로 후소를 각하하게 된다.

다만, 본인소송 선행형의 경우에 대하여 중복소송 문제가 아닌 당사자적격 문제로 본 判例도 있다.[41)42)]

① **[채무자가 패소한 경우 : 권리불행사**(당사자적격) **부정]** "채권자대위권은 채무자가 제3채무자에 대한 권리를 행사하지 아니하는 경우에 한하여 채권자가 자기의 채권을 보전하기 위하여 행사할 수 있는 것이어서 채권자가 대위권을 행사할 당시는 이미 채무자가 권리를 재판상 행사하였을 때에는 설사 패소의 본안판결을 받았더라도 채권자는 채무자를 대위하여 채무자의 권리를 행사할 당사자적격이 없다고도 볼 수 있다"(대판 1992.11.10. 92다30016).

② **[채무자가 반소제기 후 취하한 경우 : 권리불행사**(당사자적격) **부정]** "채권자 대위권은 채무자가 제3채무자에 대한 권리를 행사하지 않는 경우에 한해 채권자가 자기의 채권을 보전하기 위해 행사할 수 있는 것이어서, 채권자가 대위권을 행사할 당시에 이미 채무자가 그 권리를 재판상 행사하였을 때는 채무자를 대위해 채무자의 권리를 행사할 당사자 적격이 없다. 채무자가 반소를 제기한 후 설령 그 반소가 적법하게 취하되었다고 하더라도 반소 후에 제기된 채권자에 의한 채권자대위권의 행사는 부적법하다"(대판 2016.4.12. 2015다69372).[43)]

③ **[비법인사단인 채무자 명의로 제3채무자를 상대로 한 소가 제기된 경우 : 권리불행사**(당사자적격) **긍정]** "채권자대위권은 채무자가 스스로 제3채무자에 대한 권리를 행사하지 아니하는 경우에 한하여 채권자가 자기의 채권을 보전하기 위하여 행사할 수 있는 것이어서, 채권자가 대위권을 행사할 당시에 이미 채무자가 그 권리를 재판상 행사하였을 때에는 채권자는 채무자를 대위하여 채무자의 권리를 행사할 수 없다. 그런데 비법인사단이 사원총회의 결의 없이 제기한 소는 소제기에 관한 특별수권을 결하여 부적법하고, 그 경우 소제기에 관한 비법인사단의 의사결정이 있었다고 할 수 없다. 따라서 비법인사단인 채무자 명의로 제3채무자를 상대로 한 소가 제기되었으나 사원총회의 결의 없이 총유재산에 관한 소가 제기되었다는 이유로 각하판결을 받고 그 판결이 확정된 경우에는 채무자가 스스로 제3채무자에 대한 권리를 행사한 것으로 볼 수 없다"(대판 2018.10.25. 2018다210539).

---

41) 임병석(전남대학교 법학전문대학원 조교수, 변호사), "채권자대위권의 행사요건 중 '채무자의 권리불행사' 요건에 관한 고찰" 참조.

42) 이에 대하여 중복소제기가 아닌 당사자적격의 문제일 뿐이라는 견해도 있다(김병선, 이화여자대학교 법학전문대학원 부교수, "채무자의 소취하와 채권자대위소송의 적법성" 참조)

43) **[판례검토]** 이 사건 원심은 대위소송이 제기되기 하루 전에 이미 채무자가 제3채무자를 상대로 소송(반소)을 제기한 사실은 인정하면서도, 이후 채무자가 위 반소를 취하하였고 제3채무자인 상대방도 이에 동의하였으며, 반소가 취하되면 처음부터 소송이 계속되지 아니하였던 것과 같은 상태에서 소송이 종료되어 반소의 소송계속이 소급적으로 소멸하므로 채권자에게 당사자적격이 없다고 볼 수는 없다고 판단하였다. 그러나 일반적으로 判例가 사실심변론종결시를 기준으로 소송요건을 판단하는 것과 달리 위 判例는 적격 회복을 인정하지 않았는바, "채권자가 대위권을 행사할 당시 이미 채무자가 그 권리를 재판상 행사하였을 때에는 설사 패소의 확정판결을 받았더라도 채권자는 채무자를 대위하여 채무자의 권리를 행사할 당사자적격이 없다"(대판 1993.3.26. 92다32876)는 점 등을 고려할 때 判例의 태도는 타당하고 채무자의 제3채무자에 대한 소송수행이 적절치 못한 때에는 채권자는 자기의 이익보호를 위해 참가의 방법에 의할 수 밖에 없다(기문주 변호사, '판례해설 - 채권자대위권 행사에 있어서의 당사자적격의 흠결', 법률신문).

(4) 채무자가 제소한 후 압류채권자의 추심소송제기가 중복소제기에 해당하는지 여부(부정) [14사법]

전소가 계속되기만 하면 전소가 부적법하더라도 후소가 중복소송이 된다는 것이 判例(대판 1998.2.27. 97다45532)의 태도인데, 추심명령의 경우에도 동일하게 볼 수 있는지 문제된다.[44)45)]

1) 전원합의체 다수의견(부정설) [이모, 참언, 의무]

"ⅰ) 채무자가 제3채무자를 상대로 제기한 이행의 소가 이미 법원에 계속되어 있는 상태에서 압류채권자가 제3채무자를 상대로 제기한 추심의 소의 본안에 관하여 심리·판단한다고 하여, 제3채무자에게 불합리하게 과도한 이중 응소의 부담을 지우고 본안 심리가 중복되어 당사자와 법원의 소송경제에 반한다거나 판결의 모순·저촉의 위험이 크다고 볼 수 없다. ⅱ) 압류채권자는 채무자가 제3채무자를 상대로 제기한 이행의 소에 민사소송법 제81조, 제79조에 따라 참가할 수도 있으나, 채무자의 이행의 소가 상고심에 계속 중인 경우에는 승계인의 소송참가가 허용되지 아니하므로 압류채권자의 소송참가가 언제나 가능하지는 않으며, 압류채권자가 채무자가 제기한 이행의 소에 참가할 의무가 있는 것도 아니다. ⅲ) 채무자가 제3채무자를 상대로 제기한 이행의 소가 법원에 계속되어 있는 경우에도 압류채권자는 제3채무자를 상대로 압류된 채권의 이행을 청구하는 추심의 소를 제기할 수 있고, 제3채무자를 상대로 압류채권자가 제기한 추심의 소는 채무자가 제기한 이행의 소에 대한 관계에서 민사소송법 제259조가 금지하는 **중복된 소제기에 해당하지 않는다**"(대판 2013.12.18. 전합2013다202120: 법전협 표준판례(95))(7회,10회 선택형).

2) 전원합의체 소수의견(긍정설)

"ⅰ) 이미 법원에 계속되어 있는 소(전소)가 소송요건을 갖추지 못한 부적법한 소라고 하더라도 취하·각하 등에 의하여 소송 계속이 소멸하지 않는 한 그 소송 계속 중에 다시 제기된 소(후소)는 중복된 소제기의 금지에 저촉되는 부적법한 소로서 각하를 면할 수 없다. ⅱ) 채무자가 먼저 제기한 **이행의 소**와 압류채권자가 나중에 제기한 **추심의 소**는 비록 당사자는 다를지라도 실질적으로 동일한 사건으로서 후소는 **중복된 소에 해당한다.** ⅲ) 압류채권자에게는 채무자가 제3채무자를 상대로 제기한 이행의 소에 민사소송법 제81조, 제79조에 따라 참가할 수 있는 길이 열려 있다. ⅳ) 채무자가 제3채무자를 상대로 제기한 이행의 소가 상고심에 계속 중 채권에 대한 압류 및 추심명령을 받은 경우에는 압류채권자가 상고심에서 승계인으로서 소송참가를 하는 것이 불가능하나, **압류채권자는 파기환송심에서 승계인으로서 소송참가를 하면 된다**"(위 전합2013다202120의 반대의견)

[판례검토] 압류 및 추심명령은 갈음형 제3자 소송담당으로서 채무자는 제3채무자를 상대로 이행의 소를 제기할 당사자적격을 상실하고, 이러한 사정은 직권조사사항으로서 당사자의 주장이 없더라도 법원이 이를 직권으로 조사하여 부적법 각하하게 된다. 따라서 압류채권자가 제3채무자를 상대로 제기한 추심의 소의 본안에 관하여 심리·판단한다고 하여, 제3채무자에게 불합리하게 과도한 이중 응소의 부담을 지우고 본안 심리가 중복되어 당사자와 법원의 소송경제에 반한다거나 판결의 모순·저촉의 위험이 크다고 볼 수 없으므로 判例의 태도가 타당하다.[46)]

---

44) 압류 및 추심명령의 효력발생 시기는 제3채무자에 대한 송달일이고(민사집행법 제229조 4항, 제227조 3항), 제3채무자에게 송달된 이상 채무자에게 송달되지 않았다 하더라도 효력발생에는 아무런 영향이 없다. 이에 반해 전부명령은 채무자와 제3채무자에게 송달되어야 한다(민사집행법 제229조 4항, 제227조 2항). 전부명령은 확정되어야 효력이 있고(민사집행법 제229조 7항), 즉시항고권자인 채무자에게 송달되지 아니하면 확정될 수 없으므로 추심명령과 달리 채무자에 대한 송달도 전부명령의 효력발생요건이 된다.

45) **[관련판례]** "채권압류 및 추심명령이 제3채무자에게 송달된 후 경정결정이 확정되는 경우, 당초의 결정이 제3채무자에게 송달된 때에 소급하여 경정된 내용으로 결정의 효력이 있는 것이지만, 제3채무자의 입장에서 볼 때 객관적으로 경정결정이 당초의 채권압류 및 추심명령의 동일성을 실질적으로 변경한 경우라면, 경정결정이 제3채무자에게 송달된 때에 경정된 내용으로 채권압류 및 추심명령의 효력이 생긴다고 보아야 한다"(대판 2017.1.12. 2016다38658).

█ 중복소송금지 – 채무자가 제소한 후 압류채권자의 추심소송   2014년 사법시험

사실관계 ┃甲은 2012. 4. 1. 乙에게 2억 원을 변제기 2013. 4. 1.로 정하여 대여하였으나 乙이 변제기에 위 차용금을 변제하지 아니하였다. 이에 甲은 乙을 상대로 서울중앙지방법원에 대여금 청구의 소를 제기하여 위 법원으로부터 2억 원의 지급을 명하는 청구인용 판결을 선고받았고, 위 판결은 2013. 8. 1. 확정되었다. 한편, 친구 사이인 丙, 丁, 戊 3인은 2013. 6. 1. 乙로부터 X토지를 대금 1억 원에 매수한 다음 3인이 1/3지분씩 공유하는 것으로 소유권이전등기를 마쳤다. 그런데 丙, 丁, 戊가 위 토지의 매매대금을 지급하지 아니하자, 乙은 2013. 9. 1. 丙, 丁, 戊를 상대로 X토지 대금 1억 원의 지급을 구하는 소를 서울중앙지방법원에 제기하였고, 2013. 9. 10. 丁, 戊에게 소장 부본이 송달되었다.

甲은 2013. 10. 1. 乙에 대한 위 확정 판결에 기하여 서울중앙지방법원에 乙을 채무자로, 丙, 丁, 戊를 제3채무자로 하여, 乙이 丙, 丁, 戊에 대하여 가지는 위 1억 원의 매매대금 채권에 관하여 채권압류 및 추심명령을 받았고, 위 채권압류 및 추심명령은 2013. 12. 1. 丙, 丁, 戊에게 모두 송달되었다. 그 후 甲은 丙, 丁, 戊를 공동피고로 삼아 1억 원의 추심금의 지급을 구하는 소를 서울중앙지방법원에 제기하였다. 이에 대하여 피고 丙, 丁, 戊는 이미 乙이 매매대금 청구의 소를 제기하여 별도의 소송이 계속 중인데 다시 甲이 같은 매매대금 채권에 관한 추심의 소를 제기한 것은 부당하다고 다투었다. **피고 丙, 丁, 戊의 주장은 타당한가?**

사안의 해결 ┃ 압류채권자가 제기한 추심의 소를 중복소제기로 각하한 다음 당사자적격이 없는 채무자의 이행의 소가 각하 확정되기를 기다려 다시 압류채권자로 하여금 추심의 소를 제기하도록 하는 것이 소송경제에 반할 뿐 아니라, 이는 압류 및 추심명령이 있는 때에 민사집행법 제238조, 제249조 제1항에 의하여 압류채권자에게 보장되는 추심의 소를 제기할 수 있는 권리의 행사와 그에 관한 실체판단을 바로 그 압류 및 추심명령에 의하여 금지되는 채무자의 이행의 소를 이유로 거부하는 셈이어서 부당하다. 따라서 이미 乙이 매매대금 청구의 소를 제기하여 별도의 소송이 계속 중, 다시 甲이 같은 매매대금 채권에 관한 추심의 소를 제기한 것도 부당하지 않다. 따라서 피고 丙, 丁, 戊의 주장은 타당하지 않다.

2. 청구의 동일(소송물의 동일)

통설은 기판력의 작용과 달리 청구 동일의 범위를 동일관계에 한정한다. 判例도 선결적 법률관계나 (아래 ①번 판례 참조) 모순관계는(아래 ②번 판례 참조) 청구 동일로 보지 않는다. 나아가 判例는 청구취지가 동일하더라도 청구의 원인을 이루는 실체법적 근거나 사실관계가 상이하면 청구 동일에 해당하지 않는다는 입장이다. 생명 또는 신체에 대한 불법행위로 인하여 입게 된 적극적 손해와 소극적 손해 및 정신적 손해는 서로 소송물을 달리하는 것으로 보는 判例의 태도에 따르면 치료비청구의 소와 일실임금(逸失賃金)을 청구하는 소를 별도로 제기하더라도 중복소제기에 해당하지 않는다(2회 선택형).

---

46) 추심명령을 받은 채권자는 채권의 추심에 필요한 채무자의 일체의 권리를 채무자에 갈음하여 자기 명의로 재산상 또는 재산 외에서 행사할 수 있는데, 채무자가 이미 소를 제기한 경우에는 승계인으로서 참가할 수 있고, 그 경우 소송이 법원에 처음 계속된 때에 소급하여 시효 중단 또는 법률상 기간준수의 효력이 생기며(민사집행법 제23조 제1항, 민사소송법 제81조, 82조), 채무자가 집행권원을 가지고 있는 경우에는 승계집행문을 받을 수 있다(민사집행법 제31조 제1항).
다만, 채무자가 제기한 이행의 소가 법원에 계속되어 있는 경우에도 추심채권자는 제3채무자를 상대로 별도로 추심의 소를 제기할 수 있고, 이는 중복제소에 해당하지 않는데(대판 2013.12.18. 전합2013다202120), 이때 추심채권자는 채무자가 이미 제기한 소에 승계참가할 것인지 또는 자기 명의로 별도로 추심의 소를 제기할 것인지 여부를 자유롭게 선택할 수 있고 그 법적 효력 역시 동일하게 볼 수 있다.

✳ 소송물이 달라 중복제소에 해당하지 않는다고 한 판례

① **[선결적 법률관계]** "소유권을 원인으로 하는 이행의 소가 계속중인 경우에도 소유권 유무 자체에 관하여 당사자 사이에 분쟁이 있어 즉시확정의 이익이 있는 경우에는 그 소유권확인의 소를 아울러 제기할 수 있다"(대판 1966.2.15. 65다2371) 즉, 判例는 전소의 선결적 법률관계가 후소의 소송물인 경우 양소는 청구취지가 다르므로 중복제소에 해당하지 않는다고 보았다. 判例의 태도에 비추어 전소의 소송물이 후소의 선결적 법률관계인 경우도 마찬가지로 중복제소에 해당하지 않는다고 보아야 한다.

② **[모순관계]** 判例는 "사위판결(매매에 기한 토지의 소유권이전등기절차이행 청구사건이었음 : 저자 주)은 아직 확정되지도 아니하고 따라서 기판력도 없는 판결이므로, 이에 대하여 불복할 수도 있으나 별도로 사위판결로 인한 소유권이전등기의 말소등기절차를 구할 수 있다"(대판 1979.10.30. 79다1468)고 하면서 "전소(사위판결 : 저자 주)에 있어서의 소송물은 매매를 원인으로 한 등기청구권의 유무이고 이 사건에 있어서의 소송물은 원인무효로 인한 소유권이전등기말소 등기 청구권의 유무이어서 동일한 소송물이라고 볼 수는 없다 할 것이므로"(同 判例), 중복제소에 해당하지 않는다고 하였다.

③ **[청구취지와 청구원인이 다른 경우]** "채권자가 채무인수자를 상대로 제기한 채무이행청구소송(전소)과 채무인수자가 채권자를 상대로 제기한 원래 채무자의 채권자에 대한 채무부존재확인소송(후소)은 그 청구취지와 청구원인이 서로 다르므로 중복제소에 해당하지 않는다"(대판 2001.7.24. 2001다22246: 법전협 표준판례(99) : 다만 전소인 이행소송에서 청구기각의 판결을 구함으로써 채권이 부존재함을 다툴 수 있으므로 후소는 확인의 이익이 없다.)(13회 선택형)

---

(1) 항변으로 제출된 권리의 별소제기 [12회 사례형, 11사법]

> 제216조 (기판력의 객관적 범위) ① 확정판결은 주문에 포함된 것에 한하여 기판력을 가진다. ② 상계를 주장한 청구가 성립되는지 아닌지의 판단은 상계하자고 대항한 액수에 한하여 기판력을 가진다.

1) 문제점

소송물이 아닌 공격방어방법을 이루는 선결적 법률관계나 항변으로 주장한 권리에까지 소송계속이 발생하지 아니하므로, 이에 대해 별소를 제기하여도 중복소송의 문제는 발생하지 않는다. 하지만 상계항변은 기판력이 발생하는 점(제216조 2항)에서 중복소송으로 볼 수 있는지 문제된다. 이러한 문제는 상계항변으로 주장한 채권을 별소로 제기한 경우나 그 반대로서 자동채권에 대한 이행의 소 이후에 그 자동채권에 기하여 상계항변을 하는 경우에도 발생한다.

2) 판례

① 별소로 청구한 반대채권을 가지고 상계항변을 한 사건에서(별소선행형) "사실심 재판부로서는 전소와 후소를 같은 기회에 심리·판단하기 위하여 이부, 이송 또는 변론병합 등을 시도함으로써 기판력의 저촉·모순을 방지함과 아울러 소송경제를 도모함이 바람직하였다고 할 것이나, 그렇다고 하여 특별한 사정이 없는 한 별소로 계속 중인 채권을 자동채권으로 하는 소송상 상계의 주장이 허용되지 않는다고 볼 수는 없다"(대판 2001.4.27. 2000다4050: 법전협 표준판례(97)(1회,3회,4회,5회,8회,11회 선택형)고 하여, 중복소제기가 아니라는 입장이다. ② 상계항변으로 제출한 자동채권과 동일한 채권으로 별소를 제기(상계항변선행형)한 경우에도 "먼저 제기된 소송에서 상계 항변을 제출한 다음 그 소송 계속 중에 자동채권과 동일한 채권에 기한 소송을 별도의 소나 반소로 제기하는 것도 가능하다" 판시하여 중복소제기에 해당하지 않는다고 보고 있다(대판 2022.2.17. 2021다275741). 상계항변 자체가 소송물이 아니고 방어방법이므로 소송계속이 발생하지 않으므로 별소선행형 사안과 마찬가지로 중복소제기에 해당하지 않는다.

3) 검 토

상계항변이 판결에서 판단되어 기판력이 발생할 것인지 분명하지도 않은데 전면적으로 반대채권의 별소를 배척하는 것은 피고의 권리보호를 외면하는 것이므로 원칙적으로 중복소제기 유추를 부정하되, 판결의 모순을 막기 위해 별소 제기시에 이송·이부·변론의 병합으로 병합심리하는 것이 바람직하다.

| 핵심사례 B-06 |

■ **중복소송금지 – 상계항변과 중복소제기**　　　2011년 사법시험, 2013년 8월 법전협 모의, 2009년 변리사

> 甲은 乙에게 5천만 원을 대여해주었으나, 乙이 이행기가 지나도록 변제하지 않자 乙을 상대로 위 대여금을 청구하는 소를 제기하였다. 乙은 위 소송에서 甲에 대하여 불법행위를 원인으로 하는 손해배상청구권이 있다고 주장하면서 5,000만 원의 손해배상채권으로 상계한다는 항변을 하였다. 乙은 소송계속 중 甲을 상대로 손해배상금 5,000만 원의 지급을 구하는 별소를 제기하였다.
> **乙의 별소에 대해 법원은 부적법 각하판결을 하여야 하는가? 결론과 그 논거를 서술하시오. (20점)**

Ⅰ. 결 론

법원은 乙의 별소에 대하여 중복소제기를 이유로 각하판결을 해서는 안된다.

Ⅱ. 논 거

1. 중복소제기의 의의와 요건 [당, 소, 계]

2. 상계항변으로 주장한 채권의 별소제기가 중복소송인지 여부(소극)

3. 사안의 경우

Y가 상계항변으로 제출한 대여금채권과 동일한 채권을 별소로 제기하였더라도 법원은 중복소제기를 이유로 각하판결을 해서는 안된다.

(2) 동일한 권리관계에 대한 확인의 소와 이행의 소의 중복소제기 여부(부정)

1) 전소 계속 중 별소가 제기된 경우

확인의 소는 이행의 소와 청구취지와 심판형식이 달라 소송물은 다르지만 이행의 소에 확인의 소가 포함되는 관계에 있기 때문에 동일소송물에 준하여 중복소제기로 볼 것인지 문제된다.

a. 확인의 소가 먼저 제기된 상태에서 이행의 소가 별소로 제기된 경우

예를 들어 乙이 甲에게 채무부존재확인의 소를 제기하자 甲이 乙을 상대로 채무이행의 소를 제기한 경우, 전·후소는 청구취지가 다르므로 소송물이 달라 중복소제기에 해당하지 않는다.

b. 이행의 소가 먼저 제기된 상태에서 확인의 소가 별소로 제기된 경우

예를 들어 乙이 甲에게 채무이행의 소를 제기하자 甲이 乙을 상대로 채무부존재확인의 소를 제기한 경우, 전·후소는 청구취지가 다르므로 소송물이 달라 중복소제기에 해당하지 않는다.

2) 전소 계속 중 반소가 제기된 경우(제5편 병합소송, 제4절 반소 참조)

a. 확인의 소가 먼저 제기된 상태에서 이행의 소가 반소로 제기된 경우 [9회 사례형]

반소는 본소의 적법여부에 영향을 주지 않는 소이다. 따라서 判例는 "원고가 피고에 대하여 손해배상채무의 부존재확인을 구할 이익이 있어 본소로 그 확인을 구하였다면, 피고가 그 후에 그 손해배상채무의 이행을 구하는 반소를 제기하였다 하더라도 그러한 사정만으로 본소청구에 대한 확인의 이익이 소멸하여 본소가 부적법하게 된다고 볼 수는 없다"(대판 1999.6.8. 99다17401,17418: 법전협 표준판례(77))(1회,4회,5회 선택형)고 하여 반소는 '중복소제기'가 아님을 전제로 판단하고 본소는 소의 이익이 있다고 판시하였다.[47]

b. 이행의 소가 먼저 제기된 상태에서 확인의 소가 반소로 제기된 경우

반소는 독립한 소이지 방어방법이 아니다. 따라서 判例는 "반소청구에 본소청구의 기각을 구하는 것 이상의 적극적 내용이 포함되어 있지 않다면 반소청구로서의 이익이 없고, 어떤 채권에 기한 이행의 소에 대하여 동일 채권에 관한 채무부존재확인의 반소를 제기하는 것은 그 청구의 내용이 실질적으로 본소청구의 기각을 구하는 데 그치는 것이므로 부적법하다"(대판 2007.4.13. 2005다40709)고 판시하여 반소는 중복소제기가 아니라 소의 이익이 없는 것으로 본다.

▌확인의 이익   대판 2010.7.15. 2010다2428,2435

사실관계 ┃ A종중의 대표자 甲은 2014. 12. 5. A종중의 임원회의 결의를 거쳐 A종중의 명의로 C를 피고로 하여 보증계약상 채무부존재확인의 소를 제기하였다. 이에 C는 2014. 12. 11. A를 상대로 위 보증계약상 채무의 이행을 구하는 취지의 반소를 제기하였다. **A의 본소는 적법한가?**

사안의 해결 ┃ A종중이 임원회의 결의를 얻어 자기명의로 제기한 소는 당사자적격을 갖춘 적법한 소이다. 나아가 채무부존재확인의 소는 상대방이 그 채무의 존부를 다투고 있는 한 확인의 이익이 인정된다. 결국 A는 당사자능력과 당해소송의 당사자적격이 있으며, A의 본소(확인의 소)가 C의 반소 (이행의 소)제기에 인해 소의 이익이 소멸되는 것은 아니므로 A의 본소는 적법하다. 반면, 어떤 채권에 기한 이행의 소에 대하여 동일채권에 관한 채무부존재확인의 반소를 제기하는 것은 반소의 이익이 없어 허용되지 않는다(대판 2007.4.13. 2005다40709)(제5편 병합소송 제4절 반소 참조)

---

(3) 일부청구와 잔부청구

判例는 "전 소송에서 불법행위를 원인으로 치료비청구를 하면서 일부만을 특정하여 청구하고 그 이외의 부분은 별도소송으로 청구하겠다는 취지를 명시적으로 유보한 때에는 그 전소송의 소송물은 그 청구한 일부의 치료비에 한정되는 것이고 전 소송에서 한 판결의 기판력은 유보한 나머지 부분의 치료비에까지는 미치지 아니한다 할 것이므로 전 소송의 계속 중에 동일한 불법행위를 원인으로 유보한 나머지 치료비청구를 별도소송으로 제기하였다 하더라도 중복제소에 해당하지 아니한다"(대판 1985.4.9. 84다552: 법전협 표준판례(98))(3회,4회,6회,12회 선택형)고 판시하여 **명시적 일부청구설**의 입장이다.

---

47) **[판례평석]** 이러한 判例에 대해서는 이행의 소에서 채무존부가 확정되므로 본소는 당초의 목적을 다한 것으로 보아야 하고, 소의 이익의 존부 판정 시기는 사실심 변론종결시점이므로 채무부존재확인의 소는 확인의 이익이 없어져 각하함이 타당하다는 비판이 있다(다수설).

3. 전소의 소송계속 중에 후소를 제기하였을 것 [4회 사례형]

(1) 전소의 소송 계속 중

소의 형태는 제한이 없고, 判例는 "법원에 계속되어 있는 전소가 소송요건을 구비하지 못하여 부적법하더라도 동일한 후소의 변론종결시까지 취하 · 각하 등에 의하여 소송계속이 소멸되지 아니하는 한 그 후소는 중복된 소제기의 금지에 저촉되는 부적법한 소로서 각하를 면할 수 없다"(대판 1998.2.27. 97다45532)고 한다(4회,7회,13회 선택형).

예컨대, 甲이 乙을 상대로 구상금을 지급을 구하는 소를 제기하였고, 항소심에서 丙이 甲으로부터 채권을 양수하였다고 주장하며 승계참가신청을 하여 丙의 청구를 전부 인용하는 판결이 선고 · 확정되었는데, 丙이 위 판결이 선고되기 전 乙을 상대로 甲으로부터 양수받은 채권의 지급을 구하는 소를 제기한 사안에서, 判例는 丙의 청구는 결과적으로 아직 미확정된 선행사건이 법원에 계속되어 있는 중임에도 다시 당사자와 소송물이 동일한 소를 제기한 셈이 되며, 원심 변론종결일에 선행사건이 아직 법원에 계속 중이었으므로 중복소송에 해당하고, 선행사건의 항소심판결이 확정되었으므로 기판력에 반하여 권리보호의 이익도 없어 부적법하다고 판시하였다(대판 2017.11.14. 2017다23066: 법전협 표준판례(100)).

(2) 후소를 제기

동일한 소송절차 내에서 소송참가하는 것에 대해 判例는 "상법 제404조 제1항에서 규정하고 있는 회사의 참가는 공동소송참가를 의미하는 것으로 해석함이 타당하고, 나아가 이러한 해석이 중복제소를 금지하고 있는 민사소송법 제259조에 반하는 것도 아니다"(대판 2002.3.15. 2000다9086: 법전협 표준판례(341))는 입장이다.

(3) 전소 · 후소 판별기준시

전소, 후소의 판별기준은 소송 계속의 발생시기 즉 소장이 피고에게 송달된 때의 선후에 의할 것(소장 제출시가 아님)이고(대판 1990.4.27. 88다카25274)(2회 선택형), 소 제기에 앞서 가압류, 가처분 등 보전절차가 있더라도 이를 기준으로 가릴 것이 아니다(대판 1994.11.25. 94다12517)

Ⅲ. 효 과

[B-30]

중복소송금지원칙 위반 여부는 소극적 소송요건으로 직권조사사항이며, 후소법원은 소를 각하하여야 한다(대판 1990.4.27. 88다카25274). 간과판결은 당연무효가 아니므로(대판 1995.12.5. 94다59028)(10회,13회 선택형), 판결 확정 전에는 상소할 수 있으나, 판결 확정 후에는 재심사유에 해당하지 않는다(3회,4회 선택형). 다만 전 · 후소 판결이 모두 확정되었으나 판결이 모순되는 경우에는 어느 것이 먼저 제소되었는지를 불문하고 뒤에 확정된 판결이 재심에 의해 취소된다(제451조 1항 10호)(2회 선택형)

예컨대, 甲이 1.20. 乙을 상대로 대여금청구 소송계속 중 3.20. 후소로 동일한 소를 제기하여 중복소제기가 되었음에도 소각하되지 않고 진행되었다. 그런데, 후소에 대해서 10.20. 먼저 甲 승소판결이 확정되고 12.20 전소에 대해서는 甲 패소판결이 확정된 경우, 후에 확정된 甲 패소판결은 제451조 1항 10호의 '재심을 제기할 판결이 전에 선고한 확정판결의 기판력에 어긋나는 때'에 해당하여 재심의 소에 의해 취소된다.

※ 중복소제기 · 재소금지 · 기판력의 구별

	중복소제기의 금지	재소금지	기판력
의 의	이미 사건이 계속되어 있을 때는 그와 동일한 사건에 대하여 당사자는 다시 소를 제기하지 못한다(제259조)	본안에 관하여 종국판결이 있은 뒤에는 이미 취하한 소와 같은 소를 제기할 수 없다(제267조 2항)	확정된 종국판결에 있어 당사자가 되풀이하여 다투는 소송은 허용되지 아니한다(제216조 · 218조)
취 지	기판력 있는 판결의 모순 · 저촉을 피하고, 소송경제를 도모	종국판결의 농락방지, 재소남용방지, 소취하의 남용제제	법적 안정성
요 건	(당, 소, 계) i) 전 · 후소 당사자의 동일 ii) 소송물의 동일 iii) 전소계속 중 별제소기	(당, 소, 리, 본) i) 당사자 동일 ii) 소송물 동일 iii) 권리보호이익 동일 iv) 본안에 관한 종국판결 이후에 소를 취하	(주, 객, 시) i) 주관적범위(당사자 동일) ii) 객관적범위(소송물 동일) iii) 시적범위(표준시의 권리관계)
당사자	원 · 피고가 바뀌어도 중복제소에 해당	전소의 원고만 재소금지에 저촉	원 · 피고가 바뀌어도 기판력의 주관적 범위에 해당
특정 승계인	특정승계인의 후소도 중복소제기에 해당	당사자의 동일성은 인정되나 새로운 권리보호이익이 있다면 재소가능	변론종결한 뒤의 승계인에게도 기판력이 미침(제218조 1항). 다만 계쟁물의 승계인은 소송물이 물권적 청구권인 경우에 한정(패소한 원고로부터의 계쟁물 승계인은 ×)
채권자 대위권	i) 대위소송 중 채무자소송, ii) 채무자소송 중 대위소송, iii) 대위소송 중 다른 채권자 대위소송 모두 중복 소제기에 해당	채권자가 대위소송에서 소를 취하한 경우 채무자의 재소는 대위소송이 제기된 사실을 채무자가 알았을 때 금지	i) 채권자대위권에 의한 소송이 제기된 사실을 채무자가 알았을 경우에는 ㉠ 그 판결의 효력은 채무자에게 미치고, ㉡ 다른 채권자가 제기한 후소인 채권자대위소송에도 미친다. ii) 채무자의 확정판결의 효력도 대위채권자에게 미친다.
선결 관계	i) 전소의 소송물이 후소의 선결관계에 있는 경우(중복소제기부정 : 견해대립有) ii) 후소의 소송물이 전소의 선결관계에 있는 경우(중복소제기부정 : 判)	i) 전소의 소송물이 후소의 선결관계에 있는 경우(재소금지 적용긍정 : 判) ii) 후소의 소송물이 전소의 선결관계에 있는 경우(재소금지 적용부정 : 견해대립有)	i) 전소의 소송물이 후소의 선결관계에 있는 경우(기판력적용○ : 判) ii) 후소의 소송물이 전소의 선결관계에 있는 경우(기판력적용× : 判)
전소의 적법성	전소가 부적법해도 중복제소에 해당	전소가 부적법 각하되면 후소는 재소가능	소송판결도 소송요건의 흠결로 소가 부적법하다는 판단에 한하여 기판력이 발생
소송 요건	소극적 소송요건에 해당	소극적 소송요건에 해당	i) 소극적 소송요건에 해당(반복금지설), ii) 권리보호이익(모순금지설)
효 과	소각하 판결(제259조)	소각하 판결(제267조 2항)	승소한 자가 동일한 후소를 제기한 경우에는 소의 이익의 흠결로 후소 각하, 패소한 자가 동일한 소를 제기한 때에는 후소기각(모순금지설)

제3관 소송계속의 실체법상 효과

Ⅰ. 시효중단의 효과

> 민법 제170조 (재판상의 청구와 시효중단) ① 재판상의 청구는 소송의 각하, 기각 또는 취하의 경우에는 시효중단의 효력이 없다. ② 전항의 경우에 6월내에 재판상의 청구, 파산절차참가, 압류 또는 가압류, 가처분을 한 때에는 시효는 최초의 재판상청구로 인하여 중단된 것으로 본다.
>
> 제265조 (소제기에 따른 시효중단의 시기) 시효의 중단 또는 법률상 기간을 지킴에 필요한 재판상 청구는 소를 제기한 때 또는 제260조 제2항 · 제262조 제2항 또는 제264조 제2항의 규정에 따라 서면을 법원에 제출한 때에 그 효력이 생긴다(1회 선택형).

(1) 개 념

'재판상 청구'란 자기 권리를 재판상 주장하는 것을 말한다. 민사소송이기만 하면, 그것이 본소이든 반소이든, 이행 · 형성 · 확인의 소이든, 재심의 소(대판 1996.9.24. 96다11334)이든 이를 묻지 않는다. 그 밖에 권리자가 이행의 소를 대신하여 재판기관의 공권적인 법률판단을 구하는 '지급명령의 신청'도 포함된다(대판 2011.11.10. 2011다54686: 법전협 표준판례(101) ; 제172조의 지급명령과 구별할 것). 주의할 것은 예를 들어 甲이 乙을 상대로 불법행위에 따른 손해배상금의 지급을 구하는 지급명령을 신청하였다가 '각하'되자 그로부터 6개월 내에 손해배상청구의 소를 제기한 경우 소를 제기한 날이 아니라 당초 지급명령의 신청이 있었던 때에 중단되었다고 보아야 한다는 것이 判例의 입장이다(同 判例).

(2) 구체적인 예

1) 보조참가

권리자가 보조참가하여 의무자에 대하여 다툰 것은 권리자가 재판상 그 권리를 주장하여 권리 위에 잠자는 것이 아님을 표명한 것으로 보기에 충분하므로, 소멸시효는 권리자의 위와 같은 보조참가로 인해 중단된다(대판 2014.4.24. 2012다105314)(9회 선택형).

2) 형사소송

① 형사소송은 국가형벌권의 행사가 목적이므로, 피해자가 가해자를 고소하였거나 그 고소에 기하여 형사재판이 개시되었어도 시효중단사유가 되지 못한다. ② 다만 判例는 소송촉진 등에 관한 특례법의 '배상명령신청'은 시효중단사유인 재판상의 청구에 해당한다고 한다(대판 1999.3.12. 98다18124).

3) 행정소송

① 위법한 행정처분의 취소 · 변경을 구하는 행정소송은 사권을 행사하는 것으로 볼 수 없으므로 시효중단사유가 되지 못한다. ② 다만 기본적 법률관계에 관한 확인청구는 그 법률관계로부터 생기는 개개의 권리의 행사도 포함한 것으로 볼 수 있으므로[48] 判例는 오납한 조세에 대한 부당이득반환청구권을 실현하기 위한 수단이 되는 '과세처분의 취소 또는 무효확인을 구하는 소'는 비록 행정소송일지라도 그것은 (민사상) 부당이득반환청구권에 관한 재판상 청구에 해당한다고 한다(대판 1992.3.31. 전합91다32053 : 기산점과 관련해서도 당해 判例는 취소 · 무효 판결이 확정됨으로써 비로소 무효로 되는 것은 아니므로 '오납시'부터 그 반환청구권의 소멸시효가 진행한다고 보았다).

---

48) 임승순, '행정소송의 제기와 국세환급청구권의 시효중단', 대법원판례해설(제17호), p.256.

[비교판례] ❋ **국유재산의 무단점유자에 대한 변상금 부과·징수권과 부당이득반환청구권**(시효중단 부정)
"국유재산법 제72조 1항, 제73조 2항에 의한 변상금 부과·징수권은 민사상 부당이득반환청구권과 법적 성질을 달리하므로, 국가는 무단점유자를 상대로 변상금 부과·징수권의 행사와 별도로 국유재산의 소유자로서 민사상 부당이득반환청구의 소를 제기할 수 있다. 그리고 이러한 법리는 국유재산법 제42조 1항, 국유재산법 시행령 제38조 3항에 의하여 국유재산 중 일반재산의 관리·처분에 관한 사무를 위탁받은 원고의 경우에도 마찬가지로 적용된다(대판 2014.7.16. 전합2011다76402). 나아가 위와 같이 변상금 부과·징수권이 민사상 부당이득반환청구권과 법적 성질을 달리하는 별개의 권리인 이상 원고가 변상금 부과·징수권을 행사하였다 하더라도 이로써 민사상 부당이득반환청구권의 소멸시효가 중단된다고 할 수 없다"(대판 2014.9.4. 2013다3576).

4) 응 소

a. 응소가 재판상 청구에 포함되는지 여부(적극)

소멸시효의 중단사유인 '청구' 중 민법 제170조 1항의 '재판상 청구'에 상대방이 제기한 소송에서 '응소'하여 자신의 권리를 주장하는 것도 포함되는지 문제된다. 判例는 응소행위로서 상대방의 청구를 적극적으로 다투면서 자신의 권리를 주장하는 것은 i) 자신이 권리 위에 잠자는 자가 아님을 표명한 것이고, ii) (권리불행사라는) 계속된 사실상태와 상용할 수 없는 다른 사정이 발생한 때로 보아야 할 것임을 이유로 긍정설의 입장이다(대판 1993.12.21. 전합92다47861).

[판례검토] 민법 제170조 1항의 재판상 청구를 소를 제기한 경우만으로 제한하여 해석할 필요성이 없으므로 응소도 시효중단사유로 봄이 타당하다.

b. 요 건 [채, 주, 승]

채권자가 i) 채무자가 제기한 소송에서, ii) 응소하여 적극적으로 권리를 주장하여, iii) 승소한 경우는 민법 제170조 1항의 '재판상 청구'에 해당하여 소멸시효가 중단된다.

특히 'i)' 요건과 관련하여 채무자가 제기한 소송에서 채권자가 응소하여 적극적으로 자신의 권리를 주장하는 경우이어야 한다. 따라서 담보물의 제3취득자나 물상보증인 등 시효를 원용할 수 있는 지위에 있으나 직접 의무를 부담하지 아니하는 자가 제기한 소송에서의 응소행위는 권리자의 의무자에 대한 재판상 청구에 준하는 행위에 해당한다고 볼 수 없다(대판 2007.1.11. 2006다33364 등)(3회, 9회 선택형).

[판례검토] 물상보증인(담보물의 제3취득자)이 제기한 소송에서 채권자가 적극적으로 응소행위를 하였다 하더라도 이는 '채무 없는' 물상보증인(담보물의 제3취득자)에게 재판상 청구를 한 것으로 볼 수 있을 뿐, 채무자에게 재판상 청구를 한 것은 아니므로 判例가 양자를 구별하는 것은 합리적이다.

c. 효 과

① 응소한 자(피고)가 승소한 경우 응소행위로 인한 시효중단의 효력은 원고의 소제기시가 아니라 피고가 현실적으로 권리를 행사하여 응소한 때에 발생하며(대판 2005.12.23. 2005다59383), 답변서(준비서면)를 법원에 제출하여 법원이 상대방에게 송달하는 경우에는, 답변서(준비서면)가 법원에 제출된 때 시효가 중단된다. '판결이 확정된 때'로부터 새롭게 소멸시효가 진행되며(민법 제178조 2항), 단기의 소멸시효에 해당되는 채권은 10년으로 연장된다(민법 제165조 1항).

② 권리가 존재하지 않는다는 이유로 패소한 경우에는 시효가 중단될 여지가 없다(대판 1997.11.11. 96다28196).

③ 피고의 권리주장이 소의 각하나 취하 등에 의해 전혀 판단되지 않은 경우에는 제170조 2항을 유추하여 6월 내에 다른 강력한 시효중단조치를 취하면 응소시에 소급하여 시효중단의 효력이 발생한다(대판 2010.8.26. 2008다42416,42423: 법전협 표준판례(104) : 피고의 응소 후 원고의 소가 각하되었으나 6개월 내에 피고가 원고에게 반소를 제기한 사안).

d. 주장책임

判例에 따르면 '변론주의' 원칙상 시효중단의 효과를 원하는 피고로서는 소송에서 응소행위로써 시효가 중단되었다고 주장해야 한다고 한다. 즉 시효중단사실은 주장이 필요한 '주요사실'이다. 따라서 피고의 응소행위가 있었다는 사정만으로 당연히 시효중단의 효력이 발생한다고 할 수는 없다(대판 1997.2.28. 96다26190). 다만 이러한 시효중단의 주장은 반드시 응소시에 할 필요는 없고 소멸시효기간이 만료된 후라도 사실심 변론종결 전에는 언제든지 할 수 있다(대판 2010.8.26. 2008다42416,42423: 법전협 표준판례(104))(9회 선택형).

(3) 시효중단의 (물적) 범위

재판상 청구에 의한 시효중단의 범위에 관해, 判例는 소송물 그 자체에 국한하지 않고 재판상 청구를 통해 권리를 행사한 것으로 볼 수 있는 경우에까지 이를 확대한다(권리행사설). 즉, 시효중단사유인 재판상 청구를 기판력이 미치는 범위와 일치하여 고찰할 필요는 없다.

1) 기본적 법률관계에 관한 청구와 그에 포함되는 권리

① 기본적 법률관계에 관한 확인청구의 소의 제기는 그 법률관계로부터 생기는 개개의 권리에 대한 소멸시효의 중단사유가 된다. 예컨대, 파면처분무효확인의 소(또는 고용관계존재확인의 소)는 파면 후의 임금채권에 대한 재판상 청구에 해당하여 시효중단의 효력이 있고(대판 1978.4.11. 77다2509), 소유권이전등기청구권이 발생한 기본적 법률관계에 해당하는 매매계약을 기초로 하여 건축주명의변경을 구하는 소는 소유권이전등기청구권의 소멸시효를 중단시키는 재판상 청구에 포함된다(대판 2011.7.14. 2011다19737). 한편 소유권의 취득시효를 중단시키는 재판상 청구에는 소유권확인청구는 물론, 소유권의 존재를 전제로 하는 다른 권리주장도 포함한다(소유물반환청구 · 등기말소청구 · 손해배상청구 등)(대판 1979.7.10. 79다569).

② 저당권이 설정되어 있더라도 저당권의 피담보채권이 시효중단되는 것은 아니다. 마찬가지로 채권자가 담보목적의 가등기를 취득한 후 그 목적토지를 인도받아 점유하더라도 담보가등기의 피담보채권의 소멸시효가 중단되는 것은 아니다(대판 2007.3.15. 2006다12701). 다만, 근저당권설정등기청구권의 행사는 그 피담보채권이 될 금전채권의 실현을 목적으로 하는 것으로 근저당권설정등기청구의 소에는 그 피담보채권에 관한 주장이 당연히 포함되어 있으므로, 근저당권설정등기청구의 소의 제기는 그 피담보채권의 재판상의 청구에 해당한다(대판 2004.2.13. 2002다7213).

> ✳ **피담보채권의 소멸시효**
> "담보가등기를 경료한 부동산을 인도받아 점유하더라도 담보가등기의 피담보채권의 소멸시효가 중단되는 것은 아니지만, 채무의 일부를 변제하는 경우에는 채무 전부에 관하여 시효중단의 효력이 발생하는 것이므로, 채무자가 채권자에게 담보가등기를 경료하고 부동산을 인도하여 준 다음 피담보채권에 대한 이자 또는 지연손해금의 지급에 갈음하여 채권자로 하여금 부동산을 사용수익할 수 있도록 한 경우라면, 채권자가 부동산을 사용수익하는 동안에는 채무자가 계속하여 이자 또는 지연손해금을 채권자에게 변제하고 있는 것으로 볼 수 있으므로 피담보채권의 소멸시효가 중단된다고 보아야 한다"(대판 2009.11.12. 2009다51028 : 6회 선택형).
>
> ✳ **근저당권설정등기청구권의 소멸시효**
> "근저당권설정약정에 기한 근저당권설정등기청구권은 그 피담보채권과는 별개의 청구권이므로 시효기간 또한 독자적으로 진행되며 그 시효기간의 경과로써 피담보채권과 별개로 소멸한다"(위 2002다7213).

2) 원인채권과 어음(수표)금채권의 청구

a. 원인채권의 행사로 어음채권에 대한 시효가 중단되는지 여부(소극) [인, 어, 계속]

"원인채권의 지급을 확보하기 위한 방법으로 어음이 수수된 경우에 원인채권과 어음채권은 별개로서 채권자는 그 선택에 따라 권리를 행사할 수 있고, 원인채권에 기하여 청구를 한 것만으로는 어음채권 그 자체를 행사한 것으로 볼 수 없어 어음채권의 소멸시효를 중단시키지 못한다"(대판 1994.12.2. 93다59922).

b. 어음채권의 행사로 원인채권의 시효가 중단되는지 여부(적극) [어, 인, 중단]

"원인채권의 지급을 확보하기 위한 방법으로 어음이 수수된 경우, 이러한 어음은 경제적으로 동일한 급부를 위하여 원인채권의 지급수단으로 수수된 것으로서 그 어음채권의 행사는 원인채권을 실현하기 위한 것일 뿐만 아니라, 원인채권의 소멸시효는 어음금청구소송에서 채무자의 인적항변사유에 해당하는 관계로 채권자가 어음채권의 소멸시효를 중단하여 두어도 채무자의 인적항변에 따라 그 권리를 실현할 수 없게 되는 불합리한 결과가 발생하게 되므로, 채권자가 어음채권에 기하여 청구를 하는 반대의 경우에는 원인채권의 소멸시효를 중단시키는 효력이 있고, 이러한 법리는 어음채권을 피보전권리로 하여 채무자의 재산을 가압류함으로써 그 권리를 행사한 경우에도 마찬가지로 적용된다"(대판 1961.11.9. 4293민상748 ; 대판 1999.6.11. 99다16378). **[2회 기록형, 3회 사례형]**

c. 어음채권의 소멸시효가 완성된 경우에도 원인채권에 대한 시효가 중단되는지 여부(소극)

"이미 시효로 소멸한 어음채권을 피보전권리로 하여 가압류결정을 받은 경우에는, 이를 어음채권 내지는 원인채권을 실현하기 위한 권리행사로 볼 수 없으므로, 그 원인채권의 소멸시효를 중단시키는 효력을 인정할 수 없다"(대판 2007.9.20. 2006다68902).

d. 만기가 기재된 백지 약속어음의 소지인이 그 백지 부분을 보충하지 않고 어음금을 청구한 경우 시효가 중단되는지 여부(적극)

"만기는 기재되어 있으나 지급지, 지급을 받을 자 등과 같은 어음요건이 백지인 약속어음의 소지인이 그 백지 부분을 보충하지 않은 상태에서 어음금을 청구하는 것은 어음상의 청구권에 관하여 잠자는 자가 아님을 객관적으로 표명한 것이고 그 청구로써 어음상의 청구권에 관한 소멸시효는 중단된다. 이 경우 백지에 대한 보충권은 그 행사에 의하여 어음상의 청구권을 완성시키는 것에 불과하여 그 보충권이 어음상의 청구권과 별개로 독립하여 시효에 의하여 소멸한다고 볼 것은 아니므로 어음상의 청구권이 시효중단에 의하여 소멸하지 않고 존속하고 있는 한 이를 행사할 수 있다"(대판 2010.5.20. 전합 2009다48312). **[3회 사례형]**

3) 일부청구 [11변리]

a. 채권전부에 대한 시효중단이 인정되는지 여부(원칙적 소극, 예외적 적극)

일부의 청구(특히 일부를 특정하고 일부청구임을 명시하여 청구한 경우)는 나머지 부분에 대한 시효중단의 효력이 없다는 것이 判例의 기본적인 입장이다(대판 1967.5.23. 67다529). 그러나 비록 일부만을 청구한 경우에도 그 취지로 보아 채권 전부에 관하여 판결을 구하는 것으로 해석되는 경우에는 그 전부에 대해 시효중단의 효력이 발생한다(대판 1992.4.10. 91다43695: 법전협 표준판례(102))(3회,6회,12회 선택형).

b. 소장에서 장차청구금액을 확장할 뜻을 표시했으나 실제로는 확장하지 않은 경우

"소장에서 청구의 대상으로 삼은 채권 중 일부만을 청구하면서 소송의 진행경과에 따라 장차 청구금액을 확장할 뜻을 표시하였으나 당해 소송이 종료될 때까지 실제로 청구금액을 확장하지 않은 경우에는 소송의 경과에 비추어 볼 때 채권 전부에 관하여 판결을 구한 것으로 볼 수 없으므로, 나머지 부분에 대하여는 재판상 청구로 인한 시효중단의 효력이 발생하지 아니한다. 그러나 이와 같은 경우에도 소를 제기하면서 장차 청구금액을 확장할 뜻을 표시한 채권자로서는 장래에 나머지 부분을 청구할 의사를 가지고 있는 것이 일반적이라고 할 것이므로, 다른 특별한 사정이 없는 한 당해 소송이 계속 중인 동안에는 나머지 부분에 대하여 권리를 행사하겠다는 의사가 표명되어 최고에 의해 권리를 행사하고 있는 상태가 지속되고 있는 것으로 보아야 하고, 채권자는 당해 소송이 종료된 때부터 6월 내에 민법 제174조에서 정한 조치를 취함으로써 나머지 부분에 대한 소멸시효를 중단시킬 수 있다"(대판 2020.2.6. 2019다223723).

c. 소장에서 장차청구금액을 확장할 뜻을 표시하였으나 특정 부분을 청구범위에서 명시적으로 제외한 경우

"소장에서 청구의 대상으로 삼은 채권 중 일부만을 청구하면서 소송의 진행경과에 따라 장차 청구금액을 확장할 뜻을 표시하였더라도 그 후 채권의 특정 부분을 청구범위에서 명시적으로 제외하였다면, 그 부분에 대하여는 애초부터 소의 제기가 없었던 것과 마찬가지이므로 재판상 청구로 인한 시효중단의 효력이 발생하지 않는다"(대판 2021.6.10. 2018다44114).

"한편 이와 같은 경우에도 소를 제기하면서 장차 청구금액을 확장할 뜻을 표시한 채권자는 장래에 나머지 부분을 청구할 의사를 가지고 있는 것이 일반적이라고 할 것이므로, 다른 특별한 사정이 없는 한 당해 소송이 계속 중인 동안에는 나머지 부분에 대하여 권리를 행사하겠다는 의사가 표명되어 최고에 의해 권리를 행사하고 있는 상태가 지속되고 있는 것으로 보아야 하고, 채권자는 당해 소송이 종료된 때부터 6월 내에 민법 제174조에서 정한 조치를 취함으로써 나머지 부분에 대한 소멸시효를 중단시킬 수 있다"(대판 2022.5.26. 2020다206625 : 다수 추심채권자들이 압류경합으로 인해 집행채권 합계액이 피압류채권액을 초과하자 자신들의 채권액 비율로 안분하여 각자 일부 추심금만 청구하여 승소한 경우, 잔부 채권에는 재판상 청구로서의 시효중단의 효력이 미치지 않는다)[49]

4) 채권자대위청구 [대중, 피보고]

a. 피대위채권 : 시효중단

채권자가 채무자를 대위하여 피대위채권을 대위행사한 경우(제404조), 채권자대위권 행사의 효과는 채무자에게 귀속되는 것이므로 채권자대위소송의 제기로 인한 소멸시효의 중단의 효과 역시 채무자에게 생긴다(대판 2011.10.13. 2010다80930)(9회 선택형). 즉 피대위채권이 시효중단됨은 물론이다.

b. 피보전채권 : 최고

피보전채권의 경우 채권자대위권행사의 사실을 채권자가 채무자에게 통지한 때에는 채무자는 자기의 권리를 처분하지 못하는바(제405조 2항), 이는 곧 압류의 효과가 생기는 것과 마찬가지이기 때문에 압류에 의한 시효중단 또는 적어도 최고로서의 효력은 인정하여야 한다.

---

49) [사실관계] 甲 등과 乙 및 丙 주식회사가 丁 주식회사를 상대로 추심금 지급을 구하는 소를 제기하면서 자신들의 채권액 비율로 안분한 일부 추심금만 각자 청구하였는데, 甲 등 및 乙의 청구는 인용되고 丙 회사의 청구는 기각되자, 그 후 甲 등이 丁 회사를 상대로 나머지 추심금의 지급을 구하는 소를 제기한 사안에서, 甲 등이 추심할 수 있는 금액 중 각자 채권액 비율로 안분하여 일부만 청구한 경우 선행소송의 경과 등 제반 사정에 비추어 나머지 부분에 대하여 권리행사를 하였다고 볼 여지가 있더라도, 실제 나머지 부분을 청구하지 않은 이상 그 부분에 대하여는 처음부터 소의 제기가 없었던 것과 마찬가지로 볼 수밖에 없고, 다만 선행소송이 계속 중인 동안에는 나머지 부분에 대하여 '최고'로서 甲 등이 권리를 행사하고 있는 상태가 지속되고 있다고 볼 수 있을 뿐이므로, 甲 등이 선행소송이 종료된 때로부터 6월 내에 민법 제174조에서 정한 조치를 취하여 나머지 부분의 소멸시효를 중단시켰다는 등 특별한 사정이 없다면, 나머지 부분은 이미 소멸시효기간이 도과한 것으로 볼 수 있는데도, 선행소송 청구만으로 나머지 부분까지 소멸시효가 중단되었다고 본 원심판단에 법리오해 등의 잘못이 있다고 한 사례.

c. 대위채권자가 피대위채권을 양수한 경우 : 시효중단의 효력 유지

원고가 채권자대위권에 기해 청구를 하다가 당해 피대위채권 자체를 양수하여 양수금청구로 소를 변경한 사안에서, 判例는 이는 청구원인의 교환적 변경으로서 채권자대위권에 기한 구 청구는 취하된 것으로 보아야 하나, 양소의 소송물이 동일한 점, 시효중단의 효력은 특정승계인에게도 미치는 점(민법 제169조), 원고를 '권리 위에 잠자는 자'로 볼 수 없는 점 등에 비추어 볼 때, 당초의 채권자대위소송으로 인한 시효중단의 효력이 소멸하지 않는다고 한다(대판 2010.6.24. 2010다17284 : 3회 선택형).

5) 채권자취소소송

채권자취소 소송의 경우 상대적 무효설의 입장에 따르면 채무자는 피고적격이 없다고 할 것이므로 채권자취소소송에 의하여 피보전채권에 대하여는 소멸시효가 중단되지 않는다.

▎핵심사례 B-07 ▏

▪ 채권자대위소송에서의 소변경 – 대위채권자가 피대위채권을 양수한 경우 대판 2010.6.24. 2010다17284

甲은 乙과 주택신축공사에 관한 도급계약을 체결하고 공사를 시작하였고, 2000. 1. 20. 甲은 3천만 원에 해당하는 공사잔대금을 두 달 후에 받기로 하고 도급인 乙에게 완공된 주택을 인도하였다. 그리고 甲은 2000. 2. 20. 丙으로부터 토지거래허가구역 내에 있는 신축중인 X건물을 사무실로 사용하고자 매수하고 계약금을 지급하였다. 이 후 관할관청으로부터 토지거래허가를 받았으나 중도금을 지급하지 못하던 중 甲은 乙이 이행을 지체하던 2002. 4. 20. 乙에 대한 채권을 중도금 지급에 갈음하여 丙에게 양도하였다. 만약 丙이 2000. 3. 20. 甲을 대위하여 乙을 상대로 공사잔대금 3천만 원에 대한 채무이행의 소를 제기하다가 2003. 5. 20. 직접 乙을 상대로 한 양수금 3천만 원에 대한 채무이행의 소로 청구변경을 하였다면, **乙이 소멸시효 완성을 주장하는 경우 乙의 주장은 이유가 있는가?**

Ⅰ. 문제점

채권양도가 있기 이전에 채권자대위소송을 제기한 丙이 채권을 양수한 다음 소멸시효가 완성된 이후에야 양수금채권이행청구로 청구변경을 한 경우(제262조), 소멸시효 중단의 효력이 유지되는지 여부가 문제된다. 이는 시효중단의 범위와 관련이 있다.

Ⅱ. 시효중단의 범위 – 물적범위(권리행사설), 인적범위(민법 제169조)

Ⅲ. 채권자대위 소송에서 양수금청구로 소변경 한 경우 시효중단의 효력이 소멸하는지 여부(소극)

1. 판 례

2. 사안의 경우

丙(원고)이 채권자대위권에 기해 청구를 하다가 당해 피대위채권 자체를 양수하여 양수금청구로 소를 변경한 경우 당초의 채권자대위소송으로 인한 시효중단의 효력이 소멸하지 않는다. 따라서 乙의 소멸시효 완성 주장은 이유가 없다.

(4) 재판상 청구에 의한 시효중단의 효과

1) 시효중단의 효력발생시기

> 제265조 (소제기에 따른 시효중단의 시기) 시효의 중단 또는 법률상 기간을 지킴에 필요한 재판상 청구는 소를 제기한 때 또는 제260조 제2항 · 제262조 제2항 또는 제264조 제2항의 규정에 따라 서면을 법원에 제출한 때에 그 효력이 생긴다.

a. 소를 제기한 때 중단되는 경우(제265조 전단)

① **[소장을 법원에 제출한 때]** 재판상 청구에 의한 시효중단의 효과는 소를 제기한 때, 즉 소장을 법원에 제출한 때에 발생한다(제265조 전단 · 제248조 : 피고에의 소장부본 송달과는 무관하다. 즉, 소송계속은 소장부본 송달시를 기준으로 발생하나, 기간준수나 소멸시효중단은 소제기시를 기준으로 판단한다). 이는 법원의 소장부본송달 지연으로 인해 시효완성 또는 기간도과의 불이익이 발생하는 것을 방지하기 위한 것이다.

② **[소송고지서를 법원에 제출한 때]** 소송고지는 소송 계속 중에 그 소송에 참가할 이해관계가 있는 제3자에 대해 소송계속 사실을 통지하는 것으로서, 재판은 피고지자에게도 그 효력이 미친다(제84조 내지 제86조, 제77조). 한편 채권자대위권을 재판상 행사하는 경우에는 소송고지를 하여야 할 의무가 있기도 하다(민법 제405조). 判例는 소송고지에 민법 제174조(최고는 6월내에 재판상의 청구, 파산절차참가, 화해를 위한 소환, 임의출석, 압류 또는 가압류, 가처분을 하지 아니하면 시효중단의 효력이 없다) 소정의 최고로서의 효력을 인정하여 당사자가 **소송고지서를 법원에 제출한 때**에 시효중단의 효력이 발생하지만, 민법 제174조에 규정된 6개월의 기간은 당해 소송이 종료된 때로부터 기산한다는 입장이다(아래 관련판례 참조).

> **[관련판례]** ✽ 소송고지와 시효중단
> "ⅰ) 소송고지의 요건이 갖추어진 경우에 그 소송고지서에 고지자가 피고지자에 대하여 채무의 이행을 청구하는 의사가 표명되어 있으면 민법 제174조 소정의 최고로서의 효력이 인정된다. ⅱ) 소송고지에 의한 최고는 보통의 최고와는 달리 법원의 행위를 통하여 이루어지는 것이므로, 만일 법원이 소송고지서의 송달사무를 우연한 사정으로 지체하는 바람에 소송고지서의 송달 전에 시효가 완성된다면 고지자가 예상치 못한 불이익을 입게 되는 점을 고려하면, 민사소송법 제265조를 유추적용하여 당사자가 소송고지서를 법원에 제출한 때에 시효중단의 효력이 발생한다. ⅲ) 당해 소송이 계속 중인 동안은 최고에 의하여 권리를 행사하고 있는 상태가 지속되고 있는 것으로서, 민법 제174조에 규정된 6개월의 기간은 당해 소송이 종료된 때로부터 기산하여야 한다"(대판 2015.5.14. 2014다16494).

b. 소장에 준하는 서면을 법원에 제출한 때 중단되는 경우(제265조 후단)

피고의 경정(제260조 2항), 청구의 변경(제262조 2항), 중간 확인의 소(제264조 2항) 등 소송 중의 소의 경우에는 소장에 준하는 서면을 법원에 제출한 때에 그 효력이 생긴다(제265조 후단).

2) 효과의 소멸 및 부활

> 민법 제170조 (재판상의 청구와 시효중단) ① 재판상의 청구는 소송의 각하, 기각 또는 취하의 경우에는 시효중단의 효력이 없다. ② 전항의 경우에 6월내에 재판상의 청구, 파산절차참가, 압류 또는 가압류, 가처분을 한 때에는 시효는 최초의 재판상청구로 인하여 중단된 것으로 본다.

재판상의 청구가 있더라도 소의 각하 · 기각 또는 취하가 있으면 시효중단의 효력이 없다(민법 제170조 1항). 다만 '최고'로서의 효력은 인정된다(대판 1987.12.22. 87다카2337참고). 이 경우 6개월 내에 재판상의 청구 · 파산절차참가 · 압류 · 가압류 · 가처분을 한 때에는, 시효는 최초의 재판상 청구로 인하여 중단된 것으로 본다(민법 제170조 2항). 다만 이미 사망한 자를 피고로 하여 제기된 소에 대해서 법원이 이를 간과하고 판결을 하여 결국 무효인 판결인 경우에는 민법 제170조 2항이 적용되지 않는다(대판 2014.2.27. 2013다94312)(9회 선택형).

　　[관련판례] ※ **채권자대위의 소가 피보전권리의 부존재를 이유로 각하된 경우**(민법 제170조 적용 긍정) 채권자대위의 소가 피보전권리의 부존재를 이유로 각하된 경우에도 그때부터 6월 이내에 채무자가 제3채무자를 상대로 피대위권리에 관한 재판상 청구 등을 하면 시효는 최초의 재판상 청구로 인하여 중단되는지와 관련하여 이 경우 최초의 재판상 청구는 당초부터 무권리자에 의한 청구이므로 민법 제170조가 적용되지 않는다고 해석할 여지가 있다. 그러나 최근 대법원은 **채권자대위권 행사의 효과는 채무자에게 귀속되는 것이므로 채권자대위소송의 제기로 인한 소멸시효 중단의 효과 역시 채무자에게 생긴다는 이유**를 들어 민법 제170조의 적용을 긍정하고 있다(대판 2011.10.13. 2010다80930)(9회 선택형).
　　[사실관계] 위 判例는 채권자 甲이 채무자 乙을 대위하여 丙을 상대로 부동산에 관하여 부당이득반환을 원인으로 한 소유권이전등기절차 이행을 구하는 소를 제기하였다가 피보전권리가 인정되지 않는다는 이유로 소각하 판결을 선고받아 확정되었고, 그로부터 3개월 남짓 경과한 후에 다른 채권자 丁이 乙을 대위하여 丙을 상대로 같은 내용의 소를 제기하였다가 丙과 사이에 피보전권리가 존재하지 않는다는 취지의 조정이 성립되었는데, 또 다른 채권자인 戊가 조정 성립일로부터 10여 일이 경과한 후에 乙을 대위하여 丙을 상대로 같은 내용의 소를 다시 제기한 사안에서, 채무자 乙의 丙에 대한 위 부동산에 관한 부당이득반환을 원인으로 한 소유권이전등기청구권의 소멸시효는 甲, 丁, 戊의 순차적인 채권자대위소송에 따라 최초의 재판상 청구인 甲의 채권자대위소송 제기로 중단되었다고 본 사례이다.[50]

3) 효과가 미치는 범위(당사자 외에 승계인에게도 인정)

　　민법 제169조 (시효중단의 효력) 시효의 중단은 당사자 및 그 승계인간에만 효력이 있다.

a. **채권양도의 대항요건을 갖추지 못한 상태에서 '채권양도인'이 채무자를 상대로 소를 제기**(시효중단 인정)
ⅰ) 이 경우 시효중단이 되는데 ⅱ) 그 소송 중에 채무자가 채권양도의 효력을 인정하는 등의 사정으로 인하여 채권양도인의 청구가 기각된 경우 **시효중단의 효력이 없어지나,** ⅲ) 이 경우에도 채권양수인이 그로부터 6월 내에 채무자를 상대로 재판상의 청구 등을 하면 채권양도인이 **최초의 재판상 청구를 한 때부터 시효가 중단된다**(민법 제169조, 민법 제170조 2항 : 대판 2009.2.12. 2008두20109)(3회, 9회 선택형) **[5회 사례형]**

b. **채권양도의 대항요건을 갖추지 못한 상태에서 '채권양수인'이 채무자를 상대로 소를 제기**(시효중단 인정)
채권양수인이 소멸시효기간이 경과하기 전에 채무자를 상대로 소를 제기하였는데, 채권양도사실의 채무자에 대한 통지는 소멸시효기간이 경과한 후에 이루어진 경우, 위 채권의 소멸시효가 중단되는지 여부가 문제되는바, 判例는 "채권양도에 의하여 채권은 그 동일성을 잃지 않고 양도인으로부터 양수인에게 이전되며, 이러한 법리는 채권양도의 대항요건을 갖추지 못하였다고 하더라도 마찬가지인 점 등에서 비록 '대항요건을 갖추지 못하여' 채무자에게 대항하지 못한다고 하더라도 '채권의 양수인'이 채무자를 상대로 재판상의 청구를 하였다면 이는 소멸시효 중단사유인 재판상의 청구에 해당한다"(대판 2005.11.10. 2005다41818)(4회 선택형)고 한다.[51]

---

50) "이 사건 관련 조정의 조정조항 및 그 청구원인 등에 비추어 위 관련 조정에서 이루어진 법률관계의 존부에 관한 판단은 당해 채권자대위소송에서 피보전권리로 주장된 丁과 乙사이의 동업자금 채권이 소멸하여 존재하지 않는다는 것에 한정되었고, 이 사건 각 부동산과 관련된 乙의 丙에 대한 부당이득반환을 원인으로 한 소유권이전등기청구권의 존부에 대하여는 판단이 이루어지지 않았으므로, 戊가 乙을 대위하여 丙을 상대로 이 사건 각 부동산에 관하여 부당이득반환을 원인으로 한 소유권이전등기절차의 이행을 구하는 이 사건 소송은 위 관련 조정의 기판력에 저촉되지 않는다"

c. 승계인의 소송인수와 시효중단 [9회 사례형]

"소송목적인 권리를 양도한 원고는 법원이 소송인수 결정을 한 후 피고의 승낙을 받아 소송에서 탈퇴할 수 있는데(민사소송법 제82조 제3항, 제80조), 그 후 법원이 인수참가인의 청구의 당부에 관하여 심리한 결과 인수참가인의 청구를 기각하거나 소를 각하하는 판결을 선고하여 그 판결이 확정된 경우에는 원고가 제기한 최초의 재판상 청구로 인한 시효중단의 효력은 소멸한다. 다만 소송탈퇴는 소취하와는 그 성질이 다르며, 탈퇴 후 잔존하는 소송에서 내린 판결은 탈퇴자에 대하여도 그 효력이 미친다(민사소송법 제82조 제3항, 제80조 단서). 이에 비추어 보면 인수참가인의 소송목적 양수 효력이 부정되어 인수참가인에 대한 청구기각 또는 소각하 판결이 확정된 날부터 6개월 내에 탈퇴한 원고가 다시 탈퇴 전과 같은 재판상의 청구 등을 한 때에는, 탈퇴 전에 원고가 제기한 재판상의 청구로 인하여 발생한 시효중단의 효력은 그대로 유지된다"(대판 2017.7.18. 2016다35789)(12회 선택형).[52]

d. 연대채무자 또는 부진정연대채무자 [9회 기록형]

① 判例에 따르면 "부진정연대채무에서 채무자 1인에 대한 재판상 청구 또는 채무자 1인이 행한 채무의 승인 등 소멸시효의 중단사유나 시효이익의 포기는 다른 채무자에게 효력을 미치지 않는다"(대판 2017.9.12. 2017다865)고 하는바, 시효중단의 효과는 당사자 외에 승계인에게만 미치기 때문이며(제169조 참조), 시효이익의 포기 또한 상대적인 효과만 있기 때문이다(대판 1995.7.11. 95다12446 등).

② 그러나 연대채무의 경우에는 어느 연대채무자에 대한 '이행청구'(재판상 청구, 최고 등)는 다른 연대채무자에게도 효력이 있다'(제416조) 규정이 있으므로 제169조는 적용되지 않는다. 즉, ㉠ 채권자가 연대채무자 1인의 소유 부동산에 대하여 경매신청을 한 경우에 이는 최고로서의 효력이 있다. 한편 이 최고는 다른 연대채무자에게도 효력이 있으므로(제416조), 채권자가 6개월 내에 '다른 연대채무자'를 상대로 재판상 청구 등을 한 때에는 그 '다른 연대채무자'에 대한 채권의 소멸시효가 중단되지만,[53] 이로 인하여 중단된 시효는 위 경매절차가 종료된 때가 아니라 재판이 확정된 때부터 새로 진행된다. 그리고 연대채무자 1인의 소유 부동산이 경매개시결정에 따라 압류된 경우, '다른 연대채무자'에게는 시효중단의 효력이 없다(제169조 참조)(대판 2001.8.21. 2001다22840)(4회 선택형). ㉡ 채권자가 채무자의 제3채무자에 대한 채권을 압류 또는 가압류한 경우 채권자의 채무자에 대한 채권은 압류에 따른 시효중단의 효력이 확정적으로 발생하나, 이와 달리 압류의 대상인 채무자의 제3채무자에 대한 채권은 확정적 시효중단이 되는 것은 아니고 다만 채권자가 채무자의 제3채무자에 대한 채권에 관한 압류 및

---

51) **[판례평석]** 소멸시효는 가급적 엄격하게 적용하는 것이 요청되고, 시효중단의 사유를 확대하는 것은 그 일환인 점에서, 위 판결은 이러한 맥락에서 시효중단의 효력을 인정한 것으로 이해하여야 할 것으로 본다[김병선, '채권양도의 대항요건과 소멸시효의 중단', 저스티스(2008년 6월호), p.233이하 참고 ; 김준호, 민법강의(제18판), p.1182 참고]

52) **[사실관계]** 원고가 피고를 상대로 약정금의 지급을 구하며 제기한 전소에서 원고의 소송인수 신청에 따라 1심 법원이 2011. 9. 30. 甲을 원고 인수참가인으로 하여 소송인수 결정을 하였고, 이에 따라 원고가 같은 날 피고의 승낙을 얻어 전소에서 탈퇴한 후 甲이 소송을 계속 수행하다가 전소의 1심 법원이 2012. 6. 8. 인수참가인의 소를 각하하는 판결을 선고하였으며, 2013. 5. 23. 항소가 기각된 후 대법원이 2014. 10. 27. '무효의 채권양도를 원인으로 하는 甲의 청구는 기각되었어야 함에도 항소심이 甲의 소가 부적법하다고 판단한 것은 잘못이나 불이익변경금지의 원칙상 청구기각판결을 선고할 수는 없다'고 판단하여 상고기각판결을 함으로써 전소 판결이 확정되었으나, 그 확정된 날부터 6개월 이내인 2015. 1. 19. 원고가 피고를 상대로 다시 동일한 약정금의 지급을 구하는 후소를 제기한 사안에서, 원고가 전소를 제기함으로써 발생한 시효중단의 효력은 위와 같은 확정판결에도 불구하고 그대로 유지된다고 판단한 사례

53) **[판례평석]** 최고에 의한 시효중단의 효력도 모든 연대채무자에게 미치지만(제416조), 그 효력이 지속되기 위해서는 채무자 중 누군가에 대하여 제174조 소정의 요건이 갖추어져야 한다. 그런데 判例는 재판상 청구의 상대방에 대해서만 그 효력이 지속하는 듯한 판시를 하였지만(위 2001다22840판결), 그 재판상 청구 역시 이행청구로서 절대적 효력을 가지므로(제416조) 다른 채무자에 대해서도 효력이 지속된다고 할 것이다[지원림, 민법강의(13판), 4-277]

추심명령을 받아 그 결정이 제3채무자에게 송달이 되었다면 채무자의 제3채무자에 대한 채권은 최고로서의 효력에 의해 시효중단이 된다(대판 2003.5.13. 2003다16238).

e. 추심채권자

채무자가 제3채무자를 상대로 금전채권의 이행을 구하는 소를 제기한 후 채권자가 위 금전채권에 대하여 압류 및 추심명령을 받으면 채무자와 제3채무자 간의 소송은 당사자적격을 상실하여 각하되지만, 이 경우 채무자가 권리주체의 지위에서 한 시효중단의 효력은 추심권능을 부여받아 채권을 추심하는 추심채권자에게도 미치며, 추심채권자가 채무자와 제3채무자 간의 소송이 각하되어 확정된 날로부터 6개월 내에 추심의 소를 제기하였다면 시효중단의 효력이 유지된다(대판 2019.7.25. 2019다212945; 법전협 표준판례(103)).[54]

Ⅱ. 기타의 효과 [B-33]

1. 법률상 기간준수의 효과

判例는 채권자취소권과 같은 형성소권의 제척기간은 제소기간으로 보나, 취소권(제146조), 매매예약완결권과 같은 그 밖의 형성권의 제척기간은 재판 외 행사기간이라고 한다. 제소기간의 도과여부는 소송요건으로 직권조사사항이므로 항변사항인 시효기간과 구별된다(대판 1996.9.20. 96다25371).

> ＊ **제척기간의 권리행사 방법과 관련한 판례의 태도**(민법의 맥 A-169.참고)
> ① **[제소기간]** 判例는 상속회복의 소(민법 제999조)와 점유보호청구권(민법 제204조 3항, 동법 제205조 2항·3항)의 제척기간에 대해 제소기간이라고 판시하였다(대판 1993.2.26. 92다3083, 대판 2002.4.26. 2001다8097,8103).
> ② **[재판 외 행사기간]** 判例는 하자담보책임에 따른 권리의 제척기간(대판 2000.6.9. 2000다15371), 가등기담보 등에 관한 법률 제11조(채무자등의 말소청구권)의 제척기간(대판 2014.8.20. 2012다47074)에 대해서는 재판 외 행사기간이라고 판시하였다.

2. 지연손해금의 법정이율 인상

금전채무의 이행을 명하는 판결을 선고할 경우에 소장이 송달된 다음날부터 지연손해금의 법정이율은 12%이다(소송촉진 등에 관한 특례법 제3조 1항). 이 규정을 둔 뜻은 채무자에 대하여 낮은 민사상의 법정이율을 이용하여 악의적으로 채무의 변제를 지체하거나 소송을 지연시키고 상소권을 남용하는 것을 막고자 함이므로(대판 1987.5.26. 86다카1876) 채무자에게 그 이행의무가 있음을 선언하는 사실

---

54) "채무자의 제3채무자에 대한 금전채권에 대하여 압류 및 추심명령이 있더라도, 이는 추심채권자에게 피압류채권을 추심할 권능만을 부여하는 것이고, 이로 인하여 채무자가 제3채무자에게 가지는 채권이 추심채권자에게 이전되거나 귀속되는 것은 아니다. 따라서 채무자가 제3채무자를 상대로 금전채권의 이행을 구하는 소를 제기한 후 채권자가 위 금전채권에 대하여 압류 및 추심명령을 받아 제3채무자를 상대로 추심의 소를 제기한 경우, 채무자가 권리주체의 지위에서 한 시효중단의 효력은 집행법원의 수권에 따라 피압류채권에 대한 추심권능을 부여받아 일종의 추심기관으로서 그 채권을 추심하는 추심채권자에게도 미친다(그러나 '채무자가 제3채무자에게 가지는 채권이 추심채권자에게 이전되거나 귀속되는 것은 아니므로', 추심채권자가 민법 제169조 소정의 '승계인'에 해당한다고 볼 수는 없다). 재판상의 청구는 소송의 각하, 기각 또는 취하의 경우에는 시효중단의 효력이 없지만, 그 경우 6개월 내에 재판상의 청구, 파산절차참가, 압류 또는 가압류, 가처분을 한 때에는 시효는 최초의 재판상 청구로 인하여 중단된 것으로 본다(민법 제170조). 그러므로 채무자가 제3채무자를 상대로 제기한 금전채권의 이행소송이 압류 및 추심명령으로 인한 당사자적격의 상실로 각하되더라도, <u>위 이행소송의 계속 중에 피압류채권에 대하여 채무자에 갈음하여 당사자적격을 취득한 추심채권자가 위 각하판결이 확정된 날로부터 6개월 내에 제3채무자를 상대로 추심의 소를 제기하였다면, 채무자가 제기한 재판상 청구로 인하여 발생한 시효중단의 효력은 추심채권자의 추심소송에서도 그대로 유지된다</u>고 보는 것이 타당하다"

심판결이 선고되기 전까지 채무자가 그 이행의무의 존재 여부나 범위에 관하여 항쟁하는 것이 타당하다고 인정되는 경우에는 그 타당한 범위에서 1항을 적용하지 아니한다(동조 2항) 다만 "제1심이 인용한 청구액을 항소심이 그대로 유지한 경우, 특별한 사정이 없는 한 피고가 항소심 절차에서 위 인용금액에 대하여 이행의무의 존재 여부와 범위를 다툰 것은 타당하다고 볼 수 없다"(대판 2008.11.13. 2006다61567 등).

한편 "금전채무에 관하여 채무자가 채권자를 상대로 채무부존재확인소송을 제기하였을 뿐 이에 대한 채권자의 이행소송이 없는 경우에는, 사실심의 심리 결과 채무의 존재가 일부 인정되어 이에 대한 확인판결을 선고하더라도 이는 금전채무의 전부 또는 일부의 이행을 명하는 판결을 선고한 것은 아니므로, 지연손해금 산정에 대하여 소송촉진법 제3조의 법정이율을 적용할 수 없다"(대판 2021.6.3. 2018다276768).

[비교판례] ＊ 금전채무 원본은 당해 사건의 소송물이 아니어서 지연손해금에 대하여만 이행판결을 선고하는 경우에도 「소송촉진 등에 관한 특례법」에 따라 가중된 법정이율(연 12%)을 적용할 수 있는지 (소극)

"「소송촉진 등에 관한 특례법」(이하 '소송촉진법'이라고 한다) 제3조의 입법 취지는, 금전채무의 이행을 구하는 소가 제기되었는데도 정당한 이유 없이 이행하지 않는 채무자에게 가중된 법정이율에 따른 지연손해금을 물림으로써 채무불이행 상태가 계속되거나 소송이 불필요하게 지연되는 것을 막고자 하는 데 있다. 소송촉진법 제3조의 문언을 보아도, '금전채무의 이행을 명하는 판결을 선고할 경우'에 '그 금전채무의 이행을 구하는 소장이 송달된 다음 날'부터 지체책임에 관하여 가중된 법정이율을 적용하되, '그 이행의무가 있음을 선언하는 사실심 판결이 선고되기 전까지 채무자가 그 이행의무에 관하여 항쟁하는 것이 타당한 범위'에서 위 법정이율을 적용하지 않을 수 있다고 되어 있으므로, 금전채무 원본의 이행청구가 소송물일 때 그 이행을 명하면서 동시에 그에 덧붙는 지연손해금에 관하여 적용되는 규정임을 알 수 있다. 그러므로 당해 사건에서 지연손해금 발생의 원인이 된 원본에 관하여 이행판결을 선고하지 않는 경우에는 소송촉진법 제3조에 따른 법정이율을 적용할 수 없다"(대판 2022.3.11. 2021다232331). 이와 관련하여 判例는 "확정판결에서 지급을 명한 상행위로 인한 원본채권에 대한 지연손해금도 상행위로 인한 채권이므로 확정된 지연손해금에 대해 채무자가 지체책임을 지는 경우 그 지연손해금에 대하여는 상법에 정한 연 6%의 비율을 적용해야 한다"(대판 2022.12.1. 2022다258248)고 판시하였다.

[비교판례] ＊ 제1심이 인용한 위자료를 항소심이 그대로 유지한 경우 피고가 항소심 절차에서 위자료 부분에 대하여 이행의무의 존재 여부나 범위에 관하여 항쟁하는 것이 타당한지 여부(소극)

"소송촉진 등에 관한 특례법 제3조 제2항이 정하는 '채무자가 그 이행의무의 존재 여부나 범위에 관하여 항쟁하는 것이 타당하다고 인정되는 경우'라고 함은 이행의무의 존재 여부나 범위에 관하여 항쟁하는 채무자의 주장에 상당한 근거가 있는 경우라고 풀이되므로, 위와 같이 항쟁함이 타당한가 아니한가의 문제는 당해 사건에 관한 법원의 사실인정과 그 평가에 관한 것이다. 다만, 제1심이 인용한 청구액을 항소심이 그대로 유지한 경우, 특별한 사정이 없는 한 피고가 항소심 절차에서 위 인용금액에 대하여 이행의무의 존재 여부와 범위를 다툰 것은 타당하다고 볼 수 없다"(대판 2022.4.28. 2022다200768). 그리고 생명 또는 신체에 대한 불법행위로 인하여 입게 된 적극적 손해와 소극적 손해 및 정신적 손해는 서로 소송물을 달리하므로 그 손해배상의무의 존부나 범위에 관하여 항쟁함이 타당한지 여부는 각 손해마다 따로 판단하여야 한다(同 判例)

제3장 변론

제1절 변론의 의의와 종류

Ⅰ. 의 의
[B-34]

'변론'이란 기일에 수소법원의 공개법정에서 당사자 쌍방이 구술진술로써 판결의 기초가 될 소송자료, 즉 사실과 증거를 제출하는 방법으로 소송을 심리하는 절차를 말한다.

	필요적 변론	임의적 변론
대 상	판결(제134조 1항 본문)	결정(제134조 1항 단서)
준비서면	준비서면에 기재요망(제272조 1항) – 기재하지 않은 경우 상대방이 출석하지 아니한 때 변론에서 주장 불가(제276조 본문) – 다만, 서면으로 준비하지 아니할 수 있는 단독사건은 예외(제272조 2항 본문, 제276조)	준비서면에 기재불요
불출석	기일해태의 불이익 – 일방불출석시 진술간주(제148조), 자백간주(제150조 3항) – 쌍방불출석시 소취하·상소취하간주(제268조)	불출석해도 불이익 없음 준비서면에 기재하지 않은 사실도 상대방의 불출석시 변론에서 주장 가능
변론을 열지 않은 경우	– 상고이유(제423조)○ – 재심사유×	서면심리만으로 재판할 수 있고, 법원은 당사자와 이해관계인, 그 밖의 참고인을 심문할 수 있음(제134조 1항 단서, 2항)

Ⅱ. 필요적 변론
[B-35]

> 제134조 (변론의 필요성) ① 당사자는 소송에 대하여 법원에서 변론하여야 한다. 다만, 결정으로 완결할 사건에 대하여는 법원이 변론을 열 것인지 아닌지를 정한다.

1. 의 의

'필요적 변론'이란 재판의 전제로서 반드시 변론을 열어야 하고, 변론에서 행한 구술의 진술만이 재판의 자료로서 참작되는 경우이다. 특히 판결은 필요적 변론에 의해야 한다(제134조 1항 본문).

2. 내 용

(1) 구술변론

구술진술만이 재판의 자료가 되고 서면상의 진술은 특별한 규정(제148조 ; 한 쪽 당사자가 출석하지 아니한 경우)이 없는 한 바로 재판의 자료로 삼을 수 없다.

(2) 준비서면에 의한 예고

변론에서 주장할 사항을 미리 준비서면에 기재하여 제출하여야 하고(제272조 1항), 이에 기재하지 않은 사항은, 서면으로 준비하지 아니할 수 있는 단독사건(제272조 2항 본문, 제276조 단서)을 제외하고는 상대방이 출석하지 아니한 때에 변론에서 주장하지 못한다(제276조 본문).

(3) 직접주의

판결은 기본이 되는 변론에 관여한 법관이 하여야 한다(제204조 1항). 법관이 바뀐 경우 당사자는 종전의 변론결과를 진술하여야 한다(제204조 2항). 다만, 소액사건의 경우에는 판사의 경질이 있는 경우라도 변론의 갱신 없이 판결할 수 있다(소액사건심판법 제9조 2항).

(4) 기일해태의 불이익

필요적 변론기일에서의 불출석만이 기일해태의 불이익을 가져온다. 즉, ① 당사자 일방이 불출석한 경우에는 진술간주(제148조)와 자백간주(제150조 3항), ② 쌍방불출석의 경우에는 소취하 또는 상소취하간주(제268조)의 불이익을 받는다.

3. 예외적으로 무변론판결을 할 수 있는 경우

① 소송비용의 담보제공을 이행하지 않은 때(제124조), ② 피고가 답변서를 제출하지 아니한 때(제257조), 보정할 수 없는 소송·상소요건의 흠결이 있은 때(제219조, 제413조, 제425조), ③ 상고심 절차에서 소송기록에 의해 판결할 수 있을 때(제430조), ④ 상고인이 상고이유서를 제출하지 아니한 때(제429조), ⑤ 상고이유에 관한 주장에 심리불속행 사유가 있는 경우(상고심절차에관한특례법 제5조), ⑥ 소액사건에서 청구가 이유 없음이 분명한 때(소액사건심판법 제9조 1항)에는 무변론 판결을 할 수 있다. 그러나 공시송달 사건의 경우에는 무변론 판결을 할 수 없다.

4. 필요적 변론원칙을 위반한 경우

일반적 상고이유에는 해당하나(제423조), 재심사유로는 규정되어 있지 않다.

Ⅲ. 임의적 변론
[B-36]

1. 의 의

필요적 변론의 원칙이 적용되지 않는 경우 법원이 임의로 열 수 있는 변론이다. 결정으로 완결할 사건에 대하여는 법원이 변론을 열 것인지 아닌지를 정한다(제134조 1항 단서).

2. 대 상

관할의 지정(제28조), 제척·기피(제46조), 특별대리인 선임(제62조), 필수적 공동소송인의 추가(제68조), 소송인수(제82조), 소송비용 확정(제110조, 제113조, 제114조), 소송구조(제128조), 판결경정

(제211조), 피고경정(제260조), 상고심절차(제430조), 항고사건(제450조) 등이 결정으로 완결할 사건으로서 임의적 변론의 대상이고, 가압류·가처분의 신청사건도 민사집행법의 개정으로 변론을 열었더라도 결정의 형식으로 재판하도록 되었으므로 임의적 변론의 대상이라 할 것이다.

3. 내 용

(1) 변론을 연 경우

변론에서 한 구술진술은 물론 서면상의 진술도 재판자료가 된다. 다만, 당사자가 불출석해도 불이익은 없으며, 준비서면에 기재하지 않은 사실을 상대방이 불출석 하더라도 변론에서 주장할 수 있다. 직접주의도 적용되지 않는다(제204조).

(2) 변론을 열지 않은 경우

서면심리만으로 재판할 수도 있고 당사자와 이해관계인, 그 밖의 참고인을 심문할 수도 있다(제134조 2항 단서). 判例는 "항고법원이 항고사건을 심리할 때 변론을 열거나 이해관계인을 심문할 것인지 여부를 결정하는 것은 항고법원의 자유재량에 속하므로(민사소송법 제134조), 특별한 사정이 없는 한 항고법원이 변론을 열거나 이해관계인을 심문하지 않은 채 서면심리만으로 결정에 이르렀다고 하여 이를 위법하다고 할 수 없다"(대결 2020.6.11. 2020마5263)고 한다.

제2절 변론의 여러 가지 원칙

공개심리주의, 쌍방심리주의, 구술심리주의(제134조), 직접심리주의(제204조), 처분권주의, 변론주의, 적시제출주의(제146조), 집중심리주의(제272조), 직권진행주의 등의 원칙이 있다.

제1관 공개심리주의

I. 의 의 [B-37]

재판의 심리와 판결을 일반인이 방청할 수 있도록 공개하는 것을 말한다(헌법 제109조 본문, 법원조직법 제57조 1항 본문).

II. 대 상 [B-38]

소송사건의 재판만을 대상으로 하고 그 변론절차와 판결의 선고를 공개해야한다. 따라서 비송사건(비송사건절차법 제13조), 조정절차(민사조정법 제20조), 결정절차 내의 서면심리, 변론준비절차, 수명법관에 의한 증거조사, 합의(법원조직법 제65조), 심리불속행사유·상고이유서부제출에 의한 상고기각판결(상고심절차에관한특례법 제5조 2항)은 공개심리주의가 적용되지 않는다.

Ⅲ. 예 외 [B-39]

1. 재판의 심리

심리는 국가의 안전보장, 안녕질서 또는 선량한 풍속을 해칠 우려가 있는 경우에는 **결정으로 공개하지 아니할 수 있다**(헌법 제109조 단서, 법원조직법 제57조 1항 단서). 반면, 판결의 선고는 항상 공개해야 한다.

2. 서증절차의 경우

(1) 문서의 직접제출의 경우

거증자가 가지고 있는 문서에 대해 서증신청함에 있어 이를 법원에 직접제출하여야 한다(제343조). 이 경우 사생활비밀이나 영업비밀의 노출을 염려하여 문서의 직접제출을 기피하는 문제가 발생할 수 있는데, 그렇게 되면 원고는 자신의 증명책임을 다하지 못해 패소할 가능성도 배제할 수 없다. 따라서 원고는 상대방이나 제3자가 가지고 있는 영업비밀관련 문서에 대하여 문서제출신청을 한 이후 비밀심리절차를 활용하는 우회적 방법을 이용하게 된다.

(2) 문서제출명령의 경우

1) 일부제출명령

문서제출의 신청이 문서의 일부에 대하여만 이유 있다고 인정한 때에는 법원은 그 부분만의 제출을 명하여야 한다(제347조 2항).

2) 문서제출신청과 관련된 비밀심리절차(In Camera 절차)

법원이 그 문서가 제344조에서 정한 비밀사항이 포함되어 제출거부사유에 해당되는지 여부를 판단하기 위해 그 문서소지자에게 그 문서를 제시하도록 명할 수 있고, 대신에 법원은 그 문서를 비공개적으로 심리하여 문서제출의무의 존부를 판단하는 절차를 마련하였다(제347조 4항).

> **[관련판례] ＊ 문서제출신청의 허가 여부에 관한 재판 절차 및 심리 내용**
> "문서제출신청의 허가 여부에 관한 재판을 할 때에는 그때까지의 소송경과와 문서제출신청의 내용에 비추어 신청 자체로 받아들일 수 없는 경우가 아닌 한 상대방에게 문서제출신청서를 송달하는 등 문서제출신청이 있음을 알림으로써 그에 관한 의견을 진술할 기회를 부여하고, 그 결과에 따라 당해 문서의 존재와 소지 여부, 당해 문서가 서증으로 필요한지 여부, 문서제출신청의 상대방이 민사소송법 제344조에 따라 문서제출의무를 부담하는지 여부 등을 심리한 후, 그 허가 여부를 판단하여야 한다. 문서제출신청 후 이를 상대방에게 송달하는 등 문서제출신청에 대한 의견을 진술할 기회를 부여하는 데 필요한 조치를 취하지 않은 채 문서제출명령의 요건에 관하여 별다른 심리도 없이 문서제출신청 바로 다음날 한 문서제출명령은 위법하다"(대결 2009.4.28. 2009무12).

3. 소송기록 열람제한제도

민사사건에서는 일반적 공개가 분쟁의 적정하고 신속한 해결을 저해할 수도 있으므로, 사생활의 비밀과 영업비밀의 보호를 위하여 소송기록의 열람제한제도를 신설하였다(제163조).

> **[관련판례]** "확정 판결서에 대하여는 누구든지 열람 및 복사를 할 수 있고(민사소송법 제163조의2), 확정된 소송기록은 학술연구 등 일정한 목적 하에 열람할 수 있도록(민사소송법 제162조 제2항) 정한 반면, 미확정 상태의 소송기록에 관하여는 당사자나 이해관계를 소명한 제3자만이 열람 등이 가능하도록(민사소송법 제162조 제1항) 정하고 있다.

그런데 민사소송법 제352조에 따라 미확정 상태의 다른 소송기록을 대상으로 하는 문서의 송부가 촉탁된 경우, 해당 소송기록을 보관하는 법원은 정당한 사유가 없는 한 이에 협력할 의무를 부담한다(민사소송법 제352조의2). 이에 따라 이해관계의 소명이 없는 제3자라 할지라도 다른 미확정 상태의 소송기록을 대상으로 문서송부촉탁을 신청하여 채택된다면, 대상 기록에 관해 민사소송법 제163조의 소송기록 열람 등 제한이 되어 있지 않는 경우에는, 제한 없이 미확정 상태의 소송기록을 열람할 수 있는 결과가 된다. 대상 문서를 지정하지 않은 채로 법원의 송부촉탁 결정이 이루어지고, 송부촉탁 결정 이후 신청인이 직접 대상 기록을 열람한 후에 필요한 부분을 지정하여 문서송부촉탁이 이루어지고 있는 현실에 비추어 본다면, 미확정 상태의 소송기록에 적혀 있는 영업비밀을 보호할 필요성이 더욱 크다"(대결 2020.1.9. 2019마6016)

Ⅳ. 위반의 효과   [B-40]

변론의 공개여부와 공개하지 아니한 경우에는 그 이유는 변론조서의 필요적 기재사항으로(제153조 6호) 조서에 변론 공개에 관한 기재가 없으면 공개사실을 인정할 수 없어 공개심리주의 위반이 된다. 공개심리주의 위반은 절대적 상고이유가 된다(제424조 1항 5호).

제2관 쌍방심리주의

재판의 심리과정에서 양 당사자에게 공격방어방법 등의 제출기회를 평등하게 부여하는 것을 말한다. 결정으로 완결할 사건에 대하여는 임의적 변론에 의하므로(제134조 1항 단서) 반드시 쌍방심리주의가 적용되지는 않으며, 강제집행절차는 당사자가 대등하게 맞서는 절차가 아니므로 역시 쌍방심리주의가 적용되지는 않는다. 절차의 간이·신속성이 요청되는 독촉절차와 가압류·가처분 절차는 일방심리주의에 의한 재판이 허용되나, 상대방이 이의신청을 한 경우에는 쌍방심리의 절차로 넘어간다.

제3관 구술심리주의

Ⅰ. 의의 및 내용   [B-41]

당사자와 법원의 소송행위, 특히 변론(제134조) 및 증거조사(제331조, 제339조, 제372조)를 말로 행하는 원칙을 말한다. 판결의 선고도 재판장이 판결원본에 따라 주문을 읽어 말로써 한다(제206조).

Ⅱ. 단점 및 보완   [B-42]

구술심리주의는 진술이나 청취결과를 잊기 쉽고 상급심에서 하급심의 판결을 재심사하는 데 지장을 줄 수 있으므로 서면심리주의로 보완된다.

서면심리가 적용되는 예로는, ① 확실성을 기하기 위한 절차로서 소·상소·재심의 제기(제248조, 제425조, 제455조), 소의 변경(제262조 2항), 참가(제79조, 제83조), 소·상소의 취하(제266조 3항), ② 소송자료가 불확실하게 되는 것을 방지하기 위한 절차로서 변론준비조서(제283조)나 변론조서(제152조)의 작성, ③ 효율적인 구술심리를 위한 준비절차로서 변론준비절차제도(제272조), 증인신문절차 전의 증인진술서 제출제도(규칙 제79조) 및 증인 출석이 불가능할 경우 출석에 갈음한 서면에 의한 증언(제310조), ④ 사실심리가 불필요한 절차로서, 결정으로 완결할 사건(제134조 1항 단서), 상고심판결(제430조), 답변서 부제출로 인한 무변론 판결(제257조 1항), ⑤ 당사자의사가 분명한 경우 간이·신속한 소송종료절차로서 청구의 포기·인낙(제148조 2항), 화해(제148조 3항) 등이 있다.

제4관 직접심리주의

> **제204조 (직접주의)** ① 판결은 기본이 되는 변론에 관여한 법관이 하여야 한다. ② 법관이 바뀐 경우에 당사자는 종전의 변론결과를 진술하여야 한다. ③ 단독사건의 판사가 바뀐 경우에 종전에 신문한 증인에 대하여 당사자가 다시 신문신청을 한 때에는 법원은 그 신문을 하여야 한다. 합의부 법관의 반수 이상이 바뀐 경우에도 또한 같다.

I. 의의 및 내용
[B-43]

판결을 하는 법관이 직접 변론을 듣고 증거조사를 행하여야한다는 원칙이다(제204조 1항). 증인신문의 경우 단독사건의 판사가 바뀐 경우, 또는 합의부 법관의 반수 이상이 바뀐 경우에는 종전에 신문한 증인에 대하여 당사자가 다시 신문신청을 하면 법원은 그 증인을 재신문하여야 한다(제204조 3항).

[관련판례] ❋ **직접심리주의와 법관의 경질로 인한 증인의 재신문**
"민사소송법 제204조 제3항은 경질된 법관이 변론조서나 증인신문조서의 기재에 의하여 종전에 신문한 증인의 진술의 요지를 파악할 수 있는 것이기는 하지만, 당사자가 신청하기만 하면 어떤 경우에든지 반드시 재신문을 하여야 하는 것은 아니고, 법원이 소송상태에 비추어 재신문이 필요하지 아니하다고 인정하는 경우(예를 들면, 종전에 증인을 신문할 당시에는 당사자 사이에 다툼이 있었으나 현재는 당사자 사이에 다툼이 없어서 증명이 필요없게 된 경우, 다른 증거들에 의하여 심증이 이미 형성되어 새로 심증을 형성할 가능성이 없는 경우, 소송의 완결을 지연하게 할 목적에서 재신문을 신청하는 것으로 인정되는 경우 등)에는 민사소송법 제290조에 따라 재신문을 하지 아니할 수도 있는 것이다"(대판 1992.7.14. 92누2424: 법전협 표준판례(105)).

II. 예 외
[B-44]

1. 변론의 갱신

(1) 의 의

법관이 바뀐 경우에 당사자는 새로운 법관 앞에서 변론을 처음부터 다시하지 않고 종전의 변론결과를 진술하는 것으로 갈음한다(제204조). 다만 제286조가 제204조를 준용하지 않으므로, 변론준비기일이 진행되는 도중에 변론준비기일을 진행하는 재판장 또는 수명법관이 바뀐 경우에는 변론준비의 결과를 갱신할 필요는 없다.

(2) 소액사건의 경우

소액사건의 경우는 변론의 갱신절차가 적용되지 아니하여 판사가 경질되더라도 변론의 변경 없이 판결 할 수 있게 함으로써 소송경제를 위해 직접심리주의의 예외를 더욱 강하게 인정한다(소액사건 심판법 제9조 2항).

(3) 하자의 치유

判例는 "변론의 갱신절차를 밟지 않았더라도 변론을 종결할 때에 당사자 양 쪽이 이의 없이 소송관계를 표명하고 변론을 한 경우 또는 항소심에서 제1심 변론의 결과를 진술한 경우에는 그 위법은 치유된다고 한다"(대판 1967.10.25. 67다1468)고 한다. 다만 개정 민사소송법 규칙 제55조(종전 변론과의 진술)는 "제204조 2항에 따른 종전 변론결과의 진술은 당사자가 사실상 또는 법률상 주장, 정리된 쟁점 및 증거조사 결과의 요지 등을 진술하거나, 법원이 당사자에게 해당사항을 확인하는 방식으로 할 수 있다"고 규정하여 위 판례의 태도가 그대로 유지기는 어렵게 되었다.

2. 수명법관·수탁판사에 의한 증거조사

증거조사를 법정 내에서 실시하기 어려운 사정이 있을 때 수명법관·수탁판사에게 증거를 조사하게 하고 그 결과를 기재한 조서를 판결의 자료로 사용할 수 있다(제297조, 제298조). 외국에서 증거조사를 하는 때에 외국주재 우리나라 대사·공사·영사 또는 그 나라의 관할 공공기관에 촉탁할 수도 있다(제296조).

Ⅲ. 위반의 효과   [B-45]

판결은 기본이 되는 변론에 관여한 법관이 하여야 하므로(제204조 1항), 변론에 관여하지 않은 법관이 판결한 경우는, 법률에 따라 판결에 관여할 수 없는 판사가 판결에 관여한 때에 해당하여 절대적 상고이유가 된다(제424조 1항 2호).

제5관 처분권주의

Ⅰ. 의 의   [B-46]

> 제203조 (처분권주의) 법원은 당사자가 신청하지 아니한 사항에 대하여는 판결하지 못한다.

절차의 개시(제248조), 심판의 대상과 범위(제203조), 절차의 종결(제220조, 제266조)에 대하여 당사자에게 주도권을 주어 그의 처분에 맡기는 원칙을 말한다(절차의 진행은 직권진행주의).

사적자치의 소송법적 측면으로 설명된다. 처분권주의는 변론주의와 합하여 당사자주의로 불리고 있지만, 처분권주의는 소송물에 대한 처분의 자유를 의미하는 반면 변론주의는 소송자료에 대한 당사자의 수집책임을 의미한다.

Ⅱ. 절차의 개시   [B-47]

민사소송절차는 당사자의 소제기로 개시된다(제248조). 다만 소송비용의 재판(제104조, 제107조 1항), 소송비용의 담보제공(제117조 2항), 가집행선고(제213조 1항)[55], 소송구조(제128조 1항), 판결의 경정(제211조),

---

55) 소유권이전등기절차의 이행을 명하는 판결에서 직권으로 가집행선고를 명한 것은 부적법하다. 가집행선고는 원칙적으로 재산

추가재판(제212조 1항), 배상명령(소송촉진 등에 관한 특례법 제25조)은 법원의 직권에 의하여 개시된다. 그리고 증권관련집단소송과 소비자단체소송의 경우는 법원의 허가를 받아야 절차가 개시된다(증권관련집단소송법 제7조, 동법 제13조, 소비자기본법 제73조, 동법 제74조).

[관련판례] "가집행선고는 재산권의 청구에 관한 판결의 경우 상당한 이유가 없는 한 당사자의 신청 유무와 관계없이 선고하게 되어 있는 것으로 법원의 직권판단사항이어서 처분권주의를 근거로 하는 민사소송법 제385조의 적용을 받지 않는 것이므로 가집행선고가 붙지 않은 제1심판결에 대하여 피고만이 항소한 항소심에서 법원이 항소를 기각하면서 가집행선고를 붙였다 하여 제1심 판결을 피고가 신청한 불복의 한도를 넘어 불이익하게 변경한 것이라 할 수 없다"(대판 1991.11.8. 90다17804)(8회 선택형).

Ⅲ. 심판의 대상과 범위 [B-48]

1. 내 용

(1) 당사자가 신청한 사항

법원은 당사자가 특정하여 신청한 사항에 대하여 당사자의 신청범위 내에서만 판단하여야 한다(제203조). 당사자의 신청사항과 완전히 일치하지 않더라도 신청사항에 의하여 추단되는 원고의 합리적 의사에 부합되는 정도이면 된다.

(2) 구체적 예

判例는 ① ⅰ) "사해행위인 계약 전부의 취소와 부동산 자체의 반환을 구하는 청구취지(원물반환청구) 속에는 위와 같이 일부취소를 하여야 할 경우 그 일부취소와 가액배상을 구하는 취지도 포함되어 있다고 볼 수 있으므로 청구취지의 변경이 없더라도 바로 가액반환을 명할 수 있다"(대판 2001.6.12. 99다20612: 법전협 표준판례(116))(1회,3회 선택형)고 하였고, ⅱ) "당사자 일방이 금전소비대차가 있음을 주장하면서 약정이율에 따른 이자의 지급을 구하는 경우 대여금채권의 변제기 이후의 기간에 대해서는 약정이율에 따른 지연손해금을 구하는 것으로 볼 수 있다"(대판 2017.9.26. 2017다22407)고 하였다.

반면, ② ⅰ) 지연손해금만 구하였는데 약정이자도 인정하는 것은 처분권주의에 위반된다고 판시했으며(대판 1989.6.13. 88다카19231), ⅱ) "의사표시가 강박에 의한 것이어서 당연무효라는 주장 속에는 강박을 이유로 취소를 구한다는 주장이 당연히 포함되어 있다고 볼 수 없다"(대판 1996.12.23. 95다40038)고 하였으며, ⅲ) 유류분권리자가 반환의무자를 상대로 유류분반환청구권을 행사하고 이로 인하여 생긴 목적물의 이전등기의무나 인도의무 등의 이행을 소로써 구하는 경우에는 그 대상과 범위를 특정하여야 하고, 법원은 처분권주의의 원칙상 유류분권리자가 특정한 대상과 범위를 넘어서 청구를 인용할 수 없다(대판 2013.3.14. 2010다42624, 42631: 법전협 표준판례(108))

[관련판례] ＊ **건물에서의 퇴거를 청구한 사건에서 법원이 건물의 인도를 명하는 것이 처분권주의를 위반한 것인지 여부(적극)**
"건물의 '인도'는 건물에 대한 현실적·사실적 지배를 완전히 이전하는 것을 의미하고, 민사집행법상 인도 청구의 집행은 집행관이 채무자로부터 물건의 점유를 빼앗아 이를 채권자에게 인도하는 방법으로 한다. 한편 건물에서의 '퇴거'는 건물에 대한 채무자의 점유를 해제하는 것을 의미할 뿐, 더 나아가 채권자에게 그 점유를 이전할 것까지 의미하지는 않는다는 점에서 건물의 '인도'와 구별된다. 그러므로 채권자가 소로써 채무자

권의 청구에 관한 판결에 한하여 허용된다. 그러나 재산권의 청구이지만 확정이 되어야 집행력이 발생하는 경우에는 가집행선고가 허용되지 않는다. 의사진술을 명하는 판결은 원칙적으로 확정된 때에 의사를 진술한 것으로 보므로 가집행선고가 허용되지 않는다. 소유권이전등기절차의 이행을 명하는 판결은 의사의 진술을 명하는 판결이므로 가집행선고가 불허된다.

가 건물에서 퇴거할 것을 구하고 있는데 법원이 채무자의 건물 인도를 명하는 것은 처분권주의에 반하여 허용되지 않는다"(대판 2024.6.13. 2024다213157).

[사실관계] 임대인인 원고가 임차인인 피고를 상대로 이 사건 건물 3층에서의 퇴거 및 퇴거완료일까지의 차임 상당 부당이득금 지급을 청구하자 원심은 피고에게 이 사건 건물 3층의 인도 및 인도 완료일까지의 차임 상당 부당이득금 지급을 명하였으나, 대법원은 원고의 청구에는 이 사건 건물 중 3층의 인도 및 인도완료일까지의 부당이득금 지급 청구가 포함되어 있다고 할 수 없는데도 원심은 이 사건 건물 중 3층의 인도 및 인도완료일까지의 부당이득금 지급을 명하였으므로 처분권주의를 위반한 잘못이 있다고 보아, 원심을 파기·환송한 사례

2. 질적 동일

(1) 법원은 원고가 신청한 소송물에 대해서만 심판해야 한다.

① 합의약정이 불공정한 법률행위로서 무효(민법 제104조)라는 취지의 주장에 대하여 착오에 기한 의사표시로서 취소(민법 제109조)를 구하는 취지로 해석하거나(대판 1993.7.13. 93다19962), ② 소유권상실을 원인으로 한 손해배상청구(민법 제750조)에 소유권보존등기말소의무 불이행을 원인으로 한 손해배상청구(민법 제390조)를 인정한 것(대판 2012.5.17. 전합2010다28604: 법전협 표준판례(109)[56])(3회 선택형), ③ 매매를 원인으로 한 소유권이전등기를 청구한 데 대하여 양도담보약정을 원인으로 한 소유권이전등기를 명한 것(대판 1992.3.27. 91다40696)(8회 선택형), ④ 약정에 따른 의무 위반을 원인으로 하는 금지 및 손해배상청구에 대해 부정경쟁방지 및 영업비밀보호에 관한 법률상 영업비밀 침해를 원인으로 하는 금지 및 손해배상청구를 선택적으로 추가하였다고 선해하여 위 금지 및 손해배상청구를 인용하는 것(대판 2020.1.30. 2015다49422: 법전협 표준판례(106)) ⑤ 甲이 근저당권자인 乙을 상대로 근저당권설정등기의 말소를 구하면서, 잔존 피담보채무가 있더라도 乙에게 정기적으로 지급한 이자 중 소득세법상 원천징수하였어야 할 금액은 그 채무에서 공제되어야 한다고 주장한 사안에서, 甲이 실제 이자를 지급한 시점에 원천징수하였어야 할 금액을 원금에 변제충당하여야 한다고 판단하는 것(대판 2014.7.24. 2013다26562), ⑥ 원고는 甲에게 건물을 명의신탁하고 甲은 피고에게 다시 명의신탁한 것이라고 주장하여 甲을 대위하여 피고에게 위 건물에 관하여 甲 앞으로의 명의신탁정지를 원인으로 한 소유권이전등기절차의 이행을 구하자, '피고는 원고에게 직접 위 건물들의 소유권이전등기절차를 이행하라'고 판결한 것(대판 1990.11.13. 89다카12602: 법전협 표준판례(107)), ⑦ 유류분권리자가 반환의무자를 상대로 유류분반환청구권을 행사하고 이로 인하여 생긴 목적물의 이전등기의무나 인도의무 등의 이행을 소로써 구하는 경우 법원이 유류분권리자가 특정한 대상과 범위를 넘어서 청구를 인용하는 것(대판 2013.3.14. 2010다42624, 42631: 법전협 표준판례(108))은 당사자가 신청하지 아니한 사항에 대하여 판결한 것으로서 처분권주의에 반하여 위법하다.

반면 자동차 사고로 인한 손해배상 청구에 있어서 자배법 제3조는 불법행위에 관한 민법 규정의 특별규정이므로 손해를 입은 자가 자배법에 의한 손해배상을 주장하지 않았다 하더라도 법원은 민법에 우선하여 자배법 제3조를 적용하여야 한다(대판 1997.11.28. 95다29390).

(2) 법원은 원고가 신청한 소의 종류와 순서에 구속되어야 한다.

법원은 원고가 특정한 소의 종류에 구속되며, 청구의 예비적 병합과 같이 당사자가 구하고 있는 권

---

56) 최근 전원합의체 판결에 따르면 물권적 청구권은 그 권리자인 소유자가 소유권을 상실하면 이제 그 발생의 기반이 아예 없게 되어 더 이상 그 존재 자체가 인정되지 아니하는 것이므로 이행불능은 문제되지 않는다는 취지로 판시한바 있다(대판 2012.5.17. 전합2010다28604).

리구제의 순서에도 구속된다(대판 1959.10.15. 4291민상793). 다만, 형식적 형성의 소는 형식은 소송이지만 실질은 비송이므로 제203조가 적용되지 않는다. 따라서 **경계확정의 소**(대판 1993.11.23. 93다41792,41808: 법전협 표준판례(79))나 **공유물분할청구의 소**(대판 2004.10.14. 2004다30583)의 경우 법원은 당사자 주장에 구속되지 않는다.

3. 양적 동일

(1) 양적상한

양적상한의 초과는 처분권주의 위반이 된다. 가령 600만 원의 대여금청구소송에서 원고에게 700만 원을 받을 실체법상 권리가 있더라도 700만 원의 지급을 명하는 판결을 할 수 없다.

1) 신체상해로 인한 손해배상청구

손해3분설(判例)에 따를 때 적극손해, 소극손해, 위자료는 각각 소송물이므로 원고가 청구한 적극손해보다 법원이 더 많은 적극손해를 인정하면 인정된 총액이 청구 총액에 미달하더라도 처분권주의에 위반된다.

2) 원금청구와 이자청구

원금, 이자, 지연손해는 별개의 소송물이고(대판 2009.6.11. 2009다12399). 이자의 계산에 있어서 소송물은 원금·이율·기간의 3개의 인자로 정해지므로, 원고가 지정한 원금·이율·기간 중 어느 하나라도 초과하여 인용하면 처분권주의에 위반된다(대판 1989.6.13. 88다카19231). 예컨대, 이자 1,000만 원(= 원금 1,000만 원 × 이율 10% × 기간 10개월) 청구에 법원이 1,000만 원(= 원금 500만원 × 이율 20% × 기간 10개월)을 인용하는 판결은 이율 부분에서 처분권주의 위반이라고 본다.

3) 일부청구와 과실상계 [17행정, 11법무]

피해자가 일부청구를 하는 경우에 과실상계를 어떻게 할 것인가에 관하여, ① 청구 부분에 한하여 과실상계 비율을 정한다는 '안분설'이 있으나, ② 일부청구를 하는 당사자의 통상적 의사에 비추어 볼 때 判例가 판시하는 바와 같이, (청구부분에 비례하여 과실상계비율을 정하지 않고) 손해의 전액에서 과실비율에 의한 감액을 하고 그 잔액(금액)이 청구액을 초과하지 않을 경우에는 그 잔액을 인용하고, 잔액이 청구액을 초과할 경우에는 청구의 전액을 인용하는 '외측설'이 타당하다(대판 1976.6.22. 75다819: 법전협 표준판례(112))(2회,6회 선택형).

> **[관련판례]** ✳ **금전채권 전액중의 일부청구에 대한 피고의 상계항변과 청구인용 범위**
>
> 判例는 과실상계(원고의 과실참작)의 경우뿐만 아니라 피고의 반대채권으로 상계를 하는 경우에도 외측설을 취한다(대판 2021.5.7. 2018다275253).[57] 예컨대, 甲은 乙에게 과실로 인한 손해배상으로 3천만 원을 청구하는 소를 제기하였고, 이에 乙은 甲에 대하여 가지는 5천만 원의 대여금채권으로 상계한다는 항변을 하였다. 만약 법원이 심리결과 수동채권인 甲의 손해배상채권액은 5천만 원, 자동채권인 乙의 대여금채권액은 1천만 원이라는 심증을 형성하였을 경우 외측설에 따르면 수동채권(=소구채권)의 전액 5천만 원에서 자동채권 1천만 원을 상계하면 잔액이 4천만 원이 되므로, 이는 청구액 3천만 원을 초과하는 금액이어서 법원은 청구전액인 3천만 원을 인용하는 판결을 하면 된다(2회,12회 선택형).

---

57) "원고가 피고에게 합계금 5,151,900원의 금전채권중 그 일부인 금 3,500,000원을 소송상 청구하는 경우에 이를 피고의 반대채권으로써 상계함에 있어서는 위 금전채권 전액에서 상계를 하고 그 잔액이 청구액을 초과하지 아니할 경우에는 그 잔액을 인용할 것이고 그 잔액이 청구액을 초과할 경우에는 청구의 전액을 인용하는 것으로 해석하는 것이 일부 청구를 하는 당사자의 통상적인 의사이고 원고의 청구액을 기초로 하여 피고의 반대채권으로 상계하여 그 잔액만을 인용한 원심판결은 위법하다"

| 핵심사례 B-08 |

━━━

■ 처분권주의 – 일부청구와 과실상계 2014년 8월·2018년 6월 법전협 모의, 2011년 법무사시험

乙은 친지로부터 사채업자 A를 소개받아 대출여부를 문의하였다. 乙은 사채업자 A의 요청에 의해 동인에게 자신의 甲은행 계좌와 비밀번호 등을 알려주었다. 그런데 A는 이 정보를 이용하여 甲은행으로부터 공인인증서를 재발급 받고 인터넷 뱅킹을 통하여 乙의 계좌를 담보로 하여 5천만 원을 대출받은 후 잠적하였다. 그 후 이러한 사실을 알게 된 甲은행은 乙을 상대로 위 대출금 지급을 구하는 소를 제기하였다. (원고 甲은행 직원의 실수로 청구취지 금액이 3천만 원으로 기재되었으나 청구원인에는 원고 甲은행이 피고 乙에 대해 가지는 채권이 여전히 5천만 원임이 표시되어 있다고 가정한다.) 심리과정에서 원고 甲은행은 금융감독원 지침을 어기고 사채업자 A가 공인인증서의 재발급신청서에 기재한 대포폰에 문자메시지를 보내어 본인확인을 한 과실이 있음이 밝혀졌다. **원고 甲은행의 과실을 80%로 인정한다면 법원은 피고 乙이 원고 甲에게 얼마를 지급하라고 판결하여야 하는가? (15점)**

Ⅰ. 결 론

법원은 피고 乙은 원고 甲에게 1천만 원을 지급하라고 일부인용판결을 하여야 한다.

Ⅱ. 논 거

1. 일부청구의 소송물(명시적 일부청구설)

甲은행 측은 3천만 원 만을 먼저 청구한다는 취지를 명시하지 않았으므로 소송물은 5천만 원 채권 전액에 해당한다.

2. 일부청구와 과실상계 방법(외측설)

3. 검토 및 사안의 경우

甲은 묵시적 일부청구를 한 것이어서 甲의 신청범위는 5천만 원 전부에 미치므로 외측설에 따라 5천만 원에 대해 과실상계하고, 남은 잔액 1천만 원이 청구액 3천만 원보다 적기 때문에 잔액인 1천만 원의 한도에서 인용된다.

(2) 일부인용 [2회 사례형]

원고가 신청한 일부만 인정되는 경우에는 청구기각판결을 하여서는 아니되고 일부인용 판결을 하여야 한다. 일부인용판결은 처분권주의에 반하지 않는다는 것이 통설과 判例의 입장이다. 다만 원고의 명시적 반대의사가 있으면 청구기각 판결을 하여야 한다.

1) 채무부존재확인의 소에 대한 일부인용판결

a. 채무의 상한을 명시하지 않은 채무일부부존재확인의 소의 적법 여부

확인의 소에서도 금전채권의 경우 금액의 명시가 필요하나, 확인의 소에는 집행력이 없으므로 집행에 의문이 없을 정도의 명확성이 요구되지는 않는다. 따라서 '4천만 원을 초과하여서는 존재하지 아니함을 확인한다.'와 같이 청구취지에 채무상한을 명시하지 않은 경우라도 적법하다(다수설). 소송에서 청구금액을 명시하도록 요구하는 취지는 피고의 방어권의 범위를 확정하기 위함인 바, 소극적 확인소송에서 피고(채권자)는 특별한 사정이 없는 한 청구금액을 잘 알고 있으므로 청구금액을 명시하지 않고 소를 제기하더라도 방어권 행사에 있어서 불이익이 있다고 할 수 없기 때문이다.

b. 채무의 상한을 명시하지 않은 채무일부부존재확인의 소의 소송물 및 소의 이익

채무부존재확인의 소의 소송물은 원고와 피고 사이에서 소멸여부가 다투어지는 부분이다. 따라서 判例는 채무일부부존재확인의 소에 대해 "권리 또는 법률관계의 존부확인은 다툼있는 범위에 대해서만 청구하면 되는 것이므로 채무자가 채권자 주장의 채무 중 일부의 채무가 있음을 인정하고 이를 초과하는 채무는 없다고 다투는 경우 채무자가 인정하는 채무부분에 대하여는 그 존재에 대하여 다툼이 없으므로 확인의 이익이 없고 이를 초과하는 부분에 대해서만 채무자로서 채무부존재확인의 이익이 있다"(대판 1983.6.14. 83다카37)고 하여 적법성을 인정하고 있다.

① **[채무의 존부만 다투는 경우(일부인용판결 불허)]** 원고가 자신에게 고의·과실이 없다는 이유로 손해배상채무의 부존재확인의 소를 제기하는 것과 같이 소송물이 '채무의 존부' 그 자체인 경우, 법원은 가해자인 원고의 고의·과실여부를 심사하여 청구인용 또는 청구기각판결을 할 수 있을 뿐 일부인용판결을 할 수는 없다.

② **[채무의 존부 및 액수를 다투면서 청구취지에 상한의 명시가 없는 경우(일부인용판결 허용)]** '4천만 원을 초과하여서는 존재하지 아니함을 확인한다.'와 같이 청구취지에 채무상한을 명시하지 않은 경우, 소송물은 4천만 원을 초과하는 채무 전부이다. 判例는 "원고가 상한을 표시하지 않고 일정액을 초과하는 채무의 부존재의 확인을 청구하는 사건에 있어서 일정액을 초과하는 채무의 존재가 인정되는 경우에는, 특단의 사정이 없는 한, 법원은 그 청구의 전부를 기각할 것이 아니라 존재하는 채무부분에 대하여 일부패소의 판결을 하여야 한다"(대판 1994.1.25. 93다9422: 법전협 표준판례(113))고 판시하여 일부패소(일부인용)설의 입장이다(5회,10회 선택형).

[판례검토] 채무존부만을 확정하고 채무금액에 대한 다툼을 방치하는 것은 분쟁해결의 일회성에 반하므로, 判例의 태도가 타당하다. 이 경우 판결주문은 "원고의 채무는 ○○ 원을 초과하여서는 존재하지 않음을 확인한다. 원고의 나머지 청구는 기각한다"가 될 것이다.

③ **[채무의 존부 및 액수를 다투면서 청구취지에 상한의 명시가 있는 경우(일부인용판결 허용)]** '1억 원 중 4천만 원을 초과하여서는 존재하지 아니함을 확인한다.'와 같이 청구취지에 채무상한을 명시한 경우. 소송물은 1억 원 중 4천만 원을 초과하는 6천만 원이며, 위 判例(93다9422)와 같은 이유로 일부인용판결이 허용된다. ㉠ 따라서 위의 경우 6천만 원의 채무가 인정된다고 판단되면, 법원은 "원고의 피고에 대한 2021.4.21.자 차용금채무 1억 원 중 6천만 원을 초과하여서는 존재하지 아니함을 확인한다. 원고의 나머지 청구는 기각한다."라는 판결을 하여야 한다. ㉡ 반면, 잔존채무가 2천만 원이 인정되는 경우에는 "원고의 피고에 대한 2021.4.21.자 차용금채무 1억 원 중 4천만 원을 초과하여서는 존재하지 아니함을 확인한다."고하여 전부인용판결을 하여야 한다. "1억 원 중 2천만 원을 초과하여서는 존재하지 아니함을 확인한다."고 판결을 하면 8천만 원의 채무부존재를 인정하여 양적상한을 초과하는 판결로 처분권주의에 반하기 때문이다.

핵심사례 B-09

乙은 자신소유의 X토지 위에 Y건물을 신축하기 위해 丙에게 금전을 차용하면서 1994. 4. 10. 丙에게 최고액 4억 원의 1번 근저당권을 설정해 주었다. 그 후 乙은 B에 대한 채무의 담보를 위하여 B의 요구에 따라 1994. 5. 8. 제3자 C에게 乙자신의 X토지에 채권최고액 2억 원의 2번 근저당권을 설정해 주었다. 그러나 C는 B의 친구로 B의 부탁에 따라 자신의 이름으로 근저당권의 등기를 한 것이다. 그 후 乙은 1995. 5. 10. 甲의 A에 대한 채권의 담보를 위하여 乙자신의 X토지에 채권최고액 3억 원인 3번 근저당권을 甲에게 설정해 주었다. 그리고 B는 위 C로부터 근저당권이전의 부기등기를 1995. 6. 10. 경료하였다.

한편 乙은 1997. 7. 10. 甲의 승낙을 얻어 甲에 대한 A의 채무를 면책적으로 인수한 후 채무자를 A에서 자신으로 변경하는 근저당권 변경의 부기등기를 경료하였는데, 그 당시 A가 甲에게 부담하고 있던 채무액은 1억 원이었다. 이 경우 甲은 乙이 약정한 시기에 빌린 돈을 갚지 않자 2002. 11. 10. 저당권에 기한 임의경매를 신청하였다.

乙은 2000. 1. 2. 甲을 상대로 1천만 원을 초과하는 피담보채무의 부존재확인의 소를 제기하였다. 그러나 법원의 심리결과 피담보채무가 3천만 원이 존재한다고 보아 乙의 청구를 일부인용하는 판결을 선고하였다. **위 법원의 일부인용판결은 적법한가?** (실제 피담보채무는 3천만 원이 존재한다고 전제할 것) **(15점)**

Ⅰ. 결 론

법원이 심리결과 3천만 원의 피담보채무가 존재한다고 보아 일부인용판결을 선고한 것은 적법하다.

Ⅱ. 논 거

1. 채무의 상한을 명시하지 않은 채무일부부존재확인의 소의 적법여부(적법)

2. 채무일부부존재확인의 소에서 일부인용판결의 허용여부(적극)

(1) 처분권주의와 일부인용의 허용여부(적극)

(2) 채무일부부존재확인의 소의 소송물

(3) 채무상한이 표시되지 않은 경우 일부인용판결이 허용되는지 여부(적극)

3. 사안의 해결

법원이 심리결과 3천만 원의 피담보채무가 존재한다고 보아 일부인용판결을 선고한 것은 적법하다. 구체적인 선고는 "원고의 채무는 3천만 원을 초과하여서는 존재하지 아니한다. 원고의 나머지 청구를 기각한다."라는 형태가 될 것이다.

2) 단순이행청구에 대한 상환이행판결 [피, 원, 미] [1회 사례형]

a. 피고의 동시이행항변이나 유치권항변이 있는 경우(상환이행판결 긍정)

그러한 항변이 이유 있을 때에는 원고가 반대의 의사표시를 하지 않는 한 상환이행판결을 하여야 한다. 쌍방채무의 이행기가 도래하지 않은 경우에 상환이행판결을 하려면 미리 청구할 필요도 있어야 한다. 判例도 "매매계약 체결과 대금완납을 청구원인으로 하여 (무조건) 소유권이전등기를 구하는 청구취지에는 대금 중 미지급금이 있을 때에는 위 금원의 수령과 상환으로 소유권이전등기를 구하는 취지도 포함되어 있다고 할 것이다"(대판 1979.10.10. 79다1508)(3회 선택형)고 하거나, "물건의 인도를 청구하는 소송에 있어서 피고의 유치권 항변이 인용되는 경우에는 그 물건에 관하여 생긴 채권의 변제와 상환으로 물건의 인도를 명하여야 한다"(대판 1969.11.25. 69다1592: 법전협 표준판례(114))고 하여 같은 입장이다.

b. 임대인의 건물철거청구 소송 중에 임차인의 매수청구권 행사시(상환이행판결 부정)

判例는 "토지임대차 종료시 임대인의 건물철거와 그 부지인도 청구에는 건물매수대금 지급과 동시에 건물명도를 구하는 청구가 포함되어 있다고 볼 수 없다. 따라서 임차인의 지상물매수청구권 행사의 항변이 받아들여지면 청구취지의 변경이 없는 한 임대인의 지상물철거 및 토지인도청구는 기각하여야 할 것이나, 이 경우 법원으로서는 임대인이 종전의 청구를 계속 유지할 것인지, 아니면 대금지급과 상환으로 지상물의 명도를 청구할 의사가 있는 것인지(예비적으로라도)를 석명하고 임대인이 그 석명에 응하여 소를 변경한 때에는 지상물 명도의 판결을 함으로써 분쟁의 1회적 해결을 꾀하여야 한다"(대판 1995.7.11. 전합94다34265: 법전협 표준판례(123))(1회,3회,8회 선택형)고 판시하였다.

[판례검토] 건물 철거·토지인도 청구(민법 제213조, 제214조)와 건물 인도청구(민법 제643조)는 청구취지와 원인이 다르므로 포함되어 있지 않다고 보는 것이 타당하며(처분권주의 관련), 전부패소보다는 대금지급과 상환으로 지상물 인도를 명하는 판결을 받는 것이 원고에게 불리한 것도 아니고 피고의 항변도 있었으므로 적극적 석명(변론주의 보완과 관련)을 인정하는 判例의 태도가 타당하다.

▌핵심사례 B-10▐

▌처분권주의 – 단순이행청구에 대한 상환이행판결 2011년 7월 · 2012년 8월 법전협 모의, 2007년 사법시험

乙은 甲과 甲소유의 A토지에 대하여 지상건물의 소유를 목적으로 하는 토지임대차계약을 체결하고, 이에 따라 A토지 위에 B건물을 신축하였다. 甲은 임대차기간이 만료한 뒤 乙의 임대차계약의 갱신요청을 거절하고 乙을 상대로 건물철거 및 토지인도를 청구하는 소를 제기하였다.

위 소송절차의 변론에서 乙은 건물매수청구권을 행사하였다. 이 경우 법원의 조치 및 그에 따른 판결에 대하여 검토하시오. (20점)

I. 결론

법원은 원고 甲에게 '석명권'을 행사하여 건물철거청구를 건물소유권이전등기·건물인도청구로 변경하게 한 후 甲이 이에 응하면 매매대금과의 상환이행을 명하는 판결을 하여야 한다.

II. 논거

1. 법원의 상환이행판결 가능여부(소극)

(1) 문제점 - 처분권주의와 일부인용의 허용여부

(2) 건물철거와 그 부지인도청구 속에 건물의 매수대금지급과 상환으로 건물명도를 구하는 청구의 포함여부(소극)

2. 법원의 적극적 석명이 가능한지 여부(제한적 적극)[58]

(1) 적극적 석명의 인정여부

判例는 원칙적으로 적극적 석명을 인정하지 않으나, 위와 같은 사안에서는 "법원으로서는 '석명권'을 적절히 행사하여 임대인으로 하여금 건물철거청구를 건물소유권이전등기·건물인도청구[59]로 변경하게 한 후 매매대금과의 상환이행을 명하는 판결을 하여야 하며, 이와 같은 석명권 행사 없이 그냥 기각하면 위법하다"(대판 1995.7.11. 전합94다34265)고 한다.

(2) 사안의 경우

건물매수청구권의 행사의 경우에는 임차인의 항변에 기초한 것으로 법원의 석명에 의하여 임대인에게 특별히 불리한 것이 아니므로 법원의 적극적 석명을 인정하는 것은 타당하다. 따라서 법원은 원고에게 건물매수대금지급과 상환으로 건물명도를 청구할 의사가 있는지를 석명할 의무가 있고, 원고가 그 석명에 응하여 소를 변경한 때에는 상환이행판결을 함으로써 분쟁의 1회적 해결을 꾀하여야 한다.

3) 현재의 이행의 소에 대한 장래이행판결 [피, 원, 미] [06사법]

a. 원고가 피담보채무의 '소멸'을 원인으로 근저당권설정등기의 말소등기청구의 소를 제기(장래이행판결 긍정)

단순이행청구의 경우에 선이행판결을 하는 것도 원고의 신청범위를 일탈하는 것이 아니므로 처분권주의에 반하지 않는다. 즉, 원고가 피담보채무의 소멸을 이유로 저당권설정등기의 말소나 소유권이전등기의 말소청구를 한 경우에(단순이행청구), i) 변론주의 원칙상 피고의 선이행의 항변이 있었고(원고의 채무가 아직 남아 있다는 항변) 심리결과 항변이 이유 있을 때, ii) 원고가 반대의 의사표시를 하지 않는 한, iii) 미리 청구할 필요가 있으면 원고청구기각이 아니라 원고의 남은 채무의 선이행을 조건으로 피고의 채무이행(등기말소)을 명하는 **장래이행판결을 할 수 있다**(대판 2023.11.16. 2023다266390)(2회,3회 선택형).[60]

[관련판례] "채무자가 피담보채무 전액을 변제하였다고 하거나, 피담보채무의 일부가 남아 있음을 시인하면서 그 변제와 상환으로 담보목적으로 경료된 소유권이전등기의 회복을 구하고 채권자는 그 소유권이전등기가 담보목적으로 경료된 것임을 다투고 있는 경우, 채무자의 청구 중에는 만약 위 소유권이전등기가 담보목적으로 경료된 것이라면 소송과정에서 밝혀진 잔존 피담보채무의 지급을 조건으로 그 소유권이전등기의 회복을 구한다는 취지까지 포함되어 있는 것으로 해석하여야 할 것이고, 이러한 경우에는 장래 이행의 소로서 미리 청구할 필요가 있다고 보아야 할 것이다"(대판 1995.7.28. 95다19829; 법전협 표준판례(115))(8회 선택형).

b. 원고가 피담보채무의 '부존재'를 원인으로 근저당권설정등기의 말소등기청구의 소를 제기(장래이행판결 부정)

'ii)' 요건과 관련하여 원고가 피담보채무가 발생하지 않았음을 근거로 등기말소를 요구하는 경우에는 피담보채무의 변제를 조건으로 장래의 이행을 구하는 취지가 포함된 것으로 보이지 않으므로 장래이행판결을 하여서는 아니된다(대판 1991.4.23. 91다6009)(11회 선택형).

---

58) 앞서 살펴보았듯이, 건물매수대금 지급과 동시에 건물명도를 구하는 청구가 건물철거 및 부지인도청구에 포함되어 있지 않다고 판단한바, 그렇다면 이러한 경우에 원고가 청구를 변경하도록 법원이 석명해야 하는지 문제된다.

59) 대지와 건물부지가 일치할 경우 건물인도청구 이외에 별도의 대지인도청구는 불필요하다.

60) [사실관계] 甲은 乙에 대한 대여금 채무를 담보하기 위하여 甲 소유의 X토지에 관하여 근저당권설정등기를 마쳐주었다. 甲은 대여금 채무가 모두 변제되어 소멸되었다고 주장하며 근저당권설정등기 말소등기절차의 이행을 구하는 소를 제기하였다. 위 소송에서 변제액수에 관한 다툼이 있어 심리한 결과 대여금 채무가 남아 있는 것으로 밝혀지면, 법원은 특별한 사정이 없는 한 甲의 청구를 기각하여서는 아니되고, 잔존채무의 변제를 조건으로 甲의 청구를 일부 인용하는 판결을 선고하여야 한다.

핵심사례 B-11

■ 처분권주의 - 단순이행청구에 대한 선이행판결의 가능성
2013년 제2회 변호사시험, 2014년 6월 법전협 모의, 2006년 사법시험

乙은 2002. 11. 12. 丙을 상대로 피담보채무 3억 원 전액을 변제하였음을 원인으로 한 근저당권설정등기의 말소등기청구의 소를 제기하였다. 이에 丙은 피담보채무는 3억 5천만 원이므로 아직 변제되지 않은 5천만 원이 있다고 항변하였는바, **법원의 심리결과 실제 피담보채무가 3억 5천만 원이고 3억 원이 변제된 것에 불과하다면 법원은 어떠한 판결을 하여야 하는가?** 또한, 만약 사안에서 乙이 피담보채무의 부존재를 원인으로 근저당권설정등기의 말소등기청구의 소를 제기하였다면, 법원은 어떠한 판결을 하여야 하는가? (15점)

I. 결 론 - 변제주장(일부인용판결 허용) · 부존재주장(일부인용판결 불허)

① 乙이 피담보채무의 '변제'를 원인으로 한 근저당권설정등기의 말소등기청구의 소를 제기한 경우라면 법원은 나머지 5천만 원을 지급받은 다음 근저당권설정등기의 말소등기절차를 이행하라는 일부인용판결을 선고하여야 한다. ② 이와 달리 乙이 피담보채무의 '부존재'를 원인으로 근저당권설정등기의 말소등기청구의 소를 제기하였다면 일부인용판결을 허용할 수 없다. 즉, 전부기각판결을 선고하여야 한다.

II. 논 거

1. 문제점 - 처분권주의와 일부인용의 허용여부

2. 현재 이행의 소에 대한 장래이행판결 [피, 원, 미]

(1) 피담보채무의 '소멸'을 원인으로 한 근저당권설정등기의 말소등기청구의 소(일부인용판결 가능)

1) 처분권주의에 위반되는지 여부(소극)

2) 원고의 의사에 부합하는지 여부(적극)

액수를 다투고 있는 경우, 채무자의 청구 중에는 만약 피담보채무가 남아 있다면 잔존 피담보채무의 지급을 조건으로 그 저당권설정등기의 말소를 구한다는 취지까지 포함되어 있는 것으로 해석한다(대판 1996.11.12. 96다33938).

3) 미리 청구할 필요가 있는지 여부(적극)

장래이행의 소는 미리 청구할 필요가 있어야 소의 이익이 인정되는바(제251조), 미리 청구할 필요는 i) 의무의 성질, ii) 의무자의 태도를 고려하여 개별적으로 판단한다.
사안의 경우 丙이 피담보채무액을 다투는 경우이므로 미리 청구할 필요가 있다.

4) 사안의 경우

丙의 피담보채무의 범위에 관한 항변은 이유 있으며, 조건부 인용판결은 원고 乙의 의사에 반하지 않고, 丙이 피담보채무의 범위를 다투는 이상 미리 청구할 필요가 인정된다. 따라서 법원은 나머지 5천만 원을 지급받은 다음 근저당권설정등기의 말소등기절차를 이행하라는 일부인용판결을 선고하여야 한다.

(2) 피담보채무의 '부존재'를 원인으로 한 근저당권설정등기의 말소등기청구의 소(일부인용판결 불가)

피담보채무의 부존재를 원인으로 한 말소등기청구에서 일부인용판결은 원고의 의사에 반하므로 일부인용판결은 허용되지 않는다(대판 1991.4.23. 91다6009).

4) 부진정연대청구

a. 부진정연대청구 속에 연대청구의 취지가 포함되는지 여부(적극)

부진정연대채무는 연대채무보다 절대효의 인정범위가 작아 원고에게 유리하므로 부진정연대청구 속에는 연대청구의 취지가 포함된다고 볼 수 있다.

b. 부진정연대청구 속에 개별책임의 청구취지가 포함되는지 여부(소극)

判例는 (부진정)연대청구 속에 개별책임 청구취지는 포함되지 않는다고 본다(대판 2014.7.10. 2012다89832: 법전협 표준판례(111)). 즉, 채권자 甲이 채무자 乙을 상대로 자신의 인수대금 채권을 행사하는 청구와 제3 채무자 丙을 상대로 위 채권을 피보전채권으로 하여 乙의 채권을 대위행사하는 청구를 한 경우, 乙의 甲에 대한 채무와 丙의 乙에 대한 채무가 연대채무 또는 부진정연대채무의 관계는 아니지만, 甲이 두 채무가 부진정연대채무 관계에 있음을 전제로 연대하여 지급할 것을 구하였는데도 乙과 丙에게 개별적 지급책임을 인정하는 것은 처분권주의에 위반된다.

5) 기 타

당사자가 치료비 등을 일시금으로 청구한 경우라도 법원은 정기금으로 지급을 명할 수 있다(대판 1970.7.24. 70다621). 다만, '집행'불능시의 대상청구(장래이행의 소) 속에 예비적으로 '이행'불능시의 전보배상청구(현재이행의 소)도 포함된 것으로 볼 수는 없다(대판 1962.12.16. 67다1525).

4. 예 외

형식적 형성소송은 실질이 비송사건의 성질을 가지므로 경계확정소송과 공유물분할소송에서는 처분권주의와 불이익변경금지원칙이 적용되지 않는다.

Ⅳ. 절차의 종결 [B-49]

1. 원 칙

원칙적으로 당사자는 소취하, 청구포기·인낙, 화해에 의하여 절차를 종료시킬 수 있다. 상소취하(제393조, 제425조), 불상소합의, 상소권의 포기(제394조, 제425조)도 가능하다.

2. 예 외

회사관계소송의 경우 원고패소확정판결과 동일한 청구의 포기는 별론으로 하고 승소확정판결과 같은 효력이 있는 청구의 인낙이나 화해는 허용될 수 없을 것이다. 判例도 "주주총회결의의 부존재·무효를 확인하거나 결의를 취소하는 판결이 확정되면 당사자 이외의 제3자에게도 그 효력이 미쳐 제3자도 이를 다툴 수 없게 되므로, **주주총회결의의 하자를 다투는 소에 있어서 청구의 인낙이나 그 결의의 부존재·무효를 확인하는 내용의 화해·조정은 할 수 없고**, 가사 이러한 내용의 청구인낙 또는 화해·조정이 이루어졌다 하여도 그 인낙조서나 화해·조정조서는 효력이 없다"(대판 2004.9.24. 2004다28047: 법전협 표준판례(220))고 한다.

Ⅴ. 처분권주의 위반의 효과 [B-50]

당연무효의 판결이 아니므로 판결 확정 전에는 상소 등으로 취소할 수 있지만, 확정 후에는 재심사유에 해당하지 않는다. 판결의 내용에 관한 것이고 소송절차에 관한 것이 아니므로 이의권(제151

조)의 대상은 아니다. 그러나 처분권주의에 위반한 판결이라도 피고가 항소한 경우, 원고가 제1심에서 신청하지 않은 사항에 대하여 항소심에서 새로 신청(청구취지의 확장, 즉 부대항소의 실질을 지닌다)하면 그 흠이 치유된다.

제6관 변론주의

Ⅰ. 의 의
[B-51]

'변론주의'란, 소송자료, 즉 사실과 증거의 수집·제출을 당사자에게 맡기고, 당사자가 변론에 제출한 소송자료만을 재판의 기초로 삼는 원칙을 말한다. 사적자치의 소송법상 반영이며, 변론주의에 따를 때 진실발견이 오히려 용이하며 절차보장에 의한 공평한 재판이 된다는 데에 이론적 근거를 두고 있다.

Ⅱ. 주요사실의 주장책임
[B-52]

1. 주요사실

변론주의는 '주요사실'에 대하여만 인정되고 간접사실과 보조사실에는 인정되지 않는다는 것이 통설이다. 왜냐하면 주요사실은 증명의 목표이지만 간접사실 등은 증명의 수단으로서 증거자료와 같은 기능을 하는데, 변론주의가 적용된다면 법관의 자유심증을 제한하게 될 것이기 때문이다. 判例는 "법률상의 요건사실에 해당하는 주요사실에 대하여 당사자가 주장하지도 아니한 사실을 인정하여 판단하는 것은 변론주의에 위반된다"(대판 2018.10.25. 2015다205536)는 입장이다.

2. 주장책임

(1) 의 의

'주장책임'이란 자기에게 유리한 주요사실을 당사자가 주장하지 않으면 없는 것으로 취급되어 불이익한 판단을 받게 되는 불이익을 말한다. 주요사실은 당사자가 변론에서 주장하여야 하며, 주장되지 않은 사실은 판결의 기초로 삼을 수 없다(대판 2022.2.24. 2021다291934).

※ **주장책임과 증명책임의 비교**

	주장책임	증명책임
의 의	자기에게 유리한 주요사실을 당사자가 주장하지 않으면 없는 것으로 취급되어 불이익한 판단을 받게 되는 불이익	주요사실의 존부가 확정되지 않을 때에 당해 사실이 존재하지 않는 것으로 취급되어 법률판단을 받게 되는 당사자 일방의 불이익
취 지	당사자 의사 존중	재판거부의 방지
직권탐지주의	직권탐지주의하에서는 인정되지 않음 (주장책임은 변론주의의 제1명제)	직권탐지주의하에서도 사실의 존부가 불명한 경우에 필요
양자의 관계	① 변론주의하에서는 사실의 주장이 없는 한 증명의 대상이 되지 않으므로 주장책임의 문제는 증명책임에 선행함 ② 주장책임의 분배도 증명책임의 분배원칙에 의함 ③ 패소의 불이익을 면하기 위해 주장·증명이 필요	
대 상	주요사실	

❋ **주장책임에 반하여 위법한 경우**

① **[동시이행 항변]** "동시이행 항변권은 당사자가 이를 원용하여야 그 인정 여부에 대하여 심리할 수 있는 것이다"(대판 2006.2.23. 2005다53187)(3회,6회 선택형)

② **[상계 항변]** "비록 상계의 의사표시가 묵시적으로도 가능하다 하더라도, 다른 의사와 구분되는 별도의 상계 의사를 확인하지 않은 채 이를 인정할 수는 없다"(대판 2009.10.29. 2008다51359)

③ **[시효취득의 항변]** "토지의 취득절차에 관한 서류를 제출하지 못하고 있다는 사정만으로 그 토지에 관한 국가나 지방자치단체의 자주점유 추정이 번복된다고 할 수는 없다. 그러나 국가나 지방자치단체가 해당 토지의 점유·사용을 개시할 당시의 지적공부 등이 멸실된 적 없이 보존되어 있고 거기에 국가나 지방자치단체의 소유권 취득을 뒷받침하는 어떠한 기재도 없는 경우까지 함부로 적법한 절차에 따른 소유권 취득의 가능성을 수긍하여서는 아니 된다"(대판 2011.11.24. 2009다99143)

④ **[소멸시효 완성의 항변]** "민법 부칙 제10조 제1항에 의한 등기를 경료하지 않으므로 인하여 그 부동산에 관하여 취득하였던 소유권을 상실하였다는 항변만 있는 경우에 소유권이전등기청구권이 소멸시효기간 만료로 인하여 소멸되었다고 판단한 것은 변론주의 원칙 위배 내지 소멸시효에 관한 법리오해의 위법이 있다"(대판 1980.1.29. 79다1863 : 소멸시효기간 만료에 인한 권리소멸에 관한 것은 소멸시효의 이익을 받은 자가 소멸시효완성의 항변을 하지 않으면, 그 의사에 반하여 재판할 수 없다)(1회 선택형)

⑤ **[소멸시효 중단의 항변]** "시효를 주장하는 자가 원고가 되어 소를 제기한 경우에 있어서, 피고가 시효중단사유가 되는 응소행위를 하였다고 하여 바로 시효중단의 효과가 발생하는 것은 아니고 변론주의 원칙상 시효중단의 효과를 원하는 피고로서는 당해 소송 또는 다른 소송에서의 응소행위로서 시효가 중단되었다고 주장하지 않으면 아니되고, 피고가 변론에서 시효중단의 주장 또는 이러한 취지가 포함되었다고 볼 만한 주장을 하지 아니하는 한, 피고의 응소행위가 있었다는 사정만으로 당연히 시효중단의 효력이 발생한다고 할 수는 없는 것이다"(대판 1995.2.28. 94다18577)

⑥ **[이행불능의 항변]** "채무가 이행불능인 사실은 당사자의 항변사실에 불과하므로, 설사 당사자 일방의 소유권이전등기 채무가 이행불능이라 하더라도 원심 변론종결시까지 이행불능의 항변을 하지 아니한 이상, 변론주의의 원칙상 법원이 이행불능이라는 이유로 상대방의 청구를 배척할 수 없다"(대판 1996.2.27. 95다43044).

⑦ **[당사자가 철회한 주장사실을 기초로 판단한 경우]** "망인의 일실수익을 산정함에 있어 그 주장을 철회한 굴삭기대여업의 영업수입을 기준수입의 일부로 삼은 원심판결을 변론주의원칙에 위배한 위법이 있다"(대판 1993.4.27. 92다29269).

(2) 대 상

주장책임의 대상은 주요사실(=요건사실)이고, 간접사실과 보조사실은 대상이 아니다. 간접사실과 보조사실은 ① 주장이 없어도 증거에 의해 인정할 수 있으며, ② 자백이 인정되지 않으며, ③ 유일한 증거 여부를 따지지 않고, ④ 판결이유에서 판단하지 않아도 판단누락의 위법(제451조 1항 9호)이 없다.

(3) 주장책임의 분배

'주장책임의 분배'는 법률요건분류설에 따른다. 권리근거규정의 요건사실(권리발생사실)은 원고가, 반대규정의 요건사실(권리 장애·멸각·저지 사실)은 피고가 주장책임을 진다. 예를 들어 채무자가 특정한 채무의 변제조로 금원 등을 지급한 사실을 주장함에 대하여, 채권자가 이를 수령한 사실을 인정하고서 다만 타 채무의 변제에 충당하였다고 주장하는 경우에는, 채권자는 타 채권이 존재하는 사실과 타 채권에 대한 변제충당의 합의가 있었다거나 타 채권이 법정충당의 우선순위에 있다는 사실을 주장·증명하여야 한다(대판 1999.12.10. 99다14433, 대판 2021.10.28. 2021다251813)(6회 선택형).

(4) 주장공통의 원칙

변론주의는 법원과 당사자 간의 역할분담의 문제이므로, 그 사실이 어느 당사자에 의해서든 변론에서 주장되기만 하면 주장책임을 지는 자가 주장하였는지 여부를 불문하고 판결의 기초로 삼을 수 있는 바, 이를 주장책임의 원칙이라고 한다(대판 1990.6.26. 89다카15359). 따라서 어느 당사자가 자발적으로 자기에게 불리한 사실을 진술한 경우(선행자백)에는 이 사실에 기하여 그 당사자에게 불리한 판결을 해도 무방하다.

3. 주요사실과 간접사실·보조사실의 구별

(1) 통설, 판례의 태도(법규기준설) [10사법, 15행정]

변론주의에서 사실의 주장책임의 대상은 주요사실에 한하고, 간접사실이나 보조사실은 이에 해당하지 아니한다. 주요사실과 간접사실의 구별기준에 대해서는 '법규기준설'이 判例의 입장인바, 이에 의하면 '주요사실'이란 권리의 발생·변경·소멸이라는 법률효과를 발생시키는 실체법상의 구성요건 해당사실을 말하고(대판 1983.12.13. 전합 83다카1489), '간접사실'이란 주요사실의 존부를 경험칙에 의하여 추인하게 하는 사실을 말하며(대판 2004.5.14. 2003다57697), '보조사실'이란 증거능력이나 증거력에 관한 사실을 말한다. 이는 간접사실에 준하여 취급된다.

1) 주요사실의 예

① 判例는 "소멸시효의 기산일은 채무의 소멸이라고 하는 법률효과 발생의 요건에 해당하는 소멸시효기간 계산의 시발점으로서 소멸시효 항변의 법률요건을 구성하는 구체적인 사실에 해당하므로 이는 변론주의의 적용대상"(대판 1995.8.25. 94다35886: 법전협 표준판례(121))[61]이라고 판시하여 주요사실로 본다(1회,4회,7회,8회,12회 선택형) **[6회 사례형]** 그 외에 ② 대리인에 의한 계약체결사실(대판 1996.2.9. 95다27998), ③ 유권대리와 무권대리(대판 1987.9.8. 87다카982), ④ 유권대리와 표현대리(대판 1983.12.13. 전합83다카1489: 법전협 표준판례(122)) **[2회 사례형, 09·15사법]**, ⑤ 동시이행의 항변(대판 1990.11.27. 90다카25222)(3회 선택형), ⑥ 이행불능사실(대판 1996.2.27. 95다43044), ⑦ 불법행위로 인한 일실수익의 현가산정에 있어서 기초사실인 수입, 가동연한, 공제할 생활비 등(대판 1983.6.28. 83다191)(2회,4회 선택형) ⑦ 사해행위취소의 소에서 피보전채권의 존재와 범위에 관한 사실(대판 2021.3.25. 2020다289989[62])이 주요사실에 해당한다.

[관련판례] ❋ 사실에 관한 주장이 아닌 것

㉠ **[어떤 소멸시효의 기간이 적용되는지에 관한 주장]** "민사소송절차에서 변론주의 원칙은 권리의 발생·변경·소멸이라는 법률효과 판단의 요건이 되는 주요사실에 관한 주장·증명에 적용된다. 따라서 권리를 소멸시키는 소멸시효 항변은 변론주의 원칙에 따라 당사자의 주장이 있어야만 법원의 판단대상이 된다. 그러나 이 경우 어떤 시효기간이 적용되는지에 관한 주장은 권리의 소멸이라는 법률효과를 발생시키는 요건을 구성하는 사실에 관한 주장이 아니라 단순히 법률의 해석이나 적용에 관한 의견을 표명한 것이다. 이러한 주장에는 변론주의가 적용되지 않으므로 법원이 당사자의 주장에 구속되지 않고 직권으로 판단할 수 있다. 당사자가 민법에 따른 소멸시효기간을 주장한 경우에도 법원은 직권으로 상법에 따른 소멸시효기간을 적용할 수 있다"(대판 2017.3.22. 2016다258124: 법전협 표준판례(120)) (8회, 9회 선택형) **[7회 사례형]**

---

61) "특정시점에서 당해 권리를 행사할 수 있었던 사실은 소멸시효의 기산점에 관한 사실로서 '주요사실'이므로 당사자가 주장하지 않은 때를 기산점으로 하여 소멸시효의 완성을 인정하게 되면 변론주의 원칙에 위배된다"

62) [사실관계] 원고가 종래 자신의 배우자와 금전 거래를 해 오던 채무자로부터 차용증을 교부받은 후, 그 차용증에 기한 대여금채권을 피보전권리로 하여, 채무자와 채무자의 모친인 피고 사이의 매매계약 취소(사해행위취소) 및 가액배상을 구한 사건에서, 원심은 위 대여금의 합계를 원고가 주장한 2억 2,000만 원이 아닌 3억 2,000만 원이라고 인정하여 판단하였는데 대법원은 위와 같은 원심의 판단에는 변론주의 원칙 위반이 있다는 이유로 파기환송하였다.

예를 들어 判例는 국가배상책임에 관한 소송에서 국가가 민법상 10년의 소멸시효완성을 주장하였음에도 법원이 구 예산회계법에 의한 5년의 소멸시효를 적용한 것이 변론주의를 위반한 것이 아니라고 판시하였다(대판 2008.3.27. 2006다70929,70936)(7회 선택형)

ⓒ **[현가 산정방식에 관한 주장]** "현가 산정방식에 관한 주장(호프만식에 의할 것이냐 또는 라이프니쯔식에 의할 것이냐에 관한 주장)은 당사자의 평가에 지나지 않는 것이므로, 당사자의 주장에 불구하고 법원은 자유로운 판단에 따라 채용할 수 있고, 이를 변론주의에 반한 것이라 할 수 없다"(대판 1983.6.28. 83다191)(2회 선택형)

2) 간접사실의 예

① 判例는 "취득시효의 기산점은 법률효과의 판단에 관하여 직접 필요한 주요사실이 아니고 간접사실에 불과하여 법원으로서는 이에 관한 당사자의 주장에 구속되지 아니하고 소송자료에 의하여 진정한 점유의 시기를 인정하여야 하는 것"(대판 1994.4.15. 93다60120 : 1회 선택형)이라 하여 '간접사실'로 보고 있다(대판 1994.11.4. 94다37868: 법전협 표준판례(117)[63])(1회,7회,8회 선택형) **[1회 사례형, 04사법]** 그 외에 ② 점유의 권원(대판 1997.2.28. 96다53789)(4회,8회,12회 선택형), ③ 기본사실의 경위·내락(대판 1971.4.20. 71다278 : 연대보증의 성립경위, 1979.7.24. 79다879 : 충돌사고 경위, 대판 1993.9.14. 93다28379 : 변제의 경위) 등이 간접사실에 해당한다.

핵심사례 B-12

■ 변론주의 - 주장책임(소멸시효의 기간 및 기산점) 2013년 제2회 변호사시험, 2009년·2015년 사법시험

甲은 2000. 7. 10. 乙의 대리인이라 칭하는 丙에게 변제기를 2001. 7. 10.으로 정하여 2억 원을 빌려 주었다. 甲은 2005. 9. 1. 乙을 상대로 2억 원의 대여금반환청구의 소를 제기하였다. 乙은 ① 자신은 2억 원을 대여한 적이 없다고 주장하였고, ② 설령 대여하였다고 하더라도 위 채권은 상사채권으로 5년의 소멸시효기간이 적용되므로 2000. 7. 10.부터 5년이 경과하여 소멸하였다고 주장하였다. 이에 甲은 丙는 乙로부터 위 2억 원의 채무부담에 관한 대리권을 수여받은 자라고 주장하였을 뿐, 표현대리 주장을 하지 않았다. **법원의 심리결과 甲과 乙이 상인이 아니라면, 乙의 소멸시효 항변에 대해 어떠한 판단을 하여야 하는가?** (15점)

1. 문제점 - 변론주의의 의의와 내용, 주장책임

사안에서 소멸시효의 기산점과 소멸시효 기간에 관한 당사자의 주장이 주요사실로서 변론주의의 대상이 되는 것인지 문제된다.

2. 변론주의의 대상이 되는 주요사실

3. 소멸시효 기산점이 주요사실인지 여부(적극)

判例는 "소멸시효의 기산일은 채무의 소멸이라고 하는 법률효과 발생의 요건에 해당하는 소멸시효 기간 계산의 시발점으로서 소멸시효 항변의 법률요건을 구성하는 구체적인 사실에 해당하므로 이는 변론주의의 적용대상"(대판 1995.8.25. 94다35886)이라고 판시하여 주요사실로 본다.

---

63) 만약 취득시효의 기산점을 당사자가 임의로 선택할 수 있도록 하고, 법원이 당사자의 주장에 구속되어야 한다면 제3자가 취득한 이후에 점유기간이 완성된 것으로 기산점을 주장함이 가능하게 되어 등기 없이도 제3자에 대항할 수 있다는 결과가 되므로, 당사자가 주장한 기산점에 법원이 구속되지 않고 객관적인 점유 개시시를 잡을 수 있도록 간접사실로 보는 것이 타당하다.

4. 소멸시효 기간에 관한 주장이 주요사실인지 여부(소극)

判例는 "어떤 권리의 소멸시효기간이 얼마나 되는지에 관한 주장은 단순한 법률상의 주장에 불과하므로 변론주의의 적용대상이 되지 않고 법원이 직권으로 판단할 수 있다"(대판 2013.2.15. 2012다68217)고 판시하였다.

5. 사안의 해결

소멸시효 기산점은 주요사실로서 변론주의가 적용되므로, 법원은 당사자가 주장하는 2000. 7. 10.을 기산점으로 삼아야 하나, 소멸시효 기간에 관한 주장에 대해서는 변론주의가 적용되지 않는바, 상인에 해당하지 않는 甲의 대여금채권은 민법 제162조 제1항에 의해 10년의 소멸시효기간이 적용되므로, 법원은 乙의 소멸시효 항변을 이유 없다고 보아 배척하여야 한다.

(2) 일반조항의 경우에 있어서 새로운 구별기준의 대두와 비판

1) 문제점

법규기준설은 민법상 요건사실을 주요사실로 본다. 그런데 요건사실은 사실 그 자체뿐만 아니라 과실, 인과관계 등 사실에 대한 법적평가도 포함한다. 그러나 법적평가의 직접증명은 불가능하다는 점에서 일반조항의 경우에 있어서 새로운 구별기준이 요구된다.

2) 학 설

① 준주요사실설은 요건사실(과실)을 구성하는 개개의 구체적 사실(음주운전)을 주요사실에 준하여 보자는 견해이고, ② 주요사실·요건사실 구별설은 주요사실(음주운전)은 사실 그 자체이며 요건사실(과실)은 그 사실에 대한 법적평가이므로 주요사실만 변론주의가 적용된다는 견해이다.

3) 검 토

생각건대, 과실, 인과관계 등의 법률요건은 가치판단의 결론일 뿐이므로, 그와 같은 불확정 개념의 판단의 기초가 되는 구체적 사실 자체가 주요사실이 된다고 봄이 타당하다. 判例는 법률행위가 선량한 풍속 기타 사회질서에 위반하여 무효로 되는 것은 권리장애사유이므로 그 무효로 이익을 얻는 자가 주장 입증하여야 한다고 하면서도, 신의칙위배 또는 권리남용은 강행규정에 위배되는 것이므로 법원은 직권으로 판단할 수 있다고 한다.

| 핵심사례 B-13 |

| 변론주의 - 주요사실과 간접사실의 구별 | 2016년 6월 법전협 모의

甲은 乙이 운전하던 A회사의 택시를 타고 가던 중, 乙이 丙이 운전하던 자동차와 추돌하는 바람에 중상을 입고 병원에 입원하여 치료를 받고 있다. 이 사고에 대한 乙의 과실은 40%, 丙의 과실은 60%로 확정되었다. 甲은 乙을 상대로 불법행위를 이유로 치료비 1,500만 원, 일실수익 3,000만 원, 위자료 1,500만 원 합계 6,000만 원의 손해배상청구소송을 제기하였다. 甲은 위 소송에서 乙이 앞차를 보고 제동을 하였으나 과속으로 달린 탓으로 택시가 정차하지 않고 밀리면서 앞차를 들이받았다고 주장하였고, 乙은 과속한 사실이 없다고 주장하였다.

⑪ 신의칙 위반 주장을 한 적이 없는데도, 청구가 신의성실의 원칙에 위반된다고 본 경우 判例는 "당사자가 전혀 의식하지 못하거나 예상하지 못하였던 법률적 관점을 이유로 법원이 청구의 당부를 판단하려는 경우에는 그 법률적 관점에 대하여 당사자에게 의견진술의 기회를 주어야 한다"(대판 2021.9.16. 2021다200914,200921).[76]고 판시하였다.

⑫ 甲 종중이 '정기 대의원회의가 총회를 갈음한다.'고 정한 규약에 따라 대의원회의의 의결을 거쳐 乙 주식회사 등을 상대로 불법행위에 기한 손해배상을 구하였는데, 항소심에서 위 소가 총유재산의 관리·처분에 관하여 적법한 사원총회의 결의 없이 이루어진 것이고 이는 단시일 안에 보정될 수 없는 것으로서 부적법하다고 한 사안에서, 항소심이 직권으로 위 소가 총유재산의 관리·처분에 관하여 적법한 사원총회의 결의 없이 이루어진 것이고 이는 단시일 안에 보정될 수 없는 것으로서 부적법하다고 한 것은, 당사자가 전혀 예상하지 못한 법률적인 관점에 기한 뜻밖의 재판으로서 당사자에게 미처 생각하지 못한 불이익을 주었을 뿐 아니라 **석명의무를 위반하여 필요한 심리를 다하지 아니함으로써 판결에 영향을 미친 잘못**이 있다(대판 2022.8.25. 2018다261605).

(4) 지적의무의 행사 방식

지적의무는 불이익을 받을 자에게 의견진술기회를 주는 것이며, 법원이 자신의 견해를 밝힐 필요는 없다. 만약 법원이 사실상 또는 법률상 사항에 관한 석명의무나 지적의무 등을 위반한 채 변론을 종결하였는데 당사자가 그에 관한 주장·증명을 제출하기 위하여 변론재개신청을 한 경우에는 법원으로서는 변론을 재개하고 심리를 속행할 의무가 있다"(대판 2011.7.28. 2009다64635)

(5) 지적의무 위반의 효과

지적의무의 위반은 석명의무 위반처럼 소송절차 위반에 해당하므로 판결확정 전에는 상고이유가 된다. 다만 그 요건에서 판결에 영향이 있을 것을 전제하기 때문에 절대적 상고이유가 아닌 **일반적 상고이유(제423조)가 된다**(2회 선택형). 그러나 판결확정 후에는 재심사유는 아니므로 재심이 불가하며, 당연 무효도 아니어서 유효하다.

> **[관련판례]** ✱ **당사자 사이에 종중의 대표자 지위에 관하여 쟁점이 되지 않은 경우 법원의 지적의무** 判例는 "甲 종중이 乙을 상대로 제기한 소에서 변론종결 당시까지 당사자 사이에 대표자 丁이 적법한 대표권이 있는지, 대표자 지위에 관해서 쟁점이 되지 않았다면 법원은 당사자에게 이 부분에 관하여 증명이 필요함을 지적하고 적극적으로 석명권을 행사하여 당사자에게 의견진술의 기회를 부여할 의무가 있는데도, 이러한 조치를 전혀 취하지 않은 채 당사자표시정정신청서 제출 당시 丁에게 추인을 할 수 있는 적법한 대표권이 있다고 볼 증거가 부족하다는 이유로 소를 각하한 법원의 판단은 예상외의 재판으로 당사자 일방에게 뜻밖의 판결을 한 것으로서 석명의무를 다하지 않아 심리를 제대로 하지 않은 잘못이 있다"(대판 2022.4.14. 2021다276973)고 한다.

---

76) **[사실관계]** 甲이 자신이 소유하는 토지상에 있는 건물의 소유자인 乙을 상대로 건물의 철거와 부지 부분의 인도를 구하였는데, 원심법원이 甲과 乙의 조부인 丙이 당시 甲의 아버지인 丁 명의로 소유권이전등기가 마쳐져 있던 위 토지 등을 아들들에게 유증하는 내용의 인증서에 따라 乙의 아버지인 戊가 건물 부지 부분을 유증받았고, 戊로부터 건물과 부지 부분을 증여받은 乙은 戊를 대위하여 丁의 상속인인 甲에게 부지 부분에 관한 소유권이전등기절차의 이행을 구할 수 있으므로 甲의 청구가 신의성실의 원칙에 위반되어 허용될 수 없다고 한 사안에서, 乙이 戊를 대위하여 甲에게 유증을 원인으로 한 소유권이전등기절차의 이행을 구할 수 있음을 전제로 신의칙 위반 주장을 한 적이 없는데도, 이와 관련하여 당사자들에게 의견진술의 기회를 부여하거나 석명권을 행사하지 아니한 채 甲의 청구가 신의성실의 원칙에 위반된다고 본 원심판단에 석명의무 위반의 잘못이 있다고 한 사례

IV. 석명권의 행사 [B-60]

1. 주 체

석명권은 소송지휘권의 일종으로서 재판장이 행사한다(제136조 1항). 합의부원도 재판장에게 알리고 할 수 있다(제136조 2항). 당사자는 상대방에게 직접 석명을 구할 수는 없고, 재판장에게 상대방에 대하여 설명을 요구하여 줄 것을 요청할 수 있다.

2. 방 법

재판장은 당사자에게 사실상 또는 법률상 사항에 대하여 질문하거나 증명을 하도록 촉구하는 방법으로 석명권을 행사한다(제136조 1항). 변론기일에 함이 원칙이나, 재판장은 당사자에게 설명 또는 증명하거나 의견을 진술할 사항을 지적하고 변론기일 이전에 이를 준비하도록 명할 수 있다(제137조). 당사자는 변론의 지휘에 관한 재판장이나 합의부원의 석명권 행사에 대하여 이의를 신청을 할 수 있다(제138조).

[관련판례] "민사소송법 제136조 제1항은 재판장은 소송관계를 명료하게 하기 위하여 당사자에게 사실상 또는 법률상 사항에 관하여 질문하거나 증명을 하도록 촉구할 수 있다고 규정하고 있고, 같은 조 제4항은 법원은 당사자가 간과하였음이 분명하다고 인정되는 법률상 사항에 관하여 당사자에게 의견을 진술할 기회를 주어야 한다고 규정하고 있으므로, 법원으로서는 다툼 있는 사실을 증명하기 위하여 제출한 증거가 당사자의 부주의 또는 오해로 인하여 불완전·불명료한 경우에는 당사자에게 그 제출된 증거를 명확·명료하게 할 것을 촉구하거나 보충할 수 있는 기회를 주어야 하고, 만약 이를 게을리한 채 제출된 증거가 불완전·불명료하다는 이유로 그 주장을 배척하는 것은 석명의무 또는 심리를 다하지 아니한 것으로서 위법하다"(대판 2021.3.11. 2020다273045).

3. 석명불응에 대한 조치

당사자는 석명에 응할 의무는 없다. 다만, 당사자가 제출한 공격 또는 방어방법의 취지가 분명하지 아니한 경우에, 당사자가 필요한 설명을 하지 아니하거나 설명할 기일에 출석하지 아니한 때에는 법원은 직권으로 또는 상대방의 신청에 따라 결정으로 이를 각하할 수 있으므로(제149조 2항), 석명불응의 경우 주장·입증이 없는 것으로 취급되어 불이익을 받을 수 있다.

V. 석명처분 [B-61]

법원은 소송관계를 분명하게 하기 위하여 석명권 행사 외에 일정한 처분을 할 수 있는데 이를 석명처분이라 한다(제140조 1항). 이 경우 검증·감정과 조사의 촉탁에는 증거조사에 관한 규정을 준용한다(제140조 2항). 그러나 석명처분에 의해 얻은 자료는 사건의 내용을 이해하기 위한 것이어서 증거자료의 수집만을 목적으로 한 증거조사와 다르다. 때문에 변론의 전체의 취지로 참작될 뿐이며, 이를 증거로 원용하여야 증거자료로 삼을 수 있다.

제8관 적시제출주의

> 제146조 (적시제출주의) 공격 또는 방어의 방법은 소송의 정도에 따라 적절한 시기에 제출하여야 한다.

I. 의 의

[B-62]

당사자가 공격방어방법을 소송의 정도에 따라 적절한 시기에 제출하여야 하는 입장이다(제146조). 소송촉진과 집중심리를 촉진하는 취지이다.

II. 재정기간제도

[B-63]

재판장이 당사자의 의견을 들어 한 쪽 또는 양 쪽 당사자에 대하여 특정한 사항에 관하여 주장을 제출하거나 증거를 신청할 기간을 정하고(제147조 1항), 당사자가 그 기간을 넘긴 때에는 주장을 제출하거나 증거를 신청할 수 없도록 하는 제도이다(제147조 2항 본문). 다만, 당사자가 정당한 사유로 그 기간 이내에 제출 또는 신청하지 못하였다는 것을 소명한 경우에는 제출기간 부준수로 인한 실권효가 발생하지 않도록 하여 구제받을 길을 마련하고 있다(제147조 2항 단서).

III. 실기한 공격방어방법의 각하

[B-64]

> 제149조 (실기한 공격·방어방법의 각하) ① 당사자가 제146조의 규정을 어기어 고의 또는 중대한 과실로 공격 또는 방어방법을 뒤늦게 제출함으로써 소송의 완결을 지연시키게 하는 것으로 인정할 때에는 법원은 직권으로 또는 상대방의 신청에 따라 결정으로 이를 각하할 수 있다. ② 당사자가 제출한 공격 또는 방어방법의 취지가 분명하지 아니한 경우에, 당사자가 필요한 설명을 하지 아니하거나 설명할 기일에 출석하지 아니한 때에는 법원은 직권으로 또는 상대방의 신청에 따라 결정으로 이를 각하할 수 있다.

1. 의 의

'실기한 공격·방어방법의 각하'란 적시제출주의를 어겨 당사자의 고의 또는 중과실로 공격방어방법이 늦게 제출되었을 때에는 각하하고 심리하지 아니하는 법원의 권한을 말한다. 제147조의 재정기간은 적시제출주의 실효성 확보를 위한 사전유도책이고 제149조의 실기각하제도는 사후방지책으로 볼 수 있다.

2. 각하의 요건[적, 고, 지]

(1) 적시제출주의 규정을 어기어 공격방어방법을 뒤늦게 제출할 것

1) 적시에 반한다는 의미

소송 진행의 정도로 보아 보다 일찍 제출할 수 있었고 또 제출할 기회가 있었음에도 불구하고 제출하고 있지 않다가 뒤늦게 제출하는 것을 말하는 바, 이는 사건마다 개별적으로 판단한다. 判例는 "건물 철거와 대지명도의 청구사건에 있어서 제1심에서 유치권의 항변을 주장할 수 있었을 뿐만이 아니라 제2심의 1,2,3차 변론기일에까지도 그 항변을 주장할 수 있었을 것인데 만연히 주장을 하지 않고 제4회 변론기일에 비로소 그 주장을 한 것은 시기에 늦어서 방어방법을 제출한 것"(대판 1962.4.4. 4294 민상1122: 법전협 표준판례(129))이라고 하여 유치권 항변을 각하하였다. 최근 판례도 "항소심에서 새로운 공격·방어방법이 제출된 경우에는 특별한 사정이 없는 한 항소심뿐만 아니라 제1심까지 통틀어 시기에 늦었는지를 판단해야 한다"(대판 2017.5.17. 2017다1097: 법전협 표준판례(128))고 판시하였다.

[관련판례] ✽ 법원의 변론재개의무와 실기한 공격방어방법의 관계
"법원이 변론을 재개할 의무가 있는 예외적 요건 등을 갖추지 못하여 법원이 변론을 재개할 의무가 없는데도 변론이 재개될 것을 가정한 다음, 그와 같이 가정적으로 재개된 변론의 기일에서 새로운 주장·증명을 제출할 경우 실기한 공격방어방법으로 각하당하지 아니할 가능성이 있다는 사정만으로 법원이 변론을 재개할 의무가 생긴다고 할 수는 없다. 다만, 법원이 당사자의 변론재개신청을 받아들여 변론재개를 한 경우에는 소송관계는 변론재개 전의 상태로 환원되므로, 그 재개된 변론기일에서 제출된 주장·증명이 실기한 공격방어방법에 해당되는지 여부를 판단함에 있어서는 변론재개 자체로 인한 소송완결의 지연은 고려할 필요 없이 민사소송법 제149조 제1항이 규정하는 요건을 충족하는지를 기준으로 그 해당 여부를 판단하면 된다"(대판 2010.10.28. 2010다20532).

2) 항소심에서 시기에 늦었는지를 판단할 경우

항소심만을 기준으로 할 것이 아니라, 항소심을 속심구조로 하는 민사소송법의 구조와 제149조가 총칙규정임을 고려하여 제1심·제2심을 합쳐서 판단해야 한다. 判例도 "건물철거와 대지명도의 청구사건에 있어서 제1심에서 유치권의 항변을 주장할 수 있었을 뿐만이 아니라 제2심의 1,2,3차 변론기일에까지도 그 항변을 주장할 수 있었을 것인데 만연히 주장을 하지 않고 제4회 변론기일에 비로소 그 주장을 한 것은 시기에 늦어서 방어방법을 제출한 것이라 볼 것이고 만일 항변의 제출을 허용한다면 소송의 완결에 지연을 가져올 것은 분명하다"(대판 1962.4.4. 4294민상1122)고 한다.

3) 변론준비절차의 경우

서면준비절차에서 정하는 준비서면이나 증거의 제출기간(제280조 1항)도 시기에 늦었는지 판단할 수 있는 기준이 된다.

(2) 당사자에게 고의 또는 중대한 과실이 있을 것

1) 본인소송 여부, 법률지식 정도, 공격방어방법의 종류를 고려

당사자의 법률지식을 고려해야 한다. 가령 본인소송의 경우 변호사가 대리하는 소송과 달리 판단하여야 한다. 공격방어방법의 종류도 고려되어야 한다. 예를 들어, 예비적 주장이나 출혈적인 상계의 항변, 건물매수청구권은 일찍 제출하는 것을 기대하기 어려우므로 중과실이 부정된다. 다만 判例는 파기환송 전에 제출할 수 있었던 상계항변을 환송 후에 주장한 경우를 실기한 공격방법으로 본 판시가 있다(대판 2005.10.7. 2003다44387: 법전협 표준판례(131) : 11회 선택형).

2) 약정해제권을 행사하는 경우

"매도인이 약정해제권을 행사하기 위하여는 계약금의 배액을 배상하여야 하므로 약정해제권의 행사는 상계항변, 건물매수청구권의 행사 등과 같이 조기에 그 행사를 기대할 수 없으므로 이를 제1심에서 패소한 후 원심에서 행사하였다는 등의 사정만으로는 이를 실기한 공격방어방법에 해당한다고 할 수 없다"(대판 2004.12.9. 2004다51054).

3) 대법원의 첫 판결이 선고되자 그 판결의 취지를 토대로 새로운 주장을 제출한 경우 : 중과실 부정

"미성년자의 신용카드이용계약 취소에 따른 부당이득반환청구사건에서 항소심에 이르러, 동일한 쟁점에 관한 대법원의 첫 판결이 선고되자 그 판결의 취지를 토대로 신용카드 가맹점과의 개별계약

취소의 주장을 새로이 제출한 경우, 대법원판결이 선고되기 전까지는 미성년자의 신용카드이용계약이 취소되더라도 신용카드회원과 해당 가맹점 사이에 체결된 개별적인 매매계약이 유효하게 존속한다는 점을 알지 못한 데에 중대한 과실이 있었다고 단정할만한 자료가 없는 점, 취소권 행사를 전제로 하는 공격·방어방법의 경우에는 취소권 행사에 신중을 기할 수밖에 없어 조기 제출에 어려움이 있다는 점 등에 비추어 위 주장이 당사자의 고의 또는 중대한 과실로 시기에 늦게 제출되었거나 제1심의 변론준비기일에 제출되지 아니한 데 중대한 과실이 있었다고 보기 어렵다"(대판 2006.3.10. 2005다46363).

(3) 이를 심리하면 각하할 때보다 소송의 완결이 지연될 것

1) 각하시키는 경우

실기한 공격방어방법을 받아들이는 것이 각하는 것보다 절차가 더 오래 걸리면 지연된다고 본다(통설). 예를 들어 그 공격방어방법이 없으면 곧 변론을 종결시킬 수 있는데 이 때문에 새로 기일을 열어야 하면 지연으로 본다(절대설).[77]

2) 각하시키지 않는 경우

"법원이 당사자의 공격방어방법에 대하여 각하결정을 하지 아니한 채 그 공격방어방법에 관한 증거조사까지 마친 경우에 있어서는 더 이상 소송의 완결을 지연할 염려는 없어졌다고 할 것이므로, 그러한 상황에서 새삼스럽게 판결이유에서 당사자의 공격방어의 방법을 각하하는 판단은 할 수 없다고 할 것이며, 더욱이 실기한 공격방어방법이라 하더라도 따로 심리하거나 증거조사를 하여야 할 사항이 남아 있어 어차피 기일의 속행을 필요로 하고 그 속행기일의 범위 내에서 공격방어방법의 심리도 마칠 수 있거나 공격방어방법의 내용이 이미 심리를 마친 소송자료의 범위 안에 포함되어 있는 때에는 소송의 완결을 지연시키는 것으로 볼 수 없으므로, 이와 같은 경우에도 각하할 수 없다고 보아야 한다"(대판 2003.4.25. 2003두988)고 보았다.

3. 각하의 대상

(1) 대 상

적시제출주의에 위반한 경우 각하의 대상은 공격·방어방법, 즉 주장·부인·항변·증거신청 등이고 반소·소의 변경 등 본안의 신청은 이에 해당하지 않는다.

(2) 유일한 증거방법의 경우(제290조 단서)

유일한 증거[78]는 조사함이 원칙이지만 부적법한 증거신청까지 받아 주어야 한다고 볼 수 없으므로 시기에 늦은 것은 각하의 대상이 될 수 있다고 보는 것이 타당하다.

判例는 ① 유일한 증거라도 각하할 수 있다는 것(대판 1968.1.31. 67다2628: 법전협 표준판례(130))과, ② 유일한 증거이므로 각하할 수 없다는 것(대판 1962.7.26. 62다315)이 있다.

---

77) 가령 재정증인과 같이 당해 기일에 즉시 조사할 수 있는 증거의 신청은 소송의 완결을 지연시킨다고 할 수 없지만 재정증인이 아니면 새로 기일을 열어야 하므로 지연으로 본다. 이에 대해 '상대설'은 <u>적시에 제출한 경우보다 소송이 지연되는 경우만</u> 지연으로 본다. 예를 들어 재정증인이 아니라도 해외여행 중인 증인을 신청한 경우에 적시에 신청했어도 어차피 조사가 힘들었을 것이므로 지금 신청해도 지연으로 보지 않는다.

78) 증거의 채택 여부는 법원의 재량이지만 증거가 당사자가 주장하는 사실에 대한 유일한 증거인 때에는 그러하지 아니하다(제290조 단서). 유일한 증거란 당사자로부터 신청된 주요사실에 관한 증거방법이 유일한 것으로서 그 증거를 조사하지 않으면 증명할 방법이 없어 증명이 없는 것으로 되는 경우의 증거이다. 유일한 증거를 조사하지 않으면 증명할 기회도 안주고 증거가 없다고 불이익을 주는 결과가 되어 쌍방심리주의에 반한다는 점에 취지가 있다.

4. 각하 절차

각하여부는 법원의 직권으로 또는 상대방의 신청에 따라 결정으로 재판하고(제149조), 이러한 각하 규정은 변론준비절차에서도 준용된다(제286조, 제149조). 각하 결정에 대하여는 독립하여 항고할 수 없고, 종국판결에 대한 상소로 불복하여야 한다(제392조). 다만 당사자의 각하신청은 법원의 직권발동을 촉구하는 것에 불과하므로, 법원이 각하신청을 배척하더라도 이에 대한 불복신청은 허용되지 않는다.

5. 효 과

제149조를 공익적 성격을 가지는 기속규정으로 보는 견해도 있지만, 각하여부는 법원의 재량에 속한다고 본다(통설). ① 각하당한 자는 독립하여 항고할 수 없고, 종국판결에 대한 상소로 불복하여야 한다(제392조). ② 그러나 각하신청이 배척된 경우, 이는 법원의 소송지휘에 관한 사항이기 때문에 불복신청이 허용되지 않는다. ③ 한편 시기에 늦은 공격·방어방법이 각하되지 않은 경우, 소송을 지연시킨 당사자는 승소하였더라도 증가된 소송비용을 부담하는 불이익을 받을 수 있다(제100조).

| 핵심사례 B-16 |

■ 적시제출주의 – 실기한 공격방어방법의 각하   2010년 사법시험 변형

M은 2003. 1. 1. 甲으로부터 공작기계를 매수하였다. M과 甲은 위 매매계약 당시 甲이 공작기계를 계속 사용하되 M이 요구하면 즉시 공작기계를 M에게 인도하고, 甲은 2003. 1. 1.부터 공작기계를 현실적으로 M에게 인도하는 날까지 월 1,000만 원의 사용료를 M에게 지급하기로 약정한 '계약서'를 작성하였다. 그 후 M은 甲에게 매매대금 전액을 지급하였다.

〈제1심 소송절차〉 M은 2003. 7. 1. 甲을 상대로 공작기계의 인도와 2003. 6. 30. 까지 이미 발생한 6개월간의 공작기계 사용료 합계 6,000만원의 지급을 청구하는 소를 제기하였다.
제1심 법원은 M이 甲으로부터 공작기계를 매수하고 점유개정의 방법으로 그 소유권을 취득한 사실은 인정되나 사용료지급 약정에 대하여는 이를 인정할 증거가 없다는 이유로, M의 공작기계 인도청구는 인용하고 사용료 청구는 기각하였다. 그 후 甲은 제1심 판결 선고 후인 2003. 10. 1. M에게 공작기계를 임의로 인도하였다.

〈제2심 소송절차〉 M은 사용료 청구를 기각한 제1심 판결에 대해 항소를 제기하였다. 그 뒤 M은 위 '계약서'를 발견하고 이를 증거로 제출하였다.

〈문 제〉 M이 항소심에서 위 계약서를 증거로 제출한 것이 실기한 공격방어방법에 해당하는지에 대한 결론 및 그 논거에 대하여 서술하시오.

Ⅰ. 결 론

M이 항소심에서 '계약서'를 공격방어방법으로 제출한 것은 실기한 공격방어방법에 해당하지 않는다.

Ⅱ. 논 거

1. 실기한 공격방어방법의 각하의 의의와 취지

2. 실기한 공격방어방법의 각하의 요건 [적, 고, 지]

(1) 적시제출주의 규정을 어기어 공격방어방법을 뒤늦게 제출하였는지 여부(한정 적극)

항소심 제4회 변론기일에 비로소 제출한 유치권 항변을 각하한 判例의 태도에 비추어, 적시제출주의 규정을 어기어 공격방어방법을 뒤늦게 제출한 것으로 볼 여지가 있다. 다만 위 계약서는 M과 甲의 사용료 약정사실을 증명할 수 있는 유일한 증거이므로, 실기한 공격방어방법으로 각하할 수 없는 것은 아니나, 신중을 기해야 한다.

(2) 소송의 완결을 지연할 것인지 여부(적극)

M이 위 '계약서'를 제출함으로써 새로 기일을 열어야 하는 경우에 해당하여 소송의 완결을 지연하게 된다.

(3) 당사자에게 고의 또는 중대한 과실이 있었는지 여부(소극)

위 '계약서'는 M이 항소를 제기한 이후에 발견한 것으로서 1심에서는 제출할 수 없었으므로, 항소심에서 제출하게 된 것에 대하여 고의 또는 중과실이 있다고 보기 어렵다.

3. 사안의 경우

설문의 경우, 적시제출주의 규정을 어기어 공격방어방법을 뒤늦게 제출한 것으로 볼 여지는 있다. 또한 소송의 완결을 지연하게 된다. 그러나 고의 또는 중과실이 있다고 보기 어렵다. 따라서 M의 위 '계약서' 제출은 실기한 공격방어방법에 해당하지 않는다.

Ⅳ. 기타 적시제출주의의 실효성 확보를 위한 제도 [B-65]

1. 석명에 불응하는 공격방어방법의 각하(전술 : 제7관 Ⅳ. 석명권 행사 3. 석명불응에 대한 조치 참고)

2. 변론준비기일을 거친 경우의 실권효

① 그 제출로 인하여 소송을 현저히 지연시키지 아니하는 때, ② 중대한 과실 없이 변론준비절차에서 제출하지 못하였다는 것을 소명한 때, ③ 법원이 직권으로 조사할 사항인 때 이외에는 변론준비기일에 제출하지 아니한 공격방어방법은 변론에서 제출할 수 없다(제285조 1항).

3. 중간판결의 내용과 저촉되는 주장의 제한

법원은 독립된 공격 또는 방어의 방법, 그 밖의 중간의 다툼에 대하여 필요한 때에는 중간판결(中間判決)을 할 수 있고(제201조 1항), 청구의 원인과 액수에 대하여 다툼이 있는 경우에 그 원인에 대하여도 중간판결을 할 수 있는데(제201조 2항), 중간판결에는 기속력이 있으므로 그 판단에 대한 공격방어방법은 당해 심급에서는 제출할 수 없다.

4. 상고이유서 제출기간이 지난 뒤의 새로운 상고이유의 제한

상고장에 상고이유를 적지 아니한 때에 상고인은 소송기록 접수의 통지(제426조)를 받은 날부터 20일 이내에 상고이유서를 제출하여야 하고(제427조 1항), 이 기간은 불변기간이 아니므로 추완신청의 대상이 될 수 없다(대결 1981.1.28. 81사2). 이때 상고인이 제427조의 규정을 어기어 상고이유서를 제출하지 아니한 때에는 상고법원은 변론 없이 판결로 상고를 기각하여야 한다(제429조 본문). 즉, 상고심에서는 상소이유서 제출기간 안에 기재하여 제출하지 않은 상고이유는 고려하지 않는다. **[15변리]** 다만, ⅰ) 기간 내에 제출한 상고이유를 보충하는 것인 경우, ⅱ) 기간 도과 후에 새로운 상고이유가 생긴 경우(예컨대. 재심사유), ⅲ) 직권조사사항을 주장하는 경우는 상고이유서 제출기간 도과 후라도 제출할 수 있다(제429조 단서).[79]

[관련판례] "매매예약완결권의 제척기간이 도과하였는지 여부는 소위 직권조사 사항으로서 이에 대한 당사자의 주장이 없더라도 법원이 당연히 직권으로 조사하여 재판에 고려하여야 하므로, 상고법원은 매매예약완결권이 제척기간 도과로 인하여 소멸되었다는 주장이 적법한 상고이유서 제출기간 경과 후에 주장되었다 할지라도 이를 판단하여야 한다"(대판 2000.10.13. 99다18725)(8회,11회 선택형).

[관련판례] "상법 제814조 제1항의 제척기간을 도과하였는지는 법원의 직권조사사항이므로 당사자의 주장이 없더라도 법원이 이를 직권으로 조사하여 판단하여야 한다. 또한 당사자가 제척기간의 도과 여부를 사실심 변론종결 시까지 주장하지 아니하였다 하더라도 상고심에서 이를 새로이 주장·증명할 수 있다"(대판 2019.6.13. 2019다205947).

5. 답변서 제출의무

피고가 원고의 청구를 다투는 경우에는 소장의 부본을 송달받은 날부터 30일 이내에 답변서를 제출하여야 하며(제256조 1항 본문, 다만, 피고가 공시송달의 방법에 따라 소장의 부본을 송달받은 경우에는 그러하지 아니하다. 동항 단서), 법원은 피고가 그 기간 안에 답변서를 제출하지 아니한 때에는 청구의 원인이 된 사실을 자백한 것으로 보고 변론 없이 판결할 수 있다(제257조 1항 본문, 다만, 직권으로 조사할 사항이 있거나 판결이 선고되기까지 피고가 원고의 청구를 다투는 취지의 답변서를 제출한 경우에는 그러하지 아니하다. 동항 단서).

6. 방소항변

임의관할 위반(제30조), 소송비용의 담보제공(제118조) 등의 방소항변의 경우 본안에 관한 변론 전까지 제출하여야 한다.

V. 적시제출주의의 예외   [B-66]

적시제출주의는 변론주의가 적용되는 부분에 한정되며, 절차의 촉진보다 실체적 진실발견의 요청이 선행되는 직권탐지주의나 직권조사사항에 대해서는 적용이 배제된다. 따라서 "민사소송에 있어서 기판력의 저촉여부와 같은 권리보호요건의 존부는 법원의 직권조사사항이나 이는 소위 직권탐지사항과 달라서 그 요건 유무의 근거가 되는 구체적인 사실에 관하여 사실심의 변론종결 당시까지 당사자의 주장이 없는 한 법원은 이를 고려할 수 없고, 또 다툼이 있는 사실에 관하여는 당사자의 입증을 기다려서 판단함이 원칙이라 할 것이다"(대판 1981.6.23. 281다124)

제9관 집중심리주의

I. 의 의   [B-67]

하나의 사건에 대해 계속적·집중적으로 변론을 행하고 심리를 마친 다음 다른 사건의 변론에 들어가는 심리방식을 말한다. 동일 기일에 여러 사건의 변론기일을 잡아 여러 사건을 병행하여 심리하는 병행심리주의의 경우 소송지연·소송의 장기화에 따른 법관 교체시 간접주의에 의한 심리로의 전략·구술주의의 몰각 등의 문제점이 있어 집중심리주의가 도입되었다.

---

79) 이시윤, 조관행, 이원석, '판례해설 민사소송법 제2판'(p.27)

Ⅱ. 전제조건 [B-68]

① 사실관계에 대한 쟁점이 사전에 명확히 부각되어야 한다. ② 사전증거수집이 충분히 이루어져야 한다. ③ 기일의 연속이 제도적으로 보장되어야 한다. ④ 당사자 측이 사건의 준비를 집약적으로 하여 변론에 임하는 협조적인 태세를 갖추어야 한다.

Ⅲ. 내 용 [B-69]

1. 소송자료의 조기 충실화와 사건분류

당사자는 주장과 입증을 충실히 할 수 있도록 사전에 사실관계와 증거를 상세히 조사하여야 한다(규칙 제69조의2). 원고가 제출하는 소장의 청구원인에는 청구를 뒷받침하는 구체적 사실, 피고가 주장할 것이 명백한 방어방법에 대한 구체적인 진술, 증거방법을 기재하여야 하고(규칙 제62조), 피고의 답변서에는 소장에 기재된 개개의 사실에 대한 인정 여부, 항변과 이를 뒷받침하는 구체적 사실, 증거방법 등을 구체적으로 기재하여야 한다(규칙 제65조 1항)

2. 변론집중을 위한 쟁점정리절차

제279조 (변론준비절차의 실시) ① 변론준비절차에서는 변론이 효율적이고 집중적으로 실시될 수 있도록 당사자의 주장과 증거를 정리하여야 한다. ② 재판장은 특별한 사정이 있는 때에는 변론기일을 연 뒤에도 사건을 변론준비절차에 부칠 수 있다.

재판장 등은 변론준비절차에서 쟁점과 증거의 정리, 그 밖에 효율적이고 신속한 변론진행을 위한 준비가 완료되도록 노력하여야 하며, 당사자는 이에 협력하여야 한다(규칙 제70조 1항).

3. 제1회 변론기일과 집중증거조사

제287조 (변론준비절차를 마친 뒤의 변론) ① 법원은 변론준비절차를 마친 경우에는 첫 변론기일을 거친 뒤 바로 변론을 종결할 수 있도록 하여야 하며, 당사자는 이에 협력하여야 한다.

변론준비절차에 부치지 아니한 사건도 법원은 변론이 집중되도록 함으로써 변론이 가능한 한 속행되지 않도록 하여야 하고, 당사자는 이에 협력하여야 한다(규칙 제69조 2항). 또한 변론기일에서 증인신문과 당사자신문은 당사자의 주장과 증거를 정리한 뒤 집중적으로 하여야 한다(제293조).

4. 계속심리주의

변론준비절차를 거친 사건의 경우 그 심리에 2일 이상이 소요되는 때에는 가능한 한 종결에 이르기까지 매일 변론을 진행하여야 한다. 다만, 특별한 사정이 있는 경우에도 가능한 최단기간 안의 날로 다음 변론기일을 지정하여야 한다(규칙 제72조 1항).

제10관 직권진행주의와 소송지휘권

Ⅰ. 직권진행주의의 의의   [B-70]

소송절차의 진행과 정리를 법원에 맡겨 그 주도 하에 소송심리가 진행되게 함으로써 소송이 신속하고 원활하게 진행되도록 하는 것을 말한다.

Ⅱ. 소송지휘권   [B-71]

1. 의 의

소송이 신속하고 원활하게 진행되도록 하기 위해 법원 또는 재판장에게 부여된 주재권능을 말한다.

2. 내 용

① 절차의 진행에 관한 것으로 기일의 지정·변경(제165조), 기간의 재정·신축(제172조), 소송절차의 중지(제246조), 중단절차의 속행(제244조), ② 심리의 정리에 관한 것으로 변론의 제한·분리·병합(제141조), 변론의 재개(제142조), 심판편의에 의한 이송(제35조), ③절차의 합법적 진행에 관한 것으로 소장이나 소 각하, 관할 위반시 이송(제34조), ④ 심리의 집중·촉진에 관한 것으로 변론준비절차에의 회부(제258조), 실기한 공격방어방법의 각하(제149조), ⑤ 간편한 방법에 의한 분쟁의 종결에 관한 것으로 화해의 권고(제145조), ⑥ 불분명한 소송자료의 보충을 위한 것으로 석명권의 행사와 간과한 법률적 관점의 지적(제136조), 석명처분(제140조), ⑦ 기타 변론의 지휘(제135조), 법정경찰권이 있다.

3. 주 체

원칙적으로 소송지휘권의 주체는 법원이나(제140조 ~ 제145조), 변론이나 증거조사에 대해서는 재판장이나 수명법관이 소송지휘권을 행사할 수 있고, 수탁판사나 수명법관도 수권된 사항을 처리함에는 소송지휘권을 갖는다.

4. 행 사

변론의 지휘(제135조)와 같이 사실행위로 행하는 경우도 있으나, 보통은 결정(법원의 지위)이나, 명령(재판장·수명법관·수탁판사의 자격)의 형식으로 행사된다. 이러한 소송지휘에 관한 재판은 불필요·부적당하다고 인정되면 언제든 취소될 수 있다(제222조)

5. 당사자의 신청권

소송지휘는 법원의 직권사항으로 당사자의 신청권은 인정되지 않고 법원의 직권발동을 촉구하는 의미밖에 없음이 원칙이다. 다만, 소송의 이송(제34조 2항, 제35조), 구문권(제136조 3항), 실기한 공격방어방법의 각하(제149조), 중단된 절차의 수계(제241조) 등의 경우에는 당사자의 신청권이 인정되고, 법원은 반드시 신청에 대한 재판을 하여야 한다.

Ⅲ. 소송절차에 대한 이의권(직권진행주의에 대한 예외)   [B-72]

1. 의 의

법원이나 상대방의 소송행위가 소송절차에 관한 규정에 어긋난 경우 당사자가 이의를 제기하여 그 효력을 다툴 수 있는 권능을 말한다.

2. 대 상

① 소송절차에 관한 규정에 위배된 경우이어야 하므로 소송행위의 내용이나 소송상의 주장에 관한 규정은 제외된다. ② 소송절차에 관한 규정 중에서도 **임의규정 위반에 한정**된다. ③ 자기의 행위에 대해서는 이의권을 행사 할 수 없다.

3. 이의권의 포기 · 상실

> 제151조 (소송절차에 관한 이의권) 당사자는 소송절차에 관한 규정에 어긋난 것임을 알거나, 알 수 있었을 경우에 바로 이의를 제기하지 아니하면 그 권리를 잃는다. 다만, 그 권리가 포기할 수 없는 것인 때에는 그러하지 아니하다.

(1) 의 의

① '이의권의 포기'란 당사자가 절차규정의 위반에 관해 다투지 않을 것임을 표시하는 것이고, ② '이의권의 상실'이란 당사자가 절차규정의 위반을 알았거나 알 수 있었을 경우 지체없이 이의권을 행사하지 않음으로써 이의권을 잃게 되는 것을 말한다(제151조).

(2) 요건 및 방식

① '이의권의 포기'는 변론 또는 변론준비절차에서 법원에 대한 의사표시로 하며, 상대방에 대해서 하거나 사전에 할 수 없다. ② '이의권의 상실'은 법원이나 상대방의 소송행위가 소송절차에 관한 규정에 어긋난 것임을 알았거나 알 수 있었어야 하고, 그럼에도 불구하고 바로 이의를 제기하지 않았어야 한다.

(3) 대 상

소송절차에 관한 규정 중에서도 **임의규정 위반에 한정**된다. 훈시규정의 위배는 소송법상 효력이 없고 강행규정의 위배는 당연무효로서 법원의 직권조사사항이기 때문이다. "판결정본의 송달은 상소제기기간의 기산점이 되므로(제396조), **강행규정에 해당**한다. 따라서 **판결정본상의 하자는 이에 대한 이의권의 상실로 인하여 치유된다고 볼 수 없다**"(대판 2002.11.8. 2001다84497 : 본서 제3편 제2장 제6절 제3관 송달의 하자 참고).

(4) 효 과

소송법규에 위배된 소송행위는 이의권의 포기 · 상실로 그 하자가 치유되어 완전히 유효하게 되지만, 법원의 행위로 양 당사자 모두에게 이의권이 생긴 경우에는 양자 모두의 이의권이 포기 · 상실되어야 유효하게 된다.

제3절 변론의 준비

I. 준비서면(제272조 내지 제278조)　　　　　　　　　　　　　　　　　　[B-73]

1. 의 의

'준비서면'이란 변론에서 말로 하고자 하는 사실상·법률상 사항을 기재하여 기일 전에 미리 법원에 제출하는 서면을 말한다. 통상의 준비서면, 답변서, 요약준비서면이 있다. 기재사항은 제274조 1항에 법정되어 있고 법원을 통하여 상대방과 교환한다.

2. 준비서면의 판단기준 및 소송자료와의 관계

준비서면인지 여부는 서면의 표제가 아니라 내용에 의해 정해진다. 준비서면의 제출만으로는 소송자료가 될 수 없으며 소송자료가 되기 위해서는 변론에서 진술이 있거나 진술간주(제148조)가 되어야 한다. 判例도 준비서면에 취득시효 완성에 관한 주장사실이 기재되어 있더라도 그 준비서면이 각 변론기일에서 진술된 적이 없다면 취득시효 완성의 주장에 대한 판단누락이 없다고 하였다(대판 1983.12.27. 80다1302: 법전협 표준판례(133)).

3. 준비서면의 제출 및 교환

지방법원합의부 이상의 절차에서는 준비서면의 제출이 필요적이지만, 단독사건의 변론은 상대방이 준비하지 아니하면 진술할 수 없는 사항을 제외하고 서면으로 준비하지 아니할 수 있다(제272조). 준비서면은 그것에 적힌 사항에 대하여 상대방이 준비하는 데 필요한 기간을 두고 제출하여야 하며, 법원은 상대방에게 그 부본을 송달하여야 한다(제273조). 즉, 상대방과의 준비서면 교환은 법원을 통해서 이루어지며, 법원이 그 부본을 상대방에게 송달하므로 새로운 공격방어방법을 포함한 준비서면은 변론기일 또는 변론준비기일의 7일 전까지 상대방에게 송달될 수 있도록 적당한 시기에 제출하여야 한다(규칙 제69조의3).

4. 준비서면 부제출의 효과 [무, 불, 종, 비]

① 무변론 패소판결의 위험이 있고(제257조 1항), ② 준비서면에 적지 아니한 사실은 상대방이 불출석한 때 변론에서 주장하지 못한다(제276조). 이를 예고 없는 사실주장의 금지라 한다. 원칙적으로 (직접·간접)사실주장 뿐만 아니라 증거신청도 할 수 없다고 보아야 하나, **절차촉진을 위하여 상대방이 알고 있거나 충분히 예상할 수 있는 증거의 신청은 허용된다**(절충설. 判例는 없음). ③ 변론준비절차를 종결하여야 하고(제284조 1항, 제280조 1항) ④ 승소하더라도 소송 지연을 이유로 소송비용을 부담할 수 있다(제100조).

5. 준비서면 제출의 효과 [자, 진, 실, 소, 불]

① 기일에 상대방 불출석시 자백간주의 이익을 얻는다(제150조 1항, 3항)(1회 선택형). ② 불출석한 제출당사자가 진술간주의 이익을 얻는다(제148조 1항)(2회 선택형). ③ 변론준비기일 전에 제출한 준비서면에 기재된 사항은 비록 변론준비기일에 제출하지 아니하였더라도 변론에서 제출할 수 있다(제285조 3항). 즉, 실권효가 배제된다. ④ 피고가 본안에 관하여 준비서면을 제출한 때에는 피고의 동의를 받아야 원고가 소취하 할 수 있다(제266조 2항). ⑤ 준비서면을 제출하고 출석한 자는 준비

서면에 적은 사실에 대하여 상대방이 불출석한 경우에도 변론에서 주장할 수 있다(제276조 본문의 반대해석)(2회 선택형).

Ⅱ. 변론준비절차 [B-74]

1. 의 의

'변론준비절차'란 변론기일에 앞서 변론이 효율적이고 집중적으로 실시되도록 당사자의 주장과 증거를 정리하는 절차를 말한다(제279조). 모든 사건이 답변서제출 이후 재판장의 명령으로 변론준비절차에 회부될 수 있으나 필수적 절차가 아닌 임의적 절차이다(제258조 1항).

2. 변론준비절차의 진행

변론준비절차의 진행은 재판장이 담당함이 원칙이다(제280조 2항). 쟁점정리, 증거결정, (증인신문과 당사자신문을 제외한)증거조사를 할 수 있고 서면방식을 선행한 후 기일방식을 진행한다. 재판장 등은 쟁점과 증거의 정리가 되면 변론준비절차를 종결한다(제284조). 기일방식의 변론준비절차를 거친 경우에 그 기일에서 제출하지 못한 공격방어방법은 변론에서 제출할 수 없다(제285조). 따라서 서면준비절차만을 거친 경우에는 위와 같은 실권효 제한이 없다.

3. 변론준비기일 불출석의 효과

재판장 등은 변론준비절차를 진행하는 동안에 주장 및 증거를 정리하기 위하여 필요하다고 인정하는 때에는 변론준비기일을 열어 당사자를 출석하게 할 수 있다(제282조). 변론준비기일에 당사자가 출석하지 아니한 때에는 변론준비절차를 종결함이 원칙이나 변론의 준비를 계속하여야 할 상당한 이유가 있을 경우에는 그러하지 아니하다(제284조 1항 3호)(1회 선택형). 또한, 쌍방이 계속적으로 불출석시 취하간주의 법리가 준용되고(제286조, 제268조)(5회 선택형), 한 쪽 당사자가 변론기일에 불출석할 경우 진술간주(제286조, 제148조)와 자백간주(제286조, 제150조)의 법리를 준용하나, 출석한 당사자는 상대방이 불출석했을 때 준비서면의 제출로서 예고하지 아니한 사항도 진술할 수 있다(제276조 불준용).

4. 변론준비기일 불출석의 효과가 변론기일에 승계되는지 여부(소극)

判例는 "변론준비절차는 원칙적으로 변론기일에 앞서 주장과 증거를 정리하기 위하여 진행되는 변론 전 절차에 불과할 뿐이어서 **변론준비기일을 변론기일의 일부라고 볼 수 없고 변론준비기일과 그 이후에 진행되는 변론기일이 일체성을 갖는다고 볼 수도 없는 점,** 변론준비기일이 수소법원 아닌 재판장 등에 의하여 진행되며 변론기일과 달리 비공개로 진행될 수 있어서 **직접주의와 공개주의가 후퇴하는 점,** 변론준비기일에 있어서 양쪽 당사자의 불출석이 밝혀진 경우 재판장 등은 양쪽의 불출석으로 처리하여 새로운 변론준비기일을 지정하는 외에도 당사자 불출석을 이유로 변론준비절차를 종결할 수 있는 점, 나아가 양쪽 당사자 불출석으로 인한 취하간주제도는 적극적 당사자에게 불리한 제도로서 적극적 당사자의 소송유지의사 유무와 관계없이 일률적으로 법률적 효과가 발생한다는 점까지 고려할 때 **변론준비기일에서 양쪽 당사자 불출석의 효과는 변론기일에 승계되지 않는다"**(대판 2006.10.27. 2004다69581: 법전협 표준판례(134))고 하였다.

[판례검토] 취하간주규정은 국민의 재판청구권을 제한하는 성격을 갖는다는 점을 고려하면 법률의 명백한 근거 없이 확대 적용할 수 없다고 보아야 하므로 判例가 타당하다.

5. 변론준비절차의 종결

사건을 변론준비절차에 부친 뒤 6월이 지난 때, 당사자가 제280조 1항의 규정에 따라 정한 기간 이내에 준비서면 등을 제출하지 아니하거나 증거의 신청을 하지 아니한 때, 당사자가 변론준비기일에 출석하지 아니한 때, 재판장 등은 변론의 준비를 계속하여야 할 상당한 이유가 있는 경우를 제외하고 변론준비절차를 종결하여야 한다(제284조 1항). 이 경우 변론준비기일에 제출하지 아니한 공격방어방법은 변론에서 제출할 수 없다(제285조 1항). 다만, i) 그 제출로 인하여 소송을 현저히 지연시키지 아니하는 때, ii) 중대한 과실 없이 변론준비절차에서 제출하지 못하였다는 것을 소명한 때, iii) 법원이 직권으로 조사할 사항인 때, iv) 서면에 의한 변론준비절차에서는 실권효가 배제된다(제285조 1항, 3항 : 변론준비기일을 연 경우만 실권효가 적용되고 서면준비절차만 거친 경우에는 실권효의 제재가 없다).

6. 변론준비절차를 마친 뒤의 변론

당사자는 변론준비기일을 마친 뒤의 변론기일에서 변론준비기일의 결과를 진술하여야 하고(제287조 2항 : 변론에의 상정), 법원은 변론준비절차를 마친 경우 첫 변론기일을 거친 뒤 바로 변론을 종결할 수 있도록 하여야 하며, 당사자는 이에 협력하여야 한다(제287조 1항 : 1회의 변론기일주의와 계속심리주의). 이 경우 법원은 변론기일에 변론준비절차에서 정리된 결과에 따라서 바로 증거조사를 하여야 한다(제287조 3항 : 집중적인 증거조사).

제4절 변론의 내용과 소송행위

제1관 변론의 내용

Ⅰ. 원고의 본안신청(청구취지)   [B-75]

1. 의 의

'본안신청'이란 청구취지에 따라 특정한 내용의 판결을 구하는 뜻의 진술을 말한다. 원고가 먼저 본안의 신청을 진술함으로써 변론이 시작된다. 본안신청은 확정적이어야 하고 조건이나 기한을 붙일 수 없다(단, 예비적 신청은 가능).

2. 소송상 신청과 구별

본안신청 외의 소송절차나 그 부수적 사항에 관한 신청을 '소송상 신청'이라 한다. 원고의 본안신청에 대하여 피고의 소각하 또는 청구기각의 판결을 구하는 신청을 '반대신청'(원고의 청구취지에 대한 피고의 답변) 이라 하고, 이는 소송물이나 재판내용이 결정되는 것이 아니어서 소송상 신청에 해당한다.

Ⅱ. 원고의 공격방법(청구원인) [B-76]

1. 의 의

'공격방법'이란 원고가 자신의 청구를 이유있게 하기 위해 제출하는 주장과 증거자료를 의미한다.

2. 법률상 주장(법률상 진술)

'좁은 의미의 법률상 주장'은 구체적인 권리관계의 존부나 개개의 법률효과의 발생·변경·소멸에 관한 당사자의 법률적 판단을 법원에 보고하는 진술을 말한다. 예컨대 원고가 물건의 소유권자라는 진술, 피고에게 손해배상의무가 있다는 진술 등이 이에 해당한다. '넓은 의미의 법률상 주장'이란 법규의 존부·내용 또는 그 해석적용에 관한 당사자의 의견진술을 포함하는 개념이다. 법률상 주장은 원칙적으로 변론주의가 적용되지 않아 법원을 구속하지 않는다. 다만, ⅰ) 청구의 포기·인낙(제220조), ⅱ) 권리자백 중 일정한 경우, ⅲ) 소송물에 관한 구이론의 입장에서의 소송물의 특정을 위한 실체법상 권리의 진술 등은 예외적으로 법원을 구속한다(예컨대, 원고가 교통사고사실을 주장하면서 불법행위에 기한 손해배상청구를 하면, 법원은 이에 구속되어 판단해야 하며, 채무불이행에 기한 손해배상청구로 인용할 수 없다).

3. 사실상 주장(사실상 진술 = 청구원인사실)

(1) 의 의

'사실상 주장'은 구체적인 사실에 관한 당사자의 지식 또는 인식을 법원에 보고하는 진술이다. 반드시 외부에 나타난 사실만을 의미하는 것은 아니고 내심적 사실(선의·악의·고의·과실)도 포함한다. 사실은 주요사실, 간접사실, 보조사실을 포함하며 주요사실에 대하여는 변론주의가 적용된다.

(2) 방 식

사실상의 진술은 절차의 불안정을 피하는 의미에서 단순하여야 하며, 조건이나 기한을 붙일 수 없다. 다만, 제1차적 주장이 배척될 것을 염려하여 제2차적 주장을 하는 예비적 주장은 비록 조건부 주장의 일종이지만 허용된다. 사실심의 변론종결시 까지는 철회·정정이 가능하나, 자기에게 불리한 사실상 진술에 대하여 상대방이 원용한 때에는 재판상 자백이 되어 제288조 단서(진실에 어긋나는 자백이 착오로 말미암은 것임을 증명한 때)의 요건을 갖추지 않는 한 철회 내지 취소가 허용되지 않는다.

(3) 상대방의 대응

1) 부인·부지

상대방이 입증책임을 지는 주장사실을 아니라고 부정하는 진술이다. 피고가 부인한 사실에 대하여는 현저한 사실(제288조)이 아닌 한 그 인정에는 증거가 필요하다. 상대방의 주장사실을 알지 못한다고 하는 진술인 부지는 부인으로 추정한다(제150조 2항, 자백간주). 자기가 관여하지 아니한 사람의 행위에 대해서는 부지라는 답변이 허용되나, 자기가 관여한 것으로 주장된 행위나 서증에 대하여는 인부 절차에 있어서 원칙적으로 부지라는 답변은 있을 수 없으며 자백이나 부인만이 가능하다.

2) 자백·침묵

'자백'이란 자기에게 불리한 상대방의 주장사실을 시인하는 진술로, 자백한 사실은 증거를 필요로 하지 아니하며 재판의 기초로 하지 않으면 아니된다(제288조). '침묵'이란 상대방의 주장사실을 명백히 다투지 아니함을 말하며, 변론종결 당시를 기준으로 하여 변론 전체의 취지로 보아 다툰 것으로 인정되는 경우를 제외하고는 자백한 것으로 간주된다(제150조 1항, 자백간주). 당사자가 불출석한 경우에도 침묵에 준하여 자백으로 간주된다(제150조 3항 본문). 다만, 공시송달의 방법으로 기일통지서를 송달받은 당사자가 출석하지 아니한 경우에는 그러하지 아니하다(제150조 3항 단서).

Ⅲ. 피고의 방어방법(항변) [B-77]

1. 소송상의 항변(실체법상 효과에 관계없는 항변)

'소송상의 항변'이란 소송절차에 관한 항변을 말한다.

(1) 본안 전 항변

1) 의 의

소에 소송요건의 흠이 있어 소가 부적법하다는 피고의 주장을 말한다.

2) 성 질

원래 소송요건의 대부분은 법원이 직권으로 조사하여야 할 사항이어서 피고의 주장을 필요로 하지 아니하므로, 이러한 경우의 본안 전 항변은 법원의 직권발동을 촉구하는 것에 그치고 엄밀한 의미에서 항변은 아니다. 그러나 피고의 주장을 기다려 비로소 고려하여야 할 소송요건으로서, 임의관할 위반의 항변(제30조), 소송비용 담보제공의 항변(제117조, 제119조) 및 중재합의 존재의 항변(중재법 제9조), 부제소특약, 소취하계약 등이 있는데, 이것이야말로 진정한 의미에서 본안 전 항변이라 할 것이다.

(2) 증거항변

'증거항변'이란 상대방의 증거신청에 대하여 그 증거방법이 증거능력 또는 증거력이 없다는 주장을 말한다.

2. 본안의 항변(실체법상 효과에 관계있는 항변, 항변과 부인) [06 · 15 · 17사법]

	부 인	항 변
양립가능성	× (예 : 원고의 대여금청구에 대해 피고가 증여임 주장)	○ (예 : 원고의 대여금청구에 대해 피고가 면제를 주장)
증명책임	상대방에게 증명책임이 있는 사실을 주장(예 : 원고가 대여사실을 증명해야 함)	자기에게 증명책임이 있는 사실을 주장(예 : 피고가 면제사실을 증명해야 함)
주장이 인정되지 않는 경우	판결이유에서 판단하지 않아야 함	따로 판단하여야 함 만약 판단하지 않으면 판단누락의 위법으로 ① 상고이유(제424조 1항 6호) ② 재심사유(제451조 1항 9호)

(1) 의 의

'본안의 항변'이란 원고청구를 배척하기 위하여 원고의 주장사실(권리근거규정의 요건사실)과 양립가능한 별개사실(반대규정의 요건사실)을 주장하는 피고의 진술을 말한다.

(2) 항변과 부인의 구별기준

1) 양립가능성

부인은 상대방의 주장과 양립할 수 없는 주장을 함으로써 상대방의 주장을 직접 배척하는 진술이고, 항변은 상대방 주장과 모순되지 않고 양립할 수 있는 다른 사실을 주장하여 결국은 상대방 주장에 의한 법률효과를 배제하는 진술이다.

2) 증명책임의 소재

① 자기에게 증명책임이 있는 사실의 주장은 항변이 되고, 그렇지 않은 사실의 주장은 부인이 된다. ② 주장이 인정되지 않을 경우 부인은 판결 이유에서 판단하지 않아도 되나(대판 1967.12.19. 66다 2291), 항변에 대해서는 따로 판단하여야 하며 이를 누락한 경우 판단누락의 위법이 있어 상고이유 (제424조 1항 6호)·재심사유(제451조 1항 9호)가 된다. 判例도 "10년의 취득시효로 인하여 피고가 사원권적 재산권을 취득하였다고 항변하였음이 분명함에도 불구하고 원판결은 이점에 관하여 심리 판단한 바 없으니 이는 판결에 영향이 있는 중요한 사항에 관하여 판단을 유탈한 경우에 해당한다" (대판 1965.1.19. 64다1437)고 하였다(6회 선택형).

3) 유 형

① 부인은 상대방이 주장하는 사실이 진실이 아니라고 진술함에 그치는 **단순부인**과 상대방이 주장하는 사실과 양립할 수 없는 별개의 사실을 주장하는 **이유부 부인**으로 나뉘고, ② 항변은 상대방의 주장 사실을 인정하면서 양립될 수 있는 별개의 사실을 진술하는 **제한부 자백**과 상대방의 주장사실을 다투면서 예비적으로 항변하는 **가정적 항변**으로 나뉜다.

▌핵심사례 B-17▐

▌부인과 항변	2006년·2015년 사법시험, 2015년 법무행정고시

C 명의로 소유권이전등기가 경료되어 있던 Y건물에 관하여 매매를 원인으로 하는 D 명의의 소유 권이전등기가 경료되었다. 그러자 C가 D를 상대로 Y건물에 대한 D 명의의 소유권이전등기의 말 소를 구하는 소를 제기하였다. 위 소송에서 C는 D에게 Y건물을 매도한 사실이 없다고 주장하였고, 증거조사결과 C와 D 사이에 직접 매매계약이 체결된 것이 아니라 C의 대리인이라고 칭하는 소외 乙과 D 사이에 매매계약이 체결된 사실이 밝혀졌다. 이에 D는 乙이 C로부터 위 매매에 관한 대리권을 수여받았다고 주장하고, C는 乙에게 대리권을 수여한 사실이 없다고 주장하였다. **D의 위 주장의 성격이 부인인지 항변인지 여부를 밝히고, 그 근거를 간략하게 설명하시오. (15점)**

I. 결 론

D 명의로 소유권이전등기가 경료된 이상 乙이 C를 적법하게 대리한 것으로 추정되므로 D의 유권대리 주장의 성격은 상대방인 C에게 그 부존재에 대한 증명책임이 있는 사실을 주장한 것으로서 '부인'이다.

II. 논 거

1. 부인과 항변의 의의

2. 부인과 항변의 구별기준과 증명책임

3. D의 주장의 성격

(1) C의 말소등기청구의 요건사실

민법 제214조의 말소등기청구권의 요건사실은 ⅰ) Y건물이 C의 소유인 사실, ⅱ) D명의의 소유권이 전등기가 경료된 사실, ⅲ) D명의의 등기가 원인무효인 사실이다.

(2) 등기의 추정력

1) 판 례

判例는 "소유권이전등기가 전등기명의인의 직접적인 처분행위에 의한 것이 아니라 제3자가 그 처분행위에 개입된 경우 현등기명의인이 그 제3자가 전등기명의인의 대리인이라고 주장하더라도 현등기명의인의 등기가 적법하게 이루어진 것으로 추정되므로 그 등기가 원인무효임을 이유로 말소를 청구하는 전등기명의인으로서는 그 반대사실 즉, 그 제3자에게 전등기명의인을 대리할 권한이 없었다든지, 또는 그 제3자가 전등기명의인의 등기서류를 위조하였다는 등의 무효사실에 대한 입증책임을 진다"(대판 2009.9.24. 2009다37831)고 한다.

2) 사안의 경우

D 명의의 등기가 경료된 이상 '乙의 대리권 존재'가 법률상 추정되므로 대리권의 부존재사실은 C에게 증명책임이 있다. 따라서 乙이 유권대리라는 D의 주장은 등기의 추정력에 의해 C가 증명책임을 지는 무권대리라는 주장사실과 양립할 수 없는 주장으로써 상대방의 주장을 배척하는 '부인'에 해당한다.

▌핵심사례 B-18▐

▌부인과 항변   2015년 법무행정고시

甲은 乙을 상대로 2억 원의 대여금 반환을 청구하는 소를 제기하였다. 원고의 대여금채권 주장에 대하여 피고가 다음과 같이 진술한 경우, **다툼이 있는 사실은 무엇이며, 그에 대한 입증책임을 누가 부담하는가?** (각 15점)

〈문제 1.〉 "원고가 주장하는 돈을 빌린 적이 없을 뿐만 아니라 가령 빌렸다고 해도 이미 소멸시효가 완성되었다."

〈문제 2.〉 "원고가 주장하는 돈을 원고로부터 부양료로 받았다."   (

Ⅰ. 결 론

〈문제 1.〉의 경우 다툼이 있는 사실은 대여사실과 소멸시효완성사실이고, 대여사실은 원고 甲이 입증책임을 부담하고, 소멸시효완성사실은 피고 乙이 입증책임을 부담한다.

〈문제 2.〉의 경우 다툼이 있는 사실은 소비대차계약체결사실과 부양료로 받았다는 사실(증여사실)이고, 소비대차계약체결사실은 원고 甲이 입증책임을 부담하고, 부양료로 받았다는 사실(증여사실)은 이유부부인에 해당하므로 원고 甲이 권리근거규정에 해당하는 소비대차계약체결사실에 대하여 여전히 입증책임을 부담한다.

Ⅱ. 논 거

1. 사안에서의 주요사실 및 부인과 항변

(1) 주요사실과 간접사실의 구별기준 및 부인과 항변의 구별기준

(2) 사안의 경우

사안의 경우 대여금반환청구에서의 주요사실은 ① 소비대차계약체결사실, ② 금전인도사실, ③ 변제기
도래사실이다. 〈문제 1.〉에서의 '돈을 빌린 적이 없다'는 주장은 대여사실에 대한 단순부인이고, '가
령 빌렸다고 해도 이미 소멸시효가 완성되었다'는 주장은 소비대차계약체결사실과 양립이 가능한 사
실로서 예비적 항변에 해당한다. 〈문제 2.〉에서의 '돈을 부양료로 받았다'는 주장은 증여사실에 대한
주장으로서 대여사실과 양립이 불가능한 별개의 사실을 주장하는 것이므로 이유부부인에 해당한다.

2. 입증책임의 소재

(1) 증명책임의 분배

(2) 〈문제 1.〉의 경우

1) 대여사실(소비대차계약사실 및 금전인도사실)

사안의 경우 대여사실은 원고 甲의 주장이 있었으나 피고 乙이 원고가 주장하는 돈을 빌린 적이 없다
고 부인하였으므로 다툼이 있는 사실로서 증명을 요한다. 그런데 피고 乙이 대여사실에 대하여 단순부
인하고 있으므로 대여사실에 대한 증명책임은 여전히 원고 甲이 부담한다.

2) 변제기도래사실

사안의 경우 변제기 도래사실의 주장여부가 불분명한 바, 변제기가 확정기한이라면 그 도래사실에 대
하여 甲이 따로 주장하지 않아도 변제기를 주장하면 그 도래사실을 묵시적으로 주장한 것으로 볼 수
있다. 또한 변제기 도래사실은 현저한 사실로서 증명을 요하지 아니한다(제288조).

3) 소멸시효완성사실

사안의 경우 소멸시효완성사실에 대한 주장이 있었지만 다툼이 있으므로 증명을 요하는 사실에 해당
하는 바, 이는 피고 乙의 대여금반환청구권의 존부를 다투는 권리멸각규정에 해당하는 요건사실이므
로 乙이 증명책임을 부담한다.

(3) 〈문제 2.〉의 경우

1) 소비대차계약체결사실

소비대차계약사실에 대한 원고 甲의 주장이 있었지만 피고 乙이 '부양료로 받았다고 주장'하여 이를
부인하는 경우에 해당하므로 다툼이 있는 사실로서 증명을 요하는 사실에 해당하는 바, 이는 권리근거
규정의 요건사실이므로 원고 甲이 증명책임을 부담한다.

2) 금전인도사실

재판상 자백이란 ① 변론 또는 변론준비기일에 ② 상대방의 주장과 일치하고 ③ 자기에게 불리한 ④
주요사실의 진술을 말하는 바(제288조), 자백이 있는 경우 상대방의 증명책임이 면제되어 증명을 요
하지 않고, 법원에 대한 구속력으로서 사실인정권이 배제되어 자백한 것을 그대로 인정하여야 하며,
당사자에 대한 구속력으로 임의적 철회가 제한된다.

사안의 경우 금전인도사실은 원고 甲에게 유리하고 피고 乙에게 불리한 사실인데, 피고 乙이 부양료로
지급받았다고 하여 금전인도사실을 자백하였으므로 법원은 증거조사 없이 자백한 그대로의 사실을 인
정하여야 한다.

3) 변제기도래사실(위와 동일)

4) 부양료로 받았다는 사실(증여사실)

사안의 경우 부양료라는 사실은 권리의 장애·멸각·저지규정에 해당하는 항변사실이 아니고, 부인에 해
당하므로 피고 乙에게 증명책임이 없고, 원고 甲이 여전히 권리근거규정에 해당하는 소비대차계약체
결사실에 대하여 증명책임을 진다.

(3) 항변의 종류

1) 권리장애사실

법률효과의 발생을 방해하는 권리장애규정의 요건이 되는 사실이며 허위표시 등 무효사유의 존재, 원시적 이행불능 등이 있다.

2) 권리멸각사실

일단 발생한 권리를 멸각시키는 권리멸각규정의 요건이 되는 사실이며 변제, 해제조건의 성취, 소멸시효의 완성, 후발적 이행불능 등이 여기에 속한다. 또 해제권, 해지권, 취소권, 상계권, 추인권 등 실체법상의 형성권의 행사에 의하여 일단 발생한 법률효과를 배제하는 항변도 여기서의 권리멸각규정에 기한 항변에 포함된다.

> **[관련판례]** "원고가 피고로부터 금전을 지급받기로 하는 약정이 있다고 주장하고 그러한 약정의 존재를 입증한 경우, 약정금 범위 내에서 구체적인 액수 등에 대하여는 더 심리해야 할 것이라 하더라도 원고로서는 일응 그 권리발생의 근거에 대한 주장·입증을 한 것이므로 그 약정에 따른 채무가 불발생한다거나 소멸하였다는 주장은 피고의 항변사항에 속한다"(대판 1997.3.25. 96다42130: 법전협 표준판례(135)).

3) 권리행사장애사실

이미 발생한 권리의 행사를 저지하는 권리행사저지규정의 요건이 되는 사실이며 유치권, 보증인의 최고·검색의 항변권, 동시이행의 항변권 등 실체법상의 항변권을 행사하는 경우뿐 아니라 기한의 유예, 정지조건의 존재(아래 관련판례 참조) 등도 이에 해당한다.

> **[관련판례]** "어떠한 법률행위가 조건의 성취시 법률행위의 효력이 발생하는 소위 '정지조건부' 법률행위에 해당한다는 사실은 그 법률행위로 인한 법률효과의 발생을 저지하는 사유로서 그 법률효과의 발생을 다투려는 자에게 주장입증책임이 있다"(대판 1993.9.28. 93다20832).

(4) 상대방의 대응

원고가 주장을 한 데 대해 피고가 항변을 하면, 원고는 피고의 **항변을 부인할 수도 있고** 다시 피고의 **항변사실에 대해 재항변할 수도 있다.** 예를 들어 원고가 피고에 대하여 소유권이전등기를 청구하는 경우(청구원인), 피고는 소멸시효를 주장할 수 있고(항변), 이에 대하여 원고는 인도받아 점유하고 있어 소멸시효가 진행하지 않는다는 주장을 할 수 있으며(재항변), 피고는 다시 인도받아 점유를 하고 있었지만 현재는 점유를 상실하였다고 주장할 수 있다(재재항변).

(5) 상계항변의 특수성(예비적 항변의 성격)

1) 변제와 함께 상계를 주장하는 경우(변제여부 판단 후 상계 판단)

일반적으로 당사자가 공격방어방법을 여러 개 주장하면서 순위를 붙여 주장하더라도 상호간의 논리적 순서에 불구하고 법원은 어느 하나를 선택하여 판단하면 되고, 이때 그 주장이 이유 있는 경우에는 다른 주장에 대하여는 판단할 필요가 없다. 그러나 상계의 항변은 판결 이유 중 판단에 불과하지만 기판력이 생긴다는 점과 대가적 출혈을 동반하는 항변이라는 점에서 예비적 항변이므로, 변제와 함께 상계를 주장하는 경우는 변제에 대한 판단을 먼저 하고 이러한 항변 모두가 배척되는 경우에 상계를 인정해야 한다.

2) 상계항변이 먼저 이루어지고 그 후 소멸시효항변이 있었던 경우(시효이익 포기의사 부정)

判例는 "소송에서의 상계항변은 일반적으로 소송상의 공격방어방법으로 피고의 금전지급의무가 인정되는 경우 자동채권으로 상계를 한다는 예비적 항변의 성격을 갖는다. 따라서 상계항변이 먼저 이루어지고 그 후 대여금채권의 소멸을 주장하는 소멸시효항변이 있었던 경우에, 상계항변 당시 채무자인 피고에게 수동채권인 대여금채권의 시효이익을 포기하려는 효과의사가 있었다고 단정할 수 없다. 그리고 항소심 재판이 속심적 구조인 점을 고려하면 제1심에서 공격방어방법으로 상계항변이 먼저 이루어지고 그 후 항소심에서 소멸시효항변이 이루어진 경우를 달리 볼 것은 아니다"(대판 2013.2.28. 2011다21556)고 하였다(6회 선택형).[80]

Ⅳ. 소송에 있어 형성권의 행사 [17사법]　　　　　　　　　　　　　　　[B-78]

1. 문제점

사법상 형성권 행사와 소송상 항변이 **동시**에 이루어지는 경우, 소취하, 실기한 공격방어방법 각하 등으로 실질적인 판단을 받지 못할 때 사법상 효력이 유지되는지 문제이다.

2. 판 례[81]

(1) 해제의 항변(병존설)

대법원은 해제권을 행사한 사안에서, "소제기로써 계약해제권을 행사한 후 그 뒤 그 소송을 취하하였다 하여도 해제권은 형성권이므로 그 행사의 효력에는 아무런 영향을 미치지 아니한다"(대판 1982.5.11. 80다916: 법전협 표준판례(136))고 하여 **병존설로 평가되는** 입장이다.

(2) 상계의 항변(신병존설)

그러나 判例는 상계의 항변에 대해서는 "소송상 방어방법으로서의 상계항변은 그 수동채권의 존재가 확정되는 것을 전제로 하여 행하여지는 일종의 예비적 항변으로서 당사자가 소송상 상계항변으로 달성하려는 목적, 상호양해에 의한 자주적 분쟁해결수단인 조정의 성격 등에 비추어 볼 때 당해 소송절차 진행 중 당사자 사이에 '조정'이 성립됨으로써 수동채권의 존재에 관한 법원의 실질적인 판단이 이루어지지 아니한 경우에는 그 소송절차에서 행하여진 소송상 상계항변의 사법상 효과도 발생하지 않는다"(대판 2013.3.28. 2011다3329: 법전협 표준판례(138) : 11회 선택형)고 하여 **신병존설의** 입장으로 판시하였다.

3. 검 토

병존설은 상계항변이 실기된 공격방어방법에 해당하여 각하된 경우 피고의 반대채권이 대가 없이 소멸하는 문제가 있으므로 신병존설이 타당하다.

Ⅴ. 상계항변에 대한 상계의 재항변 가부　　　　　　　　　　　　　　　[B-79]

피고의 소송상 상계항변에 대하여 원고가 소송상 상계의 재항변을 하는 것이 가능한지 문제된다.

---

80) **[판례해설]** 소멸시효완성 후의 포기는 i) 처분능력과 처분권한을 갖춘 자가 ii) 시효완성 사실을 알고, iii) 권리를 잃을 자에게 '시효이익을 포기하는 의사표시'로 할 수 있다. 특히 iii) 요건과 관련하여 '시효완성 후 채무승인'이 문제되는바, 시효이익의 포기에는 '효과의사'가 필요하므로, '관념의 통지'로 효과의사가 필요하지 않는 시효중단사유로서의 승인과 다르며, 따라서 채무승인만으로 언제나 시효이익의 포기가 되는 것은 아니다. 위 判例는 이러한 '효과의사'가 있었다고 단정할 수 없다고 본 사안이다.

81) **[학설]** ① 사법행위설(양행위병존설)은 외관상 1개의 행위이지만 법적으로 사법상 형성권을 행사하는 사법행위와 그 사법상 효과를 법원에 진술하는 소송행위의 두 개의 행위가 병존한다고 보고, 각 행위는 실체법과 소송법에 의하여 규율된다고 한다. ② 신병존설은 병존설의 입장을 취하면서 당사자의 의사를 존중해 소송상의 형성권 행사의 진술이 소송행위로서의 의미를 상실한 때(소취하 · 각하, 형성권의 각하)는 그 사법상 효과도 발생하지 않는다고 한다.

1. 소송상 방어방법으로서의 상계항변이 실체법상 효과를 가져오는 경우

소송상 방어방법으로서의 상계항변은 통상 수동채권의 존재가 확정되는 것을 전제로 하여 행하여지는 일종의 예비적 항변으로서 소송상 상계의 의사표시에 의해 확정적으로 효과가 발생하는 것이 아니라 당해 소송에서 수동채권의 존재 등 상계에 관한 법원의 실질적 판단이 이루어지는 경우에 비로소 실체법상 상계의 효과가 발생한다(대판 2014.6.12. 2013다95964: 법전협 표준판례(137))(5회,11회 선택형).

2. 소송상 상계의 재항변이 허용되는지 여부

(1) 피고의 상계항변에 대하여 원고가 상계의 재항변을 하는 경우(불허)

① 피고의 소송상 상계항변에 대하여 원고가 다시 피고의 자동채권을 소멸시키기 위하여 소송상 상계의 재항변을 하는 경우, 법원이 원고의 소송상 상계의 재항변과 무관한 사유로 피고의 소송상 상계항변을 배척하는 경우에 소송상 상계의 재항변을 판단할 필요가 없고(대판 2014.6.12. 2013다95964: 법전협 표준판례(137)),

② 피고의 소송상 상계항변이 이유 있다고 판단하는 경우에는 원고의 청구채권인 수동채권과 피고의 자동채권이 상계적상 당시에 대등액에서 소멸한 것으로 보게 될 것이므로 원고가 소송상 상계의 재항변으로써 상계할 대상인 피고의 자동채권이 그 범위에서 존재하지 아니하는 것이 되어 이때에도 역시 원고의 소송상 상계의 재항변에 관하여 판단할 필요가 없게 된다. 피고의 소송상 상계항변에 대하여 원고가 소송상 상계의 재항변을 하는 것은 다른 특별한 사정이 없는 한 허용되지 않는다(同 判例)(5회,6회 선택형). [15행정]

③ 원고가 소송물인 청구채권 외에 피고에 대하여 다른 채권을 가지고 있다면 소의 추가적 변경에 의하여 그 채권을 당해 소송에서 청구하거나 별소를 제기할 수 있다. 따라서 이 경우에도 원고가 소송상 상계의 재항변을 하는 것은 실익이 없다(同 判例).

(2) 원고가 2개의 채권을 청구하고, 피고가 그 중 1개의 채권을 상계항변을 하자, 원고가 상계의 재항변을 하는 경우(불허)

위 (1)에서의 법리는 원고가 2개의 채권을 청구하고, 피고가 그중 1개의 채권을 수동채권으로 삼아 소송상 상계항변을 하자, 원고가 다시 청구채권 중 다른 1개의 채권을 자동채권으로 소송상 상계의 재항변을 하는 경우에도 마찬가지로 적용된다(대판 2015.3.20. 2012다107662).

| 핵심사례 B-19 |

■ 소송에 있어서 형성권의 행사 - 상계항변의 법적성질   2016년 8월 법전협 모의, 2011년 1월 법무부 모의

乙은 2015. 1. 15. 甲으로부터 X토지를 대금 1억 원에 매수하였다. 甲은 2015. 6. 3. 乙의 매매대금 미지급을 이유로 乙을 상대로 매매대금 1억 원의 지급을 구하는 소송을 제기하였다. 乙은 甲에게 매매대금 전액을 지급하였다고 주장하면서 甲의 청구를 적극 다투는 한편, 제2회 변론기일에서 예비적으로 甲에 대한 2천만 원의 별도의 대여금채권을 자동채권으로 하여 甲의 청구채권과 대등액에서 상계한다고 항변하였다. 제2회 변론기일 직후 위 사건은 조정에 회부되어, 甲과 乙 사이에 "① 乙은 甲에게 2015. 12. 30.까지 7천만 원을 지급하고 위 금원의 지급을 지체할 경우 연 15%의 비율에 의한 지연손해금을 가산하여 지급한다. ② 甲은 위 ①항의 금원을 지급받음과 동시에 乙에게 X토지에 관한 소유권이전등기절차를 이행한다. ③ 소송비용 및 조정비용은 각자 부담한다. ④ 甲은 나머지 청구를 포기한다."는 내용의 조정이 성립(조정조항에 위 내용 외에 다른 내용은 없었음)되었다. 위 조정에 따라 乙은 2015. 12. 30. 甲에게 금 7천만 원을 지급하였다. 그 후 乙은 甲을 상대로 위 상계항변에 제공된 2천만 원의 대여금 청구소송을 제기하였다. 그러자 甲은 "乙의 위 대여금채권은 이미 전소에서 상계 의사표시로 소멸하였다"고 항변하였다. **甲의 항변의 타당성 여부를 논하라.** (20점)

I. 결 론

甲의 항변은 타당하지 않다.

II. 논 거

1. 문제점

2. 소송에 있어서 형성권의 행사의 법적 성질 - 신병존설

3. 乙의 대여금채권은 상계로 소멸하였는지 여부(소극)

乙은 전소에서 2천만 원의 대여금채권을 자동채권으로 하는 예비적 상계항변을 하였으나 그 소송절차 진행 중에 甲과 乙 사이에 조정이 성립됨으로써 수동채권에 대한 법원의 실질적인 판단이 이루어지지 아니한 이상 乙의 상계항변은 그 사법상 효과도 발생하지 않는다고 보아야 한다. 따라서 乙의 대여금채권은 상계로 소멸하였다고 볼 수 없다.

4. 甲의 항변이 타당한지 여부(소극)

乙의 대여금채권은 전소의 소송물이 아니었을 뿐만 아니라 조정조서의 조정조항에 특정되거나 청구의 표시 다음에 부가적으로 기재되지 아니하였으므로 특별한 사정이 없는 한 위 조정조서의 효력이 대여금채권에 미친다고 보기 어렵다. 따라서 "전소에서의 상계권 행사로 乙의 대여금채권이 소멸하였다"는 甲의 항변은 타당하지 않다.

| 핵심사례 B-20 |

■ 소송상 형성권 행사 – 상계항변에 대한 상계의 재항변 가부

2018년 8월 법전협 모의변형. 2015년 법무행정고시

甲은 금목걸이 등 세공품을 제작하여 乙에게 납품하고, 乙은 이를 소비자들에게 판매하여 왔다. 甲은 乙을 상대로 납품대금 중 미납된 잔금 1억 원(소구채권)을 지급하라는 소를 제기하였다. 이에 대하여 乙은 변론기일에 출석하여 납품대금은 이미 전액 지급하였고, 가령 전액 지급되지 않았다고 하더라도 甲이 금 세공품 제작을 위한 설비를 갖출 때 乙로부터 돈 1억 원(대여금채권)을 빌려갔으므로 이 채권과 상계한다는 의사를 표시하였다.

乙의 위 상계항변에 대하여 甲은 乙에게 이미 가지고 있던 별도의 물품대금채권 1억 원으로 다시 상계한다는 의사를 변론기일에서 표시하였다. **심리결과 甲의 乙에 대한 미납대금채권(소구채권)과 乙의 甲에 대한 대여금채권이 인정되는 경우 법원은 乙의 상계항변과 甲의 상계재항변에 대하여 각각 어떠한 판단을 하여야 하는가?**

I. 결론

법원은 乙의 상계항변을 인용할 수 있으나, 乙의 상계항변에 대한 甲의 상계재항변은 허용할 이익이 없으므로 배척하여야 한다.

II. 논거

1. 乙의 상계항변에 대한 법원의 판단

甲의 乙에 대한 미납금채권(소구채권)과 乙의 甲에 대한 대여금채권이 인정되므로 乙의 변제항변이 받아들여지지 않는다면, 예비적 상계항변이 인용될 수 있다.

2. 乙의 상계항변에 대한 甲의 상계의 재항변 가부(소극)

3. 사안의 해결

乙의 소송상 상계항변이 배척될 경우이든 이유 있다고 판단될 경우이든 법원은 甲의 소송상 상계의 재항변을 판단할 필요가 없다. 나아가 甲이 소송물인 미납금채권 외에 乙에 대하여 별도의 물품대금채권을 갖는 것으로 인정된다면 이는 소의 추가적 변경에 의하여 그 채권을 당해 소송에서 청구하거나 별소를 제기할 수 있으므로 乙의 상계항변에 대한 甲의 상계의 재항변은 이를 허용할 이익이 없으므로 배척된다.

제2관 소송행위

I. 의의

[B-80]

'소송행위'란 당사자 및 법원의 행위로서 소송절차를 형성하고 요건과 효과가 소송법에 의하여 규율되는 행위이다(요건 및 효과설). 당사자의 소송행위는 기능에 따라 취효적 소송행위와 여효적 소송행위로 나뉘기도 한다.

① 취효적(효과요구적) 소송행위는 법원에게 재판 내지 행위를 요구하거나, 재판의 기초가 되는 자료를 제공하는 행위로서, 신청(소제기), 주장, 증거신청 등의 행위를 말한다. 취효적 소송행위는 법원에 의해 먼저 적법여부, 다음으로 이유 유·무의 2단계의 평가를 받는다. ② 여효적(효과부여적) 소송행위는

법원행위의 개입없이 직접 소송법상 효과를 발생시키는 행위로서 소(상소)취하, 청구의 포기 · 인낙, 화해, 소송고지 등의 행위를 말한다. 여효적 소송행위는 소송행위의 유 · 무효의 평가만 받는다.

Ⅱ. **소송상 합의**(소송계약) [14사법]   [B-81]

1. 의 의

'소송상 합의'란 현재 계속 중이거나 장래 계속될 특정의 소송에 대하여 일정한 법적 효과의 발생을 목적으로 하는 당사자 간의 합의를 말한다. 법률상 명문의 규정이 있는 소송상 합의로는, 민사소송법이 정한 관할의 합의(제29조) 담보제공방법에 대한 합의(제122조 단서), 담보물변경의 합의(제126조 단서), 기일변경의 합의(제165조 2항), 불항소합의(제390조 1항 단서), 쟁점계약(규칙 제70조 3항), 중재법이 정한 중재합의(제9조) 등이 있는바, **명문의 규정이 있는 한 당연히 허용된다.**

2 명문의 규정이 없는 소송상 합의의 허용 여부 [처, 변, 예, 합]

관할의 합의(제29조), 불항소합의(제390조 1항 단서) 등 명문 규정이 있는 외에 **규정이 없는 소취하합의, 불상소합의, 부제소합의 등도 인정되는지 문제되는바,** 통설 · 判例는 ① 처분권주의 · 변론주의가 행해지는 범위 내에서 이루어져야 하며 ② 당사자가 그 합의의 법효과를 명확히 예측하고 합의를 한때에는 적법성을 인정한다.

3. 소송상 합의의 법적 성질

(1) 문제점

명문규정이 있는 경우는 소송행위이나, 명문 규정이 없는 경우 법적 성질이 문제된다.

(2) 학 설

① 사법계약설은 약정대로 작위 · 부작위의무를 발생시키는 사법상 계약이라고 보고, 이를 위반하여 소를 제기하는 경우 구제방법에 관련해 **의무이행소구설**과 **항변권발생설**로 나뉜다. ② 소송계약설은 직접적으로 소송법상의 효과를 발생케 하는 소송계약으로 본다. 이에 따르면 법원은 직권으로 소송종료선언을 해야 한다.

(3) 판 례

判例는 소취하계약의 법적 성질을 **사법계약**으로 보고 있으며, ① "소취하계약을 위반하여 소를 유지하는 경우 그 취하이행의 소구는 허용되지 않는다"(대판 1966.5.31. 66다564)고 하여 사법계약설 중 의무이행소구설을 배척하였고, ② "소취하계약을 어긴 경우에 **권리보호이익이 없다고 하여 소각하를 구하는 본안 전 항변권이 발생한다**"(대판 1997.9.5. 96후1743 등)고 하여 **항변권발생설의 입장**이다(4회, 7회 선택형). 이러한 입장은 재판상화해에 대해서도 마찬가지이다(대판 2005.6.10. 2005다14861).

(4) 검 토

소송계약설은 소송법상 아무런 규정이 없는 소송계약을 소송행위로 보는 문제가 있고, 의무이행소구설은 그 구제방법으로 우회적이고 간접적이므로 보다 간이한 해결책이 되는 **항변권발생설이 타당**하다. 항변권발생설에 의하면 피고는 위 합의의 존재를 항변으로 주장할 수 있고, 법원은 권리보호의 이익이 없다는 이유로 소를 각하하게 될 것이다.

4. 소송상 합의가 직권조사사항인지 여부(적극)

判例는 불상소 합의(대판 1980.1.29. 79다2066)와 부제소 합의(대판 2013.11.28. 2011다80449)를 직권조사사항으로 보았다. 즉, '소송상 합의의 존재' 여부는 소의 적법요건에 관한 것(권리보호이익 판단기준)이므로 직권조사사항이고 '소송상 합의의 위반' 여부는 소송요건에 대한 항변이므로 본안 전 항변사항에 해당한다(항변권발생설).

判例는 "특허권의 권리범위 확인의 심판청구를 제기한 이후에 당사자 사이에 심판을 취하하기로 한다는 내용의 합의가 이루어졌다면 그 취하서를 심판부(또는 기록이 있는 대법원)에 제출하지 아니한 이상 심판청구취하로 인하여 사건이 종결되지는 아니하나, 당사자 사이에 심판을 취하하기로 하는 합의를 함으로써 특별한 사정이 없는 한 심판이나 소송을 계속 유지할 법률상의 이익은 소멸되었다 할 것이어서 당해 청구는 각하되어야 한다"(대판 1997.9.5. 96후1743)고 판시하였는바, 본안 전 항변권이 발생했는데 행사하지 않은 경우 '취하'로 사건을 종결시키지는 않지만, 소송상합의는 직권조사사항이므로 법원이 소를 '각하'할 수 있다는 입장이다.[82]

5. 소송상 합의의 유효요건

소송상 합의가 유효하기 위해서는 ⅰ) 명문의 규정이 있는 소송상 합의는 소송행위로서 소송능력이 필요하며(명문의 규정이 없는 경우 사법계약설에 따르면 사법상 행위능력과 대리권이 있으면 족하다) ⅱ) 명문의 규정의 유무를 불문하고 조건과 기한을 붙일 수 있으며 ⅲ) 처분권주의와 변론주의의 범위내에서 특정한 법률관계에 대하여 합의하여야 한다.

		기 한	조 건
단독적 소송행위 (법원에 대한 단독행위로서의 소송행위)		사법행위와 달리 절차의 안정을 위해 기한을 붙이지 못함	절차의 안정을 위해 소송 외에 장래 발생할 불확실한 사정을 소송행위의 효력발생의 조건으로 할 수 없음 (소송외적 조건 불허)
			소송절차의 진행 중에 판명될 사실을 조건으로 하는 경우는 절차의 안정을 해할 염려가 없으므로 허용(소송내적 조건 허용, 예 : 예비적 병합, 예비적 반소, 예비적 공동소송, 부대항소)
소송상 합의	명문의 규정이 있는 경우 (소송행위)	소송절차 외에서 행해지는 소송상 합의에는 단독행위와 달리 조건과 기한을 붙일 수 있음[83][84]	
	명문의 규정이 없는 경우 (사법계약)	사법계약이므로 조건과 기한을 붙일 수 있음	

---

82) "항변권이 발생했다"는 것과 "항변사항"인 것은 다른 차원의 문제이다. 소송상합의는 항변사항은 아니지만 소송상합의의 위반 시 구제수단으로 항변권이 인정된다.

83) 이에 대해 조건 부가는 가능하나 기한은 붙일 수 없다는 견해가 있다(이시윤, 신민사소송법 p.398).

84) 구체적인 예 : [C-17] 마지막 목차 "4. 조건부화해의 허용 여부" 참조

6. 소송상 합의의 방식

소송상 합의는 원칙적으로 말 또는 서면으로 할 수 있으나, 관할합의와 불항소합의는 서면으로 하여야 한다(제29조 2항, 제390조 2항).

判例는 불상소 합의도 서면에 의해야 한다고 보며(대판 2007.11.19. 2007다52317), 判例는 "소송 계속 중 당사자들이 작성한 서면에 불상소 합의가 포함되어 있는지에 관한 해석을 둘러싸고 이견이 있어 그 서면에 나타난 당사자의 의사해석이 문제로 되는 경우, 이러한 불상소 합의와 같은 소송행위의 해석은 일반 실체법상의 법률행위와는 달리 내심의 의사가 아닌 그 표시를 기준으로 하여야 하며, 표시된 문언의 내용이 불분명하고 객관적·합리적인 의사해석에 의하거나 외부로 표시된 행위에 의하여 추단하더라도 당사자의 의사가 불분명하다면 그러한 불상소 합의의 존재를 부정할 수밖에 없다"(同 判例: 법전협 표준판례(350))고 판시하였다.

7. 소송상 합의가 미치는 범위

(1) 주관적 범위

소송상 합의는 당사자의 포괄승계인이나 권리관계를 당사자간에 자유롭게 정할 수 있는 채권의 특정승계인에게는 미치나, 정형화된 물권의 특정승계인, 일반 제3자에게는 미치지 않는다고 할 것이다. 判例는 근저당권설정자와 근저당권자 사이의 관할합의의 효력이 근저당권설정자로부터 부동산을 양수한 자에게는 미치지 않고(대결 1994.5.26. 94마536), 채권자와 보증인간에 관할합의의 효력이 약정당사자가 아닌 주채무자에게는 미칠 수 없다(대판 1988.10.25. 87다카1728)고 판시하였다.

(2) 객관적 범위

소송상 합의는 합의의 내용으로 한 특정한 분쟁에 한하여만 그 효력이 미친다. 합의 후에 당사자 간의 법률관계가 변동된 때에는 합의의 효력이 미치지 않는다.

8. 개별적 고찰

(1) 부제소합의

1) 의 의

'부제소 특약'이란 당사자 사이에 일정한 권리 또는 법률관계에 관하여 법원에 소를 제기하지 아니하기로 정하는 소송 전의 합의를 의미한다. 일반적으로 '민·형사상의 소를 제기하지 아니한다' 또는 '더 이상 소를 제기하지 않기로 한다'는 식으로 되어 있다.

2) 요 건 [처, 변, 예, 합]

① 처분권주의·변론주의가 행해지는 범위 내에서 이루어져야 하며 ② 당사자가 그 합의의 법효과를 명확히 예측하고 합의를 한때에는 적법성을 인정한다.

判例도 "부제소합의는 소송당사자에게 헌법상 보장된 재판청구권의 포기와 같은 중대한 소송법상의 효과를 발생시키는 것이다. 이에 관한 당사자의 의사를 참작한 객관적·합리적 의사해석과 외부로 표시된 행위에 의하여 추단되는 당사자의 의사조차도 불분명하다면, 가급적 소극적 입장에서 그러한 합의의 존재를 부정할 수밖에 없다. 그리고 권리의무의 주체인 당사자 간에서의 부제소합의라도 그 당사자가 처분할 수 있는 특정된 법률관계에 관한 것으로서 그 합의 당시 각 당사자가 예상할 수 있는 상황에 관한 것이어야 유효하게 된다"(대판 2019.8.14. 2017다217151).

3) 효 력

① **[유효인 경우]** "당사자가 자유롭게 처분할 수 있는 권리관계인 '위약벌'에 대하여 부제소특약이 이루어진 경우에는, 부제소특약으로 말미암아 그 대상으로 된 권리관계가 강행법규 위반(민법 제103조 위반을 강행법규 위반이라고 표현하였다 : 주)으로 무효라는 주장을 하지 못하게 되는 결과가 초래된다 하더라도, 그러한 사정만으로 그 부제소특약이 당해 강행법규에 위반하여 무효로 된다고 볼 수는 없다"(대판 2008.2.14. 2006다18969 : 사안은 당해 위약벌이 민법 제103조 위반은 아닌 사안이었다).

② **[무효인 경우]** "매매계약과 같은 쌍무계약이 급부와 반대급부와의 불균형으로 말미암아 민법 제104조에서 정하는 '불공정한 법률행위'에 해당하여 무효라고 한다면, 그 계약으로 인하여 불이익을 입는 당사자로 하여금 위와 같은 불공정성을 소송 등 사법적 구제수단을 통하여 주장하지 못하도록 하는 부제소합의 역시 다른 특별한 사정이 없는 한 무효이다"(대판 2010.7.15. 2009다50308)[85](1회.2회 선택형). 또한 "강행법규인 구 임대주택법 등 관련 법령에서 정한 산정기준에 따른 금액을 초과한 분양전환가격으로 분양계약을 체결하면서 이에 부수하여 부제소합의를 한 때와 같이, 부제소합의로 인해 그 계약이 강행법규에 반하여 무효임을 주장하지 못하게 됨으로써 강행법규의 입법 취지를 몰각하는 결과가 초래되는 경우 그 부제소합의는 특별한 사정이 없는 한 무효라고 봄이 타당하다"(대판 2023.2.2. 2018다261773).

4) 부제소계약에 위반해 일방이 제소한 경우

a. 소각하판결

① 항변권발생설에 의하면 상대방은 합의의 존재를 증명하여 항변할 수 있고 법원은 권리보호이익(정확히는 권리보호자격)이 없다고 하여 소각하판결을 할 것이다. 소송계약설도 소송상 합의가 주장되면 법원은 권리보호자격의 흠결로 소를 각하해야 한다고 한다. ② 判例도 부제소 합의에 위배되어 제기된 소는 권리보호의 이익이 없고, 또한 신의성실의 원칙(제1조 2항)에도 어긋나는 것이므로 법원은 직권으로 소의 적법 여부를 판단할 수 있다고 판시하였다(대판 2013.11.28. 2011다80449: 법전협 표준판례(66)) : 선택적 적용설).

b. 지적의무 위반

다만 判例는 "당사자들이 부제소 합의의 효력이나 그 범위에 관하여 쟁점으로 삼아 소의 적법 여부를 다투지 아니하는데도 법원이 직권으로 부제소 합의를 인정하여 소를 각하하는 것은 예상외의 재판으로 당사자 일방에게 불의의 타격을 가하는 것으로서 석명의무를 위반하여 필요한 심리를 제대로 하지 아니하는 것이다"(대판 2013.11.28. 2011다80449)고 하여 지적의무 위반으로 본다.

■ 소송상 합의 – 부제소합의와 지적의무   2013년 8월 법전협 모의, 2014년 사법시험, 2014년 변리사

사실관계 | 乙은 丙을 피고로 하여 乙과 丙 사이의 소비대차계약에 기한 채무는 1,000만원을 초과하여서는 존재하지 않는다는 내용의 채무부존재확인의 소를 제기하였다. 법원이 乙의 청구에 대해 심리하기 위해 위 사건의 차용증서 등을 검토하는 도중 '이 사건 소비대차계약과 관련하여 어떠한 분쟁이 있더라도 제소하지 아니한다' 는 문구를 발견하였다. 법원은 당사자들이 부제소합의의 효력이나 그 범위에 관하여 쟁점으로 삼아 소의 적법여부를 다투지 아니하는데도 직권으로 소를 부적법 각하하였다. 乙은 이에 대해 상소할 수 있는가?

---

85) **[민법쟁점]** 위 判例는 매매대금의 과다로 말미암아 불공정한 법률행위에 해당하는 매매계약에 대해서, 선행하는 조정절차에서 제시된 금액을 기준으로 당사자의 '가정적 의사'를 추론하여 그 매매대금을 '적정한 금액'으로 감액하여 매매계약의 유효성을 인정하였다. 즉, 제104조에 해당하여 무효인 경우에도 제138조(무효행위의 전환)가 적용될 수 있다고 한다.

사안의 해결 ┃ 乙과 丙사이에 체결된 부제소합의는 불공정한 방법으로 이루어진 사정을 볼 수 없고, 소송의 개시를 가져오는 것으로 처분권주의·변론주의가 지배하는 영역 내이고, 양자 모두 법적 효과를 명확히 예측할 수 있었다고 보아야 하므로 적법하다. 이와 같이 유효한 부제소합의가 존재하는 경우, 법원은 이를 직권으로 조사하여 소각하 판결을 할 수 있음이 원칙이나, 법원이 이에 대한 의견진술기회를 부여하지 않고 곧바로 소각하 판결을 한 것은 지적의무 위반으로 위법하여 일반적 상고이유가 된다(제423조). 따라서 乙은 상소할 수 있다.

(2) 소취하계약(상소취하계약)

① **[의 의]** '소취하계약'이란 당사자가 소송계속중인 소를 취하하겠다는 소송 외에서의 합의를 말한다.

② **[소취하계약을 하고서도 소를 계속 유지하고 있는 경우 : 각하]** 항변권발생설에 의하면 권리보호이익의 흠결로 소각하판결을 할 것이다. 判例도 "당사자 사이에 항소취하의 합의가 있는데도 항소취하서가 제출되지 않는 경우 상대방은 이를 항변으로 주장할 수 있고, 이 경우 항소심 법원은 항소의 이익이 없다고 보아 그 항소를 각하함이 원칙"(대판 2018.5.30. 2017다21411: 법전협 표준판례(140))(9회 선택형)이라고 판시하였다. 그러나 소송계약설은 소송종료선언을 해야 한다고 한다.

③ **[당사자 사이에 조건부 소취하의 합의를 한 경우, 그 소송을 계속 유지할 법률상의 이익이 있는지 여부]** "당사자 사이에 그 소를 취하하기로 하는 합의가 이루어졌다면 특별한 사정이 없는 한 소송을 계속 유지할 법률상의 이익이 없어 그 소는 각하되어야 하는 것이지만, 조건부 소취하의 합의를 한 경우에는 조건의 성취사실이 인정되지 않는 한 그 소송을 계속 유지할 법률상의 이익을 부정할 수 없다"(대판 2013.7.12. 2013다19571: 법전협 표준판례(139))(7회 선택형).

④ **[소취하합의가 민법상의 화해계약에 해당하는 경우 착오를 이유로 취소할 수 있는 요건]** "민법상의 화해계약을 체결한 경우 당사자는 착오를 이유로 취소하지 못하고 다만 화해 당사자의 자격 또는 화해의 목적인 분쟁 이외의 사항에 착오가 있는 때에 한하여 이를 취소할 수 있다(민법 제733조). '화해의 목적인 분쟁 이외의 사항'이라 함은 분쟁의 대상이 아니라 분쟁의 전제 또는 기초가 된 사항으로서, 쌍방 당사자가 예정한 것이어서 상호 양보의 내용으로 되지 않고 다툼이 없는 사실로 양해된 사항을 말한다"(대판 2020.10.15. 2020다227523,227530). 이때 착오를 이유로 의사표시를 취소하는 자는 법률행위의 내용에 착오가 있었다는 사실과 함께 착오가 의사표시에 결정적인 영향을 미쳤다는 점, 즉 만일 착오가 없었더라면 의사표시를 하지 않았을 것이라는 점을 증명하여야 한다(同 判例).

> **[비교판례]** "소취하합의가 민법상의 화해계약에 이르지 않은 법률행위에 해당하는 경우 소취하합의의 의사표시 역시 민법 제109조에 따라 법률행위의 내용의 중요 부분에 착오가 있는 때에는 취소할 수 있을 것이다"(대판 2020.10.15. 2020다227523,227530).

(3) 불상소계약

① **[의 의]** '불상소계약'이란 상소하지 않기로 하는 당사자 간의 소송 외에서의 합의로서, 항소만 하지 않기로 하는 불항소합의(=비약상고합의)(제390조 1항 단서)와 구별된다.[86]

---

86) **[심화]** 제422조 2항은 '당사자 양쪽이 상고할 권리를 유보하고, 항소하지 않기로 하는 합의(제390조 1항 단서)'를 한 경우 제1심의 종국판결에 대하여 상고할 수 있다고 하고 이를 비약상고라 한다. 일반적으로 학계에서는 제390조 1항 단서의 합의를 '불항소합의'라고 하지만, 判例는 '불항소합의'라는 용어를 제390조 1항 단서의 합의와 구별하여 불상소합의의 일종으로 보는 듯하다(대판 1987.6.23. 86다카2728).
"불상소의 합의는 특정의 사건에 관하여 심급제도의 적용을 배제하는 취지의 합의이다. 이것은 상고할 것을 유보하여 항소를

② **[불상소계약을 하고도 일방이 상소를 한 경우 : 각하]** 항변권발생설에 의하면 상소이익 흠결로 상소를 부적법 각하해야 한다. 소송계약설도 상소를 부적법 각하해야 한다고 한다.

(4) 증거계약(자유심증주의 참조)

┃ 핵심사례 B-21 ┣

■ 조건부 소취하계약   2017년 6월 법전협 모의

> 甲은 2016. 8.경 인테리어 시공업자인 乙과 카페의 인테리어 공사에 관하여 공사대금 5,000만 원으로 하는 도급계약을 체결하였다. 乙은 약정기한인 2016. 10. 20. 위 인테리어 공사를 완료하고, 甲에게 카페를 인도하였다(아래 각 추가된 사실관계 및 설문은 서로 별개이다).
> 乙은 甲을 상대로 위 공사대금의 지급을 구하는 소를 제기하여 위 〈공통된 사실관계〉를 모두 주장·증명하였다. 甲과 乙은 기일 외에서 '甲은 乙에게 위 공사대금 채무에 대한 대물변제로서 시가 5,000만 원 상당의 기계를 양도하고 乙은 甲으로부터 위 기계를 양도받음과 동시에 소를 취하한다'는 약정을 하였다. 그럼에도 乙이 소를 취하하지 아니하자 甲은 변론기일에서 위 소취하 약정사실을 주장·증명하였고, 乙은 '甲이 乙에게 위 기계를 양도하지 않았다'는 사실을 주장·증명하였으며, 변론이 종결되었다. **법원은 어떠한 판결을 하여야 하는가? (10점)**

Ⅰ. 문제점
甲과 乙이 이 사건 조건부 소취하계약을 한 사실이 주장·증명되었고, 甲이 그 조건을 불이행한 사실이 주장·증명되었는 바, 법원이 어떠한 판결을 하여야 하는지와 관련하여 ⅰ) 이 사건 조건부 소취하계약의 유효여부, ⅱ) 조건불성취의 경우 심판을 유지할 법률상의 이익이 있는지 여부가 문제되는데, ⅲ) 그 선결문제로서 소취하계약의 법적성질을 검토한다.

Ⅱ. 이 사건 소취하계약의 법적성질 – 명문의 규정이 없는 소송상 합의의 법적성질

Ⅲ. 이 사건 소취하계약의 유효여부 – 소송상합의의 유효요건

Ⅳ. 조건부 소취하계약에 있어 소송의 계속을 유지할 법률상 이익 유무(대판 2013.7.12. 2013다19571).

Ⅴ. 사안의 해결
원고 乙과 피고 甲의 소취하계약은 유효하고, 피고 甲이 소취하계약사실을 주장·증명하였지만, 원고 乙이 甲의 조건불이행사실을 주장·증명한 이상 이 사건 소송을 계속 유지할 법률상 이익이 있으므로 소는 일응 적법하다. 나아가 원고 甲은 이 사건 공사대금지급청구의 소에서 청구원인에 해당하는 〈공통된 사실관계〉를 모두 주장·증명하였으므로 법원은 청구인용판결을 하여야 한다.

생략하는 합의(비약상고)와 달라서 상고의 여지가 없으므로 불항소의 합의가 있으면 상소기간이 지나는 것도 필요없이 판결은 선고한 때 확정된다"(김능환·민일영, 주석 민사소송법 제7판, p.89)

Ⅲ. 소송행위의 철회와 취소 [B-82]

1. 소송행위의 철회

(1) 여효적 소송행위

여효적 소송행위는 법원의 행위가 개입하지 않고 직접 소송상 효력을 발생하므로(소·상소취하, 청구의 포기·인낙, 화해, 소송고지 등의 행위), 상대방의 이익을 고려하여 원칙적으로 철회가 허용되지 않는다.

(2) 취효적 소송행위

취효적 소송행위(법원에게 재판 내지 행위를 요구하거나, 재판의 기초가 되는 자료를 제공하는 행위로서, 신청·소제기, 주장, 증거신청 등의 행위)는 재판이 있을 때까지 자유롭게 철회할 수 있다(5회 선택형). 다만 당해 행위를 한 당사자에게 불리한 소송행위나, 상대방에게 유리한 법률상 지위가 형성된 경우(소제기에 대해 피고가 본안에 대해 응소한 경우, 증거신청에 대하여 이미 증거조사가 개시된 경우가 이에 해당한다)에는 철회가 제한된다.

(3) 철회제한의 예외 - 구속적 소송행위 [오, 동, 착, 경]

> 제451조 (재심사유) ① 다음 각호 가운데 어느 하나에 해당하면 확정된 종국판결에 대하여 재심의 소를 제기할 수 있다. 다만, 당사자가 상소에 의하여 그 사유를 주장하였거나, 이를 알고도 주장하지 아니한 때에는 그러하지 아니하다.
> 5. 형사상 처벌을 받을 다른 사람의 행위로 말미암아 자백을 하였거나 판결에 영향을 미칠 공격 또는 방어방법의 제출에 방해를 받은 때
> 제288조 (불요증사실) 법원에서 당사자가 자백한 사실과 현저한 사실은 증명을 필요로 하지 아니한다. 다만, 진실에 어긋나는 자백은 그것이 착오로 말미암은 것임을 증명한 때에는 취소할 수 있다.
> 제94조 (당사자의 경정권)
> 소송대리인의 사실상 진술은 당사자가 이를 곧 취소하거나 경정(更正)한 때에는 그 효력을 잃는다.

철회가 제한되는 구속적 소송행위라도 예외적으로 ⅰ) 제451조 1항 5호의 재심사유가 있거나, ⅱ) 자백을 취소하고 이에 대해 상대방이 이의를 제기함이 없이 동의하거나, ⅲ) 자백이 진실에 반하고 착오로 인한 것일 때(제288조 단서)에는 철회할 수 있다. ⅳ) 소송대리인의 자백을 당사자가 경정하는 것도 가능하다(제94조).

2. 의사표시의 하자와 소송행위의 취소 [09사법, 14법행]

(1) 문제점

절차조성적 소송행위에 대해서는 민법규정을 유추하여 취소할 수 없다는 것에 견해가 일치된다. 그러나 **절차종료적 소송행위**(예 : 소취하, 항소취하, 화해)에 사기·강박, 착오 등 의사표시의 하자가 있는 경우 민법규정을 유추적용하여 취소할 수 있는지 문제된다.

(2) 판 례

1) 소송행위에 의사표시의 하자에 관한 민법규정 적용(소극)

判例는 "원래 민법상 법률행위에 관한 규정은 민사소송법상의 소송행위에는 특별한 규정 기타 특별한 사정이 없는 한 적용이 없는 것이므로 **소송행위가 강박에 의하여 이루어진 것임을 이유로 취소할 수는 없다**"(대판 1997.10.10. 96다35484; 법전협 표준판례(141): 사기 또는 착오를 원인으로 하여 소취하 등 소송행위를 할 수

없다는 데 대판 1964.9.15. 64다92: 법전협 표준판례(209))고 하여 절차종료적 소송행위에도 의사표시의 하자에 관한 민법규정이 적용되지 않는다는 입장이다(하자불고려설).[87]

[관련판례] "소의 취하는 원고가 제기한 소를 철회하여 소송계속을 소멸시키는 원고의 법원에 대한 소송행위이고 소송행위는 일반 사법상의 행위와는 달리 내심의 의사보다 그 표시를 기준으로 하여 그 효력 유무를 판정할 수밖에 없는 것인바(대판 1983.4.12. 80다3251: 법전협 표준판례(208)), 원고들 소송대리인으로부터 원고 중 1인에 대한 소 취하를 지시받은 사무원은 원고들 소송대리인의 표시기관에 해당되어 그의 착오는 원고들 소송대리인의 착오로 보아야 하므로, 그 사무원의 착오로 원고들 소송대리인의 의사에 반하여 원고들 전원의 소를 취하하였다 하더라도 이를 무효라 볼 수는 없고, 적법한 소 취하의 서면이 제출된 이상 그 서면이 상대방에게 송달되기 전·후를 묻지 않고 원고는 이를 임의로 철회할 수 없다"(대판 1997.6.27. 97다6124)(4회,9회 선택형).

[판례검토] 이 때, 소의 취하가 부존재 또는 무효라는 것을 주장하는 당사자는 기일지정신청을 할 수 있고(규칙 제67조 1항), 법원은 신청이 이유 없으면 소송종료선언해야 한다(4회 선택형).

2) **제451조 1항 5호 유추적용에 의한 소송행위의 효력부정**(유죄판결의 확정 + 의사에 부합하지 않을 것)

判例는 "소송행위가 '사기', '강박' 등 형사상 처벌을 받을 타인의 행위로 인하여 이루어졌다고 하여도 그 타인의 행위에 대하여 유죄판결이 확정되고 또 그 소송행위가 그에 부합되는 의사없이 외형적으로만 존재할 때에 한하여 민사소송법 제422조 1항 제5호, 2항(현행 제451조 1항 5호)의 규정을 유추해석하여 그 효력을 부인할 수 있다고 해석함이 상당하므로 타인의 범죄행위가 소송행위를 하는데 '착오'를 일으키게 한 정도에 불과할 뿐 소송행위에 부합되는 의사가 존재할 때에는 그 소송행위의 효력을 다툴 수 없다"(대판 1984.5.29. 82다카963: 법전협 표준판례(143))고 판시하였다.

[판례해설] 判例의 핵심은 '유죄판결의 확정'과 '의사에 부합하지 않을 것' 두 가지 요건을 모두 갖추어야 제451조 1항 5호를 유추적용할 수 있다는 점이다. 실체법상 착오·사기·강박 등 의사표시하자의 유형은 기준이 되지 못한다. 위 82다카963 判例도 민법 제109조의 착오와 관련된 사례가 아니라 '상대방의 기망에 의하여 착오(민법 제110조)로 한 소송행위의 효력'에 관한 판시였다. 결국 사기의 경우에도 타인이 유죄판결을 받았다고 하여 제451조가 무조건 유추적용되는 것은 아니다.

[비교판례] ✱ **형사책임이 수반되는 타인의 강요와 폭행에 의하여 이루어진 소취하의 약정**(무효)

判例는 "형사책임이 수반되는 타인의 강요와 폭행에 의하여 이루어진 소취하의 약정과 소취하서의 제출은 무효이다"(대판 1985.9.24. 82다카312,313,314)고 판시하여 제451조 1항 5호를 유추적용할 것 없이, 즉 '유죄의 확정판결 없이' 소송행위의 효력을 무효로 보았다.

[판례검토] 이 判例는 민법 제110조의 강박행위에 대한 사례가 아님을 주의해야 한다. 군이 해석하자면 강박의 정도가 극심하여 표의자의 의사결정의 자유가 박탈될 정도인 경우(절대적 강박)에는 의사 자체가 없는 것이 되어 '무효'라는 대법원의 입장(대판 2002.12.10. 2002다56031 등)이 소송법적으로 반영된 것이다.

[비교판례] ✱ **당사자의 대리인이 한 항소취하가 배임죄에 해당하는 경우 제451조 1항 5호 적용요건**(유죄판결의 확정 + 대리권에 실질적인 흠이 발생할 것)

判例는 "제451조 제1항 제5호의 '형사상 처벌을 받을 다른 사람의 행위'에는 당사자의 대리인이 범한 배임죄도 포함될 수 있으나, 이를 재심사유로 인정하기 위해서는 단순히 대리인이 문제된 소송행위와 관련하여 배임죄로 유죄판결을 받았다는 것만으로는 충분하지 않고, 위 대리인의 배임행위에 소송의 상대방 또는 그 대리인이 통모하여 가담한 경우와 같이 대리인이 한 소송행위의 효과를 당사자 본인에게 귀속시키는 것이 절차적 정의에 반하여 도저히 수긍할 수 없다고 볼 정도로 대리권에 실질적인 흠이 발생한

---

87) **[학설]** ① 하자고려설은 절차를 종료시키는 행위는 절차안정과 무관하므로 민법규정을 유추적용하여 취소할 수 있다고 한다.
② 하자불고려설은 소송행위에는 절차의 안정성과 명확성을 도모하기 위해 표시주의와 외관주의가 적용되므로 민법의 의사표시의 흠에 관한 규정을 유추적용하여 취소할 수 없다고 한다.

경우라야 한다"(대판 2012.6.14. 2010다86112)고 판시하였다.

[판례검토] 이는 의사표시의 하자사례와는 별개의 문제이다. 제451조 1항 5호를 유추적용하여 하자있는 의사표시에 의한 소송행위의 효력을 부정하려는 것이 아니라, 재심을 하기 위해 제451조 1항 5호의 '형사상 처벌을 받을 다른 사람의 행위'에 당사자의 대리인이 범한 배임죄가 포함되는지 여부가 문제된 사안이다(제6편 제3절 재심절차 참조).

＊ **상대방의 기망에 의하여 착오로 소송대리인이 소송행위를 한 경우**(제451조 1항 5호 유추적용 : 유죄 판결의 확정 + 의사에 부합하지 않을 것)

'2) 判例(대판 1984.5.29. 82다카963)'는 상대방의 기망에 의하여 착오로 소송대리인이 한 소송행위의 효력에 관한 판결이다. 이 判例에서의 주요 논점은 ⅰ) 소송대리인에 대한 기망도 본인에 대한 기망과 같다는 것, ⅱ) 그 소송행위가 사기, 강박 등 형사상 처벌을 받을 타인의 행위로 인하여 이루어 졌다고 하여도 그 타인의 범죄행위가 소송행위를 하는데 착오를 일으키게 한 정도에 불과할 뿐 소송행위에 부합되는 의사가 존재할 때에는 그 소송행위의 효력을 다툴 수 없으므로, ⅲ) 그 타인의 행위에 대하여 유죄판결이 확정되고 또 그 소송행위가 그에 부합되는 의사없이 외형적으로만 존재할 때에 한하여 민사소송법 제422조 제1항 제5호, 제2항의 규정을 유추해석하여 그 효력을 부인할 수 있다는 것이다. 즉, '유죄판결의 확정 + 의사에 부합하지 않을 것'을 요구한다.

＊ **당사자의 대리인이 한 항소취하가 배임죄에 해당하는 경우**(제451조 1항 5호 적용 : 유죄판결의 확정 + 대리권에 실질적인 흠이 발생할 것) **[핵심사례 B-22 참조]**

반면, '비교판례(대판 2012.6.14. 2010다86112)'는 타인이 아니라 당사자의 대리인이 배임죄를 범해 형사처 벌을 받은 경우이다. 이 判例에서의 주요 논점은 ⅰ) 형사상 처벌을 받을 다른 사람의 행위로 말미 암아 상소 취하를 하여 원심판결이 확정된 경우에도 제451조 1항 5호가 규정한 자백에 준하여 재심사유로 볼 수 있다는 것, ⅱ) 형사상 처벌을 받을 다른 사람의 행위'에는 당사자의 대리인이 범한 배임죄도 포함될 수 있다는 것, ⅲ) 이를 재심사유로 인정하기 위해서는 단순히 유죄판결을 받았다는 것만으로는 충분하지 않고, 대리권에 실질적인 흠이 발생한 경우라야 한다는 것이다. 즉, '유죄판결의 확정 + 대리권에 흠이 발생'할 것을 요구한다.

'비교판례(대판 2012.6.14. 2010다86112)'의 원심법원(서울고등법원 2010.9.10. 2009재나440)은 '2) 判例(대판 1984.5.29. 82다카963)'의 법리에 따라 소송행위에 부합되는 항소취하의 의사는 실제로 존재하였다 는 이유로 재심청구를 기각하였으나, 사안은 의사표시의 하자문제가 아니므로 부합되는 의사의 유무를 요구하는 '2) 判例(대판 1984.5.29. 82다카963)'의 법리를 적용할 수 없다.

---

(3) 검 토

청구의 포기·인낙, 소송상 화해의 경우 준재심의 대상이 되는 것 이외에 그 하자의 구제책을 인정 하지 아니하는 것이 우리법제(제461조, 제451조)이고, 그 밖의 소송행위(소취하 또는 항소취하)에 있어서 도 사기·강박에 의한 경우 민법의 규정이 아니라 제451조 1항 5호 규정을 유추적용[88]하여 취소할 수 있으므로 하자불고려설이 타당하다. 다만, 확정판결을 요구하는 것은 재심의 소의 남용을 막기 위 한 것이므로, 소취하의 소송행위를 철회할 때까지 동항의 유죄확정판결을 요구할 필요는 없다(다수설).

■ 소송행위의 철회와 취소　　　　2014년 법원행정고시, 2009년 사법시험

사실관계 ┃ A는 B를 상대로 1억 원의 대여금 청구소송을 제기하여 7천만 원의 일부 승소판결을 받았 고, A와 B 쌍방이 항소하였다. A는 항소심의 변론기일 전날에 법원에 소취하서를 제출하였다가 변론 기일에 출석하여 소취하의 효력이 없다고 주장하였고, B는 변론기일에 출석하지 않고 다음날 소취하 동의서를 제출하였다. A가 항소취하서를 제출한다는 것이 착오로 소취하서를 작성·제출한 경우와 B

---

88) 취하와 달리 기판력이 인정되는 포기, 인낙, 화해는 재심규정인 제451조 1항과 2항의 적용이고 유추적용이 아니다(제461조).

의 강요 · 강박에 의하여 소취하서를 제출한 경우 **그 효력은 각각 어떠한가?**

　사안의 해결 ┃ A가 착오로 소취하를 한 경우라도 민법 109조의 착오를 이유로 그 취소를 주장할 수 없으므로 A의 소취하는 유효하다. 다만 A가 B의 강요 · 강박에 의하여 소취하서를 제출한 경우에는 B의 강요 · 강박행위에 대해 유죄판결이 확정되고, A의 소취하가 그에 부합되는 의사 없이 외형적으로만 존재하는 경우라면 제451조 제1항 5호의 재심사유를 유추하여 소취하가 무효라고 할 것이다.

┃ 핵심사례 B-22 ┃

┃ 소송행위의 철회와 취소　　　　　　　　　　　　　　　　　　　2014년 변리사

甲회사는 乙회사를 상대로 「부정경쟁방지 및 영업비밀보호에 관한 법률」 제5조에 기하여 2010. 1. 1.부터 2013. 6. 30. 까지의 부정경쟁행위로 인한 손해배상을 청구하였다. 이에 대하여 제1심 법원은 甲의 청구를 기각하는 판결을 선고하였다. 甲회사의 대표자 丙이 乙회사와 공모하여 개인적으로 돈을 받기로 하고 제1심 판결에 대한 항소를 취하했다. 丙은 항소를 취하한 행위에 대하여 업무상 배임죄로 유죄판결을 선고받았고, 그 판결은 확정되었다. **이 경우 丙이 한 항소취하의 효력에 대해 설명하시오.**

Ⅰ. 결 론

丙의 항소취하는 제451조 1항 5호에 준하는 재심사유가 있다고 할 것이므로 효력이 없다.

Ⅱ. 논 거

1. 丙을 제451조 1항 5호의 '형사상 처벌을 받을 다른 사람'으로 볼 수 있는지 여부(적극)

甲회사의 대표자 丙은 당사자의 대리인으로서 乙회사와 공모하여 개인적으로 돈을 받기로 하고 제1심 판결에 대한 항소를 취하하여 업무상 배임죄로 유죄판결을 선고받았으므로 丙이 한 소송행위의 효과를 당사자 본인에게 귀속시키는 것이 절차적 정의에 반한다. 따라서 丙은 제451조 제1항 5호의 '형사상 처벌을 받을 다른 사람'에 해당한다.

2. 丙의 항소취하행위를 제451조 1항 5호의 '자백을 한 경우'로 볼 수 있는지 여부(적극)

형사상 처벌을 받을 다른 사람의 행위로 말미암아 상소 취하를 하여 그 원심판결이 확정된 경우에도 위 자백에 준하여 재심사유가 된다고 봄이 상당하다.

3. 丙의 항소취하행위의 효력(부정)

① 丙은 절차적 정의에 반하여 배임의사로서 항소취하를 하여 원심판결을 확정시켰으므로 이러한 확정판결은 정의의 관념상 용인될 수 없어 丙의 항소취하행위는 재심사유에 대당한다.

② 따라서 丙의 항소취하행위가 제451조 제1항 5호에 준하는 재심사유에 해당하는 한 효력이 없으며, 丙의 항소취하행위가 丙의 의사에 부합하는지 여부는 따질 필요가 없다.

3. 소송행위의 하자와 그 치유

(1) 소송행위의 하자

인적요건을 갖추지 못하거나 방식·내용에 있어 소송법규에 합치되지 않는 소송행위는 무효이다.

(2) 하자의 치유

하자있는 소송행위는 무효임이 원칙이나 절차안정을 위해 무효인 소송행위도 일정한 경우 유효하게 될 수 있다.

1) 새로운 행위

잘못된 송달에 다시 송달하는 것처럼 하자 없는 새로운 행위를 하는 경우 하자가 치유된다.

2) 추 인

소송능력, 법정대리권 또는 소송행위에 필요한 권한의 수여에 흠이 있는 사람이 소송행위를 한 뒤에 보정된 당사자나 법정대리인이 이를 추인하여 소급하여 효력이 생기게 하는 경우(제60조, 제97조) 하자는 치유된다.

3) 보정명령에 응하는 경우

소장제출시 인지부족, 주소불명 등의 형식적요건 불비시 재판장의 보정명령에 응하는 경우(제254조)하자는 치유된다.

4) 이의권의 포기·상실

소송절차에 관한 규정 중 임의적·사익적 규정에 위배된 소송행위는 그 불이익을 입을 당사자의 소송절차에 관한 이의권이 포기·상실됨으로써 하자가 치유된다(제151조).

5) 무효행위의 전환

判例는 가처분에 대한 불복신청을 특별항고로 전환한 사례에서 무효행위의 전환을 인정한 예가 있다. "민사소송법 제507조 제2항 소정의 가처분에 대하여는 동법 제473조 제3항을 유추하여 불복신청을 할 수 없다고 할 것이고, 이와 같이 불복불허의 결정에 대하여 한 항고는 당사자가 특별항고라는 표시를 하지 아니하였어도 원심법원은 이를 특별항고로 보아 기록을 대법원에 송부하여야 할 것인바, 원심법원이 기록을 대구고등법원에 송부하여 대구고등법원에서 이에 대하여 결정을 한 것은 권한 없는 법원이 한 것으로 되므로 대법원은 위 고등법원의 결정에 대한 이건 항고를 원심법원의 결정에 대한 특별항고사건으로 보아 처리하여야 한다"(대결 1981.8.21. 81마292).

제5절 변론의 실시

I. 변론의 경과 [B-83]

변론 개시 전 당사자는 주장과 입증을 충실히 할 수 있도록 사전에 사실관계와 증거를 상세히 조사하고(규칙 제69조의2), 재판장의 지휘하에 변론이 진행된다(제135조). 심리가 종국판결을 하기에 성숙하면 법원은 변론을 종료한다.

Ⅱ. 변론의 정리   [B-84]

법원은 변론의 제한·분리 또는 병합을 명하거나, 그 명령을 취소할 수 있다(제141조).
① '**변론의 제한**'이란 사건의 쟁점이 복잡하여 소송지연의 우려가 있는 경우 변론의 대상인 사항을 한정하는 것이고, ② '**변론의 분리**'란 청구의 병합이나 공동소송 등 청구가 여러 개인 경우 그 중 어느 청구에 대해 별개의 소송절차로 심리하는 것을 말한다. ③ '**변론의 병합**'이란 판결의 모순·저촉 방지와 관련 분쟁의 1회적 해결을 위해 개별적으로 계속되어있는 관련청구를 하나의 소송절차에서 심리하는 것을 말한다. 변론의 병합은 복수의 소송이 변론단계에서 공동소송이나 청구의 병합으로 결합되므로 같은 종류의 소송절차로 심판 될 것에 한하며(제253조), 각 청구 상호간 법률상 관련성이 있어야 한다.

Ⅲ. 변론의 재개   [B-85]

> 제142조 (변론의 재개) 법원은 종결된 변론을 다시 열도록 명할 수 있다.

1. 원 칙(법원에 재개의무 없음)

변론종결 후 심리미진 등의 사유가 있다면 법원은 종결된 변론을 다시 열도록 명할 수 있다(제142조). ⅰ) 변론의 재개여부는 법원의 직권사항이고, ⅱ) 당사자에게 신청권이 없으므로 이에 대한 허부의 결정을 할 필요가 없으며, ⅲ) 또한 변론재개신청이 있다고 하여도 법원에 재개의무가 있는 것도 아니다. 따라서 당사자가 주장·입증할 기회가 충분히 있었음에도 불구하고 변론종결 후에 이르러서야 변론재개신청을 한 것을 받아들이지 않았다고 하여 심리미진의 위법이 있다고 할 수 없고(대판 2011.11.10. 2011다67743), "사실심의 변론종결 후에 변론의 재개신청을 함과 동시에 승계참가인의 승계참가신청이 있었던 경우, 사실심이 본래의 소송에 대하여 변론재개를 하지 않은 채 그대로 판결하는 한편, 참가신청에 대하여는 이를 분리하여 각하하는 판결을 하였더라도 위법은 아니다"(대판 2005.3.11. 2004다26997).

2. 예 외(법원에 재개의무가 있는 경우)

ⅰ) 당사자가 **재심사유를 재개사유로 제출**한 경우, ⅱ) 변론을 재개함이 **절차적 정의의 요구에 부합할 때**(대판 2010.10.28. 2010다20532 : 아래 ① 판례 참조), ⅲ) **결론을 좌우하는 요증사실**을 재개사유로 한 경우(대판 2007.4.26. 2005다53866 : 아래 ② 판례 참조), ⅳ) 변론재개신청을 한 당사자가 변론종결 전에 그에게 **책임을 지우기 어려운 사정으로** 주장·증명을 제출할 기회를 제대로 갖지 못한 경우(대판 2014.10.27. 2013다27343 : 아래 ③ 판례 참조), ⅴ) **사건의 적정하고 공정한 해결에 영향을 미칠 수 있는 소송절차상의 위법이 드러난 경우**(대판 2019.11.28. 2017다244115 : 아래 ④ 판례 참조) 등은 재개의무가 인정된다.

법원의 석명의무와 관련하여 최근 判例는 당사자 본인이 소송을 수행하면서 다툼이 있는 사실에 관하여 무지, 부주의나 오해로 인하여 증명을 하지 않는 경우, 법원은 증명을 촉구하는 등의 방법으로 석명권을 행사하여야 하며, 원고 일부 패소의 제1심판결에 대하여 원고만 항소한 경우 법원은 석명권을 행사하여 피고에게 제1심판결 중 원고 승소부분에 대하여 부대항소 제기 의사가 있는지를 확인하고, 부대항소를 제기하는 취지라면 불복신청의 범위를 특정하게 하고 법령에 따른 인지를 붙이도록 한 후 소송절차에서 '부대항소인'으로 취급함으로써 항소심의 심판범위를 명확히 하여야 한다고 판시하였다(대판 2022.12.29. 2022다263462).

✻ 법원에 재개의무가 있는 경우

① **[절차적 정의의 요구에 부합할 경우]** "변론재개신청을 한 당사자가 변론종결 전에 그에게 책임을 지우기 어려운 사정으로 주장·증명을 제출할 기회를 제대로 갖지 못하였고, 그 주장·증명의 대상이 판결의 결과를 좌우할 수 있는 주요한 요증사실에 해당하는 경우 등과 같이, 당사자에게 변론을 재개하여 그 주장·증명을 제출할 기회를 주지 않은 채 패소의 판결을 하는 것이 행정소송법 제8조 제2항에서 준용하도록 규정하고 있는 민사소송법이 추구하는 절차적 정의에 반하는 경우에는 법원은 변론을 재개하고 심리를 속행할 의무가 있다"(대판 2019.2.21. 2017후2819). 변론재개신청을 한 당사자가 변론종결 전에 그에게 책임을 지우기 어려운 사정으로 주장·증명을 제출할 기회를 제대로 갖지 못하였고 주장·증명의 대상이 판결의 결과를 좌우할 만큼 주요한 요증사실에 해당하는 경우도 이에 해당한다(대판 2019.9.10. 2017다258237). 또한 "법원이 사실상 또는 법률상 사항에 관한 석명의무나 지적의무 등을 위반한 채 변론을 종결하였는데 당사자가 그에 관한 주장·증명을 제출하기 위하여 변론재개신청을 한 경우 등과 같이 사건의 적정하고 공정한 해결에 영향을 미칠 수 있는 소송절차상의 위법이 드러난 경우에는, 사건을 적정하고 공정하게 심리·판단할 책무가 있는 법원으로서는 그와 같은 소송절차상의 위법을 치유하고 그 책무를 다하기 위하여 변론을 재개하고 심리를 속행할 의무가 있다"(대판 2021.3.25. 2020다277641). 또한 "당사자가 변론종결 후 추가로 주장·증명을 제출한다는 취지를 기재한 서면과 자료를 제출하고 있다면 이를 위 주장·증명을 제출할 수 있도록 변론을 재개하여 달라는 취지의 신청으로 선해할 수도 있으므로, 당사자가 참고서면과 참고자료만을 제출하였을 뿐 별도로 변론재개신청서를 제출한 바는 없다는 사정만으로 이와 달리 볼 것은 아니다"(대판 2013.4.11. 2012후436)

② **[결론을 좌우하는 요증사실의 경우]** "피고 주장의 변론 재개신청사유가 신빙성이 있다고 보여지고 그 사유로서 주장한 제1심 증인 소외인의 증언이 허위라는 것이 밝혀진다면 소외인의 증언 이외에 다른 증거가 없는 이 사건에 있어서 원고는 승소판결을 기대할 수 없게 될 것임이 분명하므로 원심으로서는 당사자 사이의 분쟁의 적정 공평한 해결을 위하여 **변론의 재개를 허용하는 등 방법으로 충분한 심리를 다 하여야 할 것임에도 불구하고** 이에 이르지 아니하고 피고에게 위 금 170만원의 지급을 명한 제1심 판결을 유지하였음은 판결에 영향을 미친 위법을 범하였다고 할 것이다"(대판 1982.6.22. 81다911). [비교판례] 결론이 좌우되는 경우라도 항상 재개의무가 인정되는 것은 아니다(대판 1987.12.8. 86다카1230).

③ **[신청인에게 책임을 지우기 어려운 사정이 있었던 경우]** "당사자가 변론종결 후 주장·증명을 제출하기 위하여 변론재개신청을 한 경우 당사자의 변론재개신청을 받아들일지는 원칙적으로 법원의 재량에 속한다. 그러나 변론재개신청을 한 당사자가 변론종결 전에 그에게 책임을 지우기 어려운 사정으로 주장·증명을 제출할 기회를 제대로 갖지 못하였고, 주장·증명의 대상이 판결 결과를 좌우할 수 있는 관건이 되는 요증사실에 해당하는 경우 등과 같이, 당사자에게 변론을 재개하여 주장·증명을 제출할 기회를 주지 않은 채 패소의 판결을 하는 것이 민사소송법이 추구하는 절차적 정의에 반하는 경우에는 법원은 변론을 재개하고 심리를 속행할 의무가 있다"(대판 2014.10.27. 2013다27343)

④ **[소송절차상의 위법이 드러난 경우]** "법원이 사실상 또는 법률상 사항에 관한 석명의무나 지적의무 등을 위반한 채 변론을 종결하였는데 당사자가 그에 관한 주장·증명을 제출하기 위하여 변론재개신청을 한 경우 등과 같이 사건의 적정하고 공정한 해결에 영향을 미칠 수 있는 소송절차상의 위법이 드러난 경우에는, 사건을 적정하고 공정하게 심리·판단할 책무가 있는 법원으로서는 그와 같은 소송절차상의 위법을 치유하고 그 책무를 다하기 위하여 변론을 재개하고 심리를 속행할 의무가 있다"(대판 2019.11.28. 2017다244115: 법전협 표준판례(145))

IV. 변론조서

[B-86]

1. 의 의

법원사무관 등은 변론의 경과를 명확히 기록보존하기 위해 변론기일에 참여하여 기일마다 조서를 작성하여야 하고(제152조 1항), 관계인이 신청하면 그에게 읽어 주거나 보여주어야 한다(제157조).

2. 증명력

변론방식에 관한 규정이 지켜졌다는 것은 조서로만 증명할 수 있는데(제158조 본문), '변론방식'이란 변론의 일시 및 장소, 변론의 공개 유무, 관여법관, 당사자와 대리인의 출석 여부, 판결의 선고일자와 선고사실 등의 변론의 외형적 형식을 말한다. 변론조서의 기재사항으로는 형식적 기재사항(제153조)과 실질적 기재사항(제154조)이 있는데, 이 중 전자가 변론방식에 해당하고 후자는 6호의 판결의 선고사실만이 변론방식에 해당한다.

제158조 (조서의 증명력) 변론방식에 관한 규정이 지켜졌다는 것은 조서로만 증명할 수 있다. 다만, 조서가 없어진 때에는 그러하지 아니하다.

제153조 (형식적 기재사항) 조서에는 법원사무관등이 다음 각호의 사항을 적고, 재판장과 법원사무관 등이 기명날인 또는 서명한다. 다만, 재판장이 기명날인 또는 서명할 수 없는 사유가 있는 때에는 합의부원이 그 사유를 적은 뒤에 기명날인 또는 서명하며, 법관 모두가 기명날인 또는 서명할 수 없는 사유가 있는 때에는 법원사무관등이 그 사유를 적는다.

1. 사건의 표시   2. 법관과 법원사무관등의 성명
3. 출석한 검사의 성명   4. 출석한 당사자·대리인·통역인과 출석하지 아니한 당사자의 성명
5. 변론의 날짜와 장소   6. 변론의 공개여부와 공개하지 아니한 경우에는 그 이유

제154조 (실질적 기재사항) 조서에는 변론의 요지를 적되, 특히 다음 각호의 사항을 분명히 하여야 한다.
1. 화해, 청구의 포기·인낙, 소의 취하와 자백   2. 증인·감정인의 선서와 진술
3. 검증의 결과   4. 재판장이 적도록 명한 사항과 당사자의 청구에 따라 적는 것을 허락한 사항
5. 서면으로 작성되지 아니한 재판   6. 재판의 선고

---

(1) 변론방식에 대한 변론조서의 증명력

① 변론방식에 대한 변론조서의 증명력은 배타적이어서 조서가 아닌 다른 증거방법으로는 증명할 수 없고(대판 1963.5.16. 63다151), ② 다만 조서가 없어진 경우(제158조 단서)나 조서가 무효인 경우(제154조 1호·2호·5호의 기재누락 등)에는 배타적 증명력이 없어 다른 증거방법을 보충하거나 반증으로 다툴 수 있다.

(2) 변론방식에 해당하지 않는 사항에 대한 변론조서의 증명력

변론방식에 해당하지 않는 실질적 기재사항에 대한 증명력은 증거자료에 불과하여 다른 증거로 번복 할 수 있다. 判例도 조서에 적힌 소송취하의 의사표시가 오기인 것이 현저한 때에는 취하의 효력이 발생치 않는다고 하였다(대판 1963.3.12. 4285민상102). 다만, 조서는 엄격한 형식 하에 법원사무관 등이 작성하고 재판장이 인증한 것이므로 특별한 사정이 없는 한 내용이 진실하다는 강한 증명력을 갖는다(대판 2001.4.13. 2001다6367: 법전협 표준판례(144)).

제6절 기일·기간·송달

제1관 기일과 기간

Ⅰ. 기 일 [B-87]

1. 의 의

'기일'이란 법원과 당사자 등 소송관계인이 모여서 소송행위를 하기 위한 시간을 말한다.

2. 기일의 지정과 기일지정신청

① 기일은 직권으로 또는 당사자의 신청에 따라 재판장이 지정한다(제165조 1항 본문). 다만, 수명법관 또는 수탁판사가 신문하거나 심문하는 기일은 그 수명법관 또는 수탁판사가 지정한다(제165조 1항 단서). ② 기일지정의 신청은 심리의 속행을 촉구하기위한 경우(제165조 1항 본문)뿐만 아니라 소송종료 후 그 종료효를 다투는 경우(규칙 제67조 등), 양쪽 당사자의 2회 불출석시 소취하간주를 막기위한 경우(제268조 2항·4항)가 있다.

3. 기일의 변경

첫 변론기일 또는 첫 변론준비기일을 바꾸는 것은 현저한 사유가 없는 경우라도 당사자들이 합의하면 이를 허가하나(제165조 2항), 속행기일은 현저한 사유(변론을 하지 못한 데 정당한 사유가 있는 경우 포함)가 있는 때에 한하여 변경을 허가한다.

4. 기일의 통지

기일은 기일통지서 또는 출석요구서를 송달하여 통지한다. 다만, 그 사건으로 출석한 사람에게는 기일을 직접 고지하면 된다(제167조 1항). 법원은 대법원규칙이 정하는 간이한 방법(전화·팩시밀리·보통우편 또는 전자우편, 그 밖에 상당하다고 인정되는 방법. 규칙 제45조)에 따라 기일을 통지할 수 있다. 이 경우 기일에 출석하지 아니한 당사자·증인 또는 감정인 등에 대하여 법률상의 제재, 그 밖에 기일을 게을리 함에 따른 불이익을 줄 수 없다(제167조 2항).

Ⅱ. 기 간 [B-88]

1. 의 의

소송행위를 준비할 시간을 확보하기 위해 또는 소송지연을 막기 위한 시간적 범위를 제한하기 위해 소송행위에 기간을 정할 수 있다.

2. 법정기간과 재정기간

기간에는 법률에 의해 정해진 '법정기간'(답변서제출기간, 상소기간, 재심기간 등)과 재판으로 정해진 '재정기간'(소송능력 또는 소장 등의 보정기간, 주장·증거의 제출기간)이 있고, 법정기간은 다시 '불변기간'과 '통상기간'으로 나뉜다(불변기간 외에는 통상기간임).

3. 불변기간

(1) 의 의

법원은 법정기간 또는 법원이 정한 기간을 늘이거나 줄일 수 있으나, 불변기간은 그러하지 아니하다 (제172조 1항). 법원은 주소 또는 거소가 멀리 떨어진 곳에 있는 사람을 위하여 불변기간이 경과하기 전까지 부가기간을 정할 수 있고(제172조 2항), 당사자가 책임질 수 없는 사유로 말미암아 불변기간을 지킬 수 없었던 경우에는 추후보완이 허용된다(제173조).

(2) 종 류

화해권고결정에 대한 이의신청기간(제226조, 2주), 제소 전 화해의 소제기신청기간(제388조, 2주), 항소·상고기간(제396조·제425조, 2주), 즉시항고기간(제444조, 1주), 재심기간(제456조, 30일), 지급명령에 대한 이의신청기간(제470조, 2주), 제권판결에 대한 불복기간(제492조, 1월) 등이 이에 해당한다.

제2관 기일의 해태

Ⅰ. 의 의
[B-89]

'기일의 해태'란 적법한 기일통지를 받은 당사자가 기일에 출석하지 않거나 출석하더라도 변론하지 않은 경우를 말한다. 불출석으로 인한 소송지연을 방지하는 취지이다. **한쪽 당사자가 결석한 경우에는 진술간주 및 자백간주, 양쪽 당사자가 결석한 경우에는 소의 취하간주가 규정되어 있다.**

Ⅱ. 기일의 해태의 요건 [필, 통, 불]

ⅰ) 당사자가 결석한 기일이 **필요적 변론기일**이어야 하고, ⅱ) 당사자에게 **적법한 기일통지**가 있었어야 하며, ⅲ) 불출석 또는 출석·무변론한 경우여야 한다.

1. 필요적 변론기일에 불출석할 것

변론준비기일도 이에 해당하며(제286조), 判例는 증거조사기일도 변론기일로 본다(대판 1966.1.31. 65다2296). 다만, 법정 외에서 실시하는 증거조사기일은 위 변론기일에 포함되지 않는다(同 判例)(5회 선택형). '필요적' '변론기일'이어야 하므로 '임의적 변론'이나 '판결선고기일'은 포함되지 않는다(제207조 2항 : 판결은 당사자가 출석하지 아니하여도 선고할 수 있다).

2. 적법한 기일통지를 받고 불출석할 것 [2회 사례형]

① '기일통지서가 송달불능이거나 송달무효'인 경우(제167조 1항), ② '공시송달'에 의한 기일 통지의 경우(제150조 3항 단서 : 공시송달의 방법으로 기일통지서를 송달받은 당사자가 출석하지 아니한 경우에는 자백간주 효과 불발생, 진술간주, 소취하간주의 기일해태효과 역시 발생하지 않는 것으로 해석)에는 변론기일에 불출석한 경우에도 기일해태의 효과가 발생하지 않는다.

[관련판례] ✱ 부적법하지만 유효한 공시송달(기일해태의 효과 불발생 : 제150조 3항 단서적용 아님에 주의) "판사의 공시송달명령에 의하여 공시송달을 한 이상 공시송달의 요건을 구비하지 않은 흠결이 있다 하더라도 공시송달의 효력에는 영향이 없다"(대판 1984.3.15. 전합84미20: 법전협 표준판례(159)). 그러나 "민사소송법 제241조

제2항 및 제4항(현행 제268조 1·2항 : 저자주)에 의하여 소 또는 상소의 취하가 있는 것으로 보는 경우 같은 조 제2항 소정의 1월의 기일지정신청기간은 불변기간이 아니어서 그 추완이 허용되지 않는 점(대판 1992.4.21. 92마175: 법전협 표준판례(148))을 고려한다면, 같은 조 제1, 2항에서 '변론의 기일에 당사자 쌍방이 출석하지 아니한 때'란 당사자 쌍방이 적법한 절차에 의한 송달을 받고도 변론기일에 출석하지 않는 것을 가리키는 것이고, 변론기일의 송달절차가 적법하지 아니한 이상 비록 그 송달이 유효하고 그 변론기일에 당사자 쌍방이 출석하지 아니하였다고 하더라도 쌍방 불출석의 효과는 발생하지 않는다"(대판 1997.7.11. 96므1380)(12회 선택형).[89]

3. 불출석하거나 출석하였으나 무변론일 것

'불출석'은 당사자와 대리인 모두가 불출석한 경우를 말한다. 당사자가 출석하였으나 진술금지재판(제144조), 퇴정명령, 임의퇴정 등의 경우에도 불출석으로 된다. '출석무변론'은 실질적으로 변론을 하지 않아야 하므로 단순히 기일변경만 구하거나, 청구기각판결을 구한 후 본안에 관하여 사실상 진술을 하지 않은 경우에는 무변론으로 취급된다(대판 1955.7.21. 4288민상59 : 이 경우에는 원고의 주장사실을 명백히 다투지 않은 것으로 보아 불출석으로 인한 자백간주의 불이익을 과해야 한다). 원고가 불출석 하고 피고가 청구기각 판결만을 구하고 사실상의 진술을 하지 않은 경우 쌍방의 기일 해태이다.

Ⅲ. 양쪽 당사자의 결석 : 소의 취하간주   [B-90]

> 제268조 (양 쪽 당사자가 출석하지 아니한 경우) ① 양 쪽 당사자가 변론기일에 출석하지 아니하거나 출석하였다 하더라도 변론하지 아니한 때에는 재판장은 다시 변론기일을 정하여 양 쪽 당사자에게 통지하여야 한다. ② 제1항의 새 변론기일 또는 그 뒤에 열린 변론기일에 양 쪽 당사자가 출석하지 아니하거나 출석하였다 하더라도 변론하지 아니한 때에는 1월 이내에 기일지정신청을 하지 아니하면 소를 취하한 것으로 본다. ③ 제2항의 기일지정신청에 따라 정한 변론기일 또는 그 뒤의 변론기일에 양쪽 당사자가 출석하지 아니하거나 출석하였다 하더라도 변론하지 아니한 때에는 소를 취하한 것으로 본다. ④ 상소심의 소송절차에는 제1항 내지 제3항의 규정을 준용한다. 다만, 상소심에서는 상소를 취하한 것으로 본다.

1. 의 의

적법한 기일통지를 받았음에도 불구하고 양쪽 당사자가 결석한 경우에 우리 민소법은 취하간주로 처리한다(제268조).

2. 취하간주의 요건

(1) 양쪽 당사자의 1회 결석(양 쪽 당사자에게 기일통지)

양쪽 당사자가 변론기일에 1회 불출석이거나 출석무변론이어야 한다. 변론기일은 1회 변론기일이든 속행기일이든 가리지 않는다. 이때 재판장은 다시 변론기일을 정하여 양 쪽 당사자에게 통지하여야 한다(제268조 1항).

---

89) **[사실관계]** "당사자의 주소, 거소 기타 송달할 장소를 알 수 없는 경우가 아님이 명백함에도 재판장이 당사자에 대한 변론기일 소환장을 공시송달에 의할 것으로 명함으로써 당사자에 대한 변론기일 소환장이 공시송달된 경우, 그 당사자는 각 변론기일에 적법한 절차에 의한 송달을 받았다고 볼 수 없으므로, 위 공시송달의 효력이 있다 하더라도 각 변론기일에 그 당사자가 출석하지 아니하였다고 하여 쌍방 불출석의 효과가 발생한다고 볼 수 없다"고 본 사례

(2) 양쪽 당사자의 2회 결석

양쪽 당사자의 1회 결석 후의 신기일 또는 그 뒤 기일에 불출석이거나 무변론이어야 한다. 이 경우에
는 1월 이내에 기일지정신청을 하지 아니하면 소를 취하한 것으로 보는데(제268조 2항), 법원이 변론을
종결하지도 않고 신기일을 지정함도 없이 기일을 종료시키는 것이 통례이다(사실상 휴지).

(3) 2회 결석 후 1월 이내에 기일지정신청이 없거나 양쪽 당사자의 3회 결석(기일지정신청 후 양쪽의 결석
　: 소취하 간주)

1) 불출석 또는 출석 무변론

제268조 2항의 기일지정신청에 따라 정한 변론기일 또는 그 뒤의 변론기일에 양쪽 당사자가 출석하
지 아니하거나 출석하였다 하더라도 변론하지 아니한 때에는 소를 취하한 것으로 본다(제268조 3
항).

2) 동일심급 동종기일에서의 불출석

결석은 단속적이어도 무방하며 '같은 심급'의 같은 종류의 기일에서의 불출석이어야 한다. 환송판결 전
후의 쌍방 불출석은 동일 심급이 아니며(대판 1963.6.20. 63다166), **변론기일과 변론준비기일은 동종의 기일**
이 아니다(대판 2006.10.27. 2004다69581: 법전협 표준판례(134))(12회선택형).[90] 증거조사기일의 경우 증거조사가
법정 외에서 이루어진다면 변론기일이 아니지만 **법정 안에서 이루어진다면 변론기일로 본다**(대판
1966.1.31. 65다2296).

3) 법원이 직권으로 새로운 기일을 지정한 경우

당해 요건과 관련하여 判例는 2회 불출석의 기일에 법원이 직권으로 신 기일을 지정한 때에도 당사
자의 기일지정신청에 의한 기일지정이 있는 경우와 마찬가지로 보아 소취하간주의 효력이 발생한다
고 보았다(대판 2002.7.26. 2001다60491: 법전협 표준판례(149))(5회,12회선택형).

4) 변론조서에 연기라는 기재가 있는 경우

判例는 "변론조서에 연기라는 기재가 있다 하더라도 그 기재는 기일을 실시할 수 없는 당사자의 관
계에서만 기일을 연기한다는 것일 뿐, 기일을 해태한 당사자들에 대한 관계에 있어서는 사건 호명(제
169조 참조)으로 불출석의 효과가 발생하는 것이고 연기의 기재는 무의미한 것이다"(대판 1982.6.22. 81다
791)라고 판시하여 불출석의 효과가 당연히 발생한다고 판시한 바 있다(5회 선택형).

3. 효 과(취하간주)

법률상 소가 취하된 것으로 간주되며 소송계속의 효과는 소급하여 소멸하여 소송이 종결된다. 상소심
에서는 상소의 취하로 보아(제268조 4항)(8회 선택형) 원심판결이 확정된다(제267조 1항, 제393조
2항, 제498조)(상소의 취하와 소의 취하에 관하여는 '제6편 제1절 제2관 항소 Ⅳ. 항소취하' 참조).

　[관련판례] "취하로 간주되는 효과가 법률상 당연히 발생하는 것으로 법원이 재량이나 소송사건의 내용 진
도에 따라 임의로 처리할 수 없다 할 것이니 법원은 더 나아가 본안에 대한 석명 및 심리를 할 수 없다"(대결
1982.10.12. 81마94).

---

90) **[판례검토]** 변론준비기일의 중요성을 강조한 개정법의 입법취지가 실효를 거둘 수 있도록 운영되어야 하며 제286조에서 제268
조를 준용하고 있다는 점을 들어 변론준비기일에서의 쌍방불출석 효과가 변론기일에 승계된다고 보는 견해가 있으나, 제268조
는 국민의 기본권인 재판청구권을 제한하는 불리한 규정이므로 엄격하게 해석하여야하므로 승계되지 않는다고 보는 判例의 태도
가 타당하다(제3편 제2장 제3절 변론의 준비 참고).

[관련판례] "민사소송법 제268조 제4항에서 정한 항소취하 간주는 그 규정상 요건의 성취로 법률에 의하여 당연히 발생하는 효과이고 법원의 재판이 아니므로 상고의 대상이 되는 종국판결에 해당하지 아니한다. 항소취하 간주의 효력을 다투려면 민사소송규칙 제67조, 제68조에서 정한 절차에 따라 항소심 법원에 기일지정신청을 할 수는 있으나 상고를 제기할 수는 없다"(대판 2019.8.30. 2018다259541).

핵심사례 B-23

■ 소송상 합의, 양쪽 당사자의 결석	2015년 8월 법전협 모의

甲은 2012. 5. 6. 乙이 운전하는 영업용택시를 타고 귀가하던 중 자신이 탄 택시와 丙이 운전하던 승용차가 교차로에서 충돌하는 교통사고를 당하여 안면부 열상과 뇌진탕 등의 상해를 입었다. 수사결과 丙이 교통사고를 위반한 과실이 인정되어 丙에게 벌금 300만 원의 약식명령이 내려지자 甲은 2013. 2. 5. 丙을 상대로 이미 지출된 치료비 3,000만 원 상당의 손해배상을 청구하는 소송을 제기하였다. 위 소송에서 丙은 자신이 교통신호를 위반하지 않았다고 주장하면서 청구기각을 구하는 답변서를 제출하였는데, 얼마 후 甲과 丙은 2013. 2. 25. 소외에서 "1. 丙은 甲에게 치료비 2,000만 원을 지급한다. 2. 甲은 진행 중인 손해배상청구의 소를 취하하고, 민형사상 일체의 이의를 제기하지 아니한다."는 내용으로 서면합의하였고, 丙은 합의서를 법원에 제출하였다.

甲과 丙이 변론준비기일에 1회 불출석하고, 법원이 제1회 변론기일소환장을 송달하자 丙은 "2013. 2. 25. 합의로 소송은 종료되었으므로 출석하지 않겠다"는 내용으로 불출석신고서를 법원에 제출하였으며, 甲과 丙은 지정된 제1회 변론기일에 출석하지 않았다. **이 경우 소송종료여부에 관하여 검토하시오. (15점)**

I. 결 론

丙은 소취하합의의 존재에 대하여 항변한 바 없고, 甲과 丙의 변론준비기일의 불출석 효과는 제1회 변론기일에 승계되지 않으므로 소취하간주의 효력이 인정되지 않는다. 따라서 甲과 丙의 소송은 종료되지 않았다.

II. 논 거

1. 문제점

사안의 경우 소송의 종료사유로 검토할 수 있는 것으로, 첫째, 甲과 丙간의 소외 합의와 관련하여 1.항의 치료비를 2천만 원으로 한 것은 민법상 화해계약이며, 2.항의 약정은 소취하합의와 부제소특약이 결합된 형태인데, 민법상 화해계약 자체만으로는 소송법적 효력이 없고, 다만 본안에서 丙의 주장과 증명에 의해 청구기각의 판결을 할 뿐인바, 이하에서는 소취하합의(부제소특약)에 대한 적법성과 그 효과에 대한 논의들이 필요하다. 둘째, 쌍방불출석시 취하간주제도에 대한 논의가 필요하다.

2. 소취하합의 및 부제소특약의 허용 여부 및 효과

(1) 명문규정이 없는 소송상 합의의 허용 여부(적극) [처, 변, 예, 합]

甲과 丙간의 소취하합의 및 부제소특약은 丙이 처분할 수 있는 권리에 관한 것이고, 특정한 법률관계에 관한 것으로 예상가능성 역시 인정되는 등 적법·유효하다.

(2) 법적성질과 효과(법원의 조치)

항변권발생설인 判例에 의하면 甲과 丙의 합의에 따라 丙이 2013. 2. 25. 합의로 소송은 종료되었다고 항변할 경우 소송은 권리보호이익이 없어 각하된다. 그러나 丙은 불출석신고서를 제출하였을 뿐 소송에서 소취하합의와 민사상화해계약의 존재에 대하여 변론기일에서 항변하지 않았으므로 소송은 아직 종료되지 아니하였다.

3. 양쪽 당사자의 결석 - 소의 취하간주

(1) 의의 및 요건(제268조)

(2) 변론준비기일 불출석의 효과가 변론기일에 승계되는지 여부(소극)

(3) 사안의 경우

甲과 丙은 변론준비기일에 1회 불출석 한 후, 지정된 제1회 변론기일에 출석하지 않은 점에서 불출석의 효과는 승계되지 않고, 재판장은 다시 변론기일을 정하여 양쪽에 통지하여야 한다.

4. 사안의 해결

丙은 불출석신고서를 제출하였을 뿐 소송에서 소취하합의와 민사상화해계약의 존재에 대하여 변론기일에서 항변하지 않았고, 쌍방불출석의 효과로서 소취하간주의 효력도 인정되지 않는 점에서 소송은 아직 종료되지 아니하였다.

Ⅳ. 한쪽 당사자의 결석 : 진술간주, 자백간주   [B-91]

1. 대석판결주의(한쪽 당사자의 결석과 입법례)

한쪽 당사자가 기일에 결석하는 경우 결석판결주의의 입법례는 결석한 당사자에 대하여 패소판결을 선고하지만, 우리법은 소송지연을 방지하기 위하여 결석자의 보호에 치우쳐 결석자가 마치 출석하여 진술하였거나(진술간주) 또는 자백한 것으로 보는(자백간주) 대석판결주의를 채택하고 있다.

2. 진술간주(구술변론주의의 예외)

(1) 의 의

> 제148조 (한 쪽 당사자가 출석하지 아니한 경우) ① 원고 또는 피고가 변론기일에 출석하지 아니하거나, 출석하고서도 본안에 관하여 변론하지 아니한 때에는 그가 제출한 소장·답변서, 그 밖의 준비서면에 적혀 있는 사항을 진술한 것으로 보고 출석한 상대방에게 변론을 명할 수 있다.

법원은 기일을 해태한 당사자가 미리 제출한 소장·답변서 그 밖의 준비서면에 적혀 있는 사항을 진술한 것으로 간주하고, 출석한 상대방에게 변론을 명하고 심리를 진행할 수 있다(제148조 1항)(2회 선택형).

[관련판례] ✱ 변론기일에 진술하지 아니한 준비서면에 기재된 항변을 판단하지 아니한 것이 판단누락인지 여부

"준비서면에 취득시효 완성에 관한 주장사실이 기재되어 있더라도 그 준비서면이 각 변론기일에서 진술된 적이 없다면 취득시효 완성의 주장에 대한 판단누락이 없다"(대판 1983.12.27. 80다1302: 법전협 표준판례(133)).

(2) 요 건

1) 한 쪽 당사자의 변론기일의 해태

'기일의 해태'란 필요적 변론기일에 적법한 기일통지를 받고도 출석하지 않거나 출석하더라도 변론을 하지 않은 경우를 말한다. 여기의 '변론기일'은 최초의 변론기일뿐만 아니라 속행기일도 포함된다. 제1심의 기일은 물론 항소심의 기일도 포함된다. 실무상 원고의 결석시는 쌍불로 유도하므로, 진술간주는 피고의 결석시에 문제된다.

2) 준비서면 등의 제출

진술간주가 되는 서면은 소장, 답변서 그 밖의 준비서면이다. 실질적으로 준비서면의 역할을 하는 것이면 진술간주의 대상이 된다.

(3) 효 과

1) 법원의 재량

한쪽 당사자가 불출석한 경우에 반드시 진술간주의 처리를 하여야 하는 것은 아니며, 진술간주 제도를 적용하여 **변론을 진행하느냐 기일을 연기하느냐는 법원의 재량에 속한다고 할 것이나, 출석한 당사자만으로 변론을 진행할 때에는 반드시 불출석한 당사자가 그때까지 제출한 소장·답변서, 그 밖의 준비서면에 적혀 있는 사항을 진술한 것으로 보아야 한다**(대판 2008.5.8. 2008다2890: 법전협 표준판례(146) : 진술간주기속설)(1회,5회,12회 선택형).

2) 서면에서 자백한 경우 '재판상 자백'인지 '자백간주'인지

한 쪽 당사자가 상대방의 주장사실을 자백한 내용의 준비서면을 제출한 채 기일을 해태한 경우, 재판상 자백설과 자백간주설의 견해대립이 있다. 결석자가 법정에 출석하였더라도 자백 취지의 진술을 하였을 것인바, 재판상 자백으로 보는 것이 결석자에게 불이익하다고 보기 어려우므로 **재판상 자백설이 타당하다**(통설)

判例도 "법원에 제출되어 상대방에게 송달된 답변서나 준비서면에 자백에 해당하는 내용이 기재되어 있는 경우라도 **그것이 변론기일이나 변론준비기일에서 진술 또는 진술간주되어야 재판상 자백이 성립한다**"(대판 2015.2.12. 2014다229870: 법전협 표준판례(147); 대판 2021.7.29. 2018다276027)고 하여 **진술간주의 경우에도 재판상 자백의 성립을 인정한다**(예컨대, 원고의 대여금청구에서 원고의 대여사실에 대하여 피고가 답변서에 차용했다고 기재하고 결석한 경우 대여사실을 인정하는 진술을 한 것으로 간주하므로 재판상 자백이 성립한다고 본다)(8회,12회 선택형) **[13회 사례형]**.

3) 진술간주 확대적용의 문제

소송촉진을 위해 서면에 의한 포기·인낙을 인정할 수 있는가 문제되는바, 종래의 判例는 부정하였으나(대판 1982.3.23. 81다1336), 개정법 제148조 2항은 ⅰ) 서면의 청구 포기·인낙의 의사표시가 있고, ⅱ) 공증사무소의 인증의 요건을 갖춘 경우 청구포기·인낙의 효력을 인정한다(1회 선택형). 절차지연과 당사자의 불편을 없애기 위해 개정된 내용이다. 개정법은 서면에 의한 재판상 화해의 효력도 인정한다(제148조 3항)(3회 선택형).

4) 진술간주의 한계

진술간주가 되어도 **변론관할이 인정되지는 않으며**(대결 1980.9.26. 80마403: 법전협 표준판례 (24))(5회 선택형)(제2편 제1장 제3절 제3관 변론관할 참고), **준비서면에 증거를 첨부하여 제출하였을 때 그 서면이 진술간주되어도 증거신청의 효과는 생기지 않는다**(대판 1991.11.8. 91다15775).

3. 자백간주 [15사법, 17법무]

(1) 의의 및 요건 [2회 사례형]

> **제150조 (자백간주)** ① 당사자가 변론에서 상대방이 주장하는 사실을 명백히 다투지 아니한 때에는 그 사실을 자백한 것으로 본다. 다만, 변론 전체의 취지로 보아 그 사실에 대하여 다툰 것으로 인정되는 경우에는 그러하지 아니하다.
> ③ 당사자가 변론기일에 출석하지 아니하는 경우에는 제1항의 규정을 준용한다. 다만, 공시송달의 방법으로 기일통지서를 송달받은 당사자가 출석하지 아니한 경우에는 그러하지 아니하다.
>
> **제276조 (준비서면에 적지 아니한 효과)** 준비서면에 적지 아니한 사실은 상대방이 출석하지 아니한 때에는 변론에서 주장하지 못한다. 다만, 제272조 제2항 본문의 규정에 따라 준비서면을 필요로 하지 아니하는 경우에는 그러하지 아니하다.

제150조 1항과 제150조 3항에 따라서 ⅰ) 출석한 당사자는 준비서면을 미리 제출하고(제276조), ⅱ) 불출석한 당사자는 준비서면을 미리 제출하지 않은 경우(제148조), ⅲ) 공시송달에 의하지 않은 기일통지가 있음에도 책임 있는 사유에 의한 불출석의 경우(쌍방심문주의의 원칙) 의제자백이 성립한다.

[관련판례] "제1심에서 원고의 주장사실을 명백히 다투지 아니하여 의제자백으로 패소한 피고가 항소심에서도 원고청구기각의 판결을 구하였을 뿐 원고가 청구원인으로 주장한 사실에 대하여는 아무런 답변도 진술하지 않았다면, 변론의 전취지에 의하여 그 사실을 다툰 것으로 인정되지 않는 한, 항소심에서도 의제자백이 성립한다"(대판 1955.7.21. 4288민상59).

(2) 효 과

자백간주시 법원에 대한 구속력은 발생하나 당사자에 대한 구속력은 생기지 않으므로 당사자는 재판상 자백의 철회사유 없이도 자백간주의 효과를 번복할 수 있다. 따라서 당사자는 사실심의 변론종결할 때까지 상대방의 주장사실을 다투어 자백간주의 효력을 배제할 수 있고(대판 1987.12.8. 87다386 등), 당사자가 파기환송된 뒤에 상대방의 주장을 다투는 경우에도 환송 전의 자백간주의 효력은 없어진다(대판 1968.9.3. 68다1147). 다만 실기한 공격방어방법의 각하(제149조), 변론종결 후의 공격방어의 제출불허(제285조)의 한계는 존재한다.

│ 핵심사례 B-24│

■ 한쪽 당사자의 결석 - 진술간주, 자백간주   2015년 변리사

甲은 乙이 甲 소유의 X건물을 무단으로 점유·사용하여 甲의 소유권을 침해하고 있다고 주장하며 乙을 상대로 X건물의 인도와 손해배상을 청구하는 소를 제기하였다. 이후 열린 첫 변론기일에 乙이 X건물에 관한 임차권을 주장하자, 甲은 임차권의 존부에 관한 사항은 자신이 다음 기일에 진술하겠다고 법원에 요청하여 법원은 甲과 乙에 대해 다음 기일을 고지하였다. (다음 각 설문은 독립적임)

〈문제 1.〉 甲이 준비서면을 제출하고 제2회 변론기일에 결석하여 乙만이 출석하여 변론하였다. 법원은 해당 기일을 적법하게 진행하였다. 그런데 **甲이 제출한 준비서면에는 자신이 X건물을 乙에게 임대한 것은 사실이라는 취지의 기재가 있다고 한다면, 이후 이 소송의 변론기일에서 甲이 X건물을 乙에게 임대한 적이 없다고 주장할 수 있는지 설명하시오.**

〈문제 2.〉 제2회 변론기일을 위하여 甲은 "乙에게 X건물의 임차권이 존재하였으나 이 임차권은 乙이 차임을 2회 이상 연체하여 해지통고를 하였으므로 소멸하였다"는 취지의 준비서면을 제출하여 이 서면이 乙에게 송달되었는데, 乙은 이에 대해 아무런 준비서면도 내지 않은 채 이 변론기일에 결석하였다. **甲은 이 변론기일에 출석하여 자신이 제출한 준비서면을 진술하였다.** 이때 그 다음기일에 출석한 乙이 자신은 X건물에 대한 차임을 연체한 적도 없고, 甲으로부터 해지통고를 받은 적도 없다고 주장할 수 있는지 설명하시오. (각 10점)

Ⅰ. 〈문제 1.〉의 해결

1. 결 론

甲은 자백의 철회사유가 없는 한 X건물을 乙에게 임대한 적이 없다고 주장할 수 없다.

2. 논 거

(1) 기일해태와 진술간주 - 진술간주기속설

(2) 자백이 적힌 준비서면이 진술간주된 경우, '재판상 자백'인지 '자백간주'인지 여부(재판상 자백설)

甲이 서면을 통해 乙의 임차권의 존재를 인정한 것은 상대방 乙의 주장과 일치하고 자기에게 불리한 사실을 인정하는 당사자의 주요사실의 진술로서 변론기일에서 진술간주되었으므로 재판상 자백이 된다.

(3) 자백의 철회가부 [오, 동, 착, 경]

자백과 같은 철회가 제한되는 구속적 소송행위라도 예외적으로 철회할 수 있다. 사안의 경우 ⅰ) 제451조 1항 5호의 재심사유가 있거나, ⅱ) 자백을 취소하고 이에 대해 상대방이 이의를 제기함이 없이 동의하거나, ⅲ) 자백이 진실에 반하고 착오로 인한 것일 때(제288조 단서), 또는, ⅳ) 소송대리인의 자백을 당사자가 경정하는 (제94조)경우가 아니라면 甲은 자백을 철회하여 X건물을 乙에게 임대한 적이 없다고 주장할 수 없다.

Ⅱ. 〈문제 2.〉의 해결

1. 결 론

乙은 X건물에 대한 차임을 연체한 적도 없고, 甲으로부터 해지통고를 받은 적도 없다고 주장할 수 있다.

2. 논 거

(1) 불출석 자백간주의 의의 및 요건 / (2) 자백간주의 효과

(3) 사안의 해결

① 甲은 임차권이 소멸하였다는 취지의 준비서면을 미리 제출했으나 乙은 공시송달에 의하지 않은 기일통지(고지)를 받고도 아무런 준비서면도 내지 않은 채 변론기일에 불출석했으므로 자백간주가 성립된다. ② 그러나 자백간주가 된 경우라도 당사자에 대한 구속력이 없으므로 乙은 차임연체사실과 해지통고를 받은 사실이 없다고 주장할 수 있다.

│ 핵심사례 B-25 │─────────────────────────────────────

■ 불출석 자백간주 – 소송요건심사의 선순위성	2015년 사법시험, 2017년 법무사

〈기본적 사실관계〉

乙은 2014. 10. 1. 丙으로부터 1억 원을 이자 월 2%, 변제기 2016. 9. 30.로 정하여 차용하고, 이 차용 원리금 채무(이하 '이 사건 차용금 채무'라고 한다)의 변제를 담보하기 위하여 丙에게 乙 소유 X 부동산에 관하여 채권최고액 1억 5,000만 원으로 하는 근저당권설정등기(이하 '이 사건 근저당권설정등기'라고 한다)를 마쳐주었다.

甲은 2016. 10. 1. 乙로부터 X 토지를 대금 2억 원에 매수하면서 계약금은 5,000만 원으로 하고, 중도금 1억 원은 2016. 11. 1.에, 잔금 5,000만 원은 2016. 12. 1.에 각 지급하되, 잔금은 이 사건 근저당권설정등기가 말소된 후 소유권이전등기관계서류의 교부와 동시에 지급하기로 약정(이하 '이 사건 매매계약'이라 한다)하고 계약금과 중도금까지 지급하였다. 한편 乙은 丙에게 이 사건 차용금 채무를 모두 변제하였으므로 이 사건 근저당권설정등기를 말소하여 달라고 요구하였으나, 丙은 이 사건 차용금 채무가 일부 남아 있다는 이유로 乙의 요구를 거절하였다.

甲은 이 사건 근저당권설정등기가 말소되지 않아 잔금을 지급하고 있지 않다가, 2017. 3. 20. 乙과 丙을 상대로 X 토지에 관하여, ① 乙에게는 2016. 10. 1. 매매를 원인으로 한 소유권이전등기를, ② 丙에게는 이 사건 차용금 채무가 모두 변제되었다는 것을 이유로 乙을 대위하여 이 사건 차용금 채무가 부존재한다는 확인 및 이 사건 근저당권설정등기말소를 청구하는 소(이하 '이 사건 소송'이라고 한다)를 제기하였고, 이 사건 소장 부본은 2017. 3. 27. 乙과 丙에게 각 적법하게 송달되었다. (아래의 각 추가적 사실관계는 상호 무관함. 견해의 대립이 있는 경우 대법원 판례에 따를 것)

〈추가된 사실관계〉

이 사건 소송에서 乙은 답변서를 제출하고 변론기일에 출석하여 이 사건 매매계약은 적법하게 해제되었다고 주장하였고, 심리 결과 乙의 주장 사실은 인정되었다. 丙은 답변서를 제출하지 않았고 공시송달에 의하지 아니한 적법한 통지를 받고도 계속 변론기일에 출석하지 않았다. **이 사건 청구 중 丙에 대한 각 청구에 관한 법원의 판결결론(각하, 인용, 기각 등)과 그 이유를 기재하시오.**

I. 결 론

법원은 이 사건 청구 중 丙에 대한 각 청구에 대하여 당사자 적격의 흠결을 이유로(피보전채권의 부존재) 소각하판결을 하여야 한다.

II. 논 거

1. 채권자대위소송의 법적성질

2. 甲의 乙에 대한 채권(피보전채권)의 존재여부

(1) 채권자대위소송의 요건 및 흠결된 경우 법원의 조치 / (2) 법원의 직권조사사항

(3) 사안의 경우

이 사건 소송에서 乙은 답변서를 제출하고 변론기일에 출석하여 이 사건 매매계약은 적법하게 해제되었다고 주장하였고, 심리 결과 乙의 주장 사실이 인정된 바, 甲의 乙에 대한 소유권이전등기청구권(피보전채권)이 존재하지 않는다. 따라서 법원은 직권으로 당사자적격 흠결을 이유로 소각하판결을 하여야 한다.

3. 무변론원고승소판결 가부

사안의 경우 피고 丙이 답변서를 제출하지 아니하였지만 변론기일에 계속 불출석하였다는 것으로 미루어 보아 변론기일을 연 것으로 보이므로 무변론원고승소판결은 문제되지 않는다.

4. 불출석 자백간주 여부[91]

丙은 변론기일에 계속 불출석하였고, 甲의 주장사실을 다투는 답변서 기타 준비서면을 제출하지도 않았으며, 공시송달에 의하지 않은 적법한 기일통지를 받았음에도 계속 불출석한 경우이므로 자백간주가 성립할 수 있다.

5. 소송요건심사와 본안심사의 판단순서

(1) 학 설 / (2) 판 례(소송요건심사의 선순위성 긍정)

(3) 검토 및 사안의 경우

당사자에 관한 소송요건에 대한 청구기각판결은 절차보장에 차질을 가져올 수 있으므로 소송요건의 선순위성을 긍정하는 判例의 입장이 타당하다고 본다. 따라서 법원은 자백간주에 의하여 인용판결을 내리기에 앞서 소송요건을 먼저 심사하여 소각하판결을 하여야 한다.

제3관 기간의 미준수 및 소송행위의 추후보완

> **제173조 (소송행위의 추후보완)** ① 당사자가 책임질 수 없는 사유로 말미암아 불변기간을 지킬 수 없었던 경우에는 그 사유가 없어진 날부터 2주 이내에 게을리 한 소송행위를 보완할 수 있다. 다만, 그 사유가 없어질 당시 외국에 있던 당사자에 대하여는 이 기간을 30일로 한다. ② 제1항의 기간에 대하여는 제172조의 규정을 적용하지 아니한다.

Ⅰ. 소송행위의 추후보완의 취지   [B-92]

당사자 등이 행위기간을 넘겼지만 당사자가 책임질 수 없는 사유로 말미암아 불변기간을 지키지 못한 경우에 예외적으로 구제하는 제도이다(제173조). 당사자가 기간을 지키지 못하면 판결이 확정되거나 소권이 상실되는 등의 불이익을 입게 되는데, 책임질 수 없는 사유가 있는 당사자에게 가혹하고 불공평하므로 추후보완하는 것이다.

Ⅱ. 요 건 [책, 불, 이]   [B-93]

소송행위의 추후보완이 적법하기 위하여는 ⅰ) '당사자가 책임질 수 없는 사유'로 ⅱ) '불변기간'의 해태가 있어야 하고, ⅲ) 그 사유가 없어진 날부터 '2주' 이내에 추완항소를 제기하여야 한다.

1. 추후보완의 대상 : 불변기간

추후보완대상은 상소기간(제396조, 제425조), 재심기간(제456조) 등의 불변기간이다. 기간의 길이가 법에 의하여 미리 정하여져 있는 법정기간 중 법률이 특히 불변기간으로 규정하고 있는 기간이

---

91) 2002년 개정된 민사소송법 하에서는 피고의 답변서제출의무를 부과하여 답변서를 제출하지 아니하면 그것으로 자백간주하고 변론기일의 지정은 물론 출석의 통지 없이 바로 무변론 원고승소판결을 하도록 하였으므로, 피고의 변론기일 불출석에 의한 자백간주의 효과가 생기는 일은 예외에 속한다.

불변기간이다. 상고이유서의 제출기간(제427조) · 재항고이유서제출기간(제443조, 제427조)에 대하여 다수설은 상고이유서 제출기간 해태의 효과가 상고기간 해태와 다르지 않으므로(제429조 : 원심판결확정) 유추적용하자고 보지만 判例는 불변기간이 아니므로 추후보완을 인정하지 않는다(대결 1981.1.28. 81사2).

2. 추후보완 사유

(1) 당사자가 책임질 수 없는 사유

민사소송법 제173조 제1항에서 말하는 '당사자'에는 당사자 본인뿐만 아니라 그 소송대리인 및 대리인의 보조인도 포함된다(대판 1999.6.11. 99다9622: 법전협 표준판례(152)). '당사자가 책임질 수 없는 사유'란 천재지변 기타 피할 수 없었던 사변보다는 넓은 개념으로서, 당사자가 당해 소송행위를 하기 위한 일반적 주의를 다하였어도 그 기간을 준수할 수 없는 사유를 말한다(대판 1987.3.10. 86다카2224: 법전협 표준판례(150)). 상소기간을 지키지 못한 데 과실이 없다는 사정은 상소를 추후보완하고자 하는 당사자 측에서 주장 · 입증하여야 한다(대판 2021.4.15. 2019다244980,244997)(4회 선택형).

(2) 구체적인 예

1) 추후보완이 허용된 예

추후보완이 허용된 예로 ① 우편배달원이 상고기록접수통지서를 원고의 마을에 사는 사람 편에 전하였으나 그가 이를 분실하여 원고에게 전하지 못한 경우(대판 1962.2.8. 60다397), ② 당사자와 갈등이 있고 이해관계가 대립되는 가족인 어머니가 판결정본을 송달받은 후 당사자에게 전달하지 아니한 경우(대판 1992.6.9. 92다11473), ③ 당사자의 무권대리인이 소송을 수행하고 판결정본을 송달받은 경우가 있고(대판 1996.5.31. 94다55774), ④ 조정이 성립되지 아니한 것으로 사건이 종결된 후 피신청인 주소가 변경되었는데도 주소변경신고를 하지 않은 상태에서 조정이 소송으로 이행되어 변론기일통지서 등 소송서류가 발송송달이나 공시송달의 방법으로 송달된 경우, 피신청인이 소송의 진행상황을 조사하지 않아 상소제기의 불변기간을 지키지 못한 경우(대판 2015.8.13. 2015다213322) 추후보완이 허용된다고 보았다.

2) 추후보완이 부정되는 예

추후보완이 부정되는 예로 ① 자신이 구속되었다는 사정(대판 1992.4.14. 92다3441), ② 여행이나 지방출장, 질병치료를 위한 출타 등으로 인하여 기간을 지키지 못한 경우를 든다. 소송대리인이 판결정본의 송달을 받고도 당사자에게 그 사실을 알려 주지 아니하여 기간을 지키지 못한 경우처럼 그 책임이 소송대리인에게 있는 이상 본인에게 과실이 없다 하더라도 추후보완은 허용되지 않으며(대판 1984.6.14. 84다카744: 법전협 표준판례(47)), ③ 그 대리인의 보조인에게 과실이 있는 경우에도 마찬가지이다(대판 1999.6.11. 99다9622: 법전협 표준판례(152)). ④ 수위가 시장 앞으로 온 판결정본을 교부받고도 담당기관에의 접수를 지연시켜 상고기간이 도과된 경우도 추후보완을 인정하지 않는다(대판 1984.6.26. 84누405).

(3) 공시송달과 상소추후보완

1) 추후보완 허용요건(송달받을 사람이 송달사실을 몰랐고 또 모른 데 과실이 없을 것)

공시송달의 경우에는 그 당사자가 현실적으로 송달서류의 내용을 알 수 있는 경우란 거의 없다. 그러나 제1심 판결정본이 공시송달의 방법에 의하여 피고에게 송달되었다면 비록 피고의 주소가 허위이거나 그 요건에 미비가 있다 하더라도 그 송달은 유효한 것이므로, 항소기간의 도과로 그 판결은 형식적으로 확정되어 기판력이 발생한다. 여기서 상소의 추후보완을 허용할 것인지에 관하여, 判例는 공시송달제도의 기능과 송달받을 사람의 이익을 조화롭게 고려하여, 송달받을 사람이 송달사실을 몰랐고 또 모른 데 과실이 없을 것을 요건으로 하여 추후보완이 허용되어야 한다는 견해를 취하고 있다(대판 1987.3.10. 86다카2224: 법전협 표준판례(150)).

2) 처음부터 공시송달의 방법으로 소송이 진행된 경우(원칙적으로 과실부정)

① **[추후보완 허용 : 원칙적으로 무과실]** ⅰ) 처음부터 공시송달의 방법으로 소송이 진행된 경우라면, 그것이 원고가 허위의 주소를 신고한 때문인 경우는 물론 그렇지 않다 하더라도 특별한 사정이 없는 한 항소제기기간을 준수하지 못한 것은 당사자의 책임질 수 없는 사유로 인한 것이어서 추후보완이 허용된다(대판 2000.9.5. 2000므87). ⅱ) 더 나아가 제1심법원이 소장부본과 변론기일통지서를 공시송달의 방법으로 피고에게 송달한 후 피고의 휴대전화번호로 전화하여 '소장부본을 피고의 주소지로 송달하겠다.'고 고지하고 변론기일과 장소를 알려주었는데, 이후 피고가 출석하지 않은 상태에서 소송절차를 진행하여 원고 승소판결을 선고한 다음 피고에게 판결정본을 공시송달의 방법으로 송달하였다 하더라도, 피고는 항소기간 도과한 후에도 추후보완항소를 제기할 수 있다(대판 2021.8.19. 2021다228745).

> **✳ 당사자의 책임질 수 없는 사유로 인한 것이어서 추후보완이 허용된 판례**
>
> ㉠ **[조정 사건]** 判例는 조정불성립으로 조정신청사건이 종결된 후 민사조정법 제36조에 따라 이행된 소송절차에서 조정피신청인에 대해 통상의 방법으로 소송서류를 송달할 수 없게 되어 '공시송달'의 방법으로 송달함에 따라 조정피신청인이 불변기간을 지키지 못한 경우도 당사자가 책임질 수 없는 사유에 해당한다고 보았다(대판 2015.8.13. 2015다213322).[92]
>
> ㉡ **[일부패소 사건]** 判例는 제1심과 항소심 모두 피고에 대하여 '공시송달'로 절차가 진행되어 피고가 불출석한 경우, 제1심에서 원고의 청구를 일부 인용하는 판결이 선고되고, 원고가 항소한 항소심에서도 추가로 원고의 청구가 일부 인용되었다면, 피고는 제1심판결 중 피고 패소부분에 대하여는 추후보완 항소를, 항소심판결 중 피고 패소부분에 대하여는 추후보완 상고를 각 제기할 수 있다고 보았다(대판 2011.4.28. 2010다98948).
>
> ㉢ **[실종선고 사건]** 判例는 "실종자에 대하여 공시송달의 방법으로 소송서류가 송달된 끝에 실종자를 피고로 하는 판결이 확정된 경우에는 실종자의 상속인으로서는 실종선고 확정 후에 실종자의 소송수계인으로서 위 확정판결에 대하여 소송행위의 추완에 의한 상소를 하는 것이 가능하다"(대판 1992.7.14. 92다2455)고 판시하였다.[93]
>
> ㉣ **[문자메시지 사건]** 判例는 제1심법원이 소장부본과 판결정본 등을 공시송달의 방법으로 피고 甲에게 송달하였고, 그 후 원고 乙 주식회사가 제1심판결에 기하여 甲의 예금채권 등을 압류·추심하여 甲이 제3채무자인 丙 신용협동조합으로부터 '법원의 요청으로 계좌가 압류되었습니다.'는 내용과 채권압류 및 추심명령의 사건번호와 채권자가 기재된 문자메시지를 받았는데, 그로부터 2달이 지나 甲이 제1심판결정본을 영수한 후 추완항소를 제기한 사안에서, "甲이 위와 같은 문자메시지를 받았다는 사정만으로는 제1심판결이 있었던 사실을 알았다거나 사회통념상 그 경위를 알아볼 만한 특별한 사정이 있었다고 보기 어렵다"(대판 2021.3.25. 2020다46601)고 판시하였다. 즉, 대법원은 제1심판결에 관한 내용이 전혀 언급되어 있지 않은 문자메시지를 받았다는 사정만으로는 이 사건 제1심판결이 있었던 사실을 알았다거나, 사회통념상 그 경위를 알아볼만한 특별한 사정이 있었다고 보기 어렵다고 보았다.

---

92) "조정 피신청인이 적법하게 조정신청서 부본 등을 송달받고 조정절차에 참여하였다고 하더라도, 조정이 성립하지 아니하였다면 <u>피신청인으로서는</u> 특별한 사정이 없는 한 조정신청서 부본의 송달이 소장 부본의 송달을 갈음하는 것이어서 별도의 절차를 거치지 아니한 채 곧바로 변론기일통지서 송달절차가 진행되는 등 <u>소송절차가 진행된다는 점을 알지 못하였다고 봄이 타당하다.</u>

93) "<u>실종자를 당사자로 한 판결이 확정된 후에 실종선고가 확정되어 그 사망간주의 시점이 소 제기 전으로 소급하는 경우</u>(민법 제28

ⓜ **[휴대전화로 소장부본 송달을 고지한 사건]** 제1심법원이 소장부본과 변론기일통지서를 공시송달의 방법으로 피고에게 송달한 후 피고의 휴대전화번호로 전화하여 '소장부본을 피고의 주소지로 송달하겠다.' 고 고지하고 변론기일과 장소를 알려주었는데, 이후 피고가 출석하지 않은 상태에서 소송절차를 진행하여 원고 승소판결을 선고한 다음 피고에게 판결정본을 공시송달의 방법으로 송달하였고, 그 후 피고가 판결정본을 발급받아 추후보완항소를 제기한 사안에서, 피고는 책임질 수 없는 사유로 말미암아 항소기간을 지킬 수 없었다고 볼 여지가 큰데도, 피고의 추후보완항소를 각하한 원심판단에 법리오해 등의 잘못이 있다고 보았다.(대판 2021.8.19. 2021다228745).

ⓗ **[공시송달 요건에 흠이 있으나 송달 자체는 유효한 사건]** 대법원은 원심법원이 판결 선고 후 두 차례에 걸쳐 피고에게 판결정본을 송달하려 하였으나 모두 폐문부재를 이유로 송달되지 아니하자 공시송달의 방법으로 판결정본을 송달한 사안에서, "소송서류를 공시송달의 방법으로 송달하기 위해서는 당사자 주소 등 송달할 장소를 알 수 없는 경우이어야 하고 법원이 송달장소는 알고 있으나 단순히 폐문부재로 송달되지 아니한 경우에는 공시송달을 할 수 없으므로, 위 판결정본의 송달은 적법하다고 볼 수 없고, 공시송달이 요건을 갖추지 못하여 부적법하더라도 재판장이 공시송달을 명하여 일단 공시송달이 이루어진 이상 송달의 효력은 발생하나, 원심법원이 변론을 종결하면서 사건을 조정절차에 회부하고 조정기일만을 고지하였을 뿐 판결선고기일은 지정·고지하지 아니하였고, 조정기일에 피고가 출석하지 아니하자 조정불성립으로 조정절차를 종결하고 판결을 선고하여 원심법원의 잘못으로 피고에게 판결선고기일이 제대로 고지되지 아니하였고, 판결정본의 송달과 관련하여 공시송달 요건이 갖추어지지 않았던 사정을 종합하여 보면 피고가 조정기일 이후의 재판진행상황을 즉시 알아보지 아니함으로써 불변기간을 준수하지 못하게 되었다 할지라도 이를 피고에게 책임을 돌릴 수 있는 사유에 해당한다고 할 수는 없으므로, 피고가 직접 판결정본을 수령한 후 2주 내에 상고장을 제출한 것은 적법한 상고의 추후보완에 해당한다"(대결 2011.10.27. 2011마154)고 판시하였다.

② **[추후보완 불허 : 예외적으로 과실]** ⅰ) 교도소 수감으로 인하여 처음부터 공시송달된 경우나(대결 1966.11.29. 66마958), ⅱ) 피고가 처음부터 소송을 회피할 목적 하에 등기부에 허위주소를 기재하는 바람에 송달불능 되어 처음부터 공시송달된 경우(대판 1971.11.9. 71다1991)는 당사자가 책임질 수 있는 사유에 해당한다. 또한 ⅲ) 법인인 소송당사자가 법인이나 그 대표자의 주소가 변경되었는데도 이를 법원에 신고하지 아니한 경우나(대판 1991.1.11. 90다9636), ⅳ) 당사자가 주소변경신고를 하지 않아 결과적으로 공시송달의 방법으로 판결 등이 송달된 경우(대판 2004.3.12. 2004다2083)에도 **추후보완이 허용되지 아니한다.**

3) 통상의 송달이후 공시송달이 이루어진 경우(원칙적으로 과실인정)

① **[추후보완 불허 : 원칙적으로 과실]** 判例는 일단 통상의 방식에 따라 적법한 송달이 이루어져 당사자가 소송계속 여부를 알고 있는 경우에는 소송의 진행상태를 조사하여 그 결과까지도 알아보아야 할 의무가 있으므로, 그 후 공시송달로 진행되어 판결이 송달되었더라도 항소기간을 지킬 수 없었던 것에 **당사자의 책임을 인정**한다(대판 1987.3.10. 86다카2224: 법전협 표준판례(150))(7회,8회 선택형).

② **[추후보완 허용 : 예외적으로 무과실]** "원고가 주소가 바뀌었다고 하면서 송달장소변경신고를 했는데도 항소심은 송달장소신고를 간과하고 원고의 이전 주소지로 변론기일통지서를 송달했다가 송달불능되자 변론기일통지서 기타 서류에 대해 공시송달을 명한 경우는 항소심의 원고의 송달장소신고를 간과한 것이므로 특별한 사정이 없는 한 원고는 책임질 수 없는 사유로 불변기간을 준수할 수 없었던 경우이므로 추후보완상고는 허용된다"(대판 2001.7.27. 2001다30339).

조)에도 위 판결 자체가 소급하여 당사자능력이 없는 사망한 사람을 상대로 한 판결로서 무효가 된다고는 볼 수 없다"(同 判例). 따라서 사안의 경우 제1심판결의 효력은 유효하므로 상소의 대상적격이 인정되고 상소의 추후보완도 인정된다.

(4) 허위주소로 송달한 사위판결의 경우(제4편 제3장 제3절 제4관 판결의 하자와 편취판결 참조)

1) 허위주소에 의한 피고모용 사건 : 송달이 무효 따라서 판결확정X, 기판력발생X, 추후보완·재심X, 상소 가능

당사자가 법원에 상대방의 주소를 허위로 표시하여 그 곳으로 소장부본과 변론기일통지서를 송달하게 한 다음 마치 피고 자신이 송달받고도 불출석한 것처럼 법원을 속여 자백간주에 의한 승소판결을 얻어내는 경우 判例는 그 판결의 송달 자체가 무효이므로 아직 그 판결이 피고에게 송달되지 않은 상태가 계속되는 것으로 보고 있으며, 따라서 피고는 언제든지 통상의 방법에 의한 상소를 제기할 수 있고, 상소의 추후보완이라든가 재심청구는 허용되지 않는다는 입장이다(대판 1970.7.24. 70다1015; 법전협 표준판례(153); 대판 1978.5.9. 전합75다634: 법전협 표준판례(280))(7회 선택형) **[4회 기록형]**.

2) 공시송달에 의한 판결의 편취 : 송달은 유효 따라서 판결확정○, 기판력발생○, 추후보완·재심○, 상소 불가

허위주소로 송달한 사위판결이라도 공시송달의 방법으로 판결정본이 송달된 경우에는 송달이 유효이므로 추후보완 또는 재심청구가 가능하다. 즉 判例는 "피고의 주소지를 허위로 하여 소를 제기하고 그 주소에 송달불능 됨으로써 공시송달방법에 의하여 피고에 대한 소송서류를 송달하여 소송절차를 진행한 결과 원고승소의 제1심판결이 선고되어 공시송달의 방법에 의하여 판결정본이 송달된 경우 피고의 주소지를 허위로 하여 소가 제기된 경우라 하더라도 그 송달은 유효한 것이고 그때부터 상소제기기간이 도과되면 그 판결은 확정되는 것이므로 피고는 **재심의 소를 제기하거나 추완항소를 제기하여 그 취소변경을 구하여야 한다**"(대판 1985.7.9. 85므12: 법전협 표준판례(281) : 이는 제451조 1항 11호 소정의 재심사유에 해당한다)고 판시하였다.

Ⅲ. 추후보완절차
[B-94]

1. 추후보완기간

(1) 해태의 원인이 된 사유가 없어진 후부터 2주 이내

해태의 원인이 된 사유가 없어진 후부터 2주 이내이다(제173조 1항 본문). 다만, 그 사유가 없어질 당시 외국에 있던 당사자에 대하여는 이 기간을 30일로 한다(제173조 1항 단서). 추후보완기간은 법원이 재량으로 신축할 수 없고(제173조 2항), 불변기간도 아니므로 성질상 부가기간도 정할 수 없다.

(2) '그 사유가 없어진 때'의 의미

'그 사유가 없어진 때'라 함은 천재지변 기타 이에 유사한 사실의 경우에는 그 재난이 없어진 때이고, 판결의 송달사실을 과실 없이 알지 못한 경우에는 당사자나 소송대리인이 단순히 판결이 있었던 사실을 안 때가 아니라 나아가 그 판결이 공시송달의 방법으로 송달된 사실을 안 때를 가리키는 것으로서, 다른 특별한 사정이 없는 한 통상의 경우에는 당사자나 소송대리인이 그 사건기록의 열람을 하거나 또는 새로이 판결정본을 영수한 때에 비로소 그 판결이 공시송달의 방법으로 송달된 사실을 알게 되었다고 보아야 한다(대판 2000.9.5. 2000므87)(4회,7회 선택형).

(3) 책임질 수 없는 사유가 소멸한 경우

ⅰ) 피고가 당해 판결이 있었던 사실을 알았고 ⅱ) 사회통념상 그 경위에 대하여 당연히 알아볼 만한 특별한 사정이 있었다고 인정되는 경우에는 ⅲ) 그 경위에 대하여 알아보는 데 통상 소요되는 시간이 경과한 때에

그 판결이 공시송달의 방법으로 송달된 사실을 알게 된 것으로 추인하여 그 책임질 수 없는 사유가 소멸하였다고 봄이 상당하다(대판 2021.3.25. 2020다46601).

1) 특별한 사정이 인정되는 경우

ⅰ) 당사자가 다른 소송의 재판절차에서 송달받은 준비서면 등에 당해 사건의 제1심 판결문과 확정증명원 등이 첨부된 경우에는 위의 특별한 사정을 인정할 수 있고, ⅱ) 제1심판결이 있던 사실을 알게 된 후 그 대처방안에 관하여 변호사와 상담을 하거나 추완항소 제기에 필요한 해외거주증명서 등을 발급받은 경우에도 마찬가지이다(대판 2021.3.25. 2020다46601).

[관련판례] 判例는 "피고가 다른 사건의 소송절차에서 송달받은 준비서면 등에 당해 사건의 제1심판결문과 확정증명원 등이 첨부된 경우에는 그 시점에 제1심판결의 존재 등을 알았다고 할 것이나, 다른 사건에서 선임된 피고의 소송대리인이 그 소송절차에서 위와 같은 준비서면 등을 송달받았다는 사정만으로 이를 피고가 직접 송달받은 경우와 동일하게 평가할 수 없다. 이는 소송행위의 추후보완과 관련하여 민사소송법 제173조 제1항이 정한 '당사자가 책임질 수 없는 사유로 불변기간을 지킬 수 없었던 경우'에서의 당사자에는 당사자 본인과 당해 사건의 소송대리인 내지 대리인의 보조인 등이 포함될 뿐, 다른 사건의 소송대리인까지 포함된다고 볼 수는 없기 때문이다"(대판 2022.9.7. 2022다231038)고 판시하였다.

2) 특별한 사정이 부정되는 경우

ⅰ) 유체동산 압류집행을 당하였다는 등의 사정만으로는 위의 특별한 사정을 인정하기 어렵고, ⅱ) 나아가 채권추심회사 직원과의 통화 과정에서 사건번호 등을 특정하지 않고 단지 "판결문에 기하여 채권추심을 할 것이다."라는 이야기를 들은 경우에도 당해 제1심판결이 있던 사실을 알았다거나 위의 특별한 사정이 인정된다고 볼 수 없다. ⅲ) 제1심판결에 관한 내용이 전혀 언급되어 있지 않은 문자메시지를 받았다는 사정만으로는 이 사건 제1심판결이 있었던 사실을 알았다거나, 사회통념상 그 경위를 알아볼만한 특별한 사정이 있었다고 보기 어렵다(대판 2021.3.25. 2020다46601).[94] ⅳ) 다른 소송에서 선임된 소송대리인이 그 재판절차에서 송달받은 준비서면 등에 당해 사건의 제1심 판결문과 확정증명원 등이 첨부 되었다는 사정만으로 이를 당사자가 직접 송달받은 경우와 동일하게 볼 수는 없다"(대판 2022.4.14. 2021다305796: 법전협 표준판례(151)). "이는 소송행위의 추후보완과 관련하여 민사소송법 제173조 제1항이 정한 '당사자가 책임질 수 없는 사유로 불변기간을 지킬 수 없었던 경우'에서의 당사자에는 당사자 본인과 당해 사건의 소송대리인 내지 대리인의 보조인 등이 포함될 뿐, 다른 사건의 소송대리인까지 포함된다고 볼 수는 없기 때문이다"(대판 2022.9.7. 2022다231038).

(4) 추후보완사유의 증명책임

피고가 제1심판결 선고사실을 알게 된 경위 주장에 관한 증거가 현출되지 않은 경우 당사자는 위 사정을 주장·증명하여야 하고, 이는 소송요건에 해당하므로 법원은 직권으로라도 심리하여야 한다. 당사자의 주장이 분명하지 아니한 경우 법원은 석명권을 행사하여 이를 명확히 하여야 할 것이다. 직권조사사항에 관하여도 그 사실의 존부가 불명한 경우에는 증명책임의 원칙이 적용되어야 할 것인바, 법원의 석명에도 불구

---

94) [사실관계] 제1심법원이 2009.12 경 소장부본과 판결정본 등을 공시송달의 방법으로 피고 甲에게 송달하였고, 그 후 원고 乙 주식회사가 제1심판결에 기하여 甲의 예금채권 등을 압류·추심하여 甲은 제3채무자인 丙 신용협동조합으로부터 2019.7.2. '법원의 요청으로 계좌가 압류되었습니다.'는 내용과 채권압류 및 추심명령의 사건번호와 채권자가 기재된 문자메시지를 받았다. 甲은 그로부터 2달이 지난 2019.9.30.에 제1심판결정본을 영수한 후 2019.10.1. 추완항소를 제기하였다. 이에 대법원은 甲이 위와 같은 문자메시지를 받았다는 사정만으로는 제1심판결이 있었던 사실을 알았다거나 사회통념상 그 경위를 알아볼 만한 특별한 사정이 있었다고 보기 어렵다고 보아, 이 사건 추완항소는 피고 甲이 이 사건 제1심판결정본을 영수한 날로부터 2주일 내에 제기되었으므로 적법하다고 판시하였다.

하고 피고가 그 주장한 추후보완사유의 증명을 하지 않는다면 그 불이익은 피고에게 돌아간다"(대판 2022.10.14. 2022다247538).

(5) 재심기간과의 경합

추후보완기간은 재심기간(제456조 1항, 3항)과는 별개로 진행한다. 추후보완상소는 제173조 1항에 근거한 것으로, 제451조 이하에 근거하는 재심과 그 요건과 효과를 달리한다. 따라서 추후보완상소 제기기간을 도과하였더라도 재심청구의 요건을 만족하는 경우 재심 청구가 가능하다. 判例는 "공시송달에 의하여 판결이 선고되고 판결정본이 송달되어 확정된 이후에 추완항소의 방법이 아닌 재심의 방법을 택한 경우에는 추완상소기간이 도과하였다 하더라도 재심기간 내에 재심의 소를 제기할 수 있다고 보아야 한다"(대판 2011.12.22. 2011다73540)고 판시하였다(4회,6회,7회,13회 선택형).[95] **[14법무]**

핵심사례 B-26

■ 위법한 공시송달과 구제책	2012년 변리사

乙은 여행자금이 부족하자 선배인 甲에게서 1,000만 원을 빌렸다. 甲은 乙을 상대로 대여금청구소송을 제기하면서 乙의 주소를 알 수 없어서 乙에 대한 소장부본 등 소송서류를 법원의 명령을 받아 공시송달하였고, 그 결과 乙이 변론에 출석하지 못하여 甲은 승소하였고 판결은 확정되었다. 그런데 몇 달 후 乙이 여행에서 돌아온 후 甲이 자신에 대해서 소송을 제기하였고 소송서류를 공시송달로 하였음을 비로소 알게 되었다. **이 경우 귀책사유 없는 피고 乙의 구제방법은? (20점)**

I. 결론

乙은 추후보완항소 또는 재심을 제기하여 구제받을 수 있다.

II. 논거

1. 공시송달의 적법여부(적법)

乙에 대한 소송서류 및 판결정본의 공시송달은 유효하다. 따라서 항소기간의 도과로 인하여 판결이 확정되었다.

2. 추후보완항소 가부(적극)

(1) 추후보완항소의 의의 및 요건

(2) 추후보완의 대상 - 불변기간

사안의 항소기간은 불변기간으로서 추후보완의 대상이 된다.

(3) 추후보완 사유 - 당사자가 책임질 수 없는 사유

1) 일단 통상의 방식에 따라 적법한 송달이 이루어져 당사자가 소송계속 여부를 알고 있는 경우

당사자의 책임을 인정하여 공시송달의 방법으로 판결 등이 송달된 경우에도 추후보완이 허용되지 아니한다.

---

95) **[사실관계]** 甲은 乙의 주소를 알고 있었음에도 소재불명으로 속여 乙에 대해 대여금 청구의 소를 제기하였다. 乙에 대한 공시송달에 의한 재판진행 결과 甲 일부 승소의 제1심판결이 공시송달로 확정되었다. 그 후 乙은 위 사건기록 열람과 판결정본의 수령으로 위와 같이 공시송달에 의해 재판이 진행된 것을 알게 되었다. 乙이 추후보완항소 제기기간을 도과하였더라도 재심청구 제기기간 내에 있다면 재심을 제기할 수 있다.

2) 처음부터 공시송달의 방법으로 소송이 진행된 경우

① 항소제기기간을 준수하지 못한 것은 당사자의 책임질 수 없는 사유로 인한 것이어서 추후보완이 허용된다. ② 그러나 교도소 수감으로 인하여 처음부터 공시송달된 경우나, 피고가 처음부터 소송을 회피할 목적 하에 등기부에 허위주소를 기재하는 바람에 송달불능 되어 처음부터 공시송달된 경우는 당사자가 책임질 수 있는 사유에 해당한다.

3) 사안의 경우

소송 서류 등이 처음부터 공시송달된 경우이므로 乙에게 귀책사유가 없다. 따라서 추완항소의 요건을 갖추었다.

(4) 추후보완절차 - 제173조 1항 본문의 '그 사유가 없어진 때'의 의미

판결의 송달사실을 과실 없이 알지 못한 경우에는 당사자나 소송대리인이 단순히 판결이 있었던 사실을 안 때가 아니라 나아가 그 판결이 공시송달의 방법으로 송달된 사실을 안 때를 가리키는 것이다.

(5) 사안의 경우

乙은 추완항소의 요건을 갖추었고, 이제야 판결정본이 공시송달의 방법으로 송달된 사실을 알게 되었으므로 2주 이내에 추완항소를 제기할 수 있다.

3. 재심 가부(적극)

(1) 재심의 소의 요건

재심의 소가 적법하려면 i) 재심대상적격, ii) 재심기간 준수(제456조), iii) 재심당사자적격, iv) 재심이익, v) 재심사유 주장 vi) 보충성요건이 필요하다.

(2) 사안의 경우

재심의 요건 중 재심사유 주장과 관련하여 乙은 소장부본부터 공시송달의 방법으로 송달받아 귀책사유 없이 이 사건에 관하여 소가 제기된 사실조차 모르고 있었고, 이러한 상태에서 증거를 제출할 기회를 상실함으로써 당사자로서 절차상 부여된 권리를 침해당하였다고 할 것이므로 당사자가 대리인에 의하여 적법하게 대리되지 않았던 경우와 마찬가지로 보아 제451조 1항 3호의 재심사유를 주장하여 재심의 소를 제기할 수 있다.

2. 추후보완신청

추후보완을 함에는 추후보완을 하는 자가 해태한 소송행위를 그 방식에 좇아서 하는 것으로 족하고, 따로 추후보완의 신청 같은 것은 필요 없다. 예컨대, 항소의 추후보완을 하는 경우라면 항소장을 제출하는 것만으로 족한 것이다. 따라서 법원으로서는 추후보완신청이 이유가 있으면 추후보완되는 소송행위의 당부에 관하여 실질적 판단을 하면 되고, 이유가 없으면 그 소송행위에 대하여 부적법 각하의 재판을 하면 된다.

[관련판례] 判例는 "당사자가 항소를 제기하면서 추완항소라는 취지의 문언을 기재하지 아니하였다고 하더라도 증거에 의하여 그 항소기간의 도과가 그의 책임질 수 없는 사유에 기인한 것으로 인정되는 이상 그 항소는 처음부터 소송행위의 추완에 의하여 제기된 항소라고 보아야 한다"(대판 1980.10.14. 80다1795)고 하면서도, "항소인이 추완항소임을 명백히 하지 아니한 이상 법원이 항소각하판결을 하기 전에 반드시 추완사유의 유무를 심리하거나 이를 주장할 수 있는 기회를 주어야 하는 것은 아니다"(대결 2011.9.29. 2011마1335)고 판시하였다.

3. 추후보완신청의 효력

(1) 형식적 확정력, 판결의 집행정지

판결은 상소기간이 도과되면 바로 확정되어 집행력이 발생하므로, 추후보완 소송행위를 하는 것만으로는 대상판결의 집행력·기판력이 배제되는 것은 아니다(대판 1978.9.12. 76다2400). 따라서 패소한 당사자가 추후보완을 하면서 그에 의한 집행을 저지하려면, 제500조에 의한 강제집행정지를 신청하여야 한다(7회 선택형).

(2) 심급의 이익과 반소제기

"형식적으로 확정된 제1심판결에 대한 피고의 항소추완신청이 적법하여 해당 사건이 항소심에 계속된 경우 그 항소심은 다른 일반적인 항소심과 다를 바 없다. 따라서 원고와 피고는 형식적으로 확정된 제1심판결에도 불구하고 실기한 공격·방어방법에 해당하지 아니하는 한 자유로이 공격 또는 방어방법을 행사할 수 있고, 나아가 피고는 상대방의 심급의 이익을 해할 우려가 없는 경우 또는 상대방의 동의를 받은 경우에는 반소를 제기할 수도 있다. 여기서 '상대방의 심급의 이익을 해할 우려가 없는 경우'라고 함은 반소청구의 기초를 이루는 실질적인 쟁점이 제1심에서 본소의 청구원인 또는 방어방법과 관련하여 충분히 심리되어 상대방에게 제1심에서의 심급의 이익을 잃게 할 염려가 없는 경우를 말한다"(대판 2013.1.10. 2010다75044).

제4관 송 달

Ⅰ. 서 설

[B-95]

1. 의 의

민사소송법상 '송달'이란 당사자나 그 밖의 소송관계인에게 소송상 서류의 내용을 알 기회를 주기 위하여 법정의 방식에 좇아 행하여지는 통지행위로서, 송달장소와 송달을 받을 사람 등에 관하여 구체적으로 법이 정하는 바에 따라 행하여지지 아니하면 부적법하여 송달로서의 효력이 발생하지 아니한다(대판 2010.4.15. 2010다57).

2. 민법상 통지와의 차이

민법상 '통지'는 채무자에게 도달됨으로써 효력이 발생하는 것이고, 여기서 도달이라 함은 사회통념상 상대방이 통지의 내용을 알 수 있는 객관적 상태에 놓여졌다고 인정되는 상태를 가리킨다. 이와 같이 도달은 보다 탄력적인 개념으로서 송달장소나 수송달자 등의 면에서 위에서 본 송달에서와 같은 엄격함은 요구되지 아니하며, 이에 송달장소 등에 관한 민사소송법의 규정을 유추적용할 것이 아니다(대판 2010.4.15. 2010다57)[96]

---

96) "따라서 채권양도의 통지는 민사소송법상의 송달에 관한 규정에서 송달장소로 정하는 채무자의 주소·거소·영업소 또는 사무소 등에 해당하지 아니하는 장소에서라도 채무자가 사회통념상 그 통지의 내용을 알 수 있는 객관적 상태에 놓여졌다고 인정됨으로써 족하다"

Ⅱ. 송달기관과 송달수령자

1. 송달실시기관 및 송달사무담당기관

> 제176조 (송달기관) ① 송달은 우편 또는 집행관에 의하거나, 그 밖에 대법원규칙이 정하는 방법에 따라서 하여야 한다. ② 우편에 의한 송달은 우편집배원이 한다. ③ 송달기관이 송달하는 데 필요한 때에는 국가경찰공무원에게 원조를 요청할 수 있다.
>
> 제175조 (송달사무를 처리하는 사람) ① 송달에 관한 사무는 법원사무관등이 처리한다. ② 법원사무관등은 송달하는 곳의 지방법원에 속한 법원사무관등 또는 집행관에게 제1항의 사무를 촉탁할 수 있다.

제176조는 집행관(법원조직법 제64조에 따라 법원경위도 포함), 우편집배원 및 기타 대법원규칙이 정하는 자(규칙 제47조에 따라 변호사도 포함)를 송달기관으로 규정하고 있다. 제175조가 규정하는 법원사무관 등은 송달사무를 처리하는 사람으로 원칙적으로 송달사무담당기관이지 송달실시기관이 아니다(2회 선택형). 다만, 해당 사건에 출석한 사람에게는 법원사무관 등이 직접 송달할 수 있고(제177조 1항), 법원사무관 등이 그 법원 안에서 송달받을 사람에게 서류를 교부하고 영수증을 받은 때에는 송달의 효력을 가진다(동조 2항).

송달실시기관은 송달보고서를 법원에 제출하여야 하는데(제193조), 송달보고서는 송달사실에 대한 단순한 증거방법에 지나지 않다고 봄이 상당하므로 그 기재내용이 송달의 실질적 내용과 다르더라도 다른 증거방법에 의하여 적법한 송달이 증명된다면 그 송달은 유효하다(대판 1986.2.25. 85누894).

2. 송달수령자

송달받을 자는 원칙적으로 소송서류의 명의자이나, 법정대리인, 소송대리인과 법률상 송달영수권이 있는 사람도 송달을 받을 수 있다.

(1) 소송무능력자에게 할 송달

소송무능력자에게 할 송달은 그의 법정대리인에게만 하여야 한다(제179조).

(2) 송달받을 당사자가 소송위임을 한 경우

송달받을 당사자가 소송위임을 한 경우에는 소송대리인이 송달받을 사람이다. 한편 당사자에게 여러 소송대리인이 있는 때에는 제93조에 의해 각자가 당사자를 대리하므로 그 중 한 사람에게 송달을 하도록 한 제180조가 적용될 여지가 없어 법원으로서는 판결정본을 여러 소송대리인에게 각각 송달하여야 하지만, 항소기간은 소송대리인 중 1인에게 최초로 판결정본이 송달되었을 때부터 기산된다(대결 2011.9.29. 2011마1335).

(3) 군사용의 청사 또는 선박에 속하여 있는 사람에게 할 송달

군사용의 청사 또는 선박에 속하여 있는 사람에게 할 송달은 그 청사 또는 선박의 장에게(제181조), 교도소·구치소 또는 국가경찰관서의 유치장에 체포·구속 또는 유치된 사람에게 할 송달은 교도소·구치소 또는 국가경찰관서의 장에게(제182조), 즉 법규상 송달영수권이 있는 사람에게 한다.

[관련판례] "소송대리인이 있는 경우에도 당사자 본인에게 한 서류의 송달은 적절하지는 않지만 유효하다"(대판 1970.6.5. 70325). "비록 송달받을 사람이 교도소 등에 수감 중인 사실을 법원에 신고하지 아니하였거나 기록에 의하여 법원에서 그 사실을 알 수 없었다고 하여도 수감자의 종전 주소에의 송달은 무효이며, 반드시 교도소장에게 송달하여야 한다"(대판 1982.12.28. 전합82다카349: 법전협 표준판례(157))(제182조 참조)

Ⅲ. 송달실시의 방법

1. 교부송달

> 제178조 (교부송달의 원칙) ① 송달은 특별한 규정이 없으면 송달받을 사람에게 서류의 등본 또는 부본을 교부하여야 한다. ② 송달할 서류의 제출에 갈음하여 조서, 그 밖의 서면을 작성한 때에는 그 등본이나 초본을 교부하여야 한다.
>
> 제183조 (송달장소) ① 송달은 받을 사람의 주소·거소·영업소 또는 사무소(이하 "주소등"이라 한다)에서 한다. 다만, 법정대리인에게 할 송달은 본인의 영업소나 사무소에서도 할 수 있다. ② 제1항의 장소를 알지 못하거나 그 장소에서 송달할 수 없는 때에는 송달받을 사람이 고용·위임 그 밖에 법률상 행위로 취업하고 있는 다른 사람의 주소등(이하 "근무장소"라 한다)에서 송달할 수 있다.

(1) 제183조 1항과 동조 2항의 관계(1항이 원칙) [4회 기록형]

송달은 받을 사람의 주소·거소·**영업소 또는 사무소**(송달받을 사람의 주소)에서 송달받을 자를 만나 그에게 직접 서류의 등본(복사본) 또는 부본(송달에 쓰이는 등본, 원본이 아님)을 교부하는 교부송달이 원칙이고 (제178조 1항, 제183조 1항), 위 주소 등을 알지 못하거나 그 장소에서 송달할 수 없는 때에는 근무장소(다른 사람의 주소)에서 송달할 수 있다(제183조 2항).

> **[관련판례]** ❋ **제183조 2항에 위반된 근무장소에서의 송달**
> 송달받을 사람이 경영하는 그와 별도의 법인격을 가지는 회사의 사무실은 송달받을 사람의 영업소나 사무소라 할 수 없고, 이는 근무장소에 지나지 않는다. 그런데, 근무장소에서의 송달은 송달 받을 자의 주소 등의 장소를 알지 못하거나 그 장소에서 송달할 수 없는 때에 한하여 할 수 있는 것이므로 소장, 지급명령신청서 등에 기재된 주소 등의 장소에 대한 송달을 시도하지 않은 채 근무장소로 한 송달은 위법하다(대결 2004.7.21. 2004마535). **[13법행]**

(2) 제183조 1항의 의미

1) 송달받을 자에게 직접 교부

"피고에게 송달되는 판결정본을 ⅰ) 원고가 집배인으로부터 수령하여 ⅱ) 자기 처를 통하여 피고의 처에게 교부하고 ⅲ) 다시 피고의 처가 이를 피고에게 교부한 경우에 위 판결정본의 피고에 대한 송달은 그 절차를 위배한 것이어서 **부적법한 송달이다**"(대판 1979.9.25. 78다2448).

2) 영업소 또는 사무소

判例는 "여기서 영업소 또는 사무소는 송달받을 사람의 영업 또는 사무가 일정 기간 지속하여 행하여지는 중심적 장소로서, 한시적 기간에만 설치되거나 운영되는 곳이라고 하더라도 그곳에서 이루어지는 영업이나 사무의 내용, 기간 등에 비추어 볼 때 어느 정도 반복해서 송달이 이루어질 것이라고 객관적으로 기대할 수 있는 곳이라면 위 조항에서 규정한 영업소 또는 사무소에 해당한다"(대판 2014.10.30. 2014다43076)[97]고 하여 **선거사무소를 영업소 또는 사무소로 보았다.**

또한, 영업소 또는 사무소는 송달받을 사람 자신이 경영하는 영업소 또는 사무소를 의미하는 것이지 송달받을 사람의 근무장소는 이에 해당하지 않는다고 본다(대판 1997.12.9. 97다31267).

---

97) **[사실관계]** 도의원 보궐선거에 출마한 갑의 선거사무소로 소장부본 등의 송달이 유효하게 이루어진 후 송달장소변경신고를 하지 않은 상태에서 변론기일통지서 등이 송달불능되자 위 사무소로 발송송달을 한 사안에서, 위 선거사무소가 선거운동이라는 한시적 목적을 위해 설치·운영된 장소라도 갑의 주된 사무가 행해지는 곳으로서 어느 정도 반복된 송달이 이루어질 것을 기대할 수 있는 곳이어서 민소법 제183조 1항의 사무소에 해당한다고 한다.

[관련판례] "송달은 원칙적으로 민사소송법 제183조 제1항에서 정하는 송달을 받을 사람의 주소, 거소, 영업소 또는 사무소 등의 '송달장소'에서 하여야 한다. 만일 송달장소에서 송달받을 사람을 만나지 못한 때에는 그 사무원, 고용인 또는 동거자로서 사리를 분별할 지능 있는 사람에게 서류를 교부하는 보충송달의 방법에 의하여 송달할 수는 있지만, 이러한 보충송달은 위 법 조항에서 정하는 '송달장소'에서 하는 경우에만 허용되고 송달장소가 아닌 곳에서 사무원, 고용인 또는 동거자를 만난 경우에는 사무원 등이 송달받기를 거부하지 아니한다 하더라도 그 곳에서 사무원 등에게 서류를 교부하는 것은 보충송달의 방법으로서 부적법하다"(대결 2018.5.4. 2018무513).

3) 제183조 1항 단서의 본인의 영업소나 사무소의 의미

법정대리인·대표자에게 송달을 할 경우에도 법정대리인·대표자의 주소 등에서 하는 것이 원칙이나 (제179조, 제64조), 법정대리인·대표자에게 할 송달은 본인의 영업소나 사무소에서도 할 수 있다 (제183조 1항 단서). 따라서 "법인의 대표자의 주소지가 아닌 소장에 기재된 **법인의 주소지로 발송하였으나 이사불명**(저자 주 : 주소불명)**으로 송달불능된 경우에는,** 원칙으로 되돌아가 원고가 소를 제기하면서 제출한 법인등기부등본 등에 나타나 있는 법인의 대표자의 주소지로 소장 부본 등을 송달하여 보고 그 곳으로도 송달되지 않을 때에 주소 보정을 명하여야 하므로, 법인의 주소지로 소장 부본을 송달하였으나 송달불능되었다는 이유만으로 그 주소 보정을 명한 것은 잘못이므로 그 주소 보정을 하지 아니하였다는 이유로 한 소장각하명령은 위법하다"(대결 1997.5.19. 97마600: 법전협 표준판례(156)).

[관련판례] "제402조 제1항은 항소장의 부본을 송달할 수 없는 경우 항소심 재판장은 항소인에게 상당한 기간을 정하여 그 기간 내에 흠을 보정하도록 명하여야 한다고 규정하고, 제2항은 항소인이 정해진 기간 내에 흠을 보정하지 않는 경우 명령으로 항소장을 각하하여야 한다고 규정하고 있는 바, 항소장이나 판결문 등에 기재된 피항소인의 주소 외에 다른 주소가 소송기록에 있는 경우에는 그 다른 주소로 송달을 시도해 본 다음 그곳으로도 송달되지 않는 경우에 항소인에게 주소보정을 명하여야 하고, 그러한 조치를 취하지 않은 채 항소장에 기재된 주소로 송달이 되지 않았다는 것만으로 곧바로 주소보정을 명하고 이에 응하지 않음을 이유로 항소장을 각하하는 것은 올바른 조치가 아니다"(대판 2013.6.28. 2011다83110). 따라서 항소장 부본이 송달불능된 경우 항소심재판장은 상당한 기간을 정하여 주소보정명령을 하여야 하고 항소인이 이를 이행하지 아니한 때 항소심재판장이 항소장각하명령을 하여야 한다(대결 2021.4.22. 전합2017마6438).

(3) 제183조 2항의 '근무장소'의 의미

제183조 2항의 '근무장소'는 현실의 근무장소로서 고용계약 등 법률상 행위로 취업하고 있는 지속적인 근무장소를 말한다(대판 2015.12.10. 2012다16063). 따라서 判例는 "다른 주된 직업을 가지고 있으면서 회사의 비상근이사, 사외이사 또는 비상근감사의 직에 있는 피고에게 그 회사의 본점은 지속적인 근무장소라고 할 수 없으므로 제183조 2항에 정한 '근무장소'에 해당한다고 볼 수 없고, 위 소외 1이 피고에 대한 소장부본을 그 회사의 본점 소재지에서 수령한 것을 제186조 2항의 보충송달로서 효력이 있다고 볼 수도 없다"(대판 2015.12.10. 2012다16063)고 판시하였다(7회 선택형).

핵심사례 B-27

■ 송달과 지급명령 2013년 법원행정고시

A는 B로부터 B소유의 건물을 매수하는 내용의 매매계약을 체결하면서, 중도금과 잔금은 5회에 걸쳐 각 분할하여 지급하기로 하되, B의 승낙을 받아 매매대금을 전액 지급하기 전에 미리 위 건물을 인도받아 사용하고 대신 B에게 일정한 사용료를 지급하기로 약정한 후, 위 건물을 인도받아 사용하였다. 그런데 A는 일부 중도금을 지급한 후 나머지 중도금 및 잔금의 지급을 지체하게 되었고, 이에 B는 위 매매계약을 해제하고 A를 상대로 건물인도청구의 소를 제기하였다. 위 소송에서 A는 매매계약 해제로 인한 원상회복으로서 기지급한 중도금을 B로부터 반환받을 때까지는 위 건물인도청구에 응할 수 없다고 동시이행의 항변을 하였고, 이에 대하여 B는 A에게 반환해야 할 기지급 중도금은 A가 부담해야 할 위 건물에 대한 점유사용료로 모두 상계되어 결국 중도금 반환채무가 존재하지 아니한다고 재항변하였다. 법원은 B의 재항변을 받아들여 A의 항변을 배척하는 내용의 판결을 선고하였고, 이후 위 판결이 그대로 확정되었다.
A는 위 판결이 확정된 이후 B를 상대로 위 매매계약에 따라 기지급한 중도금의 지급을 구하는 내용의 지급명령신청을 하면서 그 신청서에 B의 주소를 기재한 후 송달장소를 B가 대표이사로 있는 주식회사 甲의 사무실 주소인 '서울 서초구 서초동 100 그린빌딩 2층 (주)甲'으로 기재하였고, 법원이 지급명령 정본을 위 그린빌딩 2층으로 발송하여 주식회사 甲의 직원인 C가 2013. 3. 4. 이를 수령하였다. 그런데 C는 위 지급명령 정본을 곧바로 B에게 전달하지 못한 채 출장을 가게 되었고 출장에서 돌아온 이후인 2013. 3. 15. B에게 위 지급명령 정본을 전달하였으며, B는 2013. 3. 21. 법원에 지급명령에 대한 이의신청을 제기하였다. **법원은 위 이의신청에 대하여 어떻게 처리해야 하는지 설명하시오.**

I. 결론
B의 이의신청은 적법하다. 따라서 지급명령은 그 이의의 범위 내에서 실효되고, 법원은 지급명령을 신청한 때 소가 제기된 것으로 보아야 한다.

II. 논거

1. 2013. 3. 4. 송달의 유효여부

(1) 교부송달의 원칙

(2) 甲주식회사의 사무실이 제183조 1항의 사무소에 해당하는지 여부(소극 : 대결 2004.7.21. 2004마535)

(3) 주소에 대한 송달을 하지 않고 근무장소로 한 송달의 적법여부(위법)

(4) 소결
송달이 위법한 경우 그 송달은 무효이므로, 2013. 3. 4. 송달은 효력이 없다.

2. 법원의 처리

(1) 2013. 3. 15. 지급명령정본의 전달의 유효여부(대판 1995.1.24. 93다25875).
사안의 경우 2013. 3. 4.자 송달이 무효일지라도 C가 B에게 지급명령정본을 전달한 2013. 3. 15.부터는 송달의 흠이 치유되어 유효한 것으로 볼 수 있다.

(2) B의 이의신청의 적법여부

사안의 경우 송달이 유효해진 2013. 3. 15. 로부터 2주일 내인 2013. 3. 21.에 법원에 대한 지급명령에 대한 이의신청을 제기하였으므로 B의 이의신청은 적법하다. 따라서 지급명령은 그 이의의 범위 내에서 실효되고, 지급명령을 신청한 때 소를 제기한 것으로 본다.

2. 조우(遭遇)송달

송달받을 사람의 주소 등 또는 근무장소가 국내에 없거나 알 수 없는 때(제183조 3항), 주소 등 또는 근무장소가 있는 사람의 경우에도 송달받기를 거부하지 아니하면 그를 만나는 장소에서 송달할 수 있다(제183조 4항). **조우송달은 송달받을 사람 본인을 만난 때에 하는 송달이기 때문에, 송달받을 사람 본인 이외에 보충송달을 받을 수 있는데 불과한 동거인 등 수령대행인에 대한 조우송달은 할 수 없다**(대결 2001.8.31. 2001마3790: 법전협 표준판례(154))

3. 보충송달

제186조 (보충송달·유치송달) ① 근무장소 외의 송달할 장소에서 송달받을 사람을 만나지 못한 때에는 그 사무원, 피용자(被用者) 또는 동거인으로서 사리를 분별할 지능이 있는 사람에게 서류를 교부할 수 있다. ② 근무장소에서 송달받을 사람을 만나지 못한 때에는 제183조 제2항의 다른 사람 또는 그 법정대리인이나 피용자 그 밖의 종업원으로서 사리를 분별할 지능이 있는 사람이 서류의 수령을 거부하지 아니하면 그에게 서류를 교부할 수 있다.

(1) 의의 및 요건

1) 근무장소 외의 송달할 장소

'근무장소 외'의 송달할 장소(주소, 영업소 등)에서 송달을 받을 자를 만나지 못한 경우에는 그 사무원, 고용인, 또는 동거인으로서 사리를 변식할 수 있는 자에게 교부하는 보충송달을 할 수 있다(제186조 1항)(4회 선택형). **[4회 기록형]**

2) 근무장소

근무장소'에서 송달받을 사람을 만나지 못한 때에는 그를 고용하고 있는 사람 또는 그 법정대리인이나 피용자 그 밖의 종업원으로서 사리를 분별할 지능이 있는 사람이 서류의 수령을 거부하지 아니하면 그에게 서류를 교부할 수 있다(동조 2항).

3) 동거인 [동, 생]

"'동거인'이라 함은 송달을 받을 사람과 **동**일세대에 속하여 **생**계를 같이하는 사람으로서 사실상 이와 같은 관계에 있으면 족하고 반드시 법률상 친족관계에 있어야 하는 것은 아니다"(대판 2021.4.15. 2019다244980, 244997).

[관련판례] "법률상 부부는 동거의무가 있고(민법 제826조 제1항), 사회통념상 통상적으로 법률상 배우자라면 '동거인'으로서 송달을 받을 사람과 동일한 세대에 속하여 생활을 같이 하는 사람으로 인정할 수 있다. 그러나 **법률상 배우자라고 하더라도 별거와 혼인공동체의 실체 소멸 등으로 소송당사자인 상대방 배우자의 '동거인'으로서 민사소송법 제186조 제1항에 정해진 보충송달을 받을 수 있는 지위를 인정할 수 없는 특별한 경우에는 송달의 효력에 관하여 심리하여 판단할 필요가 있다**"(대판 2022.10.14. 2022다229936). 반면, "**이혼한 처라도 사정에 의하여 사실상 동일 세대에 소속되어 생활을 같이 하고 있다면 여기에서 말하는 수령대행인으로서의 동거자가 될 수 있으며**"(대결 2000.10.28. 2000마5732), "원고의 딸은

원고의 처, 모 등과 함께 그 이웃 아파트에 따로 세대를 구성하여 주민등록상 별개의 독립한 세대를 구성하고 있지만 실제로는 생활을 같이하고 있는 동거자라고 봄이 상당하다"(대판 1992.9.14. 92누2363).

4) 사리를 분별할 지능이 있는 사람 [이, 교, 대]

사리를 분별할 지능이 있는 사람이라 함은 송달의 의의를 이해하고 송달을 받을 사람에게 교부를 기대할 수 있을 정도의 능력을 갖춘 사람을 말하며, 반드시 성년자일 필요는 없다. 判例는 "송달받을 사람의 동거인에게 송달할 서류가 교부되고 그 동거인이 사리를 분별할 지능이 있는 이상 송달받을 사람이 그 서류의 내용을 실제로 알지 못한 경우에도 송달의 효력은 있다. 이 경우 사리를 분별할 지능이 있다고 하려면, 사법제도 일반이나 소송행위의 효력까지 이해할 수 있는 능력이 있어야 한다고 할 수는 없을 것이지만 적어도 송달의 취지를 이해하고 그가 영수한 서류를 송달받을 사람에게 교부하는 것을 기대할 수 있는 정도의 능력은 있어야 한다"(대판 2013.1.16. 2012재다370)고 한다.

> **✻ 사리를 분별할 지능이 있는 사람인지 여부**
>
> ① **[적법하다고 본 사례]** 判例는 "8세 10개월 된 초등학교 3학년 여아"(대결 1968.5.7. 68마336), 15세의 가정부(대결 1966.10.25. 66마162)가 이에 해당한다고 판시하였다.
>
> ② **[부적법하다고 본 사례]** 그러나 만 8세 1개월 남짓의 딸 乙에게 이를 교부하고 乙의 서명을 받은 사안에서, "소송서류를 송달하는 우편집배원이 乙에게 송달하는 서류의 중요성을 주지시키고 甲에게 이를 교부할 것을 당부하는 등 필요한 조치를 취하였다는 등의 특별한 사정이 없는 한, 그 정도 연령의 어린이 대부분이 이를 송달받을 사람에게 교부할 것으로 기대할 수는 없다고 보이므로 상고기록접수통지서 등을 수령한 乙에게 소송서류의 영수와 관련한 사리를 분별할 지능이 있다고 보기 어렵다"(대판 2011.11.10. 2011재두148)고 판시한 경우도 있다.

5) 사무원 · 피용자

"사무원 · 피용자는 반드시 송달받을 사람과 고용관계가 있어야 하는 것은 아니고 평소 본인을 위하여 사무 등을 보조하는 자이면 충분하다"(대판 2010.10.14. 2010다48455)(7회 선택형).

> **✻ 아파트의 경비원 관련사례**
>
> ① **[경비원이 거주자에게 전달한 경우 : 적법]** 아파트의 경비원은 원칙적으로 사무원 또는 피용자에 해당하지 않으나, "납세의무자가 거주하는 아파트에서 일반우편물이나 등기우편물 등 특수우편물이 배달되는 경우 관례적으로 아파트 경비원이 이를 수령하여 거주자에게 전달하여 왔고, 이에 대하여 납세의무자를 비롯한 아파트 주민들이 평소 이러한 특수우편물 배달방법에 관하여 아무런 이의도 제기한 바없었다면"(대판 2000.7.4. 2000두1164), 경비원에 대한 보충송달은 적법하다.
>
> ② **[경비원이 우편함에 넣어 둔 경우 : 부적법]** "우편물이 수취인 가구의 우편함에 투입되었다고 하더라도 분실 등을 이유로 그 우편물이 수취인의 수중에 들어가지 않을 가능성이 적지 않게 존재하는 현실에 비추어, 우편함의 구조를 비롯하여 수취인이 우편물을 수취하였음을 추인할 만한 특별한 사정에 대하여 심리를 다하지 아니한 채 아파트 경비원이 집배원으로부터 우편물을 수령한 후 이를 우편함에 넣어 둔 사실만으로는 수취인이 그 우편물을 수취하였다고 추단할 수 없다"(대판 2006.3.24. 2005다66411).

6) 수령대행인

수령대행인이 소송서류를 송달받을 본인과 당해 소송에 관하여 이해의 대립 내지 상반된 이해관계가 있는 경우에는 보충송달을 할 수 없다(아래 관련판례 2014다54366 참조)(7회,13회 선택형). 동일한 수령대행인이 이해가 대립하는 소송당사자 쌍방을 대신하여 소송서류를 동시에 수령하는 경우 역시 마찬가지이다(아래 관련판례 2020므11658 참조) **[12회 사례형]**

[관련판례] "보충송달제도는 본인 아닌 그의 사무원, 피용자 또는 동거인, 즉 수령대행인이 서류를 수령하여도 그의 지능과 객관적인 지위, 본인과의 관계 등에 비추어 사회통념상 본인에게 서류를 전달할 것이라는 합리적인 기대를 전제로 한다. 그런데 본인과 수령대행인 사이에 당해 소송에 관하여 이해의 대립 내지 상반된 이해관계가 있는 때에는 수령대행인이 소송서류를 본인에게 전달할 것이라고 합리적으로 기대하기 어렵고, 이해가 대립하는 수령대행인이 본인을 대신하여 소송서류를 송달받는 것은 쌍방대리금지의 원칙에도 반하므로, 본인과 당해 소송에 관하여 이해의 대립 내지 상반된 이해관계가 있는 수령대행인에 대하여는 보충송달을 할 수 없다"(대판 2016.11.10. 2014다54366: 법전협 표준판례(155)).

[관련판례] "동일한 수령대행인이 이해가 대립하는 소송당사자 쌍방을 대신하여 소송서류를 동시에 수령하는 경우가 있을 수 있다(이혼 화해권고결정 정본을 자녀가 대신 받은 경우 : 저자 주). 이런 경우 수령대행인이 원고나 피고 중 한 명과도 이해관계의 상충 없이 중립적인 지위에 있기는 쉽지 않으므로 소송당사자 쌍방 모두에게 소송서류가 제대로 전달될 것이라고 합리적으로 기대하기 어렵다. 또한 이익충돌의 위험을 회피하여 본인의 이익을 보호하려는 데 취지가 있는 민법 제124조 본문에서의 쌍방대리금지 원칙에도 반한다. 따라서 소송당사자의 허락이 있다는 등의 특별한 사정이 없는 한, 동일한 수령대행인이 소송당사자 쌍방의 소송서류를 동시에 송달받을 수 없고, 그러한 보충송달은 무효라고 봄이 타당하다"(대판 2021.3.11. 2020므11658).

(2) 효 력

1) 송달장소가 아닌 곳에서 하는 보충송달 : 부적법

"보충송달은 위 법 조항에서 정하는 '송달장소'(=근무장소 외의 장소 또는 근무장소)에서 하는 경우에만 허용되고 송달장소가 아닌 곳에서 사무원, 고용인 또는 동거자를 만난 경우에는 그 사무원 등이 송달받기를 거부하지 아니한다 하더라도 그 곳에서 그 사무원 등에게 서류를 교부하는 것은 보충송달의 방법으로서 부적법하다"(대결 2001.8.31. 2001마3790: 법전협 표준판례(154))(3회 선택형). 따라서 '우체국 창구'에서 송달받을 자의 동거자에게 서류를 교부한 것은 동거자가 거부하지 않더라도 부적법하다(위 판례의 사실관계) **[12회 사례형]**

2) 송달의 효력 발생 시기

"사무원 또는 동거인에게 교부된 때에 송달의 효력이 발생하고, 송달받을 자에게 교부되었는지는 묻지 않는다"(대판 1984.6.26. 84누405).

3) 외국법원의 확정재판을 국내에서 승인·집행하기 위한 송달에 해당하는지 여부

외국법원의 확정재판 등을 국내에서 승인·집행하기 위해서는 공시송달과 비슷한 송달을 제외한 적법한 송달이 요구되는데(제217조 제1항 제2호), 종래 判例는 '보충송달'을 공시송달과 비슷한 송달로 보아 배제하였으나, 최근 判例는 "외국재판 과정에서 패소한 피고의 남편에게 소송서류가 '보충송달'된 경우에도 그 송달이 방어에 필요한 시간 여유를 두고 적법하게 이루어졌다면 외국법원의 확정재판 등을 국내에서 승인·집행하기 위한 요건을 규정한 민사소송법 제217조 제1항 제2호의 '적법한 송달'에 해당한다"고 태도를 변경하였다(대판 2021.12.23. 전합2017다257746).

핵심사례 B-28

■ 보충송달, 송달의 하자와 구제책, 하자의 치유	2016년 사법시험, 2012년 변리사

A는 丁에게 5,000만 원을 빌려주면서 丁으로부터 丁의 아들 戊 명의의 차용증을 받았다. 위 대여금의 변제기가 도래하였음에도 戊가 이를 변제하지 아니하자, A는 戊를 상대로 대여금청구의 소를 제기하였다. 丁은 A로부터 5,000만 원을 빌릴 당시, 아들 戊의 동의 없이 戊 명의의 차용증을 작성하여 교부해주었던 것이었고, 그 후 A의 소장부본이 丁과 戊가 함께 살고 있는 주소지로 송달되자, 丁은 戊의 동거인으로서 위 소장부본을 수령한 다음 戊에게 전달해 주지 않았다. 법원은 2015. 4. 1. A의 청구를 인용하는 판결을 선고하였다. (아래 각 문제는 독립된 것임)

〈문제 1.〉 丁은 위 판결정본을 주소지에서 송달받은 다음 戊에게 전달하지 않았다. 그 후 항소기간이 도과되자 A는 2015. 5. 1. 위 판결에 기해 戊 명의의 부동산을 압류하고 강제경매를 신청하였다. 戊는 2015. 6. 10. A의 강제경매신청 사실을 알고서 丁에게 문의한 결과, 丁이 소장부본과 판결정본을 송달받은 사실 등을 알게 되었다. **戊가 위 판결에 대하여 구제받을 수 있는 방법은 무엇인가?**

〈문제 2.〉 우편집배원 K는 2015. 4. 10. 丁이 우체국에 들어오자 丁이 戊의 동거인이라는 이유로 판결정본을 丁에게 송달하였고 丁은 아무런 이의 없이 판결정본을 수령하였다. 戊는 2015. 6. 10. 丁이 위 판결정본을 송달받은 사실을 알았음에도 2016. 6. 10. 위 판결에 대한 항소장을 제출하였다. **戊의 항소는 적법한가?**

I. 〈문제 1.〉의 해결

1. 결론

戊는 위 판결에 대하여 추후보완항소 또는 재심의 소를 제기할 수 있다.

2. 논거

(1) 丁에게 한 판결정본 송달이 유효하여 판결이 확정되었는지 여부(적극)

1) 교부송달의 원칙과 보충송달

2) 사안의 경우

丁과 戊는 동일한 세대에 속하여 생활을 함께 하고 있는바, 丁은 戊의 '동거인으로서 사리를 분별할 지능이 있는 사람'에 해당한다. 따라서 소장부본과 판결정본은 戊에게 그 주소지에서 적법하게 보충송달된 것이고, 丁에게 서류가 교부된 때 송달의 효력이 발생한다. 위 서류가 戊에게 전달되었는지 여부는 묻지 않으므로 丁이 판결정본을 교부받은 날로부터 2주가 지난 이상 판결은 확정된다(제396조 1항).

(2) 戊의 구제방법으로 추후보완항소가 가능한지 여부(적극)

1) 추후보완항소의 의의 및 요건(제2관 기간의 미준수 및 소송행위의 추후보완 참조)

2) 사안의 경우

상소기간은 불변기간에 해당하므로(제396조, 제425조) 추후보완의 대상이 되며, 判例에 따르면 서류를 수령한 자와 함께 생활하지 않았다거나 동거인의 수령에도 불구하고 소제기 사실 등을 알지 못했다는 점을 입증하면 추완항소가 가능하다고 하는바(대판 1992.6.9. 92다11473), 戊가 판결의 선고 및 송달 사실을 알지 못하여 상소기간을 지키지 못한 데 과실이 없다는 사정을 주장·입증하면 추완상소가 가능할 것이다. 다만 이 경우에도 戊가 판결정본을 송달받은 사실 등을 알게 된 2015. 6. 10.부터 2주 이내에 추완항소장을 제출하여야 할 것이다.

(3) 戊의 구제방법으로 재심의 소가 가능한지 여부(적극)

1) 추후보완상소와 재심

추후보완상소 제기기간을 도과하였더라도 재심청구의 요건을 만족하는 경우 재심 청구가 가능하다.

2) 사안의 경우

재심의 소가 적법하려면 ⅰ) 재심대상적격, ⅱ) 재심기간 준수(제456조), ⅲ) 재심당사자적격, ⅳ) 재심이익, ⅴ) 재심사유 주장 ⅵ) 보충성요건이 필요하다. 다른 요건은 문제되지 않으나, 재심사유 주장과 관련하여 戊는 변론기일에 출석하여 공격방어방법을 제출할 기회를 박탈당하였는바, 당사자로서 절차상 부여된 권리를 침해당하였다고 할 것이므로 당사자가 대리인에 의하여 적법하게 대리되지 않았던 경우와 마찬가지로 보아 제451조 1항 3호의 재심사유를 주장하여 재심의 소를 제기할 수 있다.

Ⅱ. 〈문제 2.〉의 해결

1. 결 론

戊의 항소는 적법하다.

2. 논 거

(1) 丁에게 한 송달의 적법여부(부적법)

1) 교부송달 원칙과 조우송달

2) 보충송달

'우체국'은 戊의 주소 등 법률이 정하는 송달장소가 아니므로, 우체국에서 동거인 丁에게 서류를 교부한 것은 부적법한 보충송달이다.

(2) 송달의 하자와 하자의 치유여부(소극)

1) 송달의 하자

송달에 관한 규정에 위배하여 행해진 송달은 원칙적 무효이다. 따라서 丁에게 한 판결정본 송달은 무효이므로, 원칙적으로 항소기간은 진행하지 않는다.

2) 하자치유여부(소극)

불변기간인 항소 제기기간에 관한 규정은 성질상 강행규정이므로 그 기간 계산의 기산점이 되는 판결정본의 송달의 하자는 이에 대한 이의권의 포기·상실(제151조)로 인하여 치유될 수 없다(대판 2002.11.8. 2001다84497). 사안의 경우 戊가 2015. 6. 10. 판결정본이 송달된 사실을 알고도 1년 간 항소를 제기하지 않았다고 하더라도 판결정본의 송달의 하자는 치유될 수 없으므로, 丁에게 한 판결정본의 송달은 여전히 무효이다. 따라서 항소기간은 진행하지 않으므로 2016. 6. 10. 戊의 항소는 적법하다.

4. 유치송달

송달받을 자가 정당한 이유없이 송달받기를 거부하는 경우에는 송달할 장소에서 서류를 놓아둘 수 있다. '근무장소 외의 송달할 장소'에서 보충송달을 받을 수 있는 사람(제186조 1항)이 수령을 거부해도 유치송달을 할 수 있으나, '근무장소'에서 보충송달을 받을 수 있는 사람(제186조 2항)은 수령을 거부해도 유치송달을 할 수 없다(제186조 3항).

5. 등기우편에 의한 발송송달(우편송달)

(1) 의 의

보충·유치송달 규정(제186조)에 따라 송달할 수 없는 때에는 법원사무관 등은 서류를 등기우편 등 대법원이 정하는 방법으로 발송할 수 있다(제187조). 제185조제2항 또는 제187조의 규정에 따른 우편송달은 발송한 때에 송달된 것으로 본다(제189조)(도달주의 예외)(2회,13회 선택형)

(2) 우편송달을 할 수 있는 경우

1) 보충송달이나 유치송달이 불가능한 때 : 제187조

① 우편송달은 보충송달이나 유치송달이 불가능한 경우에 할 수 있는 것이므로 '폐문부재'와 같이 송달을 받을 자는 물론 그 사무원, 고용인 또는 동거자 등 서류를 수령할만한 자를 만날 수 없는 경우라면 모르거니와 단지 송달을 받을 자만이 장기출타로 부재중이어서 그 밖의 동거자 등에게 보충송달이나 유치송달이 가능한 경우에는 위 우편송달을 할 수 없다(대결 1991.4.15. 91마162)(3회 선택형). ② 위 요건이 구비되어 우편송달이 이루어졌다 하더라도 그 이후에 송달할 별개의 서류를 우편송달하기 위하여서는 이 별개의 서류의 송달에 관하여 법 제187조의 요건이 따로 구비되어야한다(대결 1990.1.25. 89마939)(7회 선택형).

[관련판례] "민사소송법 제187조에 따른 발송송달은 송달받을 자의 주소 등 송달하여야 할 장소는 밝혀져 있으나 송달받을 자는 물론이고 그 사무원, 고용인, 동거인 등 보충송달을 받을 사람도 없거나 부재하여서 원칙적 송달방법인 교부송달은 물론이고 민사소송법 제186조에 의한 보충송달과 유치송달도 할 수 없는 경우에 할 수 있는 것이고, 여기에서 송달하여야 할 장소란 실제 송달받을 자의 생활근거지가 되는 주소·거소·영업소 또는 사무소 등 송달받을 자가 소송서류를 받아 볼 가능성이 있는 적법한 송달장소를 말하는 것이다"(대판 2022.3.17. 2020다216462).

2) 송달장소를 바꾼 경우 : 제185조 2항

당사자·법정대리인 또는 소송대리인이 송달받을 장소를 바꿀 때에는 바로 그 취지를 법원에 신고하여야 하며(제185조 1항, 송달장소변경의 신고의무), 주소변경신고를 하지 아니한 사람에게 송달할 서류는 달리 송달할 장소를 알 수 없는 경우 종전에 송달받던 장소에 대법원규칙이 정하는 방법으로 발송할 수 있다(제185조 2항). 따라서 "ⅰ) 송달받을 장소를 바꾸었으면서도 그 취지를 신고하지 아니한 경우이거나 ⅱ) 송달받을 장소를 바꾸었다는 취지를 신고하였는데 그 바뀐 장소에서의 송달이 불능되는 경우"에 우편송달을 할 수 있다(대판 2009.5.28. 2009다5292). 그러나 "비록 당사자가 송달장소로 신고한 바 있다고 하더라도 그 송달장소에 송달된 바가 없다면 그 곳을 민사소송법 제185조 제2항에서 정하는 '종전에 송달받던 장소'라고 볼 수 없다"(대판 2022.3.17. 2020다216462).

[관련판례] 제185조 2항에서 말하는 '달리 송달할 장소를 알 수 없는 경우'라 함은 상대방에게 주소보정을 명하거나 직권으로 주민등록표 등을 조사할 필요까지는 없지만, 적어도 기록에 현출되어 있는 자료로 송달할 장소를 알 수 없는 경우에 한하여 등기우편에 의한 발송송달을 할 수 있음을 뜻한다(대결 2009.10.29. 2009마1029; 대판 2018.4.12. 2017다53623).

(3) 수감된 당사자에 대하여 종전에 송달받던 주소 등으로 송달한 경우

"민사소송법 제182조는 교도소·구치소 또는 국가경찰관서의 유치장에 체포·구속 또는 유치된 사람에게 할 송달은 교도소·구치소 또는 국가경찰관서의 장에게 하도록 규정하고 있으므로, 수감된 당사자에 대한 송달을 교도소장 등에게 하지 않고 당사자의 종전 주소나 거소로 한 것은 부적법한 송달로서 무효이고, 이는 법원이 서류를 송달받을 당사자가 수감된 사실을 몰랐거나, 수감된 당사자가 송달의 대상인

서류의 내용을 알았다고 하더라도 마찬가지이다. 따라서 수감된 당사자에 대하여 민사소송법 제185조나 제187조에 따라 종전에 송달받던 장소로 발송송달을 하였더라도 적법한 송달의 효력을 인정할 수 없다"(대판 2021.8.19. 2021다53).

6. 송달함 송달

교부송달 · 보충송달 · 유치송달 · 우편송달에도 불구하고 **법원 안**(우체국이 아님)에 송달할 서류를 넣을 함을 설치하여 송달할 수 있다(제188조 1항). 송달함을 이용하는 송달은 법원사무관등이 하며(동조 2항), 송달받을 사람이 송달함에서 서류를 수령하여 가지 아니한 경우에는 송달함에 서류를 넣은 지 3일이 지나면 송달된 것으로 본다(동조 3항).

7. 공시송달

(1) 의 의

'공시송달'이란 당사자의 주소 등 또는 근무장소를 알 수 없어 통상의 방법으로는 송달을 할 수 없을 경우에 하는 송달을 말한다(민법 제113조 참조).

(2) 요 건

ⅰ) 당사자의 주소 등 또는 근무장소를 알 수 없는 경우 또는 ⅱ) 외국에서 하여야 할 송달의 경우 제191조(외국에서 하는 송달의 방법)의 규정에 따를 수 없거나 이에 따라도 효력이 없을 것으로 인정되는 경우이어야 하고(제194조 1항), ⅲ) 다른 송달방법에 의한 송달이 불가능할 경우이어야 한다(공시송달의 보충성).

[관련판례] "공시송달 요건에 해당한다고 볼 여지가 충분한 데도 불구하고 공시송달신청에 대한 허부 재판을 도외시한 채 주소보정 흠결을 이유로 소장각하명령을 한 것은 위법하다"(대결 2003.12.12. 2003마1694)(8회 선택형).

[관련판례] "재판서류를 공시송달의 방법으로 송달하기 위해서는 당사자 주소 등 송달할 장소를 알 수 없는 경우이어야 하고, 법원이 송달장소는 알고 있으나 단순히 폐문부재로 송달되지 아니한 경우에는 공시송달을 할 수 없다. 그러나 송달받을 사람이 주소나 거소를 떠나 더 이상 송달장소로 인정하기 어렵게 되었다면 이러한 경우에도 송달할 장소를 알 수 없는 경우에 해당된다고 볼 수 있다"(대결 2024.5.9. 2024마5321)(8회 선택형).

(3) 절 차

법원사무관 등은 직권으로 또는 당사자의 신청에 따라 공시송달을 할 수 있다(제194조 1항)(6회, 8회 선택형). 즉, 재판장은 소송의 지연을 피하기 위하여 필요하다고 인정하는 때 공시송달을 명할 수 있고(제194조 3항), 당사자의 공시송달 신청의 경우 당사자는 그 사유를 소명하여야 한다(제194조 2항). 이러한 공시송달은 법원사무관 등이 송달할 서류를 보관하고 그 사유를 법원게시판 게시하거나, 관보 · 공보 또는 신문에 게재하거나, 전자통신매체를 이용하여 공시함으로써 행하며(규칙 제54조 1항), 재판장은 직권으로 또는 신청에 따라 법원사무관 등의 공시송달처분을 취소할 수 있다(제194조 4항)(6회 선택형).

(4) 효 력

1) 효력발생시기

첫 공시송달은 그 실시한 날부터 2주(외국에서 할 송달에 대한 공시송달의 경우에는 2월 : 제196조 2항, 위 2주 · 2월의 기간은 늘일 수는 있으나 줄일 수는 없다 : 제196조 3항)가 지나야 효력이 생긴다(제196조 1항 본문). 다만, 같은 당사자에게 하는 그 뒤의 공시송달은 실시한 다음 날부터 효력이 생긴다(제196조 1항 단서)(6회 선택형).

2) 공시송달의 흠 [13사법]

a. 원칙적으로 유효

흠이 있는 공시송달이라고 하여도 재판장의 명령에 의한 송달이므로, 송달의 효력에는 영향이 없다고 한다(대결 1984.3.15. 전합84마20: 법전협 표준판례(159)). 따라서 판결정본이 공시송달된 경우에는 상소제기기간이 도과되어 확정된 것을 전제로 상소의 추후보완(제173조)이나 재심(제451조 1항 11호)을 제기하여 구제받을 수 있을 것이다(대판 1983.6.14. 82다카1912).

[관련판례] "당사자가 소송 계속 중에 수감된 경우 법원이 판결정본을 민사소송법 제182조에 따라 교도소장 등에게 송달하지 않고 당사자 주소 등에 공시송달 방법으로 송달하였다면, 공시송달의 요건을 갖추지 못한 하자가 있다고 하더라도 재판장의 명령에 따라 공시송달을 한 이상 송달의 효력은 있다"(대판 2022.1.13. 2019다220618: 법전협 표준판례(158))(13회 선택형).

b. 예외적으로 무효

송달 일반의 무효사유가 있는 경우에는 공시송달은 무효이다. "피고가 변론종결 후에 사망한 상태에서 판결이 선고된 경우, 망인에 대한 판결정본의 공시송달은 무효이고, 상속인이 소송절차를 수계하여 판결정본을 송달받기 전까지는 그에 대한 항소제기기간이 진행될 수도 없다"(대판 2007.12.14. 2007다52997)(6회 선택형). 또한 "법인의 대표자가 사망하여 버리고 달리 법인을 대표할 자도 정하여지지 아니하였기 때문에 법인에 대하여 송달을 할 수 없는 때에는 공시송달도 할 여지가 없는 것이라고 보아야 할 것이다"(대판 1991.10.22. 91다9985)(8회 선택형).

3) 공시송달의 배제

공시송달에 의해서는 이행권고결정·지급명령(제462조 단서) 등을 할 수 없고, 공시송달을 받은 자에 대해서는 답변서제출의무(제256조 1항 단서)·자백간주(제150조 3항 단서) 등이 인정되지 않는다(8회 선택형). 判例는 "환경분쟁조정법에 의한 재정의 경우 재정문서의 송달은 공시송달의 방법으로는 할 수 없다"(대판 2016.4.15. 2015다201510)고 한다(7회 선택형).

[관련판례] "제1심에서 피고에 대하여 공시송달로 재판이 진행되어 피고에 대한 청구가 기각되었다고 하여도 피고가 원고 청구원인을 다툰 것으로 볼 수 없으므로, 원고가 항소한 항소심에서 피고가 공시송달이 아닌 방법으로 송달받고도 다투지 아니한 경우에는 민사소송법 제150조의 자백간주가 성립된다"(대판 2018.7.12. 2015다36167).

Ⅳ. 송달의 하자와 치유   [B-98]

1. 하자있는 송달의 효력

법정의 방식을 위배한 송달은 무효이다. 예를 들어, 미성년자는 법정대리인에 의해서만 소송행위를 할 수 있으므로 미성년자가 단독으로 한 소송행위는 무효이고(제55조), 미성년자에 대한 소송행위 역시 무효라 할 것이므로 판결정본이 미성년자에게만 송달된 경우 판결이 소송무능력을 이유로 소를 각하한 것이라는 등 특별한 사정이 없는 한 그 송달은 부적법하며 무효이다(대판 2020.6.11. 2020다8586: 법전협 표준판례 (41) : 따라서 제1심에서 패소한 피고 미성년자측의 항소 제기기간은 진행하지 않으므로 항소를 제기하지 못한 데에 책임질 수 있는 사유가 있는지와 무관하게 피고측의 항소는 적법하다)(제179조 참조).

그러나 ⅰ) 공시송달의 요건에 흠결이 있더라도 공시송달은 유효하며, ⅱ) 피고의 영업소의 종업원이 피고의 주소지에 일시적으로 들렀다가 그 주소지에서 판결 정본을 송달받은 경우에 '보충송달'은 무효이지만, 피고에게 전달한 그 때에 송달이 완성된다(대판 1995.1.24. 93다25875). 반면 '교부송달'의 경우 피고에게 전달된 경우에도 하자 치유를 인정하지 않은 경우도 있다(대판 1979.9.25. 78다2448).[98]

2. 하자의 치유

절차규정인 송달규정이 임의규정인 경우에는 이의권의 포기상실에 의해 하자가 치유될 수 있다(대판 1998.2.13. 95다15667)(6회 선택형).[99] 그러나 불변기간에 영향이 있는 송달, 예컨대 항소 제기기간에 관한 규정은 성질상 강행규정이므로, 그 기간 계산의 기산점이 되는 판결정본의 송달의 흠은 이에 대한 이의권의 포기나 상실(제396조)로 인하여 치유될 수 없다(대판 2002.11.8. 2001다84497).[100]

제7절 소송절차의 정지

제1관 소송절차 정지의 의의 및 종류

'소송절차의 정지'란 소송이 계속된 뒤 절차가 종료되기 전에 당해 소송절차가 법률상 진행되지 않는 것으로, 종류에는 소송절차의 '중단'과 '중지'가 있다.

절차의 정지	중 단	수계(제233조 이하)
		속행명령(제244조)
	중 지	당연중지(제245조)
		재판중지(제245조)

---

98) "피고에게 송달되는 판결정본을 원고가 집배인으로부터 수령하여 자기 처를 통하여 피고의 처에게 교부하고 다시 피고의 처가 이를 피고에게 교부한 경우에 위 판결정본의 피고에 대한 송달은 그 절차를 위배한 것이어서 부적법한 송달이다"

99) "사망한 자에 대하여 실시된 송달은 위법하여 원칙적으로 무효이나, 그 사망자의 상속인이 현실적으로 그 송달서류를 수령한 경우에는 하자가 치유되어 그 송달은 그 때에 상속인에 대한 송달로서 효력을 발생하므로, 압류 및 전부명령 정본이나 그 경정결정 정본의 송달이 이미 사망한 제3채무자에 대하여 실시되었다고 하더라도 그 상속인이 현실적으로 그 압류 및 전부명령 정본이나 경정결정 정본을 수령하였다면, 그 송달은 그 때에 상속인에 대한 송달로서 효력을 발생하고, 그 때부터 각 그 즉시항고 기간이 진행한다"

100) [관련판례] "항소제기기간은 불변기간이고, 이에 관한 규정은 성질상 강행규정이므로 그 기간 계산의 기산점이 되는 위 판결정본의 부적법한 송달의 하자는 이에 대한 피고의 책문권의 포기나 상실로 인하여 치유될 수 없다"(대판 1972.5.9. 72다379: 법전협 표준판례(132))

제2관 소송절차의 중단

소송계속 중 당사자 사망		소송절차중단시점	중단의 해소(중단이 해소되어야 판결이 확정됨)
소송대리인이 없는 경우		당사자가 죽은 때에 소송절차 중단 (제233조 1항)	① 상속인, 상속재산관리인, 그 밖에 법률에 의하여 소송을 계속하여 수행할 사람이 소송절차를 수계하여야 중단해소(제233조 1항) ② 중단을 간과한 판결은 상소 및 재심으로 구제
소송대리인이 있는 경우	상소제기의 특별수권이 없는 경우	판결정본이 소송대리인에게 송달된 때 중단	① 판결정본이 소송대리인에게 송달된 때 소송대리권은 소멸 ② 중단이 해소되지 않으면 상소기간이 진행되지 않으므로 판결은 확정되지 않음
	상소제기의 특별수권이 있는 경우	상소제기시부터 소송절차 중단	① 상소제기가 없으면 상소기간 도과시 판결확정 ② 상소를 제기하면 상소심에서의 대리권은 소멸하고 소송절차가 중단됨. 수계절차를 거쳐야 중단해소

Ⅰ. 의 의   [B-99]

'소송절차의 중단'이란 당사자나 소송행위자에게 소송수행할 수 없는 사유가 발생하였을 경우에 새로운 소송수행자가 나타나 소송에 관여할 수 있을 때까지 법률상 당연히 절차의 진행이 정지되는 것을 말하는 바, 이는 상속인의 절차관여권을 보장하여 쌍방심문주의를 관철시키기 위한 제도이다.

Ⅱ. 중단사유와 예외   [B-100]

1. 중단사유

(1) 당사자의 사망 [5회 사례형]

> 제233조 (당사자의 사망으로 말미암은 중단) ① 당사자가 죽은 때에 소송절차는 중단된다. 이 경우 상속인·상속재산관리인, 그 밖에 법률에 의하여 소송을 계속하여 수행할 사람이 소송절차를 수계(受繼)하여야 한다. ② 상속인은 상속포기를 할 수 있는 동안 소송절차를 수계하지 못한다.

이하 논의는 소송대리인이 없는 경우임을 주의해야 한다. 소송대리인이 있는 경우에는 제233조 1항이 적용되지 아니한다(제238조).

1) 소송계속 후 변론종결 전 당사자가 사망할 것

따라서 소제기 전 이미 죽은 사람이 당사자가 된 경우에는 중단사유가 아니고 상속인에 의한 수계신청은 허용될 수 없다. 실종선고에 의한 사망간주도 포함된다.

2) 소송물인 권리의무가 상속의 대상일 것

소송물인 권리의무가 상속의 대상이 아니라면 절차가 중단되는 것이 아니라 소송절차가 종료된다. 判例는 ① "학교법인의 설립자 겸 종전이사로서 그 이사선임처분의 취소를 구하는 지위는 성질상 일신전속적인 것으로 상속의 대상이 되지 않으므로 원고와 피고 사이의 이 사건 소송은 원고의 사망과 동시에 종료되었고, 소송대리인의 원고에 대한 소송대리권도 그와 동시에 소멸하였다"(대판 2013.9.13. 2011두33044)고 하고, ② "공동광업권자의 1인이 사망한 때에는 공동광업권의 조합관계로부터 당연히 탈퇴되고, 특히 조합계약에서 사망한 공동광업권자의 지위를 그 상속인이 승계하기로 약정한 바가 없는 이상 사망한 공동광업권자의 지위는 일신전속적인 권리의무관계로서 상속인에게 승계되지 아니하고, 따라서 동 망인이 제소한 공동광업권관계소송은 그의 사망으로 당연히 종료된다"(대판 1981.7.28. 81다145)고 한다.

3) 공동소송의 경우

통상공동소송의 경우에는 사망한 당사자와 그 상대방 사이에서만 가분적으로 중단되는 반면(제66조), 필수적 공동소송의 경우에는 전면적으로 중단된다(제67조 3항)(10회 선택형).

4) 소송절차의 중단과 수계, 상소

당사자가 사망하고 상속인이 있는데 소송대리인이 선임되어있지 않은 경우 소송절차는 바로 중단되고 상속인들은 각자 소송수계신청을 할 수 있다. 判例는 "제1심 원고이던 甲이 소송계속중 사망하였고 그의 소송대리인도 없었는데 그 공동상속인들 중 1인인 제1심 공동원고 乙만이 甲을 수계하여 심리가 진행된 끝에 제1심법원은 乙만을 甲의 소송수계인으로 하여 판결을 선고한 경우, 만일 甲을 수계할 다른 사람이 있음에도(공동상속인 丙 : 저자주) 수계절차를 밟지 않았다면 그에 대한 관계에서는 그 소송은 중단된 채로 제1심법원에 계속되어 있다고 보아야 한다"(대판 1994.11.4. 93다31993)고 하였다. 즉, 위 判例 사안에서 甲의 공동상속인 乙과 丙 중 乙만이 수계신청을 한 경우, 판결의 효력은 乙에게만 미치고 丙에 대해서는 판결이 선고되지 않은 채 하급심법원에 사건이 계속 중인 상태가 된다. 따라서 상소는 乙만이 가능하고 丙이 상소를 하면 부적법 각하된다.

> **[관련판례]** ✻ 소송계속 중 당사자인 피상속인이 사망한 경우 공동상속인 전원이 공동으로 수계하여야 하는지 여부 및 수계되지 아니한 상속인들에 대한 소송의 상태
> "소송계속 중 당사자인 피상속인이 사망한 경우 공동상속재산은 상속인들의 공유이므로 소송의 목적이 공동상속인들 전원에게 합일확정되어야 할 필요적 공동소송관계라고 인정되지 아니하는 이상 반드시 공동상속인 전원이 공동으로 수계하여야 하는 것은 아니며, 수계되지 아니한 상속인들에 대한 소송은 중단된 상태로 그대로 피상속인이 사망한 당시의 심급법원에 계속되어 있다"(대판 1993.2.12. 92다29801; 법전협 표준판례(160))

> **[관련판례]** "소 제기 후 부재자에 대한 실종선고가 확정됨으로써 소급하여 사망간주가 되더라도 소송법적으로는 실종선고 확정시를 사망으로 인한 중단사유 발생시점으로 보아야 한다"(대판 1977.3.22. 77다81, 82).

(2) 법인의 합병

> 제234조 (법인의 합병으로 말미암은 중단) 당사자인 법인이 합병에 의하여 소멸된 때에 소송절차는 중단된다. 이 경우 합병에 의하여 설립된 법인 또는 합병한 뒤의 존속법인이 소송절차를 수계하여야 한다.

법인이 합병에 의하여 소멸된 경우에는 절차가 중단되고 합병에 의하여 설립된 법인 또는 합병한 뒤의 존속법인이 소송절차를 수계하여야 한다(제234조)(7회 선택형). 그러나 법인이 합병 이외의 사유로 해산된 경우, 단순히 당사자인 법인으로부터 영업양도를 받았다는 것만으로는 중단되지 아니한다(대판 1962.9.27. 62다441).

다만 청산절차를 거치지 아니하고 법인이 소멸된 경우에도 중단되므로 시·군 등 행정구역의 폐지 분합의 경우에도 중단된다. 한편 비법인 사단·재단의 경우에도 제234조가 준용되므로 비법인사단인 도시정비법상 조합설립추진위원회를 상대로 소송계속 중 법인인 조합이 설립되었다면 조합이 소송승계 함을 전제로 소송은 중단된다(대판 2012.4.12. 2009다22419).

[관련판례] 법인의 권리의무가 법률의 규정에 의하여 새로 설립된 법인에 승계되는 경우에는 특별한 사유가 없는 한 계속 중인 소송에서 그 법인의 법률상 지위도 새로 설립된 법인에 승계되므로 새로 설립된 법인이 소송절차를 수계하여야 하나, 법률에 법인의 지위를 승계하거나 법인의 권리의무가 새로 설립된 법인에 포괄적으로 승계된다는 명문의 규정이 없는 이상 새로 설립된 법인이 소송절차를 수계할 근거는 없다고 보아야 한다. 이와 같은 법리는 당사자가 법인격 없는 단체인 경우에도 마찬가지이다"(대판 2022.1.27. 2020다39719).

(3) 소송능력의 상실, 법정대리권의 소멸로 말미암은 중단

> 제235조 (소송능력의 상실, 법정대리권의 소멸로 말미암은 중단) 당사자가 소송능력을 잃은 때 또는 법정대리인이 죽거나 대리권을 잃은 때에 소송절차는 중단된다. 이 경우 소송능력을 회복한 당사자 또는 법정대리인이 된 사람이 소송절차를 수계하여야 한다.

당사자가 소송능력을 잃은 때 또는 법정대리인이 죽거나 대리권을 잃은 때에 소송절차는 중단된다(제235조 전단). 이 경우 소송능력을 회복한 당사자 또는 법정대리인이 된 사람이 소송절차를 수계하여야 한다(제235조 후단). 당사자가 변경되지 않지만 소송수행자가 변경되므로 중단되는 경우이다. 다만 법정대리권이나 대표권이 소멸한 경우에는 통지가 있어야 중단된다(제63조, 제64조). 당사자가 소송능력을 잃은 때란 성년후견개시심판을 받은 경우이다. 법정대리권이나 대표권을 잃은 때에는 가처분에 의하여 직무집행이 정지된 경우도 포함된다(대판 1980.10.14. 80다623,624).

그러나 소송대리인이 사망하거나 소송대리권이 소멸한 경우에는 본인 스스로 소송행위를 수행할 수 있으므로 중단사유가 되지 않는다.

(4) 수탁자의 임무가 끝남으로 말미암은 중단

> 제236조 (수탁자의 임무가 끝남으로 말미암은 중단) 신탁으로 말미암은 수탁자의 위탁임무가 끝난 때에 소송절차는 중단된다. 이 경우 새로운 수탁자가 소송절차를 수계하여야 한다.

신탁으로 말미암은 수탁자의 위탁임무가 끝난 때에 소송절차는 중단된다(제236조 전단). 이 경우 새로운 수탁자가 소송절차를 수계하여야 한다(제236조 후단). 신탁법에 의한 수탁자가 아닌 부동산에 대한 명의신탁자가 그 신탁을 해지한 것으로는 소송절차가 중단되지 않는다(대판 1966.6.28. 66다689). 判例는 "신탁으로 말미암은 수탁자의 위탁임무가 끝난 때에 소송절차는 중단되고, 이 경우 새로운 수탁자가 소송절차를 수계하여야 하지만(제236조), 소송대리인이 있는 경우에는 소송절차가 중단되지 아니하고(제238조), 소송대리권도 소멸하지 아니한다(제95조 3호).

따라서 전수탁자가 파산의 선고를 받아 임무가 종료되었으나 소송대리인이 있어서 소송절차가 중단되지 아니하는 경우에는 원칙적으로 소송수계의 문제가 발생하지 아니하고, 소송대리인은 당사자 지위를 당연승계하는 신수탁자를 위하여 소송을 수행하게 되는 것이며, 그 사건의 판결은 신수탁자에 대하여 효력이 있다. 이때 신수탁자로 당사자의 표시를 정정하지 아니한 채 전수탁자를 그대로 당사자로 표시하여도 무방하며, 신탁재산에 대한 관리처분권이 없는 자를 신당사자로 잘못 표시하였다고 하더라도 그 표시가 전수탁자의 소송수계인 등 신탁재산에 대한 관리처분권을 승계한 자임을 나타내는 문구로 되어 있으면 잘못 표시된 당사자에 대하여는 판결의 효력이 미치지 아니하고 여전히 정당한 관리처분권을 가진 신수탁자에 대하여 판결의 효력이 미친다"(대판 2014.12.24. 2012다74304)고 한다.

(5) 자격상실로 말미암은 중단

> 제237조 (자격상실로 말미암은 중단) ① 일정한 자격에 의하여 자기 이름으로 남을 위하여 소송당사자가 된 사람이 그 자격을 잃거나 죽은 때에 소송절차는 중단된다. 이 경우 같은 자격을 가진 사람이 소송절차를 수계하여야 한다. ② 제53조의 규정에 따라 당사자가 될 사람을 선정한 소송에서 선정된 당사자 모두가 자격을 잃거나 죽은 때에 소송절차는 중단된다. 이 경우 당사자를 선정한 사람 모두 또는 새로 당사자로 선정된 사람이 소송절차를 수계하여야 한다.

파산관재인, 유언집행자, 회생회사 관리인, 관리비징수 업무를 위탁받은 위탁관리업자(대판 2022.5.13. 2019다229516) 등 제3자 소송담당자가 자격을 상실한 경우를 말한다. 判例도 "재산관리인이 부재자를 대리하여 부재자 소유의 부동산을 매매하고 매수인에게 이에 대한 허가신청절차를 이행하기로 약정하고서도 그 이행을 하지 아니하여 매수인으로부터 허가신청절차의 이행을 소구당한 경우, 재산관리인의 지위는 형식상으로는 소송상 당사자이지만 그 허가신청절차의 이행으로 개시된 절차에서 만일 법원이 허가결정을 하면 재산관리인이 부재자를 대리하여서 한 매매계약이 유효하게 됨으로써 실질적으로 부재자에게 그 효과가 귀속되는 것이므로 법원에 대하여 허가신청절차를 이행하기로 한 약정에 터잡아 그 이행을 소구당한 부재자 재산관리인이 소송계속중 해임되어 관리권을 상실하는 경우 소송절차는 중단되고 새로 선임된 재산관리인이 소송을 수계한다고 봄이 상당하다"(대판 2002.1.11. 2001다41971)고 한다.

(6) 파산재단에 관한 소송 중의 파산선고 및 파산절차해지

> 제239조 (당사자의 파산으로 말미암은 중단) 당사자가 파산선고를 받은 때에 파산재단에 관한 소송절차는 중단된다. 이 경우 채무자 회생 및 파산에 관한 법률에 따른 수계가 이루어지기 전에 파산절차가 해지되면 파산선고를 받은 자가 당연히 소송절차를 수계한다.
>
> 제240조 (파산절차의 해지로 말미암은 중단) 채무자 회생 및 파산에 관한 법률에 따라 파산재단에 관한 소송의 수계가 이루어진 뒤 파산절차가 해지된 때에 소송절차는 중단된다. 이 경우 파산선고를 받은 자가 소송절차를 수계하여야 한다.

"파산선고를 받은 자가 채권자를 상대로 채무의 존재를 다투는 소송은 파산재단에 속하는 재산에 관한 소송에 해당하므로 파산채무자에 대한 파산선고가 있는 때에는 채무자 회생 및 파산에 관한 법률 제347조에 따라 파산관재인 또는 상대방이 수계할 때까지 이에 관한 소송절차는 당연히 중단된다. 한편 이와 같은 소송절차의 중단사유를 간과하고 변론이 종결되어 판결이 선고된 경우 그 판결은 소송에 관여할 수 있는 적법한 수계인의 권한을 배제한 결과가 되어 절차상 위법하나 이를 당연무효라고 할 수는 없고, 대리인에 의하여 적법하게 대리되지 않았던 경우와 마찬가지로 대리권 흠결을 이유로 한 상소 또는 재심에 의하여 그 취소를 구할 수 있으며, 상소심에서 수계절차를 밟은 경우에는 위와 같은 절차상의 하자는 치유되고 그 수계와 상소는 적법한 것으로 된다. 항소의 제기에 관하여 필요한 수권이 흠결된 소송대리인의 항소장 제출이 있었다고 하더라도 당사자 또는 적법한 소송대리인이 항소심에서 본안에 관하여 변론하였다면 이로써 그 항소제기 행위를 추인하였다고 할 것이어서, 그 항소는 당사자가 적법하게 제기한 것으로 된다"(대판 2020.6.25. 2019다246399).

당사자의 파산으로 말미암은 중단의 경우에는 소송대리인이 있는 경우에도 계속 중단된다(제239조).

한편, 채무자 회생 및 파산에 관한 법률은 소송의 당사자 아닌 채무자가 파산선고를 받은 때에 파산채권자가 제기한 채권자취소소송은 중단되고 파산관재인이나 상대방이 이를 수계할 수 있다고 정하고 있는데(동법 제406조, 제347조), 이러한 규정은 채권자대위권에도 유추적용된다(대판 2013.3.28. 2012다100746).[101] 그 이유는 파산선고로 파산재단에 관한 관리·처분권은 파산관재인에게 속하고, 파산채권자가 제기한 채권자취소소송과 채권자대위소송의 목적이 모두 채무자의 책임재산 보전에 있기 때문이다(대결 2019.3.6. 2017마5292).

2. 중단의 예외

(1) 소송이 종료되는 경우

소송물이 상속의 대상이 되지 않거나, 상속인이 없는 경우에는 (소송대리인이 있더라도)소송은 종료한다.

(2) 소송대리인이 있는 경우(제238조)

> 제238조 (소송대리인이 있는 경우의 제외) 소송대리인이 있는 경우에는 제233조 제1항, 제234조 내지 제237조의 규정을 적용하지 아니한다.

1) 소송의 효력

① **[소송수계(불발생)]** "소송대리인이 있는 경우에는 소송절차가 중단되지 아니하고(제238조), 소송대리권도 소멸하지 아니한다(제95조 제3호). 따라서 전수탁자가 파산의 선고를 받아 임무가 종료되었으나 소송대리인이 있어서 소송절차가 중단되지 아니하는 경우에는 원칙적으로 소송수계의 문제가 발생하지 아니하고, 소송대리인은 당사자 지위를 당연승계하는 신수탁자를 위하여 소송을 수행하게 되는 것이며, 그 사건의 판결은 신수탁자에 대하여 효력이 있다"(대판 2014.12.24. 2012다74304)(6회 선택형).

② **[상속인이 수계를 하지 않은 경우(구당사자로 표시된 판결 : 유효)]** 신당사자의 수계가 없더라도 상속인 전원에 미치므로, 판결의 효력은 당연히 상속인 전원에게 미친다. 따라서 구당사자로 표시되어 판결이 선고된 때에도 하자가 없고 소송승계인을 당사자로 판결경정하면 된다(대판 2002.9.24. 2000다49374).

③ **[일부만 수계하고 나머지는 수계를 하지 않은 경우(구당사자로 표시된 판결 : 유효)]** 최근 判例는 "민사소송법 제95조 제1호, 제238조에 따라 소송대리인이 있는 경우에는 당사자가 사망하더라도 소송절차가 중단되지 않고 소송대리인의 소송대리권도 소멸하지 아니하는바, 이때 망인의 소송대리인은 당사자 지위의 당연승계로 인하여 상속인으로부터 새로이 수권을 받을 필요 없이 법률상 당연히

---

101) "채권자대위소송에서 원고는 채무자에 대한 자신의 권리를 보전하기 위하여 채무자를 대위하여 자신의 명의로 채무자의 제3채무자에 대한 권리를 행사하는 것이므로, 그 지위는 채무자 자신이 원고인 경우와 마찬가지라고 볼 수 있다. 따라서 파산채권자가 제기한 채권자대위소송이 채무자에 대한 파산선고 당시 법원에 계속되어 있는 때에는 다른 특별한 사정이 없는 한 민사소송법 제239조, 채무자회생법 제406조, 제347조 제1항을 유추 적용하여 그 소송절차는 중단되고 파산관재인이 이를 수계할 수 있다"

상속인의 소송대리인으로 취급되어 상속인들 모두를 위하여 소송을 수행하게 되는 것이고, 당사자가 사망하였으나 그를 위한 소송대리인이 있어 소송절차가 중단되지 않는 경우에 비록 상속인으로 당사자의 표시를 정정하지 아니한 채 망인을 그대로 당사자로 표시하여 판결하였다고 하더라도 그 판결의 효력은 망인의 소송상 지위를 당연승계한 상속인들 모두에게 미치는 것이므로, 망인의 공동상속인 중 소송수계절차를 밟은 일부만을 당사자로 표시한 판결 역시 수계하지 아니한 나머지 공동상속인들에게도 그 효력이 미친다"(대판 2010.12.23. 2007다22859: 법전협 표준판례(162))(3회,6회,7회,9회 선택형)고 판시하여 판결의 효력이 수계하지 않은 상속인에게도 미친다고 하였다. **[13회 사례형]**

2) 상소의 특별수권이 없는 경우(판결정본 송달시 중단)

이 경우에는 중단사유에도 불구하고 소송절차는 중단되지 않는다. 다만 심급대리의 원칙상 그 심급의 판결정본이 당사자에게 송달되면 소송절차는 중단된다(대판 1996.2.9. 94다61649)(2회,7회,9회 선택형) **[3회 사례형]** 소송대리인이 있는 상태에서 신당사자는 수계절차(=표시정정으로 선해함)를 밟을 수 있다(대판 1972.10.31. 72다1271,1272).

3) 상소의 특별수권이 있는 경우(제90조 2항 3호)

a. 상소제기의 특별수권만 있을 뿐 상급심에서의 소송대리권은 없음(상소제기시 중단 : 심급대리원칙)

소송대리인에게 상소제기의 특별수권이 있는 경우에는 판결정본이 송달되어도 소송절차는 중단되지 않는다. 그러나 이 경우에도 심급대리의 원칙상 상소제기 시부터 소송절차가 중단된다(대판 2016.4.29. 2014다210449). 상소제기의 특별수권만 있을 뿐 상급심에서의 소송대리권은 없기 때문에 수권 받은 상소제기권의 행사시까지만 소송대리권이 인정되기 때문이다.

b. 일부 상속인만이 스스로 항소한 경우(누락상속인에 대한 판결 확정)

判例는 제1심 소송 계속 중 원고가 사망하고 1심 패소 판결 후 일부 상속인만이 항소제기를 한 사안에서 "당사자가 사망하였으나 소송대리인이 있어 소송절차가 중단되지 아니한 경우 원칙적으로 소송수계라는 문제가 발생하지 아니하고 소송대리인은 상속인들 전원을 위하여 소송을 수행하게 되는 것이며 그 사건의 판결은 상속인들 전원에 대하여 효력이 있다 할 것이고, 소송대리인이 상소제기의 특별수권을 부여받고 있었으므로 항소제기기간은 진행된다고 하지 않을 수 없어 제1심판결 중 나머지 상속인의 상속지분에 해당하는 부분은 그들(누락상속인)이나 소송대리인이 항소를 제기하지 아니한 채 항소제기기간이 도과하여 이미 그 판결이 확정되었다고 하지 않을 수 없다"(대결 1992.11.5. 91마342: 법전협 표준판례(161))고 하였다(7회,9회 선택형).

[판례검토] 상소제기의 특별수권을 가진 대리인이 있는 이상 판결정본이 송달되어도 소송절차는 중단되지 않는다. 따라서 판결정본 송달시부터 상소기간이 진행하고, 判例의 입장인 당연승계긍정설(당사자사망시 상속인이 당사자의 지위를 당연승계하고 수계절차는 절차적으로 확인적 의미만 있을 뿐이라는 견해)에 의할 때 상소기간이 도과하면 상속인은 확정판결의 효력을 받게 된다. 그런데 공동상속인의 재산관계는 공유관계로서 소송형태는 통상공동소송에 해당하므로 소송진행의 통일이 요구되지 않아 상소불가분원칙이 적용되지 않는다. 따라서 공동상속인 중 일부상속인만이 항소한 경우 항소하지 못한 공동상속인(누락상속인)은 이심되지 않고 결국 제1심판결에 관여하지도 못한 채 제1심의 패소판결의 효력을 받게 된다. 따라서 상소하지 못한 상속인의 구제책이 논의되는 바, 判例의 입장대로 판결의 확정효력이 미치는 한 누락상속인을 위한 추완상소를 인정하거나 손해배상을 인정함이 타당하다.

c. 소송대리인이 상속인 일부를 누락하고 항소한 경우(누락 상속인에 대한 항소의 효력 인정)

제1심 소송 계속 중 원고가 사망하자 공동상속인 중 甲만이 수계절차를 밟아 甲만을 망인의 소송수계인으로 표시하여 원고 패소 판결을 선고한 제1심판결에 대하여, 상소제기의 특별수권을 부여받은 망인의 소송대리인이 항소인을 甲으로 기재하여 항소를 제기하였고, 항소심 소송 계속 중에 망인의 공동상속인 중 乙 등이 소송수계신청을 한 사안에서 判例는, "제1심판결의 효력은 그 당사자 표시의 잘못에도 불구하고 당연승계에 따른 수계적격자인 망인의 상속인들 모두에게 미치는 것인데 그 항소 역시 소송수계인으로 표시되지 아니한 나머지 상속인들 모두에게 효력이 미치는 위 제1심판결 전부에 대하여 제기된 것으로 보아야 할 것이므로 위 항소로 인하여 제1심판결 전부에 대하여 확정이 차단되고 항소심 절차가 개시되었으며, 다만 제1심에서 이미 수계한 甲 외에 망인의 나머지 상속인들 모두의 청구 부분과 관련하여서는 항소제기 이후로 소송대리인의 소송대리권이 소멸함에 따라 민사소송법 제233조에 의하여 그 소송절차는 중단된 상태에 있었다고 보아야 할 것이고, 따라서 원심으로서는 망인의 정당한 상속인인 乙 등의 위 소송수계신청을 받아들여 그 부분 청구에 대하여도 심리 판단하였어야 한다"(대판 2010.12.23. 2007다22859: 법전협 표준판례(162))[102]고 보았다. **[2회 사례형]**

[판례검토] 누락상속인에 대해 대리할 권한이 없는 일부상속인이 스스로 항소한 91마342 사안과 달리, 2007다22859 사안은 모든 상속인을 대리할 권한을 가진 소송대리인이 항소한 경우이다. 따라서 소송대리인의 항소제기의 효과는 모든 상속인에게 미치므로, 判例의 견해에 따르면 공동상속인 중 乙 등의 소송수계신청이 가능하다. 따라서 이 경우엔 누락상속인의 구제책이 문제되지 않는다.

Ⅲ. 중단의 해소
[B-101]

1. 중단해소방법

(1) 당사자의 수계신청

1) 수계신청권자

수계신청은 중단사유가 있는 당사자 측의 신수행자뿐만 아니라 상대방 당사자도 할 수 있다(제241조). 공동상속재산은 상속인들의 공유이므로 필수적 공동소송관계라고 인정되지 아니한 이상 반드시 공동상속인 전원이 공동으로 수계해야 하는 것은 아니며, 상속인 각자가 개별적으로 수계하여도 무방하다(대판 1964.5.26. 63다974). 그리고 상속인 중 한사람만 수계절차를 밟아 재판을 받았다면 수계절차를 밟지 않은 다른 상속인의 소송관계는 중단된 채 제1심에 그대로 계속되어 있게 된다(대판 1994.11.4. 93다31993). 다만 공동상속인 중 일부만을 소송수계절차를 밟아 당사자로 표시한 판결은 수계하지 아니한 나머지 공동상속인에게 미친다(대판 2010.12.23. 2007다22859: 법전협 표준판례(162)).[103]

---

102) **[판례평석]** 이 判例에 대해 공동상속인 중 일부의 수계신청이나 항소가 공동상속인 전원에 미친다는 결과는 공동상속인 관계가 필수적 공동소송이 아니라는 문제가 있고, 나아가 소송행위의 표시주의 원칙에 부합하지 않는다는 비판이 있다(이시윤).

103) 반면 "광업법 제34조 제1항, 제19조 제6항의 규정에 의하면 광업권을 공유하는 자들 사이에는 조합계약을 한 것으로 본다고 규정하고 있으므로, 광업권자가 사망하여 상속인들이 그 광업권을 공동으로 상속하는 경우에도 그 상속인들 사이에 조합계약을 체결한 것으로 보아야 하므로, 그 합유인 공동광업권에 관한 소송은 합일확정을 요하는 필요적공동소송이고, 따라서 광업권자가 광업권에 관한 소송을 수행하던 중 사망한 경우에는 상속인 전원이 공동으로 수계신청을 하여야 한다"(대판 1995.5.23. 94다23500).

2) 수계신청법원

재판이 송달된 뒤에 중단된 소송절차의 수계에 대하여는 그 재판을 한 법원이 결정하여야 한다(제243조 2항). 그런데 종국판결이 송달된 다음에 중단된 경우에도 원심법원에 하여야 하는지 문제된다. 判例는 "소송계속 중 어느 일방 당사자의 사망에 의한 소송절차 중단을 간과하고 변론이 종결되어 (항소심)판결이 선고된 경우 ⅰ) 적법한 상속인들이 원심법원에 수계신청을 하여 판결을 송달받아 상고하거나 또는 ⅱ) 사실상 송달을 받아 상고장을 제출하고 상고심에서 수계절차를 밟은 경우에도 그 수계와 상고는 적법한 것으로 보아야 한다"(대판 1995.5.23. 전합94다28444: 법전협 표준판례 (163))고 판시하여 **선택설**의 입장이다. 또한, 수계신청을 하여야 할 소송절차의 중단 중에 제기된 상소는 부적법한 것이지만 상소심법원에 수계신청을 하여 그 하자를 치유시킬 수 있다는 입장이다(대판 1996.2.9. 94다61649).

3) 수계신청에 대한 재판

소송수계신청의 적법여부는 법원의 직권조사사항으로서 조사결과 수계가 이유없다고 인정한 경우에는 이를 기각하여야 하나 이유 있을 때에는 별도의 재판을 할 필요 없이 그대로 소송절차를 진행할 수 있다(대판 1984.6.12. 83다카1409).

(2) 법원의 속행명령

법원은 당사자가 소송절차를 수계하지 아니하는 경우 직권으로 소송절차를 계속하여 진행하도록 명할 수 있는데(제244조), 이는 중간 재판이므로 불복할 수 없고 속행명령이 당사자에 송달되면 중단이 해소되어 영구미제사건의 방지기능을 한다.

2. 중단 해소의 범위

공동상속인들은 그 공동상속재산에 관하여 저마다 지분권을 가지고 있으므로 통상공동소송이다. 통상공동소송은 공동소송인 독립의 원칙에 의하여(제66조), 소송자료와 소송진행이 독립되므로 한 사람에 대해 생긴 중단사유는 그 자의 소송관계에 대해서만 절차가 중단되고, 상속인 중 일부만이 수계절차를 밟아 중단이 해소되었으면 그 자에 대해서만 중단이 해소되며, 수계절차를 밟지 않은 다른 상속인의 소송관계는 중단된 채 원심에 그대로 계속된다(대판 1994.11.4. 93다31993).

Ⅳ. 소송절차 중단의 효과

[B-102]

1. 당사자의 소송행위

소송절차 정지 중의 당사자의 소송행위는 무효인 것이 원칙이다. 다만 예외적으로 소송절차 이외에서 하는 소송대리인의 선임 등은 유효하게 할 수 있다. 그러나 무효라고 하더라도 상대방이 아무런 이의를 하지 아니하여 이의권이 상실되면 유효하게 된다. 判例는 "소송절차 중단 중에 제기된 상소는 부적법하지만 상소심법원에 수계신청을 하여 하자를 치유시킬 수 있으므로, 상속인들에게서 항소심소송을 위임받은 소송대리인이 소송수계절차를 취하지 아니한 채 사망한 당사자 명의로 항소장 및 항소이유서를 제출하였더라도, 상속인들이 항소심에서 수계신청을 하고 소송대리인의 소송행위를 적법한 것으로 추인하면 하자는 치유되고, 추인은 묵시적으로도 가능하다"(대판 2016.4.2. 2014다210449)(9회 선택형)고 한다.

2. 법원의 소송행위

소송절차의 중단 중에는 판결의 선고를 제외하고, 일체의 소송행위를 할 수 없으며, 기간의 진행이 정지된다(제247조 1항). 따라서 소송절차 중단 중의 당사자나 법원의 행위는 무효가 된다. 상대방이 이의를 하지 아니하여 이의권이 상실되면 유효하게 되고(제233조), 사망한 자의 상속인이 추인하면 유효하게 된다.

3. 기간의 진행

소송절차가 진행 중에는 기간의 진행이 정지되므로 새로운 기간은 진행을 시작하지 않고, 이미 진행 중이던 기간은 진행하지 않는다. 정지가 해소되면 남은 기간이 아니라 다시 전체기간이 새로이 진행한다(제247조 2항).

4. 중단사유를 간과한 판결의 효력(당연무효 아님)

(1) 판결선고의 적부

제247조 1항의 판결선고는 변론종결 후 소송절차가 중단된 경우 종국판결을 선고할 수 있다는 의미로서, 변론종결 전에 소송절차가 중단된 경우에는 종국판결을 선고할 수 없으며 이 때 판결은 위법한 판결이 된다. 따라서 변론종결 전 당사자 사망에 의한 소송절차 중단을 간과하고 내려진 선고는 위법하다.

(2) 중단사유를 간과한 판결의 효력

判例는 "소송계속 중 어느 일방 당사자의 사망에 의한 소송절차 중단을 간과하고 변론이 종결되어 판결이 선고된 경우에는 그 판결은 소송에 관여할 수 있는 적법한 수계인의 권한을 배제한 결과가 되는 절차상 위법은 있지만 그 판결이 당연무효라 할 수는 없고, 다만 그 판결은 대리인에 의하여 적법하게 대리되지 않았던 경우와 마찬가지로 보아 대리권흠결을 이유로 **상소**(제424조 1항 4호) **또는 재심**(제451조 1항 3호)에 의하여 그 취소를 구할 수 있을 뿐이다"(대판 1995.5.23. 전합94다28444; 법전협 표준판례 (163))고 판시하였다.[104]

(3) 상고심의 직권파기 가부

상고법원은 상고이유에 따라 불복신청의 한도 안에서 심리하는 것이 원칙이나(제431조), **직권조사사항에 대해서는 대법원이 직권으로 조사하여 원심판결을 파기할 수 있다**(제434조).

따라서 당사자의 사망으로 인한 소송절차의 중단을 간과하고 심리·선고한 판결에 대하여 대법원은 "원심판결은 상고이유에 대한 판단을 거칠 필요도 없이 유지될 수 없다"(대판 1996.2.9. 94다24121)고 하여 **직권으로 파기 환송**하였다.

(4) 사망자 명의 판결문에 기한 강제집행

判例는 중단사유를 간과한 판결은 절차상 위법은 있지만 당연 무효라 할 수 없으므로, "사망한 자가 당사자로 표시된 판결에 기하여 사망자의 승계인을 위한 또는 사망자의 승계인에 대한 강제집행을 실시하기 위하여는 민사소송법 제481조(현 민사집행법 제 31조)를 준용하여 승계집행문을 부여함이 상당하다"(대결 1998.5.30. 98그7)고 판시하였다.

---

104) 법원이 소송 계속 중 일방 당사자에 대하여 회생절차개시결정이 있었던 사실을 알지 못한 채 관리인의 소송수계가 이루어지지 아니한 상태 그대로 소송절차를 진행하여 선고한 판결의 효력에 대해서도 判例는 "그 판결은 일방 당사자의 회생절차개시결정으로 소송절차를 수계할 관리인이 법률상 소송행위를 할 수 없는 상태에서 심리되어 선고된 것이므로, 여기에는 마치 대리인에 의하여 적법하게 대리되지 아니하였던 경우와 마찬가지의 잘못이 있다"(대판 2016.12.27. 2016다35123)고 판시하였다.

제3관 소송절차의 중지

'소송절차의 중지'란 소송진행에 장애사유나 부적당한 사유가 발생한 경우 법률상 당연히 또는 법원의 결정으로 절차진행이 정지되는 것으로 소송수행자의 교체가 없다는 점이 중단과 다르다(수계절차가 없음). 사유로는 ① 천재지변, 그 밖의 사고로 법원이 직무를 수행할 수 없을 경우와 같은 법원의 직무집행 불가능으로 말미암은 중지(제245조), ② 당사자가 일정하지 아니한 기간동안 소송행위를 할 수 없는 장애사유가 생긴 경우에 법원의 결정으로 하는 중지(제246조), ③ 위헌법률심판제청에 의한 중지와 같이 다른 절차와의 관계에서 소송이 부적당한 경우의 중지가 있다.

제4장 | 증 거

제1절 서 설

Ⅰ. 증거의 의의
[B-103]

사실을 확정하기 위한 자료가 곧 증거이다. 증거라는 개념에는 증거방법, 증거자료, 증거원인 등 여러 의미가 있다. ① **증거방법**은 법원이 사실의 존부를 확정하기 위하여 조사하는 대상이 되는 유형물을 말한다. 인적증거인 증인(제303조), 감정인(제333조), 당사자(제367조)와 물적증거인 문서(제343조), 검증물(제364조), 그 밖의 증거(제374조)가 있다. ② **증거자료**는 증거방법을 조사하여 얻은 내용을 말한다(제202조 참조). 문서의 기재 내용·증언·검증결과·감정결과·조사송부촉탁결과(=사실조회)(제294조)·당사자신문결과가 그것이다. ③ **증거원인**은 법관의 심증형성의 원인이 된 자료나 상황을 말한다. 증거자료와 변론 전체의 취지가 이에 해당한다(제202조 참조).

❋ **손해액에 대한 증명, 증인 및 감정인 제도 보완** [2016.9.30.시행 개정 민사소송법]

- ㉠ **[제202조의2 (손해배상 액수의 산정)]** 손해가 발생한 사실은 인정되나 구체적인 손해의 액수를 증명하는 것이 사안의 성질상 매우 어려운 경우에 법원은 변론 전체의 취지와 증거조사의 결과에 의하여 인정되는 모든 사정을 종합하여 상당하다고 인정되는 금액을 손해배상 액수로 정할 수 있도록 함.
- ㉡ **[제327조의2 (비디오 등 중계장치에 의한 증인신문)]** 증인이 수소법원 법정에 직접 출석하지 않고서도 비디오 등 중계장치에 의한 중계시설을 통하여 신문절차를 진행할 수 있도록 함.
- ㉢ **[제339조의3 (비디오 등 중계장치 등에 의한 감정인신문)]** 감정인, 감정증인 등이 수소법원 법정에 직접 출석하지 않고서도 비디오 등 중계장치에 중계시설을 통하거나 인터넷 화상장치를 이용하여 신문절차를 진행할 수 있도록 함.
- ㉣ **[제335조의2 (감정인의 의무)]** 감정인이 자기역량 고지의무, 감정위임 금지의무 등을 부담하도록 함.
- ㉤ **[제339조 (감정진술의 방식)]** 법원이 감정결과에 관하여 당사자에게 서면이나 말로써 의견을 진술할 기회를 부여하도록 함.
- ㉥ **[제339조의2 (감정인신문의 방식)]** 감정인신문은 법원이 직권으로 신문하는 것을 원칙으로 하되, 당사자도 보충적으로 신문할 수 있도록 함.

Ⅱ. 증거능력과 증거력
[B-104]

1. 증거능력

(1) 의 의

'증거능력'이란 증거방법으로서 증거조사의 대상이 될 수 있는 자격을 말한다. 예컨대, 법정대리인은 당사자신문의 대상일 뿐 증인신문의 대상이 될 수 없고(제367조, 제372조), 기피신청이 받아들여진 감정인은 감정을 할 자격을 상실하며(제336조, 제337조)(1회 선택형), 선서하지 않은 감정인에 의한 감정결과는 증거가 될 수 없다(대판 1982.8.24. 82다카317).

[관련판례] ✳ **감정인의 선서와 증거능력**
"선서하지 아니한 감정인에 의한 감정 결과는 증거능력이 없으므로, 이를 사실인정의 자료로 삼을 수 없다 할 것이나(대판 1982.8.24. 82다카317 참조), 한편 소송법상 감정인 신문이나 감정의 촉탁방법에 의한 것이 아니고 소송 외에서 전문적인 학식 경험이 있는 자가 작성한 감정의견을 기재한 서면이라 하더라도 그 서면이 서증으로 제출되었을 때 법원이 이를 합리적이라고 인정하면 이를 사실인정의 자료로 할 수 있는 것인바(대판 1999.7.13. 97다57979, 대판 2002.12.27. 2000다47361 등 참조), 법원이 감정인을 지정하고 그에게 감정을 명하면서 착오로 감정인으로부터 선서를 받는 것을 누락함으로 말미암아 그 감정인에 의한 감정 결과가 증거능력이 없게 된 경우라도, 그 감정인이 작성한 감정 결과를 기재한 서면이 당사자에 의하여 서증으로 제출되고, 법원이 그 내용을 합리적이라고 인정하는 때에는, 이를 사실인정의 자료로 삼을 수 있다고 할 것이다"(대판 2006.5.25. 2005다77848: 법전협 표준판례(184)).

(2) 원 칙

민사소송법은 자유심증주의를 채택하고 있으므로(제202조), 원칙적으로 증거능력의 제한은 없다. 따라서 전문증거도 증거능력이 있으며, 미확정판결서(대판 1992.11.10. 92다22107), 소제기 이후에 다툼 있는 사실을 증명하기 위하여 작성한 문서(대판 1992.4.14. 91다24755) 등도 증거능력이 인정된다.

[관련판례] ✳ **자유심증주의의 한계**
"민사소송법 제202조가 증거법칙으로 선언하고 있는 자유심증주의는 형식적, 법률적인 증거규칙으로부터의 해방을 뜻할 뿐 법관의 자의적 판단을 용인한다는 것이 아니므로, 적법한 증거조사절차를 거친 증거능력 있는 적법한 증거에 의하여 사회정의와 형평의 이념에 입각하여 논리와 경험의 법칙에 따라 사실 주장의 진실 여부를 판단하여야 할 것이며, 비록 사실의 인정이 사실심의 전권에 속한다고 하더라도 이와 같은 제약에서 벗어날 수 없다"(대판 2022.1.13. 2021다269562).

(3) 예 외

1) 법률상의 예외

당사자 또는 법정대리인은 증인능력이 없고(제367조, 제372조), 불법검열·감청에 의하여 취득한 우편물이나 전기통신, 공개되지 아니한 타인간의 대화(주: 대화당사자는 불포함)를 녹음 또는 청취하여 취득한 자료의 내용은 재판절차에서 증거로 사용할 수 없다(통신비밀보호법 제4조, 제14조).

2) 위법수집증거의 증거능력

a. 문제점

우리 민사소송법은 증거에 관하여 자유심증주의를 채택하고 있기 때문에 원칙적으로 증거능력의 제한은 없다. 다만 예컨대 상대방의 부지중에 녹음한 녹음테이프 등은 증거수집과정에 위법행위가 있는 증거로 볼 수 있는바, 이러한 위법수집증거의 증거능력을 인정할 것인지에 대하여 견해가 대립한다. 이는 실체진실발견과 인격권 보호의 이익형량 문제이다.

b. 판 례

① **[증거능력 긍정]** 2인간 대화 중에 그 중 1인이 상대방의 부지 중 비밀로 그 대화를 녹음한 사건에서 "민사소송법이 증거에 관해 자유심증주의를 채택하고 있기 때문에 상대방의 부지 중 비밀로 대화를 녹음한 테이프를 '위법'으로 수집되었다는 이유만으로 증거능력이 없다고 단정할 수 없고, 그 채증 여부는 법원의 재량의 의할 것이다"(대판 1981.4.14. 80다2314)고 판시하여 **증거능력을 긍정**한 것이 있다.[105]

[비교판례] "자유심증주의를 채택하고 있는 우리 민사소송법하에서 상대방 부지 중 비밀리에 상대방과의 대화를 녹음하였다는 이유만으로 그 녹음테이프가 증거능력이 없다고 단정할 수 없고, 그 채증 여부는 사실심 법원의 재량에 속하는 것이며, 녹음테이프에 대한 증거조사는 검증의 방법에 의하여야 한다"(대판 1999.5.25. 99다1789: 법전협 표준판례(165) : 당해 판례는 80다2314와 달리 '위법'이라는 표현이 없다)

② [증거능력 부정] "통신비밀보호법에 따르면 전기통신에 해당하는 전화통화 당사자의 일방이 상대방 모르게 통화 내용을 녹음하는 것은 여기의 감청에 해당하지 않는다. 그러나 제3자의 경우는 설령 전화통화 당사자 일방의 동의를 받고 그 통화 내용을 녹음하였다 하더라도 그 상대방의 동의가 없었던 이상, 이는 여기의 감청에 해당하여 통신비밀보호법 제3조 제1항 위반이 되고, 이와 같이 제3조 제1항을 위반한 불법감청에 의하여 녹음된 전화통화의 내용은 제4조에 의하여 증거능력이 없다"(대판 2021.8.26. 2021다236999)

c. 검 토

위법행위 유발방지를 강조하여 증거능력을 부정해야 한다는 입장이 있으나, 실체진실주의와 소송촉진의 요청을 고려하여 증거능력을 긍정하는 判例의 태도가 타당하다.

[관련판례] ✱ 녹음테이프에 대한 증거조사

서증설과 검증설의 견해대립이 있으나, 判例는 "녹음테이프에 대한 증거조사는 검증의 방법에 의하여야 한다"(대판 1999.5.25. 99다1789: 법전협 표준판례(165))고 판시하였고 민사소송법과 민사소송규칙도 "녹음테이프 등에 대한 증거조사는 녹음테이프 등을 재생하여 검증하는 방법으로 한다"고 규정하였다(제374조, 규칙 제121조 2항). 다만, 녹음테이프에 대한 증거조사를 신청한 당사자는 미리 녹취서를 제출하는 것이 원칙이다(규칙 제121조 2항).

이 경우 "당사자가 부지로서 다투는 서증(녹취록 : 저자주)에 관하여 거증자가 특히 그 성립을 증명하지 아니한 경우라 할지라도 법원은 다른 증거에 의하지 아니하고 변론 전체의 취지를 참작하여 자유심증으로써 그 성립을 인정할 수도 있"고(대판 2009.9.10. 2009다37138), 반대로 "그 녹취문이 오히려 상대방에게 유리한 내용으로 되어 있다면 그 녹취 자체는 정확하게 이루어진 것으로 보이므로 녹음테이프 검증 없이 녹취문의 진정성립을 인정할 수 있다"(대판 1999.5.25. 99다1789: 법전협 표준판례(165)).

---

105) 현행 통신비밀보호법 제14조 1항은 "누구든지 공개되지 아니한 타인간의 대화를 녹음하거나 전자장치 또는 기계적 수단을 이용하여 청취할 수 없다"고 규정하며, 동조 2항과 동법 제4조는 이를 위반한 녹음 또는 청취의 내용은 재판 또는 징계절차에서 증거로 사용될 수 없도록 규정되어있다. 따라서 타인간의 대화를 녹음한 것이 아니라 위 판례 80다2314와 같이 대화자간 일방이 상대방의 대화를 녹음한 것은 현행법상으로는 위법하지 않다.

핵심사례 B-29

■ 재판상 자백, 문서의 형식적 증거력 2013년 제2회 변호사시험, 2015년 6월 · 2011년 7월 법전협 모의

甲은 乙에게 乙의 재산 중 X토지를 자신에게 매매하지 않으면 乙의 외화밀반출 사실을 사직당국에 고발하겠다고 끈질기게 협박하자, 이에 겁을 먹은 乙은 어쩔 수 없이 X토지를 甲에게 매도한다는 내용의 서면을 작성하였고, 다만 매매대금이 완납되기 전까지 공증인 丙에게 매매계약서를 보관시키기로 하되 매매대금 완납시 공동으로 丙에게 매매계약서를 반환받기로 합의하였다.
甲은 乙을 상대로 X토지의 소유권이전등기절차의 이행을 구하는 소송을 제기하였고, 자신의 주장을 뒷받침하기 위하여 丙이 보관하고 있던 매매계약서를 증거로 제출하고자 하였다. 그러나 丙은 甲과 乙사이의 합의의 내용을 이유로(대금미납) 甲의 반환청구를 거절하였고, 할 수 없이 甲은 자정에 丙의 집에 몰래 침입하여 매매계약서를 가지고 나와 증거로 제출하였다. 이에 乙은 위 매매계약서에 날인된 인영이 자신의 도장인 것은 맞지만 도용되었다고 주장하였다(단, '본증'과 같은 증명도로써 증명되지 못하였다). 소송 진행 중 甲은 "적당히 자백하면 乙의 비리사실을 묵인해주겠다"며 乙을 협박했고, 이에 달리 방법이 없다고 판단한 乙은 법정에서 "매매계약이 적법하게 체결되었다"고 진술하였다. **위와 같은 상황 하에서 원고 · 피고 모두 다른 주장 · 입증을 하지 않은 상태에서 위 소송이 변론종결 되었다면, 법원이 매매계약서를 증거로 사용할 수 있는가?**

1. 매매계약서의 증거능력

(1) 판 례

위법으로 수집되었다는 이유만으로 증거능력이 없다고 단정할 수 없고, 그 채증여부는 법원의 재량에 의한다.

(2) 사안의 해결

위법행위 유발방지를 강조하여 증거능력을 부정해야 한다는 입장이 있으나, 실체진실주의와 소송촉진의 요청을 고려하여 증거능력을 긍정하는 判例의 태도가 타당하다. 이에 따르면 절취에 의해 취득한 매매계약서라도 일단 증거능력이 인정된다.

2. 매매계약서의 증거력(제2관 서증 참조)

(1) 문서의 형식적 증거력

1) 의 의 / 2) 성립의 인부(조사)

3) 사문서의 경우 진정성립의 추정 및 복멸

a. 형식적 증거력의 의의 및 증명

b. 인영의 동일성이 인정되는 경우 진정성립의 추정가부

c. 진정성립 추정의 복멸

(2) 사안의 경우

乙이 인장도용항변을 하였는데, '본증'과 같은 증명도로써 증명되지 못하였으므로 법관에게 확신을 주지 못하여 날인의 진정에 대한 반증에 실패한 것으로 보인다. 따라서 날인의 진정추정은 깨지지 않았다.

3. 사안의 해결

매매계약서는 위법수집증거에 해당하나 증거능력이 인정된다. 그리고 날인의 진정에 대한 사실상의 추정이 깨지지 않았으므로 법원은 이를 재판의 증거로 사용할 수 있다.

2. 증거력

증거자료가 요증사실의 인정에 기여하는 정도를 '증거력'(증명력 · 증거가치)이라고 한다. 이것은 '형식적 증거력'과 '실질적 증거력'의 두 단계로 나누어지는데, 특히 서증의 경우에 중요한 의미가 있다. 형식적 증거력이 없는 서증은 실질적 증거력의 유무를 따질 것도 없이 증거로 삼을 수 없게 된다. 실질적 증거력은 논리칙과 경험칙에 따라 법관이 자유로운 심증으로 판단한다.

Ⅲ. 증거의 분류   [B-105]

1. 본증과 반증

(1) 의 의

본증은 당사자가 자기에게 입증책임이 있는 사실을 증명하기 위하여 제출하는 증거를 말하고, 반증은 본증에 의한 증명을 방해하기 위하여 상대방이 제출하는 증거를 말한다.

(2) 정 도

본증의 경우에는 법관이 요증사실의 존재에 대하여 확신이 들게 입증해야 목적을 달성할 수 있으나, 반증의 경우에는 법관이 요증사실의 존재에 대하여 의심을 품게 하면 된다.

(3) 목 적

법률상 추정을 깨뜨리기 위해 제출하는 반대사실의 증거는 본증에 해당하고, **사실상 추정**(일응의 추정)을 깨뜨리기 위해 제출하는 간접반증은 간접사실에 대해서는 본증이 되나 주요사실에 대해서는 반증에 해당한다.[106]

2. 직접증거와 간접증거

직접증거는 주요사실의 존부를 증명하기 위한 증거를 말하고, **간접증거**는 주요사실의 존부를 인정하는 자료가 되는 간접사실 또는 증거의 가치판단에 관한 보조사실의 존부를 증명하기 위한 증거를 말한다.

Ⅳ. 증명의 종류   [B-106]

1. 증명과 소명

① **[의 의]** 증명은 어느 사실의 존부에 관하여 법관으로 하여금 확신을 얻게 하는 입증행위 또는 그로 인하여 법원이 얻은 심증의 확신상태를 말하고, 소명은 증명에 비하여 한 단계 낮은 개연성, 즉 대개 그럴 것이라는 추측 정도의 심증을 얻게 하는 입증행위 또는 그로 인하여 법원이 얻은 심증의 상태를 말한다.

② **[원 칙]** 민사소송법 기타 법률에 소명으로 족하다는 특별한 규정이 있는 경우(제110조 2항, 제128조 2항)를 제외하고는, 원칙적으로 증명에 의한다.

---

106) 간접사실의 인정으로 인해 주요사실의 인정이 추인될 때 간접사실의 존부를 다투는 것이 직접반증(반증)이고, 간접사실과 양립 가능한 다른 사실의 존재를 증명하여 주요사실의 인정을 방해하는 것이 간접반증이다.

2. 엄격한 증명과 자유로운 증명

① **[의 의]** 엄격한 증명은 법률에서 정한 증거방법에 대하여 법률이 정한 절차에 의하여 행하는 증명을 말하고, 자유로운 증명은 증거방법과 절차에 관하여 법률의 규정으로부터 해방되는 증명을 말한다.

② **[대 상]** 소송물인 권리관계의 기초사실은 엄격한 증명을 요한다. 직권조사사항 중 소송요건·상소요건은 판결의 실체법상 요건만큼 중요한 사항이므로 엄격한 증명을 요한다. 자유로운 증명은 간이·신속을 요하는 결정절차나 직권조사사항에 제한적으로 허용되며 관습법의 인정, 소송목적의 값의 산정은 자유로운 증명으로 가능하다.

제2절 요증사실

Ⅰ. 증명의 대상 : 요증사실

[B-107]

증명의 대상으로서의 요증사실에는 주요사실(요건사실)은 당연히 포함되고, 간접사실과 보조사실도 그에 의하여 주요사실을 증명하려고 하는 때에는 요증사실에 포함된다.

	주요사실	간접사실	보조사실
의 의	권리의 발생·변경·소멸이라는 법률효과의 판단에 직접적으로 필요한 사실	논리칙·경험법칙의 도움을 빌려 주요사실을 추인케 하는 사실	증거능력이나 증거력에 관계되는 사실
변론주의 적용	O (당사자의 주장이 있어야 판결의 기초)	× (당사자의 주장이 없어도 증거에 의해 인정 가능)	
증명의 대상	O (원칙 : 요증사실) × (예외 : 불요증사실)	O (주요사실의 증명에 필요한 한도)	
증거조사	증거에 의해 인정해야 함	주요사실과 무관하면 증거조사 불요	
유일한 증거	유일한 증거가 주요사실에 관한 것인 때 법원은 조사거부 不可 (제290조 단서)	유일한 증거가 간접사실에 관한 것인 때 법원은 조사거부 可	
자백의 대상	O	×	× (단, 문서의 성립에 관한 자백은 가능)
자백의 구속력	O	×	
판단누락	판결이유에서 판단하지 않으면 판단누락의 위법(상소·재심, 제424조 1항 6호, 제451조 1항 9호)	판결이유에서 판단하지 않아도 판단누락의 위법이 없음	

Ⅱ. 법 규   [B-108]

법규의 존부확정이나 적용은 법원의 책무이므로 법규의 존재사실은 증명의 대상이 되지 않으나 외국법·지방의 조례·관습법 등을 법원이 알지 못하는 때에는 증명의 대상이 된다. 외국법의 경우 직권조사를 다 하였는데도 외국법규의 존부를 확정할 수 없는 경우, 判例는 종래 "이집트법상 수표의 지급제시기간이 불분명한 경우 우리 수표법을 적용"(대판 1988.2.9. 87다카1427)하여 국내법적용설의 입장을 취한 적도 있었으나, 최근에는 "신디케이티드 론(syndicated loan) 거래에 의한 차관계약에서 그 준거법을 영국법으로 정하고 있으나, 영국법에 관한 자료가 제출되지 아니하여 그 내용의 확인이 불가능하고, 영국법과 그 해석이 한국법이나 일반적인 법해석의 기준과 다르다고 볼 자료도 없다 하여, **한국법과 일반 법원리를 토대로** 차관계약의 내용을 해석"(대판 2001.12.24. 2001다30469)하여 **조리설**의 입장이다.

Ⅲ. 경험법칙   [B-109]

1. 의 의

'경험법칙'이란 각개의 경험으로부터 귀납적으로 얻어지는 사물의 성상이나 인과관계에 관한 사실판단의 법칙을 의미한다(대판 1992.7.24. 92다10135).

2. 증명의 요부

일상적·상식적인 경험칙은 이를 증명할 필요가 없다. 전문적인 경험칙에 관하여는 반드시 증명할 필요는 없고 법관이 문헌을 조사하는 등의 방법으로 알 수 있다는 견해도 있으나, 소송당사자가 감정 등의 방법으로 이를 증명하여야 한다고 보는 것이 객관성 담보를 위해 타당하다.

3. 경험칙 위반과 상고이유

(1) 판 례

判例는 "처가 남편으로부터 그 재산의 처분권을 위임받았다면 이를 미성년자인 아들에게 소유권이전등기를 경료한 후 제3자에게 처분하는 것은 이례에 속하는 것으로서 그렇게 하여야 할 특단의 사정에 대한 심리를 다하지 아니하고 처분권 위임사실을 확정한 것은 증거 없이 경험칙에 위배하여 사실을 확정한 위법이 있다"(대판1971.11.15. 71다2070)고 하여 **경험법칙 적용의 잘못을 법령위배처럼 상고이유로 보는 법률문제설**의 입장이다.

(2) 검 토

경험법칙은 당사자가 처분할 수도 없으며 재판상자백이 성립하지 않는, 즉 사실문제가 아닌 법률문제이므로 상고이유가 된다고 할 것이다(법률문제설).

제3절 불요증사실

> **제288조 (불요증사실)** 법원에서 당사자가 자백한 사실과 현저한 사실은 증명을 필요로 하지 아니한다. 다만, 진실에 어긋나는 자백은 그것이 착오로 말미암은 것임을 증명한 때에는 취소할 수 있다.

법원에서 당사자가 자백한 사실과 현저한 사실은 증명을 필요로 하지 아니한다. 다만, 진실에 어긋나는 자백은 그것이 착오로 말미암은 것임을 증명한 때에는 취소할 수 있다(제288조). ① '당사자가 다투지 않는 사실'(제288조의 재판상 자백, 제151조의 자백간주)은 법원의 사실인정권이 배제되기 때문에, ② '현저한 사실'(공지의 사실, 법원에 현저한 사실)은 객관성 때문에, ③ '법률상의 추정을 받는 사실'은 적극적 증명을 요하지 않기 때문에 증명을 요하지 않는다.

제1관 재판상 자백 [07·12사법]

Ⅰ. 의 의 [일치, 불, 주사] [B-110]

'재판상 자백'이란 변론 또는 변론준비절차에서 상대방주장과 일치하고 자기에게 불리한 상대방의 주장사실을 진실한 것으로 인정하는 당사자의 주요사실의 진술을 말한다(제288조). "상대방의 주장에 단순히 침묵하거나 불분명한 진술을 하는 것만으로는 자백이 있다고 인정하기에 충분하지 않다"(대판 2021.7.29. 2018다267900 : 피고가 사해행위 당시 근저당권의 피담보채권액에 관해서는 불분명하게 진술하였을 뿐임에도 이를 당사자 사이에 다툼 없는 사실로 정리하고 그 전제로 판단한 원심에 오류가 있었다고 지적한 사례 ; 대판 2022.4.14. 2021다280781).

[관련판례] "직권주의가 강화되어 있는 민사집행법하에서 민사집행법 제16조의 집행에 관한 이의의 성질을 가지는 강제경매 개시결정에 대한 이의의 재판절차에서는 민사소송법상 재판상 자백이나 의제자백에 관한 규정은 준용되지 아니하고, 이는 민사집행법 제268조에 의하여 담보권실행을 위한 경매절차에도 준용되므로 경매개시결정에 대한 형식적인 절차상의 하자를 이유로 한 임의경매 개시결정에 대한 이의의 재판절차에서도 민사소송법상 재판상 자백이나 의제자백에 관한 규정은 준용되지 아니한다"(대결 2015.9.14. 2015마813)(7회 선택형).

Ⅱ. 요 건 [구, 불, 일, 소] [B-111]

재판상자백이 인정되기 위해서는, 구체적인 사실을 대상으로 하였을 것(대상적격), 자기에게 불리한 사실상의 진술일 것(자백의 내용), 상대방의 주장사실과 일치하는 진술일 것(자백의 모습), 변론이나 변론준비기일에서 소송행위로서 진술하였을 것(자백의 형식)을 요한다.

1. 구체적인 사실을 대상으로 하였을 것(대상적격)

(1) 사실상 진술

1) 구체적 사실을 대상으로 하였을 것

자백의 대상이 될 수 있는 것은 구체적 사실에 한한다. 간접사실이나 보조사실에 관하여는 구속력이 생기지 아니한다. 判例는 "부동산의 시효취득에 있어서 점유기간의 산정기준이 되는 점유개시의 시기는 취득시효의 요건사실인 점유기간을 판단하는 데 간접적이고 수단적인 구실을 하는 **간접사실에 불과**하므로, 이에 대한 자백은 법원이나 당사자를 구속하지 않는다"(대판 2007.2.8. 2006다28065)(6회 선택형)고 한 반면, "타인의 불법행위로 인하여 피해자가 상해를 입게 되거나 사망하게 된 경우, 피해자가 입게 된 소극적 손해인 일실수입은 피해자의 사고 당시 수입을 기초로 하여 산정하게 되므로 피해자의 사고 당시 수입은 **자백의 대상이 된다**"(대판 1998.5.15. 96다24668)고 보았다(7회 선택형). 또한 인신사고로 인한 손해배상 사건에서 손해배상액을 산정하는 기초가 되는 피해자의 **기대여명** 역시 변론주의가 적용되는 주요사실로서 재판상 **자백의 대상이 된다**(대판 2018.10.4. 2016다41869)고 한다.

2) 보조사실 중 문서의 진정성립에 대한 자백 가부(적극) [7회 사례형, 11사법, 16법행]

문서의 성립에 관한 자백은 보조사실에 관한 자백이기는 하나 그 취소에 관하여는 다른 간접사실에 관한 자백취소와는 달리 주요사실의 자백취소와 동일하게 처리하여야 할 것이므로 문서의 진정성립을 인정한 당사자는 자유롭게 이를 철회할 수 없고(대판 2001.4.24. 2001다5654)(4회,10회,11회 선택형) 문서에 찍힌 인영의 진정성립에 관하여도 자백의 효력이 생긴다(대판 2001.4.24. 2001다5654)(6회,10회 선택형).

[판례검토] 심리촉진과 금반언 및 상대방의 신뢰보호의 관점에서 자백의 구속력을 인정하는 判例의 태도가 타당하다.

(2) 법률상 진술(권리자백에 재판상 자백의 효력을 인정할 수 있는지 여부)

1) 원 칙

a. 권리자백의 구속력

상대방 주장의 법률상 진술 또는 의견에 대한 자백을 권리자백이라 한다. 소송물의 전제가 되는 권리관계 및 법규나 경험칙 또는 이들을 적용하여 정하여지는 법률상의 효과에 대한 자백은 권리자백으로 구속력이 없다. 判例 또한 "사실에 대한 법적 판단이나 평가 또는 적용할 법률이나 법적 효과는 자백의 대상이 되지 아니한다"(대판 2016.3.24. 2013다81514)는 입장이다. 따라서 "권리자백이 있는 경우에는 사실문제에 관한 재판상 자백과는 달리 법원은 소송상 인정되는 사실관계에 의하여 자백의 대상이 된 법률관계에 관한 당사자의 주장과 다른 판단을 할 수 있다"(대판 1981.6.9. 79다62).

b. 구체적 예

① "법정변제충당의 순서를 정함에 있어 기준이 되는 이행기나 변제이익에 관한 사항 등은 구체적 사실로서 자백의 대상이 될 수 있으나, 법정변제충당의 순서 자체는 법률 규정의 적용에 의하여 정하여지는 법률상의 효과여서 그에 관한 진술이 비록 그 진술자에게 불리하더라도 이를 자백이라고 볼 수는 없다"고 하며(대판 1998.7.15. 98다6763: 법전협 표준판례(168))(11회 선택형), ② 특약의 해석에 관한 나름대로의 의견 또는 법적평가(대판 1962.4.26. 4294민상1071), ③ 법률상 유언이 아닌 것을 유언이라고 시인한 것(대판 2001.9.14. 2000다66430), ④ 매매계약이 원고에 의하여 해제되었다고 자백한 것(대판 1982.4.27. 80다851), ⑤ 법률상 혼인 외의 자가 아닌 것을 혼인 외의 자라고 시인한 것(대판 1981.6.9. 79다62), ⑥ 이행불능에 관한 주장(대판 1990.12.11. 90다7104: 법전협 표준판례(169))은 권리자백으로서 법원을 구속하지 않는다고 한다.

2) 법률용어를 사용한 사실(단순하고 일반적으로 알려진 법개념)

입증사항인 매매 또는 임대차의 성립을 상대방이 인정한다고 진술하는 경우에 이는 상식적인 용어가 되다시피 한 단순한 법률상의 용어로 압축하여 표현한 것이므로 자백의 효력이 발생한다. 判例도 "법률용어를 사용한 당사자의 진술이 동시에 구체적인 사실관계의 표현으로서 사실상의 진술도 포함하는 경우에는 그 범위 내에서 **자백이 성립**하는 것이라 할 것이다"(대판 1984.5.29. 84다122: 법전협 표준판례 (170))고 하였다. **[10회 사례형]**

■ **재판상 자백 – 법률용어를 사용한 당사자의 진술** 2013년 제2회 변호사시험, 2015년 6월 법전협 모의

사실관계 | 甲은 乙에게 乙의 재산 중 X토지를 자신에게 매매하지 않으면 乙의 외화밀반출 사실을 사직당국에 고발하겠다고 끈질기게 협박하자, 이에 겁을 먹은 乙은 어쩔 수 없이 X토지를 甲에게 매도한다는 내용의 서면을 작성하였고, 다만 매매대금이 완납되기 전까지 공증인 丙에게 매매계약서를 보관시키기로 하되 매매대금 완납시 공동으로 丙에게 매매계약서를 반환받기로 합의하였다. 甲은 乙을 상대로 X토지의 소유권이전등기절차의 이행을 구하는 소송을 제기하였고, 자신의 주장을 뒷받침하기 위하여 丙이 보관하고 있던 매매계약서를 증거로 제출하고자 하였다. 그러나 丙은 甲과 乙사이의 합의의 내용을 이유로(대금미납) 甲의 반환청구를 거절하였고, 할 수 없이 甲은 자정에 丙의 집에 몰래 침입하여 매매계약서를 가지고 나와 증거로 제출하였다. 이에 乙은 위 매매계약서에 날인된 인영이 자신의 도장인 것은 맞지만 도용되었다고 주장하였다(단, '본증'과 같은 증명도로써 증명되지 못하였다). 소송 진행 중 甲은 "적당히 자백하면 乙의 비리사실을 묵인해주겠다"며 乙을 협박했고, 이에 달리 방법이 없다고 판단한 乙은 법정에서 "매매계약이 적법하게 체결되었다"고 진술하였다. **법원은 피고의 진술과 같이 매매계약체결사실을 인정할 수 있는가?**

사안의 해결 | 매매계약체결사실은 권리의 발생이라는 법률효과를 가져오는 법규의 직접의 요건사실이므로 주요사실에 해당한다. 乙은 주요사실인 매매계약체결사실에 대해서 변론기일에서 인정하는 진술을 한 것이므로 재판상 자백이 성립한다. 따라서 법원은 자백한 사실에 대해 진위여부를 조사할 필요 없이 자백한 그대로 사실을 인정해야한다.

┃핵심사례 B-30┃

■ **문서의 진정성립에 대한 재판상 자백, 문서의 형식적 증거력** 2018년 제7회 변호사시험

甲은 2011. 8. 1. 丙과 丁의 연대보증 아래 乙에게 3억 원을 변제기 2012. 7. 31. 이율 연 12%(변제기에 지급)로 정하여 대여(이하 '이 사건 대여'라 한다)하였다. 丁은 무자력 상태에서 2015. 10. 1. 자신의 유일한 재산인 시가 4억 원 상당의 X토지를 戊에게 1억 원에 매도(이하 '이 사건 매매계약'이라 한다)하고 같은 달 10. 소유권이전등기(이하 '이 사건 소유권이전등기'라 한다)를 마쳐주었다. 丁에 대해 변제기가 2014. 11. 30.인 2억 원의 물품대금채권을 가지고 있던 K는 戊를 상대로 2016. 9. 1. 이 사건 매매계약의 취소와 소유권이전등기의 말소를 구하는 사해행위취소의 소를 제기하였다. 제1차 변론기일에 丙은 적법하게 변론기일 소환장을 받고도 출석하지 않았으며, 丁 또한 출석하지 않았다. 한편, 제1차 변론기일 후 2017. 12. 11. 아래와 같은 내용으로 제2차 변론기일이 추가로 진행 되었다. 甲은 제2차 변론기일에 출석하여 乙이 2017. 8. 20. 이 사건 대여원리금을 이유를 불문하고 조만간 갚겠다는 각서를 써 주었다고 주장하며 乙의 서명이 된 위 각서를 증거로 제출하였고, 위 기일에 출석한 乙은 그 각서의 서명이 자신의 것이 맞다고 진술하였다. 한편 丙은 제2차 변론기일에는 출석하여 이 사건 대여원리금을 연대보증한 사실은 인정하지만, 모든 채무가 시효로 소멸하였다고 항변하였다. 丁은 제2차 변론기일에도 출석하지 않았다. 법원은 심리 후 丁에 대한 변론을 분리하여 乙과 丙에 대해서만 변론을 종결하였다. **만약 법원이 2018. 1. 12. 판결을 선고하는 경우 피고 乙과 丙(丁은 제외)에 대한 청구의 결론과 논거를 서술하시오.**

I. 결 론

법원은 甲의 乙에 대한 청구를 인용하고, 丙에 대한 청구를 기각하는 판결을 선고하여야 한다.

II. 논 거

1. 甲의 乙에 대한 청구

(1) 재판상 자백의 요건과 효과 [구, 불, 일, 소]

재판상 자백이 성립된 내용에 대해서는 증명을 요하지 않는다(제288조 본문).

(2) 문서의 진정성립에 대한 재판상 자백이 성립하는지 여부(적극)

(3) 사안의 경우

甲이 소멸시효완성의 이익을 포기한다는 乙의 각서를 증거로 제출한 것에 대하여 乙이 그 문서의 진정성립을 인정한바, 재판상 자백이 성립하였다. 따라서 법원은 甲의 乙에 대한 청구에 대하여 인용하는 판결을 선고하여야 한다.

2. 甲의 丙에 대한 청구

(1) 자백간주의 효과

丙은 제1차 변론기일에서 자백간주가 성립되었는바, 법원에 대한 구속력이 발생하여 법원은 자백간주된 사실에 반하는 사실을 인정할 수 없지만, 재판상 자백과 달리 당사자에 대한 구속력이 인정되지 않아 당사자는 사실심 변론종결시까지 상대방의 주장사실을 다투어 자백간주의 효력을 번복할 수 있다(대판 1987.12.8. 87다368).

(2) 丙의 연대보증사실에 대한 재판상 자백의 성부

丙의 연대보증사실은 권리근거규정에 해당하는 요건사실로서 주요사실에 해당하는 바, 甲에게 유리한 법규의 요건사실로서 원고 甲이 증명책임을 진다. 그런데 丙은 제2차 변론기일에 출석하여 상대방 甲에게 유리하고 자신에게 불리한 사실에 해당하는 연대보증사실에 대하여 인정한다고 진술하였으므로 재판상 자백이 성립한다. 따라서 법원은 甲이 丙의 연대보증사실을 증명할 만한 증거를 제출하지 않았다고 하더라도 丙의 연대보증사실을 인정하여야 한다.

(3) 丙의 소멸시효완성사실에 대한 항변

丙은 연대보증인으로서 독자적으로 소멸시효이익을 원용할 수 있는 자에 해당하므로, 주채무자 乙의 시효이익 포기각서에 불구하고 소멸시효완성사실에 대하여 항변할 수 있다. 다만 소멸시효완성사실은 丙에게 유리한 법규의 요건사실에 해당하므로 피고 丙이 증명책임을 부담한다.

(4) 사안의 경우

원고 甲이 주장하는 대여금채권의 변제기에 해당하는 2012. 7. 31.을 기산점으로 하여 상사채권의 소멸시효기간인 5년이 경과하여 제기된 이 사건 소에 있어 丙의 연대보증채무는 부종성에 따라 소멸하였다. 따라서 법원은 甲의 丙에 대한 청구를 기각하여야 한다.

3) 선결적 법률관계의 진술

a. 문제점

선결적 법률관계에 관한 권리자백은 권리자백이면서도 3단 논법의 소전제에 대한 자백이라는 사실적 요소를 이중적으로 가지고 있어 재판상 자백의 효력을 갖는지 문제된다.

b. 판 례[107] [소, 진, 내, 사, 진]

判例는 "소송물의 전제문제가 되는 권리관계를 인정하는 진술은 권리자백으로서 법원을 기속하는 것도 아니며, 상대방의 동의 없이 자유로이 철회할 수 있다"(대판 2008.3.27. 2007다87061)고 하면서도, "소유권에 기한 이전등기말소청구소송에 있어서 피고가 원고 주장의 소유권을 인정하는 진술은 그 소전제가 되는 소유권의 내용을 이루는 사실에 대한 진술로 볼 수 있으므로 이는 재판상 자백이라 할 것이다"(대판 1989.5.9. 87다카749: 법전협 표준판례(171))(1회 선택형)고 판시하여 소유권을 인정하는 진술에 대하여 재판상 자백이 성립될 수 있다는 취지의 판결을 하고 있다.

c. 검 토

선결적 법률관계가 중간확인의 소(제264조 : 판결이유 중 기판력이 생기게 하는 제도)의 소송물이 되었을 때는 청구의 인낙(제220조)이 허용되는 것과의 균형상 긍정설이 타당하다. 다만 "사실에 대한 법적 추론의 결과에 대하여 의문의 여지가 없는 단순한 법개념에 대한 자백의 경우에 한하여 인정되는 것이고, 추론의 결과에 대한 다툼이 있을 수 있는 경우에는 이른바 권리의 자백으로서 법원이 이에 기속을 받을 이유는 없다"(대판 2007.5.11. 2006다6836)고 할 것이다.

핵심사례 B-31

■ 재판상 자백 – 선결적 법률관계에 대한 자백, 자백의 철회
2014년 제3회 변호사시험, 2011년 7월 · 2013년 10월 · 2014년 6월 법전협 모의

X는 乙과 丙을 상대로 자신소유 A토지 위에 무단으로 건축된 B건물에 대한 철거를 구하는 소를 제기하였다. 제1회 변론기일에 피고 乙과 丙은 "원고 X가 이 사건 A토지의 소유자임을 인정한다"고 변론하였다. 피고 乙과 丙은 제2회 변론기일에 "원고 X는 이 사건 A토지의 소유자가 아니다"며 "종전 변론기일에서의 진술을 철회한다"고 변론하였다. **피고 乙과 丙의 진술 철회는 유효한가?**

I. 결 론
피고 乙과 丙의 철회는 유효하지 않다.

II. 논 거

1. 문제점
피고 乙과 丙이 원고의 소유권을 인정한 진술이 재판상 자백에 해당하는지 문제되며, 재판상 자백에 해당하는 경우 철회사유가 인정되는지 문제된다.

---

107) **[학설]** ① 부정설은 권리자백은 법원의 전권에 속하는 법률판단에 관한 자백이므로 자백의 효력이 인정되지 않는다는 견해이고, ② 긍정설은 소유권에 기한 가옥인도청구에 있어서 소유권문제는 소전제를 이루고 있다는 점에서 사실관계와 다르지 않다는 견해이며, ③ 절충설은 당사자에 대한 구속력을 인정하여 자백한 당사자에 의한 임의철회는 금지시키되 법원에 대한 구속력을 부정하여 법원이 자백에 반하여 판단할 수 있다는 견해이다.

2. 재판상 자백의 성립여부(적극)

(1) 재판상 자백의 의의, 요건 [일치, 불, 주사]

(2) 선결적 법률관계에 대한 자백의 성립여부(적극)

(3) 사안의 경우

피고 乙과 丙은 변론기일에서 자신에게 불리한 원고 X의 토지소유사실을 인정한다고 진술하였는바, 이는 재판상 자백에 해당한다.

3. 재판상 자백의 철회가부(소극)

(1) 재판상 자백의 철회 제한과 예외 [오, 동, 착, 경]

(2) 사안의 경우

사안에서 ⅰ) 피고 乙과 丙의 자백이 형사상 처벌받을 다른 사람의 행위로 인한 것이라 볼 수 없으며, ⅱ) 원고 X가 피고들의 자백 철회에 대해 동의하였다고 볼만한 사정이 인정되지 않는다. ⅲ) 그리고, 자백이 진실에 반한다거나 착오로 인한 것이라고 볼 만한 사정이 없다. 따라서 피고 乙과 丙은 재판상 자백을 철회할 수 없다.

4) 법규의 존부·해석에 관한 진술(소극)

법원이 스스로 판단해야 할 전권사항이므로 재판상자백으로서 구속력이 없다(아래 관련판례 참조). 자백의 대상은 법률적용의 전제가 되는 주요사실에 한정되고, 사실에 대한 법적 판단이나 평가 또는 적용할 법률이나 법적 효과는 자백의 대상이 되지 아니한다(대판 2016.3.24. 2013다81514).

[관련판례] "법정변제충당의 순서를 정함에 있어 기준이 되는 이행기나 변제이익에 관한 사항 등은 구체적 사실로서 자백의 대상이 될 수 있으나, 법정변제충당의 순서 자체는 법률 규정의 적용에 의하여 정하여지는 법률상의 효과여서 그에 관한 진술이 비록 그 진술자에게 불리하더라도 이를 자백이라고 볼 수는 없다"(대판 1998.7.10. 98다6763: 법전협 표준판례(168))(11회 선택형)

5) 사실에 대한 평가적 판단에 관한 진술(소극)

과실, 정당한 사유, 선량한 풍속 위반 등 사실에 대한 평가적 판단은 법원의 전권사항이므로 권리자백에 해당할 뿐 재판상자백의 대상이 될 수 없다.

[관련판례] 특약의 해석에 관한 나름대로의 의견 또는 법적평가(대판 1962.4.26. 4294민상1071), 법률상 유언이 아닌 것을 유언이라고 시인한 것(대판 2001.9.24. 2000다66430), 매매계약이 원고에 의하여 해제되었다고 자백한 것(대판 1982.4.27. 80다851), 법률상 혼인 외의 자가 아닌 것을 혼인 외의 자라고 시인한 것(대판 1981.6.9. 79다62), 이행불능에 관한 주장(대판 2001.9.14. 2000다66430,66447)은 권리자백으로서 법원을 구속하지 않는다.

2. 자기에게 불리한 사실상의 진술(자백의 내용)

① 상대방에게 증명책임이 있는 사실이라는 증명책임설이 있으나, ② 상대방 신뢰를 보호한다는 측면에서 인정사실로 패소가능성이 있다면 자기에게 증명책임이 있는 사실이라도 재판상 자백에 포함된다고 보아야 한다(패소가능성설: 대판 1993.9.14. 92다24899: 법전협 표준판례 (172))[108]

---

[108] 즉, 判例도 "원고들이 소유권확인을 구하고 있는 사건에서 원고들의 피상속인 명의로 소유권이전등기가 마쳐진 것이라는 점은 원래 원고들이 입증책임을 부담할 사항이지만 위 소유권이전등기를 마치지 않았다는 사실을 원고들 스스로 자인한 바 있고 이를 피고가 원용한 이상 이 점에 관하여는 자백이 성립한 결과가 되었다"고 판시하여 패소가능성설에 의한 판시를 하고 있다.

따라서 예컨대, 이행지체에 의한 해제에 기해서 원상회복청구를 하는 경우 해제의 요건으로 이행의 최고가 있어야 하는데 원고가 이행최고를 하지 않았다고 스스로 진술하는 경우 패소가능성설에 의하면 자백이 성립하여 원칙적으로 철회할 수 없다. 또한 "원고들이 소유권확인을 구하고 있는 사건에서 원고들의 피상속인 명의로 소유권이전등기가 마쳐진 것이라는 점은 원래 원고들이 입증책임을 부담할 사항이지만 위 소유권이전등기를 마치지 않았다는 사실을 원고들 스스로 자인한 바 있고 이를 피고가 원용한 이상 이 점에 관하여는 자백이 성립한 결과가 된다"(대판 1993.9.14. 92다24899: 법전협 표준판례 (172)).

3. 상대방의 주장사실과 일치하는 진술(자백의 모습)

(1) 일치 여부의 판단기준

"재판상의 자백은 변론기일 또는 변론준비기일에 당사자에 의하여 행하여지는 진술로서 상대방 당사자의 주장과 일치하는 자기에게 불리한 사실의 진술이라고 할 것이므로, 그 일치 여부에 관하여는 필요한 경우 석명권을 행사하여 변론 전체의 취지에서 판단하여야 한다"(대판 2007.6.28. 2007다26424).

(2) 선행자백 [13회 사례형, 17법행]

判例는 "재판상 자백의 일종인 이른바 선행자백은 당사자 일방이 자진하여 자기에게 불리한 사실상의 진술을 한 후 상대방이 이를 원용함으로써 사실에 관하여 당사자 쌍방의 주장이 일치함을 요하므로 일치가 있기 전에는 전자의 진술을 선행자백이라 할 수 없고, 따라서 일단 자기에게 불리한 사실을 진술한 당사자도 그 후 상대방의 원용이 있기 전에는 자인한 진술을 철회하고 이와 모순되는 진술을 자유로이 할 수 있으며 이 경우 앞의 자인사실은 소송자료에서 제거된다"(대판 2016.6.9. 2014다64752: 법전협 표준판례 (173))(6회,7회, 11회 선택형)고 한다(判例는 상대방의 원용이 있으면 '선행자백'이라고 하지만, 학설은 당사자 일방이 먼저 불리한 진술을 하는 경우를 '선행자백'이라 하고, 상대방이 이를 원용하면 '재판상 자백'이 된다고 한다).

한편 "당사자 일방이 한 진술에 잘못된 계산이나 기재, 기타 이와 비슷한 표현상의 잘못이 있고, 잘못이 분명한 경우에는 비록 상대방이 이를 원용하였다고 하더라도 당사자 쌍방의 주장이 일치한다고 할 수 없으므로 자백(선행자백)이 성립할 수 없다"(대판 2018.8.1. 2018다229564)(11회 선택형).

｜ 핵심사례 B-32 ｜

| ■ 재판상 자백 – 선행자백의 구속력 | 2017년 8월 법전협 모의, 2017년 법원행정고등고시 유사 |

甲은 2016. 5. 1. 자신의 X 기계를 乙에게 소유권유보부매매로 하여 乙이 경영하는 공장에 위 X 기계를 설치해 주었다. 그런데 乙이 위 X 기계에 대한 대금을 지급하기로 한 약속을 지키지 못하자, 甲은 乙에 대하여 2016. 9. 10. 위 매매계약을 해제하였다. 그런데 위 X 기계가 설치된 乙 소유의 공장대지 및 건물에 대하여 丙이 저당권을 취득하고, 丙의 저당권 실행을 위한 경매절차에서 위 공장대지 및 건물과 더불어 「공장 및 광업재단 저당법」에 따라 저당목적물로 경매목록에 기재되어 있던 위 X 기계를 丁이 매수하였다. 이에 대하여 甲이 丁을 상대로 위 X 기계에 대한 소유권 확인의 소를 제기하였고, 丙을 상대로 자신의 기계가 경매되었다고 주장하며 별소로 X 기계의 매각대금 상당액인 1억 원의 부당이득반환 청구의 소를 제기하였다.

※ 「공장 및 광업재단 저당법」에 의하면, 공장의 소유자가 공장에 속하는 토지에 설정한 저당권의 효력은 건물을 제외한 그 토지에 부가되어 이와 일체를 이루는 물건과 그 토지에 설치된 기계, 기구 기타의 공장의 공용물에 미친다.
甲은 위 부당이득반환소송의 제1회 변론기일에 丙에 대한 1억 원의 부당이득반환청구권의 발생요건사실을 모두 주장·증명하였다. 그 후 甲은 제2회 변론기일 전에 준비 서면을 제출하였는데, 이 준비서면에 甲이 丙으로부터 위 부당이득금 1억 원을 지급받았다는 내용이 기재되어 있었다. 제2회 변론기일에 甲은 출석하지 않았고 丙은 출석하여 '甲이 丙으로부터 위 부당이득금을 지급받았다는 甲의 주장을 丙의 이익으로 원용 한다'라고 진술하였다. 제3회 변론기일에는 甲과 丙 모두 출석하였는데, 甲은 '甲이 丙으로부터 위 부당이득금을 반환받은 적이 없고, 위 준비서면의 내용은 진술하지 않겠다'라고 진술하였다. 법원은 제3회 변론기일에 증거조사를 하고 변론을 종결하였는데, 위 증거조사 결과 甲이 丙으로부터 위 부당이득금을 반환받았는지 여부에 대하여 확신을 갖지 못 하였다. **법원은 어떠한 판결을 하여야 하는가? (30점)**

I. 결 론

자백의 구속력에 따라 법원은 甲이 丙으로부터 위 부당이득금을 반환받았는지 여부에 대하여 확신을 갖지 못하였더라도, 위 부당이득금을 반환되었다고 보아 청구기각의 판결을 하여야 한다.

II. 논 거

1. 재판상자백의 성립여부(적극)

(1) 재판상자백의 요건(구, 불, 일, 소)

(2) 구체적인 사실인지 여부(적극)

사안에서 甲이 丙으로부터 위 부당이득금 1억 원을 지급받았다는 사실은 甲의 청구권을 상실시키는 법률효과를 가져오는 법규의 요건사실이므로 주요사실에 해당한다.

(3) 자기에게 불리한 사실상의 진술인지 여부(적극)

어떠한 입장에 의하더라도 사안에서 甲의 청구권 상실을 인정하는 진술이므로 불리한 진술에 해당한다.

(4) 상대방의 주장사실과 일치하는 진술인지 여부(적극)

사안의 경우 甲은 丙의 진술이 있기 전 부당이득금 1억 원을 지급받았다고 서면에 먼저 기재하여 진술간주 되었고 丙은 이를 원용하였다. 따라서 선행자백이 인정된다.

(5) 소송행위로서 진술인지 여부(적극)

1) 진술간주로 인정되는지 여부(적극)

사안의 경우 甲이 불출석하여 丙만으로 진행된 2차 변론기일에서 甲의 준비서면에 기재된 사항은 진술간주되었다.

2) 재판상 자백에서의 진술에 진술간주도 포함되는지 여부(적극 : 대판 2015.2.12. 2014다229870).

2. 자백의 구속력

(1) 법원에 대한 구속력 / (2) 당사자에 대한 구속력

(3) 사안의 경우

甲은 제3회 변론기일에 '甲이 丙 으로부터 위 부당이득금을 반환받은 적이 없고, 위 준비서면의 내용은 진술하지 않겠다'라고 진술한 것은 자백의 철회에 해당한다. 그러나 이미 제2회 변론기일에 丙은

'甲이 丙으로부터 위 부당이득금을 지급받았다는 甲의 주장을 丙의 이익으로 원용한다'고 진술하였으므로 위 주장철회는 불가하다. 나아가 자백이 진실에 반한다는 점도 증명되지 않았으므로 취소도 불가하다(민사소송법 제288조 단서)

(3) 일부자백(자백의 가분성)

돈을 받은 것은 인정하지만 상대방 주장과 같이 차용한 것이 아니라 증여로 받은 것이라 주장하면 돈을 받았다는 한도에서 자백이 성립하고(이유부 부인), 금전차용은 인정하지만 변제하였다고 하면 차용사실에 대하여 자백이 성립한다(제한부 자백). 진술이 일치하지 않는 잔여부분에 대하여 이유부 부인에서는 부인이 되고, 제한부 자백에서는 항변이 된다.

4. 변론이나 변론준비기일에서 소송행위로서 진술하였을 것(자백의 형식)

소송행위로서의 진술을 의미하므로 당사자신문 중에 상대방의 주장과 일치하는 진술을 하더라도 이는 증거자료에 그칠 뿐 재판상 자백으로 되지 아니하고(대판 1978.9.12. 78다879), 다른 소송에서 한 자백은 하나의 증거원인이 될 뿐 제288조에 의한 구속력이 없다(대판 1996.12.20. 95다37988). 또한, 법원에 제출되어 상대방에게 송달된 답변서나 준비서면에 자백에 해당하는 내용이 기재되어 있는 경우라도 그것이 변론기일이나 변론준비기일에서 진술 또는 진술간주되어야 재판상 자백이 성립한다(대판 2015.2.12. 2014다229870: 법전협 표준판례(147))(6회,12회 선택형). 한편, 민사소송절차에서는 사실주장을 하는 변론과 증거조사와는 엄연히 구별되어 있으므로 증거조사방법 중 하나인 당사자 본인신문의 당사자진술은 증거자료에 불과하고 당사자주장이라고 볼 수 없으므로 **본인신문에서의 불리한 진술은 재판상 자백이라 볼 수 없다**(대판 1978.9.12. 78다879)

Ⅲ. 효 력   [B-112]

재판상 자백이 성립된 내용에 대해서는 증명을 요하지 않는다(제288조 본문).

1. 법원에 대한 구속력

재판상의 자백이 있으면 그것이 적법하게 취소되지 않는 한 법원도 이에 구속되므로, 법원이 자백사실과 다른 판단을 할 수 없다(대판 2021.7.29. 2018다276027 등). 법원은 증거조사 및 변론 전체의 취지로부터 자백한 사실과 반대되는 심증을 얻었다 하더라도 자백사실에 반하는 사실을 인정할 수 없다. 다만 직권탐지주의가 적용되는 경우나 소송요건 등의 직권조사사항에 대하여는 자백의 효력이 인정되지 않는다(대판 2002.5.14. 2000다42908)(6회,7회,11회 선택형). **[13회 사례형, 12법무]**[109] 현저한 사실에 반하는 자백에 관하여는 구속력을 부정하는 것이 判例(대판 1959.7.30. 4291민상551)이다.

2. 당사자에 대한 구속력

(1) 철회가 제한되어 자백한 당사자는 임의로 취소할 수 없다.

(2) 예외적으로 인정되는 자백의 철회 [오, 동, 착, 경]

---

109) **[12년 법무사 2차 기출]** 채권자대위소송을 법정소송담당이라고 볼 경우, 피보전권리는 소송요건에 해당하는 바, 소송요건인 직권조사사항에 대하여는 자백이 허용되지 않으므로, 당사자 사이에 다툼이 없다고 하더라도 그 존부에 대하여 법원은 의심이 가는 부분을 직권으로 밝혀야 한다.

1) 자백이 형사상 처벌할 행위로 인하여 이루어진 때 (5호)

> 제451조 (재심사유) ① 다음 각호 가운데 어느 하나에 해당하면 확정된 종국판결에 대하여 재심의 소를 제기할 수 있다. 다만, 당사자가 상소에 의하여 그 사유를 주장하였거나, 이를 알고도 주장하지 아니한 때에는 그러하지 아니하다.
> 5. 형사상 처벌을 받을 다른 사람의 행위로 말미암아 자백을 하였거나 판결에 영향을 미칠 공격 또는 방어방법의 제출에 방해를 받은 때

형사상 처벌을 받을 만한 다른 사람의 행위로 말미암아 자백한 경우는 무효인 소송행위이므로 철회가 가능하다(제451조 1항 5호 유추적용). 유죄의 판결을 필요로 하지 않는다고 보는 것이 타당하나 判例는 유죄의 확정판결을 필요로 한다(대판 2001.1.30. 2000다42939,42946).

2) 상대방의 동의가 있는 경우 [3회 사례형]

상대방이 자백으로 얻은 이익을 포기하는 것은 불리하지 않다고 보기 때문이고, 상대방이 철회할 수도 있다. 判例는 "일단 자백이 성립되었다고 하여도 그 후 그 자백을 한 당사자가 종전의 자백과 배치되는 내용의 주장을 하고 이에 대하여 '상대방이 이의를 제기함이 없이 그 주장내용을 인정한 때'에는 종전의 자백은 취소되고 새로운 자백이 성립된 것으로 보아야 한다"(대판 1990.11.27. 90다카20548: 법전협 표준판례 (174))(4회 선택형)고 하였으나, 자백의 취소에 대하여 상대방이 아무런 이의를 제기하고 있지 않다는 것만으로는 동의하였다고 인정할 수 없다(대판 1994.9.27. 94다22897)고 한다.

3) 자백이 진실에 반하고 착오로 말미암은 것임을 증명한 경우(제288조 단서)

> 제288조 (불요증사실) 법원에서 당사자가 자백한 사실과 현저한 사실은 증명을 필요로 하지 아니한다. 다만, 진실에 어긋나는 자백은 그것이 착오로 말미암은 것임을 증명한 때에는 취소할 수 있다.

① 처음부터 진실이 아님을 알고서 자백한 때에는 착오로 말미암은 것이 아니므로 취소가 허용되지 않는다. ② 자백이 진실에 반한다는 사실에 대한 증명은 그 반대되는 사실을 직접 증거에 의하여 증명함으로써 가능하나 자백사실이 진실에 반함을 추인할 수 있는 간접사실의 증명에 의하여도 가능하고, 자백이 진실에 반한다는 증명이 있다고 하여 그 자백이 착오로 인한 것이라고 추정되는 것은 아니지만 그 자백이 진실과 부합되지 않는 사실임이 증명된 경우라면 **변론 전체의 취지에 의하여** 그 자백이 착오로 인한 것이라는 점을 인정할 수 있다(대판 2004.6.11. 2004다13533: 법전협 표준판례 (175))(1회,4회,7회 선택형) [3회 사례형] ③ 자백의 취소는 반드시 명시적으로 하여야만 하는 것은 아니고 종전의 자백과 배치되는 사실을 주장함으로써 묵시적으로도 할 수 있다(대판 1990.6.26. 89다카14240).

4) 소송대리인의 자백을 당사자가 곧 취소하거나 경정하는 경우(제94조)

소송대리인의 사실상 진술은 당사자가 이를 곧 취소하거나 경정한 때에는 그 효력을 잃는다(제94조). 재판상 자백의 성립 후 청구를 교환적으로 변경하여 원래 주장사실을 철회한 때에도 마찬가지로 자백이 실효된다(대판 1997.4.22. 95다10204: 법전협 표준판례 (176))(11회 선택형).[110]

---

110) "피고가 제1심에서 대상 토지의 소유권 일부 이전등기가 아무런 원인 없이 이루어졌다는 <u>원고의 주장사실을 인정함으로써 자백이 성립된 후</u>, 소변경신청서에 의하여 그 등기가 원인 없이 이루어졌다는 기존의 주장사실에 배치되는 명의신탁 사실을 주장하면서 청구취지 및 청구원인을 명의신탁해지를 원인으로 하는 소유권이전등기를 구하는 것으로 <u>교환적으로 변경함으로써 원래의 주장사실을 철회한 경우</u>, 이미 성립되었던 피고의 자백도 그 대상이 없어짐으로써 소멸되었고, 나아가 그 후 그 피고가 위 자백내용과 배치되는 주장을 함으로써 그 진술을 묵시적으로 철회하였다고 보여지는 경우, 원고들이 이를 다시 원용할 수도 없게 되었고, <u>원고들이 원래의 원인무효 주장을 예비적 청구원인 사실로 다시 추가하였다 하여 자백의 효력이 되살아난다고 볼</u>

제2관 자백간주

Ⅰ. 성립요건

> **제257조 (변론 없이 하는 판결)** ① 법원은 피고가 제256조 제1항의 답변서를 제출하지 아니한 때에는 청구의 원인이 된 사실을 자백한 것으로 보고 변론 없이 판결할 수 있다. 다만, 직권으로 조사할 사항이 있거나 판결이 선고되기까지 피고가 원고의 청구를 다투는 취지의 답변서를 제출한 경우에는 그러하지 아니하다. ② 피고가 청구의 원인이 된 사실을 모두 자백하는 취지의 답변서를 제출하고 따로 항변을 하지 아니한 때에는 제1항의 규정을 준용한다. ③ 법원은 피고에게 소장의 부본을 송달할 때에 제1항 및 제2항의 규정에 따라 변론 없이 판결을 선고할 기일을 함께 통지할 수 있다.
>
> **제150조 (자백간주)** ① 당사자가 변론에서 상대방이 주장하는 사실을 명백히 다투지 아니한 때에는 그 사실을 자백한 것으로 본다. 다만, 변론 전체의 취지로 보아 그 사실에 대하여 다툰 것으로 인정되는 경우에는 그러하지 아니하다. ③ 당사자가 변론기일에 출석하지 아니하는 경우에는 제1항의 규정을 준용한다. 다만, 공시송달의 방법으로 기일통지서를 송달받은 당사자가 출석하지 아니한 경우에는 그러하지 아니하다.

1. 제257조에 따른 무변론판결

법원은 피고가 제256조 제1항의 답변서를 제출하지 아니한 때에는 청구의 원인이 된 사실을 자백한 것으로 보고 변론 없이 판결할 수 있다(제257조 1항 본문). 피고가 청구의 원인이 된 사실을 모두 자백하는 취지의 답변서를 제출하고 따로 항변을 하지 아니한 때에는 제1항의 규정을 준용한다(2항).

2. 제150조에 따른 자백간주

당사자가 변론기일에 출석하지 아니하는 경우(제150조 3항 본문), 출석하여 상대방의 주장을 명백히 다투지 않은 경우 이를 자백한 것으로 간주한다(제150조 1항 본문). 다만, 그 불출석 당사자가 공시송달에 의한 기일통지를 받은 경우에는 위 자백간주는 적용되지 않는다(동조 3항 단서)(13회 선택형). **[7회 사례형]**

[관련판례] 당사자가 변론에서 상대방이 주장하는 사실을 명백히 다투지 않았더라도 변론 전체의 취지로 보아 다툰 것으로 인정되는 때에는 자백간주가 성립하지 않는데(제150조 1항 단서), 여기서 변론 전체의 취지로 보아 다투었다고 볼 것인지는 변론종결 당시까지 당사자가 한 주장 취지와 소송의 경과를 전체적으로 종합해서 판단해야 한다(대판 2022.4.14. 2021다280781).

[관련판례] 제1심에서 원고의 주장사실을 명백히 다투지 아니하여 의제자백으로 패소한 피고가 항소심에서도 원고 청구기각의 판결을 구하였을 뿐 원고가 청구원인으로 주장한 사실에 대하여는 아무런 답변도 진술하지 않았다면 그 사실을 다툰 것으로 인정되지 않는 한 항소심에서도 의제자백이 성립한다(대판 1989.7.25. 89다카4045).

3. 적용범위

"자백간주 역시 재판상 자백의 경우와 마찬가지로 상대방의 사실에 관한 주장에 대해서만 적용되고 법률상의 주장에 대해서는 적용되지 않는다"(대판 2022.4.14. 2021다280781).

수도 없다"(대판 1997.4.22. 95다10204; 법전협 표준판례 (176))

Ⅱ. 효 력 [B-114]

1. 법원에 대한 구속력(적극)

법원에 대한 구속력이 발생하여 법원은 자백간주 사실에 반하는 사실을 인정할 수 없다. 일단 자백간주의 효과가 발생한 후에는 그 이후의 기일통지서가 송달불능으로 되어 공시송달로 진행되었다 하더라도 그 자백간주의 효과는 그대로 유지되므로, 증거로 판단하여 자백간주된 사실과 배치되는 사실인정을 하는 것은 위법하다(대판 1988.2.23. 87다카961)(7회 선택형).

2. 당사자에 대한 구속력(소극)

재판상 자백과 달리 당사자에 대한 구속력이 인정되지 않는다(제150조 1항 단서 참조). 당사자는 사실심 변론종결시까지 상대방의 주장사실을 다투어 자백간주의 효력을 번복할 수 있으므로 제1심에서 자백간주가 있었다고 하더라도 당해 심급에서는 물론 항소심에서 변론종결시까지 이를 다투었다면 자백간주를 할 수 없다(대판 1987.12.8. 87다368)(1회 선택형).

3. 판결서 이유기재의 생략

무변론 판결(제257조), 자백간주(제150조 3항), 공시송달로 기일통지를 받고 변론기일에 출석하지 아니한 경우의 판결의 경우에는 판결서의 기재사항을 생략할 수 있다(제208조 3항)

> **[관련판례]** ❋ 항소심에서 공시송달 판결을 하는 경우, 판결서의 이유에 청구를 특정함에 필요한 사항만을 간략하게 표시할 수 있는지 여부(소극)
>
> "민사소송법 제208조 제2항의 규정에도 불구하고 제1심판결로서 '피고가 민사소송법 제194조 내지 제196조의 규정에 의한 공시송달로 기일통지를 받고 변론기일에 출석하지 아니한 경우의 판결'(이하 '공시송달 판결'이라 한다)에 해당하는 경우에는 판결서의 이유에 청구를 특정함에 필요한 사항과 같은 법 제216조 제2항의 판단에 관한 사항만을 간략하게 표시할 수 있다(민사소송법 제208조 제3항 제3호). 한편 항소심의 소송절차에는 특별한 규정이 없으면 민사소송법 제2편 제1장 내지 제3장에서 정한 제1심의 소송절차에 관한 규정을 준용하지만(민사소송법 제408조), 같은 법 제208조 제3항 제3호를 준용하는 규정은 별도로 두고 있지 않다. 오히려 항소심이 판결이유를 적을 때에는 제1심판결을 인용할 수 있지만, 제1심판결이 민사소송법 제208조 제3항 제3호에 따라 작성된 경우에는 이를 인용할 수 없다(민사소송법 제420조). 위와 같은 규정들의 내용과 그 취지를 종합하면, 공시송달 판결을 하는 경우 제1심은 민사소송법 제208조 제3항 제3호에 따라 판결서의 이유에 청구를 특정함에 필요한 사항과 같은 법 제216조 제2항의 판단에 관한 사항만을 간략하게 표시할 수 있지만, 당사자의 불복신청 범위에서 제1심판결의 당부를 판단하는 항소심은 그와 같이 간략하게 표시할 수 없고, 같은 법 제208조 제2항에 따라 주문이 정당하다는 것을 인정할 수 있을 정도로 당사자의 주장과 그 밖의 공격·방어방법에 관한 판단을 표시하여야 한다"(대판 2021.2.4. 2020다259506).

제3관 현저한 사실

'현저한 사실'이란 법원이 이미 소상하게 알고 있어서 특별한 증거조사를 할 필요가 없을 정도로 객관성이 확보되어 있는 사실을 말한다(제288조 본문 후단).

Ⅰ. 현저한 사실의 유형 [B-115]

1. 공지의 사실

일반인에게 널리 알려져 있고 법원도 이를 잘 알고 있는 사실을 말한다. 역사적으로 유명한 사건, 천재지변, 전쟁 등이 이에 해당한다.

2. 법원에 현저한 사실

(1) 법관이 명백히 기억하고 있는 사실에 한하는지 여부

법관이 명백히 기억하고 있는 사실에 한하는지 여부가 문제되는 바, 判例는 법관이 직무상 경험으로 알고 있는 사실이기만 하면 ⅰ) 그 사실의 존재에 관하여 명확한 기억을 하고 있는 경우는 물론, ⅱ) 기록 등을 조사하여 곧바로 알 수 있는 경우도 법원에 현저한 사실이 된다고 본다(대판 1996.7.18. 전합94다20051 : 반대의견은 'ⅰ'의 경우만 인정)(1회 선택형).

(2) 긍정한 예

소장의 송달과 같이 당해 기록상 명백한 사실이나, 가압류 · 가처분의 취소사건에서 그 대상인 가압류 · 가처분 결정이 발령된 사실, 본안의 제소명령이 발령되어 송달된 사실 등이 이에 해당한다. 피해자의 장래 수입상실액을 인정하는 데 이용되는 직종별임금실태조사보고서와 한국직업사전의 존재와 그 기재내용은 법원에 현저한 사실이고(대판 1996.7.18. 전합94다20051: 법전협 표준판례 (177))(1회 선택형), 통계청이 정기적으로 조사 · 작성하는 한국인의 생명표에 의한 남녀별 각 연령별 기대여명(대판 1999.12.7. 99다41886), 같은 법원에서 한 다른 판결이 선고된 사실도 법원에 현저한 사실이다.

(3) 부정한 예

대법원은 다른 하급심 판결에서 확정된 사실관계를 '법원에 현저한 사실'로 볼 수 있는지 문제된 사건에서 "피고와 제3자 사이에 있었던 민사소송의 확정판결의 존재를 넘어서 그 판결의 이유를 구성하는 사실관계들까지 법원에 현저한 사실로 볼 수는 없다. 민사재판에 있어서 이미 확정된 관련 민사사건의 판결에서 인정된 사실은 특별한 사정이 없는 한 유력한 증거가 되지만, 당해 민사재판에서 제출된 다른 증거 내용에 비추어 확정된 관련 민사사건 판결의 사실인정을 그대로 채용하기 어려운 경우에는 합리적인 이유를 설시하여 이를 배척할 수 있다는 법리도 그와 같이 확정된 민사판결 이유 중의 사실관계가 현저한 사실에 해당하지 않음을 전제로 한 것이다"(대판 2019.8.9. 2019다222140: 법전협 표준판례 (178))고 판시하였다(10회 선택형).

Ⅱ. 소송법적 효과 [B-116]

1. 주장책임 여부

현저한 사실을 주요사실로서 재판의 기초로 삼는 경우 당사자의 주장이 있어야 하는지 견해가 대립되는데, 判例는 "법원에서 현저한 사실은 당사자가 이를 변론에서 원용하였던가 현출되지 아니하였다 하여서 그 소송법상의 성질이 변경될 리 없고 증명을 요하지 아니하는 효력에 어떠한 영향을 받을 바 아니다"(대판 1963.10.22. 63다494)라고 부정하는 것과 "변론주의하에서는 아무리 법원에 현저한 사실이라 할지라도 당사자가 그 사실에 대한 진술을 하지 않는 한 법원은 그것을 사실인정의 자료로 할 수 없다"(대판 1965.3.2. 64다1761)라는 긍정하는 것이 병존한다.

2. 현저한 사실에 반하는 자백에 구속되는지 여부(불구속설)

대법원은 귀속재산이 아님이 법원에 현저한 사실임에도 그에 반하는 자백을 한 사안에서 "현저한 사실에 배치되는 자백은 재판상 자백으로서 효력을 발할 수 없다"(대판 1959.7.30. 4291민상551)고 판시하였는데, 현저한 사실인 한에 있어서는 형식적 진실주의가 양보되어야 하므로 자백을 인정하면 변론주의의 과장이며, 재판의 위신에 실추를 가져오므로 判例의 태도인 불구속설이 타당하다.

3. 불요증사실

공지의 사실과 법원에 현저한 사실에 대하여는 증명을 요하지 않는다.

제4관 법률상 추정된 사실

법규화된 경험칙, 즉 추정규정에 의하여 추정되는 사실을 말한다. 민법 제30조(동시사망의 추정), 제198조(점유계속의 추정), 제844조(부의 친생자 추정)가 이에 해당한다. 추정규정이 있는 경우 입증책임이 있는 당사자는 추정되는 사실을 직접 증명할 수도 있으나 보통은 그보다 증명하기 쉬운 전제사실을 증명함으로써 이에 갈음하게 되는데, 이러한 의미에서 법률상 추정되는 사실은 증명의 필요가 없는 사실이 된다. 법률상의 추정이 되었을 때 이를 깨뜨리기 위하여 그 추정을 다투는 자가 제출하는 증거는 반증이 아니라 본증에 해당한다. 이와 관련하여 구체적인 내용은 후술하기로 한다.

제4절 증거조사

제1관 증거조사의 개시와 유형

I. 증거조사절차   [B-117]

1. 의 의

증거조사라 함은 법관의 심증형성을 위하여 법정의 절차에 따라 인적·물적 증거의 내용을 오관의 작용에 의하여 지각하는 법원의 소송행위이다.

2. 진행순서

증거조사절차는 ① 증거의 신청(변론주의에서는 원칙적으로 당사자의 증거신청이 있어야 증거조사할 수 있고, 직권증거조사는 보충적이다) → ② 증거의 채부 결정 → ③ 증거조사의 실시 → ④ 증거조사의 결과에 의한 심증형성의 순으로 진행된다.

Ⅱ. 증거신청의 채부 결정

[B-118]

> 제290조 (증거신청의 채택여부) 법원은 당사자가 신청한 증거를 필요하지 아니하다고 인정한 때에는 조사하지 아니할 수 있다. 다만, 그것이 당사자가 주장하는 사실에 대한 유일한 증거인 때에는 그러하지 아니하다.

1. 원칙 : 증거신청채부의 재량

법원은 당사자가 신청한 증거라도 쟁점과 직접 관련이 없거나 쟁점의 판단에 도움이 되지 아니하는 등 불필요하다고 인정한 때에는 조사하지 않을 수 있어서(제290조 본문), 증거의 채부는 원칙으로 법원의 재량에 맡겨져 있다.

2. 예외 : 유일한 증거

(1) 대상

유일한 증거는 주요사실에 대한 증거만 해당하고, 당사자가 증명책임이 있는 사항에 관한 유일한 증거를 말하는 것으로 본증에 한하므로, 유일한 증거라도 그것이 반증일 경우에는 조사하지 아니하여도 무방하다(대판 1998.6.12. 97다38510). 그리고 유일한 증거인지 여부는 사건 전체에 대해서가 아니라 '쟁점 단위'로 유일한가 아닌가를 판단하여야 하므로, 사건 전체로 보아 수개의 증거가 있어도 어느 특정 쟁점에 관하여는 하나도 조사하지 아니하면 유일한 증거를 각하한 것이 된다. 유일한가의 여부는 '전 심급'을 통하여 판단하여야 한다.

> **[관련판례]** ＊ **서증의 진정성립에 대하여 유일한 증거의 법리가 적용된다는 판례**
> "채무를 변제하였다는 증거로 제출한 서증이 유일한 것이고 그 서증의 진정성립을 위하여 신청한 증인이 단 한 번 출석하지 아니하였다고 하여 취소한 다음 항변을 받아드리지 아니한 것은 증거법 위반이다"(대판 1962.5.10. 4294민상1510)

(2) 예외

유일한 증거는 반드시 증거조사하여야 함이 원칙이나(제290조 단서), 다음과 같은 경우는 예외이다. ⅰ) 증거신청이 부적법한 경우(대판 1957.5.2. 4290민상59), ⅱ) 신청한 증거가 쟁점판단에 불필요하거나 부적절할 경우(대판 1961.12.7. 4294민상135 등), ⅲ) 증인여비를 예납하지 않거나 감정사항을 제출하지 않는 등 당사자가 증거조사절차를 이행하지 않는 경우(대판 1969.1.21. 68다2188 등), ⅳ) 증거조사에 부정기간의 장애(제291조)가 있는 경우(대판 1973.12.11. 73다711 등) 등이다. ⅰ), ⅱ)의 경우에는 증거를 채택하지 않을 수 있고, ⅲ), ⅳ)의 경우에는 증거채택을 취소할 수 있다.

(3) 위반의 효과

유일한 증거를 조사하지 않으면 채증법칙 위반으로 상고이유가 되나(대판 1970.11.24. 70다2218), 조사를 한 이상 그 내용을 받아들일 것인지의 여부는 법원의 자유심증에 맡겨져 있다(대판 1966.6.28. 66다697).

3. 변경과 불복

증거의 채부 결정은 소송지휘에 관한 재판이므로 언제든지 취소·변경할 수 있으며(제222조), 독립한 불복신청이 허용되지 아니한다(대결 1989.9.7. 89마694). 다만, 합의사건의 변론준비절차를 담당하는 재판장등이 한 증거의 채부 결정에 대하여는 당사자가 이의를 신청할 수 있고, 이에 대하여 법원은 결정으로 그 이의신청에 대하여 재판하여야 한다(제281조 2항, 138조).

Ⅲ. 직권증거조사 [B-119]

> 제292조 (직권에 의한 증거조사) 법원은 당사자가 신청한 증거에 의하여 심증을 얻을 수 없거나, 그 밖에 필요하다고 인정한 때에는 직권으로 증거조사를 할 수 있다.

1. 인정되는 경우

법원은 당사자가 신청한 증거에 의하여 심증을 얻을 수 없거나 그 밖에 필요할 때 행하는 **보충적 직권조사**를 한다(제292조).

2. 변론주의와의 관계 [9회 사례형]

변론주의 하에서 증거자료 수집·제출책임을 당사자에게 맡기고 있기 때문에 직권증거조사는 **보충적·예외적**일 수밖에 없다. 다만 判例는 금전청구권은 인정되지만 그 액수가 밝혀지지 않은 경우(대판 1963.9.5. 63다378), 손해배상의무의 존재는 인정되지만 그 손해액이 불명인 경우(대판 1987.12.22. 85다카2453)에는 법원이 석명권을 행사하여 입증을 촉구하거나 **직권증거조사를 하여야 하며** 손해액 등의 입증이 없다는 이유로 청구를 기각하는 것은 부당하다고 하였다.

"이에 개정 민사소송법 제202조의2(2016.9.30.시행)는 종래의 判例를 반영하여 '손해가 발생한 사실은 인정되나 구체적인 손해의 액수를 증명하는 것이 사안의 성질상 매우 어려운 경우에 법원은 변론 전체의 취지와 증거조사의 결과에 의하여 인정되는 모든 사정을 종합하여 상당하다고 인정되는 금액을 손해배상 액수로 정할 수 있다.'라고 정하고 있다"(대판 2017.9.26. 2014다27425).

최근 判例에 따르면, "이 규정은 특별한 정함이 없는 한 채무불이행이나 불법행위로 인한 손해배상뿐만 아니라 특별법에 의한 손해배상에도 적용되는 일반적 성격의 규정이다. 손해가 발생한 사실이 인정되나 구체적인 손해의 액수를 증명하는 것이 매우 어려운 경우에는 법원은 손해배상청구를 쉽사리 배척해서는 안 되고, 적극적으로 석명권을 행사하여 증명을 촉구하는 등으로 구체적인 손해액에 관하여 심리하여야 한다. 그 후에도 구체적인 손해액을 알 수 없다면 손해액 산정의 근거가 되는 간접사실을 종합하여 손해액을 인정할 수 있다"(대판 1997.12.26. 97다42892, 42908: 법전협 표준판례(124))고 한다.

> **[구체적 예]** 甲과 乙은 2018. 3. 1. 甲 소유의 고려청자 1점을 乙이 보관하기로 하는 계약을 체결하였고, 甲은 乙에게 위 고려청자를 인도하였다. 乙은 2018. 5. 1. 보관 중이던 위 고려청자를 관리 소홀로 도난당하였고, 甲은 위 고려청자의 소재를 파악할 수 없게 되자 2019. 5. 3. 위 고려청자의 시가가 1억 5,000만 원이라고 주장하면서 乙을 상대로 채무불이행을 원인으로 한 시가 상당액의 손해배상을 청구하는 소를 제기하였다. 甲은 위 고려청자의 시가 감정을 신청하였으나, 감정인은 '위 고려청자와 비슷한 도자기가 존재하지 아니하여 정확한 시가를 산정하기 곤란하다'는 의견을 제시하였다. 甲은 시가를 정확히 산정할 만한 다른 증거를 제출하지 못하였다. [9회 사례형]
>
> ☞ 분실한 도자기와 유사한 도자기가 존재하지 않아 시가 산정이 곤란한 이상, 법원은 변론 전체의 취지 등을 종합적으로 고려하여 직권으로 손해액을 인정할 수 있고, 이에 따라 결국 甲의 청구는 인용될 수 있다.

Ⅳ. 증거조사의 유형 [B-120]

1. 유 형

증거조사는 증인신문, 감정, 서증, 검증, 당사자본인신문의 5가지 외에 그 밖의 증거에 대한 조사까지 해서 6가지 유형이 있다.

2. 증인신문

(1) 의 의

증인이라 함은 과거에 경험하여 알게 된 사실을 법원에 보고할 것을 명령받은 사람으로서 당사자 및 법정대리인 이외의 제3자를 말하고, 감정증인(제340조)도 이에 포함된다(1회 선택형). 증인의 증언으로부터 증거자료를 얻는 증거조사를 증인신문이라고 한다.

(2) 증인능력 및 증인의무

당사자 · 법정대리인 및 당사자인 법인 등의 대표자 이외의 자는 모두 증인능력을 갖는다. 우리나라의 재판권에 속하는 사람은 원칙적으로 모두 증인의무가 있는데 그 의무의 내용은 출석의무 · 선서의무 · 진술의무의 세 가지로서 이는 공법상의 의무이다.

> **[관련판례]** "증인능력 없는 사람을 증인신문 한 경우라도 이는 이의권 상실 · 포기에 의해 하자가 치유된다"(대판 1977.10.11. 77다1316)(7회 선택형).

1) 출석의무

① **[내 용]** 증인이 출석요구를 받고 기일에 출석할 수 없을 경우에는 바로 그 사유를 밝혀 신고하여야 한다(규칙 제83조). 신고를 불이행하면 정당한 사유 없는 불출석으로 인정될 수 있다(규칙 제81조 1항 2호).

② **[불출석에 대한 제재]** 증인이 정당한 사유 없이 출석하지 아니한 때에 법원은 결정으로 증인에게 이로 말미암은 소송비용을 부담하도록 명하고 500만원 이하의 **과태료**에 처할 수 있다(제311조 1항). 나아가 법원은 증인이 위 과태료의 재판을 받고도 정당한 사유 없이 다시 출석하지 아니한 때에는 결정으로 증인을 7일 이내의 **감치**에 처하게 할 수 있다(동조 2항). 또한 법원은 정당한 사유 없이 출석하지 아니한 증인을 **구인**하도록 명할 수 있는데(제312조 1항), 이 경우 형사소송법의 구인에 관한 규정이 준용된다(동조 2항).

2) 선서의무

① **[내 용]** 재판장은 증인에게 신문에 앞서 선서를 하게 하여야 한다. 다만, 특별한 사유가 있는 때에는 신문한 뒤에 선서를 하게 할 수 있다(제319조). 재판장은 선서에 앞서 증인에게 선서의 취지를 밝히고, 위증의 벌에 대하여 경고하여야 한다(제320조).

② **[선서거부에 대한 제재]** 16세 미만인 사람과 선서의 취지를 이해하지 못하는 사람은 선서무능력자이며(제322조 각호 : 위증죄의 주체가 되지 않음)(7회 선택형), 제314조(아래 조문 참조)의 증언거부권을 가지는 자에게는 선서의무가 면제되고(제322조), 증인이 자기 또는 제314조 각호에 규정된 어느 한 사람과 현저한 이해관계가 있는 사항에 관하여 신문을 받을 때에는 선서를 거부할 수 있다(제324조). 그러나 그 외의 증인이 선서를 거부하는 경우에는 제316조 내지 제318조(증언거부에 대한 제재 : 후술)의 규정을 준용한다.

[관련판례] ✱ **민사소송에서 법원이 선서거부권을 고지하지 않은 경우**(위법 아님)

"선서를 거부할 수 있는 증인이 선서를 거부하지 아니하고 증언을 한 경우에 재판장이 선서거부권이 있음을 고지하지 아니하였다고하여 위법이라고 할 수 없다"(대판 1971.4.30. 71다452)(7회 선택형).

3) 진술의무

> 제314조 (증언거부권) ① 증인은 그 증언이 자기나 다음 각호 가운데 어느 하나에 해당하는 사람이 공소제기되거나 유죄판결을 받을 염려가 있는 사항 또는 자기나 그들에게 치욕이 될 사항에 관한 것인 때에는 이를 거부할 수 있다.
> 1. 증인의 친족 또는 이러한 관계에 있었던 사람
> 2. 증인의 후견인 또는 증인의 후견을 받는 사람
>
> 제315조 (증언거부권) ① 증인은 다음 각호 가운데 어느 하나에 해당하면 증언을 거부할 수 있다.
> 1. 변호사 · 변리사 · 공증인 · 공인회계사 · 세무사 · 의료인 · 약사, 그 밖에 법령에 따라 비밀을 지킬 의무가 있는 직책 또는 종교의 직책에 있거나 이러한 직책에 있었던 사람이 직무상 비밀에 속하는 사항에 대하여 신문을 받을 때
> 2. 기술 또는 직업의 비밀에 속하는 사항에 대하여 신문을 받을 때
> ② 증인이 비밀을 지킬 의무가 면제된 경우에는 제1항의 규정을 적용하지 아니한다(7회 선택형).

① **[내 용]** 증인은 진술할 의무가 있지만 일정한 경우 증언거부권도 갖는다. ㉠ 증인은 그 증언이 자기나 i) 증인의 친족 또는 이러한 관계에 있었던 사람, ii) 증인의 후견인 또는 증인의 후견을 받는 사람이 공소제기되거나 유죄판결을 받을 염려가 있는 사항 또는 자기나 그들에게 치욕이 될 사항에 관한 것일 때에는 이를 거부할 수 있다(제314조). ㉡ 증인은 i) 변호사 등 그 밖에 법령에 따라 비밀을 지킬 의무가 있는 직책 등에 있거나 이러한 직책에 있었던 사람이 직무상 비밀에 속하는 사항에 대하여 신문을 받을 때, ii) 기술 또는 직업의 비밀에 속하는 사항에 대하여 신문을 받을 때 증언을 거부할 수 있다(제135조 1항). 증인이 비밀을 지킬 의무가 면제된 경우에는 제1항의 규정을 적용하지 아니한다(2항)

② **[증언거부에 대한 제재]** 증언을 거부할 때에는 그 이유를 소명하여야 하고(제316조), 수소법원은 당사자를 심문하여 증언거부가 옳은 지를 재판하여(제317조 1항), 증언의 거부에 정당한 이유가 없다고 한 재판이 확정된 뒤에 증인이 증언을 거부한 때에는 불출석시 소송비용부담과 과태료에 관한 규정(제311조 1항, 8항 및 9항)을 준용한다(제318조). 즉, 선서거부와 증언거부의 경우 감치와 구인을 당하지는 않는다.

[관련판례] ✱ **민사소송에서 법원이 증언거부권을 고지하지 않은 경우**(위법 아님)

"형사소송법은 증언거부권에 관한 규정(제148조, 제149조)과 함께 재판장의 증언거부권 고지의무에 관하여도 규정하고 있는 반면(제160조), 민사소송법은 증언거부권 제도를 두면서도(제314조 내지 제316조) 증언거부권 고지에 관한 규정을 따로 두고 있지 않다. 민사소송절차에서 재판장이 증인에게 증언거부권을 고지하지 아니하였다 하여 절차위반의 위법이 있다고 할 수 없고, 따라서 적법한 선서절차를 마쳤는데도 허위진술을 한 증인에 대해서는 달리 특별한 사정이 없는 한 위증죄가 성립한다고 보아야 한다"(대판 2011.7.28. 2009도14928)(7회 선택형).

(3) 증인신문의 원칙

> 제327조 (증인신문의 방식) ① 증인신문은 증인을 신청한 당사자가 먼저 하고, 다음에 다른 당사자가 한다. ② 재판장은 제1항의 신문이 끝난 뒤에 신문할 수 있다. ③ 재판장은 제1항과 제2항의 규정에 불구하고 언제든지 신문할 수 있다. ④ 재판장이 알맞다고 인정하는 때에는 당사자의 의견을 들어 제1항과 제2항의 규정에 따른 신문의 순서를 바꿀 수 있다. ⑤ 당사자의 신문이 중복되거나 쟁점과 관계가 없는 때, 그 밖에 필요한 사정이 있는 때에 재판장은 당사자의 신문을 제한할 수 있다. ⑥ 합의부원은 재판장에게 알리고 신문할 수 있다.

1) 구술신문의 원칙

재판장이 허가하는 경우를 제외하고 증인은 서류에 의하여 진술하지 못한다(제331조). 다만, 법원은 효율적인 증인신문을 위하여 필요하다고 인정하는 때에는 증인을 신청한 당사자에게 증인진술서를 제출하게 할 수 있다(규칙 제79조)**(7회 선택형)**.

2) 격리신문의 원칙

증인은 따로따로 신문하여야 하며(제328조 1항), 신문하지 아니한 증인이 법정 안에 있을 때에는 법정에서 나가도록 명하여야 한다(제328조 2항 본문). 다만, 필요하다고 인정한 때에는 신문할 증인을 법정 안에 머무르게 할 수 있고(제328조 2항 단서), 증인 서로의 대질을 명할 수도 있다(제329조).

3) 교호신문의 원칙

① **[재판장의 허가를 받아야 하는 경우]** 증인의 신문은 원칙적으로 증인신문의 신청을 한 당사자의 신문(주신문), 상대방의 신문(반대신문), 증인신문을 한 당사자의 재신문(재주신문)의 순으로 진행되고, 그 이후의 신문(재반대신문, 재재주신문 등)은 재판장의 허가를 얻은 경우에 한하여 허용되며, 재판장은 원칙적으로 당사자에 의한 신문이 끝난 다음에 신문한다(제327조 1·2항, 규칙89조).[111] 따라서 상대방의 재신문(재반대신문)은 재판장의 허가를 얻어야 허용된다(2회 선택형).

② **[재판장에 의한 제한]** 당사자의 신문이 중복되거나 쟁점과 관계가 없거나 그 밖에 필요한 사정이 있는 때(제327조 5항), 증인을 모욕하거나 증인의 명예를 해치는 내용의 신문(규칙 제95조 2항 1호), 위 신문방식에 있어서의 제한을 위반하는 신문(동항 2호), 의견의 진술을 구하는 신문(동항 3호), 증인이 직접 경험하지 아니한 사항에 관하여 진술을 구하는 신문(동항 4호)은 재판장이 제한할 수 있다.

③ **[유도신문에 대한 제한]** 유도신문은 허위증언 유도의 위험성 때문에 원칙적으로 주신문에서는 금지된다(규칙 제91조 2항). 그러나 증인은 반대신문자에게 호의를 갖지 않는 경우가 대부분이므로 반대신문에서 필요한 때에는 유도신문을 할 수 있다(규칙 제92조 2항)(10회 선택형). 다만 재판장은 유도신문의 방법이 상당하지 아니하다고 인정하는 때에는 제한할 수 있다(규칙 제92조 3항). **[12변리]**

---

111) 예외적으로 법원의 직권신문도 인정되며(제327조 4항), 소액사건에서는 교호신문제도가 폐지되었다(소액사건심판법 제10조 2항)

│ 핵심사례 B-33 │

甲은 乙이 운전하는 차에 치어 중상을 입어서 乙을 상대로 손해배상청구의 소를 제기하였다. 이 소송에서 乙은 그러한 사실이 전혀 없었다고 甲의 주장을 부인하자 甲은 그 사건을 목격한 丙을 증인으로 신청하였다. 증인신문에서 丙은 자신이 2011. 5. 30. 오후 2시경 횡단보도를 건너고 있는 중에 乙의 승용차가 甲을 치어서 쓰러졌고, 乙이 차에서 내려 약 1분 동안 甲을 살펴보는 것을 목격하였다고 증언하였다.

〈문제 1.〉 위에서 원고 甲이 丙을 신문하면서 "증인이 2011. 5. 30. 오후 2시경 횡단보도를 건너고 있는 중에 乙의 승용차가 甲을 치어서 길바닥에 쓰러뜨렸고, 乙이 차에서 내려 약 1분동안 甲을 살펴보는 것을 목격하였지요?"라고 물어보았다. 이에 丙은 "네"라고만 대답하였다. **이렇게 자신이 원하는 바대로 진술을 얻어내는 이러한 신문은 적절한가?**

〈문제 2.〉 만일 위 소송에서 丙이 정당한 사유 없이 출석하지 아니한 경우의 **제재방법은 무엇이 있는가?** (각 10점)

Ⅰ. 문제 1.의 해결

1. 결 론

원고 甲의 주신문에서의 유도신문은 허용될 수 없다. 따라서 甲의 신문은 적절하지 않다.

2. 논 거

(1) 교호신문제도

(2) 주신문에서의 유도신문 가부

사안의 경우 원고 甲의 丙에 대한 신문은 희망하는 답변을 암시하는 유도신문에 해당하고, 甲의 신문은 주신문에 해당하므로 이는 허용될 수 없을 것이다.

Ⅱ. 문제 2.의 해결

1. 결 론

불출석 증인 丙에 대한 제재로서 소송비용부담과 과태료의 부과, 감치, 구인이 논의될 수 있다.

2. 논 거

(1) 소송비용부담과 과태료의 부과(제311조 1항) / (2) 감 치(제311조 2항) / (3) 구 인(제312조 1항)

(4) 증인신문방식 [04사법]

1) 증인진술서 방식

법원은 효율적인 증인신문을 위하여 필요하다고 인정하는 때에는 **증인을 신청한 당사자에게** 증인진술서를 제출하게 할 수 있다(규칙 제79조)(7회 선택형). 증인이 증인을 신청한 당사자의 지배영역 내에 있는 경우 당사자는 증인진술서를 제출하고 이는 증언이 아니라 **서증으로 채택**된다.

[관련판례] 증인진술서가 제출되었으나 그 작성자가 증인으로 출석하지 않고, 당사자가 반대신문권을 포기하여 그 증인진술서의 진정성립을 다투지 않는 경우, 법원은 이를 서증으로 채택할 수 있으나, 그

증인진술서의 내용이 허위라고 하더라도 그 작성자에 대하여 위증죄의 책임을 물을 수 없다(대판 2010.5.13. 2007도1397)(1회 선택형).

2) 증인신문사항 제출방식

증인이 증인을 신청한 당사자와 적대적이거나 중립적인 경우, 또는 문맹인 경우처럼 증인진술서를 제출하는 것이 적절하지 않은 경우 증인신문사항을 적은 서면을 제출한다(규칙 제80조).

3) 서면에 의한 증언방식

법원은 증인과 증명할 사항의 내용 등을 고려하여 상당하다고 인정하는 때에는 출석·증언에 갈음하여 증언할 사항을 적은 서면(예를 들어 의사의 출석·증언에 갈음한 진단서·진료기록부 등)을 제출하게 할 수 있다(제310조 1항). 이 경우 상대방의 이의가 있거나 필요하다고 인정하는 때 법원은 증인으로 하여금 출석·증언하게 할 수 있다(제310조 2항). 증인진술서가 서증인데 반해 서면증언은 **증언**인 점에서 차이가 있다.

	증인진술서	서면증언
법적 성질	서증	증언
대상자(제출자)	당사자에 대해 제출을 명함	증인에 대해 제출을 명함
증거조사절차	증인의 출석과 증언을 요함	서면의 제출과 변론에서의 현출

3. 감 정

(1) 의 의

'감정'이란 법관의 판단능력을 보충하기 위하여 전문적 지식과 경험을 가진 자로 하여금 법규나 경험칙 또는 이를 구체적 사실에 적용하여 얻은 사실판단을 법원에 보고하게 하는 증거조사이다. 이와 같이 보고된 법규나 경험칙 또는 사실판단을 **감정의 결과**라 하고, 법원으로부터 감정을 명령받은 사람을 감정인이라고 한다. 반면 **감정증인**은 사실을 알게 되는 과정에서 특별한 학식과 경험을 이용하였다는 것일 뿐 어디까지나 경험한 사실에 관한 진술을 하는 자이므로 증인의 일종이며 감정인이 아니다. 따라서 증인신문에 관한 규정에 의하여야 한다(제340조)(1회 선택형).

	증 인	감정인
대체성	없음(자신의 과거 경험사실보고)	있음(전문적 경험지식에 의한 판단의 보고)
불출석시 제재	감치저분·구인조치 가능(제311조·312조) (대체성이 없기 때문)	감치저분·구인조치 불가 (대체성이 있기 때문)
지 정	증명책임 있는 자가 지정(제308조)	법원에 일임(제335조)
능 력	제한없음	결격사유(제334조 2항) 있음
기 피	기피에 대한 규정 없음	기피사유(제336조) 있음
법 인	증인적격 없음	법인에 대한 감정촉탁 가능(제341조)
진 술	구두진술원칙(제331조) (예외적으로 서면증언 가능)	서면 또는 말로 함(제339조 1항)
공동진술	공동증언 불허(격리신문)	공동감정 허용

(2) 성 질

감정은 인증(人證)의 일종이므로 감정인이 작성한 감정서는 서증으로 취급해서는 아니된다. 그러나 소송 외에서 당사자가 직접 의뢰하여 작성된 감정서가 법원에 제출되면, 법원은 서증으로서 사실인 정의 자료로 삼을 수 있다(대판 1999.7.13. 97다57979).

(3) 감정결과의 증명력

"감정인의 감정 결과는 감정 방법 등이 경험칙에 반하거나 합리성이 없는 등 현저한 잘못이 없는 한 이를 존중하여야 한다. 법관이 감정 결과에 따라 사실을 인정한 경우에 그것이 경험칙이나 논리 법칙에 위배되지 않는 한 위법하다고 할 수 없다"(대판 2023.6.1. 2023다217534). 과학적인 방법이라고 할 수 있는 무인 감정 결과를 배척하기 위하여는 특별한 사정이 없는 한, 감정 경위나 감정 방법의 잘못 등 감정 자체에 있어서의 배척 사유가 있어야 한다(대판 1999.4.9. 98다57198: 법전협 표준판례(179)).

(4) 감정결과의 증거자료화 및 법원기속여부

① 감정인의 진술이 있으면 법원은 감정결과를 법원에 현출시켜 당사자에게 변론의 기회를 주어야 하고, 감정의 결과가 법정에 현출된 이상 당사자가 원용한다는 진술을 하지 않아도 증거자료로 사용할 수 있다(대판 1976.6.22. 75다2227).

② 감정은 법원이 어떤 사항을 판단함에 있어 특별한 지식과 경험칙을 필요로 하는 경우에 그 판단의 보조수단으로서 그러한 지식경험을 이용하는 데 지나지 아니하므로 동일한 사실에 관하여 상반되는 감정 결과가 있을 때 법관이 그 하나에 의거하여 사실을 인정하였으면 그것이 경험칙이나 논리법칙에 위배되지 않는 한 위법이라고 할 수 없고(대판 1988.3.8. 87다카1354), 동일한 사항에 관하여 상이한 수개의 감정 결과가 있을 때 그 중 하나에 의하여 사실을 인정하였다면 그것이 경험칙이나 논리법칙에 위배되지 않는 한 적법하다(대판 1997.12.12. 97다36507).

4. 검 증

'검증'이란 법관이 직접 자기의 오관(五官)의 작용에 의하여 사물의 성상이나 현상을 보고, 듣고, 느낀 인식을 증거자료로 하는 증거조사방법이다. 검증의 대상이 되는 사물을 검증물이라고 한다. 서증과 검증을 비교하여 보면, '서증'은 문자나 부호에 의하여 기재된 문서의 **내용**(사상)을 증거자료로 쓰는 것이지만, '검증'은 검증물의 존재사실이나 성상·현상 등 주로 **외형** 자체에 대한 인식을 증거자료로 쓰는 점에서 차이가 있다.

제2관 서 증

Ⅰ. 의 의

[B-121]

1. 서증의 개념

'서증'이란 문서의 의미·내용이 증거자료가 되는 증거방법이다. 문서의 '기재내용'을 자료로 하려는 것이 서증이므로, 문서의 '외형존재 자체'를 자료로 하려는 검증과 구별하여야 한다. 예를 들어 위조 문서라는 입증취지로 제출한 문서는 서증이 아니고 검증물로 된다(대판 1992.7.10. 92다12919 : 일방 당사자가 위조서류라는 취지로 그 서류를 제출한 것이지 서증으로 제출한 것이 아닌데도 상대방이 그 서류의 진정성립을 인정하였다는 이유로 그 진정성립에 다툼이 없다고 판단하고 그 기재에 의하여 상대방의 주장사실을 인정한 원심판결에 당사자의 주장을 오인하고 증거 없이 사실을 인정한 위법이 있다고 한 사례)(12회 선택형).

2. 문서의 종류

(1) 공문서와 사문서

공무원이 그 권한 내의 사항에 관하여 정규의 방식에 좇아 직무상 작성한 문서가 '공문서'이고, 그 이외의 문서는 모두 '사문서'이다. 공문서는 사문서와 달리 그 성립의 진정이 추정된다(제356조).

(2) 처분문서와 보고문서

1) 의 의

① '처분문서'란 증명하고자 하는 법률적 행위가 그 문서 자체에 의하여 이루어진 문서로서 각종 계약서 · 유언서 · 유가증권 등을 말하고, ② '보고문서'란 문서작성자가 보고 듣고 느끼고 판단한 내용을 기재한 문서로서 영수증 · 장부 · 일기 등이 그 예이다.

2) 예외적인 경우

① 판결서는 처분문서이나 그것은 그 판결이 있었는지 또 어떠한 내용의 판결이 있었는지의 사실을 증명하기 위한 처분문서라는 의미일 뿐, 판결서 중에서 한 사실판단을 그 사실을 증명하기 위하여 이용을 불허하는 것이 아니어서 이를 이용하는 경우에는 판결서도 그 한도내에서 보고문서라 할 것이다(대판 1980.9.9. 전합79다1281 : 증명력설의 전제, 제4편 제3장 제3절 제2관 Ⅱ 참조).
② 매매계약서에 매매목적물로 표시된 토지의 지번이 계약서에 기재된 매매일자에 존재하지 않은 지번으로 밝혀졌다면 매매계약상 일시 · 장소의 기재는 보고문서의 성질을 갖는 것에 불과하다(대판 1997.4.11. 96다50520).

3) 구별실익

문서의 실질적 증거력을 따지는 데 실익이 있는 것으로서 처분문서의 진정성립이 인정되면 특별한 사정이 없는 한 그 내용이 되는 법률행위의 존재가 인정되어 그 법률행위가 있었던 것이 증명된 것으로 되나(대판 1997.4.11. 96다50520), 보고문서는 진정성립이 인정되더라도 문서기재의 사실이 진실한지의 여부는 법원의 자유심증에 의하는 것이다.

(3) 원본 · 등본 · 정본 · 초본

1) 의 의

ⅰ) 원본이란 최초에 확정적으로 작성된 문서로서 판결원본 · 계약서원본 등을 말한다. ⅱ) 등본이란 원본을 완전히 옮겨 쓴 문서로서 작성자가 원본과 동일하다는 것임을 증명한 것을 말한다. ⅲ) 등본 중에서 공증권한을 갖는 공무원이 특히 정본이라고 표시한 문서로서 원본과 동일한 효력을 갖는 것을 정본이라 하며, ⅳ) 초본은 원본의 일부분만이 필요한 때에 원본 내용 중의 일부만을 기재한 문서로서 등본의 일종이다.

2) 적용 예

법원에 문서를 제출하거나 보낼 때에는 원본, 정본 또는 인증이 있는 등본으로 하여야 한다(제355조 1항). 문서의 일부를 증거로 하는 때에도 문서의 전부를 제출하여야 한다. 다만, 그 사본은 재판장의 허가를 받아 증거로 원용할 부분의 초본만을 제출할 수 있다(규칙 제105조 4항)(2회 선택형).

Ⅱ. 문서의 증거능력 [B-122]

증거방법으로서 증거조사의 대상이 될 수 있는 자격을 증거능력이라 한다. 우리 민사소송법은 자유심증주의를 채택하고 있으므로, 문서에 대하여 증거능력의 제한이 없다. 判例는 사본(대판 1966.9.20. 66다636)은 물론, 소제기 이후에 작성된 사문서(대판 1992.4.14. 91다24755)와, 소송에 유리한 자료로 제출하기 위하여 소송 중에 작성된 증거(대판 1989.11.10. 89다카1596)에도 증거능력을 인정한다.

Ⅲ. 문서의 증거력 [08사법] [B-123]

서증은 문서에 표현된 작성자의 의사를 증거자료로 하여 요증사실을 증명하려는 증거방법이므로 우선 그 문서가 증거신청당사자에 의하여 작성자로 주장되는 자의 의사에 기하여 작성된 것임이 밝혀져야 하고, 이러한 형식적 증거력이 인정된 다음 비로소 작성자의 의사가 요증사실의 증거로서 얼마나 유용하느냐에 관한 실질적 증명력을 판단하여야 한다(대판 2002.8.23. 2000다66133: 법전협 표준판례(180)).

1. 문서의 형식적 증거력 [2회 사례형]

(1) 의 의

문서가 입증자가 주장하는 특정인의 의사에 기하여 작성된 것을 '문서의 진정성립'이라고 하고, 진정하게 성립된 문서를 '형식적 증거력'(성립의 진정)이 있다고 한다. 다시 말하면 문서의 진정성립이란 작성자라고 주장되는 자가 진실로 작성한 것으로서 타인에 의하여 위조·변조된 것이 아님을 뜻한다.

> **[관련판례]** "사문서의 진정성립에 관한 증명 방법에 관하여는 특별한 제한이 없으나 그 증명 방법은 신빙성이 있어야 하고, 증인의 증언에 의하여 그 진정성립을 인정하는 경우 그 신빙성 여부를 판단함에 있어서는 증언 내용의 합리성, 증인의 증언 태도, 다른 증거와의 합치 여부, 증인의 사건에 대한 이해관계, 당사자와의 관계 등을 종합적으로 검토하여야 한다. 증인이 무인 감정 결과에 반하여 사문서의 진정성립에 관한 증언을 하였으나, 증인과 당사자의 관계, 증언에 일관성이 없는 점 등에 비추어 그 증인의 증언은 무인 감정 결과를 배척할 정도의 신빙성이 있다고 볼 수 없다"(대판 1999.4.9. 98다57198: 법전협 표준판례(179))

> **[관련판례]** "거증자가 문서를 증거로 제출하는 취지가 그 문서의 전체에 대한 진정성립을 거증하려는 데 있는 것이 아니라 단순히 그 문서를 현출시키는데 있을 뿐이라면 거증자가 그 문서의 일부에 대한 진정성립만을 인정할 뿐 전체에 대한 진정성립을 다투는 경우에는 그 거증자의 성립인정의 진술은 그 문서 중 그 거증자의 주장과 배치되는 부분을 제외한 나머지 부분에 대한 진정성립만을 인정하는 취지로 보아야 한다"(대판 1988.12.13. 87다카3147: 법전협 표준판례(183))

(2) 성립의 인부(형식적 증거력의 판단절차)

1) 상대방의 인정·침묵

상대방이 서증의 진정성립에 관한 제출자의 주장을 '인정'한 때에는, 보조사실에 대한 자백이나 그 자백은 주요사실에 대한 자백과 같은 효력이 있고 그 취소도 주요사실에 대한 자백과 동일하게 처리한다(대판 2001.4.24. 2001다5654). '침묵'한 때에는 자백간주의 법리에 따라 성립인정으로 간주된다.

2) 상대방의 부인·부지

상대방이 '부인'한 경우에는 제출자가 입증하여야 한다(대판 1994.11.8. 94다31549). '부지'라고 답변하면 부인한 것으로 추정된다. 제출자가 성립의 진정을 증명하지 아니한 경우에도, 법원은 변론 전체의 취지를 참작하여 자유심증으로써 성립의 진정을 인정할 수 있다(대판 1993.4.13. 92다12070)(5회,12회 선택형).

(3) 진정성립의 추정 및 복멸

1) 공문서의 경우

> 제356조 (공문서의 진정의 추정) ① 문서의 작성방식과 취지에 의하여 공무원이 직무상 작성한 것으로 인정한 때에는 이를 진정한 공문서로 추정한다.

a. 공문서의 진정의 추정

문서의 작성방식과 취지에 의하여 공무원이 직무상 작성한 것으로 인정한 때에는 진정한 공문서로 추정되고(제356조 1항), 공문서의 진정성립을 다투는 자는 위조·변조 등의 사실을 입증하여야 한다.

b. 공문서의 진정성립 추정이 번복되는 경우

민사소송법 제356조 제1항은 문서의 작성방식과 취지에 의하여 공무원이 직무상 작성한 것으로 인정한 때에는 이를 진정한 공문서로 추정한다고 규정하고 있으나, 위조 또는 변조 등 특별한 사정이 있다고 볼 만한 반증이 있는 경우에는 위와 같은 추정은 깨어진다"(대판 2018.4.12. 2017다292244).

c. 외국의 공문서

判例는 외국의 공문서에 관해 "민사소송법 제356조 제3항은 '외국의 공공기관이 작성한 것으로 인정한 문서에는 제1항의 규정을 준용한다.'라고 규정하고 있다. 따라서 당사자가 외국의 공문서라고 하여 제출한 문서가 진정한 공문서로 추정되기 위하여는 ⅰ) 제출한 문서의 방식이 외관상 외국의 공공기관이 직무상 작성하는 방식에 합치되어야 하고, ⅱ) 문서의 취지로부터 외국의 공공기관이 직무상 작성한 것이라고 인정되어야 한다. 법원은 이러한 요건이 충족되는지를 심사할 때 공문서를 작성한 외국에 소재하는 대한민국 공관의 인증이나 확인을 거치는 것이 바람직하지만 이는 어디까지나 자유심증에 따라 판단할 문제이므로 다른 증거와 변론 전체의 취지를 종합하여 인정할 수도 있다"(대판 2016.12.15. 2016다205373)고 하였으며, "현실적으로 공문서의 진정성립을 증명할 만한 증거를 확보하기 곤란한 경우가 많은 난민신청자가 제출한 외국의 공문서의 경우, 반드시 엄격한 방법에 의하여 진정성립이 증명되어야 하는 것은 아니지만, 적어도 문서의 형식과 내용, 취득 경위 등 제반 사정에 비추어 객관적으로 외국의 공문서임을 인정할 만한 상당한 이유가 있어야 한다"(대판 2016.3.10. 2013두14269)고 판시하였다.

2) 사문서의 경우 [2회 사례형]

a. 2단의 추정

> 제357조 (사문서의 진정의 증명) 사문서는 그것이 진정한 것임을 증명하여야 한다.
> 제358조 (사문서의 진정의 추정) 사문서는 본인 또는 대리인의 서명이나 날인 또는 무인(拇印)이 있는 때에는 진정한 것으로 추정한다.

① **[사문서의 진정의 증명]** 사문서는 그것이 진정한 것임을 증명하여야 하는데(제357조)(5회, 6회 선택형), 본인 또는 대리인의 서명이나 날인 또는 무인이 있는 때에는 진정한 것으로 추정한다(제358조).

② **[인영의 동일성과 문서전체의 진정성립]** 더 나아가 통설·判例는 인영의 동일이 인정되면 인영의 진정성립이 추정된다는 사실상 추정을 인정하고 있다. 그 결과 문서에 날인된 작성명의인의 인영이 작성명의인의 인장에 의하여 현출된 인영임이 인정되는 경우에는 특단의 사정이 없는 한 그 인영의 성립, 즉 날인행위가 작성명의인의 의사에 기하여 진정하게 이루어진 것으로 추정되고(1단계 : 사실상 추정)

일단 날인의 진정성립이 추정되면 법 제358조의 규정에 의하여 그 문서전체의 진정성립까지 추정된다(2 단계 : 증거법칙적 추정).

③ **[2단계의 추정]** 정리하자면 判例는 ⅰ) '인영의 진정'(인영의 동일성, 자기 인장이란 점)이 인정되면 '날인의 진정'(인장 소유자의 의사에 의해 날인된 것)이 **사실상 추정되고** ⅱ) 날인의 진정이 추정되면 제358조에 의해 그 문서전체의 진정성립이 추정된다고 하여 2단계의 추정으로 형식적 증거력을 추정하고 있다(대판 1986.2.11. 85다카1009)(3회,12회 선택형).

④ **[인영에 의한 처분문서의 진정성립 추정 정도]** 다만 判例는 "처분문서는 진정성립이 인정되면 기재 내용을 부정할 만한 분명하고도 수긍할 수 있는 반증이 없는 이상 문서의 기재 내용에 따른 의사표시의 존재와 내용을 인정하여야 한다는 점을 감안하면 작성명의인의 인영에 의하여 처분문서의 진정성립을 추정함에 있어서는 신중하여야 하고, 특히 처분문서의 소지자가 업무 또는 친족관계 등에 의하여 문서명의자의 위임을 받아 그의 인장을 사용하기도 하였던 사실이 밝혀진 경우라면 더욱 그러하다"(대판 2014.9.26. 2014다29667)고 판시하여 작성명의인의 인영에 의하여 처분문서의 진정성립을 추정할 때 요구되는 심리의 정도를 엄격히 한다.[112]

b. 추정의 복멸

① **[1단계 추정의 복멸 이전 : 인영위조의 항변]** 1단계 추정의 복멸 이전에 그 전제사실인 인영의 진정에 대해 다툴 수 있다. 인영위조나 서명위조의 항변으로 추정의 복멸을 위한 항변은 아니며 검증·감정 절차에 의하는 직접반증이다.

② **[1단계 추정을 복멸하는 방법 : 인장도용·강박날인의 항변(간접반증)]** 1단계 추정을 복멸하는 방법으로 인장도용·강박날인·원본부존재·자격모용의 항변이 있다. 이러한 항변은 '인영의 진정'(인영과 인장의 동일성)과 양립가능한 별개의 사실을 주장하는 것으로 간접반증에 해당한다.[113] 인영의 진정성립, 즉 날인 행위가 작성 명의인의 의사에 기한 것이라는 추정은 사실상의 추정이므로, 인영의 진정성립을 다투는 자가 반증을 들어 인영의 진정성립, 즉 날인행위가 작성 명의인의 의사에 기한 것임에 관하여 법원으로 하여금 의심을 품게 할 수 있는 사정을 입증하면 그 진정성립의 추정은 깨어진다(대판 1997.6.13. 96재다462 : 11회 선택형). 이 때 인장도용 등의 사실자체는 본증으로 법관에게 확신을 주어야 한다.

그리고 날인사실의 추정은 그 날인행위가 작성명의인 이외의 자에 의하여 이루어진 것(도용사실 등)임이 밝혀진 경우에는 깨지고(대판 1997.6.13. 96재다462), 위와 같은 사실은 그것을 주장하는 자가 적극적으로 증명하여야 하고, 이 항변사실을 증명하는 증거의 증명력은 개연성만으로는 부족하고, '본증'과 같은 증명도로써 증명하여야 한다(대판 2008.11.13. 2007다82158)고 한다.

만약 추정이 복멸된 경우 문서제출자는 날인행위가 작성명의인으로부터 위임받은 정당한 권원에 의한 것이라는 사실까지 입증할 책임이 있다(대판 1995.6.30. 94다41324)(6회,9회,11회 선택형).

　[관련판례] ＊ **작성명의인의 인장이 날인된 문서에 관하여 다른 사람이 날인한 사실이 밝혀진 경우**
"일단 인영의 진정성립이 추정되면 그 문서 전체의 진정성립이 추정되나, 위와 같은 사실상 추정은 날

---

112) **[사실관계]** 변호사 甲이 운영하는 법률사무소에서 사무장으로 근무하다가 해고된 乙이 임금과는 별도로 정산금을 지급하기로 기재되어 있는 근로계약서 '사본'을 서증으로 제출하면서 甲을 상대로 약정금 등의 지급을 구한 사안에서, 乙은 근로계약서 원본을 제출하지 아니하였고 원본 부제출에 대한 정당성이 되는 구체적 사유를 증명하지도 아니하였으므로 근로계약서는 그와 같은 내용의 사본이 존재한다는 것 이외에 甲의 약정사실을 증명하는 증거로서 가치가 없고, 제반 사정에 비추어 근로계약서에 나타난 甲의 인영이 甲의 의사에 따라 날인된 것인지에 관하여 의문의 여지가 있다는 등의 이유로 근로계약서가 원본이라도 진정성립이 추정된다고 단정하기 어렵다고 한 사례.

113) 간접반증이란 <u>주요사실</u>에 대하여는 진위불명의 상태에 빠뜨리면 되므로 반증이지만, 양립하는 별개의 <u>간접사실 자체의 존재</u>에 대하여는 법관에게 확신을 줄 정도로 증명해야 하므로 <u>본증이다.</u>

인행위가 작성명의인 이외의 자에 의하여 이루어진 것임이 밝혀진 경우에는 깨어지는 것이므로, 문서제출자는 그 날인행위가 작성명의인으로부터 위임받은 정당한 권원에 의한 것이라는 사실까지 증명할 책임이 있다"(대판 2009.9.24. 2009다37831)(9회,11회 선택형)

③ **[2단계 추정을 복멸하는 방법 : 백지보충항변, 변조항변(간접반증)]** 2단계 추정을 복멸하는 방법으로 백지보충항변과 변조항변이 있다. 백지날인과 변조는 '날인의 진정'과 양립가능한 별개의 사실을 주장하는 것으로 간접반증에 해당한다. 따라서 문서의 진정성립을 깨기 위해 문서제출자의 상대방이 날인의 진정을 인정하고 이와 양립 가능한 사실인 '자신이 만든 문서를 타인이 변조했다거나 자신의 백지문서에 제3자가 보충기재 했다는 사실'을 법관에게 확신을 줄 정도로 주장·증명하여야 한다.

그리고 채권자가 채무자의 대리인으로서 채무 금액이나 이율, 변제기 등 일부 백지상태의 위임장을 보충하여 금전소비대차계약 공정증서의 작성을 촉탁한 경우 判例는 "위임장의 백지보충된 부분이 정당한 보충권한에 의하여 기재된 것이라는 점을 채권자가 별도로 증명하여야 한다"(대판 2013.8.22. 2011다100923)고 보았다. **[15변리]**

[관련판례] ❋ 백지문서에 날인한 경우 진정성립이 추정되는지 여부(소극 : 추정복멸설)

判例는 "작성명의인의 날인만 되어 있고 그 내용이 백지로 된 문서를 교부받아 후일 그 백지부분을 작성명의자가 아닌 자가 보충한 문서의 경우에 있어서는 문서제출자는 그 기재 내용이 작성명의인으로부터 위임받은 정당한 권원에 의한 것이라는 사실을 입증할 책임이 있다"(대판 2003.4.11. 2001다11406; 법전협 표준판례(182))(3회,6회,9회,11회 선택형)고 하여 추정복멸설의 입장인데 작성명의인 보호측면에서 判例가 타당하다(다수설은 백지로 날인된 문서를 준 것이라면 백지보충권도 준 것이라고 보아야 하므로 문서의 진정성립은 계속 추정된다고 본다).

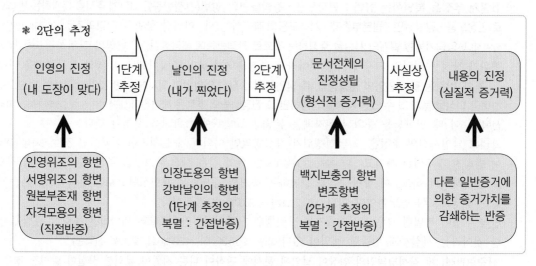

| 핵심사례 B-34 |

| ■ 문서의 형식적 증거력 – 문서의 진정성립에 대한 자백, 사본의 증거력 | 2012년 법무행정고시 |

> 甲은 A와 공동매수인이 되어 丁으로부터 Y건물을 매수하기로 마음먹고 丁과 Y건물에 관한 매매
> 계약을 체결하였다(지분은 각각 1/2). 그러나 丁은 甲과 A에게 소유권이전등기를 경료해주지 않
> 고 있다. 이에 甲과 A는 丁에 대하여 Y건물에 관하여 소유권이전등기청구의 소를 제기하였고, 丁
> 의 인영이 날인되어 있는 매매계약서를 증거로 제출하였다. 丁은 제1회 변론기일에 출석하여 매매
> 계약서에 찍힌 인영이 자신의 인장의 인영과 같다고 인정하면서도, 자신은 위 매매계약서에 날인
> 한 적이 없다고 주장하였다. 그러나 丁은 제2회 변론기일에 출석하여 위 인영은 자신의 인장의
> 인영과 다르다며 인장도용을 주장하였다. **법원이 위 도용사실에 대한 확신을 얻지 못한 경우, 위**
> **매매계약서의 진정성립은 추정되는가?**

1. 매매계약서(사문서)의 형식적 증거력 인정여부(적극)

사안의 경우 ⅰ) 매매계약서는 사문서이고, ⅱ) 피고 丁이 인영의 동일성을 인정한 이상 인영의 진정
성립이 사실상 추정될 수 있다.

2. 丁의 인영의 동일성에 관한 진술의 철회가부(소극)

(1) 자백의 구속력 인정여부

1) 의의 및 문제점

인영의 동일성을 인정하는 진술은 보조사실에 관한 자백에 불과한바, 丁이 위 진술을 자유롭게 철회할
수 있는 것인지 문제된다.

2) 판례

"문서의 성립에 관한 자백은 보조사실에 관한 자백이기는 하나, 그 취소에 관하여는 다른 간접사실에
관한 자백취소와는 달리 주요사실의 자백취소와 동일하게 처리하여야 한다"(대판 2001.4.24. 2001다
5654)라고 판시한 바 있다.

3) 검토 및 사안의 경우

심리촉진과 금반언 및 상대방의 신뢰보호의 관점에서 자백의 구속력을 인정하는 判例의 태도가 타당
하다. 判例에 따르면 재판상의 자백으로 인정되어 구속력이 있다고 판단하여야 한다.

(2) 재판상 자백의 철회요건 구비여부 [오, 동, 착, 경]

사안에서는 자백의 철회사유가 보이지 않으므로 자백을 철회할 수 없다고 보아야 한다.

3. 丁의 인장도용 항변에 의해 진정성립의 추정이 복멸되는 것인지 여부(소극)

(1) 판례 / (2) 사안의 경우

간접반증에 의해 추정을 번복하는 경우에도 간접반증 자체는 법원에 확신을 줄 수 있을 정도의 증명도
가 요구되는바, 사안에서 법원은 丁의 인장의 도용사실에 관하여 확신을 갖지 못하였으므로 위 도용항
변에 의해 문서전체의 진정성립의 추정이 복멸되지 않는다.

4. 사안의 해결

丁의 인영의 동일성을 인정하는 진술은 보조사실에 관한 자백에 불과하나, 그 취소는 주요사실의 취소
의 요건을 갖추지 않는 한 허용되지 않고, 법원이 丁의 인장도용 항변에 관해 확신을 얻지 못하였으므
로, 매매계약서 전체의 진정성립은 추정된다.

| 핵심사례 B-35 |

A는 戊를 상대로 "戊는 A에게 대여금 5,000만 원을 지급하라."는 내용의 민사소송을 제기하고, 증거로 차용증을 제출하였다. 차용증에는 '戊가 A로부터 5,000만 원을 차용한다'는 내용이, 문서 하단에 날짜와 戊이름이 기재되어 있으며 이름 옆에 戊명의로 된 도장이 찍혀있었다. 위 차용증에 관하여 戊는 "A에게서 돈을 빌리기 위해 A가 지시하는 대로 백지의 하단에 戊이름을 기재하고 인감도장을 날인한 다음 이를 A에게 교부했다. 그 다음날 차용금으로 3,000만 원을 받았는데, 그 뒤 A가 내 허락 없이 차용증에 5,000만 원을 빌려준 것으로 적어 넣은 것이다"라고 주장했다.

〈문제 1.〉 이에 A는 "백지에 도장을 받은 것이 아니다. 戊에게 5,000만 원을 빌려주면서 내가 금액(5,000만 원)과 내용을 기재한 차용증을 戊에게 건네주자 戊가 읽어보고 자신 이름을 쓰고 도장을 찍은 다음 나에게 교부했다"라고 주장했다. 戊와 A는 위 주장들을 뒷받침할 아무 증거도 제출하지 않았다. **이 차용증의 진정성립이 증명되었는가?**

〈문제 2.〉 이에 A는 "빌려줄 금액을 정할 수 없어서 戊로부터 백지에 이름과 도장을 받았는데 그 다음날 5,000만 원을 건네주면서 戊로부터 '차용증에 5,000만 원을 빌린다고 적어도 좋다'는 허락을 받고 그 금액·내용과 날짜를 적어 넣었다"고 주장했다. **戊와 A는 위 주장들을 뒷받침할 아무 증거도 제출하지 않았다. 이 차용증의 진정성립이 증명되었는가? (각 15점)**
(위 각 문제는 독립적임)

I. 결론

〈문제 1.〉의 경우 차용증의 진정성립이 인정되나, 〈문제 2.〉의 경우 차용증의 진정성립을 인정할 수 없다.

II. 논거

1. 진정성립의 의의

2. 사문서의 진정성립의 추정

3. 백지날인문서를 교부한 것이 입증된 경우 2단계 추정이 복멸되는지 여부

4. <문제 1.>의 경우 - 2단계 추정이 복멸(소극)

戊가 인영의 진정과 날인의 진정을 인정하고 있는 이상 차용증의 진정성립이 추정된다. 또한 백지문서인 점에 대한 다툼이 있으나, 이를 다투는 戊가 백지문서에 서명날인 하였다는 점을 증명하지 못한 이상 차용증의 진정성립은 여전히 추정된다.

5. <문제 2.>의 경우 - 2단계 추정이 복멸(적극)

判例는 "원고에 의하여 그 백지부분이 보충된 것이라 함은 원고 스스로 인정하고 있는 터이므로, 이 경우 문서의 제출자인 원고로서는 그 보충 기재내용이 피고로부터 위임받은 정당한 권원의 범위 내에서 이루어진 것임을 입증해야 한다"(대판 1988.4.12. 87다카576)(9회 선택형)고 하는바, 즉 백지문서임에 다툼이 없는 경우라면 문서의 진정성립이 깨지게 된다. 다만 문서제출자가 문서의 보충이 정당한 권원에 기한 것이라는 점을 입증하면 문서의 진정성립은 추정되는바, 사안의 경우 문서제출자 A가 戊로부터 차용증에 5,000만 원을 빌린다고 적어도 좋다는 허락을 받은 점'에 대한 입증이 없으므로 진정성립은 추정되지 않는다.

3) **공증인이 공증한 공정증서(공문서)·사서증서인증서(공사병존문서)(5회 선택형)**

공문서 중 공증인 등 공증사무소가 작성한 문서를 '공정증서'라 한다. 따라서 제356조에 의해 진정성립이 추정된다. 한편, '사서증서 인증서'는 사문서인 사서증서와 공문서인 인증서 부분이 병존하는 공사병존문서에 해당하는바, 判例는 "공증인법에 규정된 사서증서에 대한 인증제도는 당사자로 하여금 공증인의 면전에서 사서증서에 서명 또는 날인하게 하거나 사서증서의 서명 또는 날인을 본인이나 그 대리인으로 하여금 확인하게 한 후 그 사실을 공증인이 증서에 기재하는 것이다(공증인법 제57조 1항). 공증인이 사서증서의 인증을 함에 있어서는 공증인법에 따라 반드시 촉탁인의 확인(제27조)이나 대리촉탁인의 확인(제30조) 및 그 대리권의 증명(제31조) 등의 절차를 미리 거치도록 규정되어 있으므로, 공증인이 사서증서를 인증함에 있어서 그와 같은 절차를 제대로 거치지 않았다는 등의 사실이 주장·입증되는 등 특별한 사정이 없는 한, **공증인이 인증한 사서증서의 진정성립은 추정된다**"(대결 2009.1.16. 2008스119)고 하였다.

[**비교판례**] "매도증서 등에 등기소의 등기제(登記濟)의 기재가 첨가됨으로써 사문서와 공문서로 구성된 문서는 공증에 관한 문서와는 달라 공문서 부분 성립이 인정된다고 하여 바로 사문서 부분인 매도증서 자체의 진정성립이 추정되거나 인정될 수는 없다"(대판 2018.4.12. 2017다292244).

2. 문서의 실질적 증거력 [10사법, 17행정]

(1) 의 의

문서가 요증사실을 증명하는 가치에 대한 판단은 법관의 자유심증에 일임되어 있다. 다만, 변론조서의 증명력(제158조)과 같이 법률이 자유심증주의의 예외를 인정한 경우도 있다.

(2) 추정 및 복멸

1) 처분문서

처분문서의 경우 그 진정성립이 인정되는 이상 반증이 없는 한 법원은 그 기재 내용대로의 의사표시의 존재 및 내용을 인정하여야 할 구속을 받게 된다(대판 1988.12.13. 87다카3147: 법전협 표준판례(183)). 즉, 처분문서는 그 성립을 인정하는 이상 반증이 있거나 또는 이를 '조신'(신뢰)할 수 없는 합리적인 이유설시 없이는 그 기재내용을 조신할 수 없다고 하여 배척할 수 없다(대판 1970.12.24. 전합70다1630)(3회 선택형). 따라서 예컨대, 매매계약서의 진정성립이 인정되면, 실제로 매매계약의 존재와 내용은 계약서대로 인정되어야 한다.

이러한 추정의 범위는 문서에 기재된 법률적 행위와 그 내용에 국한된다 할 것이고, 그 법률행위의 해석, 행위자의 의사의 흠결의 여부에는 미치지 않는다(대판 2000.4.11. 2000다4517, 적법·유효성까지 추정되는 것은 아님). 나아가 判例는 "처분문서라 할지라도 그 기재 내용과 다른 명시적, 묵시적 약정이 있는 사실이 인정될 경우에는 그 기재 내용과 다른 사실을 인정할 수 있다"(대판 2006.4.13. 2005다34643)(6회 선택형)고 하였다.

[**관련판례**] ※ 채권자와 주채무자 사이에 처분문서의 기재 내용과 다른 약정이 체결된 경우, 연대보증인에 대하여도 그와 같은 약정이 체결된 것으로 볼 수 있는지 여부(소극)

"처분문서라 할지라도 그 기재 내용과 다른 명시적, 묵시적 약정이 있는 사실이 인정될 경우에는 그 기재 내용과 다른 사실을 인정할 수는 있으나, 그와 같은 경우에도 주채무에 관한 계약과 연대보증계약은 별개의 법률행위이므로 처분문서의 기재 내용과 다른 명시적, 묵시적 약정이 있는지 여부는 주채무자와 연대보증인에 대하여 개별적으로 판단하여야 한다"(대판 2011.1.27. 2010다81957)(9회 선택형)고 하였다.

[관련판례] ✻ 처분문서에 나타난 당사자 의사의 해석 방법

"처분문서는 그 성립의 진정함이 인정되는 이상 법원은 그 기재 내용을 부인할 만한 분명하고도 수긍할 수 있는 반증이 없는 한 처분문서에 기재되어 있는 문언대로 의사표시의 존재와 내용을 인정하여야 한다. 당사자 사이에 계약의 해석을 둘러싸고 다툼이 있어 처분문서에 나타난 당사자의 의사해석이 문제 되는 경우에는 문언의 내용, 약정이 이루어진 동기와 경위, 약정으로 달성하려는 목적, 당사자의 진정한 의사 등을 종합적으로 고찰하여 논리와 경험칙에 따라 합리적으로 해석하여야 한다"(대판 2017.2.15. 2014다19776,19783). "계약당사자 사이에 계약 내용을 처분문서인 서면으로 작성한 경우에 문언의 객관적인 의미가 명확하다면, 특별한 사정이 없는 한 문언대로 의사표시의 존재와 내용을 인정하여야 한다. 그러나 문언의 객관적인 의미가 명확하게 드러나지 않는 경우에는 문언의 내용, 계약이 이루어지게 된 동기와 경위, 당사자가 계약으로 달성하려고 하는 목적과 진정한 의사, 거래의 관행 등을 종합적으로 고찰하여 논리와 경험의 법칙, 그리고 사회일반의 상식과 거래의 통념에 따라 계약 내용을 합리적으로 해석하여야 한다. 특히 당사자 일방이 주장하는 계약의 내용이 상대방에게 중대한 책임을 부과하게 되는 경우에는 문언의 내용을 더욱 엄격하게 해석하여야 한다"(대판 2016.12.15. 2016다238540).

2) 보고문서

보고문서는 형식적 증거력이 인정되더라도, 그 기재내용의 증거가치는 여러 가지 사정을 고려하여 법관이 자유심증으로 판정한다. 등기부, 가족관계등록부, 각종 대장 등의 공문서에 기재된 사항은 일응 진실에 부합하는 것이라는 추정을 받으나, 그 기재에 반하는 증거가 있거나 그 기재가 진실이 아니라고 볼만한 특별한 사정이 있는 때에는 그 추정을 번복할 수 있다(대판 1994.6.10. 94다1883).

그렇다 하더라도 "진정성립이 추정되는 공문서는 그 내용의 증명력을 쉽게 배척할 수 없으므로, 공문서의 기재 중에 의문점이 있는 부분이 일부 있더라도 기재 내용과 배치되는 사실이나 문서가 작성된 근거와 경위에 비추어 기재가 비정상적으로 이루어졌거나 내용의 신빙성을 의심할 만한 특별한 사정을 증명할 만한 다른 증거자료가 없는 상황이라면 기재 내용대로 증명력을 가진다"(대판 2015.7.9. 2013두3658).

■ **문서의 실질적 증거력**　　　　　　　　　　　　　　2010년 사법시험, 2013년 법무행정고시

사실관계 | 甲은 2009. 1. 1. A로부터 최신식 의료장비를 매수하기로 하였다. 甲과 A는 위 매매계약 당시 A가 의료장비를 계속 사용하되 甲이 요구하면 즉시 의료장비를 甲에게 인도하고, A는 2009. 1. 1.부터 의료장비를 현실적으로 甲에게 인도하는 날까지 월 1,000만 원의 사용료를 甲에게 지급하기로 약정한 '계약서'를 작성하였다. 甲은 2009. 7. 1. A를 상대로 의료장비의 인도와 2009. 6. 30.까지 이미 발생한 6개월간의 의료장비 사용료 합계 6,000만 원의 지급을 청구하는 소를 제기하였다. A는 甲의 위 청구에 대해 의료장비 매도 사실을 부인하였고, 甲은 위 '계약서'를 증거로 제출하였다. 항소심 법원이 사용료 지급약정 사실이 있는지를 판단하는 경우, **甲이 제출한 위 '계약서'의 진정성립이 인정된다면, 반드시 甲과 A 사이에 위 '계약서'의 기재 내용과 같은 사용료 지급약정이 체결된 사실을 인정하여야 하는가?**

사안의 해결 | 처분문서인 '계약서'의 진정성립이 인정되면 실질적 증거력이 추정된다. 그러나 사실상 추정에 불과하므로, 반증에 의해 복멸될 수 있으나 사안에서 A의 반증이 있다는 사정이 없으므로 위 추정은 유지된다. 따라서 항소심 법원은 甲이 제출한 '계약서'의 진정성립이 인정된다면, 특별한 사정이 없는 한 甲과 A 사이에 위 '계약서'의 기재 내용과 같은 사용료 지급약정이 체결된 사실을 인정하여야 한다.

Ⅳ. 서증신청의 절차 [B-124]

> 제343조 (서증신청의 방식) 당사자가 서증(書證)을 신청하고자 하는 때에는 문서를 제출하는 방식 또는 문서를 가진 사람에게 그것을 제출하도록 명할 것을 신청하는 방식으로 한다.

1. 문서의 직접제출(제343조 전단)

(1) 원 칙

문서는 원본·정본 또는 인증등본의 제출이 원칙이다(제355조 1항). 서증이 첨부된 소장 등이 진술 간주되는 경우에도 서증은 법원 외에서 조사하는 경우 이외에는 당사자가 변론기일 또는 준비절차기일에 출석하여 현실적으로 제출하여야 한다(대판 1991.11.8. 91다15775).

(2) 사본을 원본에 갈음하여 제출하는 경우

判例는 "문서제출은 원본으로 하여야 하고, 원본이 아닌 사본만에 의한 증거제출은 정확성의 보증이 없어 원칙적으로 부적법하므로, 원본의 존재 및 원본의 성립의 진정에 관하여 다툼이 있고 사본을 원본의 대용으로 하는 데 대하여 상대방으로부터 이의가 있는 경우에는 사본으로써 원본을 대용할 수 없다"(대판 2004.11.12. 2002다73319)(6회,11회 선택형)고 하였다. 즉, ⅰ) 상대방이 원본의 존재나 성립을 인정하고, ⅱ) 사본으로써 원본에 갈음하는 것에 대하여 이의가 없는 경우에는 사본의 실질적 증거력이 인정된다(대판 1992.4.28. 91다45608).

[관련판례] "원본, 정본 또는 인증등본이 아니고 단순한 사본만에 의한 증거의 제출은 정확성의 보증이 없어 원칙적으로 부적법하며, 다만 사본을 원본의 대용으로 하는데 관하여 상대방으로부터 이의가 없는 경우에는, 제355조 제1항 위반사유에 관한 책문권이 포기 혹은 상실되어 사본만의 제출에 의한 증거의 신청도 허용된다"(대판 2002.8.23. 2000다66133: 법전협 표준판례(180)).

(3) 사본 그 자체를 원본으로서 제출하는 경우

① 사본을 원본으로서 제출하는 경우에는 그 사본이 독립한 서증이 된다고 할 것이나 그 대신 이에 의하여 원본이 제출된 것으로 되지는 아니하고, 이때에는 증거(변론 전체의 취지에 의해서는 인정될 수 없다)에 의하여 사본과 같은 원본이 존재하고 또 그 원본이 진정하게 성립하였음이 인정되지 않는 한 그와 같은 내용의 사본이 존재한다는 것 이상의 증거가치는 없다(대판 2002.8.23. 2000다66133: 법전협 표준판례(180); 대판 2023.6.1. 2023다217534).

② "ⅰ) 서증사본의 신청 당사자가 문서 원본을 분실하였다든가, ⅱ) 선의로 이를 훼손한 경우, 또는 ⅲ) 문서제출명령에 응할 의무가 없는 제3자가 해당 문서의 원본을 소지하고 있는 경우, ⅳ) 원본이 방대한 양의 문서인 경우 등 원본 문서의 제출이 불가능하거나 비실제적인 상황에서는 원본의 제출이 요구되지 아니한다고 할 것이지만, 그와 같은 경우라면 해당 서증의 신청당사자가 원본 부제출에 대한 정당성이 되는 구체적 사유를 주장·입증하여야 할 것이다"(대판 2002.8.23. 2000다66133: 법전협 표준판례(180); 대판 2023.6.1. 2023다217534)(9회 선택형)고 판시한 경우도 있다.

| 핵심사례 B-36 |

| ■ **문서의 형식적 증거력 – 문서의 진정성립에 대한 자백, 사본의 증거력**　　2012년 법무행정고시 |

甲은 A와 공동매수인이 되어 丁으로부터 Y건물을 매수하기로 마음먹고 丁과 Y건물에 관한 매매
계약을 체결하였다(지분은 각각 1/2). 그러나 丁은 甲과 A에게 소유권이전등기를 경료해주지 않
고 있다. 이에 甲과 A는 丁에 대하여 Y건물에 관하여 소유권이전등기청구의 소를 제기하였고, 丁
의 인영이 날인되어 있는 매매계약서를 증거로 제출하였다. 丁은 제1회 변론기일에 출석하여 매매
계약서에 찍힌 인영이 자신의 인장의 인영과 같다고 인정하면서도, 자신은 위 매매계약서에 날인
한 적이 없다고 주장하였다. 그러나 丁은 제2회 변론기일에 출석하여 위 인영은 자신의 인장의
인영과 다르다며 인장도용을 주장하였다. 甲과 A가 위 매매계약서를 전자복사한 사본을 제출하였
으나 丁이 원본의 제출을 요구하며 원본의 존재 및 원본의 진정성립에 관하여 이의를 제기한 경
우, **법원은 사본의 필적이 丁의 필적과 동일함을 이유로 매매계약서의 진정성립을 인정하여 甲과
A의 청구를 인용할 수 있는가?**

1. 문제점

2. 사본 제출의 형태

(1) 구별기준

1) 사본을 원본으로 제출하는 경우 / 2) 사본을 원본에 갈음해 제출하는 경우

(2) 사안의 경우

사안에서 丁이 원본의 제출을 요구하며 원본의 존재 및 원본의 진정성립에 관하여 이의를 제기한 이
상, 사본을 원본에 갈음하여 제출한 것으로 볼 수 없다. 따라서 위 매매계약서는 사본을 원본으로 제출
한 것이 된다.

3. 사본의 증거력

(1) 사본의 형식적 증거력

사본을 원본으로 제출하는 경우에는 그 사본이 독립한 서증이 되므로 사본 자체에 대해 성립의 인부절
차를 거쳐야 한다. 그러나 설문과 같은 전자복사한 사본은 사실상 이것이 문제되지는 않을 것이다.

(2) 사본의 실질적 증거력

4. 사안의 해결

법원은 원본 존재 여부에 관하여 별다른 심리 없이 사본의 필적이 丁의 필적과 동일함을 이유로 매매
계약서의 진정성립을 인정하여 甲과 A의 청구를 인용할 수 없다.

2. 문서제출명령신청(제343조 후단) [11사법]

(1) 문서제출명령의 의의 및 요건

1) 서증신청의 방법

직접제출(제343조 전단), 제출명령신청(제343조 후단), 문서송부촉탁(제352조)(제294조와 조사·송부촉
탁, 이른바 사실조회와 구별), 소재장소에서 서증조사(제297조, 규칙 제112조) 등이 있는데, 문서제출명령
은 상대방·제3자가 가지고 있는 제출의무 있는 문서에 대한 서증신청방법이다. 이는 현대형 소송에
있어서 증거의 구조적 편재현상에서 오는 당사자 간의 실질적 불평등을 시정하기 위한 제도이다.

2) 문서제출명령의 요건

ⅰ) 문서제출의무가 있는 문서이어야 하며, ⅱ) 문서의 존재와 소지 및 제출의무가 증명되어야 한다.

[관련판례] ❊ **동영상(사진) 파일이 문서제출명령의 대상인지 여부(소극)**
"민사소송법 제344조 제1항 제1호, 제374조를 신청 근거 규정으로 기재한 동영상 파일 등과 사진의 제출명령신청에 대하여, 동영상 파일은 검증의 방법으로 증거조사를 하여야 하므로 문서제출명령의 대상이 될 수는 없고, 사진의 경우에는 그 형태, 담겨진 내용 등을 종합하여 감정·서증·검증의 방법 중 가장 적절한 증거조사 방법을 택하여 이를 준용하여야 한다"(대결 2010.7.14. 2009마2105: 법전협 표준판례(189))(13회 선택형).

3) 문서제출명령의 절차

제3자에 대하여 문서의 제출을 명하는 경우에는 제3자 또는 그가 지정하는 자를 심문하여야 한다(제347조 3항)(13회 선택형). 법원은 문서가 문서제출명령의 대상이 되는지(제344조에 해당하는지)를 판단하기 위하여 문서를 가지고 있는 사람에게 그 문서를 제시하도록 명할 수 있다. 이 경우 법원은 그 문서를 다른 사람이 보도록 하여서는 안된다(제347조 4항)(13회 선택형). 문서제출의 신청에 관한 결정에 대하여는 즉시항고를 할 수 있다(제348조)(13회 선택형).

(2) 문서제출의무

1) 1항에 열거된 제출의무 있는 문서와 거부사유(제344조 1항 : 당사자 소지)

제344조 (문서의 제출의무) ① 다음 각호의 경우에 문서를 가지고 있는 사람은 그 제출을 거부하지 못한다.
1. 당사자가 소송에서 인용한 문서를 가지고 있는 때
2. 신청자가 문서를 가지고 있는 사람에게 그것을 넘겨 달라고 하거나 보겠다고 요구할 수 있는 사법상의 권리를 가지고 있는 때
3. 문서가 신청자의 이익을 위하여 작성되었거나, 신청자와 문서를 가지고 있는 사람 사이의 법률관계에 관하여 작성된 것인 때. 다만, 다음 각목의 사유 가운데 어느 하나에 해당하는 경우에는 그러하지 아니하다.
  가. 제304조 내지 제306조에 규정된 사항이 적혀있는 문서로서 같은 조문들에 규정된 동의를 받지 아니한 문서
  나. 문서를 가진 사람 또는 그와 제314조 각호 가운데 어느 하나의 관계에 있는 사람에 관하여 같은 조에서 규정된 사항이 적혀 있는 문서
  다. 제315조 제1항 각호에 규정된 사항 중 어느 하나에 규정된 사항이 적혀 있고 비밀을 지킬 의무가 면제되지 아니한 문서
② 증인이 비밀을 지킬 의무가 면제된 경우에는 제1항의 규정을 적용하지 아니한다(7회 선택형).

제344조 1항에서 문서제출의무가 있는 문서로 인용문서(1호), 인도 및 열람문서(2호), 이익문서·법률관계문서(3호)(이익문서란 신청자의 실체적 이익을 위하여 작성된 문서를 말하며, 법률관계문서란 신청자와 소지자 사이의 법률관계 자체를 기재한 문서를 말한다)를 열거하고 있으며, 다만 이익문서·법률관계문서에 있어서 공무원의 직무상 비밀과 같이 동의를 필요로 하는 경우에 동의를 받지 아니한 문서, 증인의 증언 거부사유와 같은 일정한 사유가 있는 문서는 제출을 거부할 수 있다(제344조 1항 3호 단서). [인,권, 이익, 법] [공, 증]

> **✱ 문서제출의무가 있는 문서**(제344조 1항)
>
> ① **[인용문서(1호)]** "민사소송법 제344조 1항 제1호에서 말하는 '당사자가 소송에서 인용한 문서'라 함은 당사자가 소송에서 당해 문서 그 자체를 증거로서 인용한 경우뿐 아니라 자기 주장을 명백히 하기 위하여 적극적으로 문서의 존재와 내용을 언급하여 자기 주장의 근거 또는 보조로 삼은 문서도 포함한다고 할 것이고, 동법 제344조 1항 제1호의 인용문서에 해당하는 이상, 같은 조 2항에서 규정하는 바와는 달리, 그것이 '공무원이 그 직무와 관련하여 보관하거나 가지고 있는 문서'라도 특별한 사정이 없는 한 문서제출의무를 면할 수 없다"(대결 2008.6.12. 2006무82). 또한 "민사소송법 제344조 제1항 제1호의 규정 및 입법 목적 등에 비추어 볼 때, 인용문서가 공무원이 직무와 관련하여 보관하거나 가지고 있는 문서로서 공공기관의 정보공개에 관한 법률 제9조에서 정하고 있는 비공개대상정보에 해당한다고 하더라도, 특별한 사정이 없는 한 그에 관한 문서 제출의무를 면할 수 없다"(대결 2017.12.28. 2015무423: 법전협 표준판례(185)).
>
> ② **[인도 및 열람문서(2호)]** 신청자가 문서의 인도 및 열람을 청구할 수 있는 실체법상 권리를 가지는 경우를 말한다. "민사소송법 제316조 제2호(현행 제344조 1항 2호 ; 저자주)에서 문서제출의무의 원인의 하나로서 규정하고 있는 '신청자가 문서소지자에 대하여 그 인도나 열람을 구할 수 있는 때'라 함은, 신청자가 문서의 인도 열람을 청구할 수 있는 실체법상의 권리를 가지는 모든 경우를 가리키며, 그것이 물권적이든 채권적이든, 또는 계약에 근거하는 것이든 법률규정에 근거하는 것이든 이를 묻지 않는다"(대결 1993.6.18. 93마434).

2) 2항의 일반문서와 거부사유(제344조 2항 : 제3자 소지)

> **제344조 (문서의 제출의무)** ② 제1항의 경우 외에도 문서(공무원 또는 공무원이었던 사람이 그 직무와 관련하여 보관하거나 가지고 있는 문서를 제외한다)가 다음 각호의 어느 하나에도 해당하지 아니하는 경우에는 문서를 가지고 있는 사람은 그 제출을 거부하지 못한다.
> 1. 제1항 제3호 나목 및 다목에 규정된 문서
> 2. 오로지 문서를 가진 사람이 이용하기 위한 문서

① 2002년 개정법에서는 증거개시제도와 거의 같은 효과를 거둘 수 있도록 1항에서 정한 문서에 해당하지 아니하는 문서라도 원칙적으로 문서의 소지자는 이를 모두 제출할 의무가 있는 것으로 규정하여 **문서제출의무를 일반적 의무로 확장하였다**(제344조 2항). 다만, **공**무원의 직무상 보관문서(동조 2항 본문), **증**언거부사유가 있는 때(동조 2항 1호), 오로지 소지인이 **이용**하기 위한 문서(동조 2항 2호) 등은 제출의무대상에서 제외하였다. [공, 증, 이용]

② 判例는 "어느 문서가 문서의 작성 목적, 기재 내용, 문서의 소지 경위나 그 밖의 사정 등을 종합적으로 고려할 때 ⅰ) 오로지 문서를 가진 사람이 이용할 목적으로 작성되고 ⅱ) 외부자에게 개시하는 것이 예정되어 있지 않으며 ⅲ) 개시할 경우 문서를 가진 사람에게 간과하기 어려운 불이익이 생길 염려가 있다면, 이러한 문서는 특별한 사정이 없는 한 민사소송법 제344조 제2항 제2호의 자기이용 문서에 해당한다"(대결 2015.12.21. 2015마4174)고 판시하였다. 구체적으로 判例는 기업의 각종 문서가 내부의 의사결정을 위하여 결재를 거쳐 작성되었다는 이유만으로 문서제출 거부사유 중 하나인 자기이용 문서로 쉽게 단정할 것은 아니라고 보았다(대결 2016.7.1. 2014마2239).

③ "민사소송법 제344조 제2항은 '공무원 또는 공무원이었던 사람이 그 직무와 관련하여 보관하거나 가지고 있는 문서'는 예외적으로 제출을 거부할 수 있다고 규정하고 있다. 여기서 말하는 '공무원 또는 공무원이었던 사람이 그 직무와 관련하여 보관하거나 가지고 있는 문서'란 **국가기관이 보유·관리하는 공문서**를 의미하고, 이러한 공문서의 공개는 공공기관의 정보공개에 관한 법률(이하 '정보공개법'이라고

한다)에서 정한 절차와 방법으로 하여야 할 것이다. 정보공개법 제2조 제3호 (마)목, 공공기관의 정보공개에 관한 법률 시행령 제2조 제4호에 의하면, 금융감독원은 특별법에 따라 설립된 특수법인으로서 정보공개법에서 정한 공공기관에 해당하고, 금융감독원이 직무상 작성 또는 취득하여 관리하고 있는 문서에 대하여는 정보공개법이 적용된다. 따라서 금융감독원 직원이 직무상 작성하여 관리하고 있는 문서는 민사소송법 제344조 제2항이 적용되는 문서 중 예외적으로 제출을 거부할 수 있는 '공무원 또는 공무원이었던 사람이 그 직무와 관련하여 보관하거나 가지고 있는 문서'에 준하여 정보공개법에서 정한 절차와 방법에 의하여 공개 여부가 결정될 필요가 있고, 문서의 소지자는 그 제출을 거부할 수 있다고 할 것이다"(대결 2024.4.25. 2023마8009).

3) **전기통신사업자가 통신비밀보호법 제3조 제1항 본문을 이유로 그 자료의 제출을 거부할 수 있는지 여부**(소극)

법원은 민사소송법 제344조 이하의 규정을 근거로 통신사실확인자료에 대한 문서제출명령을 할 수 있고 전기통신사업자는 특별한 사정이 없는 한 이에 응할 의무가 있으며, 전기통신사업자가 통신비밀보호법 제3조 제1항 본문을 들어 문서제출명령의 대상이 된 통신사실확인자료의 제출을 거부하는 것에는 정당한 사유가 있다고 볼 수 없다(대결 2023.7.17. 전합2018스34). 그 이유는 다음과 같다.

① 통신비밀보호법과 민사소송법은 그 입법 목적, 규정사항 및 적용 범위 등을 고려할 때 각각의 영역에서 독자적인 입법 취지를 가지는 법률이므로 각 규정의 취지에 비추어 그 적용 범위를 정할 수 있고, 통신비밀보호법에서 민사소송법이 정한 문서제출명령에 의하여 통신사실확인자료를 제공할 수 있는지에 관한 명시적인 규정을 두고 있지 않더라도 민사소송법상 증거에 관한 규정이 원천적으로 적용되지 않는다고 볼 수 없다.

② 통신비밀보호법은 이미 민사소송법 제294조에서 정한 조사의 촉탁의 방법에 따른 통신사실확인자료 제공을 허용하고 있으므로, 통신사실확인자료가 문서제출명령의 대상이 된다고 해석하는 것이 통신비밀보호법의 입법 목적에 반한다거나 법 문언의 가능한 범위를 넘는 확장해석이라고 볼 수 없다.

| 핵심사례 B-37 |

| **■ 증거보전, 문서제출명령** | 2009년 변리사 |

甲은 의사 乙로부터 얼굴 성형수술을 받았는데 수술 뒤에 부분적 마비 증상이 나타났다. 甲은 乙에게 수술결과에 항의하고 피해보상을 요구하면서 몰래 乙과의 대화를 녹음하였다. 그 뒤 甲은 乙을 상대로 의료과오에 따른 손해배상청구의 소를 제기할 수밖에 없다는 생각이 들었다.
민사소송법상 甲이 소제기 전과 후에 乙이 보유하고 있는 甲에 대한 진료기록부를 증거로 확보할 수 있는 방안은 무엇인가?

I. 결론

甲은 소제기 전에는 증거보전신청을 통하여, 소제기 후에는 문서제출명령제도를 이용하여 진료기록부를 증거로 확보할 수 있다.

II. 논거

> 1. 소제기 전 진료기록부를 증거로 확보할 수 있는 방법 – 증거보전신청(제4관 증거보전 참조)
>
> (1) 증거보전의 의의(제375조)
>
> (2) 증거보전의 요건 – 증거보전의 필요성(제377조)
>
> (3) 사안의 경우
>
> 甲에 대한 진료기록부는 현재 乙이 보유하고 있는바, 甲이 乙에 소를 제기한 후에는 乙에 의한 진료기록부의 위조 내지는 훼멸의 우려가 있을 수 있다. 따라서 甲은 乙에 대한 소를 제기하기 전에 미리 진료기록부에 대한 증거조사를 하지 아니하면 소제기 후 이를 증거로 사용하는 것이 불가능하거나 곤란한 사정이 있음을 소명하여 증거보전신청을 할 수 있다.
>
> 2. 제소 후 진료기록부를 증거로 확보할 수 있는 방법 – 문서제출명령
>
> (1) 문서제출명령의 의의 및 요건
>
> (2) 乙이 보유하고 있는 진료기록부가 문서제출의무가 있는 문서인지 여부(적극)
>
> 진료기록부를 이익문서로 보든 그렇지 않든 문서제출의무가 있는 문서에는 해당한다. 다만 거부사유에 있어 차이가 있을 뿐이다(제344조 1항, 동조 2항) [공. 증. 이용]
>
> (3) 乙이 진료기록부의 제출을 거부할 수 있는지 여부(소극)
>
> 乙의 진료기록부는 제344조 1항과 2항의 어떠한 예외사유에도 해당하지 않으므로 甲은 문서제출명령을 신청할 수 있다.
>
> (4) 사안의 경우
>
> 소제기 후에도 乙이 보유하고 있는 甲에 대한 진료기록부는 문서제출의무가 인정되는 문서이고 乙에게는 거부가유가 인정되지 않으므로 甲은 문서제출명령을 신청할 수 있다.

(3) 문서제출명령신청 방식 · 심리 · 재판

1) 방 식

> 제345조 (문서제출신청의 방식) 문서제출신청에는 다음 각호의 사항을 밝혀야 한다.
> 1. 문서의 표시   2. 문서의 취지   3. 문서를 가진 사람   4. 증명할 사실
> 5. 문서를 제출하여야 하는 의무의 원인
>
> 제346조 (문서목록의 제출) 제345조의 신청을 위하여 필요하다고 인정하는 경우에는, 법원은 신청대상이 되는 문서의 취지나 그 문서로 증명할 사실을 개괄적으로 표시한 당사자의 신청에 따라, 상대방 당사자에게 신청내용과 관련하여 가지고 있는 문서 또는 신청내용과 관련하여 서증으로 제출할 문서에 관하여 그 표시와 취지 등을 적어 내도록 명할 수 있다.

문서제출신청에는 문서의 표시, 취지, 보유자 등을 밝혀야 하며(제345조), 제345조의 신청을 위하여 필요하다고 인정하는 경우 법원은 상대방 당사자에게 문서목록의 제출을 명할 수 있다(제346조).

2) 심 리

문서를 가진 사람에게 그것을 제출하도록 명할 것을 신청하는 것은 서증을 신청하는 방식 중의 하나이므로(제343조) 법원은 그 제출명령신청의 대상이 된 문서가 서증으로 필요한지를 판단하여 제290조 본문에 따라 그 신청의 채택 여부를 결정할 수 있다(대결 2017.12.28. 2015무423: 법전협 표준판례(185)).

따라서 문서제출명령 신청이 있으면 법원은 그 문서의 소지 여부 및 문서제출의무의 존부를 심리하여야 한다. 이에 대한 증명책임은 원칙적으로 신청인에게 있다는 것이 判例이다(대결 1995.5.3. 95마415). 또한

신청인은 문서소지인에게 문서제출의무를 부담시키기 위해 그 구성요건상의 **제출대상문서임을 증명하여야 한다**. 다만, **제출의무대상 제외 문서**는 제344조 1항 3호 단서나 2항을 불문하고 문서소지인이 **증명할 책임이 있다**(견해대립 있음).

3) 재 판

> **제347조 (제출신청의 허가여부에 대한 재판)** ① 법원은 문서제출신청에 정당한 이유가 있다고 인정한 때에는 결정으로 문서를 가진 사람에게 그 제출을 명할 수 있다. ② 문서제출의 신청이 문서의 일부에 대하여만 이유 있다고 인정한 때에는 그 부분만의 제출을 명하여야 한다. ③ 제3자에 대하여 문서의 제출을 명하는 경우에는 제3자 또는 그가 지정하는 자를 심문하여야 한다. ④ 법원은 문서가 제344조에 해당하는지를 판단하기 위하여 필요하다고 인정하는 때에는 문서를 가지고 있는 사람에게 그 문서를 제시하도록 명할 수 있다. 이 경우 법원은 그 문서를 다른 사람이 보도록 하여서는 안된다.

제347조 1항과 관련하여 *判例*는 제출명령신청의 대상이 된 문서가 서증으로서 필요하지 않거나 대상 문서로 증명하고자 하는 사항이 청구와 직접 관련이 없는 경우, 신청을 받아들이지 않을 수 있고 (대판 2016.7.1. 2014마2239), "증거조사의 개시가 있기 전에는 그 증거신청을 자유로 철회할 수 있는 법리라 할 수 있을 것이므로 문서제출명령의 신청이 있고 그에 따른 **제출명령이 있었다 하여도 그 문서가 법원에 제출되기 전에는 그 신청을 철회함에는 상대방의 동의를 필요로 하지 않는다**"(대판 1971.3.23. 70다3013) 고 판시하였다. 한편 민사소송법은 일부제출명령제도(동조 2항), 제3자의 필수적심문제도(동조 3항), 비밀심리절차(동조 4항)를 통해 신청인과 상대방의 이익을 조화시키고 있다.

(4) 문서의 부제출·훼손 등에 대한 제재

> **제349조 (당사자가 문서를 제출하지 아니한 때의 효과)** 당사자가 제347조 제1항·제2항 및 제4항의 규정에 의한 명령에 따르지 아니한 때에는 법원은 문서의 기재에 대한 상대방의 주장을 진실한 것으로 인정할 수 있다.
>
> **제350조(당사자가 사용을 방해한 때의 효과)** 당사자가 상대방의 사용을 방해할 목적으로 제출의무가 있는 문서를 훼손하여 버리거나 이를 사용할 수 없게 한 때에는, 법원은 그 문서의 기재에 대한 상대방의 주장을 진실한 것으로 인정할 수 있다.

1) 문제점 [당진, 제과]

제3자가 문서제출명령에 불응한 경우는 500만원 이하의 과태료의 제재를 받을 뿐이다(제351조)(2회 선택형). 그러나 당사자가 문서제출명령에 불응하거나 문서의 사용을 방해한 경우 법원은 그 문서의 기재에 관한 상대방의 주장을 진실한 것으로 인정할 수 있다고 규정하는데(제349조, 제350조)(13회 선택형) 그 의미에 대해 견해가 대립한다.

2) 판 례

*判例*는 "당사자가 문서제출명령에 따르지 아니한 경우에는 법원은 상대방의 그 문서에 관한 주장 즉, 문서의 성질, 내용, 성립의 진정 등에 관한 주장을 진실한 것으로 인정하여야 한다는 것이지 그 문서에 의하여 입증하고자 하는 상대방의 주장사실까지 반드시 증명되었다고 인정하여야 한다는 취지가 아니며, 주장 사실의 인정 여부는 법원의 자유심증에 의하는 것"(대판 1993.6.25. 93다15991; 법전협 표준판례(187); 대판 1993.11.23. 93다41938)(12회 선택형)이라고 하여 **자유심증설**의 입장이다.

3) 검 토

증명책임전환설과 법정증거설은 증명방해자에게 지나치게 가혹한 면이 있으므로 비난가능성의 정도를 고려하여 자유재량으로 방해받은 상대방의 주장의 진실여부를 가려야 한다는 자유심증설이 타당하다. 다만, 의료과오소송은 현대형 소송으로서 증거가 의사에게 구조적으로 편재되어 있으므로 증명방해가 고의적이고, 방해받은 당사자에게 달리 증거방법이 없을 경우에 증명책임을 의사에게 전환할 수 있다고 할 것이다.

(5) 훼손된 문서의 증거가치

判例는 "민사소송에서 당사자 일방이 일부가 훼손된 문서를 증거로 제출하였는데 상대방이 훼손된 부분에 잔존 부분의 기재와 상반된 내용이 기재되어 있다고 주장하는 경우, 문서제출자가 상대방의 사용을 방해할 목적 없이 문서가 훼손되었다고 하더라도 문서의 훼손된 부분에 잔존 부분과 상반되는 내용의 기재가 있을 가능성이 인정되어 문서 전체의 취지가 문서를 제출한 당사자의 주장에 부합한다는 확신을 할 수 없게 된다면 이로 인한 불이익은 훼손된 문서를 제출한 당사자에게 돌아가야 한다"(대판 2015.11.17. 2014다81542: 법전협 표준판례(186))고 판시하였다. **[17법행]**

│ 핵심사례 B-38 │─────────────────────────────

■ 처분문서의 실질적 증거력, 문서제출명령 부준수의 효과　　　　　　2013년 법무행정고시

> 甲은 乙에게 자신이 소유하는 X부동산을 1억 원에 매도하였으나 乙이 매매대금으로 7,000만 원만을 지급하고 나머지 대금을 지급하지 않는다고 주장하며, 乙에 대하여 3,000만 원의 잔대금지급청구의 소를 제기하였다. 乙은 변론에서 위 계약의 매매대금은 7,000만 원이므로 대금 전부를 변제하였다고 다투었다. 甲은 자신이 소지하고 있던 X부동산에 관한 매매계약서를 분실하여 이를 법원에 제출하지 못하게 되자 乙이 소지하고 있는 매매계약서에 대한 문서제출명령을 법원에 신청하였다. 만일 乙이 법원의 문서제출명령을 따르지 않는다면, 법원은 매매대금에 대한 사실인정을 어떻게 해야 하는가?

Ⅰ. 결 론

법원은 乙의 제출거부를 변론 전체의 취지로 삼아 자유심증으로 매매대금에 대한 사실을 판단할 수 있다.

Ⅱ. 논 거

1. 문서제출명령과 그 부준수(제349조)

2. 문서제출명령 부준수의 효과

(1) 판 례 - 자유심증설　　/　　(2) 검 토 - 자유심증설

3. 사안의 해결

乙이 문서제출명령을 거부하였다고 하여 甲이 증명하고자 하는 매매대금에 관한 사실이 증명되는 것은 아니고, 법원은 乙의 제출거부를 하나의 변론 전체의 취지로 삼아 자유심증으로 매매대금에 관한 사실을 판단할 수 있다.

3. 문서의 송부촉탁(제352조)

제출의무가 없는 문서에 대해 서증을 신청할 경우에는 그 문서를 가지고 있는 사람에게 그 문서를 보내도록 촉탁할 것을 신청함으로써도 할 수 있다(제352조 본문). 다만, 당사자가 법령에 의하여 문서의 정본 또는 등본을 청구할 수 있는 경우에는 그러하지 아니하다(제352조 단서).

4. 문서가 있는 장소에서의 서증신청(규칙 제112조)

제3자가 가지고 있는 문서를 송부촉탁 하기 어려운 사정이 있는 때에는 법원은 그 문서가 있는 장소에서 서증의 신청을 받아 조사할 수 있다. 이 경우 법원은 수명법관 또는 수탁판사에게 법원 밖에서의 증거조사의 규정(제297조)에 따라 문서에 대한 증거조사를 하게 할 수 있다(제354조).

제3관 당사자신문

> 제367조 (당사자신문) 법원은 직권으로 또는 당사자의 신청에 따라 당사자 본인을 신문할 수 있다. 이 경우 당사자에게 선서를 하게 하여야 한다.
>
> 제372조 (법정대리인의 신문) 소송에서 당사자를 대표하는 법정대리인에 대하여는 제367조 내지 제371조의 규정을 준용한다. 다만, 당사자 본인도 신문할 수 있다.

I. 의 의

[B-125]

① '당사자신문'이란 당사자본인을 증거방법으로 하여 마치 증인처럼 그가 경험한 사실에 대하여 진술케 하는 증거조사를 말한다(제367조). 당사자신문 절차에서의 당사자의 진술은 증거자료이지 소송자료가 아니다(대판 1981.8.11. 81다262,263). 따라서 상대방의 주장과 일치하는 진술이 있어도 자백이라 할 수 없고, 소송무능력자도 당사자신문의 대상이 될 수 있다.

② 당사자의 법정대리인이나 당사자가 법인 기타 단체인 경우 대표자나 관리인에 대하여는 증인능력이 없으므로 당사자신문에 의하여야 하며(제367조, 제372조 본문), 이 경우 당사자 본인도 신문할 수 있다(제372조 단서). 그러나 법인의 대표자에 대해 증인신문방식에 의해 증거조사를 한 경우 判例는 "당사자본인으로 신문해야 함에도 증인으로 신문하였다 하더라도 상대방이 이를 지체 없이 이의하지 아니하면 이의권(책문권) 포기, 상실로 인하여 그 하자가 치유된다"(대판 1992.10.27. 92다32463)고 판시하였다(2회 선택형).

II. 보충성의 폐지

[B-126]

1. 증거방법으로서의 보충성 폐지

(1) 구법과 개정법의 태도

구법은 당사자본인신문의 보충성을 규정하였지만, 사건의 내용을 누구보다 잘 아는 당사자 본인을 통해 빨리 사건의 개요를 파악하기 어려워지고 재판의 신속·적정을 해친다는 비판이 있었다. 이에 개정법은 보충성을 폐지하고 당사자본인이 독립한 증거방법임을 분명히 하였다(1회 선택형).

(2) 판례의 검토

개정법 전의 判例는 "당사자본인신문은 다른 증거방법에 의하여 심증을 얻을 수 없는 때에 한해 할 것이므로 그 신청을 각하하였다고 하여 유일한 증거를 각하한 위법이 있다고 할 수 없다"고 판시하였으나, 보충성이 폐지되었으므로 위 判例의 태도는 유지할 수 없다.

2. 증거력으로서의 보충성 폐지

구법의 判例는 "다른 증거없이 원고본인신문결과만으로는 원고주장의 사실을 인정할 수 없다"고 하여 당사자본인신문결과에 대해 증거력으로서의 보충성까지 확장하여 해석하였으나(대판 1983.6.14. 83다카95), 증거력의 평가는 자유심증에 맡겨져 있으므로 증거력의 보충성도 폐지되어야 한다.

Ⅲ. 당사자신문의 절차   [B-127]

1. 시 기

증인신문과 당사자신문은 당사자의 주장과 증거를 정리한 뒤 집중적으로 하여야 한다(제293조). 즉, 변론준비절차가 끝난 뒤 변론기일에서 행해진다.

2. 증인신문절차의 준용

당사자신문에는 증인신문에 관한 규정이 대부분 준용되며(제373조), 당사자가 정당한 사유 없이 출석하지 아니하거나 선서 또는 진술을 거부한 때에는 법원은 신문사항에 관한 상대방의 주장을 진실한 것으로 인정할 수 있다(제369조). 이 경우 당사자가 출석할 수 없는 정당한 사유란 법정에 나올 수 없는 질병, 교통기관의 두절, 관혼상제, 천재지변 등을 말한다고 할 것이고, 그러한 정당한 사유의 존재는 그 불출석 당사자가 이를 주장·입증하여야 한다(대판 2010.11.11. 2010다56616).

3. 당사자가 신문에 거부한 경우(효과)

"당사자본인신문절차에서 당사자본인이 정당한 사유 없이 출석, 선서, 진술의 의무를 불이행한 경우에 민사소송법 제369조의 규정에 의하여 법원이 진실한 것으로 인정할 수 있는 것은 '신문사항에 관한 상대방의 주장', 즉 신문사항에 포함된 내용에 관한 것이므로 법원이 이를 적용함에 있어서는 상대방당사자의 요건사실에 관한 주장사실을 진실한 것으로 인정할 것이라고 설시할 것이 아니라 당사자 본인신문사항 가운데 어느 항을 진실한 것으로 인정한 연후에 그에 의하면 상대방 당사자의 요건사실에 관한 주장사실을 인정할 수 있다고 판시하는 것이 정당하다"(대판 1990.4.13. 89다카1084: 법전협 표준판례 (188)).

제4관 증거보전

Ⅰ. 의 의   [B-128]

법원은 미리 증거조사를 하지 아니하면 그 증거를 사용하기 곤란할 사정이 있다고 인정한 때에는 직권 또는 당사자의 신청에 따라 증거조사를 할 수 있다(제375조).

Ⅱ. 요 건 [B-129]

① 미리 증거조사를 하지 아니하면 장래 그 증거방법을 사용하는 것이 불가능하거나 곤란한 사정이 현저해야 한다(증거보전의 필요성). ② 그리고 이러한 증거보전의 사유를 '소명'하여야 한다(제377조).

Ⅲ. 절 차 [B-130]

1. 개 시

증거보전절차는 당사자의 신청(제377조)과 법원의 직권(제379조) 모두 가능하다(2회 선택형).

2. 관 할

증거보전의 신청은 소를 제기한 뒤에는 그 증거를 사용할 심급의 법원에 하여야 한다. 소를 제기하기 전에는 신문을 받을 사람이나 문서를 가진 사람의 거소 또는 검증하고자 하는 목적물이 있는 곳을 관할하는 지방법원에 하여야 한다(제376조 1항). 급박한 경우에는 소를 제기한 뒤에도 제376조 1항 후단에 규정된 지방법원에 증거보전의 신청을 할 수 있다(제376조 2항).

[관련판례] "증거보전의 신청은 그 증거를 사용할 심급의 법원에 하여야 하고(민사소송법 제376조 제1항 전단), 급박한 경우에는 소를 제기한 뒤에도 공직선거법 제228조 제1항에 규정된 지방법원 또는 그 지원에 증거보전의 신청을 할 수 있는 것으로 보아야 한다(민사소송법 제376조 제2항)"(대결 2023.6.29. 2023수흐501).

3. 당사자의 참여

증거조사의 기일은 신청인과 상대방에게 통지하여야 한다(제381조 본문). 다만, 긴급한 경우에는 그러하지 아니하다(제381조 단서).

Ⅳ. 효 과

증거보전에 의한 증거조사는 변론에 제출됨으로써 본안소송에서의 증거조사결과와 같은 효력을 갖는다(제382조). 다만, 증거보전절차에서 신문한 증인을 당사자가 변론에서 다시 신문하고자 신청한 때에는 법원은 그 증인을 신문하여야 한다(제384조). **증거보전의 결정에 대하여는 불복할 수 없으며**(제380조), 증거보전에 관한 비용은 소송비용의 일부로 한다(제383조).

제5절 자유심증주의

> 제202조 (자유심증주의) 법원은 변론 전체의 취지와 증거조사의 결과를 참작하여 자유로운 심증으로 사회정의와 형평의 이념에 입각하여 논리와 경험의 법칙에 따라 사실주장이 진실한지 아닌지를 판단한다.

I. 의 의   [B-131]

자유심증주의는 사실주장의 진위여부를 판단함에 있어서 법관이 증거법칙의 제약을 받지 않고 변론 전체의 취지와 증거자료를 참작하여 형성된 자유로운 심증으로 행할 수 있다는 원칙이다(제202조). 자유심증의 자료가 되는 것이 증거원인인데, ① 변론 전체의 취지와 ② 증거조사의 결과의 두 가지가 있다.

II. 증거원인   [B-132]

1. 변론 전체의 취지

(1) 의 의

증거원인으로서 변론 전체의 취지란 증거조사의 결과를 제외한 일체의 소송자료로서 당사자의 주장 내용, 태도, 주장입증시기, 기타 변론과정에서 얻은 인상 등 변론에서 나타난 일체의 적극·소극의 사항을 말한다. 변론의 일체성을 말하는 제150조 1항의 변론전체의 취지와 구별된다.

(2) 증거원인으로서 독자성

다른 증거자료가 없는 경우 변론 전체의 취지만으로 다툼있는 사실을 인정할 수 있는지, 즉 독립적 증거원인이 되는지 문제된다. 判例는 ① **주요사실**에 관하여는 "변론의 취지가 사실인정의 한 자료가 될 수 있음은 물론이나, 증거로서의 변론의 취지는 보충적 효력에 그치는 것에 불과하여 변론의 취지만으로는 사실인정의 자료로 할 수 없다"(대판 1983.7.12. 83다카308: 법전협 표준판례(190))고 하여 **보충적 증거원인설**의 입장이나, ② **보조사실**에 관하여는 **문서의 진정성립**(대판 1982.3.23. 80다1857)[114]과 자백의 철회 요건으로서의 **착오**(제288조 단서. 대판 1991.8.27. 91다15591,15607)[115]는 **변론 전체의 취지만으로 인정할 수 있다**고 한다.

2. 증거조사의 결과 [10사법]

(1) 증거방법이나 증거능력에 제한이 있는지 여부

자유심증주의에서는 증거방법이나 증거능력에 제한이 없다. 따라서 소 제기 후 다툼이 있는 사실을 증명하기 위해 작성한 문서라도 증거능력이 있는 것으로 보고(대판 1992.4.14. 91다24775), 형사소송과 달리 전문증거라도 증거능력이 있다고 본다(대판 1962.1.11. 4294민상386). 또한 처분문서라 하더라도 그 기재 내용과 다른 특별한 명시적, 묵시적 약정이 있는 사실이 인정될 경우에는 그 기재 내용의 일부를 달리

---

114) "당사자가 부지로서 다툰 서증에 관하여 거증자가 특히 그 성립을 증명하지 아니한 경우라도 법원은 다른 증거에 의하지 않고 변론의 전취지를 참작하여 자유심증으로써 그 성립을 인정할 수 있다"

115) "재판상의 자백은 상대방의 동의가 없는 경우에는 자백을 한 당사자가 그 자백이 진실에 부합되지 않다는 사실과 자백이 착오에 기인한다는 사실을 증명한 경우에만 이를 취소할 수 있는 것이기는 하나 증거에 의하여 자백이 진실과 부합되지 않는 사실이 증명되고 변론의 전취지에 의하여 그 자백이 착오에 기인한 것으로 인정되는 경우에는 법원은 자백의 취소를 허용하여야"

인정할 수 있고(대판 1996.4.12. 95다45125)(12회 선택형), 소 제기 후 다툼이 있는 사실을 증명하기 위해 작성한 문서라도 증거능력을 인정할 수 있다(대판 1992.4.14. 91다24775). "원래 민사재판에 있어서는 형사재판의 사실인정에 구속을 받는 것이 아니라고 하더라도 동일한 사실관계에 관하여 이미 확정된 형사판결이 유죄로 인정한 사실은 유력한 증거자료가 된다고 할 것이므로 민사재판에서 제출된 다른 증거들에 비추어 형사재판의 사실판단을 채용하기 어렵다고 인정되는 특별한 사정이 없는 한 이와 반대되는 사실을 인정할 수 없다"(대법 2021.10.14. 2021다243430). 또한, 민사판결이 있은 후 형사절차에서 민사판결과 상반된 사실을 인정한 경우에도 법원은 그 형사판결에서 인정된 사실을 민사판결에서 인정된 사실보다 진실에 부합하고 신빙성이 있는 것으로 받아들일 수 있고(대판 1994.1.28. 93다29051), 형사소송과 달리 전문증거라도 증거능력이 있다고 본다(대판 1962.1.11. 4294민상386).

(2) 증거자료 간 증거력의 차이

증거자료의 증거력은 법관의 자유평가에 의하므로 직접증거와 간접증거 간, 서증과 인증 간에 그 증거력에 있어 차이가 없다.

(3) 증거공통의 원칙

증거조사의 결과는 증거공통의 원칙이 적용되므로 증거는 어느 당사자에 의하여 제출되거나 또 상대방이 이를 원용하는 여부에 불구하고 이를 당사자 어느 쪽의 유리한 사실인정 증거로 할 수 있다(대판 1978.5.23. 78다358). 다만, 피고측에서 제출 신청한 증거를 원고가 원용한바 없다면 원고주장에 관련하여 여기에 대한 증거판단을 아니하였더라도 원고로선 판단유탈을 들고 원심을 공격할 수 없다(대판 1974.3.26. 73다160).

Ⅲ. 자유심증의 정도 [B-133]

1. 사실인정에 필요한 확신의 정도

(1) 원 칙(고도의 개연성)

사실인정에 필요한 확신의 정도를 통설은 '고도의 개연성의 확신'이라고 본다. 判例는 "민사소송에서 사실의 증명은 추호의 의혹도 있어서는 아니 되는 자연과학적 증명은 아니나, 특별한 사정이 없는 한 경험칙에 비추어 모든 증거를 종합 검토하여 어떠한 사실이 있었다는 점을 시인할 수 있는 고도의 개연성을 증명하는 것이고, 그 판정은 통상인이라면 의심을 품지 않을 정도일 것을 필요로 한다" (대판 2010.10.28. 2008다6755: 법전협 표준판례(191))고 하여 같은 입장이다. 다만, 종합증거에 의한 사실인정의 경우 이를 배척하는 증거부분의 명시까지는 요구되지 않는다(대판 1993.11.12. 93다18129).

(2) 예 외(개연성이론)

判例는 현대형 소송 등에서 증명책임을 경감시키기 위한 **개연성이론**을 취하고 있다.

1) 장래의 일실이익의 경우

"향후의 예상수익에 관한 입증에 있어서 그 증명도는 과거사실에 대한 입증에 있어서의 증명도보다 이를 경감하여 피해자가 현실적으로 얻을 수 있을 구체적이고 확실한 수익의 증명이 아니라 **상당한 개연성**이 있는 수익의 증명으로 족한 것이나, 이 경우에도 예상수익의 증명은 객관적으로 입증된 근거 사실에 기하여 합리성과 객관성을 잃지 않는 범위에서 이루어져야 한다"(대판 2003.7.25. 2002다39616).

2) 환경소송의 경우

"공해로 인한 불법행위에 있어서의 인과관계에 관하여 당해행위가 없었더라면 결과가 발생하지 아니하였으리라는 정도의 개연성, 즉 침해행위와 손해와의 사이에 인과관계가 존재하는 **상당정도의 가능성**이 있다는 입증을 함으로써 족하다"(대판 1974.12.10. 72다1774).

2. 자의금지

(1) 원 칙

종합증거에 의한 사실인정의 경우 배척하는 증거부분의 명시 요부가 문제되는 바, 判例는 "여러 개의 증거를 종합판단하는 경우에 그 각 증거 중 모순된 부분과 불필요한 부분은 제거하고 그중 필요하며 공통된 부분만을 모아서 이를 판단자료에 공용하는 것이므로 각 증거내용 중 그 인정사실과 저촉되거나 서로 모순되는 부분은 특히 명시가 없어도 채택하지 않는 것이라고 봄이 타당하고 따라서 법원이 각 거시증거 중 그 인정사실에 저촉되는 부분을 배척함을 명시하지 아니하였다 하여 위법이 있다고 할 수 없다"(대판 1993.11.12. 93다18129)고 하여 **어떠한 증거로 어떠한 사실을 인정하였는지에 대한 증거설명은 필요하지만 채부에 대한 이유를 설시할 것을 요하지 않는다**고 본다.

(2) 예 외

예외적으로 ① 진정성립이 인정되는 처분문서의 증거력을 배척하는 경우(대판 2004.3.26. 2003다60349), ② 공문서의 진정성립을 부정하는 경우(대판 1986.6.10. 85다카180), ③ 경험칙상 이례에 속하는 판단을 하는 경우(대판 1996.10.25. 96다29700) 등에는 **분명하고도 수긍이 갈 만한 이유의 설시**를 요한다.

Ⅳ. 자유심증주의의 예외 [B-134]

1. 명문규정에 의한 예외

① 증거방법의 제한으로 대리권이 있는 사실은 서면으로 증명하여야 하고(제58조 1항, 제89조 1항), 소명은 즉시 조사할 수 있는 증거에 의하여야 한다(제299조 1항), ② 증거능력의 제한으로 당사자와 법정대리인에 대한 증인능력 부정(제367조, 제372조), ③ 증거력의 자유평가의 제한으로 변론방식에 의한 변론조서의 법정증거력(제158조), 공·사문서의 증거력에 관한 추정규정(제356조)이 있다.

2. 명문규정이 없는 해석에 의한 증명방해

(1) 의 의

'증명방해'란 증명책임을 부담하지 않는 당사자가 고의나 과실에 의하여 증명책임을 부담하는 당사자의 증명을 불가능하게 하거나 곤란하게 하는 것을 말하며, 이는 신의칙에 어긋나는 것이므로 증명방해를 한 당사자에게 일정한 불이익을 주자는 이론이다.

(2) 요 건

명문의 요건이 없는 경우 증명방해가 성립하기 위해서는 ① **객관적으로는** 증명책임을 지지 않는 당사자의 적극적 방해행위가 있어야 하며, ② **주관적으로는** 증거방법을 고의·과실 있는 행위로 훼손하였을 것과 이로 인하여 증명방해가 된다는 것을 알았거나 부주의로 알지 못하였을 것을 요한다(2단의 요건). 다만, 증거자료에의 접근이 훨씬 용이한 피고가 원고들의 증명활동에 협력하지 않는다고 하여 원고들의 증명을 방해하는 것이라고 단정할 수 없다(대판 1996.4.23. 95다23835).

(3) 증명방해의 효과(자유심증설)

대법원은 "당사자 일방이 입증을 방해하는 행위를 하였더라도 법원으로서는 이를 하나의 자료로 삼아 자유로운 심증에 따라 방해자 측에게 불리한 평가를 할 수 있음에 그칠 뿐 입증책임이 전환되거나 곧바로 상대방의 주장사실이 증명된 것으로 보아야 하는 것도 아니다"(대판 2010.5.27. 2007다25971: 법전협 표준판례(192))고 하여 자유심증설의 입장이다. 따라서 判例는 법원에 제출된 피고 작성의 의사진료기록(차트)의 기재 중 원고에 대한 진단명의 일부가 흑색 볼펜으로 가필되어 원래의 진단명을 식별할 수 없도록 변조된 사례에서 "의사측이 진료기록을 변조한 행위는 입증방해행위로서 법원으로서는 이를 하나의 자료로 하여 자유로운 심증에 따라 의사측에게 불리한 평가를 할 수 있다"(대판 1995.3.10. 94다39567)(13회 선택형)고 판시하였다. [17법행]

3. 증거계약

(1) 의의 및 유형

'증거계약'이란 소송에 있어서 판결의 기초를 이루는 사실 확정에 관한 당사자의 합의를 말하며, 이는 소송상의 효과를 발생케 하는 계약이므로 소송계약의 일종이다. 증거계약은 법관의 자유심증주의를 제한하는 기능을 한다.

증거계약의 유형으로는 ① 자백계약, ② 증거제한계약, ③ 중재감정계약, ④ 증거력계약 등이 있으며, 그 외에 넓은 의미에서는 ⑤ 증명책임계약을 포함하기도 한다.

(2) 증거제한계약(증거방법계약)

1) 의의

증거제출을 특정한 증거방법에 의하여만 하기로 하는 소송계약이다. 예컨대, 甲과 乙은 계속적 거래관계를 맺으면서, 매매대금과 대여금채무 등의 존부에 관해 다툼이 생겨 법원에 분쟁해결을 의뢰할 경우 사실관계의 확정은 반드시 서증에 의해서만 하기로 한다는 약정을 하는 경우 등을 들 수 있다.

2) 허용여부

변론주의 때문에 증거의 신청과 철회는 당사자의 자유에 속하므로 증거제한계약도 적법(유효)하다고 볼 것이나, 직권증거조사(제292조)가 허용되는 한에서는 법원에 대해서까지 구속력을 가지지는 못한다고 할 것이다. 위 예에서 甲은 서증신청을 하여 법원이 이에 대하여 증거조사를 하였지만, 심증형성을 하지 못하고 있는 경우 법원은 직권으로 다른 증거방법을 조사할 수 있다.

3) 위반의 효과

증거제한계약을 위반하여 증거를 신청한 경우에는 상대방은 당해 증거를 채택하지 말 것을 신청할 수 있으며 법원은 신청에 따라 증거를 채택해서는 안 된다. 그러나 증거조사가 종료된 경우에는 상대방은 항변권을 포기했다고 볼 수 있고, 이미 변론주의를 벗어나 자유심증의 영역으로 발전한 경우로서 절차안정의 관점에서 더 이상 증거제한계약을 위반했다고 항변할 수 없다.

4) 보충적 직권증거조사의 경우 증거제한계약의 효력

보충적 직권증거조사의 경우에도 증거제한계약이 적용된다는 견해가 있으나, 보충적 직권증거조사는 변론주의를 넘어 법관의 자유심증주의가 적용되는 영역이라 보아 증거제한계약이 적용되지 않는다고 봄이 타당하다.

(3) 증거력계약의 허용여부

증거조사결과의 증거력을 당사자 합의로 정하는 약정을 증거력계약이라 한다. 증거력에 관한 당사자 사이의 합의는 이러한 법관의 자유심증을 직접적으로 침해하므로 그 효력을 인정할 수 없다.

Ⅴ. 자유심증주의의 한계   [B-135]

"민사소송법 제202조가 선언하고 있는 자유심증주의는 형식적·법률적 증거규칙에 얽매일 필요가 없다는 것을 뜻할 뿐 법관의 자의적 판단을 허용하는 것은 아니므로, 사실의 인정은 적법한 증거조사절차를 거친 증거에 의하여 정의와 형평의 이념에 입각하여 **논리와 경험의 법칙에 따라 하여야 하고, 사실인정이 사실심의 재량에 속한다고 하더라도 그 한도를 벗어나서는 아니 된다**"(대판 2017.3.9. 2016두55933). 즉, 사실인정은 사실심의 전권사항이나(제432조), 논리칙과 경험칙에 반하는 경우에는 자유심증주의의 내재적 한계를 일탈한 것으로서 상고이유가 된다.

제6절 증명책임

Ⅰ. 의 의   [B-136]

'증명책임'이란 주요사실의 존부가 확정되지 않을 때에 당해 사실이 존재하지 않는 것으로 취급되어 법률판단을 받게 되는 당사자 일방의 불이익을 말한다.

> **[관련판례]** "당사자간에 금원의 수수가 있다는 사실에 관하여 다툼이 없다고 하여도 원고가 이를 수수한 원인은 소비임차라 하고 피고는 그 수수의 원인을 다툴 때에는 그것이 소비임차로 인하여 수수되었다는 것은 이를 주장하는 원고가 입증할 책임이 있다"(대판 1972.12.12. 72다221)(6회 선택형).

Ⅱ. 증명책임의 분배 [15행정]   [B-137]

1. 일반적인 경우

(1) 법률요건분류설

통설·判例는 증명책임의 분배에 있어서 **법률요건분류설(규범설)**에 따라 각 당사자는 자기에게 유리한 법규의 요건사실의 존부에 대해 증명책임을 지는 것으로 분배시키고 있다. 즉, ① 본안의 요증사실의 존부와 관련해서는 권리의 존재를 주장하는 자가 권리근거규정의 요건사실에 대한 주장·증명책임을 지고, 그 존재를 다투는 상대방은 반대규정(권리장애규정, 권리멸각규정, 권리저지규정)의 요건사실에 대한 증명책임을 지게 된다. ② 직권조사사항인 소송요건의 존부는 본안판결을 받는 것 자체가 원고에게 이익이므로 원고에게 증명책임이 있다(대판 1997.7.25. 96다39301)(6회 선택형). 예를 들어, 채권자대위소송의 법적성격과 관련해 '법정소송담당설'에 의할 경우 피보전채권의 존재는 소송요건이고, 가령 매매계약체결사실이 피보전채권을 인정하기 위한 사실이라면 이것이 인정되어야 대위소송의 당사자적격이 인정되므로 소송요건에 해당하는 사실이다. 결국 매매계약체결사실의 존부에 대하여 원고가 증명책임을 부담한다. ③ 그러나 항변사항인 소송요건은 피고에게 증명책임이 있다.

(2) 구체적 예

1) 확정된 지급명령에 대한 청구이의의 소

"확정된 지급명령의 경우 그 지급명령의 청구원인이 된 청구권에 관하여 지급명령 발령 전에 생긴 불성립이나 무효 등의 사유를 그 지급명령에 관한 이의의 소에서 주장할 수 있고, 이러한 청구이의의 소에서 청구이의 사유에 관한 증명책임도 일반 민사소송에서의 증명책임 분배의 원칙에 따라야 한다. 따라서 확정된 지급명령에 대한 청구이의 소송에서 원고가 피고의 채권이 성립하지 아니하였음을 주장하는 경우에는 피고에게 채권의 발생원인 사실을 증명할 책임이 있고, 원고가 그 채권이 통정허위표시로서 무효라거나 변제에 의하여 소멸되었다는 등 권리 발생의 장애 또는 소멸사유에 해당하는 사실을 주장하는 경우에는 원고에게 그 사실을 증명할 책임이 있다"(대판 2010.6.24. 2010다12852: 법전협 표준판례(199)).

2) 직권조사사항

"직권조사사항에 관하여도 그 사실의 존부가 불명한 경우에는 입증책임의 원칙이 적용되므로 본안판결을 받는다는 것 자체가 원고에게 유리하다는 점에 비추어 직권조사사항인 소송요건에 대한 입증책임은 원고에게 있다"(대판 1997.7.25. 96다39301)(6회 선택형).

3) 추심금 청구의 소에서 피압류채권의 존재

"채권압류 및 추심명령에 기한 추심의 소에서 피압류채권의 존재는 채권자가 증명하여야 한다"(대판 2023.4.13. 2022다279733,279740).

4) 변제충당의 방법

"채무자가 특정한 채무의 변제조로 금원을 지급하였다고 주장함에 대하여, 채권자가 이를 수령한 사실을 인정하면서도 다른 채무의 변제에 충당하였다고 주장하는 경우에는 채권자는 그 다른 채권이 존재한다는 사실과 그 다른 채권에 변제충당하기로 하는 합의나 지정이 있었다거나 그 다른 채권이 법정충당의 우선순위에 있었다는 사실을 주장·증명하여야 할 것이다"(대판 2021.10.28. 2021다251813).

5) 준소비대차계약의 채무

"준소비대차계약이 성립하려면 당사자 사이에 금전 기타의 대체물의 급부를 목적으로 하는 기존 채무가 존재하여야 하고, 기존 채무가 존재하지 않거나 또는 존재하고 있더라도 그것이 무효가 된 때에는 준소비대차계약은 효력이 없다. 준소비대차계약의 채무자가 기존 채무의 부존재를 주장하는 이상 채권자로서는 기존 채무의 존재를 증명할 책임이 있다"(대판 2024.4.25. 2022다254024).

| 핵심사례 B-39 |

■ 채권자 대위소송과 증명책임
2011년 변리사

甲은 乙로부터 A부동산을 매수하였으나 아직 소유권이전등기를 경료하지 못하고 있었다. 丙은 A부동산에 관한 등기서류를 위조하여 자신의 명의로 소유권이전등기를 경료하였다.

그리하여 甲이 丙을 피고로 乙을 대위하여 소유권이전등기말소를 구하는 소를 제기하자, 변론에서 丙은 甲과 乙 사이에 매매계약이 체결된 사실이 없다고 주장하였다.

1. 매매계약체결사실의 존부에 대하여 甲과 丙 중 누가 증명책임을 부담하는가?
2. 매매계약체결사실의 존부에 대해 법원이 심증을 형성하지 못한 경우 어떠한 판결을 해야하는가?

Ⅰ. 결 론

Ⅱ. 논 거

1. 채권자대위소송의 법적성질 - 법정소송담당

2. 증명책임의 분배 - 법률요건분류설

3. 채권자대위소송에서 피보전채권 흠결시 법원의 조치 - 소송요건흠결 소각하

4. 사안의 해결

(1) 〈문제 1.〉의 경우

매매계약체결사실은 甲이 丙을 피고로 乙을 대위하여 제기하는 소의 소송요건이므로 법률요건분류설에 따를 때 이의 증명책임은 원고 甲에게 인정된다.

(2) 〈문제 2.〉의 경우

매매계약체결사실의 존부에 대해 법원이 심증을 형성하지 못한 경우 증명책임을 지는 원고 甲에 불리하게 적용되어야 하므로 법원은 당사자적격흠결을 이유로 각하하여야 한다.

2. 소극적 확인소송의 경우 [6회 사례형]

소극적 확인소송도 법률요건분류설이 적용된다. 다만 통상의 경우와 달리 증명책임이 그 역으로 바뀌게 되어 채무자인 원고가 권리의 장애 · 멸각 · 저지사실 즉 항변사실에 대해, 피고가 권리근거규정의 요건사실에 대하여 증명책임을 지게 된다.

> ✻ 소극적 확인소송에서의 증명책임
>
> ① **[유치권 부존재 확인소송]** "소극적 확인소송에서는 원고가 먼저 청구를 특정하여 채무발생원인 사실을 부정하는 주장을 하면 채권자인 피고는 권리관계의 요건사실에 관하여 주장·증명책임을 부담하므로, 유치권 부존재 확인소송에서 유치권의 요건사실인 유치권의 목적물과 견련관계 있는 채권의 존재에 대해서는 피고가 주장·증명하여야 한다"(대판 2016.3.10. 2013다99409)(8회 선택형).
>
> ② **[승계집행문 부여에 대한 이의의 소]** "채무자가 채무자 지위의 승계를 부인하여 다투는 경우에는 승계집행문 부여에 대한 이의의 소를 제기할 수 있고(민사집행법 제45조), 이때 승계사실에 대한 증명책임은 승계를 주장하는 채권자에게 있다"(대판 2016.6.23. 2015다52190).

Ⅲ. 증명책임의 전환   [B-138]

1. 의의와 구별개념

'증명책임의 전환'이란 법률로써 일반원칙과 다르게 규정한 것을 말한다. 일반원칙에 따르되 그 증명을 용이하게 할 수 있도록 하는 증명책임의 완화와 구별된다.

2. 법률에 의한 전환

민법 제750조의 불법행위에서 과실은 권리근거규정의 요건사실이므로 피해자에게 증명책임이 인정되는 것이 원칙이나, 민법 제759조(동물의 점유자의 책임), 자동차손해배상보장법 제3조, 제조물책

임법 제4조 1항 등은 가해자에게 무과실의 증명책임을 인정되는 것으로 증명책임의 전환을 규정하고 있다.

3. 해석에 의한 전환

判例는 "의료행위의 필요성, 의료행위의 내용, 의료행위의 위험성 등을 설명하고 이를 문서화한 서면에 동의를 받을 법적 의무가 의료종사자에게 부과되어 있는 점, 의사가 그러한 문서에 의해 설명의무의 이행을 입증하기는 매우 용이한 반면 환자 측에서 설명의무가 이행되지 않았음을 입증하기는 성질상 극히 어려운 점 등에 비추어, 특별한 사정이 없는 한 의사 측에 설명의무를 이행한 데 대한 증명책임이 있다고 해석하는 것이 손해의 공평·타당한 부담을 그 지도원리로 하는 손해배상제도의 이상 및 법체계의 통일적 해석의 요구에 부합한다"(대판 2007.5.31. 2005다5867)고 하여 해석에 의한 전환을 인정한 바 있다.

Ⅳ. 증명책임의 완화   [B-139]

1. 의 의

'증명책임의 완화'란 증명이 곤란한 경우 형평의 차원에서 증명책임의 일반원칙을 완화하여 증명을 용이하게 하려는 입법 또는 해석을 말한다. 여기에는 법률상 추정과 일응의 추정이 있다.

2. 법률상의 추정

(1) 의 의

'법률상의 추정'이란 법규화된 경험칙 즉 추정규정을 적용하여 행하는 추정을 말한다. 법규를 적용하여 행하는 추정이라는 점에서 경험칙을 적용하는 사실상 추정과 구별된다. 점유계속의 추정(민법 제198조)과 같은 법률상의 사실 추정과 점유자 권리의 적법 추정(민법 제200조)과 같은 법률상의 권리추정이 있다.

(2) 효 과

1) 증명주제의 선택(증명책임의 완화)

증명책임이 있는 사람은 추정되는 사실 또는 권리를 증명할 수도 있으나, 보통은 그보다도 증명이 쉬운 전제사실을 증명함으로써 이에 갈음할 수 있으므로(증명주제의 선택), 추정규정은 증명책임을 완화시키는 것이다.

2) 반대사실의 증명(증명책임의 전환)

상대방은 ⅰ) 반증에 의하여 전제사실의 존재 여부를 불명확하게 하여 추정규정의 적용을 방해할 수 있고, ⅱ) 추정사실이 부존재한다는 것을 증명함으로써 추정을 번복할 수 있는데, 상대방이 추정사실의 부존재에 대하여 증명책임을 진다는 의미에서는 증명책임이 전환되는 것이다. 여기서 추정을 번복하기 위해 상대방이 세우는 증거는 본증(반대사실의 증거)이고 반증이 아니다.

> **[관련판례]** ＊ **동시사망의 추정을 번복하기 위한 증명책임의 내용 및 정도**
> "민법 제30조의 동시사망의 추정은 법률상 추정으로서 이를 번복하기 위하여는 동일한 위난으로 사망하였다는 전제사실에 대하여 법원의 확신을 흔들리게 하는 반증을 제출하거나 또는 각자 다른 시각에 사망하였다는 점에 대하여 법원에 확신을 줄 수 있는 본증을 제출하여야 하는데, 이 경우 사망의 선후에 의하여 관계인들의 법적 지위에 중대한 영향을 미치는 점을 감안할 때 충분하고도 명백한 입증이 없는 한 위 추정은 깨어지지 아니한다고 보아야 한다"(대판 1998.8.21. 98다8974: 법전협 표준판례(193)).

(3) 등기의 추정력(증명책임의 전환)

1) 내 용

등기가 있으면 등기권리(대판 2009.9.24. 2009다37831: 법전협 표준판례(181)), 등기원인(대판 1994.9.13. 94다10160), 등기절차(대판 2002.2.5. 2001다72029)의 적법성이 법률상 추정된다. 뿐만 아니라 判例는 매매계약 및 등기가 대리인에 의해 행해지는 경우 대리인이 대리권을 수여받아 유효한 대리행위를 하였다는 점도 추정된다고 한다(아래 관련판례 참고). **[2회 사례형, 06 · 15사법]**

[관련판례] "전등기명의인의 직접적인 처분행위에 의한 것이 아니라 제3자가 그 처분행위에 개입된 경우 현등기명의인이 그 제3자가 전등기명의인의 대리인이라고 주장하더라도 현등기명의인의 등기가 적법히 이루어진 것으로 추정되므로 그 등기가 원인무효임을 이유로 말소를 청구하는 전등기명의인으로서는 그 반대사실 즉, 그 제3자에게 전등기명의인을 대리할 권한이 없었다든지, 또는 그 제3자가 전등기명의인의 등기서류를 위조하였다는 등의 무효사실에 대한 입증책임을 진다"(대판 1993.10.12. 93다18914) (1회,8회 선택형)

[비교판례] "근저당권은 계속적인 거래관계로부터 발생하는 다수의 불특정채권을 장래의 결산기에서 일정한 한도까지 담보하기 위한 목적으로 설정되는 담보권이므로, 근저당권설정행위와는 별도로 근저당권의 피담보채권을 성립시키는 법률행위가 있어야 하고, 근저당권의 성립 당시 근저당권의 피담보채권을 성립시키는 법률행위가 있었는지 여부에 대한 증명책임은 그 존재를 주장하는 측에 있다"(대판 2011.4.28. 2010다107408)

2) 등기의 추정력이 법률상 추정인지 여부

a. 논의실익

당해 추정을 법률상의 추정으로 보는 경우에는 증명책임이 전환되어 상대방이 반대사실에 대한 증명책임, 즉 '본증'을 부담하게 되고, 사실상의 추정으로 보는 경우에는 이를 다투는 자의 '반증'만으로 쉽게 깨지므로 증명책임은 여전히 등기명의자에게 남게 된다는 점에서 차이가 있다.

b. 등기의 추정력의 성질

判例는 이전등기가 경료된 사건에서 "이전등기는 권리의 추정력이 있으므로 이를 다투는 측에서 무효사유를 주장·증명하지 않는 한 그 등기를 무효라고 판정할 수 없다"(대판 1992.10.27. 92다30047: 법전협 표준판례(194))고 하고, **[1회 기록형]** "지분이전등기가 경료된 경우 그 등기는 적법하게 된 것으로서 진실한 권리상태를 공시하는 것이라고 추정되므로, 그 등기가 위법하게 된 것이라고 주장하는 상대방에게 그 추정력을 번복할 만한 반대사실을 입증할 책임이 있다"(대판 1992.10.27. 92다30047: 법전협 표준판례(194))고 하여 **법률상 추정**으로 본다. 다만, 소유권이전등기의 원인으로 주장된 계약서가 진정하지 않은 것으로 증명된 경우에는 그 등기의 적법추정은 복멸되는 것이고 계속 다른 적법한 등기원인이 있을 것으로 추정할 수는 없다고 한다(대판 1998.9.22. 98다29568)(1회 선택형).

[판례검토] 등기의 공신력이 인정되지 않는 우리 법제하에서, 실체법상의 권리자일 개연성이 높은 등기명의자에게 소송상 유리한 지위를 부여하는 것이 거래의 안전에 도움이 되는 점을 고려하여 '**법률상의 추정**'으로 보는 것이 타당하다(통설).[116] 따라서 등기의 진정성을 부인하려는 자는 현 등기명의인의 등기가 무효라는 사실주장과 증명책임을 부담한다.

---

116) **[학설]** 이에 반해 사실상 추정설은 명문의 규정도 없는 법제에서 이러한 강력한 법률상 추정력을 인정할 수 없으므로 사실상 추정이고, 이러한 추정을 복멸하기 위해 상대방은 반증으로 추정사실에 대해 법관의 의심을 가지게 하면 충분하다는 점에서 증명책임이 상대방에게 전환되지 않는다고 한다.

3) 확정판결에 기한 등기의 추정력

"등기원인의 존부에 관한 분쟁에서 법원이 등기원인의 존재를 인정하면서 이에 기한 등기절차의 이행을 명하는 판결을 선고하고 그 판결이 확정됨에 따라 이에 기한 소유권이전등기가 마쳐진 경우, 그 등기원인에 기한 등기청구권은 법원의 판단에 의하여 당사자 사이에서 확정된 것임이 분명하고, 법원이나 제3자도 위 당사자 사이에 그러한 기판력이 발생하였다는 사실 자체는 부정할 수 없는 것이므로, 위 기판력이 미치지 아니하는 타인이 위 등기원인의 부존재를 이유로 확정판결에 기한 등기의 추정력을 번복하기 위해서는 일반적으로 등기의 추정력을 번복함에 있어서 요구되는 입증의 정도를 넘는 명백한 증거나 자료를 제출하여야 하고, 법원도 그러한 정도의 입증이 없는 한 확정판결에 기한 등기가 원인무효라고 단정하여서는 아니 될 것이다"(대판 2002.9.24. 2002다26252: 법전협 표준판례(195)).

핵심사례 B-40

▌등기의 추정력과 증명책임

> 甲은 해외근무차 출국하면서 친구인 乙에게 자신의 재산관리를 부탁하였다. 乙은 甲을 위하여 재산관리를 하던 중 甲의 승낙 없이 甲 소유의 아파트를 乙 명의로 이전등기하였다. 귀국 후 이 사실을 알게 된 甲은 아파트를 돌려달라며 乙을 상대로 소유권이전등기말소소송을 제기하였다. 乙은 임의로 이전등기를 마친 것이 아니라 甲의 대리인 A로부터 적법하게 아파트를 매수하여 이전등기를 마쳤다고 주장하는데, 법원의 심리 결과 甲의 A에 대한 대리권수여 여부가 분명하지 않다면, **법원으로서는 어떤 내용의 판결을 하여야 하는가? (15점)**

I. 결론

법원은 甲청구 기각판결을 선고하여야 한다.

II. 논거

1. 증명책임의 분배 - 법률요건분류설

말소등기청구의 요건사실은 甲이 소유자이고, 甲소유의 아파트에 乙의 등기가 경료되어 있으며, 그 등기가 원인무효일 것을 요한다. 사안에서는 乙의 등기가 원인무효인지가 문제되는 바, 이는 A에게 대리권이 있었는지 여부에 달려있다. A의 대리권 유무의 증명책임이 甲과 乙 중 누구에게 있는지는 등기의 추정력이 대리권의 존부에까지 미치는지 여부에 따라 달라진다.

2. 등기의 추정력의 성질 및 효과

(1) 등기의 추정력이 법률상 추정인지 여부(적극)

(2) 효과

등기의 진정성을 부인하려는 甲은 현 등기명의인인 乙의 등기가 무효라는 사실주장과 증명책임을 부담한다.

3. 사안의 해결

등기가 경료되어있다면 대리인이 유효한 대리행위를 하였다는 점도 추정되므로 이를 다투는 甲의 불이익으로 돌아가 법원은 甲청구 기각판결을 선고하여야 한다.

(4) 유사적 추정

1) 의 의

'유사적 추정'이란 추정으로 규정되어 있지만 엄격한 의미의 법률상 추정이 아닌 것을 말한다. 유사적 추정으로는 잠정적 진실, 의사추정, 증거법칙적 추정이 있다.

2) 잠정적 진실

잠정적 진실은 전제사실 없이 일정한 사실을 추정하는 것을 말한다. '소유의 의사로 선의, 평온 및 공연하게 점유한 것으로 추정한다'(민법 제197조 1항)는 엄격한 의미의 법률상 추정은 아니지만 잠정적으로 인정되는 사실에 대해 다투는 자에게 증명책임을 지우는 규정으로 결국 증명책임의 전환을 가져온다. 따라서 점유자의 자주점유는 잠정적 진실로 이를 다투는 당사자가 증명책임을 지고(3회,12회 선택형), 자주점유에 대한 반대사실을 본증으로 증명해야 추정을 복멸시킬 수 있다.

3) 의사추정

의사추정은 '법률'이 '법률행위'를 해석하는 경우이다. 예컨대 기한의 이익은 채무자를 위한 것으로 보는 추정(민법 제153조 1항), 위약금 약정은 손해배상액의 예정으로 보는 추정(민법 제398조 4항)이다.

4) 증거법칙적 추정

'증거법칙적 추정'이란 실체법의 요건사실이나 법률효과와는 무관하게 증거법상으로 일정한 사실을 추정하는 것을 말한다. 공문서의 진정추정(제356조), 사문서의 진정추정(제358조)이 그 예이다. 실체법과 무관하므로 증명책임 전환의 효과가 발생하지 않는다.

3. 일응의 추정(표현증명)

(1) 의 의

'일응의 추정'이란 사실상 추정 가운데 **고도의 개연성이 있는 경험칙**을 이용하여 간접사실로부터 주요사실을 추정하는 경우를 말한다. 일응추정에 의해 증명책임자의 증명책임이 완화되는 바, 이는 증명책임과는 무관하게 법관의 자유심증에 의한 경험칙을 이용하는 사실상의 추정과는 구별된다.

(2) 적용범위

주로 불법행위의 요건으로서 인과관계 및 과실을 인정할 경우 이른바 '정형적 사상경과'에 해당되는 경우에 적용된다. 교통사고가 운전자의 도로교통법규 위반으로 인하여 발생한 때에는 특별한 사정이 없는 한 그 운전자의 과실은 추정된다(대판 1981.7.28. 80다2569).

(3) 일응의 추정의 효과

원고는 고도의 경험칙에 의하여 전제사실을 증명함으로써 주요사실의 직접증명을 대신할 수 있다. 즉 원고의 증명책임이 완화된다. 다만 증명책임이 전환되는 것은 아니다(이 점에서 법률상의 추정과 다르다). 상대(피고)가 반증에 성공하면 추정은 복멸되고 주요사실이 다시 진위불명에 빠져 주요사실의 증명책임은 원고에게 있는 것이다.

(4) 일응의 추정의 복멸

1) 직접반증

반증에 의하여 간접사실의 존재에 대하여 법관에게 의심을 불러일으키는 방법으로 일응의 추정을 복멸할 수 있다.

2) 간접반증

a. 의 의

이미 증명된 간접사실을 인정하면서 그 추정의 전제사실과 양립되는 별개의 간접사실을 증명하여 일응의 추정을 복멸하는 증명활동이다. 예컨대 중앙선을 침범한 자동차에 치인 사실이 증명되면 운전자의 과실이 추정되는바, 다른 대형차가 들이받아서 중앙선을 침범하게 되었다는 사정을 증명하면 운전자의 과실에 대한 일응의 추정은 복멸된다.

① 주요사실에 대하여는 진위불명의 상태에 빠뜨리면 되므로 반증이지만, ② 양립하는 별개의 간접사실 자체의 존재에 대하여는 법관에게 확신을 줄 정도로 증명해야 하므로 본증이다.

> **[관련판례]** ＊ **위법한 쟁의행위로 조업을 하지 못함으로써 입은 고정비용 상당 손해배상을 구하는 경우**
> "제조업체는 조업중단으로 인하여 일정량의 제품을 생산하지 못하였다는 점 및 생산 감소로 인하여 매출이 감소하였다는 점을 증명하여야 할 것이지만, 제품이 생산되었다면 그 후 판매되어 제조업체가 이로 인한 매출이익을 얻고 또 생산에 지출된 고정비용을 매출원가의 일부로 회수할 수 있다고 추정함이 상당하고, 다만 해당 제품이 이른바 적자제품이라거나 불황 또는 제품의 결함 등으로 판매가능성이 없다는 등의 특별한 사정에 대한 간접반증이 있으면 이러한 추정은 복멸된다. 그리고 쟁의행위 종료 후 상당한 기간 안에 추가 생산을 통하여 쟁의행위로 인한 부족 생산량이 만회되는 등 생산 감소로 인하여 매출 감소의 결과에 이르지 아니할 것으로 볼 수 있는 사정이 증명된 경우도 마찬가지이다"(대판 2023.6.15. 2017다46274)

b. 현대형 소송에서의 일응추정과 간접반증이론의 응용

현대형 소송에서 判例는 피해자의 인과관계의 증명곤란을 완화하는 방안으로 간접반증이론을 응용하려 하고 있다. 이러한 간접반증이론을 도입하려는 判例의 태도는 증명이 곤란한 주요사실의 증명을 위하여 관련간접사실에 대한 증명의 부담을 양당사자에게 부담시켜 증명책임제도의 공평한 운영을 기하려는 것으로 평가되고 있다.

① **[공해소송]** 공장의 폐수에 의해 피해를 입은 경우에 있어서 인과관계의 고리를 크게 ⅰ) 유해한 원인물질의 배출, ⅱ) 원인물질의 피해물건에 도달 및 손해발생, ⅲ) 기업에서 생성·유출된 원인물질이 손해발생에의 유해성 등 세 가지 간접사실로 대별할 수 있는데, ⅰ)ⅱ)에 대하여는 원고로 하여금 증명을 하게 하여 증명이 성공하면 인과관계가 있는 것으로 일응의 추정을 하되, ⅲ)에 대하여는 피고측의 간접반증의 대상으로 하여 그 부존재(원인물질이 무해, 유출과정에서의 희석, 다른 원인의 존재 등)의 증명이 성공하면 인과관계에 관한 일응의 추정에서 벗어나게 하는 것이다(대판 2012.1.12. 2009다84608, 84615, 84622, 84639; 법전협 표준판례(196))[117](3회 선택형).

② **[의료소송]** 의료소송에서는 "환자측에서 일응 일련의 의료행위 과정에서 저질러진 ⅰ) 일반인의 상식에 바탕을 둔 의료상의 과실 있는 행위를 입증하고 ⅱ) 그 결과와 사이에 일련의 의료행위 외에 다른 원인이 개재될 수 없다는 점, 이를테면 환자에게 의료행위 이전에 그러한 결과의 원인이 될 만한 건강상의 결함이 없었다는 사정을 증명한 경우에 있어서는, ⅲ) 의료행위를 한 측이 그 결과가 의료

---

117) **[사실관계]** 즉 判例는 김양식장 피해사건에서 "ⅰ) 피고공장에서 김의 생육에 악영향을 줄 수 있는 폐수가 배출되고 ⅱ) 그 폐수중의 일부가 해류를 통하여 이 사건 어장에 도달되었으며, ⅲ) 그 후 김에 피해가 있었다는 사실이 각 모순 없이 증명되는 이상 피고의 위 폐수의 배출과 원고가 양식하는 김에 병해가 발생하여 입은 손해와의 사이에 일응 인과관계의 증명이 있다고 보아야 할 것이고, 이러한 사정아래서 폐수를 배출하고 있는 피고로서는 ⅰ) 피고공장 폐수 중에는 김의 생육에 악영향을 끼칠 수 있는 원인물질이 들어 있지 않으며 또는 ⅱ) 원인물질이 들어 있다 하더라도 그 혼입율이 안전농도 범위 내에 속한다는 사실을 반증을 들어 인과관계를 부정하지 못하는 이상 그 불이익은 피고에게 돌려야 마땅할 것이다"라고 판시하고 있다. 그동안 하급심에서는 피해자가 위 세 가지 사유 이외에 '피해과정 및 오염물질의 분량의 존재'까지 입증할 것을 요구하였는데, 위 판결은 이를 <u>입증의 대상에서 제외</u>함으로써 피해자의 입증곤란에서 오는 어려움을 덜어준 것이다.

상의 과실로 말미암은 것이 아니라 전혀 다른 원인으로 말미암은 것이라는 입증을 하지 아니하는 이상, 의료상 과실과 결과 사이의 인과관계를 추정하여 손해배상책임을 지울 수 있도록 입증책임을 완화하는 것이 손해의 공평·타당한 부담을 그 지도원리로 하는 손해배상제도의 이상에 맞는다"(대판 1995.2.10. 93다52402; 법전협 표준판례(197); 대판 2004.10.28. 2002다45185; 법전협 표준판례(198))(3회 선택형)고 판시하였다.

나아가 判例는 "수술 도중이나 수술 후 환자에게 중한 결과의 원인이 된 증상이 발생한 경우 그 증상의 발생에 관하여 의료상의 과실 이외의 다른 원인이 있다고 보기 어려운 간접사실들이 증명되면 그와 같은 증상이 의료상의 과실에 기한 것이라고 추정할 수 있다"(대판 2015.2.12. 2012다6851)고 보았다. 다만, 그 경우에도 의사에게 무과실의 증명책임을 지우는 것까지 허용되지는 아니한다(대판 2004.10.28. 2002다45185) 나아가 判例는 "유족의 반대로 시체의 부검이 이루어지지 아니한 때에는 유족측이 증명책임상의 불이익을 감수하여야 한다"(대판 2010.9.30. 2010다12241,12258)고 판시한 적도 있다.

[관련판례] "의사는 진료를 행할 때에 환자의 상황과 당시의 의료수준 그리고 자기의 지식경험에 따라 적절하다고 판단되는 진료방법을 선택할 상당한 범위의 재량을 가진다고 할 것이고, 그것이 합리적인 범위를 벗어난 것이 아닌 한 진료의 결과를 놓고 그중 어느 하나만이 정당하고 이와 다른 조치를 취한 것은 과실이라고 말할 수는 없다"(대판 2007.5.31. 2005다5867).

③ [제조물 책임소송] 제조물 책임소송에서는 "소비자 측에서 ⅰ) 그 사고가 제조업자의 배타적 지배하에 있는 영역에서 발생한 것임을 입증하고, ⅱ) 그러한 사고가 어떤 자의 과실 없이는 통상 발생하지 않는다고 하는 사정을 증명하면, ⅲ) 제조업자 측에서 그 사고가 제품의 결함이 아닌 다른 원인으로 말미암아 발생한 것임을 입증하지 못하는 이상, 위와 같은 제품은 이를 유통에 둔 단계에서 이미 그 이용시의 제품의 성상이 사회통념상 당연히 구비하리라고 기대되는 합리적 안전성을 갖추지 못한 결함이 있었고, 이러한 결함으로 말미암아 사고가 발생하였다고 추정하여 손해배상책임을 지울 수 있도록 입증책임을 완화하는 것이 손해의 공평·타당한 부담을 그 지도원리로 하는 손해배상제도의 이상에 맞는다"(대판 2000.2.25. 98다15934)고 판시하였다.

제 **4** 편
소송의 종료

제1장   총 설

제1관 소송종료사유

민사소송법이 규정하는 원칙적인 소송종료사유는 **법원의 종국판결**이지만(제198조), 예외적으로 재판장의 소장각하명령(제254조 2항)에 의하여 종료되기도 하고, 조정에 갈음하는 결정, 화해권고결정, 이행권고결정 등에 의하여 종료되기도 한다. 또한 소의 취하 또는 취하간주, 소송상 화해, 조정, 청구의 포기·인낙 등과 같이 **당사자의 행위**에 의하여 종료되기도 한다. 이 밖에도 소송계속 중 당사자 사망, 법인합병 등 **대립당사자 구조가 소멸**됨으로써 소송이 종료하는 경우가 있다.

	소의 취하	청구의 포기·인낙	소송상 화해	종국판결
적용장면	제한 없음	소송물의 처분가능성이 있는 범위		제한 없음
상대방의 동의	피고의 응소 후에는 피고동의 필요 (제266조)	불요 (일방의 전면적 양보)	양자의 동의 (양자의 상호양보)	불요
소송종료효	○	○	○	○
기판력	×	포기○ · 인낙○	○(무제한기판력설 判)	○
집행력	×	포기× · 인낙○	○	○
변론주의	○	○	○	
직권탐지주의	○	×	×	
회사관계소송	○	포기○ · 인낙×	×	
당사자·시기	① 당사자능력 + 소송능력, 대리인의 경우 특별수권 필요 ② 통공은 각자, 필공은 전원이 함께 ③ 소송계속 중이면 상고심에서도 가능 (소취하의 경우 종국판결 선고 후 소취하한 이후에는 재소금지의 제재)			

제2관 소송종료선언

Ⅰ. 의 의 [C-1]

'소송종료선언'이라 함은 계속 중인 소송이 유효하게 종료되었음을 확인하는 것으로, 종국판결이자 소송판결에 해당하며 상소가 허용된다.

Ⅱ. 소송종료선언의 사유 [기, 간, 당] [C-2]

1. 기일지정신청이 이유없는 경우

(1) 기일지정신청의 의의

'기일지정신청'이란 ⅰ) 확정판결에 의하지 않고 소송이 종료된 것으로 처리된 후, ⅱ) 당사자가 소송이 종료되었다는 것을 다투면서 당사자가 기일을 열어줄 것을 신청하는 제도를 말한다.

(2) 기일지정신청이 가능한지 문제되는 경우

1) 소취하 또는 상소취하의 효력에 관한 다툼이 있는 경우

> 규칙 제67조 (소취하의 효력을 다투는 절차) ① 소의 취하가 부존재 또는 무효라는 것을 주장하는 당사자는 기일지정신청을 할 수 있다.
>
> 규칙 제68조 (준용규정) 법 제268조(법 제286조의 규정에 따라 준용되는 경우를 포함한다)의 규정에 따른 취하간주의 효력을 다투는 경우에는 제67조 제1항 내지 제3항의 규정을 준용한다.

소 또는 상소의 취하(취하간주 포함, 제268조)의 효력에 관한 다툼이 있어 당사자가 기일지정신청을 하는 경우, 법원은 기일을 열어 신청사유를 심리하고, 신청이 이유 없을 경우 소송종료선언을 한다(규칙 제67조·제68조).

2) 청구의 포기·인낙, 화해의 효력에 관한 다툼이 있는 경우

a. 원 칙(소극)

청구의 포기·인낙, 소송상 화해의 경우 준재심의 대상이 되는 것 이외에 그 하자의 구제책을 인정하지 아니하는 것이 우리법제(제461조, 제451조)이다. 따라서 이에 대한 흠은 재심사유가 있는 경우 준재심의 절차로만 다툴 수 있고, 원칙적으로 기일지정신청으로 하자를 다툴 수는 없다.

b. 예 외(적극)

다만, 判例는 "재판상의 화해를 조서에 기재한 때에는 그 조서는 확정판결과 동일한 효력이 있고 당사자간에 기판력이 생기는 것이므로 확정판결의 당연무효 사유와 같은 사유가 없는 한 재심의 소에 의하여만 효력을 다툴 수 있는 것이나(대결 1990.3.17. 90그3: 법전협 표준판례(230) : 그 효력을 다투기 위하여 기일지정신청을 함은 허용되지 않는 것이 원칙이다), 당사자 일방이 화해조서의 당연무효 사유를 주장하며 기일지정신청을 한 때에는 법원으로서는 그 무효사유의 존재 여부를 가리기 위하여 기일을 지정하여 심리를 한 다음 무효사유가 존재한다고 인정되지 아니한 때에는 판결로써 소송종료선언을 하여야 한다"(대판 2000.3.10. 99다67703)고 하여 예외를 인정한다. "이러한 이치는 재판상 화해와 동일한 효력이 있는 조정조서에 대하여도 마찬가지라 할 것이다"(대판 2001.3.9. 2000다58668: 법전협 표준판례(200)).

2. 법원이 소송종료를 간과한 때

확정판결, 소의 취하 또는 취하간주, 청구의 포기·인낙, 소송상 화해 등에 의하여 소송이 종료되었음에도 불구하고 이를 간과하고 심리를 계속 진행한 사실이 발견된 경우, 법원은 직권으로 소송종료선언을 하여야 한다(대판 2011.4.28. 2010다103048)(3회 선택형). 특히 상소심 법원은 당사자의 이의 여부에 관계없이 직권으로 이러한 사유가 있는지를 조사하고(저자 주 : 소송종료를 간과한 판결은 무효인 판결이므로), 이를 발견하면 그 부분의 판결을 파기하고 소송종료선언을 하여야 한다(대판 1991.5.24. 90다18036).

판결의 일부가 이미 확정되어 그 한도 내에서 소송이 종료되었음에도 이를 간과하고 심판한 경우, 상급법원은 확정된 부분의 판결을 취소하고 소송종료를 선언해야 한다(대판 2012.9.27. 2011다76747: 법전협 표준판례(319)).[1]

3. 당사자대립구조가 소멸한 때

소송계속 중 대립당사자구조가 소멸되면 당연히 소송이 종료된다. 그런데 당사자가 소송이 종료되었는지 여부에 대하여 다투면서 기일지정을 신청한 경우, 심리결과 소송종료가 적법하다면 법원은 판결로서 소송종료선언을 해야 한다(1회 선택형).

> **[관련판례]** ✻ **소송종료선언의 사유 : 소송계속 중 당사자가 사망하였으나 소송물인 권리관계가 상속되지 않는 경우**
>
> ① "이사가 그 지위에 기하여 주주총회결의 취소의 소를 제기하였다가 소송 계속 중에 사망하였거나 사실심 변론종결 후에 사망하였다면, 그 소송은 이사의 사망으로 중단되지 않고 그대로 종료된다. 이사는 주식회사의 의사결정기관인 이사회의 구성원이고, 의사결정기관 구성원으로서의 지위는 일신전속적인 것이어서 상속의 대상이 되지 않기 때문이다"(대판 2019.2.14. 2015다255258: 법전협 표준판례(201)).
>
> ② "이혼심판에 대한 재심소송의 제1심 계속중 이혼청구인이 사망하였다면, 제1심으로서는 청구인의 상속인들로 하여금 청구인을 수계하도록 할 것이 아니라(소송물이 일신전속적이므로 : 저자주) 검사로 하여금 청구인의 지위를 수계하도록 하여 재심사유의 존재 여부를 살펴보았어야 하고 심리한 결과 재심사유가 있다고 밝혀진다면 재심대상심판을 취소하여야 하며 이 단계에서는 이미 혼인한 부부 중 일방의 사망으로 소송이 그 목적물을 잃어버렸기 때문에 이를 이유로 소송이 종료되었음을 선언하였어야 한다"(대판 1992.5.26. 90므1135)

Ⅲ. 효 과 [C-3]

소송종료선언은 소송완결의 확인적 성질을 가진 종국판결로서 이에 대한 **불복상소는 허용**되나, 본안판결이 아닌 소송판결이므로 소송종료선언의 판결이 선고된 후 그 판결이 확정되기 전에 소가 취하되더라도 **재소금지가 적용되지는 않는다.** 재소금지는 본안의 종국판결에만 적용되기 때문이다.

---

1) 甲 재단법인 등이 소유한 토지 지상에 국가가 설치한 송전선로가 지나가고 있고 한국수자원공사가 송전선로 등 수도권 광역상수도시설에 대한 수도시설관리권을 국가로부터 출자받아 시설을 유지·관리하고 있는데, 甲 법인 등이 주위적으로 한국수자원공사에 대하여, 예비적으로는 국가에 대하여 토지 상공의 점유로 인한 부당이득반환청구의 소를 제기하여 제1심이 공사에 대한 청구는 기각하고 국가에 대한 청구는 인용하자 甲 법인 등이 공사에 대하여 항소를 제기하고 공사와 국가는 항소하지 않은 사안에서, 공사에 대한 청구만이 항소심의 심판대상이 되고 국가에 대한 제1심판결은 항소기간 만료일이 지남으로써 분리 확정되었음에도, 분리 확정된 국가에 대한 청구까지 항소심에 이심된 것으로 본 원심판결을 파기하고 그 부분에 대한 소송종료선언을 한 사례에서 대법원은 "부진정연대채무의 관계에 있는 채무자들을 공동피고로 하여 이행의 소가 제기된 경우 공동피고에 대한 각 청구는 법률상 양립할 수 없는 것이 아니므로 그 소송은 민사소송법 제70조 제1항에 규정한 본래 의미의 예비적·선택적 공동소송이라고 할 수 없고, 따라서 거기에 필수적 공동소송에 관한 민사소송법 제67조는 준용되지 않는다고 할 것이어서 상소로 인한 확정차단의 효력도 상소인과 그 상대방에 대해서만 생기고 다른 공동소송인에 대한 관계에는 미치지 않는다"고 판시하였다(통상 공동소송으로 본 사례)

제2장 당사자의 행위에 의한 종료

제1절 소의 취하와 재소금지

제1관 소의 취하

Ⅰ. 서 설

1. 의 의

'소의 취하'는 원고가 소의 전부 또는 일부를 철회하는 법원에 대한 단독적 소송행위이다(제266조). 반면, '소취하 합의'에 대해서 判例는 "소송당사자가 소송 외에서 그 소송을 취하하기로 합의한 경우에는 그 합의는 유효하여 원고에게 권리보호의 이익이 없다"(대판 1982.3.9. 81다1312: 법전협 표준판례(203))고 하여, 소송 외에서의 소취하 합의에 소취하의 효력을 인정하지 않고 소송상 항변권 발생만을 인정한다(4회 선택형).

2. 구별개념

(1) 청구의 포기와의 구별

1) 주체 · 절차

'청구의 포기'와 '소취하'는 모두 소송을 종료시키는 원고의 행위이나, 전자는 심판청구에 대한 불이익한 진술로서 직권탐지주의에 의하는 소송절차에는 허용되지 않으나, 후자는 단순한 심판청구의 철회로서 직권탐지주의에 의하는 소송절차에는 허용된다는 점에서 차이가 있다.

2) 재소가부

'청구의 포기'는 기판력이 발생하여(제220조) 재소가 불가하나, '소취하'는 소송계속의 소급적 소멸을 가져올 뿐이어서 본안에 대한 종국판결이 있기 전이라면 재소가 가능하다(제267조 2항 반대해석).

3) 피고동의 · 공증

철회에 있어 '청구의 포기'는 피고의 동의가 필요 없음에 반해, '소취하'의 철회는 피고가 본안에서 변론한 경우에는 피고의 동의를 요하고(제266조 2항), '청구포기 · 인낙 또는 화해'의 경우 불출석 당사자가 진술한 것으로 보는 서면에 공증사무소의 인증을 요하는 반면(제148조 2항, 동조 3항), '소취하'의 경우에는 이러한 규정이 없음을 주의해야 한다.

4) 불복방법

하자를 다툴 때에도 '청구의 포기'는 준재심(제461조)으로, '소취하'는 기일지정신청(규칙 제67조)으로 한다.

> ＊ **청구의 감축**
>
> 소가 주관적 또는 객관적으로 병합되어 있는 수개의 청구 중 일부는 물론, 1개의 청구 중 일부도 취하할 수 있다(제266조 1항). 청구의 감축을 청구의 일부포기로 볼 것인가 소의 일부취하로 볼 것인가는 원고의 의사에 따라 정할 것이나, 어느 쪽인지 분명하지 아니할 때에는 원고에게 유리한 쪽인 소의 일부취하로 취급함이 옳다(대판 2004.7.9. 2003다46758).

(2) 상소의 취하와의 구별

1) 시 기

판결의 확정시까지 가능한 '소의 취하'(제266조 1항)는 항소심판결 선고시까지 할 수 있는 '상소의 취하'(제393조 1항)와는 구별하여야 한다.

2) 일부취하

'소의 취하'는 일부취하가 허용되나, '상소의 취하'는 상소불가분원칙 때문에 일부취하가 불허된다.

3) 이미 행한 판결의 효력

'소의 취하'는 소송계속이 소급적으로 소멸되어 이미 행한 판결도 실효하게 한다(제267조 1항). 그러나 '상소의 취하'는 항소심의 소송계속이 소급적으로 소멸되므로 제1심판결이 그대로 유지·확정시킨다(제393조 2항, 제267조 1항, 제498조).

4) 상대방의 동의

'소의 취하'는 상대방이 본안에 관하여 준비서면을 제출하거나 변론준비기일에서 진술하거나 변론을 한 뒤에는 상대방의 동의를 받아야 하나(제266조 2항), '상소의 취하'는 전판결이 확정되는 것이므로 오히려 피항소인에게 유리하여 피항소인이 응소하였다 하더라도 그의 동의가 필요 없다(제393조 2항).

5) 재소 가부

'소의 취하' 후 재소는 재소금지(제267조 2항)의 효과에 따르나, '상소의 취하' 후 재소는 기판력(제216조)의 효과에 따라 불가하다.

	항소취하	소취하
행사기간	항소심종국판결선고 시까지(제393조 1항)	판결확정시까지(제266조 1항)
동의여부	피항소인의 동의 불요(제393조 2항)	상대방의 동의 필요(제266조 2항).
원심판결에의 영향	항소심이 소급적으로 소멸되므로 제1심판결이 확정(원심판결에 영향 없음 : 기판력 발생O. 항소만을 철회)	소송이 소급적으로 소멸(원심판결의 효력 상실 : 기판력 발생×, 소 그 자체의 철회) (제267조 1항)
효력발생 시기	항소취하서를 제출한 때 효력발생	동의를 요하는 경우에는 소취하서가 상대방에게 도달한 때, 동의를 요하지 않는 경우에는 제출한 때 효력 발생
일부취하	항소불가분의 원칙과 상대방의 부대항소권의 보장을 이유로 불허	당사자처분권주의의 원칙상 당연히 허용(제266조 1항)

(3) 공격방법의 철회와의 구별

'소취하'는 신청자체의 철회이나 '공격방법의 철회'는 신청을 이유 있게 하는 소송자료의 철회에 불과하다. 따라서 공격방법의 철회시에는 피고의 동의를 요하지 않는다.

Ⅱ. 요 건 [당, 소, 시, 동, 소]   [C-5]

1. 당사자

소를 취하하는 원고에게 소송능력이 있어야 하며, 법정대리인 또는 소송대리인이 소를 취하하려면 특별한 권한을 따로 받아야 한다(제56조 2항, 제90조 2항 2호). 다만, 소송무능력자 또는 무권대리인은 추인이 없는 한 스스로 제기한 소를 취하할 수 있고 피고가 본안에 관하여 변론을 한 경우에도 그 동의를 얻을 필요가 없다. 고유필수적 공동소송의 경우 전원이 공동으로 취하하여야 하나, 유사필수적 공동소송과 통상공동소송에서는 각자 단독취하가 가능하다.

2. 소송물

가사소송 등 직권탐지주의의 적용을 받는 소송물을 포함해 모든 소송물에 대하여 원고는 자유롭게 취하할 수 있다. 다만, 주주 대표소송(상법 제403조 6항), 증권관련집단소송 등은 법원의 허가를 요한다(증권관련집단소송법 제35조 1항).

3. 시 기

> 제266조 (소의 취하) ① 소는 판결이 확정될 때까지 그 전부나 일부를 취하할 수 있다.
>
> 제267조 (소취하의 효과) ② 본안에 대한 종국판결이 있은 뒤에 소를 취하한 사람은 같은 소를 제기하지 못한다.

소의 취하는 소제기 후 **종국판결의 '확정'** 전까지 할 수 있으므로(제266조 1항), 항소심 · 상고심에서도 할 수 있으나 '본안에 대한 종국판결'이 있은 뒤에 소를 취하하면 재소금지의 제재가 따른다(제267조 2항)(7회 선택형). 판결이 확정되어 소송계속이 발생하면 소의 취하는 불가능하고 소송계속이 없는 상태에서 이루어진 소 취하 의사표시는 그 대상을 결여하여 무효이다(대판 2021.11.25. 2018다27393).

4. 피고의 동의

(1) 동의를 요하는 경우

> 제266조 (소의 취하) ② 소의 취하는 상대방이 본안에 관하여 준비서면을 제출하거나 변론준비기일에서 진술하거나 변론을 한 뒤에는 상대방의 동의를 받아야 효력을 가진다.

피고가 응소한 뒤에는 피고에게 원고청구기각 판결을 받을 이익이 발생했기 때문에 피고의 동의를 받아야 취하의 효력이 생긴다(제266조 2항).

(2) 동의를 요하지 않는 경우

① 피고가 주위적으로 소각하판결, 예비적으로 청구기각판결을 구한 경우에는 청구기각의 본안판결을 구하는 것은 예비적인 것에 그치므로 피고의 동의가 필요 없다(대판 1968.4.23. 68다217: 법전협 표준판례 (205))(3회 선택형). ② 본소의 취하 후에 반소를 취하함에는 원고의 동의가 필요 없다(제271조).

[관련판례] * 상대방이 있는 마류 가사비송사건인 재산분할심판 사건의 경우

"재산분할심판 사건은 마류 가사비송사건에 해당하고[가사소송법 제2조 제1항 제2호 (나)목 4)], 당사자의 심판청구에 의하여 절차가 개시되며 당사자가 청구를 취하하여 절차를 종료시킬 수 있다. 가사비송절차에 관하여 가사소송법에 특별한 규정이 없는 한 비송사건절차법 제1편의 규정을 준용하는데(가사소송법 제34조 본문), 가사소송법에 가사비송사건의 심판청구 취하에 있어서 상대방의 동의 필요 여부에 관하여 특별한 규정을 두고 있지 아니하고, 비송사건절차법은 '소취하에 대한 동의'에 관한 민사소송법 제266조 제2항을 준용하지 않는다. 따라서 상대방이 있는 마류 가사비송사건인 재산분할심판 사건의 경우 심판청구 취하에 상대방의 동의를 필요로 하지 않고, 상대방이 취하에 부동의하였더라도 취하의 효력이 발생한다"(대판 2023.11.2. 2023므12218).

(3) 동의의 성질, 방식

소취하의 동의는 소송행위이므로 소송능력이 있어야 하며, 조건을 붙여서는 아니 된다. 소송대리인이 한 소취하의 동의는 소송대리권의 범위 내의 사항으로서 특별수권사항이 아니므로 바로 본인에게 그 효력이 미친다(대판 1984.3.13. 82므40). 고유필수적 공동소송의 경우 전원의 동의가 필요하고, 독립당사자참가의 경우 참가인의 동의도 필요하다.

(4) 동의의 효과

일단 피고가 동의를 거절하였으면 소취하의 효력이 생기지 아니하므로, 후에 다시 동의하더라도 소취하의 효력이 생기지 않는다(대판 1969.5.27. 69다130)(9회 선택형).

5. 소송행위의 유효요건 구비

소의 취하는 소송행위이므로 조건을 붙여서는 아니된다.

Ⅲ. 절 차   [C-6]

1. 서면 또는 구술

원칙적으로 취하서를 제출하여야 하나(제266조 3항 본문), 예외적으로 변론기일 또는 변론준비기일에서는 말로 소를 취하할 수 있다(제266조 3항 단서)(4회 선택형). 이 경우 判例는 제3자나 상대방(피고)에 의한 소취하서 제출이 허용된다고 한다(대판 2001.10.26. 2001다37514). 변론준비기일에 피고가 불출석한 경우에도 말로써 소를 취하할 수 있는데 이 경우에는 상대방에게 소취하의 진술을 기재한 조서의 등본을 송달하여야 한다(제266조 5항). 다만, 적법한 소 취하의 서면이 제출된 이상, 상대방에 송달 전후를 불문하고 임의철회는 할 수 없다(대판 1997.6.27. 97다6124: 법전협 표준판례(204)).

2. 피고동의의 방법

소취하에 대한 상대방의 동의도 서면 또는 말로 한다. 상대방의 동의 여부가 명확하지 아니한 경우에는, 취하서가 송달된 날로부터 2주 이내에, 말로 취하할 때에는 출석한 날로부터 2주 이내에 이의를 제기하지 않으면 소의 취하에 동의한 것으로 본다(제266조 6항).

Ⅳ. 효 과   [C-7]

1. 소송계속의 소급적 소멸

(1) 소송상 효과

소가 취하되면 처음부터 소송이 계속되지 아니하였던 것과 같은 상태에서 소송이 종료된다(제267조 1항). 그러나 소 취하에 앞서 제기한 독립당사자참가·반소·중간확인의 소는 본소의 취하에 불구하고 원칙적으로 아무런 영향을 받지 않는다.

(2) 사법상 효과

1) 시효중단·기간준수 : 소급소멸

소의 제기에 의한 실체법적 효과인 시효중단과 출소기간 준수의 효과는 소취하에 의하여 소급적으로 소멸된다(민법 제170조).

2) 형성권의 행사 : 신병존설

判例는 소송에서 공격방어방법의 전제로 형성권을 행사한 경우 소의 취하에 의하여 형성권 행사의 효력이 소멸하지 않는다는 입장을 보였으나(대판 1982.5.11. 80다916: 법전협 표준판례(136) : 해제권 사례), 최근에는 법원의 실질적인 판단이 이루어지지 아니한 경우에는 소멸한다는 입장이다(대판 2013.3.28. 2011다3329: 법전협 표준판례(138) : 상계항변 사례, 제3편 제3장 제4절 제1관 Ⅳ. 참조)

3) 구소의 실체법적 권리상실 여부 : 소극

"명의신탁자가 명의수탁자를 상대로 명의신탁해지를 원인으로 한 소유권이전등기청구의 소를 제기하여 제1심에서 승소하였으나 명의수탁자가 제3자 앞으로 매매를 가장하여 소유권이전등기를 마치고 항소를 제기하자 명의신탁자는 그 부동산에 대한 소유권회복이 불능케 되었다고 오신한 나머지 항소심에서 명의수탁자에 대한 소유권이전등기청구를 손해배상청구로 교환적으로 변경하여 승소확정판결을 받은 경우, 명의신탁자가 그 확정판결에서 지급을 명한 손해배상금을 아직 수령하지 않고 있는 이상 명의신탁자가 위와 같은 확정판결을 받았다는 것만으로는 명의신탁자에게 그 부동산에 대한 권리를 포기할 의사가 있었던 것으로 추단할 수는 없고, 또 그 확정판결로 인하여 그 권리를 당연히 상실하게 된다고도 볼 수 없을 것이다"(대판 1994.12.13. 94다15486: 법전협 표준판례(202)).

2. 재소의 금지(후술함)

3. 소취하의 효력에 관한 다툼이 있을 때에는 기일지정신청을 통하여서만 다툴 수 있다
(규칙 제67조 1항).

확인의 이익이 없으므로 별소로써 소취하무효확인청구를 할 수는 없다(확인의 소의 보충성). 기일지정신청이 있으면 법원은 신청이 이유 없다고 인정하는 경우에는 판결로 소송의 종료를 선언하여야 하고, 신청이 이유 있다고 인정하는 경우에는 취하 당시의 소송정도에 따라 필요한 절차를 계속하여 진행하고 중간판결 또는 종국판결에 그 판단을 표시하여야 한다(규칙 제67조 3항).

제2관 재소금지

I. 의 의 [C-8]

소가 취하되면 소송계속이 소급적으로 소멸되므로 재차 같은 소를 제기할 수 있다. 그러나 종국판결을 '선고'한 뒤에 소를 취하한 다음 다시 재소의 제기를 허용한다면 본안판결에 이르기까지 법원이 들인 노력과 비용이 무용지물이 되고 법원의 종국판결이 당사자에 의하여 농락당할 수 있으므로(기타 재소남용방지, 소취하남용제재), 본안에 관하여 종국판결이 있은 뒤에는 이미 취하한 소와 같은 소를 제기할 수 없다(제267조 2항).

II. 요 건 (당, 소, 리, 본) [C-9]

재소가 금지되기 위해서는 i) 당사자가 동일해야 하고, ii) 소송물이 동일해야 하며, iii) 권리보호이익도 동일해야 하고, iv) 본안에 관한 종국판결 이후에 소를 취하한 경우이어야 한다.

1. 당사자의 동일

(1) 전소의 원고, 선정당사자, 변론종결 후의 일반승계인

재소를 제기할 수 없는 것은 전소의 원고만이고, 피고는 재소의 제기에 제한을 받지 않는다. 소를 취하한 자가 선정당사자일 때에는 선정자도 재소금지의 효과를 받는다. 변론종결 후의 일반승계인도 효과를 받는다.

(2) 변론종결 후의 특정승계인에게도 재소금지의 효력이 미치는지 여부

1) 변론종결 뒤 특정승계인의 경우 당사자의 동일성이 충족되는지 여부(적극)

判例는 "제267조 2항 소정의 소를 취하한 자에는 변론종결한 뒤의 특정승계인을 포함한다"(대판 1981.7.14. 81다64,65: 법전협 표준판례(210))고 하여 긍정설의 입장이다.

2) 권리보호이익의 동일성 여부(소극)

다만, 判例는 "전소취하 후 토지를 양수한 원고는 소유권을 침해하고 있는 피고에 대하여 그 배제를 구할 새로운 권리보호이익이 있으니 전소와 본건 소는 동일한 소라고 할 수 없다"(대판 1998.3.13. 95다48599,48605)고 하여 당사자의 동일성은 인정되나 새로운 권리보호이익이 있어 재소가 금지되지 않는다고 한다.

(3) 제218조 제3항이 적용되는 경우 재소금지의 효력이 미치는지 여부

1) 당사자의 동일성이 충족되는지 여부(적극)

"관리단이 집합건물의 공용부분이나 대지를 정당한 권원 없이 점유·사용하는 사람에 대하여 부당이득반환청구 소송을 하는 것은 구분소유자의 공유지분권을 구분소유자 공동이익을 위하여 행사하는 것으로 구분소유자가 각각 부당이득반환청구 소송을 하는 것과 다른 내용의 소송이라 할 수 없다. 관리단이 부당이득반환 소송을 제기하여 판결이 확정되었다면 그 효력은 구분소유자에게도 미치고(민사소송법 제218조 제3항), 특별한 사정이 없는 한 구분소유자가 부당이득반환 소송을 제기하여 판결이 확정되었다면 그 부분에 관한 효력도 관리단에게 미친다고 보아야 한다(대판 2022.6.30. 2021다239301: 법전협 표준판례(215)).

2) 권리보호이익의 동일성 여부(소극)

다만, 判例는 "다만 관리단의 이러한 소송은 구분소유자 공동이익을 위한 것으로 구분소유자가 자신의 공유지분권에 관한 사용수익 실현을 목적으로 하는 소송과 목적이 다르다. 구분소유자가 부당이득반환청구 소송을 제기하였다가 본안에 대한 종국판결이 있은 뒤에 소를 취하하였더라도 관리단이 부당이득반환청구의 소를 제기한 것은 특별한 사정이 없는 한 새로운 권리보호이익이 발생한 것으로 민사소송법 제267조 제2항의 재소금지 규정에 반하지 않는다고 볼 수 있다"(同 判例는 입장이다.

(4) 채권자가 대위소송에서 소를 취하한 경우 채무자의 재소가 금지되는지 여부(적극) [06사법]

1) 판 례

대법원은 "대위소송이 제기된 사실을 채무자가 알았을 때에는 그 판결의 효력은 채무자에게 미치므로, 채권자대위소송이 제기된 사실을 피대위자가 알게 된 이상, 대위소송에 관한 종국판결 후 그 소가 취하된 때에는 피대위자도 재소금지규정의 적용을 받아 동일한 소를 제기하지 못한다"(대판 1996.9.20. 93다20177,20814: 법전협 표준판례(211))고 하여 긍정설의 입장이다.

> **[관련판례]** ✳ **권리귀속주체의 재소금지**
> "甲이 乙 및 丙을 상대로, 乙에 대하여는 매매를 원인으로 한 소유권이전등기 절차의 이행을, 丙에 대하여는 乙을 대위하여 소유권보존등기말소등기절차의 이행을 구하는 소를 제기한 전소에서, 乙은 甲의 청구를 인낙하였고, 丙에 대한 부분은 제1심에서 甲의 승소판결이 선고된 후 이에 대하여 丙이 항소를 제기하여 항소심에 계속 중 甲이 소를 취하한 경우, 나중에 甲의 乙에 대한 권리가 없음이 밝혀져 甲이 乙을 대위하여 乙의 권리를 행사할 자격이 없었다고 하더라도, 甲이 그와 같이 乙의 권리를 대위 행사할 적격이 있다고 주장함에 대하여 乙이 적극적으로 甲의 주장을 인정하면서 그의 청구를 인낙하여 그 소송에서 甲에게 대위 적격을 부여한 이상, 乙은 재소금지의 원칙상 丙을 상대로 동일한 소송을 제기할 수 없다"(대판 1995.7.28. 95다18406).

2) 검 토

대위소송이 제기된 사실을 채무자가 알았을 때에는 그 판결의 효력은 채무자에게 미치므로 **당사자의 동일성을 인정할 수 있고**, 대위소송을 법정소송담당으로 보는 이상 **소송물의 동일성을 인정할 수 있으**므로 채무자가 대위소송이 제기된 것을 알았다면 채무자의 재소는 부적법하다.

2. 소송물의 동일

> ✳ **소송물이 달라서 재소금지원칙에 저촉되지 않는다는 취지의 판례**
> ① **[물권≠채권]** 같은 가옥명도청구라도 물권인 소유권에 기한 경우와 채권적인 약정에 기한 경우는 같은 소가 아니다(대판 1991.1.15. 90다카25970: 법전협 표준판례(212)).
> ② **[계약관계종료≠소유권]** "명의신탁자는 명의수탁자에 대하여 신탁해지를 하고 신탁관계의 종료 그것만을 이유로 하여 소유 명의의 이전등기절차의 이행을 청구할 수 있음은 물론, 신탁해지를 원인으로 하고 소유권에 기해서도 그와 같은 청구를 할 수 있다. 이 경우 양 청구는 청구원인을 달리하는 별개의 소송이다"(대판 1980.12.9. 전합79다634).
> ③ **[청구기간이 다른 경우]** "제1심에서 일정 기간의 부정경쟁행위로 인한 손해배상청구를 하였다가 패소한 후 항소심에서 철회하는 등 청구원인을 변경한 자가, 다시 다른 기간의 부정경쟁행위로 인한 침해금지청구 및 손해배상청구를 추가한 사안에서, 추가한 청구가 제1심의 청구와 소송물이 동일하다고 보기 어렵고 다시 청구할 필요도 있어 재소금지의 원칙에 저촉되지 않는다"(대판 2009.6.25. 2009다22037)

(1) 선결관계

1) 전소의 소송물이 후소의 선결관계에 있는 경우(재소금지 적용긍정)

예컨대 전소가 소유권 확인의 소이고 후소가 같은 피고에 대한 소유권에 기한 인도청구의 소인 경우, 또는 전소가 원금지급청구의 소이고 후소가 원금이 존재함을 근거로 한 지연이자 부분의 지급청구의 소인 경우, 소송물이 다른데도 소송물 동일 요건을 충족한다고 보아 재소가 금지된다고 할지 여부가 문제된다.

이에 대해 대법원은 원고가 면직처분무효확인을 구하다가 항소심에서 취하한 후 다시 면직무효를 전제로 임금상당의 부당이득반환청구를 한 사건에서 "후소가 전소의 소송물을 선결적 법률관계로 할 때에는 비록 소송물은 다르지만 원고는 전소의 목적이었던 권리·법률관계의 존부에 대해서는 다시 법원의 판단을 구할 수 없는 관계상(저자 주 : 기판력이 미침) 위 제도의 취지에 비추어 후소에 대하여도 동일한 소로써 판결을 구할 수 없다"(대판 1989.10.10. 88다카18023: 법전협 표준판례(213))고 하여 긍정설의 입장이다.

> **[관련판례]** "민사소송법 제267조 제2항은 "본안에 대한 종국판결이 있은 뒤에 소를 취하한 사람은 같은 소를 제기하지 못한다."라고 규정하고 있다. 후소가 전소의 소송물을 전제로 하거나 선결적 법률관계에 해당하는 것일 때에는 비록 소송물은 다르지만 위 제도의 취지와 목적에 비추어 전소와 '같은 소'로 보아 판결을 구할 수 없다고 풀이하는 것이 타당하다. 그러나 여기에서 '같은 소'는 반드시 기판력의 범위나 중복제소금지의 경우와 같이 풀이할 것은 아니므로, **재소의 이익**(저자 주 : 권리보호이익)이 다른 경우에는 '같은 소'라 할 수 없다"(대판 2023.3.16. 2022두58599).

2) 후소의 소송물이 전소의 선결관계에 있는 경우(재소금지 적용부정)

이 경우에는 전소의 기판력이 후소에 미치지 않으므로(대판 1998.11.27. 97다22904 : 판결이유에는 기판력이 미치지 않음), 재소금지규정도 적용되지 않는다고 해석된다('제2관 기판력의 객관적 범위와 작용. Ⅳ. 기판력의 작용' 참조)

핵심사례 C-01

■ 채권자대위소송과 재소금지   2006년 사법시험

A토지는 원래 甲의 소유였는데, 甲이 2005. 9. 1. 사망하여 그의 아들 乙이 단독으로 상속하였다. 그런데 乙이 미처 상속등기를 하지 못한 사이에 甲의 전처인 丙은 甲의 생전인 2005. 7. 1. 甲으로부터 A토지를 증여받았음을 원인으로 하여 2005. 11. 1. 이에 관한 소유권이전등기를 경료하였다. 丁은 2005. 10. 1. 乙로부터 A토지를 매수하였는데 甲이 丙에게 A토지를 증여한 바 없음에도 丙이 관계서류를 위조하여 등기를 경료하였다고 주장하면서 2006. 4. 1. 乙을 대위하여 丙을 상대로 그 명의의 위 소유권이전등기의 말소를 구하는 소를 제기하였다(다음 각 설문은 상호 무관한 것이다). 丁은 제1심 법원이 청구를 기각하자 항소하였는데, 항소심 계속 중 이 사건 소를 취하하여 소송이 종료되었다. 그 이후 乙이 丙을 상대로 이 사건 소와 동일한 내용의 소를 제기한 경우 **이 소는 적법한가?**

1. 재소금지원칙의 의의와 요건 [당. 소. 리. 본]

설문의 경우 사안에서 권리보호이익이 다르다고 볼 만한 사정도 없으며(대판 1998.3.13. 95다48599), 丁은 본안에 관한 종국판결 이후에 소를 취하하였으므로 ⅲ) ⅳ)의 요건은 갖추었다. 다만, 대위소송의

법적 성질에 관한 소송담당설에 의하면 이 사건 소의 소송물은 채무자 乙의 소유권이전등기 말소등기청구권에 해당하는 바, 당사자 丁과 乙을 동일인으로 볼 수 있을지 문제된다.

2. B가 재소금지원칙의 적용을 받는지 여부 - 당사자의 동일성

(1) 채권자가 대위소송에서 소를 취하한 경우 채무자의 재소가 금지되는지 여부(적극)

(2) 사안의 경우

만약 丁이 乙을 대위하여 丙을 상대로 소유권이전등기의 말소를 구하는 소를 제기한 사실을 乙이 알고 있었다면 丁이 소를 취하한 후 제기한 乙의 丙에 대한 소유권이전등기의 말소를 구하는 소는 재소금지에 반하여 각하되어야 한다.

3. 권리보호이익의 동일

재소금지의 취지는 당사자가 권리보호의 이익이 없이 법원의 종국판결을 농락한 데 대한 제재이기 때문에, 당사자에게 소취하 후 재소를 제기할 새로운 권리보호이익이 있는 경우에는 재소가 허용된다.

[관련판례] ✻ **새로운 권리보호이익을 인정한 판례** (재, 이, 허, 추, 관)
① 본안판결이 난 다음 피고가 소유권침해를 중지하여 소를 취하하였는데 그 뒤 재침해하는 경우(대판 1981.7.14. 81다64,65: 법전협 표준판례(210)), ② 피고가 전소취하의 전제조건인 약정사항을 이행하지 않아 약정이 해제·실효되는 사정변경이 있는 경우(대판 1993.8.24. 93다22074: 법전협 표준판례(212); 대판 2000.12.22. 2000다46399) **[09사법]**, ③ 토지거래허가 전에 소유권이전등기청구의 소를 제기하여 승소판결을 받은 후 취하했는데 그 뒤에 허가를 받은 경우(대판 1997.12.23. 97다45341), ④ 선행추심소송이 항소심에서 취하된 경우 다른 채권자가 추심금 청구의 소를 제기한 경우(대판 2021.5.7. 2018다259213), ⑤ 구분소유자가 부당이득반환청구 소송을 제기하였다가 본안에 대한 종국판결이 있은 뒤에 소를 취하하였더라도 관리단이 부당이득반환청구의 소를 제기한 경우(대판 2022.6.30. 2021다239301: 법전협 표준판례(215))등에는 권리보호이익이 동일하다고 볼 수 없어 후소는 허용된다고 한다.

> ✻ **수인의 추심채권자가 제기한 추심금소송에서의 당사자 동일 문제**(재소금지 및 기판력을 중심으로)
> ① **[재소금지]** 判例는 "제267조 제2항의 '같은 소'는 반드시 기판력의 범위나 중복제소금지에서 말하는 것과 같은 것은 아니고, '당사자와 소송물이 같더라도' 이러한 규정의 취지에 반하지 않고 소제기를 필요로 하는 정당한 사정이 있다면 다시 소를 제기할 수 있다"고 하면서, 甲이 乙에 대하여 가지는 정산금 채권에 대하여 甲의 채권자 丙이 채권압류 및 추심명령을 받아 乙을 상대로 추심금 청구의 소를 제기하였다가 항소심에서 소를 취하하였는데, 그 후 甲의 다른 채권자 丁이 위 정산금 채권에 대하여 다시 채권압류 및 추심명령을 받아 乙을 상대로 추심금 청구의 소를 제기한 사안에서, "丁은 선행 추심소송과 별도로 자신의 甲에 대한 채권의 집행을 위하여 위 소를 제기한 것이므로 새로운 권리보호이익이 발생한 것으로 볼 수 있어 재소금지 규정에 반하지 않는다"(대판 2021.5.7. 2018다259213)고 보았다.
> ② **[기판력]** 判例는 "동일한 채권에 대해 복수의 채권자들이 압류·추심명령을 받은 경우 어느 한 채권자가 제기한 추심금소송에서 확정된 판결의 기판력은 그 소송의 변론종결일 이전에 압류·추심명령을 받았던 다른 추심채권자에게 미치지 않는다"(대판 2020.10.29. 2016다35390: 법전협 표준판례 226)고 하면서, 그 논거 중 하나로 "추심채권자들이 제기하는 추심금소송의 소송물이 채무자의 제3채무자에 대한 피압류채권의 존부로서 서로 같더라도 소송당사자가 다른 이상 그 확정판결의 기판력이 서로에게 미친다고 할 수 없"다는 점을 제시하였다(민사소송법 제218조 1항, 제3항 참조)[2]

---

2) 제4편 소송의 종료 제3장 종국판결에 의한 종료 제2절 기판력 제3절 기판력의 범위와 작용 제3관 기판력의 주관적 범위 V. 기타 다른 사람을 위하여 원고나 피고가 된 사람에 대한 판결의 기판력의 범위 1. 추심금소송에서의 기판력의 범위 참조

③ **[판례해설]** 재소금지원칙에 관한 2018다259213은 당사자와 소송물이 같더라도 권리보호이익이 다르다면 재소금지원칙에 반하지 않는다는 법리를 설시하면서, 선행 추심금소송이 항소심에서 취하된 후 다른 추심채권자가 제기한 추심금소송은 새로운 권리보호이익이 있어 재소금지원칙에 반하지 않는다고 본 것이고, 기판력에 관한 2016다35390은 어느 한 추심채권자가 제기한 추심금소송이 확정된 경우 그 확정판결의 기판력은, 당사자가 다른 이상 다른 추심채권자에게 미치지 않는다고 본 것이다. 제218조 3항의 문언[3]을 고려할 때 추심채무자 외에 다른 추심채권자에게까지 기판력이 미친다고 보는 것은 문언의 지나친 확장해석에 해당한다.

④ **[비교쟁점 : 채권자대위소송]** "어느 채권자가 채권자대위권을 행사하는 방법으로 제3채무자를 상대로 소송을 제기하여 판결을 받은 경우, 어떠한 사유로든 채무자가 채권자대위소송이 제기된 사실을 알았을 경우에 한하여 그 판결의 효력이 채무자에게 미치므로, 이러한 경우에는 그 후 다른 채권자가 동일한 소송물에 대하여 채권자대위권에 기한 소를 제기하면 전소의 기판력을 받게 된다고 할 것이지만, 채무자가 전소인 채권자대위소송이 제기된 사실을 알지 못하였을 경우에는 전소의 기판력이 다른 채권자가 제기한 후소인 채권자대위소송에 미치지 않는다"(대판 1994.8.12. 93다52808: 법전협 표준판례(275)).

4. 본안에 대한 종국판결이 선고된 뒤의 취하

(1) 본안에 대한 판결일 것

소송판결(소각하판결, 소송종료선언)이 있은 뒤에 소를 취하한 경우에는 재소가 금지되지 않는다. 본안판결인 이상 원고 승소판결이든 원고 패소판결이든 불문한다.

(2) 당연무효인 판결의 포함 여부(소극)

여기서 말하는 종국판결에는 당연 무효인 판결은 포함되지 않는다. 判例도 "사망자를 상대로 한 판결에 대하여 그 망인의 상속인인 피고가 항소를 제기하여 원고가 항소심변론에서 그 소를 취하하였다 하더라도 위 판결은 당연무효의 판결이므로 원고는 재소금지의 제한을 받지 않는다"(대판 1968.1.23. 67다2494)(9회 선택형)고 판시하였다.

(3) 중복소송의 후소에 대한 종국판결 후 취하로 인하여 전소가 재소금지의 제한을 받는지 여부(적극)

중복소송의 경우 본안에 대한 종국판결이 있은 후 소를 취하한 자는 동일한 소를 제기할 수 없다는 법리(제259조)에 의하여 후소의 본안에 대한 판결이 있은 후 그 후소를 취하한 자는 전소를 유지할 수 없다 할 것이다(대판 1967.7.18. 67다1042: 법전협 표준판례(216)).

(4) 소취하 내용의 소송상 합의가 있는 경우 재소금지원칙 적용 여부(적극)

判例는 "화해권고결정에 '원고는 소를 취하하고, 피고는 이에 동의한다.'는 화해조항이 있고, 이러한 화해권고결정에 대하여 양 당사자가 이의하지 않아 확정되었다면, 화해권고결정의 확정으로 당사자 사이에 소를 취하한다는 내용의 소송상 합의를 하였다고 볼 수 있다. 따라서 본안에 대한 종국판결이 있은 뒤에 이러한 화해권고결정이 확정되어 소송이 종결된 경우에는 소취하한 경우와 마찬가지로 민사소송법 제267조 제2항의 규정에 따라 같은 소를 제기하지 못한다"(대판 2021.7.29. 2018다230229)고 판시하였다.

---

3) 다른 사람을 위하여 원고나 피고가 된 사람에 대한 확정판결은 그 다른 사람에 대하여도 효력이 미친다(제218조 3항).

(5) 항소심에서 교환적 변경을 두 번한 경우

항소심에서 소를 교환적으로 변경하면 구청구는 종국판결이 선고된 뒤에 소를 취하한 것이 되어[4] 그 뒤 다시 구청구를 제기하는 것은 재소금지에 위반되어 부적법해진다(대판 1987.11.10. 87다카1405: 법전협 표준판례(218) : 항소심에서 교환적 변경을 두 번하면 재소금지규정에 위반됨. 아래 핵심사례참고). **[10사법, 14변리]**

(6) 선행소송의 제1심에서 주장한 상계 항변에 관하여 본안판단을 받았다가 항소심에서 철회한 경우

상대방이 본안에 관하여 준비서면을 제출하거나 변론준비기일에서 진술 또는 변론을 한 뒤에는 상대방의 동의를 받아야 효력을 가지는 소의 취하와 달리 소송상 방어방법으로서의 상계 항변은 그 수동채권의 존재가 확정되는 것을 전제로 하여 행하여지는 일종의 예비적 항변으로서 상대방의 동의 없이 이를 철회할 수 있고, 그 경우 법원은 처분권주의의 원칙상 이에 대하여 심판할 수 없다(대판 2011.7.14. 2011다23323 등 참조). 따라서 먼저 제기된 소송의 제1심에서 상계 항변을 제출하여 제1심판결로 본안에 관한 판단을 받았다가 항소심에서 상계 항변을 철회하였더라도 이는 소송상 방어방법의 철회에 불과하여 민사소송법 제267조 제2항의 재소금지 원칙이 적용되지 않으므로, 그 자동채권과 동일한 채권에 기한 소송을 별도로 제기할 수 있다"(대판 2022.2.17. 2021다275741)(13회 선택형) **[12회 사례형]**

(7) 소취하 간주의 경우에도 재소금지의 적용을 받는지 여부(소극)

민사소송법 제268조 제2항에 따라 소취하 간주라는 법적 효과가 발생한다고 하더라도 민사소송법은 이에 대한 재소금지 규정을 두고 있지 않으므로, 당사자가 부득이한 사유로 기일을 해태하고 기일지정신청도 하지 못하였더라도 후일 다시 소를 제기할 수 있다. 더욱이 불출석 상태에서 본안판단을 받을 경우 발생하게 되는 기판력으로 인한 당사자의 불이익과 비교해 보더라도, 소취하 간주의 효과가 당사자의 재판청구권을 형해화시킬 정도의 불이익이라고 볼 수는 없다(헌재 2012.11.29. 2012헌바180: 법전협 표준판례(217)).

┃핵심사례 C-02┃

■ 항소심에서 교환적 변경과 재소금지   2014년 6월 · 8월 법전협 모의, 2010년 사법시험, 2014년 변리사

甲은 평소 상품거래가 많아 잘 알고 지내던 乙의 부탁으로 2004. 8. 20. 乙이 A은행으로부터 대출받은 5천만 원에 대하여 연대보증을 하였다. 乙이 위 대출금을 상환하지 못하여 甲은 2008. 8. 20. A은행에 5천만 원을 대위변제하면서 乙로부터 담보조로 1억 원 상당의 차용증을 받아두었다. 그 후 甲은 위 대위변제한 금원을 지급받고자, 乙을 피고로 기재한 구상금 청구 소장을 2013. 7. 30. 관할법원에 제출하였다. 甲은 위 구상금청구소송의 1심에서 전부승소판결을 받았고 피고가 불복하여 항소하였다. 甲은 항소심에서 위의 차용증을 이용해서 더 많은 금액을 받아내기 위해 1억 원의 지급을 구하는 대여금 청구로 변경하였다. 그런데, 甲의 대여금청구에 대하여 피고가 적극적으로 반대주장을 펼치자 이에 당황한 甲은 차라리 1심에서 승소했던 구상금 청구를 유지하는 것이 더 좋겠다고 생각하여 다시 구상금청구로 변경하는 신청을 하였다. **법원은 이 신청을 받아들여야 하는가? (20점)**

---

4) "소의 교환적 변경은 신청구의 추가적 병합과 구청구의 취하의 결합형태로 볼 것"(대판 1987.11.10. 87다카1405)

Ⅰ. 결론

법원은 甲의 신청을 받아들여서는 안 된다.

Ⅱ. 논거

1. 문제점

甲이 항소심에서 행한 청구의 변경 및, 청구변경 후에 구청구로 다시 변경하는 것이 각각 교환적 변경에 해당하는지 문제되며, 교환적 변경에 해당한다면 재차 구청구로 변경하는 것이 재소금지원칙에 위배되는 것인지 문제된다.

2. 甲이 항소심에서 행한 청구변경의 법적 성질 및, 적법여부(적법)

(1) 교환적 변경의 의의 및 요건 [기. 지. 전. 일] (제5편 제1장 제2절 청구의 변경 참조)

소의 교환적 변경이란 당사자와 법원의 동일성을 유지하면서, 구청구에 대신하여 신청구에 대해 심판을 구하는 것인바(제262조), 소송물의 변경이 아닌 단순한 공격방어방법의 변경과는 구별된다. 교환적 변경이 인정되기 위해서는 일반적인 병합요건으로 ⅰ) 청구기초의 동일성이 인정될 것, ⅱ) 소송절차를 현저히 지연시키지 않을 것, ⅲ) 사실심 변론종결 전일 것, ⅳ) 소의 병합요건을 갖출 것이 요구되며, 기타 일반소송요건을 갖추어야 한다.

(2) 사안의 경우

ⅰ) 대위변제에 따른 구상금의 청구와 대여금 청구는 동일한 생활사실 또는 경제적 이익에 관한 분쟁에 있어서 그 해결방법에 차이가 있음에 불과하므로 청구기초의 동일성이 인정되며, ⅱ) 종전 소송자료를 대부분 이용할 수 있는 경우이므로 소송절차를 현저히 지연시키는 사정도 보이지 않는다. ⅲ) 사실심 변론종결 전에 변경신청을 한 것이며, ⅳ) 기타 병합요건의 위배여부도 문제되지 않는바 적법하다.

3. 甲이 청구변경 후에 재차 구청구로 변경하는 것의 법적 성질 및, 적법여부(부적법)

(1) 재소금지원칙의 의의 및 요건 [당. 소. 리. 본]

사안에서 당사자 및 소송물의 동일성은 인정되며 별도의 권리보호이익이 인정되지 않는바, 본안에 관한 종국판결 이후에 소를 취하한 경우에 해당하는지 문제된다.

(2) 사안의 경우

甲의 교환적 변경 후 대여금 청구로 다시 교환적 변경을 한 것은 종국판결이 있은 후 소를 취하하였다가 동일한 소를 다시 제기한 경우에 해당하므로 이는 재소금지원칙에 위배된다.

Ⅲ. 효과

[C-10]

1. 위반시 효과 및 간과 판결의 효력

재소금지 위반 여부는 소송요건이므로 당사자의 주장을 불문하고 직권으로 심리·조사해야 하는 **직권조사사항**이다. 따라서 재소금지항변을 하지 않더라도 법원은 직권으로 재소 여부를 조사하여 소를 각하하여야 한다(대판 1967.10.31. 67다1848)(4회 선택형).[5] 이를 간과한 판결은 무효라고 볼 수 없고 상소의 대상이 되지만 재심사유는 아니다.

---

5) "직권으로 보건대 원고는 본건을 甲 법원에 제소한 후 乙 법원에 동일한 청구원인으로 이중으로 소송을 제기하고 乙 법원에서 원고 일부 승소판결이 선고되자 피고의 항소로 丙 법원에 계속 중 원고는 소를 취하하여 사건이 종결된 것으로 처리되었음을 알 수 있는 바 이 사실에 대한 탐지 없이 본건에 관하여 다시 원고승소판결을 하였음은 위법하다"

2. 실체법상 효력

재소금지는 소송법상의 효과에 그치고 실체법상의 권리관계에는 영향이 없다(대판 1989.7.11. 87다카2406). 따라서 본안에 대한 종국판결이 있은 후 소를 취하한 자는 동일한 소를 제기하지 못할 것이지만 그 실체법상의 권리가 소멸하는 것이 아니고 단지 상대방에 대하여 의무의 이행을 소구할 수 없게 된 것이므로 상대방이 실체법상의 의무를 면하게 되었음을 전제로 하는 **부당이득반환청구는 부당하고**(대판 1969.4.22. 68다1722), 마찬가지로 불법행위를 원인으로 한 손해배상청구도 할 수 없다(대판 2023.1.12. 2022다266874)

[관련판례] 甲이 乙 앞으로 마쳐준 부동산 소유권이전등기가 명의신탁에 의한 것으로 무효라고 주장하면서 乙을 상대로 소유권이전등기말소청구의 소를 제기하여 제1심과 항소심 모두 승소하였으나 상고심 계속 중 소를 취하하였는데, 그 후 재차 乙을 상대로 소유권이전등기의 말소를 구하는 소를 제기하였다가 부동산 가액 상당 손해배상을 구하는 것으로 청구를 변경한 경우, 명의신탁 약정과 그에 터 잡은 등기는 무효이므로, 甲이 부동산 소유권을 여전히 보유하고 있는 이상 乙 앞으로 마친 소유권이전등기로 인하여 어떠한 '손해'를 입게 되는 것은 아니고, 재소금지의 효과는 동일한 당사자 사이에 같은 소송물에 관하여 다시 소를 제기하지 못하게 하는 것일 뿐 실체상의 권리는 소멸하는 것이 아니므로, 甲은 종전 소송을 취하함으로써 원인무효인 乙 명의 소유권이전등기의 말소를 소송을 통해 강제할 수 없을 뿐, 부동산 소유권은 계속 甲에게 남아 있다. 乙이 부동산을 제3자에게 처분할 경우에 비로소 甲은 소유권을 상실하게 된다(대판 2023.1.12. 2022다26687 : 부동산실명법 제4조 3항 참조).

제2절 청구의 포기, 인낙

> **제220조 (화해, 청구의 포기·인낙조서의 효력)** 화해, 청구의 포기·인낙을 변론조서·변론준비기일조서에 적은 때에는 그 조서는 확정판결과 같은 효력을 가진다.

I. 서 설

[C-11]

1. 의 의

청구의 포기는 원고가 자기의 소송상의 청구가 이유 없음을 자인하는 법원에 대한 일방적 의사표시이며, 청구의 인낙은 피고가 원고의 소송상의 청구가 이유 있음을 자인하는 법원에 대한 일방적 의사표시이다. 청구의 포기 또는 인낙이 변론조서 또는 변론준비조서에 기재되면 그 기재에 관하여 전자는 청구기각의, 후자는 청구인용의 확정판결이 있었던 것과 동일한 효력이 있게 되고(제220조) 소송은 당연히 종료된다.

2. 구별개념

(1) 자백과의 구별

1) 주 체

자백은 어느 당사자나 할 수 있지만, 청구의 포기는 원고, 인낙은 피고만이 가능하다.

2) 대상 · 시기

자백의 대상은 주요사실이고 때문에 법률심인 상고심에서는 불허된다. 반면 **청구의 포기·인낙**의 대상은 소송물 자체이고 상고심에서도 가능하다.

3) 사실판단 · 법률판단

자백은 사실판단권만 배제하므로 주장자체 이유 없는 경우 피고가 자백해도 청구기각판결을 하지만, **청구의 포기·인낙**은 사실판단권과 법률판단권까지 배제하기 때문에 사회질서에 반하는 인낙도 가능하다.

(2) 재판상 화해와의 구별

재판상화해는 양쪽 당사자의 상호양보이나, 청구의 포기·인낙은 일방의 전면적 양보이다.

Ⅱ. 요 건
[C-12]

1. 당사자에 관한 요건

당사자는 소송행위의 유효요건인 **당사자능력**과 **소송능력**을 갖추어야 하고, 대리인이 대리할 경우에는 소송법상 대리권이 필요하다(제56조 2항, 제90조 2항 2호). 필수적 공동소송의 경우는 전원의 일치에 의해 하여야 한다(제67조 1항). 독립당사자 참가의 경우에는 원·피고가 포기·인낙을 하더라도 참가인이 다투는 한 효력이 없다(제79조 2항, 제67조 1항).

2. 변론주의에 의한 소송일 것

포기와 인낙은 당사자의 의사에 의해 승패를 결정하는 것이므로, 당사자가 자유로이 처분할 수 있는 소송물을 대상으로 하여야 한다. 따라서 **변론주의**에 의한 절차에서만 **허용**되고 직권탐지주의에 의하는 가사소송이나 행정소송에서는 허용되지 않는다(반면, 소 취하는 소송의 승패를 결정하는 것이 아니라, 소송계속을 소급적으로 소멸시키는 것이므로 변론주의와 직권탐지주의 모두에서 인정된다).

3. 조건 · 기한 · 의사표시의 하자

포기와 인낙은 소송행위이므로 조건이나 기한을 붙일 수 없으며, 포기·인낙조서가 작성된 후에는 민법상 의사표시에 관한 규정을 유추적용하여 포기·인낙무효확인소송을 제기하거나 무효임을 전제로 기일지정신청의 방식으로 기일속행을 구하는 것은 허용되지 않는다(민법유추적용부정설 : 통설·判例).

4. 소송요건

청구의 포기·인낙은 본안에 관한 확정판결과 동일한 효력을 가지므로 소송요건이 구비되지 않으면 청구의 포기·인낙에도 불구하고 소를 각하하여야 한다(소송요건 심사의 선순위성).

> ❋ **예비적 청구만을 대상으로 한 청구인낙의 허용여부**(소극)
>
>   判例는 "원심에서 추가된 청구가 종전의 주위적 청구가 인용될 것을 해제조건으로 하여 청구된 것임이 분명하다면, 원심으로서는 종전의 주위적 청구의 당부를 먼저 판단하여 그 이유가 없을 때에만 원심에서 추가된 예비적 청구에 관하여 심리판단할 수 있고, 위 추가된 예비적 청구만을 분리하여 심리하거나 일부 판결을 할 수 없으며, 피고로서도 위 추가된 예비적 청구에 관하여만 인낙을 할 수도 없고, 가사 인낙을 한 취지가 조서에 기재되었다 하더라도 그 인낙의 효력이 발생하지 아니한다"(대판 1995.7.25. 94다62017: 법전협 표준판례(296))고 한다.
>
> ❋ **기각판결을 받을 수 밖에 없는 경우에도 피고가 인낙을 할 수 있는지 여부**(적극)
>
>   判例는 "본조 소정의 농지소재지관서의 (농민이라는) 증명이 없더라도 농지의 소유권이전등기청구의 인낙을 기재한 조서는 무효가 아니다"(대판 1969.3.25. 68다2024)고 하여 법원의 판결이 난다면 기각될 수 밖에 없는 경우에도 피고가 인낙을 유효하게 할 수 있다고 본다.

Ⅲ. 시기 및 방식   [C-13]

청구의 포기·인낙은 소송계속 중이면 어느 때나 가능하고, 항소심·상고심에서도 할 수 있다. 포기·인낙은 기일에 화해 당사자가 출석하여 말로 진술하는 것이 원칙이다. 종래 判例는 당사자가 변론기일에 출석하여 구술로서 할 것을 요구하였으나, 2002년 개정 민소법은 서면에 의한 포기·인낙제도를 채택하여, 당사자가 진술한 것으로 보는 답변서, 그 밖의 준비서면에 청구의 포기 또는 인낙의 의사표시가 적혀있고 공증사무소의 인증을 받은 때에는 그 취지에 따라 청구의 포기 또는 인낙이 성립된 것으로 본다(제148조 2항)(3회 선택형).

Ⅳ. 효 과   [C-14]

1. 소송종료효

소송상 청구 중에서 포기나 인낙이 된 부분은 소송이 종료된다. 포기·인낙을 간과하고 심리가 속행된 경우에는 당사자의 신청 또는 직권으로 소송종료선언을 한다.

2. 확정판결과 동일한 효력(제220조) : 기판력, 집행력, 형성력

① 이행청구에 관한 인낙조서는 집행력이 발생하나, 청구의 인낙이 피고가 원고의 주장을 승인하는 소위 관념의 표시에 불과한 소송상 행위인 이상, 이를 조서에 기재한 때에는 확정판결과 동일한 효력(기판력, 집행력)이 발생되어 그로써 소송을 종료시키는 효력이 있을 뿐이고 실체법상 채권·채무의 발생 또는 소멸의 원인이 되는 법률행위(형성력)라 볼 수는 없다(대판 2022.3.31. 2020다271919: 법전협 표준판례(219))[6]. ② 포기조서는 기판력만 발생할 뿐 집행력이나 형성력이 발생하지 않는다.

3. 인낙의 불이행을 이유로 한 손해배상청구(소극)

判例는 "인낙은 소송행위로서 이를 조서에 기재한 때에는 확정판결과 동일한 효력이 발생되어 소송

---

6) 주채무자 A의 차용금 채무를 연대보증한 B는 채권자인 C로부터 연대보증금 지급을 구하는 소송을 제기당하여 패소한 후, A와 함께 C를 상대로 채무부존재확인 소송을 제기하였는데, C가 제1심에서 주채무자 A에 대하여만 청구인낙을 하고 B에 대하여 다투어 B만 패소하자 B가 항소한 사건에서, 피고가 주채무자의 채무부존재확인 청구를 인낙한 이상 A의 주채무가 소멸되어 B의 연대보증채무도 함께 소멸하였다고 본 원심판단을 파기환송한 사례

을 종료시키는 효력이 있을 뿐이요, 실체법상 채권채무 발생원인이 되는 법률행위라고 볼 수 없고, 따라서 그의 불이행 또는 이행불능을 이유로써 손해배상청구권이 발생하는 것은 아니다"(대판 1957.3.14. 56민상439)라고 판시하고 있다.

> **[관련판례]** ✱ **청구인낙이 실체법상 채무를 소멸시키는 효력을 갖는지 여부(소극)**
> "청구의 인낙은 피고가 원고의 주장을 승인하는 소위 관념의 표시에 불과한 소송상 행위로서 이를 조서에 기재한 때에는 확정판결과 동일한 효력이 발생되어 그로써 소송을 종료시키는 효력이 있을 뿐이고, 실체법상 채권·채무의 발생 또는 소멸의 원인이 되는 법률행위라 볼 수 없다(대판 2022.3.31. 2020다271919: 법전협 표준판례(219)).
> **[사실관계]** 주채무자 A의 차용금 채무를 연대보증한 원고는 채권자인 피고로부터 연대보증금 지급을 구하는 소송을 제기당하여 패소한 후, A와 함께 피고를 상대로 채무부존재확인 소송을 제기하였는데, 피고가 제1심에서 주채무자 A에 대하여만 청구인낙을 하고 원고에 대하여 다투어 원고만 패소하자 원고가 항소한 사건(그 후 원고는 소를 청구이의의 소로 변경하였음)에서, 피고가 주채무자의 채무부존재확인 청구를 인낙한 이상 A의 주채무가 소멸되어 원고의 연대보증채무도 함께 소멸하였다고 본 원심이 청구인낙의 효력에 관하여 법리를 오해하였다고 보아 원심판단을 파기환송한 사례

4. 청구의 포기·인낙의 효력에 대한 다툼

포기조서나 인낙조서의 작성 전·후에 따라 효력을 다투는 방법이 달라진다. ① 조서작성 전에는 자백의 철회에 준하여 상대방의 동의를 얻거나 철회할 수 있으나, ② 조서작성 후에는 확정판결과 동일한 효력이 있으므로(제220조), 제220조의 조서 또는 즉시항고로 불복할 수 있는 결정이나 명령이 확정된 경우에 제451조 제1항에 규정된 사유가 있는 때에는 확정판결에 대한 제451조 내지 제460조의 규정에 준하여 재심을 제기할 수 있다(제461조, 준재심의 소).

> **[관련판례]** 법인 또는 법인이 아닌 사단의 대표자가 제90조의 특별수권이 없는 상태에서 권한을 남용하여 청구의 포기·인낙 또는 화해를 하고 상대 당사자가 이를 알았거나 알 수 있었던 경우, 준재심의 소의 제기기간은 법인 등의 이익을 정당하게 보전할 다른 임원 등이 준재심의 사유를 안 때부터 기산한다(대판 2016.10.13. 2014다12348).

제3절 재판상 화해

재판상 화해는 제소전 화해(제385조 이하)와 소송상 화해(제220조)의 두 가지로 나눌 수 있다. 제소전 화해도 법관의 면전에서 하는 화해로서 소송상 화해와 같은 효력이 인정된다.

제1관 소송상 화해

I. 의 의
[C-15]

'소송상 화해'라 함은 소송의 계속 중에 당사자가 소송물인 권리 또는 법률관계에 관하여 상호 그 주장을 양보함에 의하여 다툼을 해결하는 기일 내의 소송상 합의를 말한다. 화해가 성립되어 당사자 쌍방의 일치된 진술을 조서에 기재한 때에는 확정판결과 동일한 효력이 있으므로(제220조), 화해가 이루어진 소송물 범위 내에서 소송은 당연히 종료한다.

Ⅱ. 법적성질 [C-16]

1. 학 설

① 소송행위설은 소송상 화해는 사법상 화해와는 별개의 순수한 소송행위로서 오직 소송법에 의해 규율된다고 하고, ② **사법행위설**은 사법상 화해계약과 동일하고 조서기재는 공증 목적에 불과하여 소송행위가 아니라고 하며, ③ **양성설**은 당사자 간에는 사법상 화해의 성질을, 법원에 대해서는 소송 행위로서의 성질을 동시에 갖는 하나의 행위라고 본다.

2. 판 례

대법원은 "소송상의 화해는 판결의 내용으로서 소송물인 법률관계를 확정하는 효력이 있으므로 순연한 소송행위로 볼 것이다"(대판 1962.5.31. 4293민재6: 법전협 표준판례(221) : 따라서 소송상 화해에 의하여 확정된 법률관계에 상반되는 주장을 하려면 재심의 소에 의하여야 한다)고 하여 **소송행위설의 입장**이다. 다만, 실효조건부 화해를 인정하기도 하고(대판 1965.3.2. 64다1514), "재판상 화해 또는 제소전 화해는 확정판결과 동일한 효력이 있으며 당사자 간의 사법상의 화해계약이 그 내용을 이루는 것이면 화해는 창설적 효력을 가져 화해가 이루어지면 종전의 법률관계를 바탕으로 한 권리의무관계는 소멸한다"(대판 2001.4.27. 99다17319)고 판시하여 **양성설의 태도**를 보이기도 하였다.

3. 검 토

'사법행위설'은 조서가 확정판결과 동일한 효력을 갖는 것(제220조)을 설명할 수 없고, '소송행위설'은 사법상의 분쟁을 해결함이 없이 소송만을 종결시키는 것은 당사자의 의사에 맞지 않고, 조건과 기한을 붙이지 못하게 되어 분쟁의 탄력적 해결에 반하며, 실체법적 하자를 다투는 것이 배제(하자불고려설)되어 화해가 탈법적 수단으로 악용될 우려가 있으므로 '양성설'이 타당하다.

Ⅲ. 요 건 [C-17]

1. 당사자

화해는 소송행위이므로 당사자는 소송능력이 있어야 하며, 대리인에 의한 화해에는 특별한 권한을 받아야 한다(제56조 2항, 제90조 2항). 필수적 공동소송에서는 공동소송인 전원이 일치하여 화해하여야 한다(제67조 1항). 소송상 화해는 제3자도 가입할 수 있다(대판 1981.12.22. 78다2278).[7]

2. 소송물

(1) 처분할 수 있는 권리

화해의 대상은 당사자가 자유롭게 처분할 수 있는 것(저자 주 : 변론주의에 의하는 소송일 것)이어야 하므로, 성질상 당사자가 임의로 처분할 수 없는 사항을 대상으로 한 조정이나 재판상 화해는 허용될

---

[7] "재판상 화해의 당사자는 소송당사자 아닌 보조참가인이나 제3자도 될 수 있고, 또 재판상 화해를 위하여 필요한 경우에는 소송물 아닌 권리 내지 법률관계를 첨가할 수도 있으므로, 재판상 화해의 효력이 반드시 원래의 소송당사자 사이의 소송물에만 국한되어 미치는 것이라고 할 수 없고, 그 효력은 화해조서에 기재된 화해의 내용에 따라 그 조서에 기재된 당사자에게 미치는 것이라고 할 것이다. 따라서 원고 甲과 피고 乙, 丙의 3인이 당사자로 되어 이루어진 재판상 화해가 계쟁토지는 甲, 乙, 丙의 각 3분의 1 지분의 공유임을 확인한다는 내용이라면 乙이 丙과 함께 같은 피고의 지위에 있었다하더라도 위 재판상 화해의 효력은 乙, 丙사이에서도 발생된다 할 것이다"

수 없고, 설령 그에 관하여 조정이나 재판상 화해가 성립하였더라도 효력이 없어 당연무효이다(대판 2012.9.13. 2010다97846: 법전협 표준판례(222)) **(2회,13회 선택형)**[8] 직권탐지주의가 적용되는 사건에서는 임의로 처분할 수 있는 이혼사건이나 파양사건 등에서만 예외적으로 허용된다.

(2) 소송요건의 흠

제소전화해가 인정되므로, 소송요건의 흠이 있는 소송물이라도 원칙적으로 화해가 허용된다. 이 점에서 청구의 포기 · 인낙과 다르다.

3. 강행법규 또는 사회질서 위반, 의사표시의 하자(실체법적 하자)가 있는 경우

양성설에 의하면 소송상 화해에 강행법규 또는 사회질서에 위반되거나 의사표시의 하자가 있으면 무효가 된다. 소송상화해는 사법상 화해와 소송행위의 양 성질 모두 유효해야 한다고 보기 때문이다. 그러나 判例는 이러한 경우도 유효하다고 본다. 즉, 判例는 소송행위설의 입장에서 "제220조 소정의 화해조서는 확정판결과 동일한 효력이 있으므로 한번 재판상의 화해가 성립한 경우에는 가령 그 내용이 강행법규에 위반된 경우라도 그것은 단지 재판상 화해에 하자가 있음에 불과하고 재심절차에 의한 구제를 받는 것은 별문제로 하고 그 화해조서의 무효를 주장할 수 없으며 이 법리는 제소전 화해(제385조)도 마찬가지이다"(대판 1975.11.11. 74다634: 법전협 표준판례(223))라고 하거나, 화해에 이르게 된 동기나 경위에 반윤리적 · 반사회적인 요소가 있더라도 화해가 무효가 아닌 것으로 본다(대판 1999.10.8. 98다38760). 소송상의 화해를 사기 · 착오 · 강박으로 취소할 수 없으며(대판 1979.5.15. 78다1094: 법전협 표준판례(231)), 화해가 통정허위표시라고 무효를 주장할 수도 없다(대판 1992.10.27. 92다19033).

[관련판례] 이러한 법리는 재판상 화해와 동일한 효력을 갖는 조정조서(민사조정법 제29조)에서도 마찬가지이다. 즉, 判例는 "조정조서는 재판상의 화해조서와 같이 확정판결과 동일한 효력이 있다. 따라서 당사자 사이에 기판력이 생기는 것이므로, 거기에 확정판결의 당연무효 등의 사유가 없는 한 설령 그 내용이 강행법규에 위반된다 할지라도 그것은 단지 조정에 하자가 있음에 지나지 아니하여 준재심절차에 의하여 구제받는 것은 별문제로 하고 조정조서를 무효라고 주장할 수 없다. 그리고 조정조서가 조정참가인이 당사자가 된 법률관계도 내용으로 하는 경우에는 위와 같은 조정조서의 효력은 조정참가인의 법률관계에 관하여도 다를 바 없다"(대판 2014.3.27. 2009다104960)고 판시하였다. **[14법무]**

[관련판례] "조정조서는 재판상의 화해조서와 같이 확정판결과 동일한 효력이 있고, 조정의 내용에 따라 권리의 취득과 소멸이라는 창설적 효력이 인정된다(민사조정법 제29조, 민사소송법 제220조, 민법 제732조). 당사자 사이에 조정이 성립하면 종전의 다툼 있는 법률관계를 바탕으로 한 권리 · 의무관계는 소멸하고 조정의 내용에 따른 새로운 권리 · 의무관계가 성립한다. 그러나 조정조서에 인정되는 확정판결과 동일한 효력은 소송물인 법률관계에만 미치고 그 전제가 되는 법률관계에까지 미치지는 않는다. 부동산 소유권이전등기에 관한 조정조서의 기판력은 소송물이었던 이전등기청구권의 존부에만 미치고 부동산의 소유권 자체에까지 미치지는 않는다. 따라서 부동산 소유자가 부동산 소유권이전등기에 관한 조정의 당사자로서 조정조서의 기판력으로 말미암아 부동산등기부에 소유명의를 회복할 방법이 없어졌다고 하더라도 소유권이 그에게 없음이 확정된 것은 아니고, 부동산등기부에 소유자로 등기되어 있지 않다고 하여 소유권을 행사하는 것이 전혀 불가능한 것도 아니다. 그러한 소유자는 소유권을 부인하는 조정의 상대방을 비롯하여 제3자에 대하여 다툼의 대상이 된 부동산이 자기의 소유라는 확인을 구할 법률상 이익이 있다"(대판 2017.12.22. 2015다205086).

8) "'재심대상판결을 취소한다.'는 조정조항은 법원의 형성재판 대상으로서 甲과 乙이 자유롭게 처분할 수 있는 권리에 관한 것이 아니어서 **당연무효이고**(절차법상 하자 : 저자주), 확정된 재심대상판결이 당연무효인 위 조정조항에 의하여 취소되었다고 할 수 없으므로, 위 판결에 기한 근저당권설정등기의 말소등기는 원인무효인 등기가 아니고 따라서 丁은 근저당권설정등기의 말소회복에 승낙을 하여야 할 실체법상 의무를 부담하지 아니한다"

4. 조건부 화해의 허용 여부

① 소송상 화해에 있어서 이행의무의 발생에 조건을 붙이는 것(예컨대 피고가 언제까지 금 얼마를 지급하지 못하면 피고는 원고 앞으로 가등기에 기한 본등기 절차를 이행한다는 조건)은 무방하나, ② 소송상의 화해 자체에 성립이나 효력발생에 조건(예컨대 제3자의 이의가 있으면 화해의 효력이 실효된다는 조건)을 붙일 수 있는 가는 견해의 대립이 있다. ⅰ) **사법행위설이나 양성설**에 의하면 조건부화해도 사적자치의 원칙상 허용된다. 반면 ⅱ) **소송행위설**에 의하면 소송행위의 확정성과 안정성을 위해 조건부화해는 허용되지 않는다. 한편 ⅲ) **대법원**은 소송행위설을 따르면서도 "화해조서에 기재된 효력을 취소 변경하려면 재심의 소에 의하여서만 할 수 있는 것이나 화해조항 자체로서 실효조건을 정한 경우에도 그 조건 성취로서 화해의 효력은 당연히 소멸된다 할 것이고 그 실효의 효력은 언제나 소송 외에서 주장할 수 있다"(대판 1965.3.2. 64다1514: 법전협 표준판례(224))고 하거나, 소송상 화해가 실효조건의 성취로 실효된 경우에는 화해가 없었던 상태로 돌아가며, 준재심의 소에 의하여 취소된 경우와 같다고 하여 **실효조건부화해의 효력을 인정한다**(대판 1993.6.29. 92다56056)(13회 선택형).

Ⅳ. 절 차 [C-18]

1. 시 기

소송계속중이면 어느 때나 화해가 가능하고, 항소심·상고심에서도 화해할 수 있다.

2. 방 식

화해는 기일에 화해 당사자가 출석하여 말로 진술하는 것이 원칙이다. 2002년 개정 민사소송법에서는 서면화해제도를 채택하여, 당사자가 변론기일 또는 변론준비기일에 출석하지 않은 경우에도 당사자가 진술한 것으로 보는 답변서·준비서면에 화해의 의사표시가 적혀 있고 공증사무소의 인증을 받은 경우에 상대방 당사자가 기일에 출석하여 그 화해의 의사표시를 받아들인 때에는 소송상 화해가 성립된 것으로 본다(제148조 3항).

Ⅴ. 효 과 [C-19]

1. 소송종료효

화해가 된 부분의 소송은 종료됨과 동시에 그 화해조서를 집행권원으로 하여 강제집행을 할 수 있다.

> **[관련판례]** ＊ **추심금소송에서 추심채권자가 청구의 일부를 포기한 것의 의미**
> "추심금소송에서 추심채권자가 제3채무자와 '피압류채권 중 일부 금액을 지급하고 나머지 청구를 포기한다.'는 내용의 재판상 화해를 한 경우 '나머지 청구 포기 부분'은 추심채권자가 적법하게 포기할 수 있는 자신의 '추심권'에 관한 것으로서 제3채무자에게 더 이상 추심권을 행사하지 않고 소송을 종료하겠다는 의미로 보아야 한다. 이와 달리 추심채권자가 나머지 청구를 포기한다는 표현을 사용하였다고 하더라도 이를 애초에 자신에게 처분 권한이 없는 '피압류채권' 자체를 포기한 것으로 볼 수는 없다(저자 주 : 추심채권자는 추심권을 포기할 수 있으나(민사집행법 제240조 제1항), 그 경우 집행채권이나 피압류채권에는 아무런 영향이 없다). 따라서 위와 같은 재판상 화해의 효력은 별도의 추심명령을 기초로 추심권을 행사하는 다른 채권자에게 미치지 않는다"(대판 2020.10.29. 2016다35390: 법전협 표준판례(226)). **[12회 사례형]**

2. 기판력

소송상 화해의 진술을 조서에 적은 때에는 그 조서는 확정판결과 같은 효력이 있다(제220조). 다만 소송상 화해의 법적성질과 관련하여, 화해조서에도 확정 판결과 동일한 기판력을 인정할 것인지 여부가 문제된다.

(1) 판 례(무제한기판력설)

"재판상의 화해를 조서에 기재한 때에는 그 조서는 확정판결과 동일한 효력이 있고, 당사자간에 기판력이 생기는 것이므로 재심의 소에 의하여 취소 또는 변경이 없는 한, 당사자는 그 화해의 취지에 반하는 주장을 할 수 없다"(대판 1962.2.1. 전합4294민상914: 법전협 표준판례(225))고 하거나, "화해가 강행법규에 위배되더라도 화해조서의 당연무효사유가 있다고 할 수 없고 단지 재판상 화해에 하자가 있음에 불과하므로 기판력은 존속한다"(대판 1991.4.12. 90다9872)고 하여 **무제한 기판력설**[9]의 입장이다.

(2) 검 토

무제한 기판력설에 따르면 화해의 내용이 부적법한 경우에도 재심에 의해서만 효력을 부인할 수 있으므로 불법적 내용의 화해에 대처하기 어려울 것이고, 화해는 당사자의 합의에 의한 자주적 분쟁해결 결과인데도 법원의 공권적 판단에 인정되는 기판력을 전면적으로 인정하는 것은 불합리하다는 점에 비추어 제한적 기판력설이 타당하다.

> **[관련판례]** "법률관계의 변경·형성을 목적으로 하는 형성의 소는 법률에 명문의 규정이 있어야 제기할 수 있고 그 판결이 확정됨에 따라 효력이 생긴다. 이러한 형성판결의 효력을 개인 사이의 합의로 창설할 수는 없으므로, 형성소송의 판결과 같은 내용으로 재판상 화해를 하더라도 판결을 받은 것과 같은 효력은 생기지 않는다"(대결 2022.6.7. 2022그534)[10] 또한 형성소송의 판결과 같은 내용으로 재판상 화해와 동일한 효력이 있는 조정을 갈음하는 결정이 확정되더라도 판결을 받은 것과 같은 효력은 생기지 않는다(대판 2023.11.9. 2023다256577).

(3) 기판력의 발생범위

1) 객관적 범위

"조정조서에 인정되는 확정판결과 동일한 효력은 소송물인 법률관계에만 미치고 그 전제가 되는 법률관계에까지 미치지는 않는다. 부동산 소유권이전등기에 관한 조정조서의 기판력은 소송물이었던 이전등기청구권의 존부에만 미치고 부동산의 소유권 자체에까지 미치지는 않는다. 따라서 부동산 소유자가 부동산 소유권이전등기에 관한 조정의 당사자로서 조정조서의 기판력으로 말미암아 부동산등기부에 소유명의를 회복할 방법이 없어졌다고 하더라도 소유권이 그에게 없음이 확정된 것은 아니고, 부동산등기부에 소유자로 등기되어

---

9) **[학설]** ① 무제한 기판력설은 주로 소송행위설의 입장에서 화해조서는 확정판결과 마찬가지로 언제나 기판력을 가지며, 화해의 성립과정의 하자는 그것이 <u>준재심절차</u>에 의한 구제를 받는 것 이외에는 무효를 주장할 수 없다고 하는 바, 이것이 제220조와 제461조 등 현행법에 충실한 해석이며, 화해의 무효나 취소를 쉽게 인정하면 법적 안정성에 반한다고 한다. ② 제한적 기판력설은 주로 <u>양성설</u>의 입장에서 화해에 실체법상 아무런 하자가 없는 경우에만 기판력이 생긴다고 하는 바, 제451조의 재심사유는 판결절차의 하자를 염두에 둔 것이기 때문에 실체법상 하자가 있는 경우에는 화해의 하자에 대한 구제가 미흡하게 된다는 점을 논거로 한다.

10) **[사실관계]** 채권자 甲이 신청한 부동산 강제경매절차에서 乙이 최고가 매수신고를 하여 매각허가결정을 받았는데, 그 후 채무자 丙이 채권자 甲을 상대로 제기한 집행권원인 확정판결에 대한 청구이의의 소에서 법원이 강제집행정지결정을 한 다음 '집행권원에 기한 강제집행을 불허한다.'는 화해권고결정을 하여 그 결정이 확정되자, 사법보좌관이 위 화해권고결정 정본이 민사집행법 제49조 제1호, 제50조 제1항에서 정한 집행취소서류라는 이유로 乙에 대한 매각허가결정을 취소하고 강제경매신청을 기각한다는 결정을 하였다면, 화해권고결정 정본은 민사집행법 제49조 제1호에서 정한 '강제집행을 허가하지 아니하는 취지를 적은 집행력 있는 재판의 정본'에 해당하지 <u>아니하므로</u> 위와 같은 사법보좌관의 결정은 정당하지 않다고 한 사례.

있지 않다고 하여 소유권을 행사하는 것이 전혀 불가능한 것도 아니다. 그러한 소유자는 소유권을 부인하는 조정의 상대방을 비롯하여 제3자에 대하여 다툼의 대상이 된 부동산이 자기의 소유라는 확인을 구할 법률상 이익이 있다"(대판 2017.12.22. 2015다205086).

2) 주관적 범위

"재판상 화해는 확정판결과 같은 효력이 있어 기판력이 생기지만, 그 기판력은 재판상 화해의 당사자가 아닌 제3자에 대하여까지 미친다고 할 수 없다"(대판 2023.11.9. 2023다256577).

(4) 선행 화해와 모순되는 화해를 한 경우, 선행 화해가 실효되는지 여부

"甲과 乙 등 사이에 제1 화해가 성립한 후에 甲과 乙 사이에 다시 제1 화해와 모순·저촉되는 제2 화해가 성립하였다 하여도 제1 화해가 조서에 기재되어 확정판결과 동일하게 기판력이 발생한 이상 제2화해에 의하여 제1 화해가 당연히 실효되거나 변경되고 나아가 제1 화해조서의 집행으로 마쳐진 乙 명의의 소유권이전등기 등이 무효로 된다고 볼 수는 없다"(대판 1994.7.29. 92다25137: 법전협 표준판례(232)). 다만 제2화해가 준재심의 사유가 될 수 있다.

3. 집행력과 형성력

(1) 화해조서

화해조서가 이행의무를 내용으로 할 경우에는 집행력을 가지며(민사집행법 제56조 5호), 다수설은 화해조서가 일정한 법률관계의 발생·변경·소멸을 내용으로 하는 경우에는 형성력이 생긴다고 본다.

> **[관련판례] ※ 화해조서의 효력범위**
> 화해조서의 효력은 화해의 당사자 사이에만 효력을 갖는 것으로 민법상 비법인사단에 해당하는 재건축조합을 당사자로 하는 화해조서의 효력은 그 구성원인 조합원들에게 미치지 않는다고 할 것이고, 또 재건축조합과 체결한 계약의 효력이 직접 조합원들을 구속하는 것은 아니다(대판 2005.6.23. 2004다3864).

(2) 조정조서

조정은 재판상 화해와 동일한 효력이 있는바(민사조정법 제29조), 조정조서에도 형성력이 인정되는지 문제된다(민법 제187조 본문). 判例는 ① "형성의 소는 법률에 명문의 규정이 있어야 제기할 수 있고 그 판결이 확정됨에 따라 효력이 생기므로, 이러한 형성판결의 효력을 개인 사이의 합의로 창설할 수는 없어 형성소송의 판결과 같은 내용으로 재판상 화해를 하더라도 판결을 받은 것과 같은 효력은 생기지 않는다"(대판 2022.6.7. 2022그534)고 하거나, ② "공유물분할의 소송절차 또는 조정절차에서 공유자 사이에 공유토지에 관한 현물분할의 협의가 성립하여 그 합의사항을 조서에 기재함으로써 조정이 성립하였다고 하더라도, 그와 같은 사정만으로 재판에 의한 공유물분할의 경우와 마찬가지로 그 즉시 공유관계가 소멸하고 각 공유자에게 그 협의에 따른 새로운 법률관계가 창설되는 것은 아니라고 할 것이고, 공유자들이 협의한 바에 따라 토지의 분필절차를 마친 후 각 단독소유로 하기로 한 부분에 관하여 다른 공유자의 공유지분을 이전받아 등기를 마침으로써 비로소 그 부분에 대한 대세적 권리로서의 소유권을 취득하게 된다(저자 주 : 민법 제186조)"(대판 2013.11.21. 전합2011두1917: 법전협 표준판례(227))[11](12회, 13회 선택형)고 하였다.[12]

---

11) **[반대의견]** "공유물분할의 소에서 공유부동산의 특정한 일부씩을 각각의 공유자에게 귀속시키는 것으로 현물분할하는 내용의 조정이 성립하였다면, 그 조정조서는 공유물분할판결과 동일한 효력을 가지는 것으로서 민법 제187조 소정의 '판결'에 해당하는 것이므로 조정이 성립한 때 물권변동의 효력이 발생한다고 보아야 한다"

12) **[민법쟁점]** 즉, 최근 전원합의체 판결에 따르면 공유부동산을 '현물분할'하는 내용의 '조정조서'는 민법 제187조의 '판결'과 같은 효력이 없다고 한다.

4. 창설적 효력

"재판상 화해는 확정판결과 동일한 효력이 있고 창설적 효력을 가지는 것이어서 화해가 이루어지면 종전의 법률관계를 바탕으로 한 권리 · 의무관계는 소멸함과 동시에 그 재판상 화해에 따른 새로운 법률관계가 유효하게 형성된다. 다만 재판상 화해 등의 창설적 효력이 미치는 범위는 당사자가 서로 양보를 하여 확정하기로 합의한 사항에 한하며, 당사자가 다툰 사실이 없었던 사항은 물론 화해의 전제로서 서로 양해하고 있는 데 지나지 않은 사항에 관하여는 그러한 효력이 생기지 아니한다"(대판 2013.2.28. 2012다98225: 법전협 표준판례(229)). 이러한 법리는 소정의 기간 내에 이의신청이 없으면 재판상 화해와 같은 효력을 가지는 화해권고결정 및 제소전 화해의 경우에도 마찬가지이다(대판 1977.6.7. 77다235 ; 대판 2008.2.1. 2005다42880: 법전협 표준판례(228) : 화해권고를 위하여 필요한 경우에는 소송물 아닌 권리 내지 법률관계를 그 대상에 포함시킬 수 있으며, 이 경우 화해권고결정의 효력은 그 내용에 따라 그 결정에 기재된 당사자에게 미친다고 할 것이다). 또한 判例는 물권적 청구권을 소송물로 한 사건에서 화해권고결정이 내려졌다고 하여 그 창설적 효력에 의해 소송물의 성질이 채권적 청구권으로 바뀌는 것도 아니라고 하였다(대판 2012.5.10. 2010다 2558).

[관련판례] "재판상의 화해는 확정판결과 같은 효력이 있고(민사소송법 제220조), 사법상의 화해계약 은 창설적 효력을 가져(민법 제732조) 화해가 이루어지면 종전의 법률관계를 바탕으로 한 권리의무관 계는 소멸한다. 그렇지만 화해의 창설적 효력이 미치는 범위는 당사자가 서로 양보를 하여 확정하기로 합의한 사항에 한하며, 당사자가 다툰 사실이 없거나 화해의 전제로서 서로 양해하고 있는 데 지나지 아니한 사 항에 관하여는 그러한 효력이 생기지 아니한다. 그리고 이러한 법률관계는 민사조정법 제29조에 의하 여 재판상의 화해와 동일한 효력이 인정되는 민사조정법상의 조정의 경우에도 마찬가지로 적용된다"(대판 2019.4.25. 2017다21176).

VI. 효력을 다투는 방법 [C-20]

1. 준재심의 소

判例에 의하면 재심사유에 해당될 흠이 있는 경우에 한하여 준재심의 소로 다투는 방법 이외에는 그 무효를 주장할 수 없다(대판 1999.10.8. 98다38760). 다만 소송상 화해의 당연무효를 주장하면서 기일 지정신청을 한 때에는, 법원은 변론기일을 열어 당연무효사유가 있는지를 심리한 다음 무효사유가 존재한다고 판단된다면 심리를 속행하고, 그 사유가 존재하지 아니하면 판결로써 소송종료선언을 하여야 한다(대판 2000.3.10. 99다67703).

2. 기일지정신청과 화해무효확인의 소

제한적 기판력설에 따르면 기일지정신청이나 화해무효확인의 소로 무효를 주장할 수 있다. 그러나 判例의 입장인 무제한 기판력설에 의하면 그러하지 아니하다.

3. 판결의 경정

화해조서에 잘못된 계산이나 기재, 그 밖에 이와 비슷한 잘못이 있음이 분명한 때에 법원은 직권으로 또는 당사자의 신청에 따라 경정결정을 할 수 있다(제211조). "판결에 잘못된 계산이나 기재 그 밖에 이와 비슷한 잘못이 있음이 분명한 경우에 하는 판결의 경정은, 일단 선고된 판결에 대하여 내용을 실질적 으로 변경하지 않는 범위 내에서 판결의 표현상의 기재 잘못이나 계산의 착오 또는 이와 유사한 오 류를 법원 스스로가 결정으로써 정정 또는 보충하여 강제집행이나 가족관계등록부의 정정 또는 등기의 기재 등 이른바 광의의 집행에 지장이 없도록 하자는 데 취지가 있다. 이러한 법리는 이행권고결정에 오류가 있는 경우에도 마찬가지로 적용된다"(대결 2022.12.1. 2022그18).[13]

[관련판례] "판결의 경정은 판결에 잘못된 계산이나 기재, 그 밖에 이와 비슷한 잘못이 있음이 분명한 때에 법원이 직권으로 또는 당사자의 신청에 따라 결정하는 것이다(민사소송법 제211조 제1항). 당사자의 신청에 따라 판결의 경정을 하는 경우에는 우선 신청 당사자가 판결에 위와 같은 잘못이 있음이 분명하다는 점을 소명하여야 한다"(대결 2018.11.21. 2018그636).[14] 判例는 특별항고인이 판결서의 기재만으로는 피신청인의 인적 사항을 알 수 없어 강제집행을 할 수 없다는 취지로 주장하면서 판결서의 피고 표시 부분에 기재된 주소를 주민등록상 주소지로 변경하고 주민등록번호를 추가하여 달라는 이 사건 신청에 대하여, "① 이 사건 판결서의 피고 표시 부분에 기재된 주소는 특별항고인이 피고의 주소로 특정한 곳으로서 그 주소지에서 피신청인에 대한 소송서류의 송달이 적법하게 이루어졌고, 특별항고인이 소송절차에서 피신청인의 주소를 주민등록상 주소지로 보정하는 등의 조치를 취하지는 않았으므로, 주민등록상 주소가 피고 주소로 기재되지 않았다고 하여 이 사건 판결서의 피고 표시 부분에 잘못된 계산이나 기재 또는 이와 비슷한 잘못이 있음이 분명하다고 할 수 없고, ② 금전의 지급을 명하는 이 사건 판결서의 피고 표시 부분에 주민등록번호가 기재되지 않은 것은 관련 법령에 따른 것으로서 적법하므로, 판결서에 잘못된 계산이나 기재 또는 이와 비슷한 잘못이 있는 경우에 해당하지 않는다"(대결 2022.9.29. 2022그637)고 판시하였다.

4. 의무불이행을 이유로 하는 화해의 해제

(1) 해제 허용 여부

1) 학 설

① 무제한 기판력설은 소송상 화해는 소송행위이므로 해제 등 민법 규정이 적용되지 않아 해제가 허용되지 않는다고 본다. ② 제한적 기판력설은 화해에 실체법상 하자가 없는 경우에만 제220조에 의한 기판력이 생기므로, 화해에 실체법상 해제 사유가 있는 경우 해제가 허용된다고 한다.

2) 판 례(소극)

대법원은 재판상 화해를 하여 조서에 기재한 후 화해 내용에 따라 원고가 일정 금액을 지불해야 되는데 이를 행사하지 않자 피고가 화해를 해제하고 화해가 실효되었다는 이유로 기일신청을 한 사건에서 "재판상 화해를 한 당사자는 재심의 소에 의하지 않고서는 화해를 사법상 화해계약임을 전제로 화해 해제를 주장하는 것과 같은 화해조서의 취지에 반하는 주장을 할 수 없다"(대판 1962.2.15. 61다914)고 하였다. [8회 사례형]

[비교판례] ✲ 제소전화해 이후에 발생한 사실을 주장하여 화해에 반하는 청구를 할 수 있는지 여부(적극) 判例는 "부동산에 관한 소유권이전등기가 제소전화해조서의 집행으로 이루어진 것이라면 제소전화해가 이루어지기 전에 제출할 수 있었던 사유에 기한 주장이나 항변은 그 기판력에 의하여 차단되므로 그와 같은 사유를 원인으로 제소전화해의 내용에 반하는 주장을 하는 것은 허용되지 않는다 할 것이나, 제소전화해가 이루어진 이후에 새로 발생한 사실을 주장하여 제소전화해에 반하는 청구를 하여도 이는 제소전

13) "이행권고결정의 경우 재판서 양식에 관한 예규에 따르면 종전처럼 당사자의 주민등록번호를 기재하여야 하는 재판서로 볼 수도 있다. 그러나 이행권고결정에 주민등록번호를 기재하지 않았다고 하더라도 그와 같은 조치는 내부적 업무처리지침에 불과한 재판서 양식에 관한 예규에 어긋날 뿐이고, 개인정보 보호법의 취지에는 합치되는 것이므로 부적법하다고 할 수 없다. 나아가 당사자는 민사소송규칙 제76조의2에서 정한 절차에 따라 재판사무시스템에 소송관계인의 주민등록번호를 추가하거나 수정할 수 있기 때문에 집행 과정에서 어떠한 지장을 받을 우려도 없다"
14) [사실관계] 甲 등이 乙 등을 상대로 제기한 소유권이전등기청구의 소에서 확정판결의 원고들과 甲 등이 동일인임을 전제로 당사자표시 중 원고들 이름 옆에 주민등록번호가 누락되어 판결의 집행을 할 수 없다고 주장하면서 주민등록번호를 추가 기재하는 것으로 판결경정을 신청하였으나, 원심이 이를 기각한 사안에서, 판결경정의 신청인과 확정판결의 원고가 동일인이라는 점에 관한 소명이 없으므로, 신청을 기각한 원심의 조치에 민사소송법에서 정한 특별항고이유에 해당하는 잘못이 없다고 한 사례

화해의 기판력에 저촉되는 것은 아니라고 할 것이다"(대판 1994.12.9. 94다17680)라고 하였다.[15]

이는 제소전화해의 해제가 아니라 화해로 생긴 법률관계를 채무불이행을 이유로 해제하는 것이라는 점에서, 화해조서의 의무불이행을 이유로 소송상화해 자체의 해제를 주장한 위 61다914 판례와 구분해야 한다.

(2) 해제의 주장 방법(선택설)

기일지정신청설, 화해무효확인의 별소제기설, 선택설이 대립하는데, 해제를 하면 소송종료의 효과가 소급적으로 소멸하고 구소가 부활한다고 할 것이고, 소송자료의 계속적 이용가능성을 고려하여 기일지정신청을 하는 것이 유리할 수도 있고 심급의 이익을 고려하여 별소를 제기하는 것이 유리할 수도 있으므로 선택설이 타당하다.

■ 재판상 화해의 법적성질 – 의무불이행을 이유로 한 화해의 해제　　2019년 제8회 변호사시험

사실관계 | 甲은 乙로부터 X부동산을 5억 원에 매수하였다며 2017. 3. 2. 乙을 상대로 "乙은 甲에게 X부동산에 관하여 2015. 7. 1. 매매를 원인으로 한 소유권이전등기절차를 이행하라."라는 취지의 소유권이전등기청구의 소를 제기하였다. 위 소송 계속 중 2018. 2. 2. 甲과 乙은 다음과 같이 소송상화해를 하였다. "乙은 甲에게 X부동산에 관하여 2015. 7. 1. 매매를 원인으로 한 소유권이전등기절차를 이행한다. 甲은 乙에게 매매 잔대금 1억 원을 2018. 6. 30.까지 지급한다. 소송비용은 각자 부담한다." 그런데 乙은 위 화해조항에 따라 甲 명의로 소유권이전등기를 마쳤음에도 甲이 매매 잔대금 1억 원을 지급하지 않아서 위 매매계약이 잔대금 미지급으로 해제되었고 그로 인해 위 소송상화해도 효력이 없다고 주장하면서, 甲을 상대로 X부동산에 관한 甲 명의 소유권이전등기의 말소를 구하는 소를 제기하였다. 乙의 주장대로 甲이 화해조항에 따른 매매 잔대금 1억 원을 지급하지 않았다면, **법원은 乙의 청구에 대해 어떤 판결을 하여야 하는가?**

사안의 해결 | 기판력에 의해 재판상화해의 해제는 부정되고, 등기에 관하여 패소자의 지위에 있는 乙의 말소등기 청구는 기판력의 본질에 대해 모순금지설을 따르는 判例에 의하면 기각되어야 한다.

---

15) **[사실관계]** "甲과 乙 사이에 甲이 丙으로부터 부동산을 매수하였으나 소유권이전등기를 마치지 않은 상태에서 부동산을 乙에게 매도하기로 하되 등기 명의를 丙에서 직접 乙 앞으로 제소전화해 절차를 통하여 소유권이전등기를 마침과 동시에 乙이 甲에게 잔대금을 지급하기로 약정하였는데, 乙이 당초의 약정과 달리 잔대금을 지급하지 아니한 상태에서 丙을 상대로 제소전화해신청을 하여 그 화해조서에 기하여 소유권이전등기를 마친 경우, 乙명의의 소유권이전등기가 丙과 乙 사이에 제소전화해에 의하여 이루어진 것이라 할지라도 이는 甲과 乙 사이에 체결된 매매계약과 당사자들 사이에 이루어진 중간등기생략에 관한합의에 의한 것이라면 그 매매계약상의 甲의 채무는 乙이 그 부동산에 관하여 소유권이전등기를 마침으로써 전부 이행되었다고 할 것이니, 乙의 당초의 약정과는 달리 소유권이전등기를 마친 후에도 甲에게 잔대금을 지급하지 아니한 경우에는 甲은 적법한 최고절차를 거쳐 매매계약을 해제하고 계약 당사자로서 乙에게 직접 매매계약해제를 원인으로 한 원상회복으로서 소유권이전등기의 말소등기절차의 이행을 구할 수 있고, 이는 위 제소전화해의 기판력에 저촉되는 것이 아니라고 할 것이다."

즉, 甲이 乙과 사이의 매매계약을 해제하고 소유권이전등기의 말소등기를 구한 사안에서 대법원은 甲의 매매계약 해제권은 위 제소전화해 성립 후에 발생하였으므로(기판력 표준시 후의 사유) 甲은 丙을 대위하지 않고 직접 원상회복을 위한 소유권이전등기의 말소등기절차 이행을 구할 수 있다고 하였다[이시윤, 조관행. 이원석, '소송의 종료 : 당사자의 행위에 의한 소송의 종료'(재판상 화해), 판례해설 민사소송법(제2판), p.16]. 甲과 丙간의 화해와는 별개인 甲과 乙간 매매개약상 乙의 의무불이행을 이유로 한 매매계약의 해제를 원인으로 한 등기말소는, 乙과 丙간 화해의 기판력과는 상관없다. 乙과 丙간 화해의 내용에는 乙의 의무가 기재되어 있지 않으므로, 화해의 의무불이행을 이유로 한 해제사안이 아니라 화해와 별개인 법률행위의 해제로 인한 원상회복은 화해의 기판력과는 무관하다.

핵심사례 C-03

| ■ 재판상 화해의 법적성질 – 의무불이행을 이유로 한 화해의 해제 | 2018년 8월 법전협 모의 |

甲은 2017. 3. 1. 乙에게 자신의 소유인 X토지를 5억 원에 매도하면서 계약 당일 계약금 5천만 원을 지급받았고, 같은 해 4. 1. 중도금 1억 5천만 원, 같은 해 5. 1. 소유권이전등기에 필요한 서류의 교부 및 X토지의 인도와 상환으로 잔대금 3억 원을 지급받기로 합의하였다. 甲은 2017. 4. 1. 중도금 1억 5천만 원을 지급받고서 당일 X토지를 乙에게 인도하여 주었는데, 乙은 같은 해 4. 15. X토지를 丁에게 임대하기로 계약하고 이를 丁에게 인도해 주었다. 甲이 소장의 청구원인란에서 乙의 채무불이행을 이유로 매매계약을 해제한다고 주장하면서 X토지에 관하여 乙을 상대로 하여서는 계약해제에 따른 원상회복으로, 丁을 상대로 하여서는 소유권에 기하여 각 인도를 구하는 청구를 병합하여 소(전소)를 제기하였고, 그 소장부본이 乙, 丁에게 교부송달의 방식으로 적법하게 송달되었다. 그 후 제1회 변론기일에 "① 丁은 2017. 7. 1.까지 甲에게 X토지를 인도한다. ② 甲은 2019. 8. 1.까지 乙에게 매매대금 2억 원을 반환한다. ③ 甲과 乙은 이 사건 매매계약과 관련된 나머지 청구를 모두 포기한다."는 내용으로 소송상 화해가 성립되었다. 丁이 2018. 7. 1. 戊에게 X토지를 전대하여 인도한 채 위 화해조항에 따른 의무를 이행하지 아니하자, **甲은 丁의 의무불이행을 이유로 위 소송상 화해를 모두 해제한다고 주장하면서, 戊를 상대로 소유권에 기하여 X토지의 인도를 구하는 소(후소)를 제기하였다. 후소에서 위 소송상 화해 성립사실이 주장, 증명된다면 후소 법원은 어떻게 판단하여야 하는가? (30점)**

I. 논점의 정리

II. 丁의 의무불이행을 이유로 소송상화해를 해제할 수 있는지 여부

1. 소송상화해의 법적성질

(1) **학 설** / (2) **판 례**(소송행위설이나, 양성설의 태도를 보이기도 하였다)

(3) **사안의 경우**

甲과 乙의 재판상 화해는 당사자 간에는 사법상 화해의 성질을 가지나, 법원에 대해서는 소송행위로 인정된다.

2. 소송상화해의 기판력 – 의무불이행을 이유로 하는 화해의 해제

(1) **학 설** / (2) **판 례**(무제한 기판력설)

(3) **사안의 경우**

소송상화해는 소송행위이고 기판력이 발생하므로 사법상화해를 전제로 한 해제는 허용되지 않는다. 따라서 甲은 丁의 의무불이행을 이유로 소송상화해를 해제할 수 없다.

III. 戊를 상대로 한 후소가 기판력에 반하는지 여부

1. 기판력의 시적 범위 – 소송상화해 성립일 이후에 계쟁물을 양수

2. 기판력의 객관적 범위 – 전소와 후소 모두 X토지에 대한 소유권에 기한 인도청구권

3. 기판력의 주관적 범위

(1) 변론종결한 뒤의 승계인

계쟁물의 승계인에게도 기판력이 미침(대판 2003.5.13. 2002다64148 : 소송물이 물권적 청구권인 경우에는 인정되지만, 채권적 청구권인 경우에는 부정).

(2) 소송상화해의 창설효로인해 청구권의 성질이 바뀌는지 여부(소극)

대판 2012.5.10. 2010다2558

(3) 사안의 경우

전소에서 甲에게 소유권에 기한 X토지의 인도청구권이 인정됨에 기판력이 발생하였고 戊에게는 전소의 기판력이 미치는바, 甲은 전소의 화해조서는 집행권원으로 하여 戊에 대한 승계집행문을 받아 X토지에 대한 인도집행을 할 수 있으므로, 후소 법원은 소의 이익이 없음을 이유로 소각하판결을 선고하여야 한다(모순금지설).

Ⅶ. 화해권고결정
[C-21]

> **제225조 (결정에 의한 화해권고)** ① 법원·수명법관 또는 수탁판사는 소송에 계속중인 사건에 대하여 직권으로 당사자의 이익, 그 밖의 모든 사정을 참작하여 청구의 취지에 어긋나지 아니하는 범위안에서 사건의 공평한 해결을 위한 화해권고결정(和解勸告決定)을 할 수 있다.
> ② 법원사무관 등은 제1항의 결정내용을 적은 조서 또는 결정서의 정본을 당사자에게 송달하여야 한다. 다만, 그 송달은 제185조 제2항·제187조 또는 제194조에 규정한 방법으로는 할 수 없다.

1. 의 의

법원·수명법관 또는 수탁판사는 소송에 계속 중인 사건에 대하여 **직권으로**(당사자 신청이 아님) 당사자의 이익, 그 밖의 모든 사정을 참작하여 청구의 취지에 어긋나지 아니하는 범위 안에서 사건의 공평한 해결을 위한 화해권고결정을 할 수 있다(제225조 1항)(9회 선택형). 청구권의 발생 자체는 명백하지만 신의칙에 의하여 이를 배척하는 경우에 판결에 앞서 화해적 해결을 시도하지 않았다고 하여 위법이라고 할 수 없다(대판 2009.12.10. 2008다78279)(13회 선택형).

2. 요 건

소송 중이면 법원은 소송의 정도와 관계없이 화해를 권고하거나, 수명법관 또는 수탁판사로 하여금 권고하게 할 수 있다(제145조 1항 : 화해권고, 임의조정, 민사조정법상 조정, 강제력 없음). 그러나 화해권고가 화해권고결정의 요건은 아니다. 법원·수명법관 또는 수탁판사는 소송에 계속 중인 사건에 대하여 직권으로 모든 사정을 참작하여 청구의 취지에 어긋나지 아니하는 범위 안에서 화해권고결정을 할 수 있다(제225조 1항 : 화해권고결정, 강제조정, 민사소송법상 조정, 강제력 있음).

3. 절 차

법원의 직권에 의하므로 당사자가 신청하더라도 직권발동을 촉구하는 의미밖에 없다. 법원사무관등은 1항의 결정내용을 적은 조서 또는 결정서의 정본을 당사자에게 송달하여야 한다. 다만, 그 송달은 제185조 2항·제187조 또는 제194조에 규정한 방법으로는 할 수 없다(제225조 2항 단서).

4. 효 과

(1) 이의신청을 한 경우

당사자는 화해권고결정에 대하여 그 결정서의 정본을 송달받은 날부터 2주 이내에 이의를 신청할 수 있다. 다만, 그 정본이 송달되기 전에도 이의를 신청할 수 있다. 이 기간은 불변기간으로 한다(제226조)(3회 선택형). 이의신청을 한 당사자는 그 심급의 판결이 선고될 때 까지 상대방의 동의를 얻어 이의신청을 취하할 수 있으며(제228조), 법원은 이의신청이 법령상의 방식에 어긋나거나 신청권이 소멸된 뒤의 것임이 명백한 경우에는 그 흠을 보정할 수 없으면 결정으로 이를 각하하여야 한다(제230조 1항 전단). 이의신청이 적법한 때에는 소송은 화해권고결정 이전의 상태로 돌아간다. 이 경우 그 이전에 행한 소송행위는 그대로 효력을 가진다(제232조 1항).

(2) 이의신청을 하지 않은 경우

화해권고결정은 ① 제226조 1항의 기간 이내에 이의신청이 없는 때 ② 이의신청에 대한 각하결정이 확정된 때 ③ 당사자가 이의신청을 취하하거나 이의신청권을 포기한 때 재판상 화해와 같은 효력을 가진다(제231조). 결국 각 호의 경우에는 권고결정이 확정판결과 같은 효력(무제한 기판력설), 즉 기판력, 집행력, 형성력이 생긴다(제220조).

1) 권고결정 확정 후 기판력 승계인

화해권고결정의 기판력은 그 '확정시'를 기준으로 하여 발생한다고 해석함이 상당하다(대판 2012.5.10. 2010다2558)(2회,9회 선택형). 또한, 소유권에 기한 물권적 방해배제청구로서 소유권등기의 말소를 구하는 소송이나 진정명의 회복을 원인으로 한 소유권이전등기절차의 이행을 구하는 소송 중에 그 소송물에 대하여 화해권고결정이 확정되면 상대방은 여전히 물권적인 방해배제의무를 지는 것이고, 화해권고결정에 창설적 효력이 있다고 하여 그 청구권의 법적 성질이 채권적 청구권으로 바뀌지 아니한다(同 判例)(2회 선택형).

2) 권고결정 확정 후 후소 제기

소송에서 다투어지고 있는 권리 또는 법률관계의 존부에 관하여 동일한 당사자 사이의 전소에서 확정된 화해권고결정이 있는 경우 당사자는 이에 반하는 주장을 할 수 없고 법원도 이에 저촉되는 판단을 할 수 없다(대판 2014.4.10. 2012다29557)(13회 선택형).[16] **[5회 기록형]**

3) 특별법 관련판례

"신청인이 민주화운동과 관련하여 수사기관에 불법체포·구금된 후 고문 등에 의한 자백으로 유죄판결을 받고 복역함으로써 입은 피해에 대하여 '민주화운동관련자 명예회복 및 보상심의위원회'의 보상금 등 지급결정에 동의한 경우, '민주화운동관련자 명예회복 및 보상 등에 관한 법률' 제18조 제2항에 따라 재판상 화해와 동일한 효력이 발생한다. 이 경우 나중에 형사 재심절차에서 무죄판결이 확정되었다고 하여 그 부분 피해를 재판상 화해의 효력이 미치는 범위에서 제외할 수는 없다"(대판 2015.1.22. 전합 2012다204365).

---

16) 甲이 乙을 상대로 제기한 상속회복청구소송 중 상속재산인 부동산이 수용되어 乙이 수용보상금을 수령하자 甲이 대상청구로서 금전지급을 구하는 청구로 변경하였고 그 후 甲과 乙 사이에 화해권고결정이 확정되었는데, 甲이 乙이 수령한 보상금 중 甲의 상속분 해당 금원에서 화해권고결정에 따라 받은 금원 등을 공제한 나머지 금원의 지급 등을 구하자 甲의 청구를 기각한 사례

제2관 제소전 화해

Ⅰ. 의 의
[C-22]

'제소전 화해'라 함은 일반 민사분쟁이 소송으로 발전하는 것을 방지하기 위하여 소제기 전에 **지방법원 단독판사** 앞에서 화해를 성립시키는 절차를 말한다(제385조). 이는 소송 계속 전에 소송을 예방하기 위한 화해인 점에서 소송계속 후에 그 소송을 종료시키기 위한 화해인 소송상의 화해와는 구별되나 그 법적 성질, 요건 및 효력 등에 있어서는 소송상의 화해의 법리가 그대로 적용된다.

Ⅱ. 제소전 화해의 법적 성질
[C-23]

判例는 "제소전 화해조서는 확정판결과 같은 효력이 있어 당사자 사이에 기판력이 생기는 것이므로 그 내용이 강행법규에 위반된다 할지라도 준재심절차에 의하여 취소되지 아니하는 한 그 화해가 통정한 허위표시로서 무효라는 취지의 주장은 할 수 없다"(대판 1992.10.27. 92다19033)고 하여 **소송행위설 및 무제한 기판력설을 취한다**(2회 선택형). 다만 실효조건부 화해를 인정하기도 하고(대판 1965.3.2. 64다1514), 화해에 창설적 효력을 인정하는 등(대판 2001.4.27. 99다17319) 양성설을 취한 것도 있다(판례의 기본적 태도가 양성설인 것은 아니다).

Ⅲ. 절 차
[C-24]

민사상 다툼에 관하여 당사자는 청구의 취지·원인과 다투는 사정을 밝혀 상대방의 보통재판적이 있는 곳의 지방법원에 화해를 신청할 수 있다(제385조 1항). 당사자는 화해를 위하여 대리인을 선임하는 권리를 상대방에게 위임할 수 없으며(제385조 2항), 이를 위반한 상태에서 성립된 제소전 화해는 무효는 아니지만 준재심의 소의 대상이 된다(제461조). 소송법상 무권대리는 소송법상의 흠이므로 소송행위설과 양성설 모두 재심의 소의 대상이 된다고 본다.

Ⅳ. 효 력

判例는 무제한 기판력설에 따라 실체법적 하자가 있더라도 재심사유가 있는 경우에 한하여 준재심의 소로 취소하여야 한다고 보면서도(대판 1992.10.27. 92다19033), 조건부 화해와 창설적 효력을 인정한다. 이와 관련하여 判例는 "제소전 화해는 확정판결과 동일한 효력이 있고 당사자 사이의 사법상 화해계약이 그 내용을 이루는 것이면 화해는 창설적 효력을 가져 화해가 이루어지면 종전의 법률관계를 바탕으로 한 권리의무관계는 소멸한다. 그러나 제소전 화해의 창설적 효력은 당사자 간에 다투어졌던 권리관계에만 미치는 것이지 당사자가 다툰 사실이 없었던 사항은 물론 화해의 전제로서 서로 양해하고 있는 사항에 관하여는 미치지 않는다. 따라서 **제소전 화해가 있다고 하더라도 화해의 대상이 되지 않은 종전의 다른 법률관계까지 소멸하는 것은 아니다**"(대판 2022.1.27. 2019다299058 : 甲과 乙 등이 점포에 관하여 임대차계약을 체결한 후 '甲은 임대차기간 만료일에 乙 등으로부터 임대차보증금을 반환받음과 동시에 점포를 乙 등에게 인도한다.'라는 내용의 제소전 화해를 하였는데, 甲이 임대차기간 만료 전 임대차계약의 갱신을 요구한 경우, 甲의 계약갱신요구권은 화해 당시 분쟁의 대상으로 삼지 않은 사항으로서 화해의 창설적 효력이 미치지 않고, 甲은 화해조서 작성 이후에도 계약갱신요구권을 행사할 수 있다)고 판시하였다.

[관련판례] "전·후 양소의 소송물이 동일하지 않다고 하더라도, 후소의 소송물이 전소에서 확정된 법률관계와 모순되는 정반대의 사항을 소송물로 삼았다면 이러한 경우에는 전소 판결의 기판력이 후소에

미치는 것이고, 제소전 화해조서는 확정판결과 같은 효력이 있어 당사자 사이에 기판력이 생기는 것이므로, 원고가 피고에게 이 사건 각 토지에 관하여 신탁해지를 원인으로 한 소유권이전등기절차를 이행하기로 한 이 사건 제소전 화해가 준재심에 의하여 취소되지 않은 이상, 그 제소전 화해에 기하여 마쳐진 소유권이전등기가 원인무효라고 주장하며 말소등기절차의 이행을 청구하는 것은 제소전 화해에 의하여 확정된 소유권이전등기청구권을 부인하는 것이어서 그 기판력에 저촉된다"(대판 2002.12.6. 2002다44014)(2회,13회 선택형).

Ⅴ. 제소전 화해의 효력을 다투는 방법 [C-25]

判例는 준재심의 소로 다투어야 한다고 본다(대판 1992.10.27. 92다19033). 양성설에 의하면 제소 전이므로 기일지정신청은 할 수 없고 화해무효확인의 소로 다투어야 한다.

제3장 종국판결에 의한 종료

제1절 판결의 종류

I. 서 설

[C-26]

1. 재판의 종류

① '재판의 종류'로는 법원의 재판인 **판결·결정**과 법관의 재판인 **명령**이 있다. ② 판결의 경우에는 판결서를 작성하여 그에 기하여 선고에 의함에 비하여(제205조), 결정·명령의 경우에는 조서의 기재로 대용할 수 있으며 상당한 방법에 의하면 고지하면 된다(제221조 1항). ③ 불복방법에 있어서, 판결에 대해서는 항소·상고로 하며, 결정·명령에 대해서는 이의신청 또는 항고·재항고로 한다. ④ 판결의 경우에 법원은 자기의 판결에 기속됨에 반하여, 결정·명령의 경우에는 원칙적으로 기속되지 아니하므로 취소변경을 할 수 있다(제141조, 제222조 참조).

	판 결	결 정	명 령
주 체	법 원		법 관 (재판장·수명법관·수탁판사)
대 상	중요사항(소송물 등) 중간적 종국적 판단	부수적·파생적 사항, 소송지휘에 관한 사항 강제집행·가압류·가처분 사건, 비송사건	
심리방식	필요적 변론 (제134조 1항 본문)	임의적 변론 (제134조 1항 단서)	
입 증	증 명	소 명	
비용부담	비용부담자의 결정 필요	비용부담자의 결정 불요	
이유기재	생략 불가 원칙	생략 가능 원칙(제224조 1항 단서)	
고지방법	판결 선고(제205조) + 판결서 작성(제208조 : 법관의 서명날인)	조서기재로 대응(제154조 5호) 상당한 방법으로 고지(제221조 1항) 법관의 서명은 기명날인으로 갈음 가능(제224조 1항 단서)	
기속력	엄격(제205조, 제211조)	약함(제88조, 제141조, 제222조, 제446조)	
불복방법	항소(제390조)·상고(제422조)	이의 또는 항고(제439조)·재항고(제442조)	

2. 판결의 종류

'판결의 종류'로는 **중간판결**(제201조)과 **종국판결**(제198조)이 있다.

(1) 중간판결

① '중간판결'이란 종국판결을 하기 전에 그 종국판결의 전제가 되는 개개의 쟁점에 대하여 미리 판단함으로써 종국판결을 용이하게 하는 판결을 말한다. ② 법원은 독립된 공격 또는 방어의 방법, 그

밖의 중간의 다툼에 대하여 필요한 때(제201조 1항), 또는 청구의 원인과 액수에 대하여 다툼이 있는 경우 그 원인에 대하여도 중간판결을 할 수 있다(제201조 2항). ③ 법원은 중간판결에 구속되어 종국판결을 할 때에도 그 주문의 판단을 전제로 하여야 하나 종국판결이 아니어서 기판력·집행력·형성력은 발생하지 않는다.

(2) 종국판결

'종국판결'이란 소 또는 상소에 의하여 계속 중인 사건의 전부 또는 일부에 대하여 심판을 마치고 그 '심급을 이탈'시킴으로써 소송을 종료시키는 판결을 말한다(제198조). 종국판결은 사건을 완결시키는 범위에 따라 전부판결·일부판결·추가판결로 구분되는데, ① **전부판결**이란 동일한 소송절차에서 심판되는 사건의 전부를 동시에 완결하는 종국판결을 말하고, ② **일부판결**이라 함은 동일소송절차 내에서 가분적 청구의 일부, 병합심리되는 여러 개의 청구 또는 본소와 반소 중 심리가 완료된 부분에 한하여 먼저 완결시키는 종국판결을 말하며(제200조), ③ **추가판결**이란 법원이 **실수로** 청구의 일부를 누락하여 판단한 경우(**재판의 누락**) 그 누락한 부분에 대하여 하는 종국판결을 말하며(제212조), 의도적으로 일부에 대해 재판을 하지 않은 경우에 하는 **잔부판결**과 구별된다.

		전부판결	
종국판결	범위에 따른 분류	일부판결(제200조 1항)	
		추가판결(제212조 1항)	
	내용에 따른 분류	본안판결	이행판결
			형성판결
			확인판결
		소송판결(제219조)	

Ⅱ. 일부판결 [C-27]

> 제200조 (일부판결) ① 법원은 소송의 일부에 대한 심리를 마친 경우 그 일부에 대한 종국판결을 할 수 있다. ② 변론을 병합한 여러 개의 소송 가운데 한 개의 심리를 마친 경우와, 본소나 반소의 심리를 마친 경우에는 제1항의 규정을 준용한다.

1. 일부판결의 허용범위(판결의 모순·저촉이 상관없는 경우) [금, 단, 통]

일부판결은 소송심리의 정리·집중화, 당사자의 권리구제의 신속에 이바지 하는 장점이 있으나 소송불경제와 재판의 모순을 초래할 우려가 있다. 따라서 ① 가분적 **금전청구, 단순병합, 통상공동소송**의 경우에는 일부판결이 허용되나, ② 독립상소에 의하여 소송불경제와 재판의 모순이 나타날 수 있는 경우에는 일부판결이 허용되지 아니하는 바, **선택적 병합, 예비적 병합, 필수적 공동소송, 예비적·선택적 공동소송, 독립당사자참가**의 경우가 이에 해당한다.

2. 일부판결이 허용되는 경우의 소송상 취급(의도적 잔부판결, 비의도적 재판누락 · 추가판결)

청구의 일부에 대하여 **의도적**으로 일부판결을 한 경우에 나머지 청구에 대하여는 **잔부판결**로서 완결하여야 하지만, 법원이 청구의 전부에 대하여 재판할 의사로 재판을 하였지만 객관적으로는 청구의 일부에 대하여 재판을 누락하였을 때(제212조), 즉 **모르고** 일부판결을 하였을 때에 그 나머지 부분은 추가판결로서 완결하여야 한다. 판결이 누락된 부분은 "그 법원에 계속 중이라고 보아야 할 것이어서 적법한 상소의 대상이 아니다"(대판 1996.2.9. 94다50274: 법전협 표준판례(237))

[관련판례] "원고가 실제로 감축한다고 진술한 것보다 더 많은 부분을 감축한 것으로 보아 판결을 선고한 경우, 원고가 감축한 금액을 제외한 나머지 부분에 관한 청구에 관하여는 아무런 판결을 하지 아니한 셈이고, 이는 결국 재판의 탈루에 해당하여 이 부분 청구는 여전히 원심에 계속중이라 할 것이므로, 원고로서는 원심법원에 그 부분에 관한 추가판결을 신청할 수 있음은 별론으로 하고, 그 부분에 관한 아무런 판결도 없는 상태에서 제기한 상고는 상고의 대상이 없어 부적법하다"(대판 1997.10.10. 97다22843)(11회 선택형)

❋ **잔부판결**

잔부판결은 최초의 분쟁 전체를 기준으로 하면 일부판결이지만, 일부판결 후의 잔부판결을 기준으로 하면 전부판결이다. 소송비용의 재판은 사건을 완결하는 잔부판결에서 하는 것이 원칙이다(제104조). 잔부판결은 일부판결의 주문판단을 토대로 하여야 한다고 본다.

❋ **재판누락의 판단기준**(판결주문)

① **[판결이유에 아무 표시가 없어도 판결주문에 기재가 있는 경우 : 재판누락 부정]** "재판의 탈루가 있는지 여부는 우선 주문의 기재에 의하여 판정하여야 하고, 주문에 청구의 전부에 대한 판단이 기재되어 있으나 이유 중에 청구의 일부에 대한 판단이 빠져 있는 경우에는 이유를 붙이지 아니한 위법이 있다고 볼 수 있을지언정 재판의 탈루가 있다고 볼 수는 없는바, 청구를 기각하는 판결의 경우 주문에 청구 전부에 대한 판단이 기재되어 있는지 여부는 청구취지와 판결이유의 기재를 참작하여 판단하여야 한다"(대판 2003.5.30. 2003다13604).

② **[판결이유 속에 판단이 있어도 판결주문에 아무 표시가 없는 경우 : 재판누락으로 인정]** "판결에는 법원의 판단을 분명하게 하기 위하여 결론을 주문에 기재하도록 되어 있어 재판의 누락이 있는지 여부는 주문의 기재에 의하여 판정하여야 하므로, 판결 이유에 청구가 이유 없다고 설시되어 있더라도 주문에 그 설시가 없으면 특별한 사정이 없는 한 재판의 누락이 있다고 보아야 하며, 재판의 누락이 있으면 그 부분 소송은 아직 원심에 계속 중이어서 상고의 대상이 되지 아니하므로, 그 부분에 대한 상고는 불복의 대상이 존재하지 아니하여 부적법하다"(대판 2017.12.5. 2017다237339: 법전협 표준판례(236)(11회 선택형).

---

3. 일부판결이 허용되지 않는 경우의 소송상 취급(판단누락에 준하여 상소·재심 가능)

일부판결을 할 수 없는 경우임에도 일부판결을 한 경우에는 이는 위법한 판결인 바, 이때 그 형식은 일부판결이라도 전부판결로 취급하며 판결하지 않은 부분은 **판단누락에 준하여 취급되므로 항소의 대상적격이 있다.** 예컨대 주위적 청구를 배척하면서 예비적 청구에 대하여 판단하지 아니하는 판결을 한 경우에는 그 판결에 대한 상소가 제기되면 판단이 누락된 예비적 청구 부분도 상소심으로 이심이 되고 그 부분이 재판의 탈루에 해당하여 원심에 계속 중이라고 볼 것은 아니다(대판 2000.11.16. 전합98다22253: 법전협 표준판례(297). 이러한 법리는 부진정 예비적 병합의 경우에도 마찬가지이다. 대판 2021.5.7. 2020다292411). 그러므로 이러한 일부판결에 대해서는 확정 전에는 상소로서 구제받을 수 있으며, 상소에 의하여 사건 전체가 상소심에 이심되며, 상소심은 그 위법을 이유로 원심판결 전체를 취소하여야 한다.

[비교쟁점] ❋ **재판누락**(주문에서 재판을 누락)과 **판단누락**(판결 이유에서의 판단을 누락)

재판누락은 법원이 청구의 전부에 대해 재판할 의사였지만 과실로 청구의 일부에 대한 재판을 빼뜨린 경우로서 원심에서 추가판결(제212조)로 구제할 뿐 상소의 대상이 되지 않는다. 반면, 판단누락은 판결의 이유 중에 판단의 대상인 공격방어방법에 대한 판단을 빠뜨린 경우로서 하자가 있는 하나의 **전부판결**이므로 판결 전부가 상소나 재심으로 구제받는다(제451조 1항 9호).

재판누락인지 여부는 판결주문의 기재에 의해 판단한다. 따라서 판결이유 속에 판단이 있어도 판결주문에 아무 표시가 없다면 재판누락에 해당하나(대판 2017.12.5. 2017다237339: 법전협 표준판례(236))(11회 선택형), 판결이유에 아무 표시가 없어도 판결주문에 기재가 있다면 재판누락에 해당하지 않는다(대판 2003.5.30. 2003다13604)(7회 선택형). 한편, 판단누락의 위법이 있는지 여부를 판단함에 있어 判例는 "당사자가 주장한 사항에 대한 구체적·직접적인 판단이 판결 이유에 표시되어 있지 아니하더라도 판결 이유의 전반적인 취지에 비추어 그 주장을 인용하거나 배척하였음을 알 수 있는 정도라면 판단누락이라고 할 수 없고, 설령 실제로 판단을 하지 아니하였더라도 판결 결과에 영향이 없다면 판단누락의 위법이 있다고 할 수 없다"(대판 2016.1.14. 2015다231894 ; 대판 2021.5.7. 2020다292411)고 한다.

	일부판결이 허용되는 경우 (판결의 모순·저촉이 없는 경우)	일부판결이 허용되지 않는 경우 (판결의 모순·저촉의 우려가 있는 경우)
구체적 예	① 가분적 금전청구 ② 단순병합 ③ 통상공동소송	① 선택적·예비적 병합 ② 필수적·예비적·선택적 공동소송 ③ 독립당사자참가
일부에 대해서만 판결을 한 경우	① 알면서 일부러 일부판결을 한 경우 ☞ 나머지 청구에 대해 **잔부판결** ② 모르고 일부판결을 한 경우 ☞ 나머지 청구에 대해 **추가판결** (재판누락으로서 추가판결. 제212조)	① 일부판결이 허용되지 않으므로 재판누락이 아님(위법한 일부판결) ② 판단누락에 준해 상소·재심으로 구제(판단누락설)

Ⅲ. 재판의 누락과 추가판결여부   [C-28]

> 제212조 (재판의 누락) ① 법원이 청구의 일부에 대하여 재판을 누락한 경우에 그 청구부분에 대하여는 그 법원이 계속하여 재판한다. ② 소송비용의 재판을 누락한 경우에는 법원은 직권으로 또는 당사자의 신청에 따라 그 소송비용에 대한 재판을 한다(7회 선택형). 이 경우 제114조의 규정을 준용한다. ③ 제2항의 규정에 따른 소송비용의 재판은 본안판결에 대하여 적법한 항소가 있는 때에는 그 효력을 잃는다. 이 경우 항소법원은 소송의 총비용에 대하여 재판을 한다.

1. 일부판결이 허용되는 경우 : 추가판결

재판의 누락이 있는 부분은 계속하여 그 법원에 계속되어 있으므로, 법원은 직권 또는 당사자의 신청에 따라 추가판결을 하여야 하는데, 이 경우 당사자가 신소를 제기하여 시정을 구할 수는 없다. 재판의 누락이 있어 추가판결이 이루어진 경우 추가판결과 전의 판결은 각각 별개의 판결로서 상소기간도 개별적으로 진행한다.

2. 일부판결이 허용되지 않는 경우 : 판단누락에 준함

재판의 누락이 있는 경우에는 잔부판결과 같은 성질을 가지는 추가판결을 할 수 없으므로, 이러한 판결은 판단누락이 있는 경우에 준하여 상소 또는 재심으로 취소를 구하여야 한다(대판 1981.12.8. 80다577). 이 경우 판단하지 아니한 청구는 기판력이 생기지 않는데, 일부판결의 위법을 상소로 다툴 수 있음에도 다투지 아니하고 다시 소를 제기하는 것은 소의 이익의 흠결로 부적법하다(대판 2002.9.4. 95다17145).

Ⅳ. 소송판결과 본안판결 [C-28-1]

1. 의 의

(1) 소송판결

'소송판결'이란 소송요건의 흠결을 이유로 소 또는 상소를 부적법 각하하는 종국판결로서, 소송종료선언 · 소 각하판결 · 상소 각하판결 · 소 취하 무효선언판결(규칙 제67조)이 이에 해당한다.

(2) 본안판결

'본안판결'이란 소에 의한 청구가 이유 있는지 여부를 재판하는 종국판결을 말하며, 소송요건이 갖추어져 있음을 전제로 청구를 인용 또는 기각하는 판결이다. 청구인용 판결은 소의 유형에 따라 이행 · 확인 · 형성판결로 나뉘고 청구기각 판결은 모두 확인판결이다.

2. 구 별

소송판결은 필요적 변론주의가 적용되지 않고(제219조, 제413조), 잘못 판단된 때에 상소심의 필수적 환송사유가 되고(제418조), 기판력이 생겨도 뒤에 보정하면 재소가 가능하고(대판 1994.6.14. 93다45015), 소 취하 후의 재소금지 원칙(제267조 2항)이 적용되지 않는 점에서 본안판결과 차이가 있다.

제2절 기판력

Ⅰ. 기판력 일반 [C-29]

1. 의 의

기판력은 확정된 종국판결에 있어 당사자가 되풀이하여 다투는 소송이 허용되지 아니하며 법원도 그와 모순 · 저촉되는 판단을 해서는 안 되는 구속력을 의미한다. 기판력의 정당성은 **법적 안정성**에 있다.

2. 기판력 있는 재판

기판력이 발생하기 위해서는 ⅰ) 유효하고 ⅱ) 확정된 ⅲ) 종국판결이어야 한다.

(1) 유효한 판결(이, 재, 적)

당사자 사망의 경우처럼 이당사자대립구조가 무너진 경우, 재판권이 없는 경우, 당사자 적격이 없는 경우 등 하자가 중대한 경우 그 판결은 당연무효이고, 무효인 판결에는 기판력이 발생하지 않는다. 하자있는 판결이라도 무효인 경우를 제외하고는 위법하지만 유효인 판결이므로 기판력이 발생한다는 점에 주의해야 한다.

(2) 확정된 종국판결

1) 본안판결

본안판결이라면 청구인용판결이든 청구기각판결이든 모두 기판력이 발생한다.

2) 소송판결

소송판결도 소송요건의 흠결로 소가 부적법하다는 판단에 한하여 기판력이 발생한다. 어떠한 소송요건이 흠으로 판단된 것인가는 판결이유를 참작할 것이며, 이에 의하여 정해지는 소송요건의 흠에 대한 판단에만 기판력이 생긴다.[17] 따라서 판단된 당해 소송요건의 흠을 보정(변론 종결 뒤의 사유)한 후 다시 소를 제기하는 것은 소송판결의 기판력에 반하지 않는다(대판 2003.4.8. 2002다70181: 법전협 표준판례(247) : 종전 소송에서 당사자능력의 흠결을 이유로 소각하 판결을 받은 자연부락이 그 후 비법인사단으로서 당사자능력을 갖춘 것으로 볼 여지가 있다는 이유로 종전 소송판결의 기판력과의 저촉을 인정하지 않은 사례)(4회,13회 선택형). **【3 회 기록형】**

3) 판결이 확정될 것

확정된 종국판결이어야 하므로 미확정판결(선고 후 상소기간 도과 전의 종국판결)이나 중간판결(제201 조)에는 기판력이 발생하지 않는다.

▌핵심사례 C-04▐

| ▐ 소송판결의 기판력 | 사법연수원 사례 |

甲종중은 乙의 아버지인 丙에게 임야를 명의신탁하였음을 이유로 丙의 유일한 상속인인 乙을 상 대로 명의신탁해지를 원인으로 한 소유권이전등기청구의 소를 제기하였다. 그런데 법원은 甲종중 의 대표자인 丁에게 대표권이 없어 위 소가 부적법하다는 이유로 소각하 판결을 선고하였고, 그 판결은 확정되었다.

〈문제 1.〉 그 후 적법한 절차를 거쳐 새로 대표자로 선출된 戊가 甲종중을 대표하여 乙을 상대로 명의신탁해지를 원인으로 한 소유권이전등기청구의 소를 다시 제기하였다면, **후소는 위 확정판결 의 기판력에 저촉되는가?**

〈문제 2.〉 전소에서 법원이 丁의 대표권 흠결에 대하여 판단하면서 그 전제로 甲종중이 실재하는 종중이라고 판단하였다면, **후소의 법원은 甲 종중이 실재하지 아니한 종중으로서 당사자 능력이 없다는 이유로 소각하 판결을 할 수 있는가?**

Ⅰ. 〈문제 1.〉의 해결

1. 결 론

후소는 전소의 확정판결의 기판력에 저촉되지 않는다.

2. 논 거

(1) 소송판결의 기판력

(2) 사안의 경우

---

17) "판결의 주문은 무색·투명하고 간결하므로(소각하 판결과 청구기각 판결은 더욱 그러하다), 기판력이 미치는 범위를 파악하려면 주문을 판결이유와 대조하여 해석할 필요가 있다"(이창민, 민사판례연구37. p.50). "소송 판결인 경우에는 어떠한 소송요건의 흠으 로 판단한 것인가에 관하여 판결이유를 참작해야 한다"(이시윤, 신민사소송법 제7판, p.614).

법원은 甲종중의 대표자인 丁에게 대표권이 없어 위 소가 부적법하다는 이유로 소각하 판결을 선고하였으나, 그 후 적법한 절차를 거쳐 새로 대표자로 선출된 戊가 甲 종중을 대표하여 소를 다시 제기하였다면 기판력에 반하지 않는다.

II. 〈문제 2.〉의 해결

1. 결론

후소의 법원은 甲종중이 실재하지 아니한 종중으로서 당사자 능력이 없다는 이유로 소각하 판결을 할 수 있다.

2. 논거

(1) 소송판결의 기판력

(2) 사안의 경우

전소판결의 기판력은 각하의 이유가 된 대표권 흠결에 관하여만 발생하므로 甲 종중의 실재여부에 대한 판단에는 전소의 기판력이 미치지 않는다. 따라서 후소의 법원은 당사자 능력의 유무를 판단할 수 있다.

(3) 문제되는 경우

1) 결정·명령

① 소송비용에 관한 결정, 간접강제를 위한 배상금의 지급결정 등 **실체관계를 종국적으로 해결하는 경우에만 기판력이 발생한다.** ② 따라서 가처분·가압류결정 등 보전처분절차는 피보전권리를 종국적으로 확정하는 것이 아니므로, 피보전권리의 존부에 대해 기판력이 발생하지 않는다.

[비교판례] ❋ 등기신청에 대한 각하결정이나 이의신청에 대한 기각결정에 기판력 발생여부(소극)
"판결에 기재된 피고가 등기의무자와 동일인이라면 등기권리자는 등기절차에서 등기의무자의 주소에 관한 자료를 첨부정보로 제공하여 등기신청을 할 수 있고, 등기관이 등기신청을 각하하면 등기관의 처분에 대한 이의신청의 방법으로 불복할 수 있다. 등기신청에 대한 각하결정이나 이의신청에 대한 기각결정에는 기판력이 발생하지 않으므로 각하결정 등을 받더라도 추가 자료를 확보하여 다시 등기신청을 할 수 있다. 그리고 확정된 승소판결에는 기판력이 있으므로, 승소 확정판결을 받은 당사자가 위와 같은 절차를 거치는 대신 피고의 주소가 등기기록상 주소로 기재된 판결을 받기 위하여 전소(前訴)의 상대방이나 그 포괄승계인을 상대로 동일한 소유권이전등기청구의 소를 다시 제기하는 경우 그 소는 권리보호의 이익이 없어 부적법하다"(대판 2017.12.22. 2015다73753).

2) 확정판결과 동일한 효력이 있는 것

① 확정판결과 동일한 효력이 있는 청구의 포기인낙조서, 화해조서(제220조), 화해권고결정(제231조), 조정조서(민사조정법 제29조), 조정에 갈음한 결정(민사조정법 제34조), 중재판정(중재법 제12조), 확정파산채권에 대한 채권표의 기재(파산법 제215조)에는 기판력이 있다. ② 그러나 이행권고결정과 지급명령은 집행력은 인정되나 기판력이 인정되지 않는다(대판 2009.5.14. 2006다34190: 법전협 표준판례(399), 대판 2009.7.9. 2006다73966: 법전협 표준판례(401)).

3) 외국법원의 확정판결에 기판력이 인정되는 경우(외국판결의 승인) [재, 달, 사, 상]

> **제217조 (외국재판의 승인)** ① 외국법원의 확정판결 또는 이와 동일한 효력이 인정되는 재판(이하 "확정재판등"이라 한다)은 다음 각호의 요건을 모두 갖추어야 승인된다.
> 1. 대한민국의 법령 또는 조약에 따른 국제재판관할의 원칙상 그 외국법원의 국제재판관할권이 인정될 것
> 2. 패소한 피고가 소장 또는 이에 준하는 서면 및 기일통지서나 명령을 적법한 방식에 따라 방어에 필요한 시간여유를 두고 송달받았거나(공시송달이나 이와 비슷한 송달에 의한 경우를 제외한다) 송달받지 아니하였더라도 소송에 응하였을 것
> 3. 그 확정재판등의 내용 및 소송절차에 비추어 그 확정재판등의 승인이 대한민국의 선량한 풍속이나 그 밖의 사회질서에 어긋나지 아니할 것
> 4. 상호보증이 있거나 대한민국과 그 외국법원이 속하는 국가에 있어 확정재판등의 승인요건이 현저히 균형을 상실하지 아니하고 중요한 점에서 실질적으로 차이가 없을 것
> ② 법원은 제1항의 요건이 충족되었는지에 관하여 직권으로 조사하여야 한다.
>
> **제217조의2 (손해배상에 관한 확정재판등의 승인)** ① 법원은 손해배상에 관한 확정재판등이 대한민국의 법률 또는 대한민국이 체결한 국제조약의 기본질서에 현저히 반하는 결과를 초래할 경우에는 해당 확정재판등의 전부 또는 일부를 승인할 수 없다.
> ② 법원은 제1항의 요건을 심리할 때에는 외국법원이 인정한 손해배상의 범위에 변호사보수를 비롯한 소송과 관련된 비용과 경비가 포함되는지와 그 범위를 고려하여야 한다.

a. 의 의

국내에서 일정한 요건 하에 외국법원의 판결의 효력을 인정해 주는 제도(제217조 1항)를 말하는 바, 국제적 사법생활관계의 안정, 소송경제, 및 국내법 질서의 유지를 위한 것이다.

b. 승인의 요건

외국법원에 국제재판관할권이 인정될 것(1호), 시간여유를 두고 송달받았거나 소송에 응하였을 것(2호), 대한민국의 선량한 풍속이나 그 밖의 사회질서에 어긋나지 아니할 것(3호), 상호보증 등이 있을 것(4호)의 요건을 모두 갖추어야 승인된다(제217조 1항). 이러한 승인요건의 충족 여부는 법원의 직권조사사항이다(동조 2항). 그러나 법원은 손해배상에 관한 확정재판 등이 대한민국의 법률 또는 대한민국이 체결한 국제조약의 기본질서에 현저히 반하는 결과를 초래할 경우에는 해당 확정재판 등의 전부 또는 일부를 승인할 수 없다(제217조의2 1항).

① **[제217조 1항 2호 전단 관련판례]** "판결국에서 규정한 송달에 관한 절차를 따르지 아니한 경우 기판력은 인정되지 않는다"(대판 2010.7.22. 2008다31089).

② **[제217조 1항 2호 후단 관련판례]** ⅰ) "민사소송법 제186조 제1항과 제2항에서 규정하는 보충송달도 교부송달과 마찬가지로 외국법원의 확정재판 등을 국내에서 승인·집행하기 위한 요건을 규정한 민사소송법 제217조 제1항 제2호의 '적법한 송달'에 해당한다고 해석하는 것이 타당하다"(대판 2021.12.23. 전합2017다257746 : 외국재판 과정에서 패소한 피고의 남편에게 소송서류가 보충송달된 경우 이러한 송달이 적법하다고 본 사례)[18]. ⅱ) "법정지인 재판국에서 피고에게 방어할 기회를 부여하기 위하여 규정한 송달에 관한 방식과 절차를 따르지 아니한 경우에도, 패소한 피고가 외국법원의 소송절차에서 실제로 자신의

---

18) "보충송달이 민사소송법 제217조 제1항 제2호에서 요구하는 통상의 송달방법에 의한 송달이 아니라고 본 대법원 1992. 7. 14. 선고 92다2585 판결, 대법원 2009. 1. 30. 선고 2008다65815 판결을 비롯하여 그와 같은 취지의 판결들은 이 판결의 견해에 배치되는 범위에서 이를 모두 변경하기로 한다"

이익을 방어할 기회를 가졌다고 볼 수 있는 때는 제217조 1항 2호에서 말하는 피고의 응소가 있는 것으로 봄이 타당하다"(대판 2016.1.28. 2015다207747).

③ **[제217조 1항 3호 관련판례]** ⅰ) "민사소송법 제217조 제3호의 외국판결을 승인한 결과가 대한민국의 선량한 풍속이나 그 밖의 사회질서에 어긋나는지는 그 승인 여부를 판단하는 시점에서 외국판결의 승인이 대한민국의 국내법 질서가 보호하려는 기본적인 도덕적 신념과 사회질서에 미치는 영향을 외국판결이 다룬 사안과 대한민국과의 관련성의 정도에 비추어 판단하여야 하고, 이때 그 외국판결의 주문뿐 아니라 이유 및 외국판결을 승인할 경우 발생할 결과까지 종합하여 검토하여야 한다"(대판 2012.5.24. 2009다22549). ⅱ) "일제강점기의 강제동원 자체를 불법이라고 보고 있는 대한민국 헌법의 핵심적 가치와 정면으로 충돌하는 일본판결에는 기판력은 인정되지 않는다"(대판 2012.5.24. 2009다22549).

④ **[제217조 1항 4호 관련판례]** "이러한 상호보증은 ⅰ) 외국의 법령, 판례 및 관례 등에 따라 승인요건을 비교하여 인정되면 충분하고 반드시 당사국과의 조약이 체결되어 있을 필요는 없으며, ⅱ) 외국에서 구체적으로 우리나라의 같은 종류의 판결을 승인한 사례가 없더라도 실제로 승인할 것이라고 기대할 수 있는 정도이면 충분하다"(대판 2016.1.28. 2015다207747).

⑤ **[제217조의2 1항 관련판례]** "외국법원의 확정재판 등이 당사자가 실제로 입은 손해를 전보하는 손해배상을 명하는 경우에는 승인을 제한할 수 없다"(대판 2015.10.15. 2015다1284). 제217조의2 1항의 승인요건을 판단할 때에는 국내적인 사정뿐만 아니라 국제적 거래질서의 안정이나 예측가능성의 측면도 함께 고려하여야 하고, 우리나라 법제에 외국재판에서 적용된 법령과 동일한 내용을 규정하는 법령이 없다는 이유만으로 외국재판의 승인을 거부할 수는 없다(대판 2022.3.11. 2018다231550). 손해전보의 범위를 초과하는 손해배상을 명하는 외국재판이 손해배상의 원인으로 삼은 행위가 우리나라에서 손해전보의 범위를 초과하는 손해배상을 허용하는 개별 법률의 규율 영역에 속하는 경우에는, 외국재판을 승인하는 것이 손해배상 관련 법률의 기본질서에 현저히 위배되어 허용될 수 없는 정도라고 볼 수 없고, 이때 외국재판에 적용된 외국 법률이 실제 손해액의 일정 배수를 자동적으로 최종 손해배상액으로 정하는 내용이라는 것만으로 외국재판의 승인을 거부할 수도 없다(대판 2022.3.11. 2018다231550).

⑥ **[집행력과 관련된 판례]** 判例는 "외국법원의 확정재판 등에 표시된 특정이행 명령의 형식 및 기재 방식이 우리나라 판결의 주문 형식이나 기재 방식과 상이하다 하더라도, 집행국인 우리나라 법원으로서는 민사집행법에 따라 외국법원의 확정재판 등에 의한 집행과 같거나 비슷한 정도의 법적구제를 제공하는 것이 원칙이라고 할 것이다. 그러나 특정이행 명령의 대상이 되는 계약상 의무가 충분히 특정되지 못하여 판결국인 미국에서도 곧바로 강제적으로 실현하기가 어렵다면, 우리나라 법원에서도 그 강제집행을 허가하여서는 아니된다"(대판 2017.5.30. 2012다23832)고 하면서, "외국법원에서 특정한 의무의 이행에 대한 명령과 함께 그 소송에 소요된 변호사보수 및 비용의 지급을 명하는 판결이 있는 경우, 변호사보수 및 비용의 지급을 명하는 부분에 대한 집행판결이 허용되는지 여부는 특정한 의무의 이행에 대한 명령과는 별도로 그 부분 자체로서 민사집행법 제27조 제2항이 정한 요건을 갖추었는지 여부를 살펴 판단하여야 한다"(대판 2017.5.30. 2012다23832)고 판시하였다.

한편, 민사집행법 제26조, 제27조에서 규정하는 집행판결은 외국판결의 옳고 그름을 조사하지 않은 채 민사소송법에서 정하는 승인·집행의 요건을 갖추고 있는지 여부만을 심사하여 집행력을 부여하는 것으로서, 그 소송물은 외국판결을 근거로 우리나라에서 집행력의 부여를 구하는 청구권이고, 외국판결의 기초가 되는 실체적 청구권이 아니다(대판 2020.7.23. 2017다224906). 따라서 判例는 외국판결에 대한 집행판결에 따라 부동산에 관한 소유권이전등기가 이루어졌으나 그 외국판결이 취소된 경우 이를 이유로 소유권이전등기의 말소를 구하는 청구는 집행판결의 기판력에 저촉되지 않는다고 판시하였다(同 判例).[19]

Ⅱ. 기판력의 본질 [09 · 12사법]   [C-30]

1. 학 설

① 모순금지설은 기판력은 확정판결과 모순된 판단을 불허하는 효력이라 본다. 따라서 **승소한 자가 동일한 후소를 제기한 경우에는 권리보호이익의 흠결로 후소를 각하해야 하고, 패소한 자가 동일한 후소를 제기한 때에는** 전 소송과 모순되는 판단을 해서는 안 되는 구속력 때문에 기각해야 한다고 한다.
② 반복금지설은 기판력은 분쟁해결의 일회성을 위해 후소법원에 대해 다시 변론이나 재판하는 것 자체를 금지하는 효력이라 본다. 전소 판결의 승패를 불문하고 동일한 후소를 제기한 경우 기판력에 저촉됨을 이유로 **후소를 각하해야 한다**고 하여, 기판력 자체를 독자적인 소극적 소송요건으로 이해한다. 그런데 소송요건은 직권조사사항이므로(대판 1971.2.23. 70다44), 이 견해에 따르면 기판력에 저촉되는지 여부는 당사자의 주장 없이도 법원이 직권으로 조사해야 한다.

2. 판 례(모순금지설)

判例는 **승소한 자가 동일한 후소를 제기한 경우에는 권리보호이익의 흠결로 후소를 각하해야 하고**(대판 2009.12.24. 2009다64215), **패소한 자가 동일한 후소를 제기한 때에는** 전 소송과 모순되는 판단을 해서는 **안 되는 구속력 때문에 기각해야 한다**(대판 1989.6.27. 87다카2478: 법전협 표준판례(241))고 하여 **모순금지설**의 입장이다.

判例의 입장에 따르면 원고가 승소한 경우 기판력의 존부는 소송요건에 해당하나, 패소한 경우에는 기판력의 존부는 소송요건에는 해당하지 않는다. 다만 후자의 경우에도 判例는 확정판결의 기판력의 존부를 직권조사사항으로 본다(대판 1990.10.23. 89다카23329).

[관련판례] "확정된 승소판결에는 기판력이 있으므로 당사자는 그 확정된 판결과 동일한 소송물에 기하여 신소를 제기할 수 없는 것이 원칙이나 다만 시효중단 등 특별한 사정이 있어 예외적으로 신소가 허용되는 경우라고 하더라도, 신소의 판결은 전소의 승소확정판결의 내용에 저촉되어서는 아니되므로, 후소 법원으로서는 그 확정된 권리를 주장할 수 있는 모든 요건이 구비되어 있는지 여부에 관하여 다시 심리할 수는 없다고 보아야 할 것인바, 전소인 약속어음금 청구소송에서 원고의 피고에 대한 약속어음채권이 확정된 이상 그 확정된 채권의 소멸시효의 중단을 위하여 제기한 소송에서 원고의 약속어음의 소지 여부를 다시 심리할 수는 없다고 할 것이고, 이러한 법리는 약속어음에 제시증권성 및 상환증권성이 있다고 하여 달리 취급할 것은 아니다"(대판 1998.6.12. 98다1645 : 핵심사례 C-11.참고).
같은 이유로 判例는 채권양도인 A가 채권양수인 B에게 채권을 양도하면서 채무자 C에게 그 양도사실을 통지하는 등 채권양도의 대항요건을 갖추었다는 점을 인정할 증거가 없어 전소인 양수금 청구소송에서 B의 C에 대한 청구가 기각되었다면, 그 확정된 채권의 소멸시효의 중단을 위하여 제기된 후소에서 A가 C에 대하여 B에게 채권을 양도한 사실을 통지하였는지에 관하여 다시 심리할 수는 없다고 판시하였다(대판 2018.4.24. 2017다293858).

3. 검 토

생각건대, 반복금지설은 선결 또는 모순관계와 같이 소송물이 다른 경우에 이를 '반복'이라고 할 수 없음에도 불구하고 기판력이 작용하는 근거를 설명하기 어려우므로 '모순금지설'이 타당하다.

---

19) "외국판결에 대한 확정된 집행판결의 기판력은 위 외국판결을 국내에서 강제집행할 수 있다는 판단에 관하여만 발생하므로, 위 외국판결 중 재산분할 부분이 취소되었음을 이유로 하여 이 사건 부동산에 관한 소유권이전등기의 말소를 구하는 이 사건 청구가 위 집행판결의 기판력에 저촉되지 않는다고 판단하였다"

제3절 기판력의 범위와 작용

제1관 기판력의 시적 범위

Ⅰ. 표준시의 결정
[C-31]

확정판결은 사실심의 **변론종결시**(표준시)의 권리관계의 존부에 기판력이 생긴다. 표준시 이전이나 이후의 권리관계를 확정하는 것이 아니다. 전소 변론종결 후에 새로이 발생한 사실의 주장은 후소에서 실권효의 제재를 받지 않으며, 전소 변론종결 전의 사유라도 소송물이 다르면 후소에서 차단되지 않는다. 또한 "판결의 기판력은 그 소송의 변론종결 전에 주장할 수 있었던 모든 공격방어방법에 미치는 것이므로, 그 당시 당사자가 알 수 있었거나 또는 알고서 이를 주장하지 않았던 사항에 한해서만 기판력이 미친다고 볼 수 없다"(대판 2022.7.28. 2020다231928).

Ⅱ. 표준시 전에 존재한 사유
[C-32]

1. 표준시 이전의 권리관계 [9회 사례형]

표준시 이전의 권리관계에 대하여는 법원이 판단하지 않아 기판력이 발생하지 않는다. 예컨대 判例는 "확정판결의 기판력은 사실심의 최종변론종결 당시의 권리관계를 확정하는 것이므로, 원고의 청구 중 확정판결의 사실심 변론종결시 후의 이행지연으로 인한 손해배상(이자) 청구부분은 그 선결문제로서 확정판결에 저촉되는 금원에 대한 피고의 지급의무의 존재를 주장하게 되어 논리상 확정판결의 기판력의 효과를 받게 되는 것이라고 할 것이나 그 외의 부분(변론종결당시까지의 분)의 청구는 확정판결의 기판력의 효과를 받지 않는다"(대판 1976.12.14. 76다1488; 법전협 표준판례(250)).

│ 핵심사례 C-05 │

▌ 기판력의 시적범위	사법 연수원 사례

甲은 2008. 3. 10. 乙에게 3억 원을 이자 연 12%, 변제기 2008. 4. 10.로 정하여 대여하였음을 이유로 2008. 5. 20. 乙을 상대로 위 대여금 원금의 지급을 구하는 소를 제기하였다. 법원은 2008. 9. 10. 변론을 종결하고 2008. 9. 24. 위 대여사실이 인정되지 아니한다는 이유로 甲의 청구를 기각하는 판결을 선고하였고, 그 판결은 2008. 10. 30. 확정되었다. 그 후 甲은 乙을 상대로 위 대여금 3억 원 및 이에 대하여 위 대여일 2008. 3. 10.부터 다 갚는 날까지 연 12%의 비율에 의한 이자 또는 지연손해금의 지급을 구하는 소를 제기하였다. **후소의 청구 중 위 확정판결의 기판력에 저촉되는 부분과 그렇지 않은 부분을 특정하시오(10점)**

Ⅰ. 결 론

후소의 청구 중 대여금 3억 원 및 이에 대한 전소의 변론종결일인 2008. 9. 10.부터의 지연손해금 청구부분은 전소확정판결의 기판력에 저촉되나, 대여금 원금에 대한 대여일부터 전소의 변론종결일의 전일인 2008. 9. 9.까지의 이자 또는 지연손해금청구 부분은 기판력에 저촉되지 아니한다.

Ⅱ. 논 거

1. 기판력의 시적범위

2. 판 례

3. 대여금 3억 원에 대한 청구에 대하여

사안의 경우 전소의 변론종결일인 2008. 9. 10에 원본채권이 부존재한다는 것에 기판력이 생긴다.

4. 대여금 3억 원에 대한 2008. 9. 10.부터의 지연손해금 청구에 대하여

변론종결일 이후부터의 이행지연으로 인한 손해배상채권에 대해서는 전소 소송물인 원본채권의 존부가 후소의 선결문제로서 전소 확정판결의 기판력이 미친다.

5. 대여금 3억 원에 대한 위 대여일 부터 변론종결 전일까지의 이자 또는 지연손해금 청구에 대하여

전소의 변론종결시를 기준으로 위 대여일 2008. 3. 10.부터 변론종결 전일(2008. 9. 9.)까지의 이자채권에는 전소의 기판력이 미치지 않는다. 다만 전소에서 판단한 대여사실이 인정되지 아니한다는 사실은 후소법원의 유력한 증거가 될 뿐이다.

2. 표준시 이전의 사실자료 : 실권효 · 차단효 · 배제효

(1) 실권효의 발생범위 - 공격방어방법

표준시 전에 당사자가 제출할 수 있었던 공격방어방법은 기판력의 실권효(차단효, 배제효)에 의해서 차단되어 후소에서 이를 주장할 수 없다. 소송자료를 제출하지 못한 데 과실유무는 불문한다(대판 1980.5.13. 80다473).

1) 판 례

① 매매를 이유로 소유권확인의 소를 제기하여 패소확정판결을 받았다면 후소로 소유권확인의 소를 제기하면서 전소 변론종결 전에 주장할 수 있었던 취득시효 사유를 다시 주장할 수 없다(대판 1987.3.10. 84다카2132)(6회 선택형). ② 甲이 乙 종친회와 토지거래허가구역 내 토지 매수 계약을 체결한 후 乙 종친회를 상대로 소유권이전등기청구 등의 소를 제기하여 소유권이전등기절차의 이행청구는 기각되고 토지거래허가신청절차의 이행청구는 인용한 판결이 확정되었는데, 변론종결 전에 위 토지가 토지거래허가구역에서 해제되었음에도 甲이 이를 주장하지 아니하여 전소 법원은 위 토지가 허가구역 내에 위치함을 전제로 판결하였고, 그 후 甲이 토지거래허가를 받은 다음 乙 종친회를 상대로 소유권이전등기절차의 이행을 구하는 소를 제기한 사안에서, 후소가 전소 확정판결의 기판력에 반한다고 한 사례(대판 2014.3.27. 2011다49981: 법전협 표준판례(248))도 있다.

2) 소송물

공격방어방법에 한정되고 소송물은 실권되지 않는다. 토지인도소송에서 소유권자 아님을 원인으로 하여 패소한 원고가 변론종결 이전에 주장할 수 있었던 자신에게 소유권이 환원한 사실을 주장할 수 없지만, 같은 사실관계에 대하여 불법행위에 기한 손해배상청구의 소를 제기하는 것은 기판력에 저촉되지 않는다. 다만, 이 경우 전소의 판단은 후소에서 유력한 증거자료가 될 수 있다.

(2) 변론종결 전의 한정승인 사실

1) 한정승인의 의의 및 효과

한정승인이란 승인을 하지만 피상속인의 채무와 유증에 의한 채무는 상속재산의 한도에서 변제하고 상속인의 고유재산으로 책임을 지지 않는 것을 말한다. 상속인이 한정승인을 한 경우 **상속채무는 전부 승계되지만, 책임은 상속채무의 범위 내에서만 진다**(유한책임). 따라서 상속채권자는 특별한 사정이 없는 한 '상속인의 고유재산'에 대하여 강제집행을 할 수 없으며 '상속재산'으로부터만 채권의 만족을 받을 수 있다(대판 2016.5.24. 2015다250574).

2) 상속채무 이행의 소에서 채무자(상속인)가 '한정승인' 사실을 주장한 경우

채권자가 제기한 상속채무 이행의 소에서 채무자가 한정승인의 주장을 한 경우, 법원은 상속재산이 없거나 그 상속재산이 상속채무의 변제에 부족하더라도 **상속채무 전부에 대한 이행판결을 선고하여야** 하고, 다만, 집행력을 제한하기 위하여 이행판결의 주문에 상속재산의 한도에서만 집행할 수 있다는 취지를 명시하여야 한다[20](대판 2003.11.14. 2003다30968)(2회,6회 선택형).

위와 같이 집행권원인 확정판결에 한정승인의 취지가 반영되었음에도 불구하고, 그 집행권원에 기초하여 채무자의 '고유재산에 대하여 집행'이 행하여질 경우, 채무자는 그 집행에 대하여 **제3자이의의 소를 제기할 수 있을 뿐**(채권압류 및 전부명령의 경우는 그 자체에 대한 즉시항고), 상속인의 고유재산에 관하여는 이러한 판결의 기판력·집행력이 미치지 않기 때문에 한정승인을 이유로 청구이의의 소를 제기할 수는 없다(대판 2005.12.19. 2005그128).

[참고판례] ＊ 한정승인의 존재 및 효력에 대해 기판력이 발생하는지 여부(적극)

"피상속인에 대한 채권에 관하여 채권자와 상속인 사이의 전소에서 상속인의 한정승인이 인정되어 상속재산의 한도에서 지급을 명하는 판결이 확정된 때에는 그 채권자가 상속인에 대하여 새로운 소에 의해 위 판결의 기초가 된 전소 사실심의 변론종결시 이전에 존재한 법정단순승인 등 한정승인과 양립할 수 없는 사실을 주장하여 위 채권에 대해 책임의 범위에 관한 유보가 없는 판결을 구하는 것은 허용되지 아니한다. 왜냐하면 전소의 소송물은 직접적으로는 채권(상속채무)의 존재 및 그 범위이지만 한정승인의 존재 및 효력도 이에 준하는 것으로서 심리·판단되었을 뿐만 아니라 한정승인이 인정된 때에는 주문에 책임의 범위에 관한 유보가 명시되므로 한정승인의 존재 및 효력에 대한 전소의 판단에 기판력에 준하는 효력이 있다고 해야 하기 때문이다"(대판 2012.5.9. 2012다3197)

3) 상속채무 이행의 소에서 채무자(상속인)가 '한정승인' 사실을 주장하지 않은 경우

채권자가 채무자를 상대로 그 상속채무의 이행을 구하여 제기한 소송에서 채무자가 한정승인 사실을 주장하지 않아 '책임재산의 유보 없는 판결'이 확정된 경우, 채무자가 자기 '고유재산에 대한 집행'에 대하여 위 한정승인의 사실을 내세워 청구이의의 소를 제기할 수 있는지가 문제된다.

이에 대해 判例는 "채무자가 한정승인 사실을 주장하지 않으면 **책임의 범위는 현실적인 심판대상으로 등장하지 아니하여 주문에서는 물론 이유에서도 판단되지 않으므로 그에 관하여 기판력이 미치지 않는다.** 그러므로 채무자가 한정승인을 하고도 채권자가 제기한 소송의 사실심 변론종결시까지 그 사실을 주장하지 아니하여 책임의 범위에 관한 유보가 없는 판결이 선고되어 확정되었다고 하더라도, **채무자는 그 후 위 한정승인 사실을 내세워 청구에 관한 이의의 소를 제기할 수 있다**"(대판 2006.10.13. 2006다23138)(2회,4회,10회 선택형)고 판시하였다.

---

20) 예를 들어 판결주문은 "원고에게, 피고는 금 얼마를 소외 상속인으로부터 상속받은 재산의 한도에서 지급하라"는 형태가 된다.

(3) 변론종결 전의 상속포기 사실

1) 상속포기의 의의 및 효과

상속포기란 상속으로 인하여 생기는 모든 권리·의무의 승계를 부인하고 처음부터 상속인이 아니었던 것으로 하려는 상속인의 단독의 의사표시를 말한다. 상속인이 상속포기를 한 경우 상속인은 처음부터 상속인이 아닌 것으로 된다(민법 제1042조 : 소급효).

2) 상속채무 이행의 소에서 채무자(상속인)가 '상속포기' 사실을 주장한 경우

상속의 포기는 상속이 개시된 때에 소급하여 그 효력이 있으므로, 상속포기를 한 채무자는 상속채무를 승계하지 않는다. 따라서 채권자가 채무자를 상대로 제기한 상속채무 이행의 소에서 채무자가 상속포기의 주장을 한 경우, 법원은 채권자의 청구를 기각하여야 한다.

3) 상속채무 이행의 소에서 채무자(상속인)가 '상속포기' 사실을 주장하지 않은 경우

채권자가 채무자를 상대로 제기한 상속채무 이행의 소에서 채무자가 상속포기의 주장을 하지 않은 경우에도 한정승인에서와 같이(위 ⑵. ③ 참고) 채무자가 위 상속포기의 사실을 적법한 청구이의사유로서 주장할 수 있는 지가 문제된다.

이에 대해 判例는 "한정승인 사안에서 판시한 기판력에 의한 실권효 제한의 법리는 채무의 상속에 따른 책임의 제한 여부만이 문제되는 한정승인과 달리 상속에 의한 채무의 존재 자체가 문제되어 그에 관한 확정판결의 주문에 당연히 기판력이 미치게 되는 상속포기의 경우에는 적용될 수 없다"(대판 2009.5.28. 2008다79876: 법전협 표준판례(249)) (2회 선택형)고 판시하였는데, 이에 따르면 채무자는 위 상속포기의 사실을 내세워 청구이의의 소를 제기할 수 없다.

> [비교판례] ＊ 변론종결 전 상속포기가 예외적으로 청구이의사유가 되는 경우
> "상속을 포기할 때는 단순히 상속포기의 의사표시만으로는 상속포기의 효력이 발생하는 것이 아니고, 가정법원에 신고를 하여 가정법원의 심판을 받아야 하며, 그 심판은 당사자가 이를 고지 받음으로써 효력이 발생하는 것이므로, 비록 확정판결의 변론종결일 전에 가정법원에 상속포기 신고를 하였다고 하더라도, 변론종결일 후에 상속포기 심판을 송달받았다면 그 상속포기는 청구이의 소송의 이의사유에 해당한다"(대판 1996.4.12. 94다37714,37721).

상속채무 이행의 소에서 채무자의 주장	법원의 판결	확정판결(집행권원)의 집행력의 범위	(채무자 고유재산에 대해 집행하는 경우) 채무자의 청구이의의 소
채무자의 한정승인 주장 O	책임범위를 유보한 청구인용판결	상속재산에 한정	청구이의의 소 X (단, 제3자이의의 소는 O)
채무자의 한정승인 주장 X	책임범위의 유보없는 청구인용판결	상속재산 및 채무자의 고유재산	청구이의의 소 O
채무자의 상속포기 주장 O	청구기각판결[21]	-	-
채무자의 상속포기 주장 X	책임범위의 유보 없는 청구인용판결	상속재산 및 채무자의 고유재산	청구이의의 소 X

---

21) 이 경우 집행권원 자체가 성립하지 않아 ③, ④는 문제되지 않는다.

Ⅲ. 표준시 이후에 발생한 사유   [C-33]

1. 의 의

확정판결의 기판력은 사실심 변론종결시 이후의 권리관계를 확정하는 것은 아니다. 다만 표준시 이후의 권리관계의 선결관계가 된다. 표준시 이후에 발생한 사유에는 실권효가 미치지 않으므로 그 새로운 사정에 기하여 후소를 제기할 수 있다. 변론종결 이후의 변제, 조건성취, 소멸시효 완성 등이 여기에 해당한다. **[6회 기록형]** 그러나 "여기서 말하는 변론종결 후에 발생한 새로운 사유라 함은 새로운 사실관계를 말하는 것일 뿐 기존의 사실관계에 대한 새로운 증거자료가 있다거나 새로운 법적 평가 또는 그와 같은 법적 평가가 담긴 다른 판결이 존재한다는 등의 사정은 그에 포함되지 아니한다"(대판 2016.8.30. 2016다222149). 따라서 법률이나 判例의 변경 등 법률평가는 주장할 수 없다.

[관련판례] ❋ **사실심 변론종결 후에 상속재산분할협의가 이루어지거나 상속재산분할심판이 확정된 경우**
"사실심 변론종결 후에 상속재산분할협의가 이루어지거나 상속재산분할심판이 확정되었다면, 비록 상속재산분할의 효력이 상속이 개시된 때로 소급한다(민법 제1015조 본문) 하더라도 상속재산분할협의나 상속재산분할심판에 의한 소유권의 취득은 변론종결 후에 발생한 사유에 해당한다"(대판 2020.7.23. 2017다249295)

[관련판례] ❋ **기판력 있는 전소판결과 저촉되는 후소판결이 확정된 경우**
"기판력 있는 전소판결과 저촉되는 후소판결이 그대로 확정된 경우에도 전소판결의 기판력이 실효되는 것이 아니고 재심의 소에 의하여 후소판결이 취소될 때까지 전소판결과 후소판결은 저촉되는 상태 그대로 기판력을 갖는 것이고 또한 후소판결의 기판력이 전소판결의 기판력을 복멸시킬 수 있는 것도 아니어서, 기판력 있는 전소판결의 변론종결 후에 이와 저촉되는 후소판결이 확정되었다는 사정은 변론종결 후에 발생한 새로운 사유에 해당되지 않으므로, 그와 같은 사유를 들어 전소판결의 기판력이 미치는 자 사이에서 전소판결의 기판력이 미치지 않게 되었다고 할 수 없다"(대판 1997.1.24. 96다32706)(11회 선택형)

2. 기판력에 저촉되지 않는 사례

(1) 패소한 원고의 동일한 소제기

1) 변론종결 후 잔존 피담보채무 변제를 조건으로 한 청구

"전소에서 피담보채무의 변제로 양도담보권이 소멸하였음을 원인으로 한 소유권이전등기의 회복 청구가 기각되었다고 하더라도, 장래 잔존 피담보채무의 변제를 조건으로 소유권이전등기의 회복을 청구하는 것은 전소의 확정판결의 기판력에 저촉되지 아니한다"(대판 2014.1.23. 2013다64793: 법전협 표준판례(251))(9회 선택형)

2) 변론종결 후 조건의 성취

"판결이 확정되면 법원이나 당사자는 확정판결에 반하는 판단이나 주장을 할 수 없는 것이나, 이러한 확정판결의 효력은 그 표준시인 사실심 변론종결시를 기준으로 하여 발생하는 것이므로, 그 이후에 새로운 사유가 발생한 경우까지 전소의 확정판결의 기판력이 미치는 것은 아니므로, **전소에서 정지조건 미성취를 이유로 청구가 기각되었다 하더라도 변론종결 후에 그 조건이 성취되었다면, 이는 변론종결 후의 취소권이나 해제권과 같은 형성권 행사의 경우와는 달리 동일한 청구에 대하여 다시 소를 제기할 수 있다**"(대판 2002.5.10. 2000다50909)고 판시하였다.

3) 변론종결 후 상속재산분할협의

"전소에서 원고가 단독상속인이라고 주장하여 소유권확인을 구하였으나 공동상속인에 해당한다는 이유로 상속분에 해당하는 부분에 대해서만 원고의 청구를 인용하고 나머지 청구를 기각하는 판결이 선고되어 확정되었다면, 전소의 기판력은 전소 변론종결 후에 상속재산분할협의에 의해 원고가 소유권을 취득한 나머지 상속분에 관한 소유권확인을 구하는 후소에는 미치지 않는다"(대판 2011.6.30. 2011다24340).

4) 변론종결 후 유치권 취득

이중경매의 선행 경매(피고의 신청에 의한 강제경매 : 2015.2.3.경매개시결정 기입등기경료)를 신청하고 선행 경매 개시와 후행 경매(근저당권자의 신청에 의한 임의경매 : 2015.7.2. 이중 경매개시결정 기입등기경료) 개시 사이에 유치권을 취득(2015.4.6. 점유개시)한 피고가 선행 경매절차에서 이 사건 건물에 관한 피고의 유치권이 존재하지 않는다는 전소 유치권부존재확인 판결이 확정된 후에야 선행 경매신청을 취하하고 근저당권자가 신청한 후행 경매절차에서 유치권을 주장한 사안에서, 判例는 "전소 판결이 확정됨에 따라 그 주문에 기재된 대로 이 사건 건물에 관한 피고의 유치권이 존재하지 아니한다는 점에 대하여 기판력이 생겼으나 선행 경매절차의 경매신청이 취하됨에 따라 피고가 유치권으로 대항할 수 있게 되었고 이는 전소 변론종결 후 발생한 새로운 사유에 해당하므로 피고가 이 사건에서 유치권을 주장하는 것이 전소 확정 판결의 기판력에 저촉되지 않는다"(대판 2022.7.14. 2019다271685)[22]

(2) 패소한 피고의 청구이의의 소제기

전소에서 패소한 채무자는 변론이 종결된 뒤(변론 없이 한 판결의 경우에는 판결이 선고된 뒤)에 생긴 사유를 근거로 전소 판결에 따라 확정된 청구에 관하여 이의의 소를 제기할 수 있다(민사집행법 제44조).

(3) (현저한) 사정변경이 있는 경우

"토지의 소유자가 법률상 원인 없이 토지를 점유하고 있는 자를 상대로 장래의 이행을 청구하는 소로서, 그 점유자가 토지를 인도할 때까지 토지를 사용 수익함으로 인하여 얻을 토지의 임료에 상당하는 부당이득금의 반환을 청구하여, 그 청구의 전부나 일부를 인용하는 판결이 확정된 경우에, 그 소송의 사실심 변론종결 후에 토지의 가격이 현저하게 앙등하고 조세 등의 공적인 부담이 증대되었을 뿐더러 그 인근 토지의 임료와 비교하더라도 그 소송의 판결에서 인용된 임료액이 상당하지 아니하게 되는 등 경제적 사정의 변경으로 당사자간의 형평을 심하게 해할 특별한 사정이 생긴 때에는, 토지의 소유자는 점유자를 상대로 새로 소를 제기하여 전소 판결에서 인용된 임료액과 적정한 임료액의 차액에 상당하는 부당이득금의 반환을 청구할 수 있다"(대판 1993.12.21. 전합92다46226: 법전협 표준판례(252)).[23]

Ⅳ. **변경의 소**(장래이행판결의 구제책) [07 사법]   [C-34]

1. 의의, 취지, 도입의 배경

변경의 소는 정기금지급을 명하는 판결이 확정된 뒤에 그 액수 산정의 기초가 된 사정이 현저하게 바뀐 경우 장차 지급할 정기금의 액수를 바꾸어 달라고 제기하는 소이다(제252조). 현실로 발생한

---

22) 아울러 피고의 유치권행사가 경매절차의 이해관계인에 대하여 부정적인 영향을 미쳤음은 분명하나 유치권이 부동산담보거래에 주는 일정 부분의 부담은 감수할 수밖에 없어 위와 같은 부담에도 불구하고 유치권을 고의로 만들어 내지는 않은 피고의 유치권 행사가 이해관계인들의 이익을 부당하게 침해하거나 경매절차의 적정한 진행을 위법하게 방해하여 신의성실의 원칙에 반하는 정도에 이르렀다고 평가하기는 어려우므로, 피고의 유치권 행사가 신의성실의 원칙에 반한다는 원고의 주장을 받아들이지 아니한 원심의 판단에 유치권과 신의성실의 원칙에 관한 법리를 오해한 잘못이 없다는 이유로, 원고의 상고를 기각하고, 한편 집행법원으로서는 취하된 선행 경매절차를 승계하여 속행된 후행 경매절차에서 매수인에게 대항할 수 있는 유치권이 생겼으므로 이를 포함하여 달라진 부분에 대하여 다시 현황조사를 명하여 매각물건명세서 기재를 정정하는 등 경매절차가 적정하게 진행될 수 있도록 적절한 조치를 취할 필요가 있음을 덧붙여 둔 사례

23) 判例의 다수의견은, 일부청구임을 명시하지는 아니하였지만 명시한 경우와 마찬가지로 일부청구이었던 것으로 보아, 전소판결의 기판력이 그 일부청구에서 제외된 위 차액에 상당하는 부당이득금의 청구에는 미치지 않는 것이라고 해석하였다.

사실이 예측과 다른 경우 판결을 변경하여 주는 것이 당사자사이의 형평에 부합하기 때문이다. 이미 정기금 판결이 확정되었음에도 사정변경을 이유로 새로 발생한 손해액을 청구하는 것이 전소의 기판력에 위배되는지와 관련하여 종래 대법원(대판 1993.12.21. 92다46226)은 '전소의 청구를 명시적 일부 청구'로 보아 그 차액부분에는 전소의 기판력이 미치지 아니하므로 후소는 적법하다고 하였으나 해석론의 한계를 벗어난다는 비판이 있었다. 이에 2002년 개정 민사소송법은 이러한 문제를 입법적으로 해결하고자 확정판결의 변경을 가져오는 형성의 소를 제정하였는바 이것이 '변경의 소'이다.

2. 구별개념

청구이의의 소는(민사집행법 제44조 1항) 변론종결 후 발생한 사유를 사유로 하는 점에서 같지만, 청구이의의 소가 권리멸각, 권리저지사실의 발생을 이유로 하여 집행력을 배제시키는 것이라면 **변경의 소는 권리발생원인사실의 변경을 이유로 하여 기판력을 변경시키는 것**이다. 반면 재심은 기존판결의 취소를 구하고 있음에 반해 변경의 소는 기존판결의 변경을 구하는 점이 다른 점이다.

3. 정기금판결에 대한 변경의 소의 소송물

① 변경의 소의 소송물은 변경청구권으로서 전소인 정기금판결의 소송물과 달라서 전소의 기판력과 무관하게 전소에서 명한 급부의 내용을 장래를 향하여 변경해달라는 것이 정기금판결변경의 소의 목적이라는 견해가 있으나, ② 변경의 소는 전소판결에서 반영하지 못한 변경된 정기금 산정의 기초사실을 반영하기 위하여 전소판결을 변경하는 것이므로 **전소와 소송물이 동일**하다고 봄이 타당하다.

4. 변경의 소의 요건

(1) 소송요건 [관, 당, 판, 사, 전]

1) 관할 요건

전소 확정판결이 상소심판결이더라도 변경의 소는 제1심 법원의 전속관할이다(제252조 2항). 변경된 사정에 대한 심리의 편의를 위해서이다.

2) 당사자 요건

원칙적으로 전소의 판결의 당사자가 변경의 소의 당사자가 되겠지만, 승계로 제3자에게 기판력이 미치는 경우는 그 제3자도 당사자가 될 수 있다(제218조 1항).

3) 변경대상이 되는 판결

정기금 지급을 명한 기판력 있는 확정판결에 한한다(대판 2016.6.28. 2014다31721). 정기금이라면 치료비, 일실이익 등 손해배상판결 뿐만 아니라 부당이득금, 연금, 임금, 이자 등도 그 대상이 된다. 그러나 중간이자공제의 일시금배상판결은 변경의 소를 허용하자는 견해가 있고, 입법론으로는 타당하나 '정기금'이라고 한 현행법 해석론상 일시금배상판결에 대한 변경의 소는 허용할 수 없다고 할 것이다. 한편 후유증에 의한 확대손해에 대하여는 후술한다.

4) 현저한 사정변경을 주장할 것

당사자는 전소의 변론종결 이후에 현저한 사정변경이 있음을 주장하여야 한다. 주장만 하면 되고 실제로 현저한 사정변경이 있었는지는 본안요건으로 보아야 할 것이다(이 요건을 적법요건으로 보는 견해가 다수설이나 본안요건으로 보는 견해도 있다).

5) 집행이 끝나기 전일 것

변경의 소는 정기금판결의 집행이 끝나기 전에 제기하여야 한다. 집행이 종료한 후에는 권리보호이익이 없기 때문이다.

> ✳ **정기금판결에 대한 변경의 소의 요건 관련 판례 정리**(대판 2016.6.28. 2014다31721: 법전협 표준판례(255))
>
> ① 정기금판결에 대한 변경의 소는 정기금판결의 확정 뒤에 발생한 현저한 사정변경을 이유로 확정된 정기금판결의 기판력을 예외적으로 배제하는 것을 목적으로 하므로, 확정된 정기금판결의 당사자 또는 민사소송법 제218조 제1항에 의하여 확정판결의 기판력이 미치는 제3자만 정기금판결에 대한 변경의 소를 제기할 수 있다.
>
> ② 토지의 소유자가 소유권에 기하여 토지의 무단 점유자를 상대로 차임 상당의 부당이득반환을 구하는 소송을 제기하여 무단 점유자가 점유 토지의 인도 시까지 매월 일정 금액의 차임 상당 부당이득을 반환하라는 판결이 확정된 경우, 이러한 소송의 소송물은 채권적 청구권인 부당이득반환청구권이므로, 소송의 변론종결 후에 토지의 소유권을 취득한 사람은 민사소송법 제218조 제1항에 의하여 확정판결의 기판력이 미치는 변론을 종결한 뒤의 승계인에 해당한다고 볼 수 없다.
>
> ③ 토지의 전 소유자가 제기한 부당이득반환청구소송의 변론종결 후에 토지의 소유권을 취득한 사람에 대해서는 소송에서 내려진 정기금 지급을 명하는 확정판결의 기판력이 미치지 아니하므로, 토지의 새로운 소유자가 토지의 무단 점유자를 상대로 다시 부당이득반환청구의 소를 제기하지 아니하고, 토지의 전 소유자가 앞서 제기한 부당이득반환청구소송에서 내려진 정기금판결에 대하여 변경의 소를 제기하는 것은 부적법하다

(2) 본안요건(변론종결 후의 현저한 사정변경) [후, 사]

1) 사정변경의 사정의 의미

사정변경의 사정은 전소판결의 액수 산정의 기초가 되었던 객관적 상황을 의미한다. 객관적 변경이라면 사실적 변경을 의미하지, 판례의 변경 등 법률적 변경은 포함되지 않는다(반대견해 있음). 지가의 상승, 후유장애의 호전, 임금의 증가 등이 여기에 해당한다.

2) 현저한 사정변경

사정변경은 현저하여야 한다. '현저한 사정변경'이란 당사자 사이의 형평을 크게 침해할 특별한 사정을 의미한다. 현저한지 여부는 변경의 정도뿐만 아니라 그 기간도 고려하여야 할 것이다. 判例는 전소의 변론종결일 후 점유토지의 공시지가가 2.2배 상승하고 ㎡당 연임료가 약 2.9배 상승한 것만으로는, 현저한 사정변경으로 볼 수 없다고 판시하였다(대판 2009.12.24. 2009다64215: 법전협 표준판례(254)).

3) 판결이 확정될 것

변경의 대상이 되는 판결이 '확정'되었어야하고, 미확정판결은 대상이 아니다. 확정 전에는 상소하여 원판결의 변경을 요구하면 된다. '확정'판결과 동일한 효력을 가진다고 규정되어 있는 포기, 인낙, 화해조서, 조정조서에 대하여도 변경의 소가 인정된다.

4) 판결이 확정된 뒤의 의미

'판결이 확정된 뒤'라고 규정되어 있지만 사실심 변론종결 후의 사정은 법원이 고려할 수 없었으므로 '변론종결 이후'로 해석하는 것이 타당하다. 또한 판결 확정 뒤에 발생한 사정변경을 요건으로 하므로, 단순히 종전 확정판결의 결론이 위법·부당하다는 등의 사정을 이유로 본조에 따라 정기금의 액수를 바꾸어 달라고 하는 것은 허용될 수 없다(대판 2016.3.10. 2015다243996). 이는 재심사유이다.

| 핵심사례 C-06|

| ▌정기금판결에 대한 변경의 소 | 2016년 6월 법전협 모의 |

甲은 乙이 운전하던 A회사의 택시를 타고 가던 중, 乙이 丙이 운전하던 자동차와 추돌하는 바람에 중상을 입고 병원에 입원하여 치료를 받고 있다. 이 사고에 대한 乙의 과실은 40%, 丙의 과실은 60%로 확정되었다. 甲은 불법행위를 이유로 치료비 1,500만 원, 일실수익 3,000만 원, 위자료 1,500만 원 합계 6,000만 원의 손해배상청구소송을 제기하였다. 甲의 위 손해배상소송은 乙을 상대로 제기한 것이다. 위 소송 도중 甲은 위 교통사고로 인하여 뇌손상에 의한 거동불능 상태가 되었다.

이에 원고 측은 이 부분에 대하여 청구를 확장하였고, 신체감정 결과 기대여명이 10년일 것으로 인정되어 제1심 법원은 기왕치료비와 일실수익 및 위자료와는 별도로 향후 10년간 매월 100만 원씩 치료비를 지급하라는 판결을 선고하였고 그 판결이 확정되었다. **甲이 그로부터 2년이 지난 후 예상과 달리 건강이 크게 호전된 경우 乙은 어떠한 소송상의 조치를 취할 수 있는가? (20점)**

Ⅰ. 문제점 – 정기금판결에 대한 변경의 소의 의의

정기금지급을 명하는 판결이 확정된 후 甲의 건강이 크게 호전된 것이 그 액수 산정의 기초가 된 사정이 현저하게 바뀐 경우가 되어 乙이 변경의 소를 제기할 수 있는지 문제된다.

Ⅱ. 정기금판결에 대한 변경의 소의 소송물 – 전소와 소송물이 동일

Ⅲ. 정기금판결에 대한 변경의 소의 요건

1. 적법 요건 / 2. 사안의 경우

사안의 경우 ① 전소 판결은 10년간 매월 100만 원씩 치료비를 지급하라는 판결이므로 정기금판결로 대상이 되고, ② 위 판결이 그대로 확정되었으며, ③ 정기금 액수산정 당시 예상했던 거동불능 상태가 2년 후 크게 호전되었으므로 당사자 사이의 형평을 크게 침해할 특별한 사정이 생겼다고 볼 수 있다. 따라서 ④ 乙은 제1심 법원에 변경의 소를 제기할 수 있다.

Ⅳ. 사안의 해결

乙은 종전 정기금판결의 기판력을 배제하고 새로운 사정을 기초로 다시 법률관계를 확정하기 위하여 제1심 법원에 정기금판결에 대한 변경의 소를 제기할 수 있다.

5. 절차와 심판

(1) 변경의 소의 절차

변경의 소의 당사자는 정기금지급판결을 받은 당사자와 그 승계인이다. 변경의 소에서는 변경된 사항에 대한 심리가 이루어져야 하므로 편의상 제1심판결법원의 전속관할로 한다(제252조 2항). 즉 확정판결이 항소심법원 또는 상고심 판결이라도 제1심 수소법원의 전속관할이다.

(2) 집행정지

변경의 소가 제기되었다고 하더라도 정기금판결의 집행력에 기한 강제집행이 정지되는 것은 아니므로, 별도의 집행정지신청을 하여 정지결정을 받아야 한다.

(3) 변경의 소에서의 종국판결

1) 변경의 소의 인용판결

종전 정기금판결의 기판력이 배제되고 새로운 사정을 기초로 다시 법률관계를 확정하게 된다. 인용판결을 하는 경우에 원판결을 감액 또는 증액하는 판결주문을 선고한다. 변경의 소제기를 기점으로 하여 장차 지급할 정기금액수만이 변경판결의 대상이다(대판 2009.12.24. 2009다64215)

2) 변경의 소의 기각판결

변경의 소의 (이유구비)요건이 부존재하면 청구기각판결을 한다.

6. 적용범위의 확대 : 후유증 또는 여명연장에 따른 손해

(1) 후유증 또는 여명연장에 따른 손해가 전소와 별개의 소송물인지 여부

判例는 ① "불법행위로 인한 적극적 손해의 배상을 명한 전소송의 **변론종결 후에 새로운 적극적 손해(후유증 손해)가 발생한 경우에** i) 그 소송의 변론종결 당시 그 손해의 발생을 예견할 수 없었고, ii) 또 그 부분 청구를 포기하였다고 볼 수 없는 등 특별한 사정이 있다면 전 소송에서 그 부분에 관한 청구가 유보되어 있지 않다고 하더라도 이는 전소송의 소송물과는 별개의 소송물이므로 전소송의 기판력에 저촉되는 것이 아니다"(대판 1980.11.25. 80다1671)라고 하며, ② 식물인간 피해자의 여명이 종전 예측에 비해 수년 연장되어 그에 상응한 향후치료, 보조구 및 개호 등이 추가적으로 필요하게 된 것은 **전소의 변론종결시에는 예견할 수 없었던 새로운 중한 손해로서 이를 청구하는 후소는 전소의 기판력에 저촉되지 않는다**"(대판 2007.4.13. 2006다78640: 법전협 표준판례(82))고 하여 '후유증 발생으로 추가청구'하는 경우와 '여명연장으로 추가청구'하는 경우 이는 별개의 소송물에 해당하여 전소의 기판력에 저촉되지 않는다는 입장이다.

[판례검토] 전소와 후소의 소송물은 가해행위, 과실, 인과관계는 공통으로 하고 있음에도 손해의 발생은 전혀 별개이기 때문에 후소의 소송물을 전소의 소송물과 동일하게 볼 수 없으므로 判例의 태도가 타당하다.

(2) 변경의 소의 허용여부 : 소극(추가청구 · 별소제기로 해결)

① 긍정설은 변경의 소의 소송물은 새로운 청구취지 및 새로운 사실관계의 주장으로서 전소의 소송물과 다르므로 후유증에 의한 확대손해도 변경의 소를 통하여 제기할 수 있다고 한다. ② **부정설**은 변경의 소의 소송물은 전소의 소송물과 동일하므로 후유증에 의한 확대손해와 같이 소송물이 달라지는 경우는 변경의 소를 제기할 수 없다고 한다. 생각건대 변경의 소는 전소판결에서 반영하지 못한 변경된 정기금 산정의 기초사실을 반영하기 위하여 전소판결을 변경하는 것이므로 소송물이 동일하다고 볼 것이다(부정설). 따라서 변경의 소는 허용되지 않는다.

> **[비교판례]** ❋ **피해자가 '기대여명보다 일찍 사망한 경우'와의 구별**
> 불법행위로 인한 손해배상청구소송의 판결(일시금 판결)이 확정된 후 피해자가 그 판결에서 손해배상액 산정의 기초로 인정된 기대여명보다 일찍 사망하자 기지급된 손해배상금 일부를 부당이득으로 반환을 구한 사례에서 判例는 "확정판결이 실체적 권리관계와 다르다 하더라도 그 판결이 재심의 소 등으로 취소되지 않는 한 그 판결의 기판력에 저촉되는 주장을 할 수 없어 그 판결의 집행으로 교부받은 금원을 법률상 원인 없는 이득이라 할 수 없는 것이므로, 불법행위로 인한 인신손해에 대한 손해배상청구소송에서 판결이 확정된 후 피해자가 그 판결에서 손해배상액 산정의 기초로 인정된 기대여명보다 일찍 사망한 경우라도 그 판결이 재심의 소 등으로 취소되지 않는 한 그 판결에 기하여 지급받은 손해배상금

중 일부를 법률상 원인 없는 이득이라 하여 반환을 구하는 것은 그 판결의 기판력에 저촉되어 허용될 수 없다" (대판 2009.11.12. 2009다56665)고 판시하였다. 기대여명과 관련된 사례이지만 전소에서 일시금 배상을 명하였으므로 정기금지급판결에 대한 변경의 소 제기 가부는 논점이 아니다. 기판력의 시적범위에 관한 일반론으로 해결해야 한다.

▌핵심사례 C-07┝

▌ 기대여명연장으로 인한 추가청구	2013년 법무행정고시

乙은 자신의 횡령사실에 대하여 죄책감을 떨쳐버리기 위해 한 겨울에 등산을 갔다가 심하게 굴러 떨어져서 丁이 운영하는 병원에서 머리와 척추수술을 받던 중, 丁의 과실에 의한 뇌손상으로 식물인간이 되었다. 乙은 법정대리인을 통하여 丁을 상대로 손해배상청구의 소를 제기하였다(전소). 전소에서 신체감정을 하였는데, 乙의 여명은 감정일로부터 향후 5년으로 추정되며, 여명기간 동안 1일 24시간 개호인의 조력이 필요하다는 요지의 감정결과가 제출되었다. 법원은 감정결과에 따라 감정일로부터 5년 동안의 향후 치료비와 개호비 손해로 매월 200만 원의 지급을 명하는 정기금지급 판결을 선고하였고, 이 판결이 확정되어 乙은 정기금을 모두 받았다. 그러나 전소에서 인정된 여명기간 후에도 乙이 계속 생존하자 乙의 법정대리인은 丁을 상대로 향후 치료비 및 개호비 손해를 구하고자 한다. **이 경우 전소의 정기금지급 판결에 대한 변경의 소를 제기하여야 하는가 아니면 별소를 제기하여야 하는가?**

Ⅰ. 결 론

乙의 법정대리인은 변경의 소가 아닌, 추가청구의 별소를 제기하여야 하며, 이 경우 추가청구는 전소의 기판력에 저촉되지 않는다.

Ⅱ. 논 거

1. 기대여명연장으로 인한 추가청구의 별소 제기 가부 – 기판력의 저촉여부

(1) 기판력의 의의·인정범위

기판력이란 확정된 종국판결의 내용이 가지는 후소에 대한 구속력으로 전소판결이 확정된 이상 기판력이 발생하였다. 사안에서 ① 전·후소의 당사자가 동일하므로 전소판결의 기판력의 주관적 범위에 해당한다. ② 객관적 범위와 관련하여 확정판결은 주문에 포함된 것에 한하여 기판력을 가지는바(제216조 1항), 사안에서는 향후 5년분에 해당하는 정기금의 손해배상청구권이 존재한다는 판단에 기판력이 발생한다.

(2) 기판력의 작용여부(소극)

1) 판 례

'기존의 손해'와 '여명연장 또는 후유증에 의한 확대손해'는 별개의 소송물에 해당한다.

2) 사안의 경우

乙의 여명연장으로 인한 추가적 손해는 전소에서 예견할 수 없었던 별개의 소송물로서 전소의 기판력이 작용하지 않는바, 추가청구 할 수 있다.

2. 정기금지급판결에 대한 변경의 소 제기 가부(소극)

(1) 정기금판결에 대한 변경의 소의 소송물

견해대립이 있으나, 변경의 소는 전소판결에서 반영하지 못한 변경된 정기금 산정의 기초사실을 반영하기 위하여 전소판결을 변경하는 것이므로 소송물이 동일하다.

(2) 사안의 경우

乙의 여명연장으로 인한 추가적 손해는 전소의 소송물과 별개의 소송물이어서 변경의 소를 제기할 수 없다.

핵심사례 C-08

■ **기대여명보다 일찍 사망한 경우와 기대여명이 연장된 경우의 구별**　　　2016년 법무사

甲이 2010. 5. 12. 乙 보험회사와 자동차보험계약을 체결한 丙의 자동차운행으로 인하여 발생한 교통사고로 뇌손상 등의 상해를 입게 되자, 甲은 乙 회사를 상대로 손해배상청구소송을 제기하였다. 위 소송에서 甲에 대한 신체감정을 한 결과 甲의 기대여명이 2011. 6. 10부터 3년으로 평가된 것을 기초로, 제1심 법원은 2011. 11. 24 甲에게 일실수입, 향후 치료비 및 개호비 등을 산정하여 합계 4억 원 및 지연손해금을 지급하라는 판결을 선고하였고, 2011. 12. 20. 위 판결이 확정되었다. 한편, 乙 회사는 판결에 따라 甲에게 4억 원 및 지연손해금 전부를 지급하였다.

(아래의 각 추가된 사실관계는 상호 무관함)

1. 〈**추가된 사실관계**〉 원고 甲이 2012. 9. 21. 사망하자, 乙 회사는 甲의 상속인인 甲의 부모를 상대로 "甲이 인정된 기대여명보다 일찍 사망하였기 때문에 당초 확정된 판결에 따라 지급한 손해배상금 중 실제사망시점 이후의 치료비 및 개호비 등은 법률상 원인 없는 이득에 해당한다."고 주장하면서 위 치료비 및 개호비 상당액을 부당이득으로 반환하라는 청구를 하였다. **이러한 경우 법원이 乙 회사의 부당이득 반환청구에 대하여 어떠한 판결을 선고할 수 있는지에 대한 의견을 밝히고, 그 근거를 설명하시오.**

2. 〈**추가된 사실관계**〉 원고 甲은 위 여명기간을 지나서도 계속 생존하면서 치료를 받았다. 원고 甲은 2016. 3. 20. 그로 인하여 추가로 발생한 치료비, 향후 치료비 및 개호비 손해의 배상을 구하는 소를 다시 제기하였다. 한편, 제1심 법원이 다시 원고 甲에 대한 신체감정을 촉탁한 결과, 감정인은 그 감정일인 2016. 8. 22.부터 10년 후까지 원고 甲의 여명이 연장된 것으로 평가된다는 내용의 감정의견을 제출하였다. **이러한 경우 제1심 법원이 전소에서 인정된 여명기간을 넘어선 기간에 지출한 치료비와 향후 치료비, 개호비 등에 대한 원고의 청구를 인용하는 판결을 선고할 수 있는지 여부에 대해서 의견을 밝히고, 그 근거를 설명하시오.**

I. 결 론 : 문제 1.의 경우

법원은 乙의 청구를 기각하는 판결을 선고하여야 한다.

Ⅱ. 논 거 : 문제 1.의 경우

1. 기판력의 작용

(1) 주관적 범위(제218조 1항)

전소와 후소의 원고와 피고가 바뀌었어도 당사자가 甲을 포괄승계한 甲의 상속인과 乙로 동일하므로 주관적 범위에 포함된다.

(2) 객관적 범위(제216조 1항)

전소의 소송물은 불법행위에 기한 손해배상청구권(민법 제750조 및 상법 제724조 2항)이고, 후소의 소송물은 부당이득반환청구권(민법 제741조)이므로 동일관계는 아니다. 그러나 후소 청구는 전소 소송물과 모순관계로 기판력이 작용하므로 객관적 범위에 포함된다.

(3) 시적 범위(제208조 1항 5호)

甲의 사망사실(2012. 9. 21.)은 비록 전소의 변론종결일(2011. 11. 24.) 이후이지만, 이행판결의 주문에서 변론종결 이후 기간까지 급부의무의 이행을 명한 경우(장래이행의 소)에는 확정판결의 기판력이 주문에 포함된 기간까지의 청구권의 존부에 미치므로[24] 기대여명(2014. 6. 9.)까지의 사유에는 기판력이 미친다.

2. 기판력의 본질에 따른 법원의 처리

(1) 반복금지설 / (2) 모순금지설(판례) / (3) 검 토 - 모순금지설

3. 사안의 해결

乙의 부당이득 반환청구는 전소에서의 판단과 모순관계로 작용하고, 乙이 주장하는 甲의 사망사실은 전소 기판력에 의하여 차단되므로, 乙의 후소는 모순금지설에 따라 기각되어야 한다.

Ⅰ. 결 론 : 문제 2.의 경우

법원은 甲의 2014. 6. 10. 이후 추가로 발생한 치료비 및 2026. 8. 22.까지의 치료비와 개호비 청구를 전부 인용하거나 정기금지급을 명하는 판결을 선고할 수 있다.

Ⅱ. 논 거 : 문제 2.의 경우

1. 문제점

甲은 전소에서 인정한 여명기간을 넘어선 기간 동안 이미 지출한 치료비와 향후 치료비 및 개호비를 청구하고 있는데, 이미 지출한 치료비와 관련하여서는 전소 기판력이 미치는지 문제되고, 이미 지출한 치료비와 장래 치료비 및 개호비의 병합의 형태 및 장래 치료비 및 개호비와 관련하여서는 장래이행의 소로서 적법한지 문제된다.

2. 기대여명연장으로 인한 추가청구의 별소 제기 가부 - 기판력의 저촉여부

(1) 기판력의 의의 · 인정범위 / (2) 기판력의 작용여부(소극)

'기존의 손해'와 '여명연장 또는 후유증에 의한 확대손해'는 별개의 소송물에 해당하여 기판력이 작용하지 않는다.

(3) 사안의 경우

2014. 6. 9. 이후에 발생한 손해에 대하여서는 전소의 기판력이 작용하지 않는바, 추가청구 할 수 있다.

3. 병합청구의 요건 및 형태

甲은 전소기판력 이후의 범위에 대한 추가 치료비로서 현재이행의 소와 아직 지출하지 않은 예상손해에 대한 장래이행의 소를 함께 청구하고 있고, 이는 양립가능하고 별개의 경제적 목적을 위한 청구로서 단순병합에 해당한다. 양 청구는 동일한 소송절차 및 공통관할을 가지므로 적법하다(제253조). 따라서 법원은 병합된 모든 청구에 대하여 심판하여야 한다.

4. 장래이행의 소로서의 적법요건(적법)

추가로 발생하여 이미 지출한 치료비 부분은 현재이행의 소로써 청구해야 하지만, 향후 치료비 및 개호비는 이행기가 장래에 도달하는 청구권이어서 장래이행의 소로써 청구해야 한다(제251조). 사안의 경우 확정판결의 해석에 대하여 다툼이 있는 경우여서 현재 발생한 치료비에 대하여서도 다툼이 있으므로 장래치료비에 대하여 미리 청구할 필요성이 인정된다.

5. 법원의 판단

법원은 기대여명에 관한 감정결과에 구속되는 것은 아니지만 특별한 사정이 없는 한 존중하여야 한다 (대판 2002.11.26. 2001다72678). 따라서 원칙적으로 법원은 특별한 사정이 없는 한 2026. 8. 22.까지의 치료비 및 개호비의 청구를 인정하여야 하지만, 개호비와 같이 장래 일정기간에 걸쳐 일정시기마다 발생하는 손해의 배상을 일시금으로 청구하였다 하더라도 법원은 이를 정기금으로 지급할 것을 명할 수 있고, 정기금으로 지급할 것을 명할 것인지 여부는 **법원의 자유재량에 속한다**(대판 1995.2.28. 94다31334).[25]

Ⅴ. 표준시 이후의 형성권 행사 [07·10사법]   [C-35]

1. 문제점

전소 변론종결 전에 발생한 형성권(취소권, 해제권, 상계권, 건물매수청구권)을 변론종결 이후에 행사하여 청구이의의 소나 채무부존재확인의 소로써 다툴 수 있는지 문제된다.[26]

2. 판례

(1) 취소권, 해제권 등 형성권 일반의 경우(실권 긍정)

대법원은 표준시 전에 행사할 수 있었던 취소권(대판 1959.9.24. 4291민상830), 해제권(대판 1979.8.14. 79다1105), 백지보충권(아래 관련판례 참조)에 대하여는 표준시 후에 이를 행사하면 차단된다고 한다(10회 선택형). 즉 확정된 법률관계에 있어 동 확정판결의 변론종결 전에 이미 발생하였던 취소권(또는 해제권)을 그 당시에 행사하지 않음으로 인하여 취소권자(또는 해제권자)에게 불리하게 확정되었다 할지라도 확정 후 취소권(또는 해제권)을 뒤늦게 행사함으로써 동 확정의 효력을 부인할 수는 없게 되는 것이다(대판 1979.8.14. 79다1105).

> [관련판례] "약속어음의 소지인이 전소의 사실심 변론종결일까지 백지보충권을 행사하여 어음금의 지급을 청구할 수 있었음에도 위 변론종결일까지 백지 부분을 보충하지 않아 이를 이유로 패소판결을 받고 그 판결이 확정된 후에 백지보충권을 행사하여 어음이 완성된 것을 이유로 전소 피고를 상대로 다시 동일한 어음금을 청구(소송물 동일)하는 경우에는, 위 백지보충권 행사의 주장은 특별한 사정이 없는 한 전소판결의 기판력에 의하여 차단되어 허용되지 않는다"(대판 2008.11.27. 2008다59230)(9회 선택형).

---

24) "확정판결은 주문에 포함한 것에 대하여 기판력이 있고, 변론종결시를 기준으로 하여 이행기가 장래에 도래하는 청구권이더라도 미리 청구할 필요가 있는 경우에는 장래이행의 소를 제기할 수 있으므로, 이행판결의 주문에서 변론종결 이후 기간까지 급부의무의 이행을 명한 이상 확정판결의 <u>기판력은 주문에 포함된 기간까지의 청구권의 존부에 대하여 미치는 것이 원칙</u>이고, 다만 장래 이행기 도래분까지의 정기금의 지급을 명하는 판결이 확정된 경우 그 소송의 사실심 변론종결 후에 액수 산정의 기초가 된 사정이 뚜렷하게 바뀜으로써 당사자 사이의 형평을 크게 해할 특별한 사정이 생긴 때에는 <u>전소에서 명시적인 일부청구가 있었던 것과 동일하게 평가하여 전소판결의 기판력이 차액 부분에는 미치지 않는다</u>"(대판 2011.10.13. 2009다102452).

25) 핵심사례 C-07.과 같은 기대여명연장 사례이지만 전소에서 일시금 배상을 명하였으므로 정기금지급판결에 대한 변경의 소 제기 가부는 논점이 아니다. 더구나 핵심사례 C-07.의 결론이 '정기금판결을 구할 수 없다'는 것(별개의 소송물이기 때문)만을 외우고 2016 법무사기출문제에서 '정기금판결을 구할 수 없다'거나 '법원이 정기금판결을 할 수 없다'는 결론을 내리면 안 된다.

26) [학설] ① 실권설은 형성원인이 존재하는 때를 실권여부의 판단시점으로 보고 변론종결 뒤에는 형성권을 행사할 수 없다고 하고, ② 비실권설은 기판력에 의한 실권여부는 형성권을 실제로 행사한 시점을 기준으로 하여 판단해야 하므로 상계권은 물론 취소권·해제권 등 모든 형성권은 변론종결 뒤에도 실권되지 않는다고 하며, ③ 상계권(지상물매수청구권)비실권설은 변론종결 뒤의 다른 형성권 행사는 원칙적으로 기판력에 저촉되어 실권되지만 상계권(예비적 출혈적 항변으로 표준시에 행사할 것을 예상하기 어려움)과 건물매수청구권은 소구채권(소송물)의 하자를 다투는 것이 아닌 점을 이유로 예외적으로 실권되지 않는다고 하고, ④ <u>제한적 상계권실권설</u>은 다른 형성권은 당연히 실권되고, 상계권의 경우에도 상계권이 있음을 알고 이를 행사하지 않은 경우에는 실권된다고 한다.

(2) 상계권(실권 부정) [9회 사례형, 15변리]

그러나 대법원은 상계권에 관하여는 "집행권원인 확정판결의 변론종결 전에 상대방에 대하여 상계 적상에 있는 채권을 가지고 있었다 하여도 변론종결 이후에 비로소 상계의 의사표시를 한 때에는 그 청구이의의 원인이 변론종결 이후에 생긴 때에 해당하는 것으로서 당사자들이 그 변론종결 전에 상계적상에 있은 여부를 알았던 몰랐던 간에 적법한 이의의 사유(민사집행법 제44조 2항)가 된다"(대판 1998.11.24. 98다 25344: 법전협 표준판례(253))(1회,10회 선택형)고 판시하여 **상계권비실권설**의 입장이다.

[판례검토] i) 상계의 항변을 실권시키면 상계의 항변을 강제하는 결과가 되어 부당하다는 점, ii) 상계의 항변은 출혈적·예비적 방어방법이며, 소구채권의 하자문제가 아니므로 상계권 비실권설이 타당하다.

(3) 임대차에서의 건물매수청구권(실권 부정)

判例는 "토지의 임차인이 임대인에 대하여 건물매수청구권을 행사할 수 있음에도 불구하고 이를 행사하지 아니한 채, 토지의 임대인이 임차인에 대하여 제기한 토지인도 및 건물철거 청구소송에서 패소하여 그 패소판결이 확정되었다고 하더라도, 그 확정판결에 의하여 건물철거가 집행되지 아니한 이상, 토지의 임차인으로서는 건물매수청구권을 행사하여 별소로써 임대인에 대하여 건물 매매대금의 지급을 구할 수 있다고 할 것이고, 전소인 토지인도 및 건물철거 청구소송과 후소인 매매대금 청구소송은 서로 그 소송물을 달리하는 것이므로, 종전 소송의 확정판결의 기판력에 의하여 건물매수청구권의 행사가 차단된다고 할 수도 없다"(대판 1995.12.26. 95다42195)(1회,3회,10회 선택형)고 하여 **건물매수청구권 비실권설**의 입장이다.[27)]

[판례검토] i) 건물매수청구권은 소구채권의 하자에 근거한 것이 아니고, ii) 또 건물 자체의 효용을 되도록 유지하려고 하는 정책적 근거에서 인정한 것이므로 건물매수청구권 비실권설이 타당하다.

(4) 백지보충권(실권 긍정)

"약속어음의 소지인이 전소의 사실심 변론종결일까지 백지보충권을 행사하여 어음금의 지급을 청구할 수 있었음에도 위 변론종결일까지 백지 부분을 보충하지 않아 이를 이유로 패소판결을 받고 그 판결이 확정된 후에 백지보충권을 행사하여 어음이 완성된 것을 이유로 전소 피고를 상대로 다시 동일한 어음금을 청구(소송물 동일)하는 경우에는, 백지보충권 행사의 주장은 특별한 사정이 없는 한 전소판결의 기판력에 의하여 차단되어 허용되지 않는다"(대판 2008.11.27. 2008다59230)(9회 선택형).

3. 검 토

기판력의 인정근거가 법적 안정성임을 고려할 때, **원칙적으로 형성권도 실권효를 인정해야 하나**, 상계항변은 출혈적 방어방법이며 상계권과 건물매수청구권이 소구채권의 하자를 다투는 것이 아닌 점을 고려할 때 **상계권과 건물매수청구권은 예외적으로 실권되지 않는다**고 보는 상계권(건물매수청구권)비실권설이 타당하다.

---

27) [판례평석] 이 판례 사안에 대해 후소는 청구이의의 소가 아닌 매매대금청구의 소이므로 기판력의 작용 국면이 아님이 명백하여 건물매수청구권이 차단되지 않는다고 보는 관점도 있다.

핵심사례 C-09

■ **기판력의 시적범위 – 표준시 전에 발생한 형성권의 변론종결 후의 행사**　　2007년 사법시험

乙은 A토지 위에 지상건물의 소유를 목적으로 하는 甲과의 토지임대차계약에 따라 B건물을 신축하였다. 甲은 임대차기간이 만료한 뒤 乙의 임대차계약의 갱신요청을 거절하고 乙을 상대로 건물철거 및 토지인도를 청구하는 소를 제기하였다.
乙은 위 소송절차의 변론에서 건물매수청구권을 행사하지 아니하여 甲의 승소판결이 선고되었고, 이 판결은 그대로 확정되었다. **그 후 B건물이 철거되기 전에 乙이 甲에 대하여 건물매수청구권을 행사하면서 그 매매대금의 지급을 청구하는 소를 제기하는 것이 위 확정판결에 저촉되는지 여부를 밝히시오.** (15점)

I. 결 론

乙의 소는 확정판결의 기판력에 저촉되지 않는다.

II. 논 거

1. 문제점

건물철거 및 토지인도청구에 대한 乙의 패소판결이 확정된 후, 乙이 건물매수청구권을 행사하는 것이 전소 확정판결의 기판력에 저촉되어 허용되지 않는지 문제된다.

2. 乙의 건물매수청구권의 행사가능성

(1) 기판력의 시적범위(표준시 이전의 사실자료 – 차단효(=실권효))

(2) 건물매수청구권의 행사가부에 관한 判例의 태도

종전 소송의 확정판결의 기판력에 의하여 건물매수청구권의 행사가 차단된다고 할 수 없다(대판 1995.12.26. 95다42195).

(3) 검토 및 사안의 경우

법적 안정성을 추구하는 기판력제도의 취지, 건물매수청구권 항변을 실권시키면 건물매수청구권의 항변을 강제하는 결과가 되어 부당하다는 점, 건물매수청구권의 항변은 소구채권의 하자문제가 아닌 점을 고려할 때, 상계권·건물매수청구권 비실권설이 타당하다. 이에 따르면, 乙은 패소판결이 확정되었더라도 건물에 대해 철거집행이 되지 않은 이상 건물매수청구권을 행사할 수 있다.

제2관 기판력의 객관적 범위와 작용

Ⅰ. 판결주문의 판단

[C-36]

> 제216조 (기판력의 객관적 범위) ① 확정판결은 주문에 포함된 것에 한하여 기판력(既判力)을 가진다.

1. 기판력의 일반적 범위(주문)

"확정판결은 주문에 포함된 것에 한하여 기판력을 가진다(민사소송법 제216조 제1항). 소장에는 청구의 취지와 원인을 적어야 하고(민사소송법 제249조 제1항), 법원은 당사자의 청구에 대하여 판결하여야 한다(민사소송법 제203조). 확정판결의 기판력은 소송물로 주장된 법률관계의 존부에 관한 판단에 미치는 것이므로 동일한 당사자 사이에서 전소의 소송물과 동일한 소송물에 대한 후소를 제기하는 것은 전소 확정판결의 기판력에 저촉되어 허용될 수 없다"(대판 2000.2.25. 99다55472: 법전협 표준판례(256); 대판 2014.3.27. 2011다49981: 법전협 표준판례(247) 등). 따라서 판결이유 중 판단에 대해서는 기판력이 생기지 않는다. 소송판결은 소송요건의 흠에 관한 판단에만(예컨대, 주문에서 소 각하, 이유에서 당사자능력이 없다고 판단된 경우, 기판력은 당사자능력의 흠결부분에 발생한다. 그렇다고 하여 판결이유 중 판단에 기판력이 생기는 것은 아니다), 본안판결의 경우에는 소송물인 권리관계에 관한 판단에만 기판력이 발생한다.

(1) 소송물이 같은 경우(기판력 인정)

1) 소유권이전등기말소청구 : 공격방어방법만을 달리하는 경우 [11사법]

"동일 당사자 사이의 전·후 두 개의 소유권이전등기말소청구사건에 있어서의 양 소송물은 당해 등기의 말소청구권이고, 그 동일성 식별의 표준이 되는 청구원인 즉 말소등기청구권의 발생원인은 당해 등기원인의 무효에 국한되므로 전소의 변론종결 전까지 주장할 수 있었던 무효사유는 그것이 무권대리행위, 불공정한 불법행위이거나 또는 통모허위 표시에 의한 매매 무효를 이유로 하거나 간에 다같이 청구원인인 등기원인이 무효임을 뒷받침하는 이른바 독립된 공격방어방법에 불과하여 서로 별개의 청구원인을 구성하는 것이 아니므로 기판력의 표준시인 전소의 변론종결 전에 발생한 사유로서 전소에서 주장하지 아니하여 패소한 경우라도 그 사유는 전소의 확정판결의 기판력에 의하여 후소에서 주장하여 확정판결의 내용을 다툴 수 없다"(대판 1982.12.14. 82다카148 : 핵심사례 C-10.참고)(4회 선택형)

2) 부당이득반환청구 : 공격방어방법만을 달리하는 경우

"부당이득반환청구에서 법률상의 원인 없는 사유를 계약의 불성립, 취소, 무효, 해제 등으로 주장하는 것은 공격방어방법에 지나지 않으므로, 그 중 어느 사유를 주장하여 패소한 경우에 다른 사유를 주장하여 청구하는 것은 기판력에 저촉되어 허용할 수 없다"(대판 2022.7.28. 2020다231928).

(2) 소송물이 다른 경우

1) 임차보증금 ≠ 임차보증금의 피담보채무(연체차임 등)

"확정판결은 주문에 포함한 것에 한하여 기판력이 있는 것이므로, 확정판결의 기판력은 소송물로 주장된 법률관계의 존부에 관한 판단의 결론 자체에만 미치고 그 전제가 되는 법률관계의 존부에까지 미치는 것은 아니라고 할 것인바(대판 2000.2.25. 99다55472: 법전협 표준판례(256)), 임대차보증금은 임대차 종료 후에 임차인이 임차목적물을 임대인에게 반환할 때 연체차임 등 모든 피담보채무를 공제한 잔액이 있을 것을 조건으로 하여 그 잔액에 대하여서만 임차인의 반환청구권이 발생하고, 또 임대차보증금의 지급을 명하는 판결이 확정되면 변론종결 전의 사유를 들어 당사자 사이에 수수된 임대차보증금의 수액 자체를 다투는 것은 허용되지 아니한다 하더라도, 임대차보증금 반환청구권 행사의 전제가 되는 연체차임 등 피담보채무의 부존재에 대하여 기판력이 작용하는 것은 아니다"(대판 2001.2.9. 2000다61398)(2회 선택형).

2) 말소등기청구 ≠ 이전등기청구(청구원인이 다른 경우)

"확정판결의 기판력은 소송물로 주장된 법률관계의 존부에 관한 판단 그 자체에만 미치는 것이고 전소와 후소가 그 소송물이 동일한 경우에 작용하는 것이므로, 부동산에 관한 소유권이전등기가 원인무효라는 이유로 그 등기의 말소를 명하는 판결이 확정되었다고 하더라도 그 확정판결의 기판력은 그 소송물이었던 말소등기청구권의 존부에만 미치는 것이므로, 그 소송에서 패소한 당사자도 전소에서 문제된 것과는 전혀 다른 청구원인에 기하여 상대방에 대하여 소유권이전등기청구를 할 수 있다"(대판 1995.6.13. 93다43491). 즉, 전소의 피고가 전소의 원고를 상대로 다시 소를 제기해도 기판력에 반하지 않는다. [13회 기록형]

[관련판례] ✱ 인도판결의 기판력이 그 물건에 대한 불법점유를 원인으로 한 손해배상청구소송에 미치는지 여부(소극)

"물건 점유자를 상대로 한 물건의 인도판결이 확정되면 점유자는 인도판결 상대방에 대하여 소송에서 더 이상 물건에 대한 인도청구권의 존부를 다툴 수 없고 인도소송의 사실심 변론종결 시까지 주장할 수 있었던 정당한 점유권원을 내세워 물건의 인도를 거절할 수 없다. 그러나 의무 이행을 명하는 판결의 효력이 실체적 법률관계에 영향을 미치는 것은 아니므로, 점유자가 그 인도판결의 효력으로 판결 상대방에게 물건을 인도해야 할 실체적 의무가 생긴다거나 정당한 점유권원이 소멸하여 그때부터 그 물건에 대한 점유가 위법하게 되는 것은 아니다. 나아가 물건을 점유하는 자를 상대로 하여 물건의 인도를 명하는 판결이 확정되더라도 그 판결의 효력은 이들 물건에 대한 인도청구권의 존부에만 미치고, 인도판결의 기판력이 이들 물건에 대한 불법점유를 원인으로 한 손해배상청구 소송에 미치지 않는다"(대판 2019.10.17. 2014다46778).

[관련판례] ✱ 상속회복을 원인으로 한 소유권말소등기 청구의 소의 기판력이 중복등기를 이유로 한 유권말소등기 청구의 소에 미치는지 여부(소극)

"원고의 피상속인이 후행 보존등기가 중복등기에 해당하여 무효임을 주장하지 않고, 자신이 진정한 상속인이고 후행 보존등기로부터 상속을 원인으로 이루어진 소유권이전등기의 명의인은 진정한 상속인이 아니므로 그 소유권이전등기는 무효이고 그에 이어 이루어진 소유권이전등기도 무효라고 주장하여 소유권말소등기의 소를 제기하였다가 그 소가 상속회복청구의 소에 해당하고 제척기간이 경과하였다는 이유로 패소 판결이 확정되었다고 하더라도, 후행 보존등기가 중복등기에 해당하여 무효라는 이유로 말소등기를 구하는 원고의 후소는 패소 판결이 확정된 전소와 청구원인을 달리하는 것이어서 전소의 기판력에 저촉되지 않는다"(대판 2011.7.14. 2010다107064).

[관련판례] ✱ 원고가 양도담보권자라는 전제에서 농지인도청구를 인용한 전소와 양도담보권자가 될 수 없다는 전제에서 소유권이전등기의 말소를 청구한 후소의 소송물 동일여부(소극)

"농지개량조합이 원고가 되어 위 조합이 농지에 관한 적법한 양도담보권자라는 전제에서 농지인도청구등을 인용한 전소의 확정판결과 전소의 피고가 원고가 되어 위 조합이 이 사건 농지부분에 대하여 양도담보권자가 될 수 없다하여 소유권이전등기의 말소를 청구한 후소와는 그 소송물이 상이하므로 기판력에 저촉하지 아니한다"(대판 1979.2.13. 전합78다58)

| 핵심사례 C-10 |

■ 말소등기청구소송에서의 소송물

A토지에 관하여 甲으로부터 乙 앞으로 매매를 원인으로 한 소유권이전등기가 마쳐져 있다. 甲은 乙을 상대로 乙이 등기관련 서류를 위조하여 위 등기를 이전하였다고 주장하면서 소유권이전등기 말소등기청구의 소를 제기하였다. 乙에 대한 甲의 말소등기청구는 기각되고, 판결은 확정되었다. 그 후, 甲은 소유권이전등기의 등기원인인 甲과 乙 사이의 매매계약은 가장매매로서 무효라고 주장하면서 다시 乙을 상대로 말소등기청구의 소를 제기하였다. **이 경우 법원은 어떠한 판결을 하여야 하는가?**

1. 문제점 - 기판력의 의의

사안에서 전소와 후소의 당사자가 동일하고, 전소의 변론종결전의 사유인 가장매매를 주장하는바, 전소 확정판결의 기판력의 주관적범위, 시적범위에 포함된다.

2. 기판력의 객관적 범위와 작용국면 - 말소등기청구소송에서의 소송물

전소 소송물은 말소등기청구권이고, 후소 소송물도 말소등기청구권이며 단지 등기원인의 무효사유가 위조냐, 가장매매냐의 차이로 독립된 공격방어방법을 달리할 뿐이다. 따라서 전후소의 소송물은 동일하다.

3. 기판력에 저촉되는 경우 법원의 조치 - 기판력의 본질

원고가 승소한 부분에 해당하는 부분은 권리보호의 이익이 없어 각하해야 하고, 원고가 청구기각판결을 받은 부분은 원고청구기각의 판결을 한다(모순금지설)

4. 사안의 경우

甲의 후소는 전소 확정판결의 기판력에 저촉되는바, 법원은 후소에 대하여 청구기각판결을 하여야 한다.

| 핵심사례 C-11 |

■ 기판력의 본질

甲은 乙이 발행한 액면금 4,000만 원의 약속어음의 적법한 소지인으로서 乙을 상대로 약속어음금 청구소송을 제기하여 '乙은 甲에게 4,000만 원을 지급하라'는 판결을 선고받아, 그 판결이 2001. 6. 5. 확정되었다.

1. 甲이 2011. 5. 12. 乙을 상대로 위 확정판결에 기한 채권의 소멸시효 중단을 위하여 위 확정판결과 동일한 청구취지와 청구원인으로 약속어음금청구의 소를 제기하였다면, **후소의 제기는 위 확정판결의 기판력에 저촉되는가?** 2. 위 사안에 乙이 甲의 약속어음 소지여부에 관하여 다툰다면, **후소 법원은 甲의 약속어음 소지여부를 다시 심리할 수 있는가?**

Ⅰ. 〈문제 1.〉의 해결

확정된 승소판결에는 기판력이 있으므로 당사자는 그 확정된 판결과 동일한 소송물에 기하여 신소를 제기할 수 없는 것이 원칙이나, 시효중단 등 특별한 사정이 있는 경우에는 예외적으로 신소가 허용된다(대판 2010.10.28. 2010다61557). 따라서 기판력에 저촉되지 않는다.

Ⅱ. 〈문제 2.〉의 해결

전소인 약속어음금 청구소송에서 원고의 피고에 대한 약속어음채권이 확정된 이상 후소법원은 원고 甲의 약속어음의 소지 여부를 다시 심리할 수는 없다(대판 1998.6.12. 98다1645).

2. 일부 청구 [1회 사례형, 17법행]

(1) 기판력이 미치는 범위

判例는 일부청구와 기판력의 관계에서 일관하여 '명시적 일부청구설'을 취하고 있다. 즉 묵시적 일부청구의 경우에는 나머지 부분에도 기판력이 미치지만, 명시적 일부청구의 경우 나머지 부분에는 기판력이 미치지 않는다는 입장이다. 원고의 분할청구의 자유를 존중하는 측면(일부청구 긍정설)과 분쟁의 일회적 해결을 강조하는 측면(일부청구 부정설)을 조화하는 判例의 태도(명시적 일부청구설)가 타당하다.

[관련판례] ✳ 묵시적 일부청구
"가분채권의 일부에 대한 이행청구의 소를 제기하면서 나머지를 유보하고 일부만을 청구한다는 취지를 명시하지 아니한 이상 그 확정판결의 기판력은 청구하고 남은 잔부청구에까지 미치는 것이므로 그 나머지 부분을 별도로 다시 청구할 수 없다"(대판 1993.6.25. 92다33008: 법전협 표준판례(259))

[관련판례] ✳ 명시적 일부청구
"불법행위의 피해자가 일부청구임을 명시하여 그 손해의 일부만을 청구한 경우 그에 대한 판결의 기판력은 청구의 인용여부에 관계없이 청구의 범위에 한하여 미치고 잔부청구에는 미치지 않는다"(대판 1989.6.27. 87다카2478)(6회 선택형)

(2) 일부청구임을 명시하는 방법 [17년 법행]

判例는 "일부청구임을 명시하는 방법으로는 반드시 '전체 손해액을 특정'하여 그중 일부만을 청구하고 나머지 손해액에 대한 청구를 유보하는 취지임을 밝혀야 할 필요는 없고 일부청구하는 손해의 범위를 잔부청구와 구별하여 그 '심리의 범위를 특정'할 수 있는 정도의 표시를 하여 전체손해의 일부로서 우선 청구하고 있는 것임을 밝히는 것으로 족하다"(대판 1986.12.23. 86다카536)고 하였다(6회,12회 선택형). 또한, 일부청구임을 명시하였는지를 판단함에 있어서 고려할 사항으로 判例는 "일부청구임을 명시하였는지를 판단함에 있어서는 소장, 준비서면 등의 기재뿐만 아니라 소송의 경과 등도 함께 살펴보아야 한다"(아래 관련판례 참조 : 향후치료비는 명시적 일부청구인정. 위자료는 명시되지 않았다고 본 사례)고 판시하였다.

[관련판례] 甲 등이 乙 학교법인을 상대로 의료사고에 따른 손해배상을 구하는 조정신청을 하면서 적극적 손해 중 기왕치료비 금액을 특정하여 청구하고, 비뇨기과 향후치료비 등의 금액을 특정하여 청구하면서 '향후치료비는 향후 소송 시 신체감정 결과에 따라 확정하여 청구한다'는 취지를 밝히고, 위자료 금액을 특정하여 청구하였는데, 조정이 성립되지 않아 소송으로 이행되어 甲에 대한 신체감정 등이 이루어지지 않은 상태에서 자백간주에 의한 甲 등 전부승소판결이 선고되어 확정되었고, 그 후 甲 등이 선행 소송과 마찬가지로 乙 법인을 상대로 의료사고에 따른 손해배상을 구한 사안에서, 判例는 "위자료 청구 부분에 대하여는 甲 등이 선행 소송에서 일부청구임을 명시하였다고 볼 수 없으므로 선행 소송 확정판결의 기판력이 위자료 채권 전부에 미치지만, 甲이 선행 소송에서 적극적 손해의 개별 항목과 금액을 특정하면서 적극적 손해 중 다른 손해에 대하여는 신체감정 결과에 따라 청구할 것임을 밝힌 점 등을 종합하면, 선행 소송 중 적극적 손해에 대한 배상청구 부분은 일부청구하는 채권의 범위를 잔부청구와 구별하여 심리의 범위를 특정할 수 있는 정도로 표시하고 전체 채권의 일부로서 우선 청구하고 있는 것임을 밝힌 경우로서 명시적 일부청구에 해당하므로 선행 소송 확정판결의 기판력이 이 부분 청구에는 미치지 않는다"(대판 2016.7.27. 2013다96165)(12회 선택형)고 판시하였다.

핵심사례 C-12

| ■ 일부청구의 소송물 | 2017년 법원행정고시, 2012년 제1회 변호사시험 유사 |

원고는 2015. 5. 1. 의사인 피고를 상대로 서울중앙지방법원에, 자신이 2012. 5. 25. 피고로부터 척추수술을 받았으나 피고의 의료상 과실로 하지마비 등의 장애(이하 '이 사건 의료사고'라 한다) 가 발생하였음을 이유로 불법행위에 따른 손해배상을 구하는 조정신청을 하였는데, 그 조정신청 서에 신청금액과 관련하여 다음과 같이 기재하였다.

— 조정신청서 —

'원고는 적극적 손해에 대한 배상금으로 기왕치료비 500만 원을 청구하고, 향후치료비는 추후 소송 시 신체감정 결과에 따라 확정하여 청구하되, 기존 유사사례에 근거하여 비뇨기과 향후치료비 1,000만 원과 항문외과 향후치료비 1,500만 원을 각 청구하며, 위자료로 3,000만 원을 청구한다.'

그런데 원고와 피고 사이에 조정이 성립되지 않아 위 사건은 소송으로 이행되었고, 이후 피고가 답변서를 제출하지 않고 불출석하자 원고에 대한 신체감정이 이루어지지 않은 상태에서 위 법원은 2015. 9. 25. '피고는 원고에게 위 신청금액 합계 6,000만 원을 지급하라.'는 내용의 자백간주에 의한 원고 전부승소 판결을 선고하였으며, 위 판결은 그 무렵 확정되었다.(이하 위 소송을 '이 사건 선행소송'이라 한다) 한편 원고는 2017. 4. 20. 피고를 상대로 서울중앙지방법원에 이 사건 의료사고로 인한 불법행위를 원인으로 한 손해배상 청구소송(이하 '이 사건 소송'이라 한다)을 다시 제기하였는데, 그 청구내용은 이 사건 선행소송에서 인정된 금액을 제외한 나머지 적극적 손해에 대한 배상금 5,000만 원, 소극적 손해에 대한 배상금 2,000만 원 및 위자료 1억 원이었다. **이 사건 소송이 이 사건 선행소송의 기판력에 저촉되는지 설명하시오. (20점)**

Ⅰ. 문제점

기판력이란 확정된 종국판결의 내용이 가지는 후소에 대한 구속력을 말한다. 사안의 경우 이 사건 소송이 이 사건 선행소송의 기판력에 저촉되는지와 관련하여 기판력의 객관적 범위(제216조 1항)가 문제되는 바, ① 신체상해로 인한 손해배상청구에서의 소송물의 특정, ② 일부청구와 기판력의 객관적 범위에 관한 판례의 법리를 검토한다.

Ⅱ. 신체상해로 인한 손해배상청구에서의 소송물의 특정(대판 1976.10.12. 76다1313)

Ⅲ. 일부청구와 기판력의 객관적 범위(대판 2016.7.27. 2013다96165)

Ⅳ. 위자료 1억 원 부분 청구에 대한 판단(전부소송)

원고는 조정신청서에서 '위자료로 3,000만 원을 청구한다'고 하여 이 사건 의료사고로 인한 위자료 채권의 전부에 관하여 청구하고 있을 뿐이므로 선행소송 확정판결의 기판력은 이 사건 의료사고에 따른 원고들의 위자료 및 그 지연손해금 채권 전부에 미친다.

Ⅴ. 적극적 손해에 대한 배상금 5,000만 원 부분 청구에 대한 판단(명시적 일부소송)

원고는 조정신청서에 '비뇨기과 향후치료비 1,000만 원과 항문외과 향후치료비 1,500만 원을 각 청구' 하여 그 청구하는 적극적 손해의 개별 항목과 금액을 특정하면서 '향후치료비는 추후 신체감정 결과에 따라 확정하여 청구'할 것임을 밝혔으므로 명시적 일부청구라고 할 것이다. 따라서 이 사건 선행소송 확정판결의 기판력은 이 사건 소송의 이 부분 청구에는 미치지 않는다.

Ⅵ. 소극적 손해에 대한 배상금 2,000만 원 부분 청구에 대한 판단

소극적 손해 부분 청구는 별개의 소송물에 해당하는 바, 원고가 이 사건 선행소송에서 소극적 손해 부분에 대해 청구하지 않았고 이에 대한 법원의 판결 또한 존재하지 않으므로 이 사건 선행소송의 기판력이 미치지 않는다.

Ⅶ. 사안의 해결

이 사건 소송 중 위자료 1억 원 부분 청구는 이 사건 선행소송의 기판력에 저촉되고, 적극적 손해에 대한 배상금 5,000만 원 및 소극적 손해에 대한 배상금 2,000만 원 부분 청구는 이 사건 선행소송의 기판력에 저촉되지 아니한다.

▌핵심사례 C-13▐

▌일부청구의 소송물   2012년 제1회 변호사시험, 2014년 8월 법전협 모의, 2010년 법무사, 2002년 사법시험

甲은 원동기면허도 없이 친구들과 오토바이 폭주를 즐기던 중 횡단보도에서 정지신호를 무시하고 오토바이를 타고 가다가 길을 건너던 乙을 충격하여 중상을 입혔다. 乙은 甲을 상대로 불법행위를 이유로 5,000만 원의 손해배상청구의 소를 제기하였다(일부청구임을 명시한 바는 없다). 법원은 乙의 청구 전부를 인용하는 판결을 선고하였다. 판결이 확정된 후 乙은 전체 손해액이 1억 원이라고 주장하며 甲을 상대로 5,000만 원의 잔액의 지급을 청구하는 소를 제기하였다. **이 경우 법원은 어떠한 판결을 하여야 하는가? (15점)**

Ⅰ. 결론

乙의 후소는 기판력에 저촉되므로 법원은 소각하판결을 하여야 한다.

Ⅱ. 논거

1. 기판력의 객관적 범위와 작용국면

명시적 일부청구설이 타당한 바, 乙은 일부청구임을 명시하지 않았으므로 전소의 소송물은 채권 전부이다. 따라서 다시 5,000만 원의 지급을 구하는 乙의 후소는 기판력에 저촉된다.

2. 기판력에 저촉되는 경우 법원의 조치 - 기판력의 본질

3. 사안의 경우

乙의 후소는 전소 확정판결의 기판력에 저촉되는바, 법원은 후소에 대하여 소각하판결을 하여야 한다.

Ⅱ. 판결이유 중의 판단 : 전소의 선결관계가 후소의 소송물이 되는 경우 [10사법] [C-37]

1. 문제점

확정판결은 주문에 포함된 것에 한하여 기판력이 발생하므로(제216조 1항), 판결이유 중의 판단에는 기판력이 발생하지 않는다. 이는 주문에 포함되지 않고 당사자가 분쟁해결의 규준으로 삼고 있지 않기 때문이다. **[10회 사례형]** 그러나 분쟁의 재현과 판결의 모순 방지의 관점에서 판결 이유 중에 기판력 또는 쟁점효를 인정할지 여부에 관해 견해가 대립한다.

2. 판 례[28]

(1) 기판력 또는 쟁점효의 인정여부

判例는 확정판결의 기판력은 소송물로 주장된 법률관계의 존부에 관한 판단의 결론에만 미치고 그 전제가 되는 법률관계의 존부에까지 미치는 것은 아니라고 하여 **이유 중 판단에 기판력 또는 쟁점효를 부정**하고 있다(대판 2000.2.25. 99다55472: 법전협 표준판례(256)).[29]

다만 "이미 확정된 관련 민사사건에서 인정된 사실은 특별한 사정이 없는 한 유력한 증거가 되므로, 합리적인 이유설시 없이 이를 배척할 수 없고, 특히 전후 두개의 민사소송이 당사자가 같고 분쟁의 기초가 된 사실도 같으나 다만 소송물이 달라 기판력에 저촉되지 아니한 결과 새로운 청구를 할 수 있는 경우에 있어서는 더욱 그러하다"(대판 1995.6.29. 94다47292: 법전협 표준판례(275))고 판시하여 **증명력설의 입장**이다(6회 선택형).

(2) 증명력이 부정되는 경우

다만, 判例는 "그러한 경우에도 당해 민사소송에서 제출된 다른 증거 내용에 비추어 확정된 관련 민사사건 판결의 사실인정을 그대로 채용하기 어려운 경우에는 합리적인 이유를 설시하여 이를 배척할 수 있다"(대판 2018.8.30. 2016다46338,46345)고 판시하였다.

"그리고 이와 같은 법리는, '주의의무위반'과 같은 불확정개념이 당사자가 주장하는 법률효과 발생에 관한 요건사실에 해당할 때, 관련 민사사건의 확정판결에서 이를 인정할 증거가 없거나 부족하다는 이유로 당사자의 주장을 받아들이지 않았음에도 이와 달리 후소 법원에서 위와 같은 요건사실을 인정하는 경우에도 마찬가지로 적용된다"(대판 2018.8.30. 2016다46338,46345)고 한다.

3. 검 토

판결이유 중의 판단에 구속력을 인정하면 제216조 1항에 반하고, 오판의 시정기회가 적어지므로 구속력을 부정하는 것이 타당하다. 이 경우 판결의 모순·저촉을 방지하는 방안으로 '판결의 보고문서성'을 전제로 후소 법원은 합리적인 이유설시 없이 전소에서 판단한 '판결이유'를 배척할 수 없도록 하는 증명력설이 타당하다.

---

28) **[학설]** ① 쟁점효이론은 전소에서 당사자가 주요한 쟁점으로 다투고 법원이 이를 심리한 경우 그 쟁점에 대한 판결이유 중의 판단에 대해서는 쟁점효가 생긴다고 하여 판결이유 중의 판단에 구속력을 인정한다. 반면, ② 증명력설은 판결의 보고문서성을 전제하고 후소 법원이 합리적인 이유설시 없이 이를 배척할 수 없도록 하여 판결의 모순·저촉을 방지한다.

29) "확정판결의 기판력은 소송물로 주장된 법률관계의 존부에 관한 판단의 결론에만 미치고 그 전제가 되는 법률관계의 존부에까지 미치는 것은 아니므로, 계쟁 부동산에 관한 피고 명의의 소유권이전등기가 원인무효라는 이유로 원고가 피고를 상대로 그 등기의 말소를 구하는 소송을 제기하였다가 청구기각의 판결을 선고받아 확정되었다고 하더라도, 그 확정판결의 기판력은 소송물로 주장된 말소등기청구권이나 이전등기청구권의 존부(전소의 소송물)에만 미치는 것이지 그 기본이 된 소유권 자체의 존부(전소의 선결적 법률관계=후소의 소송물)에는 미치지 아니한다"(11회 선택형)

핵심사례 C-14

사무용품 도매상을 개업하려는 乙은 개업자금을 조달하기 위하여 지인 甲으로부터 2004. 4. 1. 1억 원을 이자 월 1%(매월 말일 지급), 변제기 2005. 3. 31.로 정하여 차용하였다. 乙은 甲으로부터 위와 같이 1억 원을 차용하면서, 이를 담보하기 위하여 甲에게 액면금 1억 원의 약속어음을 발행·교부하였다. 그 후 甲은 "乙이 변제기가 지나도록 위 차용금 1억 원을 변제하지 않았고 약속어음금의 지급도 거절되었다"라고 주장하면서, 乙을 상대로 위 약속어음금 1억 원의 지급을 구하는 소송을 제기하였다. 위 소송에서 법원은 위 차용금 1억 원이 모두 변제되었다는 이유로 甲의 청구를 기각하는 판결을 선고하였고, 이는 그대로 확정되었다. 그 후 甲이 乙을 상대로 다시 위 차용금 1억 원의 지급을 구하는 소를 제기하였고, 이에 乙은 위 확정판결을 증거자료로 제출하면서 위 차용금 1억 원은 모두 변제되었다고 주장하였다. **이 경우 법원은 어떠한 판결을 선고하여야 하는지 그 근거를 들어 설명하시오**(단, 소멸시효는 논외로 할 것). (30점)

I. 결 론

법원은 甲의 차용금청구에 대하여 청구기각판결을 선고하여야 한다.

II. 논 거

1. 문제점

원인채권의 부존재를 이유로 甲의 어음금청구에 대한 기각판결이 확정된 후 甲이 다시 乙에 대하여 원인채권의 지급을 구하는 소를 제기한 경우, 전소확정판결의 기판력이 후소에 미치는지 문제되며, 만약 기판력이 미치지 않는다면 전소판결의 이유 중 판단에 구속력이 인정되는지 문제된다.

2. 甲의 후소가 전소확정판결의 기판력에 저촉되는지 여부(소극)

(1) 기판력의 인정범위

전소의 소송물로 주장된 '약속어음금 채권이 부존재한다'는 판단에 기판력이 발생할 뿐이고, '원인채권이 변제로 소멸하였다는 점'은 선결적 법률관계에 대한 판결이유 중의 판단으로서 기판력이 발생하지 않는다.

(2) 기판력의 작용국면

判例의 입장인 구실체법설에 따르면 실체법상의 권리 또는 법률관계의 주장을 소송물로 보므로 원인채권과 어음채권은 실체법상 별개의 권리에 해당하기 때문에 별개의 소송물이라고 한다. 또한 전소의 소송물에 관한 판단이 후소와 선결관계나 모순관계에 있지도 않다. 따라서 전소판결의 기판력은 후소에 미치지 않는다.

3. 확정판결의 이유 중 판단의 구속력 인정여부(소극)

사안에서 후소는 전소판결의 기판력에 저촉되지 않는다. 다만 분쟁의 재현과 판결의 모순 방지의 관점에서 판결 이유 중에 구속력을 인정할 수 있을지 문제된다. 判例는 이유 중의 판단의 구속력은 부정하나, 판결의 증명효를 통해 판결의 모순·저촉 문제를 해결하고 있다(증명력설).

4. 사안의 해결

甲의 후소는 전소와 소송물이 달라 전소판결의 기판력에 저촉되지는 않는다. 다만 전·후소는 당사자가 같고 분쟁의 기초가 된 사실도 같다고 볼 수 있어 특별한 사정이 없는 한 전소판결의 이유에서 판단된 '원인채권이 변제로 소멸하였다는 점'은 후소에서 유력한 증거가 되므로 합리적인 이유설시 없이 이를 배척할 수 없다. 따라서 법원은 甲의 차용금청구에 대하여 청구기각판결을 선고하여야 한다.

Ⅲ. 항 변 [C-38]

1. 일반적인 항변의 경우

판결이유 중에 판단되는 법정지상권 항변, 동시이행의 항변 등에는 기판력이 생기지 않는다. 항변은 소송물이 아니기 때문이다. 다만 상환이행을 명하는 확정판결의 기판력은, 소송물에 대여금 또는 청산금 지급의 상환이 조건으로 붙어 있다는 점에는 미치고, 상환이행을 명한 반대채권의 존부나 그 수액에는 미치지 않는다(대판 2021.8.12. 2021다215497: 법전협 표준판례(262))[30](9회 선택형).

2. 상계항변 [17사법]

> 제216조 (기판력의 객관적 범위) ② 상계를 주장한 청구가 성립되는지 아닌지의 판단은 상계하자고 대항한 액수에 한하여 기판력을 가진다(8회 선택형).

(1) 의 의

피고가 상계항변을 제출한 경우 비록 판결이유 중의 판단임에도 자동채권의 존부에 대하여 상계로써 대항한 액수의 한도 내에서 기판력이 발생하는바(제216조 2항), 실질적으로 소송물(소구채권, 자동채권)이 판단된다는 점과 당사자의 이중의 이익취득과 법원의 이중의 심판을 방지하기 위함이다(대판 2018.8.30. 2016다46338,46345).[31]

(2) 기판력의 발생 요건 [자판, 수소, 동일]

1) 자동채권(반대채권)이 실질적으로 판단되었을 것

상계항변에 대해 기판력이 발생하기 위해서는 자동채권이 실질적으로 판단된 경우에만 기판력이 생긴다. 시기에 늦게 제출되어 각하된 경우나(제149조) 상계적상이 성립하지 않은 경우에 해당하여 배척된 경우(민법 제492조 1항 본문)는 제외된다.

[관련판례] ✻ 선행소송에서 제기한 상계항변이 철회된 경우 기판력의 발생여부(소극)

"원고는 선행소송의 제1심에서 이 사건 공사에 관한 하자보수청구권 내지 하자보수에 갈음한 손해배상청구권에 기한 동시이행의 항변과 위 손해배상채권을 자동채권으로 하는 상계 항변을 하였다가 그 항소심에서 위 상계 항변을 철회하였다. 이에 선행소송의 항소심은 피고의 공사대금 청구를 일부 인용하는 판결을 선고하면서 그 판결 이유에서 원고의 위 동시이행의 항변을 배척하였을 뿐 철회된 상계 항변에 관해서는 판단하지 않았고 선행소송의 항소심판결은 그대로 확정되었다. 그렇다면 선행소송의 항소심판결은 원고의 상계 항변에 관하여 기판력을 가지지 않는다고 할 것이다"(대판 2022.2.17. 2021다275741).

---

30) "제소전화해의 내용이 채권자 등은 대여금 채권의 원본 및 이자의 지급과 상환으로 채무자에게 부동산에 관한 가등기의 말소등기절차를 이행할 것을 명하고, 채무자는 가등기담보등에관한법률 소정의 청산금 지급과 상환으로 채권자 등에게 가등기에 기한 소유권이전의 본등기절차를 이행할 것과 그 부동산의 인도를 명하고 있는 경우, 그 제소전화해는 가등기말소절차 이행이나 소유권이전의 본등기절차 이행을 대여금 또는 청산금의 지급을 그 조건으로 하고 있는 데 불과하여 그 기판력은 가등기말소나 소유권이전의 본등기절차 이행을 명한 화해내용이 대여금 또는 청산금 지급의 상환이 조건으로 붙어 있다는 점에 미치는 데 불과하고, 상환이행을 명한 반대채권의 존부나 그 수액에 기판력이 미치는 것이 아니다"

31) "만일 이에 대하여 기판력을 인정하지 않는다면, 원고의 청구권의 존부에 대한 분쟁이 나중에 다른 소송으로 제기되는 반대채권의 존부에 대한 분쟁으로 변형됨으로써 상계 주장의 상대방은 상계를 주장한 자가 그 반대채권을 이중으로 행사하는 것에 의하여 불이익을 입을 수 있게 될 뿐만 아니라 상계 주장에 대한 판단을 전제로 이루어진 원고의 청구권의 존부에 대한 전소의 판결이 결과적으로 무의미하게 될 우려가 있기 때문이다"

[관련판례] ＊ 자동채권을 부정하면서 상계항변을 배척하는 것과 자동채권의 성립은 인정하나 성질상 상계를 불허한다고 상계항변을 배척하는 것 사이에 판결의 효력상 차이가 있는지 여부(적극)

"항변권이 부착되어 있는 채권을 자동채권으로 하여 타의 채무와의 상계는 일방의 의사표시에 의하여 상대방의 항변권 행사의 기회를 상실케 하는 결과가 되므로 성질상 허용할 수 없는 것이나 상계항변에서 들고 나온 자동채권을 부정하여 그 항변을 배척하는 것과 자동채권의 성립은 인정되나 성질상 상계를 허용할 수 없다 하여 상계항변을 배척하는 것과는 그 형식면에서는 같을지라도 전자의 경우엔 기판력이 있다 할 것이므로 양자는 판결의 효력이 다른 것이다"(대판 1975.10.21. 75다48: 법전협 표준판례(261)).

2) 수동채권이 소송물(소구채권)이거나 그와 실질적으로 동일할 것

"상계 주장에 관한 판단에 기판력이 인정되는 경우는, 상계 주장의 대상이 된 수동채권이 소송물로서 심판되는 소구채권이거나 그와 실질적으로 동일하다고 보이는 경우(가령 원고가 상계를 주장하면서 청구이의의 소송을 제기하는 경우 등)로서 상계를 주장한 반대채권과 그 수동채권을 기판력의 관점에서 동일하게 취급하여야 할 필요성이 인정되는 경우를 말한다고 봄이 상당하므로 만일 상계 주장의 대상이 된 수동채권이 동시이행항변에 행사된 채권일 경우에는(수동채권이 소송물이 아니라 항변으로 행사된 경우) 그러한 상계 주장에 대한 판단에는 기판력이 발생하지 않는다고 보아야 할 것인바, 위와 같이 해석하지 않을 경우 동시이행항변이 상대방의 상계의 재항변에 의하여 배척된 경우에 그 동시이행항변에 행사된 채권을 나중에 소송상 행사할 수 없게 되어 민사소송법 제216조가 예정하고 있는 것과 달리 동시이행항변에 행사된 채권의 존부나 범위에 관한 판결 이유 중의 판단에 기판력이 미치는 결과에 이르기 때문이다"(대판 2005.7.22. 2004다17207: 법전협 표준판례(260))(5회,10회 선택형) **[9회 사례형]**

3) 단독행위로서의 상계일 것(민법 제492조)

"여기서 말하는 상계는 민법 제492조 이하에 규정된 단독행위로서의 상계를 의미한다"(대판 2014.4.10. 2013다54390). 따라서 상계계약에 따른 상계를 이유로 항변한 경우 제216조에 따른 기판력은 발생하지 않는다.

(3) 기판력의 내용 및 범위

기판력은 상계로써 대항한 액수에 한하여 생긴다.

1) 상계항변을 배척한 경우

① **[기판력의 발생범위]** 반대채권의 부존재에 대하여 기판력이 발생한다. 이와 같이 "반대채권이 부존재한다는 판결이유 중의 판단의 기판력은 특별한 사정이 없는 한 '법원이 반대채권의 존재를 인정하였더라면 상계에 관한 실질적 판단으로 나아가 수동채권의 상계적상일까지의 원리금과 대등액에서 소멸하는 것으로 판단할 수 있었던 반대채권의 원리금 액수'의 범위에서 발생한다고 보아야 한다. 그리고 이러한 법리는 피고가 상계항변으로 주장하는 반대채권의 액수가 소송물로서 심판되는 소구채권의 액수보다 더 큰 경우에도 마찬가지로 적용된다"(대판 2018.8.30. 2016다46338,46345)(9회 선택형).

② **[구체적 예]** 예를 들어 甲의 乙에 대한 1억 원의 대여금(소구채권=수동채권)반환청구에 대해, 乙이 3억 원의 매매대금채권(반대채권=자동채권)으로 상계의 항변을 한 경우, 3억 원의 반대채권이 존재하지 않는 것으로 판단된 결과 상계항변이 배척되고 甲의 청구가 인용되더라도, 기판력은 상계로써 대항한 1억 원의 부존재에 대해서만 미치고 乙의 남은 2억 원의 대금채권에 대해서는 미치지 않게 된다. 다만 이 경우 전소의 판단은 乙이 甲을 상대로 한 2억 원의 지급을 구하는 별소제기시 유력한 증거가 되므로 乙이 패소할 가능성이 높아진다.

2) 상계항변을 인용한 경우

① **[기판력의 발생범위]** 원고의 소구채권과 피고의 반대채권이 모두 존재하고 그것이 상계에 의해 소멸하였다고 한 판단에 기판력이 미친다(9회 선택형)는 입장과, 현재의 법률관계로서 자동채권이 존재하지 않는다는 점에 기판력이 생기는 것으로 보는 입장이 대립한다. **[검토]** 제216조 2항의 '청구가 성립되는지 아닌지'의 판단에 기판력이 있다는 조문에 충실한 전자의 견해가 타당하다.

② **[구체적 예]** 예를 들어 甲의 乙에 대한 1억 원의 대여금(소구채권=수동채권)반환청구에 대해, 乙이 3억 원의 매매대금채권(반대채권=자동채권)으로 상계의 항변을 한 경우, 3억 원의 반대채권이 존재하는 것으로 판단된 결과 상계항변이 인용되어 甲의 청구가 기각되더라도, 기판력은 상계로써 대항한 1억 원의 존재에 대해서만 미치고, 乙의 남은 2억 원의 대금채권에 대해서는 미치지 않게 된다. 다만 이 경우 전소의 판단은 乙이 甲을 상대로 2억 원의 지급을 구하는 별소제기시 유력한 증거가 되므로 乙이 승소할 가능성은 높아진다.

3) 수개의 반대채권 중 일부는 인용, 나머지는 배척한 경우

피고가 상계항변으로 2개 이상의 반대채권을 주장하였는데 법원이 그중 어느 하나의 반대채권의 존재를 인정하여 수동채권의 일부와 대등액에서 상계하는 판단을 하고 나머지 반대채권들은 모두 부존재한다고 판단하여 그 부분 상계항변을 배척한 경우, 나머지 반대채권들이 부존재한다는 판단에 관하여 기판력이 발생하는 전체 범위가 '상계를 마친 후의 수동채권의 잔액'을 초과할 수는 없고 이러한 법리는 피고가 주장하는 2개 이상의 반대채권의 원리금 액수 합계가 법원이 인정하는 수동채권의 원리금 액수를 초과하는 경우에도 마찬가지이다(대판 2018.8.30. 2016다46338,46345)(10회,13회 선택형). 이때 '상계를 마친 후의 수동채권의 잔액'은 수동채권 '원금'의 잔액만을 의미한다(同 判例).[32]

4) 판결이유에 상계의 기판력 범위를 기재하는 방법

"상계를 주장하면 그것이 받아들여지든 아니든 상계하자고 대항한 액수에 대하여 기판력이 생긴다(민사소송법 제216조 제2항). 따라서 여러 개의 자동채권이 있는 경우에 법원으로서는 그 중 어느 자동채권에 대하여 어느 범위에서 상계의 기판력이 미치는지 판결이유 자체로 당사자가 분명하게 알 수 있을 정도까지는 밝혀 주어야 한다. 그러므로 상계항변이 이유 있는 경우에는, 상계에 의하여 소멸되는 채권의 금액을 일일이 계산할 것까지는 없다고 하더라도, 최소한 상계충당이 지정충당에 의하게 되는지 법정충당에 의하게 되는지 여부를 밝히고, 지정충당이 되는 경우라면 어느 자동채권이 우선 충당되는지를 특정하여야 할 것이며, 자동채권으로 이자나 지연손해금채권이 함께 주장되는 경우에는 그 기산일이나 이율 등도 구체적으로 특정해 주어야 할 것이다"(대판 2011.8.25. 2011다24814)(8회 선택형).

(4) 기판력의 작용국면

1) 상계항변에 기판력이 발생하여 반소의 이익이 부정된 경우 : 반소는 부적법 각하

기판력은 후소의 소송물이 전소의 소송물과 동일, 선결, 모순관계에 있을 경우에 작용하는바, 기판력이 발생한 자동채권과 동일한 채권을 후소의 소송물로 하는 경우 기판력이 후소에 작용한다. 따라서

---

32) "이때 '부존재한다고 판단된 반대채권'에 관하여 법원이 그 존재를 인정하여 수동채권 중 일부와 상계하는 것으로 판단하였을 경우를 가정하더라도, 그러한 상계에 의한 수동채권과 당해 반대채권의 차액 계산 또는 상계충당은 수동채권과 당해 반대채권의 상계적상의 시점을 기준으로 하였을 것이고, 그 이후에 발생하는 이자, 지연손해금 채권은 어차피 그 상계의 대상이 되지 않았을 것이므로, 위와 같은 가정적인 상계적상 시점이 '실제 법원이 상계항변을 받아들인 반대채권'에 관한 상계적상 시점보다 더 뒤라는 등의 특별한 사정이 없는 한, 앞에서 본 기판력의 범위의 상한이 되는 '상계를 마친 후의 수동채권의 잔액'은 수동채권의 '원금'의 잔액만을 의미한다고 보아야 한다"

判例는 예비적 반소의 원인채권에 기한 상계항변이 다른 사건에서 인용되어 이미 확정된 경우 그 예비적 반소는 소의 이익이 없어 부적법하다고 보았다(대판 2010.8.26. 2010다30966)(9회 선택형). 피고가 상계항변을 제출한 경우 자동채권의 존부에 대하여 상계로써 대항한 액수의 한도 내에서 기판력이 발생하므로(제216조 2항), 그 부분에 한해 기판력에 저촉되어 예비적 반소는 부적법하게 되는 것이다.

2) 상계항변에 기판력이 발생하지 않아 소의 이익이 긍정된 경우 : 상소의 이익 인정

"소송상 방어방법으로서의 상계항변은 통상 수동채권의 존재가 확정되는 것을 전제로 하여 행하여지는 일종의 예비적 항변으로서, 소송상 상계의 의사표시에 의해 확정적으로 그 효과가 발생하는 것이 아니라 당해 소송에서 수동채권의 존재 등 상계에 관한 법원의 실질적 판단이 이루어지는 경우에 비로소 실체법상 상계의 효과가 발생한다. 따라서 원고의 소구채권 자체가 인정되지 않는 경우 더 나아가 피고의 상계항변의 당부를 따져볼 필요도 없이 원고 청구가 배척될 것이므로, '원고의 소구채권 그 자체를 부정하여 원고의 청구를 기각한 판결'과 '소구채권의 존재를 인정하면서도 상계항변을 받아들인 결과 원고의 청구를 기각한 판결'은 민사소송법 제216조에 따라 기판력의 범위를 서로 달리하고, 후자의 판결에 대하여 피고는 상소의 이익이 있다"(대판 2018.8.30. 2016다46338,46345: 법전협 표준판례(353)).

Ⅳ. 기판력의 작용 [C-39]

"기판력이라 함은 기판력 있는 전소 판결의 소송물과 동일한 후소를 허용하지 않음(동일관계)과 동시에, 후소의 소송물이 전소의 소송물과 동일하지는 않다고 하더라도 전소의 소송물에 관한 판단이 후소의 선결문제(선결관계)가 되거나 모순관계(모순관계)에 있을 때에는 후소에서 전소 판결의 판단과 다른 주장을 하는 것을 허용하지 않는 작용을 하는 것이다"(대판 2002.12.27. 2000다47361).

1. 동일관계

(1) 의의 및 후소법원의 조치

전소와 후소의 소송물이 동일(청구취지가 동일)한 경우이다. 예를 들어 원고가 소유권확인청구를 하여 패소 확정판결 받은 후 다시 소유권확인청구를 하는 경우 등이다. 모순금지설(각하나 청구기각)과 반복금지설(각하)에 따라 달리 해결이 된다.

(2) 구체적 예

1) 청구취지가 같은 경우

청구취지가 같다면 소송물도 같은 경우이므로 원칙적으로 후소는 전소의 기판력에 저촉된다. 다만 판결원본의 멸실, 판결내용의 불특정, 시효중단을 위한 다른 적절한 방법이 없을 경우 예외적으로 재소가 가능하다. 다만 이 경우에도 후소의 판결은 전소의 판결내용에 저촉되어서는 안 된다.

[관련판례] "시효중단 등 특별한 사정이 있어 예외적으로 확정된 승소판결과 동일한 소송물에 기한 신소가 허용되는 경우라 하더라도 신소의 판결이 전소의 승소 확정판결의 내용에 저촉되어서는 아니되므로, 후소법원으로서는 그 확정된 권리를 주장할 수 있는 요건이 구비되어 있는지에 관하여 다시 심리할 수 없다"(대판 2013.4.11. 2012다111340).

2) 청구취지가 달라도 소송물이 동일하다고 본 경우 [12사법]

判例는 소유권이전등기'말소'청구와 진정명의회복을 원인으로 한 소유권'이전'등기청구는 소송물이 다르다는 입장이었으나, 전원합의체 판결로 견해를 변경하여 "말소등기에 갈음하여 허용되는 진정명의회복을 원인으로 한 소유권이전등기청구권과 무효등기의 말소청구권은 어느 것이나 진정한 소유자의 등기명의를 회복하기 위한 것으로서 실질적으로 그 목적이 동일하고, 두 청구권 모두 소유권에 기한 방해배제청구권으로서 그 법적 근거와 성질이 동일하므로, 비록 전자는 이전등기, 후자는 말소등기의 형식을 취하고 있다고 하더라도 그 소송물은 실질상 동일한 것으로 보아야 하고, 따라서 소유권이전등기말소청구소송에서 패소확정판결을 받았다면 그 기판력은 그 후 제기된 진정명의회복을 원인으로 한 소유권이전등기청구소송에도 미친다"(대판 2001.9.20. 99다37894; 법전협 표준판례(88))(1회,4회,11회 선택형)고 하였다.

3) 청구취지가 같아도 소송물이 다르다고 본 경우(5회 선택형)

判例는 구실체법설에 따라 실체법상의 권리를 소송물의 요소로 보기 때문에, **청구취지가 같더라도 청구권인을 이루는 ⅰ) 실체법상의 권리만 다르거나**(예를 들어 대지의 불법점유라는 하나의 사실에 대하여 민법 제750조에 기한 불법행위손해배상청구를 하여 패소한 뒤 민법 제741조에 기한 부당이득반환청구를 하는 경우), **ⅱ) 권리와 사실관계가 모두 다른 경우**(예를 들어 어음법에 따른 어음금 청구에 대해 패소판결확정 후 어음발행의 원인관계인 민법 제568조의 대여금청구를 하는 경우) **소송물이 다르다는 입장이다.**

　[관련판례] "대물변제예약에 기한 소유권이전등기청구권(민법 제607조)과 매매계약에 기한 소유권이전등기청구권(민법 제568조)은 그 소송물이 서로 다르므로 동일한 계약관계에 대하여 그 계약의 법적 성질을 대물변제의 예약이라고 하면서도 새로운 매매계약이 성립되었음을 인정하여 매매를 원인으로 한 소유권이전등기 절차를 이행할 의무가 있다고 하는 것은 위법하다"(대판 1997.4.25. 96다32133; 법전협 표준판례(84)).

4) 공격방법만 다른 경우

공격방법만 다른 경우에는 신·구이론을 불문하고 소송물이 동일하여 기판력이 작용한다. ① 소유권이전등기말소 확정판결의 기판력이 미치는 동일 당사자 간의 소송에 있어서 새로운 등기원인무효 사유를 주장하거나(대판 1982.12.14. 82다카148,82다카149), ② 부당이득반환청구에서 법률상의 원인 없는 사유를 계약의 불성립, 취소, 무효, 해제 등으로 주장하는 것(대판 2000.5.12. 2000다5978), ③ 전소에서 대물변제를 점유개시 원인으로 하여 취득시효완성을 이유로 한 소유권이전등기절차이행을 구하였다가 패소확정된 후, 그 토지상의 건물철거청구에 대하여 증여를 점유개시 원인으로 한 취득시효완성을 주장하는 것(대판 1995.3.24. 94다46114), ④ 토지거래허가구역 내에 있는 토지의 매수인이 전소에서 매수토지가 토지거래허가구역 내에 위치하고 있음을 전제로 하는 장래이행 청구를 한 후(토지거래허가신청절차의 이행을 구하는 제1청구 인용, 매매를 원인으로 한 소유권이전등기절차의 이행을 구하는 제2청구 기각의 판결이 확정), **전소의 변론종결 전에 위 토지가 토지거래허가구역에서 해제되었음을 이유로 매매를 원인으로 한 소유권이전등기청구의 후소를 제기한 것**(대판 2014.3.27. 2011다79968)[33](9회 선택형) 등은 공격방법의 하나에 불과한 사실을 후소에서 다시 주장하는 것으로 전소판결의 소송물과 서로 모순관계에 있다고 하지 않을 수 없고, 따라서 전소판결의 기판력에 저촉되어 허용될 수 없다.

5) 1필의 토지의 일부인 특정 부분에 대한 소유권이전등기청구가 기각된 이후 같은 청구원인으로 그 1필 전체 토지 중 일정 지분에 대한 소유권이전등기를 청구한 경우

---

33) **[사실관계]** 甲이 乙과 토지거래허가구역 내 토지를 매수하는 계약을 체결한 후 乙을 상대로 소유권이전등기청구 등의 소를 제기하여 토지거래허가신청절차 이행청구는 인용하고 소유권이전등기절차 이행청구는 기각한 판결이 확정되었는데, 변론종결 전에 위 토지가 토지거래허가구역에서 해제되었음에도 甲이 이를 주장하지 아니하여 전소 법원은 위 토지가 허가구역 내에 위치함을 전제로 판결하였고, 그 후 甲이 위 토지가 토지거래허가구역에서 해제되었음을 들어 乙을 상대로 소유권이전등기절차의 이행을 구하는 소를 제기한 사안에서, 후소가 전소 확정판결의 기판력에 반한다고 한 사례

전원합의체 판결의 ① 다수의견은 "전소와 후소는 그 각 **청구취지를 달리하여 소송물이 동일하다고 볼
수 없으므로, 전소의 기판력은 후소에 미칠 수 없다**"(대판 1995.4.25. 전합94다17956: 법전협 표준판례(257))고
한 반면, ② 반대의견은 "어떤 토지의 특정부분 전부에 관한 지분권이전등기는 특정부분에 관한 소
유권이전등기청구의 분량적 일부임이 분명하므로, 당사자가 토지의 특정부분 전부에 관한 소유권이
전등기청구에 승소하였다가 후에 특정부분을 포함한 토지 전부에 관한 지분이전등기를 청구하였다
면 그 특정부분에 관한 한 본안에 관하여 나아가 판단할 필요 없이 권리보호의 이익이 없음을 이유
로 각하하여야 하고, 거꾸로 특정부분 전부에 관한 소유권이전등기청구를 하였다가 기각되었음에도
불구하고 후에 그 특정부분을 포함한 토지 전부에 관한 지분이전등기를 구하는 경우에는 그 특정부
분에 관한 한 기판력에 저촉되어 전소와 다른 판단을 할 수 없을 것이므로 청구가 기각되어야 한다"
고 하였다.[34)]

2. 선결관계(전소의 소송물이 후소의 선결문제인 경우)

(1) 의의 및 후소법원의 조치

전소의 소송물이 후소의 선결문제인 경우 전소의 확정판결의 기판력이 후소에 미친다. 그러나 후소 제기 자
체가 허용되지 않는 것이 아니므로, 후소법원은 후소에 기판력이 미친다고 하여 각하해서는 안 된다.
즉 후소법원은 전소판결의 내용을 전제로 하여 전소 변론종결 전의 사유는 배척하고, 변론종결 후의
사유와 후소의 고유한 사유를 심리하여 후소에 대한 본안판결을 해야 한다.

(2) 구체적 예

1) 청구원인사실에 작용하는 경우

① 원고가 소유권확인의 소를 제기하여 패소하였는데 같은 피고에 대하여 소유권에 기한 목적물인
도청구를 하는 경우, **[10회 사례형]** ② 소유권이전등기청구의 소를 제기하여 패소판결이 확정된 이후
다시 이행의무가 존재함을 근거로 이행불능을 원인으로 손해배상청구의 소를 제기하는 경우(대판
1967.8.29. 67다1179), ③ 원금지급청구에 대하여 패소판결이 확정된 이후 다시 원금이 존재함을 근거로
전소 변론종결 이후의 지연이자 부분의 청구를 하는 경우(대판 1976.12.14. 76다1488: 법전협 표준판례(250))가
이에 해당한다. **[9회 사례형]**

[관련판례] ＊ **배당이의의 소의 본안판결이 확정된 경우**(대판 2000.1.21. 99다3501: 법전협 표준판례(244))

① **[실체적 배당수령권의 존부에 기판력이 생기는지 여부]** "채권자가 제기한 배당이의의 소의 본안판
결이 확정된 때에는 이의가 있었던 배당액에 관한 실체적 배당수령권의 존부의 판단에 기판력이 생긴다."

② **[패소 확정판결을 받은 당사자가 배당액에 대하여 부당이득반환청구소송을 제기한 경우]** 배당이
의의 소에서 패소의 본안판결을 받은 당사자가 그 판결이 확정된 후 상대방에 대하여 위 본안판결
에 의하여 확정된 배당액이 부당이득이라는 이유로 그 반환을 구하는 소송을 제기한 경우에는, 전소
인 배당이의의 소의 본안판결에서 판단된 배당수령권의 존부가 부당이득반환청구권의 성립 여부를 판단하는 데
에 있어서 선결문제가 된다고 할 것이므로, 당사자는 그 배당수령권의 존부에 관하여 위 배당이의의 소
의 본안판결의 판단과 다른 주장을 할 수 없고, 법원도 이와 다른 판단을 할 수 없다."

---

34) **[판례검토]** 생각건대 반대의견이 논리적인 면이 있으나, 재판실무상 적지 않은 이러한 사안에서 특정 지분이든 고유 지분이든
어느 한 쪽으로는 전부 승소해야 할 원고가 자신이나 전소 법원의 불찰로 인해 일부라도 패소하여서는 부당하므로, 구체적 타
당성 있는 해결을 도모할 수 있다는 점에서 다수의견이 타당하다.

2) 항변사실에 작용하는 경우

전소의 기판력 있는 판단이 후소의 항변사유가 될 때에도 기판력이 작용한다(대판 1987.6.9. 86다카2756). ① 원고가 피고를 상대로 매매대금지급청구를 하였지만 패소확정된 이후 피고가 원고를 상대로 목적물인도청구를 함에 원고가 매매대금채권의 존재를 근거로 동시이행의 항변을 하는 경우(5회 선택형), ② 甲이 乙을 대위하여 丙을 상대로 취득시효 완성을 원인으로 한 소유권이전등기 소송을 제기하였다가 乙을 대위할 피보전채권의 부존재를 이유로 소각하 판결을 선고받고 확정된 후 丙이 제기한 토지인도 소송에서 甲이 다시 위와 같은 권리가 있음을 항변사유로서 주장하는 경우(대판 2001.1.16. 2000다41349: 법전협 표준판례(373) : 판례원문은 모순관계라고만 판시)가 여기에 해당한다(2회 선택형).

> ✳ **기판력의 작용범위(선결관계)와 기판력의 발생문제(선결적 법률관계)의 구별**
>
> ㉠ **[선결관계 : 전소의 소송물(기판력 발생)이 후소의 선결문제인 경우 : 기판력의 작용범위의 문제]** "확정된 전소의 기판력 있는 법률관계(저자 주 : 전소의 소송물)가 후소의 소송물 자체가 되지 아니하여도 후소의 선결문제(저자 주 : 후소의 판결이유)가 되는 때에는 전소의 확정판결의 판단은 후소의 선결문제로서 기판력이 작용한다고 할 것이므로, 소유권확인청구에 대한 판결이 확정된 후 다시 동일 피고를 상대로 소유권에 기한 물권적 청구권을 청구원인으로 하는 소송을 제기한 경우에는 전소의 확정판결에서의 소유권의 존부에 관한 판단에 구속되어 당사자로서는 이와 다른 주장을 할 수 없을 뿐만 아니라 법원으로서도 이와 다른 판단은 할 수 없다"(대판 1994.12.27. 94다4684: 법전협 표준판례(243)).
>
> ㉡ **[선결적 법률관계 : 전소의 선결적 법률관계(기판력 불발생)가 후소의 소송물인 경우 : 판결이유에 대한 기판력 발생여부(증명효)의 문제]** 확정판결은 주문에 포함된 것에 한하여 기판력이 발생하므로(제216조 1항), 판결이유에는 기판력이 발생하지 않는다. 따라서 소송물 판단의 전제가 되는 선결적 법률관계에도 기판력은 발생하지 않고, 이 경우 기판력을 발생시키려면 중간확인의 소를 제기하여 선결적 법률관계를 소송물로 삼아야 한다(제264조). 判例도 "소유권이전등기가 원인무효라는 이유로 그 말소등기청구를 인용한 판결이 확정되었어도 그 확정판결의 기판력은 그 소송물이었던 말소등기청구권의 존부(저자 주 : 전소의 소송물)에만 미치는 것이고 그 기본인 부동산의 소유권 자체의 존부(저자 주 : 전소의 판결이유=후소의 소송물)에 관하여는 미치지 아니한다"(대판 1998.11.27. 97다22904)[35]고 판시하였다. 다만 전소 판결에서 인정된 사실은 후소에서 유력한 증거자료가 되므로 후소의 청구는 기각될 것이다.
> **[관련판례]** "甲이 乙 종중을 상대로 부동산의 소유권에 기하여 제기한 분묘굴이 및 토지인도 등 청구가 인용되고 그 판결이 그대로 확정되었다고 하더라도, ① 그 기판력은 소송물인 분묘굴이 및 토지인도 등 청구권에 한하여 생기고 판결이유 중에서 판단되었을 뿐인 소유권에 관하여 생기는 것은 아니고, ② 나아가 그 효력 또한 甲과 乙 종중 사이에만 미칠 뿐 종중의 종중원으로서 단순한 공동소송인의 관계에 있을 뿐인 丙에게는 미치지 아니하므로, 甲의 乙 종중에 대한 제1심판결이 확정되었다는 이유만으로 甲이 부동산의 소유권을 적법하게 취득하였음을 丙에게도 주장할 수 있다고 한 원심판단에는 기판력의 범위에 관한 법리를 오해한 위법이 있다"(대판 2010.12.23. 2010다58889: 법전협 표준판례(263))

---

35) **[사실관계]** 甲이 乙을 상대로 공유지분에 관하여 소유권이전등기의 말소를 구하는 소송을 제기하여 이를 인용한 판결(전소)이 확정된 경우, 丙이 위 판결의 변론종결일 이후에 乙 명의의 공유지분에 관하여 명의신탁의 해지를 원인으로 한 소유권이전등기청구권 보전을 위한 처분금지가처분등기를 경료한 후 그 본안으로서 위 공유지분에 관하여 乙을 상대로 소유권이전등기를 구하는 소송(후소)을 제기한 경우, 丙이 위 말소등기청구를 인용한 판결(전소)의 변론종결일 이후에 그 패소자인 乙을 상대로 한 위 처분금지가처분등기를 경료하였다고 하더라도, 그 본안소송에서 승소하는 등으로 乙 명의의 공유지분에 관하여 丙 명의의 소유권이전등기를 마침으로써 그 지분소유권을 승계취득하는 경우 그러한 丙의 <u>지분소유권의 존부(**후소의 소송물=전소의 선결문제**)</u>에 관하여는 위 <u>말소등기청구(**전소의 소송물**)</u>를 인용한 판결의 기판력이 미치지 아니하는 이상, <u>丙이 당연히 위 말소등기청구를 인용한 판결의 변론종결 후의 승계인에 해당한다고 할 수는 없다</u> 할 것이므로, 丙이 말소등기에 관한 법률상의 이해관계인이 아니라거나 甲에 대하여 위 가처분등기의 말소를 승낙할 의무를 부담한다고 할 수는 없다고 한 사례

3. 모순관계

(1) 의의 및 후소법원의 조치

후소가 전소에서 확정된 법률관계와 정면으로 모순되는 반대관계를 소송물로 하는 경우를 의미한다. 후소에 의하여 전소의 확정된 법률관계가 침해될 우려가 있기 때문에 인정되는 것이다. 이 경우에도 후소 제기 자체가 허용되지 않는 것이 아니라, 후소법원은 전소판결의 내용과 모순되는 판단을 할 수 없을 뿐이다. 즉 후소법원은 전소판결의 내용을 전제로 하여 전소 변론종결 전의 사유는 배척하고, 변론종결 후의 사유와 후소의 고유한 사유를 심리하여 후소에 대한 본안판결을 해야 한다.

(2) 구체적 예

1) 기판력에 저촉되는 경우(판결이유에서 주장하는 내용이 모순됨으로써 소송물이 모순되는 경우)

① 원고의 소유권확인 승소확정판결이 있은 뒤에 동일한 물건에 대해 피고가 소유권확인청구를 하는 경우(다만 원고의 소유권확인의 소에 대하여 피고가 승소한 경우에는 피고가 제기한 소유권확인의 소는 모순관계로 볼 수 없다), ② 원고가 매매의 유효를 원인으로 소유권이전등기청구의 소를 제기하여 승소확정된 이후 피고가 위 매매가 무효임을 주장하면서 등기의 말소를 구하는 경우(대판 1995.3.24. 93다52488: 법전협 표준판례(246))에는 기판력에 저촉되며, ③ "부동산의 소유자에 대하여 소유권이전등기를 청구할 지위에 있기는 하지만 아직 그 소유권이전등기를 경료하지 않은 상태에서, 제3자가 부동산의 소유자를 상대로 그 부동산에 관한 소유권이전등기절차 이행의 확정판결을 받아 소유권이전등기를 경료한 경우, 그 확정판결이 당연무효이거나 재심의 소에 의하여 취소되지 않는 한, 종전의 소유권이전등기청구권을 가지는 자가 부동산의 소유자에 대한 소유권이전등기청구권을 보전하기 위하여 부동산의 소유자를 대위하여 제3자 명의의 소유권이전등기가 원인무효임을 내세워 그 등기의 말소를 구하는 것은 확정판결의 기판력에 저촉되므로 허용될 수 없다"(대판 1987.3.24. 86다카1958: 법전협 표준판례(245); 대판 1999.2.24. 97다46955)(4회 선택형). 또한 ④ 원고가 피고에게 토지에 관하여 신탁해지를 원인으로 한 소유권이전등기절차를 이행하기로 한 제소전 화해가 준재심에 의하여 취소되지 않은 이상, 그 제소전 화해에 기하여 마쳐진 소유권이전등기가 원인무효라고 주장하며 말소등기절차의 이행을 청구하는 것은 제소전 화해에 의하여 확정된 소유권이전등기청구권을 부인하는 것이어서 그 기판력에 저촉된다(대판 2002.12.6. 2002다44014).

2) 기판력에 저촉되지 않는 경우

① **[전·후소의 소송물의 각 전제가 되는 법률관계가 모순되는 경우]** 전소(매매계약의 무효 또는 해제를 원인으로 한 매매대금반환청구)와 후소(매매계약에 기한 소유권이전등기청구)의 판결이유 중 판단(매매계약의 효력 여부)이 모순되더라도 판결이유에는 기판력이 미치지 않으므로 모순관계가 아니다(아래 관련판례 참조).

[관련판례] "ⅰ) 전에 제기된 소와 후에 제기된 소의 소송물이 동일하지 않다고 하더라도, 후에 제기된 소의 소송물이 「전에 제기된 소에서 확정된 법률관계」와 모순되는 정반대의 사항을 소송물로 삼았다면 이러한 경우에는 전번 판결의 기판력이 후에 제기된 소에 미치는 것이지만, 확정판결의 기판력은 소송물로 주장된 법률관계의 존부에 관한 판단의 결론에만 미치고 그 전제가 되는 법률관계의 존부에까지 미치는 것이 아니므로, 「전의 소송에서 확정된 법률관계」란 확정판결의 기판력이 미치는 법률관계를 의미하는 것이지 그 전제가 되는 법률관계까지 의미하는 것은 아니다. ⅱ) 매매계약의 무효 또는 해제를 원인으로 한 매매대금반환청구에 대한 인낙조서의 기판력은 그 매매대금반환청구권의 존부에 관하여만 발생할 뿐, 그 전제가 되는 선결적 법률관계인 매매계약의 무효 또는 해제에까지 발생하는 것은 아니므로 소유권이전등기청구권의 존부를 소송물로 하는 후소는 전소에서 확정된 법률관계와 정반대의 모순되는 사항을 소송물로 하는 것이라 할 수 없으며, 기판력이 발생하지 않는 전소와 후소의 소송물의 각 전제가 되는 법률관계가 매매

계약의 유효 또는 무효로 서로 모순된다고 하여 전소에서의 인낙조서의 기판력이 후소에 미친다고 할 수 없다"(대판 2005.12.23. 2004다55698).

[관련판례] "확정판결의 기판력은 소송물로 주장된 법률관계의 존부에 관한 판단의 결론 자체에만 미치고 그 전제가 되는 법률관계의 존부에까지 미치는 것은 아니어서, 가등기에 기한 소유권이전등기절차의 이행을 명한 전소 판결의 기판력은 소송물인 소유권이전등기청구권의 존부에만 미치고 그 등기청구권의 원인이 되는 채권계약의 존부나 판결이유 중에 설시되었을 뿐인 가등기의 효력 유무에 관한 판단에는 미치지 아니하고, 따라서 만일 후소로써 위 가등기에 기한 소유권이전등기의 말소를 청구한다면 이는 1물1권주의의 원칙에 비추어 볼 때 전소에서 확정된 소유권이전등기청구권을 부인하고 그와 모순되는 정반대의 사항을 소송물로 삼은 경우에 해당하여 전소 판결의 기판력에 저촉된다고 할 것이지만, 이와 달리 위 가등기만의 말소를 청구하는 것은, 전소에서 판단의 전제가 되었을 뿐이고 그로써 아직 확정되지는 아니한 법률관계를 다투는 것에 불과하여 전소 판결의 기판력에 저촉된다고 볼 수 없다"(대판 1995.3.24. 93다52488)(11회 선택형)

② **[청구취지와 청구원인이 각기 상이한 경우]** "전소의 소송물은 부동산에 대한 소유권 확인과 소유권보존등기에 대한 말소등기청구권의 존부였던 것임에 반하여 후소는 비록 동일 부동산에 관한 것이기는 하지만 점유취득시효 완성을 원인으로 하는 소유권이전등기청구권의 존부에 관한 것인 경우, 判例는 위 전후의 양 소는 그 청구취지와 청구원인이 각기 상이하여 서로 모순·저촉된다고 할 수 없으므로 전소 판결의 기판력이 후소에 미친다고 할 수 없다"(대판 1997.11.14. 97다32239)(12회 선택형).

제3관 기판력의 주관적 범위

Ⅰ. 당사자 사이

[C-40]

기판력은 당사자에게만 미치고 제3자에게는 미치지 않는 것이 원칙이다(기판력의 상대성 원칙). 법정대리인, 소송대리인, 보조참가인, 통상공동소송인에게는 미치지 않는다. 예외적으로 기판력이 당사자 이외에 제3자에게 미치는 경우가 있는데 이는 법률에 특별한 규정이 있는 경우에 한한다.

[관련판례] ＊ **판결에 표시된 채무자 이외의 자에게 승계집행문을 부여할 수 있는지 여부**
"승계집행문은 판결에 표시된 채무자의 포괄승계인이나, 그 판결에 기한 채무를 특정하여 승계한 자에 대한 집행을 위하여 부여하는 것인바, 판결에 표시된 채무자 이외의 자가 판결에 표시된 채무자의 포괄승계인이거나 그 판결상의 채무 자체를 특정하여 승계하지 아니한 한, 판결에 표시된 채무자에 대한 판결의 기판력 및 집행력의 범위를 그 채무자 이외의 자에게 확장하여 승계집행문을 부여할 수는 없다"(대판 2002.10.11. 2002다43851: 법전협 표준판례(266))

Ⅱ. 당사자와 같이 볼 제3자

[C-41]

1. 변론종결한 뒤의 승계인 [14사법]

(1) 의 의

> 제218조 (기판력의 주관적 범위) ① 확정판결은 당사자, 변론을 종결한 뒤의 승계인(변론 없이 한 판결의 경우에는 판결을 선고한 뒤의 승계인) 또는 그를 위하여 청구의 목적물을 소지한 사람에 대하여 효력이 미친다.

변론종결한 뒤에 소송물인 권리관계에 관한 지위를 당사자로부터 승계한 제3자는 당사자 간의 판결의 기판력을 받는다(제218조 1항). 이는 패소한 자가 소송물이나 계쟁물을 양도하여 확정판결의 효력을 무용지물로 만드는 것을 방지하기 위함이다.

[관련판례] 집행력의 범위도 원칙적으로 기판력의 범위에 준한다. 따라서 지부·분회·지회 등 어떤 법인의 하부조직을 상대로 일정한 의무의 이행을 구하는 소를 제기하여 승소 확정판결을 받은 경우, 그 판결을 집행권원으로 하여 법인의 재산에 대해 강제집행을 할 수는 없고, 법인의 재산에 대한 강제집행을 위해서는 법인 자체에 대한 별도의 집행권원이 필요하다(대판 2018.9.13. 2018다231031: 법전협 표준판례(277)).

(2) 변론종결 '뒤'의 승계

1) 권리의 이전에 등기를 요하는 경우 : 등기시

권리의 이전에 등기를 요하는 경우에는 등기시가 기준이 된다. ㉠ 매매를 변론종결 이전에 하였더라도 **등기를 변론종결 이후에 마치면 변론종결 후의 승계인에 해당하고**(대판 2005.11.10. 2005다34667,34674), ㉡ 가등기를 변론종결 이전에 한 자라도 **본등기를 변론종결 후에 마친 경우 변론종결 후의 승계인으로 볼 것이다**(대판 1992.10.27. 92다10883). 부동산 물권변동의 효력은 '본등기'가 이루어진 경우에 발생하므로 본등기인 소유권이전등기가 경료된 시점을 기준으로 승계가 변론종결 후의 것인지를 판단해야하기 때문이다. 또한 ㉢ 확정판결의 피고측의 **제1차 승계가 이미 그 변론종결 이전에 있었다면** 비록 그 제2차 승계가 그 변론종결 이후에 있었다 할지라도 이 제2차 승계인은 이른바 변론종결 후의 승계인으로 볼 수 없다(대결 1967.2.23. 67마55). **[8회 사례형]**

[관련판례] "대금분할을 명한 공유물분할 확정판결에 따라 진행된 경매절차에서 공유물 전부에 관하여 매수인에 대한 매각허가결정이 확정되고 매각대금이 완납된 경우, 매수인은 공유물 전부에 대한 소유권을 취득하게 되고, 이에 따라 각 공유지분을 가지고 있던 공유자들은 지분소유권을 상실하게 된다. 그리고 대금분할을 명한 공유물분할판결의 변론이 종결된 뒤(변론 없이 한 판결의 경우에는 판결을 선고한 뒤) 해당 공유자의 공유지분에 관하여 소유권이전청구권의 순위보전을 위한 가등기가 마쳐진 경우, 대금분할을 명한 공유물분할 확정판결의 효력은 민사소송법 제218조 제1항이 정한 변론종결 후의 승계인에 해당하는 가등기권자에게 미치므로, 특별한 사정이 없는 한 위 가등기상의 권리는 매수인이 매각대금을 완납함으로써 소멸한다"(대판 2021.3.11. 2020다253836).

2) 채권양도의 경우 : 대항요건 갖추어진 때

"채권을 양수하기는 하였으나 아직 양도인에 의한 통지 또는 채무자의 승낙이라는 대항요건을 갖추지 못하였다면 채권양수인은 채무자와 사이에 아무런 법률관계가 없어 채무자에 대하여 아무런 권리주장을 할 수 없고, 양도인이 채무자에게 채권양도통지를 하거나 채무자가 이를 승낙하여야 채무자에게 채권양수를 주장할 수 있다. 이에 따라 채권양수인이 소송계속 중의 승계인이라고 주장하며 참가신청을 한 경우에, 채권자로서의 지위의 승계가 소송계속 중에 이루어진 것인지 여부는 채권양도의 합의가 이루어진 때가 아니라 **대항요건이 갖추어진 때를 기준으로 판단하는 것과 마찬가지로**, 채권양수인이 민사소송법 제218조 제1항에 따라 확정판결의 효력이 미치는 **변론종결 후의 승계인에 해당하는지 여부 역시** 채권양도의 합의가 이루어진 때가 아니라 **대항요건이 갖추어진 때를 기준으로 판단하여야 한다**"(대판 2020.9.3. 2020다210747: 법전협 표준판례(265))**(13회 선택형)**

(3) 승계인의 범위

1) 소송물의 승계인(소송물이 물권적 청구권이든 채권적 청구권이든 불문)

소송물 자체의 승계인이란 변론종결한 뒤에 당사자로부터 소송물인 실체법상 권리의무를 승계한 자로서, 이것이 전형적인 승계인이다.

a. 소송물의 승계인에 해당하는 예

소유권확인판결 후 그 소유권을 양수한 자, 대여금채권의 이행판결 후 그 채권을 양수한 자 등이 여기에 해당한다. 승계의 모습은 일반승계(상속, 합병 등), 특정승계를 가리지 아니한다. 따라서 ㉠ 확정판결의 변론종결 후 그 확정판결상의 채무자인 회사를 흡수합병한 존속회사와 ㉡ 확정판결의 변론종결 후 그 확정판결상의 채무자인 회사가 신설합병되어 설립된 회사는 기판력을 받는다(2회 선택형).

[관련판례] ✱ 면책적 채무인수인이 변론종결 후의 승계인인지 여부(적극)
"확정된 승소판결에는 기판력이 있으므로, 승소 확정판결을 받은 당사자가 전소의 상대방을 상대로 다시 승소 확정판결의 전소와 동일한 청구의 소를 제기하는 경우 후소는 권리보호의 이익이 없어 부적법하다고 할 것인데(대판 2006.4.14. 2005다74764), 전소 변론종결 또는 판결선고 후에 채무자의 채무를 소멸시켜 당사자인 채무자의 지위를 승계하는 이른바 면책적 채무인수를 한 자는 변론종결 후의 승계인으로서 전소 확정판결의 기판력이 미치게 되므로 원고는 특별한 사정이 없는 한 다시 본소를 제기할 이익이 없다"(대판 2016.9.28. 2016다13482). 원고는 전소의 확정판결에 따라 부여받은 승계집행문으로 집행을 하면 된다.

[비교판례] "임차인이 임대인을 상대로 보증금반환의 승소확정판결을 받았으나 이후 주택 양수인을 상대로 이를 반환받고자 할 경우 승계가 명확하지 않거나 임대인 지위의 승계를 증명할 수 없는 때에는 임차인이 양수인을 상대로 승계집행문 부여의 소를 제기하여 승계집행문을 부여받음이 원칙이나, 이미 임차인이 양수인을 상대로 임대차보증금의 반환을 구하는 소를 제기하여 양수인과 사이에 임대인 지위의 승계 여부에 대해 상당한 정도의 공격방어 및 법원의 심리가 진행됨으로써 사실상 승계집행문 부여의 소가 제기되었을 때와 큰 차이가 없다면, (기판력 저촉으로 인한) 소의 이익이 없다고 섣불리 단정하여서는 안 된다"(대판 2022.3.17. 2021다210720).

b. 소송물의 승계인에 해당하지 않는 예

判例는 확정판결의 변론종결 후 그 확정판결상의 채무자로서 금전지급채무만을 부담하고 있는 회사가 그 채무를 면탈할 목적으로 기업의 형태·내용을 실질적으로 동일하게 하여 설립한 신설회사는 기판력을 받지 않으며(대판 1995.5.12. 93다44531: 법전협 표준판례(264))(2회 선택형), "채무를 면책적으로 인수하는 등 특별사정이 없는 한, 영업양수인을 곧 변론종결후의 승계인에 해당된다고 할 수 없다"(대판 1979.3.13. 78다2330)고 한다(2회 선택형).

[관련판례] ✱ 중첩적(병존적) 채무인수인이 변론종결 후의 승계인인지 여부(소극)
"민사집행법 제31조 제1항에서 "집행문은 판결에 표시된 채권자의 승계인을 위하여 내어 주거나 판결에 표시된 채무자의 승계인에 대한 집행을 위하여 내어 줄 수 있다."라고 규정하고 있는데, 중첩적 채무인수는 당사자의 채무는 그대로 존속하며 이와 별개의 채무를 부담하는 것에 불과하므로 새로 채무의 이행을 소구하는 것은 별론으로 하고 판결에 표시된 채무자에 대한 판결의 기판력 및 집행력의 범위를 채무자 이외의 자에게 확장하여 승계집행문을 부여할 수는 없으나, 채무자의 채무를 소멸시켜 당사자인 채무자의 지위를 승계하는 이른바 면책적 채무인수는 위 조항에서 말하는 승계인에 해당한다"(대판 2016.5.27. 2015다21967).

2) 계쟁물의 승계인(소송물이 물권적 청구권인 경우 인정, 채권적 청구권인 경우 부정)

소송물 자체를 승계한 것은 아니나 **계쟁물**(다툼의 대상이 되는 물건)에 관한 당사자적격을 승계한 자도 포함한다는 것이 통설이다(적격승계설).

a. 계쟁물승계의 형태

계쟁물승계의 형태에는 **교환적 승계**(의무자만 바뀌고 청구내용은 같은 경우)뿐만 아니라 **추가적 승계**(의무자가 추가되면서 청구내용도 바뀌는 경우)도 포함된다. 전자의 예로는 건물인도를 명하는 판결 확정 후 피고의 점유를 승계받은 자(점유를 이전한 피고는 건물인도청구의 피고적격 상실, 점유승계인은 피고적격을 갖게 되므로)가 있고, 후자의 예로는 소유권이전등기말소를 명하는 판결 확정 후 등기를 이전받은 자(피고의 등기와 승계인의 등기를 모두 말소하여야 하므로)가 있다(대판 1998.11.27. 97다22904).

b. 계쟁물승계의 범위

계쟁물승계의 범위에 대하여는 소송물이론에 따라 견해가 대립한다. **구실체법설**은 청구의 실체법상의 성격을 참작하여 청구가 물권적 청구권인 경우에 한하여 승계인을 인정하고, 채권적 청구권일 때에는 승계인으로 보지 않으며, **소송법설**은 실체법상 권리와 무관하게 소송물이론을 구성하므로 청구가 채권적인가 물권적인가 구별하지 않고 기판력 확장을 인정한다.

① **[소송물이 채권적 청구권인 경우**(소극) **: 대인효]** 청구가 매매에 기한 소유권이전등기청구권인 경우 피고로부터 소유권이전등기를 경료받은 자는 승계인에 해당하지 않는다고 한다(대판 2003.5.13. 2002다64148). 또한 건물명도소송에서의 소송물인 청구가 물권적 청구 등과 같이 대세적인 효력을 가진 경우에는 그 판결의 기판력이나 집행력이 변론종결 후에 그 재판의 피고로부터 그 건물의 점유를 취득한 자에게도 미치나 그 청구가 대인적인 효력밖에 없는 채권적 청구만에 그친 때에는 위와 같은 점유승계인에게 위의 효력이 미치지 아니한다(대판 1991.1.15. 90다9964: 법전협 표준판례(267)).

[판례검토] 소송물이 채권적 청구권인 경우에 변론종결 뒤에 승계한 자는 원고와 양립할 수 있는 권리를 가지고 원고에게 아무런 실체법상의 의무를 부담하지 않는데 이러한 자에게 까지 기판력이 미치는 것은 기판력의 지나친 확장이므로 判例가 타당하다.[36]

> **[관련판례]** ❋ 부동산 소유권을 이전함과 동시에 그 부동산의 무단점유자에 대한 장래의 부당이득반환 채권(판결금채권)을 양도할 수 있는지 여부(소극)
>
> "전소판결의 소송물은 채권적 청구권인 부당이득반환청구권이므로 원고가 전소판결 소송 변론종결 뒤에 이 사건 토지의 소유권을 취득하였다는 사정만으로는 전소판결의 기판력이 미치는 변론을 종결한 뒤의 승계인에 해당할 수 없다. 나아가 전소판결의 소송물인 부당이득반환청구권은 전 소유자의 이 사건 토지 소유를 요건으로 하므로 이 사건 토지 소유권이 전 소유자에서 다른 사람으로 이전된 이후에는 더 이상 발생하지 않고, 그에 대한 양도도 있을 수 없다. 따라서 이 사건 소에서 자신이 이 사건 토지의 소유권을 취득한 이후의 부당이득 반환을 구하는 원고로서는 전소판결 소송의 소송물을 양수한 변론을 종결한 뒤의 승계인에도 해당하지 않는다"(대판 2023.6.29. 2021다206349).[37]

---

36) "재심대상판결의 <u>소송물은</u> 취득시효 완성을 이유로 한 소유권이전등기청구권으로서 <u>채권적 청구권인 경우</u>, 그 변론종결 후에 원고로부터 소유권이전등기를 경료받은 승계인은 <u>기판력이 미치는 변론종결 후의 제3자에 해당하지 아니하다</u>"(대판 1997.5.28. 96다41649).

37) 이 사건 토지의 전 소유자가 그 상공에 송전선을 설치하여 소유하는 피고(한국전력공사)를 상대로 부당이득반환을 구하는 소를 제기하여 송전선 철거완료일까지 정기금의 지급을 명하는 전소판결을 받은 후 원고에게 위 토지의 소유권을 이전하였고, 이후 원고가 피고를 상대로 토지의 소유권취득일 이후의 기간에 대한 부당이득반환을 구한 사안에서, 대법원은 전 소유자는 신 소유자에게 그 토지의 무단점유자에 대한 장래의 부당이득반환채권을 양도할 수 없다고 판단하여, 그와 같은 장래의 부당이득반환채권의 양도가 가능하다고 판단한 원심을 파기·환송하였다. 즉, 원심은 기판력이 미친다고 보아 '각하'하였으나 대법원은 위와

② **[소송물이 물권적 청구권인 경우(적극) : 대세효]** 判例는 구실체법설의 입장에서 소송물이 물권적 청구권인 경우에만 변론종결 후 승계인에 포함된다고 보고 있다. 즉, 청구가 소유권에 기한 이전등기 말소청구권인 경우 피고로부터 소유권이전등기를 경료받은 자는 승계인으로 본다.(대판 1979.2.13. 78다 2290).

> **[비교판례]** ❊ 후소가 전소 기판력의 객관적 범위를 일탈한 경우(소극)
> "소송물이 동일하거나 선결문제 또는 모순관계에 의하여 기판력이 미치는 객관적 범위에 해당하지 아니하는 경우에는 전소 판결의 변론종결 후에 당사자로부터 계쟁물 등을 승계한 자가 후소를 제기하더라도 후소에 전소 판결의 기판력이 미치지 아니한다(대판 2014.10.30. 2013다53939).
> **[사실관계]** 甲 등이 乙을 상대로 건물 등에 관한 소유권이전등기의 말소등기절차 이행을 구하는 소를 제기하여 승소확정판결을 받았는데, 위 판결의 변론종결 후에 乙로부터 건물 등의 소유권을 이전받은 丙이 甲 등을 상대로 위 건물의 인도 및 차임 상당 부당이득의 반환을 구하는 소를 제기한 사안에서, 전소 판결에서 소송물로 주장된 법률관계는 건물 등에 관한 말소등기청구권의 존부이고 건물 등의 소유권의 존부는 전제가 되는 법률관계에 불과하여 전소 판결의 기판력이 미치지 아니하고, 전소인 말소등기청구권에 대한 판단이 건물인도 등 청구의 소의 선결문제가 되거나 건물인도청구권 등의 존부가 전소의 소송물인 말소등기청구권의 존부와 모순관계에 있다고 볼 수 없어 전소의 기판력이 건물인도 등 청구의 소에 미친다고 할 수 없으며, 이는 丙이 전소 판결의 변론종결 후에 乙로부터 건물을 매수하여 소유권이전등기를 마쳤더라도 마찬가지이므로, 丙이 변론종결 후의 승계인이어서 전소 확정판결의 기판력이 미쳐 건물 등의 소유권을 취득할 수 없다고 본 원심판결에 법리오해 등의 위법이 있다고 한 사례

③ **[소송물이 물권적 청구권인 경우 패소한 원고로부터 계쟁물을 승계한 경우 : 소극]** 判例는 전소의 소송물이 물권적 청구권인 경우 전소에서 승소한 경우와 달리 전소에서 패소한 원고로부터 계쟁물을 승계한 자는 제218조 1항의 승계인에 해당하지 않는다고 한다. 즉 소유권에 기한 건물인도청구 패소한 원고로부터 건물을 매수한 제3자나(대판 1999.10.22. 98다6855 판결), 소유권에 기한 토지인도청구 패소한 원고로부터 토지를 매수한 제3자는(대판 1984.9.25. 84다카148: 법전협 표준판례(268)) 변론종결 후의 승계인에 해당하지 않는다고 하였다.

[판례검토] 판례의 논거는 위 패소확정된 전소송의 소송물은 소유권이 아니라 인도청구권으로 소유권의 존부에 대해 미치지 않고(저자 주 : 기판력의 객관적 범위 일탈), 신소유자는 위 패소한 인도청구권을 승계한 것이 아니라 소유권의 일반적 효력으로서 인도청구권이 발생한 것이라고 한다(저자 주 : 기판력의 주관적 범위 일탈). 위 판례들은 원고로부터 소유권을 취득한 제3자가 다시 피고를 상대로 소유권에 기하여 인도 청구하는 새로운 후소를 제기한 경우이다.[38] 위 판결들은 새로운 물권자를 최대한 보호하려는 태도라고 하겠다.

> **[관련판례]** ❊ 건물명도소송의 변론종결 후 건물을 매수한 자가 변론종결 후의 승계인인지 여부(소극)
> "건물 소유권에 기한 물권적 청구권을 원인으로 하는 건물명도소송의 소송물은 건물 소유권이 아니라 그 물권적 청구권인 건물명도청구권이므로 그 소송에서 청구기각된 확정판결의 기판력은 건물명도청구권의 존부 그 자체에만 미치는 것이고, 소송물이 되지 아니한 건물 소유권의 존부에 관하여는 미치지 아니하므로, 그 건물명도소송의 사실심 변론종결 후에 그 패소자인 건물 소유자로부터 건물을 매수하고 소유권이전등기를 마침으로써 그 소유권을 승계한 제3자의 건물 소유권의 존부에 관하여는 위 확정판결의 기판력이 미치지 않으며, 또 이 경우 위 제3자가 가지게 되는 물권적 청구권인 건물명도청구권은 적법하게 승계한 건물 소유권의 일반적 효력으로서 발생된 것이고, 위 건물명도소송의 소송물인 패소자의 건물명도청구권을 승계함으로써 가지게 된 것이라고는 할 수 없으므로, 위 제3자는 위 확정판결의 변론종결 후의 승계인에 해당한다고 할 수 없다"

같은 이유로 원고의 소유권취득일 이후의 기간에 대한 부당이득반환청구는 가능하다는 입장이다.

38) **[실무논문]** 패소 원고로부터의 변론 종결 후 승계인과 전소 판결의 기판력, 장재형, 평석, 대한변협신문 제830호, 2021. 7. 12

(대판 1999.10.22. 98다6855 : 이는 건물소유권에 기한 인도청구소송이 확정된 경우인데, 토지소유권에 기한 인도청구도 같다는 判例는 대판 1984.9.25. 84다카148: 법전협 표준판례(268)).

[판례검토] 건물소유권에 기한 건물인도소송에서 변론종결 뒤 건물을 취득한 사람은 후소에서 점유권에 기하여 인도를 구할 수도 있고 소유권에 기하여 인도를 구할 수도 있으므로 判例의 견해가 타당하다.[39]

[관련판례] ＊ 소유권에 기한 말소등기청구 소송에서 패소한 원고측으로부터 변론종결 후 소유권 등을 이전받은 제3자가 민사소송법 제218조 제1항에서 정한 확정판결의 기판력이 미치는 '변론을 종결한 뒤의 승계인'에 해당하는지 여부(소극)

"토지 소유권에 기한 물권적 청구권을 원인으로 하는 가등기말소청구소송의 소송물은 가등기말소청구권이므로 그 소송에서 청구기각된 확정판결의 기판력은 가등기말소청구권의 부존재 그 자체에만 미치고, 소송물이 되지 않은 토지 소유권의 존부에 관하여는 미치지 않는다. 나아가 위 청구기각된 확정판결로 인하여 토지 소유자가 갖는 토지 소유권의 내용이나 토지 소유권에 기초한 물권적 청구권의 실체적인 내용이 변경, 소멸되는 것은 아니다. 위 가등기말소청구소송의 사실심 변론종결 후에 토지 소유자로부터 근저당권을 취득한 제3자는 적법하게 취득한 근저당권의 일반적 효력으로서 물권적 청구권을 갖게 되고, 위 가등기말소청구소송의 소송물인 패소자의 가등기말소청구권을 승계하여 갖는 것이 아니며, 자신이 적법하게 취득한 근저당권에 기한 물권적 청구권을 원인으로 소송상 청구를 하는 것이므로, 위 제3자는 민사소송법 제218조 제1항에서 정한 확정판결의 기판력이 미치는 '변론을 종결한 뒤의 승계인'에 해당하지 않는다.

따라서 토지 소유권에 기한 가등기말소청구소송에서 청구기각된 확정판결의 기판력은 위 소송의 변론종결 후 토지 소유자로부터 근저당권을 취득한 제3자가 근저당권에 기하여 같은 가등기에 대한 말소청구를 하는 경우에는 미치지 않는다"(대판 2020.5.14. 2019다261381).

(3) 승계인에게 실체법상 고유의 방어방법이 있는 경우 기판력의 작용

1) 문제점

동산의 선의취득자(민법 제249조), 부동산의 점유취득시효완성자(민법 제245조 1항), 해제에 있어 보호받는 제3자(민법 제548조 1항 단서)와 같이 승계인이 고유의 방어방법을 갖고 있는 경우에도 승계인에게 기판력이 미치는지 여부에 대해 견해가 대립한다.

2) 판 례

대법원[40]은 신탁자인 원고가 명의신탁해지를 원인으로 이전등기를 청구(물권적 청구권이지만 대외관계에서는 대항할 수 없으므로 실질적으로는 채권적 청구권의 성질을 가짐)하여 수탁자에게 승소하였으나 수탁자가 목적물을 처분한 사안에서 "소유권이전등기를 명하는 확정판결의 변론종결 후에 그 청구 목적물을 매수하여 등기를 한 제3자는 변론종결후의 승계인에 해당되지 아니한다"(대판 1980.11.25. 80다2217 : 명의신탁관계가 해지되더라도 수탁자 명의의 등기가 남아있는 한 외부관계에 있어서는 수탁자가 소유자이다. 따라서 명의신탁 해지 후 명의수탁자가 제3자에 처분하면 이중양도의 법리가 적용되므로 선의인 제3자는 유효하게 소유권을 취득하여 원고에게 대항할 수 있는 사안이었음. 이는 부동산실명법 시행이전의 해석이고 현재는 부실법 제4조 3항에 따라 수탁자로부터 부동산을 매수한 제3자는 선악을 불문하고 원고에게 대항할 수 있음에 주의)고 하여 **실질설**의 입장이다.

---

39) 判例는 기판력의 주관적 범위를 객관적 범위와 혼동한 것이며 소송물이 물권적 청구권이며 변론종결 뒤에 계쟁물을 승계한 자이므로 변론종결 뒤의 승계인으로 보아야 한다는 비판도 있다(이시윤).

40) [학설] ① 형식설(신이론)은 승계인에게 고유의 방어방법이 있더라도 변론 종결 뒤 피고로부터 등기나 점유를 이전받은 형식을 갖춘 이상 그는 변론종결 후 제3자이므로 기판력이 미치지만, 승계인은 집행문 부여에 대한 이의의 소(민사집행법 제45조)를 제기하여 다툴 수 있다고 하며, ② 실질설(구이론)은 승계인에게 고유의 방어방법이 있는 경우 그는 실질적으로 당사자 지위를 승계했다고 볼 수 없기 때문에 변론종결 후 제3자가 아니므로 기판력이 미치지 않고, 집행문이 부여되지 않으므로 승계인의 상대방이 승계집행문 부여의 소(민사집행법 제33조)를 제기해야 한다고 한다.

3) 검 토

제3자가 고유한 방어방법을 가지고 있음에도 불구하고 제3자에게 이의의 소를 제기하게 하는 소송상 부담을 주는 것은 타당하지 않으므로 실질설이 타당하다.

[비교판례] ✻ 피고(명의신탁자)가 변론종결 후의 승계인에 해당하여 기존 임대인에 대한 확정판결의 기판력이 미친다는 이유로 권리보호의 이익이 없다고 본 원심의 가정적 판단의 당부(부당)

"주택임대차보호법 제3조 제4항에 따라 임차주택의 양수인은 임대인의 지위를 승계한 것으로 보므로 임대차보증금 반환채무도 부동산의 소유권과 결합하여 일체로서 임대인의 지위를 승계한 양수인에게 이전되고 양도인의 보증금반환채무는 소멸하는 것으로 해석되므로, 변론종결 후 임대부동산을 양수한 자는 민사소송법 제218조 제1항의 변론종결 후의 승계인에 해당한다. 승계집행문은 그 승계가 법원에 명백한 사실이거나 증명서로 승계를 증명한 때에 한하여 내어 줄 수 있고(민사집행법 제31조 제1항), 승계를 증명할 수 없는 때에는 채권자가 승계집행문 부여의 소를 제기할 수 있다(제33조). 따라서 임차인이 임대인을 상대로 보증금반환의 승소확정판결을 받았으나 이후 주택 양수인을 상대로 이를 반환받고자 할 경우 승계가 명확하지 않거나 임대인 지위의 승계를 증명할 수 없는 때에는 임차인이 양수인을 상대로 승계집행문 부여의 소를 제기하여 승계집행문을 부여받음이 원칙이나, 이미 임차인이 양수인을 상대로 임대차보증금의 반환을 구하는 소를 제기하여 양수인과 사이에 임대인 지위의 승계 여부에 대해 상당한 정도의 공격방어 및 법원의 심리가 진행됨으로써 사실상 승계집행문 부여의 소가 제기되었을 때와 큰 차이가 없다면, 그럼에도 법원이 소의 이익이 없다는 이유로 후소를 각하하고 임차인으로 하여금 다시 승계집행문 부여의 소를 제기하도록 하는 것은 당사자들로 하여금 그동안의 노력과 시간을 무위로 돌리고 사실상 동일한 소송행위를 반복하도록 하는 것이어서 당사자들에게 가혹할 뿐만 아니라 신속한 분쟁해결이나 소송경제의 측면에서 타당하다고 보기 어려우므로 이와 같은 경우 소의 이익이 없다고 섣불리 단정하여서는 안 된다"(대판 2022.3.17. 2021다210720).

[사실관계] 명의수탁자로부터 주택을 임차하고 주택임대차보호법 제3조 제1항에 의한 대항요건을 갖춘 원고가, 명의신탁이 무효임을 이유로 명의수탁자로부터 매도인을 거쳐 그 소유권이전등기를 회복한 명의신탁자인 피고를 상대로 임대차보증금반환을 청구한 사안에서, 대법원은 이러한 방법으로 소유권이전등기를 마친 명의신탁자자 주택임대차보호법 제3조 제4항에 따라 임대인의 지위를 승계하고, 원고가 피고를 상대로 임대인 지위의 승계를 주장하면서 임대차보증금의 반환을 구할 권리보호의 이익이 없다고 단정하기 어렵다고 보아 원심판결을 파기환송하였다.

핵심사례 C-15

■ 기판력의 주관적 범위   2014년 사법시험

甲은 乙을 상대로 X부동산에 관하여 매매를 원인으로 한 소유권이전등기청구의 소를 제기하였는데, 법원은 2013. 6. 28. 위 사건에 관한 변론을 종결한 후 2013. 7. 26. 원고의 청구를 전부 인용하는 판결을 선고하였고, 이 판결은 그대로 확정되었다. 그런데 乙은 2013. 6. 15. 丙과 사이에 X 부동산에 관한 증여계약을 체결한 후 2013. 8. 26. 丙에게 X부동산에 관하여 위 증여를 원인으로 한 소유권이전등기를 경료하여 주었다. **이 경우 위 확정판결의 효력은 丙에게 미치는가? (20점)**

I. 결 론

전소 확정판결의 효력은 丙에게 미치지 않는다.

II. 논 거

1. 기판력의 의의
2. 기판력의 주관적 범위 – 변론종결 뒤의 승계인의 의의와 요건
3. 丙이 변론종결 뒤의 승계인인지 여부(소극)

(1) '승계인'의 범위

(2) 소송물의 승계인에 해당하는지 여부(소극)

전소 판결의 소송물은 소유권이전등기청구권이지 X부동산이 아니므로 X부동산을 증여받은 丙은 소송물의 승계인이라 할 수 없다.

(3) 계쟁물의 승계인에 해당하는지 여부(소극)

전소 판결의 소송물은 매매를 원인으로 한 소유권이전등기청구(채권적 청구권)였으므로 丙은 '변론종결 후의 승계인'에 해당하지 않는다.

(4) 승계인에게 실체법상 고유의 방어방법이 있는 경우 기판력의 작용(소극)

丙은 甲에 대항할 수 있는 고유의 방어방법(등기)이 있으므로 丙은 기판력이 확장되는 '변론종결 후의 승계인'에 해당하지 않는다.

4. 사안의 해결

丙은 계쟁물 승계인이다. 다만 전소 소송물이 채권적 청구권이며, 丙은 甲에 대항할 수 있는 고유의 방어방법(등기)이 있으므로 丙은 기판력이 확장되는 '변론종결 후의 승계인'에 해당하지 않는다. 따라서 전소확정판결의 효력은 丙에게 미치지 않는다.

2. 추정승계인

> 제218조 (기판력의 주관적 범위) ② 제1항의 경우에 당사자가 변론을 종결할 때(변론 없이 한 판결의 경우에는 판결을 선고할 때)까지 승계사실을 진술하지 아니한 때에는 변론을 종결한 뒤(변론 없이 한 판결의 경우에는 판결을 선고한 뒤)에 승계한 것으로 추정한다.

(1) 의의 및 취지

변론을 종결하기 전의 승계인에게는 기판력이 미치지 아니하지만, 추정승계인 제도를 두어 당사자가 변론을 종결할 때까지 승계사실을 진술하지 아니한 때에는 변론을 종결한 뒤에 승계한 것으로 추정하여 기판력을 확장시킨다(제218조 2항). 이는 패소에 직면한 피고가 원고의 승소판결을 무의미하게 만드는 것을 막기 위함이다.

(2) 승계를 진술할 자

제218조 2항의 명문상 승계를 진술할 자 당사자로 규정하였고 당사자가 아닌 승계인이 무슨 권한으로 변론에서 진술할 수 있을지 의문이므로, 승계인이 아니라 **피승계인**이 승계사실을 진술하여야 할 것이다.

(3) 승계집행문 부여의 소에서 주장 · 증명책임

제218조 2항에 의하여 원고는 승계시기를 증명할 필요 없이 승계사실만 증명하면 승계인이 변론종결 전에 승계되었음을 주장 · 증명하지 않는 한, 피승계인을 상대로 한 승소판결로써 승계인에 대한 집행문을 얻을 수 있다.

다만, 判例는 "제218조 2항의 취지는, 변론종결 전의 승계를 주장하는 자에게 그 입증책임이 있다는

뜻을 규정하여 변론종결 전의 승계사실이 입증되면 확정판결의 기판력이 그 승계인에게 미치지 아니한다는 것으로 해석되므로, 종전의 확정판결의 기판력의 배제를 원하는 당사자 일방이 변론종결 전에 당사자 지위의 승계가 이루어진 사실을 입증한다면, 종전소송에서 당사자가 그 승계에 관한 진술을 하였는지 여부와 상관없이, 그 승계인이 종전의 확정판결의 기판력이 미치는 변론종결 후의 승계인이라는 제218조 2항의 추정은 깨어진다"(대판 2005.11.10. 2005다34667: 법전협 표준판례(269))고 판시하였다.

(4) 무변론판결의 경우

무변론판결(제257조)을 하는 경우에는 피승계인이 기일에 나가 승계사실을 진술할 여지가 없으므로 이 경우까지 추정승계제도를 확장하는 것은 옳지 않다는 견해가 있으나, 피승계인으로서는 답변서 등을 제출하여 승계사실을 밝히지 않았으므로 신의칙상 그대로 적용하는 것이 승소한 원고를 보호하는 취지에 부합한다고 할 것이다.

3. 청구 목적물의 소지인(수치인, 창고업자, 운송인 등)

확정판결은 당사자를 위하여 청구의 목적물을 소지한 사람에 대하여 효력을 미친다(제218조 1항). 목적물은 특정물인도청구권의 특정물을 말한다. 당사자를 위한 소지인과 변론종결 뒤의 승계인을 위해서 소지한 자도 포함하고, 소지의 시기는 변론종결 전후를 불문한다. 다만 임차인, 질권자 등 자기의 고유한 이익을 위해 소지하는 자는 제외된다. 가장양수인과 명의수탁자는 자기의 고유한 이익을 소지하는 자가 아니므로 이들에게도 유추적용이 가능하다고 본다.

> **[관련판례] ❋ 주식회사의 직원들이 회사의 사무실로 사용하고 있는 건물 부분에 대한 퇴거청구의 독립한 상대방이 될 수 있는지 여부(소극)**
>
> "소유물반환청구의 상대방은 현재 그 건물을 점유하는 자이고 그 점유보조자에 불과한 자는 이에 해당하지 아니하므로, 점유보조자에 불과할 뿐 독립한 점유주체가 아닌 피고들은, 회사를 상대로 한 명도소송의 확정판결에 따른 집행력이 미치는 것은 별론으로 하고, 소유물반환청구의 성질을 가지는 퇴거청구의 독립한 상대방이 될 수는 없는 것이다"(대판 2001.4.27. 2001다13983: 법전협 표준판례(270)).

4. 제3자 소송담당에서 권리귀속주체

소송담당자(다른 사람을 위하여 원고나 피고가 된 사람)에 대한 확정판결은 권리귀속주체(그 다른 사람)에 대하여도 효력이 미친다(제218조 3항). 법정소송담당 중 병행형 특히 채권자대위소송의 경우 기판력 범위에 대해 다툼이 있다(후술).

5. 소송탈퇴자(제80조, 제82조 3항)

> 제80조 (독립당사자참가소송에서의 탈퇴) 제79조의 규정에 따라 자기의 권리를 주장하기 위하여 소송에 참가한 사람이 있는 경우 그가 참가하기 전의 원고나 피고는 상대방의 승낙을 받아 소송에서 탈퇴할 수 있다. 다만, 판결은 탈퇴한 당사자에 대하여도 그 효력이 미친다.
>
> 제82조 (승계인의 소송인수) ③ 제1항의 소송인수의 경우에는 제80조의 규정 가운데 탈퇴 및 판결의 효력에 관한 것과, 제81조의 규정 가운데 참가의 효력에 관한 것을 준용한다.

독립당사자참가, 참가승계, 소송인수가 있는 경우 종전 당사자는 그 소송에서 탈퇴할 수 있는데, 그 이후 판결의 효력은 탈퇴자에게도 미친다.

Ⅲ. 채권자대위소송에서 기판력의 범위 [C-42]

1. 대위소송의 기판력이 채무자에게 미치는지 여부(절충설) [12사법]

(1) 판 례

전원합의체판결의 다수의견은 채권자가 채권자대위권을 행사하는 방법으로 제3채무자를 상대로 소송을 제기하고 확정판결을 받은 경우 "채권자가 채무자에 대하여 민법 제405조 1항에 의한 보존행위 이외의 권리행사의 통지, 또는 민소법 제77조에 의한 소송고지 혹은 비송사건절차법 제84조 1항에 의한 법원에 의한 재판상 대위의 허가를 고지하는 방법 등을 위시하여 어떠한 사유로 인하였던 적어도 채권자대위권에 의한 소송이 제기된 사실을 채무자가 알았을 경우에는 그 판결의 효력은 채무자에게 미친다"(대판 1975.5.13. 전합74다1664: 법전협 표준판례(272))라고 하여 **채무자가 소송고지 등에 의해 대위소송이 계속된 사실을 알게 된 경우에 한하여 채무자에게 기판력이 미친다는 입장**(절충설 : 절차보장설)이다.

(2) 검 토

생각건대, ⅰ) 대위채권자는 관리보전권만 있고 파산관재인과 같은 처분권한은 없으므로 채권자가 패소한 경우에 채무자에게 늘 기판력이 미치면 **채무자에게 너무 가혹하다는 점**, ⅱ) 채무자에게는 어느 경우에나 기판력이 미치지 않는다고 본다면 제3채무자는 채권자에게 승소해도 다시 채무자의 후소(재소)에 응해야 하니, **제3채무자에게 너무 가혹하다는 점**에 비추어, ⅲ) **채무자와 제3채무자를 공평하게 대하면서도 분쟁을 1회적으로 해결할 수 있는 전원합의체판결의 다수의견이 타당하다.**

▌핵심사례 C-16▐

▌**채권자대위소송과 기판력**　　　　2016년 · 2015년 변호사시험, 2015년 법전협 모의, 2012년 사법시험

丙이 진정한 소유자인 X토지를 丁이 사용 · 수익하고 있는 상황에서, 丙의 채권자 己는 丙을 대위하여 丁을 상대로 차임상당의 부당이득반환청구의 소를 제기하고 丙에게 소송고지를 하였다. 제1심 법원은 己에 대한 패소판결을 선고하였고 이 판결이 확정되었다면, **이후 丙은 차임상당의 부당이득반환청구의 소를 제기할 수 있는가? (15점)**

Ⅰ. 문제점

Ⅱ. 기판력의 주관적 범위

1. 대위소송의 법적성질 – 법정소송담당설

判例는 "민법 제404조 소정의 채권자대위권은 채권자가 자신의 채권을 보전하기 위하여 채무자의 권리를 자신의 이름으로 행사할 수 있는 권리"라고 보아 법정소송담당설의 입장이다.

2. 대위소송의 확정판결의 기판력이 채무자 丙에게 미치는지 여부(적극)

(1) 판 례 / (2) 사안의 경우

丙이 소송고지를 받음으로써 대위소송이 계속된 사실을 알았다는 점은 의문이 없다. 따라서 己에 대한 청구기각의 확정판결의 기판력은 확장되어, 丙은 동 확정판결의 기판력의 주관적 범위에 해당한다.

2. 채무자의 제3채무자에 대한 확정판결의 효력이 대위채권자에게 미치는지 여부(적극)

(1) 채무자가 제3채무자에 대하여 소를 제기하여 패소판결이 확정된 후 채권자가 제3채무자를 상대로 채권자대위소송을 제기한 경우('채무자의 권리불행사'요건 불충족으로 대위소송 소각하) [4회 사례형]

① 종래 判例[41]는 "채권자가 채무자를 대위하여 제3채무자에 대하여 제기한 이 사건 소송과 이미 확정된 채무자의 제3채무자에 대한 소송은, 비록 당사자가 다르지만 실질상 동일 소송이라 할 것이므로, 위 확정판결의 효력이 이 사건에 미친다"(대판 1981.7.7. 80다2751 ; 대판 1979.3.13. 76다688)고 하여 대위소송에 기판력이 미친다고 하였다.

② 그러나 이후 대법원은 "채권자대위권은 채무자가 제3채무자에 대한 권리를 행사하지 아니하는 경우에 한하여 채권자가 자기의 채권을 보전하기 위하여 행사할 수 있는 것이어서 채권자가 대위권을 행사할 당시는 이미 채무자가 권리를 재판상 행사하였을 때에는 설사 패소의 본안판결을 받았더라도 채권자는 채무자를 대위하여 채무자의 권리를 행사할 당사자적격이 없다"(대판 1993.3.26. 92다32876: 법전협 표준판례(274) : 채권자대위권의 요건 중 '채무자의 권리불행사'는 당사자적격에 관계되는 소송요건사실이다)(12회 선택형)고 하면서 소각하판결을 내렸다. 이로써 채권자의 대위권행사가 확정판결의 기판력에 저촉되는 것으로 보아 채권자의 청구를 기각한 종래의 대법원 판결(대판 1979.3.13. 76다688)은 사실상 폐기되었다.[42]

[판례검토] 기판력의 본질에 관한 모순금지설에 따르면 전소에서 **패소한 원고의 후소제기가 기판력에 반할 경우 청구기각을 선고해야 하지만 소송요건흠결사유도 함께 있는 경우는 소송요건심리의 선순위성 원칙에 따라 소각하판결**을 하는 判例(대판 1993.3.26. 92다32876)의 결론이 타당하다.

> **[비교판례]** ＊ 전소에서 '승소' 확정판결을 받은 채무자를 대위하여 채권자대위소송을 제기한 경우
> "제3자가 채권자를 대위하여 채무자를 상대로 제기한 소송과 이미 확정판결이 되어 있는 채권자와 채무자간의 기존소송이 청구취지 및 원인을 같이하는 내용의 소송이라면 위 확정판결의 효력은 채권자대위권행사에 의한 소송에도 미친다"(대판 2021.8.12. 2021다215497).
> [사실관계] '피고는, A가 원고에게 일정 금원을 지급함과 동시에, A에게 이 사건 아파트에 관한 소유권이전등기절차를 이행하라'는 판결이 확정된 후, 원고가 A를 대위하여 피고를 상대로 'A에게 이 사건 아파트에 관한 소유권이전등기절차를 이행하라'는 소를 제기한 경우, 대법원은 그 주장 등기원인은 사실상 동일하거나 포함된 것으로 볼 수 있고, 이 사건에 있어 전소와 후소에 동시이행에 의한 반대의무의 기재나 채권자대위에 의한 것이라는 차이가 있더라도 기판력이 미치는 점에는 영향이 없다. 따라서 결국 이 사건 소는 이 사건 전소에 관한 확정판결의 기판력에 저촉되어 허용될 수 없는 것이므로 권리보호의 이익이 없어 부적법하다.
> [판례검토] 소각하 사유와 청구기각 사유가 동시에 문제되어 소송요건심리의 선순위성 원칙에 따라야 하는 채무자가 전소에서 '패소' 확정판결을 받은 경우와는 달리, 채무자가 '승소' 확정판결을 받은 경우에는 권리보호이익 흠결과 당사자적격 흠결이라는 소송요건흠결사유가 경합하는 경우에 해당하므로 권리보호이익이 없어 부적법하다고 판단하여도 무방한 것으로 판단된다.

(2) 제3채무자가 채무자에 대하여 소를 제기하여 승소판결이 확정된 후 채권자가 제3채무자를 상대로 채권자대위소송을 제기한 경우('피보전채권의 존재'요건 불충족으로 대위소송 소각하)

---

41) [학설] ① 기판력설은 채권자대위소송의 법적 성질을 법정소송담당으로 보는 전제에서 채무자의 확정판결의 기판력이 대위소송에 확장된다고 하고, ② 반사효설은 기판력의 상대성 원칙에 비추어 채무자와 실체법상 대위권이란 특수한 의존관계에 있는 채권자에게도 반사효가 미친다고 하며, ③ 법률요건적 효력설은 채권자가 받는 효력은 채무자가 먼저 확정판결을 받았으므로 실체법상 대위권이 발생하지 않는 결과 패소하게 될 뿐이라고 한다.

42) 김용담, 주석 민법(제4판), p.123

① 判例는 "부동산의 점유자가 취득시효완성을 원인으로 한 소유권이전등기를 하지 않고 있는 사이에 제 3자가 등기명의인을 상대로 제소하여 그 부동산에 대한 소유권이전등기절차이행의 확정판결을 받아 소유권이전등기를 한 경우에는 위 확정판결이 당연무효이거나 재심의 소에 의하여 취소되지 않는 한 부동산 점유자는 위 원래의 등기명의인에 대한 소유권이전등기청구권을 보전하기 위하여 동인을 대위하여 위 확정판결의 기판력에 저촉되는 제3자 명의의 소유권이전등기의 말소를 구할 수 없다"(대판 1992.5.22. 92다3892)[43]고 하면서, 원고의 대위청구가 기판력 때문에 허용되지 않는다고 보는 이상, 채무자의 원고에 대한 소유권이전등기의무는 이행불능이 된 것(저자 주 : 피보전채권의 부존재)이라고 판시하였다.

[판례해설] 즉, 피대위채권의 행사가 기판력의 발생으로 인하여 불가능한 이상 피보전채권이 부존재하게 된다. 피보전채권의 존재는 채권자대위권의 당사자적격에 관계되는 소송요건사실로서 **흠결시 부적법 각하사유**에 해당하고 따라서 기판력에 저촉되어 기각하여야 할 경우라도 소송요건심리 선순위성 원칙에 따라 소각하 판결을 하여야 한다.

② 같은 이유로 判例는 "조정은 당사자 사이에 합의된 사항을 조서에 기재함으로써 성립하고 조정조서는 재판상의 화해조서와 같이 확정판결과 동일한 효력이 있다. 따라서 당사자 사이에 기판력이 생기는 것이므로, 거기에 확정판결의 당연무효 등의 사유가 없는 한 설령 그 내용이 강행법규에 위반된다 할지라도 그것은 단지 조정에 하자가 있음에 지나지 아니하여 준재심절차에 의하여 구제받는 것은 별문제로 하고 그 조정조서를 무효라고 주장할 수 없다. 그리고 조정조서가 조정참가인이 당사자가 된 법률관계도 그 내용으로 하는 경우에는 위와 같은 조정조서의 효력은 조정참가인의 법률관계에 관하여도 다를 바 없다고 할 것이다. 또한 채권자대위소송에 있어서 대위에 의하여 보전될 채권자의 채무자에 대한 권리가 인정되지 아니할 경우에는 채권자가 스스로 원고가 되어 채무자의 제3채무자에 대한 권리를 행사할 당사자적격이 없게 되므로 그 대위소송은 부적법하여 각하할 수밖에 없다"(대판 2014.3.27. 2009다104960)고 판시하였다.

[판례해설] 즉, 채무자와 제3채무자간에 부동산실명법에 반하는 조정이 이루어진 경우, 비록 강행법규에 위반되는 조정일지라도 당연무효라고 할 수는 없으므로 피대위권리에 발생한 기판력으로 인해 피보전권리도 인정되지 않는다는 것이다. 이는 애초에 위 조정에서 채권자가 조정참가인으로 참석하여 기판력을 받게 되었기 때문인 것으로 보인다.

> **[비교판례]** ✳ **피보전채권에 대한 확정판결이 있는 경우**
> 피보전채권에 대한 채권자의 승소판결이 있는 경우 제3채무자는 피보전채권의 존재에 대해 다툴 수 없는 것이 원칙이나(대판 2003.4.11. 2003다1250), 예외적으로 그 판결이 강행법규에 위반한 경우 전소의 당사자가 아닌 제3채무자에 대해서는 **피보전권리가 존재하지 아니한다고 보아야 한다**(대판 2019.1.31. 2017다228618)는 법리와 구별하여야 한다(아래 '6. 채권자가 채무자를 상대로 한 소송에서 승소판결 확정 후 대위소송을 제기한 경우' 참조).

3. 대위소송의 확정판결의 효력이 다른 채권자에게 확장되는지 여부(제한적 적극)

判例는 "어느 채권자가 채권자대위권을 행사하는 방법으로 제3채무자를 상대로 소송을 제기하여 판결을 받은 경우, 어떠한 사유로든 채무자가 채권자대위소송이 제기된 사실을 알았을 경우에 한하여 그 판결의 효력이 채무자에게 미치므로, 이러한 경우에는 그 후 다른 채권자가 동일한 소송물에 대하여 채권자대위권에 기한 소를 제기하면 전소의 기판력을 받게 된다고 할 것이지만, 채무자가 전소인 채권자대위소송이 제기된 사실을 알지 못하였을 경우에는 전소의 기판력이 다른 채권자가 제기한 후소인 채권

---

43) '제3자 명의의 소유권이전등기'(전소의 소송물)가 기판력에 저촉된다는 의미가 아니라 '제3자 명의의 소유권이전등기의 말소를 구하는 것'(후소의 소송물)이 기판력에 저촉된다는 의미이다. 판결문의 수식구조는 일반 국어문법과 다른 경우가 많다.

자대위소송에 미치지 않는다"(대판 1994.8.12. 93다52808: 법전협 표준판례(275))고 하였다.

4. 대위소송의 소각하판결의 효력이 채권자가 채무자를 상대로 한 소송에 미치는지(소극)

判例는 "채권자가 채권자대위권을 행사하는 방법으로 제3채무자를 상대로 소송을 제기하고 판결을 받은 경우, 어떠한 사유로 인하였든 적어도 채권자대위권에 의한 소송이 제기된 사실을 채무자가 알았을 때에는 그 판결의 효력이 채무자에게 미친다고 보아야 한다. 이때 채무자에게도 기판력이 미친다는 의미는 채권자대위소송의 소송물인 피대위채권의 존부에 관하여 채무자에게도 기판력이 인정된다는 것이고, 채권자대위소송의 소송요건인 피보전채권의 존부에 관하여 당해 소송의 당사자가 아닌 채무자에게 기판력이 인정된다는 것은 아니다. 따라서 채권자가 채권자대위권을 행사하는 방법으로 제3채무자를 상대로 소송을 제기하였다가 채무자를 대위할 피보전채권이 인정되지 않는다는 이유로 소각하 판결을 받아 확정된 경우 그 판결의 기판력이 채권자가 채무자를 상대로 피보전채권의 이행을 구하는 소송에 미치는 것은 아니다"(대판 2014.1.23. 2011다108095: 법전협 표준판례(272))(4회,6회,11회 선택형)고 판시하였다.

5. 채권자가 채무자를 상대로 한 소송에서 패소판결 확정 후 대위소송을 제기한 경우 법원의 조치(부적법 각하)

判例는 "채권자가 채무자를 상대로 소유권이전등기절차이행의 소를 제기하여 패소의 확정판결을 받게 되면 채권자는 채무자의 제3자에 대한 권리를 행사하는 채권자대위소송에서 그 확정판결의 기판력으로 말미암아 더 이상 채무자에 대하여 동일한 청구원인으로 소유권이전등기청구를 할 수 없으므로 그러한 권리를 보전하기 위한 채권자대위소송은 그 요건을 갖추지 못하여 부적법하다"(대판 2003.5.13. 2002다64148)고 판시하였다(4회,5회 선택형) [4회 사례형]

즉, 判例는 채권자가 채무자를 상대로 한 소송에서 패소판결 이미 확정된 경우에는 피보전채권에 대한 보전의 필요성이 없어 당사자적격의 흠결로 소를 각하하여야 한다는 입장이다.[44] 기판력 저촉이 아님에 유의하여야 한다. 그 이유는 전 판결(혹은 분리확정된 판결)의 기판력 자체가 그 당사자가 아닌 제3채무자와의 관계에 미친다고 보기는 어렵기 때문이다.[45]

6. 채권자가 채무자를 상대로 한 소송에서 승소판결 확정 후 대위소송을 제기한 경우
(1) 원 칙

채권자가 먼저 채무자를 상대로 제기한 소송에서 승소한 후 제3채무자를 상대로 대위소송을 제기하였다면 제3채무자는 그 청구권의 존재를 다툴 수 없다. 이는 소송물도 다르고 당사자도 다르므로 기판력의 문제는 아니지만 비교하여 알아둘 필요는 있다.

"채권자대위권을 재판상 행사하는 경우에 있어서도 채권자인 원고는 그 채권의 존재사실 및 보전의 필요성, 기한의 도래 등을 입증하면 족한 것이지, 채권의 발생원인사실 또는 그 채권이 제3채무자인 피고에게 대항할 수 있는 채권이라는 사실까지 입증할 필요는 없으며, 따라서 채권자가 채무자를 상대로 하여 그 보전되는 청구권에 기한 이행청구의 소를 제기하여 승소판결이 확정되면 제3채무자는 그 청구권의 존재를 다툴 수 없다"(대판 2003.4.11. 2003다1250).

---

44) 대상판결은 '보전의 필요성'이 없다는 표현을 하고 있어 마치 채권자 대위소송의 요건 중 '보전의 필요성(무자력)' 요건의 흠결인 것처럼 오해할 수 있으나, '피보전채권의 존재'의 흠결로 보아야 한다. 즉 "피보전채권의 존재" 요건이 없는 경우이므로, 당사자적격 흠결로 소를 각하하는 것이다.

45) 윤경, 민사분야(2006.3.30.). 전자도서관

(2) 예 외

그러나 그 청구권의 취득이, 채권자로 하여금 채무자를 대신하여 소송행위를 하게 하는 것을 주목적으로 이루어진 경우와 같이, 강행법규에 위반되어 무효라고 볼 수 있는 경우 등에는 위 확정판결에도 불구하고 채권자대위소송의 제3채무자에 대한 관계에서는 피보전권리가 존재하지 아니한다고 보아야 한다. 이는 위 확정판결 또는 그와 같은 효력이 있는 재판상 화해조서 등이 재심이나 준재심으로 취소되지 아니하여 채권자와 채무자 사이에서는 그 판결이나 화해가 무효라는 주장을 할 수 없는 경우라 하더라도 마찬가지이다"(대판 2019.1.31. 2017다228618).[46]

7. 채권자대위소송에서 확정판결의 기판력과 집행력의 범위가 일치하는지 여부

채권자대위권에 기한 확정판결의 기판력이 소외인인 채무자에게도 미치는 경우가 있다 하더라도 위 확정판결의 집행력만은 원·피고 간에 생기는 것이고 원고와 소외인 사이에는 생기지 아니한다(대결 1979.8.10. 79마232: 법전협 표준판례(278)).

✱ **피대위채권 또는 피보전채권에 관한 판결 확정 후 대위소송이 제기된 경우의 법률관계**

이전등기청구권　　　　　　　　말소등기청구권

甲 ─────────────▶ **乙** ─────────────▶ **丙**

피보전권리　　　　　　　　　　피대위권리

채권자대위소송

① **[피대위채권에 대한 판결이 확정된 경우]** 判例는 乙과 丙사이에 판결이 확정되어 더 이상 말소등기청구(피대위권리)가 불가능한 이상, 甲의 乙에 대한 이전등기청구(피보전권리) 또한 불가능하므로, 결국 대위소송은 피보전권리가 부존재하여 각하되어야 한다는 입장이다(대판 1992.5.22. 92다3892). 나아가 甲이 참가한 乙과 丙사이의 조정은 甲과 丙사이에 부동산실명법에 위반되는 명의신탁관계를 인정하는 등 강행법규에 위반되는 위법이 있으나 당연무효는 아니므로, 위 조정이 (준)재심으로 취소되지 않는 한 조정의 결과 말소등기청구가 불가능하게 되었으므로 피보전권리가 인정되지 않는다는 결론은 위 92다3892판례와 동일하다(대판 2014.3.27. 2009다104960 : 甲에게도 조정의 효력이 미치는 사안인 점과 조정이 당연무효는 아니라는 점 주의).

② **[피보전채권에 대한 판결이 확정된 경우]** 判例는 甲과 乙사이에 甲의 승소판결이 확정된 이상 丙은 피보전채권의 존재를 다툴 수 없는 것이 원칙이나(대판 2003.4.11. 2003다1250 : 만약 甲이 패소한다면 대위소송은 보전의 필요성 불충족으로 각하됨), 甲과 乙사이의 판결이 강행법규에 위반되어 무효라고 볼 수 있는 경우(토지거래허가구역에서 허가를 배제·잠탈하는 경우)에는 丙에 대한 관계에서는 피보전권리가 존재하지 아니한다는 입장이다(대판 2019.1.31. 2017다228618 : 丙에게 전소의 효력이 미치지 않는다는 점. 판결이 무효라는 점 주의).

---

46) "토지거래계약 허가구역 내 토지에 관하여 허가를 배제하거나 잠탈하는 내용으로 매매계약이 체결된 경우에는, 강행법규인 구 국토계획법 제118조 제6항에 따라 계약은 체결된 때부터 확정적으로 무효이다. 계약체결 후 허가구역 지정이 해제되거나 허가구역 지정기간 만료 이후 재지정을 하지 아니한 경우라 하더라도 이미 확정적으로 무효로 된 계약이 유효로 되는 것이 아니다"

| 핵심사례 C-17 |

■ 기판력의 작용 – 선결관계, 모순관계   2015년 제4회 변호사시험

B는 2002. 1. 1. 주택을 신축할 목적으로 C로부터 X토지를 매매대금 10억 원에 매수하면서, 소유권이전등기는 추후 B가 요구하는 때에 마쳐주기로 하였다. B는 2002. 4. 5. 매매대금 전액을 지급하고 C로부터 X토지를 인도받았다. B는 그 무렵 이후 C에게 X토지에 관한 소유권이전등기절차의 이행을 요구하였는데, C는 X토지를 매도할 당시보다 시가가 2배 이상 상승하였다고 주장하면서 매매대금으로 10억 원을 더 주지 않으면 B에게 소유권이전등기를 마쳐줄 수 없다고 하였다. B는 C에게 수차례 소유권이전등기절차의 이행을 구하다가 2009. 12. 4. A에게 X토지를 25억 원에 매도하였다. 한편 X토지 바로 옆에 있는 Y토지에서 중고차매매업을 하던 E는, 위와 같이 C가 B에게 X토지를 매도하였다는 사실을 잘 알면서도 C의 배임적 처분행위에 적극 가담하여 2012. 3. 5. C와 X토지를 매수하는 계약을 체결하고, 그 매매계약서를 근거로 2012. 7. 28. C를 상대로 법원에 X토지에 관하여 2012. 3. 5.자 매매를 원인으로 한 소유권이전등기절차 이행을 구하는 소를 제기하여 2012. 9. 1. 무변론 승소판결을 선고받고 위 판결이 확정되자, 위 판결에 기하여 2012. 11. 25. X토지에 관하여 E 명의로 소유권이전등기를 마쳤다. 그 후 E는 2013. 9. 8. X토지 위에 컨테이너를 설치하여 이를 사무실로 사용하는 한편, X토지 전부를 위 컨테이너 부지 및 주차장 용도로 사용하고 있다.

　A는 2014. 7. 10. X토지에 관한 소유권이전등기청구권을 보전하기 위하여 법원에 E를 상대로 B와 C를 대위하여, ① E 앞으로 마쳐진 2012. 11. 25.자 소유권이전등기가 반사회적인 법률행위에 기한 원인 무효의 등기라는 이유로 말소를 구하는 한편, ② E가 무단으로 X토지 위에 설치한 컨테이너의 철거와 X토지의 인도를 구하는 소를 제기하였다. 재판과정에서, E는 확정판결에 따라 적법하게 X토지에 관한 소유권이전등기를 마쳤으므로 A의 청구는 모두 부당하다고 주장하였다. **법원은 어떠한 판단을 하여야 하며, 그 이유는 무엇인가? (30점)**

I. 결 론

법원은 A의 청구 전부를 기각하여야 한다.

II. 논 거

1. 제3채무자에 대한 확정판결의 효력이 채권자대위소송에 미치는지 여부(적극)

2. A의 대위 소송이 전소의 기판력에 저촉되는지 여부

(1) X토지에 대한 소유권이전등기 말소청구가 기판력에 저촉되는지 여부(적극)

전소의 소송물로 된 E의 C에 대한 '매매계약에 따른 소유권이전등기청구권 존재'는 후소에서 주장하는 X토지에 대한 소유권이전등기말소 청구와 '모순관계'에 있으므로, 判例가 판시하는 바와 같이 "부동산의 소유자에 대하여 소유권이전등기를 청구할 지위에 있기는 하지만 아직 그 소유권이전등기를 경료하지 않은 상태에서, 제3자가 부동산의 소유자를 상대로 그 부동산에 관한 소유권이전등기절차 이행의 확정판결을 받아 소유권이전등기를 경료한 경우, 그 확정판결이 당연무효이거나 재심의 소에 의하여 취소되지 않는 한, 종전의 소유권이전등기청구권을 가지는 자가 부동산의 소유자에 대한 소유권이전등기청구권을 보전하기 위하여 부동산의 소유자를 대위하여 제3자 명의의 소유권이전등기가 원인무효임을 내세워 그 등기의 말소를 구하는 것은 확정판결의 기판력에 저촉되므로 허용될 수 없다"(대판 1999.2.24. 97다46955).

(2) X토지 인도 및 컨테이너 철거청구가 기판력에 저촉되는지 여부(소극)

전소의 소송물로 된 E의 C에 대한 '매매계약에 따른 소유권이전등기청구권 존재'는 후소에서 주장하는 X토지 인도 및 컨테이너 철거청구와 선결관계나 모순관계에 해당하지 않는다. 따라서 기판력에 저촉되지 않으므로 본안판단을 할 수 있다.

3. X토지의 소유권이전등기 말소청구에 관한 후소법원의 판단

判例는 전소에서 인용된 부분은 권리보호이익이 없어 '각하'하여야 하고, 전소에서 기각된 부분은 모순 없는 판결을 위해 후소에서 '기각'하여야 한다(대판 1979.9.11. 79다1275)고 하여, 모순금지설의 입장이다.[47] 이러한 判例에 따르면 전소는 후소에서 주장하는 X토지에 대한 소유권이전등기말소 청구와 '모순관계'에 있으므로, 법원은 청구기각 판결을 해야 한다.

4. X토지 인도 및 컨테이너 철거청구에 관한 후소법원의 판단

(1) A의 피대위권리로 B의 C에 대한 권리

1) C의 주장에 의해 매매계약이 해제되었는지 여부(소극)

사정변경으로 인한 계약해제는 계약준수 원칙의 예외로써 인정되나(대판 2007.3.29. 2004다31302), 이는 법률행위 성립의 기초가 된 객관적 사정이 현저히 변경되어 이를 강제하는 것이 명백하게 부당할 경우에만 적용되는 것으로 시가가 약 2배 상승한 것은 사정변경을 이유로 한 적법한 해제사유라 할 수 없다. 따라서 C가 시가 상승을 이유로 매매대금으로 10억 원을 더 주지 않으면 소유권이전등기를 마쳐줄 수 없다는 주장에 의해 B와 C의 매매계약이 해제되었다고 볼 수 없다.

2) B의 채권이 소멸시효가 완성되었는지 여부(소극)

B의 C에 대한 소유권이전등기청구권은 약정에 의해 B가 이를 행사할 수 있었던 때, 즉 B가 소유권이전등기절차의 이행을 요구한 2002. 4. 5. 무렵부터 원칙적으로 10년의 소멸시효가 진행된다(민법 제162조 1항). 그러나 매수인이 부동산을 인도받아 사용·수익하다가 '보다 적극적인 권리행사'의 일환으로 다른 사람에게 그 부동산을 처분하고 점유를 승계해 준 경우에도, 부동산을 스스로 계속 사용수익하고 있는 경우와 마찬가지로 소멸시효는 진행하지 않는다(대판 1998.3.18. 전합98다32175). 따라서 B의 C에 대한 소유권이전등기청구권은 소멸시효가 완성하지 않았다.

(2) A의 피대위권리로 C의 E에 대한 권리

1) C가 X토지의 소유권자인지 여부(적극)

사안에서 E는 C가 B에게 X토지를 매도하였다는 사실을 잘 알면서도 C의 '배임행위에 적극 가담'하여 X토지 매수계약을 체결하였으므로, 이는 반사회적 법률행위에 해당하여 무효이다(대판 1994.3.11. 93다55289). 따라서 C는 여전히 X토지의 소유권자이므로 원칙적으로 소유권자로서의 권리(민법 제213조, 제214조)를 행사할 수 있다.

2) C가 X토지 인도 및 컨테이너 철거청구를 행사하는 것이 불법원인급여에 해당하는지 여부(적극)[48]

불법의 원인으로 인하여 재산을 급여하거나 노무를 제공한 때에는 그 이익의 반환을 청구하지 못한다(민법 제746조). 이는 사회적 타당성 없는 행위를 한 사람이 스스로 불법한 행위를 주장하여 복구하려는 것을 그 형식여하에 불구하고 인정하지 않겠다는 이상을 표현한 것이므로 소유권에 기한 물권적 반환청구권 역시 부정되며, 그 '반사적 효과'로서 급여한 물건의 소유권은 급여를 받은 상대방에게 귀속하게 된다(대판 1997.11.13. 전합79다483). 따라서 C의 E에 대한 X토지 매도는 반사회적 법률행위로 인한 재산 급여이므로, E를 상대로 한 물권적 청구권(X토지 인도 및 컨테이너 철거청구)은 불법원인급여에 해당하여 행사할 수 없다. 따라서 법원은 A의 대위청구에 대해 청구기각 판결을 해야 한다.

---

47) **[판례평석]** 이에 대해 判例의 태도는 본래의 모순금지설과는 관계없는 독자적 견해에 불과하다고 평가하면서, 본래의 모순금지설은 '동일한 소송물에 대해 다시 소송하는 것은 어차피 같은 내용의 판결을 받을 것이므로 승패불문하고 소의 이익이 없다고

| 핵심사례 C-18 |

■ 채권자대위소송과 기판력 　　　　　　　　　　　　　대판 2014.1.23. 2011다108095

> A는 甲으로부터 잔금을 지급받은 후 Y건물을 철거하고, X토지에 관하여 매매를 원인으로 한 소유
> 권이전등기절차를 마쳐주었다. A의 다른 채권자 乙은 A를 대위하여 甲을 상대로 X토지에 대한
> 소유권이전등기에 관하여 말소절차를 이행하라는 소송을 제기하였다. 위 소송에서 법원은 피보전
> 채권인 乙의 A에 대한 공사대금채권이 인정되지 않는다는 이유로 소각하 판결을 선고하여 위 판
> 결이 확정되었다. 그 후 乙은 A를 상대로 위 공사대금의 지급을 구하는 이 사건 소를 제기하였다.
> A는 乙이 A에 대하여 공사대금의 지급을 구하는 이 사건 청구는 위 소각하 판결의 기판력에 저촉
> 되어 허용될 수 없다고 주장하였다. A의 주장은 받아들여질 수 있는가?

I. 결 론

A의 주장은 받아들여질 수 없다.

II. 논 거

1. 소송판결에 대한 기판력 발생여부 및 범위

소송판결도 기판력이 발생한다. 소송판결의 기판력은 주문에서 판단한 소송요건의 부존재에 발생한다. 다
만, 어느 소송요건에 흠이 있는가를 파악하기 위하여는 판결이유를 참작하여야 하므로,[49] 사안에서 전
소의 기판력의 발생부분은 "乙의 피보전채권의 부존재"이다.

2. 채권자대위소송의 소각하판결의 효력이 채무자에게 미치는지 여부(소극)

3. 사안의 경우

乙이 A에 대하여 공사대금의 지급을 구하는 이 사건 청구는 위 소각하 판결의 기판력에 저촉되지 않으
므로 A의 주장은 받아들여질 수 없다.

IV. 채권자취소소송에서 기판력의 범위

[C-43]

1. 채무자 또는 채무자와 수익자와의 관계에서 기판력의 저촉여부(소극)

(1) 사해행위취소판결의 기판력이 채무자 또는 채무자와 수익자 사이의 소송에 미치지 않는다는 판례

"사해행위취소판결의 기판력은 그 취소권을 행사한 채권자와 그 상대방인 수익자 또는 전득자와의
상대적인 관계에서만 미칠 뿐 그 소송에 참가하지 아니한 채무자 또는 채무자와 수익자 사이의 법률

하여 부적법 각하로 해결하는 것'이라는 반론도 있다(호문혁. 이 견해는 선결관계에서는 본안판결로, 모순관계에서는 각하로 처리).

48) 다만 判例는 이중매매와 관련하여 제1매수인이 매도인 대위하여 제2매수인에게 등기의 말소 청구하는 경우에 구체적인 논거의
제시 없이 이를 청구할 수 있다고 하는 바(대판 1983.4.26. 83다카57), 이를 허용하지 않을 경우 부동산 소유권이 궁극적으로 귀속
되어야 할 제1매수인이 소유권을 취득하지 못하여 부당하므로 判例의 입장은 타당하다(다수설). 따라서 B가 C를 대위하여 E에
게 X토지에 대한 소유권이전등기의 말소를 청구하는 것은 원칙적으로 불법원인급여에 해당하지 않으나, 사안의 경우는 앞서
검토한 바와 같이 전소의 기판력에 저촉된다. 결국 <u>제1매수인이 채권자대위권을 행사하여 제2매수인으로부터 토지 소유권을 회
복하는 방법은 기판력에 저촉되는 경우에는 그 실효성이 적다</u>(윤진수, 부동산의 이중양도와 원상회복, 민사법학 6호, p.170).

49) 판결의 주문은 무색·투명하고 간결하므로(소각하 판결과 청구기각 판결은 더욱 그러하다), 기판력이 미치는 범위를 파악하려면
주문을 판결이유와 대조하여 해석할 필요가 있다(이창민, 민사판례연구37, p.50)

관계에는 미치지 아니한다"(대판 1988.2.23. 87다카1989)(1회 선택형).

(2) 사해행위의 수단인 채무자와 수익자간 판결의 기판력이 사해행위취소소송에 미치지 않는다는 판례

"채권자가 사해행위의 취소와 함께 수익자 또는 전득자로부터 책임재산의 회복을 명하는 사해행위취소의 판결을 받은 경우 수익자 또는 전득자가 채권자에 대하여 사해행위의 취소로 인한 원상회복의무를 부담하게 될 뿐, 채권자와 채무자 사이에서 취소로 인한 법률관계가 형성되는 것은 아니다. 따라서 위와 같이 채무자와 수익자 사이의 소송절차에서 확정판결 등을 통해 마쳐진 소유권이전등기가 사해행위취소로 인한 원상회복으로써 말소된다고 하더라도, 그것이 확정판결 등의 효력에 반하거나 모순되는 것이라고는 할 수 없다"(대판 2017.4.7. 2016다204783).

2. 각 채권자가 동시 또는 이시에 채권자취소 및 원상회복소송을 제기한 경우

(1) 기판력의 저촉여부(소극)

判例는 "채권자취소권의 요건을 갖춘 각 채권자는 고유의 권리로서 채무자의 재산처분 행위를 취소하고 그 원상회복을 구할 수 있는 것이므로 각 채권자가 동시 또는 이시에 채권자취소 및 원상회복소송을 제기한 경우 이들 소송이 중복제소에 해당하는 것이 아니"(대판 2003.7.11. 2003다19558; 법전협 표준판례(96))라고 판시하였다. 즉, 채권자대위소송의 소송물은 '피대위권리'로 채무자의 권리이지만, **채권자취소소송의 소송물은 채권자 자신이 각자 가지는 '채권자취소권' 그 자체이다**(대판 2005.3.25. 2004다10985, 10992; 법전협 표준판례(91)). 따라서 각 채권자의 채권자취소권은 별개의 소송물로서 기판력이 미치는 관계가 아니다.

(2) 권리보호이익 구비여부

채권자취소권의 요건을 갖춘 각 채권자가 동시 또는 이시에 채권자취소 및 원상회복소송을 제기하여 어느 한 채권자가 승소판결을 받아 그 판결이 확정되었다는 것만으로 그 후에 제기된 다른 채권자의 동일한 청구가 권리보호의 이익이 없어지게 되는 것은 아니고, 그에 기하여 재산이나 가액의 회복을 마친 경우에 비로소 다른 채권자의 채권자취소 및 원상회복청구는 그와 중첩되는 범위내에서 권리보호의 이익이 없게 된다(대판 2003.7.11. 2003다19558; 법전협 표준판례(96)).

| 핵심사례 C-19 |

■ 채권자취소소송의 상대효와 기판력의 범위	2018년 10월 법전협 모의

甲은 2009. 7. 18. 乙로부터 X 부동산을 매수하고 2010. 7. 28. 소유권이전등기를 마침으로써 그 소유권을 취득한 이래 X 부동산을 점유하고 있다. 丙은 乙에 대한 A 채권을 보전하기 위하여 甲을 상대로 하여 甲-乙간 위 매매계약이 사해행위에 해당한다는 이유로 사해행위 취소 및 원상회복 청구소송('이 사건 소'라고 함)을 제기하였다(이하 각 10점).

〈문제 1.〉 이 사건 소가 제기되기 전에 甲은 乙을 상대로 甲-乙간의 위 매매계약에 기한 소유권이전등기청구 소송(전소)을 제기하여 그 승소 확정판결에 기하여 2010. 7. 28. 위 소유권이전등기를 마쳤다. 甲이 이 사건 소에서 위와 같은 사실을 이유로 "이 사건 소가 기판력에 저촉된다."고 주장하였다. 법원은 위 주장에 관하여 어떻게 판단하여야 하는가?

〈문제 2.〉 이 사건 소가 제기되기 전에 乙에 대하여 C채권을 가진 丁이 C채권을 보전하기 위하여 甲을 상대로 하여 甲-乙간 위 매매계약이 사해행위에 해당한다는 이유로 사해행위취소 및 원상회복청구 소송(전소)을 제기하여 청구인용 판결이 확정되었다. 甲은 이 사건 소의 변론기일에 "이 사건 소는 전소 판결의 기판력에 저촉되고, 권리보호의 이익이 없다."고 주장하였다. **이 사건 소에서 법원은 甲의 위 주장에 관하여 어떻게 판단하여야 하는가?**

Ⅰ. 문제 1.의 해결 – 채무자 또는 채무자와 수익자와의 관계에서 채권자취소소송의 기판력 저촉여부

1. 채권자취소소송의 상대효 : 대판 2017.4.7. 2016다204783

2. 채권자취소소송의 기판력의 범위

전소의 당사자는 甲과 乙이고, 후소의 당사자는 丙과 甲으로 상이하다. 또한 전소의 소송물은 甲의 乙에 대한 매매계약에 기한 소유권이전등기청구권의 존부이고, 후소의 소송물은 丙이 甲에 대하여 가지는 채권자취소권이다. 따라서 기판력의 주관적 범위와 객관적 범위가 다르므로 전소의 기판력이 후소에 미치지 않는다.

3. 사안의 경우

후소 법원은 甲의 기판력 저촉주장에 대해 직권으로 조사하되, 종국판결의 이유 또는 중간판결을 통해 기판력에 저촉되지 않는다는 판단을 하면 된다.

Ⅱ. 문제 2.의 해결 – 각 채권자가 동시 또는 이시에 채권자취소 및 원상회복소송을 제기한 경우

1. 기판력의 저촉여부(소극) : 대판 2003.7.11. 2003다19558

2. 권리보호이익 구비여부 : 대판 2003.7.11. 2003다19558

3. 사안의 경우

전소의 소송물은 丁이 甲에 대해 가지는 채권자취소권이고, 후소의 소송물은 丙이 甲에 대하여 가지는 채권자취소권이므로, 후소가 전소의 기판력에 저촉된다는 甲의 주장은 부당하다. 또한 기판력과 마찬가지로 권리보호의 이익도 소송요건에 해당하여 직권조사사항이므로, 후소 법원은 직권으로 조사하여 변론종결 당시 ⅰ) 丁에게 원상회복이 이루어졌다면 각하판결을 하고, ⅱ) 원상회복이 이루어지지 않았다면 종국판결의 이유 또는 중간판결을 통해 권리보호이익이 인정된다는 판단을 하면 된다.

3. 한 명의 취소채권자가 피보전권리를 달리하여 채권자취소권을 이중으로 행사하는 경우

이 경우는 피보전채권만 달리할 뿐 당사자와 소송물이 동일하므로 기판력에 저촉된다(대판 2012.7.5. 2010다80503 : 중복제소여부는 전술 제3편 제2장 제2관 참조).

4. 채권자가 사해행위 취소 및 원상회복으로 원물반환 청구를 하여 승소 판결이 확정된 후에 다시 가액배상을 청구하는 것이 가능한지 여부(소극)

"사해행위 후 목적물에 관하여 제3자가 저당권이나 지상권 등의 권리를 취득한 경우에는 수익자가 목적물을 저당권 등의 제한이 없는 상태로 회복하여 이전하여 줄 수 있다는 등의 특별한 사정이 없는 한, 채권자는 원상회복 방법으로 수익자를 상대로 가액 상당의 배상을 구할 수도 있고, 채무자 앞으로 직접 소유권이전등기절차를 이행할 것을 구할 수도 있다. 이 경우 원상회복청구권은 사실심 변론종결 당시의 채권자의 선택에 따라 원물반환과 가액배상 중 어느 하나로 확정되며, 채권자가 일단 사해행위 취소 및 원상회복으로서 원물반환 청구를 하여 승소 판결이 확정되었다면, 그 후 어떠한 사유로 원물반환의 목적을 달성할 수 없게 되었다고 하더라도 다시 원상회복청구권을 행사하여 가액배상을 청구할 수는 없으므로 그 청구는 권리보호의 이익이 없어 허용되지 않는다"(대판 2006.12.7. 2004다54978).

[판례검토] 채권자 취소권의 소송물은 '채권자취소권' 그 자체이므로 원상회복의 방법 역시 하나의 공격방어방법에 불과하기 때문에 원상회복 청구에서 가액배상 청구로의 변경은 결국 공격방어방법의 변경이어서 실질적으로 기판력 저촉된다. 기판력의 본질론에 대한 判例(모순금지설)의 태도에 따라 승소한 자의 소제기는 권리보호이익이 부정되어 각하된다.

다만, 최근 대법원은 위 2004다54978 판결의 기판력이론에 모순되지 않으면서, 대상청구권이론을 통하여 원물반환청구소송에서 승소한 사해행위취소 채권자가 구제받을 수 있는 통로를 마련하였다.[50] 즉 判例는 원물반환으로 근저당권설정등기의 말소를 명하는 판결확정 후 해당 부동산이 관련 경매사건에서 담보권 실행을 위한 경매절차를 통하여 수익자가 배당금을 수령한 경우, 취소채권자의 대상청구권을 인정하였다(대판 2012.6.28. 2010다71431).[51]

5. 선행소송에 따른 가액반환 종료 후 동일 부동산에 대한 증가된 시가 상당의 가액배상을 구하는 후행소송(권리보호의 이익이 없음 : 기판력에 저촉)

동일한 사해행위에 관한 취소소송이 중첩된 경우, 선행 소송에서 확정판결로 처분부동산의 감정 평가에 따른 가액반환이 이루어진 이상 후행 소송에서 부동산의 시가를 다시 감정한 결과 위 확정판결에서 인정한 시가보다 평가액이 증가되었다 하더라도, 그 증가된 부분을 위 확정판결에서 인정한 부분과 중첩되지 않는 부분으로 보아 이에 대하여 다시 가액배상을 명할 수는 없다(대판 2005.3.24. 2004다65367).

V. 기타 다른 사람을 위하여 원고나 피고가 된 사람에 대한 판결의 기판력의 범위

1. 추심금소송에서의 기판력의 범위

(1) 어느 한 채권자가 제기한 추심금소송의 기판력이 변론종결 '이전'에 압류·추심명령을 받은 다른 추심채권자에게 미치는지 여부

1) 판례

① 동일한 채권에 대해 복수의 채권자들이 압류·추심명령을 받은 경우 어느 한 채권자가 제기한 추심금소송에서 확정된 판결의 기판력은 그 소송의 변론종결일 이전에 압류·추심명령을 받았던 다른 추심채권자에게 미치지 않는다. ② 확정된 화해권고결정에는 재판상 화해와 같은 효력이 있으므로(민사소송법 제231조), 위① 법리는 추심채권자가 제3채무자를 상대로 제기한 추심금소송에서 화해권고결정이 확정된 경우에도 마찬가지로 적용된다. 따라서 어느 한 채권자가 제기한 추심금소송에서 화해권고결정이 확정되었더라도 화해권고결정의 기판력은 화해권고결정 확정일 전에 압류·추심명령을 받았던 다른 추심채권자에게 미치지 않는다"(대판 2020.10.29. 2016다35390: 법전협 표준판례(226)).[52]

---

50) 손홍수, 서울중앙지방법원 판사, '사해행위취소의 효력과 배당', 법학평론 제4권(2013. 12.), p.74-138 참조

51) **[사실관계]** 判例는 신용보증기금이 甲 주식회사를 상대로 제기한 사해행위취소소송에서 원물반환으로 근저당권설정등기의 말소를 구하여 승소판결이 확정되었는데, 그 후 해당 부동산이 관련 경매사건에서 담보권 실행을 위한 경매절차를 통하여 제3자에게 매각된 사안에서, "위와 같이 부동산이 담보권 실행을 위한 경매절차에 의하여 매각됨으로써 확정판결에 기한 甲 회사의 근저당권설정등기 말소등기절차의무가 이행불능된 경우, 신용보증기금은 대상청구권 행사로서 甲 회사가 말소될 근저당권설정등기에 기한 근저당권자로서 지급받은 배당금의 반환을 청구할 수 있다"고 판시하였다.

2) 검 토

① 추심채권자들이 제기하는 추심금소송의 소송물이 채무자의 제3채무자에 대한 피압류채권의 존부로서 서로 같더라도 소송당사자가 다른 이상 그 확정판결의 기판력이 서로에게 미친다고 할 수 없고(민사소송법 제218조 1항, 제3항 참조), ② 민사집행법 제249조 제3항, 제4항의 위 규정은 참가명령을 받지 않은 채권자에게는 추심금소송의 확정판결의 효력이 미치지 않음을 전제로 참가명령을 통해 판결의 효력이 미치는 범위를 확장할 수 있도록 한 것이며, ③ 제3채무자는 추심의 소에서 다른 압류채권자에게 위와 같이 참가명령신청을 하거나 패소한 부분에 대해 변제 또는 집행공탁을 할 수 있으므로 제3채무자에게 부당하지 않다(2016다35390 판결요지 중). 따라서 判例의 태도가 타당하다.

2. 집합건물의 관리단이 제기한 소의 기판력이 구분소유자들에게 미치는지 여부

관리단은 집합건물에 대하여 구분소유 관계가 성립되면 건물과 그 대지 및 부속시설의 관리에 관한 사업의 시행을 목적으로 당연히 설립된다. 관리단은 건물의 관리 및 사용에 관한 공동이익을 위하여 필요한 구분소유자의 권리와 의무를 선량한 관리자의 주의의무로 행사하거나 이행하여야 하고, 관리인을 대표자로 하여 관리단집회의 결의 또는 규약에서 정하는 바에 따라 공용부분의 관리에 관한 사항에 관련된 재판상 또는 재판 외의 행위를 할 수 있다(집합건물의 소유 및 관리에 관한 법률 제16조, 제23조, 제23조의2, 제25조 참조). 따라서 관리단은 관리단집회의 결의나 규약에서 정한 바에 따라 집합건물의 공용부분이나 대지를 정당한 권원 없이 점유하는 사람에 대하여 부당이득의 반환에 관한 소송을 할 수 있다(대판 2003.6.24. 2003다17774 : 대판 2010.8.26. 2008다35104 : 대판 2020.5.21. 전합2017다220744 등 참조).

관리단이 집합건물의 공용부분이나 대지를 정당한 권원 없이 점유·사용하는 사람에 대하여 부당이득 반환청구 소송을 하는 것은 구분소유자의 공유지분권을 구분소유자 공동이익을 위하여 행사하는 것으로 구분소유자가 각각 부당이득반환청구 소송을 하는 것과 다른 내용의 소송이라 할 수 없다. 관리단이 부당이득반환 소송을 제기하여 판결이 확정되었다면 그 효력은 구분소유자에게도 미치고(민사소송법 제218조 제3항), 특별한 사정이 없는 한 구분소유자가 부당이득반환 소송을 제기하여 판결이 확정되었다면 그 부분에 관한 효력도 관리단에게 미친다고 보아야 한다. 다만 관리단의 이러한 소송은 구분소유자 공동이익을 위한 것으로 구분소유자가 자신의 공유지분권에 관한 사용수익 실현을 목적으로 하는 소송과 목적이 다르다. 구분소유자가 부당이득반환청구 소송을 제기하였다가 본안에 대한 종국판결이 있은 뒤에 소를 취하하였더라도 관리단이 부당이득반환청구 소를 제기한 것은 특별한 사정이 없는 한 새로운 권리보호이익이 발생한 것으로 민사소송법 제267조 제2항의 재소금지 규정에 반하지 않는다고 볼 수 있다"(대판 2022.6.30. 2021다239301: 법전협 표준판례(215)).

---

52) **[사실관계]** A가 집행채무자 X의 제3채무자 Y에 대한 채권(약 1억8000만 원)에 관하여 채권압류 및 추심명령을 받은 직후 X가 Y를 상대로 위 채권의 이행을 구하는 소를 제기하자 (비록 약 9980만 원의 채권이 인정되었지만) 위 압류명령으로써 이미 원고적격을 상실했다는 이유로 소각하판결이 내려지고 확정되었다. 그 후 X에 대한 채권자 B가 X의 Y에 대한 위 채권에 관하여 채권압류 및 추심명령을 받은 다음 추심금 청구의 소를 제기하여(선행 추심금소송) B가 9000만 원을 지급받되 나머지 청구를 포기한다는 내용의 화해권고결정이 확정되었고 Y는 9000만 원을 집행공탁하였다. 그 후 A가 자신의 추심명령에 기하여 추심금 청구의 소를 제기하여(후행 추심금소송) X의 Y에 대한 채권 중 화해권고결정액 외 나머지 980만원의 지급을 구하자, Y는 그 980만 원을 포기한 화해권고결정의 효력이 A에게 미친다고 다투었다. 이에 대법원은 A에게는 선행 추심금소송의 기판력이 미치지 않는다고 판시하였다.

제4관 판결의 하자와 편취판결

I. 판결의 하자 [C-44]

1. 의 의

내용 및 절차상 흠이 있는 판결이라도 원칙적으로는 유효하고 다만 위법하여 상소·재심으로 취소를 구할 수 있을 뿐이다. 다만 이러한 절차를 거치지 않고 효력을 부인할 수 있는 경우가 있는바, 법적 안정성 측면에서 극히 예외적으로 인정된다.

2. 판결의 부존재

'판결의 부존재'란 판결의 외관을 갖추지 못해 판결의 성립조차 하지 못한 것을 가리키며, 직무상 권한 없는 자의 판결이나 선고하지 않은 판결을 말한다. 판결이 부존재한 경우 판결의 효력은 전혀 발생하지 않는다.

3. 판결의 무효(이, 재, 적)

판결의 외관은 갖추었으나 내용상 중대한 흠이 있어 무효인 경우를 말한다. 판결의 내용상 효력인 기판력·집행력·형성력 등은 발생하지 않고, 외관의 성립에 따른 효력 즉 당해 심급의 완결, 기속력 및 형식적 확정력은 발생한다. i) 당사자 사망의 경우처럼 이당사자대립구조가 무너진 경우, ii) 재판권이 없는 경우, iii) 당사자 적격이 없는 경우 등 하자가 중대한 경우 그 판결은 당연무효이다.

II. 편취판결 [C-45]

1. 판결편취의 유형

① 다른 사람의 성명을 모용하여 판결을 받는 경우, ② 소취하 합의를 하고서도 소를 취하함이 없이 피고의 불출석을 기화로 승소판결을 받는 경우, ③ 원고가 피고의 주소를 알고 있음에도 주소불명으로 속여 공시송달명령을 받아 피고 모르게 승소판결을 받는 경우, ④ 원고가 피고의 주소를 허위로 기재하여 그 주소에 소장부본을 송달케 하고 원고 자신이 송달받아 자백간주로 승소 판결을 받는 경우, ⑤ 피고의 대표자를 참칭대표자로 적어 송달되게 하여 자백간주로 승소판결 받는 경우의 형태가 있다.

2. 편취판결의 효력

무효설은 피고의 재판을 받을 권리가 실질적으로 보장된 것이 아니므로 당연무효로 보아야 한다는 입장이고(당연무효이므로 소송법적, 실체법적 구제책이 불필요하다고 본다). **유효설**은 판결을 편취한 경우에도 판결 자체는 유효하다는 견해이다. 생각건대 판결이 무효라면 법적 안정성을 해할 우려가 있고, 판결편취의 경우 제451조 1항(①②⑤유형은 3호, ③유형은 11호, ④유형은 判例가 송달이 무효라는 이유로 항소설에 따름)에서 당연무효의 판결이 아님을 전제로 하여 재심사유로 규정하고 있으므로 유효설이 타당하다.

3. 소송법적 구제책

(1) 학 설

판결이 유효라는 전제에서 판결정본의 송달의 효력에 따라 ① **항소설**은 판결편취의 경우에 판결 정본 송달은 무효이므로 항소기간도 진행되지 아니하여 항소를 제기할 수 있다는 입장이고, ② 상소추후보완·재심설은 편취판결은 형식적으로 확정된 확정판결이므로 상소의 추후보완신청이나 재심의 소(제451조 1항)의 제기에 의해서만 구제될 수 있다는 견해이다.

(2) 판 례(상소추후보완·재심설)

1) 성명모용판결 : 유효

"제3자가 피고를 참칭, 모용하여 소송을 진행한 끝에 판결이 선고되었다면 피모용자인 피고는 그 소송에 있어서 적법히 대리되지 않는 타인에 의하여 소송절차가 진행됨으로 말미암아 결국 소송관여의 기회를 얻지 못하였다 할 것이니 피고는 상소 또는 재심의 소를 제기하여 그 판결의 취소를 구할 수 있다"(대판 1964.11.17. 64다328).

2) 공시송달에 의한 판결 : 유효

"피고의 주소지를 허위로 하여 소를 제기하고 그 주소에 송달불능 됨으로써 공시송달방법에 의하여 피고에 대한 소송서류를 송달하여 소송절차를 진행한 결과 원고승소의 제1심판결이 선고되어 공시송달의 방법에 의하여 판결정본이 송달된 경우 피고의 주소지를 허위로 하여 소가 제기된 경우라 하더라도 그 송달은 유효한 것이고 그때부터 상소제기기간이 도과되면 그 판결을 확정되는 것이므로 피고는 재심의 소(제451조 11호)를 제기하거나 추완항소를 제기하여 그 취소변경을 구하여야 한다"(대판 1980.7.8. 79다1528).

> **[비교판례]** ✱ **송달과정에서의 피고모용**(송달은 무효이나 판결은 유효) **[4회 기록형]**
> 다만 허위주소송달에 의한 자백간주로 편취한 경우 허위주소 송달이 무효이므로 항소설에 따른다. 判例는 "제소자가 상대방의 주소를 허위로 기재함으로써 그 허위주소로 소송서류가 송달되어 그로 인하여 상대방 아닌 다른 사람이 그 서류를 받아 의제자백의 형식으로 제소자 승소의 판결이 선고되고 그 판결정본 역시 허위의 주소로 보내어져 송달된 것으로 처리된 경우에는 상대방에 대한 판결의 송달은 부적법하여 무효이므로 상대방은 아직도 판결정본의 송달을 받지 않은 상태에 있어 이에 대하여 상소를 제기할 수 있다"(대판 1978.5.9. 전합75다634: 법전협 표준판례(280))고 판시하였다.[53] 즉, 判例는 재심사유 11호의 범위에 관해, 허위주소로 송달된 후 송달불능을 이유로 공시송달된 경우만 이에 해당된다고 제한하여 해석한다.[54]
> **[판례검토]** 공시송달의 경우 송달이 유효하나 허위주소송달의 경우 송달이 무효이므로 判例의 태도가 타당하다.

3) 참칭대표자에 대한 송달 : 유효

"피고 종중의 대표자를 참칭대표자로 적어 그에게 소장 부본이 송달되어 자백간주에 의한 판결이 나고 판결정본도 그와 같이 송달된 경우에는 그 송달은 무효가 아니고 소송대리권의 흠결로 제451조 1항 3호의 재심사유가 된다"(대판 1994.1.11. 92다47632)고 판시하였다.

---

53) 다만 이러한 기간의 정함이 없는 항소권에 대해 대법원은 "<u>항소권과 같은 소송법상 권리에도 실효의 원칙이 적용될 수 있다</u>"(대판 1996.7.30. 94다51840)고 하여 신의칙에 의해 소권의 실효를 인정한다.

54) **[판례평석]** "위 판결에 대하여는 당사자의 절차기본권을 중시한 것이라거나 공시송달과 허위주소로의 송달은 구별되는 것이라는 이유로 위 판결의 입장을 지지하는 견해(강현중, 호문혁)와 민사소송법 제451조 제1항 제11호의 문언에 정면으로 반한다거나, 제1심의 정식 심리를 생략하게 되어 심급의 이익을 박탈하게 된다거나, 위 판결의 논리대로라면 소장부본의 송달부터 무효가 되어 애초부터 소송계속이 생길 수 없는데 이에 대한 설명이 없다는 등의 이유로 위 판결에 반대하는 견해(이시윤, 정동윤·유병현, 박우동)가 있다"(이시윤·조관행·이원석, 판례해설 민사소송법 제2판, p.614)

(3) 검 토

항소설에 의하면 불안정한 법률상태를 방치하는 것이 되며, 제451조 1항 11호가 이를 재심사유로 규정하고 있는 이상 공시송달 명령 및 그에 따른 송달을 무효로 볼 수는 없으므로, 판결정본의 송달은 적법하여 판결은 형식적으로 확정되는 것으로 보아야 한다. 따라서 **상소추후보완 · 재심설이 타당하다.**[55] 그러나, 허위주소로 송달된 경우에는 송달 자체가 없었으므로 송달이 무효라고 보아 항소에 의해 구제받는 것이 타당하다.

4. 실체법적 구제책

(1) 문제점

편취판결에 의해 집행이 종료된 경우, 편취판결을 재심으로 취소하지 않고 바로 불법행위로 인한 손해배상청구나 부당이득반환청구가 가능한지 문제된다.

(2) 불법행위로 인한 손해배상청구(원칙적 재심필요설)

1) 판 례[56]

① **[원칙적 소극]** "편취된 판결에 기한 강제집행이 불법행위로 되는 경우가 있다고 하더라도 당사자의 법적 안정성을 위해 확정판결에 기판력을 인정한 취지나 확정판결의 효력을 배제하기 위하여는 그 확정판결에 재심사유가 존재하는 경우에 재심의 소에 의하여 그 취소를 구하는 것이 원칙적인 방법인 점에 비추어 볼 때 **불법행위의 성립을 쉽게 인정하여서는 아니된다**"(대판 2001.11.13. 99다32899). "확정판결의 내용이 단순히 실체적 권리관계에 배치되어 부당하고 또한 확정판결에 기한 집행 채권자가 이를 알고 있었다는 것만으로는 그 집행행위가 불법행위를 구성한다고 할 수 없다"(대판 1995.12.5. 95다21808: 법전협 표준판례(283)).

② **[예외적 적극]** "확정판결에 기한 강제집행이 불법행위로 되는 것은 ⅰ) 당사자의 절차적 기본권이 근본적으로 침해된 상태에서 판결이 선고되었거나 ⅱ) 확정판결에 재심사유가 존재하는 등 확정판결의 효력을 존중하는 것이 정의에 반함이 명백하여 이를 묵과할 수 없는 경우로 한정하여야 한다"(대판 1995.12.5. 95다21808: 법전협 표준판례(283); 대판 2001.11.13. 99다32899: 법전협 표준판례(282))(13회 선택형).

2) 검 토

편취판결이라도 효력이 있으므로 원칙적으로 재심의 소를 제기해야 할 것이나, 재심기간 도과로 인해 구제가 불가능한 경우가 허다하고 분쟁의 일회적 해결을 위하여 일정한 경우 예외를 인정하는 判例의 입장이 타당하다.

(3) 부당이득반환청구(원칙적 재심필요설)

1) 판 례

① **[판결취소가 필요한 경우]** 判例는 "대여금 중 일부를 변제받고도 이를 속이고 대여금 전액에 대하여 소송을 제기하여 승소 확정판결을 받은 후 강제집행에 의하여 위 금원을 수령한 채권자에 대하여,

---

55) 다만 추후보완에 의한 항소는 판결절차가 공시송달을 통해 진행되었다는 사실을 안 날로부터 2주 이내에 제기하여야 하고, 재심의 소는 제456조 1항 3호, 4호 소정의 제소기간 내에 제기하여야 하는데, 위 제소기간은 불변기간이 아니므로 그 기간을 지난 후에는 추완에 의한 재심의 소제기는 허용되지 않는다.

56) **[학설]** ① 재심필요설은 사위판결이라도 당연무효는 아니므로 재심의 소를 제기하여야 한다고 하고, ② 재심불요설은 잘못된 것을 바로 잡기 위하여 두 번의 소송을 강요하는 것은 불합리하다고 한다.

채무자가 그 일부 변제금 상당액을 법률상 원인 없는 이득으로서 반환되어야 한다고 주장하면서 부당이득반환 청구를 하는 경우, 그 변제주장은 대여금반환청구 소송의 확정판결 전의 사유로서 그 판결이 재심의 소 등으로 취소되지 아니하는 한 그 판결의 기판력에 저촉되어 이를 주장할 수 없으므로, 그 확정판결의 강제집행으로 교부받은 금원을 법률상 원인 없는 이득이라고 할 수 없다"(대판 1995.6.29. 94다41430; 법전협 표준판례(284))고 하여 재심필요설을 취하고 있다. 그리고 이는 해당 급부뿐만 아니라 그 급부의 대가로서 기존 급부와 동일성을 유지하면서 형태가 변경된 것에 불과한 처분대금 등에 대해서도 마찬가지이다"(대판 2023.6.29. 2021다243812).

② **[판결취소가 불필요한 경우]** 다만 허위주소 송달에 의한 판결편취(피고모용)의 경우 "상대방에 대한 판결의 송달은 부적법하여 무효이므로 상대방은 아직도 판결정본의 송달을 받지 않은 상태에 있어 이에 대하여 상소를 제기할 수 있을 뿐만 아니라, 위 사위판결에 기하여 부동산에 관한 소유권이전등기나 말소등기가 경료된 경우에는 별소로서 그 등기의 말소를 구할 수도 있다"(대판 1995.5.9. 94다41010; 대판 1981.3.24. 80다2220; 법전협 표준판례(285))고 하였다. 즉, 판결이 확정되지 않으므로 재심요부가 문제되지 않는다.

2) 검 토

재심 없이 곧바로 부당이득반환청구를 허용하는 것은 전소판결과 직접적으로 모순관계를 초래하므로 判例가 타당하다.

5. 집행법적 구제책(청구이의의 소)

> 민사집행법 제44조 (청구에 관한 이의의 소) ① 채무자가 판결에 따라 확정된 청구에 관하여 이의하려면 제1심 판결법원에 청구에 관한 이의의 소를 제기하여야 한다.[57] ② 제1항의 이의는 그 이유가 변론이 종결된 뒤(변론 없이 한 판결의 경우에는 판결이 선고된 뒤)에 생긴 것이어야 한다. ③ 이의이유가 여러 가지인 때에는 동시에 주장하여야 한다.

(1) 문제점

편취판결의 집행이 종료되기 전 집행단계에서 청구이의의 소를 제기하여 집행을 막을 수 있는지 문제된다. 이의원인은 확정된 청구가 변론종결 후에 변경 소멸된 경우와 같이 변론종결 뒤의 이유여야 하기 때문이다(민사집행법 제44조 2항).

(2) 인정여부

'편취판결'에 따른 강제집행과 같이 강제집행 자체가 '권리남용'이 되는 경우에도 집행채무자는 청구이의의 소를 제기하여 그 집행을 배제할 수 있다. 즉, "청구에 관한 이의의 소를 규정한 것은 부당한 강제집행이 행하여지지 않도록 하려는데 있다 할 것으로 판결에 의하여 확정된 청구가 그 판결의 변론종결 후에 변경 소멸된 경우 뿐만 아니라 '판결을 집행하는 자체가 불법한 경우'에는 그 불법은 당해 판결에 의하여 강제집행에 착수함으로써 외부에 나타나 비로소 이의의 원인이 된다(변론종결 뒤의 이유)고 보아야 하기 때문에 이 경우에도 이의의 소가 허용된다"(대판 2001.11.13. 99다32899; 법전협 표준판례(282))(13회 선택형)[58]

---

57) **[관련판례]** "지방법원 합의부가 재판한 간접강제결정을 대상으로 한 청구이의의 소나 집행문부여에 대한 이의의 소는 그 재판을 한 지방법원 합의부의 전속관할에 속한다"(대판 2017.4.7. 2013다80627). 한편 "수소법원인 지방법원 합의부가 한 조정을 대상으로 한 집행문부여에 대한 이의의 소는 이를 처리한 지방법원 합의부의 전속관할에 속하고, 이에 부수한 잠정처분의 신청도 집행문부여에 대한 이의의 소가 계속 중인 지방법원 합의부의 전속관할에 속한다"(대결 2022.12.15. 2022그768).

[참고판례] ✽ 의사의 진술을 명하는 판결이 확정된 경우, 그 판결에 대한 청구이의 소의 허용(소극)

判例는 소유권이전등기청구처럼 채무자의 의사의 진술을 구하는 소송(민법 제389조 2항 : 대용판결)의 경우 "그 청구를 인용하는 판결이 선고되고 그 소송이 확정되었다면, 그와 동시에 채무자가 명의변경 절차의 이행의 의사를 진술한 것과 동일한 효력이 발생하는 것이므로 위 확정판결의 강제집행은 이로 써 완료되는 것이고 집행기관에 의한 별도의 집행절차가 필요한 것이 아니므로, 특별한 사정이 없는 한 위 확정판결 이후에 집행절차가 계속됨을 전제로 하여 그 채무명의가 가지는 집행력의 배제를 구하는 청구이의 소 는 허용될 수 없다"(대판 1995.11.10. 95다37568)고 한다.

[관련판례] ✽ 확정판결에 기한 강제집행절차가 적법하게 진행되어 종료된 후에 그 강제집행이 권리남 용에 해당하여 허용될 수 없다는 등의 사유를 들어 강제집행에 따른 효력 자체를 다투는 것이 허용되 는지 여부(소극)

"'확정판결에 의한 권리라 하더라도 신의에 좇아 성실히 행사되어야 하고 판결에 기한 집행이 권리남 용이 되는 경우에는 허용되지 않으므로, 집행채무자는 청구이의 소에 의하여 집행의 배제를 구할 수 있으나, 확정판결은 소송당사자를 기속하는 것이므로 재심의 소에 의하여 취소되거나 청구이의 소에 의하 여 집행력이 배제되지 아니한 채 확정판결에 기한 강제집행절차가 적법하게 진행되어 종료되었다면 강제집행에 따른 효력 자체를 부정할 수는 없고, 강제집행이 이미 종료된 후 다시 확정판결에 기한 강제집행이 권리남용에 해당하여 허용될 수 없다는 등의 사유를 들어 강제집행에 따른 효력 자체를 다투는 것은 확정판결의 기판력에 저촉 되어 허용될 수 없다"(대판 2024.1.4. 2022다291313)

(3) 인정요건

"법적 안정성을 위하여 확정판결에 기판력을 인정한 취지 및 확정판결의 효력을 배제하려면 재심의 소에 의하여 취소를 구하는 것이 원칙적인 방법인 점 등에 비추어 볼 때, 확정판결에 따른 강제집행 이 권리남용에 해당한다고 쉽게 인정하여서는 안 되고, 이를 인정하기 위해서는 확정판결의 내용이 실체적 권리관계에 배치되는 경우로서 그에 기한 집행이 현저히 부당하고 상대방으로 하여금 집행을 수인하 도록 하는 것이 정의에 반함이 명백하여 사회생활상 용인할 수 없다고 인정되는 것과 같은 특별한 사정이 있어야 한다. 그리고 이때 확정판결의 내용이 실체적 권리관계에 배치된다는 점은 확정판결에 기한 강제집행이 권리남용이라고 주장하며 **집행 불허를 구하는 자가 주장·증명하여야 한다**"(대판 2017.9.21. 2017 다232105).

---

58) "확정판결에 의한 권리라 하더라도 그것이 신의에 좇아 성실히 행사되어야 하고 권리남용이 되는 경우에는 이는 허용되지 않는 다 할 것인바, 피고들이 확정판결의 변론종결 이전에 부진정연대채무자 중의 1인으로부터 금원을 수령하고 더 이상 손해배상을 청 구하지 않는다고 합의함으로써 원고의 손해배상채무도 소멸한 사실을 스스로 알고 있으면서도 이를 모르는 원고에게 이미 소멸한 채권의 존재를 주장 유지하여 위의 확정판결을 받은 것이라면, 위 확정판결을 채무명의로 하는 강제집행을 용인함은 이미 변제, 소멸된 채권을 이중으로 지급받고자 하는 불법행위를 허용하는 결과가 된다 할 것이므로 이와 같은 피고들의 집행행위는 자기 의 불법한 이득을 꾀하여 상대방에게 손해를 줄 목적이 내재한 사회생활상 용인되지 아니하는 행위라 할 것이어서 그것이 신의 에 좇은 성실한 권리의 행사라 할 수 없고 그 확정판결에 의한 권리를 남용한 경우에 해당한다 할 것이므로 이는 허용되지 아 니한다"

┃ 핵심사례 C-20┃─────────────────────────────────────

| ■ 판결의 편취 – 공시송달에 의한 판결 | 2015년 10월 법전협 모의, 2012년 법무행정고시 |

甲은 乙과 건설공사계약을 체결하면서 6천만 원 상당의 공사대금채무가 발생했다. 乙로부터 甲에 대한 공사대금채권을 양수받은 丙은 甲을 상대로 위 공사대금의 지급을 구하는 소를 제기하였다. 만일 丙이 甲의 거주지를 알면서도 소재불명을 이유로 하여 공시송달을 신청한 뒤 법원의 공시송달명령에 의해 절차가 진행되어 2001. 9. 1. 丙의 승소판결이 선고되었고 판결정본 또한 2001. 9. 5. 甲에게 공시송달되었다. (20점)

〈문제 1.〉 2001. 10. 15. 현재 甲은 항소를 제기할 수 있는가?

〈문제 2.〉 甲은 丙에게 위 소의 강제집행에 의해 지급한 금원에 대해 부당이득반환청구를 할 수 있는가?

〈문제 3.〉 甲이 위 소의 집행단계에서 아직 금원지급 전이라면 청구이의의 소를 제기할 수 있는가?

Ⅰ. 문제점

Ⅱ. 편취판결의 효력(공시송달에 의한 판결 : 유효)

Ⅲ. 소송법상 구제수단(재심) - 〈문제 1.〉

甲에 대한 공시송달은 유효하므로, 甲은 공시송달의 효력발생일로부터 2주내에 항소를 제기하여야 하는바, 2001. 10. 15. 현재는 항소기간이 경과된 후이므로 甲은 항소를 제기할 수 없다. 다만, 재심에 의해 권리를 구제받을 수 있다(제451조 1항 11호).

Ⅳ. 부당이득반환청구 가부(소극) - 〈문제 2.〉

丙의 甲에 대한 강제집행이 종료된 뒤라면, 위 편취판결이 재심의 소에 의해 취소되지 않는 한 丙이 취득한 금원을 법률상 원인 없는 이익이라고 볼 수 없다. 따라서 甲은 재심의 소를 제기하지 않고 곧바로 丙을 상대로 부당이득반환청구를 할 수 없다.

Ⅴ. 청구이의의 소 가부(적극) - 〈문제 3.〉

甲은 강제집행 전이라면 청구이의의 소를 제기하여 丙의 강제집행을 저지할 수 있다.

| 핵심사례 C-21 |

■ 편취판결 – 송달과정에서의 피고모용　　　　　2017년 8월 법전협 모의, 2014년 법무사

> 甲은 乙을 상대로 乙 소유의 X토지에 관한 소유권이전등기절차이행청구의 소를 제기하면서 乙의 주소지를 허위로 기재하고 자신의 아들이 乙로 위장하여 소송서류를 송달받게 함으로써 무변론 승소판결(이하 '종전판결'이라고 함)을 받았다. 종전 판결은 2008. 6. 23. 확정되었고, 이에 기하여 甲은 X토지에 관하여 2008. 6. 25. 소유권이전등기를 마쳤다. 乙은 2014. 7. 20. 등기부등본을 통하여 이 같은 사실을 확인하고는, 甲을 상대로 위 소유권이전등기의 말소를 구하는 소송을 제기하였다.
> 甲의 乙에 대한 종전 판결의 효력을 검토하고, 종전판결을 다툴 수 있는 소송법상 乙의 구제방법 중 2014. 9. 1. 현재 가능한 것과 불가능한 것을 구분한 후 그 이유를 기재하시오. (15점)

Ⅰ. 甲의 乙에 대한 종전판결의 효력

1. 편취판결의 의의

2. 편취판결의 효력(송달과정에서의 피고모용 : 무효)

判例는 일반적으로 판결편취에 대해 상소추후보완·재심설의 입장을 취한다. 그러나 원고가 피고의 주소를 허위로 기재하여 그 주소에 소장부본을 송달케 하고 원고 자신이 송달받아 자백간주로 승소 판결을 받는 경우(송달과정에서의 피고모용)에는 송달은 부적법하여 무효라고 본다(대판 1978.5.9. 전합75다634).

3. 사안의 경우

甲의 乙에 대한 종전판결은 무효이다.

Ⅱ. 乙의 구제방법 – 편취판결에 대한 소송법적 구제수단

1. 가능한 것(항소)

허위주소송달에 의한 판결이 있는 경우 이 때의 항소기간은 통상의 경우처럼 판결송달 후 2주일이 아니라 항소기간의 정함이 없는 것이다. 항소기간의 제한이 없으므로 2014. 7. 20.에 등기부등본을 통하여 허위주소송달을 알았다 할지라도 기간에 구애됨이 없이 항소를 제기할 수 있다.

2. 불가능한 것(추완항소, 재심의 소)

추후보완항소나 재심의 소는 판결이 확정됨을 전제로 하는 것이다. 따라서 허위주소송달에 의한 판결을 아직 확정되지 아니한 판결이므로 추완항소나 재심의 소는 인정되지 아니한다.

제 **5** 편

병합소송

제1장 │ 병합청구소송(청구의 복수)

Ⅰ. 의의 및 종류 [D-1]

'병합청구소송'이란 하나의 소송절차에서 여러 청구가 병합심리되는 소송을 말한다. 이러한 병합청구에는 원시적 병합과 후발적 병합이 있는데, ① '**원시적 병합**'(청구의 병합, 소의 객관적 병합)은 원고의 소제기 당시부터 여러 개의 청구가 병합되는 경우로서 '단순병합', '선택적 병합', '예비적 병합'이 있고, ② '**후발적 병합**'은 이미 계속 중인 소송에 새로운 청구를 병합제기하는 경우로서 '소의 변경', '중간확인의 소', '반소'가 이에 해당한다.

Ⅱ. 요 건 [D-2]

① 원시적 병합과 후발적 병합 모두에 요구되는 요건으로는 동종의 소송절차에서 심판될 수 있는 것과(동종절차), 수소법원에 공통의 관할권이 있을 것(공통관할)이고, ② **후발적 병합의 경우 추가되는 요건으로는** 사실심에 계속되고 변론종결 전에 제기될 것, 구청구와 관련성이 있을 것, 소송절차를 현저히 지연시키지 않을 것이다.

※ **병합소송 정리**(주관적 병합에 대해서는 제2장에서 후술)

	원시적병합	후발적병합
객관적병합	단순병합, 선택적 병합, 예비적 병합	소의 변경, 중간확인의 소, 반소
주관적병합	통상의 공동소송, 고유필수적 공동소송, 유사필수적 공동소송	보조참가, 공동소송참가, 공동소송적 보조참가, 독립당사자 참가

제1절 청구의 원시적 병합

제1관 청구의 병합(객관적 병합)

> 제253조 (소의 객관적 병합) 여러 개의 청구는 같은 종류의 소송절차에 따르는 경우에만 하나의 소로 제기할 수 있다.

※ 객관적 병합 중 원시적 병합 정리

	단순 병합	선택적 병합	예비적 병합
청구 관련성	불요 (청구관련성 '불요'이지 '불가'가 아님 주의)	필요 (택일관계)	필요 (모순관계)
소 가	① 원칙 : 소가 합산(∵ 각 청구간 경제적 목적 별개) ② 예외 : 소가 흡수 (∵청구관련성이 있는 단순병합의 경우 다액인 청구가액이 기준)	소가 흡수 (∵ 각 청구간 경제적 목적 동일)	소가 흡수 (∵ 각 청구간 경제적 목적 동일)
청구양립	가능	가능	불가능
청구내용	수개청구 전부인용 ex) 甲이 乙에게 ① 대여금 1억 원을 청구하고 ② 매매대금 1억 원도 아울러 청구하는 경우	수개청구 중 하나만 인용 ex) 甲이 乙에게 ① 채무불이행에 의한 손해배상청구와 ② 불법행위에 의한 손해배상청구를 청구권 경합으로 주장	1차적 청구의 인용을 해제조건으로 2차적 청구 ex) 甲이 乙에게 ① 계약의 유효를 이유로 목적물 인도청구를 하고, ② 만약 계약이 무효라면 대금반환청구를 하는 경우
판단순서	순서 없음 (모두 판단)	순서 없음 (당사자에게 유리하게 재량)	순서 있음 (1차 청구 → 2차 청구)
일부판결	① 변론분리 가능(제141조) ② 일부판결 가능(제200조) ③ 재판누락으로서 추가판결가능(제212조)	① 청구관련성이 요구되므로 변론분리 불가 전부판결만 가능 ② 일부판결이 허용되지 않으므로 재판누락이 아니고 ③ 판단누락에 준해 상소·재심으로 구제(판단누락설)	
상소	일부판결시 일부상소 가능	일부판결이 불가하므로 전부판결, 전부상소만 가능	

Ⅰ. 의 의

[D-3]

'청구의 병합'이란 원고가 하나의 소송절차에서 수 개의 청구를 하는 경우로서 '소의 객관적 병합'에 해당한다(제253조). 이는 하나의 소송에서 여러 명의 당사자들이 청구를 하거나 받는 '소의 주관적 병합'인 '공동소송'과 구별되는 것으로, 소송경제를 도모하고 관련사건의 판결의 모순·저촉을 방지하기 위하여 인정된다.

Ⅱ. 요 건

[D-4]

동종의 소송절차에서 심판될 수 있는 것이어야 하고(동종절차), 수소법원에 공통의 관할권(공통관할)이 있어야 한다.

1. 동종절차

여러 개의 청구는 같은 종류의 소송절차에 따르는 경우에만 하나의 소로 제기할 수 있다(제253조).

(1) 민사관련 사건

민사본안사건과 가압류 · 가처분 사건, 민사사건과 비송사건은 절차의 종류를 달리하는 것이므로 서로 병합이 허용되지 않는다(대판 2003.8.22. 2001다23225,23232). 또한 가사소송사건에 통상의 민사사건의 병합도 원칙적으로 부적법하다. 그러나 가사소송인 이혼소송과 가사비송인 재산분할청구는 가사소송법 제14조 1항에 의해 병합이 가능하다.

(2) 재심의 소와 통상의 민사상 청구를 병합

"피고들이 재심대상판결의 취소와 그 본소청구의 기각을 구하는 외에, 원고와 승계인을 상대로 재심대상판결에 의하여 경료된 원고 명의의 소유권이전등기와 그 후 승계인의 명의로 경료된 소유권이전등기의 각 말소를 구하는 청구를 병합하여 제기하고 있으나, 그와 같은 청구들은 별소로 제기하여야 할 것이고 재심의 소에 병합하여 제기할 수 없다."(대판 1997.5.28. 96다41649).

[판례검토] 분쟁의 일회적 해결에 도움이 되므로 병합할 수 있다고 보는 견해도 있으나(다수설), 통상의 소와 재심의 소는 동종절차가 아니므로 병합하여 제기할 수 없다고 봄이 타당하다.

(3) 제권판결에 대한 불복의 소, 중재판정취소의

이러한 소는 통상의 소송절차와 같은 종류의 것으로서 민사상 청구의 병합이 허용된다. 다만 최근 判例는 제권판결불복의 소와 같은 형성의 소는 그 판결이 확정됨으로써 비로소 권리변동의 효력이 발생하게 되므로 이에 의하여 형성되는 법률관계를 전제로 하는 수표금청구 등의 병합을 부정한 바 있다(대판 2013.9.13. 2012다36661).

(4) 간접강제신청

부작위채무이행의 소송절차에 간접강제신청의 병합이 허용된다(대판 1996.4.12. 93다40614). 즉 본안의 소에 집행의 소가 병합될 수 있다. 다만 判例는 부작위채무에 관한 집행권원 성립을 위한 판결절차에서 장차 채무자가 채무를 불이행할 경우에 대비하여 간접강제를 명하기 위한 요건으로 "부작위채무에 관한 소송절차의 변론종결 당시에서 보아 부작위채무를 명하는 집행권원이 성립하더라도 채무자가 이를 단기간 내에 위반할 개연성이 있고, 또한 판결절차에서 민사집행법 제261조에 의하여 명할 적정한 배상액을 산정할 수 있는 경우라야 한다"(대판 2014.5.29. 2011다31225)는 입장이다.

2. 공통관할

각 청구에 대해 수소법원이 공통의 관할권이 있어야 한다. 다만 하나의 소로써 여러 청구를 하는 경우에 그 중 하나의 청구에 관하여 토지관할권이 있으면 본래 그 법원에 법정관할권이 없는 나머지 청구도 관련재판적에 의해 관할권을 갖게 되므로(제25조), 이 요건은 크게 문제되지 않는다.

Ⅲ. 요건심사 및 심판방법   [D-5]

1. 소가의 산정

단순병합은 각 청구간 경제적 목적이 별개이므로 병합된 청구의 가액을 합산함이 원칙이나, 선택적 병합과 예비적 병합은 각 청구간 경제적 목적이 동일하므로 중복청구의 흡수의 법리를 따른다.

2. 병합요건의 조사

병합요건은 청구병합의 특유한 소송요건으로 직권조사사항이며, 병합요건에 흠이 존재할 때에는 곧바로 소를 각하하지 않고 변론을 분리하여 별도의 소로 분리심판하여야 한다.[1]

3. 심리의 공통

병합된 여러 개의 청구는 같은 절차에서 심판된다. 따라서 변론·증거조사·판결은 같은 기일에 여러 개의 청구에 대하여 공통으로 행해지며, 여기에 나타난 증거자료는 모든 청구에 대한 판단자료가 된다. 다만, 단순병합의 경우 여러 청구간 관련성이 없으므로 변론의 분리가 가능하지만(제141조), 선택적·예비적 병합은 여러 청구간 관련성이 있어 변론의 분리가 불가능하다는 점에서 구별된다.

제2관 단순병합

Ⅰ. 의의 및 요건   [D-6]

'단순병합'이란 관련성 없는 수개의 청구를 병렬적으로 병합하여 **전부의 심판을 구하는 형태**를 말한다. 동종의 소송절차에서 심판될 수 있을 것(동종절차)(제253조)과, 수소법원에 공통의 관할권이 있을 것(공통관할)만 요구되고, 청구사이의 관련성은 요구되지 않는다는 점에서 선택적·예비적 병합과 차이가 있다(대판 2008.12.11. 2005다51495).

> **[관련판례]** ＊ 단순병합관계인데 선택·예비적 병합으로 소를 제기한 경우
> "논리적으로 전혀 관계가 없어 순수하게 단순병합으로 구하여야 할 수개의 청구를 선택적 또는 예비적 청구로 병합하여 청구하는 것은 부적법하여 허용되지 않는다. 따라서 원고가 그와 같은 형태로 소를 제기한 경우 제1심법원이 본안에 관하여 심리·판단하기 위해서는 소송지휘권을 적절히 행사하여 이를 단순병합 청구로 보정하게 하는 등의 조치를 취하여야 하는바, 법원이 이러한 조치를 취함이 없이 본안판결을 하면서 그 중 하나의 청구에 대하여만 심리·판단하여 이를 인용하고 나머지 청구에 대한 심리·판단을 모두 생략하는 내용의 판결을 하였다 하더라도 그로 인하여 청구의 병합 형태가 선택적 또는 예비적 병합 관계로 바뀔 수는 없으므로, 이러한 판결에 대하여 피고만이 항소한 경우 제1심법원이 심리·판단하여 인용한 청구만이 항소심으로 이심될 뿐, 나머지 심리·판단하지 않은 청구는 여전히 제1심에 남아 있게 된다"(대판 2008.12.11. 2005다51495)(12회 선택형).[2]

---

1) '선택적 병합과 예비적 병합의 경우 청구관련성으로 인해 변론의 분리가 허용되지 않는다는'법리와 혼동하지 말아야 한다. 병합요건을 충족하지 못한 이상 선택적 병합이나 예비적 병합이 성립한 상태가 아니므로 각 청구는 변론을 분리하여 심판할 수 있다.

2) **[사실관계]** 甲 주식회사는 전직 대표이사 乙을 상대로 손해배상청구의 소를 제기하면서 그 청구원인으로 ① A 부동산 취득업무와 관련한 배임행위로 인한 손해배상청구 10억 원, ② B에 대한 자금대여와 관련한 배임행위로 인한 손해배상청구 7억 원, ③ C 부동산 임차업무와 관련한 배임행위로 인한 손해배상청구 5억 원을 선택적 청구로 병합하여 총 손해액 중 일부로서 3억 원의 지급을 구하였다.
제1심 판결에서는 청구원인 중 위 ① 청구만을 심리·판단하여 원고가 구하는 일부청구 금액인 3억 원을 인용하고, 나머지 청구에 대하여는 원고가 어느 하나의 청구원인에서라도 청구금액이 전부 인용된다면 추가적인 판단을 원하지 않고 있다는 이유로 그 판단을 생략하였다. 이에 대하여 피고 乙만이 항소하였다. 항소심 법원은 원고 甲에게 손해배상 각 청구원인 별로 일부 청구하는 금액을 특정하도록 촉구하였고, 이에 甲은 이 사건 3억 원의 청구가 위 ① 청구에 기한 것으로 청구취지를 정리하면서, 만일 위 청구가 배척된다면 제1심에서 주장한 나머지 ②, ③ 청구도 심리하여 인용하여 줄 것을 구하는 청구변경신청서를 제출하였다.

> **∗ 관련적 병합**
>
> ① **[의 의]** 단순병합 중 i) 어느 하나의 청구가 다른 청구의 선결적 관계에 있거나, ii) 각 청구가 기본적 법률관계를 공통으로 하는 경우를 '관련적 병합'이라 한다.
>
> ② **[구체적 예]** i) 소유권 확인 청구와 소유권에 기한 물권적 청구권, 원금청구와 이자청구 등이 전자의 예이고, ii) 인명사고로 인한 손해배상청구에서 적극적 재산상 손해·소극적 재산상 손해·정신적 손해(손해3분설)가 병합된 것, 토지소유권에 기한 건물철거와 토지인도청구 등이 후자의 예이다.
>
> ③ **[일부판결 : 긍정]** 관련적 병합은 단순병합과 달리 각 청구의 주요쟁점이 공통되므로 판결의 모순·저촉을 피하기 위해 일부판결이 허용되지 않는다는 견해가 있으나, 判例는 "확장된 **지연손해금 청구 부분**에 대하여 원심법원이 판결 주문이나 이유에서 아무런 판단을 하지 아니한 **재판의 탈루**가 발생한 경우에, 이 부분 소송은 아직 **원심에 계속 중**이라고 보아야 할 것이어서 적법한 상고의 대상이 되지 아니하므로, 이 부분에 대한 **상고는 부적법하다**"(대판 1996.2.9. 94다50274; 법전협 표준판례(237))고 하여 일부판결을 긍정한다.
>
> **[판례검토]** 일부판결을 부정하면 판단누락으로 보아 전부판결로 취급되므로, 판결한 청구에 대해 항소한 경우 판결을 하지 않은 청구까지도 이심되므로 부당하다. 따라서 判例의 태도가 타당하다.

Ⅱ. **심판방법**(변론의 분리, 일부판결의 가부) [D-7]

변론의 분리가 가능하므로(제141조), **일부판결을 할 수 있다**(제200조). 만약, 법원이 본의 아니게 청구의 전부에 대해 재판할 의사로 재판을 하였지만 '모르고' 일부판결을 하게 되면, 이는 재판누락에 해당하는 것으로 보아, 나머지 청구에 대해 **추가판결을 하면 된다**(제212조).

[비교판례] 반면, 判例는 청구의 선택적·예비적 병합의 경우에는 일부판결이 허용되지 않으므로, 일부의 청구에 대한 판단을 간과한 경우에는 상소·재심에 의해 문제를 해결해야 한다고 본다(대판 2000.11.16. 전합 98다22253; 법전협 표준판례(297), 대판 1998.7.24. 96다99; 법전협 표준판례(289) : 제4편 제3장 제1절 Ⅱ. 일부판결 참조).

> **제141조 (변론의 제한·분리·병합)** 법원은 변론의 제한·분리 또는 병합을 명하거나, 그 명령을 취소할 수 있다.
>
> **제200조 (일부판결)** ① 법원은 소송의 일부에 대한 심리를 마친 경우 그 일부에 대한 종국판결을 할 수 있다. ② 변론을 병합한 여러 개의 소송 가운데 한 개의 심리를 마친 경우와, 본소(本訴)나 반소의 심리를 마친 경우에는 제1항의 규정을 준용한다.
>
> **제212조 (재판의 누락)** ① 법원이 청구의 일부에 대하여 재판을 누락한 경우에 그 청구부분에 대하여는 그 법원이 계속하여 재판한다. ② 소송비용의 재판을 누락한 경우에는 법원은 직권으로 또는 당사자의 신청에 따라 그 소송비용에 대한 재판을 한다. 이 경우 제114조의 규정을 준용한다. ③ 제2항의 규정에 따른 소송비용의 재판은 본안판결에 대하여 적법한 항소가 있는 때에는 그 효력을 잃는다. 이 경우 항소법원은 소송의 총비용에 대하여 재판을 한다.

항소심까지 제출된 주장과 증거에 의하면 위 ① 청구원인은 인정되나 나머지 ②, ③ 청구원인은 이를 인정할 증거가 없다. 이러한 경우 항소심 법원은 어떠한 판결을 하여야 하는가?**(23년 3차 법전협 사례형)**

☞ 사안은 '단순병합'에 해당하므로, 제1심 법원이 ① 청구에 대하여만 심리·판단하고 나머지 ②, ③ 청구에 대하여 심리·판단하지 않은 것은 '재판누락'에 해당하고, 피고 乙의 항소에 의해 ① 청구 부분만이 항소심으로 이심되어 심판대상이 된다. 따라서 항소심 법원은 ① 청구에 대하여는 乙의 항소를 기각하는 판결을 선고하여야 하고, ②, ③ 청구에 대하여는 아무런 판단도 하지 않아야 한다(이는 제1심 법원이 '추가판결'하여야 한다).

Ⅲ. 상소의 효력 [D-8]

1. 전부판결에 전부상소한 경우(전부이심. 전부심판)

전부 이심되며, 전부 심판의 대상이 된다. 선택적 병합과 예비적 병합의 경우도 마찬가지이다.

2. 전부판결에 일부상소한 경우(전부이심, 일부심판)

통설은 전체에 대하여 판결을 한 경우 이는 1개의 판결로서 그 중 1개 청구에 대하여 불복이 있는 경우에도 청구 전부가 이심되어 확정이 차단된다고 한다(상소불가분의 원칙). 判例도 "원고의 수개의 청구 중 하나의 청구를 기각하고 나머지 청구를 인용한 제1심판결(전부판결 : 저자주)에 대하여 피고만 이 항소를 제기한 경우, 원고가 부대항소를 하지 아니한 이상 제1심판결에서의 원고패소부분은 피고 의 항소로 인하여 항소심에 이심된다"(대판 1994.10.11. 94다32979)고 하여 통설과 같은 입장이다. 따라서 '전부판결'의 일부에 대하여 상소하면 모든 청구에 대하여 이심 및 확정차단의 효력이 발생하지만(상소불가 분의 원칙), 불복한 청구만이 상소심의 심판대상이 된다(불이익변경금지의 원칙).

3. 일부판결의 경우(일부에 대한 상소 가능)

(1) 법원이 일부판결의 의도로 일부판결을 선고한 경우

단순병합은 일부판결이 가능하므로 일부판결에 대하여 상소한 때에는, 나머지 부분과 별도로 이심의 효력이 생긴다. 예를 들어 A청구와 B청구의 단순병합에서 법원이 변론을 분리하여 A청구에 대해서만 판결 한 경우, 이에 대해 당사자가 상소하는 것은 변론이 분리된 이상 A청구에 대한 전부판결에 전부상소 한 것이 되므로, A청구에 대한 판단만이 이심되고 상소의 대상이 된다.

(2) 법원이 전부판결의 의도로 일부에 대한 판결임을 '모르고' 선고한 경우 : 재판누락

단순병합은 모든 청구에 대하여 법원의 심판을 요하므로 변론의 분리 없이 일부에 대해서만 판결을 해서는 아니 된다. 그럼에도 만약 법원이 본의 아니게 일부에 대해서만 판결을 하게 된다면, 判例는 이를 재판누락에 해당하는 것으로 보아 "그 부분 소송은 아직 원심에 계속 중이라고 보아야 할 것이어서 적법한 상고의 대상이 되지 아니하므로 그 부분에 대한 상고는 부적법하다"(대판 2004.8.30. 2004다24083)(7회 선택형)고 하였다(항소의 경우도 마찬가지로 항소의 대상적격이 없어 항소각하 된다). 예를 들어 A청구와 B청구의 단순병합에서 법원이 변론을 분리하지 않고 A청구에 대해서만 판결을 하고 이에 대해 당사자가 상소하는 경우, B청구 부분은 원심에 계속 중이므로 A청구에 대한 판단만이 이심되고 상소의 대상이 된다.

> **[비교쟁점] ✳ 선택적 병합과 예비적 병합의 경우**
> 청구관련성이 없어 일부판결이 인정되는 단순병합(재판누락으로 해석)과 달리, 청구관련성이 인정되어
> 일부판결이 부정되는 선택적 병합과 예비적 병합에서는 일부판결의 경우 판단누락에 준하는 위법이 있는
> 전부판결로 취급하여 상소가 가능하다.

제3관 선택적 병합

Ⅰ. 의 의

[D-10]

'선택적 병합'이란 양립할 수 있는 수개의 경합적 청구권에 기하여 동일 취지의 급부를 구하거나 양립할 수 있는 수개의 형성권에 기하여 동일한 형성적 효과를 구하는 경우에 그 어느 한 청구가 인용될 것을 해제조건으로 하여 다른 청구에 관한 심판을 구하는 병합 형태를 말한다.

Ⅱ. 요 건 [양, 수, 논, 일]

[D-11]

1. 양립가능한 청구

논리적으로 양립할 수 없는 청구는 예비적 병합 청구를 하여야 하고 선택적 병합은 허용되지 않는다. 양립불가능한 청구에 대해 순서를 붙이지 않은 경우, 원고의 의사를 중시하여 선택적 병합을 인정하는 견해가 있지만, 통설은 매매의 유효와 무효를 동시에 주장하는 등 주장의 일관성을 인정할 수 없고 신청자체가 불특정하게 됨을 이유로 부정한다. 判例도 "청구의 선택적 병합이란 양립할 수 있는 수 개의 경합적 청구권에 기하여 동일 취지의 급부를 구하거나 양립할 수 있는 수 개의 형성권에 기하여 동일한 형성적 효과를 구하는 경우에 그 어느 한 청구가 인용될 것을 해제조건으로 하여 수 개의 청구에 관한 심판을 구하는 병합형태이므로 논리적으로 양립할 수 없는 수 개의 청구는 성질상 선택적 병합으로 동일 소송절차 내에서 동시에 심판될 수 없다"(대판 1982.7.13. 81다카1120: 법전협 표준판례 (287))고 하여 부진정선택적병합을 부정한다.

2. 수개의 청구권·형성권의 경합

자동차손해배상보장법 또는 민법에 기한 손해배상청구 등 법조경합이나, 선택채권에 기한 청구는 수 개의 청구가 아니라 1개의 청구이므로 청구의 병합이 허용되지 않는다.

[관련판례] "제1심판결 선고 전의 명예훼손행위에 관하여 손해배상청구를 하였으나 피고가 그 내용이 진실이라고 믿을 만한 상당한 이유가 있다는 이유로 청구를 기각당한 원고가 그 항소심에서 청구취지를 변경하지 아니한 채 피고가 제1심판결 선고 후 행한 새로운 명예훼손행위를 청구원인으로 추가하였다면 이는 다른 특별한 사정이 없는 한 피고의 새로운 명예훼손행위를 원인으로 하는 손해배상청구를 선택적으로 병합하는 취지(청구취지를 변경하지 않았으므로 동일 취지의 급부를 구하기 위해 양립할 수 있는 수개의 손해배상청구권이 경합된 것으로 보아 선택적 병합으로 판시)라고 볼 것이다. 그러므로 그 항소심이 새로운 명예훼손행위를 원인으로 한 선택적 병합청구에 관하여 아무런 판단도 하지 아니한 채 원고의 청구를 기각하는 것은 판단누락에 해당(판단누락설에 대해서는 아래 'Ⅲ. 심판방법 3. 위법한 일부판결에 대한 구제책'에서 후술)한다"(대판 2010.5.13. 2010다8365).

3. 청구사이의 논리적 관련성

"논리적으로 전혀 관계가 없어 순수하게 단순병합으로 구하여야 할 수개의 청구를 선택적 또는 예비적 청구로 병합하여 청구하는 것은 부적법하여 허용되지 않는다"(대판 2008.12.11. 2005다51495). 判例에 따르면 불법행위에 기한 손해배상청구와 채무불이행에 기한 손해배상청구는 그 청구 모두가 동일한 목적을 달성하기 위한 것으로서 어느 하나의 채권이 변제로 소멸한다면 나머지 채권도 그 목적 달성을 이유로 동시에 소멸하는 관계에 있으므로 선택적 병합 관계에 있다(대판 2018.2.28. 2013다26425).

4. 청구 병합의 일반 요건

동종절차(제253조), 공통관할의 요건을 갖추어야 한다.

Ⅲ. 심판방법 [D-12]

1. 판단방법

원고청구인용판결에 있어서는 이유 있는 청구 어느 하나를 선택하여 인용하고 나머지 청구에 관한 판단을 할 필요가 없지만, **원고청구기각판결을 하는 경우에는 병합된 청구 전부에 대하여 배척하는 판단이 필요하다.**

   [관련판례] "청구의 선택적 병합은, 양립할 수 있는 여러 개의 청구권에 의하여 동일한 취지의 급부를 구하거나 양립할 수 있는 여러 개의 형성권에 기하여 동일한 형성적 효과를 구하는 경우에, 그 어느 한 청구가 인용될 것을 해제조건으로 하여 여러 개의 청구에 관한 심판을 구하는 병합 형태이다. 이와 같은 선택적 병합의 경우에는 여러 개의 청구가 하나의 소송절차에 불가분적으로 결합되어 있기 때문에, 선택적 청구 중 하나에 대하여 일부만 인용하고 다른 선택적 청구에 대하여 아무런 판단을 하지 아니한 것은 위법하다"(대판 2016.5.19. 전합2009다66549).[3]

2. 일부판결의 허용여부(소극)

선택적 병합의 경우에는 수개의 청구가 하나의 소송절차에 불가분적으로 결합되어 있기 때문에 선택적 청구 중 하나만을 기각하고 다른 선택적 청구에 대하여 아무런 판단을 하지 아니하는 **일부판결은 선택적 병합의 성질에 반하는 것으로서 법률상 허용되지 않는다**(대판 1998.7.24. 96다99: 법전협 표준판례(289); 대판 2023.4.27. 2021다262905).

3. 위법한 일부판결에 대한 구제책

(1) 문제점

선택적 병합청구에 대해 원고청구기각판결을 하면서 병합된 어느 한 청구에 대해서 배척판단을 하지 않은 경우 이는 위법한 일부판결인데 이에 대한 구제책이 문제된다.

(2) 판 례(판단누락설)[4]

判例는 판단누락임을 전제로 "원고가 이와 같이 위법한 제1심판결에 대하여 항소한 이상 원고의 **선택적 청구 전부가 항소심으로 이심되었다**고 할 것이므로, 선택적 청구 중 판단되지 않은 청구 부분이 재판의 탈루로서 제1심법원에 그대로 계속되어 있다고 볼 것은 아니다"(대판 1998.7.24. 96다99: 법전협 표준판례(289))고 하였다.

---

3) 예를 들어 8억 원의 불법행위에 기한 손해배상청구와 채무불이행에 기한 손해배상청구가 선택적으로 병합되었을 경우, 법원이 5억 원의 불법행위책임임을 인정한다면, 선택한 불법행위에 기한 손해배상청구에는 5억 원 부분은 인용하고 3억 원 부분은 기각하며, 선택하지 않은 채무불이행에 기한 손해배상청구에는 3억 원 부분은 기각하는 판결을 선고하여야 한다. 선택하지 않은 채무불이행에 기한 손해배상청구 중 5억 원 부분은 판단하지 않는다.

4) **[학설]** ① 판단누락설은 선택적 병합은 일부판결이 허용되지 않으므로 이를 전부판결로 보고 다만 판단누락에 준하는 위법이 있다고 하고, ② 재판누락설은 이는 재판누락이 되어 판단을 하지 않은 부분은 원심에 계속 중이므로 원심법원이 추가판결을 하여야 한다고 보며, ③ 절충설은 청구에 관한 것이므로 재판누락으로 볼 것이지만, 선택적 병합의 특성상 그 자체가 심리의 불가분성에 위반된 위법한 판결이어서 제1심에서 추가판결을 할 수 없다고 한다.

(3) 검 토

'판단누락'이란 하나의 소송물을 이유있게 하는 공격방어방법으로서, 판결에 영향을 미칠 중요한 사항에 관하여 판단을 표시하지 않은 경우를 말한다(제451조 1항 9호). 따라서 여러 청구의 선택적 병합에서 어느 하나의 판단을 하지 않은 것은 판단누락이라 할 수 없다. 그러나 일부판결이 허용되지 않는 소송에서는 재판누락(제212조)이 있을 수 없으므로 이 경우 판단누락에 준하는 위법이 있는 것으로 해석하는 판단누락설이 타당하다.

Ⅳ. 상소의 효력   [D-13]

1. 이심의 범위와 심판대상(전부)

선택적 병합의 경우 하나의 전부판결이므로 확정차단 및 이심의 범위, 항소심의 심판대상은 전부이다. 수개의 청구가 제1심에서 선택적으로 병합되고 그 중 ① 어느 하나의 청구에 대한 인용판결이 선고되어 피고가 항소를 제기한 때에는 제1심이 판단하지 아니한 나머지 청구까지도 항소심으로 이심되어 항소심의 심판 범위가 되므로, 항소심이 원고의 청구를 인용할 경우에는 선택적으로 병합된 수개의 청구 중 어느 하나를 임의로 선택하여 심판할 수 있으나(대판 1992.9.14. 92다7023: 법전협 표준판례(290))(12회 선택형), ② 원고의 청구를 모두 기각할 경우에는 원고의 선택적 청구 전부에 대하여 판단하여야 하며(대판 2010.5.27. 2009다12580), ③ 선택적으로 병합된 수개의 청구를 모두 기각하거나 소를 각하한 항소심판결에 대하여 원고가 상고한 경우, 상고법원이 선택적 청구 중 어느 하나의 청구에 관한 상고가 이유 있다고 인정할 때에는 원심판결을 전부 파기하여야 할 것이다(대판 2023.4.27. 2021다262905).

2. 항소심의 조치

(1) 문제점

선택적 병합의 경우도 상소불가분의 원칙에 따라 항소심에 전 청구가 이심되므로 항소심은 1심에서 판단되지 않은 청구라도 선택하여 심판할 수 있다. 다만 1심에서 판단한 청구는 이유가 없고, 오히려 판단하지 않은 청구가 이유 있다고 판단한 경우 항소심이 어떤 판결을 하여야 하는지 문제된다.

(2) 판 례(항소인용설)[5]

대법원은 "수개의 청구가 제1심에서 처음부터 선택적으로 병합되고 그중 어느 한 개의 청구에 대한 인용판결이 선고되어 피고가 항소를 제기한 경우는 물론, 원고의 청구를 인용한 판결에 대하여 피고가 항소를 제기하여 항소심에 이심된 후 청구가 선택적으로 병합된 경우에 있어서도 항소심은 제1심에서 인용된 청구를 먼저 심리하여 판단할 필요는 없고, 선택적으로 병합된 수개의 청구 중 제1심에서 심판되지 아니한 청구를 임의로 선택하여 심판할 수 있다고 할 것이나, 심리한 결과 그 청구가 이유 있다고 인정되고 그 결론이 제1심판결의 주문과 동일한 경우에도 피고의 항소를 기각하여서는 안되며 제1심판결을 취소한 다음 새로이 청구를 인용하는 주문을 선고하여야 할 것이다"(대판 1992.9.14. 92다7023: 법전협 표준판례(290))(12회 선택형)고 하여 항소인용설(취소자판설)의 입장이다(제416조). **[13회 사례형]**

---

5) **[학설]** ① 항소기각설(신이론)은 원고로서는 소송 목적을 달성하였다는 점에서 1심의 판결과 다를 바 없으므로 항소를 기각하고 1심 판결을 유지해야 한다는 견해이며(제414조 2항), ② 항소인용설(취소자판설, 구이론)은 1심 판결을 취소하고 청구인용의 자판을 하여야 한다는 견해이다(제416조).

(3) 검 토

인용되는 권리를 명확하게 밝혀 준다는 의미에서 **항소인용설**(취소자판설)이 타당하다.

[관련판례] ＊ **선택적 병합에서 어느 하나의 청구가 인용되고 피고가 항소한 후, 원고가 항소심에서 예비적 병합으로 변경한 경우**(1심에서 판단한 청구는 이유가 없고, 판단하지 않은 청구가 이유 있다고 판단한 경우)
"원고가 제1심에서 선택적으로 구한 두 개의 청구 중 1개의 청구가 인용되고 피고가 항소한 후, 원고가 항소심에서 병합의 형태를 변경하여 제1심에서 심판되지 않은 청구 부분을 주위적 청구로, 제1심에서 인용된 위 청구 부분을 예비적 청구로 구함에 따라 항소심이 주위적 청구 부분을 먼저 심리하여 그 청구가 이유 있다고 인정하는 경우에는, 비록 결론이 제1심판결의 주문과 동일하더라도 피고의 항소를 기각하여서는 아니 되고 새로이 청구를 인용하는 주문을 선고하여야 한다"(대판 2020.10.15. 2018다229625).
[사실관계] 불법행위를 원인으로 한 손해배상청구와 부당이득반환청구가 선택적으로 병합된 사안에서, 제1심은 그중 불법행위를 원인으로 한 손해배상청구 부분을 인용하여 원고 승소판결을 선고하였다. 이에 피고가 항소를 제기하자 항소심에서 원고는 위 각 청구 부분에 관하여 주위적으로 부당이득반환청구를, 예비적으로 불법행위를 원인으로 한 손해배상청구를 하는 것으로 병합의 형태를 달리하여 청구하였다. 이에 항소심은 제1심에서 심판되지 않은 부당이득반환청구 부분(원심에서 주위적 청구로 변경된 부분)을 심리하여 그 청구가 이유 있다고 인정하면서 결론이 제1심판결과 같다는 이유로 피고의 항소를 기각하는 내용의 판결을 선고하였다. 그러나 대법원은 비록 위 돈의 지급을 명하는 결론은 제1심판결의 주문과 동일하지만, 항소심에서 변경된 주위적 청구에 따라 제1심에서 심판되지 아니한 부당이득반환청구 부분을 인정하는 것이므로 피고의 항소를 기각하여서는 아니 되고 새로이 청구를 인용하는 주문을 선고하여야 한다고 판시하였다(파기자판한 사례).

[관련판례] ＊ **항소심에서 청구를 선택적으로 병합한 경우 [13회 사례형]**
"제1심에서 원고의 청구가 기각되어 원고가 항소한 다음 항소심에서 청구를 선택적으로 병합한 경우 법원은 병합된 수개의 청구 중 어느 하나의 청구를 선택하여 심리할 수 있고, 어느 한 개의 청구를 심리한 결과 그 청구가 이유 있다고 인정될 경우에는 원고의 청구를 기각한 제1심판결을 취소하고 이유 있다고 인정되는 청구를 인용하는 주문을 선고하여야 한다"(대판 2021.7.15. 2018다298744; 대판 1993.10.26. 93다6669: 법전협 표준판례(291)).[6]

[관련판례] ＊ **선택적으로 병합된 청구를 모두 기각한 항소심판결에 대하여 상고심법원이 선택적 청구 중 어느 하나의 청구에 관한 상고가 이유 있다고 인정하는 경우, 이를 전부 파기하여야 하는지 여부(적극) 및 이러한 법리는 성질상 선택적 관계에 있는 청구를 당사자가 심판의 순위를 붙여 청구한다는 취지에서 예비적으로 병합한 경우에도 마찬가지로 적용되는지 여부(적극)**
"선택적으로 병합된 청구를 모두 기각한 항소심판결에 대하여 상고심법원이 선택적 청구 중 어느 하나의 청구에 관한 상고가 이유 있다고 인정할 때에는 이를 전부 파기하여야 한다. 그리고 이러한 법리는 성질상 선택적 관계에 있는 청구를 당사자가 심판의 순위를 붙여 청구한다는 취지에서 예비적으로 병합한 경우에도 마찬가지로 적용된다"(대판 2022.3.31. 2017다247145).

---

6) "원심이 원심에서 추가된 상법 제399조 제1항에 따른 손해배상청구가 이유 있다고 인정하는 이상 제1심판결을 취소하고 선택적으로 추가된 청구를 인용하는 주문을 선고하여야 한다. 그런데 원심은 상법 제341조 제4항에 따른 청구를 기각한 제1심판결을 원심이 인용하는 금액의 범위에서만 취소하고 나머지 항소를 기각하면서 원심에서 선택적으로 추가된 청구를 인용하는 주문을 선고하지 아니하였다. 이러한 원심판결에는 항소심에서의 선택적 병합에 관한 법리를 오해하여 선택적 청구에 대한 판단을 누락한 잘못이 있고, 이는 판결 결과에 영향을 미쳤음이 분명하다"
[사실관계] 자본금 감소절차 없이 주식을 소각하고 회사로부터 주식대금을 교부받은 대표이사인 피고를 상대로 소수주주인 원고가 대표소송을 제기한 사안으로, 원고는 제소청구서에서 상법 제341조 제4항에 따른 손해배상청구를 하였으나 원심에서 같은 사실관계를 기초로 상법 제399조 제1항에 따른 손해배상청구를 선택적으로 추가한 사례에서, 대법원은 제소청구서에 기재하지 않은 청구권을 대표소송 진행 중 선택적으로 추가하는 것이 가능하다고 본 원심 판단을 수긍하면서, 선택적 병합에 대한 판단누락과 상법 제399조에 따른 손해배상책임의 지연손해금 기산점에 대한 심리미진을 지적하며 원심판결을 파기환송하였다.

| 핵심사례 D-01 |

| **■ 선택적 병합** | 2018년 6월 법전협 모의 변형, 2011년 법원행정고시 |

원고는 피고에게 원고의 어머니를 부양한다는 조건으로 A주택과 B주택을 증여하고 소유권이전등기를 마쳐 주었다. 그런데 피고가 원고의 어머니를 부양하지 않고 폭행하자, 원고는 피고와 구두로 A주택과 B주택을 돌려받기로 하는 양도합의를 하였다. 양도합의의 입증에 자신이 없던 원고는 피고에게 증여 해제의 의사표시를 한 다음, 피고를 상대로 증여해제를 원인으로 한 소유권이전등기청구의 소를 제기하였다. 원고는 제1심 소송 중에 양도합의를 원인으로 한 위 주택들의 소유권이전등기청구를 선택적으로 추가하였다. 제1심 법원은 증여해제를 원인으로 한 소유권이전등기청구를 기각하고, 양도합의를 원인으로 한 소유권이전등기청구에 대하여는 아무 판단도 없이 제1심 판결을 선고하였다. (총 25점)

〈문제 1.〉 이러한 형태의 병합청구는 허용되는가?

〈문제 2.〉 제1심 판결은 정당한가?

〈문제 3.〉 만약 제1심 법원이 증여해제를 원인으로 한 소유권이전등기청구를 인용하고, 피고가 항소하였는데, 원고가 제1심이 아닌 항소심에서 양도합의를 원인으로 한 소유권이전등기청구를 선택적으로 추가한 경우라면, 항소심 법원은 제1심에서 인용된 청구를 먼저 심판하지 않고 제1심에서 심판되지 않은 청구를 임의로 선택하여 심판할 수 있는지, 그리고 그 경우 주문형식을 서술하시오.

Ⅰ. 문제 1.의 해결

1. 문제점

(1) 청구의 변경인지 여부(적극)

청구변경이란 종전의 청구 대신에 새로운 청구로 바꾸거나 종전의 청구에 새로운 청구를 추가시키는 방법을 말한다(제262조). 사안과 같이 청구취지는 등기이전으로 동일하고 청구원인만 증여해제에서 양도합의로 추가되는 경우는 청구변경에 해당한다.

(2) 청구의 추가적 변경인지 여부(적극)

구청구에 갈음하여 신청구를 제기하는 청구변경을 교환적 변경, 구청구를 유지하면서 신청구를 추가 제기하는 청구변경을 추가적 변경이라 한다. 사안의 경우 원고는 증여해제를 원인으로 한 소유권이전등기청구를 유지하고 선택적으로 양도합의를 원인으로 한 소유권이전등기청구를 추가하였으므로 추가적 변경을 신청한 것이다.

2. 청구변경의 적법여부(적법)

(1) 요 건 [기, 지, 전, 일]

소의 변경이 적법하기 위해서는 ⅰ) 청구기초의 동일성이 있을 것, ⅱ) 신청구의 심리를 위해 소송절차를 현저히 지연시키지 않을 것, ⅲ) 사실심에 계속되고 변론종결 전일 것, ⅳ) 청구병합의 일반요건으로서 신·구청구가 동종의 소송절차에 의하여 심리될 수 있어야 하고, 모든 청구에 대하여 당해 법원에 관할권이 있을 것이 요구된다(제262조). 사안에서는 **청구기초의 동일성**이 인정될 것인지가 문제된다.

(2) 판 례

判例는 "채권자의 각 청구가 동일한 생활사실 또는 경제적 이익에 관한 분쟁에 있어서 그 해결방법에 차이가 있음에 불과하고 그 청구의 기초에 변경이 있는 것이 아닌 경우에는 각 청구취지 및 청구원인의 변경을 인정할 수 있다"(대판 1997.4.25. 96다32133)고 판시하여 **이익설이 주류**이나, "약속어음금청구와 전화가입명의변경청구 사이에 사실자료의 공통성이 없어 청구의 기초에 변경이 있는 것이다"(대판 1964.9.22. 64다480)고 판시하여 **사실자료동일성에 입각한 예도 있다.**

(3) 사안의 경우

'증여해제를 원인으로 한 소유권이전등기청구'와 '양도합의를 원인으로 한 소유권이전등기청구'는 동일한 생활사실에 관한 분쟁에서 해결방법을 달리하는 것에 불과하므로 청구기초의 동일성이 인정되며, 나머지 요건이 흠결되었다고 볼 만한 특별한 사정이 없으므로 원고의 병합청구는 추가적 병합으로 적법하다.

3. 병합의 태양 - 선택적 병합

추가적 변경은 청구의 후발적 병합에 해당하므로 청구의 병합요건(제262조)을 갖춰야 하며 단순병합·선택적 병합·예비적 병합의 형태로 이루어진다. 사안의 경우 원고는 구청구를 유지하고 선택적으로 신청구를 추가하였으므로 선택적 병합이 문제된다.

(1) 선택적 병합의 의의

(2) 요 건 [양, 수, 논, 일]

(3) 사안의 경우

구청구인 증여해제를 원인으로 한 소유권이전등기청구와 신청구인 양도합의를 원인으로 한 소유권이전등기청구는 어느 하나가 인용되면 소의 목적을 달성할 수 있으므로 양립가능하며, 해당토지의 소유권이전등기를 목적으로 하므로 양 청구원인간에 관련성이 있으며, 민사소송으로 소송절차가 공통되고, 부동산의 경우 부동산소재지에 관할법원이 있으므로(제20조) 선택적병합이 된다.

Ⅱ. 문제 2.의 해결 - 선택적 병합에서 일부판결 가부(위법)

1. 판 례

2. 검토 및 사안의 경우

판결의 모순되는 것을 방지하기 위하여 선택적 병합의 경우 일부판결이 허용되지 않는다는 判例의 입장이 타당하다. 따라서 사안의 경우 제1심법원이 원고의 선택적 청구 중 증여해제를 원인으로 한 소유권이전등기청구만을 판단하여 기각하고, 나머지 청구에 대하여 아무런 판단을 하지 아니한 조치는 위법하다.

3. 위법한 일부판결에 대한 구제책(상소·재심)

판단누락에 준하여 상소(제451조 1항 단서)와 재심(동조 1항 9호)으로 다투어야 한다.

Ⅲ. 문제 3.의 해결

1. 판 례

2. 항소심의 조치

항소심법원은 제1심에서 인용된 증여해제를 원인으로 한 소유권이전등기청구를 먼저 심판하지 않고 원고가 항소심에서 선택적으로 추가한 양도합의를 원인으로 한 소유권이전등기청구를 임의로 선택하여 먼저 심판할 수 있다. 심리한 결과 그 청구가 이유 있다고 인정되고 그 결론이 제1심판결의 주문과 동일한 경우에도 피고의 항소를 기각하여서는 안되며 **제1심판결을 취소한 다음 새로이 청구를 인용하는 주문을 선고하여야 할 것이다.**

제4관 예비적 병합

I. 의 의 [D-14]

'예비적 병합'이란 양립할 수 없는 여러 개의 청구를 하면서 그 '심판의 순위'를 붙여 제1차적 청구가 인용될 것을 해제조건으로 하여 제2차적 청구에 대하여 심판을 구하는 형태의 병합을 말한다(5회 선택형).

II. 요 건 [양, 순, 논, 일] [D-15]

1. 양립불가능한 청구

주위적 청구와 예비적 청구가 상호 배척 관계로서 전자가 후자를 흡수하는 포함관계가 아니어야 한다는 의미이다. 주위적으로 매매계약이 유효임을 전제로 매매대금의 지급을 구하고, 예비적으로 매매계약이 무효일 때를 대비하여 부당이득을 이유로 이미 인도한 매매목적물의 반환을 청구하는 경우가 그 예이다.

> **[관련판례]** "예비적 청구는 주위적 청구와 서로 양립할 수 없는 관계에 있어야 하므로, 주위적 청구와 동일한 목적물에 관하여 동일한 청구원인을 내용으로 하면서 주위적 청구를 양적이나 질적으로 일부 감축하여 하는 청구는 주위적 청구에 흡수되는 것일 뿐 소송상의 예비적 청구라고 할 수 없다"(대판 2017.2.21. 2016다225353).

> ✱ **양적·질적 감축된 예비적 청구가 소송상 예비적 병합인지 여부(소극)**
> ① **[양적 감축]** "예비적 청구가 주위적 청구와 동일한 목적물에 관하여 동일한 청구원인을 내용으로 하고 있고 다만 주위적 청구에 대한 수량적 일부분을 감축하는 것에 지나지 아니하는 경우 소송상 예비적 청구라고 할 수 없다"(대판 1991.5.28. 90누1120 : 예컨대, 1차적 5,000만 원, 2차적 2,000만 원의 청구)
> ② **[질적 감축]** "주위적으로 무조건적인 소유권이전등기절차의 이행을 구하고, 예비적으로 금전 지급과 상환으로 소유권이전등기절차의 이행을 구하는 경우, 위 예비적 청구는 주위적 청구를 질적으로 일부 감축하여 하는 청구에 지나지 아니할 뿐, 그 목적물과 청구원인은 주위적 청구와 완전히 동일하므로 소송상의 예비적 청구라고는 볼 수 없다"(대판 1999.4.23. 98다61463).

2. 판단순서의 존재

예비적병합은 주위적 청구를 예비적 청구보다 먼저 심판해야한다는 점에서, 청구 사이에 판단순서가 없는 단순병합·선택적 병합과 구별된다.

3. 청구사이의 논리적 관련성

"논리적으로 전혀 관계가 없어 순수하게 단순병합으로 구하여야 할 수개의 청구를 선택적 또는 예비적 청구로 병합하여 청구하는 것은 부적법하여 허용되지 않는다"(대판 2008.12.11. 2005다51495)

4. 청구 병합의 일반 요건

동종절차(제253조), 공통관할의 요건을 갖추어야 한다.

Ⅲ. 심판방법 [D-16]

1. 판단방법 [10사법]

주위적 청구가 인용될 때에는 예비적 청구에 대하여 심판할 필요가 없지만, 그것이 기각되는 때에는 예비적 청구에 대하여 심판하여야 한다.

2. 일부판결의 허용여부(소극 : 선택적 병합과 같은 법리)

判例는 "예비적 병합의 경우에는 수개의 청구가 하나의 소송절차에 불가분적으로 결합되어 있기 때문에 주위적 청구를 먼저 판단하지 않고 예비적 청구만을 인용하거나 주위적 청구만을 배척하고 예비적 청구에 대하여 판단하지 않는 등의 일부판결은 예비적 병합의 성질에 반하는 것으로서 법률상 허용되지 아니한다"(대판 2000.11.16. 98다22253: 법전협 표준판례(297); 대판 2023.12.7. 2023다273206)고 판시하였다.

3. 위법한 일부판결에 대한 구제책(판단누락설 : 선택적 병합과 같은 법리)

判例는 "주위적 청구를 배척하면서 예비적 청구에 대하여 판단하지 아니하는 판결을 한 경우에는 그 판결에 대한 상소가 제기되면 판단이 누락된 예비적 청구 부분도 상소심으로 이심이 되고 그 부분이 재판의 탈루에 해당하여 원심에 계속 중이라고 볼 것은 아니다"(대판 2000.11.16. 전합98다22253: 법전협 표준판례(297)(5회 선택형)고 하여 판단누락에 준해 상소 또는 재심에 의해 구제받아야 한다고 본다. 그리고 이러한 법리는 부진정 예비적 병합의 경우에도 마찬가지이다(대판 2021.5.7. 2020다292411).

[판례검토] 재판누락설에 의하면 청구가 분리되어 모순이 발생할 수 있어 부당하고, 일부판결이 허용되지 않는 소송에서 재판누락은 있을 수 없으므로 判例의 태도가 타당하다.

> **[관련판례] ✳ 원고패소의 제1심판결에 대해 원고가 항소한 후 항소심에서 예비적 청구를 추가한 경우**
> "원고 패소의 제1심판결에 대하여 원고가 항소한 후 항소심에서 예비적 청구를 추가하면 항소심이 종래의 주위적 청구에 대한 항소가 이유 없다고 판단한 경우에는 예비적 청구에 대하여 제1심으로 판단하여야 한다. … (중략)… 원심(항소심 : 저자주)이 추가된 예비적 청구의 일부를 인용하는 경우에는 제1심판결 중 인용하는 금액에 해당하는 원고 패소 부분을 취소하고 그 인용금액의 지급을 명할 것이 아니라, 원고의 항소를 기각하고 새로이 추가된 예비적 청구에 따라 인용금액의 지급을 명하였어야 한다"(대판 2017.3.30. 2016다253297).

> **[관련판례] ✳ 예비적병합에서 판단누락된 부분에 대한 별소제기의 적법여부(부적법)**
> "항소심판결상 예비적 청구에 관하여 이루어져야 할 판단이 누락되었음을 알게 된 당사자가 상고를 통하여 그 오류의 시정을 구하였어야 함에도 상고로 다툴 수 없는 특별한 사정이 없었음에도 상고로 다투지 아니하여 그 항소심판결을 확정시킨 후 그 예비적 청구의 전부나 일부를 소송물로 하는 별도의 소송을 새로 제기하는 것은 권리보호 요건을 갖추지 못한 부적법한 소제기이다"(대판 2002.9.4. 98다17145).

[판례검토] 예비적병합에서 판단누락된 부분을 상소로 다투지 아니하여 판결이 확정된 이상, 그 후 누락된 청구에 대해서는 별소를 제기할 수 없다(권리보호자격 : 제소장애사유).

Ⅳ. 상소의 효력 [8회 사례형] [D-17]

1. 이심의 범위(전부)

예비적 병합의 경우 하나의 전부판결이므로 확정차단 및 이심의 범위는 판결 전부이다.

2. 심판대상(제415조 불이익변경금지원칙)

(1) 주위적 청구 인용판결에 대하여 피고만 항소한 경우(전부 : 주 · 인 · 피 · 전)

예비적 청구를 포함한 판결 전부가 항소심의 심판대상이 된다. 주위적 청구가 기각되면 예비적 청구에 대하여 판단해 달라는 것이 원고의 의사이며 피고 역시 이를 예상할 수 있고, 청구기초가 동일하므로 피고의 심급의 이익을 해하지도 않기 때문이다.

判例 역시 "예비적 병합의 경우에는 원고가 붙인 순위에 따라 심판하여야 하며 주위적 청구를 배척할 때에는 예비적 청구에 대하여 심판하여야 하나 **주위적 청구를 인용할 때에는 다음 순위인 예비적 청구에 대하여 심판할 필요가 없는 것이므로, 주위적 청구를 인용하는 판결은 전부판결로서 이러한 판결에 대하여 피고가 항소하면 제1심에서 심판을 받지 않은 다음 순위의 예비적 청구도 모두 이심되고 항소심이 제1심에서 인용되었던 주위적 청구를 배척할 때에는 다음 순위의 예비적 청구에 관하여 심판을 하여야 하는 것이다**"(대판 2000.11.16. 전합98다22253: 법전협 표준판례(297))(5회 선택형)고 판시하였다.

　[관련판례] ✽ 주위적 청구 중 일부를 인용하고 예비적 청구를 모두 기각한 경우
　"원고의 주위적 청구 중 일부를 인용하고 예비적 청구를 모두 기각한 제1심판결에 대하여 피고가 불복 항소하자 항소심이 피고의 항소를 받아들여 제1심판결을 취소하고 그에 해당하는 원고의 주위적 청구를 기각하는 경우, 항소심은 기각하는 주위적 청구 부분과 관련된 예비적 청구를 심판대상으로 삼아 판단하여야 한다"(대판 2000.11.16. 전합98다22253: 법전협 표준판례(297)).[7]

(2) 주위적 청구 기각, 예비적 청구 인용판결에 대하여 '원고'만 항소한 경우(주위적 청구에 국한)

원고가 항소한 경우 예비적 청구까지 기각하게 되면 원고에게 불리하게 판결이 변경된 것이므로 항소심의 심판 범위는 주위적 청구에 국한된다. 따라서 항소법원이 예비적 청구가 이유 없다고 판단하였더라도 예비적 청구를 기각하는 것은 불이익변경금지 원칙에 반하므로 예비적 청구에 대한 기각판결을 선고하여서는 아니 된다. 항소법원은 주위적 청구가 이유없는 경우 항소기각 판결을 선고할 수 있을 뿐이다.

(3) 주위적 청구 기각, 예비적 청구 인용판결에 대하여 '피고'만이 항소한 경우(예비적 청구에 국한 : 주 · 기 · 예 · 인 · 피 · 예)

1) 문제점

예비적 병합청구에 대하여 제1심 법원이 주위적 청구는 기각하고 예비적 청구만을 인용하는 판결을 선고한 데 대하여 피고만이 항소하더라도, 항소제기의 효력은 사건 전부에 미쳐 주위적 청구에 관한 부분도 확정 차단되고 항소심에 이심된다. 다만, 심판의 대상에도 주위적 청구가 포함되어 주위적 청구를 인용하는 판결을 할 수 있는지 여부가 불이익변경금지원칙과 관련하여 문제된다.

2) 판 례

"제1심에서 주위적 청구를 기각하고 예비적 청구를 인용한 판결에 대하여 피고만이 항소한 때에는, 이심의 효력은 사건 전체에 미치더라도 **원고로부터 부대항소가 없는 한 항소심의 심판대상으로 되는 것은 예비적 청구에 국한된다**"(대판 1995.2.10. 94다31624 : 반면 성질이 선택적 병합인 부진정 예비적 병합에서 주위적 청구 기각, 예비적 청구 인용판결에 피고만 항소한 경우 항소심의 심판대상은 두 청구 모두이다. 아래 'Ⅴ. 2. (3) 관련판례 참조)(5회 선택형)고 하여 **소극설**의 입장이다. **[8회 사례형]**

---

7) **[18년 3차 법전협 선택형 정지문]** 甲이 乙에게 2억 원의 지급을 청구하면서, 청구원인으로 주위적으로 소비대차에 기한 대여금반환을, 예비적으로 부당이득반환을 주장하였는데, 제1심 법원은 대여금반환청구 중 1억 원만을 인용하고, 부당이득반환청구를 모두 기각하는 판결을 하였다. 이에 乙이 항소하였고, 항소심 법원이 乙의 항소를 받아들여 제1심 판결을 취소하고 그에 해당하는 대여금반환청구를 기각하는 경우, 항소심 법원은 기각하는 대여금반환청구 부분과 관련된 부당이득반환청구에 대하여 심판하여야 한다.

[관련판례] ＊ 항소심이 제1심과 마찬가지로 원고의 청구를 기각하는 판결을 한 경우(무의미한 판결), 원고의 주위적 청구부분에 관한 상고(부적법)

"제1심에서 주위적 청구를 기각하고 예비적 청구를 인용한 판결에 대하여 피고만이 항소한 때에는, 이심의 효력은 사건 전체에 미치더라도 원고로부터 부대항소가 없는 한 항소심의 심판대상으로 되는 것은 예비적 청구에 국한되는 것임에도 불구하고, 원심은 심판의 대상으로 되지 않은 주위적 청구에 대하여도 제1심과 마찬가지로 원고의 청구를 기각하는 판결을 하였으나, 원심이 위와 같은 무의미한 판결을 하였다고 하여 원고가 그에 대하여 상고함으로써 주위적 청구부분이 상고심의 심판대상으로 되는 것은 아니므로, 원고의 주위적 청구부분에 관한 상고는 심판의 대상이 되지 않은 부분에 대한 상고로서 불복의 이익이 없어 부적법하다"(대판 1995.01.24. 94다29065).

3) 검 토

① 항소심에서 주위적 청구도 심판의 대상으로 삼을 수 있으므로 주위적 청구를 인용하더라도 불이익변경금지원칙에 어긋나지 않는다는 적극설이 있으나, ② 주위적 청구에 관하여 심판을 허용하게 되면 불이익변경금지원칙에 저촉되고, 원고는 부대항소에 의해서 주위적 청구부분에 관해 심판을 구할 수 있다는 점에서 주위적 청구에 대한 제1심의 판단의 당부를 심사의 대상으로 할 수 없다는 소극설이 타당하다(주위적 청구 비심판설).

(4) 주위적 청구 기각, 예비적 청구 '일부' 인용판결에 대하여 피고만 상고한 경우(예비적 청구에 국한, 파기환송 후 심판범위는 예비적 청구 중 피고 패소 부분에 한정)

원고의 주위적 청구를 기각하면서 예비적 청구를 일부 인용한 환송 전 항소심판결에 대하여 피고만이 상고하고 원고는 상고도 부대상고도 하지 않은 경우에, 주위적 청구에 대한 항소심판단의 적부는 상고심의 조사대상으로 되지 아니하고 환송 전 항소심판결의 예비적 청구 중 피고 패소 부분만이 상고심의 심판대상이 되는 것이므로, 피고의 상고에 이유가 있는 때에는 상고심은 환송 전 항소심판결 중 예비적 청구에 관한 피고 패소 부분만 파기하여야 하고, 파기환송의 대상이 되지 아니한 주위적 청구부분은 예비적 청구에 관한 파기환송판결의 선고와 동시에 확정되며 그 결과 환송 후 원심에서의 심판범위는 예비적 청구 중 피고 패소 부분에 한정된다"(대판 2001.12.24. 2001다62213: 법전협 표준판례 (240)).

(5) 주위적 청구 기각, 예비적 청구 인용판결에 대하여 피고만 항소한 항소심에서 피고가 주위적 청구를 인낙할 수 있는지 여부(적극 : 따라서 예비적 청구에 관하여는 심판할 필요가 없음)

判例는 "제1심 법원이 원고의 주위적 청구와 예비적 청구를 병합심리한 끝에 주위적 청구는 기각하고 예비적 청구만을 인용하는 판결을 선고한 데 대하여 피고만 항소를 하더라도, 항소의 제기에 의한 이심의 효력은 피고의 불복신청의 범위와는 관계없이 사건 전부에 미쳐 주위적 청구에 관한 부분도 항소심에 이심되는 것이므로, 피고가 항소심의 변론에서 원고의 주위적 청구를 인낙하여 그 인낙이 조서에 기재되면 그 조서는 확정판결과 동일한 효력이 있는 것이고, 따라서 그 인낙으로 인하여 주위적 청구의 인용을 해제조건으로 병합심판을 구한 예비적 청구에 관하여는 심판할 필요가 없어 사건이 그대로 종결되는 것이다"(대판 1992.6.9. 92다12032)라고 판시하여 주위적 청구를 인낙할 수 있다고 한다(5회 선택형).

| 핵심사례 D-02 |

■ **불이익변경금지원칙 – 주위적 청구를 배척하고 예비적 청구를 인용한 판결에 대해 피고만 항소한 경우 항소심 법원이 주위적 청구를 심판대상으로 삼을 수 있는지 여부**

2019년 제8회 변호사시험, 2017년 8월 법전협 모의

甲은 2015. 3. 10. 乙과의 사이에 乙 소유의 X건물을 매수하는 계약을 체결하고, 같은 날 丙의 대리인이라고 주장하는 丁과의 사이에 丙으로부터 丙 소유의 Y건물을 매수하는 계약을 체결하였다. 甲은 위 각 매매계약에서 약정한 바에 따라 대금을 지급하였음에도 불구하고 乙과 丙이 소유권이전등기의무를 이행하지 않자, 乙과 丙을 공동피고로 하여 乙에 대하여는 X건물에 관하여, 丙에 대하여는 Y건물에 관하여 각 매매를 원인으로 하는 소유권이전등기를 구하는 소를 제기하였다. 위 소송계속 중 乙은 위 매매계약이 불공정한 법률행위라서 무효라고 주장하고, 丙은 丁에게 적법한 대리권이 없었다고 주장하였다. 이에 甲은 (1) 乙에 대한 청구에 위 불공정한 법률행위 주장이 인정될 경우에 대비하여 예비적으로 乙에게 지급한 매매대금의 반환을 구하는 청구를 병합하였고, (2) 丙에 대한 청구에 丁의 대리권이 인정되지 않을 경우를 대비하여 丁을 예비적 피고로 추가하면서 丁에 대하여 무권대리행위에 따른 손해배상을 청구하였다.

제1심 법원이 甲의 乙에 대한 주위적 청구를 기각, 예비적 청구를 인용하고, 丙에 대한 청구는 기각하며, 丁에 대한 청구는 인용하는 판결을 선고하였다.

위 제1심 판결에 대하여 乙과 丁은 각 자신이 패소한 청구에 대하여 항소를 제기하였지만 甲과 丙은 항소를 제기하지 않았다. 항소심 법원이 심리한 결과, 乙에 대한 청구에 관하여는 불공정한 법률행위가 아니라는 확신을 갖게 되고, 丙과 丁에 대한 청구에 관하여는 丁이 적법한 대리권을 가지고 계약을 체결하였다는 확신을 갖게 되었다. **항소심 법원은 어떤 판결을 선고해야 하는가?** (재판상 자백은 고려하지 말 것)

I. 결 론

항소심법원은 ① 甲의 乙에 대한 청구에 대하여는 제1심판결 중 예비적 청구에 해당하는 매매대금반환청구 부분만을 취소하고, 그 부분을 기각하는 판결을 선고하여야 하고, ② 甲의 丙과 丁에 대한 청구에 대하여는 주위적 피고 丙에 대한 청구기각·예비적 피고 丁에 대한 청구인용의 제1심판결을 취소하여, 甲의 주위적 피고 丙에 대한 청구를 인용하고 甲의 예비적 피고 丁에 대한 청구를 기각하는 판결을 선고하여야 한다.

II. 논 거

1. 甲의 乙에 대한 소유권이전등기청구와 매매대금반환청구

(1) **甲의 청구병합의 형태**(객관적 예비적 병합)

(2) **주위적 청구기각·예비적 청구인용의 제1심판결에 대하여 피고 乙만이 항소한 경우**

1) 문제점

주위적 청구기각·예비적 청구인용의 원판결에 대하여 피고만이 그 패소부분에 대하여 상소한 경우, 불복하지 않은 주위적 청구에 해당하는 소유권이전등기청구 부분도 상소불가분의 원칙상 상소심으로 확정차단·이심되지만, 심판대상이 되는지 문제된다.

2) 학설 및 判例

항소심의 심리결과 예비적 청구는 이유 없는데 주위적 청구는 이유 있다고 판단될 경우 통설 및 判例는 원고의 부대항소가 없는 이상 불이익변경금지의 원칙상 주위적 청구는 항소심의 심판대상이 되지 않는다고 본다(주위적청구비심판설). 따라서 이에 의하면 원고의 부대항소가 없는 이상 제1심판결 중 예비적 청구 부분만을 취소하고, 그 부분을 기각하는 판결을 하여야 한다고 본다. 따라서 주위적 청구와 예비적 청구 모두 기각되게 된다.[8]

3) 검 토

원고가 부대항소를 하지 않음에도 주위적 청구를 심판대상으로 하는 것은 처분권주의 원칙상 원고의 의사에 반하고 항소한 피고에게 불이익변경금지 원칙은 준수되어야 하므로 判例는 타당하다. 따라서 항소심 법원은 피고가 항소한 예비적 청구에 대해서만 판단할 수 있을 뿐이며, 주위적 청구인 소유권이전등기청구에 대해서는 판단할 수 없다(이 경우 주위적 청구를 인용하는 것은 항소한 피고에게 제심 판결보다 불이익하게 변경하는 것이기 때문이다).

4) 소 결

항소심의 심리결과 불공정한 법률행위가 아니라는 확신을 갖게 되었는 바, 주위적 청구인용 · 예비적 청구기각의 심증이 형성되었다고 볼 수 있으므로 항소심법원으로서는 제1심판결 중 예비적 청구에 해당하는 매매대금반환청구 부분만을 취소하고, 그 부분을 기각하는 판결을 하여야 한다. 즉 이 경우 주문은 '원판결 가운데 피고 패소 부분을 취소한다. 위 취소부분에 해당하는 원고의 청구를 기각한다'는 것이 된다. 따라서 甲의 乙에 대한 소유권이전등기청구와 매매대금반환청구 모두 기각되게 된다.

2. 甲의 丙과 丁에 대한 청구

(1) 甲의 청구의 병합형태(예비적 공동소송)

(2) 이심의 범위(전부이심 : 상소불가분원칙적용)

(3) 항소심의 심판대상(전부심판 : 합일확정의 원칙상 불이익변경금지원칙배제.)

(4) 소 결

항소심의 심리결과 丁이 적법한 대리권을 가지고 계약을 체결하였다는 확신을 갖게 되었는바, 항소심법원은 주위적 피고 丙에 대한 청구기각 · 예비적 피고 丁에 대한 청구인용의 제1심판결을 취소하고 甲의 주위적 피고 丙에 대한 청구를 인용하고 甲의 예비적 피고 丁에 대한 청구를 기각하는 판결을 선고하여야 한다.

---

8) **[유력설]** 이에 대하여 원고에게 부당한 결론이라고 하여 비판하는 견해가 유력한 바, 예비적 병합의 특성상 예비적 관계로 결합된 수개의 청구에 대한 판결을 1개의 불가분의 판결이고 따라서 불복신청도 그 전부에 미치므로 항소심은 주위적 청구부분을 포함한 제1심판결 전체를 심판의 대상으로 하여야 하고, 원고의 부대항소 의사를 의제하여 예비적 병합청구를 신청한 원고의 의사가 전체심급을 통해 유지된다고 해석하는 것이 타당하며, 예비적 청구병합의 합리적 해결을 위해서라도 불이익변경금지의 원칙의 예외적 조치로 보아 주위적 청구부분도 항소심의 심판의 대상이 된다고 봄이 타당하다고 한다(주위적청구심판설, 김홍규).

Ⅴ. 부진정 예비적병합 [D-18]

	단순병합	선택적병합	예비적병합	부진정예비적병합	
양립가부	가능	가능	불가능	가능	
판단순서	×	×	○	○	
심판	모든 청구에 대하여 심판	어느 한 청구가 인용될 것을 해제조건으로 하여 다른 청구에 대하여 심판	1차 청구가 인용될 것을 해제조건으로 하여 2차 청구에 대하여 심판	단순병합 관계에 순서를 붙인 경우	순서에 구속되어 재판하되 모든 청구에 대하여 심판 즉, 1차 청구가 인용되든 기각되든 2차 청구를 심판 (判例는 부정)
				선택적병합 관계에 순서를 붙인 경우	순서에 구속되어 재판하되 1차 청구가 인용되면 2차 청구를 심판할 필요가 없고, 1차 청구가 기각되면 2차 청구를 심판 (判例는 긍정)

1. 부진정예비적병합의 인정 여부와 법적 성질 [14법행]

(1) 문제점

양립가능한 청구에 대하여 순서를 붙여 예비적 병합의 형태로 청구하는 경우 법원이 순서에 구속되는지 문제된다.

(2) 판 례

1) 인정 요건 및 법적 성질

대법원은 "청구의 예비적 병합은 논리적으로 양립할 수 없는 수 개의 청구에 관하여 주위적 청구의 인용을 해제조건으로 예비적 청구에 대하여 심판을 구하는 형태의 병합이라 할 것이지만, **논리적으로 양립할 수 있는 수 개의 청구라 하더라도 당사자가 심판의 순위를 붙여 청구를 할 합리적 필요성이 있는 경우**(예를 들어 주위적으로 재산상 손해배상을 청구하면서 그 손해가 인정되지 않을 경우에 예비적으로 같은 액수의 정신적 손해배상을 청구하는 형태의 부진정 예비적 병합 청구의 소가 허용된다. 대판 2021.5.7. 2020다292411)에는 **당사자가 붙인 순위에 따라서 당사자가 먼저 구하는 청구를 심리하여 이유가 없으면, 다음 청구를 심리하여야 한다**"(대판 2002.2.8. 2001다17633: 법전협 표준판례(295))고 판시하여 **예비적 병합으로 취급**(순서에 구속되어 심판)**한다.**[9]

2) 순위를 붙여 청구할 합리적 필요성

순위를 붙여 청구할 합리적 필요성이 있는 경우로는 ① 부동산에 관한 (준)공유자로서 보존행위 내지 관리행위(민법 제265조)에 기한 소유권이전등기절차의 이행을 구하는 청구와 지분권에 관하여 지분의 처분행위(민법 제263조)로서 소유권(지분)이전등기절차의 이행을 구하는 청구(대판 2002.2.8. 2001다17633), ② 선택적 관계로서 동시에 양립할 수 있는 전부금 청구를 주위적으로 1억2천만 원, 채무인수금 청구를 예비적으로 1억4천5백만 원을 청구하면서, 심판의 범위로 주위적 청구에서 인용되는 수액을 제한 예비적 청구 부분의 심판을 구하는 경우(대판 2002.9.4. 98다17145)등이 있다.

---

9) 양청구를 모두 판단하여야 하는 단순병합과 달리, 주청구를 인용하면 예비적 청구를 판단할 필요가 없고 주청구를 배척하면 예비적 청구를 판단한다는 점에서 예비적 병합과 같은 결론에 이르기 때문이다. 그러나 병합청구의 성질에 따라 단순 또는 선택적 병합으로 취급하는 견해에서는, 위 판례는 선택적 병합에 순서를 붙인 것이어서 순서에 따라 1차 청구가 인용되면 선택관계인 2차 청구를 판단하지 않고 1차 청구를 배척하면 2차 청구를 판단하는 것으로 본다.

(3) 검 토

① 병합청구의 성질에 따라 단순 또는 선택적 병합으로 취급하는 견해가 있으나, ② 양립가능한 청구라도 원고가 심판순서를 정한 이상 처분권주의에 비추어 이를 존중할 필요가 있으며, 특히 당사자가 심판의 순위를 붙여 청구를 할 합리적인 필요성이 있는 경우에는 당사자의 의사에 따라 예비적 병합으로 보는 것이 타당하다.

[관련판례] 성질상 선택적 관계에 있는 양 청구를 당사자가 주위적, 예비적 청구 병합의 형태로 제소함에 의하여 그 소송심판의 순위와 범위를 한정하여 청구하는 이른바, 부진정 예비적 병합 청구의 소도 허용되는바, 주위적 청구가 전부 인용되지 않을 경우에는 주위적 청구에서 인용되지 아니한 수액 범위 내에서의 예비적 청구에 대해서도 판단하여 주기를 바라는 취지로 불가분적으로 결합시켜 제소하는 것이 가능하다(대판 2002.9.4. 98다17145)(12회 선택형)

2. 부진정예비적병합의 심판

(1) 심판방법과 심판범위(병합청구의 객관적 성질에 따라 결정)

부진정예비적병합의 형태로는 단순병합관계에 순서를 붙인 경우와, 선택적 병합관계에 순서를 붙인 경우가 있다. 判例는 "병합의 형태가 선택적 병합인지 예비적 병합인지는 당사자의 의사가 아닌 병합청구의 성질을 기준으로 판단하여야 하고, 항소심에서의 심판 범위도 그러한 병합청구의 성질을 기준으로 결정하여야 한다"(대판 2014.5.29. 2013다96868: 법전협 표준판례(288))(12회 선택형)고 한다. 즉 判例는 부진정 예비적병합의 법적 성질을 예비적 병합으로 보아 당사자가 정한 순서에 구속되어 재판하되, 심판방법과 심판범위는 병합청구의 성질에 따라 결정한다.

(2) 단순병합관계에 순서를 붙인 경우

순서에 구속되어 재판하되 단순병합의 성질에 따라 모든 청구에 대하여 심판한다. 즉, 1차 청구가 인용되든 기각되든 2차 청구를 심판한다.

(3) 선택적 병합관계에 순서를 붙인 경우

선택적 병합은 어느 한 청구가 인용될 것을 해제조건으로 하여 다른 청구에 관해 심판한다. 그런데 부진정예비적 병합은 순서에 구속되어 재판하므로, 선택적 병합관계에 순서를 붙인 경우에도 1차 청구를 먼저 심판하여 인용되면 2차 청구를 심판할 필요가 없고, 1차 청구가 기각되면 2차 청구를 심판한다. 결국 1차 청구가 인용될 것을 해제조건으로 하여 2차 청구에 대하여 심판하는 예비적 병합의 심판방법과 동일한 구조를 갖게 된다.

> ✳ **부진정예비적병합에서 주위적 청구 기각, 예비적 청구 인용판결에 피고만 항소(전부) [14법행]**
> "선택적 병합 관계에 있는 두 청구에 관하여 당사자가 주위적·예비적으로 순위를 붙여 청구하였고, 그에 대하여 제1심법원이 주위적 청구를 기각하고 예비적 청구만을 인용하는 판결을 선고하여 피고만이 항소를 제기한 경우에도, 항소심으로서는 두 청구 모두를 심판의 대상으로 삼아 판단하여야 한다"(대판 2014.5.29. 2013다96868: 법전협 표준판례(288); 대판 2021.6.24. 2016두61877)(12회 선택형).
> 이와 같은 맥락에서 "성질상 선택적 관계에 있는 청구를 당사자가 심판의 순위를 붙여 청구한다는 취지에서 예비적으로 병합한 경우(부진정예비적병합), 병합된 청구를 모두 기각한 항소심판결에 대하여 상고심 법원이 병합된 청구 중 어느 하나의 청구에 관한 상고가 이유 있다고 인정하는 경우라면 항소심판결 전부를 파기하여야 한다"(대판 2022.3.31. 2017다247145).

✱ **단순병합관계인데 선택·예비적 병합으로 소를 제기한 경우**

㉠ **[판결한 청구에 대해 불복하는 경우 : 재판한 부분만 이심, 나머지는 재판누락으로 원심에서 추가판결]** "논리적으로 전혀 관계가 없어 순수하게 단순병합으로 구하여야 할 수개의 청구를 선택적 또는 예비적 청구로 병합하여 청구하는 것은 부적법하여 허용되지 않는다. 따라서 원고가 그와 같은 형태로 소를 제기한 경우 제1심법원이 본안에 관하여 심리·판단하기 위해서는 소송지휘권을 적절히 행사하여 이를 단순병합 청구로 보정하게 하는 등의 조치를 취하여야 하는바, 법원이 이러한 조치를 취함이 없이 본안판결을 하면서 그 중 하나의 청구에 대하여만 심리·판단하여 이를 인용하고 나머지 청구에 대한 심리·판단을 모두 생략하는 내용의 판결을 하였다 하더라도 그로 인하여 청구의 병합 형태가 선택적 또는 예비적 병합 관계로 바뀔 수는 없으므로, 이러한 판결에 대하여 피고만이 항소한 경우 제1심법원이 심리·판단하여 인용한 청구만이 항소심으로 이심될 뿐, 나머지 심리·판단하지 않은 청구는 여전히 제1심에 남아 있게 된다"(대판 2008.12.11. 2006다5550: 법전협 표준판례(294); 대판 2008.12.11. 2005다51471: 법전협 표준판례(293))(12회 선택형).

② **[판결하지 않은 청구에 대해 불복하는 경우 : 재판누락에 관한 상소는 부적법, 원심에서 추가판결]** ⅰ) 단순병합으로 구하여야 할 수개의 청구를 선택적 또는 예비적 청구로 병합하여 청구하는 것은 허용되지 않고, ⅱ) 항소심이 기존 청구와 논리적 관련성 없는 청구를 선택적 또는 예비적으로 병합하여 추가하는 내용의 청구원인변경신청을 받아들인 경우에도 그 청구의 병합 형태가 적법한 선택적 또는 예비적 병합 관계로 바뀌지는 않는다. ⅲ) 따라서 이러한 청구는 단순병합이며, 판단하지 않은 청구는 재판의 누락이고 그 부분 소송은 아직 원심에 계속중이므로 상고의 대상이 되지 않아 상고는 부적법하다. ⅳ) 결국 대법원은 이 부분 사건을 다시 심리·판단하게 하기 위하여 원심법원으로 환송하였다(대판 2009.5.28. 2007다354: 법전협 표준판례(292)).

③ **[예비적 병합으로 오인하여 각하한 경우 : 각하하는 주문을 선고했으니 재판누락은 아니고 따라서 상소는 적법하나, 원심의 각하판결이 위법하므로 파기환송]** "채권자가 본래적 급부청구에 이를 대신할 전보배상을 부가하여 대상청구를 병합하여 소구한 경우 대상청구는 본래적 급부청구권이 현존함을 전제로 하여 이것이 판결확정 전에 이행불능되거나 또는 판결확정 후에 집행불능이 되는 경우에 대비하여 전보배상을 미리 청구하는 경우로서 양자의 병합은 현재 급부청구와 장래 급부청구의 단순병합에 속하는 것으로 허용된다. 이러한 대상청구를 본래의 급부청구에 예비적으로 병합한 경우에도 본래의 급부청구가 인용된다는 이유만으로 예비적 청구에 대한 판단을 생략할 수는 없다"(대판 2011.8.18. 2011다30666,30673: 법전협 표준판례(286))(12회 선택형).

| 핵심사례 D-03 |

2014년 법원행정고시

■ 부진정예비적 병합의 인정여부

B는 A에게 '가죽 옷 구입에 돈이 모자라니 1억 원을 주면 1주일 후에 2,000만 원을 더해서 1억 2,000만 원을 주겠다'고 하였다. A는 B에게 수차례에 걸쳐 1억 원을 주었다. B는 위 1억 원으로 가죽 옷을 구매하여 의류 생산·납품·판매업체를 운영하는 C에게 납품하였다. C는 원래 피고가 납품한 가죽의류제품을 일본의 거래처에 납품하려고 하였으나 제품에 하자가 있어 납품하지 못하고 국내에서 위탁판매, 직영점 판매의 방법으로 처분하기로 하였다. 그런데 위 가죽의류제품 판매가 잘 이루어지지 않아 C가 B에게 물품대금을 지급하지 못하였고, B도 A에게 돈을 돌려주지 못하였다. A는 B를 상대로 1억 원의 대여금 청구소송을 제기하였는데, 불법행위에 기한 손해배상 청구를 예비적 청구로 추가하면서 대여금 청구를 주위적 청구로 변경하였다. 제1심 법원은 제2항 설문과 같은 이유로 A의 주위적 청구를 기각하고, 'B가 자신이 가죽 제품을 구입하여 C에게 공급한다는 사실을 숨기고 C가 직접 가죽의류제품을 구입하여 판매하는 것처럼 가장하여 1억 원을 받은 것이 불법행위'라는 이유로 예비적 청구를 인용하였다. 위 판결에 B만이 항소하였다. 항소심 심리 결과 제1심과 달리 차용의 주체는 B이고, 불법행위가 인정되지 아니하였다. **항소심 법원은 어떠한 판결을 하여야 하는지 설명하시오.**

Ⅰ. 문제점

① A의 예비적 청구의 추가가 예비적 병합의 요건 중 '양립할 수 없는 청구'에 해당하는지, ② 해당하지 않는다면 '양립할 수 있는 청구'에 순서를 붙인 부진정 예비적 병합도 허용되는지, ③ 허용된다면 제1심에서 예비적 청구만을 인용한 것에 피고만 항소한 경우 모든 청구가 확정이 차단되고 이심되는지, ④ 항소심 심리결과 제1심과 달리 주위적 청구만 이유 있다고 인정되는 경우 어떠한 판결을 하여야 하는지 문제된다.

Ⅱ. A의 예비적 추가적 병합의 허용 여부

1. A의 예비적 청구가 주위적 청구와 양립할 수 없는 관계인지 여부(소극)[10]

2. 부진정 예비적 병합의 허용여부(적극)

Ⅲ. 항소심 법원의 판결

1. 항소심에서의 심판범위의 결정기준(병합청구의 객관적 성질)

사안의 경우 A의 병합청구의 성질은 실질적으로는 선택적 병합의 관계에 있으므로 항소심에서의 심판범위도 이에 따라 결정되어야 할 것이다.

2. 항소심에서의 심판 대상

(1) 항소심의 심판대상(전부판결 : 전부이심, 전부심판)

선택적 병합의 경우 하나의 전부판결이므로 확정차단 및 이심의 범위, 항소심의 심판대상은 전부이다.

(2) 항소심이 다른 청구가 이유 있다고 인정한 경우(항소인용설)

사안에서 항소심 심리결과 제1심과 달리 주위적 청구가 이유 있고 예비적 청구는 인정되지 않는 것으로 판단된 바, 항소심 법원은 제1심판결을 취소한 다음 새로이 주위적 청구는 인용하고 예비적 청구는 기각하는 주문을 선고하여야 할 것이다.

Ⅵ. 물건인도청구(본위적 청구)와 전보배상청구(대상청구)　　　　[D-19]

1. 본위적 청구의 이행불능에 대비한 대상청구

(1) 병합형태와 목적물의 성질(예비적 병합, 특정물)

현재의 물건인도청구와 함께 변론종결 시점(현재)에 물건인도청구가 이행불능을 이유로 기각될 것에 대비하여 전보배상을 구하는 경우로서 이는 **현재이행의 소와 현재이행의 소**(이행불능의 판단시점은 변론종결시인 현재가 기준)**의 예비적 병합**(양립불가하고 판단순서가 있음. 인도청구 먼저심사)에 해당한다. 종류물은 이행불능이 있을 수 없으므로 **특정물만이 목적물**이 된다.

(2) 심 리(예비적병합의 심리)

예비적 병합은 1차 청구가 인용될 것을 해제조건으로 하여 2차 청구에 대하여 심판한다. 따라서 본위적 청구가 인용될 때에는 대상청구에 대하여 심판할 필요가 없지만, 본위적 청구가 기각되는 때에는 대상청구에 대하여 심판하여야 한다.

2. 본위적 청구의 집행불능에 대비한 대상청구

(1) 병합형태와 목적물의 성질(단순병합 / 종류물 · 특정물)

현재의 물건인도청구와 함께 그 집행불능에 대비하여 장래의 대상청구를 구하는 경우로서, **현재이행의 소와 장래이행의 소**(집행불능의 판단시점은 주청구의 승소확정 판결 후인 장래가 기준)**의 단순병합**(집행불능은 본위적 청구의 인용을 전제로 하므로 양립가능하여 단순병합관계이다. 다만, 판단순서가 있으므로 부진정예비적병합이라는 견해가 있음)에 해당한다(대판 2011.8.18. 2011다30666, 30673: 법전협 표준판례(286))(12회 선택형).

집행불능에 대비한 대상청구는 특정물 뿐만 아니라 종류물도 목적물이 되고, 장래이행의 소로서 소의 이익이 인정되어야 한다(대상적격을 갖추고, 미리 청구할 필요가 있을 것).

> **[관련판례] ❋ 특정물 인도청구의 집행불능에 대비하여 구하는 대상청구의 성질**
> 특정물의 인도청구의 경우 이행불능에 대비한 대상청구와 집행불능에 대비한 대상청구가 모두 가능한 바, 判例는 "어느 물건의 집행불능에 대비하여 구하는 예비적 대상청구(순서를 붙였다는 점에서 '예비적'이라고 표현한 것이지 병합의 성질이 예비적 병합이라는 의미가 아님 : 저자주)의 성질은 이행지체로 인한 전보배상을 구하는 것이고 '인도불능일 때' 또는 '인도하지 않을 때'라는 문언은 '집행불능의 때'의 의미로 보아야 한다"(대판 1975.5.13. 75다308)고 판시하였다. 즉, 당사자의 의사가 분명하지 않은 경우 집행불능에 대비한 대상청구로 해석하여야 한다.

(2) 심 리(통상의 단순병합의 심리와의 차이점 존재)

통상의 단순병합소송에 있어서는 어느 한 청구의 인용 여부와 무관하게 다른 청구에 관하여 독립하여 판단을 하여야 하지만, 대상청구에 있어서는 단순병합이라고 하더라도 본위적 청구가 이유 없는 때에는 대상청구에 관하여는 심리할 필요없이 이를 배척하여야 한다(대판 1969.10.28. 68다158). 집행불능에 대비한 대상청구는 본위적 청구의 인용을 조건으로 하기 때문이다.[11]

---

10) 判例에 따르면 불법행위에 기한 손해배상청구와 채무불이행에 기한 손해배상청구는 그 청구 모두가 동일한 목적을 달성하기 위한 것으로서 어느 하나의 채권이 변제로 소멸한다면 나머지 채권도 그 목적 달성을 이유로 동시에 소멸하는 관계에 있으므로 선택적 병합 관계에 있다(대판 2018.2.28. 2013다26425).

11) "부진정 병합으로 단순병합이므로, 법원은 순서에 구속되어 판단하되 모든 청구에 대하여 심판하여야 한다 따라서 ⅰ) 종류물의 인도청구를 인용하는 경우에는 대상청구도 인용하는 별개의 주문을 내야 하며, ⅱ) 반대로 인도청구가 이유없어 기각할 때에는 대상청구도 기각해야 한다"는 견해도 있다(박승수, 민사소송법정리 18년판, p.483)

	이행불능이 발생한 경우	집행불능이 발생한 경우
종류물의 경우 (청구취지 : 피고는 원고에게 감자 100톤을 인도하라. 위 감자에 대한 강제집행이 불능인 때에는 1톤당 100만 원으로 환산한 금액을 지급하라)	이행불능의 상황이 존재하지 않음 따라서 집행불능의 상황만 발생함	① 물건인도청구 : 현재이행의 소 (인도청구는 변론 종결 전에 이행기가 도래하므로 현재이행의 소에 해당) ② 대상청구 : 장래이행의 소 (대상청구는 변론 종결 뒤의 집행불능에 대비한 것으로 집행불능시 이행기가 도래하므로 장래이행의 소에 해당)
특정물의 경우 (청구취지 : 피고는 원고에게 초상화를 인도하라. 이에 대한 이행이 불능인 때에는 금 1억 원을 지급하라)	① 물건인도청구 : 현재이행의 소 ② 대상청구 : 현재이행의 소 (변론 종결 시를 기준으로 이행불능여부를 판단하므로 양 청구는 모두 변론 종결 전에 이행기가 도래하여 현재이행의 소에 해당)	
병합형태	예비적 병합	단순 병합
판 결	① 변론종결시 이행가능한 경우 〈주문〉 1. 목적물을 인도하라. 2. (판단안함) ② 변론종결시 이행불가능한 경우 〈주문〉 1. 인도청구를 기각한다. 2. 금 1억원을 지급하라	① 1차청구가 이유있는 경우 〈주문〉 1. 목적물을 인도하라. 2. 집행불능시 금 1억원을 지급하라 ② 1차청구가 이유없는 경우 〈주문〉 1. 인도청구를 기각한다. 2. (심리안함) 기각한다.

VII. 등기청구(본위적 청구)와 전보배상청구(대상청구) [D-20]

判例는 甲이 乙을 상대로 주위적으로 근저당권설정등기의 회복등기절차 이행을 구하면서, 예비적으로 乙이 丙과 공모하여 등기를 불법말소한 데 대한 손해배상금과 지연손해금 지급을 구한 사안에서 "채권자가 본래적 급부청구에 이를 대신할 전보배상을 부가하여 대상청구를 병합하여 소구한 경우 대상청구는 본래적 급부청구권이 현존함을 전제로 하여 이것이 판결확정 전에 **이행불능**(저자 주 : 변론종결 후 집행불능으로 이해해야 한다)되거나 또는 판결확정 후에 **집행불능**이 되는 경우에 대비하여 전보배상을 미리 청구하는 경우로서 양자의 병합은 현재 급부청구와 장래 급부청구의 단순병합에 속하는 것으로 허용된다. 이러한 대상청구를 본래의 급부청구에 예비적으로 병합한 경우에도 본래의 급부청구가 인용된다는 이유만으로 예비적 청구에 대한 판단을 생략할 수는 없다"(대판 2011.8.18. 2011다30666, 30673: 법전협 표준판례(286))고 판시하였다(12회 선택형).

제2절 청구의 후발적 병합

※ 객관적 병합 중 후발적 병합 정리

요 건 (기·관,지,전,일)	청구의 변경 (원고만 가능)	중간확인의 소 (원·피고 모두 가능)	반 소 (피고만 가능)
청구기초의 동일성 (청구관련성)	① 신·구청구간 청구기초의 동일성 필요 ② 사익적 요건이므로 동일성이 없어도 피고가 동의하거나 이의없이 응소하면 하자치유	① 권리관계의 확인을 구함 ② 본소청구와 선결적 관계 : 본소의 계속은 중간확인의 소의 제기요건이자 존속요건, 즉 본소취하·각하되면 확인의 소는 각하 ③ 계쟁성 : 당사자간의 다툼	① 상호관련성 : 본소청구와의 관련성, 본소의 방어방법과의 관련성(방어방법은 현실적으로 제출되고 적법해야) ② 본소의 계속은 반소의 제기요건이나 존속요건은 아님, 즉 본소가 취하·각하되어도 반소유지
소송절차를 현저히 지연시키지 않을 것	① 소송지연금지요건 필요 ② 공익적 요건이므로 직권조사사항이고, 피고가 동의하고 응소하여도 하자치유 안됨, 이의권의 포기 사실대상도 아님	소송지연금지요건 불요	소송지연금지요건 필요 (청구의 변경과 같은 법리)
사실심에 계속되고 변론종결 전에 제기될 것	① 항소심까지만 가능 (상고심에선 불가) ② 항소심에서 청구변경시 피고동의 불요 (∵청구기초동일) ③ 항소심에서 교환적 변경을 하고 다시 소변경으로 구청구를 부활시킨다면 재소금지원칙에 위반 ④ 전부승한 원고의 청구취지 확장을 위한 항소의 이익부정(가분채권의 묵시적인 일부청구라고 볼 수 있다면 인정)	① 항소심까지만 가능 (상고심에선 불가) ② 항소심에서 중간확인의 소 제기시 피고동의 불요 (∵ 원고가 제기하는 경우에는 청구의 추가적 변경에 해당하므로 청구기초동일, 피고가 제기하는 경우에는 반소의 성질을 가지므로 반소의 관련성 존재. 따라서 청구관련성이 인정되어 피고의 이익이 보장됨)	① 항소심까지만 가능 (상고심에선 불가) ② 항소심에서 반소제기 : 원고의 심급의 이익을 해할 우려가 없는 경우 또는 상대방의 동의를 받은 경우 가능 - 동의가 필요없는 경우 : ⅰ) 중간확인의 반소, ⅱ) 본소와 청구원인을 같이하는 반소, ⅲ) 제1심에서 이미 충분히 심리한 쟁점과 관련된 반소, ⅳ) 항소심에서 반소의 변경으로 예비적 반소를 추가하는 경우(중, 원, 충, 예) - 동의가 의제되는 경우 : 이의 없는 응소
청구병합의 일반요건	동종절차, 공통관할		

제1관 청구의 변경

> 제262조 (청구의 변경) ① 원고는 청구의 기초가 바뀌지 아니하는 한도 안에서 변론을 종결할 때(변론 없이 한 판결의 경우에는 판결을 선고할 때)까지 청구의 취지 또는 원인을 바꿀 수 있다. 다만, 소송 절차를 현저히 지연시키는 경우에는 그러하지 아니하다. ② 청구취지의 변경은 서면으로 신청하여야 한다. ③ 제2항의 서면은 상대방에게 송달하여야 한다.

Ⅰ. 의 의   [D-21]

'청구의 변경'이란 종전의 청구 대신에 새로운 청구로 바꾸거나 종전의 청구에 새로운 청구를 추가시키는 방법을 말한다(제262조). 소송경제에 이바지하고 있으며 청구기초의 동일성을 요구한다는 점에서 피고의 방어권도 조화시키고 있다.

Ⅱ. 청구변경의 범위   [D-22]

1. 청구취지의 변경

(1) 소의 종류나 심판대상의 변경

청구취지의 변경은 원칙적으로 청구의 변경에 해당한다. 따라서 청구원인은 그대로 둔 채 소의 종류나(예를 들어 동일한 부동산에 대한 인도청구의 소를 소유권확인의 소로 바꾸는 경우) 심판대상을(예를 들어 A부동산에 대한 인도청구의 소를 B부동산에 대한 인도청구의 소로 바꾸는 경우) 변경하더라도 청구취지가 변경되는 이상 청구의 변경에 해당한다.

(2) 심판 범위의 변경

1) 청구의 확장(추가적 변경)

청구원인에 변경이 없음을 이유로 소의 변경이 아니라는 견해(일부청구부인설)도 있으나, 다수설은 청구의 확장으로 피고가 예상하지 못한 판결을 받을 가능성이 생겼기 때문에 명시여부를 불문하고 소의 변경이라고 보며, 判例 또한 "매매 또는 취득시효 완성을 원인으로 하는 소유권이전등기청구소송에서 그 대상을 1필지 토지의 일부에서 전부로 확장하는 것은 청구의 양적 확장으로서 소의 추가적 변경에 해당한다"(대판 1997.4.11. 96다50520)고 판시하였다.

2) 청구의 감축(원칙적 일부 취하)

금전청구에 있어 양적으로 감축하는 경우나 단순이행청구에서 상환이행청구로의 질적 감축 등 청구의 감축의 경우 소변경에는 해당하지 않고 축소된 범위에서 일부취하로 볼 것인지 아니면 일부포기로 볼 것인지 문제된다. 청구의 감축은 원고의 의사에 따라 판단하므로 원고의 의사가 일부 포기라면 피고의 동의를 요하지 않는 반면 원고의 의사가 일부 취하라면 피고의 동의를 요한다(제266조 2항). 원고의 의사가 불분명한 경우는 일부 취하로 해석한다(아래 관련판례 참조).

> **[관련판례] ✽ 원고의 의사가 불분명한 경우에 청구금액을 감축한 것의 성격(일부 취하)**
> 判例는 "압류채권에 대한 추심명령을 받아 추심금청구소송을 제기, 진행중 청구금액을 감축한 것은 소의 일부취하를 뜻하는 것이고 취하된 부분의 청구를 포기하였다고는 볼 수 없으며, 위 채권압류는 추심

하고 남은 잔여채권에 대하여 그 효력을 지속하는 것이다"(대판 1983.8.23. 83다카450)(4회 선택형)고 판시하여 소의 일부취하설의 입장이다.

[판례검토] 일부포기라고 하면 감액부분을 후소에서 청구했을 때 기판력에 저촉되어 배척되지만, 일부취하라고 보면 재소가 가능하다. 따라서 원고에게 보다 불이익이 적은 소의 일부취하로 보는 것이 타당하다.

(3) 청구취지의 보충 · 정정

소장에서 심판을 구하는 대상이 불분명한 경우 이를 명확하게 하기 위하여 **청구취지를 보충 · 정정하는 것은 청구의 변경에 해당하지 아니한다**(대판 2008.2.1. 2005다74863)(6회 선택형).

2. 청구원인의 변경

소송물이론에 따라 판단한다. ① 실체법상 권리 즉 법률적 관점을 변경하는 경우, 구실체법설에 의하면 소변경이고 신이론에 의하면 공격방어방법의 변경에 불과하다. 判例는 이전등기청구소송에서 등기원인을 바꾸는 것을 청구의 변경으로 보았다(대판 1997.4.11. 96다50520).[12] ② 청구원인을 이루는 사실관계의 변경도 구이론에서는 소의 변경이 되지만 신이론에선 공격방어방법의 변경에 불과하다. 그러나 금전지급청구에서 청구원인의 사실관계 변경은 소송물이론에 관계없이 소변경에 해당한다.

3. 공격방어방법의 변경

소변경과 공격방어방법의 변경을 구별하는 기준은 소송물이론이다. 判例는 ① "채권자가 사해행위의 취소를 청구하면서 그 보전하고자 하는 채권을 추가하거나 교환하는 것(피보전채권의 변경)은 그 사해행위취소권을 이유 있게 하는 공격방법에 관한 주장을 변경하는 것일 뿐이지 소송물 또는 청구 자체를 변경하는 것이 아니므로 소의 변경이라 할 수 없다"[13](대판 2003.5.27. 2001다13532: 법전협 표준판례(90))(6회,11회,13회 선택형)고 하였고, ② "가등기에 기한 본등기청구를 하면서 그 등기원인을 매매예약완결이라고 주장하는 한편 위 가등기의 피담보채권을 처음에는 대여금채권이라고 주장하였다가 나중에는 손해배상채권이라고 주장한 경우 가등기에 기한 본등기청구의 등기원인은 위 주장의 변경에 관계없이 매매예약완결이므로 등기원인에 변경이 없어 청구의 변경에 해당하지 아니하고, 위 가등기로 담보되는 채권이 무엇인지는 공격방어방법에 불과하다"(대판 1992.6.12. 92다11848: 법전협 표준판례(85))고 하였다.

[관련판례] ✳ 기타 공격방어방법으로 본 사례

같은 실체법상의 권리에 기한 청구이면서 요건사실의 일부를 달리 주장하는 경우 예를 들어 ① 말소등기소송에서 말소원인 변경, ② 소유권확인의 소에서 소유권 취득원인 변경, ③ 계약상의 청구에서 유권대리를 표현대리로 변경, ④ 부당이득반환청구소송에서 법률상 원인 없음의 이유변경 등은 공격방어방법의 변경으로 소의 변경에 해당하지 않는다.

---

12) "동일 부동산에 대하여 이전등기를 구하면서 그 등기청구권의 발생원인을 처음에는 매매로 하였다가 후에 취득시효의 완성을 선택적으로 추가하는 것도 단순한 공격방법의 차이가 아니라 별개의 청구를 추가시킨 것이므로 역시 소의 추가적 변경에 해당한다"

13) 따라서 채권자가 보전하고자 하는 채권을 달리하여 동일한 법률행위의 취소 및 원상회복을 구하는 채권자취소의 소를 이중으로 제기하는 경우 전소와 후소는 소송물이 동일하다고 보아야 하고, 이는 전소나 후소 중 어느 하나가 승계참가신청에 의하여 이루어진 경우에도 마찬가지이다(대판 2012.7.5. 2010다80503).

핵심사례 D-04

■ 채권자취소소송 - 피보전채권의 변경이 소변경인지 여부

甲은 2010. 1. 1. 乙로부터 그의 유일한 재산인 X 토지를 1억 원에 매수하기로 약정하고 대금을 전액지급하였으나, 乙이 소유권이전등기를 해주지 아니하자 채무불이행을 이유로 같은 해 6.1. 위 매매계약을 적법하게 해제하였다. 이에 乙은 甲에 대한 매매대금반환채무를 면탈할 의도로 처남인 丙과 통정하여 허위로 2010. 7. 1. 丙에게 위 토지를 1억 2천만 원에 매도하는 내용의 매매계약을 체결하고 같은 날 丙 명의로 소유권이전등기를 경료하였다(서울중앙지방법원 2010. 7. 1. 접수 제5678호). 그 후 丙은 같은 해 10. 1. 친구인 丁에게 위 토지를 매도하고 같은 날 丁 명의로 소유권이전등기를 경료하여 주었다(동 법원 2010. 10. 1. 접수 제6789호).

한편 甲은 해제 직후인 2010. 6. 7. 위 매매대금반환채권을 피보전권리로 하여 X 토지를 가압류하였으나, 같은 해 7. 15. 乙이 丙에게 위와 같이 토지를 양도한 사실을 알게 되었고, 이에 乙의 재산을 조사한 결과 같은 해 11. 10. 경 乙에게 위 토지 외에는 다른 재산이 없음을 알게 되었다.

〈소송의 경과〉 이에 2011. 10. 10. 甲은 乙과 丙 사이의 매매행위가 사해행위라고 주장하면서, ① 乙을 상대로 매매대금 1억 원의 반환을, ② 乙, 丙을 상대로 피고 乙과 피고 丙이 체결한 2010. 7. 1.자 매매계약의 취소를, ③ 丙, 丁을 상대로 피고 丙과 피고 丁이 체결한 2010. 10. 1. 자 매매계약의 취소를 구하고, ④ 피고 丙, 丁은 피고 乙에게 위 토지에 관하여 경료된 소유권이전등기의 말소등기절차를 이행하라는 소를 제기하였다. 위 사건 심리 결과 위 사실관계 및 丙, 丁이 모두 악의임이 인정되었다.

〈추가된 사실관계〉
위 사건 심리결과 위 매매계약이 적법하게 해제되지 않았음이 밝혀지자 원고는 이 사건 심리 도중인 2011. 12. 1.자 준비서면에서 피보전채권을 '매매대금반환채권 1억 원'에서 '2010. 7. 5.자 대여금채권 1억 원'으로 바꾸어 주장하면서 위 준비서면을 변론기일에 진술하였다.
위와 같은 피보전채권의 교환적 변경은 제척기간과 관련하여 문제가 없는가?

Ⅰ. 채권자취소권의 피보전채권의 변경이 소의 변경인지 여부(소극)

1. 판 례 : 대판 2003.5.27. 2001다13532

2. 사안의 경우

피보전채권의 변경은 공격방법에 관한 주장을 변경하는 것일 뿐 소의 변경이 아니므로 처음의 취소의 소제기가 제척기간 내에 이루어졌다면 제척기간이 경과한 후에 피보전채권을 변경하더라도 제척기간 내에 소가 제기된 것으로 인정된다. 따라서 사안에서 교환적 변경일인 2011. 12. 1.이 아닌 최초의 소제기일인 2011. 10. 10.을 기준으로 제척기간 준수여부를 판단해야 한다.

Ⅱ. 제척기간 준수여부

甲이 취소원인을 안 날은 2010. 11. 10.이고 이로부터 1년이 경과하기 전인 2011. 10. 10. 채권자취소소송을 제기하였으므로 제척기간을 준수하였다(민법 제406조 2항).

Ⅲ. 모 습 [D-23]

1. 교환적 변경

(1) 의 의

'교환적 변경'이란 구청구에 갈음하여 신청구를 제기하는 청구변경을 말한다.

(2) 법적 성질

교환적 변경의 법적 성질에 관하여 제262조의 고유의 소변경이라는 견해도 있으나, 신소 제기와 구소 취하의 결합으로 보는 통설·判例(대판 1980.11.11. 80다1182: 법전협 표준판례(300) : 원심판결이 그 주문에서 이미 취하된 구 청구를 인용한 제1심판결을 취소한 것은 심판의 대상이 아닌 것에 대하여 판결을 한 잘못이 있다)의 입장인 결합설이 타당하다.

1) 청구변경시 피고의 동의 여부(불요설)

대법원은 "교환적 변경의 경우에 있어서도 변경 전후의 양청구의 기초의 동일성에 영향이 없으므로 구청구의 취하에 피고의 동의가 별도로 필요하지 않다"(대판 1962.1.31. 4294민상310)고 판시하여 **동의불요설**의 입장이다. [판례검토] 생각건대, 청구기초의 동일성을 요구함으로써 피고의 방어권 및 절차보장에 문제가 없으므로, 교환적 변경의 경우 제262조(피고의 동의규정 없음)만 적용하면 되고 제266조(피고의 동의규정 있음)를 중첩적으로 적용할 필요가 없다고 할 것이므로 **동의불요설**이 타당하다.

2) 청구변경 후 다시 구청구로 변경하는 경우(재소금지에 해당) [10·11사법]

判例는 "소의 교환적 변경은 신청구의 추가적 병합과 구청구의 취하의 결합형태로 볼 것이므로 본안에 대한 종국판결이 있은 후 구청구를 신청구로 교환적 변경을 한 다음 다시 본래의 구청구로 교환적 변경을 한 경우에는 종국판결이 있은 후 소를 취하하였다가 동일한 소를 다시 제기한 경우에 해당하여 부적법하다"(대판 1987.11.10. 87다카1405)고 하여 **적극설**의 입장이다.

[판례검토] 생각건대, ① 소극설은 구청구에 대한 소송종료가 아니라 신청구에 대해 재판을 받으려는 데 주목적이 있고, 재소금지의 취지에 반하는 의도가 없으므로 해당이 없다고 하나 ② 구소취하의 성격을 가지므로 동일한 구청구를 살리는 것은 재소금지가 적용되어 부적법하다고 보는 적극설이 타당하다.

| 핵심사례 D-05 |

| ■ 청구의 교환적 변경과 재소금지 | 2014년 변리사 |

甲회사는 乙회사를 상대로 「부정경쟁방지 및 영업비밀보호에 관한 법률」 제5조에 기하여 2010. 1. 1.부터 2013. 6. 30.까지의 부정경쟁행위로 인한 손해배상을 청구하였다. 이에 대하여 제1심 법원은 甲의 청구를 기각하는 판결을 선고하였다. 甲회사는 항소심에서 위 청구를 철회하고 구 「상표법」 제67조에 기한 손해배상을 청구하는 것으로 청구원인을 변경하였다.
그 후 甲회사는 다시 「부정경쟁방지 및 영업비밀보호에 관한 법률」 제5조에 기하여 2010. 1. 1.부터 2014. 3. 3.까지의 부정경쟁행위로 인한 손해배상청구를 추가하였다. **이와 같은 甲의 청구의 추가가 재소금지의 원칙에 저촉되는지 설명하시오. (20점)**

Ⅰ. 결 론

甲의 추가청구 중에서 2010. 1. 1.부터 2013. 6. 30.까지의 청구부분은 재소금지의 원칙에 저촉되나, 2013. 7. 1.부터 2014. 3. 3.까지의 청구부분은 재소금지의 원칙에 저촉되지 않는다.

Ⅱ. 논 거

1. 항소심에서 청구원인을 변경한 것이 소의 교환적 변경에 해당하는지 여부(적극)

소의 교환적 변경이란 당사자와 법원의 동일성을 유지하면서, 구청구에 대신하여 신청구에 대해 심판을 구하는 것인바(제262조), 소송물의 변경이 아닌 단순한 공격방어방법의 변경과는 구별된다. 사안에서 '구 「상표법」 제67조에 기한 손해배상청구권'과 '「부정경쟁방지 및 영업비밀보호에 관한 법률」 제5조에 기한 손해배상청구권'은 별개의 소송물이므로, 소송물을 「부정경쟁방지 및 영업비밀보호에 관한 법률」 제5조에 기한 손해배상청구권에서 구 「상표법」 제67조에 기한 손해배상청구권으로 변경하였다가 다시 「부정경쟁방지 및 영업비밀보호에 관한 법률」 제5조에 기한 손해배상청구권으로 변경한 것은 소의 교환적 변경에 해당한다.

2. 교환적 변경의 요건 [기. 지. 전. 일]

(1) 소 변경의 적법요건

(2) 사안의 경우

「부정경쟁방지 및 영업비밀보호에 관한 법률」 제5조에 기한 손해배상청구와 구 「상표법」 제67조에 기한 손해배상청구는 동일한 생활사실 또는 경제적 이익에 관한 분쟁에 있어서 그 해결방법에 차이가 있는 것으로 보이므로 ⅰ) 청구기초의 동일성이 인정되며, ⅱ) 소송절차를 현저히 지연시키는 사정도 보이지 않는다. ⅲ) 사실심변론종결 전에 변경신청을 한 것이며, 기타 병합요건의 위배여부도 문제되지 않는다. ⅳ) 다만 일반소송요건과 관련하여 재소금지원칙에 위배되는지 문제된다.

3. 재소금지원칙 위배여부(일부적극 · 일부소극)

(1) 소의 교환적 변경과 재소금지의 해당 여부(소의 교환적 변경의 법적 성질)

1) 재소금지의 요건 [당. 소. 리. 본]

본안에 관하여 종국판결이 있은 뒤에는 이미 취하한 소와 동일한 소를 제기할 수 없다(제267조 2항). 재소금지는 ⅰ) 당사자 동일, ⅱ) 소송물 동일, ⅲ) 권리보호이익의 동일, ⅳ) 본안에 대한 종국판결 선고 뒤의 취하의 요건을 갖추어야 한다. ⅳ)의 충족 여부와 관련하여 소의 교환적 변경의 경우에도 재소금지의 적용을 받는지 문제된다.

2) 판 례

(2) 사안의 경우

사안에서 ⅰ) 당사자가 동일하며, ⅲ) 별도의 권리보호이익이 인정되는 사정은 보이지 않고, ⅳ) 본안에 대한 종국판결 선고 뒤의 취하의 요건은 충족하였다. 다만 ⅳ) 소송물이 동일한지와 관련하여 2010. 1. 1.부터 2013. 6. 30.까지의 손해배상청구는 전 청구와 소송물이 동일하므로 재소금지의 원칙에 저촉되어 각하되어야 하나, 2013. 7. 1.부터 2014. 3. 3.까지의 손해배상청구부분은 이전 청구와 다른 신청이므로 소송물이 다르다. 따라서 이 부분은 재소금지의 원칙에 저촉되지 않아 적법하다.

2. 추가적 변경

구청구를 유지하면서 신청구를 추가 제기하는 청구변경을 말한다. 청구의 후발적 병합에 해당하므로 청구의 병합요건(제262조)을 갖춰야 하며 단순병합 · 선택적 병합 · 예비적 병합의 형태로 이루어진다. 제1심에서의 청구의 변경에 관한 제262조는 같은 법 제408조의 규정에 의하여 항소심절차에도 준용되므로 원고는 청구의 기초에 변경이 없는 한도 안에서 항소심 절차에서도 청구의 취지 및 원인을 변경할 수 있다.

3. 소변경의 형태가 불명확할 경우의 법원의 조치(석명)

判例는 "소의 변경이 교환적인가 또는 추가적인가의 여부는 기본적으로 당사자의 의사해석에 의할 것이므로 당사자가 구청구를 취하한다는 명백한 의사표시 없이 새로운 청구원인을 주장하는 등으로 그 변경 형태가 불명할 경우에는 사실심법원으로서는 과연 청구변경의 취지가 무엇인가 즉, **교환적인가 또는 추가적인가의 점에 대하여 석명으로 이를 밝혀 볼 의무가 있다**"(대판 1995.5.12. 94다6802)(2회 선택형)고 판시하였다. 또한, "당사자가 부주의 또는 오해로 인하여 청구취지가 특정되지 아니한 것을 명백히 간과한 채 본안에 관하여 공방을 하고 있는데도 보정의 기회를 부여하지 아니한 채 당사자가 전혀 예상하지 못하였던 청구취지 불특정을 이유로 소를 각하하는 것은 석명의무를 다하지 아니하여 심리를 제대로 하지 아니한 것으로서 위법하다"(대판 2014.3.13. 2011다111459)고 판시하였다. 다만, 이 경우에도 신청구가 부적법하여 법원의 판단을 받을 수 없는 청구인 경우까지도 구청구가 취하되는 소위 교환적 변경이라고 볼 수는 없다(대판 1975.5.13. 73다1449).

Ⅳ. 요 건 [기, 지, 전, 일]   [D-24]

ⅰ) 청구기초의 동일성이 있을 것, ⅱ) 신청구의 심리를 위해 소송절차를 현저히 지연시키지 않을 것, ⅲ) 사실심에 계속되고 변론종결 전일 것, ⅳ) 청구병합의 일반요건으로서 신·구청구가 동종의 소송절차에 의하여 심리될 수 있어야 하고(제253조), 모든 청구에 대하여 당해 법원에 관할권이 있을 것이 요구된다(제262조).

1. 청구기초의 동일성

청구기초의 동일성은 피고의 방어권을 보장하기 위한 사익적 요건이다. 따라서 소 변경 요건을 갖추지 못했다고 하더라도 피고가 동의하거나 이의 없이 응소한 경우에는 이의권을 상실한다.

(1) 의 미[14]

判例는 "채권자의 각 청구가 동일한 생활사실 또는 경제적 이익에 관한 분쟁에 있어서 그 해결방법에 차이가 있음에 불과하고 그 청구의 기초에 변경이 있는 것이 아닌 경우에는 각 청구취지 및 청구원인의 변경을 인정할 수 있다"(대판 1997.4.25. 96다32133)고 판시하여 **이익설**이 주류이나, "약속어음금청구와 전화가입명의변경청구 사이에 사실자료의 공통성이 없어 청구의 기초에 변경이 있는 것이다"(대판 1964.9.22. 64다480)고 판시하여 **사실자료동일성**에 입각한 예도 있다.

(2) 청구기초의 동일성이 인정된 판례 [원, 목, 변형, 해결]

1) 청구원인은 동일한데 청구취지만을 변경한 경우

이전등기말소청구에 추가하여 인도청구를 구한 경우(대판 1960.5.26. 4294민상279)나, 토지인도의 청구에 추가하여 그 토지상의 가건물철거를 구한 경우(대판 1969.12.23. 69다1867) 등 이다.

---

14) **[학설]** ① 이익설은 분쟁이익 자체가 공통적인 것으로 보고, ② 사실자료동일설은 신·구 청구 간에 사회현상인 사실이나 사실자료가 공통적인 경우로 보며, ③ 병용설은 신·구 청구 간에 사실자료와 이익관계가 공통적인 경우로 본다.

2) 청구의 목적은 같은데 법률적 구성만을 달리하는 경우

증여받았음을 원인으로 소유권이전등기를 청구하다가 예비적으로 상속을 원인으로 이전등기를 구하는 것으로 변경한 경우(대판 1992.2.25. 91다34103), 손해배상청구를 불법행위를 원인으로 구하다가(민법 제750조) 채무불이행(제390조)으로 바꾸는 경우 등이다.

3) 신·구청구 중 한편이 다른 쪽의 변형물이거나 부수물인 경우

소유권이전등기를 청구하다가 그 등기의무가 이행불능임을 전제로 손해배상청구로 바꾼 경우(대판 1969.7.22. 69다413)이다.

4) 동일한 생활사실이나 경제적 이익에 관한 분쟁인데 해결방법만을 달리하는 경우

① 매매계약에 의한 이전등기청구에서 매매계약해제에 의한 계약금반환청구로 변경한 경우(대판 1972.6.27. 72다546). ② 와인 수입업 등을 영위하는 甲 주식회사가 제1심에서 乙 등을 상대로 반소를 제기하면서, 乙 등이 甲 회사의 대표이사 또는 동업자로서 함께 甲 회사 및 甲 회사가 임차한 부동산에 있는 와인 상점을 운영하던 중 정당한 이유 없이 무단으로 위 부동산과 그곳에 있는 와인을 점유한 채 반환을 하지 아니하여 甲 회사의 와인을 손상시켰다는 등 이유로 '甲 회사가 입은 영업손실액 상당의 손해배상청구' 등을 하였다가 원심에 이르러 '영업손실액 상당의 손해배상청구'를 '와인 손상에 따른 손해배상청구'로 교환적으로 변경한 경우(대판 2012.3.29. 2010다28338) ③ 제1심에서 원고들이 소외 1에 대한 피보전채권을 근거로 사해행위취소 및 원상회복청구를 하였다가 항소심에서 동일한 채권을 근거로 소외 1을 대위하여 이 사건 가등기 및 소유권이전등기의 말소등기청구를 하는 것으로 청구를 변경한 경우(대판 2023.9.27. 2018다260565) 등 이다.

2. 소송절차를 현저히 지연시키지 않을 것

구청구에 대한 심리가 마쳐지고 신청구에 대해서는 새로운 심리절차가 필요한 경우라면 청구의 변경보다는 신소의 제기를 활용하도록 하기 위한 취지로, 공익적 요건이고 직권조사사항이다. 判例는 "청구의 변경이 있는 경우에 법원은 새로운 청구의 심리를 위하여 종전의 소송자료를 대부분 이용할 수 없고 별도의 증거제출과 심리로 인하여 소송절차를 현저히 지연시키는 경우에는 이를 허용하지 아니하는 결정을 할 수 있다"(대판 2015.4.23. 2014다89287,89294)고 판시하였다.

3. 사실심에 계속되고 변론종결 전일 것

① 소송계속 전·소장부본 송달 전이면 소장을 변경하여 청구를 추가·교환하여도 소의 변경에 해당하지 않는다. ② 상고심에서는 소변경을 할 수 없다(대판 1992.2.11. 91누4126).

(1) 항소심에서의 청구변경 가능성(가능)

① 항소심에서는 청구의 기초에 변경이 없는 한 청구의 확장이 가능하다(대판 1969.12.26. 69다406) (1회 선택형). ② 제1심에서 적법하게 반소를 제기하였던 당사자가 항소심에서 반소를 교환적으로 변경하는 것도 가능하다(대판 2012.3.29. 2010다28338). ③ 피고만이 항소한 사건에서 원고(피항소인)는 항소심에서 청구취지를 확장할 수 있고, 이 경우 부대항소를 한 것으로 의제된다(대판 2008.7.24. 2008다18376: 법전협 표준판례(298) : 아래 ⑨번 참조)(6회 선택형). ④ 원고(항소인)가 전부승소한 경우 소의 변경만을 위한 항소는 항소의 이익이 없으나 가분채권의 묵시적인 일부청구라고 볼 수 있다면 가능하다(대판 2007.6.15. 2004다37904 : 아래 ㉃ 번 참조)(6회 선택형).

✱ 제1심에서 전부승소한 원고가 항소심에서 청구의 변경을 할 수 있는지 여부

ⓐ **[제1심에서 전부승소한 원고가 피항소인(피고가 항소인)으로서 소의 변경을 할 수 있는지 여부 : 적극]** "제1심에서 전부 승소한 원고도 항소심 계속 중 그 청구취지를 확장·변경할 수 있고, 그것이 피고에게 불리하게 하는 한도 내에서는 부대항소를 한 취지로도 볼 수 있다"(대판 1995.6.30. 94다58261 : 피고의 항소에 원고가 피항소인으로서 청구취지를 변경한 사안)(6회,12회 선택형).

[판례검토] 부대항소는 항소의 성질을 갖지 못한다(비항소설 : 6편 1절 Ⅲ. 부대항소 참조). 따라서 항소의 이익이 필요 없으므로 제1심에서 전부 승소한 원고도 항소심 계속 중 그 청구취지를 확장, 변경할 수 있다.

ⓑ **[제1심에서 전부승소한 원고가 항소인으로서 소의 변경을 할 수 있는지 여부 : 제한적 적극]** 원고(항소인)가 전부승소한 경우 소의 변경만을 위한 항소는 항소의 이익이 없으나 가분채권의 묵시적인 일부청구라고 볼 수 있다면 가능하다(대판 2007.6.15. 2004다37904) 그 이유에 대해 判例는 "가분채권에 대한 이행청구의 소를 제기하면서 그것이 나머지 부분을 유보하고 일부만 청구하는 것이라는 취지를 명시하지 아니한 경우에는 그 확정판결의 기판력은 나머지 부분에까지 미치는 것이어서 별소로써 나머지 부분에 관하여 다시 청구할 수는 없는 것이므로, 일부 청구에 관하여 전부 승소한 채권자는 나머지 부분에 관하여 청구를 확장하기 위한 항소가 허용되지 아니한다면 나머지 부분을 소구할 기회를 상실하는 불이익을 입게 된다 할 것이고, 따라서 이러한 경우에는 예외적으로 전부 승소한 판결에 대해서도 나머지 부분에 관하여 청구를 확장하기 위한 항소의 이익을 인정함이 상당하다고 할 것이다"(대판 2010.11.11. 2010두14534)고 하였다.

(2) 항소심에서의 청구변경 효과

항소심에서 청구가 교환적으로 변경된 경우 구 청구의 취하의 효력이 발생하면 그 부분에 대하여는 소가 처음부터 계속되지 아니한 것으로 보므로(제267조 1항) 항소심에서는 구 청구에 대한 제1심 판결을 취소할 필요 없이 신청구에 대하여만 제1심으로서 판결을 하게 된다(대판 1989.3.28. 87다카2372)(3회,6회 선택형). 따라서 항소심은 "원고의 청구를 인용한다 또는 기각한다"는 주문을 내야 하고 "항소를 인용한다 또는 기각한다"는 주문표시를 하여서는 아니된다. 또한 항소심에서 청구의 교환적 변경이 이루어지면 항소심은 제1심판결이 있음을 전제로 한 항소각하 판결을 할 수 없고, 사실상 제1심으로서 새로운 청구의 당부를 판단하여야 한다(대판 2018.5.30. 2017다21411).

(3) 항소심에서의 교환적 변경 후 항소취하(무효)

判例는 "피고의 항소로 인한 항소심에서 소의 교환적 변경이 적법하게 이루어졌다면 제1심판결은 소의 교환적 변경에 의한 소취하로 실효되고, 항소심의 심판대상은 새로운 소송으로 바뀌어 지고 항소심이 사실상 제1심으로 재판하는 것이 되므로, 그 뒤에 피고가 항소를 취하한다 하더라도 항소취하는 그 대상이 없어 아무런 효력을 발생할 수 없다"(대판 1995.1.24. 93다25875: 법전협 표준판례(299))(3회 선택형)고 하였다.

(4) 항소취하합의 후 항소심에서의 교환적 변경

당사자 사이에 항소취하의 합의가 있는데도 항소취하서가 제출되지 않는 경우 상대방은 이를 항변으로 주장할 수 있고, 이 경우 항소심 법원은 항소의 이익이 없다고 보아 그 항소를 각하함이 원칙이나, 항소심에서 청구의 교환적 변경 신청이 있는 경우 그 시점에 항소취하서가 법원에 제출되지 않은 이상 법원은 특별한 사정이 없는 한 제262조에서 정한 청구변경의 요건을 갖추었는지에 따라 허가 여부를 결정하면 된다(대판 2018.5.30. 2017다21411).[15]

4. 청구병합의 일반요건을 갖출 것

동종절차(제253조), 공통관할의 요건을 갖추어야 한다.

Ⅴ. 절 차 [D-25]

청구의 변경은 원고의 신청에 의해 행해지며 신소제기의 실질을 가지므로 청구취지의 변경은 서면으로 신청하여야 한다(제262조 2항). 반대해석상 청구원인의 변경은 반드시 서면에 의할 필요는 없고(대판 1961.10.19. 4293민상531), 서면에 의하지 아니한 청구취지의 변경 또한 이에 대하여 상대방이 지체 없이 이의하지 않았다면 이의권의 상실로 그 잘못은 치유된다(대판 1990.12.26. 90다4686).

Ⅵ. 심 판 [D-26]

> 제263조 (청구의 변경의 불허가) 법원이 청구의 취지 또는 원인의 변경이 옳지 아니하다고 인정한 때에는 직권으로 또는 상대방의 신청에 따라 변경을 허가하지 아니하는 결정을 하여야 한다.

1. 청구변경의 적법성심사와 신청구의 심판

청구변경의 신청여부는 원고의 재량사항이나(제262조 2항), 청구변경의 적법여부는 법원의 직권조사사항이고, 심사결과 청구변경신청이 부적법하다면 법원은 불허결정을 한다(제263조). 반면 청구변경신청이 적법하다면 법원은 별도로 소변경 허가결정을 하지 않고 신청구에 대한 심판을 개시하면 된다.

2. 청구의 변경을 간과한 효과

(1) 교환적 변경을 간과하고 구청구를 심판한 경우(구청구 소송종료선언, 신청구 추가판결)

소의 교환적 변경으로 구청구는 취하되고 신청구가 심판의 대상이 되었음에도 신청구에 대하여는 아무런 판단도 하지 아니한 채 구청구에 대하여 심리·판단한 원심판결을 파기하고 구청구에 대하여 소송종료선언을 하여야 한다. 누락된 신청구는 원심법원에 계속 중이므로 추가판결(제212조)로 시정하여야 한다(대판 2003.1.24. 2002다56987)(3회 선택형).

(2) 추가적 변경을 간과한 경우(단순병합 추가판결, 선택적·예비적 병합 항소심 심판대상)

① 단순병합의 경우 원심법원이 추가판결로 시정하여야 한다. ② 선택적·예비적 병합의 경우 판단누락에 준하는 것으로 보아 항소에 의해 선택적·예비적 청구 전부가 항소심으로 이심되어 항소심의 심판대상이 된다(대판 1998.7.24. 96다99: 법전협 표준판례(289))(3회 선택형).

---

15) 원고가 피고와의 정산합의에 따른 청구를 하였다가 1심에서 패소한 뒤 항소심에서 새로이 정산합의를 하면서 항소를 취하하기로 하였는데, 새로운 정산합의에 따른 이행이 되지 않자 그 이행을 청구하는 것으로 청구의 교환적 변경신청을 한 사안에서, 원심이 민사소송법 제262조에서 정한 청구변경의 요건을 갖추었는지 여부를 살펴 이를 허가하고 새로운 청구의 당부를 판단한 것은 정당하다고 하여 상고를 기각한 사례

제2관 중간확인의 소

> 제264조 (중간확인의 소) ① 재판이 소송의 진행 중에 쟁점이 된 법률관계의 성립여부에 매인 때에 당
> 사자는 따로 그 법률관계의 확인을 구하는 소를 제기할 수 있다. 다만, 이는 그 확인청구가 다른 법원
> 의 관할에 전속되지 아니하는 때에 한한다. ② 제1항의 청구는 서면으로 하여야 한다. ③ 제2항의 서
> 면은 상대방에게 송달하여야 한다.

I. 의의 및 취지   [D-27]

중간확인의 소는 소송계속 중에 본소 청구의 판단과 관련된 선결적 법률관계의 존부확정을 위하여
제기하는 소이다(제264조). 선결적 법률관계에 대해 기판력 있는 판단을 받으려면 이를 직접 소송물로
하는 신소를 제기하여야 하는데, 이 경우 당사자는 별소를 제기할 수도 있으나 이미 계속되어 있는
절차를 이용한다면 소송경제와 재판의 통일을 도모할 수 있다.

II. 특 징   [D-28]

중간확인의 소는 원고와 피고가 모두 제기할 수 있는 데, 원고가 제기하는 경우에는 청구의 추가적 변경
에 해당하고, 피고가 제기하는 경우에는 반소의 성질을 가진다. 청구기초의 동일성 및 반소의 관련성 등은
당연히 충족된 바, 항소심에서 피고가 제기할 때에도 상대방의 동의를 요하지 않는다. 중간확인의 소를 제기
하면 본소와 함께 청구의 병합상태가 생긴다.

III. 요 건   [D-29]

1. 선결적 법률관계일 것

(1) 학 설

① 이론상의 선결관계로 충분하다는 견해도 있으나, ② 본래의 청구에 대한 선결적 관계는 중간확인의
소에 대한 판결시까지 현실적으로 존재해야 한다고 보는 것이 통설(현실설)이다. 따라서 본소 청구가 취
하·각하된 경우나 선결관계를 판단할 필요도 없이 본소 청구가 기각될 경우에는 중간확인의 소는
부적법하다.

(2) 판 례

判例 역시 재심의 소송절차에서 중간확인의 소를 제기하는 것은 재심청구가 인용될 것을 전제로 하
여 재심대상소송의 본안청구에 대하여 선결관계에 있는 법률관계의 존부 확인을 구하는 것이므로,
재심사유가 인정되지 않아서 재심청구를 기각하는 경우에는 중간확인의 소를 각하하고 이를 판결
주문에 기재하여야 한다고 하여 통설(현실설)과 같은 입장이다(대판 2008.11.27. 2007다69834)(11회 선택형).

2. 그 법률관계에 관하여 다툼이 있을 것

본래의 소송 중 당사자 간에 다툼이 있는 법률관계이어야 한다. 중간확인의 소 제기 당시에 다툼이
있으면 족하다. 선결적 법률관계에 대하여 다툼이 있으면 소의 이익은 긍정되고, 별도의 확인의 이익
을 요하지 않는다.

3. 중간확인의 청구가 다른 법원의 전속관할에 속하지 않을 것

중간확인의 소가 다른 법원의 전속관할에 속할 때에는 그것이 독립된 소의 요건을 갖추었다면 이를 분리하여 전속관할이 있는 법원으로 이송하여야 한다(제264조 1항 단서).

4. 본래의 소가 사실심에 계속되고 변론종결 전일 것

상고심에서는 중간확인의 소를 제기할 수 없고, 항소심에서는 중간확인의 소를 제기할 수 있으나 피고가 제기한 경우에도 상대방의 동의를 요하지 아니한다. 중간확인의 소의 대상인 법률관계에 대하여는 이미 제1심에서 판단을 받은 것이기 때문에 심급의 이익을 해할 우려가 없고, 원고가 항소심에서 중간확인의 소를 자유롭게 제기할 수 있는 것과의 균형을 고려한 것이다.

Ⅳ. 절 차 [D-30]

중간확인의 소는 소송 중의 소이기 때문에 소장에 준하는 서면을 제출하는 것이 원칙이다(제264조 2항). 피고의 소송대리인이 중간확인의 소를 제기하는 경우에는 반소의 제기에 준하여 특별수권을 요하지만(제90조 2항 1호), 원고의 소송대리인의 경우에는 이를 요하지 아니한다.

Ⅴ. 심 판 [D-31]

중간확인의 소에 대한 심판은 먼저 병합요건을 심리하여 그 요건에 흠결이 있으면 독립된 소로 취급할 수 있는지 검토하고, 그럴 수 없다면 부적법 각하하여야 한다. 병합요건을 구비하고 있으면 본래의 청구와 병합하여 심리한다. 중간확인의 소는 단순한 공격방어방법이 아니라 독립된 소이므로 이에 대한 판단은 판결의 이유에 기재할 것이 아니라 '종국판결의 주문에 기재하여야 할 것'이므로 재심사유가 인정되지 않아서 재심청구를 기각하는 경우에는 중간확인의 소를 각하하고 이를 판결주문에 기재하여야 한다(대판 2008.11.27. 2007다69834,69841 : 11회 선택형).

제3관 반 소

제269조 (반소) ① 피고는 소송절차를 현저히 지연시키지 아니하는 경우에만 변론을 종결할 때까지 본소가 계속된 법원에 반소를 제기할 수 있다. 다만, 소송의 목적이 된 청구가 다른 법원의 관할에 전속되지 아니하고 본소의 청구 또는 방어의 방법과 서로 관련이 있어야 한다.
② 본소가 단독사건인 경우에 피고가 반소로 합의사건에 속하는 청구를 한 때에는 법원은 직권 또는 당사자의 신청에 따른 결정으로 본소와 반소를 합의부에 이송하여야 한다. 다만, 반소에 관하여 제30조의 규정에 따른 관할권이 있는 경우에는 그러하지 아니하다.

Ⅰ. 서 설

1. 의 의

'반소'란 소송 계속 중에 피고가 그 소송절차를 이용하여 원고에 대해서 제기하는 소를 말한다(제269조). 원·피고 사이에 공평의 원칙과 소송경제 및 재판의 통일이 제도적 취지이다.

2. 성 질

(1) 독립한 소

반소는 독립한 소이지 방어방법이 아니다. 따라서 공격방어방법에 적용되는 실권효 규정(제147조의 재정기간, 제149조의 실기각하, 제285조의 변론준비기일의 실권효 등)이 적용되지 않는다.

判例도 "민법 제628조에 의한 임차인의 차임감액청구권은 사법상의 형성권이지 법원에 대하여 형성판결을 구할 수 있는 권리가 아니므로 차임청구의 본소가 계속한 법원에 반소로서 차임의 감액을 청구할 수는 없다"(대판 1968.11.19. 68다1882,68다1883)고 판시하였다.

(2) 반소의 이익 [2회 사례형]

반소는 독립한 소이므로 본소청구 기각 이상의 적극적인 내용이 포함되어야 한다.

判例도 "반소청구에 본소청구의 기각을 구하는 것 이상의 적극적 내용이 포함되어 있지 않다면 반소청구로서의 이익이 없고, 어떤 채권에 기한 이행의 소에 대하여 동일 채권에 관한 채무부존재확인의 반소를 제기하는 것은 그 청구의 내용이 실질적으로 본소청구의 기각을 구하는 데 그치는 것이므로 부적법하다"(대판 2007.4.13. 2005다40709)고 하였다.

반대로 원고의 채무부존재확인의 본소청구에 대해서 피고가 채무이행의 반소를 청구했다면 이는 본소청구기각(원고의 채무존재) 이상의 적극적 내용(피고의 이행청구권 존재)이 포함되어 있으므로 반소이익이 인정될 것이다.

(3) 피고가 원고를 상대로 제기하는 소(반소의 당사자)

반소는 피고가 원고를 상대로 제기하는 소이다. 따라서 독립당사자참가(제79조)나 참가승계(제81조)의 경우 참가인과의 관계에서 피고의 지위에 있는 종전의 당사자도 참가인 상대의 반소를 제기할 수 있다. 그러나 피고가 원고 이외의 제3자를 추가하여 반소피고로 하는 반소는 원칙적으로 허용되지 아니하고, 다만 피고가 제기하려는 반소가 필수적 공동소송이 될 경우에는 제68조의 필수적 공동소송인 추가의 요건을 갖추면 허용될 수 있다(대판 2015.5.29. 2014다235042,235059,235066: 법전협 표준판례(301)). 그리고 보조참가인은 당사자가 아니므로 보조참가인에 의한 내지 보조참가인에 대한 반소는 부적법하다.

(4) 본소의 적법여부에 영향을 주지 않는 소(본소의 이익) [9회 사례형]

소극적 확인의 소 계속 중 이행의 반소를 제기한 경우 본소의 소의 이익에 영향을 주는지에 대해 判例는 "소송요건을 구비하여 적법하게 제기된 본소가 그 후 상대방이 제기한 반소로 인해 소송요건에 흠결이 생겨 다시 부적법하게 되는 것은 아니므로, 원고가 손해배상채무부존재확인을 구할 이익이 있어 본소로 확인을 구했다면, 피고가 그 후 배상채무이행을 구하는 반소를 제기해도 그 사정만으로 본소가 확인의 이익이 소멸하여 부적법하게 된다고 볼 수 없다"(대판 2010.7.15. 2010다2428,2435)(1회,4회,5회,13회 선택형)고 하여 확인의 소가 먼저 제기된 상태에서 이행의 소가 반소로 제기된 경우 반소는 '중복소제기'가 아님을 전제로 판단하고 본소는 소의 이익이 있다고 판시하였다.[16]

| 핵심사례 D-06 |

| **■ 반소 - 반소의 이익** | 2013년 제2회 변호사시험, 2011년 6월 법전협 모의 |

A 주식회사 대표이사 B는 C에게 돈을 빌리기 위해, 연대보증의 의미나 효과에 대해서 전혀 알지 못하는 등록된 지적장애인인 자신의 조카 E(남, 38세)에게 연대보증인이 되어 줄 것을 부탁하였다. C는 E의 지적장애 상태를 알지 못한 채 위 1억 원을 변제기 2010. 3. 1. 이율 월 2%로 정하여 대여하는 계약을 체결하였다.

C는 A 주식회사 측에 위 대여금의 지급을 촉구하였으나 지급받지 못하자 E를 상대로 연대보증채무의 이행을 구하는 소송을 제기하였다. E는 2012. 11. 3. 금치산선고를 받았는데, 아버지 E1이 후견인으로 선임된 후 친족회 동의를 얻어 E의 법정대리인으로서 C의 본소에 대하여 답변하는 한편, 반소로서 위 연대보증채무(C가 E에게 청구한 본소청구 금액 전부)가 존재하지 아니한다는 내용의 채무부존재확인의 소를 제기하였다.

E측은 본소에 대한 항변 및 반소청구원인으로 C와 E 사이의 연대보증계약은 주위적으로 폭리행위여서 무효라고 주장하고, 예비적으로 의사무능력자의 행위여서 무효라고 주장하였다. **E의 반소의 각 결론을 그 논거와 함께 서술하시오. (20점)**

I. 결 론(반소요건을 결한 경우 : 각하설)

법원은 반소 각하 판결을 하여야 한다.

II. 논 거

1. 반소의 요건 [관, 지, 전, 일]

사안의 경우 다른 요건은 구비되었으나, 반소의 이익을 구비하였는지 문제된다.

2. 반소의 이익구비 여부(소극)

E는 C의 본소에서 청구기각의 판결을 구함으로써 연대보증채무가 부존재함을 다툴 수 있으므로, E의 채무부존재확인의 반소는 반소의 이익이 없어 허용되지 않는다.

II. 모 습

[D-33]

1. 단순반소와 예비적 반소

① 단순반소란 본소청구가 인용되든 기각되든 관계없이 반소청구에 대하여 심판을 구하는 것을 가리키고, ② 예비적 반소는 본소청구가 인용될 때를 대비하여 조건부로 반소청구에 대하여 심판을 구하는 것으로 i) 본소청구가 각하·취하되면 반소청구는 소멸되며, ii) 본소청구가 기각되면 반소청구에 아무런 판단을 요하지 않는다(대판 1991.6.25. 91다1615). 이 경우 반소청구에 대하여 판단을 하면 무효이다. ③ 본소청구가 배척될 때를 대비하여 조건부로 하는 반소청구인 '부진정 예비적 반소'도 인정된다.

---

16) [판례평석] 이행의 소에서 채무존부가 확정되므로 본소는 당초의 목적을 다한 것으로 보아야 하고, 소의 이익의 존부 판정 시기는 사실심 변론종결시점이므로 채무부존재확인의 소는 확인의 이익이 없어져 각하함이 타당하다는 비판이 있다(다수설).

[관련판례] ✱ 부진정 예비적반소

"가집행선고부 판결에 기한 집행의 효력은 확정적인 것이 아니고 후일 본안판결 또는 가집행선고가 취소·변경될 것을 해제조건으로 하는 것이다. 즉 가집행선고에 의하여 집행을 하였다고 하더라도 후일 본안판결의 일부 또는 전부가 실효되면 이전의 가집행선고부 판결에 기하여는 집행을 할 수 없는 것으로 확정이 되는 것이다. 따라서 가집행선고에 기하여 이미 지급받은 것이 있다면 이는 법률상 원인이 없는 것이 되므로 부당이득으로서 반환하여야 한다. 위와 같은 가지급물 반환신청은 본안판결의 취소·변경을 조건으로 하는 예비적 반소에 해당한다"(대판 2011.8.25. 2011다25145).[17)

2. 본소와 예비적 반소가 모두 각하판결을 받았는데 원고만 항소한 경우 [8회 사례형]

(1) 예비적 반소도 항소심으로 이심되는지 여부(적극)

상소불가분원칙이란 판결의 확정차단의 효력과 이심의 효력은 원칙적으로 불복신청의 범위와 관계없이 원판결 전부에 대해 불가분으로 발생하는 것을 말한다. 청구의 객관적 병합의 경우, 상소불가분원칙은 하나의 전부판결을 한 경우에 적용된다. 원고의 본소청구와 피고의 반소청구 모두에 대해 소각하 판결을 한 것은 전부판결이므로 원고의 본소청구에 대해서만 항소하였더라도 예비적 반소청구도 확정이 차단되고 2심으로 이심된다.[18)

(2) 예비적 반소도 항소심의 심판대상인지 여부(적극)

1) 문제점

불이익변경금지원칙이란 1심판결은 그 불복의 한도 안에서만 바꿀 수 있다는 것을 말하는 바(제415조 본문), 항소하지 않은 예비적 반소청구에 대해 심판하는 것이 항소한 원고에게 불이익한 변경인지 문제된다.

2) 판 례

判例는 "피고의 예비적 반소는 본소청구가 인용될 것을 조건으로 심판을 구하는 것으로서 제1심이 원고의 본소청구를 배척한 이상 피고의 예비적 반소는 제1심의 심판대상이 될 수 없는 것이고, 이와 같이 심판대상이 될 수 없는 소에 대하여 제1심이 판단하였다고 하더라도 그 효력이 없다고 할 것이므로, 피고가 제1심에서 각하된 반소에 대하여 항소를 하지 아니하였다는 사유만으로 이 사건 예비적 반소가 원심의 심판대상으로 될 수 없는 것은 아니라고 할 것이고, 따라서 원심으로서는 원고의 항소를 받아들여 원고의 본소청구를 인용한 이상 피고의 예비적 반소청구를 심판대상으로 삼아 이를 판단하였어야 한다"(대판 2006.6.29. 2006다19061, 19078: 법전협 표준판례(302))(11회 선택형)고 판시하여 예비적 반소도 항소심의 심판의 대상이 된다고 본다. 즉, 불이익변경금지원칙에 반하지 않는다고 보았다.

3) 검 토

위 판결에 대하여 피고가 재판결과에 승복하여 항소·부대항소를 하지 아니하였음에도 항소심이 심

---

17) [사실관계] 甲 주식회사가 乙 주식회사를 상대로 공사대금 및 지연손해금 지급을 구하는 소를 제기하여 제1심법원이 乙 회사에 그 지급을 명하는 판결을 선고하였고 이에 乙 회사가 甲 회사에 그때까지의 판결원리금을 지급하였는데, 이후 乙 회사가 회생절차개시결정을 받아 甲 회사는 회생절차에서 위 공사대금채권을 회생채권으로 신고하였으나 乙 회사 관리인 丙이 이의를 하자, 甲 회사가 원심 계속 중에 공사대금지급청구를 회생채권확정을 구하는 청구로 소를 교환적 변경하여 원심이 이에 따라 판결을 선고하면서 甲 회사의 乙 회사에 대한 회생채권액을 확정하고 甲 회사에 가지급물 반환을 명한 사안에서, 원심이 乙 회사 등의 가지급물 반환신청을 인용한 것은 정당하다고 한 사례

18) 이에 반해, 예비적 반소가 이심되는 이유는 예비적 반소의 특성 때문이라는 견해가 있다. 상소불가분원칙이란 원심에서 재판한 부분은 이에 대한 불복이 없다고 해도 불가분적으로 발생한다는 것인데, 제1심이 본소를 배척하였다면 예비적 반소가 제1심에서 각하되더라도 이는 무효(대판 2006.6.29. 2006다19061)이므로, 결국 상소불가분원칙이 적용되지 않는다는 것이다. 이 견해는 선택적 병합과 예비적 병합에 대해서도 이심의 이유를 상소불가분원칙 대문이 아니라 병합의 특성 때문이라고 주장한다.

판을 하는 것은 처분권주의 및 불이익변경금지원칙 위반의 문제가 있다는 비판이 있다. 하지만 예비적 반소는 본소가 인용될 때를 대비한 조건부 청구이고 예비적 반소의 인용을 원고도 예상할 수 있으므로, 判例의 입장이 타당하다.

＊ 반소와 불이익변경금지원칙

① **[제1심이 본소청구와 단순반소청구를 모두 인용하고 피고만 항소한 경우]** 본소청구만 항소심의 심판범위에 포함된다. 피고가 항소한 부분은 자신이 패소한 본소청구부분이며, 승소한 단순반소의 인용부분은 불이익변경금지원칙을 적용하기 이전에 상소이익 자체가 부정된다.

② **[제1심이 본소청구와 예비적반소청구를 모두 인용하고 피고만 항소한 경우]** 위 ①과 마찬가지이유로 본소청구만 항소심의 심판범위에 포함된다. 만약 항소심에서 제1심과 달리 본소청구를 기각하면 예비적반소는 심판범위에 속할 수 없어 제1심판결 중 예비적반소청구부분은 효력을 상실한다. 예비적반소는 본소청구의 인용에 대비한 조건부청구이므로 불이익변경금지원칙과 무관하게 제도 자체에서 인정되는 법리이다.

＊ 원고의 예비적 병합소제기에 피고가 단순반소를 한 사례

"제1심이 ① ⅰ) 원고들의 본소 중 주위적 청구를 전부 인용하고, ⅱ) 피고의 반소 중 주위적 청구에 대한 소를 각하하고 ⅲ) 예비적 청구를 일부 인용한 데 대하여, ② 피고는 반소의 예비적 청구를 일부 기각한 부분(ⅲ)에 대하여만 항소를 제기하였을 뿐 본소에 대하여는 항소를 제기하지 아니하였으므로, ③ 원고들의 본소는 주위적 청구뿐만 아니라 예비적 청구 역시 원심(주 : 항소심)의 심판범위에서 제외되는 것이고, ④ 따라서 원고들이 원심에서 청구취지 및 청구원인변경신청서를 제출하여 예비적 청구에 불법행위에 의한 손해배상청구를 선택적으로 추가하였다고 하더라도 추가된 예비적 청구가 원심(주 : 항소심)의 심판범위에 포함된다고 할 수 없다"(대판 2008.3.13. 2006다53733,53740).

│ 핵심사례 D-07│

■ 반소 – 예비적 반소(예비적 반소와 본소의 각하판결에 대하여 원고만 항소한 경우 항소심의 이심의 범위와 심판의 대상)
2019년 제8회 변호사시험 변형, 2016년 사법시험

乙은 생전에 X와 X소유의 토지를 2억 원에 매수하기로 하였는데, 대금을 지급하지 못한 상태에서 의료사고로 사망하게 되었다. 이에 乙의 상속인 N은 매매가 유효하다고 주장하면서 X에게 위 토지의 1/2 지분에 대한 소유권이전등기절차를 이행하라는 소를 제기하였다. X는 소송계속 중에 N을 상대로 1/2 지분에 대한 소유권이전등기청구가 인용되면 매매대금 2억 원을 지급하라는 취지의 반소를 제기하였다. 제1심법원은 소의 이익이 없음을 이유로 원고의 본소와 피고의 반소를 모두 각하하였다.

〈문제 1.〉 N의 소와 X의 소가 모두 소의 이익이 없는 경우라면, 제1심법원의 판결이 정당한가? (10점)

〈문제 2.〉 이에 원고 N만 항소하였고, 항소심법원은 제1심판결을 취소하고 원고의 청구를 인용하는 판결을 하면서 제1심판결에 대하여 원고만이 불복 항소하였으므로 원심의 심판범위는 본소청구에 관한 것으로 한정된다고 하면서 반소청구에 대하여 아무런 판단을 하지 않았다. **위 항소심법원의 판결은 정당한가? (15점)**

Ⅰ. 문제 1.의 경우

1. 결 론

2. 논 거

(1) 예비적 반소의 의의·특성

(2) 판 례

(3) 사안의 경우

제1심법원이 본소청구를 각하하면서 예비적 반소청구에 대하여 각하판결을 한 것은 심판대상이 될 수 없는 소에 대하여 판단한 것으로서 부당한 판결이다.

Ⅱ. 문제 2.의 경우

1. 결 론

2. 논 거

(1) 예비적 반소와 본소의 각하판결에 대하여 원고만 항소한 경우 항소심의 이심의 범위와 심판의 대상

1) 항소심으로의 이심여부(적극)

2) 항소심의 심판대상여부(적극)

a. 문제점

b. 판 례

c. 검토 및 사안의 경우

항소심법원이 N의 청구를 인용한 이상 X의 예비적 반소청구를 심판대상으로 삼아 판단하여야 한다.

(2) 사안의 해결

원고 N의 항소에 의하여 예비적 반소도 항소심에 이심되고, 항소심의 심판대상이 된다. 따라서 항소심 법원은 원고의 본소청구를 인용한 이상 예비적 반소청구에 대하여 판단하였어야 함에도 불구하고 이를 판단하지 않았으므로 항소심 법원의 판단은 부당하다.

3. 재반소

반소에 대한 재반소도 허용된다. 判例는 "본소 이혼청구를 기각하고 반소 이혼청구를 인용하는 경우 본소 이혼청구에 병합된 재산분할청구는 원고의 반대의사표시시 등 특별한 사정이 없는 한, 피고의 반소청구에 대한 재반소의 실질을 가지게 되므로 원고의 재산분할청구에 대한 심리에 들어가 액수와 방법을 정해주어야 한다"(대판 2001.6.15. 2001므626)고 판시하였다(4회,11회 선택형)

Ⅲ. 요 건 [관, 지, 전, 일] [6회 사례형]   [D-34]

반소는 **특별소송요건**(병합요건)으로서 ⅰ) 반소청구가 본소의 청구 또는 방어의 방법과 서로 관련이 있을 것(상호관련성), ⅱ) 본소의 소송절차를 현저히 지연시키지 아니할 것, ⅲ) 본소가 사실심에 계속되고 변론종결 전일 것, ⅳ) 청구병합의 **일반요건**(동종절차, 공통관할)을 갖출 것, 아울러 반소도 소이므로 **일반소송요건**도 갖추어야 한다(예를 들면 중복소제기금지, 재소금지의 원칙 등에 저촉되지 않아야 하고 소의 이익이 인정되어야 한다).

1. 상호관련성

(1) 의미 및 취지

반소청구는 본소의 청구 또는 방어의 방법과 서로 관련이 있어야 한다(제269조 1항). 이는 소의 변경에서 청구기초의 동일성에 대응하는 사익적 요건으로서, 서로 관련성이 있어야 변론과 증거조사를 함께 실시하여 심리의 중복과 재판의 저촉을 피할 수 있기 때문이다.

(2) 내 용

1) 본소청구와 상호관련성

① 동일 법률관계의 형성을 목적으로 하는 경우, ② 청구원인이 동일한 경우, ③ 대상 또는 발생원인 등에 있어서 주된 부분이 공통된 경우 등이 있다.

2) 본소청구의 방어방법과 상호관련성 [현, 출, 법]

① **[요 건]** 반소청구가 본소청구의 항변사유와 대상·발생원인에 있어서 사실상 또는 법률상 공통성이 있는 경우를 말하며, 본소의 방어방법과 관련된 반소는 ⅰ) 그 방어방법이 반소제기 당시에 **현**실적으로 제**출**되어야 하며(예를 들어 소송상 실기한 방어방법으로 각하된 항변이 아닐 것), ⅱ) **법**률상 허용(적법)되어야 한다(예를 들어 민법 제496조 등의 상계금지채권이 아닐 것).

② **[점유권에 기한 본소(민법 제204조)에 소유권에 기한 반소(민법 제213조 본문)를 제기할 수 있는지 여부 : 적극]** ㉠ 判例는 "점유의 침탈을 이유로 한 점유물반환청구권을 피보전권리로 하는 점유이전금지가처분 신청에 대하여는 민법 제208조에 따라 소유권 그 밖의 본권에 관한 이유로 피보전권리나 보전의 필요성을 부정할 수는 없다"(대결 2013.5.31. 2013마98)고 판시하여 **점유권에 기한 본소에 대해 소유권에 기한 반소를 허용하고, 모두 인용할 수 있다**는 입장이다. 이러한 법리는 점유를 침탈당한 자가 점유권에 기한 점유회수의 소를 제기하고, 본권자가 그 점유회수의 소가 인용될 것에 대비하여 본권에 기초한 장래이행의 소로서 별소를 제기한 경우에도 마찬가지로 적용된다(대판 2021.3.25. 2019다208441). **[13회 사례형]** ㉡ 점유권에 기한 본소와 소유권에 기한 반소를 모두 인용되어 확정되면 判例는 "점유자가 본소 확정판결에 의하여 집행문을 부여받아 강제집행으로 물건의 점유를 회복할 수 있다. 본권자의 소유권에 기한 반소청구는 본소의 의무 실현을 정지조건으로 하므로, 본권자는 위 본소 집행 후 집행문을 부여받아 비로소 반소 확정판결에 따른 강제집행으로 물건의 점유를 회복할 수 있다"(대판 2021.2.4. 2019다202795,202801: 법전협 표준판례(303))[19](11회 선택형)고 판시하였다. 즉, **법원은 '본소청구'와 '반소청구'를 모두 인용하는 판결을 하지만, 집행단계에서 '본권에 기한 청구'를 우선하여 해결한다**(제208조는 실제적 의의도 상당히 상실될 것이다).

2. 본소절차를 현저히 지연시키지 아니할 것

반소가 본소의 지연책으로 남용되는 것을 방지하기 위한 **공익적 요건**이다. 따라서 이의권 상실에 의해 하자가 치유될 수 없다.

---

19) "이러한 과정은 본권자가 허용되지 않는 자력구제로 점유를 회복한 데 따른 것으로 그 과정에서 본권자가 점유 침탈 중 설치한 장애물 등이 제거될 수 있다. 다만 점유자의 점유회수의 집행이 무의미한 점유상태의 변경을 반복하는 것에 불과할 뿐 아무런 실익이 없거나 본권자로 하여금 점유회수의 집행을 수인하도록 하는 것이 명백히 정의에 반하여 사회생활상 용인할 수 없다고 인정되는 경우, 또는 점유자가 점유권에 기한 본소 승소 확정판결을 장기간 강제집행하지 않음으로써 본권자의 예비적 반소 승소 확정판결까지 조건불성취로 강제집행에 나아갈 수 없게 되는 등 특별한 사정이 있다면 본권자는 점유자가 제기하여 승소한 본소 확정판결에 대한 '청구이의의 소'를 통해서 점유권에 기한 강제집행을 저지할 수 있다"

3. 본소가 사실심에 계속되고 변론종결 전일 것

(1) 반소가 제기된 후 본소가 취하된 경우 반소의 적법 여부(적극) [1회 사례형]

본소의 소송계속은 반소제기의 요건이고 존속요건은 아니다. 따라서 반소제기 후에 본소가 취하·각하되어도 예비적 반소가 아닌 한 반소에는 영향이 없다(대판 1970.9.22. 69다446). 그러나 본소가 취하되면 피고는 원고의 변론 후라도 그의 동의 없이 반소를 취하할 수 있다(제271조)(11회 선택형).

| 핵심사례 D-08 |

■ 반소 – 본소취하시 반소청구의 적법성	2012년 제1회 변호사시험

甲과 乙은 2010. 3. 1. 甲이 乙에게 X 토지를 매도하는 매매계약을 체결하였다. 乙은 계약금 및 중도금을 지급하고 나머지 잔금은 2010. 3. 31. 지급하기로 약정하였다. 그런데 잔금을 지급하기 전 戊는 乙에 대한 대여금 채권을 보전하기 위하여 2010. 7. 15. 乙의 甲에 대한 X 토지에 관한 위 매매를 원인으로 한 소유권이전등기청구권을 가압류하였고, 그 가압류 결정은 2010. 7. 22. 甲에게 송달되었다. 甲은 2011. 2. 10. 乙을 상대로 잔대금의 지급을 구하는 소를 제기하였다. 그 후 乙은 甲에게 잔대금을 지급할 테니 X 토지에 관한 소유권이전등기절차를 이행해 달라고 요구하였으나 甲이 이를 거절하자, 2011. 7. 25. 甲을 피공탁자로 하여 잔대금을 변제공탁한 다음, 같은 날 甲을 상대로 X 토지에 관하여 위 매매를 원인으로 한 소유권이전등기절차의 이행을 구하는 반소를 제기하였다. 이에 甲은 戊가 乙의 甲에 대한 위 소유권이전등기청구권에 관하여 가압류하였으므로 乙의 반소청구에 응할 수 없다고 주장하는 한편, 乙에 대한 잔대금지급 청구의 소를 취하하였고, 乙은 甲의 소취하에 대하여 동의하였다. **乙의 甲에 대한 반소청구는 적법한가? (15점)**

1. 본소취하시 반소청구의 적법성(적법)

(1) 판 례

(2) 사안의 경우

乙의 甲에 대한 반소제기 후에 甲이 본소를 적법하게 취하하였다고 하더라도 반소에는 영향이 없으므로 乙의 반소는 적법하다.

2. 가압류된 채권에 대한 이행청구가부(조건부 가능 : 반소의 본안판단)

(2) 피고의 반소 취하시 원고의 동의

> 제266조 (소의 취하) ② 소의 취하는 상대방이 본안에 관하여 준비서면을 제출하거나 변론준비기일에서 진술하거나 변론을 한 뒤에는 상대방의 동의를 받아야 효력을 가진다.
>
> 제271조 (반소의 취하) 본소가 취하된 때에는 피고는 원고의 동의 없이 반소를 취하할 수 있다.

1) 본소가 취하된 경우 피고가 반소 취하시 원고의 동의를 요하는지 여부(동의 불요)

반소의 취하도 상대방의 동의가 필요하지만(제266조 2항) 본소가 취하되면 피고는 원고의 응소 후라도 원고의 동의 없이 반소를 취하할 수 있다(제271조).

2) 본소가 각하된 경우 피고가 반소 취하시 원고의 동의를 요하는지 여부(동의 필요)

判例는 "제271조의 규정은 원고가 반소의 제기를 유발한 본소는 스스로 취하해 놓고 그로 인하여 유발된 반소만의 유지를 상대방에게 강요한다는 것은 공평치 못하다는 이유에서 원고가 본소를 취하한 때에는 피고도 원고의 동의 없이 반소를 취하할 수 있도록 한 규정이므로 본소가 원고의 의사와 관계없이 부적법하다 하여 각하됨으로써 종료된 경우에까지 유추적용할 수 없고, 원고의 동의가 있어야만 반소취하의 효력이 발생한다 할 것이다"(대판 1984.7.10. 84다카298: 법전협 표준판례(206)(11회 선택형)고 하여 동의가 필요하다는 입장이다.

(3) 항소심에서 반소제기

> 제412조 (반소의 제기) ① 반소는 상대방의 심급의 이익을 해할 우려가 없는 경우 또는 상대방의 동의를 받은 경우에 제기할 수 있다. ② 상대방이 이의를 제기하지 아니하고 반소의 본안에 관하여 변론을 한 때에는 반소제기에 동의한 것으로 본다.

1) 상대방(원고)의 동의가 필요 없는 경우 [중, 원, 충, 예]

항소심에서 반소 제기는 상대방의 심급의 이익을 해할 우려가 없는 경우 또는 상대방의 동의를 받은 경우에만 제기할 수 있다(제412조 1항). ① 중간확인의 반소, ② 본소와 청구원인을 같이하는 반소, ③ 제1심에서 이미 충분히 심리한 쟁점과 관련된 반소, ④ 항소심에서 반소의 변경으로 예비적 반소를 추가하는 경우 등의 경우에는 원고의 심급의 이익을 해할 우려가 없다고 해석된다. 그리고 피고가 본소에 대한 추후보완항소를 하면서 항소심에서 비로소 반소를 제기한 경우 항소가 부적법 각하되면 반소도 소멸한다(대판 2003.6.13. 2003다16962).

[관련판례] ❋ **제1심에서 이미 충분히 심리한 쟁점과 관련된 반소**
"반소청구의 기초를 이루는 실질적인 쟁점에 관하여 제1심에서 본소의 청구원인 또는 방어방법과 관련하여 충분히 심리되었다면, 항소심에서의 반소제기를 상대방의 동의 없이 허용하더라도 상대방에게 제1심에서의 심급의 이익을 잃게 하거나 소송절차를 현저하게 지연시킬 염려가 있다고 할 수 없으므로, 이러한 경우에는 상대방의 동의 여부와 관계없이 항소심에서의 반소 제기를 허용하여야 한다"(대판 1996.3.26. 95다45545)(2회 선택형)

2) 상대방(원고)의 동의가 의제되는 경우

한편 제412조 2항에서 이의 없는 응소, 즉 반소의 본안에 관하여 이의 없이 변론을 할 경우 동의를 의제하고 있다. 항소심에서 피고가 반소장을 진술한 데 대하여 원고가 '반소기각 답변'을 한 것만으로는 제412조 2항 소정의 '이의 없이 반소의 본안에 관하여 변론을 한 때'에 해당한다고 볼 수 없다(대판 1991.3.27. 91다1783,1790).

핵심사례 D-09

■ 반소 – 상호관련성, 항소심에서의 반소　　　　대판 1996.3.26. 95다45545

> 甲은 乙에게 그 소유의 X 건물을 매매대금 5억 원에 매도하고, 乙로부터 계약금 5,000만 원을 지급받았다. 이후 乙은 丙에게 이 사건 건물을 매매대금 6억 원에 매도하고, 계약금 및 중도금 합계 3억 원을 지급받았다. 이후 乙은 丙으로부터 잔금지급과 상환으로 소유권이전등기를 해달라는 요청을 받고, 丙이 송금하자, 乙은 소요서류를 위조하여 이 사건 건물에 관하여 甲으로부터 직접 丙 앞으로 소유권이전등기를 마쳐주었다(단, 丙은 甲과 乙사이의 내부사정에 관하여는 아는 바 없었고, 등기가 위조된 사실에 대해서도 알지 못하였다).
>
> 이후 이를 알게 된 甲이 丙을 상대로 이 사건 건물의 소유권이전등기의 말소등기를 구하는 소를 제기하였다. 丙은 甲의 등기말소청구소송에서 자신은 乙로부터 이 사건 건물 전부를 매수하였으므로 자신 명의의 소유권이전등기는 원인무효가 아니라고 항변하였다.
>
> 그러나 제1심법원은 丙의 항변에 대하여 충분히 심리하였으나 甲의 청구를 인용하는 판결을 선고하였고, 이에 丙은 항소하였다. 항소심에서 丙은 乙을 대위하여 甲을 상대로 위 말소등기청구가 인용되면 甲은 乙에게 소유권이전등기절차를 이행하라는 취지의 반소를 제기하였다. 이에 甲은 반소기각 답변만을 하였을 뿐 위 반소제기에 동의하지 않았다. **위 반소는 적법한가? 결론과 그 논거를 서술하시오. (25점)**

I. 결론

丙이 제기한 반소는 적법하다.

II. 논거

1. 반소의 요건 [관, 지, 전, 일]

사안의 경우 다른 요건은 문제되지 않으나, 위 반소가 상호관련성이 인정되는지, 항소심에서 제기된 반소로서의 요건을 갖춘 것인지 문제된다.

2. 본소의 방어방법과의 상호관련성의 의미

丙은 甲의 말소등기청구에 대한 항변으로 i) 丙과 乙의 매매계약체결사실을 제출하였으며, ii) 법률상 금지되는 것이 아니므로 위 반소청구와 본소의 방어방법은 상호관련성이 인정된다.

3. 항소심에서 반소제기

(1) 항소심에서의 반소시 상대방의 동의(제412조 1항) [중, 원, 중, 예]

(2) 동의가 의제되는 경우(제412조 2항)

4. 사안의 경우

甲이 반소기각답변만을 한 것만으로는 반소동의가 의제되지 않는다. 그러나 제1심에서 丙은 이미 丙과 乙의 매매계약체결사실을 항변으로 제출하였고 이에 대하여 법원이 충분히 심리하였으므로, 위 반소는 甲의 심급의 이익을 해할 우려가 없다. 따라서 위 반소제기는 적법하다.

4. 청구병합의 일반요건을 갖출 것

반소는 신소의 제기이므로 청구의 병합요건으로서 동종절차(본소와 동종의 소송절차에 의할 것)(제253조) 와 공통관할(반소가 다른 법원의 관할에 전속되지 아니할 것)의 요건을 갖출 것을 요한다. 지법 단독판사는 본소심리 중 피고가 합의사건에 속하는 청구를 반소로 제기한 경우 반소와 본소를 모두 모두 합의부 로 이송하여야 한다(제269조 2항 본문). 다만 항소심에서 합의사건에 속하는 반소청구를 하는 경우 에는 이 규정이 적용되지 아니한다(대결 2011.7.14. 2011그65). 이 경우 원고가 반소에 대해 본안변론 하면 변론관할이 생기므로 이송할 필요가 없다(제269조 2항 단서). 아울러 소송요건도 당연히 갖추어야 한다.

Ⅳ. 절차와 심판 [D-35]

1. 반소의 제기

반소는 본소의 규정을 따르므로(제270조) 반소의 제기는 반소장의 제출로써 한다.

2. 반소요건과 소송요건의 조사

반소요건을 결한 경우 判例는 "항소심에서 상대방의 동의없이 제기한 반소는 그 반소자체가 부적법 한 것이어서 단순한 관할법원을 잘못한 소제기와는 다른 것이므로 이를 각하하였음이 부당한 것이라 할 수 없다"(대판 1965.12.7. 65다2034)고 판시하여 **각하설**의 입장이다. 그러나 요건 흠결의 반소라도 그것 이 독립의 소로서 요건을 갖춘 것이라면 본소와 분리하여 심판하여야 한다는 **분리심판설**이 당사자의 의사와 소송경제에 비추어 타당하다는 견해가 있다(다수설).

3. 본안심판

① 본소와 반소는 **원칙적으로 병합심리**하고 1개의 **전부판결**로써 심판한다. 그러나 1개의 전부판결을 할 때에도 본소와 반소의 판결주문은 따로 내야 하고, 다만 소송비용의 재판만은 본소비용과 반소비용 을 합하여 판단하여야 한다(소송비용불가분의 원칙).

> **[관련판례]** ✱ **반소 판결의 확정을 기다리지 않고 이를 이유로 본소 청구를 기각할 수 있는지 여부**
> "원고의 본소 청구에 대하여 피고가 본소 청구를 다투면서 사해행위의 취소 및 원상회복을 구하는 반 소를 적법하게 제기한 경우, 그 사해행위의 취소 여부는 반소의 청구원인임과 동시에 본소 청구에 대한 방어방 법이자, 본소 청구 인용 여부의 선결문제가 될 수 있다. 그 경우 법원이 반소 청구가 이유 있다고 판단하여, 사해행위의 취소 및 원상회복을 명하는 판결을 선고하는 경우, 비록 그 반소 청구에 대한 판결이 확정 되지 않았다고 하더라도, 원고의 소유권 취득의 원인이 된 법률행위가 취소되었음을 전제로 원고의 본 소청구를 심리하여 판단할 수 있다고 봄이 타당하다. 그 때에는 반소 사해행위취소 판결의 확정을 기다리 지 않고, 반소 사해행위취소 판결을 이유로 원고의 본소 청구를 기각할 수 있다. 본소와 반소가 같은 소송절차 내에 서 함께 심리, 판단되는 이상, 반소 사해행위취소 판결의 확정 여부가 본소 청구 판단시 불확실한 상황이 라고 보기 어렵고, 그로 인해 원고에게 소송상 지나친 부담을 지운다거나, 원고의 소송상 지위가 불안 정해진다고 볼 수도 없다. 오히려 이로써 반소 사해행위취소소송의 심리를 무위로 만들지 않고, 소송경 제를 도모하며, 본소 청구에 대한 판결과 반소 청구에 대한 판결의 모순 저촉을 피할 수 있다"(대판 2019.3.14. 2018다 277785,277792: 법전협 표준판례(304)). **[10회 사례형]**

② 예외적으로 절차의 번잡, 지연의 염려 등이 있는 때에는 **변론의 분리, 일부판결**도 가능하다(제141조, 제200조 2항). 그러나 본소와 반소의 소송물이 동일한 법률관계일 때에는 판결의 모순·저촉의 우려 가 있으므로 변론의 분리와 일부판결이 허용되지 않는다.

제2장 　다수당사자소송

※ 다수당사자소송 정리

		의 의	요 건	요건심리	본안심리	판 결
원시적공동소송	통상공동소송	법률상 합일확정 불요한 공동소송	제65조 요건과 객관적병합의 요건(동종절차, 공통관할)을 갖출 것	공동소송이 강제되지 않으므로 일부누락 해도 적법	①소송자료와 소송진행의 불통일 ②변론의 분리 가능	①일부판결 가능 ②상소가분
	고유필수적공동소송	공동소송이 강제되고 법률상 합일확정이 필요한 소송	실체법상 관리처분권이 공동귀속될 것	공동소송이 강제되므로 일부누락 하면 부적법	①소송자료와 소송진행의 통일 (다만, 유필공에서는 일부 취하 허용) ②변론의 분리 불가	①일부판결 불가 ②상소불가분
	유사필수적공동소송	공동소송이 강제되지 않지만 법률상 합일확정이 필요한 소송	소송법상 기판력이나 반사효가 확장되는 경우일 것	공동소송이 강제되지 않으므로 일부 누락해도 적법(일부각하도 허용)		
후발적공동소송	보조참가	소송결과에 이해관계있는 사람이 당사자 일방을 보조하는 참가	소송결과에 이해관계가 있을 것	요건흠결시 각하	보조참가인의 종속성과 독립성에 따라 처리	보조참가인은 판결을 받는 당사자는 아니지만 참가효를 받음
	공동소송참가	소송법상 기판력이나 반사효를 받는 사람이 당사자 일방에 당사자로참가	합일확정의 필요(기판력이나 반사효가 미칠 것)		①소송자료와 소송진행의 통일 ②변론의 분리 불가	①일부판결 불가 ②상소불가분
	공동소송적보조참가	기판력을 받는 사람이 공동소송참가를 못하는 경우의 보조참가	기판력을 받는 사람이 소송요건흠결		보조참가보다 독립성을 강화	공동소송적보조참가인은 판결을 받는 당사자는 아니지만 기판력이 확장됨
	독립당사자참가 — 권리주장	원고의 권리가 아니고 참가자의 권리임을 주장하는 참가	원고의 권리가 아닌 참가인의 권리라고 주장(양립불가능)		①소송자료와 소송진행의 통일 ②변론의 분리 불가	①일부판결 불가 ②상소불가분
	독립당사자참가 — 사해방지	원·피고의 소송결과에 따라 참가인의 권리가 침해된다고 주장하는 참가	소송결과에 따라 참가인의 권리가 침해됨을 주장증명			

제1절 공동소송

> 제65조 (공동소송의 요건) 소송목적이 되는 권리나 의무가 여러 사람에게 공통되거나 사실상 또는 법률상 같은 원인으로 말미암아 생긴 경우에는 그 여러 사람이 공동소송인으로서 당사자가 될 수 있다. 소송목적이 되는 권리나 의무가 같은 종류의 것이고, 사실상 또는 법률상 같은 종류의 원인으로 말미암은 것인 경우에도 또한 같다.
>
> 제253조 (소의 객관적 병합) 여러 개의 청구는 같은 종류의 소송절차에 따르는 경우에만 하나의 소로 제기할 수 있다.

I. 의의 및 요건

[D-36]

'공동소송'이란 1개의 소송절차에 수인의 원고 또는 피고가 관여하는 소송형태를 말한다. 공동소송에는 주관적 요건으로 소송 목적 사이의 **공통성·관련성**(제65조)과 객관적 요건으로 **청구의 병합요건**(제253조)이 필요하다.

공동소송의 요건			구체적인 예
주관적 요건 (제65조)	전 문 - 관련재판적(제25조 2항) - 선정당사자선정(제53조) - 공동소송인 독립의 원칙 수정의 필요성	권리/ 의무의 공통	① 공유자·합유자·총유자 간의 소송 ② 연대채무자·연대채권자 간의 소송 ③ 불가분채무자·불가분채권자 간의 소송
		같은 원인	① 동일사고에 의한 가해자·피해자 간의 소송 ② 주채무자와 보증인을 공동피고로 하는 소송
	후 문	같은 종류	① 수인의 임차인(임대인)의 보증금반환(차임청구)소송 ② 여러 통의 어음발행인에 대한 각 별개의 어음청구
객관적 요건(제253조)			동종절차·공통관할

II. 구 별

[D-37]

소송목적이 공동소송인 전원에 대해 합일확정될 필요가 있는 소송이 필수적 공동소송인 바, 필수적 공동소송에 해당되지 않으면 통상공동소송이다. ① '소송법상 소송수행권'에 대응하는 '실체법상 관리처분권'이 공동귀속되면 고유필수적 공동소송이 된다. 고유필수적 공동소송에서는 공동소송이 강제되며 합일확정이 요구된다. ② 공동소송이 법률상 강제되는 것은 아니나 **소송법상 판결효력이 확장되는** 관계일 경우에 판결의 모순 회피를 위해 소송법적 이유에서 필수적 공동소송으로 다뤄지는 소송을 유사필수적 공동소송이라고 한다.

판단기준	합일확정이 필요한 경우	합일확정이 불필요한 경우
공동소송이 강제되지 않는 경우	유사필수적 공동소송(제67조)	통상의 공동소송(제66조)
공동소송이 강제되는 경우	고유필수적 공동소송(제67조)	–

제1관 통상공동소송 [3회·7회 사례형]

I. 의 의
[D-38]

통상공동소송이란 공동소송인 사이에 합일확정을 요하지 않는 공동소송을 말한다. 당사자별로 해결할 수 있는 사건을 하나의 절차에 병합한 형태이다. 공유자, 연대채권자·채무자, 수인의 불법행위 가해자·피해자, 주채무자와 보증인, 순차 경료된 소유권이전등기의 말소를 구하는 소송에서 등기명의자 상호간 등이 통상공동소송인이 될 수 있다.

[관련판례] 判例는 "원인없이 경료된 최초의 소유권이전등기와 이에 기하여 순차로 경료된 일련의 소유권이전등기의 각 말소를 구하는 소송은 필요적 공동소송이 아니므로 그 말소를 청구할 권리가 있는 사람은 각 등기의무자에 대하여 이를 각각 청구할 수 있는 것이어서 위 일련의 소유권이전등기 중 최후의 등기명의자만을 상대로 그 등기의 말소를 구하고 있다 하더라도 그 승소의 판결이 집행불능의 판결이 된다거나 종국적인 권리의 실현을 가져다 줄 수 없게 되어 소의 이익이 없는 것으로 된다고는 할 수 없다"(대판 1987.10.13. 87다카1093)고 판시하였다(1회,6회,7회 선택형)

[관련판례] "집합건물법 제48조 제4항의 문언과 매도청구권의 취지 등에 비추어 보면, 집합건물법 제48조 제4항에서 정한 매도청구권은 위 규정에서 정하고 있는 매도청구권자 각자에게 귀속되고, 각 매도청구권자들은 이를 단독으로 행사하거나 여러 명 또는 전원이 함께 행사할 수도 있다고 보아야 한다. 따라서 반드시 매도청구권자 모두가 재건축에 참가하지 않는 구분소유자의 구분소유권 등에 관하여 공동으로 매도청구권을 행사하여야 하는 것은 아니고, 그에 따른 소유권이전등기절차의 이행 등을 구하는 소도 매도청구권자 전원이 소를 제기하여야 하는 고유필수적 공동소송이 아니다"(대판 2023.7.27. 2020다263857)

II. 통상공동소송인 독립의 원칙 [7회·8회·11회 사례형, 04·11사법]
[D-39]

> 제66조 (통상공동소송인의 지위) 공동소송인 가운데 한 사람의 소송행위 또는 이에 대한 상대방의 소송행위와 공동소송인 가운데 한 사람에 관한 사항은 다른 공동소송인에게 영향을 미치지 아니한다.

1. 의 의

공동소송인 가운데 한 사람의 소송행위 또는 이에 대한 상대방의 소송행위와 공동소송인 가운데 한 사람에 관한 사항은 다른 공동소송인에게 영향을 미치지 아니한다(제66조). 공동소송인은 각자 독립하여 소송수행권을 가지고 상호간에 연합관계나 협력관계가 없다.

2. 심 판 [요, 자, 진, 판, 상]

(1) 소송요건의 독립

소송요건의 존부는 개별조사하고 흠이 있는 공동소송인에 한하여 소를 각하한다.

(2) 소송자료의 독립

공동소송인 한 사람의 소송행위는 유리·불리를 가리지 않고 원칙적으로 다른 공동소송인에게 영향을 미치지 아니하며, 각 공동소송인은 공격방어방법을 개별적으로 제출할 수 있다. 즉 각 공동소송인은 각자 소의 취하, 청구의 포기·인낙, 자백, 답변서의 제출, 상소의 제기 등의 소송행위를 할 수 있으며, 그 행위를 한 자에 대해서만 효력이 미치고 다른 공동소송인에 대하여는 영향이 없다. 判例도 "공동피고 상호간에 그 주장이 일치하지 아니하고 다른 입장을 취하고 있다하여 재판장이 당사자에게 그에 대한 발문을 하고 진상을 규명하여야 할 의무는 없다"(대판 1982.11.23. 81다39)(4회 선택형)고 하였다.

(3) 소송진행의 독립

공동소송인 1인에 대한 소송절차중단 · 중지사유발생(당사자 사망 등), 기일해태로 인한 효과(쌍불취하 · 진술간주 · 자백간주) 등 공동소송인의 한 사람에 관한 사항은 다른 공동소송인에 영향이 없고, 공동소송인 한 사람에 대해 변론을 분리할 수도 있다.

(4) 판결의 불통일

판결의 통일이 요구되지 않으며, 법원은 전부판결을 하는 것이 원칙이나 공동소송인 1인에 대하여 판결할 수 있을 만큼 심리가 성숙한 때에는 변론의 분리 · 일부판결을 할 수 있다. 일부판결을 하면 판결을 하지 않은 부분은 재판의 누락으로 제1심에 계속 중이며(제212조), 추가판결로 구제하여야 한다. 판결은 안한 부분에 대해 항소를 하면 항소의 대상적격이 없어 부적법 각하판결을 받게 된다 (아래 '(5) 상소의 효력'과 연결되는 쟁점이므로 주의. 일부판결이 허용되는 객관적병합 중 단순병합에서도 같은 결론).

(5) 상소의 효력

공동소송인의 상소기간은 개별적으로 진행되며, 상소의 효력은 상소한 자에게만 미친다. 즉 상소불가분 원칙이 적용되지 않는다. 判例도 "통상의 공동소송에 있어 공동당사자 일부만이 상고를 제기한 때에는 피상고인은 상고인인 공동소송인 이외의 다른 공동소송인을 상대방으로 하거나 상대방으로 보태어 부대상고를 제기할 수는 없다"(대판 1994.12.23. 94다40734)(4회,6회,12회 선택형)고 판시하였다. **[8회 사례형]**

핵심사례 D-10

■ 통상공동소송 - 공동소송인 독립의 원칙   2019년 제8회 변호사시험

甲은 乙로부터 X부동산을 5억 원에 매수하였다며 2017. 3. 2. 乙을 상대로 "乙은 甲에게 X부동산에 관하여 2015. 7. 1. 매매를 원인으로 한 소유권이전등기절차를 이행하라."라는 취지의 소유권이전등기청구의 소를 제기하였다. 제1심 법원이 甲의 청구를 기각하자 甲이 항소하였고 乙은 甲의 항소 직후 사망하였다. 그런데 항소심 법원이 이를 간과한 채 소송을 진행하여 항소장 부본 및 변론기일 소환장이 공시송달의 방법으로 송달되었다. 항소심 법원은 甲의 항소를 받아들여 甲의 청구를 인용하는 판결을 선고하였고 판결문까지 공시송달의 방법으로 송달되었다. 乙의 상속인으로는 A, B가 있고 A, B는 상소기간 도과 후인 2018. 10. 28.에야 이러한 사실을 알게 되었는데, A는 위 판결을 그대로 받아들이기로 했으나 B는 위 판결의 효력을 다투고 있다. **B가 혼자서 2018. 11. 5. 추후보완상고를 제기하였다면 이는 적법한가? (15점)**

Ⅰ. 결 론

B의 추후보완상고는 적법하다.

Ⅱ. 논 거

1. 논점의 정리(상고의 요건)

상고가 적법하기 위해서는, ⅰ) 상소의 대상이 되는 재판에 대하여, ⅱ) 상소 기간을 준수하여, ⅲ) 상소의 당사자 적격이 있는 자가 제기하여야 한다.

2. 상소의 대상이 되는 재판(유효한 종국재판)

判例는 이와 같이 소송 계속 중 사망의 경우, 절차상 위법은 있지만 당연무효라고 할 수 없으므로 상소의 대상이 된다고 본다(대판 1995.5.23. 전합94다28444).

3. 상고기간의 준수 - 추후보완상고 요건

'당사자가 책임질 수 없는 사유'로 말미암아 불변기간을 지킬 수 없었던 경우에는 그 사유가 없어진 날부터 2주 이내에 추후보완상고를 제기할 수 있다(제173조). 사안의 경우, B가 상소기간을 준수하지 못한 것은 항소장 부본 및 변론기일 소환장이 공시송달의 방법으로 송달되었기 때문인데, 判例는 이처럼 처음부터 소장 부본 등의 서류가 피고에게 공시송달 된 경우 "특별한 사정이 없는 한 피고가 그 공시송달 사실을 모른 데 과실이 없다"(대판 1981.3.24. 80다2739)고 하여 추후보완상소를 허용한다. 따라서 B가 그 사실을 안 2018. 10. 28.로부터 2주가 도과하기 전인 2018. 11. 5.에 제기한 상고는 추후보완상고의 요건을 갖춘 것이다.

4. 단독으로 상소 제기 가부- 공동소송인 독립 원칙

소송 중 당사자가 사망하는 경우, 그 상속인들이 당연히 소송상 당사자 지위를 승계한다. 나아가 공동상속인은 특별한 사정이 없는 한 상속재산에 관하여 관리처분권이 공동 귀속되는 관계이거나 판결 효력이 확장되는 관계도 아니므로, 통상 공동소송인의 관계에 있게 된다. 따라서 공동상속인 중 1인인 B는 공동소송인 독립의 원칙에 의해 단독으로 상소를 제기할 수 있다(제66조).

3. 공동소송인 독립원칙의 수정

(1) 문제점

제65조의 전문에 해당하는 공동소송인의 경우 판결의 모순·저촉을 방지할 필요성이 매우 크다고 볼 수 있어 독립의 원칙을 수정하려는 시도가 있다.

(2) 증거공통의 원칙

1) 의 의

'증거공통의 원칙'이란 당사자 일방이 제출한 증거가 상대방의 원용 없이도 '상대방에게 유리한 사실 인정'의 자료로 사용될 수 있다는 원칙이다.

2) 인정 여부

判例는 "공동소송에 있어서 입증 기타 행위가 행위자를 구속할 뿐 다른 당사자에게는 영향을 주지 않는 것이 원칙"이라고 하여 증거공통의 원칙을 부정하는 듯한 판시를 하였다(대결 1959.2.19. 4291민항231).

[판례검토] 증거공통의 원칙은 변론주의 원칙상 '대립당사자'사이에서만 적용되고, 이를 인정하면 변론주의의 '증거제출책임'에 반하는 결과가 되므로 증거공통의 원칙은 부정하는 것이 타당하다. 판결의 모순은 법원이 석명권을 행사하여 증거를 원용하게 하여 해결해야 것이다.[20]

[관련판례] "1인의 자백은 다른 공동소송인에 대하여 변론전체의 취지가 될 뿐이다"(대판 1976.8.24. 75다2152)(4회 선택형) [3회 사례형]

---

20) [학설] 학설은 대체로 병합심리에 의하는 이상 하나의 사실에 대해 변론 전체의 취지 및 증거조사의 결과 얻은 심증(제202조)은 공통되는 점을 근거로 증거공통을 인정하고 있다. 다만 긍정설에 의하더라도 공동소송인 사이에 이해상반이 있는 경우는 방어권 보장을 위해 원용이 필요하고, 공동소송인의 한 사람이 자백한 경우 자백한 공동소송인에 대해서는 증거에 의한 심증에도 불구하고 자백대로 사실을 확정해야 하지만, 다른 공동소송인에 대해서는 변론전체의 취지로 참작할 수 있을 뿐이다(대판 1976.8.24. 75다2152)

(3) 주장공통의 원칙

1) 의 의

'주장공통의 원칙'이란 어느 당사자이든 변론에서 주장하였으면 되고 반드시 주장책임을 지는 당사자가 진술하여야 하는 것은 아니라는 원칙이다.

2) 인정 여부(부정) [주. 명. 변]

判例는 "민사소송법 제66조의 명문의 규정과 우리 민사소송법이 취하고 있는 변론주의 소송구조 등에 비추어 볼 때, 통상의 공동소송에 있어서 이른바 주장공통의 원칙은 적용되지 아니한다"(대판 1994.5.10. 93다47196: 법전협 표준판례(306))고 하여 **주장공통의 원칙을 부정한다**(6회 선택형) **[3회 사례형]**

[판례검토] 주장공통의 원칙은 변론주의 원칙상 '대립당사자'사이에서만 적용되고, 이를 인정하면 변론주의의 '주장책임'에 반하는 결과가 되므로 증거공통의 원칙은 부정하는 것이 타당하다. 판결의 모순은 법원이 석명권을 행사하여 주장을 통일시켜 해결해야 것이다.

핵심사례 D-11

■ 통상공동소송 – 공동소송인 독립의 원칙과 그 수정　　2018년 제7회 변호사시험

甲은 2011. 8. 1. 丙과 丁의 연대보증 아래 乙에게 3억 원을 변제기 2012. 7. 31. 이율 연 12%(변제기에 지급)로 정하여 대여(이하 '이 사건 대여'라 한다)하였다. 丁은 무자력 상태에서 2015. 10. 1. 자신의 유일한 재산인 시가 4억 원 상당의 X토지를 戊에게 1억 원에 매도(이하 '이 사건 매매계약'이라 한다)하고 같은 달 10. 소유권이전등기(이하 '이 사건 소유권이전등기'라 한다)를 마쳐주었다. 丁에 대해 변제기가 2014. 11. 30.인 2억 원의 물품대금채권을 가지고 있던 K는 戊를 상대로 2016. 9. 1. 이 사건 매매계약의 취소와 소유권이전등기의 말소를 구하는 사해행위취소의 소를 제기하였다.

변제기가 지나도 乙이 이 사건 대여금을 변제하지 않자 甲은 2017. 9. 1. '乙, 丙, 丁은 연대하여 甲에게 이 사건 대여원리금을 지급하라'는 취지의 소를 제기하였다. 甲의 이 사건 대여사실과 丙과 丁의 연대보증사실이 기재된 소장 부본이 2017. 9. 29. 乙에게 송달되었고, 乙은 '甲으로부터 이 사건 대여금을 차용한 사실은 있지만 대여금 채권은 시효소멸되었다'는 취지의 답변서를 그 무렵 제출하였다. 한편, 丙에게도 2017. 10. 2. 소장 부본이 송달되었으나 丙은 답변서나 준비서면을 제출하지 않았고, 丁에게는 소장 부본이 소재불명으로 송달불능되어 재판장의 명령에 따라 소장 부본이 공시송달되었다. 법원은 적법하게 변론기일소환장을 송달(丁에게는 공시송달됨)하여 2017. 11. 6. 제1차 변론기일을 진행하였다. 乙은 변론기일에 출석하여 답변서를 진술하면서 자신은 컴퓨터판매업을 하는 상인이고, 이 사건 대여금은 사업운영자금으로 빌린 돈이라고 주장하였다. 이에 대해 甲은 乙의 위와 같은 상황을 알고서 대여해 준 것이며, 乙의 주장이 맞다고 진술하였다. 위 변론기일에 丙은 적법하게 변론기일 소환장을 받고도 출석하지 않았으며, 丁 또한 출석하지 않았다. 甲은 변론기일에서 乙이 작성명의인으로 된 이 사건 대여금의 차용증서는 증거로 제출하였으나 丙, 丁의 연대보증사실을 증명할 만한 증거를 제출하지는 않았다. **만약 법원이 위 변론기일을 종결하고 2018. 1. 12. 판결을 선고하는 경우 피고들에 대한 각 청구의 결론과 논거를 서술하시오. (30점)**

Ⅰ. 결 론

법원은 甲의 乙, 丁에 대한 각 청구를 기각하고, 丙에 대한 청구를 인용하는 판결을 선고하여야 한다.

Ⅱ. 논 거

1. 乙, 丙, 丁의 소송수행형태(통상공동소송)

乙, 丙, 丁은 실체법상 관리처분권이 공동으로 귀속되는 관계에 있는 것도 아니고, 판결의 효력이 확장되는 경우도 아니므로, 결국 乙, 丙, 丁은 통상공동소송관계에 있다.

2. 통상공동소송의 심판방법(독립의 원칙)

통상 공동소송에서 한 사람의 소송행위는 다른 공동소송인에게 영향을 미치지 않는다(제66조). 따라서 丙과 丁의 불출석이 乙에 대하여 영향을 미치지 아니하고, 나아가 乙이 출석하였다고 하여 丙과 丁이 기일해태의 불이익을 면하는 것도 아니다.

3. 변론주의의 대상인 주요사실에 해당하는지 여부

(1) 주요사실과 간접사실의 구별기준(법규기준설)

(2) 소멸시효기간이 주요사실에 해당하는지 여부(소극)

(3) 사안의 경우

乙의 차용사실 및 丙, 丁의 연대보증사실은 권리근거규정에 해당하는 요건사실로서 주요사실에 해당하고, 이 사건 대여금채권의 소멸시효 기산점은 권리멸각규정에 해당하는 요건사실로서 주요사실에 해당하는 반면 소멸시효기간은 변론주의의 대상인 주요사실에 해당하지 아니한다.

4. 증명책임의 소재

증명책임분배란 요증사실의 진위불명상태에서 누구에게 불이익을 돌릴 것인지의 문제로서, 통설, 判例인 법률요건분류설에 따르면 각 당사자는 자기에게 유리한 법규의 요건사실에 관한 증명책임을 진다. 사안의 경우 乙의 차용사실과 丙, 丁의 연대보증사실은 원고 甲에게 유리한 법규의 요건사실로서 원고 甲이 증명책임을 지고, 이 사건 대여금채권의 소멸시효완성사실은 피고 乙에게 유리한 법규의 요건사실로서 피고 乙이 증명책임을 진다.

5. 甲의 乙에 대한 청구

(1) 乙의 차용사실에 대한 재판상 자백의 성부(적극)

법원에서 당사자가 자백한 사실은 증명을 필요로 하지 아니하는 바(제288조 본문), 변론 또는 변론준비기일에서 상대방의 주장과 일치하고 자기에게 불리한 주요사실을 진술한 경우 재판상 자백이 성립한다. 사안의 경우 피고 乙은 변론기일에 출석하여 답변서를 진술하면서 원고 甲의 주장과 일치하고 자기에게 불리한 주요사실에 해당하는 이 사건 대여사실을 인정하였으므로 재판상 자백이 성립한다.

(2) 甲의 소멸시효완성사실에 대한 재판상 자백의 성부(소극)

乙은 '대여금채권은 시효소멸되었다'는 취지의 답변서를 제출하고, 변론기일에 출석하여 답변서를 진술하면서 이 사건 대여금채권이 상사채권이라고 주장하였고, 이에 대하여 甲은 乙의 주장이 맞다고 진술하였는바, 소멸시효기간은 변론주의의 대상인 주요사실에 해당하지 아니하므로 이에 대하여 재판상 자백은 성립할 수 없고, 법원이 직권으로 판단할 수 있다.

(3) 사안의 경우

乙의 차용사실에 대하여 재판상 자백이 성립하였으나, 법원이 직권으로 판단하여 볼 때 乙이 컴퓨터판매업을 하는 상인이고, 이 사건 대여금이 사업운영자금으로 빌린 돈이라는 점이 밝혀졌다면 이 사건

대여금채권의 변제기인 2012. 7. 31. 로부터 5년의 상사소멸시효기간이 경과한 2017. 9. 1.에 이 사건 소가 제기되었으므로 甲의 乙에 대한 청구는 기각되어야 한다.

6. 甲의 丙, 丁에 대한 청구

(1) 무변론원고승소판결의 가부(소극)

법원은 피고가 30일 이내에 답변서를 제출하지 아니한 때 청구의 원인이 된 사실을 자백한 것으로 보고 변론 없이 판결할 수 있다(제257조 1항). 사안의 경우 피고 丙, 丁이 답변서나 준비서면을 제출하지 아니하였지만 설문상 법원이 변론기일을 진행하였으므로 무변론원고승소판결은 문제되지 않는다.

(2) 불출석 자백간주 성립여부(소극)

불출석 자백간주가 성립하려면 ① 당사자가 변론기일에 불출석할 것, ② 불출석한 당사자가 상대방의 주장사실을 다투는 답변서 기타 준비서면을 제출하지 않을 것, ③ 당사자가 공시송달에 의하지 않은 기일통지를 받았음에도 불출석한 경우일 것을 요한다(제150조 3항). 사안의 경우 丙은 변론기일에 불출석하였고, 甲의 주장사실을 다투는 답변서 기타 준비서면을 제출하지도 않았으며, 공시송달에 의하지 않은 적법한 기일통지를 받았음에도 계속 불출석한 경우이므로 자백간주가 성립할 수 있다. 그러나 丁은 공시송달에 의하여 변론기일소환장을 송달받았으므로 자백간주가 성립하지 아니한다.

(3) 주장공통의 원칙 적용여부(소극) - 공동소송인 독립의 원칙의 수정

(4) 사안의 경우

甲의 丙에 대한 청구와 관련하여 丙의 불출석으로 인하여 자백간주가 성립한바 법원은 자백간주 사실에 반하는 사실을 인정할 수 없고, 따라서 甲의 丙에 대한 청구를 인용하여야 할 것이다. 그러나 甲의 丁에 대한 청구와 관련하여 이 사건 대여금채권의 소멸시효가 완성되었음이 피고 乙에 의하여 주장되었다 하더라도 주장공통의 원칙이 적용되지 않아 丁이 주장한 것으로 볼 수 없다. 그러나 원고 甲이 자기에게 증명책임이 있는 이 사건 丁의 연대보증사실을 증명할 만한 증거를 제출하지 않았으므로 법원은 甲의 丁에 대한 청구를 기각하여야 할 것이다.

제2관 고유필수적 공동소송

I. 의 의
[D-40]

'고유필수적 공동소송'이란 공동소송이 법률상 강제되고, 또 합일확정의 필요가 있는 공동소송을 말한다. 실체법상의 관리처분권이 공동으로 귀속되는지 여부로 판단하는 것이 통설적인 입장이다. 따라서 어음채무자의 합동책임(어음법 제47조)처럼 공동소송인간 법률적으로는 합일확정의 필요성이 없고 단지 이론상 합일확정이 요청되는 경우 제67조를 준용하자는 이론은 받아들여질 수 없다(4회 선택형).

II. 구체적 예
[D-41]

1. 합유관계소송

> 민법 제272조 (합유물의 처분, 변경과 보존) 합유물을 처분 또는 변경함에는 합유자 전원의 동의가 있어야 한다. 그러나 보존행위는 각자가 할 수 있다.
>
> 민법 제273조 (합유지분의 처분과 합유물의 분할금지) ① 합유자는 전원의 동의없이 합유물에 대한 지분을 처분하지 못한다. ② 합유자는 합유물의 분할을 청구하지 못한다.

(1) 능동소송 [10사법]

합유물을 처분 또는 변경함에는 합유자 전원의 동의가 있어야 하고(민법 제272조), 합유자는 전원의 동의없이 합유물에 대한 지분을 처분하지 못한다(민법 제273조). 이처럼 합유관계에 있는 자들은 실체법상 관리처분권이 공동으로 귀속되는 관계에 있으므로, ① 조합원의 물품대금청구소송, 동업자의 예금반환청구소송 등 합유재산에 관한 능동소송은 고유필수적 공동소송이다. ② 다만 합유물의 보존행위는 각자가 할 수 있으므로(민법 제272조 단서), 보존행위는 고유필수적 공동소송이 아니다.

> **[관련판례]** ＊ 보존행위에 해당하는 예
> "민법상 조합인 공동수급체가 경쟁입찰에 참가하였다가 다른 경쟁업체가 낙찰자로 선정된 경우, 그 공동수급체의 구성원 중 1인이 그 낙찰자 선정이 무효임을 주장하며 무효확인의 소를 제기하는 것은 그 공동수급체가 경쟁입찰과 관련하여 갖는 법적 지위 내지 법률상 보호받는 이익이 침해될 우려가 있어 그 현상을 유지하기 위하여 하는 소송행위이므로 이는 합유재산의 **보존행위**에 해당한다"(대판 2013.11.28. 2011다80449)(12회 선택형). 따라서 고유필수적 공동소송이 아니므로 구성원 중 1인이 소를 제기할 수 있다.

(2) 수동소송

1) 조합원 개임책임 : 통상공동소송

조합의 채권자가 조합원에 대하여 조합재산에 의한 공동책임을 묻는 것이 아니라 각 조합원의 개인적 책임에 기하여 당해 채권을 행사하는 경우에는 조합원 각자를 상대로 하여 그 이행의 소를 제기할 수 있어(대판 1991.11.22. 91다30705), 이는 **통상공동소송**에 해당한다.

2) 조합재산(합유물)에 관한 소송 : 고유필수적 공동소송

조합의 합유물에 관한 소송은 조합원인 피고들 전부를 공동피고로 하여야 하는 **고유필수적 공동소송**에 해당한다(대판 2010.4.29. 2008다50691)(12회 선택형). 따라서 조합원 중 1인만을 가압류채무자로 한 가압류명령으로써 조합재산에 가압류집행을 할 수는 없다(대판 2015.10.29. 2012다21560).

✱ 합유물에 관한 소송(고유필요적 공동소송의 소송중단 : 대판 1983.10.25. 83다카850 판시내용 정리)

㉠ 피고 등의 합유로 소유권이전등기가 마쳐진 부동산에 대하여 원고의 명의신탁해지로 인한 소유권이전등기 이행청구소송은 합유재산에 관한 소송으로서 고유필요적 공동소송에 해당된다(2회, 12회 선택형).

㉡ 그런데 피고 중 1인이 사망 당시 소송대리인이 있어 소송중단의 효과가 발생하지 아니하였다고 하더라도 판결이 송달되면 그와 동시에 (고유필요적) 공동소송인 전원에 대하여 중단의 효과가 발생한다.

㉢ 한편, 고유필요적 공동소송에 있어서 공동소송인 중 1인에게 중단 또는 중지의 원인이 발생한 때에는 다른 공동소송인에 대하여도 중단 또는 중지의 효과가 미치므로 결국 공동소송인 전원에 대하여 소송절차의 진행이 정지되고 그 정지기간 중에는 유효한 소송행위를 할 수 없다.

---

(3) 구체적인 예

1) 공동매수의 경우

ⅰ) 공유관계로서의 단순한 공동매수인이라면 이는 **통상공동소송인**에 해당하나(대판 1978.8.31. 79다13 [그러나 '공유지분'이 아닌 '목적물 전체'에 대한 등기절차를 청구하는 경우에는 매수자 전원이 공동으로 청구하여야 한다(즉, 필수적 공동소송이다 : 대판 1960.7.7. 4292민상462)], ⅱ) 동업약정에 따라 동업자 공동으로 토지를 매수하였다면 소유권 이전등기의 이행을 구하는 소는 필수적 공동소송에 해당한다(대판 1994.10.25. 93다54064: 법전협 표준판례(309)).

2) 공동예금의 경우

"ⅰ) 동업자들이 동업자금을 공동명의로 예금한 경우라면 채권의 준합유관계에 있어 합유의 성질상 은행에 대한 예금반환청구가 필요적 공동소송에 해당한다고 볼 것이나, ⅱ) 공동명의 예금채권자들 중 1인이 전부를 출연하거나 또는 각자가 분담하여 출연한 돈을 동업 이외의 특정목적을 위하여 공동명의로 예치해 둠으로써 그 목적이 달성되기 전에는 공동명의 예금채권자가 자신의 예금에 대하여도 혼자서는 인출할 수 없도록 방지, 감시하고자 하는 목적으로 공동명의로 예금을 개설한 경우에는 그 예금에 관한 관리처분권까지 공동명의 예금채권자 전원에게 공동으로 귀속된다고 볼 수 없을 것이므로, 이러한 경우에는 은행에 대한 예금반환청구가 민사소송법상의 필요적 공동소송에 해당한다고 할 수 없다. 다만 은행과 공동명의 예금채권자들 사이에 공동반환의 특약이 존재하는 경우 은행에 대한 지급 청구만을 공동명의 예금채권자들 모두가 공동으로 하여야 하는 부담이 남게 된다"(대판 1994.4.26. 93다31825; 대판 2008.10.9. 2005다72430: 법전협 표준판례(310))(13회 선택형)

3) 유언집행자가 수인인 경우

"상속인이 유언집행자가 되는 경우를 포함하여 유언집행자가 수인인 경우에는, 유언집행자를 지정하거나 지정위탁한 유언자나 유언집행자를 선임한 법원에 의한 임무의 분장이 있었다는 등의 특별한 사정이 없는 한, 유증 목적물에 대한 관리처분권은 유언의 본지에 따른 유언의 집행이라는 공동의 임무를 가진 수인의 유언집행자에게 합유적으로 귀속되고, 그 관리처분권 행사는 과반수의 찬성으로써 합일하여 결정하여야 하므로, 유언집행자가 수인인 경우 유언집행자에게 유증의무의 이행을 구하는 소는 유언집행자 전원을 피고로 하는 고유필수적 공동소송으로 봄이 상당하다"(대판 2011.6.24. 2009다8345)

4) 합유물이 명의신탁된 경우

"합유로 소유권이전등기가 된 부동산에 관하여 명의신탁 해지를 원인으로 한 소유권이전등기절차의 이행을 구하는 소는 합유물에 관한 소송으로서 합유자 전원에 대하여 합일적으로 확정되어야 하므로,

합유자 중 일부의 청구인낙이나 합유자 중 일부에 대한 소의 취하는 허용되지 않는다"(대판 1996.12.10. 96다23238)(4회,6회,13회 선택형).

5) 조합재산 횡령행위로 인한 손해배상을 청구하는 경우

"조합원이 조합재산을 횡령하는 행위로 인하여 손해를 입은 주체는 조합재산을 상실한 조합이므로, 이로 인하여 조합원이 조합재산에 대한 합유지분을 상실하였다고 하더라도 이는 조합원의 지위에서 입은 손해에 지나지 않는다. 따라서 조합원으로서는 조합관계를 벗어난 개인의 지위에서 손해배상을 구할 수는 없고, 그 손해배상채권은 조합원 전원의 준합유에 속하므로 원칙적으로 전 조합원이 고유필수적 공동소송에 의하여만 구할 수 있다"(대판 2022.12.29. 2022다263448).

2. 총유관계소송

> 민법 제276조 (총유물의 관리, 처분과 사용, 수익) ① 총유물의 관리 및 처분은 사원총회의 결의에 의한다. ② 각사원은 정관 기타의 규약에 좇아 총유물을 사용, 수익할 수 있다.

(1) 공동소송의 형태(필수적 공동소송)

총유재산에 관한 소송은 능동소송, 수동소송 모두 ① 비법인사단이 그 명의로 제기하거나(제52조, 제64조) ② 구성원 전원이 소송을 수행해야 하는 고유필수적 공동소송이다.

(2) 보존행위의 경우(필수적 공동소송) [8회 사례형]

총유재산의 보존행위에 관한 소송이 고유필수적공동소송으로서 구성원 전원에 의해 이루어질 것을 요하는지에 관해, 判例는 "민법 제276조 1항은 '총유물의 관리 및 처분은 사원총회의 결의에 의한다.', 같은 조 2항은 '각 사원은 정관 기타의 규약에 좇아 총유물을 사용·수익할 수 있다.'라고 규정하고 있을 뿐 공유나 합유의 경우처럼 보존행위는 그 구성원 각자가 할 수 있다는 민법 제265조 단서 또는 제272조 단서와 같은 규정을 두고 있지 아니한바, 이는 법인 아닌 사단의 소유형태인 총유가 공유나 합유에 비하여 단체성이 강하고 구성원 개인들의 총유재산에 대한 지분권이 인정되지 아니하는 데에서 나온 당연한 귀결이라고 할 것이므로 총유재산에 관한 소송은 법인 아닌 사단이 그 명의로 사원총회의 결의를 거쳐 하거나 또는 그 구성원 전원이 당사자가 되어 필수적 공동소송의 형태로 할 수 있을 뿐 그 사단의 구성원은 설령 그가 사단의 대표자라거나 사원총회의 결의를 거쳤다 하더라도 그 소송의 당사자가 될 수 없고, 이러한 법리는 총유재산의 보존행위로서 소를 제기하는 경우에도 마찬가지라 할 것이다"(대판 2005.9.15. 전합2004다44971: 법전협 표준판례(44. 311))라고 판시하였다(10회 선택형).

3. 공유관계소송

> 민법 제263조 (공유지분의 처분과 공유물의 사용, 수익) 공유자는 그 지분을 처분할 수 있고 공유물 전부를 지분의 비율로 사용, 수익할 수 있다.
> 민법 제264조 (공유물의 처분, 변경) 공유자는 다른 공유자의 동의없이 공유물을 처분하거나 변경하지 못한다.

(1) 공동소송 형태에 대한 판례의 태도

判例는 공유는 소유권이 지분 형식으로 공존할 뿐 관리처분권이 공동귀속하는 것이 아니라는 점(민법 제263조) 또는 보존행위는 단독 행사가 허용된다는 점(민법 제265조)을 근거로, 공유관계소송에

대해 고유필수적 공동소송으로 보는 범위를 좁히고 있다. 이는 공유자 측을 상대로 하는 수동적 공유관계
소송의 경우에도 마찬가지인 바, 제3자가 공유자에 대하여 하는 소유권확인 및 말소등기청구, 이전등
기청구, 공동점유물의 인도청구, 공유건물의 철거청구 모두 필수적 공동소송이 아니라고 하였다.

(2) 능동소송

1) 원 칙(통상공동소송)

원칙적으로 통상공동소송에 의한다. 判例는 ① "공동상속재산은 상속인들의 공유이고, 또 부동산의
공유자인 한 사람은 그 공유물에 대한 보존행위로서 그 공유물에 관한 원인 무효의 등기 전부의 말소를 구
할 수 있다"(대판 1996.2.9. 94다61649 : 그러나 지분권이 아닌 공유관계 자체에 의하여 말소청구를 하는 경우에는 고유
필수적 공동소송이 됨)(7회 선택형)고 하고, **[3회 사례형]** ② "공동상속재산의 지분에 관한 지분권존재확인을
구하는 소송은 필수적 공동소송이 아니라 통상의 공동소송"(대판 2010.2.25. 2008다96963)(1회 선택형)이라
고 하며, ③ "공유자 중 한 사람은 공유물에 경료된 원인무효의 등기에 관하여 각 공유자에게 해당 지분별
로 진정명의회복을 원인으로 한 소유권이전등기를 이행할 것을 단독으로 청구할 수 있다"(대판 2005.9.29.
2003다40651)(1회,6회,12회 선택형)고 본다.

■ **수인이 공동매수인으로서 매매예약**(민법 제564조)**을 체결한 경우의 법률관계** [13사법]

사실관계 | 甲이 乙에게 돈을 대여하면서 담보 목적으로 乙 소유의 부동산 지분에 관하여 乙의 다른
채권자 A와 공동명의로 매매예약을 체결하고 각자의 채권액 비율에 따라 지분을 특정하여 가등기를
마쳤다. 이 때 **甲이 단독으로 담보목적물 중 자신의 지분에 관하여 매매예약완결권을 행사하여 자신
의 지분에 관하여 가등기에 기한 본등기절차의 이행을 청구할 수 있는가?**

판례의 태도 | 종래의 判例는 "복수의 채권자 甲과 A는 예약완결권을 준공유하는 관계에 있고 복수채권자가
매매예약 완결권을 행사하는 경우는 매매예약 완결권의 처분행위라 할 것이므로, 매매예약의 의사표시
자체는 복수채권자 전원이 행사하여야 하며, 채권자가 채무자에 대하여 예약이 완결된 매매목적물의 소
유권이전의 본등기를 구하는 소는 필요적 공동소송으로서 복수채권자 전원이 제기하여야 할 것이다"라
고 하였으나(대판 1984.6.12. 83다카2282), 변경된 判例에 따르면 "수인의 채권자가 각기 채권을 담보하기 위
하여 채무자와 채무자 소유의 부동산에 관하여 수인의 채권자를 공동매수인으로 하는 1개의 매매예약
을 체결하고 그에 따라 수인의 채권자 공동명의로 그 부동산에 가등기를 마친 경우, 수인의 채권자가
공동으로 매매예약완결권을 가지는 관계인지 아니면 채권자 각자의 지분별로 별개의 독립적인 매매예약완결권을
가지는 관계인지는 매매예약의 내용에 따라야 하고, 매매예약에서 그러한 내용을 명시적으로 정하지 않은
경우에는…(중략)… 종합적으로 고려하여 판단하여야 한다"(대판 2012.2.16. 전합2010다82530: 법전협 표준판례
(308) : 4회 선택형)고 한다.

사안의 경우 | 甲이 乙에게 돈을 대여하면서 담보 목적으로 乙 소유의 부동산 지분에 관하여 乙의 다
른 채권자 A와 공동명의로 매매예약을 체결하고 각자의 채권액 비율에 따라 지분을 특정하여 가등기
를 마쳤다면 채권자가 각자의 지분별로 별개의 독립적인 매매예약완결권을 갖는 것으로 볼 수 있으므
로, 甲이 단독으로 담보목적물 중 자신의 지분에 관하여 매매예약완결권을 행사할 수 있고, 이에 따
라 단독으로 자신의 지분에 관하여 가등기에 기한 본등기절차의 이행을 구할 수 있다(同 判例).[21]

---

21) **[판례평석]** 매매예약은 그 목적에 따라 그 유형이 나뉜다. 대체로 보면, ① 순수한 매매의 예약으로서, 어느 부동산을 수인이
장차 공동으로 사용·수익할 것을 목적으로 그 매수를 예약하는 유형이다. ② 채권담보의 목적으로 매매의 예약을 하고 그 청
구권을 보전하기 위해 가등기를 하는 유형으로서, 매매예약은 주로 이러한 방식으로 이용된다. 그리고 채권자가 수인인 경우에

■ [비교판례] **공동건축주 중 일부가 건축주명의변경을 반대하는 경우**[22]

사실관계 | 甲과 乙은 공동으로 건물을 증축하였는데, 丙이 乙의 지분을 인수하고, 건축주 명의변경을 거부하는 乙을 상대로 소송을 제기하였다. 소송에서 乙은 건축주가 2인 이상인 경우에 건축주명의변경절차 이행 청구의 소는 2인 모두를 상대로 하는 필수적 공동소송이라고 주장했다.

판례의 태도 | 2심은 필수적 공동소송으로 판단하여 丙의 건축주명의변경의 소가 부적법하다고 판단했다. 그러나 대법원은 이와 달리 필수적 공동소송이 아니라고 판단했다. 즉, 대법원은 "허가 등에 관한 건축주 명의가 수인으로 되어 있을 경우에, 그 허가 등은 해당 건축물의 건축이라는 단일한 목적을 달성하기 위하여 이루어지고 그 허가 등을 받은 지위의 분할청구는 불가능하다는 법률적 성격 등에 비추어 보면, 공동건축주 명의변경에 대하여는 변경 전 건축주 전원으로부터 동의를 얻어야 한다. 다만 그 명의변경에 관한 동의의 표시는 변경 전 건축주 전원이 참여한 단일한 절차나 서면에 의하여 표시될 필요는 없고 변경 전 건축주별로 동의의 의사를 표시하는 방식도 허용되므로, 동의의 의사표시에 갈음하는 판결도 반드시 변경 전 건축주 전원을 공동피고로 하여 받을 필요는 없으며 부동의하는 건축주별로 피고로 삼아 그 판결을 받을 수 있다고 봄이 타당하다"(대판 2015.9.10. 2012다23863)고 판시하였다.

사안의 경우 | 건축주 명의변경을 위해서는 전원의 동의가 필요하다. 이 경우 일부가 반대하는 경우에는 그 일부만을 상대로 소송을 제기할 수 있게 함으로써 건축주명의변경절차의 신속성을 도모할 필요가 있다. 이미 명의변경에 동의하는 자에게까지 소송을 제기하는 것은 무용한 소송을 제기하도록 하는 것이기 때문이다.

2) 예 외(필수적 공동소송)

예외적으로 필수적 공동소송으로 본 判例는 다음과 같다.

① "공유물 전체에 대한 소유관계 확인도 이를 다투는 제3자를 상대로 공유자 전원이 하여야 하는 것이지 공유자 일부만이 그 관계를 대외적으로 주장할 수 있는 것이 아니므로, 아무런 특별한 사정이 없이 다른 공유자의 지분의 확인을 구하는 것은 확인의 이익이 없다"(대판 1994.11.11. 94다35008)(2회,6회 선택형).

② "공동상속인이 다른 공동상속인을 상대로 어떤 재산이 상속재산임의 확인을 구하는 소는 이른바 고유필수적 공동소송이라고 할 것이고, 고유필수적 공동소송에서는 원고들 일부의 소 취하 또는 피고들 일부에 대한 소취하는 특별한 사정이 없는 한 그 효력이 생기지 않는다"(대판 2007.8.24. 2006다40980: 법전협 표준판례(315) : 그러나 공동상속재산의 지분에 관한 지분권확인 소송은 필수적 공동소송이 아니라는 위 2008다96963 판례 주의)(13회 선택형).

③ "목적물 전체에 대한 등기절차를 청구하는 경우에는 매수자 전원이 공동으로 청구하여야 한다"(대판 1960.7.7. 4292민상462 : 그러나 공유자 각자가 그 취득하였던 지분만에 대하여 지분의 취득등기를 청구하는 경우는 타 공유자와 관계없이 각자 단독으로 청구할 수 있다).

는 채권액에 비례하여 가등기에 관한 지분등기를 하는 것이 보통이다. 여기서 종전 판례가 전개한 법리는 위 ①의 유형에 맞는 것이고 ②의 유형에는 맞지 않는 것이다. 즉 ①의 유형에서는 수인의 예약권리자가 서로 긴밀한 유대관계를 가지고 있고 또한 목적물의 사용수익을 목적으로 하는 만큼 목적부동산 전체에 관하여 매매가 성립되지 않으면 그 목적을 달성하기가 어려울 것이나, ②의 유형에서는 채권자간에 연대나 불가분의 관계가 없는 이상 각 채권자는 자기 채권의 만족을 받는 데 그 목적이 있을 뿐이어서 각자의 지분별로 예약완결의 의사표시와 그에 따라 가등기에 기한 본등기청구를 하면 족한 것이다. 즉 여기서는 담보의 법리가 적용될 것이지, 매매예약의 준공유 및 공유물의 처분행위의 법리가 적용되어야 할 이유가 없다. 본 사안은 매매예약의 유형 중 위 ②에 관한 것이므로 이것은 전술한 대로 타당하다[양승태, "공동명의로 가등기한 수인의 매매예약자의 법률관계", 민사판례연구 제7집, p.18 ; 김준호, 21판(민법강의), p.1546].

22) 공유관련사례는 아니나 대판 2012.2.16. 전합2010다82530판례와 비교할 필요가 있어서 소개한다.

(3) 수동소송

判例는 공유물분할청구와 경계확정의 소를 제외하고는 통상공동소송에 의한다.

1) 공작물 철거청구

"타인 소유의 토지 위에 설치되어 있는 공작물을 철거할 의무가 있는 수인을 상대로 그 공작물의 철거를 청구하는 소송은 필수적 공동소송이 아니다"(대판 1993.2.23. 92다49218)(13회 선택형).

2) 건물 철거청구

"건물의 공동상속인 전원을 피고로 하여서만 건물의 철거청구를 할 수 있는 것은 아니고 공동상속인 중의 한 사람만을 상대로 그 상속분의 한도에서만 건물의 철거를 청구할 수 있다"(대판 1968.7.31. 68다1102)(12회 선택형).

3) 이전등기청구

"토지를 수인이 공유하는 경우에 공유자들의 소유권이 지분의 형식으로 공존하는 것뿐이고, 그 처분권이 공동에 속하는 것은 아니므로 공유토지의 일부에 대하여 취득시효완성을 원인으로 공유자들을 상대로 그 시효취득 부분에 대한 소유권이전등기절차의 이행을 청구하는 소송은 필수적 공동소송이라고 할 수 없다"(대판 1994.12.27. 93다32880: 법전협 표준판례(312))(10회 선택형).

4) 인도청구

"공동점유물의 인도를 청구하는 경우 상반된 판결이 나는 때에는 사실상 인도청구의 목적을 달성할 수 없을 때가 있을 수 있으나 그와 같은 사실상 필요가 있다는 것만으로 그것을 필요적공동소송이라고는 할 수 없는 것이다"(대판 1966.3.15. 65다2455)(1회 선택형) **[3회 사례형]**

┃ 핵심사례 D-12 ┣

| ■ **필수적 공동소송과 통상 공동소송의 구별** | 2014년 제3회 변호사시험 |

甲은 乙에게서 P시에 소재하는 1필의 X토지 중 일부를 위치와 면적을 특정하여 매수했으나 필요가 생기면 추후 분할하기로 하고 분할등기를 하지 않은 채 X토지 전체 면적에 대한 甲의 매수 부분의 면적 비율에 상응하는 지분소유권이전등기를 甲 명의로 경료하고 甲과 乙은 각자 소유하게 될 토지의 경계선을 확정하였다. 甲과 乙은 각자 소유하는 토지 부분 위에 독자적으로 건축허가를 받아 각자의 건물을 각자의 비용으로 신축하기로 하였다. 각 건물의 1층 바닥의 기초공사를 마치고 건물의 벽과 지붕을 건축하던 중 자금이 부족하게 되자 甲과 乙은 공동으로 丁에게서 건축 자금 1억 원을 빌리면서 X토지 전체에 저당권을 설정해 주었다. 이후 건물은 완성되었으나 준공검사를 받지 못하여 소유권보존등기를 하지 못하고 있던 차에 자금 사정이 더욱 나빠진 甲과 乙은 원리금을 연체하게 되어 결국 저당권이 실행되었고 경매를 통하여 戊에게 X토지 전체에 대한 소유권이전등기가 경료되었다. 戊는 甲과 乙에게 법률상 근거 없이 X토지를 점유하고 있다는 이유로 각 건물의 철거 및 X토지 전체의 인도를 청구하고 있다. 甲과 乙은 위 소송 과정에서 자신들이 승소하기 위하여 법률상 필요하고 유효적절한 항변을 모두 하였다. **戊의 甲, 乙에 대한 소의 주관적 병합의 형태와 그 근거를 서술하시오.**

Ⅰ. 결론

戊의 甲, 乙에 대한 소의 주관적 병합의 형태는 통상공동소송이다.

Ⅱ. 근 거

1. 통상의 공동소송과 필수적 공동소송의 구별

2. 공유관계소송에서 공동소송의 종류

3. 공유자에 대한 철거소송 및 공동점유자에 대한 인도청구의 경우 주관적 병합의 형태

(1) 甲과 乙을 상대로 한 각 건물 철거소송의 형태(민법 제214조) - 통상공동소송

甲과 乙은 각자의 비용으로 건물을 신축하였으므로 보존등기 없이도 각기 그 건물을 원시취득한다(민법 제187조). 그렇다면 甲과 乙은 각기 그 건물철거의 단독피고가 될 수 있는바, 이 경우 실체법적으로 관리처분권이 공동으로 귀속되는 관계(고유필수적 공동소송)가 아니며, 또 판결의 효력이 확장되는 관계에 있는 것(유사필수적 공동소송)도 아니다. 그러므로 사안의 경우는 甲에 대해서는 甲소유의 건물철거를, 乙에 대해서는 乙소유의 건물철거를 단순병합하는 형태이므로 통상공동소송의 형태에 해당한다.

(2) 甲과 乙을 상대로 한 X토지 전체 인도청구소송의 형태(민법 제213조) - 통상공동소송

戊가 대외적으로 공유자인 甲과 乙에 대하여 각 건물 철거 및 X토지 인도를 청구하는 것은 통상공동소송으로 봄이 타당하다.

	총유관계	합유관계	공유관계
능동소송	총유물의 관리 · 처분 · 보존행위 관련 능동소송과 수동소송 모두 필수적 공동소송 (민법 제276조 1항)	원칙 : 필수적 공동소송 (합유지분 처분, 합유물 처분·변경 : 민법 제272조 본문, 제273조) 예외 : 통상공동소송 (보존행위 : 민법 제272조)	원칙 : 통상공동소송 (공유지분권, 보존행위에 관한 소송 : 민법 제263조, 제265조 단서) 예외 : 필수적 공동소송 (공유권에 관한 소송)
수동소송		원칙 : 통상공동소송 또는 단독 (민법 분할채무, 상법 연대채무의 경우 개인재산에 책임) 예외 : 필수적 공동소송 (공동재산에 책임)	형식적 형성의 소인 공유물분할청구와 경계확정의 소를 제외하고는 통상공동소송

4. 형성권의 공동귀속(필수적 공동소송)

(1) 재산관계소송(형식적 형성소송)

1) 공유물분할청구의 소

"공유물분할청구의 소는 분할을 청구하는 공유자가 원고가 되어 다른 공유자 전부를 공동피고로 하여야 하는 고유필수적 공동소송"(대판 2003.12.12. 2003다44615: 법전협 표준판례(314))(1회,12회 선택형)이다. 때문에 공유물분할에 관한 소송계속 중 변론종결일 전에 공유자 중 1인인 甲의 공유지분의 일부가 乙 및 丙 주식회사 등에 이전된 경우, 변론종결 시까지 일부 지분권을 이전받은 자가 소송당사자가 되지 못한 경우 소송 전부가 부적법하다(대판 2014.1.29. 2013다78556)(7회 선택형).

[판례검토] 공유물분할청구권은 공유지분에 관한 형성권이므로 그 법적 성질은 물권적 청구권에 준한다. 따라서 공유물분할청구소송 중 소송당사자로부터 공유지분을 양수하여 등기를 마친 자는 변론종결 전의 승계인에 해당하므로, 공유물분할청구소송에서 공유지분의 양수인은 참가승계신청을 할 수 있고(제81조), 공유물분할청구소송의 당사자들은 공유지분의 양수인을 상대로 인수승계신청을 할 수 있다(제82조). 그러나 사실심 변론종결시까지 승계참가나 소송인수 등의 방식으로 그 일부 지분권을 이전받은 자가 소송의 당사자가 되었어야 함에도 그렇지 못하였으므로 소송 전부가 부적법하게 되었다는 것이 판시이유이다.

[관련판례] ＊ 공시송달에 의하여 형식적으로 확정된 공유물분할판결에 대하여 적법한 추완항소가 제기된 경우, 공유물 분할소송의 당사자적격 판단시점(항소심 변론종결일) 및 무권리자 처분행위 추인에 따른 부당이득반환의 범위(무권리자가 처분행위로 인하여 얻은 이득)
부동산 공유자 甲이 다른 공유자 乙 등을 상대로 제기한 공유물분할의 소에서 제1심법원이 공시송달 방법으로 소장부본 등을 송달한 다음 '乙 등은 甲으로부터 가액보상금을 지급받음과 동시에 각 지분에 관하여 소유권이전등기절차를 이행하라.'는 판결을 선고하였고, 그 후 甲은 丙 유한회사에 부동산을 매도한 후 제1심판결에서 정한 가액보상금을 공탁하고 乙 등의 지분에 관한 소유권이전등기를 마친 다음 丙 회사에 부동산에 관한 소유권이전등기를 해 주었는데, 乙 등이 제1심판결에 대하여 추완항소를 제기하고, 甲에 대하여 부동산 매매대금 중 乙 등의 지분에 상응하는 금액의 지급을 구하는 반소를 제기한 사안에서, 判例는 "원심 변론종결 시를 기준으로 甲과 乙 등은 부동산의 지분을 소유하고 있지 않으므로 공유물분할청구의 소는 당사자적격을 갖추지 못한 것이어서 부적법하며, 乙 등이 무권리자인 甲의 처분행위를 추인하였으므로 甲은 매매대금 중 乙 등의 지분에 상응하는 금액을 乙 등에게 반환할 의무가 있다"(대판 2022.6.30. 2020다210686,210693)고 판시하였다.
즉, 判例는 ① 甲이 제기한 공유물분할청구소송(본소)은 사실심변론종결시점에 甲과 乙 등의 부동산의 지분 전부가 丙 회사에 이전되었으므로 부적법하고, ② 乙 등의 甲에 대한 부당이득반환청구(반소)에서 인용될 금액은 본소의 제1심판결에서 정한 가액보상금이 아니라 甲이 丙 회사에게서 받은 매매대금 중 乙 등의 지분에 상응하는 금액이라고 보았다.

2) 경계의 확정을 구하는 소

"경계의 확정을 구하는 소송은 관련된 공유자 전원이 공동하여서만 제소하고 상대방도 관련된 공유자 전원이 공동으로서만 제소될 것을 요건으로 하는 **고유필수적 공동소송**"(대판 2001.6.26. 2000다24207)(6회,13회 선택형)이다.

(2) 가사소송

① 제3자 제기의 혼인무효ㆍ취소의 소(가사소송법 제24조 2항 : 피고 부부는 고유필수적 공동소송이나 원고 친족들은 공동소송이 강제되지 않으므로 유사필수적 공동소송임을 주의)[23], ② 제3자 제기의 친자관계부존재확인의 소(가사소송법 제28조)[24], ③ 父를 정하는 소(가사소송법 제27조)[25]는 가사소송에서 형성권을 공동행사하는 고유필수적 공동소송이다.

(3) 회사관계소송

청산인의 해임의 소는 법률관계의 당사자인 회사와 청산인을 공동피고로 해야 하는 고유필수적 공동소송이다(대판 1976.2.11. 75미533).

---

23) 제3자가 혼인무효ㆍ취소의 소를 제기할 때에는 부부를 상대방으로 하고, 부부 중 어느 한쪽이 사망한 경우에는 그 생존자를 상대방으로 한다.
24) 친생자관계 존부 확인의 소에는 가사소송법 제24조를 준용한다.
25) 민법 제854조에 따른 아버지를 정하는 소는 자녀, 어머니, 어머니의 배우자 또는 어머니의 전(前) 배우자 각자가 나머지 모두를 상대방으로 하여 제기한다.

Ⅲ. 심 판 [요, 자, 진, 판, 상] [10사법, 15법행] [D-42]

1. 소송요건의 통일

각 공동소송인별로 독립하여 조사한다. 한 사람의 소송요건의 흠이 있으면 전소를 각하한다.

> **[관련판례]** "공유물분할청구의 소는 분할을 청구하는 공유자가 원고가 되어 다른 공유자 전부를 공동 피고로 하여야 하는 필수적 공동소송으로서(6회,12회 선택형) 공유자 전원에 대하여 판결이 합일적으로 확 정되어야 하므로, 공동소송인 중 1인에 소송요건의 흠이 있으면 전 소송이 부적법하게 된다. 그리고 민사소송에 서 소송당사자의 존재나 당사자능력은 소송요건에 해당하고, 이미 사망한 자를 상대로 한 소의 제기는 소송요건을 갖추지 않은 것으로서 부적법하며, 상고심에 이르러서는 당사자표시정정의 방법으로 그 흠결을 보정할 수 없다"(대판 2012.6.14. 2010다105310).

2. 소송자료의 통일

> **제67조 (필수적 공동소송에 대한 특별규정)** ① 소송목적이 공동소송인 모두에게 합일적으로 확정되어 야 할 공동소송의 경우에 공동소송인 가운데 한 사람의 소송행위는 모두의 이익을 위하여서만 효력 을 가진다. ② 제1항의 공동소송에서 공동소송인 가운데 한 사람에 대한 상대방의 소송행위는 공동소 송인 모두에게 효력이 미친다.

공동소송인 중 한 사람의 소송행위는(능동소송) 전원의 이익을 위해서만 효력이 있고, 불리한 것은 전 원이 함께 하지 않으면 효력이 없다(제67조 1항)(10회 선택형). 반면, 한 사람에 대한 소송행위는(수 동소송) 유·불리를 불문하고 전원에 대하여 그 효력이 있다(제67조 2항).

(1) 공동소송인 중 한사람의 소송행위가 다른 공동소송인에게 유리한 경우

① 공동소송인 중 한사람이 기일에 출석하면 전원이 출석한 것으로 되며(진술간주, 자백간주, 쌍불취하 등 기일해태의 효과 불발생), ② 한 사람이라도 기간을 준수하면 기간부준수의 효과(실권효)가 발생하지 않고, ③ 한 사람이라도 답변서를 제출하면 무변론판결을 받지 않으며, ④ 한 사람이라도 상대방의 주장사실을 다투면(주장, 부인, 항변, 증거제출) 전원이 다툰 것이 되고, ⑤ 한 사람이라도 응소하면 전원 이 응소한 것이 되어 상대방 원고가 소취하시 전원의 동의를 받아야 한다.

(2) 공동소송인 중 한사람의 소송행위가 다른 공동소송인에게 불리한 경우

한 사람의 청구의 인낙·포기, 소취하는 전원이 하여야 한다(대판 2007.8.24. 2006다40980: 법전협 표준판례 (315)).

3. 소송진행의 통일

> **제67조 (필수적 공동소송에 대한 특별규정)** ③ 제1항의 공동소송에서 공동소송인 가운데 한 사람에게 소송절차를 중단 또는 중지하여야 할 이유가 있는 경우 그 중단 또는 중지는 모두에게 효력이 미친다.

변론·증거조사·판결은 같은 기일에 함께 해야 하므로 변론의 분리·일부판결을 할 수 없고, 공동소송 인 중 한사람에 대하여 중단의 원인이 발생하면 다른 공동소송인 전원에 대하여 중단의 효과가 생겨 전 소송절차의 진행이 정지된다(제67조 3항).

	제66조(통공)	제67조(필공)
공동소송인 가운데 한 사람의 소송행위	다른 공동소송인에게 영향을 미치지 아니한다.	모두의 이익을 위하여서만 효력을 가진다(1항).
공동소송인 가운데 한 사람에 대한 상대방의 소송행위		공동소송인 모두에게 효력이 미친다(2항).
공동소송인 가운데 한 사람에 관한 사항		공동소송인 가운데 한 사람에게 소송절차를 중단 또는 중지하여야 할 이유가 있는 경우 그 중단 또는 중지는 모두에게 효력이 미친다(3항)

핵심사례 D-13

■ 고유필수적 공동소송 - 심판방법   2013년 6월 법전협 모의, 2013년 법무사, 2010년 사법시험

甲은 주택건설사업 등을 영위하는 건설회사이고, 乙은 연립주택을 철거하고 새로이 아파트를 건축하려고 조직된 재건축조합이다. 甲과 乙은 공동사업주체로서 기존의 연립주택을 철거하고 그 지상에 아파트를 건설하기로 하며, 乙의 조합원들에 의한 사업부지 제공의 대가로 아파트의 일부 세대를 乙의 조합원들에게 분양하고 乙의 조합원들이 일정한 분담금을 납부하는 한편, 나머지 일반분양세대를 분양하여 그 대금을 甲과 乙에게 귀속시키기로 하는 내용의 이 사건 시행·시공계약을 체결하였다. 이 사건 계약에 의하면 甲와 乙은 이 사건 아파트를 공동으로 분양하고 수익과 손실을 공동으로 분담하는 것으로 되어 있었다. 이에 따라 甲과 乙이 공동으로 매도인이 되어 2010. 10. 20. 丙에게 일반분양세대인 이 사건 아파트를 분양하는 내용의 분양계약서를 작성하여 이 사건 분양계약을 체결하였다.

이 사건 아파트 완성 후 丙은 이 사건 분양계약에 정해진 분양대금을 지급하지 않고 있다. 이에 따라 甲과 乙은 丙을 상대로 분양대금의 지급을 청구하는 소('이 사건 소송'이라 한다)를 제기하였다. 이 소송 도중에 乙은 丙과 소송 외에서 원만히 합의하자는 제안에 따라 소를 취하하였다. **이러한 소의 취하는 유효한가? (20점)**

Ⅰ. 문제점 - 소취하의 요건 [당. 소. 시. 동. 소]

소를 취하하는 당사자에게 소송능력이 있어야 하며, 모든 소송물에 대하여, 시기는 소제기 후 종국판결의 확정 전까지(제266조 1항) 할 수 있고, 피고가 응소한 뒤에는 피고의 동의를 받아야 취하의 효력이 생긴다(제266조 2항). 그리고 소의 취하도 소송행위이므로 소송행위의 유효요건을 구비하여야 한다.

설문의 경우 이 사건 소송 도중에 乙이 한 소취하가 유효한지와 관련하여 소취하의 당사자요건으로서 ⅰ) 이 사건 시행·시공계약의 법적 성질이 조합계약인지가 문제된다. ⅱ) 나아가 조합계약이라면 이 사건 공동소송의 유형이 고유필수적 공동소송인지, ⅲ) 고유필수적 공동소송이라면 공동소송인 중 한 사람인 乙이 단독으로 한 소취하가 유효한지 여부가 문제된다.

Ⅱ. 이 사건 시행·시공계약의 법적 성질

1. 민법상 조합과 비법인사단의 구별

비법인사단이란 사단의 실질을 갖추었지만 법인등기를 갖추지 못한 단체이고, 조합은 2인 이상이 상호 출자하여 공동사업을 경영할 것을 약정하는 계약으로서(민법 제703조 1항), 判例는 명칭에 구애됨이 없이 일반적으로 그 단체성의 강약을 기준으로 판단해야 한다고 판시하고 있다(대판 1999.4.23. 99다4504).

구체적으로는 "ⅰ) 어떤 단체가 고유의 목적을 가지고 사단적 성격을 가지는 규약을 만들어 이에 근거하여 의사결정기관 및 집행기관인 대표자를 두는 등의 조직을 갖추고 있고, ⅱ) 기관의 의결이나 업무집행방법이 다수결의 원칙에 의하여 행하여지며, ⅲ) 구성원의 가입, 탈퇴 등으로 인한 변경에 관계없이 단체 그 자체가 존속되고, ⅳ) 그 조직에 의하여 대표의 방법, 총회나 이사회 등의 운영, 자본의 구성, 재산의 관리 기타 단체로서의 주요사항이 확정되어 있는 경우에는 비법인사단으로서의 실체를 가진다"(대판 1999.4.23. 99다4504 등)고 한다. [사. 다. 변. 주]

2. 사안의 경우

설문의 경우, 甲과 乙은 사단성을 가지는 규약, 조직이 존재하거나 기타 단체로서의 주요사항이 확정되었다고 볼 수 없고, 기존의 연립주택을 철거하고 그 지상에 아파트를 건설하여 분양하기로 하는 공동사업을 경영할 것을 약정하였고, 설문상 명확하지 않으나 지분에 따라 수익과 손실을 분담할 것을 약정한 것으로 보이므로, 이 사건 시행·시공계약은 조합계약의 성질을 가진다.

Ⅲ. 이 사건 공동소송의 유형

1. 고유필수적 공동소송 여부 고찰

조합재산에 관한 능동소송의 경우 ⅰ) 합유물의 처분·변경에는 합유자 전원의 동의가 필요하고(민법 제272조), 합유물의 지분 처분에도 전원의 동의가 필요한 점에 비추어(민법 제273조), 조합원의 조합재산에 관한 소송은 고유필수적 공동소송이다(대판 1967.8.29. 66다2200, 대판 1994.10.25. 93다54064), ⅱ) 다만 보존행위에 관한 소송(조합지분권자가 피고의 등기말소를 구하는 경우)은 통상공동소송으로 본다(민법 제272조 단서).

2. 사안의 경우

설문의 경우, 이 사건 분양 계약은 甲과 乙이 공동사업주체의 지위에서 체결한 것으로서 이 사건 분양대금지급청구권은 조합의 재산에 속하고, 이 사건 소송은 보존행위가 아닌 조합원의 조합재산에 관한 능동소송으로서 고유필수적 공동소송에 해당한다.

Ⅳ. 이 사건 소취하의 유효여부(무효)

1. 고유필수적 공동소송의 심판 방법 - 소송자료의 통일

2. 사안의 경우

소취하는 불리한 소송행위로서 甲과 乙이 함께 하지 않으면 효력이 없다. 따라서 공동소송인 중 한 사람인 乙이 단독으로 한 소취하는 무효이다.

Ⅴ. 사안의 해결

甲과 乙의 이 사건 시행·시공계약은 조합계약이고, 이 사건 소송은 조합재산에 관한 능동소송으로서 고유필수적 공동소송에 해당하며, 이 사건 소취하는 불리한 소송행위로서 공동소송인 중 한 사람인 乙이 단독으로 한 소의 취하는 무효이다.

4. 본안재판의 통일

필수적 공동소송의 경우는 상호 연합관계로서 합일확정의 판결만이 허용된다. 따라서 일부판결은 허용되지 않고 모두에 대하여 판결하여야 한다. 즉, 고유필수적 공동소송에 대하여 본안판결을 할 때에는 공동소송인 전원에 대한 하나의 종국판결을 선고해야 하는 것이지 공동소송인 일부에 대해서만 판결하거나 남은 공동소송인에 대해 추가판결을 하는 것은 모두 허용되지 않는다"(대판 2011.6.24. 2011다1323: 법전협 표준판례(307); 대판 2022.6.30. 2022다217506).

5. 상소심에서 소송진행의 통일 [13법무]

(1) 상소기간

상소기간은 각 공동소송인별로 진행하나, 전원에 대하여 상소기간이 만료되기까지는 판결은 확정되지 않는다.

(2) 이심의 범위(전원)

공동소송인 중 일부의 상소제기는 전원의 이익에 해당된다고 할 것이어서 다른 공동소송인에 대하여도 그 효력이 미칠 것이며, 사건은 필요적 공동소송인 전원에 대하여 확정이 차단되고 상소심에 이심된다고 할 것이다(대판 1991.12.27. 91다23486: 법전협 표준판례(316))(1회,4회,13회 선택형).

최근 判例도 "공유물분할청구의 소는 고유필수적 공동소송이고, **공유물분할 판결은 공유자 전원에 대하여 상소기간이 만료되기 전에는 확정되지 않고**, 일부 공유자에 대하여 상소기간이 만료되었다고 하더라도 그 공유자에 대한 판결 부분이 분리·확정되는 것은 아니다"(대판 2017.9.21. 2017다233931)고 하였다.

(3) 불이익변경금지원칙의 배제(적극)

합일확정의 필요에 의하여 불이익금지원칙(제415조)의 적용이 배제된다. 불복하지 않은 공동소송인의 판결 결과가 상소심에서 유리하게 변경될 수 있다.

(4) 불복하지 않은 공동소송인의 지위(단순한 상소심당사자설)

불복하지 않은 공동소송인의 지위에 대해 ① 상소인설 ② 선정자설 ③ 단순한 상소심당사자설의 견해 대립이 있으나, 합일확정의 요청으로 얻는 특수지위이며 상소를 제기하거나 선정을 하지 않은 자이므로 단순한 상소심당사자설이 타당하다(대판 1995.1.12. 94다33002). 따라서 당사자 표시에 있어서 상소하지 않은 당사자는 '상소인'이라고 표시하지 않고 '원고' 또는 '피고'라고만 표시하고, 상소비용도 부담하지 않으며, 상소취하권이 없고, 상소인지를 붙이지 않아도 된다.

Ⅳ. 누락된 공동소송인의 보정방법 [별, 추, 참] [15법행]　[D-43]

공동소송인으로 되어야 할 자 중 일부가 누락된 경우에는 원칙적으로 당사자적격의 흠결로 소는 부적법 각하된다. 다만, 소송요건은 변론종결시까지 구비하면 되므로 누락당사자의 보정을 인정할 여지가 있는 바, 그 보정방법으로 ① **별소 제기와 법원의 변론의 병합**(제141조 : 법원이 주도권을 가짐. 즉 당사자 신청권이 없다)과 ② **원고의 필수적 공동소송인의 추가**(제68조 : 원고가 주도권을 가짐. 그러나 제1심에 한한다), ③ **누락자의 공동소송참가**(제83조 : 누락된 자가 주도권을 가짐. 제1심에 제한되지 않음. 따라서 항소심에서도 가능)가 논의되고 있다. ④ 소를 보정하지 않고 구소를 취하한 뒤 신소를 제기 하는 것도 당연히 가능하다.

│ 핵심사례 D-14│──────────────────────────────────

▌고유필수적 공동소송 – 누락된 공동소송인 보정방법 2014년 사법시험

> 甲, 乙, 丙은 X토지를 공유하고 있었는데, 甲은 개인적인 사정상 공유관계를 해소하고자 한다. 乙은 X토지에 대한 공유물분할에 동의하였는데 丙이 공유물분할에 동의하지 않자, 甲은 丙만을 피고로 삼아 공유물분할을 구하는 소를 제기하였다.
>
> 〈문제 1.〉 이 사건 소가 적법한지와 그 근거를 설명하시오. (10점)
>
> 〈문제 2.〉 만약 부적법하다면 甲과 乙이 각자 그 사유를 해소할 수 있는 방법에 대하여 설명하시오. (30점)

I. 문제 1.의 경우

1. 결 론

이 사건 소는 당사자적격의 흠결로 부적법하다.

2. 논 거

(1) 공유물분할청구의 소의 공동소송의 유형

1) 통상공동소송과 필수적 공동소송의 구별기준

2) 공유물분할청구의 소의 소송유형 - 고유필수적 공동소송

(2) 고유필수적 공동소송에서의 당사자적격

고유필수적 공동소송에서는 공동소송인 전원에 대하여 판결이 합일적으로 확정되어야 하므로, 소송물에 이해관계를 가지는 일정범위의 자 전원이 원고나 피고가 되어야 한다. 따라서 공동소송인으로 될 자 중 일부가 누락된 경우에는 소 전체가 당사자적격의 흠결로 부적법해진다.

(3) 사안의 경우

공유물분할청구의 소는 고유필수적 공동소송이므로 비록 乙은 공유물분할에 동의하고 丙만 동의하지 않더라도 乙까지도 피고로 삼아야 한다. 그런데 甲은 丙만을 피고로 삼아 공유물분할청구의 소를 제기하였으므로, 이 사건 소는 당사자적격의 흠결로 부적법하다.

Ⅱ. 문제 2.의 경우

1. 결 론

① 甲은 제68조의 필수적 공동소송인의 추가제도를 통해 누락된 乙을 추가함으로써 이 사건 소의 부적법사유를 해소할 수 있다. ② 乙은 제83조의 공동소송참가를 통해 부적법 사유를 해소할 수 있다.

2. 논 거

(1) 甲의 고유필수적 공동소송인의 추가(제5편 제2절 제2관 참조)

1) 요 건 [필. 공. 동. 일]

ⅰ) 필수적 공동소송인 중 일부가 누락된 경우이어야 하고, ⅱ) 종전 당사자와 신당사자간에 공동소송의 요건을 갖추어야 하며, ⅲ) 원고측 추가의 경우에는 신당사자의 절차보장 내지 신당사자의 처분권의 존중을 위하여 추가될 신당사자의 동의를 요구하며, ⅳ) 제1심 변론종결시까지 추가가 허용된다 (제68조).

2) 사안의 경우

ⅰ) 乙은 고유필수적 공동소송인 공유물분할청구소송의 누락된 당사자이고, ⅱ) 두 당사자 간에 제65조 전문의 권리와 의무가 공통되어 공동소송의 요건을 갖추었고, ⅲ) 乙은 피고측에 추가되는 당사자이므로 그의 동의는 필요 없으므로 甲은 제68조에 의해 乙을 피고로 추가함으로써 이 사건 소의 부적법 사유를 해소할 수 있다.

(2) 누락자 乙의 공동소송참가(제5편 제2절 제4관 참조)

1) 요 건 [타, 당, 합]

ⅰ) 타인간의 소송계속 중 일것, ⅱ) 당사자적격 등의 소송요건을 갖출 것, ⅲ) 합일확정의 필요가 있을 것을 요한다(제83조 1항).

2) 고유필수적 공동소송의 경우 공동소송참가의 허용 여부(적극)

ⅲ)의 요건과 관련하여, 본소송의 판결의 효력이 제3자에게 확장되는 유사필수적 공동소송이 이에 해당함에는 의문의 여지가 없다. 그런데 고유필수적 공동소송으로 될 경우에도 포함되는지와 관련해서는 고유필수적 공동소송인 중 일부가 누락된 경우에는 ① 당사자적격의 흠결로 소를 각하해야 하며 참가는 불가능하다는 견해도 있으나, ② 공동소송참가는 필수적 공동소송인의 추가와 달리 상소심에서도 허용되는 것이므로 필수적 공동소송인의 추가 규정의 신설에도 불구하고 여전히 의미가 있다는 점, 당사자적격은 변론종결시까지 구비하면 된다는 점, 소송경제 등을 고려할 때 공동소송참가에 의한 흠의 치유를 긍정함이 타당하다.

3) 사안의 경우

丙과 고유필수적 공동소송인의 관계에 있으나 피고에서 누락된 乙은 제83조에 의해 스스로 공동소송인으로 참가함으로서 이 사건 소의 부적법 사유를 해소할 수 있다.

[참고] '별소제기와 변론병합'도 하나의 방법이긴 하나, 변론병합은 '법원'에 의해 이루어지는 것이므로 甲과 乙이 할 수 있는 방법은 아니라고 보인다.

제3관 유사필수적 공동소송

Ⅰ. 의 의
[D-44]

'유사필수적 공동소송'이란 소송공동은 강제되지 않으나 합일확정의 필요가 있는 공동소송을 말한다. 이는 소송법적으로 판결의 효력이 미치는 자 사이에 모순·저촉이 생기는 것을 방지하기 위해 인정된다.

Ⅱ. 구체적 예
[D-45]

1. 판결의 효력(기판력·형성력)이 미치는 경우

ⅰ) 여러 사람이 제기하는 회사설립 무효·취소의 소(상법 제184조), ⅱ) 회사합병무효의 소(상법 제236조), ⅲ) 주주총회결의 취소·무효·부존재 확인의소(상법 제376조, 제380조), ⅳ) 여러 주주에 의한 회사대표소송(상법 제403조)(5회 선택형)과 ⅴ) 여러 사람이 제기하는 혼인무효·취소의 소(가사소송법 제21조, 제23조, 제24조[26])가 있다.

---

26) 가사소송법 제24조 2항(원고 친족들은 공동소송이 강제되지 않으므로 유사필수적 공동소송, 피고 부부는 고유필수적 공동소송)

통설과 재판 실무는 주주총회결의 취소·무효·부존재 확인의 소(상법 제376조, 제380조)에 대해 종래 '편면적 대세효' 있는 회사관계소송을 여러 사람이 공동으로 제기한 경우 '유사필수적 공동소송'이라는 견해였는바, 최근 대법원은 전원합의체 판결을 통해 (유사) 필수적 공동소송임을 확인하였다(대판 2021.7.22. 전합2020다284977: 법전협 표준판례(313))(13회 선택형)[27]

2. 판결의 반사효가 미치는 경우

① 다수설은 판결의 반사효가 제3자에게 미치는 경우 유사필수적 공동소송을 인정한다. ⅰ) 수인의 채권자에 의한 채권자대위소송, ⅱ) 여러 사람의 주주에 의한 대표소송(상법 제403조), ⅲ) 수인의 추심채권자에 의한 추심소송(민사집행법 제249조)등을 그 예로 들고 있다.

② 判例는 반사효 자체를 인정하지 않으며 수인의 채권자에 의한 채권자대위소송의 경우 기판력이 미친다는 이유로 유사필수적 공동소송을 인정하였다(아래 관련판례 참조).

> [관련판례] ＊ 수인의 채권자들의 대위소송의 성질(안 경우 유필공, 모른 경우 통공) [12회 사례형, 15변리]
> 수인의 채권자들의 대위소송의 성질에 대하여는 견해 대립이 있는바, 判例는 채권자가 대위소송을 하다 채권자가 사망하고 그 상속인들이 소송승계를 한 사안에서 "채무자가 채권자대위권에 의한 소송이 제기된 것을 알았을 경우에는 그 확정 판결의 효력은 채무자에게도 미치므로 각 채권자대위권에 기하여 공동하여 채무자의 권리를 행사하는 다수의 채권자들은 유사필수적 공동소송관계에 있다"(대판 1991.12.27. 91다23486: 법전협 표준판례(316))고 판시하였다.[28]
> [판례검토] 대위소송의 법적 성질에 관해 법정소송담당설을 취하는 이상 유사필수적 공동소송관계로 보는 것이 타당하다. 다만 수인의 채권자들 사이에 대위소송의 계속을 채무자가 알았을 경우에만 채권자가 받은 판결의 기판력이 다른 채권자에게 미치므로 유사필수적 공동관계에 있고, 그 외의 경우에는 통상의 공동소송이 된다.

Ⅲ. 심 판 [요, 자, 진, 판, 상] [12회 사례형, 12법행]   [D-46]

유사필수적 공동소송도 필수적 공동소송 규정(제67조)의 규정의 적용을 받는다.

1. 소송요건 통일의 예외

소송요건을 결한 공동소송인이 있을 경우 고유필수적 공동소송(모든 공동소송인 전부각하)과 달리 그 공동소송인의 부분만 일부 각하하면 된다.

2. 소송자료의 통일

공동소송인 중 한사람의 소송행위는 그것이 유리한 경우에는 다른 공동소송인에게 효력이 발생하나(제67조 1항), 반대해석으로 공동소송인 1인이 한 불리한 소송행위는 공동소송인 전원은 물론 그것을 한 자에게도 효력이 발생하지 않는다.

---

27) "이 사건 소는 주주총회결의의 부존재 또는 무효 확인을 구하는 소로서, 상법 제380조에 의해 준용되는 상법 제190조 본문에 따라 청구를 인용하는 판결은 제3자에 대하여도 효력이 있다. 이러한 소를 여러 사람이 공동으로 제기한 경우 당사자 1인이 받은 승소 판결의 효력이 다른 공동소송인에게 미치므로 공동소송인 사이에 소송법상 합일확정의 필요성이 인정되고, 상법상 회사관계소송에 관한 전속관할이나 병합심리 규정(상법 제186조, 제188조)도 당사자 간 합일확정을 전제로 하는 점 및 당사자의 의사와 소송경제 등을 함께 고려하면, 이는 민사소송법 제67조가 적용되는 필수적 공동소송에 해당한다"

28) 채무자가 기판력을 받는데 왜 채권자들이 유사필수적 공동소송관계가 되냐면, 채무자가 대위사실을 알았다면 한 채권자에 대한 판결의 기판력이 다른 채권자에게도 미치기 때문이다(대판 1994.8.12. 93다52808).

3. 소송진행의 통일 · 본안재판의 통일 · 상소심에서 소송진행의 통일

고유필수적 공동소송과 같다. 다만 공동소송이 강제되는 것이 아니므로 공동소송인의 일부에 의한 '소취하'가 가능하다. 이 경우 다른 공동소송인에게 영향이 없이 취하한 당사자에 대해서만 소송 계속이 소멸하는 바, 공동소송인 일부가 취하간주되는 경우에도 공동소송인 일부만 취하간주되는지 문제된다. ① 유사필수적 공동소송에 있어서는 일부취하가 허용됨에 비추어 취하간주의 규정(제268조)이 적용된다는 견해가 있으나, ② 쌍방불출석에 의한 소취하는 기일 불출석의 효과가 생기는 것을 전제로 하는 것인데 유사필수적 공동소송에서 일부가 결석해도 출석한 효과가 생기기 때문에(제67조 1항) 취하간주의 효력이 발생하지 않는다고 보는 것이 타당하다.

| 핵심사례 D-15 |

■ 유사필수적 공동소송   2012년 법원행정고시, 2015년 변리사

> 甲은 乙로부터 X토지를 매수하는 계약을 체결했다. X토지의 등기부에는 乙 명의의 소유권이전등기 다음에 丙 명의로 소유권이전등기가 경료되어 있는데, 甲은 乙과 의논하여 乙을 대위하여 丙을 상대로 소유권이전등기말소청구소송을 제기했다. 甲이 제1심에서 소송을 수행하던 중 사망하였고 甲의 상속인으로는 두 아들 A와 B가 있었다. A, B는 乙과 의논한 다음, 甲의 소송을 수계하여 공동원고로서 소송을 수행하였다. A, B는 제1심에서 원고 패소판결을 받자 A는 항소하였으나 B는 항소하지 않았다. 항소심 법원은 A와 丙 사이에서만 절차를 진행하여 A의 항소를 기각하였다. 항소심판결은 정당한지 설명하시오. (15점)

Ⅰ. 결 론

항소심판결은 필수적 공동소송에 관하여 특칙을 규정한 제67조 1항의 법리를 오해한 것으로서 위법하다.

Ⅱ. 논 거

1. 채권자 대위소송의 법적성격 - 법정소송담당설

2. A와 B의 소송수행형태 - 유사필수적 공동소송관계

(1) 통상공동소송과 필수적 공동소송의 구별기준

(2) 판 례

(3) 사안의 경우

대위소송의 법적 성질에 관한 법정소송담당설이 타당하다고 보는 이상 대위소송의 확정판결의 효력이 다른 채권자에게 확장되는 관계에 있으므로 유사필수적 공동소송설이 타당하다.

3. 유사필수적 공동소송의 심판방법

고유필수적 공동소송과 같다. 따라서 소송진행이 소송자료 및 소송진행의 통일이 요청되며, 상소불가분의 원칙이 적용된다.

4. 사안의 해결

A와 B는 유사필수적 공동소송의 관계에 있고, A의 항소제기는 전원의 이익에 해당하므로 제67조 1항에 따라 B에 대하여도 그 효력이 미친다. 따라서 B의 청구 부분도 확정이 차단되고 항소심으로 이심되므로 항소심법원은 필수적 공동소송관계에 있는 소송수계인 A와 B에 대하여 합일확정을 위하여 한 개의 판결을 선고하여야 할 것임에도 A에 대하여만 절차를 진행하여 판결을 선고하였으므로 제67조 1항의 법리를 오해한 것으로서 위법하므로 파기되어야 한다.

제4관 예비적·선택적 공동소송

Ⅰ. 서 설 [D-47]

제70조 (예비적·선택적 공동소송에 대한 특별규정) ① 공동소송인 가운데 일부의 청구가 다른 공동소송인의 청구와 법률상 양립할 수 없거나 공동소송인 가운데 일부에 대한 청구가 다른 공동소송인에 대한 청구와 법률상 양립할 수 없는 경우에는 제67조 내지 제69조를 준용한다. 다만, 청구의 포기·인낙, 화해 및 소의 취하의 경우에는 그러하지 아니하다. ② 제1항의 소송에서는 모든 공동소송인에 관한 청구에 대하여 판결을 하여야 한다.

1. 의 의

공동소송인 가운데 일부의 청구가 다른 공동소송인의 청구와 법률상 양립할 수 없거나 공동소송인 가운데 일부에 대한 청구가 다른 공동소송인에 대한 청구와 법률상 양립할 수 없는 경우를 의미한다 (제70조 1항).

2. 종래 인정여부에 대한 견해대립 및 신법의 태도 [4회 사례형, 07사법, 14법행]

종래 이러한 소송을 인정할 것인지 여부에 대하여 통설·判例는 이를 인정하는 명문의 규정이 없고, 예비적 피고는 자기에 대한 청구에는 아무런 판단도 받지 못한 채 소송이 종료될 불안한 지위에 놓이며, 이러한 병합을 인정한다면 재판의 통일이 보장될 수 없다는 이유로 부정하였으나, 개정법은 제70조에서 예비적 공동소송의 소송형태를 인정하였다. 예비적 피고의 지위불안은 제70조 2항으로, 재판의 불통일 위험은 필수적 공동소송의 특칙인 제67조를 준용하여 해결하였다.

Ⅱ. 소송의 형태 [D-48]

1. 수동형(제70조 1항 후단)과 능동형(제70조 1항 전단)

① 수동형의 예비적·선택적 공동소송은 피고측이 수동적으로 공동소송인이 되는 경우, 즉 원고가 수인의 상대방을 예비적·선택적으로 피고로 삼는 경우를 가리킨다. 이는 제70조 1항 후단의 '공동소송인 가운데 일부에 대한 청구가 다른 공동소송인에 대한 청구와 양립할 수 없는 경우'에 해당한다.

② 능동형의 예비적·선택적 공동소송은 원고측이 능동적으로 공동소송인이 되는 경우, 즉 수인의 당사자가 예비적·선택적으로 원고가 되는 경우를 가리킨다. 이는 제70조 1항 전단의 '공동소송인 가운데 일부의 청구가 다른 공동소송인의 청구와 법률상 양립할 수 없는 경우'에 해당한다.

2. 예비형과 선택형

주관적 예비적 병합은 청구들 사이에 순위가 정해져 있는 병합이고, 주관적 선택적 병합은 순위가 없는 병합이다.

3. 원시형(제70조)과 후발형(제70조, 제68조)

(1) 추가되는 피고를 주위적 피고로 하는 것이 허용되는지 여부(적극)

判例는 "원고가 어느 한 사람을 피고로 지정하여 소를 제기하였다가 다른 사람이 주위적 또는 예비적 피고의 지위에 있다고 주장하면서 그에 대한 청구를 아울러 하는 경우에, 그것이 주위적 또는 예비적 피고를 추가하는 취지라면 법원은 모든 공동소송인에 관한 청구에 대하여 판결을 하여야 한다"(대판 2008.4.10. 2007다86860)고 하여 추가되는 피고를 주위적 피고로 하는 것도 허용된다고 보았다.

(2) 추가되는 피고를 예비적 피고로 하는 것이 허용되는지 여부(적극)

① 처음에는 주위적 피고에 대한 주위적·예비적 청구만 하였다가 청구를 결합하기 위하여 예비적 피고를 추가할 수 있고, ② 이 경우 주위적 피고에 대한 예비적 청구와 예비적 피고에 대한 청구가 서로 법률상 양립할 수 있는 관계에 있으면 양 청구를 병합하여 통상의 공동소송으로 보아 심리·판단할 수 있으며(대판 2009.3.26. 2006다47677)(6회 선택형), ③ 이러한 법리는 주위적 피고에 대하여 실질적으로 선택적 병합 관계에 있는 두 청구를 주위적·예비적으로 순위를 붙여 청구한 경우(부진정예비적병합)에도 그대로 적용된다(아래 관련판례 참조).

> **[관련판례] ❋ 부진정예비적병합과 예비적공동소송의 복합문제**
> "민사소송법 제70조 제1항 본문이 규정하는 '공동소송인 가운데 일부에 대한 청구'를 반드시 '공동소송인 가운데 일부에 대한 모든 청구'라고 해석할 근거는 없으므로, 주위적 피고에 대한 주위적·예비적 청구 중 주위적 청구 부분이 받아들여지지 아니할 경우 그와 법률상 양립할 수 없는 관계에 있는 예비적 피고에 대한 청구를 받아들여 달라는 취지로 i) 주위적 피고에 대한 주위적·예비적 청구와 예비적 피고에 대한 청구를 결합하여 소를 제기하는 것도 가능하고, ii) 처음에는 주위적 피고에 대한 주위적·예비적 청구만을 하였다가 청구 중 주위적 청구 부분이 받아들여지지 아니할 경우 그와 법률상 양립할 수 없는 관계에 있는 예비적 피고에 대한 청구를 받아들여 달라는 취지로 예비적 피고에 대한 청구를 결합하기 위하여 예비적 피고를 추가하는 것도 민사소송법 제70조 제1항 본문에 의하여 준용되는 민사소송법 제68조 제1항에 의하여 가능하다. 이 경우 주위적 피고에 대한 예비적 청구와 예비적 피고에 대한 청구가 서로 법률상 양립할 수 있는 관계에 있으면 양 청구를 병합하여 통상의 공동소송으로 보아 심리·판단할 수 있다. 그리고 이러한 법리는 원고가 주위적 피고에 대하여 실질적으로 선택적 병합 관계에 있는 두 청구를 주위적·예비적으로 순위를 붙여 청구한 경우에도 그대로 적용된다"(대판 2015.6.11. 2014다232913; 법전협 표준판례(321)).[29]

---

29) **[사실관계]** "① 원고 甲은 피고 乙을 상대로 구급차의 운용자로서 응급구조사 등의 탑승 없이 망인을 이송한 책임(미탑승책임)을 물어 응급의료법 제48조 위반의 불법행위에 기한 손해배상청구(주위적 청구)만을 하였다가, 그 후 乙이 구급차의 운용자가 아니라고 하더라도 乙에게는 응급구조사의 탑승 여부 등을 확인하지 아니한 채 이 사건 구급차로 망인을 이송시킨 잘못(미확인책임)이 있다고 주장하며 예비적으로 응급의료법 제11조 제2항 위반의 불법행위에 기한 손해배상청구(예비적 청구)를 추가하였다. ② 이어 甲은 피고 乙이 구급차의 운용자가 아니라면 피고 丁이 구급차의 운용자에 해당한다고 주장하며 피고 乙에 대한 주위적 청구가 받아들여지지 아니할 경우 피고 丁에 대한 응급의료법 제48조 위반의 불법행위에 기한 손해배상청구를 받아들여 달라는 취지로 피고 丁에 대한 청구를 결합하기 위하여 예비적 피고 추가 신청을 하였다. ③ i) 甲의 피고 乙에 대한 각 청구(미탑승책임과 미확인책임)는 실질적으로 선택적 병합 관계에 있는 것을 주위적·예비적으로 순위를 붙여 청구한 경우에 해당(부진정예비적병합)하고, ii) 피고 乙에 대한 주위적 청구(미탑승책임)와 피고 丁에 대한 청구(미탑승책임)는 서로 법률상 양립할 수 없는 관계에 있으며, iii) 한편 피고 乙에 대한 예비적 청구(미확인책임)와 피고 丁에 대한 청구(미탑승책임)는 서로 법률상 양립할 수 있는 관계에 있으므로, 제1심이 피고 丁을 예비적 피고로 추가한 것은 적법하고, 피고 乙에 대한 주위적 청구가 받아들여지지 아니할 경우 피고 乙에 대한 예비적 청구와 피고 丁에 대한 청구를 병합하여 통상의 공동소송으로 보아 심리·판

Ⅲ. 요 건 [07사법]   [D-49]

① 양 원고의 청구 또는 양 피고에 대한 청구가 법률상 양립할 수 없는 경우이어야 하며, ② 공동소송의 주관적, 객관적 요건을 구비하여야 한다(제70조 1항).

1. 법률상 양립불가능성 [동, 택, 상, 소] [4회, 11회 사례형]

(1) 법률상 양립불가능성의 해석

" '법률상 양립할 수 없다' 는 것은, ① 동일한 사실관계에 대한 법률적인 평가를 달리하여 두 청구 중 어느 한 쪽에 대한 법률효과가 인정되면 다른 쪽에 대한 법률효과가 부정됨으로써 두 청구가 모두 인용될 수는 없는 관계에 있는 경우나, ② 당사자들 사이의 사실관계 여하에 의하여 또는 청구원인을 구성하는 택일적 사실인정에 의하여 어느 일방의 법률효과를 긍정하거나 부정하고 이로써 다른 일방의 법률효과를 부정하거나 긍정하는 반대의 결과가 되는 경우로서, 각 청구에 대한 판단 과정이 필연적으로 상호 결합되어 있는 관계를 의미하며, ③ 실체법적으로 서로 양립할 수 없는 경우뿐 아니라 소송법상으로 서로 양립할 수 없는 경우를 포함한다"(대판 2011.9.29. 2009다7076: 법전협 표준판례(317): 대결 2007.6.26. 2007마515: 법전협 표준판례(318) : 아파트 입주자대표회의 구성원 개인을 피고로 삼아 제기한 동대표지위 부존재확인의 소의 계속중에 아파트 입주자대표회의를 피고로 추가하는 주관적·예비적 추가가 허용된다고 한 사례)[30](2회,12회 선택형).

[판례해설] 사실상 양립불가능의 경우까지 포함하면 투망식 소송이 될 우려가 있으므로 법률상 양립불가능한 청구에 한해 인정함이 타당하다. 다만 判例는 택일적 사실인정으로 인하여 법률효과가 반대되는 경우와(위 판례의 ②), 소송법상으로 서로 양립할 수 없는 경우도(위 판례의 ③) 법률상 양립불가능한 것으로 보는 입장이다

> **[심화]** ✳ **법률상 양립불가능한 경우와 사실상 양립불가능한 경우의 구별**
> 법률상 양립불가능한 경우와 사실상 양립불가능한 경우의 구별에 대해 ① 계약의 체결에 있어서 개인이 대표행위를 하여 법인이 책임을 지느냐, 아니면 개인 자신이 책임을 지는가와 같이 어느 쪽으로 결정되는 경우인 택일적 사실인정의 경우에는 법률상 양립불가능한 경우로 보아야 할 것이다. 계약은 하나밖에 없으므로 법률상으로 개인과 법인 양쪽과 계약을 체결한다는 것은 있을 수 없기 때문이다. ② 그러나 계약 체결의 상대방이 불분명하여 가능성이 있는 복수의 사람을 피고로 하는 경우는 택일적 사실인정의 경우가 아니어서 법률상 양립할 수 없는 경우에 해당되지 않는다.

단할 수 있다고 본 사례

30) **[판례평석]** 대법원은 이러한 법리에 따라 "법인 또는 비법인 등 당사자능력이 있는 단체의 대표자 또는 구성원의 지위에 관한 확인 소송에서 그 대표자 또는 구성원 개인뿐 아니라 그가 소속된 단체를 공동피고로 하여 소가 제기된 경우에 있어서는, 누가 피고 적격을 가지는지에 관한 법률적 평가에 따라 어느 한 쪽에 대한 청구는 부적법하고 다른 쪽의 청구만이 적법하게 될 수 있으므로 이 는 민사소송법 제70조 1항 소정의 예비적·선택적 공동소송의 요건인 각 청구가 서로 법률상 양립할 수 없는 관계에 해당한다" 고 판시하였으나,

이에 대해서는 단체내부의 분쟁의 피고적격에 대해 '단체피고설'인 判例의 입장을 고려하여(대판 1982.9.14. 80다2425), "이 사건 분쟁 의 경우 법리상 피고적격은 입주자대표회의에만 있고 피고 개인에게는 없음이 명백하므로, 법원이 피고 개인에 대한 소가 부적법 하다고 판결한 후 원고들이 입주자대표회의에 대한 소를 제기하였을 때 법원이 전소에서의 판단과 달리 입주자대표회의에 대 한 소가 부적법하다는 판결을 할 가능성이 없다(또는 두 개의 소를 제기하였을 경우 법원이 두 소를 모두 부적법하다고 각하할 가능 성도 없다). 또한 피고 개인에 대한 소와 입주자대표회의에 대한 소를 하나의 소송절차로 한꺼번에 모순없이 해결할 필요도 없 다. 따라서 이 사건 예비적 피고 추가신청은 허용될 수 없다고 보아야 한다. 대상 결정이 민사소송법 제70조에서 정한 '법률상 양립할 수 없다'는 의미에 관하여 이정표적인 판단을 한 것은 높이 평가하여야 할 것이나, 이 사건 주관적·예비적 추가신청이 허용될 수 있다고 본 것은 잘못이다"는 비판이 있다(민경도, '예비적·선택적 공동소송의 허용여부와 이중패소의 위험', 고시계 2013년 3월호, p.22)

(2) 법률상 양립불가능성을 부정한 예

부진정연대채무는 각 독립된 채무로서 법률상 양립가능한 관계이므로 부진정연대 채무자들을 공동 피고로 한 소송은 예비적공동소송이라 할 수 없다(대판 2009.3.26. 2006다47677; 대판 2012.9.27. 2011다76747: 법전협 표준판례(319) : 따라서 필수적 공동소송에 관한 제67조는 준용되지 않는다고 할 것이어서 상소로 인한 확정차단의 효력도 상소인과 그 상대방에 대해서만 생기고 다른 공동소송인에 대한 관계에는 미치지 않는다). 이에 대해 법률상 양립가능한 경우도 심판순위를 붙여 청구할 합리적 필요성이 있으면 소위 '부진정예비적 공동소송'으로 허용하자는 견해도 있으나 대법원은 부정한다(同 判例)

(3) 법률상 양립불가능성을 인정한 예

判例는 택일적 사실인정으로 인하여 법률효과가 반대되는 경우에도 예비적공동소송을 인정하는 바, ① 주위적 피고에게는 계약이 반사회질서의 법률행위로서 무효라는 이유로 소유권이전등기말소청구를 하고 예비적 피고에게는 계약이 유효임을 전제로 이행불능에 따른 손해배상책임을 묻는 경우나(대판 2008.3.27. 2005다49430), ② 주위적 피고에게는 공탁이 무효임을 전제로 예비적 피고에게는 공탁이 유효임을 전제로 청구를 하는 경우(대판 2011.2.24. 2009다43355), ③ 주위적 피고 甲에 대해서는 乙의 대리에 의한 부동산매매계약의 성립을 주장하면서 소유권이전등기청구를 하는 한편, 예비적 피고 乙에 대해서는 乙이 무권대리일 경우 손해배상을 청구 하는 경우(대판 2021.7.8. 2020다292756), ④ 임차인이 임대인을 주위적 피고로, 임차목적물을 낙찰받은 자를 예비적 피고로 하여 임차보증금반환을 청구하는 경우(대판 2021.11.11. 2021다251929)[31]에도 예비적 공동소송을 허용했다.

2. 공동소송의 요건

공동소송의 일반요건을 갖추어야 한다(제65조, 제253조).

Ⅳ. **심 판** [요, 자, 진, 판, 상] [11사법]   [D-50]

> 제70조 (예비적·선택적 공동소송에 대한 특별규정) ① 공동소송인 가운데 일부의 청구가 다른 공동소송인의 청구와 법률상 양립할 수 없거나 공동소송인 가운데 일부에 대한 청구가 다른 공동소송인에 대한 청구와 법률상 양립할 수 없는 경우에는 제67조 내지 제69조를 준용한다. 다만, 청구의 포기·인낙, 화해 및 소의 취하의 경우에는 그러하지 아니하다.

필수적 공동소송인에 관한 규정이 준용된다(제70조 1항, 제67조).

1. 소송요건의 조사

예비적·선택적 공동소송의 허용요건은 직권조사사항이다. 다만 判例는 주위적 피고에 대한 청구와 예비적 피고에 대한 청구가 서로 법률상 양립할 수 있는 관계(예를 들어 부진정연대채무)에 있으면 이를 부적법 각하할 것이 아니라 양 청구를 병합하여 통상공동소송으로 보정하도록 한 다음 심리·판단할 수 있다고 하였다(대판 2008.12.11. 2005다51495).

---

31) [사실관계] 원고 A는 주위적 피고 B와 임대차계약을 체결한 임차인이고, 예비적 피고 C는 임대차목적물에 관한 임의경매절차에서 이를 낙찰받아 소유권을 취득한 사람으로, 원고 A가 주위적 피고 B와 예비적 피고 C를 상대로 임대차보증금의 반환을 청구하는 사안에서, 대법원은, 예비적 피고 C가 낙찰받기 전 원고 A가 주위적 피고 B에게 임대차계약을 해지한다는 의사표시를 한 것만으로는 예비적 피고 C로의 임대인 지위 승계를 원하지 않았다고 볼 수 없는 점, 원고 A가 경매절차에서 배당요구를 하지 않은 것은 최고가매수인에게 임대차관계의 존속을 주장하기 위한 것으로 볼 수 있는 점, 원고 A가 예비적 피고 B를 상대로 주택임차권등기명령을 신청한 점에 비추어 원고 A가 임대인 지위 승계에 대하여 이의를 제기한 것으로 볼 수 없다고 판단였다.

2. 소송자료의 통일

(1) 원 칙(제70조 1항 본문)

예비적 공동소송에는 제70조 1항 본문에서 제67조를 준용하여 필수적 공동소송의 심판절차에 의한다고 규정하고 있으므로 공동소송인 한사람의 소송행위는(능동소송) 전원의 이익을 위해서만 효력이 있고(제67조 1항, 제70조 1항), 한 사람에 대한 소송행위는(수동소송) 유·불리를 불문하고 전원에 대하여 그 효력이 있다(제67조 2항, 제70조 1항).

(2) 예 외(제70조 1항 단서 : 예비적 피고의 인낙)

1) 문제점

제70조 1항 단서는 소송당사자가 각자 자신의 소송물을 청구인낙·포기, 소취하, 재판상 화해를 할 수 있다고 규정하고 있는 바, 예비적 공동소송에서 예비적 피고가 인낙하는 경우에도 법원이 곧바로 예비적 피고의 인낙을 유효하게 볼 수 있는지 아니면 주위적 피고에 대한 청구를 심리한 후 인용되면 예비적 피고의 인낙에도 불구하고 예비적 피고에 대한 청구를 기각해야 하는지 문제된다.

2) 학설 및 검토

긍정설은 제70조의 명문 규정이 인낙을 허용하고 있음을 근거로 예비적 피고의 인낙이 허용된다고 본다. 그러나 주위적 피고에게 승소하려는 원고의 의사를 고려하여 주위적 피고에 대한 청구가 기각될 경우에만 예비적 피고의 인낙이 유효하다고 보는 **부정설이 타당**하다.

(3) 예 외(1인의 자백)

1) 문제점

자백은 인낙과 달리 각자할 수 있다는 규정조차 없다. 따라서 공동소송인 중 1인의 자백이 다른 공동소송인에게 미치는 영향이 문제된다.

2) 학설 및 검토

유효설은 인낙이 허용된다는 제70조 단서의 취지를 고려할 때 일방의 자백은 그자에게는 유효하다는 견해이고, 무효설은 명문의 규정이 없는 한 제70조 본문에 따라 소송자료의 통일원칙이 적용되어야 하므로 일방의 자백은 무효라는 견해이다. 생각건대 제70조 1항에 의해 준용되는 제67조에 따라 일방의 자백이 다른 공동소송인에게 유리한 때에는 유효이나 불리한 때에는 무효라고 봄이 타당하다(절충설)

핵심사례 D-16

■ 예비적 공동소송 – 예비적 공동소송인의 추가, 예비적 피고의 인낙 가부

2007년 · 2011년 · 2013년 사법시험, 2009년 법무행정고시

甲은 물품공급업자 戊로부터 A회사가 무역업을 영위하는데 필요한 물품을 매수하기로 하는 계약을 체결하였다. 戊는 A회사에 물품을 공급하고 대금을 청구하였으나, A회사는 이 사건 물품공급계약의 당사자가 대표이사 甲 개인이라고 주장하였다. 그러나 戊는 A회사가 계약당사자라고 생각하고 A회사만을 상대로 물품대금청구의 소를 제기하였다. 소송이 진행되는 과정에서도 A회사가 이 사건 물품공급계약의 당사자는 대표이사 甲 개인이라는 주장을 거듭하자, 戊는 불안한 나머지 대표이사 甲을 예비적 피고로 추가하였다.

〈문제 1.〉 戊가 甲을 피고로 추가한 것은 적법한가? 결론과 그에 따른 논거를 서술하시오. (10점)

〈문제 2.〉 위 문제 1.의 추가가 적법한 경우, 甲이 대금을 지급하겠다고 진술하였다면 인낙의 효력이 인정되는지 여부와 그에 따른 논거를 서술하시오. (10점)

I. 문제 1.의 경우

1. 결 론

戊가 甲을 예비적 피고로 추가하는 것은 적법하다.

2. 논 거

(1) 예비적 공동소송인의 추가의 허용여부(적극)

(2) 예비적 공동소송인의 추가의 요건 [동. 택. 상. 소]

3. 사안의 경우

계약당사자가 'A회사인지 甲 개인인지'라는 택일적 사실인정으로 인하여 A회사에 대한 청구가 인용되거나 기각되면 甲에 대한 청구가 기각되거나 인용될 수밖에 없어 戊의 피고 A회사와 甲에 대한 청구는 법률상 양립불가능하고 기타 공동소송의 요건이 흠결된 사정은 보이지 않으므로 위 피고의 추가는 적법하다.

II. 문제 2.의 경우

1. 결 론

甲의 인낙은 주위적 피고인 A회사에 대한 청구가 기각될 경우에만 유효하다.

2. 논 거 – 예비적 피고의 인낙 가부

(1) 문제점

(2) 학설 및 검토

3. 사안의 경우

甲이 대금을 지급하겠다고 진술하였더라도 바로 인낙이 유효한 것이 아니라, 주위적 피고인 A회사에 대한 심리결과 원고의 청구가 기각되는 경우에만 甲의 인낙의 효력이 인정된다.

3. 소송진행의 통일

(1) 원 칙(제70조 1항 본문)

변론을 분리할 수 없고, 공동소송인 중 한사람에 대하여 중단의 원인이 발생하면 다른 공동소송인 전원에 대하여 중단의 효과가 생겨 전 소송절차의 진행이 정지된다(제67조 3항, 제70조 1항).

(2) 예 외(제70조 1항 단서)

제70조에서 정한 주관적·예비적 공동소송에는 제67조 내지 제69조가 준용되어 소송자료 및 소송진행의 통일이 요구되지만, 청구의 포기·인낙, 화해 및 소의 취하는 공동소송인 각자가 할 수 있다(제70조 1항 단서). 이 경우 변론이 분리될 수 있다. 따라서 "공동소송인 중 일부가 소를 취하하거나 일부 공동소송인에 대한 소를 취하할 수 있고, 이 경우 소를 취하하지 않은 나머지 공동소송인에 관한 청구 부분은 여전히 심판의 대상이 된다"(대판 2018.2.13. 2015다242429)(12회 선택형). 이에 비추어 보면, 조정을 갈음하는 결정이 확정된 경우에는 재판상 화해와 동일한 효력이 있으므로 그 결정에 대하여 일부 공동소송인이 이의하지 않았다면 원칙적으로 그 공동소송인에 대한 관계에서는 조정을 갈음하는 결정이 확정될 수 있다(대판 2008.7.10. 2006다57872).

이러한 법리는 이의신청 기간 내에 이의신청이 없으면 재판상 화해와 동일한 효력을 가지는 화해권고결정의 경우에도 마찬가지로 적용되나(대판 2015.3.20. 2014다75202; 법전협 표준판례(322))(12회 선택형). 다만 분리 확정을 허용할 경우 형평에 반하고 또한 이해관계가 상반된 공동소송인들 사이에서의 소송 진행 통일을 목적으로 하는 민사소송법 제70조 제1항 본문의 입법 취지에 반하는 결과가 초래되는 경우에는 분리 확정이 허용되지 않는다. 이는 주관적·예비적 공동소송에서 화해권고결정에 대하여 일부 공동소송인만이 이의신청을 한 후 그 공동소송인 전원이 분리 확정에 대하여는 이의가 없다는 취지로 진술하였더라도 마찬가지이다(대판 2022.4.14. 2020다224975[32]).

4. 본안재판의 통일 [4회, 11회 사례형]

주관적·예비적 공동소송은 동일한 법률관계에 관하여 모든 공동소송인이 서로간의 다툼을 하나의 소송절차로 한꺼번에 모순 없이 해결하는 소송형태로서 모든 공동소송인에 관한 청구에 관하여 판결을 하여야 한다(제70조 2항). 判例도 "예비적·선택적 공동소송에서 일부 공동소송인에 대한 청구에 관하여만 이루어진 판결의 소송상 성격은 흠 있는 전부판결이며, 이때 누락된 공동소송인은 상소를 제기할 이익을 가진다"(대판 2008.3.27. 2005다49430; 대판 2021.7.8. 2020다292756)고 하였고(4회,7회,11회,12회 선택형), "일부공동소송인에 대하여만 일부판결하거나 남겨진 자를 위한 추가판결을 하는 것은 허용되지 않는다"(대결 2007.6.26. 2007마515)(12회 선택형)고도 판시하였다.

따라서 주위적 피고에 대한 청구를 인용하면 예비적 피고에 대한 청구를 기각해야 하고(이 점이 예비적 병합과 다름), 주위적 청구를 기각하면 예비적 청구를 인용 또는 기각(양립불가능한 청구라도 증명의 책임을 다하지 못하면 모든 당사자에 대한 청구가 기각될 수 있으므로)해야 한다.

---

32) **[사실관계]** 원심은 화해권고결정에 따라 주위적 피고에 대한 청구 부분이 분리되어 확정되었다고 본 다음 제1심판결에서 예비적 피고에 대한 청구에 대한 판단이 누락되어 있음에도 예비적 피고에 대한 청구를 판단하지 아니하고 예비적 피고의 항소를 기각하였다. 그러나 대법원은 이 사건에서 주위적 예비적 청구가 분리 확정될 수 없는 예외에 해당한다고 보고 원심의 화해권고결정에 대한 예비적 피고의 이의로 인해 주위적 피고에 대한 화해권고결정도 분리 확정되지 않았으므로 항소심으로서는 예비적 피고에 대한 청구에 관한 판단을 누락한 위법이 있는 제1심판결을 직권으로 취소하고 주위적 피고에 대한 청구를 기각하며 예비적 피고에 대한 청구를 인용하였어야 한다고 판단하였다. 위 법리에 따라 대법원은 원심을 직권으로 파기하고 자판하였다.

5. 상소심에서의 소송진행의 통일

(1) 상소의 이익

선택적 공동소송에서 원고 중 1인이 피고 중 1인에 대하여 승소하면 상소의 이익이 없으나, 예비적 공동소송에서 원고가 예비적 피고에게 승소하면 일부승소이므로 상소의 이익이 있다.

(2) 이심의 범위 및 상소심의 심판대상

판결의 합일확정이 요구되므로 1인이라도 상소제기하면 상소를 제기하지 않은 자의 부분도 확정이 차단되고 이심되며, 불이익변경금지의 원칙이 적용되지 않으므로 모든 청구가 상소심의 심판대상이 된다.

[관련판례] "주관적·예비적 공동소송은 동일한 법률관계에 관하여 모든 공동소송인이 서로 간의 다툼을 하나의 소송절차로 한꺼번에 모순 없이 해결하는 소송형태로서 모든 공동소송인에 대한 청구에 관하여 판결을 하여야 한다(민사소송법 제70조 제2항). 그리고 주관적·예비적 공동소송에서 주위적 공동소송인과 예비적 공동소송인 중 어느 한 사람이 상소를 제기하면 다른 공동소송인에 관한 청구 부분도 확정이 차단되고 상소심에 이심되어 심판대상이 되고, 이러한 경우 상소심의 심판대상은 주위적·예비적 공동소송인들 및 그 상대방 당사자 사이의 결론의 합일확정의 필요성을 고려하여 그 심판의 범위를 판단하여야 한다"(대판 2018.12.27. 2016다202763; 법전협 표준판례(320))(12회 선택형).

(3) 불이익변경금지의 원칙 배제

원고가 주위적 피고에 대하여는 패소하고 예비적 피고에 대하여는 승소하였는데 예비적 피고만이 항소한 경우에 ① 불복하지 않은 주위적 피고에 대한 청구도 항소법원의 심리대상이 되고(대판 2008.3.27. 2006두17765), ② 항소법원은 주위적 피고에 대한 청구의 기각판결에 불복하지 않았음에도 불구하고 주위적 피고에 대한 청구를 인용하고 대신 예비적 피고에 대한 청구를 기각하는 판결을 할 수 있다.

제5관 선정당사자 제도

> **제53조 (선정당사자)** ① 공동의 이해관계를 가진 여러 사람이 제52조(주 : 법인이 아닌 사단 등의 당사자능력)의 규정에 해당되지 아니하는 경우에는, 이들은 그 가운데에서 모두를 위하여 당사자가 될 한 사람 또는 여러 사람을 선정하거나 이를 바꿀 수 있다. ② 소송이 법원에 계속된 뒤 제1항의 규정에 따라 당사자를 바꾼 때에는 그 전의 당사자는 당연히 소송에서 탈퇴한 것으로 본다.

Ⅰ. 의 의 [D-51]

선정당사자란 공동의 이해관계 있는 다수의 사람이 공동소송인이 되어 소송을 하여야 할 경우에 총원을 위해 소송을 수행할 당사자로 선출된 자를 말하며(제53조 1항), 이 제도는 다수당사자소송을 단순화하는 방편으로 이용된다.

Ⅱ. 요 건 [여, 공, 중] [D-52]

선정당사자제도를 이용하기 위해서는 ⅰ) 공동소송을 할 다수자가 있을 것(여러 사람), ⅱ) 공동의 이해관계가 있을 것, ⅲ) 공동의 이해관계가 있는 다수 중에서 선정할 것이라는 요건을 갖추어야 한다(제53조).

1. 공동소송을 할 다수자(여러 사람)가 있을 것

(1) 다수자

다수자는 원고이든 피고이든 2인 이상이면 된다.

(2) 비법인사단의 경우 선정당사자를 선정할 수 있는지 여부(부정설)

제53조에서는 '제52조(주 : 법인이 아닌 사단 등의 당사자능력)의 규정에 해당되지 아니하는 경우'에만 선정당사자를 선정할 수 있도록 규정하고 있는데 비법인사단의 경우 선정당사자를 선정할 수 없는 것인지 문제된다. ① 선정당사자를 인정하여도 아무런 폐해는 없고, 결국 권리행사수단으로서 당사자의 소송수행방법에 대한 선택의 문제이므로 당사자는 어느 방법을 취할 것인가를 자유롭게 선택할 수 있다는 견해가 있으나, ② 생각건대 제53조 규정에 의하면 확실히 단체에 당사자능력을 긍정하면서 동시에 단체의 구성원이 대표자에게 소송수행권을 수여하여 선정당사자로 소송수행시키는 것은 허용될 수 없다고 봄이 타당하다(당사자능력이 부정되는 민법상 조합의 경우에는 선정당사자제도를 이용할 수 있다).

2. 공동의 이해관계가 있을 것 : 제65조와의 관계 [17행정]

> 제65조 (공동소송의 요건) 소송목적이 되는 권리나 의무가 여러 사람에게 공통되거나 사실상 또는 법률상 같은 원인으로 말미암아 생긴 경우에는 그 여러 사람이 공동소송인으로서 당사자가 될 수 있다. 소송목적이 되는 권리나 의무가 같은 종류의 것이고, 사실상 또는 법률상 같은 종류의 원인으로 말미암은 것인 경우에도 또한 같다.

(1) 판 례

1) 원 칙(제65조 후문의 경우 공동의 이해관계 부정)

"공동의 이해관계가 있는 다수자는 선정당사자를 선정할 수 있는 것인바, 이 경우 공동의 이해관계란 다수자 상호간에 공동소송인이 될 관계에 있고, 또 주요한 공격방어방법을 공통으로 하는 것을 의미한다고 할 것이므로 다수자의 권리·의무가 동종이며 그 발생원인이 동종인 관계에 있는 것만으로는 공동의 이해관계가 있는 경우라고 할 수 없을 것이어서 선정당사자의 선정을 허용할 것은 아니다"(대판 1997.7.25. 97다362; 법전협 표준판례(323)).

2) 예 외(제65조 후문의 경우라도 쟁점공통의 경우 공동의 이해관계 인정)

"임차인들이 甲을 임대차계약상의 임대인이라고 주장하면서 甲에게 그 각 보증금의 전부 내지 일부의 반환을 청구하는 경우, 그 사건의 쟁점은 甲이 임대차계약상의 임대인으로서 계약당사자인지 여부에 있으므로, 그 임차인들은 상호간에 공동소송인이 될 관계가 있을 뿐 아니라 주요한 공격방어 방법을 공통으로 하는 경우에 해당함이 분명하다고 할 것이어서, 민사소송법 제53조 소정의 공동의 이해관계가 있어 선정당사자를 선정할 수 있다"(대판 1999.8.24. 99다15474).

(2) 검 토

공동의 이해관계를 제65조 전문(소송목적이 되는 권리나 의무가 여러 사람에게 **공통**되거나 사실상 또는 법률상 같은 원인으로 말미암아 생긴 경우)에 한정하려는 입장이 있으나, 소송절차를 단순화 하려는 **선정당사자제도**의 취지를 고려한다면 제65조 후문(소송목적이 되는 권리나 의무가 **같은 종류**의 것이고, 사실상 또는 법률상 같은 종류의 원인으로 말미암은 것)의 경우라도 쟁점을 공통으로 하는 경우에는 공동의 이해관계를 인정하여 야 한다고 봄이 타당하다.[33]

■ **선정당사자제도 – 공동의 이해관계**　　　　　　　　　　　　　2002년 법무사시험

사실관계 | A 주택의 임차인들인 甲, 乙, 丙은 丁이 임대차계약상의 임대인이라고 주장하면서 丁을 상대로 그 각 보증금의 전부 내지 일부의 반환을 청구하는 소송을 제기하였다. 그런데 丁은 자신이 임대차계약상의 계약당사자가 아니라고 주장하고 있다. 그 소송에서 甲, 乙, 丙이 선정당사자를 선정 할 수 있는가?

사안의 해결 | 甲, 乙, 丙은 제65조 후문의 공동소송인의 관계에 있으나, 당해 소송의 쟁점이 丁이 임대차계약상의 임대인으로서 계약당사자인지 여부에 있으므로 주요한 공격방어방법을 공통으로 하 는 경우에 해당한다. 따라서 제53조의 공동의 이해관계가 있으므로, 이들 중에서 선정당사자를 선정 할 수 있다.

---

3. 공동의 이해관계가 있는 다수 중에서 선정할 것

변호사대리원칙(제87조)의 잠탈을 방지하기 위함이다. 判例는 "선정당사자 자신도 공동의 이해관계 를 가진 사람으로서 선정행위를 하였다면, 선정행위를 하였다는 의미에서 선정자로 표기하는 것이 허용되지 않는다고 할 수 없으므로, 선정당사자를 선정자로 표기하는 것이 위법하다고 볼 수 없다" (대판 2011.9.8. 2011다17090)고 판시하여 선정당사자도 선정자단에 포함시킨다.

Ⅲ. 선정의 방법　　　　　　　　　　　　　　　　　　　　　　　　　　　　　　　　[D-53]

1. 개 관

선정행위는 소송수행권을 수여하는 소송행위이므로, 소송능력이 있어야 하며 조건부 선정은 허용되 지 않는다(다만 선정 시 심급을 제한하여 선정당사자를 선정할 수 있는지에 대해서는 아래와 같이 견해가 대립한다). 선정은 각 선정자가 개별적으로 하여야 한다. 제53조의 규정에 따라서 당사자를 선정하고 바꾸는 것은 서면으로 증명하여야 하며, 그 서면은 소송기록에 붙여야 한다(제58조)(5회 선택형).

2. 심급을 제한한 선정당사자 선정의 효력(유효)

(1) 판 례

判例는 "공동의 이해관계가 있는 다수자가 당사자를 선정한 경우에는 선정된 당사자는 당해 소송의 종결에 이르기까지 총원을 위하여 소송을 수행할 수 있고, 상소와 같은 것도 역시 이러한 당사자로 부터 제기되어야 하는 것이지만, 당사자 선정은 총원의 합의로써 장래를 향하여 이를 취소, 변경할 수 있는 만큼 당초부터 특히 어떠한 심급을 한정하여 당사자인 자격을 보유하게끔 할 목적으로 선정을 하는 것도 역시 허용된다"(대결 1995.10.5. 94마2452)고 보았다(1회, 13회 선택형)

---

33) 즉 선정당사자제도는 소송절차의 단순화를 위한 것인데, 선정당사자 선정으로 모든 공동소송절차가 단순화되는 것은 아니므로, 통설 · 判例가 공동의 이해관계 인정여부를 다수자 상호간에 공동소송인이 될 관계 외에 주요한 공격방어방법의 공통이라 는 기준에 의함은 타당하다. 다만, 후문의 관계만으로는 공동이해관계가 있다고 할 수는 없겠지만, 후문 중에도 쟁점을 같이 하여 주요한 공격방어방법을 공통으로 하는 경우가 있을 수 있으므로 이 경우에도 선정을 허용하는 것이 소송절차의 단순화를 꾀하는 선정당사자제도의 취지상 마땅하다.

[관련판례] ✽ 심급한정 문구의 해석

判例는 "제1심에서 제출된 선정서에 사건명을 기재한 다음에 '제1심 소송절차에 관하여' 또는 '제1심 소송절차를 수행하게 한다'라는 문언이 기재되어 있는 경우라 하더라도, 특단의 사정이 없는 한, 그 기재는 사건명 등과 더불어 선정당사자를 선정하는 사건을 특정하기 위한 것으로 보아야 하고, 따라서 그 선정의 효력은 제1심의 소송에 한정하는 것이 아니라 소송의 종료에 이르기까지 계속하는 것으로 해석함이 상당하다"(대결 1995.10.5. 94마2452)고 보아 선정당사자의 취지를 고려하여 심급한정문구를 엄격하게 해석한다(13회 선택형).

(2) 검 토

소송절차의 단순화라는 취지를 고려해 부정하는 입장이 있으나, 어느 때라도 선정을 취소 또는 변경할 수 있다는 점을 고려하면 선정시 심급제한을 긍정하는 判例의 태도가 타당하다. 나아가 위 判例(대결 1995.10.5. 94마2452)를 반대해석하면 별도의 약정 등이 없는 한 선정당사자의 소송수행권은 소송의 종료시까지 유지된다고 보는 것도 가능하다. 따라서 判例는 "선정당사자의 선정행위시 심급의 제한에 관한 약정 등이 없는 한 선정의 효력은 소송이 종료에 이르기까지 계속되는 것이다"(대판 2003.11.14. 2003다34038)고 판시하기도 하였다(5회 선택형).

▌핵심사례 D-17▐

■ 선정당사자제도 - 심급한정의 선정 가부
대결 1995.10.5. 94마2452

甲, 乙, 丙, 丁은 戊에 대하여 소음피해로 인한 손해배상청구소송을 제기하였다. 소송계속 중 乙·丙·丁은 직접 소송을 수행하기 어렵게 되자 1994. 3. 5. 甲을 선정당사자로 선정하여 선정서를 제1심 법원에 제출하였다(선정서에는 '제1심 소송절차에 관하여' 선정당사자 甲의 지위를 인정한다고 기재하였다). 이후 제1심법원은 1995. 3. 5. 甲의 청구기각판결을 선고하였다. **甲은 제1심판결 정본을 송달받은 뒤 항소를 제기하였는바, 甲의 항소는 적법한가? 결론과 그에 따른 논거를 서술하시오.**

1. 문제점

甲에 대한 선정이 요건을 갖춘 것인지, 심급을 제한하여 행한 선정행위가 위법한 것인지, '제1심 소송절차에 관하여'라는 문구를 어떻게 해석하여야 하는지 문제된다.

2. 선정당사자의 선정의 요건

(1) 요 건 [여, 공, 중]

사안에서는 甲, 乙, 丙, 丁간에 공동의 이해관계가 있는지가 문제된다.

(2) 공동의 이해관계의 의미

제65조 후문의 경우라도 쟁점을 공통으로 하는 경우에는 공동의 이해관계를 인정하여야 한다.

(3) 사안의 경우

甲, 乙, 丙, 丁은 소음피해로 인한 손해배상청구권을 행사하는 자들로서 제65조 전문의 관계에 있으며, 甲은 위 다수 당사자 중에서 선정당사자로 선정된 것이므로 선정당사자의 선정의 요건을 갖추었다.

3. 선정방법의 적법성 - 심급을 제한한 선정행위의 효력

(1) 문제점

선정행위는 소송수행권을 수여하는 소송행위이므로, 소송능력이 있어야 하며 조건부 선정은 허용되지 않는다. 다만, 사안과 같이 당초부터 심급을 제한하여 행한 선정행위가 유효한 것인지 문제된다.

(2) 심급을 제한한 선정당사자 선정의 효력(유효)

4. '제1심 소송절차에 관하여' 라는 기재가 심급을 제한한 것인지 여부(소극)

5. 사안의 경우

'제1심 소송절차에 관하여'라는 문구가 선정서에 기재되었더라도, 甲에 대한 선정의 효력은 소송종료 시까지 계속되는 것으로 보아야 하므로 甲은 여전히 선정당사자로서의 소송수행권을 가진다. 따라서 甲의 항소는 적법하다.

Ⅳ. 선정의 효과 [D-54]

1. 선정당사자의 지위

(1) 당사자 본인으로서의 지위

선정당사자는 당사자 본인이므로 소송수행에 있어서 소송대리인에 관한 제90조 2항과 같은 제한을 받지 않는다. 따라서 청구의 포기·인낙이나 상대방의 주장에 대해 자백을 하더라도 그 소송행위는 유효하다.

1) 권한의 범위

① **[소송수행에 필요한 사법상의 행위]** "선정당사자는 선정자들로부터 소송수행을 위한 포괄적인 수권을 받은 것으로서 일체의 소송행위는 물론 소송수행에 필요한 사법상의 행위도 할 수 있는 것이고 개개의 소송행위를 함에 있어서 선정자의 개별적인 동의가 필요한 것은 아니다"(대판 2003.5.30. 2001다10748)(5회, 13회 선택형)고 판시하였다.

> **[관련판례]** "甲 등이 乙 등을 상대로 소송을 제기하면서 그들 모두를 위한 선정당사자로 丙을 선정하여 소송을 수행하도록 하였는데, 丙이 선정당사자 지위에서 乙 등과 '乙 등은 연대하여 丙에게 500만 원을 지급하고, 丙은 소송을 취하하며 민·형사상의 책임을 묻지 않겠다'는 취지로 합의한 후 소를 취하한 사안에서, 判例는 "丙이 소송 도중 乙 등과 한 합의는 甲 등을 위하여 500만 원을 지급받는 대신 소송을 취하하여 종료시킴과 아울러 乙 등을 상대로 동일한 소송을 다시 제기하지 않기로 한 것으로서, 이는 선정당사자가 할 수 있는 소송수행에 필요한 사법(私法)상의 행위에 해당하고, 甲 등으로부터 개별적인 동의를 받았는지에 관계없이 그들 모두에게 그 효력이 미친다. 따라서 선정자들이 이후 위 합의에 반하는 재소(제소)를 한 경우 이는 권리보호이익이 없어 부적법하다"(대판 2012.3.15. 2011다105966)

② **[변호사 보수약정]** "변호사인 소송대리인과 사이에 체결하는 보수약정은 소송위임에 필수적으로 수반되어야 하는 것은 아니므로 선정당사자가 그 자격에 기한 독자적인 권한으로 행할 수 있는 소송수행에 필요한 사법상의 행위라고 할 수 없다. 따라서 선정당사자가 선정자로부터 별도의 수권 없이 변호사 보수에 관한 약정을 하였다면 선정자들이 이를 추인하는 등의 특별한 사정이 없는 한 선정자에 대하여 효력이 없다"(대판 2010.5.13. 2009다105246)(11회 선택형).

③ **[가처분신청절차에서 이루어진 선정행위의 효력이 미치는 범위]** "가처분신청 절차에서 이루어진 선정행위의 효력은 그에 기한 제소명령신청사건에는 미친다고 할 것이나 가처분결정취소신청 사건에서는 그 효력이 미치지 아니한다"(대판 2001.4.10. 99다49170).

2) 배당표에 대한 이의의 상대방으로서의 지위

"배당표에 대한 이의는 그 배당표에 배당받는 것으로 적힌 채권자를 상대로 하여야 하는데, 배당절차에서 선정당사자가 선정되면 선정자들이 아닌 선정당사자만이 이러한 채권자 지위에 있으므로, 선정당사자만이 배당표에 대한 이의의 상대방이 된다. 그리고 채무자나 다른 채권자가 선정당사자를 상대로 그가 배당받은 것으로 적힌 금액 전체에 대하여 이의를 한 경우에, 이로 인하여 선정당사자와 선정자들 사이의 공동의 이해관계가 소멸하는 것이 아니므로, 선정자들이 집행법원에 대하여 선정행위를 취소하였다거나 선정당사자가 사망하였다는 등의 특별한 사정이 없는 한, 선정자들이 아닌 선정당사자가 배당표에 대한 이의의 상대방이 된 채권자로서 배당이의의 소의 피고적격을 가진다.

따라서 위와 같은 특별한 사정이 없는 한, 선정당사자를 상대로 그가 배당받는 것으로 적힌 금액 전체에 대하여 이의를 한 채무자나 다른 채권자는 선정당사자를 피고로 하여 배당이의의 소를 제기하여 선정자들에게 귀속될 부분을 포함한 선정당사자가 배당받는 것으로 적힌 금액 전체에 대하여 경정을 구할 수 있다"(대판 2015.10.29. 2015다202490)고 판시하였다.

(2) 수인의 선정당사자의 지위

동일 선정자단에서 선정된 선정당사자들은 소송수행권을 합유하는 관계에 있기 때문에 필수적 공동소송으로 된다. 그러나 별개의 선정자단에서 각기 선정된 여러 사람의 선정당사자는 원래의 소송이 필수적 공동소송이 아니면 통상공동소송관계로 된다. 일단의 선정자들에 의하여 선출된 선정당사자와 스스로 당사자가 된 자와의 관계는 원래의 소송이 필수적 공동소송의 성질을 갖는 것이 아닌 이상 통상공동소송으로 보아야 할 것이다.

(3) 소송대리인으로서의 지위 : 선정당사자에게 변론금지·변호사 선임명령을 한 경우(제144조 3항)

"선정당사자는 비록 그 소송의 당사자이기는 하지만 선정행위의 본질이 임의적 소송신탁에 불과하여 다른 선정자들과의 내부적 관계에서는 소송수행권을 위임받은 소송대리인과 유사한 측면이 있으므로 민사소송법 제144조 3항의 규정을 유추하여 실질적으로 변호사 선임권한을 가진 선정자들에게 법원이 그 취지를 통지하거나 다른 적당한 방법으로 이를 알려주어야 하고, 그러한 조치 없이는 변호사의 선임이 이루어지지 아니하였다 하여 곧바로 소를 각하할 수는 없다"(대결 2000.10.18. 2000마2999).

(3) 선정당사자의 자격 상실

1) 선정당사자의 공동의 이해관계 소멸

判例에 따르면 제53조의 선정당사자는 공동의 이해관계를 가진 여러 사람 중에서 선정되어야 하므로, 선정당사자 본인에 대한 부분의 소가 취하되거나 판결이 확정되는 등으로 공동의 이해관계가 소멸하는 경우에는 선정당사자는 선정당사자의 자격을 당연히 상실한다(대판 2014.10.15. 2013다25781)(5회,6회,13회 선택형).

따라서 선정당사자가 선정자 1인에 대한 부분만 항소를 제기하고 본인에 대한 부분은 항소를 제기하지 아니하여 제1심판결이 그대로 확정되었다면, 공동의 이해관계가 소멸됨으로써 선정당사자의 자격을 상실하였고, 따라서 선정당사자의 지위에서 상고를 제기하는 것은 부적법하다(대판 2006.9.28. 2006다28775).

■ 선정당사자제도 – 선정당사자의 자격상실 대판 2014.10.15. 2013다25781, 대판 2006.9.28. 2006다28775

사실관계 | 甲, 乙, 丙, 丁은 戊에 대하여 소음피해로 인한 손해배상청구소송을 제기하였다. 소송계속 중 乙·丙·丁은 직접 소송을 수행하기 어렵게 되자 1994. 3. 5. 甲을 선정당사자로 선정하여 선정서를 제1심 법원에 제출하였다(선정서에는 '제1심 소송절차에 관하여' 선정당사자 甲의 지위를 인정한다고 기재하였다). 이후 제1심법원은 1995. 3. 5. 甲의 청구기각판결을 선고하였다.

甲은 제1심판결정본을 송달받은 뒤 자신의 항소권을 포기한다는 내용의 서면을 원심법원에 제출하였고, 나머지 소송당사자 乙·丙·丁을 위하여 항소를 제기하였다. **甲의 항소는 적법한가?**

사안의 해결 | 甲은 제1심판결정본을 송달받은 뒤 자신의 항소권을 포기한다는 내용의 서면을 원심법원에 제출하였으므로 이로써 甲에 대한 부분이 확정되어 공동의 이해관계가 소멸함으로써 甲은 乙 등에 대한 선정당사자 지위를 상실했으므로, 甲이 乙 등에 대한 선정당사자 지위에서 제기한 항소는 부적법하다.

2) 소송절차가 진행되는 중에 선정당사자의 자격이 소멸한 경우

제63조 (법정대리권의 소멸통지) ① 소송절차가 진행되는 중에 법정대리권이 소멸한 경우에는 본인 또는 대리인이 상대방에게 소멸된 사실을 통지하지 아니하면 소멸의 효력을 주장하지 못한다. 다만, 법원에 법정대리권의 소멸사실이 알려진 뒤에는 그 법정대리인은 제56조 제2항의 소송행위를 하지 못한다. ② 제53조(선정당사자)의 규정에 따라 당사자를 바꾸는 경우에는 제1항의 규정을 준용한다.

소송절차가 진행되는 중에 선정당사자의 자격이 소멸한 경우, 상대방에게 소멸된 사실을 통지하지 아니하면 소멸의 효력을 주장하지 못한다(제63조 2항, 1항 본문). 다만 법원에 소멸사실이 알려진 뒤에는 종전의 선정당사자는 소의 취하, 청구의 포기·인낙 등의 소송행위를 하지 못한다(제63조 2항, 1항 단서)(1회 선택형).

3) 선정당사자 일부의 자격상실

제53조의 규정에 따라 선정된 여러 당사자 가운데 죽거나 그 자격을 잃은 사람이 있는 경우에는 다른 당사자가 모두를 위하여 소송행위를 한다(제54조)(5회 선택형).

4) 선정당사자 자격의 흠을 간과한 판결의 효력(당연무효×, 재심사유×)

통설은 선정당사자의 자격의 흠은 당사자적격의 흠이므로 이를 간과한 판결 또는 인낙조서는 무효라는 입장이나, 判例는 선정자가 스스로 선정한 경우 제451조 1항 3호의 재심사유가 인정되지 않는다고 판시하여 이에 대한 해석이 나뉜다(아래 관련판례 참조).

[관련판례] "다수자 사이에 공동소송인이 될 관계에 있기는 하지만 주요한 공격방어방법을 공통으로 하는 것이 아니어서 공동의 이해관계가 없는 자가 선정당사자로 선정되었음에도 법원이 그러한 선정당사자 자격의 흠을 간과하여 그를 당사자로 한 판결이 확정된 경우, 선정자가 스스로 당해 소송의 공동소송인 중 1인인 선정당사자에게 소송수행권을 수여하는 선정행위를 하였다면 그 선정자로서는 실질적인 소송행위를 할 기회 또는 적법하게 당해 소송에 관여할 기회를 박탈당한 것이 아니므로, 비록 그 선정당사자와의 사이에 공동의 이해관계가 없었다고 하더라도 그러한 사정은 민사소송법 제451조 제1항 제3호가 정하는 재심사유에 해당하지 않는 것으로 봄이 상당하고, 이러한 법리는 그 선정당사자에 대한 판결이 확정된 경우뿐만 아니라 그 선정당사자가 청구를 인낙하여 인낙조서가 확정된 경우에도 마찬가지"라고 한다(대판 2007.7.12. 2005다10470)(1회,13회 선택형). **[판례해설]** 선정당사자의 자격을 흠결한 판결이 무효라면 재심의 소는 대상적격흠결로 부적법각하 판결을 선고해야 하고, 본안심리결과 제451조의 재심사유가 인정되지 않는다면 재심청구기각판결을 하여야 한다. 대법원은 재심사유를 인정한 원심을 파기환송하였기

때문에 대법원의 결론을 단정지을 수는 없다. 다만 선정자가 스스로 선정하였는지 여부를 불문하고 무효라는 통설에 비해 "判例는 선정자가 스스로 선정하였다면 그러한 판결은 당연무효도 아니고 재심사유도 인정되지 않는다고 보았다"는 견해가 타당하다.[34]

2. 선정자의 지위

(1) 선정시기에 따른 소송탈퇴여부

선정의 시기는 소송계속의 전·후를 불문하나, 소송계속 후에 선정한 경우 선정자들은 소송에서 당연히 탈퇴하고 선정당사자만이 당사자로서 소송수행권을 가진다(제53조 2항)(1회 선택형). 이 경우 선정자는 제3자의 지위가 되어 공동소송적 보조참가를 할 수 있고 증인능력도 갖는다.

한편 제53조 2항은 '소송이 계속된 뒤'를 요건으로 하고 있으므로, 소송 계속 전에 선정한 경우라면 선정자가 여전히 소송수행권을 가지고 소송에 참여할 수 있는지에 대해 견해가 대립한다. 判例는 선정당사자가 항소심에서 자신의 권리를 주청구로 추가한 경우 선정자의 청구는 예비적 공동소송의 관계에 있다고 하여 당사자적격을 유지한다는 듯한 판시를 하였다(대판 2008.4.10. 2007다36308).[35]

(2) 소송탈퇴에 따른 당사자적격 상실여부(적극)

선정당사자만이 당사자로서 소송수행권을 가진다면(제53조 2항), 선정자는 당사자적격을 상실하는가에 대한 견해대립이 있다. 判例는 "공동의 이해관계가 있는 여러 사람은 민사소송법 제53조에서 정한 바에 따라 그 가운데에서 모두를 위하여 당사자가 될 선정당사자를 선정할 수 있고, 이와 같이 선정된 선정당사자는 선정자들로부터 소송수행을 위한 포괄적인 수권을 받은 당사자로서 선정자들 모두를 위한 일체의 소송행위를 할 수 있으며, 선정자들은 소송수행권을 상실하고 소송관계에서 탈퇴하게 된다"(대판 2013.1.18. 2010그133)고 판시하여 적격상실설의 입장이다.

[판례검토] 선정당사자의 독주방지는 선정의 취소로 충분하고, 선정당사자는 소송대리인이 아니므로 제94조의 경정권을 인정하는 것은 무리한 해석이므로 적격상실설이 타당하다.

> **[비교쟁점]** * **선정시기에 따른 소송탈퇴여부와 소송탈퇴에 따른 당사자적격 상실여부**
> ① 선정시기에 따른 소송탈퇴여부의 견해대립은, ② 소송탈퇴에 따른 당사자적격 상실여부에 대한 견해대립과 논리적 연관성은 없다. 전자에 대한 判例는 당사자적격을 유지한다는 듯한 판시를 하였으나(대판 2008.4.10. 2007다36308), 후자에 대한 判例는 소송수행권을 상실한다고 판시하였다(대판 2013.1.18. 2010그133). 수험적으로는 "선정자는 소송수행권이 없다"는 것만 정확히 알면 된다.

(3) 판결의 효력

선정당사자가 받은 판결의 효력은 선정자에게도 효력이 미친다(제218조 3항). 다만 선정자는 당사자로 표시되지는 않으므로 선정자가 강제집행을 하거나, 상대방이 선정자에 대해 강제집행을 할 때에는 승계집행문이 필요하다(민사집행법 제31조). 하지만 집행권원의 주문에 선정자별로 권리의무가 명확하게 표시된 경우에는 승계집행문 없이도 선정자가 집행당사자가 된다(법원실무제요, 민사집행(1). 199면)

---

34) 엄상필, "선정당사자의 선정요건 및 선정당사자 자격의 흠과 재심사유", 대법원판례해설 71호, 644면

35) "선정당사자 및 선정자들이 제1심에서 임대보증금의 반환을 구하다가 원심(주 : 항소심)에 이르러 선정당사자의 대여금 또는 구상금 청구를 추가하면서 이를 주위적으로 구하고 위 임대보증금의 반환 청구는 예비적으로 구하는 것으로 변경한 사안에서, 선정당사자의 대여금 또는 구상금 청구와 선정자들의 각 임대보증금반환 청구는 주관적·예비적 공동소송의 관계에 있으므로 위 대여금 또는 구상금 청구를 모두 인용하더라도 다른 공동소송인인 선정자들의 각 임대보증금반환 청구에 관하여도 판결을 하여야 한다"

제2절 소송참가

	일방 당사자의 승소보조인으로 참가 (보조참가 : 당사자적격×, 신소제기의 실질×, 상고심에서 가능)		당사자의 지위로 참가 (당사자참가 : 당사자적격○, 신소제기의 실질○, 상고심에서 불가)	
	보조참가	공동소송적 보조참가	공동소송 참가	독립당사자참가
참가이유	소송결과에 법률상 이해관계가 있는 경우(제71조)	판결의 효력을 받는 경우(제78조)	판결의 효력을 받고 합일확정의 필요성이 있는 경우(제83조 1항)	① 권리주장참가 (제79조 1항 전단) ② 사해방지참가 (제79조 1항 후단)
	☞ 단순한 법률상의 이해관계자의 참가	☞ 판결의 효력은 받으나 당사자적격이 없는 자의 참가	☞ 일방당사자와 연합하여 당사자로 참가하는 경우	☞ 종전 당사자와 대립 견제하는 관계에 서는 당사자로 참가
참가인의 지위	이중적 지위 ① 독립적(제76조 1항) ② 종속적(제76조 2항)	필수적 공동소송인에 준하는 지위 (제78조에서 제67조를 준용)	필수적 공동소송인에 준하는 지위 (제67조 적용)	필수적 공동소송인의 지위 (제79조 2항에서 제67조를 준용)
판결의 효력	참가적 효력	참가적 효력 + 기판력	당사자로서 판결의 효력이 미침	

제1관 보조참가

> **제71조 (보조참가)** 소송결과에 이해관계가 있는 제3자는 한 쪽 당사자를 돕기 위하여 법원에 계속중인 소송에 참가할 수 있다. 다만, 소송절차를 현저하게 지연시키는 경우에는 그러하지 아니하다.

Ⅰ. 서 설 [D-55]

1. 의 의

'보조참가'란 다른 사람 사이의 소송계속 중 소송결과에 이해관계 있는 제3자가 한쪽 당사자의 승소를 돕기 위하여 그 소송에 참가하는 것을 말한다(제71조 본문). 보조참가인은 자기의 이름으로 판결을 구하지 않는다는 점에서 당사자나 당사자적격 있는 참가인과 다르고, 자기의 이익을 위하여 소송을 수행한다는 점에서 대리인과 구별된다.

2. 취 지

보조참가인은 적극적인 보조참가로써 자기이익을 옹호할 수 있으며, 피참가인은 참가인과 소송을 공동
수행할 수 있고 자기가 패소한 경우에 참가인에게 참가적 효력을 주장할 수 있다.

Ⅱ. 요 건 [타, 결, 현, 소]   [D-56]

보조참가의 요건으로는 ⅰ) 타인간의 '소송이 계속 중'일 것, ⅱ) 참가이유로 '소송결과에 법률상 이
해관계'가 있을 것, ⅲ) '소송절차를 현저히 지연'시키지 않을 것(제71조 단서), ⅳ) 소송행위의 유효
요건을 갖출 것이 필요하다.

1. 타인간의 소송이 계속 중일 것

1) 타인간의 소송

타인간의 소송에 참가하는 것이므로, 당사자는 상대방 당사자를 위하여 보조참가할 수 없고, 당사자
에 준하는 지위를 가지는 법정대리인은 본인의 소송에 보조참가할 수 없다. 당사자는 필수적공동소
송이 아닌 경우 자기의 공동소송인 또는 그 공동소송인의 상대방을 위하여 보조참가할 수 있다. 그
러나 쌍면참가는 금지되므로 한 당사자와 그 상대방에 모두 참가하는 것은 허용되지 않는다. 이 점
이 소송고지와 다르다.

2) 소송계속 중

소송계속이란 판결절차를 의미하므로 대립당사자 구조가 아닌 결정절차는 보조참가가 허용되지 않
는다는 것이 判例이다(대결 1973.11.15. 73마849 : 부동산경락허가결정사건임, 반면 참가가 허용된다는 반대견해 있음).
판결절차라면 상고심(다만, 상고심에서는 사실주장이나 증거제출을 할 수 없게 되는 제약이 있다 : 제76조 1항 단
서)(8회 선택형), 재심에서도 보조참가가 허용된다. 보조참가인은 판결확정 후라도 재심의 소와 동시
에 참가신청을 할 수 있다.

> [관련판례] "통상의 보조참가인은 참가 당시의 소송상태를 전제로 피참가인을 보조하기 위하여 참가하
> 는 것이므로 참가할 때의 소송 진행정도에 따라 피참가인이 할 수 없는 행위는 할 수 없다(민사소송법
> 제76조 제1항 단서 참조). 공동소송적 보조참가인도 원래 당사자가 아니라 보조참가인이므로 위와 같
> 은 점에서는 통상의 보조참가인과 마찬가지이다. 판결 확정 후 재심사유가 있을 때에는 보조참가인이 피참가
> 인을 보조하기 위하여 보조참가신청과 함께 재심의 소를 제기할 수 있다. 그러나 보조참가인의 재심청구 당시 피참
> 가인인 재심청구인이 이미 사망하여 당사자능력이 없다면, 이를 허용하는 규정 등이 없는 한 보조참가인의 재심청
> 구는 허용되지 않는다. 이는 신분관계에 관한 소송에서 소송의 상대방이 될 자가 존재하지 않는 경우 이
> 해관계인들의 이익을 위하여 공익의 대표자인 검사를 상대방으로 삼아 소송을 할 수 있도록 하는 경우
> (민법 제849조, 제864조, 제865조, 가사소송법 제24조 제3항, 제4항, 대판 1992.5.26. 90므1135[36])와는 구별된다"(대판
> 2018.11.29. 2018므14210)(12회 선택형)

2. 소송결과에 법률상 이해관계가 있을 것(참가이유)

(1) 소송결과에 대한 이해관계일 것

---

36) 이혼심판이 확정된 경우, 그 심판에 재심사유가 있지만 그 재심피청구인이 될 청구인이 사망하였거나 재심소송의 계속중 본래
　　소송의 청구인이며 재심피청구인이었던 당사자가 사망하였다면 검사로 하여금 그 소송을 수계하도록 함이 합당하다고 한 사례

1) 원칙 : 참가인의 법적지위가 직접적으로 영향을 받을 것에 한정

'소송결과에 이해관계가 있을 것'은 소송결과에 의해 영향 받을 제3자의 법률상 지위는 재산법상·신분법상 지위도 포함되고 사법상·공법상 지위라도 상관없다. 判例는 "특정 소송사건에서 당사자 일방을 보조하기 위하여 보조참가를 하려면 당해 소송의 결과에 대하여 이해관계가 있어야 할 것이고, 여기서 말하는 이해관계라 함은 사실상·경제상 또는 감정상의 이해관계가 아니라 법률상의 이해관계를 말하는 것으로, 이는 당해 소송의 판결의 기판력이나 집행력을 당연히 받는 경우 또는 당해 소송의 판결의 효력이 직접 미치지는 아니한다고 하더라도 적어도 그 판결을 전제로 하여 보조참가를 하려는 자의 법률상의 지위가 결정되는 관계에 있는 경우를 의미하는 것이다"(대판 2007.4.26. 2005다19156)(8회 선택형)고 한다. 즉, 判例는 기본적으로 판결주문에서 판단되는 소송물인 권리관계의 존부에 의하여 참가인의 법적 지위가 직접적으로 영향을 받는 경우에 한하여 참가이유를 인정하는 입장이다.

a. 본 소송에서 피참가인이 '패소'하면 참가인이 피참가인으로부터 구상청구 · 손해배상청구를 당하게 되는 등 '불리한 영향'을 받는 경우 : 적극

참가인의 법적 지위가 판결주문에서 판단되는 소송물인 권리관계의 존부에 논리적으로 의존관계에 있을 때 참가이유가 있는데, 이는 피참가인이 패소하면 그 법적 지위가 불리하게 되고 승소하면 기득권 확보 등 유리한 영향을 받은 관계에 있는 때를 의미한다.

① **[원고(채권자)의 연대보증인에 대한 이행청구의 경우 주채무자 : 이해관계 인정]** "채권자가 연대보증인을 상대로 한 소송에서 보증인이 패소하면 이를 전제로 보증인이 주채무자에게 구상권을 행사할 것이므로(민법 제441조, 제444조), 주채무자는 보증인에게 보조참가할 수 있다"(대판 1991.4.23. 90다19657). 즉, 判例는 주채무자는 채권자와 연대보증인간의 전소에 대하여 기판력을 받는 자가 아니므로 채권자와 연대보증인간의 소에 대하여 공동소송참가(제83조)나 공동소송적 보조참가(제79조)는 할 수는 없으나, 보조참가(제71조)는 할 수 있는 있다고 한다.

② **[원고가 패소할 것을 해제조건으로 원고의 건물을 매수한 매수인 : 이해관계 인정]** "원고가 소송에서 패소할 경우를 매매계약의 해제조건으로 하여 건물을 매수한 원고 보조참가인은, 건물의 원시취득자인 원고가 그 소유권에 기한 방해배제청구로서 피고에 대하여 건축주명의변경절차의 이행을 구하는 소송의 결과에 대하여 법률상의 이해관계를 갖는다"(대판 2007.4.26. 2005다19156).

③ **[원고의 채권에 대한 압류채권자 : 이해관계 인정]** "채무자 甲 소유 부동산에 관한 임의경매절차에서 제3순위로 배당받은 가압류권자 乙이 제4순위로 배당받은 甲을 상대로 실제 배당받을 금액을 확정하기 위한 구상금 청구소송을 제기하여 승소판결을 받았으나 甲이 구상금채권 부존재를 주장하면서 추완항소를 하자, 乙의 배당금 채권에 관하여 채권압류 및 추심명령을 받은 丙이 보조참가를 신청한 것은 적법하다"(대결 2014.5.29. 2014마4009).

④ **[회생절차가 개시된 경우 종전의 채권자취소의 소를 제기한 회생채권자 : 이해관계 인정]** "회생채권자가 제기한 채권자취소소송이 계속되어 있던 중 채무자에 대한 회생절차가 개시되어 관리인이 소송을 수계하고 부인의 소로 변경한 경우 소송결과가 채무자 재산의 증감에 직접적인 영향을 미치는 등 회생채권자의 법률상 지위에 영향을 미친다고 볼 수 있다. 따라서 종전에 채권자취소의 소를 제기한 회생채권자는 특별한 사정이 없는 한 소송결과에 이해관계를 갖고 있어 관리인을 돕기 위하여 보조참가를 할 수 있다"(대결 2021.12.10. 2021마6702).

b. 본 소송에서 피참가인이 '승소'하면 참가인이 기득권의 확보 등 '유리한 영향'을 받는 경우 : 적극

2) 예외 : 공동불법행위자의 경우 참가이익 확대(실질적으로 판결이유의 판단까지 확대)

다만 判例 중에는 "불법행위로 인한 손해배상책임을 지는 자는 피해자가 다른 공동불법행위자들을 상대로 제기한 손해배상 청구소송의 결과에 대하여 법률상의 이해관계를 갖는다고 할 것이므로, 위 소송에 원고를 위하여 보조참가를 할 수가 있고, 피해자인 원고가 패소판결에 대하여 상소를 하지 않더라도 원고의 상소기간 내라면 보조참가와 동시에 상소를 제기할 수도 있다"(대판 1999.7.9. 99다12796: 법전협 표준판례(324))(8회 선택형)고 판시하여 **참가이익을 확대**한 것이 있다.

3) 검 토

소송의 결과를 '판결주문'에서 '판결이유의 판단'까지 확장하여 본소의 중요쟁점인 사항에 참가인의 지위가 논리적으로 의존관계에 있으면 참가의 이익이 있다는 견해가 있으나, 이는 쟁점효 이론을 전제한 것으로서 '판결이유 중의 판단에 구속력을 인정하지 않는 현행법'(제216조 1항)에 반한다. 다만, 공동불법행위의 경우에는 분쟁의 일회적 해결을 위해서 예외적으로 판결이유에만 영향을 받는 경우에도 참가이유를 인정하는 것이 타당하다.

(2) 법률상의 이해관계일 것

소송결과에 의해 영향 받을 제3자의 법률상 지위는 재산법상·신분법상 지위도 포함되고 사법상·공법상 지위라도 상관없다. 다만 법률상 이해관계 아닌 사실상·경제상 또는 감정상 이해관계만으로는 참가할 수 없다(대판 2000.9.8. 99다26924).

1) 법률상 이해관계를 부정한 예

判例는 ① 피고와 마찬가지로 사립대학 경영자인 보조참가인은 대학입시 합격자인 원고의 피고 학교법인에 대한 등록금 환불 청구에 대하여 사실상·경제상 이해관계밖에 없다거나(대판 1997.12.26. 95다51714), ② 비법인사단이 그 소유 토지에 분묘를 설치한 구성원에 대하여 분묘를 이장할 것을 청구하고 있는데, 역시 비법인사단 소유 토지에 분묘를 가지고 있는 구성원의 경우에는 법률상 이해관계가 없다고 하였고(대판 2007.6.28. 2007다16885) ③ 甲 주식회사가, 원고(C)가 乙 주식회사로부터 채권을 양수한 행위 중 일부가 사행행위로 취소되었는데도 원고가 승소하여 채권을 변제받으면 甲 회사가 채무자인 乙 회사를 대위하여 채권을 행사할 수 없다는 이유로 피고(B) 보조참가를 신청한 사안에서도 이러한 사정은 사실적·경제적 이해관계에 불과하고 소송 결과에 대한 법률적 이해관계라고 할 수 없으므로 위 신청은 보조참가의 요건을 갖추지 못하여 부적법하다고 하였다((대판 2018.7.26. 2016다242440).

2) 법률상 이해관계를 인정한 예

判例는 "원고와 피고 회사 사이에 체결된 위 임대차계약은 보조참가인, 원고와 피고 회사 등 사이에 체결된 합작투자계약에서 보조참가인 등이 투자를 하는 전제조건으로 약정된 사항들을 기초로 한 것이라면 보조참가인으로서는 당초의 합작투자계약의 한쪽 당사자로서 그 다른 당사자인 원고가 제기한 위 소송의 결과에 대하여 피고 회사와 이해관계를 같이하는 법률적인 이해관계에 있어 위 소송에 피고 회사를 위하여 보조참가를 할 수 있다"(대결 1992.7.3. 92마244)고 판시하였다.

핵심사례 D-18

| ■ 보조참가 – 공동불법행위에서 가해자의 보조참가 | 2015년 8월 법전협 모의, 2015년 법원행정고시 |

甲은 2012. 5. 6. 乙이 운전하는 영업용택시를 타고 귀가하던 중 자신이 탄 택시와 丙이 운전하던 승용차가 교차로에서 충돌하는 교통사고를 당하여 안면부 열상과 뇌진탕 등의 상해를 입었다. 수사결과 丙이 교통신호를 위반한 과실이 인정되어 丙에게 벌금 300만 원의 약식명령이 내려지자 甲은 2013. 2. 5. 丙을 상대로 이미 지출된 치료비 3,000만 원 상당의 손해배상을 청구하는 소송('전소'라고 한다)을 제기하였다.

전소의 진행도중 丙이 위 약식명령에 불복하여 정식재판을 청구한 결과 "丙이 교통신호를 위반한 사실을 인정할 증거가 부족하다"는 취지에서 2013. 10. 5. 무죄 판결을 선고받아 그 판결이 같은 달 13. 확정되었다. 乙은 추후 예상되는 소송에서 자신의 손해배상책임을 면하기 위하여 전소에서 **甲의 승소를 돕기 위한 보조참가를 할 수 있는가?** (15점)

I. 乙의 보조참가 가부

1. 보조참가의 의의와 요건 [타. 결. 현. 소]

공동불법행위자인 乙이 피해자 甲의 가해자 丙에 대한 손해배상청구에 보조참가할 수 있는지와 관련하여 특히 소송결과에 대한 이해관계를 인정할 수 있는지가 문제된다.

2. 소송결과에 이해관계가 있을 것(참가이유)

(1) 판 례

(2) 검토 및 사안의 경우

甲의 승소를 돕기 위해 乙이 보조참가하는 것은 甲이 패소할 경우 乙은 손해배상청구를 받을 우려가 있고, 형사판결의 증명력에 의해 책임비율이나 손해배상청구에 있어 불이익을 입을 여지가 큰 점, 보조참가는 그 참가형태가 가장 완화된 형식으로서 피참가인인 공동불법행위자의 소송수행권을 침해할 염려도 적은 점에 비추어 법률상 이해관계를 인정함이 타당하다.

3. 기타의 요건

기타의 요건으로 甲과 丙간의 소송이 진행 중이고 보조참가는 상고심에서도 가능하다. 소송을 현저히 지연시키는 사정은 보이지 않고 甲에게 소송행위의 유효요건을 결하는 사정도 보이지 아니한다. 보조참가의 기타요건은 충족되었다.

II. 사안의 해결

甲의 소송에 공동불법행위자인 乙이 피해자를 돕기 위해 보조참가 하는 것은 피해자가 패소할 경우 추후 甲으로부터 손해배상청구를 받을 것이라는 점을 고려할 때 법률상 이해관계가 인정되고, 보조참가를 허용함이 타당하다.

| ■ 보조참가 – 요건 | 대결 2014.5.29. 2014마4009 |

사실관계 ┃ 乙은 2014. 2. 1. 소송을 마치고 돌아오던 중 丁의 차량과 충돌하여 전치 4주의 상해를 입었다. 이에 乙의 차량의 보험자인 丙 화재보험회사는 2014. 3. 1. 乙에게 보험금을 지급하였고, 2016. 1. 9. 丁을 상대로 구상금청구의 소(이하 '丙의 소'라고 한다)를 제기하였다. 이에 2016. 1. 13. 乙은 丙의 소에서 丙측에 보조참가하여 丁의 과실의 존부 및 그 범위에 관하여 적극적으로 다투었다.

乙의 보조참가는 적법한가?

사안의 해결 | 丙이 丁을 상대로 제기한 '丙의 소'는 실질적으로 乙이 丁에 대하여 가지는 손해배상청구권을 이전받아 대위행사하는 성격을 띠고 있으므로 丙의 소의 소송물인 구상금채권의 존부 및 범위에 따라 乙의 丁에 대한 손해배상청구권의 존부 및 범위가 결정될 뿐만 아니라, 丙의 소의 소송물인 구상금채권의 존부에 따라 보험회사 丙이 乙에게 부당이득반환청구권을 행사할지 여부가 결정되므로, 乙은 丙의 소의 소송결과에 이해관계가 있다. 乙의 보조참가는 적법유효하다.

3. 소송절차를 현저히 지연시키지 않을 것(제71조 단서)

제71조 (보조참가) 소송결과에 이해관계가 있는 제3자는 한 쪽 당사자를 돕기 위하여 법원에 계속중인 소송에 참가할 수 있다. 다만, 소송절차를 현저하게 지연시키는 경우에는 그러하지 아니하다.

재판지연이나 심리방해 목적으로 보조참가 제도를 악용하는 것을 막기 위하여 신법에서 추가된 요건이다. 그 성격은 공익적 요건으로 직권조사사항이다.

4. 소송행위의 유효요건을 구비할 것

참가신청은 소송행위이므로 소송행위의 유효요건(소제기의 유효요건이 아님을 주의) 즉 당사자능력, 소송능력, 대리권이 존재하여야 하며, 이 요건은 참가이유와 달리 직권조사사항이다.

[관련판례] "타인 사이의 항고소송에서 소송의 결과에 관하여 이해관계가 있다고 주장하면서 민사소송법 제71조에 의한 보조참가를 할 수 있는 제3자는 민사소송법상의 당사자능력 및 소송능력을 갖춘 자이어야 하므로 그러한 당사자능력 및 소송능력이 없는 행정청으로서는 민사소송법상의 보조참가를 할 수는 없고 다만 행정소송법 제17조 제1항에 의한 소송참가를 할 수 있을 뿐인데, 피고 보조참가인 서울특별시장은 행정청에 불과하므로 그가 상고심에서 민사소송법 제71조에 의하여 한 보조참가 신청은 부적법하다"(대판 2002.9.24. 99두1519)(8회 선택형)

5. 다른 참가제도와의 관계

다른 참가가 가능해도 보조참가를 할 수 있다.

Ⅲ. 보조참가절차   [D-57]

1. 참가신청

참가신청은 참가의 취지와 이유를 밝혀 참가하고자 하는 소송이 계속된 법원에 제기하여야 한다(제72조 1항). 참가신청은 참가인으로서 할 수 있는 소송행위와 동시에 할 수 있고(제72조 3항), 서면으로 참가를 신청한 경우 법원은 그 서면을 양쪽 당사자에게 송달하여야 한다(제72조 2항).

2. 참가의 허부

당사자가 참가에 대하여 이의를 신청한 때에는 참가인은 참가의 이유를 소명하여야 하며, 법원은 참가를 허가할 것인지 아닌지를 결정하여야 한다(제73조 1항)(13회 선택형). 다만, 이를 결정이 아닌 종국판결로써 심판하였더라도 위법한 것은 아니다(대판 2007.11.16. 2005두15700)(8회 선택형).

한편, 상대방 당사자가 보조참가를 다투지 아니하고 본안에 대하여 변론한 경우에는 이의신청권을 상실하는 것이 원칙이나(제74조), 당사자의 이의신청이 없는 경우라도 필요하면 법원으로서는 직권으로 참가이유를 소명하도록 명할 수 있으며, 참가의 이유가 있다고 인정되지 아니하는 때에는 참가를 허가하지 아니하는 결정을 하여야 한다(제73조 2항). 다만 참가인은 법원의 참가 허부 결정 및 소명을 명하는 결정에 대해 즉시항고할 수 있다(제73조 3항).

> [관련판례] "민사소송법상 보조참가신청에 대하여 당사자가 이의를 신청한 때에는 수소법원은 참가를 허가할 것인지 여부를 결정하여야 하지만, 당사자가 이의를 신청하지 아니한 채 변론하거나 변론준비기일에서 진술을 한 경우에는 이의를 신청할 권리를 잃게 되고(민사소송법 제73조 제1항, 제74조) 수소법원의 보조참가 허가 결정 없이도 계속 소송행위를 할 수 있다"(대판 2017.10.12. 2015두36836)(12회 선택형).

3. 참가인의 소송관여

보조참가신청에 대한 이의신청이 있더라도 본 소송절차는 정지되지 않고, 불허결정이 있어도 그 확정시 까지는 참가인으로서 소송행위를 할 수 있다(제75조 1항). 불허결정이 확정되어 참가인의 소송행위가 효력을 잃더라도 피참가인이 원용하면 효력이 유지된다(제75조 2항).

IV. 참가인의 소송상 지위   [D-58]

독립성	종속성
① 기일의 통지	① 증인 · 감정인의 자격이 있음
② 소송서류의 송달	② 참가인의 소송행위 제한(제76조 1항 단서, 동조 2항)
③ 참가인이 할 수 있는 소송행위(제76조 1항 본문)	③ 참가인의 사망은 절차중단 사유가 아님
④ 참가신청의 취하가 항상 가능함	④ 소송을 처분 · 변경하는 행위 금지
⑤ 소송비용의 부담(제103조)	⑤ 피참가인의 사법상권리를 직접 행사(부정설)

1. 독립적 지위

(1) 당사자에 준하는 지위

참가인은 자기의 이익을 보호하기 위하여 독자적인 권한으로 소송에 관여하는 자이므로 당사자에 준하는 지위가 인정된다. 따라서 "피참가인과는 별도로 보조참가인에 대하여도 기일의 통지, 소송서류의 송달 등을 행하여야 하고, 보조참가인에게 기일통지서 또는 출석요구서를 송달하지 아니함으로써 변론의 기회를 부여하지 아니한 채 행하여진 기일의 진행은 적법한 것으로 볼 수 없다.

그러나 기일통지서를 송달받지 못한 보조참가인이 변론기일에 직접 출석하여 변론할 기회를 가졌고, 위 변론 당시 기일통지서를 송달받지 못한 점에 관하여 이의를 하지 아니하였다면, 기일통지를 하지 않은 절차진행상의 흠이 치유된다"(대판 2007.2.22. 2006다75641: 법전협 표준판례(325))(8회,9회 선택형).

(2) 참가인이 할 수 있는 소송행위

> **제76조 (참가인의 소송행위)** ① 참가인은 소송에 관하여 공격 · 방어 · 이의 · 상소, 그 밖의 모든 소송행위를 할 수 있다. 다만, 참가할 때의 소송의 진행정도에 따라 할 수 없는 소송행위는 그러하지 아니하다.

참가인은 피참가인의 승소를 위하여 필요한 모든 소송행위를 자기의 이름으로 할 수 있다(제76조 1항 본문).

2. 종속적 지위

(1) 피참가인의 승소보조자로서의 지위

참가인은 어디까지나 피참가인의 승소보조자에 불과하기 때문에 피참가인의 지위에 종속한다. 참가인의 이름으로 판결을 받지 아니하며 제3자로서의 증인·감정인 능력을 갖는다. 소송계속 중 보조참가인이 사망하더라도 본소의 소송절차는 중단되지 않는다(대판 1995.8.25. 94다27373)(12회 선택형).

判例는 "보조참가인에 대하여 판결정본이 송달된 때로부터 기산한다면 보조참가인 명의로 된 상고제기가 2주 이내에 제기한 것이 된다 하여도 이미 피참가인인 피고에 대한 관계에 있어 상고기간이 경과한 것이라면 보조참가인의 상고 역시 상고기간 경과 후의 것임을 면치 못하여 보조참가인의 위 상고는 부적법하다"(대판 1969.8.19. 69다949)고 판시하였다(1회 선택형) [1회,10회 사례형]

[판례검토] 참가인이 상소를 제기하는 경우 상소기간에 대해 피참가인에게 독자적인 상소기간을 인정하는 견해가 있으나, 참가인의 종속적 지위에 반한다고 본다.

■ 보조참가 - 참가인의 지위　　　　　　　　　　대판 1969.8.19. 69다949

사실관계 | 乙은 2014. 2. 1. 소송을 마치고 돌아오던 중 丁의 차량과 충돌하여 전치 4주의 상해를 입었다. 이에 乙의 차량의 보험자인 丙 화재보험회사는 2014. 3. 1. 乙에게 보험금을 지급하였고, 2016. 1. 9. 丁을 상대로 구상금청구의 소(이하 '丙의 소'라고 한다)를 제기하였다. 이에 2016. 1. 13. 乙은 丙의 소에서 丙측에 보조참가하여 丁의 과실의 존부 및 그 범위에 관하여 적극적으로 다투었다. 법원이 청구기각판결을 선고하고 2016. 5. 1. 丙에게, 2016. 5. 4. 乙에게 각각 판결정본을 송달한 경우 2016. 5. 17. 乙은 항소를 제기할 수 있는가?

사안의 해결 | 보조참가인은 참가할 때의 소송의 진행정도에 따라 할 수 없는 소송행위는 할 수 없는(제76조 1항 단서) 승소보조인에 불과한 점에 비춰 判例와 같이 피참가인을 기준으로 판단하는 것이 타당하다. 따라서 항소기간은 피참가인인 丙이 판결정본을 송달받은 2016. 5. 1.부터 기산한다. 항소는 판결서가 송달된 날부터 2주 이내에 하여야 하므로(제396조 1항), 2016. 5. 1.부터 2주가 지난 후인 2016. 5. 17.에는 항소기간이 도과되었다. 따라서 乙은 항소를 제기할 수 없다.

---

(2) 참가인이 할 수 없는 행위 [없, 어, 불, 장, 사]

1) 참가한 때의 소송정도에 따라 피참가인도 할 수 없는 행위(제76조 1항 단서)

> 제76조 (참가인의 소송행위) ① 참가인은 소송에 관하여 공격·방어·이의·상소, 그 밖의 모든 소송행위를 할 수 있다. 다만, 참가할 때의 소송의 진행정도에 따라 할 수 없는 소송행위는 그러하지 아니하다.

예를 들어 시기에 늦은 공격방어방법의 제출 등은 할 수 없다(대판 1969.8.19. 69다949 : 피고의 상고기간 경과 후에 피고 보조참가인이 상고장을 제출한 경우 부적법하다).

2) 피참가인의 행위와 어긋나는 행위(제76조 2항)

> 제76조 (참가인의 소송행위) ② 참가인의 소송행위가 피참가인의 소송행위에 어긋나는 경우에는 그 참가인의 소송행위는 효력을 가지지 아니한다.

① **[피참가인의 행위와 소극적으로만 불일치하는 경우 : 가능]** 判例는 "참가인의 소송행위가 피참가인의 소송행위에 어긋나는 경우라 함은 참가인의 소송행위가 피참가인의 행위와 명백히 적극적으로 배치되는 경우를 말하고 소극적으로만 피참가인의 행위와 불일치하는 때에는 이에 해당하지 않는 것인바, 피참가인인 피고가 원고가 주장하는 사실을 명백히 다투지 아니하여 민사소송법 제150조에 의하여 그 사실을 자백한 것으로 보게 될 경우(자백간주)라도 참가인이 보조참가를 신청하면서 그 사실에 대하여 다투는 것은 피참가인의 행위와 명백히 적극적으로 배치되는 경우라 할 수 없어 그 소송행위의 효력이 없다고 할 수 없다"(대판 2007.11.29. 2007다53310: 법전협 표준판례(327))(9회 선택형)고 한다.

② **[피참가인의 행위와 적극적으로 배치되는 경우 : 불가]** 判例는 적극적으로 배치되는 경우로서 피참가인이 자백(재판상 자백)한 후에 참가인은 이를 부인할 수 없고(대판 2001.1.19. 2000다59333)(13회 선택형), 피참가인이 상소권을 포기한 이후에 참가인은 상소를 할 수 없으며(대판 2000.1.18. 99다47365), 보조참가인이 제기한 항소를 피참가인이 포기·취하할 수 있다(대판 2010.10.14. 2010다38168)(9회,12회 선택형)고 한다. [10회 사례형]

③ **[단순히 피참가인에게 불이익한 사실을 인정하는 행위 : 가능]** "보조참가인의 증거신청행위가 피참가인의 소송행위와 저촉되지 아니하고, 그 증거들이 적법한 증거조사절차를 거쳐 법원에 현출되었다면 법원이 이들 증거에 터 잡아 피참가인에게 불이익한 사실을 인정하였다고 하여 그것이 제70조 2항(현행 제76조 2항)에 위배된다고 할 수 없다"(대판 1994.4.29. 94다3629).

3) 피참가인에 불이익한 행위

보조참가인은 소의 취하, 청구의 포기·인낙, 화해 등 피참가인에게 불이익한 행위를 할 수 없다.

4) 소의 변경 또는 확장행위

소를 변경하거나(대판 1989.4.25. 86다카2329) 확장하는 행위는 할 수 없다. 반소, 중간확인의 소, 재심사유를 주장하여 재심청구를 추가 할 수는 없다(대판 1992.10.9. 92므266).

5) 피참가인의 사법상 권리의 행사

① 부정설은 보조참가인의 종속성을 강조하여 보조참가인은 원칙적으로 피참가인이 가진 사법상의 권리를 행사할 수 없다고 하고 ② 긍정설은 보조참가인의 독립성을 강조하여 보조참가인은 피참가인의 사법상의 권리를 행사할 수 있다고 하는데, 피참가인이 실체법상의 형성권 행사를 하지 않았기 때문에 패소가 된 경우에는 참가적 효력이 배제되어 참가인은 충분히 보호되므로 부정설이 타당하다.

핵심사례 D-19

■ 보조참가 – 참가인의 지위	2017년 6월 법전협 모의

〈공통된 사실관계〉

甲은 2016. 10. 5. '乙이 甲으로부터 2015. 10. 1. 1,000만 원을 변제기한은 같은 달 31.로 정하여 차용하고(이하 제1 차용이라고 함), 2016. 7. 1. 2,000만 원을 변제기한은 같은 달 31.로 정하여 차용하였으며(이하 제2 차용이라고 함), 丙은 乙의 甲에 대한 제1, 2 차용금반환채무에 대한 보증(이하 제1 차용금반환채무에 대한 보증을 제1 보증, 제2 차용금반환채무에 대한 보증을 제2 보증이라고 함)을 하였다'라고 주장하면서 丙을 상대로 합계 3,000만 원의 보증채무 이행을 청구하는 소를 제기하였다. 제1심 소송계속 중 乙은 丙을 피참가인으로 하는 민사소송법 제71조의 보조참가를 하였다(보조참가의 요건을 갖추어진 것으로 본다. 아래 각 설문은 서로 별개이다).

〈문제 1.〉 제1심 소송의 변론기일에 丙은 제1, 2 차용 사실과 제1 보증 사실은 인정한다고 진술하였지만 제2 보증 사실의 진위에 대하여는 아무런 언급을 하지 않았고 "乙이 甲에게 제1 차용금을 반환하였다"고 진술하였다. 이에 甲은 "乙이 甲에게 제1 차용금을 반환한 사실이 없다"고 진술하였다.

한편 乙은 "제1 차용 사실과 제2 보증 사실을 부인한다"고 진술하였다. 증거조사 결과 제1심 법원은 제1, 2 차용 사실과 제1 보증 사실, 그리고 乙의 제1차용금 반환 사실의 진위 여부에 대하여는 확신을 갖지 못했지만, 제2 보증 사실이 허위라는 점에 대하여는 확신을 가졌다. **제1심 법원은 어떠한 판결을 선고해야 하는가?**(법원의 석명의무는 고려하지 말 것) (10점)

〈문제 2.〉 乙은 위 보조참가 후 변호사 丁에게 乙을 위하여 제1심 소송수행을 할 수 있는 소송대리권을 수여하고(상소에 관한 특별수권은 하지 않았다) 사망하였다. 그 후 제1심 법원은 변론을 종결하고 甲의 청구를 일부 인용하는 판결을 선고하였다. 판결정본은 2017. 1. 2. 甲, 丙, 丁에게 송달되었다. **2017. 1. 31. 현재 丙은 항소를 할 수 있는가?** (10점)

Ⅰ. 문제 1.의 경우

1. 문제점

甲이 丙을 상대로 합계 3,000만 원의 보증채무 이행을 청구하는 소를 제기하였는 바, 제1 보증채무와 관련하여 피고 丙의 제1 차용사실과 제1 보증사실에 대한 인정진술이 재판상 자백에 해당하는지 여부, 참가인 乙의 제1 차용사실에 대한 부인진술의 효력, 피고 丙의 제1 차용금채무 변제항변과 진위불명시 증명책임의 소재가 문제되고, 제2 보증채무와 관련하여 피고 丙의 제1 보증사실에 대한 침묵이 자백 간주되는지 여부, 이에 대한 참가인 乙의 부인진술의 효력이 문제된다.

2. 甲, 丙, 乙이 각 주장한 사실들이 주요사실에 해당하는지 여부 및 증명책임의 소재

(1) 변론주의의 대상이 되는 주요사실에 해당하는지 여부

사안의 경우 제1, 2 차용사실 및 제1, 2 보증사실은 권리근거규정에 해당하는 요건사실로서 주요사실에 해당하고, 제1 차용금 변제사실은 대여금반환청구의 권리멸각규정에 해당하는 요건사실로서 주요사실에 해당한다.

(2) 진위불명상태에서 증명책임의 소재

사안의 경우 제1, 2 차용사실 및 제1, 2 보증사실은 원고 甲에게 유리한 법규의 요건사실로서 원고

甲이 증명책임을 지고, 제1 차용금 변제사실은 피고 丙에게 유리한 법규의 요건사실로서 피고 丙이 증명책임을 진다.

3. 제1 보증채무에 대한 판단

(1) 제1 차용사실 및 제1 보증사실에 대한 재판상 자백의 성립여부(적극)

(2) 참가인 乙의 제1 차용사실에 대한 부인진술의 효력(무효)

(3) 제1 차용금 변제항변과 증명책임의 소재(피고)

(4) 소 결

피고 丙의 제1 차용사실과 제1 보증사실에 대한 인정진술로서 재판상 자백이 성립하였으므로 법원은 제1 차용사실과 제1 보증사실에 대하여 자백한 그대로 사실을 인정하여야 한다. 따라서 제1심법원은 제1 보증채무(1,000만 원) 이행청구 부분을 인용하는 판결을 선고하여야 한다.

4. 제2 보증채무에 대한 판단

(1) 제2 보증사실에 대한 자백간주 성립여부(적극)

(2) 참가인 乙의 제2 보증사실에 대한 부인진술의 효력(유효)

(3) 소 결

제2 차용사실에 대하여 피고 丙의 침묵으로 자백간주되었다고 하더라도 참가인 乙의 부인진술에 의해 자백간주의 효과가 배제되고, 법원이 제2 보증사실이 허위라는 점에 대하여 확신을 가진 이상 객관적 증명책임은 문제되지 않는다. 따라서 제1심법원은 제2 보증채무(2,000만 원) 이행 청구부분에 대하여 기각하는 판결을 선고하여야 한다.

5. 사안의 해결 - 제1심법원의 판결

제1 보증채무(1,000만 원)에 대하여는 제1 차용사실과 제1 보증사실에 대하여 재판상 자백이 성립하였고, 제2 보증채무(2,000만 원)에 대하여는 자백간주의 효과가 배제되고 법원이 제2 보증사실이 허위라는 점에 대하여 확신을 가졌다. 따라서 제1심법원은 '丙은 甲에게 1,000만원을 지급하라. 甲의 나머지 청구를 기각한다'는 일부인용판결을 선고하여야 한다.

Ⅱ. 문제 2.의 경우

사안의 경우 참가인 乙이 변호사 丁에게 제1심 소송수행의 소송대리권을 수여하고 상소에 관한 특별수권은 하지 않은 채 사망하였더라도 판결정본이 송달된 2017. 1. 2.에 본소의 소송절차가 중단되는 것은 아니다. 따라서 2017. 1. 31. 현재 이미 항소기간이 도과하였으므로 丙은 항소를 할 수 없다.

V. 판결의 참가인에 대한 효력(참가적 효력) [10회,13회 사례형, 08사법]   [D-59]

> 제77조 (참가인에 대한 재판의 효력) 재판은 다음 각 호 가운데 어느 하나에 해당하지 아니하면 참가인에게도 그 효력이 미친다.

구별기준	기판력	참가적 효력
성 질	직권조사사항	항변사항
취 지	법적 안정성	판결기초 공동형성에 자기책임
주관적 범위	당사자간	참가인과 피참가인간
객관적 범위	주문 (판결주문의 판단에만 미침)	주문 + 이유 (판결이유 중의 판단에도 미침)
발생원인	승소 + 패소 (승소·패소를 묻지 않고 일률적으로 발생)	패소 (피참가인이 패소하고 피참가인이 참가인을 상대로 후소를 제기하는 경우에만 발생)
소송수행여부	당사자의 소송수행에 있어 고의·과실 등의 구체적 사정에 좌우되지 않고 당사자로 수행한 이상 무조건 발생하는 효력	참가인에게 충분하게 소송수행의 기회가 보장되지 않았던 경우에는 효력이 발생하 지 않고, 당사자의 원용이 있어야 비로소 발생하는 효력
주장요부	직권조사사항	항변사항
배제 예	예외 無 (법적안정성을 위한 제도이므로 배제되는 경우 없음)	예외 有 (참가적 효력은 판결기초의 공동형성에 대한 참가인의 자기책임에 그 근거를 두고 있기 때 문에 그러한 책임이 없는 경우에는 참가적 효 력이 배제가능) [없, 어, 방, 실]

1. 참가적 효력의 의의

기판력은 당사자에게만 미치는 것이 원칙인 바(제218조 1항)(3회 선택형), 제77조의 '재판의 효력'의 의미가 문제된다.[37] 이에 대해 통설과 判例(대판 1988.12.13. 86다카2289 : 아래 '3. 참가적 효력의 범위' 관련판례 참고)는 피참가인이 '패소'한 뒤에 참가인과 소송행위를 하는 경우 피참가인에 대한 관계에서 참가인은 그 판결의 내용이 부당하다고 주장할 수 없는 구속력으로 보는 **참가적 효력설**의 입장이다(11회 선택형).

---

37) [학설] ① 기판력설은 기판력의 확장이라 보며, ② 참가적 효력설은 기판력과는 다른 특수효력, 즉 참가적 효력으로서 피참가인이 패소하고 나서 뒤에 피참가인이 참가인 상대의 소송을 하는 경우 피참가인에 대한 관계에서 참가인은 판결의 내용이 부당하다고 주장할 수 없는 구속력으로 보며, ③ 신기판력설은 참가인과 피참가인 사이에는 참가적 효력이 생기지만 참가인과 상대방 사이에서도 기판력 내지 쟁점효를 인정해야 한다고 본다.

2. 참가적 효력의 요건 [본, 피, 확, 참]

참가적 효력이 발생하기 위해서는 당해 소송에서 본안판결이 선고되었을 것(소송판결 제외), 피참가인이 패소하였을 것, 그 판결이 확정되었을 것, 참가인에게 피참가인을 위하여 소송을 수행할 기회가 주어졌을 것(대판 2015.5.28. 2012다78184) 등을 요건으로 하여 발생한다.

3. 참가적 효력의 범위

(1) 주관적 범위

참가적 효력은 상대방과 참가인 사이에서는 미치지 않고 피참가인과 참가인 사이에만 미친다. 따라서 본 소송에서 패소한 피참가인이 참가인에 대하여 제기한 소에서 참가인은 본 소송의 판결의 내용이 부당하다고 다툴 수 없다. 判例도 "보조참가인이 피참가인을 보조하여 공동으로 소송을 수행하였으나 피참가인이 그 소송에서 패소한 경우에는 형평의 원칙상 보조참가인이 피참가인에게 그 패소판결이 부당하다고 주장할 수 없도록 구속력을 미치게 하는 이른바 참가적 효력이 있음에 불과하므로 피참가인과 그 소송상대방간의 판결의 기판력이 참가인과 피참가인의 상대방과의 사이에까지는 미치지 아니한다"(대판 1988.12.13. 86다카2289)(2회,9회,11회 선택형)고 판시하였다.

　　[관련판례] "소송고지를 받은 사람이 참가하지 않은 경우라도 참가할 수 있었을 때에 참가한 것으로 보기 때문에(민사소송법 제86조, 제77조) 소송고지를 받은 사람에게도 위와 같은 효력(참가적 효력 : 저자주)이 미친다"(대판 2020.1.30. 2019다268252: 법전협 표준판례(329)).

(2) 객관적 범위 [전기, 사법, 공주]

참가적 효력은 ⅰ) 판결주문에 대해서 뿐만 아니라 ⅱ) 판결이유 중의 패소이유가 되었던 사실인정이나 법률판단에도 미친다. 기판력과 달리 참가적 효력을 확대하지 않으면 참가인에게 판결의 효력이 미치는 실익이 없어지기 때문이다. 다만 전소 확정판결의 참가적 효력은 전소 확정판결의 결론의 기초가 된 사실상 및 법률상의 판단으로서 보조참가인이 피참가인과 공동이익으로 주장하거나 다툴 수 있었던 사항에 한하여 미친다(대판 2015.5.28. 2012다78184; 대판 2020.1.30. 2019다268252: 법전협 표준판례(328,329))(11회 선택형). 이러한 법리에 비추어 보면 전소가 확정판결이 아닌 화해권고결정에 의하여 종료된 경우에는 확정판결에서와 같은 법원의 사실상 및 법률상의 판단이 이루어졌다고 할 수 없으므로 참가적 효력이 인정되지 아니한다(대판 2015.5.28. 2012다78184: 법전협 표준판례(328)). 이는 조정에 갈음하는 결정에 의하여 종료된 경우에도 마찬가지로 참가적 효력이 인정되지 않는다(대판 2019.6.13. 2016다221085).

4. 참가적 효력의 배제

(1) 개 설

참가적 효력은 판결기초의 공동형성에 대한 참가인의 자기책임에 그 근거를 두고 있기 때문에 그러한 책임이 없는 경우에는 참가적 효력이 배제된다. 참가인은 아래의 사유가 발생하지 않았다면 피참가인이 승소할 수 있었을 것이라는 점을 주장·증명하여야 한다.

(2) 참가적 효력의 배제 [없, 어, 방, 실]

> **제77조 (참가인에 대한 재판의 효력)** 재판은 다음 각호 가운데 어느 하나에 해당하지 아니하면 참가인에게도 그 효력이 미친다.
> 1. 제76조의 규정에 따라 참가인이 소송행위를 할 수 없거나, 그 소송행위가 효력을 가지지 아니하는 때
> 2. 피참가인이 참가인의 소송행위를 방해한 때
> 3. 피참가인이 참가인이 할 수 없는 소송행위를 고의나 과실로 하지 아니한 때
>
> **제76조 (참가인의 소송행위)** ① 참가인은 소송에 관하여 공격·방어·이의·상소, 그 밖의 모든 소송행위를 할 수 있다. 다만, 참가할 때의 소송의 진행정도에 따라 할 수 없는 소송행위는 그러하지 아니하다.
> ② 참가인의 소송행위가 피참가인의 소송행위에 어긋나는 경우에는 그 참가인의 소송행위는 효력을 가지지 아니한다.

① 제76조의 규정에 따라 참가인이 소송행위를 할 수 없거나(예컨대, 상고심에서의 사실주장이나 증거 제출) ② 보조참가인의 행위가 피참가인의 행위와 어긋나 효력을 가지지 아니하는 때(1호)(예컨대, 참가인이 부인하는데 피참가인이 자백이나 인낙한 경우), ③ 피참가인이 참가인의 소송행위를 방해한 때(2호)(예컨대, 참가인이 제기한 상소를 피참가인이 취하·포기한 경우), ④ 피참가인이 참가인이 할 수 없는 소송행위를 고의나 과실로 하지 아니한 때(3호)(예컨대, 참가인이 알지 못하나 피참가인이 알고 있는 사실·증거의 제출을 게을리하거나, 피참가인이 사법상의 권리행사를 하지 않는 경우)에는 보조참가인에게 참가적 효력이 미치지 않는다. 3호의 예로 참가인이 알지 못하는 사실이나 증거의 제출을 피참가인이 게을리하여 패소한 경우나 피참가인이 취소권 등의 사법상 권리를 행사하지 아니하여 패소한 경우가 있다.

(3) 전소가 확정판결이 아닌 화해권고결정에 의하여 종료된 경우

최근 判例는 "전소가 확정판결이 아닌 화해권고결정에 의하여 종료된 경우에는 확정판결에서와 같은 법원의 사실상 및 법률상의 판단이 이루어졌다고 할 수 없으므로 참가적 효력이 인정되지 아니한다"(대판 2015.5.28. 2012다78184: 법전협 표준판례(328))고 판시하였다. 이는 조정에 갈음하는 결정에 의하여 종료된 경우에도 마찬가지로 참가적 효력이 인정되지 않는다(대판 2019.6.13. 2016다221085).

■ 보조참가 – 참가적 효력　　　　　　　　　　　　　제77조 (참가인에 대한 재판의 효력)

사실관계 | 乙은 2014. 2. 1. 소송을 마치고 돌아오던 중 丁의 차량과 충돌하여 전치 4주의 상해를 입었다. 이에 乙의 차량의 보험자인 丙 화재보험회사는 2014. 3. 1. 乙에게 보험금을 지급하였고, 2016. 1. 9. 丁을 상대로 구상금청구의 소(이하 '丙의 소'라고 한다)를 제기하였다. 이에 2016. 1. 13. 乙은 丙의 소에서 丙측에 보조참가하여 丁의 과실의 존부 및 그 범위에 관하여 적극적으로 다투었다. 丙의 소에서 제1심법원이 위 교통사고는 乙의 중과실로 발생한 것이며, 丁에게는 과실이 없음을 이유로 청구기각판결을 선고하였고 위 판결이 확정되었다. 이후 丙이 乙을 상대로 부당이득반환청구의 소를 제기하였다. **乙은 위 부당이득반환청구소송에서 丁에게 과실이 있음을 주장할 수 있는가?**

사안의 해결 | 乙은 丙의 소의 보조참가인으로서 참가적 효력을 받는 주관적 범위에 포함되며, 위 교통사고에서 丁의 과실이 없다는 점은 참가적 효력의 객관적 범위에 포함되며, 별도의 참가적 효력의 배제사유는 보이지 않으므로 乙은 丙이 제기한 부당이득반환청구의 소에서 丁에게 과실이 있음을 주장할 수 없다.

제2관 소송고지 [09사법]

> 제84조 (소송고지의 요건) ① 소송이 법원에 계속된 때에는 당사자는 참가할 수 있는 제3자에게 소송고지(訴訟告知)를 할 수 있다. ② 소송고지를 받은 사람은 다시 소송고지를 할 수 있다.
>
> 제85조 (소송고지의 방식) ① 소송고지를 위하여서는 그 이유와 소송의 진행정도를 적은 서면을 법원에 제출하여야 한다. ② 제1항의 서면은 상대방에게 송달하여야 한다.
>
> 제86조 (소송고지의 효과) 소송고지를 받은 사람이 참가하지 아니한 경우라도 제77조의 규정을 적용할 때에는 참가할 수 있었을 때에 참가한 것으로 본다.

Ⅰ. 의의 및 취지 [D-60]

'소송고지'란 소송이 법원에 계속되는 중에 당사자가 소송참가를 할 이해관계가 있는 제3자에 대하여 일정한 방식에 따라서 소송이 법원에 계속된 사실을 통지하는 것이다(제84조). 피고지자에게 소송 계속을 알려 피고지자의 이익을 옹호할 기회를 주고 아울러 피고지자에게 그 소송의 판결의 참가적 효력을 미치게 할 수 있는 점에 주된 실익이 있다(제86조).

Ⅱ. 요 건 [계, 고, 피, 송] [D-61]

ⅰ) 소송 계속 중일 것, ⅱ) 고지자는 계속 중인 소송의 당사자인 원·피고, 보조참가인 및 이들로부터 고지 받은 피고지자이고, ⅲ) 피고지자는 그 소송에 참가할 수 있는 제3자이며, ⅳ) 고지서를 법원에 제출하고(제85조 1항), 피고지자와 상대방에게 송달될 것을 요한다(제85조 2항).

Ⅲ. 소송고지의 효과 [D-62]

1. 소송법상 효과

(1) 피고지자의 지위

소송고지를 받은 피고지자의 참가 여부는 자유이다. 만일 피고지자가 참가하는 경우 고지자의 상대방만이 이의를 제기할 수 있고 피고지자는 이의를 제기할 수 없다. 피고지자가 참가하지 아니하는 경우 판결문에 피고지자의 이름을 표시할 필요는 없다.

(2) 참가적 효력

① 소송고지의 피고지자가 고지자에게 보조참가할 이해관계가 있는 한 고지자가 패소한 경우에는 참가하지 않은 경우라도 소송고지에 의하여 참가할 수 있었을 때에 참가한 것과 마찬가지로 제77조의 참가적 효력을 받는다(제86조). 피고지자는 후일 고지자와의 소송에서 전소확정판결에서의 결론의 기초가 된 사실상 법률상의 판단에 반하는 것을 주장할 수 없게 된다(대판 1991.6.25. 88다카6358). 따라서, 고지자와 피고지자 사이에서만 이해가 대립되는 사항에 대하여는 참가적 효력이 생기지 않는다.
② 피고지자가 고지자가 아닌 고지자의 상대방에 보조참가하여 그 상대방이 승소한 경우에는 고지자 패소판결의 기초를 공동형성한 것이 아니어서 고지자의 패소판결의 참가적 효력이 피고지자에게 미치지 않는다고 보는 것이 타당하다.

■ 소송고지의 효과   2009년 사법시험

사실관계 | 乙은 2014. 2. 1. 소송을 마치고 돌아오던 중 丁의 차량과 충돌하여 전치 4주의 상해를 입었다. 이에 乙의 차량의 보험자인 丙 화재보험회사는 2014. 3. 1. 乙에게 보험금을 지급하였고, 2016. 1. 9. 丁을 상대로 구상금청구의 소(이하 '丙의 소'라고 한다)를 제기하였다. 이에 2016. 1. 13. 乙은 丙의 소에서 丙측에 보조참가하여 丁의 과실의 존부 및 그 범위에 관하여 적극적으로 다투었다. 만약 '丙의 소'에서 乙이 보조참가를 하지 않은 경우라고 한다면, 丙이 후일 乙을 상대로 부당이득반환청구의 소를 제기하고자 할 때, 乙이 丙과 丁 사이의 위 판결에서 인정한 사실적·법률적 판단과 다른 주장을 할 것에 대비하여, **'丙의 소' 계속 중에 乙에게 취할 수 있는 조치는 무엇인가?**

사안의 해결 | 丙은 '丙의 소'가 법원에 계속 중인 경우, '丙의 소'의 소송결과에 이해관계가 있는 乙에게 소송고지를 하여 후일 제기된 丙과 乙사이의 부당이득반환청구소송에서 전소확정판결에서의 결론의 기초가 된 사실상 법률상의 판단에 반하는 것을 주장하지 못하게 할 수 있다.

2. 실체법상 효과

(1) 시효중단효

소송고지는 민법상 최고(민법 제174조)에 해당하므로, 시효중단의 효과가 있다.

(2) 시효중단의 효력발생시기

보통의 최고와는 달리 제265조를 유추 적용하여 당사자가 소송고지서를 법원에 제출한 때에 시효중단의 효력이 발생한다(대판 2015.5.14. 2014다16494).

(3) 시효중단효력의 유지

"소송에 참가할 수 있는 제3자를 상대로 소송고지를 한 경우에 그 피고지자는 그가 실제로 그 소송에 참가하였는지 여부와 관계없이 후일 고지자와의 소송에서 전소 확정판결에서의 결론의 기초가 된 사실상·법률상의 판단에 반하는 것을 주장할 수 없어 그 소송의 결과에 따라서는 피고지자에 대한 참가적 효력이라는 일정한 소송법상의 효력까지 발생함에 비추어 볼 때, 고지자로서는 소송고지를 통하여 당해 소송의 결과에 따라 피고지자에게 권리를 행사하겠다는 취지의 의사를 표명한 것으로 볼 것이므로, 당해 소송이 계속중인 동안은 최고에 의하여 권리를 행사하고 있는 상태가 지속되는 것으로 보아 **민법 제174조에 규정된 6월의 기간은 당해 소송이 종료된 때로부터 기산되는 것으로 해석하여야 한다**"(대판 2009.7.9. 2009다14340)고 판시하였다(3회 선택형).

즉, 소송고지서를 제출한 때가 아니라, 그 재판이 확정된 때로부터 6개월 내에 재판상 청구 등을 하면 시효중단의 효력이 유지된다(대판 2015.5.14. 2014다16494).

제3관 공동소송적 보조참가

> **제78조 (공동소송적 보조참가)** 재판의 효력이 참가인에게도 미치는 경우에는 그 참가인과 피참가인에 대하여 제67조 및 제69조를 준용한다.

I. 의의 및 취지 [D-63]

'공동소송적 보조참가'란 판결의 효력이 미치는 제3자가 보조참가하는 형태를 말한다(제78조). 참가인이 판결의 효력을 받는다는 점에서 통상의 보조참가와 다르고, 당사자적격이 없는 자라는 점이 공동소송참가 또는 독립당사자참가와 다르다. 보조참가와 달리 필수적 공동소송의 규정을 준용하여 참가인의 소송수행권을 보장하는 기능을 한다. 공동소송적 보조참가로서 취급할지 여부는 당사자의 신청방식에 구애되지 않고 법원이 법령의 해석에 의해 결정해야 한다(대판 1962.5.17. 4293행상172).

II. 요 건 [타, 당, 판] [D-64]

1. 타인의 소송계속 중일 것

(1) 타인간의 소송

타인간의 소송에 참가하는 것이므로, 당사자 및 이에 준하는 지위를 가진 법정대리인은 상대방 당사자를 위하여 보조참가할 수 없다. 당사자는 필수적공동소송이 아닌 경우 자기의 공동소송인 또는 그 공동소송인의 상대방을 위하여 보조참가할 수 있다.

(2) 소송계속 중

소송계속이란 판결절차를 의미하므로 대립당사자 구조가 아닌 결정절차는 보조참가가 허용되지 않는다. 판결절차라면 상고심, 재심에서도 보조참가가 허용된다.

2. 당사자 적격이 없고, 판결의 효력(기판력)이 미칠 것

(1) 제3자 소송담당의 경우

갈음형의 귀속주체는 당사자적격을 상실하므로 공동소송적 보조참가를 할 수 밖에 없다. 유언집행자의 소송에 상속인이 참가하는 경우가 그 예이다. 그러나 병행형 소송담당의 경우 견해대립이 존재한다.

1) 채권자대위소송에서 채무자의 참가 형태 [06사법]

① 공동소송참가설은 소송담당자인 원고 채권자가 받은 판결의 효력은 피담당자인 채무자에게 미치며(제218조 3항), 채무자는 제3채무자에 대해서 당연히 당사자적격이 있고, 별소가 아닌 참가는 판결의 모순·저촉의 가능성이 없어서 **중복소제기규정에 반하지 않으므로 공동소송참가에 해당**한다고 보고,

② 공동소송적 보조참가설[38]은 i) 채권자대위소송 계속 중 채무자가 참가하는 경우에는 채무자는 당사

---

38) 채권자대위소송의 법적 성질을 법정소송담당으로 본다면 공동소송적 보조참가를 할 수 있다고 한다. 다만, 권리주체가 현재 계속 중인 담당자의 소송에 참가하면 병합심리되기 때문에 재판의 모순·저촉이 초래되지 않으므로 중복소제기금지에 근거를 두는 것은 타당하지 못하며, 채권자대위소송이 제기되고 이 사실이 채무자에게 통지된 후에는 채무자는 자신의 권리를 처분하지 못하는데(민법 제405조 2항, 비송사건절차법 제49조 2항), 이때 제한되는 처분권의 행사 속에 소송수행권이 포함되어 대위 사실이 통지된 이후에는 피대위권리에 관한 소를 제기하는 것은 금지된다고 할 것이므로 당사자의 지위를 얻을 수 없는 공동소송적

자적격을 잃은 자는 아니나 **중복소제기에 해당하게 되어 공동소송참가는 부적법하게 되므로 공동소송 적 보조참가만 가능하다는 견해**와 ii) 공동소송참가에 있어서는 중복소제기에는 해당하지 않으나 채권자가 채무자의 권리를 대위행사한 때에는 채무자는 관리처분권을 상실한 것이므로(민법 제405조 2항) 당사자적격을 상실하여 공동소송적 보조참가만을 할 수 있다는 견해가 있다.[39]

[비교판례] 채권자대위소송 계속 중 다른 채권자가 동일한 채무자를 대위하여 채권자대위권을 행사하면서 참가하는 것은 **공동소송참가**에 해당한다(대판 2015.7.23. 2013다30301)(제4관 공동소송참가 II. 요건 참조).

핵심사례 D-20

■ 공동소송적 보조참가 – 채권자대위소송에서 채무자의 참가, 공동소송적 보조참가인의 지위
2006년 사법시험

A토지는 원래 甲의 소유였는데, 甲이 2005. 9. 1. 사망하여 그의 아들 乙이 단독으로 상속하였다. 그런데 乙이 미처 상속등기를 하지 못한 사이에 甲의 전처인 丙은 甲의 생전인 2005. 7. 1. 甲으로부터 A토지를 증여받았음을 원인으로 하여 2005. 11. 1. 이에 관한 소유권이전등기를 경료하였다. 丁은 2005. 10. 1. 乙로부터 A토지를 매수하였는데 甲이 丙에게 A토지를 증여한 바 없음에도 丙이 관계서류를 위조하여 등기를 경료하였다고 주장하면서 2006. 4. 1. 乙을 대위하여 丙을 상대로 그 명의의 위 소유권이전등기의 말소를 구하는 소를 제기하였다.
이 사건 소송이 제1심에 계속되어 있던 중 乙은 丁을 돕기 위하여 소송에 참가하였다. 이 사건 소송에서 乙의 소송상 지위는 어떠한가? (10점)

Ⅰ. 문제점

채권자 대위소송 계속 중 채권자 측에 가담한 채무자가 원고의 공동소송인으로 참가하는 것인지, 아니면 본 소송의 당사자적격은 없지만 판결의 효력을 받는 자로서 공동소송적 보조참가를 하는 것인지 문제된다.

Ⅱ. 채권자대위소송에서 채권자 참가형태

1. 공동소송참가설

2. 공동소송적 보조참가설

Ⅲ. 검 토

Ⅳ. 사안의 경우

2) 주주대표소송에서 회사의 참가

a. 판 례(공동소송참가)

대법원은 "주주의 대표소송에 있어서 원고 주주가 원고로서 제대로 소송수행을 하지 못하거나 혹은 상대방이 된 이사와 결탁함으로써 회사의 권리보호에 미흡하여 회사의 이익이 침해될 염려가 있는

보조참가에 해당한다고 본다.

39) 채권자대위소송을 소송담당이 아니라 실체법상 대위권을 행사하는 것으로 보는 견해는 제218조 3항이 적용되지 않아 대위소송의 판결의 기판력은 채무자에게 미치지 않으므로 통상의 보조참가를 할 수 있다고 한다.

경우 그 판결의 효력을 받는 권리귀속주체인 회사가 이를 막거나 자신의 권리를 보호하기 위하여 소송수행권한을 가진 정당한 당사자로서 그 소송에 참가할 필요가 있으며, ⅰ) 회사가 대표소송에 당사자로서 참가하는 경우 소송경제가 도모될 뿐만 아니라 ⅱ) 판결의 모순·저촉을 유발할 가능성도 없다는 사정과, ⅲ) 상법 제404조 1항에서 특별히 참가에 관한 규정을 두어 주주의 대표소송의 특성을 살려 회사의 권익을 보호하려한 입법 취지를 함께 고려할 때, 상법 제404조 1항에서 규정하고 있는 회사의 참가는 공동소송참가를 의미하는 것으로 해석함이 타당하고, 나아가 이러한 해석이 중복제소를 금지하고 있는 민사소송법 규정에 반하는 것도 아니다"(대판 2002.3.15. 2000다9086: 법전협 표준판례(341))(1회,3회,6회,7회,8회,10회 선택형)고 보아 공동소송참가가 가능하다고 보았다.

b. 검 토

별소 제기가 아닌 참가의 경우 1개의 판결을 하게 되므로 판결의 모순·저촉이 발생할 여지가 없어 이를 중복소제기금지 취지에 반하는 것으로 볼 수 없고, 채권자대위소송과 달리 주주의 대표소송의 경우에는 회사의 관리처분권을 제한하는 상법상 규정이 없어서 소송수행권이 상실된다고 할 수 없으므로 判例가 타당하다.

(2) 제3자에게 판결의 효력이 미치는 경우

1) 당사자적격이 없는 일반 제3자

가사소송(가사소송법 제21조), 행정소송(행정소송법 제29조), 회사관계소송(상법 제190조), 권한쟁의심판과 헌법소원심판청구(헌법재판소법 제40조) 등 판결의 효력이 일반 제3자에게 확장되는 경우 당사자적격 없는 제3자가 보조참가하면 공동소송적 보조참가로 된다. 예를 들어 이사선임결의 무효확인소송에서 피고적격이 있는 자는 회사이므로 당해 이사는 공동소송적 보조참가를 할 수 있다(다만 당해이사가 회사의 현재대표이사라면 회사를 대표하여 소송을 수행할 당사자적격이 인정된다. 대판 1983.3.22. 전합82다카810 참조).

[비교판례] "임시의 지위를 정하기 위한 이사직무집행정지가처분에 있어서 피신청인이 될 수 있는 자는 그 성질상 당해 이사이고, 회사에게는 피신청인의 적격이 없다"(대판 1982.2.9. 80다2424)(6회,12회 선택형).

2) 제소기간을 도과한 후의 참가

형성소송은 제소기간을 두는 경우가 많은데, 당사자적격자가 제소기간 내에는 공동소송참가가 가능하나 제소기간을 경과한 후에는 공동소송적 보조참가로 된다. 예를 들어 주주가 제기한 주주총회결의취소소송에 대하여 제소기간이 지난 후에 다른 주주가 참가하면 공동소송적 보조참가가 된다.

[비교쟁점] ＊ 공동소송적 보조참가인의 상고이유 주장 제출기간
"공동소송적 보조참가를 한 참가인은 상고를 제기하지 않은 채 피참가인이 상고를 제기한 부분에 대한 상고이유서를 제출할 수 있지만 이 경우 상고이유서 제출기간을 준수하였는지는 피참가인을 기준으로 판단하여야 한다. 따라서 상고하지 않은 참가인이 피참가인의 상고이유서 제출기간이 지난 후 상고이유서를 제출하였다면 적법한 기간 내에 제출한 것으로 볼 수 없다. 이러한 법리는 상고이유의 주장에 대해서도 마찬가지여서, 상고하지 않은 참가인이 적법하게 제출된 피참가인의 상고이유서에서 주장되지 않은 내용을 피참가인의 상고이유서 제출기간이 지난 후 제출한 서면에서 주장하였더라도 이는 적법한 기간 내에 제출된 상고이유의 주장이라고 할 수 없다. 공동소송적 보조참가를 한 참가인과 피참가인이 서로 원심에 대해 불복하는 부분을 달리하여 각각 상고하는 경우, '피참가인만이 불복한 부분'에 대하여 참가인은 '상고하지 않은 참가인'의 지위에 있게 된다. 따라서 '피참가인만이 불복한 부분'에 대하여, 피참가인이 상고이유서에서 주장하지 않은 새로운 내용을 참가인이 피참가인의 상고이유서 제출기간이 지난 후 주장한다면 이는 적법한 기간 내에 제출된 상고이유의 주장이라고 할 수 없다"(대판 2020.10.15. 2019두40611)(13회 선택형).

3. 참가인의 선택권

(1) 보조참가와 공동소송적 보조참가의 선택권

判例는 당사자가 보조참가신청을 했음에도 법령해석에 의해 공동소송적 보조참가인의 지위를 인정하여 기판력이 미친다고 판시하였다(대판 1962.5.17. 4294행상172). 한편 判例는 "파산관재인이 파산재단에 관한 소송을 할 때 그 재판의 효력이 미치는 채무자는 통상의 보조참가는 물론 공동소송적 보조참가를 할 수도 있다"(대판 2015.10.29. 2014다13044)고 판시하였으나, 이는 법령의 해석상 단순 보조참가를 할 수도 있고 공동소송적 보조참가를 할 수도 있다는 의미이지 참가인에게 선택권이 있다고 해석하기에는 어렵다.

(2) 공동소송참가와 공동소송적 보조참가의 선택권

공동소송적 보조참가인지 공동소송참가인지 여부는 법령의 해석에 의해 정해지며, 당사자의 신청에 의해 정해지는 것이 아니다(대판 2002.3.15. 2000다9086).

	공동소송적 보조참가(제78조)	공동소송 참가(제83조)
참가자	당사자적격이 없는 자로서 판결의 효력을 받는 제3자에 의한 참가	스스로 청구에 관하여 독립하여 당사자적격을 가진 자에 의한 참가
참가신청	소제기와 같은 실질이 아닌 소송상의 신청(∵ 당사자적격 ×)	소제기와 같은 실질 (∵ 당사자적격 O)
참가인의 지위	필수적 공동소송에 준하는 지위 (제78조에서 제67조 및 제69조를 준용)	필수적 공동소송의 지위 (제67조이 적용됨)

Ⅲ. 효 력

[D-65]

> **제78조 (공동소송적 보조참가)** 재판의 효력이 참가인에게도 미치는 경우에는 그 참가인과 피참가인에 대하여 제67조 및 제69조를 준용한다.
>
> **제67조 (필수적 공동소송에 대한 특별규정)** ① 소송목적이 공동소송인 모두에게 합일적으로 확정되어야 할 공동소송의 경우에 공동소송인 가운데 한 사람의 소송행위는 모두의 이익을 위하여서만 효력을 가진다. ② 제1항의 공동소송에서 공동소송인 가운데 한 사람에 대한 상대방의 소송행위는 공동소송인 모두에게 효력이 미친다. ③ 제1항의 공동소송에서 공동소송인 가운데 한 사람에게 소송절차를 중단 또는 중지하여야 할 이유가 있는 경우 그 중단 또는 중지는 모두에게 효력이 미친다.
>
> **제69조 (필수적 공동소송에 대한 특별규정)** 제67조 제1항의 공동소송인 가운데 한 사람이 상소를 제기한 경우에 다른 공동소송인이 그 상소심에서 하는 소송행위에는 제56조 제1항의 규정을 준용한다.

1. 필수적 공동소송 규정의 준용

본소송의 판결의 효력을 직접 받는 공동소송적 보조참가인과 피참가인에 대해서는 필수적 공동소송인의 경우처럼 제67조 등을 준용한다(제78조). 따라서 통상의 보조참가인과 달리 필수적 공동소송인에 준하는 강한 소송수행권이 부여된다.

2. 공동소송적 보조참가인의 지위

(1) 독립적 지위

① 참가인은 피참가인의 행위와 어긋나는 행위를 할 수 있다(제67조 1항 준용). 따라서 통상의 보조참가의 경우에 참가인에 적용되는 제76조 2항의 제한은 배제된다. 참가인이 상고를 제기한 경우에 피참가인이 상고권포기나 상고취하를 하여도 상고의 효력은 지속된다(13회 선택형). ② 참가인의 상소기간은 피참가인과 관계없이 참가인에 대한 판결송달시로부터 독자적으로 계산된다(제396조). ③ 참가인에게 소송절차의 중단·중지의 사유가 발생하여 참가인의 이익을 해할 우려가 있으면 소송절차는 정지된다(제67조 3항 준용 : 아래 비교쟁점 참조).

> [비교쟁점] ✽ 소송 중 보조참가인의 사망(소송중단 소극)과 공동소송적 보조참가인의 사망(소송중단 적극) "보조참가인은 피참가인인 당사자의 승소를 위한 보조자일 뿐 자신이 당사자가 되는 것이 아니므로 소송 계속 중 보조참가인이 사망하더라도 본소의 소송절차는 중단되지 아니한다"(대판 1995.8.25. 94다27373)(12회 선택형). 반면, 공동소송적 보조참가의 경우 참가인에게 소송절차의 중단·중지의 사유가 발생하여 참가인의 이익을 해할 우려가 있으면 소송절차는 정지된다(제67조 3항 준용). 따라서 공동소송적 보조참가인이 소송계속 중 사망하면 소송절차는 중단된다.

(2) 종속적 지위

제67조가 준용되어 피참가인의 행위와 어긋나는 행위를 할 수 있다 하더라도(제76조 2항의 제한 배제) 공동소송적 보조참가인은 피참가자의 참가인이지 당사자는 아니므로 소의 취하, 청구의 포기·인낙, 화해 등 피참가인에게 불이익한 행위를 할 수 없다(제76조 1항). 자백에 관하여는 필수적 공동소송인조차 이를 단독으로 할 수 없고, 자백은 승소의 보조가 아니라는 점에서 무효로 본다(통설).

> [비교쟁점] ✽ 민사소송법 제76조 제1항 단서가 공동소송적 보조참가인에게도 적용되는지 여부(적극) "통상의 보조참가인은 참가 당시의 소송상태를 전제로 하여 피참가인을 보조하기 위하여 참가하는 것이므로 참가할 때의 소송의 진행 정도에 따라 피참가인이 할 수 없는 행위를 할 수 없다(민사소송법 제76조 제1항 단서 참조). 공동소송적 보조참가인 또한 판결의 효력을 받는 점에서 민사소송법 제78조, 제67조에 따라 필수적 공동소송인에 준하는 지위를 부여받기는 하였지만 원래 당사자가 아니라 보조참가인의 성질을 가지므로 위와 같은 점에서는 통상의 보조참가인과 마찬가지이다"(대판 2015.10.29. 2014다13044: 법전협 표준판례(330))(12회 선택형).

3. 피참가인의 지위

(1) 유사필수적 공동소송에 준하는 지위

"민사소송법 제78조의 공동소송적 보조참가에는 필수적 공동소송에 관한 민사소송법 제67조 제1항, 즉 "소송목적이 공동소송인 모두에게 합일적으로 확정되어야 할 공동소송의 경우에 공동소송인 가운데 한 사람의 소송행위는 모두의 이익을 위하여서만 효력을 가진다"고 한 규정이 준용되므로, 피참가인의 소송행위는 모두의 이익을 위하여서만 효력을 가지고, 그 반대로 공동소송적 보조참가인에게 불이익이 되는 것은 효력이 없다고 할 것이다"(대판 2013.3.28. 2012아43). 따라서 "공동소송적 보조참가는 그 성질상 필수적 공동소송 중에서는 이른바 유사필수적 공동소송에 준한다"(대판 2013.3.28. 2012아43).

(2) 피참가인이 할 수 없는 행위(공동소송적 보조참가인에 불이익한 행위)

判例는 ① 소의 취하의 경우 공동소송적 보조참가인에 불이익한 행위에 해당하지 않으므로 피참가인이 공동소송적 보조참가인의 동의 없이 소를 취하하였다 하더라도 유효하다고 판시한 반면(대판 2013.3.28.

2012아43 : 아래 ㉠ 참조). ② 재심의 소의 취하는 공동소송적 보조참가인에 대하여 불리한 행위로서 공동소송적 보조참가인의 동의가 없는 한 효력이 없다고 보았다(대판 2015.10.29. 2014다13044: 법전협 표준판례(330)) : 아래 ㉡ 참조).

❋ **공동소송적 보조참가인에 불이익한 행위**

㉠ **[소의 취하(소극) : 피참가인은 공동소송적 보조참가인의 동의 없이 소취하 가능]** "공동소송적 보조참가는 그 성질상 필수적 공동소송 중에서는 이른바 유사필수적 공동소송에 준한다 할 것인데 유사필수적 공동소송의 경우에는 원고들 중 일부가 소를 취하하는 데 다른 공동소송인의 동의를 받을 필요가 없다. 또한 소취하는 판결이 확정될 때까지 할 수 있고 취하된 부분에 대해서는 소가 처음부터 계속되지 아니한 것으로 간주되며(민사소송법 제267조) 본안에 관한 종국판결이 선고된 경우에도 그 판결 역시 처음부터 존재하지 아니한 것으로 간주되므로, 이는 재판의 효력과는 직접적인 관련이 없는 소송행위로서 공동소송적 보조참가인에게 불이익이 된다고 할 것도 아니다. 따라서 피참가인이 공동소송적 보조참가인의 동의 없이 소를 취하하였다 하더라도 이는 유효하다"(대판 2013.3.28. 2012아43).[40]

㉡ **[재심의 소의 취하(적극) : 피참가인은 공동소송적 보조참가인의 동의 없이 재심의 소취하 불가]** "재심의 소를 취하하는 것은 통상의 소를 취하하는 것과는 달리 확정된 종국판결에 대한 불복의 기회를 상실하게 하여 더 이상 확정판결의 효력을 배제할 수 없게 하는 행위이므로, 이는 재판의 효력과 직접적인 관련이 있는 소송행위로서 그 확정판결의 효력이 미치는 공동소송적 보조참가인에 대하여는 불리한 행위라고 할 것이다. 따라서 ⅰ) 재심의 소에 공동소송적 보조참가인이 참가한 후에는 피참가인이 재심의 소를 취하하더라도 공동소송적 보조참가인의 동의가 없는 한 효력이 없다. ⅱ) 이는 재심의 소를 피참가인이 제기한 경우나 통상의 보조참가인이 제기한 경우에도 마찬가지이다. ⅲ) 특히 통상의 보조참가인이 재심의 소를 제기한 경우에는 피참가인이 통상의 보조참가인에 대한 관계에서 재심의 소를 취하할 권능이 있더라도 이를 통하여 공동소송적 보조참가인에게 불리한 영향을 미칠 수는 없으므로 피참가인의 재심의 소 취하로 인하여 재심의 소 제기가 무효로 된다거나 부적법하게 된다고 볼 것도 아니다"(대판 2015.10.29. 2014다13044: 법전협 표준판례(330))(9회,11회,12회,13회 선택형)

제4관 공동소송참가

제83조 (공동소송참가) ① 소송목적이 한 쪽 당사자와 제3자에게 합일적으로 확정되어야 할 경우 그 제3자는 공동소송인으로 소송에 참가할 수 있다. ② 제1항의 경우에는 제72조의 규정을 준용한다.

Ⅰ. 의의 및 취지

[D-66]

소송 계속 중 당사자 간의 판결의 효력을 받는 제3자가 원고 또는 피고의 공동소송인으로 참가하는 것을 말한다(제83조 1항)(예컨대, 주주 A가 회사를 상대로 주주총회결의취소의 소를 제기한 경우에 그 판결의 효력을 받는 다른 주주 B가 A와 공동소송인으로서 그 소송에 참가하는 경우이다). 이는 판결의 효력을 받는 제3자가 별소를 제기하는 것보다 직접 당사자로 참가하는 것이 자기의 이익을 옹호하는 데 적합하고 소송경제에도 부합하기 때문에 인정된다.

---

40) "그리고 이러한 법리는 행정소송법 제16조에 의한 제3자 참가가 아니라 민사소송법의 준용에 의하여 보조참가를 한 경우에도 마찬가지로 적용된다"(대판 2013.3.28. 2011두13729)

Ⅱ. 요 건 [타, 당, 합]   [D-67]

1. 타인간의 소송계속 중일 것

(1) 타인간의 소송

타인간의 소송이라면 소의 종류를 불문한다.

(2) 소송계속 중

소송계속이란 판결절차를 의미하므로 대립당사자 구조가 아닌 결정절차는 참가가 허용되지 않는다. 판결절차라면 판결의 효력을 받는 자는 심급이익의 박탈 염려가 없으므로 **항소심에서도 참가가 허용**된다(대판 2002.3.15. 2000다9086). 다만 判例는 공동소송참가가 새로운 소제기의 실질을 갖는다는 이유로 **상고심에서 참가를 부정**하나(대판 1961.5.4. 4292민상853)(3회 선택형), 통설은 참가하지 아니하여도 판결의 효력이 미치므로 상고심에서도 참가를 허용하여야 한다고 한다.

> **[관련판례]** "공동소송참가는 항소심에서도 할 수 있는 것이고, 항소심절차에서 공동소송참가가 이루어진 이후에 피참가소가 소송요건의 흠결로 각하된다고 할지라도 소송의 목적이 당사자 일방과 제3자에 대하여 합일적으로 확정될 경우에 한하여 인정되는 공동소송참가의 특성에 비추어 볼 때, 심급이익 박탈의 문제는 발생하지 않는다"(대판 2002.3.15. 2000다9086: 법전협 표준판례(341) : 상법 제404조 제1항 소정의 회사의 주주대표소송에의 참가의 법적 성격을 공동소송참가로 본 사례)(8회 선택형)

2. 당사자적격이 있을 것

(1) 당사자적격

참가자는 별도의 소를 제기하는 것에 갈음하여 공동소송인으로 참가하는 것이므로 당사자적격을 구비하여야 한다. 당사자 적격이 없는 자(예컨대 파산자)는 판결의 효력을 받더라도 공동소송적 보조참가밖에 할 수 없을 뿐이다. 더불어 당사자적격이 있는 자도 중복소송에 해당하거나, 제소기간을 도과한 경우에는 역시 공동소송적 보조참가를 할 수 밖에 없다.

(2) 제3자 소송담당의 유형별 고찰

1) 갈음형의 법정소송담당, 임의적 소송담당

선정당사자에 대한 선정자, 어음 추심위임배서에서의 배서인, 유언집행자의 소송에 관하여 상속인은 당사자적격이 없으므로 공동소송적 보조참가에 의하여야 한다.

2) 병행형의 법정소송담당

당사자적격은 있으나 중복소송에 해당하지 않아야 공동소송참가가 허용된다. 판례는 주주대표소송(상법 제403조 1항)에서 권리귀속주체인 회사가 당사자로서 참가하는 경우 공동소송참가가 가능하다고 보고 있고 (대판 2002.3.15. 2000다9086: 법전협 표준판례(341))채권자대위소송에서 채무자가 참가하는 경우에는 견해의 대립이 있다(제3관 공동소송적보조참가 Ⅱ. 요건 참조).

3) 임의형

일반적으로 당사자적격이 없으므로 공동소송적 보조참가에 의한다. 예컨대 선정당사자를 선정한 선정자의 경우에는 **적격상실설**에 따를 때 당사자적격이 없어 공동소송참가가 허용되지 않는다. 다만 **적격유지설**에 의하더라도 당사자적격이 인정되는 것과 별개로 중복소송에 해당하여 공동소송참가가 허용되지 않는다.

3. 합일확정의 필요가 있을 것

(1) 합일확정

소송목적이 피참가인, 그 상대방과 참가인에 대하여 합일적으로 확정될 경우라야 한다. 이는 참가인과 당사자가 함께 소를 제기하거나 제기 당하였을 때 판결의 효력이 미치거나 필수적 공동소송의 관계로 될 경우이다. 여기서 판결의 효력은 반사적 효력을 포함한다.

[관련판례] ✱ 채권자대위소송 계속 중 다른 채권자가 공동소송참가(적법)

"채권자대위소송이 계속 중인 상황에서 다른 채권자가 동일한 채무자를 대위하여 채권자대위권을 행사하면서 공동소송참가신청을 할 경우, 양 청구의 소송물이 동일하다면 민사소송법 제83조 제1항이 요구하는 '소송목적이 한쪽 당사자와 제3자에게 합일적으로 확정되어야 할 경우'에 해당하므로 참가신청은 적법하다. 이때 양 청구의 소송물이 동일한지는 채권자들이 각기 대위행사하는 피대위채권이 동일한지에 따라 결정되고, 채권자들이 각기 자신을 이행 상대방으로 하여 금전의 지급을 청구하였더라도 채권자들이 채무자를 대위하여 변제를 수령하게 될 뿐 자신의 채권에 대한 변제로서 수령하게 되는 것이 아니므로 이러한 채권자들의 청구가 서로 소송물이 다르다고 할 수 없다. ① 여기서 원고가 일부 청구임을 명시하여 피대위채권의 일부만을 청구한 것으로 볼 수 있는 경우에는 ② 참가인의 청구금액이 원고의 청구금액을 초과하지 아니하는 한 참가인의 청구가 ③ 원고의 청구와 소송물이 동일하여 중복된다고 할 수 있으므로 소송목적이 원고와 참가인에게 합일적으로 확정되어야 할 필요성을 인정할 수 있어 참가인의 공동소송참가신청을 적법한 것으로 보아야 한다"(대판 2015.7.23. 2013다30301: 법전협 표준판례(342)).

(2) 유사필수적 공동소송의 경우 공동소송참가의 허용 여부

판결의 효력을 받을 제3자가 본소송에 참가하여 유사필수적 공동소송이 되는 경우에는 공동소송참가가 허용된다. 판결의 반사적 효력이 미치는 경우도 유사필수적 공동소송이 되기 때문에 여기에 해당한다고 볼 것이다. 구체적으로는 다음과 같다.

① **[주주총회결의취소소송(적극)]** 주주가 회사를 상대로 주주총회결의취소소송을 제기한 경우에 다른 주주가 원고로 참가하는 경우가 여기에 해당한다(대판 2021.7.22. 전합2020다284977: 법전협 표준판례(313)).

② **[채권자대위소송(적극)]** 채권자대위소송 중 다른 채권자가 참가하는 경우 중복소송에 해당한다고 볼 여지가 있으나 이는 이미 형성되어 있는 소송관계에 참가하는 것으로서 소송경제가 도모될 뿐만 아니라 판결의 모순, 저촉을 유발할 가능성도 없다는 점을 감안하면 이러한 공동소송참가는 중복소송에 해당하지 않아 적법하다.

(3) 고유필수적 공동소송의 경우 공동소송참가의 허용 여부 [14사법]

① 고유필수적 공동소송에도 공동소송참가가 인정되는지와 관련해서는 고유필수적 공동소송인 중 일부가 누락된 경우에는 당사자적격의 흠결로 소를 각하해야 하며 참가는 불가능하다는 견해도 있으나, ② 공동소송참가는 필수적 공동소송인의 추가와 달리 상소심에서도 허용되는 것이므로 필수적 공동소송인의 추가 규정의 신설에도 불구하고 여전히 의미가 있다는 점에서 공동소송참가에 의한 흠의 치유를 긍정함이 타당하다.

[관련판례] ✱ 항소심에서의 공동소송참가(적극)

공동소송참가는 항소심에서도 할 수 있다고 해석한다. 소송의 목적이 당사자 일방과 제3자에 대하여 합일적으로 확정되어야 할 경우에 한하여 인정되는 공동소송참가의 특성에 비추어 볼 때, 심급이익 박탈의 문제는 발생하지 않기 때문이다. 判例는 공동소송참가가 새로운 소제기의 실질을 갖는다는 이유로 상고심에서 참가를 부정하나(대판 1961.5.4. 4292민상853), 통설은 참가하지 아니하여도 판결의 효력이 미치므로 허용해야 한다고 본다.

Ⅲ. 효 과 [D-68]

참가신청은 소제기의 실질이 있으므로 참가요건은 항변사항이 아니라 직권조사사항이다. 필수적 공동소송으로 취급되어 제67조 규정이 적용된다.

핵심사례 D-21

■ 공동소송참가 – 채권자대위소송에서 다른 채권자의 공동소송참가 가부 　대판 2015.7.23. 2013다30301

甲은 친구 A, B에게 매달 높은 이자를 주겠다고 하며 A로부터 3억 원을, B로부터 2억 원을 빌렸다. 1년간은 이자를 잘 지급해오다가 그 후로는 이자를 전혀 지급하지 않고 있고 변제기가 도래했음에도 원금을 변제하지 못하고 있다. A는 甲을 대위하여 甲이 개보수공사로 인하여 乙에 대해 가지는 손해배상채권 중 2억 원의 지급을 구하는 소를 제기하면서, 금전지급은 A 자신에게 이행하라고 청구하였다(일부청구임을 명시함). 위 소송은 甲에게 소송고지가 되었다. 이에 B도 甲의 乙에 대한 손해배상채권을 대위행사 하고자 한다. A의 소송이 진행되는 도중에 B는 A측에 공동소송참가신청을 하면서 甲을 대위하여 甲이 乙에 대하여 가지는 손해배상채권 중 1억 원의 청구를 하였고, 금전지급의 상대방을 자신으로 하였다. **B의 공동소송참가신청은 적법한지 그 결론과 이유를 쓰시오.**

Ⅰ. 결 론

B의 공동소송참가신청은 제83조의 요건을 갖추었으므로 적법하다.

Ⅱ. 논 거

1. 공동소송참가의 의의와 요건 [타, 당, 합]

공동소송참가란 소송 계속 중 당사자 간의 판결의 효력을 받는 제3자가 원고 또는 피고의 공동소송인으로 참가하는 것을 말한다(제83조 1항). 공동소송참가가 적법하기 위하여는 ⅰ) 타인간의 소송계속 중일 것, ⅱ) 당사자적격 등의 소송요건을 갖출 것, ⅲ) 합일확정의 필요가 있을 것을 요한다. 설문에서 A의 대위소송이 계속 중인 바, 대위소송의 법적성격을 살펴본 뒤 다른 요건을 충족했는지 판단하기로 한다.

2. 채권자대위소송의 법적성질 – 법정소송담당

3. 소송목적이 A와 B에 대하여 합일적으로 확정될 경우인지 여부(적극)

(1) 합일확정의 필요가 있는지 여부(적극)

1) 판 례

判例는 "어느 채권자가 채권자대위권을 행사하는 방법으로 제3채무자를 상대로 소송을 제기하여 판결을 받은 경우, 어떠한 사유로든 채무자 채권자대위소송이 제기된 사실을 알았을 경우에 한하여 그 판결의 효력이 채무자에게 미치므로, 이러한 경우에는 그 후 다른 채권자가 동일한 소송물에 대하여 채권자대위권에 기한 소를 제기하면 전소의 기판력을 받게 된다"(대판 1994.8.12. 93다52808)고 한다. 따라서 "채권자대위소송이 계속 중인 상황에서 다른 채권자가 동일한 채무자를 대위하여 채권자대위권을 행사하면서 공동소송참가신청을 할 경우, 양 청구의 소송물이 동일하다면 민사소송법 제83조 1항이 요구하는 '소송목적이 한쪽 당사자와 제3자에게 합일적으로 확정되어야 할 경우'에 해당하므로 참가신청은 적법하다"(대판 2015.7.23. 2013다30301).

2) 사안의 경우

채무자 甲이 소송고지를 통해 대위소송이 제기된 사실을 안 이상, B는 A의 대위소송의 기판력을 받는 관계에 있으므로 '양 청구의 소송물이 동일하다면' 소송목적이 합일적으로 확정되어야 할 경우에 해당한다.

(2) 양 청구의 소송물이 동일한지 여부

1) 채권자들이 각기 자신을 이행상대방으로 한 경우(적극)

"양 청구의 소송물이 동일한지는 채권자들이 각기 대위행사하는 피대위채권이 동일한지에 따라 결정 되고, 채권자들이 각기 자신을 이행 상대방으로 하여 금전의 지급을 청구하였더라도 채권자들이 채무 자를 대위하여 변제를 수령하게 될 뿐 자신의 채권에 대한 변제로서 수령하게 되는 것이 아니므로 이 러한 채권자들의 청구가 서로 소송물이 다르다고 할 수 없다"(대판 2015.7.23. 2013다30301).

2) 원고가 일부청구임을 명시한 경우(적극)

"원고인 채권자가 일부 청구임을 명시하여 피대위채권의 일부만을 청구한 것으로 볼 수 있는 경우에는 참가인의 청구금액이 원고의 청구금액을 초과하지 않는 한 참가인의 청구가 원고의 청구와 소송물이 동일하여 중복된다고 할 수 있다"(대판 2015.7.23. 2013다30301).

3) 사안의 경우

A가 일부청구임을 명시하여 피대위채권의 일부(2억 원)만을 청구한 경우, 참가인 B의 청구금액(1억 원)이 A의 乙에 대한 청구금액을 초과하지 아니하므로 참가인 B의 청구는 A의 청구와 소송물이 동일 하여 중복된다고 할 수 있으므로 소송목적이 피참가인 쪽 당사자와 참가인에게 합일적으로 확정되어 야 할 경우에 해당한다.

4. 당사자적격 등 소송요건을 갖췄는지 여부(적극)

채권자 B는 민법 제404조에 의해 당사자적격을 가지며 다른 채권자 A가 먼저 채권자대위 소송을 제 기하였더라도 적격을 상실하지 않는다. 대위소송 중 다른 채권자가 참가하는 경우 중복소송에 해당한 다고 볼 수 있으나 이미 형성되어 있는 소송관계에 참가하는 것으로서 소송경제가 도모될 뿐만 아니라 판결의 모순을 유발할 가능성도 없다는 점을 감안하면 B의 공동소송참가는 중복소송에 해당하지 않는다.

제5관 독립당사자참가

제79조 (독립당사자참가) ① 소송목적의 전부나 일부가 자기의 권리라고 주장하거나, 소송결과에 따라 권리가 침해된다고 주장하는 제3자는 당사자의 양 쪽 또는 한 쪽을 상대방으로 하여 당사자로서 소송에 참가할 수 있다. ② 제1항의 경우에는 제67조 및 제72조의 규정을 준용한다.

I. 서 설
[D-69]

1. 의의 및 취지

다른 사람간의 소송 계속 중 제3자가 당사자의 양쪽 또는 한쪽을 상대방으로 하여 원·피고간의 청구 와 관련된 자기의 청구에 대하여 심판을 구하기 위하여 당사자로서 그 소송에 참가하는 것을 말한다 (제79조). 3면 분쟁을 일거에 해결하여 소송경제·분쟁해결의 1회성에 기여하고, 심판의 모순·저촉을 방지하며 제3자에게 참가의 기회를 보장하기 위함이다. 독립당사자참가는 당사자참가이므로 보조참 가(제71조)와 구별되고, 독립한 지위에서 참가하는 것이므로 종전 당사자의 한쪽과 연합관계인 공 동소송참가(제83조)와 구별된다.

2. 독립당사자참가 소송의 구조

(1) 판 례[41]

判例는 "독립당사자참가는 제3자가 당사자로서 소송에 참가하여 3당사자 사이의 3면적 소송관계를 하나의 판결로써 모순 없이 일시에 해결하려는 것이다"(대판 1995.6.16. 95다5905,5912)라고 하여 주류적으로는 3면소송설의 입장이다(6회 선택형)

(2) 검 토

3개소송병합설은 원고의 본소 또는 참가인의 참가신청을 가분적으로 취하 · 각하할 수 있는 점, 참가인의 신청이 중복소제기가 될 수 있는 점 등을 쉽게 설명할 수 있지만, 3면소송설도 3면소송의 가분성을 인정해 동일한 결론에 이를 수 있다.[42] 무엇보다 참가인이 원고와 피고 사이의 소송수행을 견제할 수 있는 점을 고려할 때 3면 소송설이 타당하다.

Ⅱ. **참가요건** [타, 이, 취, 소, 병]   [D-70]

독립당사자참가 중 권리주장참가가 적법하려면 ⅰ) 타인간의 소송이 계속 중일 것, ⅱ) 소송목적의 전부 또는 일부가 자신의 권리임을 주장할 것(참가이유), ⅲ) 당사자의 양쪽 또는 한쪽을 상대방으로 한 청구일 것(참가취지), ⅳ) 청구의 병합요건 및 소송요건을 갖출 것이 요구된다. 특히 독립당사자참가인이 수 개의 청구를 병합하여 독립당사자참가를 하는 경우에는 각 청구별로 독립당사자참가의 요건을 갖추어야 하고, 편면적 독립당사자참가가 허용된다고 하여, 참가인이 독립당사자참가의 요건을 갖추지 못한 청구를 추가하는 것을 허용하는 것은 아니다(대판 2022.10.14. 2022다241608,241615: 법전협 표준판례(332)).[43]

1. **타인 간에 소송이 계속 중일 것**

(1) **타인 간의 소송**

타인 간의 소송이어야 하므로 당사자가 아닌 자만 참가할 수 있다. 따라서 보조참가인도 보조참가하였다가 독립당사자로 참가할 수 있고, 통상공동소송의 공동소송인도 공동소송인 독립의 원칙이 적용되므로 다른 공동소송인과 상대방의 소송에 참가할 수 있다. 다만, "소송당사자인 독립당사자참가인은 그의 상대방 당사자인 원·피고의 어느 한 쪽을 위하여 보조참가를 할 수는 없는 것이므로 보조참가인이 독립당사자참가를 하였다면 그와 동시에 보조참가는 종료된 것으로 보아야 할 것이고, 따라서 보조참가인의 입장에서는 상고할 수 없다"(대판 1993.4.27. 93다5727,93다5734)(11회 선택형)

---

41) **[학설]** ① 3개소송병합설은 같은 권리관계를 에워싼 3개의 소송, 즉 원·피고간, 참가인·원고간, 그리고 참가인·피고간에 각 1개씩 성립된 3개의 소송관계가 병합된 것으로 파악하고 ② 3면소송설은 제3자가 당사자로 참가함으로써 전통적인 2당사자대립구조의 예외적인 소송형태로 되어 원·피고와 참가 3자 사이에 각각 독립한 지위에서 대립되는 3면의 1개 소송관계가 성립된다고 보는 견해이다.

42) 判例는 3면 소송설을 취한 듯한 표현을 쓰면서도 본소의 취하나 각하 또는 참가신청의 취하나 각하 뒤의 소송의 잔존을 인정한다.

43) 원고 B가 피고 C를 상대로 주위적으로 약속어음금 지급을 구하고, 예비적으로 피고 C와 체결한 사업양수도계약의 해제에 따른 원상회복의무 불능에 의한 가액배상을 구함에 대하여, 독립당사자참가인 A가 원고 B의 피고 C에 대한 위 양수도계약에 따른 채권이 독립당사자참가인 A에게 양도되었다고 주장하면서 피고 C를 상대로는 양수금의 지급을, 원고 B를 상대로는 원고 B가 피고 C의 양수금 채무를 연대보증하였다고 주장하면서 연대보증채무의 이행을 구하면서 두 개의 청구를 병합하여 독립당사자참가 신청을 한 경우, 독립당사자참가인 A가 피고 C에 대하여 구하는 20억 원의 지급 청구와 달리 원고 B에 대하여 구하는 연대보증채무 이행 청구는 원고 B의 본안 소송과 양립할 수 없다고 볼 수 없으므로, 독립당사자참가 중 권리주장참가의 요건을 갖추지 못하였고, 달리 사해방지참가의 요건을 갖추었다고 볼 만한 자료도 없으므로, 법원은 A의 참가신청을 각하하여야 한다는 判例

(2) 소송의 의미

타인 간의 소송은 항소심에서도 가능하나, 독립당사자참가는 실질에 있어서 소송제기의 성질을 가지고 있으므로 상고심에서는 독립당사자참가를 할 수 없다(대판 1994.2.22. 93다43682). 나아가 타인 간의 재심의 소에서는 참가인에게 재심사유가 있음이 인정되어 본안사건이 부활되기 전에는 참가이유를 주장할 여지가 없으므로 본안소송이 부활되는 단계를 위한 조건부로 참가할 수 있다(대판 1994.12.27. 92다22473,22480: 법전협 표준판례(326)). 한편, 여기서 소송이란 판결절차를 의미하므로 강제집행절차, 증거보전절차, 제소전화해절차, 공시최고절차에는 참가할 수 없다. 다만 다수설은 독촉절차의 경우 이의신청에 의한 판결절차로 이행이 가능하므로 참가할 수 있다는 입장이다.

[관련판례] ✽ **타인 간 재심의 소에서 독립당사자참가허부(조건부 허용)**
"확정된 판결에 대한 재심의 소는 확정된 판결의 취소와 본안사건에 관하여 확정된 판결에 갈음한 판결을 구하는 복합적 목적을 가진 것으로서 이론상으로는 ⅰ) 재심의 허부와 ⅱ) 재심이 허용됨을 전제로 한 본안심판의 두 단계로 구성되는 것이라고 할 수 있고, 따라서 재심소송이 가지는 위와 같은 복합적, 단계적인 성질에 비추어 볼 때, 제3자가 타인 간의 재심소송에 민사소송법 제72조에 의하여 당사자참가를 하였다면, 이 경우 제3자는 아직 재심대상판결에 재심사유 있음이 인정되어 본안사건이 부활되기 전에는 원·피고를 상대방으로 하여 소송의 목적의 전부나 일부가 자기의 권리임을 주장하거나 소송의 결과에 의하여 권리의 침해를 받을 것을 주장할 여지가 없는 것이고, 재심사유 있음이 인정되어 본안사건이 부활된 다음에 이르러서 비로소 위와 같은 주장을 할 수 있는 것이므로, 결국 제3자는 재심대상판결에 재심사유가 있음이 인정되어 본안소송이 부활되는 단계를 위하여 당사자참가를 하는 것이라고 할 것이다"(대판 1994.12.27. 92다22473,22480: 법전협 표준판례(326)).

2. 참가이유가 있을 것(참가형태)

(1) 권리주장참가의 참가이유 [10회 사례형, 16법행]

제3자가 소송목적의 전부 또는 일부가 자기의 권리임을 주장하면서 참가하는 경우이다.

1) 참가이유로서 양립불가능성

제79조 1항 전단의 권리주장참가에서는 참가인이 원고의 본소청구와 양립되지 않는 권리 또는 그에 우선할 수 있는 권리를 주장해야 하는 바, 학설 및 判例는 권리주장참가의 참가이유를 판단할 때 본소청구와 참가인의 청구가 주장 자체에서 양립하지 않는 관계에 있으면 족하며, 본안심리 결과 양청구가 실제로 양립되면 참가인의 청구를 기각하면 된다고 한다(대결 2005.10.17. 2005마814).

① **[참가하려는 소송에 수개의 청구가 병합된 경우 : 하나 이상의 청구만 양립불가능이면 됨]** "독립당사자참가 중 권리주장참가는 소송의 목적의 전부나 일부가 자기의 권리임을 주장하면 되는 것이므로 참가하려는 소송에 수개의 청구가 병합된 경우 그 중 어느 하나의 청구라도 독립당사자참가인의 주장과 양립하지 않는 관계에 있으면 그 본소청구에 대한 참가가 허용된다고 할 것이고, 양립할 수 없는 본소청구에 관하여 본안에 들어가 심리한 결과 이유가 없는 것으로 판단된다고 하더라도 참가신청이 부적법하게 되는 것은 아니다"(대판 2007.6.15. 2006다80322, 80339).

② **[본안심리결과 권리가 부정된 경우 : 참가신청은 여전히 적법]** "원고가 건물의 증축부분의 소유권에 터잡아 명도를 구하는 소송에서 참가인이 증축부분이 자기 소유임을 이유로 독립당사자참가신청을 한 경우 주장 자체에 의해서는 원고가 주장하는 권리와 참가인이 주장하는 권리가 양립할 수 없는 관계에 있다 할 것이므로, 비록 본안에 들어가 심리한 결과 증축부분이 기존건물에 부합하여 원고의 소유로 되었고 참가인의 소유로 된 것이 아니라고 판단되더라도 이는 참가인의 청구가 이유 없는 사유가 될 뿐 참가신청이 부적법한 것은 아니므로 이를 각하하여서는 아니된다"(대판 1992.12.8. 92다26772).

2) 물권의 주장과 채권의 주장

물권이든 채권이든 1개의 권리를 본소의 원고와 참가인이 각자 주장하는 경우 어느 한 쪽의 청구권이 인정되면 다른 쪽의 청구권이 인정될 수 없으므로 참가신청은 적법하다. 따라서 判例는 소유권의 주장일 경우 일물일권주의 원칙상 주장자체로 양립불가능하다고 보았으나, **이중매매사안**(매매사실이 두 개)의 경우는 독립당사자참가를 부적법하다고 하였다(자세한 내용은 아래 3) 참조. **채권의 이중양도**(매매사실이 한 개)관련판례 91다21145과 비교).

✳ **채권적 청구권**(채권자 평등주의)**을 주장하면서 권리주장 참가한 경우 중 양립불가능성을 인정한 예**

① **[채권의 이중양도]** "준물권행위인 채권양도에서 유효한 양도시 양수인은 1인 뿐이다. 따라서 채권적 권리에 기해 청구하고 있더라도 양립불가능한 관계에 있으므로 참가는 적법하다"(대판 1991.12.24. 91다21145).

② **[하나의 매매계약에서 매수인이 누구인지 여부]** "원고의 피고에 대한 소유권이전등기청구권과 참가인의 피고에 대한 소유권이전등기청구권은, 당사자참가가 인정되지 아니하는 이중매매 등 통상의 경우와는 달리 하나의 계약에 기초한 것으로서 어느 한쪽의 이전등기청구권이 인정되면 다른 한쪽의 이전등기청구권은 인정될 수 없는 것이므로 그 각 청구가 서로 양립할 수 없는 관계에 있다"(대판 1988.3.8. 86다148)(2회,6회 선택형).[44]

③ **[하나의 명의신탁에서 신탁자가 누구인지 여부]** "甲의 乙에 대한 명의신탁 해지로 인한 이전등기청구권과 丙의 乙에 대한 명의신탁 해지로 인한 이전등기청구권은 어느 한 쪽의 청구권이 인정되면 다른 한 쪽의 청구권은 인정될 수 없는 것으로서 각 청구가 서로 양립할 수 없는 관계에 있어 하나의 판결로써 모순 없이 일시에 해결할 수 있는 경우에 해당하고, 丙은 甲에 의하여 자기의 권리 또는 법률상의 지위를 부인당하고 있는 자로서 그 불안을 제거하기 위하여 乙에 대한 이전등기청구권이 丙에게 있다는 확인의 소를 제기하는 것이 유효적절한 수단이어서 丙이 乙에 대하여 이전등기절차의 이행을 구함과 동시에 甲에 대하여 이전등기청구권의 존재확인을 구하는 것은 확인의 이익이 있는 적법한 청구이다"(대판 1995.6.16. 95다5905).

④ **[하나의 취득시효에서 누가 시효취득자인지 여부]** "甲이 乙에 대하여 취득시효 완성을 원인으로 한 소유권이전등기를 구하는 본소에 대하여, 丙이 乙에 대하여는 취득시효 완성을 원인으로 한 소유권이전등기를, 그리고 甲에 대하여는 관리위탁계약의 해제를 이유로 토지의 인도를 각 청구한 경우, 甲의 乙에 대한 청구와 丙의 乙에 대한 청구는 주장하는 권리가 채권적인 권리인 등기청구권이기는 하나 어느 한 쪽의 청구권이 인정되면 다른 한 쪽의 청구권은 인정될 수 없는 것으로서 각 청구가 서로 양립할 수 없는 관계에 있으므로, 丙의 독립당사자참가 신청은 적법하다"(대판 1996.6.28. 94다50595,50601).

---

[44] "甲(원고)은 乙(피고)과의 사이에 체결된 매매계약의 매수당사자가 甲이라고 주장하면서 그 소유권이전등기절차이행을 구하고 있고 이에 대하여 丙(참가인)은 자기가 그 매수당사자라고 주장하는 경우라면 丙은 甲에 의하여 자기의 권리 또는 법률상의 지위를 부인당하고 있는 한편 그 불안을 제거하기 위하여서는 매수인으로서의 권리의무가 丙에 있다는 확인의 소를 제기하는 것이 유효적절한 수단이라고 보여지므로 결국 丙이 乙에 대하여 그 소유권이전등기절차의 이행을 구함과 동시에 甲에 대하여 소유권이전등기청구권 등 부존재확인의 소를 구하는 것은 확인의 이익이 있는 적법한 것이라고 할 것이다"(대판 1988.3.8. 86다148(본소),149(반소),150(참가),86다카762(본소),763(반소),764(참가)).

＊ **소유권의 주장**(일물일권주의 원칙상 주장자체로 양립불가능 인정)

① **[소유권에 기한 인도청구]** "원고가 토지에 대한 점유취득시효가 완성되었음을 이유로 피고를 상대로(주
: 피고가 소유권자라고 주장) 소유권이전등기를 구하는 본소에 대하여, 그 소유권의 귀속을 다투는 원고
와 피고를 상대로 그 토지가 자신의 소유(주 : 참가인이 소유권자라고 주장)라는 확인을 구함과 아울러 원고
에게 그 토지 중 원고가 점유하고 있는 부분의 인도를 구하는 독립당사자참가를 한 경우, 원고의 본소 청구
와 참가인의 청구는 그 주장 자체에서 서로 양립할 수 없는 관계에 있어 그들 사이의 분쟁을 1개의
판결로 모순 없이 일시에 해결할 경우에 해당하므로 독립당사자참가로서의 요건을 갖춘 적법한 것
이다"(대판 1997.9.12. 95다25886,25893,25909).

② **[소유권 확인청구]** "소유권확인을 구하는 원고(주 : 원고가 소유권자라고 주장) 들의 본소청구에 대하여
참가인은 피고에 대하여 토지에 대한 피고 명의의 소유권보존등기말소 및 그 토지가 참가인 및 선정
자들의 소유권임의 확인을 구하고 원고들에 대하여도 위와 같은 소유권 확인을 구하고(주 : 참가인이 소유권자
라고 주장) 있으므로, 참가인은 피고에 대하여 일정한 청구를 하고 있음은 물론이고 원고들에 대하
여도 일정한 청구를 하고 있으며, 원고들의 청구와 참가인의 청구는 서로 양립할 수 없는 관계에 있
으므로 독립당사자참가는 적법하다"(대판 1998.7.10. 98다5708,5715).

핵심사례 D-22

■ 독립당사자참가 – 권리주장참가의 참가이유
2013년 변리사

甲회사(대표이사 A)는 乙을 상대로 乙로부터 X 부동산을 매수하였음을 이유로 이에 대한 소유권
이전등기청구의 소를 2011. 5. 6.에 제기하였다. 甲 회사의 전직 대표이사 B는 소송계속 중 위
매매의 실제 매수인은 B 개인이며 甲 회사가 아니라고 주장하면서 원고 甲을 상대로는 X 부동산
에 대한 소유권이전등기청구권 부존재확인청구를, 피고 乙을 상대로는 X 부동산에 대한 소유권이
전등기절차의 이행을 구하는 독립당사자참가신청을 하였다. **B의 독립당사자참가가 적법한지 여
부와 그 논거에 대하여 서술하시오.**

Ⅰ. 결 론

B의 독립당사자참가는 원고 甲의 본소청구와 양립불가능한 것으로서 적법하다.

Ⅱ. 논 거

1. 독립당사자참가의 의의와 요건 [타. 이. 취. 소. 병]

B는 甲이 주장하는 소유권이전등기청구권이 자신의 권리임을 주장하고 있으므로 독립당사자참가 중
권리주장참가를 한 것이다.

2. 참가이유의 구비여부 – 소송목적의 전부 또는 일부가 자신의 권리임을 주장할 것

(1) 참가이유로서 양립불가능성

(2) 채권적 청구권을 주장하면서 권리주장 참가한 경우도 양립불가능한 것인지 여부(적극)

(3) 사안의 경우

원고 甲회사(대표이사 A)의 피고 乙에 대한 소유권이전등기청구권과 참가인 B의 피고 乙에 대한 소유

권이전등기청구권은, 당사자참가가 인정되지 아니하는 2중매매 등 통상의 경우와는 달리 하나의 계약에 기초한 것으로서 어느 한쪽의 이전등기청구권이 인정되면 다른 한쪽의 이전등기청구권은 인정될 수 없는 것이므로 그 각 청구가 서로 양립할 수 없는 관계에 있다. 따라서 B의 참가는 참가이유를 구비하였다.

3. 참가취지의 구비여부

(1) 편면참가의 허용여부(적극)

1) 개정 민사소송법(제79조 1항 : 허용)

2) 판 례(2012.6.28. 2010다54535 : 편면적 독립당사자참가 인정)

(2) 사안의 경우

B의 청구권부존재확인의 소는 부적법하므로, 사안의 독립당사자참가는 편면참가가 되고 개정법에 의해 편면적 참가가 허용되므로 B의 독립당사자참가는 적법하다.

4. 사안의 해결

B는 甲과 乙의 소송 계속 중에 권리주장참가를 한 것으로, 참가이유 및 참가취지가 인정되며 기타 청구의 병합요건 및 소송요건을 갖추지 못하였다는 사정이 보이지 않으므로 B의 독립당사자참가는 적법하다.

3) 이중매매의 경우 권리주장참가의 참가이유가 있는지 여부

a. 판 례(소극)

判例는 타인간의 소유권이전등기청구소송에 같은 부동산을 먼저 매수하였음을 이유로 자기에게의 이전등기와 소유권확인을 구하여 참가하는 것은, 아직 자기 앞으로의 등기를 경유하지 못한 이상 제3자에게는 그 소유권을 대항하거나 주장할 수 없어 결국 피고에 대한 청구만이 성립될 수 있을 뿐이어서 그 참가는 **부적법**하다고 한다(대판 1982.12.14. 80다1872).

b. 검 토

생각건대, 제1매수인과 제2매수인 모두가 매도인에 대하여 매매에 기한 이전등기청구권을 갖고, 두 청구는 모두 인용판결을 받을 수 있으므로 양 청구는 양립가능하며, 이중매매 사안의 경우 세 당사자 사이의 분쟁이 한꺼번에 통일적으로 해결될 수 없으므로 독립당사자참가의 제도적 취지와 부합할 수 없으므로 부정설이 타당하다.

(2) 사해방지참가의 참가이유[45]

1) 판 례 [해, 객, 염려] [6회 사례형]

사해방지참가의 경우 본소청구와 양립가능하더라도 참가가 허용되지만(대판 2001.9.28. 99다35331,35348), 참가인은 본소의 소송의 결과에 의하여 권리의 침해를 받을 것을 그 요건으로 하는 바, 권리침해의 의미에 대하여 判例는 "사해방지참가를 하기 위해서는 본소의 원고와 피고가 당해 소송을 통하여 ⅰ) 제3자를 해할 의사를 갖고 있다고 객관적으로 인정되고 ⅱ) 그 소송의 결과 제3자의 권리 또는 법률상의 지위가 침해될 염려가 있다고 인정되어야 한다"(대판 2017.4.26. 2014다221777,221784: 법전협 표준판례(331))고 하여 **사해의사설**의 입장이다.

---

45) 판례는 사해방지참가를 권리주장참가와 구별하여 이는 소송물이 달라 권리주자참가에 패소하여도 사해방지참가를 할 수 있다고 하고(기판력이 미치지 않기 때문이다), 청구가 본소청구와 양립이 가능해도 무방하다고 한다.

2) 검 토

생각건대 판결효설은 참가를 허용하는 자의 범위를 지나치게 좁혀 독립당사자참가제도를 별도로 둔 취지에 부합하지 않는다는 점에서 부당하고, 이해관계설은 참가의 허용범위를 너무 넓혀 보조참가 요건과의 구별이 불분명하다는 단점이 있으므로, 독립당사자참가에 상당히 폭넓고 탄력성 있는 운용의 여지를 주는 **사해의사설**이 타당하다. 이에 의할 경우 i) 원고와 피고가 당해 소송을 통하여 제3자를 해할 의사를 갖고 있다고 객관적으로 인정되고, ii) 그 소송의 결과 제3자의 권리 또는 법률상의 지위가 침해될 염려가 있다고 인정되는 경우에 권리의 침해가 있다고 본다.

> ✱ **근저당권설정등기회복소송에서 승낙의무가 있는 후순위저당권자(참가이유 긍정)**
> 判例는 "근저당권설정등기의 불법말소를 이유로 그 회복등기를 구하는 본안소송에서 원고가 승소판결을 받는다고 하더라도 ··· 본안소송의 결과는 당연히 후순위 근저당권자를 상대로 승낙을 구하는 소에 사실상 영향을 미치게 됨으로써 후순위 근저당권자의 권리의 실현 또는 법률상의 지위가 침해될 염려가 있다 할 것이다. 따라서 후순위 근저당권자에게는 원·피고들에 대한 근저당권부존재확인청구라는 참가소송을 통하여 후일 발생하게 될 이러한 불안 내지 염려를 사전에 차단할 필요가 있는 것이고, 이러한 참가소송은 사해판결로 인하여 초래될 이러한 장애를 방지하기 위한 유효적절한 수단이 된다고 할 것이다"(대판 2001.8.24. 2000다12785)(3회 선택형)고 판시하였다.
>
> ✱ **공동저당에 제공된 물상보증인 소유의 부동산이 먼저 경매된 경우 채무자(참가이유 부정)**
> 判例는 "독립당사자참가 중 권리주장참가는 원고의 본소청구와 참가인의 청구가 주장 자체에서 양립할 수 없는 관계라고 볼 수 있는 경우에 허용될 수 있고, 사해방지참가는 본소의 원고와 피고가 소송을 통하여 참가인의 권리를 침해할 의사가 있다고 객관적으로 인정되고 그 소송의 결과 참가인의 권리 또는 법률상 지위가 침해될 우려가 있다고 인정되는 경우에 허용될 수 있다"(대판 2017.4.26. 2014다221777: 법전협 표준판례(331))고 하면서 "甲 소유의 부동산과 채무자인 乙 소유의 부동산을 공동저당의 목적으로 하여 丙 은행 앞으로 선순위근저당권이 설정된 후 甲 소유의 부동산에 관하여 丁 앞으로 후순위근저당권이 설정되었는데, 甲 소유의 부동산에 관하여 먼저 경매절차가 진행되어 丙 은행이 채권 전액을 회수하였고, 이에 丁이 甲 소유의 부동산에 대한 후순위저당권자로서 물상보증인에게 이전된 근저당권으로부터 우선하여 변제를 받을 수 있다고 주장하며 丙 은행 등을 상대로 근저당권설정등기의 이전을 구하자, 甲이 乙에 대해 취득한 구상금 채권이 상계로 소멸하였다고 주장하며 乙이 丙 은행을 상대로 근저당권설정등기의 말소를 구하는 독립당사자 참가신청을 한 사안에서, 乙의 말소등기청구는 등기의 이전을 구하는 丁의 청구와 동일한 권리관계에 관하여 주장 자체로 양립되지 않는 관계에 있지 않으므로 민사소송법 제79조 제1항 전단에 따른 권리주장참가의 요건을 갖추지 못하였고, 丁과 丙 은행이 소송을 통하여 乙의 권리를 침해할 의사가 있다고 객관적으로 인정하기도 어려우므로 민사소송법 제79조 제1항 후단에 따른 사해방지참가의 요건을 갖추었다고 볼 수도 없다는 이유로 乙의 독립당사자 참가신청을 각하"(대판 2017.4.26. 2014다221777: 법전협 표준판례(331))하였다.[46]

---

46) "공동저당에 제공된 채무자 소유의 부동산과 물상보증인 소유의 부동산 가운데 물상보증인 소유의 부동산이 먼저 경매되어 그 매각대금에서 선순위공동저당권자가 변제를 받은 때에는 물상보증인은 채무자에 대하여 구상권을 취득함과 동시에 변제자대위에 의하여 채무자 소유의 부동산에 대한 선순위공동저당권을 대위취득한다. 그 물상보증인 소유의 부동산에 대한 후순위저당권자는 물상보증인이 대위취득한 채무자 소유의 부동산에 대한 선순위공동저당권에 대하여 물상대위를 할 수 있다. 이 경우에 <u>채무자는 물상보증인에 대한 반대채권이 있더라도 특별한 사정이 없는 한 물상보증인의 구상금채권과 상계함으로써 물상보증인 소유의 부동산에 대한 후순위저당권자에게 대항할 수 없다.</u> 채무자는 선순위공동저당권자가 물상보증인 소유의 부동산에 대해 먼저 경매를 신청한 경우에 비로소 상계할 것을 기대할 수 있는데, 이처럼 우연한 사정에 의하여 좌우되는 상계에 대한 기대가 물상보증인 소유의 부동산에 대한 후순위저당권자가 가지는 법적 지위에 우선할 수 없다"

❋ 사해행위취소의 상대적 효력에 의해 참가이유가 부정되는 예 [6회 사례형]

원고의 피고에 대한 청구의 원인행위가 사해행위라는 이유로 원고에 대하여 사해행위취소를 청구하면서 사해방지를 위한 독립당사자참가신청을 하는 것은 부적법하다. 判例는 "채권자가 사해행위의 취소와 함께 수익자 또는 전득자로부터 책임재산의 회복을 명하는 사해행위취소의 판결을 받은 경우 취소의 효과는 채권자와 수익자 또는 전득자 사이에만 미치므로, 수익자 또는 전득자가 채권자에 대하여 사해행위의 취소로 인한 원상회복 의무를 부담하게 될 뿐, 채권자와 채무자 사이에서 취소로 인한 법률관계가 형성되거나 취소의 효력이 소급하여 채무자의 책임재산으로 복구되는 것은 아니다. 이러한 사해행위취소의 상대적 효력에 의하면, 원고의 피고에 대한 청구의 원인행위가 사해행위라는 이유로 원고에 대하여 사해행위취소를 청구하면서 독립당사자참가신청을 하는 경우, 독립당사자참가인의 청구가 그대로 받아들여진다 하더라도 원고와 피고 사이의 법률관계에는 아무런 영향이 없고, 따라서 그러한 참가신청은 사해방지참가의 목적을 달성할 수 없으므로 부적법하다"(대판 2014.6.12. 2012다47548: 법전협 표준판례(333))고 판시하였다. [47]

■ 독립당사자참가 – 사해방지참가의 참가이유   대판 1997.6.27. 95다40977

사실관계 | 甲이 乙을 피고로 하여 X토지에 대해 2016. 1. 20. 대물변제계약을 원인으로 한 소유권이전등기절차의 이행을 구하는 소를 제기하였다. 그러자 丙은 독립당사자참가를 신청하면서 그 이유로 '참가인이 피고 乙로부터 2012. 1. 20. X토지를 매도담보로서 소유권이전등기를 경료받기로 약정하고 같은 해 2. 20.부터 12. 20.까지 사이에 4차례에 걸쳐 합계금 1억 원을 대여하였고, 변제기가 지난 후에도 위 채무를 갚지 못하여 X토지에 대하여 담보제공절차를 취하여야 할 처지에 이르게 되자 피고 乙이 유일한 재산인 X토지를 가장양도형식으로 타인명의로 소유권이전등기를 경료하여 주어 참가인에 대한 위 채무를 면탈하기 위해서 이를 잘 알고 있는 친구 甲과 공모하여 참가인을 해할 목적으로 가장대물변제계약을 체결하고 甲이 乙을 상대로 소유권이전등기절차 이행의 소를 제기하였으므로 참가인은 그 소송결과에 의하여 권리의 침해를 받을 위험이 있다'고 주장하였다. 丙은 甲을 상대로는 위 2012. 1. 20. 대물변제계약의 무효확인을, 피고 乙을 상대로는 2012. 1. 20. 대물변제계약의 무효확인과 매도담보약정을 이유로 한 소유권이전등기를 청구하였다. **丙의 위와 같은 참가는 적법한가?**

사안의 해결 | 甲은 乙이 유일한 재산인 X토지를 丙에게 담보로 제공해야할 처지에 있음을 잘 알고 있는 점에 비추어 서로 통모일 가능성이 많다. 또한 甲에게 X토지의 등기가 경료되면 丙은 담보를 취득할 수 있는 권리를 잃는 점에 비추어 丙이 甲과 乙의 통모사실, 乙의 소극적 응소사실, 주장이 허위인 사실 등을 주장·입증한다면 객관적 사해의사가 인정되므로 '권리침해'의 요건을 충족하게 되어 참가이유가 인정된다. 또한 사해방지참가의 다른 요건도 충족되었다고 보이므로 丙의 참가는 사해방지참가로서 적법하다

---

(3) 권리주장참가인지 사해방지참가인지 명백하지 않은 경우(석명권 행사)

"참가인이 그 참가가 권리주장참가인지 또는 사해방지참가인지의 여부를 명백히 밝히고 있지 않다면, 원심으로서는 석명권의 행사를 통하여 그 참가가 권리주장참가인지 사해방지참가인지의 여부를 명백히 한 연후에 참가의 적법 여부를 심리하였어야 할 것임에도 불구하고 이를 밝혀 보지도 아니한 채 참가인이 사해방지참가를 하는 것으로는 보이지 아니한다고 판단한 원심판결에는 석명권 불행사로 인한 심리미진의 위법이 있다"(대판 1994.11.25. 94다12517).

---

47) 원고가 피고에 대하여 대물변제약정을 청구원인으로 하여 피고 소유의 건물에 관한 소유권이전등기를 청구하고 있고, 독립당사자참가인은 위 대물변제약정이 사해행위에 해당한다는 이유로 원고에 대하여 사해행위취소를 청구하면서 사해방지참가를 한 사안

3. 당사자의 양쪽 또는 한쪽을 상대방으로 한 청구일 것(참가취지)

2002년 개정법 제79조 1항은 독립당사자참가제도의 탄력적 운용을 위하여 **편면참가**를 명문으로 허용하였다. 判例도 편면적 독립당사자참가를 인정하고 있는바, "ⅰ) 독립당사자참가인의 권리 또는 법률상 지위가 원고로부터 부인당하거나 또는 그와 저촉되는 주장을 당함으로써 위협을 받거나 방해를 받는 경우에는 독립당사자참가인은 원고를 상대로 자기의 권리 또는 법률관계의 확인을 구하여야 하며(주 : 편면적 독립당사자참가 적법), ⅱ) 그렇지 않고 원고가 자신의 주장과 양립할 수 없는 제3자에 대한 권리 또는 법률관계를 주장한다고 하여 원고에 대하여 원고의 그 제3자에 대한 권리 또는 법률관계가 '부존재'한다는 확인을 구하는 것은 확인의 이익이 있다고 할 수 없다(주 : 적극적 확인의 소를 제기할 수 있음에도 소극적 확인의 소 제기 부적법)"(대판 2012.6.28. 2010다54535)고 한다. 다만, "독립당사자참가인이 수 개의 청구를 병합하여 독립당사자참가를 하는 경우에는 각 청구별로 독립당사자참가의 요건을 갖추어야 하고, 편면적 독립당사자참가가 허용된다고 하여, 참가인이 독립당사자참가의 요건을 갖추지 못한 청구를 추가하는 것을 허용하는 것은 아니다"(대판 2022.10.14. 2022다241608,241615: 법전협 표준판례(332)).

4. 청구의 병합요건 및 소송요건을 갖출 것

"독립당사자참가인의 권리 또는 법률상의 지위가 원고로부터 부인당하거나 또는 그와 저촉되는 주장을 당함으로써 위협을 받거나 방해를 받는 경우에는 독립당사자참가인은 원고를 상대로 자기의 권리 또는 법률관계의 확인을 구하여야 할 것이고, 자기의 권리 또는 법률상의 지위를 부인하는 원고가 자기의 주장과는 양립할 수 없는 제3자에 대한 권리 또는 법률관계를 주장한다고 하여 원고 주장의 그 제3자에 대한 권리 또는 법률관계가 부존재한다는 것만의 확인을 구하는 것은, 설령 그 확인의 소에서 독립당사자참가인이 승소판결을 받는다고 하더라도 그 판결로 인하여 원고에 대한 관계에서 자기의 권리가 확정되는 것도 아니고 그 판결의 효력이 제3자에게 미치는 것도 아니어서, 그와 같은 부존재확인의 소는 자기의 권리 또는 법률적 지위에 현존하는 불안, 위험을 해소시키기 위한 유효적절한 수단이 될 수 없어서 확인의 이익이 없다"(대판 2014.11.13. 2009다71312,71329,71336,71343).

| 핵심사례 D-23 |

| ■ 독립당사자참가 – 편면참가의 허용여부, 사해방지참가와 채권자취소권 | 2017년 제6회 변호사시험 |

甲은 주택 신축 등을 목적으로 하는 사업을 하면서 乙 및 친척인 丙에게 각각 1억 원의 대여금채무를 비롯하여 총 합계 3억 원 이상의 채무를 부담하게 되어 채무초과 상태에 이르게 되었다. 甲은 유일한 재산인 X토지를 소유하고 있었는데, 丙에 대한 甲의 대여금 채무를 위한 담보로 제공하는 저당권설정계약(이하 '이 사건 계약'이라 한다)을 丙과 체결하였다.
甲은 丙의 독촉에도 이 사건 계약에 의한 저당권설정등기를 미루고 있었는데, 이에 丙은 甲을 피고로 이 사건 계약을 원인으로 하여 저당권설정등기를 청구하는 소를 제기하였다. 丙의 위 소송에 대하여 甲은 제대로 응소하지 않고 있다.

위와 같은 소식을 들은 乙은 이 사건 계약의 체결 과정을 조사한 결과, 甲은 이 사건 계약으로 인하여 책임재산에 부족이 생기거나 이미 부족상태에 있는 책임재산이 한층 더 부족하게 됨으로써 乙의 채권을 완전하게 만족시킬 수 없다는 사실을 인식하였고, 丙도 그러한 점을 알고 있었다는 사실을 알게 되었다. 이에 乙은 원고 丙과 피고 甲 사이의 위 소송에 참가하려고 한다. 乙이 다음과 같은 취지로 독립당사자참가신청을 하는 것은 적법한가? (30점)

〈문제 1.〉 丙을 상대로 사해행위를 원인으로 하여 "X토지에 관하여 甲과 丙이 체결한 이 사건 계약을 취소한다."는 취지의 독립당사자참가신청

〈문제 2.〉 丙과 甲을 상대로 통정허위표시를 원인으로 하여 "X토지에 관하여 甲과 丙이 체결한 이 사건 계약이 무효임을 확인한다."는 취지의 독립당사자참가신청

Ⅰ. 문제점 – 사해방지참가로서 적법한지 여부 [타, 이, 취, 소, 병]

Ⅱ. 사해방지참가의 의의와 요건

1. 의 의(제79조 1항 후단)

2. 요 건 – 권리침해의 의미 [해, 객, 염려]

Ⅲ. 문제 1. : 편면참가의 허용여부와 채권자취소권을 행사하기 위한 사해방지참가의 경우

1. 편면참가의 허용여부(적극)

2. 채권자취소의 효과(상대적 효력)

3. 乙 참가의 적법여부

채권자취소권을 행사하기 위해 사해방지참가를 하는 것은 부적법하다.

Ⅳ. 문제 2. : 타인 간의 법률관계 확인을 위한 사해방지참가의 경우

1. 제3자 확인의 소의 적법요건

2. 乙 참가의 적법여부

설문의 乙은 타인 간 저당권설정계약의 무효확인을 구하는 독립당사자참가를 하였지만, 甲의 책임재산이 부족하게 되는 것을 방지하기 위한 것으로, 乙의 위험·불안을 제거하기 위한 유효·적절한 수단으로 보인다. 결국 적법한 참가라 할 수 있다.

Ⅲ. 참가절차 [D-71]

1. 서면에 의할 것

> **제79조 (독립당사자참가)** ① 소송목적의 전부나 일부가 자기의 권리라고 주장하거나, 소송결과에 따라 권리가 침해된다고 주장하는 제3자는 당사자의 양 쪽 또는 한 쪽을 상대방으로 하여 당사자로서 소송에 참가할 수 있다. ② 제1항의 경우에는 제67조 및 제72조의 규정을 준용한다.
>
> **제72조 (참가신청의 방식)** ① 참가신청은 참가의 취지와 이유를 밝혀 참가하고자 하는 소송이 계속된 법원에 제기하여야 한다. ② 서면으로 참가를 신청한 경우에는 법원은 그 서면을 양쪽 당사자에게 송달하여야 한다.

독립당사자참가는 신소제기의 실질을 가지므로 서면에 의하여야 하고, 제72조의 규정이 준용되므로 (제79조 2항) 참가신청은 참가의 취지와 이유를 밝혀 참가하고자 하는 소송이 계속된 법원에 제기하여야 하며, 서면으로 참가를 신청한 경우에는 법원은 그 서면을 양쪽 당사자에게 송달하여야 한다 (제72조 1항, 2항).

2. 독립당사자참가를 하면서 예비적으로 보조참가를 할 수 있는지 여부(소극)

당사자참가는 소송의 목적의 전부나 일부가 자기의 권리임을 주장하거나 소송의 결과에 의하여 권리의 침해를 받을 것을 주장하는 제3자가 독립한 당사자로서 원·피고 쌍방을 상대방으로 하여 소송에 참가하여 3당사자 사이에 서로 대립되는 권리 또는 법률관계를 하나의 판결로써 모순 없이 일거에 해결하는 제도이고, 보조참가는 원·피고의 어느 일방의 승소를 보조하기 위하여 소송에 참가하는 것으로서, 이러한 제도의 본래의 취지에 비추어 볼 때, 당사자참가를 하면서 예비적으로 보조참가를 한다는 것은 허용될 수 없다(대판 1994.12.27. 92다22473,92다22480: 법전협 표준판례(326)).

3. 참가신청의 효과

신소제기의 실질을 가지므로 시효의 중단 또는 법률상 기간준수의 효력이 생기며(제265조), 보조참가와 달리 종전 당사자는 참가자에 이의할 수 없다. 그러나 종전 당사자는 참가인에 대한 관계에서 피고의 지위에 서게 되므로, 참가인을 상대로 반소를 제기할 수 있다(대판 1969.5.13. 68다656,657,658).

Ⅳ. 참가소송의 심판 [D-72]

1. 참가요건과 소송요건 조사

먼저 참가요건을 직권으로 조사하여 흠이 있다면 부적법 각하한다(대판 1960.5.26. 4292민상524 : 참가요건 조사).[48] 참가요건을 갖추었다면 참가인의 청구에 대한 소송요건을 직권으로 조사하여 흠이 있다면 참가신청을 각하한다(대판 2011.5.13. 2010다106245 : 소송요건조사).

2. 본안심판

(1) 합일확정의 필요

참가신청이 적법하다면, 본안심판에서는 원고·피고·참가인 3자간 상호 대립·견제 관계에서 분쟁의

---

48) 통설은 본소에 병합시켜 통상의 공동소송의 형식으로 심리하고, 병합심리가 불허되는 경우 별개의 독립된 소로써 분리심리 하여야 한다고 본다.

모순 없는 해결을 위해 제67조의 규정이 준용되므로(제79조 2항) 필수적 공동소송의 심판형태와 같이 연합관계에 있다(제5편 제2장 제1절 제2관 Ⅲ. 심판 참고 : 공동소송의 심판형태). 다만 원·피고와 참가인의 소송이 강제되는 것은 아니므로 유사필수적 공동소송의 법리에 따라서 규율된다.

(2) 본안심리

1) 소송자료의 통일

당사자 3인 중 한 사람에게 유리한 소송행위는 다른 1인에게도 효력이 생기나, 두 당사자 사이의 소송행위가 나머지 1인에게 불이익이 되는 경우에는 두 당사자 간에도 효력이 발생하지 않는다(제67조 1항). 예를 들어 참가인의 피고에 대한 청구를 피고가 인낙을 해도 무효이고(대판 1968.12.24. 64다1574), 원고의 청구에 대해 피고가 자백을 하더라도 참가인에게는 효력이 없다(대판 2009.1.30. 2007다9030, 9047: 법전협 표준판례((335)). 다만 본 참가는 유사필수적 공동소송의 법리를 따르기 때문에 본소취하나 참가신청의 취하는 할 수 있다(제1절 제3관 유사필수적 공동소송 참조).

[관련판례] ✳ **독립당사자참가에서 원·피고만의 화해 가부(소극)**
"제79조에 의한 소송은 동일한 권리관계에 관하여 원고, 피고 및 참가인 상호간의 다툼을 하나의 소송절차로 한꺼번에 모순 없이 해결하려는 소송형태로서 두 당사자 사이의 소송행위는 나머지 1인에게 불이익이 되는 한 두 당사자 간에도 효력이 발생하지 않는다고 할 것이므로, 원·피고 사이에만 재판상 화해를 하는 것은 3자간의 합일확정의 목적에 반하기 때문에 허용되지 않는다. 독립당사자참가인이 화해권고결정에 대하여 이의한 경우, 이의의 효력이 원·피고 사이에도 미친다"(대판 2005.5.26. 2004다25901: 법전협 표준판례((336))(3회,6회 선택형).

■ 독립당사자참가 – 원·피고만의 일부 화해 가부　　　　　　　　　2013년 변리사

사실관계 ┃ 甲회사(대표이사 A)는 乙을 상대로 乙로부터 X 부동산을 매수하였음을 이유로 이에 대한 소유권이전등기청구의 소를 2011. 5. 6.에 제기하였다. 甲 회사의 전직 대표이사 B는 소송계속 중 위 매매의 실제 매수인은 B 개인이며 甲 회사가 아니라고 주장하면서 원고 甲을 상대로는 X 부동산에 대한 소유권이전등기청구권 부존재확인청구를, 피고 乙을 상대로는 X 부동산에 대한 소유권이전등기절차의 이행을 구하는 독립당사자참가신청을 하였다.
B의 독립당사자참가가 적법하다고 가정할 경우, 위 소송에서 법원이 甲과 乙, B 사이에 '乙은 甲에게 X부동산에 대하여 매매를 이유로 소유권이전등기절차를 이행한다'는 화해권고결정을 하였는데, 참가인 B만이 화해권고결정에 대하여 이의하였고, 甲과 乙은 화해권고결정을 송달받고 이의하지 않았다. **법원은 甲과 乙 사이에 재판상 화해가 성립되었음을 이유로 B의 청구에 대해서만 판결을 선고할 수 있는가?**

사안의 해결 ┃ 화해권고결정은 당사자가 이의하지 않으면 재판상 화해와 같은 효력을 가진다(제231조). 하지만 독립당사자참가소송에서 화해권고결정은 참가인 B의 이의신청에 의하여 참가인에 대하여 뿐만 아니라 원고와 피고 사이에서도 효력이 발생하지 않고, 따라서 위 소송은 화해권고결정이전의 상태로 돌아간다. 따라서 B의 청구에 대한 일부판결은 허용되지 않으며, 하나의 전부판결을 하여야 한다.

---

2) 소송진행의 통일

기일은 공통으로 정해야 하며, 변론의 분리도 허용되지 않는다. 또한 당사자 가운데 한 사람에게 소송절차를 중단 또는 중지하여야 할 이유가 있는 경우 그 중단 또는 중지는 모두에게 효력이 미친다(제67조 3항).

3. 본안판결

3자간 모순 없는 해결을 위해 일부판결은 허용되지 않고 반드시 전부판결을 하여야 한다. 만약 일부 판결을 한다면 이는 전부판결로 취급하고 판단누락에 준하는 위법이 있는 것으로 본다. 따라서 원심 에서 추가판결을 할 수 없고 상소나 재심으로 취소할 수 있을 뿐이다(제451조 1항 9호).

> **[관련판례]** "민사소송법 제79조에 의한 소송은 동일한 권리관계에 관하여 원고·피고 및 참가인 상호간 의 다툼을 하나의 소송절차로 한꺼번에 모순 없이 해결하려는 소송형태로서 원고·피고·참가인 간의 소 송절차는 필요적 공동소송에 있어서와 같이 변론을 분리할 수 없는 것이고, 본안판결을 할 때에도 그 당 사자간의 일부에 관하여서만 판결을 하거나 추가판결을 하는 것은 모두 허용되지 않는 것이므로, 제1심에서 원 고 승소, 피고 및 참가인 패소의 판결이 선고된 데 대하여 피고와 참가인이 항소한 이상, 항소심인 원 심으로서도 변론을 일체로 진행하여 원고·피고와 참가인 간의 청구를 모두 항소심의 심판대상으로 하여 1개 의 판결을 하여야 한다"(대판 1995.12.8. 95다44191: 법전협 표준판례(337))

4. 판결에 대한 상소

(1) 이심의 범위(전부판결에 일부상소를 한 경우 상소불가분원칙 적용 긍정) [10회 사례형, 08사법]

"민사소송법 제79조에 의한 독립당사자참가가 적법하다고 인정되어 원고, 피고 및 독립당사자참가 인간의 소송에 대하여 본안판결을 할 때에는 위 세 당사자를 판결의 명의인으로 하는 하나의 종국판결을 선고함으로써 위 세 당사자들 사이에서 합일확정적인 결론을 내려야 하고, 이러한 본안판결에 대하여 일방 이 항소한 경우에는 제1심판결 전체의 확정이 차단되고 사건 전부에 관하여 이심의 효력이 생긴다. 그리고 이러한 경우 항소심의 심판대상은 실제 항소를 제기한 자의 항소 취지에 나타난 불복범위에 한정하 되 위 세 당사자 사이의 결론의 합일확정의 필요성을 고려하여 그 심판의 범위를 판단하여야 한다"(대판 2014.11.13. 2009다71312,71329,71336,71343: 법전협 표준판례(338))다고 하여 **이심설**의 입장이다.

[판례검토] 분리확정설은 상소하지 않은 참가인의 판결부분이 분리확정된다고 하고 있으나 이것은 판 결의 모순·저촉의 우려가 있으므로 문제가 있고, 제한적 이심설은 상소인에게 불리한가의 여부를 따 져서 상소하지 않은 당사자의 이심여하를 결정할 수 있는 법적 근거가 없으므로 이심설이 타당하다.

(2) 상소하지 않은 당사자의 지위(단순한 상소심당사자)

분리확정설에 의하는 경우 참가인에 관한 소송관계가 종료하므로 문제가 생기지 않으나, 이심설에 의하는 경우 상소심으로 상소하지 않은 당사자인 참가인의 항소심에서의 지위가 문제된다.[49] 判例는 "독립당사자 참가인의 청구와 원고의 청구가 모두 기각되고 원고만이 항소한 경우에 제1심판결 전체의 확 정이 차단되고 사건전부에 관하여 이심의 효력이 생기는 것이므로 독립당사자참가인도 항소심에서의 당사자라고 할 것이다"(대판 1981.12.8. 80다577)고 판시하여 **단순한 상소심당사자설**을 취하고 있다.

[판례검토] 상소를 제기하지도 당하지도 않은 자를 상소인이나 피상소인으로 의제하기는 어렵고, 양 지위겸유설도 상소인설·피상소인설의 결점을 그대로 가지고 있는 바, 이러한 당사자는 상소 제기와 는 무관하나 합일확정의 요청에 의하여 상소심에 당사자로서 관여하는 자이므로 단순한 상소심당사 자설이 타당하다.

---

49) **[학설]** ① 상소인설은 제67조 1항을 준용하여 상소인이라는 입장이고, ② 피상소인설은 제67조 2항을 준용하여 피상소인에 준 한다고 보며, ③ 양지위겸유설은 상소인에 대하여는 피상소인이고 피상소인에 대하여는 상소인이라는 입장이다. ④ 단순한 상 소심당사자설은 단순한 상소심당사자라고 본다.

(3) 심판의 범위

3자간 모순 없는 해결을 위해 불이익변경금지원칙(제415조)은 배제된다. 그러나 判例는 "독립당사자참가소송에서 원고승소 판결에 대하여 참가인만이 상소를 했음에도 상소심에서 원고의 피고에 대한 청구인용 부분을 원고에게 불리하게 변경할 수 있는 것은 ⅰ) 참가인의 참가신청이 적법하고 나아가 ⅱ) 합일확정의 요청상 필요한 경우에 한한다"(대판 2007.12.14. 2007다37776,37783: 법전협 표준판례(339)))고 하여 불이익변경금지원칙이 적용되는 경우도 인정하고 있다. [적, 신, 합, 필]

1) 불이익변경금지원칙이 배제되는 경우

"항소심에서 심리·판단을 거쳐 결론을 내림에 있어 위 세 당사자 사이의 결론의 합일확정을 위하여 필요한 경우에는 그 한도 내에서 항소 또는 부대항소를 제기한 바 없는 당사자에게 결과적으로 제1심판결보다 유리한 내용으로 판결이 변경되는 것도 배제할 수는 없다"(대판 2007.10.26. 2006다86573: 법전협 표준판례(340)))[50](2회, 6회 선택형) **[15행정]**

2) 불이익변경금지원칙이 적용되는 경우

"독립당사자참가소송에서 원고의 피고에 대한 청구를 인용하고 참가인의 참가신청을 각하한 제1심판결에 대하여 참가인만이 항소하였는데, 참가인의 항소를 기각하면서 제1심판결 중 피고가 항소하지도 않은 본소 부분을 취소하고 원고의 피고에 대한 청구를 기각한 것은 부적법하다"(대판 2007.12.14. 2007다37776: 법전협 표준판례(339)). 따라서 원고의 피고에 대한 청구를 인용하고 참가인의 참가신청을 부적법 각하한 제1심판결에 대하여 참가인만이 항소하여 항소가 기각된 경우에는 원판결인 참가인의 참가신청을 각하한 판결이 정당하게 되었으므로 적법한 참가신청이 없고, 참가인의 신청 부분을 판단할 필요가 없어 합일확정의 요청도 없게 되었으므로 불이익변경금지의 원칙이 적용된다. [적, 신, 합, 필]

3) 독립당사자참가소송에서 원고만이 상소한 경우

"제1심 판결에서 참가인의 독립당사자참가신청을 각하하고 원고의 청구를 기각한 데 대하여 참가인은 항소기간 내에 항소를 제기하지 아니하였고, 원고만이 항소한 경우 위 독립당사자참가신청을 각하한 부분은 원고의 항소에도 불구하고 피고에 대한 본소청구와는 별도로 이미 확정되었다"(대판 1992.5.26. 91다4669)(6회 선택형).

5. 항소를 제기하지 않은 당사자의 청구에 관하여 항소심에서 판결 주문이 선고되지 않고 소송이 그대로 확정된 경우 기판력의 발생범위

"판결 결론의 합일확정을 위하여 항소 또는 부대항소를 제기한 적이 없는 당사자의 청구에 대한 제1심판결을 취소하거나 변경할 필요가 없다면, 항소 또는 부대항소를 제기한 적이 없는 당사자의 청구가 항소심의 심판대상이 되어 항소심이 그 청구에 관하여 심리·판단해야 하더라도 그 청구에 대한 당부를 반드시 판결 주문에서 선고할 필요가 있는 것은 아니다. 그리고 이와 같이 항소 또는 부대항소를 제기하지 않은 당사자의 청구에 관하여 항소심에서 판결 주문이 선고되지 않고 독립당사자참가소송이 그대로 확정된다면, 취소되거나 변경되지 않은 제1심판결의 주문에 대하여 기판력이 발생한다"(대판 2022.7.28. 2020다231928)

---

50) **[판례검토]** ⅰ) 합일확정의 요청은 판결이 모순·저촉하지 않는 한도에 그치게 하고, 불복을 신청하지 아니한 패소자의 의사와 책임을 중시하여 독립당사자참가소송에서도 상소하지 아니한 사람에게 유리하게 판결할 수 없다는 원칙을 가능한 한 존중하려고 하는 견해가 있으나, ⅱ) 독립당사자참가의 경우에는 패소하고도 불복상소를 제기하지 않은 당사자의 판결부분이 원고·피고·참가인 3자간의 합일확정의 요청 때문에 이익으로 변경될 수 있는 등 불이익변경금지원칙이 배제된다고 보는 판례의 입장이 타당하다(통설).

[사실관계] 매수인 甲은 매도인 乙에 대해 매매계약이 무효임을 이유로 계약금에 대한 부당이득 반환 청구의 소를 제기하였고, 공동 매수인 丙이 독립당사자 자격으로 편면적 참가를 한 사안에서, 제1심 은 매매계약을 무효로 볼 수 없다는 이유로 甲과 丙의 청구를 모두 기각하자, 甲만이 항소하였고, 항소심은 甲과 乙의 계약이 무효라고 인정하여 甲의 청구를 기각한 제1심판결을 취소하고 甲의 청구 를 인용하였다. 위 판결이 확정된 후 丙이 乙을 상대로 부당이득반환청구를 하였는데, 甲만이 항소한 항소심에서 甲의 乙에 대한 청구와 丙의 乙에 대한 청구는 합일확정이 필요한 관계에 있으므로, 丙이 제1심판 결에 대하여 항소하지 않았더라도 丙의 청구는 항소심의 심판대상이 되지만, 항소심이 甲의 청구를 인용하 더라도 丙의 청구는 제1심판결에서 기각되었으므로 판결 결론이 모순되지 않고, 이러한 경우 항소심은 제1 심판결을 변경하여 丙의 청구부분에 대한 주문을 선고할 필요가 없으며, 丙의 부당이득반환청구를 기각 한 제1심판결은 확정됨에 따라 기판력이 발생하게 되고 이후 丙이 乙에 대해 부당이득반환청구의 소를 제기하는 경우 선행사건에서 丙의 부당이득반환청구와 후소에서 丙의 부당이득반환 청구는 동일한 소송물을 대상으로 한 것이므로 丙의 후소는 선행사건 확정판결의 기판력에 저촉된다

| 핵심사례 D-24 |

■ 독립당사자참가 – 불이익변경금지원칙이 적용되는 경우
2013년 변리사, 2008년 사법시험, 2017년 8월·2018년 6월 법전협 모의고사

甲회사(대표이사 A)는 乙을 상대로 乙로부터 X 부동산을 매수하였음을 이유로 이에 대한 소유권 이전등기청구의 소를 2011. 5. 6.에 제기하였다. 甲 회사의 전직 대표이사 B는 소송계속 중 위 매매의 실제 매수인은 B 개인이며 甲 회사가 아니라고 주장하면서 원고 甲을 상대로는 X 부동산 에 대한 소유권이전등기청구권 부존재확인청구를, 피고 乙을 상대로는 X 부동산에 대한 소유권이 전등기절차의 이행을 구하는 독립당사자참가신청을 하였다.
제1심 법원은 B의 참가신청은 부적법하다고 하여 각하하고 甲의 청구를 인용하였다. 이에 대해 참가인 B만이 항소하였으나 항소심은 B의 항소를 기각하면서, 1심 판결 중의 甲의 승소부분을 취소하고 甲의 청구를 기각하는 판결을 선고하였다. **항소심이 甲의 청구를 기각한 것은 정당한가?**
(15점)

I. 결 론

항소심법원의 판결은 불이익변경금지원칙에 반하여 위법 부당하다.

II. 논 거

1. 문제점

항소심법원이 항소하지 않은 甲의 청구를 기각하기 위해서는 참가인 B의 항소에 의해 甲의 청구부분 도 항소심으로 이심되고 甲의 청구를 기각하는 것이 불이익변경금지원칙에 위배되지 않아야 한다.

2. 참가인 B의 항소만으로 甲의 청구가 이심되는지 여부(적극) – 상소불가분원칙의 적용여부(적극)

통설, 判例는 제1심에서 원고 및 참가인 패소판결이 선고되고 원고만 항소한 경우 "독립당사자참가소 송은 세 당사자사이에서 합일확정적인 결론을 내려야 하므로, 이 본안판결에 대하여 일방이 항소한 경우에 는 제1심판결 전체의 확정이 차단되고 사건 전부에 관해 이심의 효력이 생긴다"(대판 2007.10.26. 2006다 86573,86580)고 하여 상소불가분원칙이 적용된다고 한다(이심설). 따라서 B의 항소에 의해 甲의 청구부

분 또한 항소심으로 이심된다.

3. 항소심법원이 甲의 청구부분을 심판할 수 있는지 여부(소극) - 불이익변경금지원칙의 적용여부(적극)

독립당사자참가 소송에서 참가인만이 상소한 경우 불이익변경금지 원칙이 배제되기 위해서는 i) 참가인의 참가신청이 적법하고, 나아가 ii) 합일확정의 요청상 필요한 경우에 한한다. 사안의 경우, 항소기각으로 참가신청각하판결이 정당한 판결로 처리되어(i 요건 불비) 참가인의 청구에 대하여 판단할 필요가 없는바, 합일확정의 필요가 없으므로(ii 요건 불비) 본소청구에 대하여 불이익변경금지원칙이 적용된다. 따라서 항소심법원이 항소하지 않은 본소부분을 취소하고 甲의 청구를 기각한 것은 불이익변경금지원칙에 위배되어 부당하다.

핵심사례 D-25

■ 독립당사자참가 - 불이익변경금지원칙이 배제되는 경우

2018년 6월 법전협 모의, 2015년 법무행정고시, 2008년 사법시험

A토지에 관하여 甲으로부터 乙 앞으로 매매를 원인으로 한 소유권이전등기가 마쳐져 있다. 甲은 乙을 상대로 乙이 등기관련 서류를 위조하여 위 등기를 이전하였다고 주장하면서 소유권이전등기 말소등기청구의 소를 제기하였다. 소송이 진행되던 중, 丁은 A토지가 자신의 소유라고 주장하면서 甲을 상대로 소유권 확인을, 乙을 상대로 진정명의회복을 위한 이전등기를 각각 청구하면서 독립당사자참가를 하였다. 제1심법원은 丁의 청구를 기각하고, 甲의 청구를 인용하는 판결을 선고하였다. 이에 대하여 丁만 항소하였고, 제2심법원은 심리한 결과 丁의 청구가 이유 있다고 판단하였다. **이 경우 제2심법원은 어떠한 판결을 하여야 하는가? (15점)**

Ⅰ. 결 론

제2심법원의 심리결과 丁의 청구가 이유 있다고 판단된다면 항소를 인용하여 제1심판결을 취소하고 丁의 청구를 인용하여야 한다. 또한 합일확정의 요청상 甲의 乙에 대한 청구에 대하여도 제1심판결을 취소하고 청구기각판결을 하여야 한다.

Ⅱ. 논 거

1. 독립당사자참가소송의 심판

2. 참가인 丁의 항소 제기시 상소불가분원칙의 적용여부(적극) - 이심설

丁의 항소에 의해 사건 전부가 항소심으로 이심되고 확정이 차단된다.

3. 제2심법원의 심판범위 - 불이익변경금지원칙의 적용여부(소극)

4. 사안의 해결

丁의 참가신청은 주장자체로 甲의 청구와 양립불가능하므로 丁의 독립당사자참가는 적법하다. 제1심법원의 판결에 대하여 丁만이 항소한 경우라도 사건 전부가 항소심으로 이심되며, 합일확정의 요청 때문에 불이익변경금지원칙이 배제되므로, 제2심법원은 심리결과 丁의 청구가 이유있다고 판단된다면 丁의 항소를 인용하여 제1심판결을 취소하고 丁의 청구를 인용하여야 한다. 또한 합일확정의 요청상 甲의 乙에 대한 청구에 대하여도 심판의 대상에 포함시켜 제1심판결을 취소하고 청구기각판결을 하여야 한다.

Ⅴ. 단일 또는 공동소송으로 환원(3면소송에서 2면소송으로 환원)　　　　　　[D-73]

1. 독립당사자참가 소송에서 본소 취하시 참가인의 동의의 요부(적극)

독립당사자참가 후라도 원고는 본소를 취하할 수 있다. 다만, 상대방이 본안에 관하여 준비서면을 제출하거나 변론준비절차에서 진술하거나 변론을 한 후에는 상대방의 동의를 얻어야 하는 바(제266조 2항), 통설·判例는 참가로 인하여 참가인에게 본소 유지의 이익이 생겼다고 할 것이므로 독립당사자 참가 소송에 있어 원고의 본소 취하에는 피고의 동의 외에 당사자 참가인의 동의를 필요로 한다고 한다(대결 1972.11.30. 72마787; 법전협 표준판례(207)).

2. 독립당사자참가 소송에서 본소 취하 후의 소송관계(공동소송잔존설)

判例는 독립당사자참가의 구조에 대한 3면소송으로 보면서도 "독립당사자참사소송에서 본소가 적법하게 취하된 경우에는 3면소송관계는 소멸하고, 그 이후부터는 당사자참가인의 원·피고들에 대한 청구가 일반 공동소송으로 남아 있게 된다"(대판 2007.2.8. 2006다62188: 법전협 표준판례(334))고 판시하여 공동소송잔존설의 입장이다. 이 경우 判例는 "비록 참가신청 당시 당사자참가의 요건을 갖추지 못하였다고 하더라도 이미 본소가 소멸되어 3면소송관계가 해소된 이상 종래의 3면소송 당시에 필요하였던 당사자참가요건의 구비 여부는 더 이상 가려볼 필요가 없다"(대판 1991.1.25. 90다4723)고 판시하였다. 한편 편면참가의 경우에는 참가인과 그 상대방 사이의 단독소송으로 환원될 것이다.

3. 독립당사자참가 소송에서 참가의 취하 또는 각하(허용)

소의 취하에 준하여 허용되며, 이 경우도 본소의 당사자가 본안에서 변론 한 경우 원·피고 쌍방의 동의를 받아야 한다. 참가의 취하 또는 각하로 본소만 잔존하며 참가인이 제출한 증거방법은 본소의 당사자가 원용하지 않는 한 효력이 없다. 그러나 判例는 "독립당사자 참가가 부적법하여 각하됨이 마땅한 이상, 참가인 제출의 증거에 대하여는 판단할 필요가 없다"(대판 1966.3.29. 66다222)면서도, "증거를 제출한 참가인의 참가신청이 부적법 각하되어야 하여도 법원이 이미 실시한 증거방법에 의하여 법원이 얻은 증거자료의 효력에는 아무런 영향이 없다"(대판 1971.3.31. 71다309)고 한다.

Ⅵ. 소송탈퇴 [D-74]

> 제80조 (독립당사자참가소송에서의 탈퇴) 제79조의 규정에 따라 자기의 권리를 주장하기 위하여 소송에 참가한 사람이 있는 경우 그가 참가하기 전의 원고나 피고는 상대방의 승낙을 받아 소송에서 탈퇴할 수 있다. 다만, 판결은 탈퇴한 당사자에 대하여도 그 효력이 미친다.

1. 의의 및 취지

제79조의 규정에 따라 자기의 권리를 주장하기 위하여 참가신청을 한 자가 있는 경우에 본소의 당사자로서 머물러 있을 이익을 갖지 않는 자는 상대방의 승낙을 얻어 소송에서 탈퇴할 수 있으나, 판결은 탈퇴한 당사자에 대하여도 그 효력이 있는 바(제80조), 이는 본소의 당사자로서 더 이상 머물러 있을 이익이 없는 경우 그 소송에서 벗어날 수 있게 하여 소송관계를 간명하게 하려는 것이다.

2. 법적성질

소송탈퇴의 법적성질과 관련하여 ① 탈퇴자가 자기의 입장을 전면적으로 참가인과 상대방 간의 승패의 결과에 맡기는 것을 조건으로 참가인 및 상대방과 자기 사이의 각 청구에 대하여 포기 또는 인낙하는 성질을 갖는 행위라고 보고, 판결의 효력도 청구의 포기 또는 인낙에 기한 것으로 보는 조건부포기인낙설이 있으나, ② 탈퇴자가 자기의 청구 또는 자기에 대한 청구에 대한 소송수행권을 참가인과 남은 당사자에게 부여한 결과로 보아 소송담당자인 남은 당사자와 참가인 간의 판결의 효력이 탈퇴자에게 미치는 것은 당연하다는 소송담당설이 타당하다.

3. 요 건 [본, 참, 승]

소송에서 탈퇴하기 위해서는 ⅰ) 본소송의 당사자일 것, ⅱ) 제3자의 참가가 적법·유효할 것, ⅲ) 상대방 당사자의 승낙 및 참가인의 동의가 필요한지는 이하에서 살핀다.

(1) 상대방 당사자의 승낙

법정대리인이나 소송대리인이 탈퇴하려면 특별수권이 있어야 하며(제56조 2항, 제90조 2항), 참가 전의 당사자가 탈퇴하는 경우 탈퇴로 인하여 상대방의 권리나 이익을 침해할 우려가 있기 때문에 상대방의 승낙을 필요로 하는 것이므로(제80조) 상대방에게 불측의 손해가 생길 염려가 없으면 상대방의 승낙이 불필요하다고 할 것이다.

(2) 참가인의 동의

이때 참가인의 동의도 요하는지 여부에 관하여 ① 필요설도 있으나, ② 생각건대 참가인이 승소한 경우 판결의 효력이 탈퇴자에게도 미친다는 점과 상대방의 승낙만을 요하도록 한 제80조의 법문으로 보아 탈퇴에 의하여 참가인의 이익을 해치지 않는다는 점에서 참가인의 동의는 불필요하다고 봄이 타당하다.

4. 절 차

탈퇴 및 이에 대한 승낙은 서면에 의하여야 하나 기일에서 구술로 할 수 있다. 다만, 탈퇴에 대한 상대방의 동의에 있어서는 제266조 6항과 같은 동의간주는 인정되지 않는다.

5. 효 과

(1) 당사자의 지위 유지

조건부 청구포기·인낙설에 따를 경우 탈퇴자는 당사자의 지위를 상실하게 되어 소송은 2당사자 소송 구조로 환원되지만, 탈퇴자는 당사자의 지위를 유지한다. 그러나 독립당사자참가의 참가인은 원·피고 쌍방과 대립하게 되므로 참가인은 탈퇴자의 소송상 지위를 승계할 수 없다고 보아야 한다.

(2) 효력의 내용

제80조 단서가 '판결은 탈퇴한 당사자에 대하여도 효력이 있다'고만 규정하고 있어 이때 효력의 내용에 관하여 ① 참가적 효력설, ② 기판력설, ③ 집행력 포함설이 대립하고 있는 바, 생각건대 참가적 효력설에 대해서는 보조참가와는 달리 탈퇴자와 잔류자 사이에 협력관계가 없다는 비판이 제기되고, 기판력설은 기판력으로는 잔류자가 탈퇴자에게 강제집행을 할 수 없다는 문제점이 있으므로 집행력 포함설이 타당하다.

(3) 판결의 효력이 미치는 이론적 근거

판결의 효력이 미치는 이론적 근거에 관하여 조건부 청구포기·인낙설에 의하면 원고탈퇴는 조건부 청구의 포기이고 피고탈퇴는 조건부 청구의 인낙이므로 탈퇴자에게 판결의 효력이 미친다고 하나, 생각건대 조건부 청구의 포기·인낙설은 판결 결과가 탈퇴자에게 유리하게 된 때를 설명하기 어려우므로 소송담당설이 타당하다고 보는 이상 그 소송담당관계의 반영으로 집행력도 탈퇴당사자에게 미치는 것으로 보는 것이 타당하다.

6. 사해방지참가에서 탈퇴 허용여부

(1) 문제점

제80조는 '자기의 권리를 주장하기 위하여 소송에 참가한 사람이 있는 경우 원고나 피고는 탈퇴할 수 있다'고 규정되어 있어 사해방지참가의 경우에도 종전 당사자가 탈퇴할 수 있는지 문제된다.

(2) 학설 및 검토

① 사해소송의 당사자가 탈퇴하는 경우란 실제로 거의 없을 것이라는 점과 제80조의 문언에 비추어 소극적으로 해석하는 견해가 있으나, ② 제82조의 인수승계의 경우에도 소송탈퇴가 가능함 점과 사해방지참가의 경우에도 피고가 소송수행의 의욕이 없고 전혀 소극적 태도로 일관해 온 때에는 제3자의 소송참가를 계기로 소송에서 탈퇴해 나갈 경우가 있을 것이라는 점을 고려할 때 사해방지참가의 경우에도 탈퇴할 수 있다고 봄이 타당하다.

핵심사례 D-26

독립당사자참가 – 사해방지참가에서 탈퇴

甲이 乙을 피고로 하여 X토지에 대해 2016. 1. 20. 대물변제계약을 원인으로 한 소유권이전등기절차의 이행을 구하는 소를 제기하였다. 그러자 丙은 독립당사자참가를 신청하면서 그 이유로 '참가인이 피고 乙로부터 2012. 1. 20. X토지를 매도담보로서 소유권이전등기를 경료받기로 약정하고 같은 해 2. 20.부터 12. 20.까지 사이에 4차례에 걸쳐 합계금 1억 원을 대여하였고, 변제기가 지난 후에도 위 채무를 갚지 못하여 X토지에 대하여 담보제공절차를 취하여야 할 처지에 이르게 되자 피고 乙이 유일한 재산인 X토지를 가장양도형식으로 타인명의로 소유권이전등기를 경료하여 주어 참가인에 대한 위 채무를 면탈하기 위해서 이를 잘 알고 있는 친구 甲과 공모하여 참가인을 해할 목적으로 가장대물변제계약을 체결하고 甲이 乙을 상대로 소유권이전등기절차 이행의 소를 제기하였으므로 참가인은 그 소송결과에 의하여 권리의 침해를 받을 위험이 있다'고 주장하였다. 丙은 甲을 상대로는 위 1. 20. 대물변제계약의 무효확인을, 피고 乙을 상대로는 1. 20. 대물변제계약의 무효확인과 매도담보약정을 이유로 한 소유권이전등기를 청구하였다.

〈문제 1.〉 이 사건 소송 중 甲이 위 소송에서 탈퇴하고자 한다. 甲의 탈퇴에 대하여 乙은 승낙을 하고 있으나, 丙은 반대하고 있다. 이 경우 甲은 소송탈퇴를 할 수 있는가?

〈문제 2.〉 만약 甲이 탈퇴한 경우, 甲에게 위 판결의 효력이 미치는지 여부와 그 근거에 대하여 서술하시오.

Ⅰ. 문제 1.의 해결

사해방지참가의 경우에도 소송탈퇴를 할 수 있고, 이 경우 참가인의 승낙은 요건이 아니므로 甲은 丙의 반대에도 불구하고 상대방 乙의 승낙을 얻어 위 소송에서 탈퇴할 수 있다.

Ⅱ. 문제 2.의 해결

1. 탈퇴자 甲에게 위 판결의 효력이 미치는지 여부(적극)

2. 판결의 효력이 미치는 이론적 근거

제3절 당사자의 변경

임의적 당사자 변경 (당사자적격 승계 × / 소송상태 승인의무 ×)	누락된 고유필수적 공동소송인의 추가(제68조)		
	예비적 · 선택적 공동소송인의 추가(제70조, 제68조)		
	피고의 경정(제260조)		
소송승계 (당사자적격 승계 ○ / 소송상태 승인의무 ○)	특정승계	승계인의 소송참가(제81조 참가승계)	
		승계인의 소송인수(제82조 인수승계)	
	당연승계(중단 · 수계의 규정 제233조 이하)		

제1관 임의적 당사자의 변경

Ⅰ. 의 의   [D-75]

'임의적 당사자 변경'이란 당사자의 의사에 기하여 종전의 당사자에 갈음하거나 추가하여 제3자를 가입시키는 것을 말한다. 예컨대 원고가 피고적격자를 혼동하여 乙로 잘못 알고 소제기를 하였다가 진정한 피고적격자로 바꾸는 경우, 고유필수적 공동소송인 중 일부 누락하여 당사자적격에 흠이 생겼을 때에 이를 추가하는 경우 등이다.

Ⅱ. 구별개념   [D-76]

당사자를 바꾸는 경우로는 ① 양자 사이에 동일성이 인정될 때 **당사자표시정정**, ② 양자 사이에 동일성은 인정되지 않으나 소송계속 중 권리 · 의무가 승계될 때 **소송승계**, ③ 양자 사이에 동일성도 인정되지 않고 소송계속 중 권리 · 의무도 승계되는지 않는 경우 **임의적 당사자변경**의 방법을 사용한다. 이 중 임의적 당사자변경은 법규정(제260조의 피고경정, 제68조의 필수적 공동소송인의 추가, 제70조의 예비적 공동소송인의 추가)이 있는 경우에 한하여 허용된다.

Ⅲ. 피고경정   [D-77]

> 제260조 (피고의 경정) ① 원고가 피고를 잘못 지정한 것이 분명한 경우에는 제1심 법원은 변론을 종결할 때까지 원고의 신청에 따라 결정으로 피고를 경정하도록 허가할 수 있다. 다만, 피고가 본안에 관하여 준비서면을 제출하거나, 변론준비기일에서 진술하거나 변론을 한 뒤에는 그의 동의를 받아야 한다. ② 피고의 경정은 서면으로 신청하여야 한다. ③ 제2항의 서면은 상대방에게 송달하여야 한다. 다만, 피고에게 소장의 부본을 송달하지 아니한 경우에는 그러하지 아니하다. ④ 피고가 제3항의 서면을 송달받은 날부터 2주 이내에 이의를 제기하지 아니하면 제1항 단서와 같은 동의를 한 것으로 본다.

1. 의 의

'피고경정'이란 원고가 피고를 잘못 지정한 것이 분명한 경우에 제1심법원이 변론을 종결할 때까지 원고의 신청에 의하여 결정으로 피고를 경정하는 것을 말한다(제260조).

2. 요 건 [분, 변, 소, 응, 동]

ⅰ) 원고가 피고를 잘못 지정한 것이 분명할 것, ⅱ) 제1심 변론종결 전일 것, ⅲ) 변경 전후 소송물이 동일할 것, ⅳ) 피고가 본안에 관하여 응소 한 때에는 피고의 동의가 있을 것을 요한다(제260조 1항 단서).

> [관련판례] * '원고가 피고를 잘못 지정한 것이 분명할 것'의 의미 [소, 법, 법, 명백] [09사법]
> 判例는 "'피고를 잘못 지정한 것이 명백한 때'라고 함은 (소장의)청구취지나 청구원인의 기재 내용 자체로 보아 원고가 법률적 평가를 그르치는 등의 이유로 피고의 지정이 잘못된 것이 명백하거나 법인격의 유무에 관하여 착오를 일으킨 것이 명백한 경우 등을 말하고, 피고로 되어야 할 자가 누구인지를 증거조사를 거쳐 사실을 인정하고 그 인정 사실에 터 잡아 법률 판단을 해야 인정할 수 있는 경우는 이에 해당하지 않는다"(대결 1997.10.17. 97마1632)고 하여 경정의 요건을 엄격하게 해석하고 있다.[51]

핵심사례 D-27

▌임의적 당사자의 변경 – 피고경정   대결 1997.10.17. 97마1632 ; 2014년 10월 법전협 모의

甲은 B와 자신 소유의 Z토지를 5억 원에 매도하기로 하는 계약을 체결하였다. 그러나 B가 매매대금을 지급하지 않자 甲은 B를 상대로 매매대금의 지급을 구하는 소를 제기하였다. 위 소송에서 피고 B는 Z토지의 매수인의 지위를 이 사건 소 제기 전에 이미 C에게 양도하였으므로 자신은 대금을 지급할 수 없다고 주장하였다. 원고 甲은 B가 계속해서 위 주장을 하자 곰곰이 생각해보던 중 B의 주장이 옳다고 생각하여 피고 B를 C로 바꾸려고 한다. **원고 甲이 피고경정을 신청한 경우 허용될 수 있겠는가? 결론과 그에 따른 논거를 서술하시오. (15점)**   (

Ⅰ. 결 론

Ⅱ. 논 거

1. 문제점 – 임의적 당사자변경

사안에서 피고경정이 허용되는지 문제된다.

2. 피고경정의 허용여부(소극)

(1) 피고경정의 의의와 요건 [분, 변, 소, 응, 동]

사안의 경우 다른 요건은 충족된 것으로 보이나, '원고가 피고를 잘못 지정한 것이 분명할 것'의 충족 여부가 문제된다.

(2) '원고가 피고를 잘못 지정한 것이 분명한 경우' [소, 법, 법, 명백]

(3) 검토 및 사안의 경우

제260조에서 원고가 피고를 잘못 지정한 것이 '분명한 경우'라고 하고 있는 점에 비추어, 경정의 요건을 엄격하게 해석하는 判例의 태도가 타당하다. 사안에서 실제 매수인이 B가 아니라 C인지 여부는 증거조사를 통해 판단할 수 있는 사항이므로 '원고가 피고를 잘못 지정한 것이 분명한 경우'가 아니다. 따

---

51) 이에 반하여 다수설은 소송경제를 이유로 피고경정을 넓게 인정하여 의무자를 혼동한 경우에도 피고경정이 가능하다고 본다.

라서 甲의 피고경정은 요건을 갖추지 못하여 허용될 수 없다.

3. 효 과

(1) 구소의 취하 간주 및 신소제기

> 제261조 (경정신청에 관한 결정의 송달 등) ④ 신청을 허가하는 결정을 한 때에는 종전의 피고에 대한 소는 취하된 것으로 본다.
>
> 제265조 (소제기에 따른 시효중단의 시기) 시효의 중단 또는 법률상 기간을 지킴에 필요한 재판상 청구는 소를 제기한 때 또는 제260조 제2항·제262조 제2항 또는 제264조 제2항의 규정에 따라 서면을 법원에 제출한 때에 그 효력이 생긴다.

피고경정 허가 결정이 있는 때 종전의 피고에 대한 소는 취하한 것으로 본다(제261조 4항). 새로운 피고에 대하여는 신소제기의 실질을 가지므로 **시효중단·기간준수** 등의 효과는 경정신청서의 제출시에 발생한다(제265조)(2회 선택형).

(2) 소송수행 결과의 불승계

종전의 피고의 소송수행의 결과는 새로운 피고의 원용이 없는 한 그 효력이 미치지 않는다. 따라서 법원은 경정된 피고에 대한 변론절차를 새롭게 열어야 한다.

4. 원고경정의 허용여부

① 학설은 개정 법률에서는 원고가 잘못 지정된 경우를 포함시키지 아니하였으나, 신 원고의 동의가 있으면 제260조를 확장해석하거나 제68조 1항 단서를 유추하여 원고의 경정도 허용할 것이라는 등 대체적으로 피고의 경정이 인정되는 것과의 균형상 해석상으로 원고의 경정을 인정하고자 한다.

② 그러나 判例는 "권리능력 없는 사단인 **부락의 구성원 중 일부가 제기한 소송**에서 당사자인 **원고의 표시를 부락으로 정정함은 당사자의 동일성을 해하는 것으로서 허용되지 아니한다**"(대판 1994.5.24. 92다50232)고 하여 원고 정정의 경우 명문 규정이 없는 임의적 당사자변경의 문제로 보아 허용하지 않는 듯 하다.[52]

[판례검토] 소송 계속 중에 원고가 제68조의 규정에 따라 제3자를 그의 동의를 얻어 원고로 추가한 다음 피고의 동의를 받아 자기의 소를 취하하면 결과적으로 원고 경정의 효과를 발생시킬 수 있을 것이므로 이를 허용하는 것이 소송경제상 타당하다.

Ⅳ. 누락된 고유필수적 공동소송인의 추가 [14사법]   [D-78]

---

52) 일반적으로 원고경정을 부정하는 견해는 이 判例를 근거로 제시한다. 그러나 이 判例는 당사자의 동일성이 없는 표시정정을 부정한 사안으로 원고경정을 부정했다고 단정할 수는 없다.

> 제68조 (필수적 공동소송인의 추가) ① 법원은 제67조 제1항의 규정에 따른 공동소송인 가운데 일부가 누락된 경우에는 제1심의 변론을 종결할 때까지 원고의 신청에 따라 결정으로 원고 또는 피고를 추가하도록 허가할 수 있다. 다만, 원고의 추가는 추가될 사람의 동의를 받은 경우에만 허가할 수 있다. ② 제1항의 허가결정을 한 때에는 허가결정의 정본을 당사자 모두에게 송달하여야 하며, 추가될 당사자에게는 소장부본도 송달하여야 한다. ③ 제1항의 규정에 따라 공동소송인이 추가된 경우에는 처음의 소가 제기된 때에 추가된 당사자와의 사이에 소가 제기된 것으로 본다. ④ 제1항의 허가결정에 대하여 이해관계인은 추가될 원고의 동의가 없었다는 것을 사유로 하는 경우에만 즉시항고를 할 수 있다. ⑤ 제4항의 즉시항고는 집행정지의 효력을 가지지 아니한다. ⑥ 제1항의 신청을 기각한 결정에 대하여는 즉시항고를 할 수 있다.

1. 의 의

법률상 공동소송이 강제되는 고유필수적 공동소송인 가운데 일부가 누락된 경우에 그 누락된 공동소송인을 추가하는 임의적 당사자 변경 제도를 말한다(제68조). 누락된 공동소송인을 간편하게 추가하는 방법으로 부적법 각하를 피할 수 있어 소송경제에 이바지한다. 判例는 "피고가 원고 이외의 제3자를 추가하여 반소피고로 하는 반소는 원칙적으로 허용되지 아니하고, 다만 피고가 제기하려는 반소가 필수적 공동소송이 될 때에는 민사소송법 제68조의 필수적 공동소송인 추가의 요건을 갖추면 허용될 수 있다"(대판 2015.5.29. 2014다235042,235059,235066: 법전협 표준판례(301))고 판시하였다.

2. 요 건 [필. 공. 동. 일]

ⅰ) 필수적 공동소송인 중 일부가 누락된 경우이어야 하고, ⅱ) 종전 당사자와 신당사자 간에 공동소송의 요건을 갖추어야 하며, ⅲ) 원고 측 추가의 경우에는 신당사자의 절차보장 내지 신당사자의 처분권의 존중을 위하여 추가될 신당사자의 동의를 요구하며, ⅳ) 제1심 변론종결시까지 추가가 허용된다.

3. 효 과

피고경정과 달리 **시효중단·기간준수의 효과는 소제기시에 소급한다**(제68조 3항). 필수적 공동소송인의 추가이므로, 종전의 공동소송인의 소송수행 결과는 유리한 소송행위의 범위 내에서 신당사자에게도 미친다고 할 것이다.

		피고경정(제260조)	필수적 공동소송인의 추가(제68조)
요건	시기	제1심 변론종결시까지	
	신청	원고의 신청	
	동의	구피고의 동의	추가되는 원고의 동의
	기타	소송물 동일	공동소송요건 구비
허가결정에 대한 불복		구피고는 동의가 없었음을 이유로 즉시항고 가능	이해관계인은 추가될 원고의 동의가 없었음을 이유로 즉시항고 가능
기각결정에 대한 불복		통상항고	즉시항고
시효중단		피고경정신청시 중단(제265조)	소가 처음 제기된 때 중단(제68조 3항)
소송상태의 승인		없음(단, 원용가능)	유리한 행위에는 미침

▌핵심사례 D-28▕

▎임의적 당사자의 변경, 소송승계 – 당사자의 변경, 추가방법
2014년 6월 법전협 모의

甲은 자신의 소유인 A토지 지상에 B건물을 신축하였으나 아직 자신의 명의로 등기를 마치지는 않고 있던 중 위 토지와 건물을 乙에게 매도하였다. 乙은 A토지에 대하여는 소유권이전등기를 경료하였고 B건물에 대하여는 아직 등기를 경료하지 못하였으나 이를 인도받아 이곳에서 거주하고 있다.

그 후 乙은 丁으로부터 3억 원을 차용하면서 A토지에 대해 채권최고액 3억 6천만 원의 근저당권을 설정하였다. 그 후 乙은 위 피담보채무가 전부 변제되었다며 丁을 상대로 근저당권설정등기말소청구의 소를 제기하였다. 피고 丁은 위 근저당권설정등기말소청구의 소에서 승소하였고 그 판결은 확정되었다. 그 후 丁은 토지 소유자인 乙이 3억 원의 차용금을 변제하지 않자 담보권실행을 위한 경매를 신청하였고 X가 A토지를 낙찰 받고 그 대금을 전액 납부하였다. 그 후 X는 乙을 상대로 B건물에 대한 철거를 구하는 소를 제기하였다. 제1회 변론기일에 피고 乙은 "원고 X가 이 사건 A토지의 소유자임을 인정한다"고 변론하였다. 소송계속 중 乙은 Y에게 건물의 일부를 임대하였다. **원고 X는 분쟁을 일회에 해결하기 위하여 위 소송에 Y를 피고로 추가시킬 수 있는가?**

1. 문제점

분쟁의 일회적 해결을 위해 Y를 상대로 퇴거청구가 가능한지 여부와, 소송계속 중 Y를 피고로 추가시킬 수 있는 방법으로 ① 제68조의 필수적 공동소송인의 추가, ② 제70조의 예비적·선택적 공동소송인의 추가, ③ 제82조의 추가적 인수승계가 인정되는지 문제된다.

2. 건물임차인 Y에 대한 퇴거청구의 가부(적극)

判例는 "건물이 그 존립을 위한 토지사용권을 갖추지 못하여 토지의 소유자가 건물의 소유자에 대하여 당해 건물의 철거 및 그 대지의 인도를 청구할 수 있는 경우에라도 건물소유자가 아닌 사람이 건물을 점유하고 있다면 토지소유자는 그 건물 점유를 제거하지 아니하는 한 위의 건물 철거 등을 실행할 수 없다. 따라서 그때 토지소유권은 위와 같은 점유에 의하여 그 원만한 실현을 방해당하고 있다고 할 것이므로, 토지소유자는 자신의 소유권에 기한 방해배제로서 건물점유자에 대하여 건물로부터의 퇴출을 청구할 수 있다"(대판 2010.8.19. 2010다43801)고 판시하여 건물임차인에 대한 퇴거청구를 긍정하였다(민법 제214조).

3. 제68조의 필수적 공동소송인의 추가 가부(소극)

(1) 요 건 [필, 공, 동, 일]

(2) 사안의 경우

Y는 건물임차인으로서 단순한 점유자에 불과하므로, 乙·Y 사이에 건물에 대한 실체법상 관리처분권이 공동귀속된다고 볼 수 없다. 따라서 乙·Y는 필수적 공동소송인이라 볼 수 없으므로 제68조에 의한 추가는 허용되지 않는다.

4. 제70조의 예비적 선택적 공동소송인의 추가 가부(소극)

(1) 요 건

ⅰ) 양 원고의 청구 또는 양 피고에 대한 청구가 법률상 양립할 수 없는 경우이어야 하며, ⅱ) 공동소송의 주관적, 객관적 요건을 구비하여야 한다(제70조).

判例는 "'법률상 양립할 수 없다'는 것은, 동일한 사실관계에 대한 법률적인 평가를 달리하여 두 청구 중 어느 한 쪽에 대한 법률효과가 인정되면 다른 쪽에 대한 법률효과가 부정됨으로써 두 청구가 모두 인용될 수는 없는 관계에 있는 경우나, 당사자들 사이의 사실관계 여하에 의하여 또는 청구원인을 구성하는 택일적 사실인정에 의하여 어느 일방의 법률효과를 긍정하거나 부정하고 이로써 다른 일방의 법률효과를 부정하거나 긍정하는 반대의 결과가 되는 경우로서, 각 청구에 대한 판단 과정이 필연적으로 상호 결합되어 있는 관계를 의미하며, 실체법적으로 서로 양립할 수 없는 경우뿐 아니라 소송법상으로 서로 양립할 수 없는 경우를 포함한다"(대결 2007.6.26. 2007마515)고 판시하였다. [동, 택, 상, 쇠

(2) 사안의 경우

B 건물에 대한 철거청구와 퇴거청구는 동시에 승소할 수 있는 경우에 해당하므로 법률상 양립불가능한 경우에 해당한다고 볼 수 없다. 따라서 제70조에 의한 추가는 허용되지 않는다.

5. 제82조의 추가적 인수승계 인정여부(소극 : 제5편 제2장 제4절 참조)

(1) 요 건

인수승계는 ⅰ) 타인간의 소송계속 중일 것, ⅱ) 소송목적인 권리·의무의 전부나 일부의 승계가 있을 것을 요한다(제82조). 상고심에서 인수승계는 허용되지 않는다(대판 2001.3.9. 98다51169).

(2) 추가적 인수의 가부(소극)

判例는 "소송당사자가 제3자로 하여금 그 소송을 인수하게 하기 위하여서는 그 제3자에 대하여 인수한 소송의 목적된 채무이행을 구하는 경우에만 허용되고 그 소송의 목적된 채무와는 전혀 별개의 채무의 이행을 구하기 위한 경우에는 허용될 수 없다"(대결 1971.7.6. 71다726)고 하여 부정설의 입장이다. 소송경제와 남용 방지를 위해 추가적 인수를 부정하는 判例의 태도가 타당하다.

(3) 사안의 경우

사안에서 추가적 인수신청을 하는 것은 그 소송의 목적된 채무인 '건물철거채무'와는 전혀 별개의 '건물퇴거채무'의 이행을 구하기 위한 경우이므로 判例와 같이 부정하는 것이 타당하다.

현행법상 기존 소송에 Y를 피고로 추가시킬 방법은 없다.

4. 주관적 · 추가적 병합의 허용 가부 [15사법]

합일확정의 필요가 없는 통상공동소송인의 추가, 법률상 양립 가능한 청구의 공동소송인의 추가 등이 명문규정이 없음에도 허용되는지 문제되는바, ① 부정설은 필수적 공동소송인의 추가가 입법화되었으므로 현행법 해석으로는 인정될 수 없고, 이를 허용하면 경솔한 제소가 증가하여 소송절차의 불안정과 소송지연을 초래한다는 점을 근거로 인정할 수 없다고 하고, ② 긍정설은 소송경제와 재판의 통일을 기할 수 있으므로 이를 허용하여야 한다고 한다.

이에 대해 判例는 "필수적 공동소송이 아닌 이 사건에 있어 소송 도중에 피고를 추가하는 것은 그 경위가 어떻든 간에 허용될 수 없다"(대판 1993.9.28. 93다32095)고 판시하여 **명문의 규정이 없는 통상공동소송인의 추가를 불허**하고 있다.

[판례검토] 별소를 제기하여 변론을 병합하는 우회적인 방법보다 소송경제에 유리하고 분쟁의 일회적 해결에 부합하는 긍정설이 타당하다. 다만, 부정설이 지적하는 문제점을 해결하기 위하여 제65조의 주관적 병합의 요건과 소송을 현저히 지연시키지 아니할 것이라는 요건의 구비가 요구된다.

5. 예비적 · 선택적 공동소송인의 추가에 준용

고유필수적 공동소송인의 추가에 관한 규정(제68조)은 예비적 · 선택적 공동소송인의 추가에도 준용된다(제70조).

V. 위법한 임의적 당사자변경을 간과한 판결이 선고된 경우 [D-79]

1. 위법한 임의적 당사자변경(부적법)

判例는 ① 원고 경정의 경우 명문 규정이 없는 임의적 당사자변경의 문제로 보아, 주식회사를 그 대표 개인으로 변경하는 경우(대판 1986.9.23. 85누953), 대표 개인에서 회사로 변경하는 경우(대판 2008.6.12. 2008다11276) 모두 당사자동일성이 없는 표시정정이어서 부적법하다고 판시하였다. ② 회사 대표이사가 개인 명의로 소를 제기한 후 회사를 당사자로 추가하면서 개인 명의의 소를 취하한 경우와 같은 당사자추가신청 역시 필요적 공동소송이 아닌 사건에서 소송 도중에 당사자를 추가하는 것이어서 마찬가지로 부적법하다고 판시하였다(대판 1998.1.23. 96다41496: 법전협 표준판례(343)).

❋ 위법한 임의적 당사자변경

㉠ **[원고경정사례 : 부적법]** "당사자는 소장에 기재한 표시만에 의할 것이고 청구의 내용과 원인사실을 종합하여 확정하여야 하는 것이고 당사자 정정신청을 하는 경우에도 실질적으로 당사자가 변경되는 것은 허용할 수 없는 것이므로, 원고 주식회사 전주백화점 대표자 강익수를 강익수로 하는 정정신청은 당사자인 원고를 변경하는 것으로 허용될 수 없다"(대판 1986.9.23. 85누953).

㉡ **[당사자 추가사례 : 부적법]** "필요적 공동소송이 아닌 사건에서 소송 도중에 당사자를 추가하는 것 역시 허용될 수 없으므로, 회사의 대표이사가 개인 명의로 소를 제기한 후 회사를 당사자로 추가하고 그 개인 명의의 소를 취하함으로써 당사자의 변경을 가져오는 당사자추가신청은 부적법한 것이다"(대판 1998.1.23. 96다41496: 법전협 표준판례(343)).

---

2. 위법한 임의적 당사자변경을 간과한 판결의 무효주장

判例는 부적법한 임의적 당사자변경이라 하더라도 ⅰ) 법원이 이를 받아들이고, ⅱ) 피고도 이에 동의하여 ⅲ) 본안판결까지 선고되었다면 소송경제나 신의칙 등에 비추어 무효주장을 제한한다.

❋ 위법한 임의적 당사자변경을 간과한 판결의 무효주장

㉠ **[원고경정 사례]** "ⅰ) 제1심법원이 제1차 변론준비기일에서 부적법한 당사자표시정정신청을 받아들이고 ⅱ) 피고도 이에 명시적으로 동의하여 제1심 제1차 변론기일부터 정정된 원고인 회사와 피고 사이에 본안에 관한 변론이 진행된 다음 ⅲ) 제1심 및 원심에서 본안판결이 선고되었다면, 당사자표시정정신청이 부적법하다고 하여 그 후에 진행된 변론과 그에 터잡은 판결을 모두 부적법하거나 무효라고 하는 것은 소송절차의 안정을 해칠 뿐만 아니라 그 후에 새삼스럽게 이를 문제삼는 것은 소송경제나 신의칙 등에 비추어 허용될 수 없다"(대판 2008.6.12. 2008다11276).

㉡ **[당사자 추가사례]** "ⅰ) 제1심법원이 부적법한 당사자추가신청을 그 부적법함을 간과한 채 받아들이고 ⅱ) 피고도 그에 동의하였으며 종전 원고인 대표이사 개인이 이를 전제로 소를 취하하게 되어 제1심 제1차 변론기일부터 새로운 원고인 회사와 피고 사이에 본안에 관한 변론이 진행된 다음 ⅲ) 제1심 에서 본안판결이 선고되었다면, 이는 마치 처음부터 원고 회사가 종전의 소와 동일한 청구취지와 청구원인으로 피고에 대하여 별도의 소를 제기하여 본안판결을 받은 것과 마찬가지라고 할 수 있으므로, 소송경제의 측면에서나 신의칙 등에 비추어 그 후에 새삼스럽게 당사자추가신청의 적법 여부를 문제 삼는 것은 허용될 수 없고, 당사자추가신청이 당초 부적법한 것이었다고 하더라도 위와 같이 제1심 제1차 변론기일에 원래의 소장과 함께 당사자추가신청서가 진술된 이상 원고 회사의 피고에 대한 청구취지도 진술되었다고 봄이 상당하다"(대판 1998.1.23. 96다41496).

제2관 소송승계

Ⅰ. 소송승계의 의의 및 유형   [D-80]

'소송승계'란 소송의 계속 중에 소송의 목적물인 권리관계의 변동으로 당사자적격이 종래의 당사자로부터 제3자로 이전되는 경우에 새로운 승계인이 종전의 당사자의 지위를 이어받는 것을 의미한다. 소송승계의 유형으로는 당연승계와 특정승계가 있다.

Ⅱ. 당연승계   [D-81]

1. 의 의

'당연승계'란 소송계속 중 당사자의 지위가 제3자에게 포괄적으로 승계되는 것을 말한다.

2. 인정여부 [12사법]

判例는 "소송도중 어느 일방의 당사자가 사망함으로 인해서 그 당사자로서의 자격을 상실하게 된 때에는 그때부터 그 소송은 그의 지위를 당연히 이어 받게 되는 상속인들과의 관계에서 대립당사자 구조를 형성하여 존재하게 되는 것"(대판 1995.5.23. 전합94다28444)이라고 판시하여 **당연승계를 긍정**한다.

[판례검토] 소송대리인이 있는 때에 소송절차가 중단되지 않고 소송대리인을 승계인의 대리인으로 보는 점 등을 고려할 때 당연승계긍정설이 타당하다.

> **[관련판례]** ✱ **특정유증을 한 유증자가 사망한 경우 그의 소송상 지위의 당연승계인 및 특정유증을 받은 자가 이를 당연승계할 수 있는지 여부**
> "유언자가 자신의 재산 전부 또는 전 재산의 비율적 일부가 아니라 단지 일부 재산을 특정하여 유증한 데 불과한 특정유증의 경우에는, 유증 목적인 재산은 일단 상속재산으로서 상속인에게 귀속되고 유증을 받은 자는 단지 유증의무자에 대하여 유증을 이행할 것을 청구할 수 있는 채권을 취득하게 될 뿐이므로, 유증자가 사망한 경우 그의 소송상 지위도 일단 상속인에게 당연승계되는 것이고 특정유증을 받은 자가 이를 당연승계할 여지는 없다"(대판 2010.12.23. 2007다22859: 법전협 표준판례(162))

3. 당연승계사유 [사, 법, 수, 자, 선, 파]

당연승계의 사유로는 ① 당사자의 사망ㆍ소멸(제33조, 제234조), ② 법인 등의 합병에 의한 소멸(제234조), ③ 수탁자의 임무 종료(제236조), ④ 당사자의 자격 상실(제237조 1항, 제237조 2항), ⑤ 선정당사자의 소송 중 선정당사자 전원의 사망 또는 자격의 상실(제250조), ⑥ 파산 또는 파산절차 해지(제239조, 240조),[53] 등이 있다.

> **[비교판례]** 파산절차가 해지되면 파산선고를 받은 자가 당연히 소송절차를 수계하지만(제239조, 제240조) 파산선고 당시 계속 중이던 파산채권에 관한 소송은 파산관재인이 당연수계하는 것이 아니다(대판 2018.4.24. 2017다287587).[54]

4. 당연승계의 효과

(1) 절차의 중단

당연승계의 원인이 발생하면 소송절차가 중단된다(제233조 이하). 다만 당연승계의 원인이 발생하였더라도 소송대리인이 있는 경우에는 소송절차가 중단되지 않는다(제238조).

(2) 중단 해소 사유로서 수계신청

1) 소송수계 신청과 법원의 조치

승계하여야 할 자가 수계신청을 하거나 상대방으로부터 신청이 있으면(제241조 참고), 법원은 그 적격을 조사하여 적격이 인정될 때에는 승계인에 의한 소송승계를 허용하거나 승계하지 않는 경우에는 직권으로 그 속행을 명할 수 있고, 승계이유가 없을 때에는 신청기각의 결정을 한다.

---

53) 당사자가 파산선고를 받은 때에 파산재단에 관한 소송절차는 중단되고, 이 경우 「채무자 회생 및 파산에 관한 법률」에 따른 수계가 이루어지기 전에 파산절차가 해지되면 파산선고를 받은 자가 당연히 소송절차를 수계한다(제239조). 만약, 「채무자 회생 및 파산에 관한 법률」에 따라 파산재단에 관한 소송의 수계가 이루어진 뒤 파산절차가 해지된 때에는 소송절차는 중단된다. 이 경우 파산선고를 받은 자가 소송절차를 수계하여야 한다(제240조).

54) "파산선고 당시 파산채권에 관한 소송이 계속 중인 경우 파산채권자는 파산사건의 관할법원에 채권신고를 하여야 하고, 채권조사절차에서 이의가 없어 파산채권이 신고한 내용대로 확정되면 계속 중이던 소송은 부적법하게 된다. 만일 채권조사절차에서 이의가 제기되면 파산채권자가 이의자 전원을 소송 상대방으로 하여 소송절차를 수계하여야 하나[채무자 회생 및 파산에 관한 법률(이하 '채무자회생법'이라고 한다) 제464조], 집행권원이 있는 이의채권의 경우에는 이의자가 파산채권자를 상대방으로 하여 소송절차를 수계하여야 한다(채무자회생법 제466조). 이처럼 파산선고 당시 계속 중이던 파산채권에 관한 소송은 파산관재인이 당연히 수계하는 것이 아니라 파산채권자의 채권신고와 그에 대한 채권조사의 결과에 따라 처리되므로, 당사자는 파산채권이 이의채권이 되지 아니한 상태에서 미리 소송수계신청을 할 수 없고, 이와 같은 소송수계신청은 부적법하다"

2) 수계를 인정하고 절차를 진행하다가 승계인이 아님이 밝혀진 경우 법원의 처리

> 제243조 (수계신청에 대한 재판) ① 소송절차의 수계신청은 법원이 직권으로 조사하여 이유가 없다고 인정한 때에는 결정으로 기각하여야 한다. ② 재판이 송달된 뒤에 중단된 소송절차의 수계에 대하여는 그 재판을 한 법원이 결정하여야 한다.

a. 문제점

수계신청이 있었을 때 법원은 승계인의 적격을 직권조사하여 상속인이 아닌 점 등 적격자가 아님이 밝혀지면 결정으로 수계신청을 기각하는 바(제243조), 이때 수계를 인정하고 절차를 진행하다가 승계인이 아님이 밝혀진 경우(참칭승계인)에 관하여 법원의 처리 여하가 문제된다.

b. 판 례(수계신청각하)[55]

判例는 "당사자의 사망으로 인한 소송수계 신청이 이유 있다고 하여 소송절차를 진행시켰으나 그 후에 신청이 그 자격 없음이 판명된 경우에는 수계재판을 취소하고 신청을 각하하여야 한다"(대판 1981.3.10. 80다1895 : 아래 비교판례와 구별)고 판시하였다(判例는 특정승계의 경우 청구기각설의 입장이다 : 대판 2005.10.27. 2003다66691: 법전협 표준판례(347)).

> **[비교판례]** ＊ **상소심에서 수계신청인이 수계를 신청할 자격이 없음이 판명된 경우**
> 위 判例(대판 1981.3.10. 80다1895)에 대해서는 제243조에 비추어 신청기각할 것을 신청각하로 잘못 표현한 것이라는 비판도 있다(김홍엽). 한편 대법원은 "상고이유의 당부를 떠나 원심과 제1심은 파기 및 취소를 면할 수 없다. 그러므로 원심판결을 파기하고, 제1심판결을 취소하며, 소송수계신청인의 소송수계신청을 기각하고, 이 사건 소송이 중단된 채 제1심에 계속되어 있음을 명백히 하는 의미에서 사건을 제1심 법원에 환송한다"(대판 2002.10.25. 2000다21802)고 판시한 경우도 있다. 判例의 입장을 놓고도 견해가 대립할 수 있는 영역이므로 수험상으로는 일반적으로 소개되는 80다1895(수계신청각하)의 결론대로 정리하면 족하다.

c. 검 토(신청기각결정설)

소각하설은 진정상속인에 대한 관계에서는 절차가 중단된 상태라고 보면서 참칭승계인에 대하여는 소각하판결을 해야 한다고 하나 이는 소송승계가 하나의 절차의 연속이라는 점을 간과한 것이어서 타당하지 않고, 수계신청각하설은 수계신청을 기각해야 한다는 제243조 1항의 규정에 반하므로 신청기각결정설이 타당하다. 이 때 만일 법원이 수계재판을 취소하지 아니하고 수계인이 진정한 재산상속인이 아니어서 청구권이 없다는 이유로 본안에 관한 실체판결을 하였다면 진정수계인에 대한 관계에서는 소송은 아직도 중단상태에 있다고 할 것이지만, 참칭수계인에 대한 관계에서는 판결이 확정된 이상 기판력을 가지는 것은 물론이다.

---

55) **[학설]** ① 소각하판결설은 판결로 승계인에 대한 소를 각하해야 한다는 입장이고, ② 신청기각결정설은 수계시킨 조치를 취소하고 결정으로 수계신청을 기각해야 한다는 견해이며, ③ 수계신청각하설은 수계재판을 취소하고 신청을 각하해야 한다고 본다.

| 핵심사례 D-29 |

■ 당연승계 후 상속인이 아님이 밝혀진 경우　　　　대판 1981.3.10. 80다1895

甲은 乙과 건설도급계약을 체결하였다. 그 후 乙은 자신의 재료와 노력으로 골조공사를 비롯한 건물의 상당한 부분을 이미 완성하여 사회통념상 독립한 건물이라고 볼 수 있는 정도의 형태와 구조를 갖추었으나, 아직 미완성한 상태에서 벽에 재료분리현상이 일어나는 등의 하자가 발생하였다. 그러자 甲은 乙에게 채무불이행을 이유로 계약을 해제한다는 내용의 내용증명우편을 보낸 후 乙을 상대로 당해 미완성 건물의 철거를 구하는 소송을 제기하였다. 위 소송계속 중 乙이 사망하고 丁이 乙의 상속인이라 주장하면서 중단된 절차에 대해 수계신청을 하였다. 이에 법원은 수계신청이 이유있다고 절차를 진행시켰으나 그 후 丁이 진정상속인이 아님이 밝혀진 경우, **법원은 어떻게 처리하여야 하는가?**

1. 문제점 - 제243조

2. 판 례 - 수계신청각하설

3. 검 토 - 신청기각결정설
   법원은 丁의 수계신청기각결정을 하여야 한다.

Ⅲ. 특정승계 [5회·8회 사례형]　　　　　　　　　　　　　　　　[D-82]

1. 의의 및 유형

'특정승계'란 소송계속 중 소송물의 양도 등으로 특정 소송물에 대하여 소송당사자의 지위가 승계되는 것을 말한다. 특정승계의 종류에는 참가승계와 인수승계가 있다.[56]

2. 참가승계·인수승계의 요건

참가(인수)승계의 요건으로 ⅰ) 타인간의 소송계속 중일 것, ⅱ) 소송목적인 권리·의무의 전부나 일부의 승계가 있을 것(승계의 범위)을 요한다.

(1) 타인간의 소송계속 중일 것

참가승계(인수)신청은 사실심의 변론종결 전에 한하며, 상고심에서 허용되지 않는다(대판 2002.12.10. 2002다48399)(12회 선택형). 사실심 변론종결 후의 승계인은 제218조에 의하여 판결의 효력이 미치므로 소송승계를 인정할 이익이 없기 때문이다.

[관련판례] ＊ 소송이 제기되기 전에 청구권을 양수한 경우(승계참가 부적법)
"민사소송법 제74조(현행 민사소송법 제81조)의 권리승계참가는 소송의 목적이 된 권리를 승계한 경우뿐만 아니라 채무를 승계한 경우에도 이를 할 수 있으나 다만 그 채무승계는 소송의 계속 중에 이루어진 것임을 요함은 위 법조의 규정상 명백하다. 그러므로 ⅰ) 청구 이의의 소의 계속 중 그 소송에서 집행력배제를 구하고 있는 채무명의에 표시된 청구권을 양수한 자는 소송의 목적이 된 채무를 승계한 것이므로

---

56) 참가승계는 참가자 스스로 신청하는 반면, 인수승계는 종전당사자가 승계인인 제3자를 소송의 당사자로 강제로 끌어들일 것을 신청한다는 점에서 차이가 있다.

승계집행문을 부여받은 여부에 관계없이 위 청구 이의의 소에 민사소송법 제74조에 의한 승계참가를 할 수 있으나, ⅱ) 다만 위 소송이 제기되기 전에 그 채무명의에 표시된 청구권을 양수한 경우에는 특단의 사정이 없는 한 승계참가의 요건이 결여된 것으로서 그 참가인정은 부적법한 것이라고 볼 수밖에 없다"(대판 1983.9.27. 83다카1027)(7회 선택형).

(2) 소송목적인 권리·의무의 전부나 일부의 승계가 있을 것

1) 승계의 범위

승계의 범위는 ① 소송물인 권리관계 자체가 제3자에게 특정승계된 경우뿐만 아니라 ② 소송물인 권리관계의 목적인 물건, 즉 계쟁물의 양도도 포함된다.

2) 계쟁물양도에 있어서 승계인의 범위

계쟁물의 양도에 있어서 승계인의 범위는 특정적인 권리관계의 변동에 의하여 종전 당사자가 당사자적격을 잃고 신당사자가 당사자적격을 취득하는 당사자적격의 이전이므로 제81조와 제82조의 소송승계인은 제218조의 **변론종결한 뒤의 승계인에 준하여 취급**하여야 한다는 것이 통설·判例(아래 ㉠ 판례 참조)이다. 따라서 ① **구이론**은 채권적 청구권에 기한 소송 중 계쟁물을 취득한 자는 여기의 승계인에 포함되지 아니한다고 보고, 물권적 청구권에 기한 소송 중 계쟁물을 양수한 자는 승계인에 포함시키고 있으며(7회.10회 선택형), ② **신이론**은 소송물인 권리관계가 물권적 청구권인가 채권적 청구권인가를 가리기보다도 점유·등기승계인은 모두 승계적격자로 본다. [검토] 소송물이 채권적 청구권인 경우에 계쟁물을 승계한 자는 피승계인의 상대방에 대하여 권리·의무자가 될 수 없는 것이므로 '소송목적인 권리 또는 의무를 승계'한 자라고 할 수 없다. 따라서 구이론에 따라 물권적 청구권에 기한 소송 중 계쟁물을 양수한 자만 승계인에 포함된다고 봄이 타당하다(아래 ㉡ 판례 참조).

✱ 계쟁물양도에 있어서 승계인

㉠ **[계쟁물 양수인의 지위 : 변론종결한 뒤의 승계인에 준하여 취급]** "소송의 목적물인 권리관계의 승계라 함은 소송물인 권리관계의 양도뿐만 아니라 당사자적격 이전의 원인이 되는 실체법상의 권리 이전을 널리 포함하는 것이므로, 신주발행무효의 소 계속 중 그 원고 적격의 근거가 되는 주식이 양도된 경우에 그 양수인은 제소기간 등의 요건이 충족된다면 새로운 주주의 지위에서 신소를 제기할 수 있을 뿐만 아니라, 양도인이 이미 제기한 기존의 위 소송을 적법하게 승계할 수도 있다"(대판 2003.2.26. 2000다42786)(7회 선택형)

㉡ **[소송물이 채권적 청구권인 경우에 계쟁물을 승계한 자의 지위 : 승계인에 불포함]** "부동산소유권이전등기 청구소송계속 중 그 소송목적이 된 부동산에 대한 이전등기이행채무 자체를 승계함이 없이 단순히 같은 부동산에 대한 소유권이전등기(또는 근저당설정등기)가 제3자 앞으로 경료되었다 하여도 이는 민사소송법 제75조 제1항(현행 민사소송법 제82조 제1항) 소정의 "그 소송의 목적이 된 채무를 승계한 때"에 해당한다고 할 수 없으므로 위 제3자에 대하여 등기말소를 구하기 위한 소송의 인수는 허용되지 않는다"(대결 1983.3.22. 80마283)(7회 선택형)

| 핵심사례 D-30 |

▐ 인수승계 – 계쟁물양도에 있어서 승계인　　2016년 제5회 변호사시험, 2014년 사법시험
2014년 10월·2015년 6월 법전협 모의, 2014년 법무행정고시, 2004년·2007년 변리사

> 甲 소유의 X 토지에 관하여 乙이 등기서류를 위조하여 乙 명의로 소유권이전등기를 마쳤다. 이에 甲은 乙을 상대로 甲의 소유권에 기한 방해배제청구로서 乙 명의의 소유권이전등기에 대한 말소등기절차의 이행을 구하는 소(이하 '이 사건 소'라 한다)를 제기하였다. 甲의 乙에 대한 이 사건 소송계속 중, 乙은 丙에게 X 토지를 매도하고 丙 명의로 소유권이전등기를 마쳐주었다. **甲이 위 소송절차 내에서 丙을 당사자로 추가할 수 있는지와 그 근거를 설명하시오. (20점)**

Ⅰ. 결 론

甲은 법원에 인수승계를 신청함으로써 丙을 당사자로 추가할 수 있다.

Ⅱ. 논 거 – 인수승계 가부

1. 인수승계의 의의

2. 인수승계의 요건

(1) 타인간의 소송계속 중일 것

(2) 소송목적인 권리 또는 의무의 승계가 있을 것

1) 승계의 범위

2) 계쟁물양도에 있어서 승계인의 범위 - 구이론

3. 사안의 경우

甲은 X토지의 소유권에 기한 방해배제청구로서 乙명의 소유권이전등기에 대한 말소등기절차의 이행을 구하는 소를 제기하였고, 소송 계속 중 丙은 계쟁물인 X토지에 대한 소유권이전등기를 마쳤다. 즉, 甲의 청구권은 소유권에 기한 물권적 청구권으로서 대세적 효력이 있어 丙은 계쟁물의 승계인(피고적격을 승계한 자)에 해당하므로 甲은 법원에 인수승계를 신청함으로써 丙을 당사자로 추가할 수 있다.

3. 참가승계·인수승계의 형태(승계의 원인)

(1) 참가승계

> 제81조 (승계인의 소송참가) 소송이 법원에 계속되어 있는 동안에 제3자가 소송목적인 권리 또는 의무의 전부나 일부를 승계하였다고 주장하며 제79조의 규정에 따라 소송에 참가한 경우 그 참가는 소송이 법원에 처음 계속된 때에 소급하여 시효의 중단 또는 법률상 기간준수의 효력이 생긴다.

1) 편면참가

참가승계의 경우에 참가방식은 고유의 독립당사자참가의 경우와 같지만, 전주가 승계사실을 다투지 않는 한 고유의 독립당사자참가의 경우와 같이 대립견제의 소송관계가 성립하지 않는 바, 참가인이 전주인 원고에 대하여 아무런 청구를 하지 아니하여도 되며 전주는 소송탈퇴를 할 것이다. 전주인 원고의 대리인이 참가인의 대리인을 겸하여도 쌍방대리로 문제되지 아니한다.

[관련판례] ❋ 상소심에서 승계참가인의 참가신청이 부적법하다고 밝혀진 경우

다만, "소송의 탈퇴는 승계참가가 적법한 경우에만 허용되는 것이므로, 승계참가가 부적법한 경우에는 피참가인의 소송 탈퇴는 허용되지 않고 피참가인과 상대방 사이의 소송관계가 유효하게 존속한다. 따라서 승계참가인의 참가신청이 부적법함에도 불구하고 법원이 이를 간과하여 승계참가인의 참가신청과 피참가인의 소송 탈퇴가 적법함을 전제로 승계참가인과 상대방 사이의 소송에 대해서만 판결을 하였는데 상소심에서 승계참가인의 참가신청이 부적법하다고 밝혀진 경우, 피참가인과 상대방 사이의 소송은 여전히 탈퇴 당시의 심급에 계속되어 있으므로 상소심법원은 탈퇴한 피참가인의 청구에 관하여 심리·판단할 수 없다"(대판 2012.4.26. 2011다85789: 법전협 표준판례(345)).

2) 쌍면참가

그러나 권리의무관계의 승계가 제대로 되었는지 그 유·무효에 대해 전주와 승계인간에 다툼이 있는 경우에는 승계인은 전주에 대해서도 일정한 청구를 하여야 하며, 이 경우에는 전주·승계인·피고의 대립관계의 소송형태로 된다. 이때는 독립당사자참가와 같은 인지를 붙여야 한다.

(2) 인수승계

> 제82조 (승계인의 소송인수) ① 소송이 법원에 계속되어 있는 동안에 제3자가 소송목적인 권리 또는 의무의 전부나 일부를 승계한 때에는 법원은 당사자의 신청에 따라 그 제3자로 하여금 소송을 인수하게 할 수 있다. ② 법원은 제1항의 규정에 따른 결정을 할 때에는 당사자와 제3자를 심문(審問)하여야 한다. ③ 제1항의 소송인수의 경우에는 제80조의 규정 가운데 탈퇴 및 판결의 효력에 관한 것과, 제81조의 규정 가운데 참가의 효력에 관한 것을 준용한다.

1) 교환적 인수

소송인수는 원칙적으로 그 소송의 목적인 채무 자체를 제3자가 승계한 때에 허용된다. 예컨대 피고의 채무를 제3자가 면책적으로 인수한 경우, 즉 피고적격자가 새 사람으로 이전되어 교환적 인수가 이루어지는 경우이다. 따라서 종전의 피승계인에 갈음하여 피승계인과 같은 내용의 의무를 지게 되는 제3자에 대한 교환적 인수는 허용된다.

2) 추가적 인수의 허용 여부

a. 문제점

소송의 목적인 채무 자체를 승계한 것이 아니라 소송의 목적이 된 채무를 전제로 새로운 채무가 생김으로써 제3자가 새로 피고적격을 취득한 경우와 같은 추가적 인수의 경우에 인수승계를 인정할 수 있는지 문제된다(예컨대, 토지소유자 甲이 건물철거청구소송 중에 피고 乙이 그 건물의 점유를 丙에게 이전한 경우 丙도 피고로 삼아 그에 대한 퇴거청구를 하기 위한 인수신청, 이전등기말소소송의 피고가 제3자에게 다시 이전등기를 하였을 때에 제3자도 피고로 하여 그에게 이전등기말소청구를 하기 위한 인수신청 등).

b. 판 례(부정설)

判例는 "소송당사자가 제3자로 하여금 그 소송을 인수하게 하기 위하여서는 그 제3자에 대하여 인수한 소송의 목적된 채무이행을 구하는 경우에만 허용되고 그 소송의 목적된 채무와는 전혀 별개의 채무의 이행을 구하기 위한 경우에는 허용될 수 없다"(대결 1971.7.6. 71다726)고 하여 부정설의 입장이다.

c. 검 토(긍정설)

생각건대, 적격승계설의 입장에서 분쟁이 제3자에게 확대되어 이를 전제로 새로운 채무가 생기고 이에 의하여 제3자가 당사자적격을 취득한 경우에 인수승계를 인정하는 것이 이를 부정하여 별소를

제기하는 것보다 소송경제를 도모하는 것이므로 긍정설이 타당하다.

3) 인수신청 후 의무승계인 아님이 밝혀진 경우 법원의 처리

a. 문제점

법원이 인수승계신청에 대하여 허가결정을 한 뒤 심리를 계속한 결과 양도사실이 없었던 것으로 판명된 경우라도 법원은 종국판결을 하는 데에 있어 중간적인 재판인 인수결정에 구속되지 않는 바, 인수결정 후 본안에 관한 심리 중에 권리·의무의 승계가 없다고 판명된 때 어떠한 재판을 하여야 하는지가 문제된다.

b. 판 례(청구기각판결설)

"제3자가 소송 계속 중에 소송목적인 권리를 승계하였다고 주장하며 소송에 참가한 경우, 참가신청의 이유로 주장하는 사실관계 자체에서 승계적격의 흠이 명백하지 않는 한 승계인에 해당하는지 여부는 승계참가인의 청구의 당부와 관련하여 판단할 사항이므로, 심리 결과 승계사실이 인정되지 않으면 승계참가인의 청구를 기각하는 판결을 하여야지 승계참가신청을 각하하는 판결을 할 것은 아니다"(대판 2014.10.27. 2013다67105,67112: 법전협 표준판례(344); 대판 2005.10.27. 2003다66691: 법전협 표준판례(347))(12회 선택형)고 판시하여 **청구기각판결설**의 입장이다.

c. 검 토(청구기각판결설)

생각건대, 절차적으로 간편하고 분쟁을 종국적으로 해결할 수 있는 점에서 소송경제에 합치하는 청구기각판결설이 타당하다.

| 핵심사례 D-31 |

■ 인수승계 - 소송승계 후 의무자가 아님이 밝혀진 경우   2007년 사법시험

甲은 자신의 소유인 A토지 위에 乙이 무단으로 B건물을 신축한 것이라고 주장하면서, 乙을 상대로 건물철거 및 토지인도를 청구하는 소를 제기하였다. 위 소송계속 중에 甲은 B건물이 丙에게 팔렸다는 이야기를 듣고 법원에 丙의 소송인수를 신청하였고, 이에 대해 법원은 인수결정을 하였다. 그런데 위 소송의 심리결과 乙에게서 B건물을 매수하여 점유하고 있는 자는 丙이 아니라 丁이라는 사실이 밝혀졌다. **이 경우 甲에 대하여 법원은 어떠한 내용의 재판을 하여야 할 것인가?**
(10점)

1. 인수승계의 의의 및 요건

2. 인수신청 후 의무승계인 아님이 밝혀진 경우 법원의 처리

(1) 문제점 / (2) 판 례 - 청구기각판결설 / (3) 검 토 - 청구기각판결설

3. 사안의 해결

법원은 소송의 심리결과 건물을 매수하여 점유하고 있는 자가 丁이라는 사실이 밝혀진 이상 甲의 청구를 기각하는 판결을 하여야 한다.

4. 특정승계의 효과

(1) 참가승계

> 제81조 (승계인의 소송참가) 소송이 법원에 계속되어 있는 동안에 제3자가 소송목적인 권리 또는 의무의 전부나 일부를 승계하였다고 주장하며 제79조의 규정에 따라 소송에 참가한 경우 그 참가는 소송이 법원에 처음 계속된 때에 소급하여 시효의 중단 또는 법률상 기간준수의 효력이 생긴다.

1) 시효중단 · 기간준수

소송이 법원에 계속되어 있는 동안에 제3자가 소송목적인 권리 또는 의무의 전부나 일부를 승계하였다고 주장하며 제79조의 규정에 따라 소송에 참가한 경우 그 참가는 소송이 법원에 처음 계속된 때에 소급하여 시효의 중단 또는 법률상 기간준수의 효력이 생긴다(제81조)(4회 선택형).

2) 소송상태 승인의무

승계인은 고유의 독립당사자참가의 경우와 달리 전주의 소송상의 지위를 승계하기 때문에 참가시까지 전주가 한 소송수행의 결과에 구속된다.

3) 참가 후의 소송형태

a. 피참가인이 소송에서 탈퇴한 경우

소송물의 양도에 의한 참가승계의 경우 전주인 종전의 당사자는 당사자적격이 없어지므로 전주는 상대방의 동의를 얻어 탈퇴할 수 있고, 피참가인이 소송에서 탈퇴한 경우 심판대상은 참가인의 청구 또는 참가인에 대한 청구이다. 그러나 탈퇴에도 불구하고 판결의 효력은 탈퇴한 당사자에게 미친다(제81조, 제79조, 제80조).

b. 피참가인이 소송에서 탈퇴하지 않은 경우

참가승계의 효력을 다투는 경우에는 전주가 소송탈퇴할 성질이 아니다. 전주의 소송탈퇴에 상대방이 동의하지 아니할 때에도 또한 같다. 이때 승계의 효력을 다투어 전주가 권리자이냐 승계인이 권리자이냐가 쟁점이 되면 **독립당사자참가소송**[57]의 형태가 되므로 제79조를 적용하여 재판의 통일을 기하는 것이 타당하다.

(2) 인수승계

> 제82조 (승계인의 소송인수) ① 소송이 법원에 계속되어 있는 동안에 제3자가 소송목적인 권리 또는 의무의 전부나 일부를 승계한 때에는 법원은 당사자의 신청에 따라 그 제3자로 하여금 소송을 인수하게 할 수 있다. ② 법원은 제1항의 규정에 따른 결정을 할 때에는 당사자와 제3자를 심문(審問)하여야 한다. ③ 제1항의 소송인수의 경우에는 제80조의 규정 가운데 탈퇴 및 판결의 효력에 관한 것과, 제81조의 규정 가운데 참가의 효력에 관한 것을 준용한다.

---

57) 만약 전주가 적법하게 소송탈퇴를 하면 소송형태는 통상의 2당사자 대립구조가 된다. 그러나 피승계인의 소송탈퇴에 상대방이 동의하지 않아 탈퇴하지 못한 경우에는 소송승계에도 불구하고 종전 당사자는 계속해서 그 소송에 남아 있을 필요가 있다. 다만, 이 경우 종전 당사자와 승계참가인은 서로 이해가 대립하는 관계는 아니므로 독립당사자참가와 같은 3면 소송관계가 성립하는 것은 아니고, 통상 공동소송인의 관계에 서게 된다.

1) 시효중단 · 기간준수

소송인수의 경우에는 제81조의 규정 가운데 참가의 효력에 관한 것을 준용하므로(제82조 3항), 인수승계의 경우에도 소송이 법원에 처음 계속된 때에 소급하여 시효의 중단 또는 법률상 기간준수의 효력이 생긴다.

2) 소송상태 승인의무

승계인은 고유의 독립당사자참가의 경우와 달리 전주의 소송상의 지위를 승계하기 때문에 참가시까지 전주가 한 소송수행의 결과에 구속된다.

3) 소송인수를 명하는 결정에 대한 불복방법

"소송인수를 명하는 결정은 승계인의 적격을 인정하여 이를 당사자로서 취급하는 취지의 중간적 재판이므로 이에 불복이 있으면 본안에 대한 판결과 함께 상소할 수 있을 뿐이고, 승계인이 위 결정에 대하여 독립하여 불복할 수 없으므로, 고등법원의 위 결정에 대한 재항고는 부적법하다"(대결 1981.10.29. 81마357)(12회 선택형)

5. 소송탈퇴

특정승계의 경우에는 제80조(독립당사자참가소송에서의 탈퇴)의 규정 가운데 탈퇴 및 판결의 효력에 관한 것과, 제81조의 규정 가운데 참가의 효력에 관한 것을 준용한다(제82조 3항, 제80조, 81조). 특정승계의 경우 전주인 종전 당사자의 당사자적격이 상실되는 경우가 많으므로, 전주는 상대방의 승낙을 받아 소송에서 탈퇴할 수 있으나, 탈퇴한 당사자에 대하여도 판결의 효력이 미친다. 다만 전주의 적격이 상실되지 않는 경우(참가승계 중에서 권리자 · 의무자의 해당 여부가 다투어지거나, 인수승계 중에서 추가적 인수의 경우)라면 탈퇴할 수 없다.

> **[관련판례]** ❋ **소송탈퇴, 소취하 등을 하지 않거나 상대방의 부동의로 탈퇴하지 못한 당사자와의 소송 관계**(필수적 공동소송) (7회,10회,12회 선택형)
> 종래 判例는 "원고가 소송의 목적인 손해배상채권을 승계참가인에게 양도하고 피고들에게 채권양도의 통지를 한 다음 승계참가인이 승계참가신청을 하자 탈퇴를 신청하였으나 피고들의 부동의로 탈퇴하지 못한 경우, 원고의 청구와 승계참가인의 청구는 통상의 공동소송으로서 모두 유효하게 존속하는 것이므로 법원은 원고의 청구 및 승계참가인의 청구 양자에 대하여 판단을 하여야 한다"(대판 2004.7.9. 2002다16729)고 판시하였다.
> 그러나 최근 대법원은 전원합의체 판결을 통해 "승계참가에 관한 민사소송법 규정과 2002년 민사소송법 개정에 따른 다른 다수당사자 소송제도와의 정합성, 원고승계참가인(이하 '승계참가인'이라 한다)과 피참가인인 원고의 중첩된 청구를 모순 없이 합일적으로 확정할 필요성 등을 종합적으로 고려하면, 소송이 법원에 계속되어 있는 동안에 제3자가 소송목적인 권리의 전부나 일부를 승계하였다고 주장하며 민사소송법 제81조에 따라 소송에 참가한 경우, 원고가 승계참가인의 승계 여부에 대해 다투지 않으면서도 소송탈퇴, 소 취하 등을 하지 않거나 이에 대하여 피고가 부동의하여 원고가 소송에 남아있다면 승계로 인해 중첩된 원고와 승계참가인의 청구 사이에는 필수적 공동소송에 관한 민사소송법 제67조가 적용된다"(대판 2019.10.23. 전합 2012다46170: 법전협 표준판례(346))고 하여 입장을 변경하였다.

| 핵심사례 D-32 |

▌참가승계 – 당사자 일방의 소송탈퇴에 대한 상대방의 부동의시 법원의 판단방법

2014년 10월 법전협 모의, 2012년 법원행정고시

甲은 2016. 6. 20. 자신 소유의 Z토지(이하 '이 사건 토지'라고 한다) 위에 戊가 무단으로 목조건물을 설치하여 이 사건 토지를 점유하고 있자, 戊를 상대로 위 목조건물의 철거 및 이 사건 토지의 반환을 구하는 이행청구소송을 제기하였다. 한편 D는 위 소송계속 중 원고 甲으로부터 이 사건 토지를 증여받아 소유권이전등기절차를 마친 후 원고 승계참가신청을 하였다. 그럼에도 원고 甲은 위 소송에서 탈퇴하지 않았다. 제1심 법원은 원고 甲의 청구에 관하여는 별다른 판단 없이 원고 승계참가인 D승소판결을 하였고, 피고 戊는 피항소인을 원고 승계참가인 D로 기재하여 항소장을 제출하였다. 다음 각각의 경우에 대한 물음에 답하시오. (각 물음은 서로 무관함) **(각 10점)**

〈문제 1.〉 D가 참가한 후에 甲은 이에 대해 다투지 않고 소송탈퇴를 하고자 하였는데 피고 戊가 원고 甲의 탈퇴에 동의를 하지 않고 있다.

(1) 이 경우 甲은 탈퇴할 수 있는가? 만약 탈퇴할 수 없다면 이 경우 법원의 당사자들에 대한 심리방식은 어떠한지 설명하시오.

(2) 제1심이 원고 승계참가인 D의 승소판결만 한 것은 정당한 것인가?

〈문제 2.〉 원고 甲이 승계참가인 D의 승계효력을 다투면서 제1심 소송에서 탈퇴하지 아니하였다고 가정할 경우 원고 甲과 원고 승계참가인 D 및 피고 戊 사이의 다수당사자간 소송형태가 무엇인지 설명하시오.

I. 문제 1. (1)의 해결

1. 결 론

甲은 위 소송에서 탈퇴할 수 없고, 이 경우 법원은 통상공동소송인 독립의 원칙에 따라 심리한다.

2. 논 거

(1) 원고 甲의 소송탈퇴 가부(소극)

상대방 戊가 甲의 탈퇴에 동의하고 있지 않으므로 甲은 탈퇴할 수 없다.

(2) 피승계인이 탈퇴하지 않는 경우 법원의 심리방식 - 통상공동소송

(3) 사안의 경우

이 사건 토지를 증여한 원고 甲의 소송상 지위는 원고 승계참가인 D에게 승계되고, 원고 甲은 위 소송에서 탈퇴할 수 있다. 다만 원고 甲은 피고 戊가 자신의 탈퇴에 동의하지 않아 원고로서 남아 있을 뿐이므로, 원고 甲과 원고 승계참가인 D 사이에는 이해대립이 존재하지 않는다. 따라서 甲, 戊, D 사이의 소송형태는 통상 공동소송으로서 법원은 통상공동소송인 독립의 원칙(제66조)에 따라 심리하여야 한다.

II. 문제 1. (2)의 해결

1. 결 론

법원이 승계참가인 D의 승소판결만 한 것은 위법하다.

2. 논 거

(1) 판 례 - 통상의 공동소송

(2) 사안의 경우

제1심으로서는 원고의 청구 및 승계참가인의 청구 양자에 대하여 판단을 하였어야 할 것임에도 원고 승계참가인 D의 승소판결만 하였는바, 이는 승계참가 및 소송탈퇴에 관한 법리를 오해하여 판결에 영향을 미친 위법이 있다.

Ⅲ. 문제 2.의 해결

1. 문제점

문제 1.의 경우와 달리 참가승계에 대하여 전주가 승계의 효력을 다투는 경우에는 전주가 소송탈퇴할 성질이 아니다. 이 경우 누가 권리자인지 다투어지면 독립당사자참가 중 권리주장참가의 형태로 심리하고, 누가 의무자인지 다투어지면 예비적 공동소송형태와 유사하므로 예비적 공동소송규정을 유추하여 심리해야 한다.[58]

2. 사안의 경우

전주인 甲이 D의 승계효력을 다투는 이상 甲, D, 戊 사이의 다수당사자간 소송형태는 권리자합일확정의 3면 소송관계가 성립하므로 법원은 독립당사자참가에 준하여 심판하여야 한다.

---

58) 김홍엽, 이시윤

제 **6** 편
상소심 및 재심절차

제1절 상 소

제1관 상소심절차

Ⅰ. 상소의 의의   [E-1]

1. 의의 및 종류

'상소'란 확정 전의 종국재판에 대하여 상급법원에 그 취소·변경을 구하는 불복신청방법을 말하는데, 민사소송법은 상소로서 항소(제390조)(제1심 종국판결에 대한 불복신청), 상고(제422조)(제2심 종국판결에 대한 불복신청), 항고(제439조, 제442조)(결정·명령에 대한 불복신청) 세 가지를 인정한다.

2. 구별개념

상소는 재판확정 전의 불복방법이므로, 확정된 종국재판에 대한 불복방법인 '재심'(제451조)·'준재심'(제461조)과 구별되고, 불복할 수 없는 결정명령에 대한 불복방법인 '특별항고'(제449조)와도 구별된다. 또한 상소는 상급법원에 대한 불복신청이므로 같은 심급 안의 불복신청인 각종의 '이의신청'과도 구별된다(이의신청에는 상급법원으로 이전되는 이심의 효력이 없음).

Ⅱ. 상소의 적법요건 [대, 기, 리, 포, 불, 신, 중]   [E-2]

상소가 적법하기 위해서는 ⅰ) 상소의 대상적격 및 당사자적격 ⅱ) 상소기간 준수, ⅲ) 상소이익, ⅳ) 상소권 포기, 불상소합의 등의 상소장애사유가 없을 것, 기타 소송행위의 유효요건으로 ⅴ) 신의칙에 반하지 않을 것, ⅵ) 소송절차 중단 중의 소송행위가 아닐 것 등이 요구된다.

1. 대상적격(상소가 허용된 재판에 대한 불복)

(1) 유효한 판결일 것

상소는 법원이 선고한 종국판결에 대하여만 가능하다.

당연무효인 판결이 상소의 대상적격이 있는지 여부에 관하여, 判例는 "당사자가 소제기 이전에 이미 사망한 사실을 간과한 경우(당연무효) 민사소송이 당사자의 대립을 그 본질적 형태로 하는 것임에 비추어 사망한 자를 상대로 한 상고는 허용될 수 없다 할 것이므로, 이미 사망한 자를 상대방으로 하여 제기한 상고는 부적법하다"(대판 2000.1.27. 2000다33775: 법전협 표준판례(279))고 판시하여 상소를 부정한다. 다만 외관제거를 위해 상소를 긍정하는 견해도 있다(다수설).

> [비교판례] ✱ **소송대리인이 위임인의 사망사실을 모르고 사망자를 원고로 표시하여 소제기한 경우**(소송계속 중 당사자 사망과 동일)
> 당사자가 사망하더라도 소송대리인의 소송대리권은 소멸하지 아니하므로(제95조 1호), 소송대리인이 당사자가 사망한 것을 모르고 당사자를 원고로 표시하여 소를 제기한 경우도 적법한 소제기이다. 이 경우 判例는 제1심 소송대리인이 상소제기에 관한 특별수권이 있어 상소를 제기하였다면 상소제기 시부터 소송절차가 중단되고 소송절차 중단 중에 제기된 상소는 부적법하지만, 상속인들이 항소심에서 수계신청을 하고 소송대리인의 소송행위를 적법한 것으로 추인하면 하자는 치유되고, 추인은 묵시적으로도 가능하다고 하여 상소의 대상적격을 인정한다(대판 2016.4.29. 2014다210449)(7회,9회 선택형).

(2) 선고 후 확정 전의 종국 판결일 것

① 선고 전의 판결은 상소의 대상이 되지 못한다. 判例도 "낙찰허가결정이 선고되기 전에 존재하지도 아니한 낙찰허가결정을 대상으로 하여 제기된 항고는 부적법하다고 할 것이고, 그 항고가 부적법하다는 이유로 각하되지 않고 있는 동안에 항고인에게 불이익한 낙찰허가결정이 선고되었다고 하여도 당해 항고는 적법한 것으로 되지 아니한다"(대결 1998.3.9. 98마12)고 판시하였다.

② 확정된 판결 역시 재심의 대상이 될 뿐이다(제451조).

③ 종국판결만 상소의 대상이 되므로 중간판결은 종국판결과 함께 상소심에서 심사를 받을 수 있을 뿐 독립하여 상소를 할 수 없다(대판 2011.9.29. 2010다65818: 법전협 표준판례(235)).

④ 종국판결이라면 일부판결이나 추가판결도 상소의 대상이 되며 항소심에서의 환송판결과 이송판결도 종국판결이므로 독립하여 상소할 수 있지만(대판 1981.9.8. 전합80다3271: 법전협 표준판례(234)), 종국재판에 부수되는 재판인 소송비용 및 가집행에 관한 재판은 독립하여 항소를 하지 못한다(제391조)

[관련판례] "민사소송법 제361조가 소송비용의 재판에 대하여 독립하여 상소할 수 없다고 규정한 것은 본안의 재판에 대하여 불만이 없는 사람에게 부수적 재판인 비용부담의 재판에 관하여 따로 불복을 신청할 수 있게 하면 그 비용부담의 적정 여부를 가리기 위하여 다시 본안재판의 적정 여부까지 가려 보아야 하는 본말을 전도하는 현상이 생기게 되므로 본안재판에 대한 불복과 함께 하는 것이 아니면 허용하지 아니한다는 취지이고, 그 규정이 헌법 제23조 제1항과 제27조 제1항에 위반되는 것이 아니다"(대판 1991.12.30. 91마726).

2. 당사자적격

① 상소이익이 있는 당사자, ② 소송에 당사자로서 참가가 가능한 제3자(제79조, 제83조), ③ 원심의 판결 선고 후 소송이 중단된 경우 소송수계인(제243조)은 상소의 당사자적격이 있다.

3. 상소기간(적식의 상소제기)

> 제396조 (항소기간) ① 항소는 판결서(판결정본)가 송달된 날부터 2주 이내에 하여야 한다. 다만, 판결서 송달전에도 할 수 있다. ② 제1항의 기간은 불변기간으로 한다.
>
> 제397조 (항소의 방식, 항소장의 기재사항) ① 항소는 항소장을 제1심 법원에 제출함으로써 한다.
> ② 항소장에는 다음 각호의 사항을 적어야 한다.
> 1. 당사자와 법정대리인   2. 제1심 판결의 표시와 그 판결에 대한 항소의 취지
>
> 제425조 (항소심절차의 준용) 상고와 상고심의 소송절차에는 특별한 규정이 없으면 제1장의 규정을 준용한다

상소는 판결서가 송달된 날부터 2주 이내에 하여야 한다(제396조 본문, 제425조). 다만, 판결서 송달전에도 할 수 있다(제396조 1항 단서, 제425조). 상소장을 판결정본의 송달일로부터 2주 내에 '원심법원'에 제출하여야 하고(제397조 1항)(1회 선택형). 따라서 제1심 판결정본이 적법하게 송달된 바 없으면 그 판결에 대한 항소기간은 진행되지 아니한다(대결 1970.6.9. 70마676). 즉, "항소제기기간의 준수 여부는 항소장이 제1심 법원에 접수된 때를 기준으로 하여 판단하여야 하며 비록 항소장이 항소제기기간 내에 제1심 법원 이외의 법원에 제출되었다 하더라도 항소제기의 효력이 있는 것은 아니다"(대결 1992.4.15. 92마146).[59]

---

59) 상소기간 내에 상소를 제기하지 않거나, 상소를 제기하였으나 상소를 취하한 때, 상소각하판결이 나거나 상소장각하명령이 있는 때에는 상소기간의 만료로 판결이 확정된다.

한편, 判例는 "항소기간은 판결서 정본이 송달된 날부터 진행하고 판결서 송달 전에도 항소를 제기할 수 있을 따름이므로(민사소송법 제396조 제1항, 제210조 제2항), 제1심판결서 정본이 적법하게 송달되지 않았다면 그 판결에 대한 항소기간은 진행되지 않는다"(대판 2018.10.12. 2018다239899)는 입장이다. 따라서 피고가 비록 소송기록의 열람, 복사 신청을 하여 전자적 방법에 의하여 기록을 열람하면서 제1심판결서도 열람할 수 있었다고 할지라도 제1심판결서 정본을 수령하였다고 볼 만한 사정이 발견되지 않는다면 피고의 항소제기는 추완항소가 아니라 판결서 정본 송달 전의 항소로 취급하여야 할 것(同 判例)이라고 판시하였다.

4. 상소이익

(1) 상소이익의 의의

'상소이익'이란 하급심의 종국판결에 대하여 불복신청함으로써 그 취소를 구하는 것이 가능한 당사자의 법적 지위를 말하는 바, 이는 무익한 상소권행사를 견제하기 위한 것이다.

(2) 상소이익의 판단 기준

1) 판 례(형식적 불복설)

"상소인은 자기에게 불이익한 재판에 대해서만 상소를 제기할 수 있는 것이고 재판이 상소인에게 불이익한 것인가의 여부는 재판의 주문을 표준으로 하여 결정되는 것"이라 하여 기본적으로 **형식적 불복설**과 같은 입장이다(대판 1994.11.4. 94다21207)(8회 선택형).

2) 검 토[60]

'형식적 불복설'에 따라 '당사자의 신청과 판결주문'을 비교하여 후자가 전자보다 양적으로나 질적으로 불리한 경우에 상소의 이익을 긍정해야 한다. 따라서 전부승소한 당사자는 상소의 이익이 없다. 다만 예외적으로 기판력 기타 판결의 효력 때문에 별소의 제기가 허용되지 않는 경우(예를 들어 ① 잔부를 유보하지 않은 묵시적 일부청구의 경우와 ② 예비적 상계의 항변으로 승소한 피고는 소구채권의 부존재를 이유로 승소한 경우보다 결과적으로 불이익하므로 상소의 이익이 있다)는 전부승소자도 상소이익을 인정하는 것이 타당하다.

(3) 전부승소한 자의 상소이익 존부

1) 원 칙(상소이익 부정)

상소이익의 판단기준에 관하여 원칙적으로 형식적 불복설에 따라 판결의 주문을 기준으로 불이익 여부를 판단하는 통설 · 判例에 의하면 전부승소한 원고는 원칙적으로 상소의 이익이 없다. 예를 들어 判例는 원고의 소를 각하한 원심판결에 대하여 원심에서 소가 각하되어야 한다고 주장하였던 피고에게는 상고를 제기할 이익이 인정되지 않고(대판 2012.11.15. 2012다65621; 대판 2022.6.30. 2018두289), 전부승소한 원고로서는 원심의 판결이유에 불만이 있다 하더라도 상고를 제기할 이익이 없다고 판단하였다(대판 2021.10.28. 2020후11752).

2) 예 외(묵시적 일부청구와 인신사고로 인한 손해배상청구에서 상소이익 인정)

a. 묵시적 일부청구 : 상소이익 인정

통설·判例는 **묵시적 일부청구**의 경우(=가분채권에 대한 이행청구의 소를 제기하면서 그것이 나머지 부분을 유보하고 일부만 청구하는 것이라는 취지를 명시하지 아니한 경우)에는 그 확정판결의 기판력은 나머지 부분에까지 미치는 것이어서 별소로써 나머지 부분에 관하여 다시 청구할 수는 없으므로, **일부 청구에 관하여**

---

60) '실질적 불복설'은 기준이 불명확하고, 항소심을 복심구조화 할 우려가 있으며, '절충설'은 당사자 평등주의에 반한다. '신실질적 불복설'은 예외를 인정하는 형식적 불복설과 사실상 동일한 결론이 된다.

전부 승소한 채권자는 나머지 부분에 관하여 청구를 확장하기 위한 항소가 허용되지 아니한다면 나머지 부분을 소구할 기회를 상실하는 불이익을 입게 되고, 따라서 이러한 경우에는 예외적으로 전부 승소한 판결에 대해서도 나머지 부분에 관하여 청구를 확장하기 위한 항소의 이익을 인정함이 상당하다(대판 1997.10.24. 96다12276: 법전협 표준판례(351))고 판시하여 예외적으로 전부승소한 자의 상소이익을 인정하고 있다. **[15변리]**

b. 인신사고로 인한 손해배상청구 : 상소이익 인정

"원고가 재산상 손해(소극적 손해)에 대하여는 형식상 전부 승소하였으나 위자료에 대하여는 일부 패소하였고, 이에 대하여 원고가 원고 패소부분에 불복하는 형식으로 항소를 제기하여 사건 전부가 확정이 차단되고 소송물 전부가 항소심에 계속되게 된 경우에는, 더욱이 **불법행위로 인한 손해배상에 있어 재산상 손해나 위자료는 단일한 원인에 근거한 것인데 편의상 이를 별개의 소송물로 분류하고 있는 것에 지나지 아니한 것이므로 이를 실질적으로 파악하여**, 항소심에서 위자료는 물론이고 재산상 손해(소극적 손해)에 관하여도 청구의 확장을 허용하는 것이 상당하다"(대판 1994.6.28. 94다3063: 법전협 표준판례(352) : 핵심사례 E-1.참고)(2회 선택형).

▌상소의 이익 – 전부 승소자의 상소 가부(묵시적 일부청구)

2014년 8월 · 2018년 6월 법전협 모의, 2011년 변리사

사실관계 ▎ 乙은 친지로부터 사채업자 A를 소개받아 대출여부를 문의하였다. 乙은 사채업자 A 의 요청에 의해 동인에게 자신의 甲은행 계좌와 비밀번호 등을 알려주었다. 그런데 A는 이 정보를 이용하여 甲은행으로부터 공인인증서를 재발급 받고 인터넷 뱅킹을 통하여 乙의 계좌를 담보로 하여 5천만 원을 대출받은 후 잠적하였다. 그 후 이러한 사실을 알게 된 甲은행은 乙을 상대로 위 대출금 지급을 구하는 소를 제기하였다. 원고 甲은행은 자신의 채권이 5천만 원임에도 불구하고 소장에 아무런 표시 없이 3천만 원의 지급을 구하는 소를 제기하여 전부 승소판결을 받았다면 누구에게 항소의 이익이 인정되는가?

사안의 해결 ▎ 乙은 패소자이므로 상소이익이 인정되고, 甲도 비록 전부승소한 원고이지만 甲의 청구는 묵시적 일부청구인 점에서 예외적으로 청구취지확장을 위한 항소이익이 인정된다.

▌핵심사례 E-01 ▎

▌상소의 이익 – 전부 승소자의 상소 가부(인신손해)

2016년 6월 법전협 모의

甲은 乙이 운전하던 A회사의 택시를 타고 가던 중, 乙이 丙이 운전하던 자동차와 추돌하는 바람에 중상을 입고 병원에 입원하여 치료를 받고 있다. 이 사고에 대한 乙의 과실은 40%, 丙의 과실은 60%로 확정되었다. 甲은 乙을 피고로 하여 불법행위를 이유로 치료비 1,500만 원, 일실수익 3,000만 원, 위자료 1,500만 원 합계 6,000만 원의 손해배상청구소송을 제기하였다.

甲은 제1심에서 치료비 1,500만 원, 일실수익 3,000만 원, 위자료 500만 원 합계 5,000만 원의 일부승소판결을 선고받았다. 이에 甲은 위자료 중 패소한 1,000만 원 부분에 대하여 항소한 후, 항소심에서 일실수익을 4,000만 원으로 청구취지를 확장하였다. **법원은 확장된 일실수익 부분에 대하여 어떠한 판단을 하여야 하는가?** (20점)

Ⅰ. 문제점

사안과 같이 인신사고로 인한 손해배상청구에서 소송물을 어떻게 판단할지 문제되며, 甲의 청구취지 확장과 관련하여 일실수익 청구부분도 항소심에 이심되었는지 여부 및 전부 승소한 경우에도 항소이 익을 긍정할 수 있는지, 청구변경의 요건을 갖추었는지 문제된다.

Ⅱ. 인신사고로 인한 손해배상청구에서의 소송물

判例는 "불법행위로 신체의 상해를 입었기 때문에 가해자에게 대하여 손해배상을 청구할 경우에 있어 서는 그 소송물인 손해는 통상의 치료비 따위와 같은 ⅰ) 적극적 재산상 손해와 일실수익 상실에 따르 는 ⅱ) 소극적 재산상 손해 및 정신적 고통에 따르는 ⅲ) 정신적 손해(위자료)의 3가지로 나누어진다고 볼 수 있다"(대판 1976.10.12. 76다1313)고 하여 손해3분설의 입장이다. 따라서 甲은 1심에서 여러 개의 청구 를 병렬적으로 병합해 모두에 대해 심판을 구한 것으로 설문의 병합형태는 단순병합이 된다.

Ⅲ. 甲의 청구취지확장의 적법여부

1. 일실이익 청구가 항소심으로 이심되는지 여부(적극) – 상소불가분원칙

항소가 제기되면 재판의 확정이 차단되고 사건은 항소심에 이심된다. 사안과 같이 단순병합에서 항소 하지 않은 재산상 청구도 이심되는지 문제되나 다수설인 이심설은 단순병합의 경우에도 상소불가분원 칙상 항소하지 않은 나머지 부분도 확정이 차단되고 상급심으로 이심된다고 보고, 判例도 일부패소한 위자료부분에 대한 항소가 제기되면 사건 전부가 확정이 차단되고 소송물 전부가 항소심에 계속된다 고 본다(대판 1994.6.28. 94다3063). 따라서 설문에서 일실수익 부분도 항소심에 이심된다.

2. 전부 승소한 일실이익청구에 대하여 항소이익이 인정되는지 여부(적극)

(1) 원 칙 - 상소이익 부정

(2) 예 외 - 묵시적 일부청구와 인신사고로 인한 손해배상청구에서 상소이익 인정

(3) 사안의 경우

인신사고로 인한 손해배상청구에서 재산상 손해나 위자료는 단일한 원인에 근거한 것으로 편의상 이를 별개 의 소송물로 분류하고 있는 것에 지나지 아니하므로, 甲이 재산상 손해(소극적 손해)에 대하여는 형식상 전 부승소한 원고라고 할지라도 예외적으로 청구취지확장을 위한 항소이익이 인정된다.

3. 甲의 추가적 변경의 요건구비여부[기. 지. 전. 일]

금전채권의 일부청구에서 전부청구로 확장하는 양적 확장의 경우에 일부청구의 명시 여부를 불문하고 소의 추가적 변경으로 해석하여 서면에 의해야 한다는 것이 다수설이고 判例이다.
소의 변경이 적법하기 위해서는 ⅰ) 청구기초의 동일성이 있을 것, ⅱ) 신청구의 심리를 위해 소송절 차를 현저히 지연시키지 않을 것, ⅲ) 사실심에 계속되고 변론종결 전일 것, ⅳ) 청구병합의 일반요건 으로서 신·구청구가 동종의 소송절차에 의하여 심리될 수 있어야 하고, 모든 청구에 대하여 당해 법원에 관할권이 있을 것이 요구된다(제262조). 설문은 일실수익을 추가한 것인데, 청구원인의 변경 없이 청구 취지만이 변경된 것이므로 청구기초의 동일성이 인정된다. 따라서 청구변경의 요건을 충족하였다.

4. 결 론

손해3분설 및 항소의 이익에 대한 判例의 입장에 따르면 일실수익 부분에 대한 항소이익이 인정된다. 또한 청구의 변경 요건도 충족하였으므로 甲의 청구취지확장은 적법하고, 법원은 실체심리하여 청구 를 인용 또는 기각하여야 한다.

(4) 이유 중 판단에 대해 불복하는 경우 상소이익 존부

1) 원 칙(상소이익 부정)

"상소는 자기에게 불이익한 재판에 대하여 유리하게 취소변경을 구하기 위하여 하는 것이므로 승소판결에 대한 불복상소는 허용할 수 없고 재판이 상소인에게 불이익한 것인지의 여부는 원칙적으로 재판의 주문을 표준으로 하여 판단하여야 하는 것이어서, 청구가 인용된 바 있다면 비록 그 판결이유에 불만이 있더라도 그에 대하여는 상소의 이익이 없다"(대판 1992.3.27. 91다40696: 법전협 표준판례(354))(1회 선택형).

2) 예 외(상소이익 긍정)

예비적 상계의 항변이 인정되어 승소한 피고는 상소이익이 있다. 상계에 의한 필요 없이 변제의 항변, 원고의 소구채권 부존재의 주장 등이 받아들여져 원고의 청구가 기각되는 경우에는, 상계의 항변에 관한 판단에는 기판력이 생기기 때문에(제216조 2항) 기판력의 객관적 범위가 달라지기 때문이다. 判例는 ① "상계를 주장한 청구가 성립되어 원고의 청구가 기각된 때와 같이 예외적으로 판결이유에 대한 기판력이 인정되는 경우에는, 상소를 할 이익이 인정된다"(대판 1998.12.23. 93다47189)고 하거나(8회,9회,11회 선택형) **[11회 사례형]** ② "원고가 매매를 원인으로 한 소유권이전등기를 청구한 데 대하여 원심이 양도담보약정을 원인으로 한 소유권이전등기를 명하였다면 판결주문상으로는 원고가 전부 승소한 것으로 보이기는 하나, 양 청구는 청구원인사실이 달라 동일한 청구라 할 수 없음에 비추어, 결국 원고의 청구는 실질적으로 인용된 것이 아니어서 판결의 결과가 불이익하게 되었으므로 원고의 상소의 이익이 인정된다"(대판 1992.3.27. 91다40696: 법전협 표준판례(354))고 판시하였다.

(5) 청구의 일부인용·기각판결의 경우 상소이익의 존부(상소이익 긍정)

청구의 일부를 인용하고 일부를 기각하는 판결은 원·피고쌍방에게 불이익한 판결이므로 원고와 피고 모두 상소할 수 있다.[61]
다만 대법원은 피고가 동시이행의 항변을 하지 않았음에도 법원이 동시이행의 항변을 한 것이라고 인정하여 상환청구를 인용한 경우, 이는 피고에게 이익이 되므로 상환이행판결에 대한 피고의 상소이익은 부정된다고 보았다(대판 1975.11.11. 74다1661). 반대해석상 원고의 단순이행청구에 상환이행판결이 내려졌다면 원고에게 불이익한 부분에 대해 원고의 상소이익은 당연히 인정된다(8회 선택형).

(6) 소각하판결의 경우 상소이익의 존부(상소이익 긍정)

본안판결을 받지 못했다는 점에서 원고와 피고 모두에게 불이익하므로 원고·피고 모두에게 상소이익이 있다. 그러나 원고의 소를 각하한 원심판결에 대하여 원심에서 소가 각하되어야 한다고 주장하였던 피고에게는 상고를 제기할 이익이 인정되지 않는다(대판 2022.6.30. 2018두289).

(7) 가압류취소결정에 따라 가압류등기가 이미 말소된 경우 가압류취소결정에 대한 항고의 이익

가압류 결정 절차와 가압류 집행 절차는 명백히 구별되는 것으로서, 가압류 취소결정에 따른 집행취소로 가압류등기가 말소되고 이를 회복할 수 없는 것이라 하더라도 이는 집행절차의 문제에 불과하다. 가압류결정에 대한 이의사건에서 항고심의 심판대상은 가압류이의대상의 존부이므로, 항고법원은 이를 심리하여 가압류결정에 대한 인가결정을 할 수 있고, 민사집행법 제298조 제1항에 따라 직권으로 가압류를 집행할 수 있다. 채권자는 이러한 범위 내에서 항고를 통해 보전처분의 이익을 달성할 수 있고, 이는 원래의 가압류등기가 회복되지 않는다고 하여 달리 볼 것은 아니다. 따라서, **원래**

---

61) 김능환·민일영, '주석 민사소송법'(제7판)

의 가압류결정에 기한 가압류등기가 이미 말소되었더라도, 가압류취소결정을 취소하는 항고법원의 결정을 집행하는 것이 불가능한 경우가 아니라면 항고의 이익이 있다(대결 2022.4.28. 2021마7088).

(8) 항소심판결에 대한 상고이익의 존부

제1심 판결에 불복하지 않은 당사자는 그에 대한 항소심 판결이 제1심 판결보다 불리하지 않다면 항소심 판결에 대한 상고의 이익이 없다.

1) 피고만 반소에 대해 항소제기한 후 항소가 기각되자 원고가 상고한 경우 : 상고이익 부정

判例는 "제1심에서 원고의 피고에 대한 본소청구와 피고의 원고에 대한 반소청구가 모두 기각되었는바, 이에 대하여 피고만 반소에 대하여 항소를 제기하였고 원고는 항소나 부대항소도 제기하지 않고 있다가 피고의 항소가 기각되자 상고를 제기하였다면 이는 상고할 이익이 없는 때에 해당하여 부적법하다"(대판 1988.11.22. 87다카414)고 하였다.

2) 일부인용에 피고만 항소제기 후 항소심판결 선고 후 원고가 상고 : 상고의 대상적격 부정

判例는 "원고의 청구를 일부 기각하는 제1심판결에 대하여 피고는 항소하였으나 원고는 항소나 부대항소를 하지 아니한 경우, 제1심판결의 원고 패소 부분은 피고의 항소로 인하여 항소심으로 이심되나, 항소심의 심판대상은 되지 않는다. 항소심이 피고의 항소를 일부 인용하여 제1심판결의 피고 패소 부분 중 일부를 취소하고 그 부분에 대한 원고의 청구를 기각하였다면, 이는 제1심에서의 피고 패소 부분에 한정된 것이며 제1심판결 중 원고 패소 부분에 대하여는 항소심이 판결을 하지 않아서 이 부분은 원고의 상고대상이 될 수 없다. 따라서 원고의 상고 중 상고대상이 되지 아니한 부분에 대한 상고는 부적법하여 이를 각하하여야 한다"(대판 2017.12.28. 2014다229023)고 보았다.

> **[관련판례]** ＊ 추심소송의 사실심 변론종결 이후 채권압류 및 추심명령이 취소된 경우 상고심이 취할 조치 및 파기자판의 범위
> 원고(추심채권자) A가 피고(제3채무자) B에 대하여 추심금 청구의 소를 제기하여 제1심에서 원고 A 일부승소 판결이 선고된 후 피고 B만 항소하였고, 원심에서 항소기각 판결이 선고된 후 다시 피고 B만 상고한 사안에서, 判例는 "이 사건 채권압류 및 추심명령이 취소됨에 따라 원고는 제3채무자인 피고를 상대로 하여 직접 이 사건 추심금 청구의 소를 제기할 권능을 상실하였다. 따라서 이 사건 소는 당사자적격이 없는 사람에 의하여 제기된 것으로서 부적법하고, 이와 같은 점에서 원심판결은 그대로 유지될 수 없다. 다만, 제1심판결 중 항소심의 심판대상이 되지 않는 원고의 청구가 일부 기각된 부분은 원심판결 선고와 동시에 확정되어 소송이 종료되었다고 할 것이다"(대판 2021.9.15. 2020다297843).
> **[사실관계]** 상고이유서 제출기간 경과 후 채권압류 및 추심명령이 취소된 사정이 드러나자 직권으로 원고 A가 추심권능을 상실하였으므로 이 사건 소는 당사자적격이 없는 사람에 의하여 제기된 것으로서 부적법하다고 판단하는 한편, 제1심판결 중 항소심의 심판대상이 되지 않는 원고 패소 부분은 원심판결 선고와 동시에 이미 확정되어 소송이 종료되었으므로, 원심판결을 파기하고 자판(제1심판결 중 피고 패소 부분 취소, 이 부분 소 각하)한 사례

3) 일부인용에 원고만 항소제기 후 항소심판결 선고 후 원고가 상고 : 상소이익 부정

判例는 "원고의 청구를 일부 인용한 제1심판결에 대하여 원고만이 그 패소 부분에 대한 항소를 제기하고 피고는 항소나 부대항소를 제기하지 않은 경우, 제1심판결 중 원고 승소 부분은 항소심의 심판대상에서 제외됨으로써 항소심판결의 선고와 동시에 확정되는 것이고, 원고가 위와 같이 승소 확정된 부분에 대하여 상고를 제기하였다면 상고의 이익이 없어 부적법하다"(대판 2008.3.14. 2006다2940: 법전협 표준판례 (239))고 보았다.

4) 일부인용에 원고만 항소제기 후 항소심판결 선고 후 피고가 상고 : 상소이익 부정

判例는 "제1심에서 원고의 피고에 대한 청구가 일부 인용되자 패소 부분에 대하여 원고만 항소를 제기하고, 피고는 항소나 부대항소를 제기하지 않고 있다가 원고의 항소가 기각되자 피고가 상고한 경우 그 상고는 상소의 이익이 없어 부적법하다"(대판 2004.7.9. 2003므2251,2268)(12회 선택형)고 보았다.

5) 일부인용에 불복범위를 정하여 항소제기 후 범위를 넘어선 부분에 상고 : 상고의 대상적격 부정

判例는 "1개의 청구의 일부를 인용하는 제1심판결에 대하여 피고만이 항소하면서 그 불복범위를 그 청구 인용금액의 일부로 한정한 경우, 제1심판결의 심판대상이었던 청구 전부가 불가분적으로 항소심에 이심되지만, 항소심의 심판범위는 이심된 부분 가운데 피고가 불복신청한 한도로 제한되고 피고가 불복신청하지 아니하여 항소심의 심판범위에 속하지 아니한 부분은 항소심이 판결을 한 바 없어 상고대상이 될 수 없으므로, 피고는 그 부분에 관하여 상고를 제기할 수 없다"(대판 2013.6.28. 2011다83110)고 하였다.

(9) 청구권 경합시 상소이익의 존부

1) 승소한 경우에도 상소이익이 인정되는 경우

소송물이론 중 구이론을 취하는 判例에 따르면, 실체법상의 개개의 청구권마다 소송물이 별개라고 보므로, 원고가 청구한 권리를 인용하지 않은 경우에는 승소판결을 선고하더라도 원고의 상소이익이 인정된다.

2) 소유권이전등기청구의 청구원인을 달리하여 승소한 경우 : 상소이익 인정

"원고가 매매를 원인으로 한 소유권이전등기를 청구한 데 대하여 원심이 양도담보약정을 원인으로 한 소유권이전등기를 명하였다면 판결주문상으로는 원고가 전부 승소한 것으로 보이기는 하나, 매매를 원인으로 한 소유권이전등기청구와 양도담보약정을 원인으로 한 소유권이전등기청구와는 청구원인 사실이 달라 동일한 청구라 할 수 없음에 비추어, 원심은 원고가 주장하지도 아니한 양도담보약정을 원인으로 한 소유권이전등기청구에 관하여 심판하였을 뿐, 정작 원고가 주장한 매매를 원인으로 한 소유권이전등기청구에 관하여는 심판을 한 것으로 볼 수 없어 결국 원고의 청구는 실질적으로 인용한 것이 아니어서 판결의 결과가 불이익하게 되었으므로 원심판결에 '처분권주의'를 위반한 위법이 있고 따라서 그에 대한 '원고'의 상소의 이익이 인정된다"(대판 1992.3.27. 91다40696; 법전협 표준판례(354)). **[15행정]**

[관련판례] ＊ 채권자대위소송에서 피보전권리의 발생원인을 원고의 주장과 달리 판단한 경우 상소이익 유무(소극)

"원고가 甲에 대하여 乙을 대위하여 소유권이전등기의 말소청구를 하면서 대위소송의 피보전권리의 발생원인을 원고와 乙 사이의 매매계약으로 주장하였으나 원심이 이를 양도담보약정으로 인정하여 원고 승소판결을 선고한 경우 위 청구에 관한 소송에 있어서 직접 심판대상이 되고 판결의 기판력이 미치는 것은 어디까지나 乙의 甲에 대한 소유권이전등기말소등기청구권의 존부라 할 것이고, 이에 관한 원고의 청구가 인용되어 승소한 이상, 원심이 판결이유에서 乙에 대한 원고의 피보전권리의 발생원인을 잘못 인정하였다 하더라도 그 사유만으로는 상소의 이익이 있다 할 수 없다"(대판 1992.3.27. 91다40696; 법전협 표준판례(354)).

[판례해설] 형식적 불복설의 입장에서 채권자대위소송에서 피보전권리의 발생원인에 관한 판단은 판결 이유에 불과하여 이에 대해 불만이 있더라도 상소의 이익은 인정되지 않는다.

5. 상소권 포기, 불상소합의 등의 상소장애사유가 없을 것

(1) 상소권 포기

1) 절 차

상소권은 포기할 수 있다(제394조, 제425조). 상소권의 포기는 항소를 하기 이전에는 제1심 법원에, 항소를 한 뒤에는 소송기록이 있는 법원에 '서면'으로 하여야 한다. 상소권의 포기에 관한 서면은 상대방에게 송달하여야 한다(제395조, 제425조). 상소권을 포기한 당사자는 상소권을 상실하므로, 이러한 사실이 확인되면 법원은 상소권을 포기한 자가 제기한 상소를 부적법 각하하여야 한다.

2) 항소포기의 효력발생 시기

제395조 1항은 '항소권의 포기는 항소를 하기 이전에는 제1심법원에, 항소를 한 뒤에는 소송기록이 있는 법원에 서면으로 하여야한다.'고 규정하고 있는바, 그 규정의 문언과 취지에 비추어 볼 때 항소를 한 뒤 소송기록이 제1심법원에 있는 동안 제1심법원에 항소권 포기서를 제출한 경우에는 제1심법원에 항소권 포기서를 제출한 즉시 항소권포기의 효력이 발생한다고 봄이 상당하다(대결 2006.5.2. 2005마933: 법전협 표준판례(348)).

3) 제399조 2항의 범위에 항소권 포기로 인한 항소기간 도과가 포함되는지 여부(적극)

제399조 2항은, '항소기간을 넘긴 것이 분명한 때에는 원심재판장이 명령으로 항소장을 각하하여야 한다'고 규정하고 있는바, 그 규정의 취지에 비추어 볼 때 항소권의 포기 등으로 제1심판결이 확정된 후에 항소장이 제출되었음이 분명한 경우도 이와 달리 볼 이유가 없으므로, 이 경우에도 원심재판장이 항소장 각하명령을 할 수 있는 것으로 봄이 상당하다.

(2) 불상소의 합의(자세한 내용은 '소송상 합의' 참고)

현재 계속 중이거나 장래 계속될 특정의 소송에 대하여 상소를 하지 않기로 하는 당사자 간의 합의를 의미한다. 판결 선고 후 불상소의 합의를 하게 되면 이미 발생한 항소권을 포기한 것으로 볼 수 있으므로 그 성립과 동시에 판결이 확정된다고 할 것이지 상소기간 만료 시에 판결이 확정되는 것은 아니다. 다만 당사자의 일방만이 항소를 하지 아니하기로 약정하는 합의는 공평에 어긋나 불항소합의로서의 효력이 없다(대판 1987.6.23. 86다카2728: 법전협 표준판례(349)).

또한, 불상소의 합의는 소송행위(제390조 단서, 제425조)에 해당하고, 소송행위에 대하여는 소송절차를 조성하는 행위로서 절차의 안정을 꾀할 필요가 있으므로 사법상의 해제가 인정되지 아니한다. 判例도 "구체적인 어느 특정 법률관계에 관하여 당사자 쌍방이 제1심판결선고 전에 미리 항소하지 아니하기로 합의하였다면, 제1심판결은 선고와 동시에 확정되는 것이므로 그 판결선고 후에는 당사자의 합의에 의하더라도 그 불항소합의를 해제하고 소송계속을 부활시킬 수 없다"(대판 1987.6.23. 86다카2728: 법전협 표준판례(349))고 판시하였다.

> **[관련판례]** ❊ 법원에 대한 항소 포기 전 불항소합의 약정의 해제가 효력이 있는지 여부
> "항소권의 포기는 불이익한 판결에 대하여 그 심사 변경을 구할 이익이 있는 항소권자가 법원에 대하여 서면으로 그 권리를 포기하는 의사를 표시하는 단독행위이므로 항소포기의 의사를 표시하는 서면이 법원에 제출되기 전에 불항소합의를 해제하기로 다시 합의하고 항소를 제기하였다면 그 합의 해제의 효력에 따라 위 항소는 적법하다 할 것이다"(대판 1987.6.23. 86다카2728: 법전협 표준판례(349))

6. 신의칙에 위반되지 않을 것, 소송절차 중단 중의 소송행위가 아닐 것 등 소송행위 유효요건을 구비할 것

① 피고의 추완항소를 받아들여 심리 결과 본안판단에서 피고의 항소가 이유 없다고 기각하자 추완항소를 신청했던 피고 자신이 상고이유에서 그 부적법을 스스로 주장하는 것은 종전의 태도와 지극히 모순되는 소송행위를 하는 것으로서 **신의칙상 허용될 수 없다**(대판 1995.1.24. 93다25875: 법전협 표준판례 ⑶). ② 소송절차 중단 중에 제기된 상소는 부적법하다(대판 1980.10.14. 80다623).

Ⅲ. 상소의 효력 [E-3]

1. 확정차단과 이심의 효력

> 제498조 (판결의 확정시기) 판결은 상소를 제기할 수 있는 기간 또는 그 기간 이내에 적법한 상소제기가 있을 때에는 확정되지 아니한다.

상소가 제기되면 확정차단의 효력과 이심의 효력이 발생하는바, 전자는 상소에 의해 원재판의 확정을 차단하여 상소기간이 경과되어도 원재판이 확정되지 않는 효력이며(제498조), 후자는 상소의 제기에 의해 당해 사건을 상급심으로 이전하여 계속되게 하는 효력을 의미한다.

2. 상소불가분의 원칙

(1) 의 의

상소 제기에 의한 확정차단·이심의 효력은 원칙적으로 상소인의 불복신청의 범위에 관계없이 '원판결의 전부'에 대해 불가분적으로 발생하는데, 이를 '상소불가분의 원칙'이라고 한다.

(2) 적용기준(병합소송과 관련해서는 '4. 병합소송에서의 상소의 효력' 참조)

1) 하나의 청구에 대한 전부판결에 일부상소한 경우

하나의 청구에 대한 일부승소·일부패소의 전부판결에 대해서 패소부분에 관해서만 일부상소가 제기된 경우에는 그 청구자체가 확정차단·이심된다. 다만, 불이익변경금지의 원칙에 의해 불복한 청구만이 상소심의 심판대상이 될 뿐이다(전부이심. 일부심판).

2) 청구의 병합(객관적 병합) [15사법]

a. 수개의 청구에 대한 전부판결에 일부상소한 경우

수개의 청구에 대해 하나의 전부판결을 한 경우에는 그 중 한 청구에 대해 항소를 하여도 상소불가분원칙에 의하여 다른 청구에 대하여 항소의 효력이 미치므로 항소하지 않은 청구 부분도 확정이 차단되고 이심된다. 이 경우에도 불이익변경금지의 원칙에 의해 불복한 청구만이 상소심의 심판대상이 된다(전부이심. 일부심판). 주의할 것은 ⅰ) 선택적병합에서 하나의 청구가 인용되어 나머지 청구를 판단하지 않은 경우나, ⅱ) 예비적병합에서 주위적 청구가 인용되어 예비적 청구를 판단하지 않은 경우, ⅲ) 예비적 반소에서 본소청구가 기각되어 반소청구를 판단하지 않은 경우는 판단의 필요가 없어 남겨둔 경우이므로 '형식적으로는 일부판결'이나 '실질적으로는 전부판결'이라는 점에서 상소불가분원칙에 의해 나머지 청구도 이심된다는 점이다.

[관련판례] ❋ **예비적 병합소송에서 주위적 청구인용을 전부판결로 본 사례**(상소불가분원칙 적용)

"청구의 예비적 병합이란 병합된 수개의 청구 중 주위적 청구(제1차 청구)가 인용되지 않을 것에 대비하여 그 인용을 해제조건으로 예비적 청구(제2차 청구)에 관하여 심판을 구하는 병합형태로서, 이와 같은 예비적 병합의 경우에는 원고가 붙인 순위에 따라 심판하여야 하며 주위적 청구를 배척할 때에는 예비적 청구에 대하여 심판하여야 하나 주위적 청구를 인용할 때에는 다음 순위인 예비적 청구에 대하여 심판할 필요가 없는 것이므로, 주위적 청구를 인용하는 판결은 전부판결로서 이러한 판결에 대하여 피고가 항소하면 제1심에서 심판을 받지 않은 다음 순위의 예비적 청구도 모두 이심되고 항소심이 제1심에서 인용되었던 주위적 청구를 배척할 때에는 다음 순위의 예비적 청구에 관하여 심판을 하여야 하는 것이다"(대판 2000.11.16. 전합98다22253: 법전협 표준판례(297))

b. 상소불가분원칙이 적용되지 않는 경우

단순병합에서 청구일부에 대한 불상소의 합의나 항소권의 포기가 있는 경우 그 부분만 분리확정된다(단순병합은 선택적·예비적병합과 달리 변론의 분리·일부판결이 가능하고 일부판결시 일부상소가 가능).

3) 공동소송(주관적 병합)

합일확정이 요구되는 필수적 공동소송과 독립당사자참가소송, 예비적·선택적 공동소송에 있어서는 당사자 중 한 사람이 상소하면 다른 당사자에 대해서도 상소의 효력이 미친다. 그러나 **통상공동소송**의 경우에는 공동소송인 독립의 원칙(제66조)이 적용되므로 상소불가분원칙이 적용되지 않는다(2회,6회 선택형). 따라서 공동소송인 중 1인의 또는 1인에 대한 상소는 다른 공동소송인에 관한 청구에 상소의 효력이 미치지 않고, 상소한 당사자만 일부이심되며, 상소하지 않은 당사자 부분은 분리확정된다(대판 2011.9.29. 2009다7076)(9회 선택형).[62]

예컨대, 甲이 A·B를 공동피고로 하여 통상공동소송을 제기하여 전부승소하였을 때, 패소한 B만이 항소하였다면 공동소송독립의 원칙에 의하여 상소불가분의 원칙이 적용되지 않아 甲과 B간의 부분만 가분적으로 확정차단 및 이심의 효력이 생기고, 甲과 A 간의 부분은 이심의 효력이 생기지 아니하며 분리확정된다.

(3) 단순병합 또는 한 청구에서 불복하지 않은 패소 부분의 확정시기

1) 학설 및 판례

① 학설은 대체로 상대방의 부대항소가 허용될 수 없는 시기에 이르면 불복이 되지 않은 부분은 확정되므로, 항소심에서는 항소심 변론종결시(제403조 참조), 상고심에서는 상고이유서 제출시기의 도과시가 각각 확정시라고 보고 있으나(다수설), ② 判例는 "수개의 청구를 기각(또는 각하)한 제1심판결 중 일부의 청구에 대하여만 항소가 제기된 경우, 항소되지 아니한 나머지 부분도 확정이 차단되고 항소심에 이심은 되나, **항소심 변론종결시까지 항소취지가 확장되지 않은 이상 원고가 항소하지 아니한 그 나머지 부분은 항소심의 심판대상이 되지 않고 항소심의 판결선고와 동시에 확정되어 소송이 종료된다**"고 한다(대판 2001.4.27. 99다30312: 법전협 표준판례(356) : 따라서 항소심으로서는 원고의 청구 중 항소하지 아니한 부분을 다시 인용할 수 없다)(10회 선택형).

[관련판례] "원고의 청구를 일부 받아들이는 제1심판결에 대하여 원고는 항소하였으나 피고는 항소나 부대항소를 하지 아니한 경우, 제1심판결의 원고 승소 부분은 원고의 항소로 인하여 항소심에 이심은 되었으나 항소심의 심판

---

62) "통상 공동소송에서는 공동당사자들 상호간의 공격방어방법의 차이에 따라 모순되는 결론이 발생할 수 있으므로, 통상 공동소송에서 상소로 인한 확정차단의 효력은 상소인과 그 상대방에 대해서만 생기고, 다른 공동소송인에 대한 청구에 대하여는 미치지 아니한다"

범위에서는 제외되었다 할 것이다. 이러한 경우 항소심이 원고의 항소를 일부 받아들여 제1심판결의 원고 패소 부분 중 일부를 취소하고 그 부분에 대한 원고의 청구를 받아들였다면, 이는 제1심에서의 원고 패소 부분에 한정된 것이며 제1심판결 중 원고 승소 부분에 대하여는 항소심이 판결을 한 바 없어 이 부분은 피고의 상고 대상이 될 수 없다. 그러므로 원고 일부 승소의 제1심판결에 대하여 아무런 불복을 제기하지 않은 피고는 제1심판결에서 원고가 승소한 부분에 관하여는 상고를 제기할 수 없다"(대판 2015.10.29. 2013다45037: 법전협 표준판례(355)).

2) 검 토

항소심의 경우 변론종결 후에도 변론이 재개될 수 있으므로(제142조) 법적 안정성을 고려할 때 항소심판결선고시가 타당하고, 상고심의 경우 직권조사사항에 관해 당사자가 주장하지 않아도 판단해야 하므로(제434조) 상고심 판결선고시가 타당하다.

  [관련판례] ※ **파기환송 후 원심이 이미 확정된 부분을 심판한 경우**(대법원이 직접 소송종료선언)
  이전등기말소청구와 금원청구(단순병합)를 모두 기각한 제1심판결에 대하여 원고가 말소청구 부분에 관하여만 항소하였을 뿐 그 변론종결시까지 항소취지를 확장한 바 없어 항소심의 심판범위는 말소청구 부분에 한하고 나머지 부분에 관하여는 환송 전 원심판결의 선고와 동시에 확정(항소심판결선고시설)되어 소송이 종료되었다 할 것임에도 환송 후 원심이 금원청구 부분까지 심리판단한 것은 잘못이라고 하여 원심판결 중 금원청구 부분을 파기하고 민사소송법 제437조 1호(파기자판)에 의하여 대법원이 직접 그 부분에 관한 소송이 종료되었음을 선언을 하였다(대판 1994.12.23. 94다44644: 법전협 표준판례(362)).
  [관련판례] "1개의 청구 일부를 기각하는 제1심판결에 대하여 일방 당사자만이 항소한 경우 제1심판결의 심판대상이었던 청구 전부가 불가분적으로 항소심에 이심되나, 항소심의 심판범위는 이심된 부분 가운데 항소인이 불복한 한도로 제한되고, 항소심의 심판대상이 되지 아니한 부분은 항소심판결 선고와 동시에 확정되어 소송이 종료된다.
  원고의 청구가 일부 인용된 환송 전 원심판결에 대하여 피고만이 상고하고 상고심이 상고를 받아들여 원심판결 중 피고 패소 부분을 파기·환송하였다면 피고 패소 부분만이 상고되었으므로 위의 상고심에서의 심리대상은 이 부분에 국한되었으며, 환송되는 사건의 범위, 다시 말하자면 환송 후 원심의 심판범위도 환송 전 원심에서 피고가 패소한 부분에 한정되는 것이 원칙이고, 환송 전 원심판결 중 원고 패소 부분은 확정되었다 할 것이므로 환송 후 원심으로서는 이에 대하여 심리할 수 없다"(대판 2020.3.26. 2018다221867).

┃핵심사례 E-02┣

■ 상소불가분 원칙 – 불복하지 아니한 패소부분의 확정시기　　　　2013년 8월 법전협 모의

甲이 乙, 丙을 상대로 2012. 4. 1. 소를 제기하였다. 甲은 소장에서 (1) 자신이 乙에게 2010. 5. 4. 丙의 연대보증 하에 1억 원을 대여하였고, (2) 乙이 2010. 12. 3. 자신에게 아파트 1채(별지 목록 1)를 매매대금 2억 원에 매도하였고, (3) 자신이 2010. 5. 1. 乙에게 자기 소유의 점포 1동(별지 목록 2)을 임대차보증금 5천만 원, 월차임 200만 원, 임대차기간을 2년으로 정하여 임대하였다고 주장하였다. 1심 법원은 2012. 10. 5. 변론을 종결하고 다음과 같은 주문의 판결을 선고하였다.

1. 피고 乙, 丙은 연대하여 원고에게 금 1억 원을 지급하라.
2. 피고 乙은 원고에게,
가. 별지 목록(1) 기재 부동산에 관하여 2010. 12. 3. 매매를 원인으로 한 소유권이전등기절차를 이행하고,
나. 원고로부터 5천만 원을 지급받음과 상환으로 별지 목록 (2) 기재 부동산을 인도하라.
3. 원고의 나머지 청구를 기각한다.
1심 판결에 대하여 乙만이 항소하였는데, 대여금청구는 다투지 아니하고, 건물인도청구와 소유권이전등기청구 부분만 다투었다. 항소심 법원은 乙의 항소를 기각하였다. 乙이 상고하면서 건물인도청구 부분만 다투었다. **대법원은 乙의 상고를 기각하였다. 乙과 丙에 대한 판결은 언제 확정되는가?**

Ⅰ. 문제점

상소가 제기되면 원심판결의 확정이 차단되고(제498조), 사건이 상급심으로 이심되는 효력이 발생한다. 설문의 경우 1심 판결에 대하여 乙만이 항소하였는바, 乙, 丙에 대한 판결의 확정차단 및 이심의 범위와 관련하여 상소불가분의 원칙이 문제된다.

Ⅱ. 甲의 乙, 丙에 대한 병합소송과 공동소송의 유형

1. 병합소송의 유형 - 단순병합

甲의 乙, 丙에 대한 대여금청구, 건물인도청구와 소유권이전등기청구는 양립하는 여러 개의 청구를 병렬적으로 병합하여 전부에 대해 판결을 구하는 형태로서 단순병합에 해당한다.

2. 공동소송의 유형 - 통상공동소송

채권자인 甲이 주채무자 乙과 연대보증인 丙을 공동피고로 한 경우로서, 실체법적으로 관리처분권의 공동귀속관계가 아니므로 고유필수적 공동소송인이 아니고, 법률상 기판력이 확장되는 관계에 있는 것도 아니어서 유사필수적 공동소송인도 아니므로, 乙, 丙은 통상공동소송인의 관계에 있다.

Ⅲ. 상소불가분의 원칙(확정차단 및 이심의 범위)

1. 의 의

2. 예 외 - 통상공동소송의 경우

Ⅳ. 단순병합에서 불복하지 않은 패소 부분의 확정시기(통설 : 변론종결시, 判例 : 판결선고시)

Ⅴ. 사안의 해결

1. 丙에 대한 판결의 확정시기

甲의 乙, 丙에 대한 공동소송은 통상공동소송이므로, 1심 판결에 대하여 乙만이 항소한 경우, 공동소송인 독립의 원칙에 의하여 甲과 乙 간의 소송관계만 가분적으로 확정차단 및 이심의 효력이 생기고, 甲과 丙간의 소송관계는 확정되어 종료된다. 따라서 丙에게 1심 판결서가 송달된 날로부터 2주를 경과한 시점에 丙에 대한 판결은 확정된다(제498조, 제396조 1항).

2. 乙에 대한 판결의 확정시기

甲의 乙에 대한 대여금청구, 건물인도청구와 소유권이전등기청구는 단순병합으로서 판결선고시에 확정된다.

(1) 대여금청구 부분 - 항소기각판결의 선고시

乙은 항소하면서 비록 대여금청구는 다투지 않았으나, 상소불가분의 원칙에 의하여 대여금청구 역시 항소심으로 이심되고, 항소심 변론종결시까지 항소취지를 확장하지 않았으므로 항소심의 심판대상이 되지 않아 判例에 의하면 항소기각판결의 선고시에 확정된다.

(2) 소유권이전등기청구 부분 - 상고기각판결의 선고시

乙은 상고하면서 비록 소유권이전등기청구 부분에 대해서는 다투지 않았지만, 상소불가분의 원칙에 의하여 소유권이전등기청구 부분 역시 상고심으로 이심되고, 判例에 의하면 상고기각판결의 선고시에 확정된다.

(3) 건물인도청구 부분 - 상고기각판결의 선고시

건물인도청구 부분 역시 상고기각판결의 선고시에 확정된다.

3. 상소심의 심판범위 - 불이익변경 금지의 원칙

> **제415조 (항소를 받아들이는 범위)** 제1심 판결은 그 불복의 한도 안에서 바꿀 수 있다. 다만, 상계에 관한 주장을 인정한 때에는 그러하지 아니하다.

(1) 의 의

제1심에서 심판된 사건은 항소의 제기에 의하여 사건은 원칙적으로 전부 이심되지만, 항소법원이 제1심 판결의 당부에 대해 구체적으로 심판할 수 있는 것은 항소 또는 부대항소한 당사자의 불복신청의 범위에 한하며, 그 한도를 넘어서 제1심판결을 '불이익' 또는 '이익'으로 변경할 수 없는 원칙(제415조)을 불이익변경금지원칙이라고 한다.

[관련판례] ❋ 이익변경금지의 원칙
"재산상 손해배상청구와 위자료청구는 소송물이 동일하지 아니한 별개의 청구이므로 원심이 1심 판결에 대하여 항소하지 아니한 원고에 대하여 1심 판결보다 더 많은 위자료의 지급을 명하였음은 위법하다"(대판 1980.7.8. 80다1192: 법전협 표준판례(363))

[관련판례] ❋ 제1심판결이 부당한 경우 그 판결을 불복당사자의 불이익으로 변경할 수 있는지 여부
"항소심은 당사자의 불복신청범위내에서 제1심 판결의 당부를 판단할 수 있을 뿐이므로 설사 제1심 판결이 부당하다고 인정되는 경우라 하더라도 그 판결을 불복당사자의 불이익으로 변경하는 것은 당사자가 신청한 불복의 한도를 넘어 제1심 판결의 당부를 판단하는 것이 되어 허용될 수 없다"(대판 1983.12.27. 83다카1503: 법전협 표준판례(364))

[관련판례] ❋ 직권조사사항에 불이익변경금지원칙이 적용되는지 여부
"원고의 수 개의 청구 중 하나의 청구를 인용하고 나머지 청구를 기각한 제1심판결에 대하여 원고만이 항소를 제기하고 피고가 부대항소를 하지 아니하였다고 하더라도 원고 승소 부분은 원고의 항소로 인하여 항소심에 이심되는 것이고, 제1심판결의 변경은 불복신청의 한도에서 할 수 있다는 민사소송법 제415조의 규정은 법원이 당사자의 신청과는 관계없이 직권으로 조사하여야 할 사항에는 그 적용이 없는 것이므로, 항소심이 원고들이 불복하지 않은 청구에 대하여도 확인의 이익의 유무를 조사하여 원고들의 청구를 각하한 조치는 정당하고, 불이익변경금지의 원칙에 반하지 않는다"(대판 1995.7.25. 95다14817: 법전협 표준판례(368)).

(2) 법적 근거

불이익변경금지의 원칙이 인정되는 근거는 처분권주의(제203조)가 항소심에서 구현되었기 때문이다. 그리고 이 원칙에 의하여 당사자는 불복신청을 하더라도 원심판결 이상으로 불이익한 판결을 받을 염려가 없게 됨으로써 상소권을 보장받게 되는 기능을 한다. 그러므로 상소심은 원칙적으로 당사자가 불복대상으로 삼지 아니한 것은 심리하지 않는다. 상소불가분의 원칙에 의해 사건 전체가 상소심에 이심되지만 상소심의 심판범위는 당사자가 불복한 것에 국한되고, 그 결과 상소심에 이심되는 범위와 그 심판의 범위가 달라진다.

(3) 판단기준

1) 원칙

불이익변경금지에서 유·불리의 판결은 기판력의 범위를 그 기준으로 한다. 따라서 기판력이 미치는 판결의 주문에 영향을 미치는 경우에만 위 원칙이 적용되고 기판력이 생기지 않는 판결이유 등의 판단에는 불이익변경금지의 원칙이 적용되지 않는다.

2) 예외

상계항변은 다른 항변과 달리 실질적으로 독립된 청구와 같다. 따라서 '항소심'에서 '피고측의 상계주장이 이유 있다고 인정'된 때에는 불이익변경금지의 원칙이 적용되지 않는다(제415조 단서). 즉, 이때에는 항소인의 불복범위를 넘어서 항소인에게 불이익한 판결을 할 수 있다.

> **[구체적 예]** 예를 들어 원고의 1억원 원의 대여금청구소송에서 피고의 1억 원 전부를 상계한다는 상계의 항변을 3천만 원만 인정하여 원고의 청구 중 7천만 원을 인용한 경우 원고만이 항소한 경우, 이 때 불이익변경금지의 원칙이 인정된다면 원고의 불복부분인 3천만 원 부분만 판단을 해야 할 것이나, 항소심의 심증이 피고의 1억 원 전부의 상계항변이 타당하다고 판단하였다면 원고의 승소부분인 7천만 원 부분까지도 취소하여 원고의 청구를 전부기각해야 한다. 왜냐하면 만일 원고의 항소를 기각만 한다면 부당한 1심 판결이 유지되고, 피고는 항소심에서 상계로 주장한 반대채권까지 상실되어 부당하기 때문이다.

(4) 구체적 내용

1) 소각하의 제1심판결에 대하여 원고만 항소한 경우

a. 문제점

> **제418조 (필수적 환송)** 소가 부적법하다고 각하한 제1심 판결을 취소하는 경우에는 항소법원은 사건을 제1심 법원에 환송(還送)하여야 한다. 다만, 제1심에서 본안판결을 할 수 있을 정도로 심리가 된 경우, 또는 당사자의 동의가 있는 경우에는 항소법원은 스스로 본안판결을 할 수 있다.

소각하의 제1심판결에 대해 항소심법원이 소각하 판결을 취소해야 한다고 판단한 경우 심급의 이익을 위해 제1심에 '필수적 환송'을 해야 한다(제418조 본문). 다만, 제1심에서 본안판결을 할 수 있을 정도로 심리가 되어 제418조 단서에 의해 항소법원이 청구기각할 사안이 명백하다고 판단되는 경우에 환송하지 않고 청구기각의 자판을 할 수 있는지가 '불이익변경금지원칙'과 관련하여 문제된다.

b. 판례(항소기각설)

判例는 "확정판결의 기판력을 이유로 하여 원고의 청구를 기각하여야 할 것인데도 원고의 소가 부적법하다고 각하한 원심판결에 대하여 원고만이 상고한 경우 불이익변경금지의 원칙상 원고에게 더 불리한 청구기각의 판결을 선고 할 수는 없으므로 원고의 상고를 기각(=원심판결을 그대로 유지함)할 수밖에 없다"(대판 1987.7.7. 86다카2675)(9회 선택형)고 하여 항소기각설(상고기각설)의 입장이다.[63]

[관련판례] ✱ 청구기각 판결을 하여야 할 사건에 대하여 항소심이 소각하 판결을 하였으나 원고만이 불복하여 상고한 경우 상고심이 취할 조치

"항소심이 청구기각 판결을 하여야 할 사건에 대하여 소각하 판결을 하였으나 원고만이 상고한 경우, 소를 각하한 항소심판결을 파기하여 원고에게 더 불리한 청구기각의 판결을 할 수는 없으므로, 항소심판결을 그대로 유지하지 않을 수 없다"(대판 1999.6.8. 99다17401,17418: 법전협 표준판례(367)).

[판례해설] 청구기각판결이 소각하 판결보다 불이익한 판결이므로 상고기각판결을 하여야 한다.

c. 검 토

원고만 항소했기 때문에 청구기각판결을 하는 경우 이는 소각하판결보다 원고에게 불리한 판결이라고 보아야 하므로 '불이익변경금지원칙'상 원판결을 취소하고(항소인용) 청구기각판결을 할 수 없으므로 항소를 기각(=원심판결을 그대로 유지함)해야 한다.

▌ 불이익변경금지원칙 – 소각하판결에 대해 원고만 항소한 경우 항소법원이 청구기각판결을 할 수 있는지 여부 2018년 8월 법전협 모의, 2016년 사법시험, 2008년 법무행정고시

사실관계 ┃ 乙은 甲회사에게 소유권이전등기를 경료해준 뒤에 甲회사를 상대로 매매대금 2억 원의 지급을 구하는 청구와, 이전에 매수한 공작물의 인도를 구하는 청구를 병합하여 소를 제기하였다. 제1심 법원은 乙의 이 사건 소송이 부적법함을 이유로 소각하판결을 선고하였고, 이에 대하여 원고 乙만 항소하였다. 항소심 법원은 심리 결과 乙의 이 사건 소송은 적법하지만, 乙의 甲에 대한 청구가 이유 없다고 판단하였을 때 항소심 법원은 어떤 결론을 내려야 하는가?

사안의 해결 ┃ 항소심 법원은 청구기각판결을 하여야 한다. 다만 判例에 따르면 항소기각판결을 하여야 한다.

---

2) 상계의 항변을 받아들여 청구를 기각한 제1심판결에 대하여 항소한 경우의 문제

	소구채권 부존재 + 반대채권 존재	반대채권 부존재 + 소구채권 존재
피고만 항소	피고의 항소를 인용 (원판결취소, 청구기각자판)	제1심 판결과 똑같은 이유로 항소기각판결
원고만 항소	제1심 판결과 똑같은 이유로 항소기각판결	원고의 항소를 인용 (원판결취소, 청구인용자판)

---

63) [학설] ① 청구기각설은 소각하 판결로는 원고에게 어떠한 이익이 생긴 것이 아니므로 청구기각판결을 해도 불이익변경금지원칙에 저촉되지 않고(불이익변경금지원칙의 취지는 원심판결이 판단하여 당사자에게 부여한 '실체법상 지위'를 상소심에서 함부로 박탈하는 것을 금하는 데 있으므로, 원심이 아직 아무런 판단을 한 바가 없다면 항소심이 청구기각의 판결을 하더라도 불이익변경금지원칙에 반하는 것은 아니라고 할 것이다), 소각하 판결에 대해 원고가 상소하는 것은 본안판결을 요구하는 것이니 항소심법원은 제418조 단서의 요건이 갖추어지면 제1심 판결을 취소하고 청구기각할 수 있다고 하고, ② 항소기각설은 청구기각을 하면 불이익변경이 되므로 항소심 법원은 최소한 원판결을 유지해야 한다고 하며, ③ 환송설은 청구기각을 하면 불이익변경금지원칙에 저촉되고, 항소기각을 하면 법원의 판단과 판결의 효력 사이에 괴리가 생기므로 제418조 본문에 따라 소각하의 제1심 판결을 취소하고 제1심으로 환송해야 한다고 한다. ④ 절충설은 제1심에서 본안심리가 이루어졌거나 당사자의 동의가 있으면 제418조 단서에 따라 제1심 판결을 취소하고 청구기각하되, 그렇지 않으면 동조 본문에 따라 환송해야 한다고 한다.

a. 피고만이 항소한 경우

원고의 청구를 전부 기각한 판결에 대하여는 피고가 판결이유 중의 판단에 불복이 있더라도 상소를 할 이익이 없는 것이 원칙이다. 그러나 상계를 주장한 청구가 성립되어 원고의 청구가 기각된 때와 같이 예외적으로 판결이유에 대한 기판력이 인정되는 경우에는, 상소를 할 이익이 인정된다(대판 1993.12.28. 93다47189)(8회,9회,11회 선택형).

① **[소구채권이 부존재하는 경우 : 원판결을 취소하고 다시 청구기각판결 선고]** 소구채권이 부존재하는 경우 제1심 판결이 그 이유는 부당하다고 하여도 다른 이유로 정당하다고 인정할 때이므로 제414조 2항에 의해 항소기각판결을 해야 하는지 문제되는바(즉, 판결이유 중의 판단에는 기판력이 미치지 않으므로 결론적으로 원판결의 주문과 일치하는 판단이 내려질 때 항소기각을 할 수 있다), 예비적 상계의 항변에 의하여 승소한 피고가 항소한 경우 항소법원에서 볼 때 상계에 의한 필요 없이 변제의 항변 등을 받아들여 청구를 기각할 수 있으면, 원판결을 취소하고 다시 청구기각판결을 선고해야 한다(원판결의 주문과 일치하는 판단이 내려지는 경우 이지만 항소기각을 할 수 없다). 상계의 항변에 관한 판단에는 기판력이 생기므로 (제216조 2항) 결론은 같은 청구기각이지만 기판력의 객관적 범위가 달라지기 때문이다.[64]

　[심화] ＊ **제1심이 소구채권의 부존재를 이유로 청구기각판결을 선고하고 원고만 항소한 경우**

　이 경우에도 같은 법리가 적용된다. 소구채권의 부존재를 이유로 한 청구기각판결과 소구채권은 존재하나 피고의 상계항변이 이유 있다는 이유로 한 청구기각판결은 기판력의 객관적 범위가 다르므로 항소심법원의 심리결과 소구채권은 존재하나 피고의 상계항변이 이유 있다는 판단을 한 경우 항소기각이 아니라 원판결을 취소하고 다시 상계항변을 이유로 청구기각판결을 선고해야 한다. 즉 예비적 상계의 항변이 이유 있는 경우 항소기각을 할 수 없다.

② **[반대채권이 부존재하는 경우 : 제1심 판결과 똑같은 이유로 항소기각판결]** 반대채권이 부존재하는 경우 항소심법원은 ⅰ) 제1심 판결을 취소하여 청구인용판결을 할 수 없고, ⅱ) 반대채권의 부존재를 이유로 항소기각을 할 수도 없고, ⅲ) 제1심 판결과 똑같은 이유로 항소기각판결을 해야 한다. 즉, 상계에 의한 청구기각의 원판결을 유지하여야 한다. 判例도 "피고의 상계항변을 인용한 제1심 판결에 대하여 피고만이 항소하고 원고는 항소를 제기하지 아니하였는데, 항소심이 피고의 상계항변을 판단함에 있어 제1심이 자동채권으로 인정하였던 부분을 인정하지 아니하고 그 부분에 관하여 피고의 상계항변을 배척하였다면, 그와 같이 항소심이 제1심과는 다르게 그 자동채권에 관하여 피고의 상계항변을 배척한 것은 항소인인 피고에게 불이익하게 제1심 판결을 변경한 것에 해당한다"(대판 1995.9.29. 94다18911)고 판시하였다. 따라서 소구채권은 인정되지만 반대채권(자동채권)이 인정되지 않는다고 판단되더라도, 항소심 법원은 불이익변경금지의 원칙상 제1심판결과 마찬가지로 소구채권 및 반대채권의 존재를 전제로 상계항변을 받아들여 항소기각 판결을 선고하여야 한다. **[11회 사례형]**

b. 원고만이 항소한 경우

① **[소구채권이 부존재하는 경우 : 제1심 판결과 똑같은 이유로 항소기각판결]** "항소심은 당사자의 불복신청범위 내에서 제1심판결의 당부를 판단할 수 있을 뿐이므로, 설사 제1심판결이 부당하다고 인정되는 경우라 하더라도 그 판결을 불복당사자의 불이익으로 변경하는 것은 당사자가 신청한 불복의 한도를 넘어 제1심판결의 당부를 판단하는 것이 되어 허용될 수 없는바, 제1심판결이 원고가 청구한 채권의 발생을 인정한 후 피고가 한 상계항변을 받아들여 원고의 청구를 기각하고 이에 대하여 원고

---

64) 피고의 상계항변이 이유 있다는 이유로 한 청구기각판결에는 소구채권과 반대채권의 존재 및 그것이 상계로 소멸하였다는 것에 기판력이 생기고, 소구채권의 부존재를 이유로 한 청구기각판결에는 소구채권의 부존재에 대해서만 기판력이 발생하므로 결론은 같은 청구기각이지만 기판력의 객관적 범위가 다르다. 참고로 상계항변을 배척하면 반대채권의 부존재에 기판력이 발생한다.

만이 항소한 경우에 항소심이 제1심과는 다르게 원고가 청구한 채권의 발생이 인정되지 않는다는 이유로 원고의 청구를 기각하는 것은 항소인인 원고에게 불이익하게 제1심판결을 변경하는 것이 되어 허용되지 아니한다"(대판 2010.12.23, 2010다67258)(9회 선택형). 왜냐하면 원고로서는 상계에 제공된 반대채권 소멸의 이익을 잃게 되어 제1심 판결보다 불리해지기 때문이다. 따라서 항소심 법원은 i) 원고의 항소를 인용하여 원판결을 취소하고 청구기각의 자판을 할 수 없고, ii) 소구채권의 부존재를 이유로 항소기각을 할 수도 없으며, iii) 제1심 판결과 똑같은 이유로 항소기각판결을 하여야 한다. 즉, 항소심은 소구채권이 인정되지 않는 것으로 판단되더라도 판결이유에서 제1심 판결과 마찬가지로 소구채권이 인정됨을 전제로 상계의 항변을 받아들여 청구가 기각되어야 하는 것으로 기재한 후 항소기각 판결을 선고하여야 한다. **[13회 사례형]**

② **[반대채권이 부존재하는 경우 : 원고의 항소를 인용]** 반대채권이 부존재하는 경우 원고의 항소를 인용하더라도 원고에게 불이익이 없으므로 항소심 법원은 원판결을 취소하고 청구인용의 자판을 하여야 한다.

3) 상환이행판결과 불이익변경금지원칙

a. 원고의 반대급부의 내용이 불리하게 변경되는 경우

判例는 불이익하게 변경된 것인지 여부는 기판력의 범위를 기준으로 하나, 동시이행의 판결에 있어서는 원고가 그 반대급부를 제공하지 아니하고는 판결에 따른 집행을 할 수 없어[65](6회 선택형) 비록 피고의 반대급부 이행청구에 관하여 기판력이 생기지 아니하더라도 반대급부의 내용이 원고에게 불리하게 변경된 경우에는 불이익금지 원칙에 반하게 된다는 입장이다(대판 2005.8.19, 2004다8197, 8203: 법전협 표준판례(365))(5회 선택형).

[구체적 예] 제1심 법원이 'A는 B로부터 1억 원을 지급받음과 동시에 건물을 인도하라'는 상환이행판결을 선고하였는데 B만 항소한 경우, 항소심 법원이 'A는 B로부터 2억 원을 지급받음과 동시에 건물을 인도하라'는 판결을 선고하는 것은 불이익변경금지원칙에 반한다.

b. 동시이행 주장을 공제 또는 상계 주장으로 바꾸어 인정한 경우

"일방 당사자의 금전채권에 기한 동시이행 주장을 받아들인 판결의 경우 반대 당사자는 그 금전채권에 관한 이행을 제공하지 아니하고는 자신의 채권을 집행할 수 없으므로, 동시이행 주장을 한 당사자만 항소하였음에도 항소심이 제1심판결에서 인정된 금전채권에 기한 동시이행 주장을 공제 또는 상계 주장으로 바꾸어 인정하면서 그 금전채권의 내용을 항소인에게 불리하게 변경하는 것은 특별한 사정이 없는 한 불이익변경금지 원칙에 반한다"(대판 2022.8.25, 2022다211928)고 판시하였다.

[관련판례] ❋ **상환이행판결을 하면서 피고의 이행지체책임을 인정한 판결에 대해 피고만 상소한 경우** "당사자 쌍방의 채무가 동시이행관계에 있는 경우 일방 채무의 이행기가 도래하더라도 상대방 채무의 이행제공이 있을 때까지는 그 채무를 이행하지 않아도 이행지체의 책임을 지지 않는다. 금전채권의 채무자가 채권자에게 담보를 제공한 경우 특별한 사정이 없는 한 채권자는 채무자로부터 채무를 모두 변제받은 다음 담보를 반환하면 될 뿐 채무자의 변제의무와 채권자의 담보 반환의무가 동시이행관계에 있다고 볼 수 없다. 따라서 채권자가 채무자로부터 제공받은 담보를 반환하기 전에도 특별한 사정이 없는 한 채

---

[65] 민사집행법 제41조(집행개시의 요건) ① 반대의무의 이행과 동시에 집행할 수 있다는 것을 내용으로 하는 집행권원의 집행은 채권자가 반대의무의 이행 또는 이행의 제공을 하였다는 것을 증명하여야만 개시할 수 있다. 따라서 "동시이행판결을 하는 법원으로서는 반대의무의 내용을 명확하게 특정하여야 하고 자칫 이를 가볍게 여겨 강제집행에 지장이 생김으로써 무익한 절차의 반복을 하게 하는 것은 아닌지 여부 등을 확인할 필요가 있다"(대판 2021.7.8, 2020다290804)

무자는 이행지체 책임을 진다"(대판 2019.10.31. 2019다247651).

[사실관계] 원심은 채무자(피고)의 변제의무와 채권자(원고)의 담보 반환의무가 동시이행관계에 있다고 보면서도(상환이행판결) 채무자의 이행지체 책임(지연손해금 가산)을 인정하였음(저자 주 : 동시이행관계가 인정된다면 지체저지효가 발생하므로 이행지체책임을 물을 수 없음. 따라서 논리모순이 발생함). 이에 대하여 피고만이 상고한 사건에서, 대법원은 쌍방 의무가 동시이행관계에 있지 않으므로 단순이행을 명했어야 하나 불이익변경금지의 원칙상 원심판결을 유지할 수밖에 없고, 단순이행을 명했어야 하는 이상 피고의 이행지체 책임을 인정한 원심의 결론은 결과적으로 정당하다는 이유로 피고의 상고를 기각하였음

(5) 불이익변경금지원칙이 배제되는 경우

1) 상대방의 항소나 부대항소가 있는 경우

심판의 범위가 확대되므로 확대된 범위에서는 불이익한 판결이 가능하다.

2) 처분권주의에 의하지 않는 절차나 직권조사사항에 해당하는 경우

불이익변경금지의 원칙은 처분권주의를 근거로 하므로 직권탐지주의에 의한 절차나 직권조사사항에는 적용되지 않는다. 따라서 항소심에서 "제1심판결을 취소하고 소를 각하한다"라는 불이익변경이 가능하다(대판 2008.2.1. 2005다23889). 공유물분할의 소나 토지경계확정의 소 같은 형식적 형성의 소 역시 처분권주의가 적용되지 않으므로 불이익변경금지원칙이 적용되지 않는다.

3) 항소심에서의 상계주장(제415조 단서)

원고가 제1심에서 패소하여 원고만 항소한 경우, 항소심에서 비로소 피고가 상계의 항변을 하더라도 받아들여 질 수 있다.

4) 합일확정의 필요성이 인정되는 경우

필수적 공동소송과 독립당사자참가소송, 예비적 · 선택적 공동소송에서는 합일확정의 소송목적의 달성을 위해 불이익변경금지원칙이 배제된다.

| 핵심사례 E-03 |

■ 불이익변경금지원칙 – 항소심에서의 상계주장(원고 또는 피고만이 항소한 경우)
2018년 10월 법전협 모의, 2015년 변리사

甲은 乙에게 1억 원을 대여하였다고 주장하면서, 乙을 상대로 위 1억 원의 반환을 구하는 소송을 제기하였다. 이에 대하여 乙은 甲으로부터 위 1억 원을 차용한 사실이 없고, 설령 차용하였다고 하더라도 甲에 대한 1억 원 손해배상채권으로 甲의 위 대여금 채권과 상계한다고 주장하였다.

〈문제 1.〉

제1심 법원은 甲이 청구한 대여금 채권의 발생을 인정하면서도 乙이 한 상계항변을 전부 받아 들여 甲의 청구를 기각하였다. 이와 관련하여 다음 각 경우 항소심 법원은 어떠한 판결을 선고하여야 할 것인가? (아래 설문 가.와 설문 나.는 상호 무관함) **(20점)**

〈문제 1의 가〉 제1심 판결에 대해 甲이 항소하고, 乙은 항소심 변론종결 시까지 부대항소를 제기하지 아니하였는데, 항소심 법원이 심리한 결과 **甲의 대여금 채권이 인정되지 않는다**고 판단한 경우

〈문제 1의 나〉 제1심 판결에 대해 乙이 항소하고, 甲은 항소심 변론종결 시까지 부대항소를 제기하지 아니하였는데, 항소심 법원이 심리한 결과 **甲의 대여금 채권은 인정되고, 乙의 손해배상채권은 인정되지 않는다**고 판단한 경우

I. 문제 1. 의 해결 – 상계항변과 불이익변경금지원칙

1. 논점의 정리

항소심 심리결과 제1심에서 인정된 소구채권이나 반대채권이 부존재한다면 원심판결을 취소함이 타당하나, 원고 또는 피고만 항소한 경우 불이익변경금지원칙이 문제된다.

2. 불이익변경 금지 원칙

불이익변경금지에서 유·불리의 판결은 기판력의 범위를 그 기준으로 한다. 그런데 피고가 상계항변을 제출한 경우 비록 판결이유 중의 판단임에도 자동채권의 존부에 대하여 상계로써 대항한 액수의 한도 내에서 기판력이 발생하므로(제216조 2항), 불이익변경금지원칙에 따라 판결을 하여야 한다.

3. 문제 가.의 해결(피고의 상계항변을 받아들여 청구를 기각한 제1심판결에 원고만 항소한 경우)

(1) 소구채권이 부존재하는 경우 항소심 법원의 판결

"항소심이 제1심과는 다르게 원고가 청구한 채권의 발생이 인정되지 않는다는 이유로 원고의 청구를 기각하는 것은 항소인인 원고에게 불이익하게 제1심판결을 변경하는 것이 되어 허용되지 아니한다"(대판 2010.12.23. 2010다67258). 따라서 항소심 법원은 ⅰ) 원고의 항소를 인용하여 원판결을 취소하고 청구기각의 자판을 할 수 없고, ⅱ) 소구채권의 부존재를 이유로 항소기각을 할 수도 없으며, ⅲ) 제1심 판결과 똑같은 이유로 항소기각판결을 하여야 한다.

(2) 사안의 경우

항소심은 소구채권이 인정되지 않는 것으로 판단되더라도 판결이유에서 제1심 판결과 마찬가지로 소구채권이 인정됨을 전제로 상계의 항변을 받아들여 청구가 기각되어야 하는 것으로 기재한 후 항소기각 판결을 선고하여야 한다.

4. 문제 나.의 해결(피고의 상계항변을 받아들여 청구를 기각한 제1심판결에 피고만 항소한 경우)

(1) 항소의 이익 인정여부

원고의 청구를 전부 기각한 판결에 대하여는 피고가 판결이유 중의 판단에 불복이 있더라도 상소를 할 이익이 없는 것이 원칙이다. 그러나 상계를 주장한 청구가 성립되어 원고의 청구가 기각된 때와 같이 예외적으로 판결이유에 대한 기판력이 인정되는 경우에는, 상소를 할 이익이 인정된다(대판 1993.12.28. 93다47189).

(2) 반대채권이 부존재하는 경우 항소심 법원의 판결

반대채권이 부존재하는 경우 항소심법원은 ⅰ) 제1심 판결을 취소하여 청구인용판결을 할 수 없고, ⅱ) 반대채권의 부존재를 이유로 항소기각을 할 수도 없고, ⅲ) 제1심 판결과 똑같은 이유로 항소기각판결을 해야 한다. 즉, 상계에 의한 청구기각의 원판결을 유지하여야 한다(대판 1995.9.29. 94다18911).

(3) 사안의 경우

소구채권은 인정되지만 반대채권(자동채권)이 인정되지 않는다고 판단되더라도, 항소심 법원은 불이익변경금지의 원칙상 제1심판결과 마찬가지로 소구채권 및 반대채권의 존재를 전제로 상계항변을 받아들여 항소기각 판결을 선고하여야 한다.

4. 병합소송에서의 상소의 효력

(1) 전부판결에 전부상소한 경우

객관적병합과 주관적병합을 불문하고 전부 이심되며, 전부 심판의 대상이 된다.

(2) 전부판결에 일부상소한 경우

① 객관적 병합의 경우 상소불가분원칙이 적용되어 상소하지 않은 청구도 이심되나(전부이심), 불이익변경금지원칙에 의해 불복한 청구만이 상소심의 심판대상이 된다(일부심판). 그러나 ② 주관적병합의 경우 ⅰ) 통상의 공동소송에서는 공동소송인 독립의 원칙 때문에 상소불가분의 원칙이 적용되지 않아 상소한 청구만이 이심되고(일부이심), 불이익변경금지원칙에 의해 불복한 청구만이 상소심의 심판대상이 된다(일부심판). ⅱ) 반면, 필수적·예비적 공동소송과 독립당사자참가는 상소불가분원칙이 적용되어 상소하지 않은 청구도 이심되나(전부이심), 합일확정의 필요에 의하여 불이익변경금지원칙의 적용이 배제되어 전부심판의 대상이 된다(전부심판. 이 경우 불복하지 않은 공동소송인의 지위는 단순한 상소심당사자)

전부판결에 일부상소한 경우		이심의 범위	심판의 범위
객관적병합	단순병합	전부이심(상소불가분원칙○)	일부심판(불이익변경금지원칙○)
	선택적병합		전부심판(불이익변경금지원칙×)
	예비적병합		일부심판(불이익변경금지원칙○)
주관적병합	통상공동소송	일부이심(상소불가분원칙×)	일부심판(불이익변경금지원칙○)
	필수적공동소송	전부이심(상소불가분원칙○)	전부심판(불이익변경금지원칙×)
	예비적공동소송		
	독립당사자참가		

(3) 일부판결의 경우

1) 일부판결이 허용되는 경우

단순병합은 청구간에 관련성이 없어서 변론의 분리가 가능하고(제141조) 일부판결도 가능하다(제200조). 통상의 공동소송 역시 공동소송인독립의 원칙에 의해 일부판결이 가능하다(제66조). 이 경우 판결을 하지 않은 부분은 재판누락에 해당하여 1심에 계속 중이므로, 선고 전의 판결에 해당하여 항소의 대상적격(선고 후 확정 전의 유효한 종국판결일 것)이 부정된다. 따라서 항소는 각하되고 추가판결로 구제하여야 한다(제212조).

2) 일부판결이 허용되지 않는 경우

선택적·예비적병합은 청구간 관련성이 인정되고, 필수적·예비적 공동소송과 독립당사자참가는 합일확정의 필요성이 요구되기 때문에 일부판결이 불가하다. 그럼에도 불구하고 일부판결이 선고되면 이는 판단누락에 준하는 위법이 있는 전부판결로 취급하여 상소에 의해 구제받게 된다(제451조 1항 단서, 제451조 1항 9호). 즉, 전부상소의 경우에는 전부이심·전부심판, 일부상소의 경우에는 전부이심·일부심판의구조가 성립한다.

		일부판결가부	상소가부
객관적 병합	단순병합	○ (청구관련성 없음)	× (판결 안한 부분은 재판누락으로 1심에 계속중)
	선택적병합	× (청구관련성 있음)	○ (판단누락에 준하는 위법이 있는 전부판결로 취급하여 상소가능)
	예비적병합		
주관적 병합	통상공동소송	○ (독립의 원칙)	× (판결 안한 부분은 재판누락으로 1심에 계속중)
	필수적공동소송	× (합일확정의 필요성)	○ (판단누락에 준하는 위법이 있는 전부판결로 취급하여 상소가능)
	예비적공동소송		
	독립당사자참가		

제2관 항 소

Ⅰ. 의 의
[E-4]

'항소'란 제1심판결에 불복하기 위한 상급심에의 상소를 말한다. 항소는 제1심 법원이 선고한 종국판결에 대하여 할 수 있고(제390조 1항 본문), 항소의 이유는 제한이 없으므로 사실인정의 부당은 물론 법령위반도 항소가 가능하다.

> **[관련판례]** ＊ **항소심의 구조 : 속심제**
> "항소심은 속심으로서 제1심에서의 당사자의 주장이 그대로 유지되므로, 항소심에서 항소이유로 특별히 지적하거나 그 후의 심리에서 다시 지적하지 않는다 하더라도 법원은 제1심에서의 주장을 받아들일 수 있음은 당연하고, 이를 들어 직접주의나 변론주의의 원칙에 어긋난다거나 불의타를 가한 것이라 할 수는 없다"(대판 1996.4.9. 95다14572: 법전협 표준판례(357))

Ⅱ. 항소의 제기
[E-5]

항소는 항소장을 제1심 법원에 제출함으로써 하고(제397조 1항), 항소장에는 당사자와 법정대리인, 그리고 제1심 판결의 표시와 그 판결에 대한 항소의 취지가 기재되어야 한다(제367조 2항). 항소는 판결서가 송달된 날부터 2주 이내에 하여야 하는데(제396조 1항 본문), 이 기간은 불변기간이다(제396조 2항). 다만, 판결이 선고된 이상 항소장제출은 판결서 송달전에도 할 수 있다(제396조).

Ⅲ. 부대항소
[E-6]

> 제403조 (부대항소) 피항소인은 항소권이 소멸된 뒤에도 변론이 종결될 때까지 부대항소(附帶抗訴)를 할 수 있다.

1. 의 의

부대항소란 주된 항소의 피항소인이 항소심 절차에 편승하여 항소심의 심판범위를 자신에게 유리하게 변경하는 신청(제403조)으로, 항소인이 항소심에서 심판범위를 확장할 수 있는 것에 대응하여 피항소인도 부대항소로 심판범위를 확장할 수 있도록 하여 공평한 취급을 하고 소송경제를 도모함을 그 취지로 한다.

> **[관련판례] ✳ 피항소인이 부대항소를 할 수 있는 범위**
> "부대항소란 피항소인의 항소권이 소멸하여 독립하여 항소를 할 수 없게 된 후에도 상대방이 제기한 항소의 존재를 전제로 이에 부대하여 원판결을 자기에게 유리하게 변경을 구하는 제도로서, 피항소인이 부대항소를 할 수 있는 범위는 항소인이 주된 항소에 의하여 불복을 제기한 범위에 의하여 제한을 받지 아니한다"(대판 2003.9.26. 2001다68914: 법전협 표준판례(366))(12회 선택형).

2. 법적 성질(비항소설)

부대항소의 법적 성질에 대해 항소설이 있으나, 判例는 "원고가 전부승소하였기 때문에 원고는 항소하지 아니하고 피고만 항소한 사건에서 청구취지를 확장 변경함으로서 그것이 피고에게 불리하게 된 경우에는 그 한도에서 부대항소를 한 취지로 볼 것이다"(대판 1967.9.19. 67다1709)고 하여 비항소설(불복이익불요설)의 입장이다. 생각건대 부대항소에 의하여 항소심 절차가 개시되는 것은 아니므로 비항소설이 타당하다.

> **[심화] ✳ 제1심에서 전부 승소한 원고가 항소심에서 부대항소로 청구취지를 확장할 수 있는지 여부(적극)**
> 원고가 전부승소한 경우 소의 변경만을 위한 항소는 상소이익이 없다(대판 2007.6.15. 2004다37904). 그러나 부대항소에는 항소의 이익이 필요 없으므로(비항소설) 제1심에서 전부 승소한 원고도 항소심 계속 중 그 청구취지를 확장, 변경할 수 있다. 判例도 "제1심에서 전부 승소한 원고도 항소심 계속 중 그 청구취지를 확장·변경할 수 있고, 그것이 피고에게 불리하게 하는 한도 내에서는 부대항소를 한 취지로도 볼 수 있다"(대판 1995.6.30. 94다58261)(12회 선택형)고 하였다. 또 "원고의 청구가 모두 인용된 제1심판결에 대하여 피고가 지연손해금 부분에 대하여만 항소를 제기하고, 원금 부분에 대하여는 항소를 제기하지 아니하였다고 하더라도 제1심에서 전부 승소한 원고가 항소심 계속중 부대항소로서 청구취지를 확장할 수 있는 것이므로, 항소심이 원고의 부대항소를 받아들여 제1심판결의 인용금액을 초과하여 원고 청구를 인용하였더라도 거기에 불이익변경금지의 원칙이나 항소심의 심판범위에 관한 법리오해의 위법이 없다"(대판 2003.9.26. 2001다68914: 법전협 표준판례(366)).

3. 요 건 [계, 항, 전, 출] [13사법]

부대항소는 ⅰ) 주된 항소가 적법하게 계속 중일 것(항소심 변론종결 전일 것), ⅱ) 피항소인이 항소인을 상대로 제기한 것일 것, ⅲ) 항소심의 변론 종결 전일 것을 요하며[66] 피항소인은 자기의 항소권이 소멸된 경우에도 부대항소를 제기할 수 있다(제403조). ⅳ) 원칙적으로 부대항소장을 제출해야 한다.

> **[관련판례] ✳ '피항소인이 항소인을 상대로 제기한 것일 것'의 의미**
> "통상의 공동소송에 있어 공동당사자 일부만이 상고를 제기한 때에는 피상고인은 상고인인 공동소송인 이외의 다른 공동소송인을 상대방으로 하거나 상대방으로 보태어 부대상고를 제기할 수는 없다"(대판 1994.12.23. 94다40734)(4회,6회,12회 선택형) 상고를 제기하지 않은 공동소송인은 분리확정되기 때문이다.

---

66) 부대항소는 항소기간의 제한을 받지 않으며 주된 항소의 변론종결 전이면 제기가 가능하고, 부대상고는 상고이유서 제출기간 만료시까지 할 수 있다.

[관련판례] ＊ 서면에 '부대항소장'이나 '부대항소취지'라는 표현이 사용되지 않았더라도 부대항소로 볼 수 있는 경우(vi) 요건 관련)

위 iv) 요건과 관련하여 判例는 '부대항소장'이나 '부대항소취지'라는 표현이 사용되지 않았더라도 부대항소로 볼 수 있다고 판시하였는데, ㉠ 청구취지 변경신청서 및 준비서면에 부대항소한다는 취지가 명기되지 않았더라도 그 기재 내용으로 보아 부대항소를 제기한 것으로 봄이 상당하다(대판 1993.4.27. 92다47878),[67] ㉡ 피고가 항소심에서 변제항변을 한 것은 제1심판결에서 지급을 명한 손해배상금이 변제되어 소멸되었다는 취지이므로 이는 제1심판결에 대해 부대항소를 한 취지라고 볼 여지가 많다(대판 2021.10.28. 2021다253376), ㉢ 피항소인이 항소기간이 지난 뒤에 단순히 항소기각을 구하는 방어적 신청에 그치지 아니하고 제1심판결보다 자기에게 유리한 판결을 구하는 적극적·공격적 신청의 의미가 객관적으로 명백히 기재된 서면을 제출하고, 이에 대하여 상대방인 항소인에게 공격방어의 기회 등 절차적 권리가 보장된 경우에는 이를 부대항소로 볼 수 있다. 이는 피항소인이 항소기간이 지난 뒤에 실질적으로 제1심판결 중 자신이 패소한 부분에 대하여 불복하는 취지의 내용이 담긴 항소장을 제출한 경우라고 하여 달리 볼 것은 아니다(대판 2022.10.14. 2022다252387: 법전협 표준판례(360))라는 判例들이 그 예이다.

4. 효 과

(1) 불이익변경금지원칙의 배제

부대항소가 있으면 불이익변경금지의 원칙이 배제되어, 항소법원의 심판의 범위가 확장되어 피항소인의 불복의 정당여부도 심판되게 된다. 判例도 "피고만이 항소한 항소심에서 원고가 청구취지를 확장변경한 경우에는 그에 의하여 피고에게 불리하게 되는 한도에서 부대항소를 한 취지라고 볼 것이므로, 항소심이 제1심판결의 인용금액을 초과하여 원고 청구를 인용하더라도 불이익변경금지원칙에 위배되는 것이 아니다"(대판 2000.2.25. 97다30066)고 한다. **[14법무]**

(2) 부대항소의 종속성

> **제404조 (부대항소의 종속성)** 부대항소는 항소가 취하되거나 부적법하여 각하된 때에는 그 효력을 잃는다. 다만, 항소기간 이내에 한 부대항소는 독립된 항소로 본다.

부대항소는 주된 항소가 취하 또는 부적법 각하되면 그 효력을 잃는 바(제404조 본문), 이는 부대항소의 종속성 때문이다. 다만, 부대항소인이 항소할 수 있는 기간 내에 제기한 부대항소는 독립항소로 보기 때문에(제404조 단서) 주된 항소의 취하 또는 각하에 의하여 영향을 받지 않는데, 이를 **독립부대항소**라고 한다. 그러나 주된 항소가 취하·각하된 뒤에는 부대항소는 통상의 항소로 전환되므로 항소의 이익을 갖추어야 한다.

[관련판례] ＊ 항소취하시 부대항소인의 동의필요여부(소극)

"항소는 항소심의 종국판결이 있기 전에 취하할 수 있는 것으로서, 일단 항소심의 종국판결이 있은 후

---

67) 원고인 망 소외인이 제1심에서 피고에 대하여 주위적으로 이 사건 부동산에 관하여 매매를 원인으로 한 소유권이전등기를 청구하고, 예비적으로 이 사건 부동산에 관하여 취득시효완성을 원인으로 한 소유권이전등기를 청구하여 주위적 청구를 기각하고 예비적 청구를 인용하는 제1심 판결이 선고되자 피고만이 항소를 제기하여 그 소송이 원심에 계속중, 위 망인의 사망으로 소송절차를 수계한 원고들은 원심 제15차 변론기일에서 진술한 1992.9.17.자 청구취지변경신청서에서 위 망인의 사망으로 인한 원고들의 상속분에 따라 제1심에서 패소한 주위적 청구에 관한 청구취지를 변경하고, 또한 위 <u>청구취지변경신청서와 함께 진술한</u> 같은 날짜 준비서면에서 제1심 판결은 위 망인이 피고로부터 이 사건 부동산을 매수하였음을 인정할 증거가 없다는 이유로 주위적 청구를 기각하였으나, 이를 인정할 증거가 충분하므로 원고들의 주위적 청구를 인용하여야 한다고 주장한 사안

라도 그 종국판결이 상고심에서 파기되어 사건이 다시 항소심에 환송된 경우에는 먼저 있은 종국판결은 그 효력을 잃고 그 종국판결이 없었던 것과 같은 상태로 돌아가게 되므로 새로운 종국판결이 있기까지는 항소인은 피항소인이 부대항소를 제기하였는지 여부에 관계없이 항소를 취하할 수 있고(따라서 항소취하시 부대항소인의 동의는 필요 없다 : 저자 주), 그 때문에 피항소인이 부대항소의 이익을 잃게 되어도 이는 그 이익이 본래 상대방의 항소에 의존한 은혜적인 것으로 주된 항소의 취하에 따라 소멸되는 것이어서 어쩔 수 없다 할 것이므로, 이미 부대항소가 제기되어 있다 하더라도 주된 항소의 취하는 그대로 유효하다"(대판 1993.3.10. 94다51543: 법전협 표준판례(361))(12회 선택형) **[13회 사례형]**

핵심사례 E-04

■ 상소의 이익, 부대항소와 청구취지 확장, 부대항소의 종속성
2018년 6월 법전협 모의, 2011년 · 2014년 법무행정, 2010년 변리사

甲은 乙에게 매매계약에 기하여 X토지의 소유권이전등기를 경료해주었다. 乙은 X토지를 담보로 제공해서 돈을 대출받아 매매대금 5억 원 및 연 20%의 약정이자를 매매계약 체결시점부터 1년 안에 지급하기로 약속하였다. 그러나 매수인 乙은 1년이 경과하도록 매매대금의 지급을 이행하지 않았다. 이에 甲은 매수인 乙을 상대로 매매대금 원금인 5억 원의 지급을 구하는 이행의 소를 제기하였고 1심에서 전부승소판결을 선고받았다. 이에 피고 乙은 1심판결에 대해 전부 불복하는 취지의 항소를 제기하였다. 그러자 원고 甲은 이를 괘씸하게 여기고 약정이자 청구를 항소심에서 추가적으로 병합하였다. **이에 놀란 피고 乙이 항소를 취하하였는바, 항소심 법원은 원고 甲의 약정이자 청구에 대하여 심판할 수 있는지 서술하시오.** (20점)

I. 문제점
항소심에서 약정이자 청구를 심판할 수 있으려면 약정이자 청구가 항소심의 심판대상이 되어야 하는바, ① 우선 1심에서 전부승소한 甲이 항소심에서 이자청구를 추가하여 심판대상을 확장하는 부대항소를 할 수 있는지, ② 이자청구를 추가한 것이 추가적 변경으로서 그 요건을 갖춰 적법한 것인지, ③ 적법하더라도 乙의 항소취하가 있으면 甲의 부대항소가 효력을 잃어 항소심은 더 이상 심리를 진행할 수 없는 것인지 문제된다.

II. 전부승소한 甲의 항소심에서 청구의 추가적 병합이 허용되는지 여부(적극)

1. 항소심에서의 청구취지확장을 부대항소로 볼 수 있는지 여부(적극)

(1) 부대항소의 의의와 성질

(2) 요건, 절차 [계, 항, 전, 출]

(3) 사안의 경우
원고 甲의 청구취지 확장은 피고 乙이 제기한 적법한 항소의 계속 중에 乙을 상대로 행한 부대항소에 해당하므로 항소이익이 요구되지 않는다. 따라서 甲의 부대항소는 적법하다.

2. 청구의 추가적 변경의 요건 충족 여부(적극)

(1) 청구의 추가적 변경 여부(적극)
매매대금청구와 그 이자의 청구는 청구원인과 청구취지를 모두 달리하는 청구로 신구이론을 불문하고 소송물이 다르다. 따라서 이자청구를 추가한 것은 추가적 변경이다.

(2) **청구의 추가적 변경의 요건** [기, 지, 전, 일] (제5편 제1장 제2절 청구의 변경 참조)

소의 변경이 적법하기 위해서는 ⅰ) 청구기초의 동일성이 있을 것, ⅱ) 신청구의 심리를 위해 소송절차를 현저히 지연시키지 않을 것, ⅲ) 사실심에 계속되고 변론종결 전일 것, ⅳ) 청구병합의 일반요건으로서 신·구청구가 동종의 소송절차에 의하여 심리될 수 있어야 하고, 모든 청구에 대하여 당해 법원에 관할권이 있을 것이 요구된다(제262조). 여기서 청구기초의 동일성이란, 동일한 생활사실 또는 경제적 이익에 관한 분쟁에 있어서 그 해결방법에 차이가 있음에 불과한 경우(대판 1997.4.25. 96다32133)를 의미한다.

(3) **사안의 경우**

매매대금청구와 이자청구는 동일한 생활사실에 관한 분쟁에서 해결방법을 달리하는 것에 불과하므로 청구기초의 동일성이 인정되며, 나머지 요건이 흠결되었다고 볼 만한 특별한 사정이 없다.

다만, 항소심에서 추가적 변경의 경우 피고의 동의를 요하는지 문제되나, 청구 변경은 청구기초의 동일성이 있는 경우에만 허용되므로 항소심에서 추가적 변경을 하여도 청구기초가 동일하다면 피고의 심급의 이익이 실질적으로 침해되는 경우가 아니어서 피고의 동의가 필요 없다고 봄이 타당하다. 따라서 甲의 항소심에서 추가적 변경은 적법하다.

Ⅲ. 乙의 항소취하로 甲의 부대항소가 효력을 잃는지 여부(적극) **– 항소취하와 부대항소의 종속성**

1. 乙의 항소취하의 유효성(유효)

항소취하란 항소의 신청을 철회하는 소송행위(제393조)로, ⅰ) 항소제기 후 항소심 종국판결선고 전까지 할 수 있고, ⅱ) 항소불가분의 원칙에 의해 일부항소취하는 허용되지 않으며, ⅲ) 상대방의 동의는 필요 없고, ⅳ) 소송행위의 유효요건을 갖추어야 한다. 특히 상대방이 부대항소를 한 경우에도 부대항소인의 동의는 필요 없다(대판 1995.3.10. 94다51543). 따라서 乙의 항소취하는 유효하다.

2. 부대항소의 종속성 – 독립부대항소로 볼 수 있는지 여부(소극)

3. 사안의 경우

甲은 1심에서 전부승소한 자로서 항소의 이익이 없으므로 독립부대항소로 볼 수 없다. 따라서 乙의 항소취하로 甲의 부대항소도 효력을 잃으므로 항소심법원은 약정이자청구에 대해 심판할 수 없다.

Ⅳ. 항소취하   [E-7]

> 제393조 (항소의 취하) ① 항소는 항소심의 종국판결이 있기 전에 취하할 수 있다. ② 항소의 취하에는 제266조제3항 내지 제5항 및 제267조제1항의 규정을 준용한다.

1. 의 의

'항소취하'란 항소의 신청을 철회하는 소송행위이다(제393조).

2. 요 건

항소취하는 ⅰ) 항소제기 후 항소심 종국판결선고 전까지 할 수 있고[68], ⅱ) 항소불가분의 원칙에 의해 일부항소취하는 허용되지 않으며, ⅲ) 상대방의 동의는 필요 없고, ⅳ) 소송행위의 유효요건을 갖추어야 한다. [13회 사례형]

---

68) 소의 취하가 소제기 후 종국판결의 확정 전까지 할 수 있는 것(제266조 1항)과 차이가 있다.

[관련판례] ✳ **병합된 청구 전부에 대하여 불복한 항소에서 일부 청구에 대한 불복신청을 철회한 경우**
"항소의 취하는 항소의 전부에 대하여 하여야 하고 항소의 일부 취하는 효력이 없으므로 병합된 수개의 청구 전부에 대하여 불복한 항소에서 그중 일부 청구에 대한 불복신청을 철회하였더라도 그것은 단지 불복의 범위를 감축하여 심판의 대상을 변경하는 효과를 가져오는 것에 지나지 아니하고, 항소인이 항소심의 변론종결시까지 언제든지 서면 또는 구두진술에 의하여 불복의 범위를 다시 확장할 수 있는 이상 항소 자체의 효력에 아무런 영향이 없다"(대판 2017.1.12, 2016다241249: 법전협 표준판례(359)).

3. 효 과

항소취하에 의하여 항소는 소급적으로 그 효력을 잃게 되고, 항소심절차는 종료되며(제392조 2항), 그에 의해 제1심 판결은 확정된다. 소취하와 달리 항소취하 후에 항소기간 도과전이라면 다시 항소할 수 있다(제393조 2항에서 제267조 2항을 준용하지 않기 때문이다).

최근 判例도 "항소취하는 소의 취하나 항소권의 포기와 달리 제1심 종국판결이 유효하게 존재하므로, **항소기간 경과 후에 항소취하가 있는 경우에는 항소기간 만료 시로 소급하여 제1심판결이 확정되나**(대판 2017.9.21, 2017다233931: 법전협 표준판례(358)), **항소기간 경과 전에 항소취하가 있는 경우에는 판결은 확정되지 아니하고 항소기간 내라면 항소인은 다시 항소의 제기가 가능하다"**(대판 2016.1.14, 2015므3455)고 한다(9회,10회 선택형).

4. 항소취하와 소취하의 비교(소취하 C-4.참고)

제3관 상 고

Ⅰ. 의의 및 대상   [E-8]

'상고'란 법률심으로 '주로' 항소심의 종국판결에 '법령의 위반'이 있음을 이유로 대법원에 심판을 구하는 불복방법을 말한다. 항소심의 판결 중 환송이송판결도 상고의 대상이 되며, 당사자 사이에 제1심의 종국판결에 대한 비약상고의 합의(불항소합의)가 있는 경우(제422조 2항, 제390조 1항 단서)에는 제1심판결도 상고의 대상이 된다.

Ⅱ. 상고이유   [E-9]

1. 일반적 상고이유

상고는 판결에 영향을 미친 헌법·법률·명령 또는 규칙의 위반이 있다는 것을 이유로 드는 때에만 할 수 있다(제423조). 판결에 영향을 미친 경우로는 법령위반과 판결주문 사이에 인과관계가 있는 경우를 말한다.

[관련판례] ✳ **일반적 상고이유로서 사실문제와 법률문제의 구별**
법률행위와 관련하여 의사표시의 존부 및 인정 여부는 사실문제이나 그에 기한 의사표시 해석과 법률효과는 법률문제로 상고이유가 될 수 있다는 判例(대판 2011.1.13, 2010다69940: 법전협 표준판례(371))

2. 절대적 상고이유

'절대적 상고이유'란 항소심 판결에 절차상 잘못이 있는 경우로서 항소심 판결의 주문에 영향을 미쳤는지 여부와 관계없이 제424조에 열거된 사유가 인정될 경우 법률상 당연히 상고이유가 되는 것을 말한다.

[관련판례] ✽ 판결에 이유의 기재가 누락되거나 불명확한 경우, 민사소송법 제424조 제1항 제6호의 절대적 상고이유가 되는지 여부(적극)

"판결서에는 그 이유를 기재하여야 하고, 그 이유에는 주문이 정당하다는 것을 인정할 수 있을 정도로 당사자의 주장과 그 밖의 공격·방어방법에 관한 판단을 표시하여야 한다(민사소송법 제208조 제2항). 판결의 이유는 그와 같은 과정이 합리적·객관적이라는 것을 밝힐 수 있도록 그 결론에 이르게 된 과정에 필요한 판단을 기재하여야 하고, 그와 같은 기재가 누락되거나 불명확한 경우에는 민사소송법 제424조 제1항 제6호의 상고이유가 된다"(대판 2005.1.28. 2004다38624: 법전협 표준판례(372); 대판 2021.2.4. 2020다259506). 판결에 이유를 밝히지 아니한 위법이 이유의 일부를 빠뜨리거나 이유의 어느 부분을 명확하게 하지 아니한 정도가 아니라 판결에 이유를 전혀 기재하지 아니한 것과 같은 정도가 되어 당사자가 상고이유로 내세우는 법령 위반 등의 주장의 당부를 판단할 수도 없게 되었다면 그와 같은 사유는 당사자의 주장이 없더라도 법원이 직권으로 조사하여 판단할 수 있다(법전협 표준판례(372))

3. 재심사유

제451조 1항 단서에 의해 재심사유도 상소가 가능하다. 判例도 "민사소송법 제451조 제1항 각 호 소정의 재심사유를 상고이유로 삼을 수 있다고 할 것이나, 그 재심사유는 당해 사건에 대한 것이어야 하고, 당해 사건과 관련한 다른 사건에 재심사유가 존재한다는 점을 들어 당해 사건의 상고이유로 삼을 수는 없다 할 것이며, 확정판결의 기판력은 그 변론종결 후에 새로 발생한 사유가 있을 경우에는 효력이 차단되는 것이지만, 여기서 말하는 변론종결 후에 발생한 새로운 사유란 법률관계 사실 자체를 말하는 것이지 기존의 법률관계에 대한 새로운 증거자료를 의미하는 것이 아니다"(대판 2001.1.16. 2000다41349: 법전협 표준판례(373))는 입장이다.

Ⅲ. 상고의 제기

상고와 상고심의 소송절차에는 특별한 규정이 없으면 항소심의 규정을 준용한다(제425조). 따라서 상고심의 제기 역시 상고장 제출로 개시한다. 상고장에 상고이유를 적지 아니한 때에 상고인은 제426조의 소송기록 접수의 통지를 받은 날부터 20일 이내에 상고이유서를 제출하여야 한다(제427조). 그리고 상고인이 제427조의 규정을 어기어 상고이유서를 제출하지 아니한 때에는 상고법원은 변론 없이 판결로 상고를 기각하여야 한다(제429조 본문). 다만, 직권으로 조사하여야 할 사유가 있는 때에는 그러하지 아니하다(제429조 단서)(8회 선택형).

[관련판례] "상고법원은 상고이유에 의하여 불복신청한 한도 내에서만 조사·판단할 수 있으므로, 상고이유서에는 상고이유를 특정하여 원심판결의 어떤 점이 법령에 어떻게 위반되었는지에 관하여 구체적이고도 명시적인 이유의 설시가 있어야 할 것이므로, 상고인이 제출한 상고이유서에 위와 같은 구체적이고도 명시적인 이유의 설시가 없는 때에는 상고이유서를 제출하지 않은 것으로 취급할 수밖에 없다(대판 2017.5.31. 2017다216981; 대판 2024.1.25. 2023다283913; 대판 2024.5.17. 2018다262103)(8회 선택형).

[관련판례] ✽ 집배원의 배달착오로 소송기록접수통지서를 송달받지 못하여 제출기간 내에 상고이유서를 제출하지 못함으로써 상고가 기각된 경우, 재심사유에 해당하는지 여부

"우체국 집배원의 배달 착오로 상고인인 원고(재심원고)가 소송기록접수통지서를 송달받지 못하여 상고이유서 제출기간 내에 상고이유서를 제출하지 않았다는 이유로 원고의 상고가 기각된 경우, 원고는 적법하게

소송에 관여할 수 있는 기회를 부여받지 못하였으므로, 이는 민사소송법 제424조 제1항 제3호에 규정된 ' 법정대리권, 소송대리권 또는 대리인이 소송행위를 함에 필요한 수권의 흠결이 있는 때'에 준하여 재심사유에 해당한다고 봄이 상당하다"(대판 1998.12.11. 97재다445: 법전협 표준판례(374))

Ⅳ. 부대상고 [E-11]

피상고인은 부대항소와 마찬가지로 부대상고를 할 수 있고(제425조), 부대상고를 제기할 수 있는 시한은 항소심에서의 변론종결시에 대응하는 상고이유서 제출기간 만료시까지이다(대판 2001.3.23. 2000다 30165).

Ⅴ. 상고심의 종국판결(상고인용판결을 중심으로) [13사법] [E-12]

1. 의 의

상고심의 종국판결로는 ① 상고장 각하명령(제425조, 제402조 2항), ② 상고각하판결(제425조, 제413조), ③ 상고기각판결(제425조, 제414조 2항), ④ 상고인용판결(제436조, 제437조)이 있다. 상고인용판결은 원판결을 파기하고 환송·이송(제436조)하거나 상고법원이 스스로 종국판결을 하는 것을 말한다(제437조).

2. 환송·이송(제436조)

상고법원은 상고에 정당한 이유가 있다고 인정할 때에는 원심판결을 파기하고 사건을 원심법원에 환송하거나, 동등한 다른 법원에 이송하여야 한다(제436조 1항). 사건을 환송받거나 이송받은 법원은 다시 변론을 거쳐 재판하여야 한다. 이 경우에는 상고법원이 파기의 이유로 삼은 사실상 및 법률상 판단에 기속된다(제436조 2항). 때문에 기속력이 문제된다(후술). 또한, 원심판결에 관여한 판사는 환송 또는 이송 재판에 관여하지 못한다(제436조 3항).

3. 자 판(제437조)

상고법원은 원판결을 파기하는 경우 원심법원에 환송 또는 이송하는 것이 원칙이나 ⅰ) 확정된 사실에 대하여 법령적용이 어긋난다 하여 판결을 파기하는 경우에 사건이 그 사실을 바탕으로 재판하기 충분한 때, ⅱ) 사건이 법원의 권한에 속하지 아니한다 하여 판결을 파기하는 때에는 상고법원이 그 사건에 대하여 종국판결을 하여야 한다(제437조). 이 경우 상고법원은 제2심(항소심)의 입장에서 재판을 하게 된다.

4. 상고심의 심리범위(대판 2013.2.28. 2011다31706: 법전협 표준판례(375))

(1) 원고의 청구가 일부 인용된 항소심에 대해 피고만이 상고하여 상고심에서 파기환송한 경우, 환송 전 원심판결 중 원고 패소부분에 대하여 환송 후 원심이 심리할 수 있는지 여부(소극)

원고의 청구가 일부 인용된 환송 전 원심판결에 대하여 피고만이 상고하고 상고심은 이 상고를 받아들여 원심판결 중 피고 패소부분을 파기환송하였다면 피고 패소부분만이 상고되었으므로 위의 상고심에서의 심리대상은 이 부분에 국한되었으며, 환송되는 사건의 범위, 다시 말하자면 환송 후 원심의 심판 범위도 환송 전 원심에서 피고가 패소한 부분에 한정되는 것이 원칙이고, 환송 전 원심판결 중 원고 패소부분은 확정되었다 할 것이므로 환송 후 원심으로서는 이에 대하여 심리할 수 없다.

(2) 원고가 환송 후 원심에서 소를 교환적으로 변경한 경우, 항소심의 심판대상

그러나 환송 후 원심의 소송절차는 환송 전 항소심의 속행이므로 당사자는 원칙적으로 새로운 사실과 증거를 제출할 수 있음은 물론, 소의 변경, 부대항소의 제기뿐만 아니라 청구의 확장 등 그 심급에서 허용되는 모든 소송행위를 할 수 있고, 이때 소를 교환적으로 변경하면, 제1심판결은 소취하로 실효되고 항소심의 심판대상은 교환된 청구에 대한 새로운 소송으로 바뀌어 항소심은 사실상 제1심으로 재판하는 것이 된다.

(3) 환송 전 원심이 원고의 예비적 청구인 부당이득반환청구를 일부 인용하였고 피고만이 상고하여 환송판결이 피고 패소부분을 파기환송하였는데, 원고가 원심에서 예비적 청구의 청구원인과 청구금액을 같이하는 파산채권확정의 소로 청구를 교환적으로 변경한 경우

환송 전 원심이 원고의 예비적 청구인 부당이득반환청구를 일부 인용하였고 피고만이 상고하여 환송판결이 피고 패소부분을 파기환송하였는데, 원고가 원심에서 예비적 청구의 청구원인과 청구금액을 같이하는 파산채권확정의 소로 청구를 교환적으로 변경한 사안에서, 환송 전 원심판결의 예비적 청구 중 일부 인용한 금액을 초과하는 부분은 원고 패소로 확정되었지만, 원심에서 교환적으로 변경된 예비적 청구는 전체가 원심의 심판대상이 되는데, 환송 전 원심판결의 예비적 청구 중 일부 인용한 금액을 초과하는 부분은 원고 패소로 확정되었으므로 이와 실질적으로 동일한 소송물인 파산채권확정청구에 대하여도 다른 판단을 할 수 없다는 이유로, 이와 달리 보아 교환적으로 변경된 예비적 청구 중 환송 전 원심판결에서 인용한 금액을 초과하는 부분을 인용한 원심판결을 파기하고 자판한 사례

[판례해설] 파기환송심에서 상고가 제기되지 않은 원고 패소 부분은 이미 확정되어 환송 후 원심은 이를 심리할 수 없으나, 원고가 소를 교환적으로 변경할 경우에는 제1심판결은 소취하로 실효되고 환송심의 심판대상은 교환된 청구에 대한 새로운 소송으로 바뀜을 인정한 판결

5. 환송 후 소송절차(대판 2014.6.12. 2014다11376, 11383: 법전협 표준판례(376))

(1) 본소 및 반소가 각 일부 인용된 항소심에 대하여 피고만이 상고하고 상고심에서 본소 및 반소에 관한 각 피고 패소 부분을 파기환송한 경우, 환송 전 원심판결 중 본소에 관한 원고 패소 부분과 반소에 관한 피고 승소 부분에 대하여 환송 후 원심이 심리할 수 있는지 여부(소극)

원고의 본소청구 및 피고의 반소청구가 각 일부 인용된 환송 전 원심판결에 대하여 피고만이 상고하고 상고심은 이 상고를 받아들여 원심판결 중 본소 및 반소에 관한 각 피고 패소 부분을 파기환송하였다면 피고 패소 부분만이 각 상고되었으므로 위 상고심에서의 심리대상은 이 부분에 국한되었고, 환송되는 사건의 범위, 다시 말하자면 환송 후 원심의 심판 범위도 환송 전 원심에서 피고가 각 패소한 부분에 한정되는 것이 원칙이고, 환송 전 원심판결 중 본소에 관한 원고 패소 부분과 반소에 관한 피고 승소 부분은 각 확정되었다고 할 것이므로 환송 후 원심으로서는 이에 대하여 심리할 수 없다

(2) 환송 후 원심에서 당사자의 소송행위로 인해 환송 전 판결보다 상고인에게 불리한 결과가 생길 수 있는지 여부(적극)

그러나 환송 후 원심의 소송절차는 환송 전 항소심의 속행이므로 당사자는 원칙적으로 새로운 사실과 증거를 제출할 수 있음은 물론, 소의 변경, 부대항소의 제기뿐만 아니라 청구의 확장 등 그 심급에서 허용되는 모든 소송행위를 할 수 있고, 이러한 이유로 환송 전의 판결보다 상고인에게 불리한 결과가 생기는 것은 불가피하다.

[판례해설] 본소 청구와 반소 청구가 일부 인용된 환송 전 원심판결에 대해 피고만 상고하고 상고심에서 본소와 반소에 관한 피고 패소 부분을 파기 환송한 경우, 환송받은 법원의 심판 범위와 그 소송절차에서 할 수 있는 소송행위의 범위를 명확히 한 판결

Ⅵ. 환송판결의 기속력 [13사법]

[E-13]

> 제436조 (파기환송, 이송) ① 상고법원은 상고에 정당한 이유가 있다고 인정할 때에는 원심판결을 파기하고 사건을 원심법원에 환송하거나, 동등한 다른 법원에 이송하여야 한다. ② 사건을 환송받거나 이송받은 법원은 다시 변론을 거쳐 재판하여야 한다. 이 경우에는 **상고법원이 파기의 이유로 삼은 사실상 및 법률상 판단에 기속**된다. ③ 원심판결에 관여한 판사는 제2항의 재판에 관여하지 못한다.

1. 의의 및 법적 성질

환송을 받은 법원이 다시 심판을 하는 경우에는 상고법원이 파기를 이유로 한 '사실상 및 법률상의 판단'에 기속되는 바(제436조 2항 단서, 법원조직법 제8조), 이를 '환송판결의 기속력'이라고 한다. 기속력의 성질에 관하여는 判例[69]는 환송판결도 동일절차 내에서는 철회, 취소될 수 없다는 의미에서 기속력이 인정됨은 물론 법원조직법 제8조, 민사소송법 제436조 제2항 후문에 의하여 '하급심에 대한 특수한 기속력'이 인정된다고 하여 특수효력설의 입장이다.

2. 기속력의 범위

(1) 객관적 범위

1) 사실상의 판단

사실상의 판단은 소송요건 등의 직권조사사항과 재심사유에 해당하는 사실을 지칭하고, 본안에 관한 사실은 상고심이 법률심이기 때문에 포함되지 않는다. 따라서 환송받은 법원은 본안에 관해서는 새로운 자료에 기하여 새로운 사실인정이 가능하다(사실확정은 사실심의 전권사항이다. 제432조 참조). 나아가 환송 후 사실관계를 달리 인정할 경우 그에 기한 새로운 법률상의 판단은 가능하고 이에 대하여는 환송판결의 기속력이 미치지 않는다(대판 1994.9.9. 94다20501).

> [관련판례] ✳ 환송받은 법원이 새로운 증거나 보강된 증거에 의하여 새로운 사실인정을 할 수 있는지 여부
> "민사소송법 규정에 의한 파기환송판결의 기속력이라 함은 사건을 환송받은 법원은 상고법원이 파기의 이유로 삼은 사실상 및 법률상 판단에 기속된다는 것으로서, 여기에서 '파기이유로 삼은 사실상의 판단'이란 상고법원이 절차상의 직권조사사항에 관하여 한 사실상의 판단을 말하고 본안에 관한 사실판단을 말하는 것이 아니며, 환송을 받은 법원은 변론을 거쳐 새로운 증거나 보강된 증거에 의하여 본안의 쟁점에 관하여 새로운 사실인정을 할 수 있는 것이므로, 그 심리과정에서 당사자의 주장·입증이 새로이 제출되거나 또는 보강되어 상고법원의 기속적 판단의 기초가 된 사실관계에 변동이 생긴 때에는 환송판결의 기속력은 미치지 않는다"(대판 2012.1.12. 2010다87757: 법전협 표준판례(378))

---

69) [학설] ① 중간판결에 인정되는 기속력과 같이 보는 중간판결설, ② 확정판결의 기판력으로 보는 기판력설이 있으나, ③ 통설은 심급제도의 유지를 위해 상급심의 판결이 하급심을 구속하는 특수한 효력으로 보는 특수효력설로 보고 있다.

2) 법률상의 판단

① 이때 기속력은 원심판결의 판단을 부당하다고 하여 파기이유로 한 판단 및 **파기이유와 논리필연적 관계**가 있어서 상고법원이 파기이유의 전제로 당연히 판단하였다고 볼 수 있는 법률상의 판단도 포함된다(대판 1991.10.25. 90누7890 : 예컨대, 소송요건의 흠도 상고이유로 한 경우에 소송요건을 긍정하면서 본안판단의 위법을 들어 파기한 때에는 소송요건의 존재를 긍정한 판단에도 구속력이 생긴다). 그러므로 원판결을 파기하면서 파기사유와 논리필연적 관계가 없는 부분, 즉 부수적으로 지적한 사항은 기속력이 없다.

> **[관련판례]** ＊ **환송판결의 기속력이 소송요건 충족에 대한 판단에 대하여도 미치는지 여부(적극)**
> "채권자대위소송에서 대위에 의하여 보전될 채권자의 채무자에 대한 권리(피보전채권)가 존재하는지는 소송요건으로서 법원의 직권조사사항이므로, 환송판결이 구 특조법에 의하여 경료된 등기의 추정력이 번복되는 경우인지에 관해서만 판단하였더라도, 그 판단은 甲이 乙 등 또는 상속인에 대하여 명의신탁 해지에 따른 이전등기청구권을 가지고 이를 피보전채권으로 하여 乙 등 또는 상속인을 대위할 수 있어 소송요건을 구비하였다는 판단을 당연한 논리적 전제로 하고 있으므로, 환송판결의 기속력은 甲의 청구가 소송요건을 구비한 적법한 것이라는 판단에 대하여도 미친다"(대판 2012.3.29. 2011다106136: 법전협 표준판례(379)).

② 하급심은 파기의 이유로 된 잘못된 견해만 피하면 다른 가능한 견해에 의하여 환송 전의 판결과 동일한 결론을 가져 온다고 하여도 환송판결의 기속을 받지 아니한 위법을 범한 것이라 할 수 없다(대판 1990.5.8. 88다카5560)(8회 선택형).

(2) 주관적 범위

당해사건에 관한 한, 환송판결의 하급심법원에 대한 기속력을 절차적으로 담보하고 그 취지를 관철하기 위하여 환송을 받은 법원 및 그 하급심, 그 사건이 재상고된 때에는 상고법원(대법원의 부) 자신도 동일 사건의 재상고심에서 환송판결의 법률상 판단에 기속된다(자기구속, 대판 1981.2.24. 80다2029). 判例는 종래 재상고심의 전원합의체까지 기속된다고 보았으나, 판례를 변경하여 원고가 손실보상금재결처분취소를 구한사안에서 "대법원의 전원합의체가 종전의 환송판결의 법률상 판단을 변경할 필요가 있다고 인정하는 경우에는, 그에 기속되지 아니하고 통상적인 법령의 해석적용에 관한 의견의 변경 절차에 따라 이를 변경할 수 있다고 보아야 할 것이다"(대판 2001.3.15. 전합98두15597: 법전협 표준판례(377))고 하여 **재상고심의 전원합의체에는 환송판결의 기속력을 부정한다.**

[판례검토] 대법원의 전원합의체에도 환송판결의 기속력이 미친다면 전원합의체의 권능 행사를 통해 법령의 올바른 해석적용과 그 통일을 기하고 무엇이 정당한 법인가를 선언함으로써 사법적 정의를 실현하여야 할 임무가 있는 대법원이 자신의 책무를 스스로 포기하는 셈이 될 것이므로 변경된 판례의 태도가 타당하다.

3. 기속력의 소멸

원칙적으로 상고심으로부터 사건을 환송받은 법원은 그 사건을 재판함에 있어서 상고법원이 파기이유로 한 사실상 및 법률상의 판단에 관하여 환송 후의 심리과정에서 새로운 주장이나 입증이 제출되어 기속적 판단의 기초가 된 사실관계에 변동이 생기지 않는 한 이에 기속된다(대판 2001.3.15. 전합98두15597.: 법전협 표준판례(377); 대판 2024.4.16. 2023다315391).

그러나 상고법원으로부터 사건을 환송받은 법원은 그 사건을 다시 재판함에 있어서 상고법원의 파기이유로 한 사실상과 법률상의 판단에 기속을 받는 것이나 환송 후의 심리과정에서 새로운 주장 · 입증이 제출되어 기속적 판단의 기초가 된 사실관계에 변동이 생긴 때에는 그 기속력은 미치지 아니한다. 환송판결의 기속적 판단의 기초가 된 법률조항에 대한 위헌선언이 있는 경우 判例는 "상고심법원이 환송 전 원심판결을 파기하는 이유로 삼은 사실상 및 법률상의 판단은 사건의 환송을 받은 원심은 물론 상고심법원도 기속한다. 그러나 **환송판결 선고 이후 헌법재판소가 환송판결의 기속적 판단의 기초가 된 법률 조항을 위헌으로 선언하여 그 법률 조항의 효력이 상실된 때에는 그 범위에서 환송판결의 기속력은 미치지 않고, 환송 후 원심이나 그에 대한 상고심에서 위헌결정으로 효력이 상실된 법률 조항을 적용할 수 없어 환송판결과 다른 결론에 이른다고 하더라도 환송판결의 기속력에 관한 법원 조직법 제8조에 저촉되지 않는다**"(대판 2020.11.26. 2019다2049)는 입장이다.

핵심사례 E-05

■ 파기환송판결의 기속력, 재심대상 여부	2013년 사법시험

甲은 乙소유의 A토지에 관하여 임대차계약을 체결하였다. 이후 甲은 위 토지를 인도받아 사용하려고 하였으나 丙이 아무런 권원 없이 A토지 위에 창고를 건축하여 그 토지를 불법점유하고 있음을 알게 되었다. 이에 甲은 乙에 대한 임차권을 보전하기 위하여 乙을 대위하여 丙을 상대로 건물철거청구의 소를 제기하였다. (아래 각 설문은 서로 관련이 없음)

〈문제 1.〉 위 소송의 제1심법원은 원고 승소판결을 하였으나 항소심법원은 甲과 乙사이의 임대차계약이 무효이므로 피보전권리가 존재하지 않는다고 판단하여 제1심 판결을 취소하고 원고의 소를 각하하였다. 이와 달리 상고심법원은 甲과 乙 사이의 임대차계약은 적법하게 성립되어 피보전권리는 존재한다고 판단하여 원심판결을 파기하고 환송하는 판결을 하였다. **환송 후 원심법원이 임대차계약은 무효이므로 피보전권리가 없다고 판단하여 다시 원고의 소를 각하하는 판결을 하였다면 이 판결은 적법한가? 환송 후 원심법원의 판결에 대하여 다시 상고가 제기되었을 때 상고심은 환송 전 상고심판결에 기속되는가? (15점)**

〈문제 2.〉 제1심법원에서 甲과 乙 사이의 임대차계약은 무효이므로 피보전권리가 존재하지 아니한다고 판단하여 본안에 대한 심리 없이 소각하판결을 하였고, 항소심 법원 역시 제1심법원과 같이 판단하여 원고의 항소를 기각하는 판결을 하였다. **상고심법원은 이와 달리 임대차계약이 유효하므로 피보전권리는 존재한다고 판단한 경우, 상고심법원은 원심판결을 파기하고 이 사건을 어느 법원으로 환송하여야 하는가? (10점)**

Ⅰ. 문제 1.의 해결

1. 결 론

① 환송 후 원심법원의 판결은 환송판결의 기속력에 반하여 위법하다. ② 환송 후 원심법원의 판결에 대하여 다시 상고가 제기되었을 때 상고심은 원칙적으로 환송 전 상고심판결에 기속된다. 다만, 대법원이 전원합의체를 연다면 기속되지 않는다.

2. 논 거

(1) 환송판결의 기속력의 의의 및 법적성질

(2) 기속력의 범위

1) 객관적 범위 / 2) 주관적 범위

(3) 사안의 해결

상고심법원이 피보전권리가 존재한다고 판단하여 원심판결을 파기환송 하였는데, 환송 후 원심법원이 새로운 증거에 의하여 새로운 사실을 인정하지 않은 채 환송 전 원심법원과 똑같이 위 임대차계약을 무효로 보아 피보전권리가 없다고 판단한 것은 대법원의 환송판결의 기속력에 반하여 위법하다.

따라서 위 판결에 대하여 다시 상고가 제기되었을 때 상고심은 원칙적으로 환송 전 상고심 판결에 기속된다. 다만 대법원이 전원합의체를 연다면 기속되지 않게 된다.

Ⅱ. 문제 2.의 해결 - 필수적 환송

1. 상고인용판결의 방법

상고법원은 상고가 이유 있다고 인정할 때에는 원판결을 파기하지 않으면 안 된다. 파기사유로는 ⅰ) 상고이유에 해당할 때, ⅱ) 직권조사사항에 관하여 조사한 결과 원판결이 부당한 때 등 이다. 채권자 대위소송에서 피보전채권의 존재는 소송요건에 해당하고 소송요건은 직권조사사항에 해당한다. 따라서 적법한 대위소송인데 1심과 원심이 잘못하여 부적법 각하판결을 내렸다면 파기사유에 해당한다.

2. 파기 이후의 조치

(1) 원 칙 - 환송 · 이송(제436조) / (2) 예 외 - 자판(제437조)

3. 사안의 해결

설문은 제1심과 원심에서 본안심리 없이 소를 부적법 각하한 사안이다. 상고심이 소가 적법하다고 보았다면 확정된 사실에 대하여 법령적용이 어긋난다 하여 판결을 파기하는 경우에 사건이 그 사실을 바탕으로 재판하기 충분한 때에 해당하므로 원심의 항소기각판결을 파기하고 제1심판결을 취소하는 자판을 하면서(제437조 1호), 사건을 제1심 법원에 환송하여야 한다(제425조, 제418조).

제4관 항 고

> 제439조 (항고의 대상) 소송절차에 관한 신청을 기각한 결정이나 명령에 대하여 불복하면 항고할 수 있다.
>
> 제440조 (형식에 어긋나는 결정 · 명령에 대한 항고) 결정이나 명령으로 재판할 수 없는 사항에 대하여 결정 또는 명령을 한 때에는 항고할 수 있다.

Ⅰ. 의 의

[E-14]

판결 이외의 재판인 결정 · 명령에 대한 간이한 불복방법으로, 절차상의 부수적 · 파생적 다툼을 상소시까지 기다리지 않고 신속히 확정하는데 의의가 있다(제439조, 제440조)

Ⅱ. 종 류

[E-15]

1. 통상항고 · 즉시항고

① 통상항고란 원재판의 취소를 구할 이익이 있는 한 언제든 제기 가능한 것이고, ② 즉시항고란 재판이 고지된 날부터 1주 이내에 하여야 하며(제444조) 집행을 정지시키는 효력을 가지는(제447조) 것을 말한다.

2. 최초의 항고·재항고

① 최초의 항고란 원심법원이 제1심으로 한 결정·명령에 대한 항고이고 항소의 규정이 적용된다(제443조). ② 재항고란 항고법원의 결정에 대한 항고 및 고등법원 또는 항소법원의 결정·명령에 대한 항고를 말하며(제442조), 상고에 관한 규정이 적용된다(제443조)

[관련판례] ✽ 항소법원의 결정에 대하여 다투는 방법으로서의 재항고
"민사소송법 제442조는 "항고법원·고등법원 또는 항소법원의 결정 및 명령에 대하여는 재판에 영향을 미친 헌법·법률·명령 또는 규칙의 위반을 이유로 드는 때에만 재항고할 수 있다."고 규정하고 있으므로, 항소법원의 결정에 대하여는 대법원에 재항고하는 방법으로 다투어야만 한다"(대결 2004.4.28. 2004스19: 법전협 표준판례(380)). 항소법원인 지방법원 합의부의 법원사무관 등이 한 처분에 대한 이의신청을 기각한 법원의 결정에 대하여 제기된 항고는 재항고로 보아야 함에도 불구하고 기록이 대법원이 아닌 고등법원에 송부되자 고등법원이 이를 항고사건으로 심리하여 기각한 경우, 위 결정은 권한 없는 법원이 한 것에 귀착되므로 취소되어야 한다(同 判例)

[관련판례] ✽ 재항고의 법적 성격과 판단기준
"기피신청에 관한 각하 또는 기각 결정에 대하여는 즉시항고를 할 수 있고(민사소송법 제47조 제2항), 재항고도 항고와 마찬가지로 통상항고와 즉시항고로 나누어지나 그 구분은 원래의 항고 자체가 통상항고인가 즉시항고인가에 의하는 것이 아니라 재항고의 대상이 되는 재판의 내용에 따르게 되므로 위와 같은 즉시항고를 항고심이 각하, 기각하였으면 그에 대한 재항고는 즉시항고로서의 성격을 가진다"(대결 2007.7.2. 2006마409: 법전협 표준판례(381)).

[판례해설] 재항고의 성격은 원래 항고가 아니라 재항고의 대상이 되는 재판의 내용에 따른다는 점을 분명히 한 결정

3. 특별항고·일반항고

① 특별항고란 불복할 수 없는 결정이나 명령에 대하여는 재판에 영향을 미친 헌법위반이 있거나, 재판의 전제가 된 명령·규칙·처분의 헌법 또는 법률의 위반여부에 대한 판단이 부당하다는 것을 이유로 하는 때에만 대법원에 제기하는 항고이다(제449조 1항).[70] ② 일반항고란 특별항고 이외의 항고를 말한다.

[관련판례] ✽ 판결경정신청을 기각한 결정에 대하여 헌법 위반을 이유로 특별항고를 할 수 있는 경우
"'판결의 경정'은 판결에 잘못된 계산이나 기재 그 밖에 이와 비슷한 잘못이 있는 것이 명백한 때 그 내용을 실질적으로 변경하지 않는 범위에서 표현상의 기재 잘못이나 계산의 착오 또는 이와 유사한 잘못을 법원 스스로 결정으로써 집행에 지장이 없도록 하자는 데 그 취지가 있다. 경정이 가능한 잘못에는 그것이 법원의 과실로 생긴 경우뿐만 아니라 당사자의 청구에 잘못이 있어 생긴 경우도 포함되며, 경정대상인 판결 이후에 제출되어진 자료도 소송경제상 이를 참작하여 그 오류가 명백한지 여부를 판단할 수 있다(2020.6.15. 2023그590). 한편 민사소송법 제449조 제1항은 불복할 수 없는 결정이나 명령에 대하여는 재판에 영향을 미친 헌법 위반이 있거나, 재판의 전제가 된 명령·규칙·처분의 헌법 또는 법률의 위반 여부에 대한 판단이 부당하다는 것을 이유로 하는 때에만 대법원에 특별항고를 할 수 있도록 하고 있다. 여기서 결정이나 명령에 대하여 재판에 영향을 미친 헌법 위반이 있다고 함은 결정이나 명령의 절차에서 헌법 제

---

70) "승계집행문부여 거절에 대한 이의신청에 관한 재판에 대해서는 민사소송법 제449조 제1항에 정한 특별항고만이 허용된다. 이 조항은 법률상 불복할 수 없는 결정·명령에 재판에 영향을 미친 헌법 위반이 있거나, 재판의 전제가 된 명령·규칙·처분의 헌법 또는 법률의 위반 여부에 대한 판단이 부당하다는 것을 이유로 하는 때에 한하여 특별항고를 허용하고 있다(민사소송법 제449조 제1항). 따라서 법원의 결정이 법률에 위반되었다는 사유는 재판에 영향을 미친 헌법 위반이 있다고 할 수 없어 특별항고 사유가 아니다"(대결 2017.12.28. 2017그100)

27조 등이 정하고 있는 적법한 절차에 따라 공정한 재판을 받을 권리가 침해된 경우를 포함한다. 판결 경정신청을 기각한 결정에 이러한 헌법 위반이 있다고 하려면 신청인이 그 재판에 필요한 자료를 제출할 기회를 전혀 부여받지 못한 상태에서 그러한 결정이 있었다든지, 판결과 그 소송의 모든 과정에 나타난 자료와 판결 선고 후에 제출된 자료에 의하여 판결에 잘못이 있음이 분명하여 판결을 경정해야 하는 사안임이 명백한데도 법원이 이를 간과함으로써 기각결정을 하였다는 등의 사정이 있어야 한다"(대결 2020.3.16. 2020그507).

[관련판례] ✱ 판결경정이 가능한 잘못에는 당사자의 청구에 잘못이 있어 생긴 경우도 포함되는지 여부(적극)

"판결에 잘못된 계산이나 기재, 그 밖에 이와 비슷한 오류가 있음이 분명한 때에 하는 경정결정은, 일단 선고된 판결에 대하여 그 내용을 실질적으로 변경하지 않는 범위 내에서 그 표현상의 기재 잘못이나 계산 착오 또는 이와 유사한 오류를 법원 스스로가 결정으로 정정 또는 보충하여 강제집행이나 가족관계등록부의 정정 또는 등기의 기재 등 이른바 광의의 집행에 지장이 없도록 하자는 데 그 취지가 있는 것이고, 경정이 가능한 오류에는 그것이 법원의 과실로 인하여 생긴 경우뿐만 아니라 당사자의 청구에 잘못이 있어 생긴 경우도 포함되며, 경정결정을 함에 있어서는 그 소송 전 과정에 나타난 자료는 물론 경정대상인 판결 이후에 제출되어진 자료도 다른 당사자에게 아무런 불이익이 없는 경우나 이를 다툴 수 있는 기회가 있었던 경우에는 소송경제상 이를 참작하여 그 오류가 명백한지 여부를 판단할 수 있다"(대결 2000.5.24. 98마1839; 법전협 표준판례(238); 대결 2021.9.30. 2021그633).[71]

Ⅲ. 적용범위   [E-16]

1. 항고로써 불복할 수 있는 결정 · 명령

(1) 소송절차에 관한 신청을 기각한 결정이나 명령(제439조)

① 기일지정신청(제165조), 수계신청(제243조) 등 소송절차의 개시 · 진행 등에 관한 신청이 기각된 경우만 항고할 수 있으며, ② 당사자에게 신청권이 없는 변론재개신청이나 소송절차의 개시 · 진행과 관계없는 판결경정신청의 기각결정에 대해서는 항고할 수 없다. 증거신청의 각하결정이나 실기한 공격방어방법의 각하결정과 같이 종국판결과 함께 불복할 수 있는 재판도 독립하여 항고할 수 없다.

[비교판례] ✱ 제1심법원이 항소장 각하명령에 관한 항고에 정당한 이유가 있다고 인정하여 재판을 경정한 경우, 그로 인해 불이익을 받는 상대방 당사자는 그 경정재판에 대하여 다시 즉시항고로 불복할 수 있는지 여부(적극)

"민사소송법 제446조에 따라 제1심법원이 항소장 각하명령에 관한 항고에 정당한 이유가 있다고 인정하여 재판을 경정한 경우, 그로 인해 불이익을 받는 상대방 당사자는 그 경정재판에 대하여 다시 즉시항고로 불복할 수 있다고 보아야 한다"(대결 2023.7.14. 2023그585, 586)   [사 실 관 계]
원심법원(제1심)의 경정 재판(항소장 각하명령 취소결정)에 관한 항고를 '특별항고'로 보아 대법원에 송부한 사안에서, 위 항고는 '즉시항고'로 보아야 한다고 판단하여 사건을 관할법원인 항고법원에 이송한 사례

---

71) **[사실관계]** 甲 등이 乙 등을 상대로 상속지분에 관하여 소유권이전등기절차의 이행을 구하는 소를 제기하면서 상속인별 상속지분을 정리한 자료에 이름의 오기 및 대습상속인에 관한 오기 등이 정정되지 않고 승소판결이 확정되자, 甲 등이 위 확정판결에 대한 경정신청을 한 사안에서, 위 확정판결에는 일부 피고 이름의 오기 및 대습상속인에 관한 오류가 있고, 이는 제출된 자료에 의해 명백히 인정할 수 있는 것일 뿐 아니라, 나아가 이를 변경하는 것으로 경정하더라도 그것이 판결 내용을 실질적으로 변경하는 것이라고 볼 수 없으므로 위 판결이 경정되어야 하는데도, 경정신청을 기각한 원심결정에 재판에 영향을 미친 헌법 위반이 있다고 한 사례

(2) 방식위배의 결정·명령

결정이나 명령으로 재판할 수 없는 사항에 대하여 결정 또는 명령을 한 때에는 항고할 수 있다(제440조).

(3) 집행절차에 관한 집행법원의 재판

집행절차에 관한 집행법원의 재판에 대하여는 특별한 규정이 있다면 즉시항고를 할 수 있다(민사집행법 제15조 1항).

2. 항고로써 불복할 수 없는 결정·명령

법률이 특별히 불복신청을 금지하고 있는 경우(기피신청, 관할지정결정 등), 해석상 불복할 수 없는 재판(판결 또는 화해조서경정신청 기각결정 등), 항고 이외의 불복신청 방법이 있는 경우(지급명령에 대한 이의 등), 대법원의 결정·명령, 수탁법원이나 수탁판사의 재판(준항고만 가능), 청구취지변경을 불허한 결정(종국판결에 대한 상소로서만 이를 다툴 수 있다 : 대판 1992.9.25. 92누5096)(6회 선택형).

Ⅳ. 절 차 [E-17]

1. 항고의 제기

항고는 항고장을 원심법원에 제출함으로써 하고(제445조), 항고제기에 의해 사건은 항고법원에 이심된다. 최근 대법원은 "결정·명령의 원본이 법원사무관등에게 교부되어 성립한 경우, 결정·명령이 당사자에게 고지되어 효력이 발생하기 전에 결정·명령에 불복하여 항고할 수 있다"(대결 2014.10.8. 전합2014마667: 법전협 표준판례(233))고 판시하였다.

> **[관련판례] ✽ 재항고장의 원심법원 제출주의**
> "재항고제기기간의 준수여부는 재항고장이 원심법원에 접수된 때를 기준으로 판단하여야 할 것인 바 재항고인이 1984.3.30 원심결정정본을 송달받고 대법원귀중이라고 표시한 재항고장을 우편으로 제출하여 1984.4.6자로 서울민사지방법원 종합접수실에 접수되었는데 동 법원에서는 이를 원심법원인 인천지방법원에 송부하여 4월 13일자로 위 법원에 접수되었다면 본건 재항고장은 재항고기간이 경과한 후에 원심법원에 접수된 것으로 부적법하다"(대결 1984.4.28. 84마251: 법전협 표준판례(382)).
> **[판례해설]** 재항고에는 상고규정이 준용되므로 재항고장은 원심법원에 제출하여야 하며, 재항고기간의 준수 여부는 원심법원에 항고장이 접수된 때를 기준으로 함을 분명히 밝힌 결정

2. 항고의 효력

원심법원은 항고에 정당한 이유가 있다고 인정하는 때에는 그 재판을 경정하여야 하고(제446조), 항고법원 또는 원심법원이나 판사는 항고에 대한 결정이 있을 때까지 원심재판의 집행을 정지하거나 그 밖에 필요한 처분을 명할 수 있다(제448조). 즉시항고라면 그 자체로 집행을 정지시키는 효력을 가진다(제447조).

3. 항고의 심판

항고법원의 소송절차에는 항소심에 관한 규정이 준용되나(제443조 1항), 항고법원이 제1심 결정을 취소하고 제1심법원으로 환송한 사건에 제406조 3항은 준용되지 않으므로 환송전 제1심결정에 관여하였던 판사가 환송 후 제1심결정에 관여할 수 있다(대결 1975.3.12. 74마413). 항고절차는 결정으로 완결할 사건에 해당하므로 법원이 변론을 열 것인지 아닌지를 정한다(제134조 1항 단서).

[관련판례] ❋ 재판에 영향을 미친 법률위반이 있다고 하여 특별항고를 할 수 있는지 여부 및 특별항고 사건에서 대법원의 심판범위

"특별항고는 법률상 불복할 수 없는 결정·명령에 재판에 영향을 미친 헌법 위반이 있거나, 재판의 전제가 된 명령·규칙·처분의 헌법 또는 법률의 위반 여부에 대한 판단이 부당하다는 것을 이유로 하는 때에 한하여 허용되므로(민사소송법 제449조 제1항), 결정이 법률을 위반하였다는 사유만으로는 재판에 영향을 미친 헌법 위반이 있다고 할 수 없어 특별항고 사유가 되지 못한다. 그리고 관할 등과 같은 소송요건의 적법 여부를 다투는 특별항고사건에서도 대법원은 원심법원의 결정이나 명령에 재판에 영향을 미친 헌법위반을 비롯한 특별사유가 있는지 여부에 한정하여 심사해야 하고, 단순한 법률위반이 있다는 이유만으로 원심결정 등을 파기할 수는 없다"(대결 2008.1.24. 2007그18: 법전협 표준판례(383))

[관련판례] ❋ 특별항고가 제기된 경우에도 원심법원이 재도의 고안에 따라 경정결정을 할 수 있는지 여부

"일반적으로 원심법원이 항고를 이유 있다고 인정하는 때에는 그 재판을 경정할 수 있으나 통상의 절차에 의하여 불복을 신청할 수 없는 결정이나 명령에 대하여 특별히 대법원에 위헌이나 위법의 심사권을 부여하고 있는 특별항고의 경우에 원심법원에 반성의 기회를 부여하는 재도의 고안을 허용하는 것은 특별항고를 인정한 취지에 맞지 않으므로 특별항고가 있는 경우 원심법원은 경정결정을 할 수 없고 기록을 그대로 대법원에 송부하여야 한다"(대결 2001.2.28. 2001그4: 법전협 표준판례(384))

V. 재항고 [E-18]

항고법원·고등법원 또는 항소법원의 결정 및 명령에 대하여는 재판에 영향을 미친 헌법·법률·명령 또는 규칙의 위반을 이유로 드는 때에만 재항고할 수 있다(제442조). 상고의 규정이 준용되므로 재항고장은 원심법원에 제출하여야 한다(제443조 2항). 재항고에는 상고심절차에 관한 특례법이 준용되므로(동법 제7조) 재항고이유가 중요한 법령위반에 해당하지 않는 경우에는 심리불속행의 재항고 기각결정을 한다(동법 제4조).

제2절 재심절차

I. 재심의 의의 [E-19]

재심은 확정된 판결에 대하여 사실인정에 중대한 오류가 있는 경우에 당사자 및 기타 청구권자의 청구에 의하여 그 판결의 당부(當否)를 다시 심리하는 비상수단적인 구제방법이다.

II. 재심의 적법요건 [대, 기, 당, 이, 주, 보] [E-20]

재심의 소가 적법하려면 i) 재심대상적격, ii) 재심기간 준수(제456조), iii) 재심당사자적격, iv) 재심이익, v) 재심사유 주장 vi) 보충성요건이 필요하다.

1. 재심대상적격

(1) 확정된 종국 판결

"재심은 확정된 종국판결에 대하여 제기할 수 있는 것이므로, 확정되지 아니한 판결에 대한 재심의 소는 부적법하고, 판결 확정 전에 제기한 재심의 소가 부적법하다는 이유로 각하되지 아니하고 있는 동안에 판결이 확정되었더라도, 재심의 소는 적법한 것으로 되는 것이 아니다"(대판 2016.12.27. 2016다35123)(7회 선택형). 한편, "재심의 소에서 확정된 종국판결도 '확정된 종국판결'에 해당하므로 확정된 재심판결에 위 조항에서 정한 재심사유가 있을 때에는 확정된 재심판결에 대하여 재심의 소를 제기할 수 있다"(대판 2015.12.23. 2013다17124: 법전협 표준판례(386))(7회 선택형).

(2) 대법원의 환송판결에 재심의 대상적격이 있는지 여부(소극) [13사법]

1) 문제점

재심의 소는 확정된 종국판결에 대해서만 허용되는 바, 대법원의 환송판결이 종국판결인지 여부와 확정된 종국판결인지 여부가 문제된다.

2) 대법원의 환송판결이 종국판결인지 여부(적극)

종국판결은 소 또는 상소에 의하여 계속된 사건의 전부 또는 일부를 그 심급으로서 완결하는 판결이라 하고, 중간판결은 소송의 진행 중 당사자간에 쟁점으로 된 사항에 대하여 미리 판단을 하여 종국판결을 용이하게 하기 위한 판결인 바, 대법원의 파기환송판결도 당해 사건에 대하여 재판을 마치고 그 심급을 이탈시키는 판결인 점에서 당연히 제2심의 환송판결과 같이 **종국판결**로 보아야 할 것이라고 보는 것이 통설·判例이다(대판 1995.2.14. 93재다27: 법전협 표준판례(387)).

[판례검토] 생각건대, 종국판결과 중간판결의 구별기준은 당해 심급의 심리를 완결하여 사건을 당해 심급에서 이탈시킨다는 것에서 찾아야 하며, 대법원의 파기환송판결은 당해 심급인 상고심을 이탈시키는 판결이므로 종국판결이라고 할 것이다.

3) 대법원의 환송판결이 실질적으로 확정된 종국판결인지 여부(소극)

判例[72]는 "재심제도의 본래의 목적에 비추어 볼 때, 재심의 대상이 되는 '확정된 종국판결'이란 당해 사건에 대한 소송절차를 최종적으로 종결시켜 그것에 하자가 있다고 하더라도 다시 통상의 절차로는 더 이상 다툴 수 없는 기판력이나 형성력, 집행력을 갖는 판결을 뜻하는 것이라고 이해하여야 할 것인 바, 대법원의 환송판결은 형식적으로 보면 '확정된 종국판결'에 해당하지만, 여기서 종국판결이라고 하는 의미는 당해 심급의 심리를 완결하여 사건을 당해 심급에서 이탈시킨다는 것을 의미하는 것일 뿐이고 실제로는 환송받은 하급심에서 다시 심리를 계속하게 되므로 소송절차를 최종적으로 종료시키는 판결은 아니며, 소송물에 관하여 직접적으로 재판하지 아니하고 원심의 재판을 파기하여 다시 심리 판단하여 보라는 종국적 판단을 유보한 재판의 성질상 직접적으로 기판력이나 실체법상 형성력, 집행력이 생기지 아니한다고 하겠으므로 이는 중간판결의 특성을 갖는 판결로서 '실질적으로 확정된 종국판결'이라 할 수 없다"(대판 1995.2.14. 전합93재다27: 법전협 표준판례(387))(4회 선택형)고 하여 부정설의 입장이다.

---

72) [학설] ① <u>긍정설</u>은 대법원의 파기환송판결에 재심사유에 해당하는 중대한 하자가 있는 경우 신속한 하자의 시정에 중점을 두어 환송판결 자체가 재심의 대상이 된다고 보지만, ② <u>부정설</u>은 재심이라는 예외적 비상구제수단은 실질적으로 통상의 구제수단이 모두 종료된 경우에만 허용된다는 재심제도의 보충성에 중점을 두어 환송판결 자체는 재심의 대상이 되지 않는다고 본다.

| 핵심사례 E-06 |

■ 파기환송판결의 기속력, 재심대상 여부

甲은 乙소유의 A토지에 관하여 임대차계약을 체결하였다. 이후 甲은 위 토지를 인도받아 사용하려고 하였으나 丙이 아무런 권원 없이 A토지 위에 창고를 건축하여 그 토지를 불법점유하고 있음을 알게 되었다. 이에 甲은 乙에 대한 임차권을 보전하기 위하여 乙을 대위하여 丙을 상대로 건물철거청구의 소를 제기하였다. 위 소송의 제1심법원은 원고 승소판결을 하였으나 항소심법원은 甲과 乙사이의 임대차계약이 무효이므로 피보전권리가 존재하지 않는다고 판단하여 제1심 판결을 취소하고 원고의 소를 각하하였다. 이와 달리 상고심법원은 甲과 乙 사이의 임대차계약은 적법하게 성립되어 피보전권리는 존재한다고 판단하여 원심판결을 파기하고 환송하는 판결을 하였다. **피고는 상고심의 파기환송판결에 대하여 재심을 제기하려고 한다. 파기환송판결은 재심대상이 될 수 있는가? (15점)**

1. 결 론

파기환송판결은 재심의 대상이 될 수 없다.

2. 논 거 - 대법원의 환송판결이 재심의 대상적격이 있는지 여부(소극)

(1) 대법원의 환송판결이 종국판결인지 여부(적극)

(2) 확정된 종국판결인지 여부(소극)

2. 재심기간을 준수할 것(제456조, 제457조)

> **제456조 (재심제기의 기간)** ① 재심의 소는 당사자가 판결이 확정된 뒤 재심의 사유를 안 날부터 30일 이내에 제기하여야 한다. ② 제1항의 기간은 불변기간으로 한다. ③ 판결이 확정된 뒤 5년이 지난 때에는 재심의 소를 제기하지 못한다. ④ 재심의 사유가 판결이 확정된 뒤에 생긴 때에는 제3항의 기간은 그 사유가 발생한 날부터 계산한다.
> **제457조 (재심제기의 기간)**
> 대리권의 흠 또는 제451조 제1항 제10호에 규정한 사항을 이유로 들어 제기하는 재심의 소에는 제456조의 규정을 적용하지 아니한다.

(1) 재심사유를 '안 날'로부터 30일 이내

재심의 소는 당사자가 판결이 확정된 뒤 재심의 사유를 안 날부터 30일 이내에 제기하여야 한다(제456조 1항). 1항의 기간은 불변기간으로 한다(동조 2항). 30일의 기산점이 되는 재심사유를 안 날이란, 4호 내지 7호의 가벌행위를 재심사유로 하는 경우에는 증거흠결 이외의 이유로 유죄의 확정판결을 할 수 없다는 사실을 안 날을 의미한다(대판 1975.12.23. 74다1398).

[관련판례] * **'증인의 허위진술이 판결의 증거로 된 때'를 재심사유로 하는 경우 재심사유를 안 시기**
"증인의 허위진술이 판결의 증거로 된 때'를 재심사유로 하는 경우에 그 판결의 증거로 된 증인의 증언이 위증이라는 유죄판결이 확정된 사실을 알았다면 그 재심사유를 알았다고 보아야 할 것이고, 그 때부터 같은 조 제1항의 재심제기기간이 진행한다"(대판 1996.5.31. 95다33993: 법전협 표준판례(388))

[관련판례] ＊ 제456조 1항의 재심 출소기간과 같은 조 3항의 제척기간의 관계

"재심사유의 발생일이 아니라 재심사유를 안 날로부터 진행하는 민사소송법 제456조 제1항의 출소기간은 같은 조 제3항 제척기간과는 별개의 재심제기기간으로서, 그 출소기간이 경과한 이상 재심대상판결의 확정일로부터 진행하는 제척기간이 경과하였는지 여부와는 관계없이 재심의 소를 제기할 수 없다"(대판 1996.5.31. 95다33993: 법전협 표준판례(388))

(2) '판결이 확정'된 이후 5년 이내

판결이 확정된 뒤 5년이 지난 때에는 재심의 소를 제기하지 못한다(동조 3항). 재심의 사유가 판결이 확정된 뒤에 생긴 때에는 3항의 기간은 그 사유가 발생한 날부터 계산한다(동조 4항). 이 제척기간은 불변기간이 아니어서 당사자가 책임질 수 없는 사유로 그 기간을 준수하지 못하였더라도 추후보완재심의 소는 부정된다(대판 1992.5.26. 92다4079).

(3) 제457조의 문제

대리권의 흠 또는 10호에서 규정한 사항을 이유로 제기하는 재심의 소에는 재심기간의 규정을 적용하지 아니한다(제457조). 다만, "비법인사단의 대표자가 총유물의 처분에 관한 소송행위를 하려면 특별한 사정이 없는 한 민법 제276조 1항에 의하여 사원총회의 결의가 있어야 하는 것이지만, 그 결의 없이 소송행위를 하였다고 하더라도 이는 소송행위를 함에 필요한 특별수권을 받지 아니한 경우로서, 민사소송법 제451조 1항 3호 소정의 재심사유에 해당하되, 전연 대리권을 갖지 아니한 자가 소송행위를 한 대리권 흠결의 경우와 달라서 제457조는 적용되지 아니한다"(대판 1999.10.22. 98다46600)(4회 선택형)

3. 재심당사자적격

재심원고는 확정판결의 효력을 받고, 취소를 구할 이익이 있는 자여야 한다.

4. 재심이익

재심의 소에 있어서 재심원고는 확정판결의 효력을 받는 자로서 그 취소를 구할 이익이 있는 자라야 할 것이므로 전부승소한 당사자는 재심의 소를 제기할 이익이 없다(대판 1993.4.27. 92다24608).

5. 재심사유의 주장

재심사유는 제451조에 열거된 재심사유를 주장하는 경우에 한해 적법하다. 따라서 재심사유를 주장하지 않거나, 재심사유 아닌 것을 주장하면 재심의 소는 부적법 각하된다. 判例도 "확정된 종국판결에 대한 재심의 소는 민사소송법 제451조 각호 소정의 사유가 있는 때에 한하여 허용되는 것이므로 재심대상판결에 사실오인 내지 법리오해의 위법이 있음을 이유로 제기한 재심의 소는 부적법하다"(대판 1987.12.8. 87재다24)고 판시하였다. 4호 내지 7호의 경우에는 처벌받을 행위에 대하여 유죄의 판결이나 과태료 부과의 재판이 확정된 때 또는 증거부족 외의 이유로 유죄의 확정판결이나 과태료부과의 확정 재판을 할 수 없을 때에만 재심의 소를 제기할 수 있다(제451조 2항).

[관련판례] ＊ 제451조 1항 4호 내지 7호가 규정하는 유죄의 확정이 요구되는 재심사유는 재심의 소의 적법요건에 해당하는지 여부

"민사소송법 제451조 제1항 제4호 내지 제7호 소정의 재심사유에 관하여 같은 법조 제2항의 요건이 불비되어 있는 때에는 재심의 소 자체가 그 부적법한 것이 되므로 재심사유 자체에 대하여 그 유무의 판단에 나아갈 것도 없이 각하되어야 하는 것이고 반면에 위 제2항 소정의 요건에 해당하는 사실이 존재하는 경우에는 당해 요건사실 즉 그 판결들이나 처분 등에 관한 판단내용 자체에 대해서는 그 당부를 따질 것 없이 재심의 소는 적법요건을 갖춘 것으로 보아야 하나, 나아가 위 4호 내지 7호 소정의 재심 사유의 존부에 대해서

는 위에서 본 판결이나 처분내용에 밝혀진 판단에 구애받음이 없이 독자적으로 심리판단을 할 수 있는 것이고, 제2항 소정의 적법요건 해당사실은 같은 제1항 제4호 내지 7호 소정의 재심의 소를 제기한 당사자가 증명해야 한다. 피의자의 소재불명을 이유로 검사가 기소중지결정을 한 경우는 기소유예처분의 경우와는 달리 민사소송법 제451조 제2항의 요건에 해당하지 않는다"(대판 1989.10.24. 88다카29658: 법전협 표준판례(390))

6. 보충성

당사자가 상소에 의하여 제451조 1항의 재심사유를 주장하였거나, 이를 알고도 주장하지 아니한 때에는 확정된 종국판결에 대하여 재심의 소를 제기할 수 없다(제451조 1항 단서). 즉 재심은 당사자가 전 소송에서 재심사유를 주장할 수 없었던 경우에 한하여 보충적으로 허용된다. 判例에 의하면 1항 단서에 따라 동조 1항 7호의 사유를 재심사유로 삼을 수 없는 경우가 되려면, 상고심에서 당사자가 단지 '위증을 하였다는 사실'만 주장하는 것으로서는 부족하고 '유죄판결이 확정되었다는 등 동조 2항의 사실'도 아울러 주장했어야 한다(대판 2006.10.12. 2005다72508).

[관련판례] ＊ 제451조 1항 단서의 '재심사유를 알고 주장하지 아니한 때'에 상소를 제기하지 아니하여 판결이 그대로 확정된 경우까지 포함하는 것인지 여부
"판결정본이 소송대리인에게 송달되면 특별한 사정이 없는 한 그 소송대리인은 판결정본을 송달받았을 때에 그 판결이 판단을 유탈하였는지의 여부를 알게 되었다고 보아야 할 것이고, 소송대리인이 그 판결이 판단을 유탈하였는지의 여부를 안 경우에는 특별한 사정이 없는 한 소송당사자도 그 점을 알게 되었다고 보아야 할 것이다. 재심대상판결의 정본이 소송대리인에게 송달된 후 소송당사자가 상고를 제기하지 아니한 채 상고기간이 경과함으로써 재심대상판결이 확정되었다면, 민사소송법 제456조 제1항에 규정된 30일의 재심제기의 기간은 재심대상판결이 확정된 날로부터 기산하여야 되는 것이라고 해석함이 상당하다. 민사소송법 제451조 제1항 단서에 의하면 당사자가 상소에 의하여 재심사유를 주장하였거나 이를 알고 주장하지 아니한 때에는 재심의 소를 제기할 수 없는 것으로 규정되어 있는바, 여기에서 "이를 알고 주장하지 아니한 때"라고 함은 재심사유가 있는 것을 알았음에도 불구하고 상소를 제기하고도 상소심에서 그 사유를 주장하지 아니한 경우뿐만 아니라, 상소를 제기하지 아니하여 판결이 그대로 확정된 경우까지도 포함하는 것이라고 해석하여야 할 것이다"(대판 1991.11.12. 91다29057: 법전협 표준판례(389))

Ⅲ. 재심법원의 재판
[E-21]

1. 관할법원

재심은 재심을 제기할 판결을 한 법원의 전속관할로 한다(제453조 1항) 심급을 달리하는 법원이 같은 사건에 대하여 내린 판결에 대한 재심의 소는 상급법원이 관할한다. 다만, 항소심판결과 상고심판결에 각각 독립된 재심사유가 있는 때에는 그러하지 아니하다(동조 2항).

[관련판례] ＊ 항소심에서 본안판결을 한 사건에 관하여 제1심법원에 제기된 재심의 소의 적부의 판단방법
"항소심에서 본안판결을 한 경우에는 제1심판결에 대하여 재심의 소를 제기하지 못하므로 그 경우 항소심판결이 아닌 제1심 판결에 대하여 제1심법원에 제기된 재심의 소는 재심대상이 아닌 판결을 대상으로 한 것으로서 재심의 소송요건을 결여한 부적합한 소송이며 단순히 재심의 관할을 위반한 소송이라고 볼 수는 없으나, 항소심에서 본안판결을 한 사건에 관하여 제기된 재심의 소가 제1심판결을 대상으로 한 것인가 또는 항소심판결을 대상으로 한 것인가의 여부는 재심소장에 기재된 재심을 할 판결의 표시만 가지고 판단할 것이 아니라 재심의 이유에 기재된 주장내용(재심사유가 항소심 판결에 관한 것인지 여부)을 살펴보고 재심을 제기한 당사자의 의사를 참작하여 판단할 것이다. 재심의 소가 재심제기기간내에 제1심법원에 제기되었으나 재심사유 등에 비추어 항소심판결을 대상으로 한 것이라 인정되어 위 소를 항소심법원에 이송한 경우에 있어서 재

심제기기간의 준수여부는 민사소송법 제40조 제1항의 규정에 비추어 제1심법원에 제기된 때를 기준으로 할 것이지 항소법원에 이송된 때를 기준으로 할 것은 아니다"(대판 1984.2.28. 83다카1981: 법전협 표준판례(394))

2. 중간판결

법원은 재심의 소가 적법한지 여부와 재심사유가 있는지 여부에 관한 심리 및 재판을 본안에 관한 심리 및 재판과 분리하여 먼저 시행할 수 있다(제454조 1항). 이 경우, 법원은 재심사유가 있다고 인정한 때에는 그 취지의 중간판결을 한 뒤 본안에 관하여 심리·재판한다(동조 2항).

3. 소송절차

재심의 소송절차에는 각 심급의 소송절차에 관한 규정을 준용한다(제455조). 본안의 변론과 재판은 재심청구이유의 범위안에서 하여야 하며(제459조 1항), 재심의 이유는 바꿀 수 있다(동조 2항). 재심의 사유가 있는 경우라도 판결이 정당하다고 인정한 때에는 법원은 재심의 청구를 기각하여야 한다(제460조).

> [관련판례] ※ 재심의 소와 일반 민사상 청구의 병합 가부(제253조 참조)
> "원고(재심피고 이하 원고라 한다)가 서울민사지방법원 68가1192부동산 소유권이전등기 말소청구사건에 있어 피고(재심원고 이하피고라 한다)의 주소를 알면서 허위의 주소로 하여 소를 제기하여 송달이 불능되자 공시송달의 방법에 의하여 승소확정판결을 받았던 것임을 이유로 하여 피고가 원고를 상대로 위 확정판결의 취소를 구하는 재심의 소에서는 위 확정판결의 취소를 구하는 동시에 그 본소청구의 기각을 구하는 이외에 원고가 위 확정판결에 기하여 경료한 소유권이전등기의 말소절차의 이행을 구하는 청구나 원고명의로부터 다시 소유권이전등기를 받은 제3자를 인수참가 인으로 하여 그의 소유권이전등기에 대한 말소등기절차를 구하는 청구 등을 병합할 수 없다 할 것이다(위와 같은 새로운 청구들은 별소로 청구하여야 할 것이었다)"(대판 1971.3.31. 71다8: 법전협 표준판례(395))

Ⅳ. 개별 재심사유의 검토   [E-22]

1. 종전 대법원판결의 견해를 변경한 것임에도 불구하고 소부에서 심판한 것이 제451조 1항 1호의 재심사유에 해당하는지 여부(적극)

判例는 "재심대상 대법원판결에서 표시한 의견이 그 전에 선고된 대법원판결에서 표시한 의견을 변경하는 것이라면 법원조직법 제7조 1항 3호에 의하여 대법관 전원의 3분의 2 이상의 합의체에서 심판하였어야 할 것인데, 대법관 전원의 3분의 2에 미달하는 4인의 대법관만으로 구성된 부에서 재심대상 판결을 심판하였다면 이는 민사소송법 제451조 1항 제1호의 '법률에 의하여 판결법원을 구성하지 아니한 때'의 재심사유에 해당한다"(대판 2011.7.21. 전합2011재다199: 법전협 표준판례(393))고 판시하여 재심사유에 해당한다고 보고 있다. [판례검토] 대법관 전원의 3분의 2에 미달하는 4인의 대법관만으로 구성된 부에서 종전 대법원판결의 의견을 변경하는 경우 법원조직법 제7조 1항 3호의 명문에 반하는 점과 법적 안정성의 견지에서 대법원의 判例변경은 전원합의체에서 이루어져야 할 것이라는 점에서 判例의 입장이 타당하다.

2. 재심사유로서 가벌행위와 유죄확정판결 등의 관계

제451조 1항 4호 내지 7호의 재심사유에 관해 2항의 요건이 불비되면 재심의 소가 부적법하므로 재심사유 유무 판단 없이 각하되어야 하고, 존재하면 당해 요건사실에 관한 판단내용 자체의 당부를 따질 것 없이 재심의 소는 적법하나, 4호 내지 7호의 재심사유 존부는 위 판결이나 처분내용에 밝혀진

판단에 구애받음 없이 독자적으로 심판할 수 있고, 2항의 **적법요건사실**은 재심소를 제기한 당사자가 증명하여야 한다.

3. 대리권 또는 특별한 권한의 수여에 흠이 있는 때(3호 본문)의 의미

이는 대리인으로 소송을 수행했지만 ① 대리권이 없는 경우 또는 ② 대리인의 특별한 권한의 흠이 있는 경우를 말하는바, ③ 당사자가 변론에서 절차권을 부당하게 박탈한 경우에 유추적용된다.

> ✳ **당사자 본인이나 그의 대리인이 실질적인 소송행위를 하지 못했는지에 관한 판례**
>
> ㉠ **[재심이 인정된 사례]** ⅰ) 무능력자 혼자 소송행위 하는 것을 간과한 판결, ⅱ) 성명모용자에 의한 소송수행을 간과한 판결(대판 1964.11.17. 64다328), ⅲ) 항소장부본부터 공시송달을 받고 항소된 사실조차 모른 상태에서 귀책사유 없이 불출석했음에도 불구하고 변론이 진행되어 증거제출기회를 상실함으로써 당사자로서 절차상 권리를 침해당한 경우(대판 1997.5.30. 96다21365) 등에는 위 규정을 유추적용 할 수 있다.
>
> ㉡ **[재심이 부정된 사례]** "민사소송법 제451조 제1항 제3호 소정의 소송대리권 또는 대리인이 소송행위를 함에 필요한 수권의 흠결을 재심사유로 주장하려면 무권대리인이 소송대리인으로서 본인을 위하여 실질적인 소송행위를 하였거나 소송대리권의 흠결로 인하여 본인이나 그의 소송대리인이 실질적인 소송행위를 할 수 없었던 경우가 아니면 안된다고 봄이 상당하므로, 본인에게 송달되어야 할 소송서류 등이 본인이나 그의 소송대리인에게 송달되지 아니하고 무권대리인에게 송달된 채 판결이 확정되었다 하더라도 그로 말미암아 본인이나 그의 소송대리인이 그에 대응하여 공격 또는 방어방법을 제출하는 등의 실질적인 소송행위를 할 기회가 박탈되지 아니하였다면 그 사유를 재심사유로 주장할 수 없다"(대판 1992.12.22. 92재다259)(7회 선택형).
>
> ✳ **참칭대표자를 대표자로 한 소송을 제기하여 자백간주 판결이 선고된 경우**
>
> "참칭대표자를 대표자로 표시하여 소송을 제기한 결과 그 앞으로 소장부본 및 변론기일소환장이 송달되어 변론기일에 참칭대표자의 불출석으로 의제자백 판결이 선고된 경우, 이는 적법한 대표자가 변론기일소환장을 송달받지 못하였기 때문에 실질적인 소송행위를 하지 못한 관계로 위 의제자백 판결이 선고된 것이므로, 민사소송법 제451조 제1항 제3호 소정의 재심사유에 해당한다"(대판 1999.2.26. 98다47290: 법전협 표준판례(391)).

4. 형사상 처벌을 받을 다른 사람의 행위로 말미암아 자백을 하였거나 판결에 영향을 미칠 공격 또는 방어방법의 제출에 방해를 받은 때(5호)의 의미

(1) '형사상 처벌을 받을 다른 사람'의 의미

1) 형사법 위반일 것

형법, 특별형법을 포함한 형사법위반의 경우를 뜻하고, 경범죄처벌법 위반이나 질서벌 위반의 경우는 포함되지 않는다.

2) 상대방 당사자 또는 대리인을 포함하는지 여부

단순한 제3자뿐만 아니라, 상대방 당사자, 그의 법정대리인 또는 소송대리인도 포함된다. 判例는 상대방 당사자의 대리인뿐만 아니라 당사자 본인의 대리인이라도 상대방 또는 그 대리인과 통모한 경우 등 대리권에 실질적인 흠이 발생한 경우에는 5호의 '다른 사람'에 해당한다고 본다(대판 2012.6.14. 2010다86112: 법전협 표준판례(392) : 아래 관련판례 참조).

[관련판례] ✳ **당사자 본인의 대리인이 배임행위를 한 경우 재심사유가 될 수 있는지 여부(적극)**
"'형사상 처벌을 받을 다른 사람의 행위'에는 당사자의 대리인이 범한 배임죄도 포함될 수 있으나, 이를 재심사

유로 인정하기 위해서는 단순히 대리인이 문제된 소송행위와 관련하여 배임죄로 유죄판결을 받았다는 것만으로는 충분하지 않고, 대리인의 배임행위에 소송상대방 또는 그 대리인이 통모하여 가담한 경우와 같이 대리인이 한 소송행위 효과를 당사자 본인에게 귀속시키는 것이 절차적 정의에 반하여 도저히 수긍할 수 없다고 볼 정도로 대리권에 실질적인 흠이 발생한 경우라야 한다(대판 2012.6.14. 2010다86112).

(2) 인과관계

"민사소송법 제422조 1항 5호(현행 제451조 1항 5호) 소정의 형사상 처벌 받을 타인의 행위로 인한 사유가 소송상의 화해에 대한 준재심사유로 될 수 있는 것은 그것이 당사자가 화해의 의사표시를 하게 된 **직접적 원인이 된 경우에 한한다**"(대판 1979.5.15. 78다1094: 법전협 표준판례(231) : 서증에 대한 감정결과가 불리하게 나오자 그것으로 인하여 패소할 것을 우려한 나머지 화해를 하게 된 경우와 같이 그 형사상 처벌받을 타인의 행위가 당사자가 화해에 이르게 된 간접적인 원인밖에 되지 않았다고 보이는 경우까지 그것이 준재심사유가 된다고 볼 수는 없다).

(3) '자백을 하였거나 판결에 영향을 미칠 공격 또는 방어방법의 제출에 방해를 받은 때'의 의미

"5호는 '형사상 처벌을 받을 다른 사람의 행위로 말미암아 자백을 한 경우'를 재심사유로 인정하고 있는데, 이는 다른 사람의 범죄행위를 직접적 원인으로 하여 이루어진 소송행위와 그에 기초한 확정판결은 법질서의 이념인 정의 관념상 효력을 용인할 수 없다는 취지에서 재심이라는 비상수단을 통해 확정판결의 취소를 허용하고자 한 것이므로, **형사상 처벌을 받을 다른 사람의 행위로 말미암아 상소 취하를 하여 원심판결이 확정된 경우에도 자백에 준하여 재심사유가 된다고 보아야 한다**(대판 2012.6.14. 2010다86112).

[심화] ＊ 제451조 1항 5호의 재심사유가 있는 소송행위가 재심절차에서 효력을 인정받는지 여부(소극)
"어떠한 소송행위에 민사소송법 제451조 제1항 제5호의 재심사유가 있다고 인정되는 경우 그러한 소송행위에 기초한 확정판결의 효력을 배제하기 위한 재심제도 취지상 재심절차에서 해당 소송행위 효력은 당연히 부정될 수밖에 없고, 그에 따라 법원으로서는 위 소송행위가 존재하지 않은 것과 같은 상태를 전제로 재심대상사건의 본안에 나아가 심리·판단하여야 하며 달리 소송행위의 효력을 인정할 여지가 없다"(대판 2012.6.14. 2010다86112).

5. 판결의 증거가 된 문서, 그 밖의 물건이 위조되거나 변조된 것인 때(6호)의 의미

判例는 "민사소송법 제422조 1항 6호(현행 제451조 1항 6호)가 정하는 판결의 증거된 문서 기타 물건이 위조나 변조된 것인 때의 판결의 증거가 되었다는 것은 재심의 소로써 불복이 신청된, 즉 ⅰ) 재심대상 판결에 있어서 사실인정의 자료가 된 증거가 된 때를 말하고 위조 또는 변조된 문서 기타 물건이 사실인정의 자료로 된 이상 ⅱ) 간접사실이거나 부가적 사실의 인정 자료가 된 경우에도 이에 해당됨은 물론 소송요건 등 직권조사의 자료가 된 것도 포함되며 따라서 ⅲ) 그 증거가 반드시 당사자에 의하여 제출되고 원용된 것에 한한다는 이유도 없다고 풀이 할 것이다"(대판 1982.2.23. 81누216)고 하면서, 구체적으로는 "소송이 종료되었다는 사실인정의 자료가 된 소취하서가 형사판결에서 위조된 것이 판명된 이상 이는 민사소송법 제422조 1항 6호(현행 제451조 1항 6호)의 재심사유에 해당된다고 할 것이다"(대판 1982.2.23. 81누216)고 판시하였다.

6. 증인·감정인·통역인의 거짓 진술 또는 당사자신문에 따른 당사자나 법정대리인의 거짓 진술이 판결의 증거가 된 때(7호)의 의미

(1) '증인의 허위진술이 판결의 증거로 된 때'의 의미

"민사소송법 제422조 1항 7호(현행 제451조 1항 7호) 소정의 '증인의 허위진술이 판결의 증거로 된 때'라 함은, 증인의 허위진술이 판결 주문에 영향을 미치는 사실인정의 자료가 된 경우를 의미하며, 판결 주문에 영향을 미친다는 것은 만약 그 허위진술이 없었더라면 판결 주문이 달라질 수도 있었을 것이라는 개연성이 있는 경우를 말하고 변경의 확실성을 요구하는 것은 아니며, 그 경우에 있어서 사실인정의 자료로 제공되었다 함은 그 허위진술이 직접적인 증거가 된 때뿐만 아니라 대비증거로 사용되어 간접적으로 영향을 준 경우도 포함되는 것이고, 판결에 영향을 미쳤는지 여부의 판단자료로서는 재심대상 판결에서 원용된 증거에 한하지 않고, 재심소송에서 조사된 새로운 증거들까지 종합하여 판단하여야 한다"(대판 1995.4.14. 94므604).

(2) 재심사유로 인정될 수 없는 경우

위 94므604에서 제시한 경우와 배치되는 경우에는 재심사유로 인정될 수 없다. 즉, ① 판결이유에서 가정적·부가적으로 인용된 경우(대판 1983.12.27. 82다146), ② 주요사실의 인정에 관계 없을 때(대판 1988.1.19. 87다카1864), ③ 허위진술이 위증이라도 나머지 증거에 의해 판결주문에 영향이 없을 때(대판 1993.9.28. 92다33930), 나아가 ④ 다른 사건에서 증인신문조서가 판결에서 서증으로서 증거로 채택된 때(대판 1977.7.12. 77다484 : 증인이 직접 그 재심의 대상이 된 소송사건을 심리하는 법정에서 허위로 진술한 경우만 7호에 해당함)에는 재심사유로 되지 않는다. 나아가 최근 判例는 "상고심은 직권조사사항이 아닌 이상 사실인정의 직책은 없고, 다만 사실심인 제2심법원이 한 증거판단과 사실인정의 적법 여부를 판단할 뿐이며, 사실심에서 적법하게 확정한 사실은 상고심을 기속한다. 따라서 민사소송법 제451조 제1항 제7호의 사실인정 자체에 관한 사유는 직권조사사항에 관한 것이 아닌 한 사실심 판결에 대한 재심사유는 될지언정 상고심 판결에 대한 재심사유로 삼을 수 없다"(대판 2021.5.7. 2020재두5145)고 하였다.

> **[관련판례]** ❋ 상고심절차에 관한 특례법 제4조 제1항 제1호, 제3호, 제5호에 해당하는 사건을 심리불속행으로 상고기각하였다는 사유가 적법한 재심사유가 되는지 여부(소극)
> 「상고심절차에 관한 특례법」 제4조 제1항 제3호, 제5호에 해당하는 사건을 심리불속행으로 상고기각하였다는 사유는 적법한 재심사유가 되지 아니하고, 재심대상판결이 상고이유에 관한 주장이 위 법이 정하는 심리불속행 사유에 해당한다고 보아 더 나아가 심리를 하지 아니하고 상고를 기각한 이상, 재심대상판결이 상고이유에 대한 판단을 누락하였다거나 종전의 대법원판결에 위반된다고 할 여지가 없다(대판 2021.5.7. 2020재두5145).

7. 판결의 기초가 된 재판 또는 행정처분이 바뀐 때(8호)의 의미

(1) '판결의 기초'의 의의

"민사소송법 제451조 제1항 제8호는 "판결의 기초가 된 민사나 형사의 판결, 그 밖의 재판 또는 행정처분이 다른 재판이나 행정처분에 따라 바뀐 때"를 재심사유로 정하고 있다. 이는 판결의 기초가 된 재판이나 행정처분이 그 후의 다른 재판이나 행정처분에 따라 확정적이고 또한 소급적으로 변경된 경우를 말한다. 여기에서 재판이 판결의 기초가 되었다고 함은 재판이 확정판결에 법률적으로 구속력을 미치는 경우 또는 재판내용이 확정판결에서 사실인정의 자료가 되었고 그 재판의 변경이 확정판결의 사실인정에 영향을 미칠 가능성이 있는 경우를 말한다. 또한 재판내용이 확정판결에서 사실인정의 자료가 되었고 그 재판의 변경이 확정판결의 사실인정에 영향을 미칠 가능성이 있는 이상 재심사유는 있는 것이고, 재판 내용이 담겨진 문서가 확정판결이 선고된 소송절차에서 반드시 증거방법으로 제출되어 그 문서의 기재 내용이 증거자료로 채택된 경우에 한정되는 것은 아니다"(대판 2005.6.24. 2003다55936: 법전협 표준판례 (396)).

(2) 여러 개의 유죄판결이 재심대상판결의 기초가 된 경우

"재심사유는 그 하나하나의 사유가 별개의 청구원인을 이루는 것이므로, 여러 개의 유죄판결이 재심 대상판결의 기초가 되었는데 이후 각 유죄판결이 재심을 통하여 효력을 잃고 무죄판결이 확정된 경 우, 어느 한 유죄판결이 효력을 잃고 무죄판결이 확정되었다는 사정은 특별한 사정이 없는 한 별개의 독립된 재심사유라고 보아야 한다. 재심대상판결의 기초가 된 각 유죄판결에 대하여 형사재심에서 인정된 재 심사유가 공통된다거나 무죄판결의 이유가 동일하다고 하더라도 달리 볼 수 없다"(대판 2019.10.17. 2018 다300470: 법전협 표준판례(92)).

따라서 대법원은 원고의 1차 재심청구가 재심제기기간 도과로 각하되었으나, 나머지 유죄판결들 역시 형사 재심을 통해 변경되자, 원고가 이를 다시 민사소송법 제451조 제1항 제8호의 재심사유로 주장하며 2차 재심을 청구한 사건에서, 위 유죄판결들 중 어느 한 유죄판결이 변경된 사정은 다른 유죄판결이 변경된 사정과 별개 로 독립하여 민사소송법 제451조 제1항 제8호의 재심사유가 된다고 판시하였다(同 判例 사실관계 : 이른바 '구로 동 분배농지 사건'[73]).

[관련판례] 헌법재판소는 민법 제166조 제1항, 제766조 제2항 중 진실 · 화해를 위한 과거사정리 기본법(소위 과거 사정리법) 제2조 제1항 제3호의 '민간인 집단 희생사건', 같은 항 제4호의 '중대한 인권침해사건 · 조작의혹사건'에 적용되는 부분은 헌법에 위반된다는 결정을 선고하였다(헌재 2018.8.30. 2014헌바148 등 결정).
이에 대법원은 "피고(대한민국)로부터 구로 일대 농지를 분배받았던 수분배자들의 후손인 원고들이 피고를 상대 로 분배 농지와 관련하여 불법행위로 인한 손해배상을 청구하는 사안에서, 원고들의 손해배상청구는 과거사 정리법 제2조 제1항 제4호에서 말하는 중대한 인권침해 · 조작의혹사건에서 공무원의 위법한 직무집행 으로 인하여 입은 재산상 손해에 대한 국가배상청구에 해당하고, 이 사건 위헌결정의 효력에 따라 원고들 의 손해배상청구권에 대해서는 민법 제166조 제1항, 제766조 제2항, 구 예산회계법 제96조 제2항, 제1항에 따른 장 기소멸시효가 적용되지 않는다고 판단"(대판 2019.11.14. 2018다233686)하였다.

(3) 특허무효심판에 대한 심결취소소송의 사실심 변론종결 이후에 정정심결이 확정된 경우

"행정소송법 제8조에 따라 심결취소소송에 준용되는 민사소송법 제451조 제1항 제8호는 "판결의 기 초로 된 행정처분이 다른 행정처분에 의하여 변경된 때"를 재심사유로 규정하고 있다. 이는 판결의 심리 · 판단 대상이 되는 행정처분 그 자체가 그 후 다른 행정처분에 의하여 확정적 · 소급적으로 변 경된 경우를 말하는 것이 아니고, 확정판결에 법률적으로 구속력을 미치거나 또는 그 확정판결에서 사실인정의 자료가 된 행정처분이 다른 행정처분에 의하여 확정적 · 소급적으로 변경된 경우를 말하 는 것이다. 여기서 '사실인정의 자료가 되었다'는 것은 그 행정처분이 확정판결의 사실인정에 있어서 증거자료로 채택되었고 그 행정처분의 변경이 확정판결의 사실인정에 영향을 미칠 가능성이 있는 경우를 말한다. 이에 따르면 특허권자가 정정심판을 청구하여 특허무효심판에 대한 심결취소소송의 사실심 변론종결 이후에 특허발명의 명세서 또는 도면(이하 '명세서 등'이라 한다)에 대하여 정정을 한다

---

73) 1961년 박정희 정권 당시 정부가 농민들의 땅을 강제수용한 사건으로, 과거사정리위원회는 이 사건을 '구로 분배농지 소송사기 조작의혹 사건'으로 명명하고, 1년여의 조사를 거친 후인 2008년 7월 8일 이 사건의 성격을 '국가가 행정목적을 달성하기 위하 여 민사소송에 개입하여 공권력을 부당하게 남용한 사건'으로 규정하면서 "당시 민사소송을 제기한 농민들에게 소송사기의 책임을 묻기 어렵고, 농민들을 집단적으로 불법 연행하여 가혹행위를 가하고 위법하게 권리포기와 위증을 강요한 것은 형사소송법상의 재 심사유에 해당한다."는 내용의 진실규명결정을 했다.
이에 분배농지에 관한 소유권이전등기청구소송의 재심에서 패소한 수분배자들의 후손들이 민사소송법 제451조 제1항 제8호의 재심사유를 주장하며 재재심을 청구했다가 재심제기기간 도과를 이유로 각하된 후, 같은 호의 재심사유를 주장하며 다시 재재 심을 청구한 사건이다.

는 심결(이하 '정정심결'이라 한다)이 확정되더라도 정정 전 명세서 등으로 판단한 원심판결에 민사소송법 제451조 제1항 제8호가 규정한 재심사유가 있다고 볼 수 없다"(대판 2020.1.22. 전합2016후2522).

8. 판결에 영향을 미칠 중요한 사항에 관하여 판단을 누락한 때(9호)의 의미

"판결서의 이유에는 주문이 정당하다는 것을 인정할 수 있을 정도로 당사자의 주장, 그 밖의 공격·방어방법에 관한 판단을 표시하면 되므로(민사소송법 제208조 제2항) 당사자의 모든 주장이나 공격·방어방법을 판단할 필요는 없다. 당사자가 주장한 사항에 대한 구체적·직접적인 판단이 판결 이유에 표시되어 있지 아니하더라도 판결 이유의 전반적인 취지에 비추어 그 주장을 인용하거나 배척하였음을 알 수 있는 정도라면 판단누락이라고 할 수 없고, 설령 실제로 판단을 하지 아니하였더라도 판결 결과에 영향이 없다면 판단누락의 위법이 있다고 할 수 없다"(대판 2016.1.14. 2015다231894)(7회 선택형).

9. 재심을 제기할 판결이 전에 선고한 확정판결에 어긋나는 때(10호)의 의미

"민사소송법 제451조 1항 10호의 재심사유는 재심대상판결의 기판력과 전에 선고한 확정판결의 기판력과의 충돌을 조정하기 위하여 마련된 것이므로 그 규정의 '재심을 제기할 판결이 전에 선고한 확정판결과 저촉되는 때'란 전에 선고한 확정판결의 효력이 재심대상판결 당사자에게 미치는 경우로서 양 판결이 저촉되는 때를 말하고, 전에 선고한 확정판결이 재심대상판결과 내용이 유사한 사건에 관한 것이라고 하여도 당사자들을 달리하여 판결의 기판력이 재심대상판결의 당사자에게 미치지 아니하는 때에는 위 규정의 재심사유에 해당하는 것으로 볼 수 없다"(대판 2011.7.21. 전합2011재다199: 법전협 표준판례(393)).

10. 당사자가 상대방의 주소를 알고 있었음에도 허위주소로 소를 제기한 때(11호)의 의미

判例는 허위주소로 송달된 후 송달불능을 이유로 **공시송달**된 경우만 11호의 **재심사유**에 해당된다고 해석한다(대판 1980.7.8. 79다1528: 대판 1985.7.9. 85므12: 법전협 표준판례(281) : 이는 제451조 1항 11호 소정의 재심사유에 해당한다). 단순히 허위주소만 이용한 것이 아니라 **피고모용**(허위주소로 송달된 소송서류를 상대방 아닌 다른 사람이 상대방을 모용하여 그 서류를 받아 의제자백의 형식으로 제소자 승소의 판결이 선고된 경우)까지 했다면 불법이 중대하므로 송달자체를 무효로 해석하여 언제든 **상소를** 허용하는 것이 判例(대판 1978.5.9. 전합75다634: 법전협 표준판례(280))의 태도이다.

V. 준재심의 소

> 제461조 (준재심) 제220조의 조서 또는 즉시항고로 불복할 수 있는 결정이나 명령이 확정된 경우에 제451조제1항에 규정된 사유가 있는 때에는 확정판결에 대한 제451조 내지 제460조의 규정에 준하여 재심을 제기할 수 있다.

1. 의 의

확정판결과 동일한 효력이 있는 포기·인낙·화해조서 또는 즉시항고로 불복할 수 있는 결정이나 명령이 확정된 경우 재심사유가 있을 때에 제기할 수 있는 재심에 준하는 소이다.

2. 요 건

확정판결의 효력 중 기판력을 가지는 결정 등 이어야 한다. 判例는 이행권고결정에 대해서 집행력은 인정되나 기판력이 인정되지 않으므로 재심사유가 인정되더라도 준재심의 소를 제기할 수는 없다고 판시하였다(대판 2009.5.14. 2006다34190 : 아래 관련판례 참조).

[관련판례] "소액사건심판법 제5조의7 제1항은 이행권고결정에 관하여 피고가 일정한 기간 내 이의신청을 하지 아니하거나 이의신청에 대한 각하결정이 확정된 때 또는 이의신청이 취하된 때에는 그 이행권고결정은 확정판결과 같은 효력을 가진다고 규정하고 있다. 그러나 확정판결에 대한 청구이의 이유를 변론이 종결된 뒤(변론 없이 한 판결의 경우에는 판결이 선고된 뒤)에 생긴 것으로 한정하고 있는 민사집행법 제44조 제2항과는 달리, 소액사건심판법 제5조의8 제3항은 이행권고결정에 대한 청구에 관한 이의의 주장에 관하여는 위 민사집행법 규정에 의한 제한을 받지 아니한다고 규정하고 있으므로, 확정된 이행권고결정에 관하여는 그 결정 전에 생긴 사유도 청구에 관한 이의의 소에서 주장할 수 있다. 이에 비추어 보면 위 소액사건심판법 규정들의 취지는 확정된 이행권고결정에 확정판결이 가지는 효력 중 기판력을 제외한 나머지 효력인 집행력 및 법률요건적 효력 등의 부수적 효력을 인정하는 것이고, 기판력까지 인정하는 것은 아니다. 민사소송법 제461조에 의하여 준용되는 같은 법 제451조의 재심은 확정된 종국판결에 재심사유에 해당하는 중대한 하자가 있는 경우에 그 판결의 취소와 이미 종결된 소송을 부활시켜 재심판을 구하는 비상의 불복신청방법으로서 확정된 종국판결이 갖는 기판력, 형성력, 집행력 등 판결의 효력의 배제를 주된 목적으로 하는 것이다. 그러므로 기판력을 가지지 아니하는 확정된 이행권고결정에 설사 재심사유에 해당하는 하자가 있다고 하더라도 이를 이유로 민사소송법 제461조가 정한 준재심의 소를 제기할 수는 없고, 청구이의의 소를 제기하거나 또는 전체로서의 강제집행이 이미 완료된 경우에는 부당이득반환청구의 소 등을 제기할 수 있을 뿐이다"(대판 2009.5.14. 2006다34190: 법전협 표준판례(399)).

3. 확정된 조정에 갈음하는 결정조서에 대하여 제461조, 제451조 1항 8호의 준재심청구를 할 수 있는 경우 및 그 판단기준

"당해 사건을 심리하던 수소법원이 사건을 조정에 회부하였는데 조정기일에 당사자 사이에 합의가 성립되지 않아 법원이 직권으로 조정에 갈음하는 결정을 한 경우 이는 수소법원의 사실인정과 판단에 기초하여 이루어진 것으로서 만약 관련된 재판내용이 위 조정에 갈음하는 결정에서 사실인정의 자료가 되었고 그 재판의 변경이 그 조정에 갈음하는 결정에 영향을 미칠 가능성이 있다면 당사자는 그 재판의 변경을 이유로 확정된 조정에 갈음하는 결정조서에 대하여 민사소송법 제461조, 제451조 제1항 제8호의 준재심청구를 할 수 있으므로, 그 청구는 적법하다고 할 것이다. 다만, 조정에 갈음하는 결정은 수소법원이 당해 사건의 사실인정과 판단 외에도 여러 사정들을 모두 참작하여 하는 것으로서 조정에 갈음하는 결정조서에 이유가 기재되어 있지 않은 경우 그 결정조서에 대한 준재심사유가 있는지 여부는 판결에 대한 재심에 비하여 엄격하게 판단하여야 한다"(대판 2005.6.24. 2003다55936: 법전협 표준판례(396)).

[판례해설] 준재심에서는 재심사유 중 판결을 전제로 한 사유들은 적용할 수 없지만, 조정을 갈음하는 결정은 법원이 심리결과를 토대로 조정안을 제시하는 것으로 민사소송법 제451조 1항 8호의 재심사유를 적용할 수 있다

4. 제소전 화해조서를 대상으로 한 준재심의 소에서 제460조가 적용될 수 있는지 여부

"제소전 화해에 있어서는 종결될 본안 소송이 계속되었던 것이 아니고 종결된 것은 제소전 화해절차뿐이므로, 이러한 제소전 화해절차의 특성상 민사소송법 제461조의 규정에도 불구하고 제소전 화해조서를 대상으로 한 준재심의 소에서는 민사소송법 제460조가 적용될 여지는 없고, 재심사유가 인정되는 이상 그 화해의 내용 되는 법률관계의 실체 관계의 부합 여부를 따질 수도 없어 화해조서를 취소할 수밖에 없다"(대판 1998.10.9. 96다44051: 법전협 표준판례(397)).

[판례해설] 제소전 화해는 애초부터 본안소송이 계속되었던 것은 아니므로, 제소전 화해조서를 대상으로 한 준재심의 소에서는 민사소송법 제460조(결과가 정당한 경우의 재심기각)를 적용할 수 없고 재심사유가 있으면 반드시 화해조서를 취소하여야 한다.

제 7편

제1절 간이소송절차
제2절 종국판결에 부수되는 재판

제1절 간이소송절차

제1관 소액사건심판절차

Ⅰ. 소액사건심판법의 목적

[F-1]

> **제1조 (목적)**
> 이 법은 지방법원 및 지방법원지원에서 소액의 민사사건을 간이한 절차에 따라 신속히 처리하기 위하여 민사소송법에 대한 특례를 규정함을 목적으로 한다.

Ⅱ. 소액사건심판법의 범위

[F-2]

> **제2조 (적용범위 등)** ① 이 법은 지방법원 및 지방법원지원의 관할사건중 대법원규칙으로 정하는 민사사건(이하 '소액사건'이라 한다)에 적용한다. ② 제1항의 사건에 대하여는 이 법에 특별한 규정이 있는 경우를 제외하고는 민사소송법의 규정을 적용한다.
>
> **제5조의2 (일부청구의 제한)** ① 금전 기타 대체물이나 유가증권의 일정한 수량의 지급을 목적으로 하는 청구에 있어서 채권자는 소액사건심판법의 적용을 받을 목적으로 청구를 분할하여 그 일부만을 청구할 수 없다. ② 제1항의 규정에 위반한 소는 판결로 이를 각하하여야 한다.
>
> **규칙 제1조의2 (소액사건의 범위)** 법 제2조 제1항에 따른 소액사건은 제소한 때의 소송목적의 값이 3,000만 원을 초과하지 아니하는 금전 기타 대체물이나 유가증권의 일정한 수량의 지급을 목적으로 하는 제1심의 민사사건으로 한다. 다만, 다음 각호에 해당하는 사건은 이를 제외한다.
> 1. 소의 변경으로 본문의 경우에 해당하지 아니하게 된 사건
> 2. 당사자참가, 중간확인의 소 또는 반소의 제기 및 변론의 병합으로 인하여 본문의 경우에 해당하지 않는 사건과 병합심리하게 된 사건

Ⅲ. 이행권고제도

[F-3]

1. 이행권고결정

> **제5조의3 (결정에 의한 이행권고)** ① 법원은 소가 제기된 경우에 결정으로 소장부본이나 제소조서등본을 첨부하여 피고에게 청구취지대로 이행할 것을 권고할 수 있다. 다만, 다음 각호 가운데 어느 하나에 해당하는 때에는 그러하지 아니하다.
> 1. 독촉절차 또는 조정절차에서 소송절차로 이행된 때   2. 청구취지나 청구원인이 불명한 때
> 3. 그 밖에 이행권고를 하기에 적절하지 아니하다고 인정하는 때
> ② 이행권고결정에는 당사자, 법정대리인, 청구의 취지와 원인, 이행조항을 기재하고, 피고가 이의신청을 할 수 있음과 이행권고결정의 효력의 취지를 부기하여야 한다.
> ③ 법원사무관등은 이행권고결정서의 등본을 피고에게 송달하여야 한다. 다만, 그 송달은 민사소송법 제187조, 제194조 내지 제196조에 규정한 방법으로는 이를 할 수 없다.
> ④ 법원은 민사소송법 제187조, 제194조 내지 제196조에 규정된 방법에 의하지 아니하고는 피고에게 이행권고결정서의 등본을 송달할 수 없는 때에는 지체없이 변론기일을 지정하여야 한다.

2. 이행권고결정에 대한 이의신청

제5조의4 (이행권고결정에 대한 이의신청) ① 피고는 이행권고결정서의 등본을 송달받은 날부터 2주일 내에 서면으로 이의신청을 할 수 있다. 다만, 그 등본이 송달되기 전에도 이의신청을 할 수 있다. ② 제1항의 기간은 불변기간으로 한다.
③ 법원은 제1항의 이의신청이 있는 때에는 지체없이 변론기일을 지정하여야 한다.
④ 이의신청을 한 피고는 제1심 판결이 선고되기 전까지 이의신청을 취하할 수 있다.
⑤ 피고가 이의신청을 한 때에는 원고가 주장한 사실을 다툰 것으로 본다.

3. 이행권고결정에 대한 이의신청에 대한 법원의 조치

제5조의5 (이의신청의 각하) ① 법원은 이의신청이 적법하지 아니하다고 인정되는 경우에는 그 흠을 보정할 수 없으면 결정으로 이를 각하하여야 한다. ② 제1항의 결정에 대하여는 즉시항고를 할 수 있다.

제5조의6 (이의신청의 추후보완) ① 피고는 부득이한 사유로 제5조의4 제1항의 기간내에 이의신청을 할 수 없었던 경우에는 그 사유가 없어진 후 2주일내에 이의신청을 추후보완할 수 있다. 다만, 그 사유가 없어질 당시 외국에 있는 피고에 대하여는 그 기간을 30일로 한다.
② 피고는 이의신청과 동시에 서면으로 그 추후보완사유를 소명하여야 한다.
③ 법원은 추후보완사유가 이유 없다고 인정되는 때에는 결정으로 이의신청을 각하하여야 한다.
④ 제3항의 결정에 대하여는 즉시항고를 할 수 있다.
⑤ 이의신청의 추후보완이 있는 때에는 민사소송법 제500조를 준용한다.

4. 이행권고결정의 효력

제5조의7 (이행권고결정의 효력) ① 이행권고결정은 다음 각호 가운데 어느 하나에 해당하면 확정판결과 같은 효력을 가진다.
1. 피고가 제5조의4 제1항의 기간내에 이의신청을 하지 아니한 때
2. 이의신청에 대한 각하결정이 확정된 때
3. 이의신청이 취하된 때
② 법원사무관등은 이행권고결정이 확정판결과 같은 효력을 가지게 된 때에는 이행권고결정서의 정본을 원고에게 송달하여야 한다.
③ 제1항에 해당하지 아니하는 이행권고결정은 제1심 법원에서 판결이 선고된 때에는 그 효력을 잃는다.

제5조의8 (이행권고결정에 기한 강제집행의 특례) ① 이행권고결정에 기한 강제집행은 집행문을 부여받을 필요 없이 제5조의7 제2항의 결정서의 정본에 의하여 행한다. 다만, 다음 각호 가운데 어느 하나에 해당하는 경우에는 그러하지 아니하다.
1. 이행권고결정의 집행에 조건을 붙인 경우
2. 당사자의 승계인을 위하여 강제집행을 하는 경우
3. 당사자의 승계인에 대하여 강제집행을 하는 경우
② 원고가 여러 통의 이행권고결정서의 정본을 신청하거나, 전에 내어준 이행권고결정서 정본을 돌려주지 아니하고 다시 이행권고결정서 정본을 신청한 때에는 법원사무관등이 이를 부여한다. 이 경우 그 사유를 원본과 정본에 적어야 한다.
③ 청구에 관한 이의의 주장에 관하여는 민사집행법 제44조제2항의 규정에 의한 제한을 받지 아니한다.

Ⅳ. 민사소송절차에 대한 특칙 [F-4]

1. 소장제출주의의 특칙

> 제4조 (구술에 의한 소의 제기) ① 소는 구술로써 이를 제기할 수 있다.
> ② 구술로써 소를 제기하는 때에는 법원서기관·법원사무관·법원주사 또는 법원주사보(이하 '법원사무관등'이라 한다)의 면전에서 진술하여야 한다.
> ③ 제2항의 경우에 법원사무관등은 제소조서를 작성하고 이에 기명날인하여야 한다.
>
> 제5조 (임의출석에 의한 소의 제기) ① 당사자쌍방은 임의로 법원에 출석하여 소송에 관하여 변론할 수 있다. ② 제1항의 경우에 소의 제기는 구술에 의한 진술로써 행한다.

2. 소송대리에 관한 특칙

> 제8조 (소송대리에 관한 특칙) ① 당사자의 배우자·직계혈족 또는 형제자매는 법원의 허가없이 소송대리인이 될 수 있다. ② 제1항의 소송대리인은 당사자와의 신분관계 및 수권관계를 서면으로 증명하여야 한다. 그러나 수권관계에 대하여는 당사자가 판사의 면전에서 구술로 제1항의 소송대리인을 선임하고 법원사무관등이 조서에 이를 기재한 때에는 그러하지 아니하다.

3. 증거조사에 관한 특칙

> 제10조 (증거조사에 관한 특칙) ① 판사는 필요하다고 인정한 때에는 직권으로 증거조사를 할 수 있다. 그러나 그 증거조사의 결과에 관하여는 당사자의 의견을 들어야 한다. ② 증인은 판사가 신문한다. 그러나 당사자는 판사에게 고하고 신문할 수 있다. ③ 판사는 상당하다고 인정한 때에는 증인 또는 감정인의 신문에 갈음하여 서면을 제출하게 할 수 있다.

4. 판결에 관한 특칙

> 제11조의2 (판결에 관한 특례) ① 판결의 선고는 변론종결후 즉시 할 수 있다. ② 판결을 선고함에는 주문을 낭독하고 주문이 정당함을 인정할 수 있는 범위안에서 그 이유의 요지를 구술로 설명하여야 한다. ③ 판결서에는 민사소송법 제208조의 규정에 불구하고 이유를 기재하지 아니할 수 있다.

5. 상고 및 재항고에 관한 특칙

> 제3조 (상고 및 재항고) 소액사건에 대한 지방법원 본원 합의부의 제2심판결이나 결정·명령에 대하여는 다음 각호의 1에 해당하는 경우에 한하여 대법원에 상고 또는 재항고를 할 수 있다.
> 1. 법률·명령·규칙 또는 처분의 헌법위반여부와 명령·규칙 또는 처분의 법률위반여부에 대한 판단이 부당한 때 2. 대법원의 판례에 상반되는 판단을 한 때

"소액사건에서 구체적 사건에 적용할 법령의 해석에 관한 대법원 판례가 아직 없는 상황에서 같은 법령의 해석이 쟁점으로 되어 있는 다수의 소액사건들이 하급심에 계속되어 있을 뿐 아니라 재판부에 따라 엇갈리는 판단을 하는 사례가 나타나고 있는 경우에는, 소액사건이라는 이유로 대법원이 법령의 해석에 관하여 판단하지 않고 사건을 종결한다면 국민생활의 법적 안전성을 해칠 것이 우려된다. 따라서 이와 같은 특별한 사정이 있는 경우에는 소액사건에 관하여 상고이유로 할 수 있는 '대법원의 판례에 상반되는

판단을 한 때'의 요건을 갖추지 않았더라도 법령해석의 통일이라는 대법원의 본질적 기능을 수행하는 차원에서 실체법 해석·적용의 잘못에 관하여 직권으로 판단할 수 있다고 보아야 한다"(대판 2004.8.20. 2003다1878: 법전협 표준판례(398)).

제2관 독촉절차(지급명령)

I. 독촉절차의 의의 및 지급명령의 요건 [F-5]

독촉절차란 민사소송법이 정한 특별소송절차로서(제462조~제474조), 금전, 기타의 대체물 또는 유가증권의 지급청구의 경우 채권자의 신청만으로도 간이·신속하게 이것을 확정하고 채무자에게 지급을 명하기 위해 인정된다.

> **제462조 (적용의 요건)** 금전, 그 밖에 대체물(代替物)이나 유가증권의 일정한 수량의 지급을 목적으로 하는 청구에 대하여 법원은 채권자의 신청에 따라 지급명령을 할 수 있다. 다만, 대한민국에서 공시송달 외의 방법으로 송달할 수 있는 경우에 한한다.

II. 지급명령의 신청 및 법원의 조치 [F-6]

1. 지급명령의 신청

> **제464조 (지급명령의 신청)** 지급명령의 신청에는 그 성질에 어긋나지 아니하면 소에 관한 규정을 준용한다.

소액사건심판법과 달리 별도의 특칙이 없으므로 소장제출주의가 적용된다(제249조). 신청의 효과는 재판상 청구로서 시효중단의 효력이 인정된다(제265조, 민법 제172조).

2. 지급명령의 신청에 대한 재판

> **제465조 (신청의 각하)** ① 지급명령의 신청이 제462조 본문 또는 제463조의 규정에 어긋나거나, 신청의 취지로 보아 청구에 정당한 이유가 없는 것이 명백한 때에는 그 신청을 각하하여야 한다. 청구의 일부에 대하여 지급명령을 할 수 없는 때에 그 일부에 대하여도 또한 같다. ② 신청을 각하하는 결정에 대하여는 불복할 수 없다.
>
> **제466조 (지급명령을 하지 아니하는 경우)** ① 채권자는 법원으로부터 채무자의 주소를 보정하라는 명령을 받은 경우에 소제기신청을 할 수 있다. ② 지급명령을 공시송달에 의하지 아니하고는 송달할 수 없거나 외국으로 송달하여야 할 때에는 법원은 직권에 의한 결정으로 사건을 소송절차에 부칠 수 있다. ③ 제2항의 결정에 대하여는 불복할 수 없다.
>
> **제467조 (일방적 심문)** 지급명령은 채무자를 심문하지 아니하고 한다.
>
> **제468조 (지급명령의 기재사항)** 지급명령에는 당사자, 법정대리인, 청구의 취지와 원인을 적고, 채무자가 지급명령이 송달된 날부터 2주 이내에 이의신청을 할 수 있다는 것을 덧붙여 적어야 한다.
>
> **제469조 (지급명령의 송달)** ① 지급명령은 당사자에게 송달하여야 한다. ② 채무자는 지급명령에 대하여 이의신청을 할 수 있다.

Ⅲ. 지급명령에 대한 이의신청 [F-7]

1. 이의신청의 효력

> 제470조 (이의신청의 효력) ① 채무자가 지급명령을 송달받은 날부터 2주 이내에 이의신청을 한 때에는 지급명령은 그 범위안에서 효력을 잃는다. ② 제1항의 기간은 불변기간으로 한다.
>
> 제471조 (이의신청의 각하) ① 법원은 이의신청이 부적법하다고 인정한 때에는 결정으로 이를 각하하여야 한다. ② 제1항의 결정에 대하여는 즉시항고를 할 수 있다

2. 이의의 효과

> 제472조 (소송으로의 이행) ① 채권자가 제466조 제1항의 규정에 따라 소제기신청을 한 경우, 또는 법원이 제466조 제2항의 규정에 따라 지급명령신청사건을 소송절차에 부치는 결정을 한 경우에는 지급명령을 신청한 때에 소가 제기된 것으로 본다.
> ② 채무자가 지급명령에 대하여 적법한 이의신청을 한 경우에는 지급명령을 신청한 때에 이의신청된 청구목적의 값에 관하여 소가 제기된 것으로 본다.
>
> 제473조 (소송으로의 이행에 따른 처리) ① 제472조의 규정에 따라 소가 제기된 것으로 보는 경우, 지급명령을 발령한 법원은 채권자에게 상당한 기간을 정하여, 소를 제기하는 경우 소장에 붙여야 할 인지액에서 소제기신청 또는 지급명령신청시에 붙인 인지액을 뺀 액수의 인지를 보정하도록 명하여야 한다.
> ② 채권자가 제1항의 기간 이내에 인지를 보정하지 아니한 때에는 위 법원은 결정으로 지급명령신청서를 각하하여야 한다. 이 결정에 대하여는 즉시항고를 할 수 있다.
> ③ 제1항에 규정된 인지가 보정되면 법원사무관 등은 바로 소송기록을 관할법원에 보내야 한다. 이 경우 사건이 합의부의 관할에 해당되면 법원사무관등은 바로 소송기록을 관할법원 합의부에 보내야 한다.
> ④ 제472조의 경우 독촉절차의 비용은 소송비용의 일부로 한다.

Ⅳ. 지급명령의 효력 [F-8]

> 제474조 (지급명령의 효력) 지급명령에 대하여 이의신청이 없거나, 이의신청을 취하하거나, 각하결정이 확정된 때에는 지급명령은 확정판결과 같은 효력이 있다.

1. 지급명령의 확정 전에 생긴 사유로써 청구이의 소를 제기 할 수 있는지 여부(적극)

"구 민사소송법(2002. 1. 26. 법률 제6626호로 전문 개정되기 전의 것) 제505조 제2항은 확정판결에 대한 청구이의는 그 원인이 변론종결 후에 생긴 때에 한하여 할 수 있다고 규정하고 있으나, 같은 법 제521조 제2항은 지급명령에 대한 청구에 관한 이의의 주장은 위 법 제505조의 제한에 따르지 아니한다고 규정하고 있으므로, **확정된 지급명령에 대한 청구이의의 소에 있어서는 지급명령 발령 이후의 그 청구권의 소멸이나 청구권의 행사를 저지하는 사유뿐만 아니라 지급명령 발령 전의 청구권의 불성립이나 무효 등도 그 이의사유가 된다.**

한편, 현행 민사소송법 제474조는 확정된 지급명령은 확정판결과 같은 효력을 가진다고 규정하고 있으나, 확정판결에 대한 청구이의 이유를 변론이 종결된 뒤(변론 없이 한 판결의 경우에는 판결이

선고된 뒤)에 생긴 것으로 한정하고 있는 민사집행법 제44조 제2항과는 달리 민사집행법 제58조 제3항은 지급명령에 대한 청구에 관한 이의의 주장에 관하여는 위 제44조 제2항의 규정을 적용하지 아니한다고 규정하고 있으므로, 현행 민사소송법에 의한 지급명령에 있어서도 지급명령 발령 전에 생긴 청구권의 불성립이나 무효 등의 사유를 그 지급명령에 관한 이의의 소에서 주장할 수 있다. 이러한 의미에서 구 민사소송법뿐만 아니라 현행 민사소송법에 의한 지급명령에도 기판력은 인정되지 아니한다"(대판 2009.7.9. 2006다73966: 법전협 표준판례(401)).

2. 지급명령에 대한 청구이의의 소에서 청구이의가 일부 받아들여지는 경우, 소송촉진 등에 관한 특례법상의 법정이율이 적용되는지 여부(소극)

"지급명령에는 기판력이 인정되지 아니하므로 지급명령에 대한 집행력의 배제를 목적으로 제기된 청구이의의 소에서 지급명령 발령 전에 발생한 청구권의 일부 불성립이나 소멸 등의 사유로 청구이의가 일부 받아들여지는 경우에는, 지급명령 이전부터 청구이의의 사실심판결 선고시까지 그 청구권에 관한 이행의무의 존부나 범위에 관하여 항쟁함이 상당한 경우에 해당한다고 할 것이어서 위 기간 범위 안에서는 소송촉진 등에 관한 특례법 제3조 제1항의 이율을 적용할 수 없다"(대판 2009.7.9. 2006다73966: 법전협 표준판례(401)).

즉, 지급명령에 대한 청구이의의 소에서 청구이의가 일부 받아들여지는 경우에는, 소송촉진 등에 관한 특례법 제3조 1항이 적용되지 않는다(동법 제3조 2항).

> 소송촉진 등에 관한 특례법 제3조 (법정이율) ① 금전채무의 전부 또는 일부의 이행을 명하는 판결(심판을 포함한다. 이하 같다)을 선고할 경우, 금전채무 불이행으로 인한 손해배상액 산정의 기준이 되는 법정이율은 그 금전채무의 이행을 구하는 소장(訴狀) 또는 이에 준하는 서면(書面)이 채무자에게 송달된 날의 다음 날부터는 연 100분의 40 이내의 범위에서 「은행법」에 따른 은행이 적용하는 연체금리 등 경제 여건을 고려하여 대통령령으로 정하는 이율에 따른다. 다만, 「민사소송법」 제251조에 규정된 소(訴)에 해당하는 경우에는 그러하지 아니하다. ② 채무자에게 그 이행의무가 있음을 선언하는 사실심(事實審) 판결이 선고되기 전까지 채무자가 그 이행의무의 존재 여부나 범위에 관하여 항쟁(抗爭)하는 것이 타당하다고 인정되는 경우에는 그 타당한 범위에서 제1항을 적용하지 아니한다.

3. 수개의 청구가 병합된 지급명령에 대한 청구이의의 소의 판단방법(각 청구별로 판단)

수개의 청구가 병합된 지급명령에 관한 청구이의의 소에 있어서는 그 지급명령에서 병합된 각 소송물마다 위와 같은 법리가 적용되어야 하므로 이행의무의 존부나 범위에 대하여 항쟁함이 상당한지 여부는 각 청구별로 따로 판단하여야 한다(대판 2009.7.9. 2006다73966: 법전협 표준판례(401)).

4. 실체적 권리관계와 다른 내용으로 지급명령이 확정되고 그 지급명령에 기한 이행으로 금전 등이 교부된 경우 그에 관하여 부당이득이 성립할 수 있는지 여부(적극)

"확정판결에는 기판력이 인정되므로 그 내용이 실체적 권리관계와 다르다고 하더라도 판결이 재심의 소 등으로 취소되지 않는 한 그 판결에 기한 이행으로 교부받은 금전 등을 법률상 원인 없는 이득이라 할 수 없지만(대판 2001.11.13. 99다32905 등 참조), 지급명령에는 기판력이 인정되지 않으므로 실체적 권리관계와 다른 내용으로 지급명령이 확정되고 그 지급명령에 기한 이행으로 금전 등이 교부되었다면 그에 관하여 부당이득이 성립할 수 있다"(대판 2024.4.12. 2023다307741)

5. **법원이 반대급부의 이행과 동시에 금전 등 대체물이나 유가증권의 지급을 명하는 지급명령을 할 수 있는지 여부**(적극)

"법원은 금전 등 대체물이나 유가증권의 일정한 수량의 지급을 목적으로 하는 청구에 대하여 채권자의 신청에 따라 지급명령을 할 수 있고(민사소송법 제462조), 반대급부의 이행과 동시에 금전 등 대체물이나 일정한 수량의 유가증권의 지급을 명하는 지급명령도 허용된다. 이때 반대급부는 지급명령신청의 대상이 아니어서 민사소송법 제462조에서 정한 '금전 등 대체물이나 유가증권의 일정한 수량의 지급을 목적으로 하는 청구'라는 제한을 받지 아니하고, 반대급부를 이행하여야 하는 자도 '지급명령의 신청인'에 한정되는 것은 아니다"(대결 2022.6.21. 2021그753: 법전협 표준판례(400))

제2절 종국판결에 부수되는 재판

제1관 가집행선고

Ⅰ. 의 의 [F-9]

가집행선고는 미확정의 종국판결에 집행력을 부여함으로써, 강제집행의 지연을 위한 패소자의 의도적 상소를 방지하고, 승소자의 조속한 집행 이익을 보장하기 위한 형성적 재판이다.

Ⅱ. 요건 및 절차 [F-10]

> 제213조 (가집행의 선고) ① 재산권의 청구에 관한 판결은 가집행(假執行)의 선고를 붙이지 아니할 상당한 이유가 없는 한 직권으로 담보를 제공하거나, 제공하지 아니하고 가집행을 할 수 있다는 것을 선고하여야 한다. 다만, 어음금·수표금 청구에 관한 판결에는 담보를 제공하게 하지 아니하고 가집행의 선고를 하여야 한다. ② 법원은 직권으로 또는 당사자의 신청에 따라 채권전액을 담보로 제공하고 가집행을 면제받을 수 있다는 것을 선고할 수 있다. ③ 제1항 및 제2항의 선고는 판결주문에 적어야 한다.

1. 요 건(제213조 1항 본문)

(1) 재산권의 청구에 관한 판결일 것

가집행선고를 하기 위해서는 재산권상의 청구에 관한 판결이어야 한다. 그 이유는 나중에 선고가 취소·변경되더라도 회복이 용이하기 때문이다. 재산권상의 청구에 관한 판결이어야 하므로 이혼 청구 등 비재산권의 청구에는 가집행선고를 할 수 없고, 재산권상의 청구라 하더라도 판결이 확정된 경우에만 집행력이 발행하는 경우에는 가집행선고를 할 수 없다.

따라서 "가사소송법 제42조 제1항은 "재산상의 청구 또는 유아의 인도에 관한 심판으로서 즉시항고의 대상이 되는 심판에는 담보를 제공하게 하지 아니하고 가집행할 수 있음을 명하여야 한다"라고 규정하고, 가사소송규칙 제94조 제1항은 마류 가사비송사건의 심판에 대하여는 청구인과 상대방이 즉시항고를 할 수 있다고 규정하고 있는바, 민법 제837조에 따른 이혼 당사자 사이의 양육비 청구사건은 마류 가사비송사건으로서 즉시항고의 대상에 해당하고, 가집행선고의 대상이 된다"(대판 2014.9.4. 2012므1656). 그러나 "민법 제839조의2에 따른 재산분할 청구사건은 마류 가사비송사건으로서 즉시항고의 대상에 해당하기는 하지만, 재산분할은 부부가 혼인 중에 취득한 실질적인 공동재산을 청산 분배하는 것을 주된 목적으로 하고, 법원이 당사자 쌍방의 협력으로 이룩한 재산의 액수 기타 사정을 참작하여 분할의 액수와 방법을 정하는 것이므로, 재산분할로 금전의 지급을 명하는 경우에도 판결 또는 심판이 확정되기 전에는 금전지급의무의 이행기가 도래하지 아니할 뿐만 아니라 금전채권의 발생조차 확정되지 아니한 상태에 있다고 할 것이어서, 재산분할의 방법으로 금전의 지급을 명한 부분은 가집행선고의 대상이 될 수 없다. 그리고 이는 이혼이 먼저 성립한 후에 재산분할로 금전의 지급을 명하는 경우라고 하더라도 마찬가지이다"(대판 2014.9.4. 2012므1656)

> ＊ **판결이 확정되어야 효력이 발생하는 경우**(가집행선고 불가)
> ① [**의사표시를 명하는 판결**(민법 제389조 2항)] 소유권이전등기 청구, 토지거래허가절차이행청구
> ② [**실체법상 법률관계를 변동시키는 형성판결**] 공유물분할판결(민법 제268조), 사해행위취소판결(민법 제406조)
> ③ [**실체법상 법률관계를 변동시키는 형성판결을 전제로 한 이행판결**] 이혼과 동시에 재산분할을 명하는 판결(대판 1988.11.13. 98므1193)

(2) 종국판결일 것

종국판결이어야 하므로 중간판결에는 가집행선고를 할 수 없고, 종국판결이어도 집행력이 있어야 하므로 확인판결에는 가집행선고를 할 수 없다. 형성판결은 성질상 허용되는 경우와, 강제집행의 정지와 이미 실시한 집행처분의 취소·변경 또는 인가(민사집행법 제47조 2항, 제48조 3항) 등 명문규정이 있는 경우에만 가집행선고를 할 수 있다.

(3) 가집행선고를 붙이지 아니할 상당한 이유가 없을 것

가집행 선고제도의 입법취지는 승소자의 조속한 집행 이익과 패소자의 상소에 의한 이익의 조화를 꾀하는 데 있다. 따라서 상급심에서 선고가 취소·변경되더라도 회복이 용이하여야 한다. 때문에 건물 철거집행 등 집행이 완료되면 나중에 판결이 취소되더라도 건물 신축 등 회복이 용이하지 않은 경우에는 가집행선고를 할 수 없다.

2. 절 차(제213조 1항 단서, 동조 2항)

(1) 직권주의

원칙적으로 직권주의이며(제213조 2항)(8회 선택형) 따라서 당사자의 신청은 직권발동을 촉구하는 의미밖에 없다. 그러나 상소심법원은 원심 판결 중에 불복신청이 없는 부분에 대하여는 당사자의 신청에 따라 결정으로 가집행의 선고를 할 수 있다(제406조 1항, 제435조). 이 경우 신청을 기각한 결정에 대하여는 즉시항고를 할 수 있는데(제406조 2항), 이는 예외적으로 당사자의 신청이 인정되는 경우 그 신청의 기각결정에 대한 불복을 할 수 있다는 것이고, 가집행에 관한 재판 자체에 대하여는 독립하여 항소를 하지 못한다(제391조).

(2) 담보제공

법원은 재량으로 '담보를 제공하거나, 제공하지 아니'할 것을 조건으로 가집행선고를 할 수 있다(제213조 1항 본문). 다만, 어음금·수표금 청구에 관한 판결에는 담보를 제공하게 하지 아니하고 가집행의 선고를 하여야 한다(제213조 1항 단서).

Ⅲ. 효 력   [F-11]

1. 본집행의 효력

가집행선고가 붙은 종국판결은 본집행의 효력과 마찬가지로 즉시 집행력이 발생한다는 점에서 집행보전에 그치는 가압류·가처분과 다르고, 상급심에서 그 가집행의 선고가 붙은 본안판결이 취소되는 것을 해제조건으로 한다는 점에서 본집행과 차이가 있다. 따라서 判例는 "가집행으로 인한 변제의 효력은 확정적인 것이 아니고 어디까지나 상소심에서 그 가집행의 선고 또는 본안판결이 취소되는 것을 해제조건으로 하여 발생하는 것에 지나지 않으므로, 제1심 가집행선고부 판결에 기하여 그 가집행선고 금액을 지급받았다 하더라도 항소심법원으로서는 이를 참작함이 없이 당해 청구의 당부를 판단하여야 한다"(대판 2000.7.6. 2000다560)(9회 선택형)고 판시하였다.

[관련판례] ✻ 가집행선고 있는 판결에 기한 변제의 효과 및 그것이 청구이의사유가 되는지 여부(적극)
"가집행이 붙은 제1심 판결을 선고받은 채무자가 선고일 약 1달 후에 그 판결에 의한 그때까지의 원리금을 추심 채권자에게 스스로 지급하기는 하였으나 그 제1심 판결에 대하여 항소를 제기하여 제1심에서 인용된 금액에 대하여 다투었다면, 그 채무자는 제1심 판결이 인용한 금액에 상당하는 채무가 있음을 스스로 인정하고 이에 대한 확정적 변제행위로 추심 채권자에게 그 금원을 지급한 것이 아니라, 제1심 판결이 인용한 지연손해금의 확대를 방지하고 그 판결에 붙은 가집행 선고에 기한 강제집행을 면하기 위하여 그 금원을 지급한것으로 봄이 상당하고, 이와 같이 제1심 판결에 붙은 가집행선고에 의하여 지급된 금원은 확정적으로 변제의 효과가 발생하는 것이 아니어서 채무자가 그 금원의 지급 사실을 항소심에서 주장하더라도 항소심은 그러한 사유를 참작하지 않으므로, 그 금원 지급에 의한 채권 소멸의 효과는 그 판결이 확정된 때에 비로소 발생한다고 할 것이며, 따라서 채무자가 그와 같이 금원을 지급하였다는 사유는 본래의 소송의 확정판결의 집행력을 배제하는 적법한 청구이의사유가 된다"(대판 1995.6.30. 95다15827)

2. 집행정지

가집행선고가 붙은 종국판결은 선고 즉시 집행력이 발생한다. 이러한 집행력은 피고가 상소를 제기하더라도 정지되지 않으므로 이에 기한 강제집행을 정지시키려면 별도로 강제집행정지결정을 받아야 한다(제500조, 제501조). 判例는 가압류취소결정에 대해 즉시항고하면서 따로 집행정지를 신청을 하지 않은 채권자는 가압류취소결정의 잘못을 이유로 국가배상을 청구할 수 없다(대판 2022.3.17. 2019다226975)고 판시하였다.

[관련판례] ✻ 가집행선고부 판결에 대한 강제집행정지를 위한 담보의 효력
"가집행선고 있는 판결에 대한 강제집행정지를 위한 담보는 채권자가 그 강제집행정지로 인하여 입게 될 손해의 배상채권을 확보하기 위한 것이다(대결 1992.1.31. 91마718 참조).
그리고, 제1심판결에 붙은 가집행선고는 그 본안판결을 변경한 항소심판결에 의하여 변경의 한도에서 효력을 잃게 되지만 그 실효는 변경된 그 본안판결의 확정을 해제조건으로 하는 것이어서 그 항소심판결을 파기하는 상고심판결이 선고되면 가집행선고의 효력은 다시 회복되기에(대결 1965.10.20. 65마826, 대결 1993.3.29. 93마246,247 등 참조), 그 항소심판결이 확정되지 아니한 상태에서는 가집행선고부 제1심판결에 기한 가집행이 정지됨으로 인하여 입은 손해의 배상을 상대방에게 청구할 수 있는 가능성이 여전히 남아 있다고 할 것이므로

가집행선고부 제1심판결이 항소심판결에 의하여 취소되었다 하더라도 그 항소심판결이 미확정인 상태에서는 그의 담보의 사유가 소멸되었다고 볼 수 없다(대결 1964.6.2. 63마165. 대결 1965.10.20. 65마826. 1983.9.28. 83마435 등 참조)"(대결 1999.12.3. 전합99마2078)(9회 선택형).

Ⅳ. 실효 및 원상회복과 손해배상 [F-12]

> 제215조 (가집행선고의 실효, 가집행의 원상회복과 손해배상) ① 가집행의 선고는 그 선고 또는 본안판결을 바꾸는 판결의 선고로 바뀌는 한도에서 그 효력을 잃는다. ② 본안판결을 바꾸는 경우에는 법원은 피고의 신청에 따라 그 판결에서 가집행의 선고에 따라 지급한 물건을 돌려 줄 것과, 가집행으로 말미암은 손해 또는 그 면제를 받기 위하여 입은 손해를 배상할 것을 원고에게 명하여야 한다. ③ 가집행의 선고를 바꾼 뒤 본안판결을 바꾸는 경우에는 제2항의 규정을 준용한다.

1. 가집행선고의 실효

가집행의 선고만을 바꾸거나 가집행의 선고가 붙은 본안판결 자체를 바꾸는 판결의 선고가 내려지면, 그 한도에서 가집행의 선고는 효력을 잃는다(제215조 1항). 이 경우 더 이상 가집행선고에 따른 강제집행을 할 수 없고, 이미 강제집행이 실시된 경우에도 변경판결의 정본을 제출하면 이를 정지·취소시킬 수 있다(민사집행법 제49조 1항, 동법 제50조). 다만, 이러한 실효에는 소급효가 없으므로 이미 종료된 집행에는 영향이 없다.

나아가 判例는 "가집행선고를 붙인 본안판결에 의한 경매집행 완료전에 그 본안판결이 항소심에서 취소되어 경매개시결정을 취소한데 대하여 그 후 상고심에서 파기환송되었다는 이유로 항고한 경우에는 위의 경매개시결정 취소결정을 취소하여야 한다"(대결 1964.3.31. 63마78)며 실효되었던 가집행선고의 효력이 복구될 수도 있다고 판시하였다.

2. 원상회복 및 손해배상

(1) 법적 성질

"본안판결의 변경으로 가집행의 선고가 실효되었을 경우, 법원은 가집행선고로 인하여 지급된 물건의 반환은 물론 가집행으로 인한 손해의 배상까지를 명할 수 있는데(제215조 2항), 위 배상의무는 공평원칙에 입각한 일종의 무과실책임이다"(대판 1979.9.11. 79다1123). 원상회복은 일종의 부당이득반환의무로서의 성격을 가지며, 손해배상책임은 일종의 불법행위 손해배상책임의 성격을 가진다.[74]

[관련판례] "가집행선고부 제1심판결에 기하여 금원을 지급하였다가 다시 상소심판결의 선고에 의해 가집행선고가 실효됨에 따라 금원의 수령자가 부담하게 되는 원상회복의무는 성질상 부당이득의 반환채무이지만, 이러한 원상회복의무는 가집행선고의 실효가 기왕에 소급하는 것이 아니기 때문에 본래부터 가집행이 없었던 것과 같은 원상으로 회복시키려는 공평의 관념에서 민사소송법이 인정한 법정채무이므로, 국제사법 제31조 단서에 정한 '부당이득이 당사자 간의 법률관계에 기하여 행하여진 이행으로부터 발생한 경우'에 해당한다고 볼 수 없다"(대판 2015.2.26. 2012다79866)

[관련판례] "가지급물반환 신청은 소송중의 소의 일종으로서 그 성질은 예비적 반소라 할 것이므로, 가집행의 선고가 붙은 제1심판결에 대하여 피고가 항소를 하였지만 피고의 항소가 기각된 이 사건에서 원심이 따로 가지급물반환 신청에 대한 판단을 하지 아니한 것은 적법하다고 할 것이므로, 이와 다른 견해인 상고이유의 주장도 받아들일 수 없다"(대판 2005.1.13. 2004다19647 : 11회 선택형).

---

74) 민일영, 주석 민사소송법(제8판) 참조. 소수설은 둘 다 불법행위책임이라고 함

[관련판례] "제1심의 가집행선고부 판결에 기하여 금원을 지급하였다가 다시 상소심 판결의 선고로 그 선고가 실효됨으로 인하여 그 금원의 수령자가 부담하게 되는 가지급물의 반환의무는 성질상 부당이득의 반환채무라 할 것이므로 그 가지급물의 반환을 명하는 판결은 특별한 사정이 없는 한 구 소송촉진등에관한특례법 (2003. 5. 10. 법률 제6868호로 개정되기 전의 것) 소정의 '금전채무의 전부 또는 일부의 이행을 명하는 판결'(현행 제 3조 1항 : 저자주)에 해당하므로 위 법률의 적용을 받는다"(대판 2005.1.14. 2001다81320)(9회 선택형).

[관련판례] "가압류나 가처분 등 보전처분은 그 피보전권리가 실재하는지 여부의 확정은 본안소송에 맡기고 단지 소명에 의하여 채권자의 책임하에 하는 것이므로, 그 집행 후에 집행채권자가 본안소송에서 패소확정되면 그 보전처분의 집행으로 인하여 채무자가 입은 손해에 대하여 집행채권자에게 고의 또는 과실이 있다고 사실상 추정되지만, 특별한 반증이 있는 경우에는 위와 같은 고의·과실의 추정이 번복될 수 있다"(대판 2014.7.10. 2012다29373)(8회 선택형)

(2) 원상회복의 내용

제215조 2항의 '가집행의 선고에 따라 지급한 물건'이란 가집행의 결과로서 피고가 원고에게 이행한 물건만을 의미한다. 따라서 判例는 원고가 금전채권에 대한 가집행선고 있는 승소판결을 얻어 피고 소유의 부동산을 강제집행하면서 스스로 경락인으로서 소유권을 취득한 사례에서 "가집행선고로 인한 지급물은 원고가 위의 집행의 결과로서 피고로부터 지급받은 금전자체라 할 것이지 우연히 원고가 경락인이 된 본건 부동산 자체라고는 말할 수 없다"(대판 1965.8.31. 65다1311)고 판시하였다.

[관련판례] "민사소송법 제215조 제2항은 가집행선고 있는 본안판결을 변경하는 경우에는 법원은 피고의 신청에 의하여 그 판결에서 가집행선고로 인한 지급물의 반환을 원고에게 명하도록 규정하고 있는데, 여기에서 반환의 대상이 되는 가집행선고로 인한 지급물은 가집행의 결과 피고가 원고에게 이행한 물건 또는 그와 동일시할 수 있는 것을 의미하는 것으로 볼 수 있다. 그런데 가집행선고부 판결에 기한 공탁은 채무를 확정적으로 소멸시키는 원래의 변제공탁이 아니고 상소심에서 가집행선고 또는 본안판결이 취소되는 것을 해제조건으로 하는 것이므로 가집행선고부 판결이 선고된 후 피고가 판결인용금액을 변제공탁하였다 하더라도 원고가 이를 수령하지 아니한 이상, 그와 같이 공탁된 돈 자체를 가집행선고로 인한 지급물이라고 할 수 없다. 따라서 피고가 가집행선고부 제1심판결에 기한 판결인용금액을 변제공탁한 후 항소심에서 제1심판결의 채무액이 일부 취소되었다 하더라도 그 차액이 가집행선고의 실효에 따른 반환대상이 되는 가지급물이라고 할 수 없다. 다만 그 차액에 대해서는 공탁원인이 소멸된 것이므로 공탁자인 피고로서는 공탁원인의 소멸을 이유로 그에 해당하는 공탁금을 회수할 수 있다. 그리고 이러한 법리는 판결금채권에 대하여 채권가압류가 있어 제3채무자인 피고가 민사집행법 제291조에 의해 준용되는 같은 법 제248조 제1항에 근거하여 가압류를 원인으로 한 공탁을 한 경우에도 마찬가지로 적용된다"(대판 2011.9.29. 2011다17847)

(3) 손해배상의 내용

가집행선고 실효에 의한 손해배상도 불법행위 손해배상책임의 성격을 가지므로 判例는 "그 가집행에 관하여 그 가집행채무자에게 과실이 있는 때에는 민법 제396조 또는 동법 제763조의 규정을 준용하여 가집행채권자의 손해배상책임 및 그 금액을 정함에 있어 이를 참작하여야 한다"(대판 1984.12.26. 84다카1695)고 판시하였다.

나아가 判例는 상행위인 보험계약에 따라 발생한 금전채권에 대해 가집행선고가 붙은 판결이 선고되었다가 가집행선고가 실효된 경우 "가집행선고의 실효에 따른 원상회복의무는 상행위로 인한 채무 또는 그에 준하는 채무라고 할 수는 없으므로 그 지연손해금에 대하여는 민법 소정의 법정이율에 의하여야 하는 것이고 상법 소정의 법정이율을 적용할 것은 아니다"(대판 2004.2.27. 2003다52944)고 판시하였다.

제2관 소송비용의 재판

Ⅰ. 의 의 [F-13]

'소송비용'이란 소송당사자가 현실적으로 소송에서 지출한 비용 중 법령에 정한 범위에 속하는 비용을 말한다.

Ⅱ. 내 용 [F-14]

1. 재판비용

인지액(민사소송비용법 제2조), 증인·감정인 등에 관한 비용(동법 제4조, 제5조, 제6조), 송달·공고비용(동법 제7조, 제8조) 등 재판의 진행을 이해 당사자가 법원에 납부하고, 종국적으로는 비용부담의 재판을 받는 자에게 상환받는 비용을 말한다.

2. 당사자비용

당사자가 소송을 수행하는 데 필요한 비용으로 서기료(민사소송비용법 제3조), 당사자 등의 여비(동법 제4조) 등이 당사자비용에 해당한다. 당사자가 비용을 미리 내지 아니하는 때에는 소송구조의 경우를 제외하고(제129조), 법원은 그 소송행위를 하지 아니할 수 있다(제116조).

3. 변호사 선임비용

(1) 변호사에게 지급하였거나 지급할 보수

소송을 대리한 변호사에게 당사자가 지급하였거나 지급할 보수는 대법원규칙이 정하는 금액의 범위 안에서 소송비용으로 인정한다(제109조 1항). "소송비용에 산입되는 변호사의 보수에는 당사자가 보수계약에 의하여 현실적으로 지급한 것뿐만 아니라 사후에 지급하기로 약정한 것까지 포함되고, 제3자가 지급한 경우에도 당사자가 지급한 것과 동일하다고 볼 수 있는 사정이 인정되면 소송비용에 산입되는 변호사 보수로 인정할 수 있다"(대결 2020.4.24. 2019마6990). 다만, 소송대리인으로 선임된 변호사가 소송사건의 변론종결시까지 변론이나 증거조사 등 소송절차에 전혀 관여한 바 없다면 그에게 지급된 보수는 소송비용에 포함되지 않는다(대결 1992.11.30. 90마1003). 반면, 민사조정신청 사건이 소송으로 이행되지 않은 채 조정신청의 취하 등으로 종료되는 경우, 민사소송법에서 정한 소송비용 부담 및 확정절차에 관한 조항을 유추적용할 수 있는바, 이때 위 조정절차비용에 변호사보수도 산입될 수 있고, 위와 같은 방식으로 산정한 변호사보수가 현저히 부당한 경우, 법원이 이를 감액할 수도 있다(대결 2022.10.14. 2020마7330).

소송당사자가 약정에 따라 부가가치세를 포함하여 변호사보수를 지출한 경우 "부가가치세가 사업자인 소송당사자가 자기 사업을 위하여 공급받은 재화나 용역에 대한 것으로서 부가가치세법 제38조 제1항 제1호에 따른 매입세액에 해당하여 자기의 매출세액에서 공제하거나 환급받을 수 있다면 이는 실질적으로 소송당사자의 부담으로 돌아가지 않으므로 부가가치세 상당의 소송비용 상환을 구할 수 없다. 반면 변호사보수에 포함된 부가가치세가 부가가치세법 제39조 제1항 제7호에서 규정한 '면세사업에 관련된 매입세액' 등에 해당하여 이를 소송당사자의 매출세액에서 공제하거나 환급받을 수 없는 때에는 그 부가가치세는 실질적으로 해당 소송당사자의 부담이 되므로 상대방에게 부가가치세 상당의 소송비용 상환을 구할 수 있다"(대결 2022.1.27. 2021마6871).

(2) 수인의 공동소송인이 공동으로 변호사를 선임한 경우

소송비용을 계산할 때에는 여러 변호사가 소송을 대리하였더라도 한 변호사가 대리한 것으로 보는데(제109조 2항), 判例는 "수인의 공동소송인이 공동으로 변호사를 선임하여 소송을 수행하게 한 경우에 특별한 사정(예컨대 그 공동소송이 실질적으로는 독립소송이나 다름없을 정도로 공동소송인 사이에 관련성이 희박하면서도 형식상으로만 공동소송으로 되어 있다는 등)이 없는 한, 그 공동소송인들이 지급하였거나 지급할 변호사보수를 소송비용에 산입함에 있어서는, 각 공동소송인별로 소송물가액을 정하여 변호사보수의 소송비용산입에관한규칙 제3조에 의한 변호사보수를 각 개인별로 산정한 다음 이를 합산할 것이 아니라, 동일한 변호사를 선임한 공동소송인들의 각 소송물가액을 모두 합산한 총액을 기준으로 위 규칙 제3조에 따른 비율을 적용하여 변호사보수를 산정하는 것이 옳다"(대결 2000.11.30. 전합2000마5563)고 판시하였다. 다만, "공동소송인 중 일부만이 변호사보수를 실제 지급한 경우 그 일부에 대해서만 변호사보수를 배분하고, 변호사보수를 지급하지 않은 공동소송인에게는 배분해서는 안 된다"(대결 2020.10.30. 2020마6255).[75]

(3) 변론병합결정에 의하여 복수의 소송이 하나의 공동소송으로 병합된 경우

"법원의 변론병합결정에 의하여 복수의 소송이 하나의 공동소송으로 병합된 경우, 일방 당사자가 지출한 변호사보수 중 상대방 공동소송인들이 부담할 변호사보수를 소송비용에 산입할 때 특별한 사정이 없는 한 병합되기 전의 각 소송의 소송목적의 값을 기준으로 변호사보수의 소송비용 산입에 관한 규칙 제3조에 의한 변호사보수액을 각각 산정한 후 이를 합산하는 방법으로 소송비용에 산입될 변호사보수액을 산정하여야 한다"(대결 2014.6.12. 2014마145).

Ⅲ. 소송비용의 부담 [F-15]

1. 패소자부담의 원칙

소송비용은 패소한 당사자가 부담한다(제98조). 이는 결과책임으로 패소자의 고의·과실을 요하지 않는다. 일부패소의 경우에 당사자들이 부담할 소송비용은 법원이 정한다(제101조 본문). 다만, 사정에 따라 한 쪽 당사자에게 소송비용의 전부를 부담하게 할 수 있다(제101조 단서). 공동소송인은 소송비용을 균등하게 부담한다(제102조 1항 본문).

다만, 법원은 사정에 따라 공동소송인에게 소송비용을 연대하여 부담하게 하거나 다른 방법으로 부담하게 할 수 있다(제102조 1항 단서). 그러나 이 경우에도 법원은 권리를 늘리거나 지키는 데 필요하지 아니한 행위로 생긴 소송비용은 그 행위를 한 당사자에게 부담하게 할 수 있다(제102조 2항). 당사자가 법원에서 화해한 경우나 화해권고결정을 받을 경우 화해비용과 소송비용의 부담에 대하여 특별히 정한 바가 없으면 그 비용은 당사자들이 각자 부담한다(제106조).

---

75) **[사실관계]** "신청인과 신청외 1은 가처분 신청사건 제1심에서 법무법인 ○○과 변호사 신청외 2를 소송대리인으로 선임하였다. 원심은 신청인이 2019. 3. 13. 법무법인 ○○에 지급한 550만 원 중 가처분 신청과 관련된 100만 원, 2019. 5. 15. 변호사 신청외 2에게 지급한 550만 원 등 합계 650만 원을 변호사보수로 산정하고, 신청인에 대해서만 변호사보수를 비롯한 소송비용을 배분하였다. 이러한 사실관계를 위에서 본 법리에 비추어 살펴보면, 공동소송인인 신청인과 신청외 1 중 신청인만이 변호사보수를 실제로 지급하였으므로 신청인에 대해서만 변호사보수 등 소송비용을 배분해야 한다. 원심이 같은 취지에서 신청인에 대해서만 소송비용을 배분한 것은 위 법리에 따른 것으로 정당하다. 원심결정에 재항고이유 주장과 같이 소송비용산정에 관한 법리를 오해한 잘못이 없다"

❋ 통상공동소송에서 공동소송인이 같은 비율로 함께 패소하였을 경우, 공동소송인이 공동으로 소송비용을 부담하는 것이 형평에 반하거나 불합리한 경우

"소송비용액확정 결정절차에서는 상환할 소송비용의 액수를 정할 수 있을 뿐이고, 소송비용부담재판에서 확정한 상환의무 자체의 범위를 심리·판단하거나 변경할 수 없다. 따라서 불합리한 결과의 발생을 방지하고 공동소송인 사이의 형평성과 구체적 타당성에 부합하는 소송비용부담재판이 되도록 하기 위해서는, 통상공동소송에서 공동소송인이 같은 비율로 함께 패소하였을 경우, 공동소송인 사이에 소송목적의 값에 현저한 차이가 있다거나 소송물의 내용이나 성격, 항쟁의 정도 등이 다르다는 등의 사정으로 공동소송인이 공동으로 소송비용을 부담하는 것이 형평에 반하거나 불합리하다고 생각된다면 민사소송법 제102조 제1항 단서를 적극적으로 적용하여 공동소송인별로 소송관계를 구분하여 소송비용의 부담을 정하거나 공동소송인별로 수액이나 부담비율을 정하는 등의 방식으로 소송비용부담재판을 하는 것이 더 바람직하다"(대결 2017.11.21. 2016마1854).

❋ 재판주문에서 단순히 '소송비용은 공동소송인들의 부담으로 한다.'라고 정한 경우, 공동소송인들의 소송비용부담 방식

"민사소송법 제102조 제1항은 "공동소송인은 소송비용을 균등하게 부담한다. 다만 법원은 사정에 따라 공동소송인에게 소송비용을 연대하여 부담하게 하거나 다른 방법으로 부담하게 할 수 있다."라고 규정하고 있으므로, 재판주문에서 공동소송인별로 소송비용의 부담비율을 정하거나, 연대부담을 명하지 아니하고 단순히 '소송비용은 공동소송인들의 부담으로 한다.'라고 정하였다면 공동소송인들은 상대방에 대하여 균등하게 소송비용을 부담하고, 공동소송인들 상호 간에 내부적으로 비용분담 문제가 생기더라도 그것은 그들 사이의 합의와 실체법에 의하여 해결되어야 한다"(대결 2017.11.21. 2016마1854).

❋ 쌍방상소사건에서 각 당사자의 불복범위에 현저한 차이가 있어 쌍방 상소 기각과 함께 상소비용을 각자 부담으로 하게 되면 불합리한 결과가 발생한다고 인정되는 경우 상소비용 부담방식

"쌍방상소사건에서 각 당사자의 불복범위에 현저한 차이가 있어 쌍방 상소 기각과 함께 상소비용을 각자 부담으로 하게 되면 위와 같은 불합리한 결과가 발생한다고 인정되는 경우, 법원으로서는 당해 심급의 소송비용부담재판을 함에 있어 단지 각자 부담으로 할 것이 아니라, 각 당사자의 불복으로 인한 부분의 상소비용을 불복한 당사자가 각각 부담하도록 하거나, 쌍방의 상소비용을 합하여 이를 불복범위의 비율로 적절히 안분시키는 형태로 주문을 냄으로써, 위와 같은 불합리한 결과가 발생하지 않도록 하는 것이 바람직하다"(대결 2019.4.3. 2018다271657).

❋ 피참가인이 전부 승소한 판결에서 소송비용의 부담에 관한 주문에 '보조참가로 인한 부분'을 특정하지 않은 채 패소한 당사자가 부담한다는 취지만 기재되어 있는 경우, 패소한 당사자가 보조참가로 인한 소송비용까지 부담하는 것으로 볼 수 있는지 여부(적극) / 피참가인이 일부 승소하였음에도, 주문에 '보조참가로 인한부분'이 특정되지 않은 채 피참가인과 상대방 당사자 사이의 소송비용 부담 비율만 기재되어 있는 경우, 보조참가로 인하여 생긴 부분에 관한 소송비용의 재판이 누락된 것인지 여부(적극)

"보조참가로 인하여 생긴 소송비용의 부담에 대하여도 민사소송법 제98조 내지 제102조에 따라 재판하여야 함이 원칙이고(민사소송법 제103조), 소송비용의 부담에 관한 주문에 '보조참가로 인한 부분'을 특정하지 않은 채 패소한 당사자가 부담한다는 취지만 기재되어 있더라도, 피참가인이 전부 승소한 경우에는 당연히 패소한 당사자가 보조참가로 인한 소송비용까지도 부담하는 것으로 볼 수 있다. 그러나 피참가인이 일부 승소하였음에도, 주문에 '보조참가로 인한 부분'이 특정되지 않은 채 피참가인과 상대방 당사자 사이의 소송비용 부담 비율만 기재되어 있다면, 여기에는 보조참가로 인하여 생긴 부분까지 당연히 포함되었다고 볼 수 없어 이에 관한 소송비용의 재판이 누락된 경우에 해당하므로, 당해 소송비용의 재판을 누락한 법원이 직권 또는 당사자의 신청에 따라 이에 대한 재판을 추가로 하여야 한다(민사소송법 제212조 제2항)"(대결 2022.4.5. 2020마7530).

2. 패소자부담의 원칙의 예외

법원은 사정에 따라 **승소한 당사자로 하여금** 그 권리를 늘리거나 지키는 데 필요하지 아니한 행위로 말미암은 소송비용 또는 상대방의 권리를 늘리거나 지키는 데 필요한 행위로 말미암은 소송비용의 전부나 일부를 부담하게 할 수 있다(제99조).

그리고 당사자가 적당한 시기에 공격이나 방어의 방법을 제출하지 아니하였거나, 기일이나 기간의 준수를 게을리 하였거나, 그 밖에 당사자가 책임져야 할 사유로 소송이 지연된 때에는 법원은 지연됨으로 말미암은 소송비용의 전부나 일부를 **승소한 당사자에게** 부담하게 할 수 있다(제100조)

3. 제3자의 소송비용부담

법정대리인·소송대리인·법원사무관 등이나 집행관이 고의 또는 중대한 과실로 쓸데없는 비용을 지급하게 한 경우에는 수소법원은 직권으로 또는 당사자의 신청에 따라 그에게 비용을 갚도록 명할 수 있다(제107조 1항). 법정대리인 또는 소송대리인으로서 **소송행위를** 한 사람이 그 대리권 또는 소송행위에 필요한 권한을 받았음을 증명하지 못하거나, 추인을 받지 못한 경우에 그 소송행위로 말미암아 발생한 소송비용에 대하여도 마찬가지이다(제107조 2항).

한편, 무권대리인이 제기한 소가 각하된 경우라면 소송비용은 그 소송행위를 한 대리인이 부담한다(제108조).

Ⅳ. 소송비용부담의 재판   [F-16]

법원은 사건을 완결하는 재판에서 직권으로 그 심급의 소송비용 전부에 대하여 재판하여야 한다. 다만, 사정에 따라 사건의 일부나 중간의 다툼에 관한 재판에서 그 비용에 대한 재판을 할 수 있다(제104조).

Ⅴ. 소송비용액의 확정절차   [F-17]

1. 일반적인 경우

소송비용의 부담을 정하는 재판에서 그 액수가 정하여지지 아니한 경우에 제1심 법원은 그 재판이 확정되거나, 소송비용부담의 재판이 집행력을 갖게 된 후에 당사자의 신청을 받아 결정으로 그 소송비용액을 확정한다(제110조 1항). 소송비용액의 확정결정을 신청할 때에는 비용계산서, 그 등본과 비용액을 소명하는 데 필요한 서면을 제출하여야 하고(제110조 2항), 법원은 법원사무관등에게 소송비용액을 계산하게 하여야 한다(제115조). 제113조의 경우(화해한 경우 비용액 확정) 외에 소송이 소의 취하, 포기·인낙 등 재판에 의하지 아니하고 끝난 경우에도 법원은 당사자의 신청에 따라 결정으로 소송비용의 액수를 정하고, 이를 부담하도록 명하여야 한다(제114조 1항).

判例도 "상고심 사건에 관한 소송비용은 상고를 제기하였다가 이를 취하한 피신청인이 부담함이 상당하다"(대결 2008.8.14. 2008카확6)고 하였다.

[관련판례] "민사소송법 제112조 본문은 "법원이 소송비용을 결정하는 경우에 당사자들이 부담할 비용은 대등한 금액에서 상계된 것으로 본다."라고 규정하고 있다. 피신청인이 자신의 비용계산서와 비용액을 소명하는 데 필요한 서면을 최고기간 내에 제출하지 않은 때에는 법원은 신청인의 비용에 대해서만 그 분담액을 정할 수 있으나, 그 경우에도 피신청인은 별도의 소송비용액확정결정을 신청할 수 있다(민사소송법 제111조 제2항 본문, 제111조 제2항 단서). 이러한 사정에 비추어 살펴보면, 피신청인이

신청인의 비용에 대해서만 분담액을 정한 제1심결정에 대하여 즉시항고를 하면서 자신의 비용계산서와 그 비용액을 소명하는 데 필요한 서면을 제출한 경우에 원칙적으로는 이를 함께 고려하여 소송비용 분담액을 다시 산정하여 확정하는 것이 타당하다. 그러나 피신청인이 별도의 소송비용액확정결정을 신청하여 그 결정이 확정된 경우에는 피신청인은 그 결정에 따라 자신의 소송비용액을 상환받아야 할 것이므로, 위와 같이 별도의 결정에서 상환받는 것으로 확정된 피신청인의 소송비용액에 대해서는 피신청인이 상환하여야 할 소송비용액과 상계를 하여서는 안 된다"(대결 2023.9.27. 2022마6885)

> ✱ **소 취하로 소송이 끝난 경우 소를 취하한 원고가 소송비용의 부담자가 되는지 여부**(원칙적 적극) **소송비용부담 및 확정절차에서 소송비용부담에 관한 실체상의 권리가 소멸하였다거나 이전되었다는 등의 사정을 주장·증명하여 심판의 대상으로 삼을 수 있는지 여부**(소극)
>
> "소 취하로 인하여 소송이 끝난 경우 당사자의 신청이 있으면 법원은 민사소송법 제114조 제1항에 의하여 결정으로 소송비용의 액수를 정하고 이를 부담하도록 명해야 하는데, 이때 법원은 민사소송법 제114조 제2항에 의하여 같은 법 제98조 내지 제103조의 규정을 준용하여 소 취하의 경위, 각 당사자의 소송행위의 내용 등 여러 사정을 종합하여 재량에 의하여 소송비용을 부담할 자와 그 부담액을 정할 수 있으나, 소의 취하는 처음부터 소송계속이 없었던 것으로 간주되는 것이므로 그 소는 원칙적으로 원고에게 무익한 것, 즉 권리의 신장 또는 방어에 필요한 행위가 아니었던 셈이 되어 피고가 채무를 이행하였기 때문에 소를 취하한 것이라는 등의 특별한 사정이 없는 한 패소한 당사자에 준하여 소를 취하한 원고가 소송비용의 부담자가 되는 것이 원칙이다.
>
> 소송비용부담의 재판은 본안사건 소송절차에 대한 부수적 재판으로서, 본안사건 청구의 당부와 그 밖에 소송행위의 필요성, 소송지연 등 본안사건 소송절차 내의 사정만을 고려하여 부담의무 주체 및 부담 부분을 판단하여야 하고, 소송비용부담에 관한 실체상의 권리가 소멸하였다거나 이전되었다는 등의 사정은, 소송비용부담 및 확정결정의 집행단계에서 청구에 관한 이의의 소 등으로 다툴 수 있음은 별론으로 하고, 소송비용부담 및 확정절차에서 이를 주장·증명하여 심판의 대상으로 삼을 수는 없다"(대결 2020.7.17. 2020카확522).

> ✱ **당사자 쌍방이 소송비용을 일정 비율로 분담하도록 재판이 된 경우로서 민사소송법 제111조 제2항에 따라 소송비용액확정을 신청한 당사자에 대해서만 소송비용액을 확정할 경우 소송비용에 포함되는 변호사 보수의 산정방법**
>
> "당사자 사이에 소송비용을 일정 비율로 분담하도록 재판이 된 경우로서 민사소송법 제111조 제2항에 따라 소송비용액확정을 신청한 당사자에 대해서만 소송비용액을 확정할 경우 법원은 신청인으로부터 제출된 비용계산서에 기초하여 지출한 비용총액을 산정한 다음, 그 비용총액에 대하여 소송비용 부담재판의 분담비율에 따라 상대방이 부담할 소송비용액을 정하여 그 금액의 지급을 명하는 방법으로 소송비용액을 확정해야 한다.
>
> 한편 민사소송법 제109조 제1항은 "소송을 대리한 변호사에게 당사자가 지급하였거나 지급할 보수는 대법원규칙이 정하는 금액의 범위 안에서 소송비용으로 인정한다."라고 정하고 있고, 구 「변호사 보수의 소송비용 산입에 관한 규칙」(2018. 3. 7. 대법원규칙 제2779호로 개정되기 전의 것, 이하 '구 보수규칙'이라 한다) 제3조 제1항은 "소송비용에 산입되는 변호사의 보수는 당사자가 보수계약에 의하여 지급한 또는 지급할 보수액의 범위 내에서 각 심급단위로 소송목적의 값에 따라 별표의 기준에 의하여 산정한다."라고 정하고 있다.
>
> 따라서 당사자 사이에 소송비용을 일정 비율로 분담하도록 재판이 된 경우로서 소송비용액확정신청을 한 신청인에게 피신청인이 상환해야 할 변호사 보수를 확정할 때에는 신청인이 변호사에게 보수계약에 따라 지급하거나 지급할 금액과 구 보수규칙에 따라 산정한 금액을 비교하여 그중 작은 금액을 소송비용으로 결정한 다음, 그에 대하여 소송비용 부담재판의 분담비율을 적용하여 계산해야 한다"(대결 2022.5.31. 2022마5141).

2. 소의 일부가 취하되거나 청구가 감축된 경우

(1) 당사자가 일부 취하되거나 청구가 감축된 부분에 해당하는 소송비용을 상환받기 위한 방법

"소의 일부가 취하되거나 청구가 감축된 경우 소송비용에 관하여는 민사소송법 제114조의 적용이 있는 것으로 해석함이 타당하므로, 이 경우 당사자가 일부 취하되거나 청구가 감축된 부분에 해당하는 소송비용을 상환받기 위하여는 위 규정에 의하여 일부 취하되거나 감축되어 그 부분만이 종결될 당시의 소송계속법원에 종국판결과는 별개의 절차로서의 소송비용부담재판의 신청을 하고 그에 따라 결정된 소송비용의 부담자 및 부담액에 의한다"(대결 2017.2.7. 2016마937).

(2) 피항소인의 소송대리인 선임 전 항소인이 불복신청의 범위를 감축한 경우

"민사소송법 제109조 제1항, 변호사보수의 소송비용 산입에 관한 규칙 제3조 제1항, 제4조 제1항, 제2항, 민사소송 등 인지법 제2조 제3항, 민사소송 등 인지규칙 제25조 등의 각 규정을 종합하면, 소송비용에 산입되는 변호사의 보수는 당사자가 보수계약에 의하여 지급한 또는 지급할 보수액의 범위 내에서 각 심급단위로 소송목적의 값에 따라 산정하되, 청구취지를 변경한 경우에는 변경한 청구취지를 기준으로 하고, 항소심 또는 상고심의 소송목적의 값은 상소로써 불복하는 범위를 기준으로 하도록 되어 있다. 한편 항소의 취하는 항소의 전부에 대하여 하여야 하고, 항소불가분의 원칙상 항소의 일부 취하는 효력이 없으며 단순히 불복신청의 범위를 감축하는 의미에 지나지 아니하나, 항소인이 항소장 제출 이후 피항소인이 소송대리인을 선임하기 전에 불복신청의 범위를 감축한 경우 소송비용에 산입되는 변호사의 보수는 감축된 불복신청의 범위를 기준으로 산정하는 것이 타당하다"(대결 2017.2.7. 2016마937).

(3) 청구감축을 간과한 본안판결에 대한 소송비용액의 확정

判例는 "청구감축을 간과한 본안판결이 확정된 사안에서 확정된 판결에 따른 소송목적의 값을 기준으로 변호사보수를 산정한 것이 위법하다고 볼 수는 없으나 본안사건에서의 실질적 공방의 대상, 신청인의 소송대리인이 수행한 소송행위의 내용 및 정도, 본안사건의 확정경과 등을 종합적으로 고려할 때 변호사보수의 소송비용 산입에 관한 규칙에 따라 산정한 변호사보수를 그대로 소송비용에 산입하는 것이 공정이나 형평의 이념에 반하여 감액할 필요는 없는지 여부를 심리하였어야 한다"(대결 2022.5.12. 2017마6274)[76]고 보아 **청구감축이 이루어지지 않은 소송목적의 값을 기준으로 변호사보수를 산정하여 그 전부를 소송비용액으로 확정한 원심결정을 파기하였다.**

VI. 소송비용의 담보   [F-18]

1. 담보제공의무

원고가 대한민국에 주소·사무소와 영업소를 두지 아니한 때 또는 소장·준비서면, 그 밖의 소송기록에 의하여 청구가 이유 없음이 명백한 때 등 소송비용에 대한 담보제공이 필요하다고 판단되는 경우에 피고의 신청이 있으면 법원은 원고에게 소송비용에 대한 담보를 제공하도록 명하여야 한다. 담보

---

76) 본안사건 법원이 피신청인이 적법하게 청구취지를 감축한 대로 청구취지와 청구원인을 파악하여 청구취지를 기재하고 이에 기초하여 소송비용 부담의 재판을 하였다면 피신청인은 감축된 청구취지인 25억 2,954만 920원을 기준으로 산정된 변호사보수만을 소송비용으로 부담하였을 것인데, 본안사건 법원이 피신청인이 청구취지를 감축한 사정을 고려하지 않고 지급명령 신청 당시의 청구취지를 기준으로 판결을 선고하고 그 판결이 그대로 확정되면서 원래의 청구취지 금액인 177억 1,000만 원을 그대로 소송목적의 값으로 보아 소송비용에 산입되는 변호사보수를 산정한 사례

가 부족한 경우에도 또한 같다(제117조 1항). 이 경우에 법원은 직권으로 원고에게 소송비용에 대한 담보를 제공하도록 명할 수 있다(제117조 2항). 담보제공을 신청한 피고는 원고가 담보를 제공할 때까지 소송에 응하지 아니할 수 있다(제119조). 그러나 담보를 제공할 사유가 있다는 것을 알고도 피고가 본안에 관하여 변론하거나 변론준비기일에서 진술한 경우에는 담보제공을 신청하지 못한다(제118조).

> **❋ 소송비용의 담보제공 신청권자(피고)**
>
> "민사소송법 제117조 제1항에 따르면 소송비용의 담보제공 신청권은 피고에게 있을 뿐 원고가 위와 같은 담보제공 신청을 할 수는 없고, 이는 상소심 절차에서도 동일하게 적용되므로, 원고가 본안소송의 항소심에서 승소하여 피고가 그에 대한 상고를 제기함에 따라 원고가 피상고인으로 되었다고 하여 원고에게 소송비용 담보제공 신청권이 인정되는 것은 아니다"(대판 2017.9.14. 2017카담507).
>
> **❋ 피고가 항소심에 이르러 처음으로 소송비용담보 제공신청을 한 경우, 소송비용담보제공 신청권을 상실하지 아니하였다고 볼 수 있는 경우(무과실 또는 새로운 원인 발생)**
>
> "민사소송법 제117조 제1항 전문은 "원고가 대한민국에 주소·사무소와 영업소를 두지 아니한 때 또는 소장·준비서면, 그 밖의 소송기록에 의하여 청구가 이유 없음이 명백한 때 등 소송비용에 대한 담보제공이 필요하다고 판단되는 경우에 피고의 신청이 있으면 법원은 원고에게 소송비용에 대한 담보를 제공하도록 명하여야 한다."라고 규정하고 있고, 제118조는 "담보를 제공할 사유가 있다는 것을 알고도 피고가 본안에 관하여 변론하거나 변론준비기일에서 진술한 경우에는 담보제공을 신청하지 못한다."라고 규정하고 있다. 따라서 상소심에서의 소송비용 담보제공 신청은 ⅰ) 담보제공의 원인이 이미 제1심 또는 항소심에서 발생되어 있었음에도 신청인이 과실 없이 담보제공을 신청할 수 없었거나, ⅱ) 상소심에서 새로이 담보제공의 원인이 발생한 경우에 한하여 가능하다고 할 것이다"(대결 2017.4.26. 2017마63).[77]
>
> **❋ 담보제공신청권을 상실하는 경우**
>
> "민사소송법 제118조는 "담보를 제공할 사유가 있다는 것을 알고도 피고가 본안에 관하여 변론하거나 변론준비기일에서 진술한 경우에는 담보제공을 신청하지 못한다."라고 규정하고 있다. 같은 법 제119조는 "담보제공을 신청한 피고는 원고가 담보를 제공할 때까지 소송에 응하지 아니할 수 있다."라고 규정하고 있다. 그러므로 적법한 담보제공신청 없이 피고가 본안에 관하여 변론하거나 변론준비기일에서 진술한 경우 담보제공신청권을 상실한다. 반면 피고가 적법한 담보제공신청을 한 경우에는 그 후 응소를 거부하지 않고 본안에 관하여 변론 등을 하였더라도 이미 이루어진 담보제공신청의 효력이 상실되거나 그 신청이 부적법하게 되는 것은 아니다"(대결 2018.6.1. 2018마5162).

2. 담보제공방식

담보의 제공은 금전 또는 법원이 인정하는 유가증권을 공탁하거나, 대법원규칙이 정하는 바에 따라 지급을 보증하겠다는 위탁계약을 맺은 문서를 제출하는 방법으로 한다. 다만, 당사자들 사이에 특별한 약정이 있으면 그에 따른다(제122조). 법원은 담보를 제공하도록 명하는 결정에서 담보액과 담보제공의 기간을 정하여야 하고(제120조 1항), 담보액은 피고가 각 심급에서 지출할 비용의 총액을 표준으로 하여 정하여야 한다(제120조 2항).

---

77) **[사실관계]** 본안청구 내용과 제1심에서의 재판진행 내역에 비추어 볼 때 피고가 소장이나 그 밖의 소송기록에 의하여 원고의 청구가 이유 없음이 명백하다는 것을 알지 못하다가 제1심판결 이후에 비로소 이를 알았거나, 피고가 항소심에 이르러 처음으로 소송대리인을 선임하였다면 항소심에서 새로이 담보제공의 원인이 발생하였다고 볼 가능성이 있다는 이유로 소송비용담보 제공신청을 각하한 원심결정을 파기한 사안임

> ✽ **담보제공을 명하는 법원이 담보제공의 방법을 민사소송법 제122조의 범위 내에서 재량에 따라 선택할 수 있는지 여부(원칙적 적극)**
>
> "민사소송법 제122조는 "담보의 제공은 금전 또는 법원이 인정하는 유가증권을 공탁하거나, 대법원규칙이 정하는 바에 따라 지급을 보증하겠다는 위탁계약을 맺은 문서를 제출하는 방법으로 한다. 다만 당사자들 사이에 특별한 약정이 있으면 그에 따른다."라고 규정하고 있다. 따라서 당사자들 사이에 특별한 약정이 없는 한 담보제공을 명하는 법원은 담보제공의 방법을 위 규정의 범위 내에서 재량에 따라 선택할 수 있다"(대결 2018.6.1. 2018마5162).

3. 담보제공효과

(1) 담보권리자에 대한 효과

피고는 소송비용에 관하여 제122조의 규정에 따른 담보물에 대하여 질권자와 동일한 권리를 가진다(제123조).

(2) 담보제공자에 대한 효과

법원은 담보제공자의 신청에 따라 결정으로 공탁한 담보물을 바꾸도록 명할 수 있다. 다만, 당사자가 계약에 의하여 공탁한 담보물을 다른 담보로 바꾸겠다고 신청한 때에는 그에 따른다(제126조). 만약 담보를 제공하여야 할 기간 이내에 원고가 이를 제공하지 아니하는 때에는 법원은 변론없이 판결로 소를 각하할 수 있다. 다만, 판결하기 전에 담보를 제공한 때에는 그러하지 아니하다(제124조). 또한 담보제공자가 담보하여야 할 사유가 소멸되었음을 증명하면서 취소신청을 하면, 법원은 담보취소결정을 하여야 한다(제125조 1항). 담보제공자가 담보취소에 대한 담보권리자의 동의를 받았음을 증명한 때에도 취소신청을 할 수 있다(제125조 2항). 소송이 완결된 뒤 담보제공자가 신청하면, 법원은 담보권리자에게 일정한 기간 이내에 그 권리를 행사하도록 최고하고, 담보권리자가 그 행사를 하지 아니하는 때에는 담보취소에 대하여 동의한 것으로 본다(제125조 3항). 이러한 담보취소결정에 대하여는 즉시항고를 할 수 있다(제125조 4항).

부 록

판례색인

판례색인

[대법원 결정]

대결 1963.5.2. 63마4	117
대결 1964.3.24. 63마80	194
대결 1964.3.31. 63마78	718
대결 1964.6.2. 63마165	718
대결 1964.7.24. 64마555	36
대결 1965.10.20. 65마826	717
대결 1966.4.1.전합65주1	26
대결 1966.4.26. 66마167	25
대결 1966.9.28. 66마322	32
대결 1966.10.25. 66마162	323
대결 1966.11.29. 66마958	312
대결 1967.2.23. 67마55	479
대결 1968.5.7. 68마336	323
대결 1968.9.3. 68마951	24
대결 1969.8.2.69마469	34
대결 1970.6.5. 70마325	129
대결 1970.6.9. 70마676	660
대결 1971.3.31. 71마82	34
대결 1971.7.6. 71다726	643, 651
대결 1972.11.30. 72마787	634
대결 1973.11.15. 73마849	594
대결 1975.3.12. 74마413	695
대결 1975.5.23. 74마281	20
대결 1976.2.11. 75마533	49
대결 1977.11.9. 77마284	41
대결 1978.10.23. 78마255	25
대결 1979.8.10. 79마232	491
대결 1980.7.22. 80마208	35
대결 1980.9.26. 80마403	45, 305
대결 1981.1.28. 81사2	267
대결 1981.2.26. 81마14	7
대결 1981.8.21. 81마292	295
대결 1981.10.29. 81마357	654
대결 1981.11.26. 81마275	193
대결 1982.11.5. 82마637	25
대결 1983.3.22. 80마283	649
대결 1983.9.28. 83마435	718
대결 1984.3.15. 전합84마20	329
대결 1984.4.28. 84마251	695
대결 1985.5.6. 85두1	24
대결 1987.10.21. 87두10	25
대결 1989.9.7. 89마694	362
대결 1990.1.25. 89마939	327
대결 1990.3.17. 90그3	405

대결 1991.3.27. 90마970	127
대결 1991.4.15. 91마162	327
대결 1991.6.14. 90두21	26
대결 1991.12.27. 91마631	22
대결 1992.1.31. 91마718	717
대결 1992.4.15. 92마146	660
대결 1992.7.3. 92마244	596
대결 1992.11.5. 91마342	71, 336
대결 1992.11.30. 90마1003	720
대결 1993.3.29. 93마246,247	717
대결 1993.6.18. 93마434	382
대결 1993.12.6. 전합93마524	50, 51, 52, 147
대결 1994.5.13. 전합92스21	3
대결 1994.5.26. 94마536	43, 287
대결 1995.1.20. 94마1961	47
대결 1995.5.15. 94마1059,1060	56
대결 1995.5.3. 95마415	384
대결 1995.6.19. 94마2513	48
대결 1995.10.5. 94마2452	587, 588
대결 1996.1.12. 95그59	50, 56
대결 1996.1.12. 95두61	194
대결 1996.4.4. 96마148	127
대결 1996.10.25. 96마1590	48
대결 1997.3.3. 80마445	49
대결 1997.3.3. 97으1	48
대결 1997.5.19. 97마600	320
대결 1997.10.17. 97마1632	639
대결 1998.3.9. 98마12	660
대결 1998.5.30. 98그7	77, 339
대결 1998.7.27. 98마938	33
대결 1998.8.14. 98마1301	53
대결 1999.7.26. 99마2081	48
대결 1999.12.3. 전합99마2078	718
대결 2000.1.31. 99마6205	127, 128
대결 2000.4.15. 2000그20	26
대결 2000.5.24. 98마1839	694
대결 2000.10.18. 2000마2999	115
대결 2000.10.28. 2000마5732	322
대결 2000.11.30. 전합2000마5563	721
대결 2001.2.28. 2001그4	696
대결 2001.8.31. 2001마3790	322, 324
대결 2002.5.10. 2002마1156	34
대결 2003.12.2. 2003마1161	193
대결 2003.12.12. 2003마1694	328
대결 2004.4.28. 2004스19	693
대결 2004.7.21. 2004마535	319, 321

대결 2004.11.24. 2004무54 192
대결 2005.10.17. 2005마814 620
대결 2006.3.2. 2005마902 18, 43
대결 2006.5.2. 2005마933 667
대결 2006.6.2. 2004마1148 84
대결 2006.7.4. 2005마425 58, 60, 65, 66
대결 2007.6.26. 2007마515 580, 584, 643
대결 2007.7.2. 2006마409 693
대결 2008.1.24. 2007그18 696
대결 2008.5.2. 2008마427 26
대결 2008.6.12. 2006무82 382
대결 2008.7.11. 2008마520 92
대결 2008.12.16. 2007마1328 41, 43, 53
대결 2009.1.16. 2008스119 377
대결 2009.4.28. 2009무12 226
대결 2009.10.29. 2009마1029 327
대결 2009.11.13. 2009마1482 41
대결 2010.3.22. 2010마215 53
대결 2010.7.14. 2009마2105 381
대결 2011.2.21. 2010마1689 47
대결 2011.7.14. 2011그65 55, 553
대결 2011.9.29. 2011마1335 129, 316, 318
대결 2011.9.29. 2011마62 5
대결 2011.10.27. 2011마1154 312
대결 2013.5.31. 2013마198 549
대결 2013.7.31. 2013마670 194
대결 2013.9.9. 2013마1273 191
대결 2014.2.19. 2013마2316 101
대결 2014.4.30. 2014마76 192
대결 2014.5.29. 2014마329 260
대결 2014.5.29. 2014마4009 595, 597
대결 2014.6.12. 2014마145 721
대결 2014.10.8. 전합2014마667 695
대결 2015.3.3. 2014그352 193
대결 2015.9.14. 2015마813 348
대결 2015.12.21. 2015마4174 382
대결 2016.6.17. 2016마371 133
대결 2016.7.1. 2014마2239 382
대결 2017.2.7. 2016마937 725
대결 2017.4.26. 2017마63 726
대결 2017.11.21. 2016마1854 722
대결 2017.12.28. 2015무423 382, 384
대결 2017.12.28. 2017그100 693
대결 2018.1.19. 2017마1332 50, 52
대결 2018.5.4. 2018무513 320
대결 2018.6.1. 2018마5162 726, 727
대결 2018.7.5. 2017마5883 107
대결 2018.10.15. 2018그612 720
대결 2018.11.21. 2018그636 429

대결 2019.1.4. 2018스563 24
대결 2019.3.6. 2017마5292 335
대결 2019.3.25. 2016마5908 92
대결 2019.4.3. 2018다271657 722
대결 2020.1.9. 2019마6016 227
대결 2020.1.30. 2019마5599,5600 194
대결 2020.3.16. 2020그507 694
대결 2020.6.11. 2020마5263 225
대결 2020.6.15. 2023그590 693
대결 2020.7.17. 2020카확522 724
대결 2020.10.30. 2020마6255 721
대결 2021.12.10. 2021마6702 595
대결 2021.4.22. 전합2017마6438 194, 320
대결 2021.5.27. 2021스576 198
대결 2021.9.30. 2021그633 694
대결 2022.1.27. 2021마6871 720
대결 2022.4.5. 2020마7530 722
대결 2022.4.28. 2021마7088 665
대결 2022.5.3. 2021마6868 34
대결 2022.5.12. 2017마6274 725
대결 2022.5.31. 2022마5141 724
대결 2022.6.7. 2022그534 426
대결 2022.6.21. 2021그753 715
대결 2022.9.29. 2022그637 429
대결 2022.10.14. 2020마7330 720
대결 2022.10.14. 2022스625 252
대결 2022.12.1. 2022그18 429
대결 2022.12.15. 2022그768 502
대결 2023.6.29. 2023수흐501 389
대결 2023.7.13. 2018마6041 198
대결 2023.7.14. 2023그585, 586 694
대결 2023.7.17. 전합2018스34 383
대결 2023.9.27. 2022마6885 724
대결 2024.1.11. 2023마7122 126
대결 2024.2.15. 2023마7226 117
대결 2024.4.25. 2023마8009 383
대결 2024.5.9. 2024마5321 328

[대법원 판결]

대판 1953.2.19. 4285민상27 59
대판 1953.3.12. 4285민상102 298
대판 1955.7.21. 4288민상59 301, 306
대판 1957.3.14. 56민상439 422
대판 1957.5.2. 4289민상379 151
대판 1957.5.2. 4290민상59 362
대판 1959.10.15. 4291민상793 232
대판 1959.7.30. 4291민상551 251, 356, 361

대판 1959.9.24. 4291민상830		459
대판 1960.5.26. 4292민상524		628
대판 1960.5.26. 4294민상279		538
대판 1960.7.7. 4292민상462		563, 566
대판 1961.5.4. 4292민상853		615, 616
대판 1961.9.28. 4294민상50		153
대판 1961.10.19. 4293민상531		541
대판 1961.11.9. 4293민상748		215
대판 1961.12.7. 4294민상135		362
대판 1962.1.11. 4294민상386		390, 391
대판 1962.1.31. 4294민상310		536
대판 1962.2.1. 전합4294민상914		426
대판 1962.2.8. 60다397		310
대판 1962.2.15. 61다914		429
대판 1962.4.4. 4294민상1122		264
대판 1962.4.26. 4294민상1071		349, 353
대판 1962.5.10. 4294민상1510		362
대판 1962.5.17. 4293행상172		609
대판 1962.5.17. 4294행상172		612
대판 1962.5.31. 4293민재6		423
대판 1962.7.20. 61민재항3		22
대판 1962.7.26. 62다315		265
대판 1962.9.27. 62다441		333
대판 1962.12.16. 67다1525		239
대판 1963.1.31. 62다812		189
대판 1963.5.16. 63다151		298
대판 1963.6.20. 63다166		302
대판 1963.7.25. 63다241		187
대판 1963.9.5. 63다378		363
대판 1963.10.22. 63다494		360
대판 1963.12.12. 63다449		49
대판 1964.3.31. 63다656		79, 80
대판 1964.5.26. 63다974		337
대판 1964.9.15. 64다92		292
대판 1964.9.22. 64다480		519, 538
대판 1964.11.10. 64다325		257
대판 1964.11.17. 64다328		80, 500, 702
대판 1965.1.19. 64다1437		277
대판 1965.2.4. 64다1492		173
대판 1965.3.2. 64다1514		423, 425, 434
대판 1965.3.2. 64다1761		360
대판 1965.8.31. 65다1102		22
대판 1965.8.31. 65다1311		719
대판 1965.12.7. 65다2034		553
대판 1965.12.28. 65다2172		153
대판 1966.1.31. 65다2296		300, 302
대판 1966.2.15. 65다2371		207
대판 1966.3.15. 65다2455		567
대판 1966.3.15. 66다17		256
대판 1966.3.29. 66다222		635
대판 1966.5.24. 66다517		26, 27
대판 1966.5.31. 66다564		285
대판 1966.6.28. 66다689		333
대판 1966.6.28. 66다697		362
대판 1966.9.20. 66다1304		257
대판 1966.9.20. 66다636		371
대판 1967.5.23. 67다529		215
대판 1967.7.18. 67다1042		416
대판 1967.8.29. 66다2200		572
대판 1967.9.19. 67다1709		681
대판 1967.10.25. 67다1468		229
대판 1967.10.31. 67다1848		418
대판 1968.1.23. 67다2494		416
대판 1968.1.31. 67다2628		265
대판 1968.4.23. 68다217		409
대판 1968.4.30. 67다2117		119
대판 1968.7.16. 68다736		85
대판 1968.7.31. 68다1102		567
대판 1968.9.3. 68다1147		306
대판 1968.11.19. 68다1882,68다1883		544
대판 1968.12.24. 64다1574		629
대판 1969.1.28. 68다1467		256
대판 1969.3.25. 68ㄱ21		117
대판 1969.3.25. 68다2024		421
대판 1969.4.22. 68다1722		419
대판 1969.5.13. 68다656,657,658		628
대판 1969.5.27. 69다130		410
대판 1969.7.22. 69다413		539
대판 1969.8.19. 69다949		600
대판 1969.10.28. 68다158		530
대판 1969.11.25. 69다1592		236
대판 1969.12.9. 69다1230		64
대판 1969.12.9. 69다1232		22
대판 1969.12.23. 69다1867		538
대판 1969.12.26. 69다406		539
대판 1969.12.29. 68다2425		170
대판 1970.1.27. 69다1888		189
대판 1970.11.20. 70다1376		153
대판 1970.11.24. 70다2218		362
대판 1970.12.24. 전합70다1630		377
대판 1970.6.30. 70다809		134
대판 1970.6.5. 70325		318
대판 1970.7.24. 70다1015		313
대판 1970.7.24. 70다621		239
대판 1970.8.31. 70다1360		90
대판 1970.9.22. 69다446		550
대판 1971.2.23. 70다44		86, 445
대판 1971.3.23. 70다3013		385

대판 1971.3.31. 71다309　　　　　　　　　635
대판 1971.3.31. 71다8　　　　　　　　　　701
대판 1971.4.20. 71다278　　　　　　　　　243
대판 1971.4.30. 71다452　　　　　　　　　365
대판 1971.11.9. 71다1991　　　　　　　　312
대판 1971.11.15. 71다2070　　　　　　　347
대판 1972.10.31. 72다1271,1272　　　　336
대판 1972.12.12. 72다221　　　　　　　　394
대판 1972.5.30. 72다393　　　　　　　　　258
대판 1972.6.27. 72다546　　　　　　　　　539
대판 1972.10.31. 72다1271,1272　　　　336
대판 1972.12.12. 72다221　　　　　　　　394
대판 1973.7.24. 69다60　　　　　　　111, 132
대판 1973.12.11. 73다1553　　　　　　　　98
대판 1973.12.11. 73다711　　　　　　　　362
대판 1974.1.29. 73다351　　　　　　　　　202
대판 1974.3.26. 73다160　　　　　　　　　391
대판 1974.7.16. 73다1190　　　　　　　　　62
대판 1974.9.24. 74다767　　　　　　　　7, 157
대판 1974.10.22. 74다24　　　　　　　　　183
대판 1974.10.25. 74다1332　　　　　　　145
대판 1974.12.10. 72다1774　　　　　　　392
대판 1975.5.13. 73다1449　　　　　　　　538
대판 1975.5.13. 75다308　　　　　　　　　530
대판 1975.5.13. 전합74다1664　　108, 203, 487
대판 1975.5.9. 72다379　　　　　　　　　　8
대판 1975.7.8. 75다296　　　　　　　　　153
대판 1975.7.22. 74므22　　　　　　　　　　16
대판 1975.10.21. 75다48　　　　　　　　471
대판 1975.11.11. 74다1661　　　　　　　664
대판 1975.11.11. 74다634　　　　　　　　424
대판 1975.12.23. 74다1398　　　　　　　698
대판 1976.2.11. 75마533　　　　　　　　569
대판 1976.4.27. 73다1306　　　　　　　172
대판 1976.6.22. 75다2227　　　　　　　369
대판 1976.6.22. 75다819　　　　　　　　232
대판 1976.8.24. 75다2152　　　　　　　558
대판 1976.9.14. 75다399　　　　　　　　162
대판 1976.9.28. 75다2064　　　　　　　　32
대판 1976.10.12. 76다1313　　　188, 466, 663
대판 1976.12.14. 76다1488　　　　　446, 475
대판 1977.3.22. 77다81, 82　　　　　　　332
대판 1977.5.24. 전합76다2304　　105, 148, 149
대판 1977.6.7. 77다235　　　　　　　　　428
대판 1977.7.12. 77다484　　　　　　　　704
대판 1977.10.11. 77다1316　　　　　　　364
대판 1978.4.11. 77다2509　　　　　　　214
대판 1978.5.9. 75다634　　　　　　　　　80
대판 1978.5.9. 전합75다634　　313, 500, 505, 706

대판 1978.5.23. 78다358　　　　　　　　391
대판 1978.7.11. 78므7　　　　　　　　　175
대판 1978.8.22. 78다1205　　　　　　59, 62
대판 1978.8.31. 79다13　　　　　　　　563
대판 1978.9.12. 76다2400　　　　　　　317
대판 1978.9.12. 78다879　　　　　　　　356
대판 1978.10.31. 78다1242　　　　　　　27
대판 1978.12.26. 78도2131　　　　　　　125
대판 1979.2.13. 78다1117　　　　　　　177
대판 1979.2.13. 78다2290　　　　　　　482
대판 1979.2.13. 전합78다58　　　　　　463
대판 1979.2.27. 78다913　　　　　　　　153
대판 1979.3.13. 76다688　　　　　　104, 488
대판 1979.3.13. 78다2330　　　　　　　480
대판 1979.4.10. 78다2399　　　　　　　179
대판 1979.5.15. 78다1094　　　　　　424, 703
대판 1979.7.10. 79다569　　　　　　　214
대판 1979.7.24. 79다879　　　　　　　251
대판 1979.8.14. 79다1105　　　　　　　459
대판 1979.9.11. 79다1123　　　　　　　718
대판 1979.9.11. 79다1275　　　　　　　493
대판 1979.9.25. 78다2448　　　　　　319, 330
대판 1979.10.10. 79다1508　　　　　　236
대판 1979.10.30. 79다1468　　　　　　207
대판 1979.11.13. 79다1404　　　　　　　32
대판 1979.11.27. 79다575　　　　　　　152
대판 1980.1.15. 78다2364　　　　　　　85
대판 1980.1.29. 79다1124　　　　　　　153
대판 1980.1.29. 79다1863　　　　　　　241
대판 1980.1.29. 79다2066　　　　　　147, 286
대판 1980.4.22. 80다308　　　　　　111, 131
대판 1980.5.27. 80다735　　　　　　　67
대판 1980.7.22. 80다795　　　　　　　137
대판 1980.7.8. 79다1528　　　　80, 500, 706
대판 1980.7.8. 80다1192　　　　　　　672
대판 1980.7.8. 80다885　　　　　　　　59
대판 1980.9.9. 전합79다1281　　　　　370
대판 1980.10.14. 80다1795　　　　　　316
대판 1980.10.14. 80다623　　　　　　668
대판 1980.10.14. 80다623,624　　　　333
대판 1980.10.27. 79다2267　　　　　　174
대판 1980.11.11. 80다1182　　　　　　536
대판 1980.11.25. 80다1671　　　　　　455
대판 1980.11.25. 80다2217　　　　　　483
대판 1980.12.9. 80다584　　　　　　　120
대판 1980.12.9. 전합79다634　　　　　413
대판 1981.1.13. 80다204　　　　　　　186
대판 1981.2.24. 80다2029　　　　　　690
대판 1981.3.10. 80다1895　　　　　　647

대판 1981.3.24. 80다1888　　140
대판 1981.3.24. 80다2220　　502
대판 1981.3.24. 80다2739　　558
대판 1981.4.14. 80다2314　　342
대판 1981.6.9. 79다62　　349, 353
대판 1981.6.23. 281다124　　268
대판 1981.7.7. 80다2064　　4
대판 1981.7.7. 80다2751　　104, 203, 488
대판 1981.7.14. 81다64,65　　412, 415
대판 1981.7.28. 80다2569　　400
대판 1981.7.28. 81다145　　332
대판 1981.8.11. 81다262,263　　387
대판 1981.8.25. 80다3149　　110
대판 1981.9.8. 전합80다3271　　660
대판 1981.9.22. 80다2270　　169
대판 1981.10.13. 81누230　　48
대판 1981.12.8. 80다577　　630
대판 1981.12.22. 78다2278　　423
대판 1981.12.22. 80다1548　　186
대판 1982.2.9. 80다2424　　98, 611
대판 1982.2.9. 81다534　　248
대판 1982.2.23. 81누216　　703
대판 1982.3.9. 81다1312　　407
대판 1982.3.23. 80다1857　　390
대판 1982.3.23. 81다1336　　305
대판 1982.4.27. 80다851　　353
대판 1982.5.11. 80다916　　281, 411
대판 1982.6.8. 81다636　　181
대판 1982.6.22. 81다791　　302
대판 1982.6.22. 81다911　　297
대판 1982.7.13. 81다카1120　　514
대판 1982.8.24. 82다카317　　342
대판 1982.9.14. 80다2425　　580
대판 1982.9.14. 전합80다2425　　98, 99, 174
대판 1982.10.26. 81다108　　173, 181
대판 1982.11.23. 81다39　　557
대판 1982.12.14. 80다1872　　155, 623
대판 1982.12.14. 82다카148　　462
대판 1982.12.14. 82다카148,82다카149　　474
대판 1982.12.28. 전합82다카349　　318
대판 1983.1.18. 82누473　　22
대판 1983.2.8. 81누420　　65, 145
대판 1983.2.8. 81다카621　　134
대판 1983.2.8. 82므34　　119
대판 1983.3.22. 82다카1810　　189
대판 1983.3.22. 전합82다카1810　　98, 173, 611
대판 1983.4.12. 80다3251　　292
대판 1983.4.26. 83다카57　　494
대판 1983.5.24. 82다카1919　　4

대판 1983.6.14. 82다카1912　　329
대판 1983.6.28. 83다191　　242, 243
대판 1983.7.12. 83다카308　　390
대판 1983.7.12. 83다카437　　257
대판 1983.8.23. 83다카450　　534
대판 1983.8.24. 92다54180　　118
대판 1983.9.27. 83다카1027　　649
대판 1983.10.25. 83다카850　　563
대판 1983.12.13. 전합83다카1489　　242, 248,249
대판 1983.12.27. 80다1302　　272, 304
대판 1983.12.27. 82다146　　60, 704
대판 1983.12.27. 83다카1503　　672
대판 1984.2.14. 83다카1815　　90, 107
대판 1984.2.28. 82므67　　175
대판 1984.2.28. 83다카1981　　701
대판 1984.2.28. 84누4　　126
대판 1984.2.28. 전합83다카1981　　48, 57
대판 1984.3.13. 82므40　　410
대판 1984.3.15. 전합84마20　　300
대판 1984.3.27. 83다카2337　　255
대판 1984.4.16. 84사4　　48
대판 1984.5.15. 84다카108　　167
대판 1984.5.29. 82다카963　　292, 293
대판 1984.5.29. 84다122　　350
대판 1984.6.12. 83다카1409　　338
대판 1984.6.12. 83다카2282　　565
대판 1984.6.14. 84다카744　　127, 128, 310
대판 1984.6.26. 84누405　　310, 324
대판 1984.7.10. 84다카298　　551
대판 1984.7.24. 84다카572　　7
대판 1984.9.25. 84다카148　　482, 483
대판 1984.10.17. 83다325　　153
대판 1984.10.23. 84다카855　　5
대판 1984.12.26. 84다카1695　　719
대판 1985.4.9. 84다552　　209
대판 1985.7.9. 85므12　　6, 80, 313, 706
대판 1985.9.24. 82다카312,　　313, 314, 292
대판 1985.11.12. 85다카1499　　89
대판 1986.2.11. 85다카1009　　373
대판 1986.2.25. 85누894　　318
대판 1986.6.10. 85다카180　　392
대판 1986.6.24. 85다카2469　　153
대판 1986.9.23. 85누953　　61, 644
대판 1986.9.23. 85다353　　186
대판 1986.12.23. 86다카536　　465
대판 1987.3.10. 84다카2132　　189
대판 1987.3.10. 86다카2224　　310, 311, 312
대판 1987.3.24. 86다카1958　　477
대판 1987.5.26. 86다카1876　　221

대판 1987.6.9. 86다카2600 255
대판 1987.6.9. 86다카2756 476
대판 1987.6.23. 86다카2728 289, 667
대판 1987.7.7. 86다카2675 674
대판 1987.9.8. 87다카982 242, 246
대판 1987.9.22. 86다카2151 165, 166
대판 1987.10.13. 87다카1093 556
대판 1987.11.10. 87다카1405 417, 536
대판 1987.12.8. 86다카1230 297
대판 1987.12.8. 87다368 359
대판 1987.12.8. 87다386 306
대판 1987.12.8. 87재다24 699
대판 1987.12.22. 87다카2337 218
대판 1988.1.19. 87다카1864 704
대판 1988.2.9. 87다카1427 347
대판 1988.2.23. 87다카1989 495
대판 1988.2.23. 87다카961 359
대판 1988.3.8. 86다148 621
대판 1988.3.8. 87다카1354 369
대판 1988.4.12. 87다카2641 177
대판 1988.4.12. 87다카576 376
대판 1988.5.10. 88므92,88므108 170
대판 1988.6.14. 87다카2753 102
대판 1988.9.27. 87다카2269 178
대판 1988.10.11. 87다카113 7
대판 1988.10.25. 87다카1728 44, 287
대판 1988.11.13. 98므1193 716
대판 1988.11.22. 87다카414 665
대판 1988.12.13. 86다카2289 604, 605
대판 1988.12.13. 87다카3147 371, 377
대판 1989.3.28. 87다카2372 540
대판 1989.4.25. 86다카2329 601
대판 1989.5.9. 87다카749 352
대판 1989.6.13. 88다카19231 230, 232
대판 1989.6.27. 87다카2478 445, 465
대판 1989.7.11. 87다카2406 419
대판 1989.7.25. 89다카4045 358
대판 1989.9.26. 87므13 78
대판 1989.9.29. 88다카17181 8
대판 1989.10.10. 88다카18023 414
대판 1989.10.10. 89누1308 253
대판 1989.10.24. 88다카29269 256
대판 1989.10.24. 88다카29658 700
대판 1989.11.10. 89다카1596 371
대판 1989.11.24. 88다카25038 158, 159
대판 1990.4.10. 89다카20252 19
대판 1990.4.13. 89다카1084 388
대판 1990.4.27. 88다카25274 203, 210
대판 1990.5.8. 88다카5560 690

대판 1990.6.26. 89다카14240 357
대판 1990.6.26. 89다카15359 242, 248
대판 1990.6.26. 90다카8692 85
대판 1990.10.23. 89다카23329 445
대판 1990.11.13. 89다카12602 231
대판 1990.11.23. 90다4037,4044 134
대판 1990.11.23. 90다카21589 151
대판 1990.11.27. 90다카20548 357
대판 1990.11.27. 90다카25222 242
대판 1990.12.11. 88다카4727 104, 151, 201
대판 1990.12.11. 90다7104 349
대판 1990.12.26. 90다4686 541
대판 1991.1.11. 90다9636 312
대판 1991.1.15. 90다9964 481
대판 1991.1.15. 90다카25970 413
대판 1991.1.25. 90다4723 635
대판 1991.3.27. 91다1783,1790 551
대판 1991.4.12. 90다17491 117
대판 1991.4.12. 90다9872 426
대판 1991.4.23. 90다19657 595
대판 1991.4.23. 91다4478 85
대판 1991.4.23. 91다6009 237, 238
대판 1991.5.24. 90다18036 406
대판 1991.5.28. 90누1120 520
대판 1991.5.28. 91다5730 189
대판 1991.6.25. 88다카6358 89, 607
대판 1991.6.25. 91다1615 545
대판 1991.8.13. 91다13717 99
대판 1991.8.27. 91다15591,15607 390
대판 1991.9.10. 91다20579, 20586 32
대판 1991.10.8. 91다17139 166
대판 1991.10.11. 91다1264 181
대판 1991.10.22. 91다9985 329
대판 1991.10.25. 90누7890 690
대판 1991.11.8. 90다17804 230
대판 1991.11.8. 91다15775 305, 379
대판 1991.11.12. 91다27228 141, 142
대판 1991.11.12. 91다29057 700
대판 1991.11.22. 91다30705 562
대판 1991.11.26. 91다30675 85, 86
대판 1991.12.10. 91다14420 170, 175
대판 1991.12.10. 91다15317 183
대판 1991.12.13. 90다카1158 5
대판 1991.12.24. 91다21145 621
대판 1991.12.24. 전합90다12243 166
대판 1991.12.27. 91다23486 573, 576
대판 1991.12.30. 91마726 660
대판 1992.2.11. 91누4126 539
대판 1992.2.25. 91다34103 539

대판 1992.3.10. 91누12639   153
대판 1992.3.10. 91다25208   86, 117
대판 1992.3.27. 91다40696   231, 664, 666
대판 1992.3.31. 91다39184   163
대판 1992.3.31. 전합91다32053   212
대판 1992.4.10. 91다43695   215
대판 1992.4.14. 91다24755   342, 371
대판 1992.4.14. 91다24775   390, 391
대판 1992.4.14. 92다3441   310
대판 1992.4.21. 92마175   301
대판 1992.5.12. 92다2066   31, 32
대판 1992.5.22. 91다41187   202
대판 1992.5.22. 92다3892   489, 491
대판 1992.5.26. 90므1135   406, 594
대판 1992.5.26. 91다4669   631
대판 1992.5.26. 92다3670   6
대판 1992.5.26. 92다4079   699
대판 1992.6.9. 92다11473   310, 325
대판 1992.6.9. 92다12032   523
대판 1992.6.12. 92다11848   534
대판 1992.7.10. 92다12919   369
대판 1992.7.10. 92다15376,92다15383   169
대판 1992.7.14. 92누2424   228
대판 1992.7.14. 92다2455   93, 311
대판 1992.7.24. 91다43176   32, 125
대판 1992.7.24. 92다10135   347
대판 1992.7.28. 92다7726:   5
대판 1992.8.18. 90다9452   166
대판 1992.8.18. 91다39924   137
대판 1992.8.18. 92다13875   153
대판 1992.8.18. 92다13875,13882,13899   171
대판 1992.9.13. 92다756   153
대판 1992.9.14. 92누2363   323
대판 1992.9.14. 92다7023   516
대판 1992.9.25. 92누5096   695
대판 1992.10.9. 92다23087   84
대판 1992.10.9. 92므266   601
대판 1992.10.27. 92다10883   479
대판 1992.10.27. 92다18597   248
대판 1992.10.27. 92다19033   424, 434, 435
대판 1992.10.27. 92다30047   398
대판 1992.10.27. 92다32463   387
대판 1992.11.10. 92다22107   342
대판 1992.11.10. 92다30016   204
대판 1992.11.10. 92다4680   160
대판 1992.11.10. 전합92다4680   160
대판 1992.12.8. 92다26772   620
대판 1992.12.22. 92재다259   702
대판 1992.12.30. 92마783   24

대판 1993.1.19. 92다30603   142
대판 1993.2.12. 91다33384   246
대판 1993.2.12. 92다29801   332
대판 1993.2.23. 92다49218   567
대판 1993.2.26. 92다3083   221
대판 1993.3.10. 94다51543   683
대판 1993.3.26. 92다32876   102, 104, 204, 488
대판 1993.3.9. 92다56575   172
대판 1993.4.13. 92다12070   371
대판 1993.4.27. 92다24608   699
대판 1993.4.27. 92다29269   241
대판 1993.4.27. 92다47878   682
대판 1993.4.27. 93다5727,93다5734   619
대판 1993.5.14. 92다21760   4, 5, 154
대판 1993.5.27. 92므143   70
대판 1993.6.22. 93재누97   24
대판 1993.6.25. 92다33008   188, 465
대판 1993.6.25. 93다15991   385
대판 1993.6.29. 92다43821   171
대판 1993.6.29. 92다56056   425
대판 1993.7.13. 93다19962   231, 248
대판 1993.7.27. 92다40587   173, 174
대판 1993.7.27. 93다8986   116
대판 1993.8.24. 93다22074   415
대판 1993.9.14. 92다1353   186
대판 1993.9.14. 92다24899   353, 354
대판 1993.9.14. 92다35462   184
대판 1993.9.14. 93다28379   243
대판 1993.9.28. 92다33930   704
대판 1993.9.28. 93다20832   280
대판 1993.9.28. 93다32095   644
대판 1993.10.8. 92다44503   143, 144
대판 1993.10.12. 93다18914   398
대판 1993.10.26. 93다6669   517
대판 1993.11.9. 92다43128   169
대판 1993.11.12. 93다18129   391, 392
대판 1993.11.23. 93다41792,41808   185, 232
대판 1993.11.23. 93다41938   385
대판 1993.12.21. 92다46226   452
대판 1993.12.21. 전합92다46226   451
대판 1993.12.21. 전합92다47861   213
대판 1993.12.28. 93다30471   258
대판 1993.12.28. 93다47189   675, 678
대판 1994.1.11. 92다47632   500
대판 1994.1.25. 93누18655   37
대판 1994.1.25. 93다9422   234
대판 1994.1.28. 93다29051   391
대판 1994.2.8. 93다53092   203
대판 1994.2.22. 93다43682   620

대판 1994.2.25. 93다29225   94
대판 1994.2.25. 93다39225   95
대판 1994.3.11. 93다55289   493
대판 1994.4.15. 93다60120   243
대판 1994.4.26. 92누17402   252
대판 1994.4.26. 93다31825   563
대판 1994.4.29. 94다3629   601
대판 1994.5.10. 93다47196   559
대판 1994.5.24. 92다50232   640
대판 1994.6.10. 94다1883   378
대판 1994.6.10. 94다8761   259
대판 1994.6.28. 94다3063   662, 663
대판 1994.7.29. 92다25137   427
대판 1994.8.12. 93다52808   416, 490, 576, 617
대판 1994.9.9. 94다20501   689
대판 1994.9.13. 94다10160   398
대판 1994.9.27. 94다22897   357
대판 1994.9.30. 94다16700   257
대판 1994.9.30. 94다32085   166
대판 1994.10.11. 94다32979   513
대판 1994.10.21. 94다17109   97, 260
대판 1994.10.25. 93다54064   563, 572
대판 1994.10.28. 94므246,253   70
대판 1994.11.4. 93다31993   332, 337, 338
대판 1994.11.4. 94다21207   661
대판 1994.11.4. 94다37868   243
대판 1994.11.8. 94다23388   171
대판 1994.11.8. 94다31549   371
대판 1994.11.11. 94다35008   566
대판 1994.11.25. 94다12517   210, 625
대판 1994.11.25. 94다12517,94다12524   199
대판 1994.12.2. 93누12206   62
대판 1994.12.2. 93다59922   215
대판 1994.12.9. 94다16564   68
대판 1994.12.9. 94다17680   430
대판 1994.12.13. 94다15486   411
대판 1994.12.13. 전합93다951   158, 159
대판 1994.12.22. 94다20341   166
대판 1994.12.23. 94다40734   557, 681
대판 1994.12.23. 94다44644   670
대판 1994.12.27. 92다22473,22480   620, 628
대판 1994.12.27. 93다32880   567
대판 1994.12.27. 94다4684   476
대판 1995.1.12. 94다30348,30355   185
대판 1995.1.12. 94다33002   573
대판 1995.1.24. 94다29065   523
대판 1995.1.24. 93다25875   5, 321, 330, 540, 668
대판 1995.2.10. 93다52402   402
대판 1995.2.10. 94다16601   259

대판 1995.2.10. 94다31624   522
대판 1995.2.14. 93재다27   128, 697
대판 1995.2.14. 전합93재다27   697
대판 1995.2.28. 93다83887   248
대판 1995.2.28. 94다18577   241
대판 1995.2.28. 94다19341   248
대판 1995.2.28. 94다31334   459
대판 1995.3.10. 94다39567   7, 393
대판 1995.3.10. 94다51543   684
대판 1995.3.24. 93다52488   477, 478
대판 1995.3.24. 94다46114   474
대판 1995.3.28. 94므1447   175
대판 1995.4.14. 94므604   704
대판 1995.4.25. 전합94다17956   475
대판 1995.5.12. 93다44531   82, 480
대판 1995.5.12. 94다20464   179
대판 1995.5.12. 94다6802   538
대판 1995.5.23. 94다23500   337
대판 1995.5.23. 전합94다28444   72, 73, 74, 78, 338, 339, 558, 645
대판 1995.5.9. 94다41010   502
대판 1995.6.13. 93다43491   463
대판 1995.6.16. 95다5905   621
대판 1995.6.16. 95다5905,5912   619
대판 1995.6.29. 94다41430   502
대판 1995.6.29. 94다47292   468
대판 1995.6.30. 94다41324   373
대판 1995.6.30. 94다58261   540, 681
대판 1995.6.30. 95다15827   717
대판 1995.7.11. 94다34265   255, 256
대판 1995.7.11. 95다12446   220
대판 1995.7.11. 전합94다34265   236, 237
대판 1995.7.25. 94다62017   421
대판 1995.7.25. 95다14817   672
대판 1995.7.28. 95다18406   413
대판 1995.7.28. 95다19829   237
대판 1995.8.25. 94다27373   600, 613
대판 1995.8.25. 94다35886   242, 243
대판 1995.9.15. 94다27649   179
대판 1995.9.29. 94다18911   675, 678
대판 1995.11.10. 95다37568   503
대판 1995.11.14. 95다25923   259
대판 1995.11.21. 93다39607   14
대판 1995.11.21. 94누11293   185
대판 1995.12.5. 94다59028   210
대판 1995.12.5. 95다21808   501
대판 1995.12.8. 95다44191   630
대판 1995.12.26. 95다42195   460, 461
대판 1996.2.9. 94다24121   339

대판 1996.2.9. 94다50274 438, 512
대판 1996.2.9. 94다61649 71, 336, 338, 565
대판 1996.2.9. 95다27998 242, 248, 249, 250
대판 1996.2.23. 95다17083 148
대판 1996.2.27. 95다43044 241, 242
대판 1996.3.8. 95다22795,22801 156
대판 1996.3.22. 94다51536 178
대판 1996.3.22. 94다61243 58, 61, 66, 79
대판 1996.3.26. 95다45545 551
대판 1996.4.9. 95다14572 680
대판 1996.4.12. 93다40614 510
대판 1996.4.12. 94다37714,37721 449
대판 1996.4.12. 95다45125 391
대판 1996.4.23. 95다23835 392
대판 1996.4.23. 95다54761 143, 144
대판 1996.5.31. 94다55774 310
대판 1996.5.31. 95다33993 698, 699
대판 1996.6.14. 94다53006 188, 256
대판 1996.6.28. 94다50595,50601 621
대판 1996.7.18. 전합94다20051 360
대판 1996.7.18. 전합94다20051 360
대판 1996.7.30. 94다51840 6
대판 1996.9.20. 93다20177,20814 203, 413
대판 1996.9.20. 96다25371 221
대판 1996.10.11. 96다3852 59
대판 1996.10.15. 96다785 162
대판 1996.10.25. 96다29700 392
대판 1996.10.25. 96다30113 253
대판 1996.11.12. 96다33938 238
대판 1996.11.22. 96다34009 180
대판 1996.12.10. 96다23238 564
대판 1996.12.20. 95다37988 356
대판 1996.12.23. 95다40038 230, 248
대판 1997.1.24. 96다32706 450
대판 1997.2.28. 96다26190 214
대판 1997.2.28. 96다53789 243
대판 1997.3.11. 96다49902 256
대판 1997.3.14. 96다25227 131, 150
대판 1997.3.25. 96다42130 280
대판 1997.4.11. 96다50520 370, 533, 534
대판 1997.4.22. 95다10204 357, 358
대판 1997.4.25. 96다32133 474, 519, 538, 684
대판 1997.5.28. 96다41649 481, 510
대판 1997.5.30. 96다21365 702
대판 1997.6.13. 96다56115 22
대판 1997.6.13. 96재다462 373
대판 1997.6.27. 95다40977 625
대판 1997.6.27. 97누5725 62
대판 1997.6.27. 97다6124 292, 410

대판 1997.7.11. 96므1380 301
대판 1997.7.25. 96다39301 149, 394, 395
대판 1997.7.25. 97다362 586
대판 1997.9.12. 95다25886,25893,25909 622
대판 1997.9.5. 96후1743 285, 286
대판 1997.10.10. 96다35484 291
대판 1997.10.10. 97다22843 438
대판 1997.10.10. 97다8687 163
대판 1997.10.24. 96다12276 662
대판 1997.11.11. 95누4902,4919 165
대판 1997.11.11. 96다28196 213
대판 1997.11.13. 전합79다483 493
대판 1997.11.14. 97다32239 478
대판 1997.11.28. 95다29390 231
대판 1997.12.9. 97다31267 319
대판 1997.12.12. 97다36507 369
대판 1997.12.23. 96재다226 7
대판 1997.12.23. 97다45341 415
대판 1997.12.26. 97다42892, 42908 363
대판 1998.1.23. 96다41496 5, 61, 644, 645
대판 1998.2.13. 95다15667 68, 330
대판 1998.2.19. 전합95다52710 122
대판 1998.2.27. 97다38442 257
대판 1998.2.27. 97다45532 205, 210
대판 1998.3.10. 97누4289 177
대판 1998.3.13. 95다48599,48605 412
대판 1998.3.18. 전합98다32175 493
대판 1998.5.15. 96다24668 349
대판 1998.5.15. 97다57658 156
대판 1998.5.29. 96다51110 248
대판 1998.6.12. 97다38510 362
대판 1998.6.12. 98다1645 445, 465
대판 1998.6.26. 97다48937 153
대판 1998.7.10. 98다5708,5715 622
대판 1998.7.10. 98다6763 353
대판 1998.7.15. 98다6763 349
대판 1998.7.24. 96다27988 166
대판 1998.7.24. 96다99 512, 515, 541
대판 1998.8.21. 98다8974 397
대판 1998.9.22. 98다29568 398
대판 1998.9.8. 98다19509 259
대판 1998.10.9. 96다44051 707
대판 1998.11.24. 98다25344 460
대판 1998.11.27. 97다22904 414, 476, 481
대판 1998.12.11. 97재다445 687
대판 1998.12.17. 전합97다39216 13, 20
대판 1998.12.23. 93다47189 664
대판 1999.2.9. 98다42615 160
대판 1999.2.24. 97다38930 133

대판 1999.2.24. 97다46955   477, 492
대판 1999.2.26. 98다47290   702
대판 1999.3.12. 98다18124   212
대판 1999.4.9. 98다57198   369, 371
대판 1999.4.13. 98다50722   61
대판 1999.4.23. 98다61463   520
대판 1999.4.23. 99다4504   84, 85, 89, 572
대판 1999.5.25. 99다1789   343
대판 1999.6.8. 99다17401,17418   209, 674
대판 1999.6.11. 98다22963   161
대판 1999.6.11. 98다22963   161, 197
대판 1999.6.11. 99다16378   215
대판 1999.6.11. 99다9622   310
대판 1999.7.9. 99다12796   596
대판 1999.7.13. 97다57979   342, 369
대판 1999.8.24. 99다15474   586
대판 1999.10.8. 98다38760   424, 428
대판 1999.10.22. 98다46600   87, 699
대판 1999.10.22. 98다6855   482, 483
대판 1999.11.26. 97다42250   49
대판 1999.11.26. 99므1596,1602   2
대판 1999.12.7. 99다41886   360
대판 1999.12.10. 99다14433   241
대판 1999.12.10. 99다25785   156
대판 1999.12.24. 99다35393   257
대판 2000.1.13. 99마6205   126
대판 2000.1.18. 99다47365   601
대판 2000.1.21. 99다3501   475
대판 2000.1.27. 2000다33775   64, 659
대판 2000.2.25. 97다30066   682
대판 2000.2.25. 98다15934   402
대판 2000.2.25. 99다55472   462, 468
대판 2000.3.10. 99다67703   405, 428
대판 2000.4.11. 2000다4517   377
대판 2000.4.11. 2000다5640   96
대판 2000.4.11. 2000다5640   155, 181
대판 2000.4.11. 99다23888   95, 159
대판 2000.5.12. 2000다5978   188, 474
대판 2000.5.18. 전합95재다199   172, 174
대판 2000.6.9. 2000다15371   221
대판 2000.6.9. 98다35037   35
대판 2000.7.4. 2000두1164   323
대판 2000.7.6. 2000다560   717
대판 2000.8.18. 2000재다87   22
대판 2000.9.5. 2000므87   311, 313
대판 2000.9.8. 99다26924   596
대판 2000.10.10. 2000다19526   96
대판 2000.10.18. 2000마2999   590
대판 2000.10.27. 2000다33775   68

대판 2000.11.16. 98다22253   521
대판 2000.11.16. 전합98다22253
                          438, 512, 521, 522, 669
대판 2000.12.22. 2000다46399   415
대판 2000.12.22. 2000재다513   133
대판 2001.1.16. 2000다41349   476, 686
대판 2001.1.19. 2000다59333   601
대판 2001.1.30. 2000다42939,42946   357
,대판 2001.2.9. 2000다61398   463
대판 2001.3.8. 2001카기38   198
대판 2001.3.9. 2000다58668   405
대판 2001.3.9. 98다51169   643
대판 2001.3.15. 전합98두15597   690
대판 2001.3.23. 2000다30165   687
대판 2001.3.23. 2001다1126   249, 250, 257
대판 2001.3.27. 2000다26920   104
대판 2001.4.10. 99다49170   589
대판 2001.4.13. 2001다4903   155
대판 2001.4.13. 2001다6367   298
대판 2001.4.24. 2001다5654   349, 371
대판 2001.4.27. 2000다4050   207
대판 2001.4.27. 2001다13983   486
대판 2001.4.27. 99다17319   423, 434
대판 2001.4.27. 99다30312   669
대판 2001.5.10. 2000다37296   253
대판 2001.5.29. 2000다10246   84
대판 2001.6.9. 2001다1044   197
대판 2001.6.12. 99다20612   230
대판 2001.6.15. 2001므626   548
대판 2001.6.26. 2000다24207   569
대판 2001.6.29. 2001다21991   59, 92
대판 2001.7.24. 2001다22246   207
대판 2001.7.27. 2001다30339   312
대판 2001.8.21. 2001다22840   220
대판 2001.8.24. 2000다12785   624
대판 2001.9.14. 2000다66430,66447   349, 353
대판 2001.9.14. 99다42797   200
대판 2001.9.20. 전합99다37894   186, 474
대판 2001.9.24. 2000다66430   353
대판 2001.9.25. 2000다24078   5
대판 2001.9.28. 99다35331,35348   623
대판 2001.10.9. 2001다15576   254, 257
대판 2001.10.26. 2001다37514   410
대판 2001.11.9. 2001다44291   142
대판 2001.11.13. 99다32899   501, 502
대판 2001.11.13. 99다32905   714
대판 2001.11.13. 99두2017   62
대판 2001.12.24. 2001다30469   347
대판 2001.12.24. 2001다62213   523

대판 2001.12.27. 2000다73049 ⋯ 101
대판 2002.1.11. 2001다41971 ⋯ 334
대판 2002.1.25. 2001다11055 ⋯ 259
대판 2002.2.5. 2001다72029 ⋯ 398
대판 2002.2.8. 2001다17633 ⋯ 526
대판 2002.3.15. 2000다9086 ⋯ 210, 611, 612, 615
대판 2002.4.26. 2000다30578 ⋯ 164
대판 2002.4.26. 2001다59033 ⋯ 158, 159
대판 2002.5.10. 2000다50909 ⋯ 450
대판 2002.5.14. 2000다42908 ⋯ 356
대판 2002.6.14. 2000다37517 ⋯ 167
대판 2002.6.28. 2000다62254 ⋯ 245
대판 2002.7.26. 2001다60491 ⋯ 302
대판 2002.8.23. 2000다66133 ⋯ 371, 379
대판 2002.9.4. 95다17145 ⋯ 439
대판 2002.9.4. 98다17145 ⋯ 521, 526, 527
대판 2002.9.24. 2000다49374 ⋯ 78, 335
대판 2002.9.24. 2002다26252 ⋯ 399
대판 2002.9.24. 99두1519 ⋯ 598
대판 2002.10.11. 2002다43851 ⋯ 478
대판 2002.10.25. 2000다21802 ⋯ 647
대판 2002.11.8. 2001다84497 ⋯ 271, 330
대판 2002.11.26. 2001다72678 ⋯ 459
대판 2002.12.6. 2000다4210 ⋯ 107
대판 2002.12.6. 2002다44014 ⋯ 435, 477
대판 2002.12.10. 2002다48399 ⋯ 648
대판 2002.12.10. 2002다56031 ⋯ 292
대판 2002.12.27. 2000다47361 ⋯ 342, 473
대판 2003.1.10. 2001다1171 ⋯ 171
대판 2003.1.10. 2002다57904 ⋯ 162
대판 2003.1.24. 2002다56987 ⋯ 541
대판 2003.2.26. 2000다42786 ⋯ 649
대판 2003.4.8. 2001다29254 ⋯ 257
대판 2003.4.8. 2002다70181 ⋯ 152, 441
대판 2003.4.11. 2001다11406 ⋯ 374
대판 2003.4.11. 2003다1250 ⋯ 489, 490, 491
대판 2003.4.11. 2003다5016 ⋯ 96
대판 2003.4.25. 2003두988 ⋯ 265
대판 2003.5.13. 2002다64148 ⋯ 102, 432, 481, 490
대판 2003.5.13. 2003다16238 ⋯ 221
대판 2003.5.27. 2001다13532 ⋯ 534, 535
대판 2003.5.30. 2001다10748 ⋯ 589
대판 2003.5.30. 2003다13604 ⋯ 438, 439
대판 2003.5.30. 2003다15556 ⋯ 134
대판 2003.6.13. 2003다16962 ⋯ 551
대판 2003.6.24. 2003다17774 ⋯ 498
대판 2003.7.11. 2001다45584 ⋯ 174
대판 2003.7.11. 2003다19558 ⋯ 495, 496
대판 2003.7.25. 2002다39616 ⋯ 391
대판 2003.8.22. 2001다23225,23232 ⋯ 510
대판 2003.9.26. 2001다68914 ⋯ 681
대판 2003.11.14. 2003다30968 ⋯ 448
대판 2003.11.14. 2003다34038 ⋯ 73, 588
대판 2003.12.12. 2003다44615 ⋯ 568
대판 2004.1.15. 2002다3891 ⋯ 169
대판 2004.2.13. 2002다7213 ⋯ 214
대판 2004.2.27. 2003다52944 ⋯ 719
대판 2004.3.12. 2001다79013 ⋯ 257
대판 2004.3.12. 2003다49092 ⋯ 180
대판 2004.3.12. 2004다2083 ⋯ 312
대판 2004.3.25. 2001다53349 ⋯ 17
대판 2004.3.25. 2002다20742 ⋯ 181
대판 2004.3.25. 2003다20909,20916 ⋯ 106
대판 2004.3.26. 2003다21834 ⋯ 255
대판 2004.3.26. 2003다60349 ⋯ 392
대판 2004.5.14. 2003다57697 ⋯ 242
대판 2004.6.11. 2004다13533 ⋯ 357
대판 2004.7.9. 2002다16729 ⋯ 654
대판 2004.7.9. 2003다46758 ⋯ 408
대판 2004.7.9. 2003므2251,2268 ⋯ 666
대판 2004.7.22. 2002다57362 ⋯ 150, 173
대판 2004.8.20. 2003다1878 ⋯ 712
대판 2004.8.30. 2004다21923 ⋯ 93
대판 2004.8.30. 2004다24083 ⋯ 513
대판 2004.9.23. 2004다32848 ⋯ 176
대판 2004.9.24. 2004다28047 ⋯ 174, 239
대판 2004.10.14. 2004다30583 ⋯ 140, 141, 232
대판 2004.10.28. 2002다45185 ⋯ 402
대판 2004.11.12. 2002다66892 ⋯ 7, 82
대판 2004.11.12. 2002다73319 ⋯ 379
대판 2004.12.9. 2004다51054 ⋯ 264
대판 2005.1.13. 2004다19647 ⋯ 718
대판 2005.1.14. 2001다81320 ⋯ 719
대판 2005.1.27. 2002다59788 ⋯ 14
대판 2005.1.28. 2004다38624 ⋯ 686
대판 2005.3.11. 2002다60207 ⋯ 258
대판 2005.3.11. 2004다26997 ⋯ 296
대판 2005.3.24. 2004다65367 ⋯ 497
대판 2005.3.25. 2004다10985, 10992 ⋯ 189
대판 2005.3.25. 2004다10985 ⋯ 495
대판 2005.5.26. 2004다25901 ⋯ 629
대판 2005.6.10. 2002다15412,15429 ⋯ 96, 155
대판 2005.6.10. 2005다 ⋯ 285
대판 2005.6.23. 2004다3864 ⋯ 427
대판 2005.6.24. 2003다55936 ⋯ 705, 707
대판 2005.7.22. 2004다17207 ⋯ 471
대판 2005.8.19. 2004다8197, 8203 ⋯ 676
대판 2005.9.15. 전합2004다44971 ⋯ 87, 120, 564

대판 2005.9.29. 2003다40651 565
대판 2005.10.7. 2003다44387 94, 264
대판 2005.10.27. 2003다66691 647, 652
대판 2005.11.10. 2005다34667,34674 479
대판 2005.11.10. 2005다34667 486
대판 2005.11.10. 2005다41818 219
대판 2005.11.25. 2005다51457 200, 201
대판 2005.12.19. 2005ㄱ128 448
대판 2005.12.23. 2004다55698 478
대판 2005.12.23. 2005다59383 213
대판 2006.1.26. 2005다37185 260
대판 2006.2.23. 2005다53187 241
대판 2006.3.10. 2005다46363 265
대판 2006.3.10. 2005다55411 165, 170
대판 2006.3.24. 2005다66411 323
대판 2006.3.24. 2006다2803 134
대판 2006.4.13. 2005다34643 377
대판 2006.4.14. 2005다74764 156, 480
대판 2006.5.25. 2005다77848 342
대판 2006.6.9. 2006두4035 114
대판 2006.6.29. 2006다19061, 19078 546
대판 2006.6.29. 2006다19061 546
대판 2006.6.30. 2005다21531 246
대판 2006.7.4. 2005마425 65
대판 2006.8.25. 2005다67476 172
대판 2006.9.28. 2006다28775 590, 591
대판 2006.10.12. 2005다72508 700
대판 2006.10.13. 2004두10227 253
대판 2006.10.13. 2006다23138 448
대판 2006.10.27. 2004다69581 273, 302
대판 2006.11.9. 2006다23503 62
대판 2006.11.23. 2006재다171 72
대판 2006.12.7. 2004다54978 155, 497
대판 2007.1.11. 2005다47175 5
대판 2007.1.11. 2006다33364 213
대판 2007.2.8. 2006다28065 349
대판 2007.2.8. 2006다62188 635
대판 2007.2.22. 2006다75641 599
대판 2007.3.15. 2006다12701 214
대판 2007.3.29. 2004다31302 493
대판 2007.4.13. 2005다40709 209, 544
대판 2007.4.13. 2006다78640 455
대판 2007.4.26. 2005다19156 595
대판 2007.4.26. 2005다53866 296
대판 2007.5.11. 2006다6836 352
대판 2007.5.31. 2005다5867 397, 402
대판 2007.6.14. 2005다29290,29306 183
대판 2007.6.14. 2005다29290 183
대판 2007.6.15. 2004다37904 539, 540, 681

대판 2007.6.15. 2006다80322, 80339 620
대판 2007.6.28. 2007다16885 596
대판 2007.6.28. 2007다26424 354
대판 2007.7.12. 2005다10470 109, 591
대판 2007.7.26. 2007다19006 259
대판 2007.8.24. 2006다40980 566, 570
대판 2007.9.6. 2007다40000 174
대판 2007.9.20. 2006다68902 215
대판 2007.10.26. 2006다86573,86580 632
대판 2007.10.26. 2006다86573 631
대판 2007.11.16. 2005두15700 598
대판 2007.11.19. 2007다52317 287
대판 2007.11.29. 2007다53310 601
대판 2007.11.29. 2007다63362 150
대판 2007.11.30. 2007다54610 57
대판 2007.12.14. 2007다37776,37783 631
대판 2007.12.14. 2007다52997 78, 79, 329
대판 2008.2.1. 2005다23889 677
대판 2008.2.1. 2005다42880 428
대판 2008.2.1. 2005다74863 534
대판 2008.2.1. 2007다9009 8
대판 2008.2.14. 2006다18969 288
대판 2008.3.13. 2006다53733,53740 547
대판 2008.3.13. 2006다68209 17, 18, 40, 41, 42, 43
대판 2008.3.14. 2006다2940 665
대판 2008.3.27. 2005다49430 581, 584
대판 2008.3.27. 2006다70929,70936 243
대판 2008.3.27. 2006두17765 585
대판 2008.3.27. 2007다85157 162, 185, 200
대판 2008.3.27. 2007다87061 352
대판 2008.4.10. 2007다36308 592
대판 2008.4.10. 2007다86860 579
대판 2008.4.24. 2007다84352 200
대판 2008.5.8. 2008다2890 305
대판 2008.5.15. 2007다71318 253
대판 2008.5.29. 2006다71908 15
대판 2008.6.12. 2007다36445 158
대판 2008.6.12. 2008다11276 5, 64, 92, 644, 645
대판 2008.6.12. 2008다8690,8706 202
대판 2008.7.10. 2005다41153 181
대판 2008.7.10. 2006다57872 584
대판 2008.7.24. 2008다18376 539
대판 2008.8.21. 2007다79480 111, 132
대판 2008.9.11. 2007다90982 81
대판 2008.9.25. 2007다60417 147
대판 2008.10.9. 2005다72430 563
대판 2008.11.8. 2008다38361 246
대판 2008.11.13. 2006다61567 222
대판 2008.11.13. 2007다82158 373

대판 2008.11.27. 2008다59230   460
대판 2008.11.27. 2007다69834,69841   542, 543
대판 2008.11.27. 2008다59230   459
대판 2008.12.11. 2005다51471   528
대판 2008.12.11. 2005다51495   511, 514, 520, 581
대판 2008.12.11. 2006다5550   528
대판 2009.1.15. 2008다72394   93
대판 2009.1.30. 2006다60908   85
대판 2009.1.30. 2007다9030,9047   629
대판 2009.2.9. 2008스105   70
대판 2009.2.12. 2008두20109   219
대판 2009.3.26. 2006다47677   579, 581
대판 2009.4.23. 2009다3234   99, 147
대판 2009.5.14. 2006다34190   442, 706, 707
대판 2009.5.28. 2007다354   528
대판 2009.5.28. 2008다79876   449
대판 2009.5.28. 2009다5292   327
대판 2009.6.11. 2009다12399   187, 232
대판 2009.6.23. 2007다26165   260
대판 2009.6.25. 2009다22037   413
대판 2009.7.9. 2006다73966   442, 714
대판 2009.7.9. 2009다14340   608
대판 2009.9.10. 2009다37138   343
대판 2009.9.24. 2009다37831   278, 374, 398
대판 2009.10.15. 2006다43903   95
대판 2009.10.15. 2009다48633   180
대판 2009.10.15. 2009다49964   60, 62, 65, 67
대판 2009.10.29. 2008다51359   241, 248
대판 2009.11.12. 2009다42765   257, 259
대판 2009.11.12. 2009다48879   104, 105
대판 2009.11.12. 2009다51028   214
대판 2009.11.12. 2009다56665   456
대판 2009.12.10. 2008다78279   432
대판 2009.12.10. 2009다22846   147
대판 2009.12.24. 2008다15520   184
대판 2009.12.24. 2008다3517   253
대판 2009.12.24. 2009다64215   445, 453, 455
대판 2010.2.11. 2009다78467, 78474   27
대판 2010.2.11. 2009다83599   256
대판 2010.2.25. 2008다96963   565
대판 2010.2.25. 2009다79811   141
대판 2010.3.25. 2009다88617   258
대판 2010.3.25. 2009다95387   84
대판 2010.4.8. 2009므3652   117
대판 2010.4.15. 2009다98058   101
대판 2010.4.15. 2010다57   317
대판 2010.4.29. 2008다50691   562
대판 2010.5.13. 2007도1397   368
대판 2010.5.13. 2009다102254   21

대판 2010.5.13. 2009다105246   589
대판 2010.5.13. 2010다8365   514
대판 2010.5.20. 전합2009다48312   215
대판 2010.5.27. 2007다25971   393
대판 2010.5.27. 2009다12580   516
대판 2010.6.10. 2010다15363   8
대판 2010.6.10. 2010다5373   120, 131
대판 2010.6.24. 2010다12852   395
대판 2010.6.24. 2010다17284   217
대판 2010.6.24. 2010다2107   5
대판 2010.7.15. 2009다50308   288
대판 2010.7.15. 2010다18355   15, 35
대판 2010.7.15. 2010다2428,2435   150, 209, 544
대판 2010.7.22. 2008다31089   443
대판 2010.8.19. 2010다43801   643
대판 2010.8.26. 2008다35104   498
대판 2010.8.26. 2008다42416,42423   213, 214
대판 2010.8.26. 2010다30966   473
대판 2010.9.30. 2010다12241,12258   402
대판 2010.10.14. 2010다36407   173
대판 2010.10.14. 2010다36407   173
대판 2010.10.14. 2010다38168   601
대판 2010.10.14. 2010다48455   323
대판 2010.10.28. 2008다6755   391
대판 2010.10.28. 2010다20532   264, 296
대판 2010.10.28. 2010다61557   464
대판 2010.11.11. 2010다45944   179
대판 2010.11.11. 2010다56616   388
대판 2010.11.11. 2010두14534   540
대판 2010.11.25. 2010다64877   95, 104
대판 2010.12.16. 전합2010도5986   154
대판 2010.12.23. 2007다22859   336, 337, 646
대판 2010.12.23. 2010다58889   476
대판 2010.12.23. 2010다67258   676, 678
대판 2011.1.13. 2010다69940   685
대판 2011.1.27. 2008다27615   63
대판 2011.1.27. 2008다85758   131
대판 2011.1.27. 2010다77781   170
대판 2011.1.27. 2010다81957   377
대판 2011.2.24. 2009다43355   581
대판 2011.3.10. 2010다92506   141
대판 2011.3.10. 2010다99040   63, 66
대판 2011.4.28. 2010다103048   406
대판 2011.4.28. 2010다107408   398
대판 2011.4.28. 2010다98948   311
대판 2011.5.13. 2009다94384,94391,94407   147
대판 2011.5.13. 2010다106245   628
대판 2011.5.31. 2010다84956   91
대판 2011.6.24. 2009다8345   563

대판 2011.6.24. 2011다1323 573
대판 2011.6.30. 2011다24340 451
대판 2011.7.14. 2010다107064 463
대판 2011.7.14. 2011그65 54
대판 2011.7.14. 2011다19737 214
대판 2011.7.14. 2011다23323 417
대판 2011.7.21. 전합2011재다199 701, 706
대판 2011.7.28. 2009다64635 261
대판 2011.7.28. 2009도14928 365
대판 2011.7.28. 2010다97044 151
대판 2011.8.18. 2011다30666, 30673 530, 531
대판 2011.8.18. 2011다30666,30673 528
대판 2011.8.25. 2011다24814 472
대판 2011.8.25. 2011다25145 546
대판 2011.9.8. 2009다67115 98, 99
대판 2011.9.8. 2011다17090 255, 587
대판 2011.9.29. 2009다7076 580, 669
대판 2011.9.29. 2010다65818 660
대판 2011.9.29. 2011다17847 719
대판 2011.10.13. 2009다102452 459
대판 2011.10.13. 2009다2996 174
대판 2011.10.13. 2010다80930 216, 219
대판 2011.11.10. 2011다54686 212
대판 2011.11.10. 2011다55405 260
대판 2011.11.10. 2011다67743 296
대판 2011.11.10. 2011재두148 323
대판 2011.11.24. 2009다99143 241
대판 2011.12.13. 2009다16766 13
대판 2011.12.22. 2011다73540 315
대판 2011.12.22. 2011다84298 4, 172
대판 2012.1.12. 2009다84608, 84615, 84622, 84639 401
대판 2012.1.12. 2010다87757 689
대판 2012.2.16. 전합2010다82530 565
대판 2012.3.15. 2011다105966 589
대판 2012.3.29. 2010다28338 539
대판 2012.3.29. 2011다106136 690
대판 2012.4.12. 2009다22419 333
대판 2012.5.9. 2012다3197 448
대판 2012.5.10. 2010다2558 428, 432, 433
대판 2012.5.10. 2010다87474 106
대판 2012.5.17. 전합2010다28604 231
대판 2012.5.24. 2009다2254 444
대판 2012.5.24. 2009다22549 15, 444
대판 2012.6.14. 2010다105310 63, 570
대판 2012.6.14. 2010다86112 293, 702, 703
대판 2012.6.28. 2010다71431 497
대판 2012.7.5. 2010다80503 201
대판 2012.7.5. 2010다80503 201, 496, 534
대판 2012.9.13. 2010다88699 153, 171

대판 2012.9.13. 2010다97846 424
대판 2012.9.27. 2011다76747 406, 581
대판 2012.10.25. 2010다108104 114, 125
대판 2012.11.15. 2012다65621 661
대판 2012.12.27. 2011다96932 3
대판 2012.12.27. 2012다75239 103
대판 2013.1.10. 2010다75044 317
대판 2013.1.16. 2012재다370 323
대판 2013.1.18. 2010그133 592
대판 2013.2.15. 2012다67399 97
대판 2013.2.15. 2012다68217 244, 248, 251
대판 2013.2.28. 2011다21556 281
대판 2013.2.28. 2011다31706 687
대판 2013.2.28. 2012다98225 428
대판 2013.3.14. 2010다42624, 42631 230, 231
대판 2013.3.14. 2011다91876 8
대판 2013.3.28. 2011다3329 281, 411
대판 2013.3.28. 2011두13729 614
대판 2013.3.28. 2012다100746 101, 335
대판 2013.3.28. 2012아43 613, 614
대판 2013.4.11. 2012다111340 156, 473
대판 2013.4.11. 2012후436 297
대판 2013.4.25. 2012다118594 86
대판 2013.5.9. 2012다108863 182
대판 2013.6.28. 2011다83110 320, 666
대판 2013.6.28. 2013다8564 155
대판 2013.7.12. 2006다17539 15, 16
대판 2013.7.12. 2013다19571 289, 290
대판 2013.7.25. 2013다19052 5
대판 2013.8.22. 2011다100923 374
대판 2013.8.22. 2012다68279 60, 190
대판 2013.8.23. 2012다17585 173
대판 2013.8.23. 2013다28971 196
대판 2013.9.13. 2011두33044 332
대판 2013.9.13. 2012다36661 510
대판 2013.9.13. 2013다45457 187
대판 2013.11.21. 전합2011두1917 427
대판 2013.11.28. 2011다80449 5, 147, 260, 286, 288, 562
대판 2013.11.28. 2013다50367 49
대판 2013.12.18. 전합2013다202120 205, 206
대판 2014.1.16. 2013다69385 187
대판 2014.1.23. 2011다108095 490
대판 2014.1.23. 2013다64793 450
대판 2014.1.29. 2013다78556 142, 568
대판 2014.2.13. 2012다112299 87
대판 2014.2.27. 2013다94312 219
대판 2014.3.13. 2011다111459 538
대판 2014.3.27. 2009다104960 424, 489,491
대판 2014.3.27. 2011다49981 447, 462

대판 2014.3.27. 2011다79968 … 474
대판 2014.4.10. 2010다84932 … 177
대판 2014.4.10. 2012다29557 … 433
대판 2014.4.10. 2012다7571 … 19
대판 2014.4.10. 2013다54390 … 471
대판 2014.4.24. 2012다105314 … 212
대판 2014.5.29. 2011다31225 … 510
대판 2014.5.29. 2013다96868 … 527
대판 2014.6.12. 2012다47548 … 625
대판 2014.6.12. 2013다95964 … 282
대판 2014.6.12. 2014다11376, 11383 … 688
대판 2014.7.10. 2012다29373 … 719
대판 2014.7.10. 2012다89832 … 239
대판 2014.7.16. 전합2011다76402 … 155, 213
대판 2014.7.24. 2013다26562 … 231
대판 2014.7.24. 2013다28728 … 125
대판 2014.8.20. 2012다47074 … 221
대판 2014.9.4. 2012므1656 … 716
대판 2014.9.4. 2013다3576 … 213
대판 2014.9.4. 2014다203588 … 154
대판 2014.9.4. 2014다36771 … 104
대판 2014.9.26. 2014다29667 … 373
대판 2014.10.15. 2013다25781 … 590, 591
대판 2014.10.27. 2013다25217 … 260
대판 2014.10.27. 2013다27343 … 296, 297
대판 2014.10.27. 2013다67105,67112 … 652
대판 2014.10.30. 2013다53939 … 482
대판 2014.10.30. 2014다43076 … 319
대판 2014.11.13. 2009다71312,71329,71336,71343
    … 626, 630
대판 2014.12.11. 2013다78990 … 153
대판 2014.12.24. 2012다74304 … 334, 335
대판 2015.1.15. 2012다4763 … 15
대판 2015.1.22. 전합2012다204365 … 433
대판 2015.1.29. 2012다111630 … 79
대판 2015.1.29. 2014다34041 … 67
대판 2015.2.12. 2012다6851 … 402
대판 2015.2.12. 2014다229870 … 305, 355, 356
대판 2015.2.16. 2011다101155 … 97
대판 2015.2.26. 2012다79866 … 718
대판 2015.2.26. 2013다87055 … 86
대판 2015.3.20. 2012다107662 … 282
대판 2015.3.20. 2013다88829 … 7
대판 2015.3.20. 2014다75202 … 584
대판 2015.3.26. 2012다25432 … 89
대판 2015.3.26. 2014다233428 … 141
대판 2015.4.23. 2013다20311 … 154
대판 2015.4.23. 2014다89287,89294 … 539
대판 2015.4.9. 2013다89372 … 116

대판 2015.5.14. 2014다16494 … 218, 608
대판 2015.5.21. 전합2012다952 … 162
대판 2015.5.28. 2012다78184 … 605, 606
대판 2015.5.29. 2014다235042,235059,235066 … 544, 641
대판 2015.6.11. 2014다232913 … 579
대판 2015.6.11. 2015다206492 … 180
대판 2015.7.23. 2013다30301 … 203, 616, 617, 618
대판 2015.7.9. 2013두3658 … 378
대판 2015.7.23. 2014다88888 … 137, 141
대판 2015.8.13. 2015다209002 … 66
대판 2015.8.13. 2015다213322 … 310, 311
대판 2015.9.10. 2012다23863 … 566
대판 2015.9.10. 2013다55300 … 147
대판 2015.10.15. 2015다1284 … 444
대판 2015.10.29. 2012다21560 … 89, 562
대판 2015.10.29. 2013다45037 … 670
대판 2015.10.29. 2014다13044 … 612, 613, 614
대판 2015.10.29. 2015다202490 … 590
대판 2015.10.29. 2015다32585 … 126
대판 2015.11.17. 2014다81542 … 386
대판 2015.12.10. 2012다16063 … 133, 320
대판 2015.12.10. 2014다87878 … 95
대판 2015.12.23. 2013다17124 … 697
대판 2016.1.14. 2015다231894 … 439, 706
대판 2016.1.14. 2015므3455 … 685
대판 2016.1.28. 2011다41239 … 163
대판 2016.1.28. 2015다207747 … 444
대판 2016.3.10. 2013다99409 … 176, 396
대판 2016.3.10. 2013두14269 … 372
대판 2016.3.10. 2015다243996 … 453
대판 2016.3.24. 2013다81514 … 349, 353
대판 2016.4.2. 2014다210449 … 77, 338
대판 2016.4.12. 2015다69372 … 204
대판 2016.4.15. 2015다201510 … 329
대판 2016.4.29. 2014다210449
    … 66, 71, 74, 77, 130, 36, 659
대판 2016.5.12. 2013다1570 … 176
대판 2016.5.19. 전합2009다66549 … 515
대판 2016.5.24. 2012다87898 … 180
대판 2016.5.24. 2015다250574 … 448
대판 2016.5.27. 2015다21967 … 79, 480
대판 2016.6.9. 2014다64752 … 354
대판 2016.6.23. 2015다52190 … 396
대판 2016.6.28. 2014다31721 … 452, 453
대판 2016.6.28. 2016다1793 … 163
대판 2016.7.1. 2014마2239 … 385
대판 2016.7.7. 2013다76871 … 86
대판 2016.7.7. 2014다1447 … 127
대판 2016.7.27. 2013다96165 … 465, 466

대판 2016.8.30. 2015다255265 20
대판 2016.8.30. 2016다222149 450
대판 2016.9.8. 2015다39357 71
대판 2016.9.28. 2016다13482 480
대판 2016.9.30. 2016다200552 163
대판 2016.10.13. 2014다12348 422
대판 2016.10.27. 2015다230815 179
대판 2016.11.10. 2014다54366 324
대판 2016.11.24. 2014다81511 258
대판 2016.12.15. 2014다87885,87892 107
대판 2016.12.15. 2016다205373 372
대판 2016.12.15. 2016다238540 378
대판 2016.12.27. 2016다35123 339, 697
대판 2016.12.27. 2016두50440 59, 62
대판 2017.1.12. 2016다241249 685
대판 2017.1.12. 2016다38658 205
대판 2017.2.15. 2014다19776,19783 4
대판 2017.2.21. 2016다225353 520
대판 2017.3.9. 2016두55933 394
대판 2017.3.15. 2014다20825 171
대판 2017.3.15. 2014다208255 176
대판 2017.3.22. 2016다258124 242
대판 2017.3.30. 2016다21643 177
대판 2017.3.30. 2016다253297 521
대판 2017.4.7. 2013다80627 502
대판 2017.4.7. 2016다204783 495, 496
대판 2017.4.7. 2016다251994 198
대판 2017.4.13. 2013다207941 154
대판 2017.4.26. 2014다221777,221784 623
대판 2017.4.26. 2014다221777 624
대판 2017.4.26. 2017다201033 196
대판 2017.5.17. 2016다274188 68
대판 2017.5.17. 2017다1097 264
대판 2017.5.30. 2012다23832 444
대판 2017.5.31. 2017다216981 686
대판 2017.6.29. 2014다30803 178
대판 2017.7.18. 2016다35789 220
대판 2017.8.18. 2016두52064 150
대판 2017.9.12. 2015다242849 158
대판 2017.9.12. 2017다865 220, 246
대판 2017.9.14. 2017카담507 726
대판 2017.9.21. 2017다232105 503
대판 2017.9.21. 2017다233931 573, 685
대판 2017.9.26. 2014다27425 363
대판 2017.9.26. 2017다22407 230
대판 2017.10.12. 2015두36836 599
대판 2017.10.12. 2017다17771 182
대판 2017.10.31. 2015다65042 178
대판 2017.11.14. 2017다23066 210

대판 2017.11.23. 2017다251694 192
대판 2017.12.5. 2017다237339 164, 438, 439
대판 2017.12.22. 2015다205086 424, 427
대판 2017.12.22. 2015다236820,236837 260
대판 2017.12.22. 2015다73753 442
대판 2017.12.28. 2014다229023 665
대판 2018.2.13. 2015다242429 584
대판 2018.2.28. 2013다26425 514, 530
대판 2018.4.12. 2017다292244 372, 377
대판 2018.4.12. 2017다53623 327
대판 2018.4.24. 2017다287587 646
대판 2018.4.24. 2017다293858 445
대판 2018.5.30. 2014다9632 174
대판 2018.5.30. 2017다21411 289, 540
대판 2018.6.15. 2017다265129 29
대판 2018.6.15. 2017다289828 68
대판 2018.6.28. 2016다203056 160
대판 2018.7.12. 2015다36167 329
대판 2018.7.19. 전합2018다22008 156
대판 2018.7.24. 2018다227087 86
대판 2018.7.26. 2015다221569 49
대판 2018.7.26. 2016다242440 596
대판 2018.7.26. 2018다227551 166
대판 2018.8.1. 2018다227865 86
대판 2018.8.1. 2018다229564 354
대판 2018.8.30. 2016다46338,46345
468, 470, 471, 472, 473
대판 2018.9.13. 2018다231031 479
대판 2018.10.4. 2016다41869 349
대판 2018.10.12. 2018다239899 661
대판 2018.10.18. 전합2015다232316 157
대판 2018.10.25. 2015다205536 240
대판 2018.10.25. 2018다210539 102, 204
대판 2018.11.9. 2015다75308 257
대판 2018.11.29. 2017다35717 101
대판 2018.11.29. 2018므14210 594
대판 2018.12.13. 2016다210849,210856 120
대판 2018.12.27. 2016다202763 585
대판 2018.12.27. 2018다268385 147
대판 2019.2.14. 2015다255258 406
대판 2019.2.18. 2015다244432 167
대판 2019.2.21. 2017후2819 297
대판 2019.3.14. 2018다277785,277792 553
대판 2019.3.14. 2018다281159 178
대판 2019.4.25. 2017다21176 428
대판 2019.5.16. 2016다240338 181
대판 2019.5.16. 2018다242246 180
대판 2019.5.30. 2015다47105 94, 96
대판 2019.6.13. 2016다221085 605, 606

대판 2019.6.13. 2016다33752   15
대판 2019.6.13. 2019다205947   268
대판 2019.7.25. 2019다212945   221
대판 2019.8.9. 2019다222140   360
대판 2019.8.14. 2017다217151   287
대판 2019.8.29. 2019다215272   157
대판 2019.8.30. 2018다259541   303
대판 2019.9.10. 2017다258237   297
대판 2019.9.10. 2019다208953   86
대판 2019.1.17. 2018다24349   156
대판 2019.1.31. 2017다228618   489, 491
대판 2019.10.17. 2014다46778   463
대판 2019.10.17. 2018다300470   705
대판 2019.10.23. 전합2012다46170   654
대판 2019.10.31. 2019다247651   677
대판 2019.11.14. 2018다233686   705
대판 2019.11.28. 2017다244115   296, 297
대판 2020.1.9. 2018다229212   23
대판 2020.1.16. 2019다247385   176, 177
대판 2020.1.16. 2019다264700   49
대판 2020.1.22. 전합2016후2522   706
대판 2020.1.30. 2015다49422   231
대판 2020.1.30. 2019다268252   605
대판 2020.2.6. 2019다223723   216
대판 2020.3.26. 2018다221867   670
대판 2020.5.14. 2019다261381   483
대판 2020.5.21. 전합2017다220744   498
대판 2020.6.4. 2016다245142   181
대판 2020.6.11. 2020다8586   329
대판 2020.6.25. 2019다246399   335
대판 2020.7.23. 2017다224906   444
대판 2020.7.23. 2017다249295   450
대판 2020.8.20. 2018다241410, 241427   100
대판 2020.8.20. 2018다249148   173
대판 2020.9.3. 2020다210747   479
대판 2020.10.15. 2018다229625   517
대판 2020.10.15. 2019두40611   611
대판 2020.10.15. 2020다222382   49
대판 2020.10.15. 2020다227523,227530   289
대판 2020.10.15. 2020다232846   85
대판 2020.10.29. 2016다35390   415, 425, 497
대판 2020.11.26. 2019다2049   691
대판 2020.12.10. 2020다255085   196
대판 2021.2.4. 2017므12552   16
대판 2021.2.4. 2019다202795,202801   549
대판 2021.2.4. 2020다259506   359, 686
대판 2021.3.11. 2020다253836   479
대판 2021.3.11. 2020다273045   262
대판 2021.3.11. 2020므11658   324

대판 2021.3.25. 2018다230588   14
대판 2021.3.25. 2019다208441   549
대판 2021.3.25. 2020다277641   297
대판 2021.3.25. 2020다286041, 286058   147
대판 2021.3.25. 2020다289989   242
대판 2021.3.25. 2020다46601   311, 314
대판 2021.4.15. 2019다244980,244997   310, 322
대판 2021.5.7. 2018다259213   415
대판 2021.5.7. 2018다275253   232
대판 2021.5.7. 2018다275888   172
대판 2021.5.7. 2020다292411   438, 439, 521, 526
대판 2021.5.7. 2020재두5145   704
대판 2021.5.7. 2021다201320   172
대판 2021.6.3. 2018다276768   222
대판 2021.6.10. 2018다44114   216
대판 2021.6.17. 전합2018다257958,25796   176
대판 2021.6.24. 2016두61877   527
대판 2021.6.24. 2019다278433   84
대판 2021.7.8. 2020다290804   676
대판 2021.7.8. 2020다292756   581, 584
대판 2021.7.15. 2018다298744   517
대판 2021.7.21. 2020다300893   102, 179
대판 2021.7.22. 전합2020다284977   576, 616
대판 2021.7.29. 2017다3222,3239   160
대판 2021.7.29. 2018다230229   416
대판 2021.7.29. 2018다267900   348
대판 2021.7.29. 2018다276027   305, 356
대판 2021.8.12. 2021다215497   470, 488
대판 2021.8.19. 2018다207830   143
대판 2021.8.19. 2021다228745   311, 312
대판 2021.8.19. 2021다53   328
대판 2021.8.26. 2021다236999   343
대판 2021.9.15. 2020다297843   665
대판 2021.9.16. 2021다200914,200921   261
대판 2021.10.14. 2021다243430   391
대판 2021.10.24. 2021다225968   169
대판 2021.10.28. 2019므15425   19
대판 2021.10.28. 2020후11752   661
대판 2021.10.28. 2021다251813   241, 395
대판 2021.10.28. 2021다253376   682
대판 2021.11.11. 2021다238902   85
대판 2021.11.11. 2021다251929   581
대판 2021.11.25. 2018다27393   409
대판 2021.12.10. 2021후10855   60
대판 2021.12.23. 전합2017다257746   324, 443
대판 2022.1.13. 2019다220618   329
대판 2022.1.13. 2021다269562   342
대판 2022.1.27. 2018다259565   165
대판 2022.1.27. 2019다299058   434

대판 2022.1.27. 2020다39719 333
대판 2022.1.27. 2021다219161 49
대판 2022.2.10. 2019다227732 172
대판 2022.2.17. 2021다275741 207, 417, 470
대판 2022.2.24. 2021다291934 240
대판 2022.3.11. 2018다231550 444
대판 2022.3.11. 2021다232331 222
대판 2022.3.17. 2019다226975 717
대판 2022.3.17. 2020다216462 327
대판 2022.3.17. 2021다210720 480, 484
대판 2022.3.31. 2017다247145 517
대판 2022.3.31. 2020다271919 421, 422
대판 2022.4.14. 2020다224975 584
대판 2022.4.14. 2021다276973 86, 261
대판 2022.4.14. 2021다280781 348, 358
대판 2022.4.14. 2021다305796 314
대판 2022.4.28. 2019다200843 259
대판 2022.4.28. 2021다306904 147
대판 2022.4.28. 2022다200768 222
대판 2022.5.13. 2019다229516 334
대판 2022.5.26. 2017다238141 120
대판 2022.5.26. 2020다206625 216
대판 2022.6.7. 2022그534 427
대판 2022.6.9. 2018다228462,228479 98
대판 2022.6.16. 2022다207967 175, 256
대판 2022.6.30. 2018두289 661, 664
대판 2022.6.30. 2020다210686, 210693 142, 143
대판 2022.6.30. 2020다210686,210693 569
대판 2022.6.30. 2021다239301 412, 415, 498
대판 2022.6.30. 2022다217506 573
대판 2022.7.14. 2019다271685 451
대판 2022.7.28. 2018다46042 152
대판 2022.7.28. 2020다231928 446, 462, 631
대판 2022.8.25. 2018다261605 261
대판 2022.8.25. 2022다211928 676
대판 2022.9.7. 2022다231038 314
대판 2022.9.7. 2022다244805 141
대판 2022.10.14. 2022다229936 322
대판 2022.10.14. 2022다241608,241615 619, 626
대판 2022.10.14. 2022다247538 315
대판 2022.10.14. 2022다252387 682
대판 2022.11.17. 2021두44425 57
대판 2022.11.24. 전합2018두67 96
대판 2022.11.30. 2021다287171 164
대판 2022.12.1. 2022다258248 222
대판 2022.12.15. 2019다269156 176
대판 2022.12.29. 2022다263448 564
대판 2022.12.29. 2022다263462 296
대판 2023.1.12. 2022다26687 419

대판 2023.1.12. 2022다266874 419
대판 2023.2.2. 2018다261773 288
대판 2023.2.2. 2022다276203 5
대판 2023.2.23. 2022다207547 175
대판 2023.2.23. 2022다267440 73
대판 2023.3.13. 2022다286786 170
대판 2023.3.16. 2022두58599 414
대판 2023.4.13. 2017다219232 17
대판 2023.4.13. 2022다279733,279740 395
대판 2023.4.27. 2019다247903 13
대판 2023.4.27. 2021다262905 515, 516
대판 2023.6.1. 2020다211238 176
대판 2023.6.1. 2023다217534 369, 379
대판 2023.6.15. 2017다46274 401
대판 2023.6.29. 2021다206349 481
대판 2023.6.29. 2021다243812 502
대판 2023.7.13. 2023다225146 131
대판 2023.7.27. 2020다263857 556
대판 2023.7.27. 2020다277023 166
대판 2023.9.14. 2020다238622 49
대판 2023.9.27. 2018다260565 539
대판 2023.10.12. 2020다210860, 210877 256
대판 2023.11.2. 2023므12218 410
대판 2023.11.9. 2023다256577 139, 426, 427
대판 2023.11.16. 2023다266390 237
대판 2023.12.7. 2023다273206 521
대판 2023.12.21. 2023다275424 177
대판 2023.12.28. 2023다277260 49
대판 2024.1.25. 2023다283913 686
대판 2024.1.4. 2022다291313 503
대판 2024.1.4. 2023다244499 98
대판 2024.1.4. 2023다282040 255
대판 2024.3.28. 2023다309549 36
대판 2024.4.12. 2023다307741 714
대판 2024.4.12. 2023다313241 87
대판 2024.4.16. 2023다315391 690
대판 2024.4.25. 2022다254024 395
대판 2024.5.17. 2018다262103 686
대판 2024.5.23. 전합2020므15896 175
대판 2024.6.13. 2024다213157 231

[헌법재판소 결정례]

헌재 2012.11.29. 2012헌바180 417
헌재 2018.8.30. 2014헌바148 705
헌재 1996.2.29. 93헌마186 154

사항색인

(ㄱ)

감 정	368
객관적 병합	508
검 증	369
계쟁물의 승계인	211, 481
고유필수적 공동소송	562
고유필수적 공동소송인의 추가	640
공개심리주의	225
공격방법의 변경	534
공동소송	555
공동소송적 보조참가	593, 609, 612
공동소송참가	614
공시송달	328
공유물 분할의 소	139
관련재판적	36
관할위반에 의한 이송	47
교부송달	319
교환적 변경	536
교환적 인수	651
구술심리주의	227
기일의 해태의 요건	300
기판력	440
기판력의 객관적 범위와 작용	414, 462
기판력의 본질	445
기판력의 시적 범위	446
기판력의 주관적 범위	478

(ㄷ)

다수당사자소송	554
단순반소와 예비적 반소	545
단순병합	511
당사자능력	84
당사자신문	387
당사자의 동일성	59
당사자의 확정기준	58
당사자자격	83
당사자적격	93
당사자표시정정	59
당사자확정	58
당연승계	645
대리인	115
독립당사자참가	618
등기우편에 의한 발송송달(우편송달)	327

(ㅁ)

모순관계	477

무권대리인	130
무변론판결제도	195
문서의 실질적 증거력	377
문서의 증거능력	371
문서의 직접제출	379
문서의 형식적 증거력	371
문서제출명령신청	380
민사재판권의 물적범위	14
민사재판권의 인적범위	12
민사재판권의 장소적 범위	20

(ㅂ)

반 소	543
반소제기에 의한 이송	55
법관의 기피	23, 24
법관의 제척	21
법률상 진술	349
법률상 추정된 사실	361
법률상의 추정	397
법률용어를 사용한 사실(단순하고 일반적으로 알려진 법개념)	349
법인격부인	81
법정대리인	115
법정소송담당	100
변경의 소(장래이행판결의 구제책)	451
변론	223
변론관할	45
변론능력	113
변론의 내용	274
변론의 실시	295
변론의 준비	272
변론종결 후 당사자 사망	78
변론종결한 뒤의 승계인	432, 478
변론주의	240
변론주의의 보완	251
변론주의의 예외	252
변론준비절차	273
보고문서	370
보정명령	191, 192
보조참가	593
보충송달	322
보통재판적	33
본안 전 항변	276
본안의 항변(항변과 부인)	276
본증과 반증	345
부가적 합의	41

부대항소 540, 680
부제소합의와 위반 287
불요증사실 348
불이익변경 금지의 원칙 672, 678
비법인사단의 소송수행방안 84

(ㅅ)
사물관할 30, 31
상계항변 470
상계항변에 대한 상계의 재항변 가부 281
상소불가분의 원칙 668
상소심에서의 이송 55
상소의 적법요건 659
서 증 369
석명권 254
선결관계 475
선결적 법률관계의 진술 352
선정당사자 585
선택적 병합 514
선행자백 354
성명모용소송 79
소극적 석명 254
소송계속 199
소송계속 중 당사자 사망 70
소송고지 607
소송과 비송 2
소송구조 197
소송능력 109
소송대리인의 지위 129
소송물 185
소송물의 승계인 480
소송물이론 186
소송상 합의 285
소송상 화해 422
소송수계의 절차 72
소송승계 645
소송에 있어서 형성권의 행사 281
소송요건심리의 선순위성 150
소송의 개시 136
소송자료와 증거자료의 구별 245
소송절차에 대한 이의권(직권진행주의에 대한 예외) 271
소송절차의 중단 70
소송종료선언 405
소송지휘권 270
소송참가 593
소송탈퇴 654
소송행위 284
소송행위의 철회와 취소 291
소송행위의 추후보완 309

소송행위의 하자와 그 치유 295
소의 이익 152
소의 취하 407
소장각하명령 193
소장심사 191
소장의 임의적 기재사항 191
소장의 필수적 기재사항 190
소제기 이전의 당사자 사망 64, 66
소제기 효과 199
송달 317
송달의 하자와 치유 329
송달함 송달 328
신의성실의 원칙 4
신의칙의 적용모습 4
실권효 447
실기한 공격방어방법의 각하 263
심급대리원칙 126
심판편의에 의한 이송(재량이송) 53
쌍방대리의 금지 133
쌍방심리주의 227

(ㅇ)
양쪽 당사자의 결석 301
엄격한 증명과 자유로운 증명 346
예비적 병합 520
예비적·선택적 공동소송 578
예외적으로 인정되는 자백의 철회 356
외국판결의 승인 19
요증사실 346
원고경정의 허용여부 640
원고의 공격방법(청구원인) 275
원고의 본안신청(청구취지) 274
유사필수적 공동소송 575
유치송달 326
의사표시의 하자와 소송행위의 취소 291
이송 47
이송의 효과 56
이의권의 포기·상실 271
이행불능에 대비한 대상청구(특정물) 530
인수승계 651
일부자백(자백의 가분성) 356
일부판결 437, 439, 440, 512
일응의 추정 400
임의관할 29
임의대리인 123
임의적 당사자의 변경 638
임의적 변론 224
임의적 소송담당 106

(ㅈ)

자백간주	306, 358
자백의 구속력	251
자유심증주의	390
자판	687
재소금지	412
재심의 적법요건	696
재심절차	696
재정기간제도	263
재판상 화해	422
재판상자백	348
재판적의 경합	36
재항고	696
적극적 석명	254
적시제출주의	263
전속관할	29
전속적 합의	41
제3자의 소송담당	100
제소전 화해	434
조우송달	322
조합의 소송수행방안	89
종국판결	436
주관적·추가적 병합의 허용 가부	644
주요사실	240
주요사실과 간접사실의 구별	242
주장공통의 원칙	242, 559
주장책임	240
주장책임의 분배	241
준비서면	272
중간확인의 소	542
중복소송 금지	199, 202
증거	341
증거계약	393
증거공통의 원칙	558
증거능력	341
증거력	345
증거보전	388
증거의 제출책임	251
증거조사	361
증명과 소명	345
증명책임	394
증명책임의 분배	394
증명책임의 완화	397
증명책임의 전환	396
증인신문	364
지적의무	258
직권조사사항	253
직권진행주의	270
직권탐지주의	252

직접심리주의	228
직접증거와 간접증거	345
진술간주	304
진정성립의 추정 및 복멸	372
집중심리주의	268

(ㅊ)

참가승계	650
참가인의 소송상 지위	599
채권자대위소송에서 기판력의 범위	487
채권자대위소송의 법적성질	101
채권자취소소송에서 기판력의 범위	494, 495,496
처분권주의	229
처분문서	370
청구원인의 변경	534
청구의 변경	533
청구취지의 변경	533
최초의 항고·재항고	693
추가적 변경	537
추가적 인수의 허용 여부	651
추정승계인	485
추후보완절차	313

(ㅌ)

토지경계확정의 소	143
토지관할	33
통상공동소송	556
통상공동소송인 독립의 원칙	556, 679
통상항고·즉시항고	692
특별재판적	33
특별항고·일반항고	693
특정승계	648

(ㅍ)

파기환송 이후의 대리권 부활	127
판결의 참가인에 대한 효력	604
판결의 하자	499
판결이유 중의 판단	468
편취판결	499
포기, 인낙	419
표준시 이후의 형성권 행사	459
피고경정	638
피고의 방어방법(항변)	276
필요적 변론	223

(ㅎ)

한쪽 당사자의 결석	304
항변과 부인의 구별기준	277
항소취하	302, 684

현저한 사실   359
형식적 형성의 소   138, 139
확인의 소   189
확인의 이익   175
환송·이송   687
환송판결의 기속력   689

저자 윤동환

 주요 약력

- 서울대학교 졸업(법학사, 경제학사), 고려대학교 법학대학원 수료
- 민사법 전문강의 20년(민소법 강의 10년)
- 법학전문대학원 성균관대 · 경북대 · 전남대 · 제주대 · 인하대 로스쿨 특강
- 사법시험 2차 민법 90% 이상의 독보적 점유율
- 2016년 이후 매년 변호사시험 재학생 수강률 1위
- 성균관대 · 한양대 · 단국대 · 전남대 · 전북대 등 대학 특강 및 모의고사 문제 출제
- 현 | 해커스변호사 민사법 대표강사
- 전 | 합격의 법학원 민사법 담당

 주요 저서

- 해커스변호사 민법 · 민사소송법 변호사시험 기출의 맥 선택형(해커스변호사)
- 해커스변호사 민법 기본 사례의 맥(해커스변호사)
- 해커스변호사 민법 · 민사소송법 핵심 正지문의 맥(해커스변호사)
- 해커스변호사 민법의 맥(해커스변호사)
- 해커스변호사 민법 · 민사소송법 실전답안 핵심사례의 맥(해커스변호사)
- 해커스변호사 민사법 최근 1개년 판례의 맥(공태용 공저, 해커스변호사)
- 해커스변호사 친족상속법 슬림한 친상법의 맥(해커스변호사)
- 해커스변호사 민법 · 민사소송법 최근 3개년 판례의 맥(해커스변호사)
- 해커스변호사 민법 · 민사소송법 기출중심 사례의 맥(해커스변호사)
- 해커스변호사 민법 · 민사소송 암기장(해커스변호사)
- 해커스변호사 변호사시험 핵심기출 400제 민사법 선택형(공태용 공저, 해커스변호사)
- 민사소송법의 맥(우리아카데미)
- 민사 기록의 맥(공태용 공저, 우리아카데미)
- 주관식용 핵심 민법의 맥(마체베트)

2025 대비 최신개정판

해커스변호사 민사소송법의 맥

개정 2판 1쇄 발행 2024년 8월 5일

지은이	윤동환
펴낸곳	해커스패스
펴낸이	해커스변호사 출판팀

주소	서울특별시 강남구 강남대로 428 해커스변호사
고객센터	1588-4055
교재 관련 문의	해커스 법아카데미 사이트(law.Hackers.com) 1:1 고객센터
학원 강의 및 동영상강의	law.Hackers.com

ISBN	979-11-7244-260-6 (13360)
Serial Number	02-01-01

변호사교육 1위,
해커스 법아카데미 law.Hackers.com

해커스변호사

- 본 교재 인강
- 해커스변호사 무료 특강